Yearbook of China's Poverty Alleviation and Development

中国扶贫开发年鉴

2019

国务院扶贫开发领导小组办公室　主管
《中国扶贫开发年鉴》编辑部　编

中国农业出版社
北　京

《中国扶贫开发年鉴》
编 辑 部

杨　彬	杨　铮	杨乌兰	杨方清	杨志军	杨志威
杨志海	杨雪枫	来江铭	肖　坚	肖　蒙	肖坤林
肖炜蘅	吴　珂	吴　炯	吴延磊	吴远宏	吴珺雅
吴增益	何昊华	何相宇	佃　恒	余华俊	邹　丹
汪　忠	汪小峰	沈　崴	宋　阳	宋军伟	宋宝华
张　帅	张　伟	张　杰	张　波	张　春	张　剑
张　琦	张　喆	张　洁	张　健	张　晨	张　雷
张　鹏	张小茅	张田育子	张君华	张国波	张建平
张艳丽	张晓红	张晓波	张海东	张海明	张惠勋
张晶婧	张腾云	张慧东	陆春生	陈　实	陈　爽
陈三炼	陈文锋	陈兰兰	陈安熠	陈红娟	陈金炜
陈嘉谊	邵　军	武　伟	武英奇	苗　猛	范国彬
范理权	范雯雯	林　萌	林江平	林炜双	罗元开
周　永	周　翔	周晓云	鱼雅妹	郑　方	郑建军
郑滨成	居　伟	赵亚男	赵兴奇	赵玲娟	赵思源
赵恩秀	赵懂文	郝大鹏	胡　勇	胡丹丹	胡玉盆
胡永朋	胡国卫	胡晓勇	南春朋	段培俊	姚惠宇
骆艾荣	骆征洋	袁龙生	贾兴华	贾睿涛	顾征东
倪思媛	徐建东	徐建新	殷令御	高海林	高培峻
郭　佳	郭冬生	郭孟楚	郭海港	唐健雄	黄　炜
黄会腾	黄俊兵	黄晓天	黄肇文	曹振华	龚　克
龚　辉	龚亮保	崔诗晴	崔博乐	康　明	阎　岩
阎文龙	梁　雨	宿　盟	彭焱明	葛季明	董　健
董　楠	董　刚	董昊明	韩　晖	韩永滨	韩秀丽
韩晓林	程　春	程　岭	程大为	程文婷	童福林
靳宏强	雷先阳	满永博	蔡书巧	蔡奎勇	蔡琳娜
谭明智	熊素华	潘　博	潘凤林	霍季春	魏　博
魏仕雯					

党建扶贫

2018 年 7 月 6 日，安徽省泗县长沟镇朱彭村驻村工作队队长何波向群众代表讲解“五面红旗”“五牌联动”争创事项。

2018 年，山东省东营市垦利区开展以“衣旧情深，爱暖垦利”为主题的党建＋扶贫棉衣捐赠活动，为贫困群众送去过冬棉衣。

国家知识产权局派驻湖南省桑植县的驻村工作队利用新时代党员群众讲习所平台，定期组织开展群众性“扶贫、扶智、扶志”学习教育活动。

（蒋鹤鸣 摄）

建档立卡

江西省信丰县铜锣丘村第一书记在建档立卡贫困户家中进行摸底调查。

广西壮族自治区恭城瑶族自治县大江村第一书记在贫困户家里开展精准识别入户调查。

（陈军斌 摄）

2018年8月，山东省广饶县花官镇工作人员定期入户更新建档立卡贫困户信息。

驻村帮扶

山东省青岛市即墨区槐树沟村第一书记王人栋和农业专家查看土豆播种情况。

帮扶干部在广西壮族自治区凌云县品村贫困户李彩玲家中了解生产生活情况，宣传扶贫政策。

（闭健辉 摄）

民政部挂职干部赵康在农忙季节帮助七岭村贫困户收白薯，并了解庄稼收成情况。

监督考核

西南大学第三方评估队员与四川省屏山县街基村村干部进行座谈，了解基本情况。

湖南省将精准扶贫纳入“互联网＋监督”服务平台，图为嘉禾县工作人员展示“互联网＋监督”功能。

2018年7月，考核评估人员在河南省驻马店市确山县林庄村入户调查。

扶志扶智

湖南省注重激发贫困群众内生动力。图为株洲县花冲村开展“脱贫立志，星级创建”第三季度评议会村组评议场景。

浙江省长兴县在扶志、扶智、促就业等方面探索出了一条帮助低收入残疾人增收的新路子。图为潘礼南村肢体四级残疾人士费湖山通过帮扶养殖蜜蜂，年增收上万元。

海南省创办脱贫致富电视夜校，贫困群众不仅学到了脱贫技术，提升了干事创业能力，而且转变了“等靠要”思想，增强了脱贫内生动力。图为五指山市南圣村村民正在观看脱贫致富电视夜校节目。

（吕光强 摄）

扶志扶智

河南省息县开展月嫂培训，让农村贫困妇女学到一技之长。

2018年，全国工商业联合会捐资100万元，帮助织金县开展绣娘培训，提升贫困群众劳动技能，图为织金县绣娘培训现场。

全国脱贫攻坚奖贡献奖获得者张渠伟（中）在四川省渠县大田村“农民夜校”宣讲扶贫政策。

基础设施建设

国家开发银行支持的贵州省务川仡佬族苗族自治县新农村通村通组路网全覆盖建设项目。
（田东 摄）

安徽省宿州市埇桥区实施农村道路畅通工程，为贫困户铺平脱贫道路。

湖南省龙山县连通 3 个贫困村及产业扶贫基地的村组公路。

基础设施建设

南方电网公司员工在广西壮族自治区东兰县检查用电装置，保障当地产业扶贫项目的用电需要。

生态环境部第八扶贫工作小组联合国际机构，为河北省围场县桃山村易地搬迁居民安置点提供环保地源热泵采暖技术和外保温墙体材料，为贫困群众提供集中清洁供暖。

在国家4A级景区西藏自治区林芝市错高湖畔，电力施工人员采取施工成本比架空线路高出4倍的入地电缆方式送电，全力保护当地生态环境。

（索朗多吉 摄）

易地扶贫搬迁

四川省旺苍县五红村易地扶贫搬迁安置点。

广西壮族自治区兴业县举行2018年易地扶贫搬迁贫困户抽房选房活动。搬迁贫困户在有关部门和公证员的共同监督下，现场抽签选出了属于自己的新房，成为"老乡家园"的新住户。

安徽省岳西县石桥村王仁全夫妇高高兴兴地搬到易地扶贫搬迁集中安置点。

产业扶贫

贵州省六盘水市大力发展现代山地生态畜牧业，推广普及实用养殖技术、养殖模式，助推脱贫攻坚。
（王述慷 摄）

“中国笤帚苗之乡”——内蒙古自治区巴林左旗发展笤帚苗加工产业，带领贫困农户脱贫致富。

黑龙江省拜泉县鲜食玉米加工企业带动贫困户1464户、2631人，贫困户户均增收1930元。

产业扶贫

吉林省图们市河北村食用菌标准化基地。该村书记刘海涛带领贫困群众实现脱贫致富，获得了“2018 年全国脱贫攻坚奖奋进奖”。

西藏自治区拉萨市堆龙德庆区生态农业产业园项目，由北京市投资建设，带动 307 户农牧民增收，户均纯收益 2.8 万元。

2018 年 5 月，河南省兰考县东坝头乡构树扶贫基地正在收割杂交构树。

教育扶贫

2018 年 10 月，福建省厦门双十中学海沧附属学校的支教老师采取教学示范课的方式，在甘肃省积石山保安族东乡族撒拉族自治县高关中学为全县高中物理教师开展研学活动。

2018 年 8 月，“电亮希望·冀语未来”的签约教师和孩子们在一起。

（孙孝庆 摄）

青海省全面落实西宁、海东两市贫困家庭和藏区六州全部学生 15 年免费教育政策，每年约 80 万名学生从中获益。图为格尔木市长江源民族学校师生。

教育扶贫

四川省昭觉县幼教点辅导员带领彝族幼儿学习普通话。

广西壮族自治区三江侗族自治县归亚村小学，食堂工作人员在分发营养午餐。

（吴练勋 摄）

2018 年 9 月，中国红十字基金会协调公益团队为湖北省英山县的幼儿教师开展“非语言教学系统”培训，增强当地教师与学生的课堂互动能力，提升教学水平。

健康扶贫

湖南省完善健康扶贫机制，医疗保障扶贫成效明显。图为贫困群众在武冈市人民医院健康扶贫"一站式"结算窗口办理出院手续。

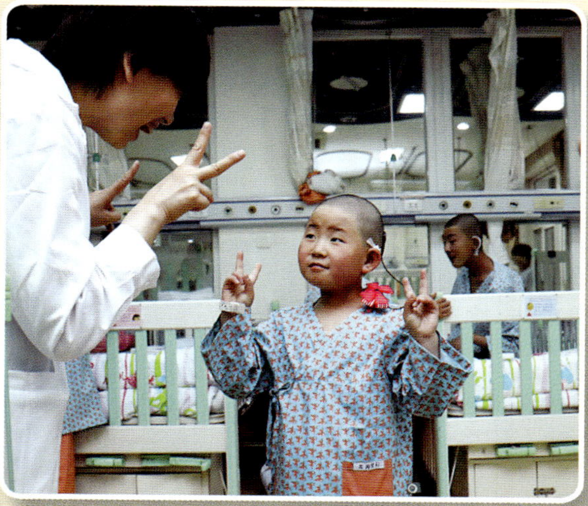

2018年，中国儿童少年基金会在甘肃省西和县、漳县等地开展拉网式视听障碍免费筛查，并资助患儿进行手术治疗及康复训练。图为西和县的孩子在北京儿童医院做完人工耳蜗植入手术后与医生互动。

（新华社　张玉薇　摄）

安徽省蒙城县家庭签约医生为贫困慢性病患者提供免费送药上门服务，同时告知服药剂量，做好病情随访记录。

健康扶贫

青海省同德县开展藏区妇女"两癌"筛查工作。

北京大学首钢医院在内蒙古自治区宁城县开展医疗帮扶活动。

山东省日照市实施专档管理、专人指导、专医治疗、住院治疗费分段减免的"三专一减"健康扶贫，让贫困户病有所医，防止因病返贫。

电商扶贫

安徽省淮南市潘集区架河镇武庙生态园精准扶贫产业项目种植的葡萄通过电商进行线上销售，增加贫困户收入。

在中共中央台湾工作办公室的帮扶支持下，甘肃省广河县利用电商创业孵化园的电商平台吸纳贫困户、残疾人经营网店，拓宽产品销售渠道，促进贫困农民增收致富。

2018年6月，在福建省厦门市的帮扶下成立的甘肃中天创客电子商务有限公司，主要开展电商扶贫、电子商务技能培训、电商创业孵化等业务。图为公司员工为贫困农户教授电商技能。

旅游扶贫

湖北省罗田县燕窝湾村通过能人返乡创业、村企共建，打造乡村旅游点——燕儿谷，不仅带动村民脱贫致富，还带动当地全域旅游的发展。

安徽省青阳县凌塘村发展菊花产业，带动旅游发展和农户增收。

青海省湟中县卡阳村发展旅游扶贫，12 万农牧民依靠旅游增收，2 万多贫困人口实现脱贫。

光伏扶贫

广西壮族自治区钦州市康熙岭镇的"渔光一体"光伏发电项目，将太阳能光伏发电与池塘现代渔业模式相结合，帮助当地贫困户增收。

（刘世旭 摄）

陕西省勉县喇家寨农户利用光伏扶贫电站中"板上发电、板下养殖"新模式，走出脱贫致富新路子。

（周游 摄）

河北省张北县德胜村的光伏扶贫电站成为农民脱贫致富的"铁杆庄稼"。

就业扶贫

海南省临高县2018年第五期就业扶贫专场招聘会现场。

河南省正阳县大刘村建档立卡贫困村民李有强身残志坚，在保洁员岗位上用双臂撑起脱贫致富梦。

青海省设置生态管护岗位16万个，4.7万名贫困群众上岗。图为三江源地区生态管护员正式上岗。

扶贫车间

2018 年 3 月，黑龙江省青冈县南瓜子深加工扶贫车间带动贫困户就业。

河南省商水县实施“巧媳妇工程”，通过政策扶持、技术培训、资金帮扶等措施，带动 6 万多名“巧媳妇”在家门口务工就业。

贵州省贞丰县茶林社区土布纺织刺绣坊为易地扶贫搬迁的农户实现家门口就业的愿望。

扶贫车间

青海省循化撒拉族自治县发展民族手工业提供就业岗位 6.8 万个，带动贫困户 2.2 万人脱贫。图为青海省伊佳民族服饰有限责任公司的扶贫车间。

云南省兰坪白族普米族自治县百川民族文化服饰有限责任公司扶贫车间。

湖南省张家界市武陵源区贫困户在乖幺妹土家织锦基地织锦。

消费扶贫

2018 年 12 月，佛山康丰农业有限公司在四川省盐源县收购当地贫困农户种的核桃，在佛山市开设多家直营店、加盟店、形象专柜进行销售。

（刘东阳 摄）

北京市石景山区“一公里果蔬店”设立蔬菜专门销售点，助力内蒙古自治区宁城县农产品销售。

海南省海口市秀英区举行消费扶贫爱心集市活动。

消费扶贫

2018 年 4 月，黑龙江省同江市拉起河村贫困户在爱心超市兑换商品。

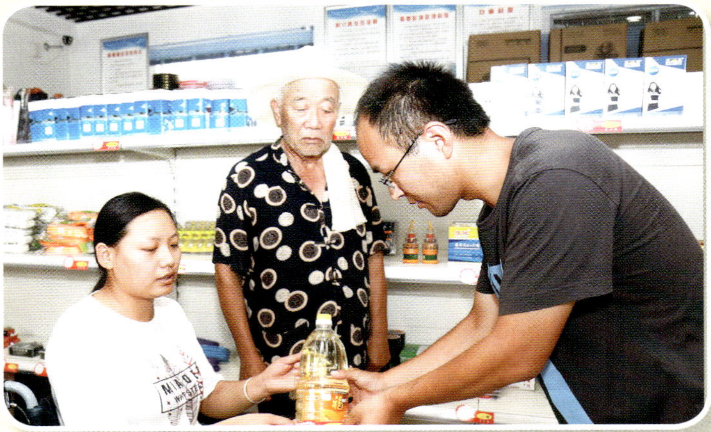

2018 年 7 月，安徽省泗县胡陈村爱心超市中，贫困户周梅、陈佩环凭积分免费领取生活用品。

湖南省江永县设立的“中国社会扶贫网爱心超市·扶贫商城”，为贫困群众提供便利的同时，还充分发挥中国社会扶贫网的众筹功能，打造了脱贫攻坚新品牌。

社会扶贫

2018 年 9 月，广东省珠海市支持云南怒江傈僳族自治州发展教育，图为珠海格力集团有限公司捐建的格力小学、格力幼儿园开学典礼现场。

天津市向河北省承德市拨付帮扶资金 1200 万元，建成扶贫工厂（车间）35 个，带动 2000 余名贫困妇女就业增收。图为隆化县银泰服装箱包扶贫产业园。

浙江省宁波市镇海区帮扶贵州省普安县罐子窑镇小山坡村的 4 位高中毕业生办起了长毛兔养殖场，帮助他们走上致富道路。

社会扶贫

上海市援建的贵州省正安县大坎村现代农业示范区。

2018 年 10 月，浙江省安吉县开展捐赠茶苗启运活动，将“白叶一号”扶贫茶苗捐赠给四川省青川县、贵州省普安县和沿河土家族自治县。图为向青川县捐赠茶苗现场。

广东省深圳市龙华区帮扶广西壮族自治区东兰县成立东兰俊宏精密电子有限公司，吸收当地贫困户入职工作。

（文湘林 摄）

社会扶贫

中国农业发展银行发放 3.6 亿元健康扶贫中长期贷款，支持安徽省灵璧县人民医院整体搬迁项目，服务建档立卡贫困人口 32061 户、97342 人。

2018 年 7 月，中国致公党中央委员会向重庆市酉阳土家族苗族自治县 14 支“致福足球队”捐赠了服装和足球，组织致公党员中的体育名师培训小球员。图为学生们正在教练的指导下训练。

解放军总医院第五医学中心派出医疗分队深入藏区筛查防治包虫病。

社会扶贫

2018 年 10 月，游客在南京农业大学菊花产业扶贫基地——贵州省麻江县卡乌药谷江村菊花园赏花游玩。

2018 年 8 月，泰国枢密院大臣 Kasem Watanachai 一行在湖南省隆回县白水洞村调研湖南大学扶贫项目。

2018 年 9 月，四川大学帮扶四川省甘洛县格布村发展集体经济，实地分红。图为分红仪式现场。

社会扶贫

碧桂园控股有限公司创建"四库"，即建档立卡贫困户数据库、产业项目资源库、就业岗位资源库和专家智库，助力精准扶贫、精准脱贫。

恒大集团有限公司的扶贫队员深入贵州省毕节市贫困户家中了解帮扶需求。

在甘肃康美现代农牧产业集团有限公司的"牛超市"里，贫困户可以享受贷款、签约、保险、培训、选牛"一站式"服务。

国际减贫合作

2018 年 11 月 1 日，由中共中央宣传部、财政部、国务院扶贫办、世界银行主办的改革开放与中国扶贫国际论坛在北京举行。参会代表围绕“国际减贫合作：构建人类命运共同体”的主题进行深入交流，探讨中国改革开放和扶贫开发的经验。

2018 年 10 月，第十届“中非共享发展经验高级研讨班”在北京举办，研讨班主题为“改革开放与中国扶贫”。图为学员赴广东省深圳市考察参观渔人村社区。

2018 年 6 月，由中国国务院扶贫办与菲律宾国家反贫困委员会联合主办的第 12 届“中国—东盟社会发展与减贫论坛”在菲律宾马尼拉举行。

国际减贫合作

2018 年 3 月，东盟 +3“村官”交流项目在云南省西双版纳傣族自治州举办，参会代表在勐腊县考察了生态农业、乡村旅游等项目。

2018 年 7 月，南非农村发展与减贫研修班在山东省平邑县考察农村发展与减贫。

2018 年 2 月，中国—东亚减贫示范合作技术援助项目启动仪式在缅甸内比都举办。中方将帮助缅方建设道路、供水等基础设施，发展扶持种植、养殖等农村产业，开展社区环境治理活动以及派遣专家提供培训和指导等。

目　　录

2018 年度重要会议

［编者按：本部分重要会议内容全部摘选自新华社、《人民日报》、中国政府网报道文章］

【打好精准脱贫攻坚战座谈会】 2018 年 2 月 12 日，中共中央总书记、国家主席、中央军委主席习近平 12 日在四川成都市主持召开打好精准脱贫攻坚战座谈会，听取脱贫攻坚进展情况汇报，集中研究打好今后 3 年脱贫攻坚战之策。习近平向奋战在脱贫攻坚第一线的广大干部和贫困地区各族群众致以新春祝福。

习近平强调，打好脱贫攻坚战是党的十九大提出的三大攻坚战之一，对如期全面建成小康社会、实现我们党第一个百年奋斗目标具有十分重要的意义。要清醒认识把握打赢脱贫攻坚战面临任务的艰巨性，清醒认识把握实践中存在的突出问题和解决这些问题的紧迫性，不放松、不停顿、不懈怠，提高脱贫质量，聚焦深贫地区，扎扎实实把脱贫攻坚战推向前进。

中共中央政治局常委、国务院副总理汪洋出席座谈会。

习近平是在四川考察期间召开这次座谈会的。座谈会上，四川省委书记王东明、广西壮族自治区党委书记彭清华、贵州省委书记孙志刚、云南省委书记陈豪、西藏自治区党委书记吴英杰、甘肃省委书记林铎、青海省委书记王国生、宁夏回族自治区党委书记石泰峰、新疆维吾尔自治区党委书记陈全国参加并提供书面发言；西藏昌都市委书记阿布，新疆喀什地委书记李宁平，云南昭通市镇雄县委书记翟玉龙，青海黄南州河南蒙古族自治县委书记韩华，广西崇左市龙州县金龙镇党委书记黎峰，贵州黔南州福泉市仙桥乡党委书记杨时江，四川广元市苍溪县白驿镇岫云村党支部书记李君，甘肃天水市清水县土门镇梁山村党支部书记冯小明，公安部办公厅秘书处主任科员、贵州黔西南州兴仁县新龙场镇民裕村第一书记程显臣，福建福州市闽侯县副县长、宁夏固原市隆德县委常委、副县长樊学双发言。他们从不同角度和层面介绍脱贫攻坚情况，交流工作体会，提出打好脱贫攻坚战的意见和建议。习近平不时同他们讨论有关问题。

在听取大家发言后，习近平发表了重要讲话。他指出，党的十八大以来，党中央从全面建成小康社会要求出发，把扶贫开发工作纳入“五位一体”总体布局、“四个全面”战略布局，作为实现第一个百年奋斗目标的重点任务，作出一系列重大部署和安排，全面打响脱贫攻坚战。脱贫攻坚力度之大、规模之广、影响之深，前所未有，取得了决定性进展。

习近平强调，我们加强党对脱贫攻坚工作的全面领导，建立各负其责、各司其职的责任体系，精准识别、精准脱贫的工作体系，上下联动、统一协调的政策体系，保障资金、强化人力的投入体系，因地制宜、因村因户因人施策的帮扶体系，广泛参与、合力攻坚的社会动员体系，多渠道全方位的监督体系和最严格的考核评估体系，形成了中国特色脱贫攻坚制度体系，为脱贫攻坚提供了有力制度保障，为全球减贫事业贡献了中国智慧、中国方案。

习近平指出，在脱贫攻坚伟大实践中，我们积累了许多宝贵经验。一是坚持党的领导、强化组织保证，落实脱贫攻坚一把手负责制，省市县乡村五级书记一起抓，为脱贫攻坚提供坚强政治保证。二是坚持精准方略、提高脱贫实效，解决好扶持谁、谁来扶、怎么扶、如何退问题，扶贫扶到点上扶到根上。三是坚持加大投入、强化资金支持，发挥政府投入主体和主导作用，吸引社会资金广泛参与脱贫攻坚。四是坚持社会动员、凝聚各方力量，充分发挥政府和社会两方面力量作用，形成全社会广泛参与脱贫攻坚格局。五是坚持从严要求、促进真抓实干，把全面从严治党要求贯穿脱贫攻坚工作全过程和各环节，确保帮扶工作扎实、脱贫结果真实，使脱贫攻坚成效经得起实践和历史检验。六是坚持群众主体、激发内生动力，充分调动贫困群众积极性、主动性、创造性，用人民群众的内生动力支撑脱贫攻坚。这些经验弥足珍贵，要长期坚持并不断完善和发展。

习近平强调，脱贫攻坚面临的困难挑战依然巨大，需要解决的突出问题依然不少。今后3年要实现脱贫3000多万人，压力不小，难度不小，而且越往后遇到的越是难啃的硬骨头。脱贫攻坚工作中的形式主义、官僚主义、弄虚作假、急躁和厌战情绪以及消极腐败现象仍然存在，有的还很严重。行百里者半九十。必须再接再厉，发扬连续作战作风，做好应对和战胜各种困难挑战的准备。

习近平指出，全面打好脱贫攻坚战，要按照党中央统一部署，把提高脱贫质量放在首位，聚焦深度贫困地区，扎实推进各项工作。为此，他提出8条要求。

第一，加强组织领导。各级党政干部特别是一把手必须以高度的历史使命感亲力亲为抓脱贫攻坚。贫困县党委和政府对脱贫攻坚负主体责任，一把手是第一责任人，要把主要精力用在脱贫攻坚上。中央有关部门要研究制定脱贫攻坚战行动计划，明确3年攻坚战的时间表和路线图，为打好脱贫攻坚战提供导向。

第二，坚持目标标准。确保到2020年现行标准下农村贫困人口全部脱贫，消除绝对贫困；确保贫困县全部摘帽，解决区域性整体贫困。稳定实现贫困人口“两不愁三保障”，贫困地区基本公共服务领域主要指标接近全国平均水平。既不能降低标准、影响质量，也不要调高标准、吊高胃口。

第三，强化体制机制。落实好中央统筹、省负总责、市县抓落实的管理体制。中央统筹，就是要做好顶层设计，在政策、资金等方面为地方创造条件，加强脱贫效果监管。省负总责，就是要做到承上启下，把党中央大政方针转化为实施方案，促进工作落地。市县抓落实，就是要从当地实际出发，推动脱贫攻坚各项政策措施落地生根。要改进考核评估机制，根据脱贫攻坚进展情况不断完善。

第四，牢牢把握精准。建档立卡要继续完善，精准施策要深入推进，扎实做好产业扶贫、易地扶贫搬迁、就业扶贫、危房改造、教育扶贫、健康扶贫、生态扶贫等重点工作。

第五，完善资金管理。强化监管，做到阳光扶贫、廉洁扶贫。要增加投入，确保扶贫投入同脱贫攻坚目标任务相适应。要加强资金整合，防止资金闲置和损失浪费。要健全公告公示制度，省、市、县扶贫资金分配结果一律公开，乡、村两级扶贫项目安排和资金使用情况一律公告公示，接受群众和社会监督。对脱贫领域腐败问题，发现一起严肃查处问责一起，绝不姑息迁就。

第六，加强作风建设。党中央已经明确，将2018年作为脱贫攻坚作风建设年。要坚持问题导向，集中力量解决脱贫领域“四个意识”不强、责任落实不到位、工作措施不精准、资金管理使用不规范、工作作风不扎实、考核评估不严格等突出问题。要加强制度建设，扎紧制度笼子。

第七，组织干部轮训。打好脱贫攻坚战，关键在人，在人的观念、能力、干劲。要突出抓好各级扶贫干部学习培训。对县级以上领导干部，重点是提高思想认识，引导树立正确政绩观，掌握精准脱贫方法论，培养研究攻坚问题、解决攻坚难题能力。对基层干部，重点是提高实际能力，培育懂扶贫、会帮扶、作风硬的扶贫干部队伍。要吸引各类人才参与脱贫攻坚和农村发展。要关心爱护基层一线扶贫干部，激励他们为打好脱贫攻坚战努力工作。

第八，注重激发内生动力。贫困群众既是脱贫攻坚的对象，更是脱贫致富的主体。要加强扶贫同扶志、扶智相结合，激发贫困群众积极性和主动性，激励和引导他们靠自己的努力改变命运。改进帮扶方式，提倡多劳多得，营造勤劳致富、光荣脱贫氛围。

习近平强调，打赢脱贫攻坚战，中华民族千百年来存在的绝对贫困问题，将在我们这一代人的手里历史性地得到解决。这是我们人生之大幸。让我们共同努力，一起来完成这项对中华民族、对整个人类都具有重大意义的伟业。只要全党全国各族人民齐心协力、顽强奋斗，脱贫攻坚战一定能够打好打赢。

【国务院扶贫开发领导小组第二十二次全体会议】 2018 年 2 月 23 日，中共中央政治局常委、国务院扶贫开发领导小组组长汪洋在京主持召开国务院扶贫开发领导小组第二十二次全体会议，学习贯彻习近平总书记在四川成都打好精准脱贫攻坚战座谈会上的重要讲话精神，研究部署下一阶段脱贫攻坚工作。他强调，新年伊始，在全党上下深入学习贯彻党的十九大精神、脱贫攻坚进入啃硬骨头的关键时期，习近平总书记再次深入深度贫困地区调研，部署相关工作，向全党全社会发出了新的动员令，意义重大深远。要深刻领会习近平总书记关于扶贫开发的重要论述，牢固树立“四个意识”，坚决打好精准脱贫攻坚战。

汪洋强调，脱贫攻坚取得决定性进展，但仍存在困难挑战，要始终保持清醒头脑，坚持以问题为导向不断改进工作，提高脱贫质量和成效。中央部门要勇于自我革命，进一步提高“中央统筹”的工作水平，以政策的精准促进工作的精准。对经过实践检验行之有效的制度和做法，要继续坚持并不断完善。优化政策供给，增强政策举措适应性，给基层精准施策创造更大的自主空间，支持地方从实际出发，积极探索创新。改进考核监督，进一步做到因地制宜、精准到位，更多体现“省负总责”原则。取消与脱贫攻坚无关的搭车任务和验收指标，为基层帮扶工作减负。要切实做好顶层设计，扎实推进扶贫领域作风建设，加强扶贫干部培训，为“市县抓落实”、扎实推进脱贫攻坚创造条件。

【第十三届全国人大一次会议】 2018 年 3 月 5 日，国务院总理李克强在会议上做政府工作报告时表示，坚决打好三大攻坚战。要围绕完成年度攻坚任务，明确各方责任，强化政策保障，把各项工作做实做好。

加大精准脱贫力度。2018 年再减少农村贫困人口 1000 万以上，完成易地扶贫搬迁 280 万人。深入推进产业、教育、健康、生态扶贫，补齐基础设施和公共服务短板，激发脱贫内生动力。强化对深度贫困地区支持，中央财政新增扶贫投入及有关转移支付向深度贫困地区倾斜。对老年人、残疾人、重病患者等特定贫困人口，因户因人落实保障措施。攻坚期内脱贫不脱政策，新产生的贫困人口和返贫人口要及时纳入帮扶。加强扶贫资金整合和绩效管理。开展扶贫领域腐败和作风问题专项治理，改进考核监督方式。坚持现行脱贫标准，确保进度和质量，让脱贫得到群众认可、经得起历史检验。

【各民主党派中央脱贫攻坚民主监督工作座谈会】 2018 年 3 月 30 日，各民主党派中央脱贫攻坚民主监督工作座谈会在京召开。中共中央政治局常委、全国政协主席汪洋出席会议并讲话。他强调，开展脱贫攻坚民主监督，是中国共产党领导的多党合作制度优势的重要体现，是打好脱贫攻坚战的重要举措。要认真学习贯彻习近平总书记关于扶贫工作的重要论述和全国两会期间在甘肃代表团的重要讲话精神，进一步提高政治站位，把思想和行动统一到中共中央决策部署上来，扎实推动脱贫攻坚民主监督工作高质量高水平开展，为如期打赢脱贫攻坚战作出积极贡献。

汪洋表示，过去一年，各民主党派中央围绕脱贫攻坚认真开展民主监督，有力推动了脱贫攻坚进程，也有效促进了各参政党建设。国务院扶贫办、各对口省区党委和政府大力支持配合民主党派中央民主监督工作，高度重视和积极吸纳各民主党派提出的意见和建议，体现了高度的政治意识和责任意识。

汪洋强调，当前脱贫攻坚进入冲刺期，越是时间紧、任务重，越需要加强民主监督。要明确监督重点，聚焦坚持目标标准、提高脱贫质量、增强脱贫实效开展监督，促进扶贫工作务实、脱贫过程扎实、脱贫结果真实。要在加强民主监督工作的同时加强思想政治引领，为打赢脱贫攻坚战最大限度凝聚人心、凝聚共识、凝聚智慧、凝聚力量。要把摆脱贫困过程真实记录下来，用具体生动的事实，讲好中国共产党为人民谋幸福的故事，讲好中国共产党领导的多党合作的故事。要改进工作作风，真正深入基层、深入一线，把情况摸清、把问题找准，力戒形式主义、官僚主义。

汪洋强调，相关省区党委和政府要加强对民主监督工作的支持配合，完善相关工作机制，虚心听取意见，及时改进不足，真正把民主监督的过程作为推动责任落实、政策落实和工作落实的过程。各级统战部门要进一步担负起牵头协调责任。国务院扶贫开发领导小组相关部门要进一步加强与各民主党派沟通协作，主动做好服务。

中共中央政治局委员、国务院副总理胡春华出席会议并讲话。中共中央书记处书记、中央统战部部长尤权主持会议。万鄂湘、龙庄伟、郝明金、蔡达峰、陈竺、万钢、武维华、苏辉及有关对口省区代表、国务院扶贫办主要负责同志先后发言，就进一步开展好脱贫攻坚民主监督工作提出意见建议。全国政协副主席巴特尔出席会议。

【中央政治局会议】 2018 年 4 月 19 日，中共中央政治局召开会议，分析研究当前经济形势，部署当前经济工作；听取 2018 年脱贫攻坚成效考核等情况汇报，对打好脱贫攻坚战提出要求；审议《中国共产党宣传工作条例》。中共中央总书记习近平主持会议。

会议认为，2018 年是打赢脱贫攻坚战三年行动的第一年和作风建设年。各地区各部门贯彻落实党中央决策部署，狠抓责任落实、政策落实、工作落实，脱贫攻坚取得显著成效，打赢脱贫攻坚战三年行动开局良好。打赢脱贫攻坚战，是全面建成小康社会的底线任务和标志性指标，是必须完成的重大任务。今后两年脱贫攻坚任务仍然艰巨繁重，剩下的都是贫中之贫、坚中之坚、硬仗中的硬仗。要继续实行最严格的考核评估，用好考核结果。对考核发现的责任落实不到位、扶贫标准把握不精准、“三保障”工作不够扎实、形式主义官僚主义问题较为突出、脱贫摘帽后松劲懈怠等问题，要高度重视并坚决整改，确保脱贫工作务实，脱贫过程扎实，脱贫结果真实。

会议强调，脱贫攻坚期内已脱贫的贫困县、贫困村、贫困户，相关政策要保持一段时间，做到摘帽不摘责任、摘帽不摘政策、摘帽不摘帮扶、摘帽不摘监管。贫困县脱贫摘帽后，要一手抓剩余贫困人口的减贫，一手抓已脱贫人口的巩固提升，有效防止返贫和产生新的贫困人口。

【政协第十三届全国委员会常务委员会第二次会议】 2018 年 6 月 26 日，政协第十三届全国委员会常务委员会第二次会议举行全体会议，中共中央政治局常委、全国政协主席汪洋出席。14 位全国政协常委、委员围绕“解决深度贫困地区脱贫问题”做大会发言。

大家在发言中认为，在以习近平同志为核心的党中央的坚强领导下，我国脱贫攻坚已取得决定性进展，谱写了人类反贫困史上的辉煌篇章。脱贫攻坚已进入攻坚拔寨、啃硬骨头的关键阶段，要以习近平总书记关于扶贫工作的重要论述为指导，认真落实党中央、国务院决策部署，扎实推进深度贫困地区脱贫攻坚。

罗志军常委建议，夯实稳定脱贫基础，巩固脱贫攻坚成果，建立防止返贫的预警监测机制；杨明生常委建议，更好发挥金融保险在深度贫困地区脱贫攻坚中的作用，用保险守住来之不易的脱贫成果；达久木甲常委建议，在集中连片整体深度贫困地区拓展精准扶贫对象范围，加大财政政策支持力度，创新实施帮扶特惠政策；秦博勇和石爱中常委在联合发言中建议，强化监管和统筹，确保扶贫资金管理使用安全高效；李世杰常委代表民建中央发言建议，多措并举发展农村电商，助力打赢深度贫困地区脱贫攻坚战；王伟光常委提出，建立健全深度贫困地区扶贫制度，建立扶贫投入长效机制；王会生常委建议，防范化解潜在风险，扎实推进产业扶贫；姜大明常委建议，用好用足城乡建设用地增减挂钩政策，为脱贫攻坚开辟新的资金渠道；王林旭常委建议，开展文化扶贫工作，推动民族地区经济社会发展和全面进步；马志伟常委在发言中说，要关爱脱贫攻坚战中涌现的优秀干部，把扶贫脱贫工作中的感人故事留存下来；王培安委员代表全国政协人口资源环境委员会发言提出，健康扶贫是打赢脱贫攻坚战的关键，要进一步厘清思路，聚焦重点，构建长效机制，实现贫困人口“基本医疗有保障”；林毅夫常委提出，承接劳动密集型加工业转移，实现新疆绿洲经济地区精准脱贫；高体健常委建议，设立大别山国家绿色发展示范区，大力支持革命老区打赢脱贫攻坚战；赖明常委代表九三学社中央发言提出，要发挥民主党派作用，在脱贫攻坚中彰显多党合作制度优势。

【全国东西部扶贫协作工作推进会】 2018 年 7 月 4 日，全国东西部扶贫协作工作推进会在京召开，传达学习习近平总书记重要指示精神，签署 2018 年东西部扶贫协作协议，安排部署下一阶段重点工作。中共中央政治局委员、国务院扶贫开发领导小组组长胡春华出席会议并讲话。他强调，要深入贯彻习近平总书记在银川东西部扶贫协作座谈会上的重要讲话精神，按照党中央、国务院决策部署，把握新形势、适应新要求，聚焦脱贫、务实推进，推动东西部扶贫协作再上新台阶。

胡春华指出，务实推进东西部扶贫协作，必须有明确目标要求。要强化产业合作，发挥东西部各自优势，建立企业参与扶贫协作长效机制，促进西部产业发展。要加强劳务协作，提高劳务输出组织化程度，精准做好劳务对接。要突出人才支援，推进干部人才双向交流，探索“组团式”帮扶。要深化携手奔小康行动，广泛动员社会各界参与，形成帮扶合力。西部地区要强化开放意识、市场意识，主动对接、积极协作。

胡春华强调，东西部地区要把扶贫协作作为重大政治任务，健全协作机制，细化协作举措，不折不扣落实好协议。要创造性开展帮扶，做好当前任务与长远目标衔接。要管好用好帮扶资金，集中办一批贫困群众急需的民生实事。要较真碰硬开展考核监督，确保东西部扶贫协作取得实效。

【中央单位定点扶贫工作推进会】 2018 年 9 月 17 日，中央单位定点扶贫工作推进会在京召开，学习贯彻习近平总书记关于扶贫工作的重要论述，签署 2018 年定点扶贫责任书，安排部署下一阶段重点工作。中共中央政治局委员、国务院扶贫开发领导小组组长胡春华出席会议并讲话。他强调，要深入贯彻习近平总书记对中央单位定点扶贫工作的重要指示精神，按照党中央、国务院决策部署，切实把握新形势、适应新要求，推动定点扶贫工作再上新台阶，为坚决打赢脱贫攻坚战作出新的更大贡献。

胡春华指出，在脱贫攻坚进入最后攻坚阶段的新形势下，务实推进定点扶贫，必须明确目标要求，强化任务落实。要选派得力干部，加大投入力度，广泛组织动员社会力量参与脱贫攻坚。要突出产业和就业扶贫，引导企业到定点扶贫县发展产业、带动就业，促进稳定脱贫、提高脱贫质量。要指导帮助定点扶贫县厘清发展思路，制定脱贫攻坚规划和年度减贫计划，培育基层队伍，夯实脱贫攻坚基层基础。

胡春华强调，中央单位要把定点扶贫作为一项重大政治任务，健全工作机制，不折不扣落实好帮扶承诺，切实发挥示范引领作用。要严格开展考核监督，确保定点扶贫取得实效。要坚持发挥单位、行业优势与立足贫困地区实际相结合，积极创新帮扶举措，丰富定点扶贫工作内容。

【全国易地扶贫搬迁工作现场会】 2018 年 10 月 15—16 日，全国易地扶贫搬迁工作现场会在河南省南阳市召开。国务院副总理、国务院扶贫开发领导小组组长胡春华出席会议并讲话。他强调，要深入贯彻习近平总书记关于扶贫工作的重要论述，按照党中央、国务院决策部署，坚持精准方略，强化政策举措落实，确保“搬得出、稳得住、能脱贫”，坚决打赢易地扶贫搬迁攻坚战。

胡春华指出，易地扶贫搬迁工作取得了决定性进展，进入最后攻坚阶段，必须坚持按照既定的目标和任务，突出重点、聚力攻坚。要严格锁定搬迁范围，严守住房面积红线，保持政策总体稳定。要狠抓安置房工程质量，加强监管、消除隐患，让搬迁群众住上“安全房”“放心房”。要统筹做好劳务输出、技能培训、公益岗位设立等工作，因地制宜发展特色优势产业，促进搬迁群众稳定脱贫。要同步推进搬迁安置与基础设施和公共服务建设、社区管理，扎实稳妥推进旧房拆除和宅基地复垦复绿，解决好搬迁群众实际困难。要进一步压紧压实责任，强化工程建设资金保障，加强考核监督，确保高质量完成易地扶贫搬迁工作任务。

会议期间，胡春华还到南阳市内乡县、淅川县，深入了解易地扶贫搬迁、农村人居环境整治等工作进展，实地察看南水北调中线工程运行及水质保护情况。

【全国扶贫日活动】 2018 年 10 月 17 日上午，中共中央政治局常委、全国政协主席汪洋在京会见全国脱贫攻坚奖获得者，并参观“决胜 2020”脱贫攻坚展。

汪洋首先向获奖集体和个人表示祝贺，向奋战在脱贫攻坚一线的广大干部群众致以敬意，号召社会各界学习和弘扬获奖者的先进事迹和崇高精神。他要求有关方面认真贯彻落实习近平总书记近日对脱贫攻坚工作作出的重要指示，进一步明确目标，真抓实干、埋头苦干、咬定目标加油干，汇聚起打赢脱贫攻坚战的磅礴力量，坚决完成摆脱绝对贫困的历史性任务。

中共中央政治局委员、国务院扶贫开发领导小组组长胡春华参加上述活动。

10 月 17 日，全国脱贫攻坚奖表彰大会暨先进事迹报告会在京举行。会议传达学习了习近平重要指示和李克强批示。中共中央政治局委员、国务院扶贫开发领导小组组长胡春华出席会议并讲话。他强调，要深入贯彻习近平总书记关于扶贫工作的重要论述，发挥扶贫脱贫先进典型示范带动作用，大力弘扬不忘初心、勇于担当的攻坚精神，扶贫济困、守望相助的大爱精神，自力更生、开拓进取的奋斗精神，敢想敢干、勇于探索的首创精神，实行最广泛的社会动员，为打赢脱贫攻坚战营造浓厚氛围、凝聚强大合力。

会议对 99 名获奖个人和 40 个获奖单位进行表彰。刘洪、王喜玲、张渠伟、徐冬梅、黄振荣、闻彬军等获奖代表作先进事迹报告。

2018 年全国脱贫攻坚奖获奖代表、国务院扶贫开发领导小组成员、承担定点扶贫任务的在京中央单位有关负责同志出席会议。

【全国扶贫开发工作会议】 2018 年 12 月 28 日，全国扶贫开发工作会议在京召开，中共中央政治局委员、国务院扶贫开发领导小组组长胡春华出席会议并讲话。他强调，要深入贯彻习近平总书记关于扶贫工作的重要论述，全面落实中央经济工作会议精神，按照党中央、国务院决策部署，坚持目标标准，贯彻精准方略，狠抓扶贫政策举措落地，着力提高脱贫质量和实效，确保如期实现脱贫攻坚目标任务。

胡春华指出，脱贫攻坚已经取得重大决定性成就，2019 年是打赢脱贫攻坚战的关键一年，必须一鼓作气、尽锐出战、聚力攻坚，确保再减少农村贫困人口 1000 万左右，基本完成“十三五”易地扶贫搬迁规划建设任务。要重点解决好实现“两不愁三保障”面临的突出问题，加大“三区三州”等深度贫困地区和特殊贫困群体脱贫攻坚力度，强化易地扶贫搬迁后续措施。要做好脱贫攻坚与乡村振兴战略衔接，把防止返贫摆到更加重要的位置，健全稳定脱贫长效机制，增强贫困地区、贫困群众内生动力和自我发展能力。要深入推进东西部扶贫协作和定点扶贫，广泛动员社会力量参与脱贫攻坚，凝聚起强大攻坚合力。要坚持五级书记抓扶贫，强化攻坚资金保障，完善考核监督机制，研究解决新情况新问题，关心爱护基层扶贫干部，坚决打赢脱贫攻坚战。

（国务院扶贫办综合司　吴增益　崔诗晴）

2018 年度中央领导同志重要指示

习近平2018年新年贺词（节选）

天道酬勤，日新月异。2017年，我们召开了中国共产党第十九次全国代表大会，开启了全面建设社会主义现代化国家新征程。我国国内生产总值迈上80万亿元人民币的台阶，城乡新增就业1300多万人，社会养老保险已经覆盖9亿多人，基本医疗保险已经覆盖13.5亿人，又有1000多万农村贫困人口实现脱贫。"安得广厦千万间，大庇天下寒士俱欢颜！"340万贫困人口实现易地扶贫搬迁、有了温暖的新家，各类棚户区改造开工数提前完成600万套目标任务。各项民生事业加快发展，生态环境逐步改善，人民群众有了更多获得感、幸福感、安全感。我们朝着实现全面建成小康社会目标又迈进了一大步。

到2020年我国现行标准下农村贫困人口实现脱贫，是我们的庄严承诺。一诺千金。到2020年只有3年的时间，全社会要行动起来，尽锐出战，精准施策，不断夺取新胜利。3年后如期打赢脱贫攻坚战，这在中华民族几千年历史发展上将是首次整体消除绝对贫困现象，让我们一起来完成这项对中华民族、对整个人类都具有重大意义的伟业。

（资料来源：《人民日报》 2018年1月1日第1版）

习近平在四川考察时的讲话（摘要）

发展特色产业、长期稳定致富，都需要人才。要培养本地人才，引导广大村民学文化、学技能，提高本领，还要移风易俗，通过辛勤劳动脱贫致富。

我们搞社会主义，就是要让各族人民都过上幸福美好的生活。全面建成小康社会最艰巨最繁重的任务在贫困地区，特别是在深度贫困地区，无论这块硬骨头有多硬都必须啃下，无论这场攻坚战有多难打都必须打赢，全面小康路上不能忘记每一个民族、每一个家庭。

这里的实践证明，易地扶贫搬迁是实现精准脱贫的有效途径，一定要把这项工作做好做实。搬迁安置要同发展产业、安排就业紧密结合，让搬迁群众能住下、可就业、可发展。

（资料来源：新华网　2018 年 2 月 13 日）

习近平对打赢脱贫攻坚战三年行动的批示（摘要）

脱贫攻坚时间紧、任务重，必须真抓实干、埋头苦干。各级党委和政府要以更加昂扬的精神状态、更加扎实的工作作风，团结带领广大干部群众坚定信心、顽强奋斗，万众一心夺取脱贫攻坚战全面胜利。

打赢脱贫攻坚战，对全面建成小康社会、实现“两个一百年”奋斗目标具有十分重要的意义。行百里者半九十。各级党委和政府要把打赢脱贫攻坚战作为重大政治任务，强化中央统筹、省负总责、市县抓落实的管理体制，强化党政一把手负总责的领导责任制，明确责任、尽锐出战、狠抓实效。要坚持党中央确定的脱贫攻坚目标和扶贫标准，贯彻精准扶贫精准脱贫基本方略，既不急躁蛮干，也不消极拖延，既不降低标准，也不吊高胃口，确保焦点不散、靶心不变。要聚焦深度贫困地区和特殊贫困群体，确保不漏一村不落一人。要深化东西部扶贫协作和党政机关定点扶贫，调动社会各界参与脱贫攻坚积极性，实现政府、市场、社会互动和行业扶贫、专项扶贫、社会扶贫联动。

（资料来源：《人民日报》 2018 年 6 月 12 日第 1 版）

习近平对浙江省黄杜村的农民党员来信的批示（摘要）

“吃水不忘挖井人，致富不忘党的恩”，这句话讲得很好。增强饮水思源、不忘党恩的意识，弘扬为党分忧、先富帮后富的精神，对于打赢脱贫攻坚战很有意义。

（资料来源：新华网　2018 年 7 月 14 日）

习近平在第五个国家扶贫日到来之际作的批示（摘要）

改革开放的40年，是我国逐步消除贫困的40年。40年的接续奋斗，让7亿多人口摆脱了贫困，创造了人类减贫史上的奇迹。现在，中华民族千百年来存在的绝对贫困问题，就要历史性地得到解决，脱贫攻坚进入最为关键的阶段。行百里者半九十，越到紧要关头，越要坚定必胜的信念，越要有一鼓作气攻城拔寨的决心。

只要各地区各部门切实担起责任、真抓实干，只要贫困地区广大干部群众继续奋发进取、埋头苦干，只要全党全国各族人民万众一心、咬定目标加油干，就一定能如期打赢脱贫攻坚这场硬仗。

（资料来源：《人民日报》 2018年10月18日第1版）

习近平给在首届全国“万企帮万村”精准扶贫行动中受表彰的企业家们的回信（节选）

看到有越来越多的民营企业积极承担社会责任，踊跃投身脱贫攻坚，帮助众多贫困群众过上了好日子，我非常欣慰。改革开放40年来，民营企业蓬勃发展，民营经济从小到大、由弱变强，在稳定增长、促进创新、增加就业、改善民生等方面发挥了重要作用，成为推动经济社会发展的重要力量。民营经济的历史贡献不可磨灭，民营经济的地位作用不容置疑，任何否定、弱化民营经济的言论和做法都是错误的。支持民营企业发展，是党中央的一贯方针，这一点丝毫不会动摇。希望广大民营企业家把握时代大势，坚定发展信心，心无旁骛创新创造，踏踏实实办好企业，合力开创民营经济更加美好的明天，为实现中华民族伟大复兴的中国梦作出新的更大贡献。

（资料来源：新华网　2018年10月21日）

习近平在广东考察时的讲话（摘要）

产业扶贫是最直接、最有效的办法，也是增强贫困地区造血功能、帮助群众就地就业的长远之计。要加强产业扶贫项目规划，引导和推动更多产业项目落户贫困地区。火车跑得快，全靠车头带。要加强基层党组织带头人队伍建设，注重培养选拔有干劲、会干事、作风正派、办事公道的人担任支部书记，团结带领乡亲们脱贫致富奔小康。

我一直惦记着贫困地区的乡亲们，乡亲们一天不脱贫，我就一天放不下心来。我们党是全心全意为人民服务的党，党的一切工作就是要为老百姓排忧解难谋幸福。全面小康路上一个不能少，脱贫致富一个不能落下。要一代接着一代干，既要加快脱贫致富，又要推动乡村全面振兴、走向现代化。

（资料来源：新华社　2018 年 10 月 25 日）

李克强在吉林考察时的讲话（摘要）

各级政府要顺应群众新期待，多措并举加大力度扶贫攻坚，既保障群众基本生活，又促进稳定致富。

（资料来源：中国政府网　2018 年 2 月 13 日）

李克强对打赢脱贫攻坚战三年行动的批示（摘要）

实现精准脱贫是全面建成小康社会必须打赢的攻坚战，是促进区域协调发展的重要抓手。各地区各部门要全面贯彻党的十九大精神，以习近平新时代中国特色社会主义思想为指导，认真落实党中央、国务院关于打赢脱贫攻坚战三年行动的决策部署，进一步增强责任感紧迫感，坚持精准扶贫精准脱贫基本方略，聚焦深度贫困地区和特殊贫困群体，细化实化政策措施，落实到村到户到人，加强项目资金管理，压实责任，严格考核，凝聚起更大力量，真抓实干，确保一年一个新进展。要注重精准扶贫与经济社会发展相互促进，注重脱贫攻坚与实施乡村振兴战略相互衔接，注重外部帮扶与激发内生动力有机结合，推动实现贫困群众稳定脱贫、逐步致富，确保三年如期完成脱贫攻坚目标任务。

（资料来源：《人民日报》 2018 年 6 月 12 日第 1 版）

李克强在西藏考察时的讲话（摘要）

脱贫攻坚、富民兴藏重在发展，要以习近平新时代中国特色社会主义思想为指导，贯彻落实党中央、国务院部署，立足西藏实际，在可持续发展中实现民生不断改善。

（资料来源：中国政府网　2018 年 7 月 28 日）

李克强在第五个国家扶贫日到来之际作的批示（摘要）

各地区各部门要以习近平新时代中国特色社会主义思想为指导，认真贯彻党中央、国务院决策部署，结合实施乡村振兴战略加大精准脱贫力度，特别要加强对深度贫困地区脱贫的支持，针对特殊贫困人口采取更有力的帮扶措施。严格资金监管，完善扶贫考核评估和督察巡查。把扶贫和扶志、扶智结合起来，更有效激发贫困地区贫困人口脱贫内生动力，确保完成今年再减少 1000 万以上贫困人口的任务，确保到 2020 年我国现行标准下农村贫困人口实现脱贫，解决区域性整体贫困。

（资料来源：《人民日报》 2018 年 10 月 18 日第 1 版）

汪洋在云南调研时的讲话（摘要）

脱贫攻坚进入攻坚拔寨、啃硬骨头的关键阶段，做到精准施策，首先是政策要精准。要深入脱贫攻坚一线开展调查研究，认真查摆整改政策不精准、基层难执行等问题，以扶贫政策的精准促进帮扶工作的精准。要完善考核办法，创造条件让基层从实际出发开展工作。要在确保实现“两不愁三保障”基础上，着眼长远，积极稳妥推进贫困地区产业发展、基础设施改善、社会文明建设等，促进脱贫攻坚和实施乡村振兴战略有机衔接。根本改变贫困地区落后面貌，必须久久为功，绝不能急于求成。

（资料来源：新华社　2018 年 1 月 29 日）

汪洋在西藏调研时的讲话（摘要）

打赢西藏脱贫攻坚战，对于改善各族群众民生福祉、巩固民族团结具有重大意义。要坚持把提高脱贫质量放在首位，合理确定脱贫时序，不赶时间进度，更加注重帮扶的长期效果，夯实稳定脱贫、逐步致富的基础。要严格执行现行扶贫标准，稳定实现贫困人口“两不愁三保障”，确保焦点不散、靶心不变。要牢固树立绿水青山就是金山银山的理念，把生态扶贫和生态保护结合起来，稳妥有序地做好高寒山区的生态搬迁工作，筑牢国家生态安全屏障。要坚持扶贫与扶志扶智相结合，正确处理外部帮扶和贫困群众自身努力的关系，提高贫困地区和贫困群众自我发展能力。

（资料来源：新华社　2018 年 8 月 26 日）

胡春华在甘肃调研时的讲话（摘要）

今年是实施精准脱贫攻坚战三年行动的第一年，要确保开好局、起好步。要严格落实已经分解的年度任务和工作清单，实施好具体扶贫工程项目，把各项基础工作做扎实。要大力发展乡村产业，走出一条适合西北地区特点的乡村产业发展路子，破解劣势、发挥优势，提高乡村产业的质量和效益。要全面加强乡村建设，突出抓好农村人居环境综合整治，深入细致做好易地扶贫搬迁，尽快补齐农村基础设施和公共服务短板，早日改变乡村面貌。要加强扶贫同扶志、扶智相结合，广泛调动农民的积极性、主动性、创造性，能由农民干的要让他们自己干，通过脱贫攻坚逐步增强广大农民自己动手建设美好家园的信心和能力。要加大财政扶贫投入，强化涉农资金统筹整合，加强扶贫资金监管，提高资金使用效益。要加强脱贫攻坚干部配备和人才培养，下沉扶贫工作力量，充实基层一线帮扶队伍。要狠抓扶贫领域作风建设，克服消极懈怠、畏难厌战情绪。要关心爱护基层干部，尽可能为他们的工作生活排忧解难，加强培训和经验交流，提高帮扶工作能力，鼓励他们为打赢脱贫攻坚战努力工作。

（资料来源：中国政府网　2018 年 3 月 25 日）

胡春华在河北调研时的讲话（摘要）

要深入贯彻习近平扶贫思想，落实好党中央、国务院关于实施脱贫攻坚常态化督查巡查的部署要求，坚持问题导向，注重工作实效，不断完善整改举措，逐级压实整改责任，持之以恒狠抓整改工作落实，推动脱贫攻坚提质增效，确保如期打赢脱贫攻坚战。

脱贫攻坚进入最后攻坚阶段，要旗帜鲜明地树立起抓落实的工作导向。要强化督战机制，扎实开展督查巡查，全面查找工作中的差距和不足，持续推动问题整改，提高扶贫精准度和实效性。要坚持目标标准，严格按照确定的年度任务和工作清单，落实好到户到人的精准帮扶举措。要深入开展扶贫扶志行动，培养贫困群众自己动手脱贫致富、建设美好家园的能力。要狠抓扶贫领域作风建设，切实解决形式主义、官僚主义问题，坚决克服疲倦厌战情绪，依法严厉打击扶贫领域贪污腐败行为。要关心爱护基层扶贫干部，激励他们用心用情用力持续做好帮扶工作。

（资料来源：中国政府网　2018 年 6 月 5 日）

胡春华在云南调研时的讲话（摘要）

要深入学习贯彻习近平总书记关于脱贫攻坚的重要指示精神，认真落实党中央、国务院关于打赢脱贫攻坚战三年行动的决策部署，聚焦深度贫困地区和特殊贫困群体，坚持目标标准，贯彻精准方略，扎实有力推进脱贫攻坚各项政策举措，确保不漏一村不落一人，坚决打赢深度贫困地区脱贫攻坚战。

深度贫困地区脱贫攻坚是硬仗中的硬仗，必须整合扶贫资源，集中力量攻坚。要聚焦解决贫困人口“两不愁三保障”，扎实有力推进各项帮扶工作，既不降低标准，也不吊高胃口。要聚焦基础设施和公共服务短板，加大政策倾斜力度，着力改善深度贫困地区发展条件。要聚焦提高脱贫质量，促进特色产业扶贫持续稳定发展，提高劳务扶贫组织化程度和劳务协作力度，加强易地扶贫搬迁产业配套和就业安置，提高东西部扶贫协作工作水平。要聚焦扶贫扶志，激发贫困群众内生动力，广泛调动贫困群众勤劳脱贫致富、建设美好家园的积极性、主动性、创造性。要聚焦扶贫领域作风建设，促进真抓实干、埋头苦干，确保如期实现深度贫困地区脱贫攻坚目标任务。

（资料来源：中国政府网　2018 年 6 月 15 日）

胡春华在新疆调研时的讲话（摘要）

要深入学习贯彻习近平总书记关于脱贫攻坚的重要论述，认真落实党中央、国务院关于打赢脱贫攻坚战三年行动的决策部署，聚焦深度贫困地区和特殊贫困群体，坚持精准扶贫精准脱贫基本方略，创新工作举措，提高脱贫质量，确保如期打赢深度贫困地区脱贫攻坚战。

要加大工作力度，强化政策举措，集中力量加快攻坚。要坚持目标标准，扎实有力推进各项帮扶工作，确保贫困人口稳定实现“两不愁三保障”。要针对基础设施和公共服务等短板，加大政策倾斜力度，着力改善深度贫困地区发展条件。要因地制宜发展贫困地区特色产业，加强特色农产品产销对接，构建多元化的利益联结机制，让贫困群众更多分享产业发展收益。要注重培养贫困群众依靠自身努力脱贫的意识，加强教育培训和宣传引导，完善帮扶政策和方式，充分调动贫困群众脱贫致富的积极性主动性。要在确保当期脱贫的同时，积极推进贫困地区乡村产业发展、农村人居环境改善和社会事业进步，促进脱贫攻坚和实施乡村振兴战略有机衔接。

（资料来源：中国政府网　2018 年 8 月 31 日）

第一篇

年度综述篇

2018年是全面贯彻党的十九大精神开局之年，是打赢脱贫攻坚战三年行动起步之年，是扶贫领域作风建设年。在以习近平同志为核心的中共中央坚强领导下，各地区各部门认真贯彻落实中共中央、国务院决策部署，扎实推进各项工作，脱贫攻坚在力度、广度、深度和精准度上都达到了新的水平，脱贫攻坚保持正确方向、迈出坚实步伐。

取得了3大标志性成果。一是编辑出版《习近平扶贫论述摘编》，深入学习习近平总书记关于扶贫工作的重要论述，取得重大理论成果。习近平总书记关于脱贫攻坚的一系列新思想、新观点、新决策、新部署，为打赢脱贫攻坚战提供根本遵循和行动指南。经中共中央批准，中央党史和文献研究院会同国务院扶贫开发领导小组办公室（以下简称"国务院扶贫办"，全书同）编辑出版了《习近平扶贫论述摘编》，已发行350多万册。国务院扶贫开发领导小组（以下简称"扶贫领导小组"）对学习活动作出部署。二是发布实施《中共中央　国务院关于打赢脱贫攻坚战三年行动的指导意见》，全面部署今后三年脱贫攻坚工作，取得重大政策成果。中共中央总书记习近平对打赢脱贫攻坚战三年行动作出重要指示，国务院总理李克强作出批示。扶贫领导小组召开打赢脱贫攻坚战三年行动电视电话会议进行安排部署。《指导意见》明确了三年攻坚行动的时间表、路线图，是贯彻党的十九大精神打赢脱贫攻坚战三年行动的实施方案。三是脱贫攻坚重点工作扎实推进，年度任务全面完成，取得重大攻坚成果。脱贫攻坚在取得决定性进展基础上，继续迈出重大步伐，全年减少1386万建档立卡贫困人口，完成280万人易地扶贫搬迁建设任务，连续6年超额完成千万减贫任务，283个贫困县退出。

形成了8个工作亮点：一是打赢脱贫攻坚战三年行动开局良好，将128项任务落实到71个部门，各部门积极出台支持政策加强落实。中西部22个省区市都制定了三年行动的实施方案，各项工作顺利推进。二是深度贫困地区脱贫攻坚步伐加快，各地各部门加大政策倾斜支持力度，"三区三州"脱贫攻坚实施方案年度任务全面完成，全年共减少贫困人口133万，贫困发生率下降6.4个百分点，比西部地区平均水平多下降3.3个百分点，脱贫进度明显加快。三是东西部扶贫协作和定点扶贫强力推进，东西部省市签订扶贫协作协议书、中央单位签订定点扶贫责任书，各项帮扶工作质量和成效显著提升。香港、澳门主动承担协作任务，分别帮扶四川省南江县和贵州省从江县。四是精准扶贫举措落地落实，贫困地区特色种养业较快发展，电商、光伏、乡村旅游等产业扶贫新模式成效显现。易地扶贫搬迁、就业扶贫、健康扶贫、教育扶贫、生态保护扶贫、社会保障兜底等工作取得积极进展。贫困地区基础设施建设加快推进，贫困群众生产生活条件明显改善。五是脱贫攻坚投入保障更加有力，中央财政专项扶贫资金投入1061亿元，省级和市县级财政扶贫资金超过2000亿元，贫困县财政涉农资金整合3200多亿元，扶贫小额信贷新增1000多亿元，累计发放5400亿元。加快财政专项扶贫资金拨付进度，建立县级脱贫攻坚项目库，健全扶贫资金公告公示制度，违纪违规问题明显减少。六是作风建设和干部培训取得成效明显，基层反映突出的层层检查评估、频繁填表报数和搞形象工程等形式主义、官僚主义问题得到遏制，工作作风更加扎实。组织脱贫攻坚干部全面培训，领导干部正确政绩观进一步树牢，处理复杂问题的能力进一步提高，基层扶贫干部观念方式进一步转变，实战能力进一步增强。七是考核监督进一步完善，十九届中央第一轮巡视将脱贫攻坚作为重要内容，开展脱贫攻坚专项巡视。扶贫领导小组开展 2017 年脱贫攻坚成效考核，分三批组织实施脱贫攻坚督查巡查，脱贫攻坚民主监督、纪检监察、审计、媒体等都加大了监督力度。建立脱贫攻坚常态化约谈机制，对 9 个省区的 10 个县党政主要负责同志、3 个省区有关部门和扶贫办主要负责人进行约谈并公开曝光，有力促进工作落实。八是宣传舆论氛围更加浓厚，广泛宣传脱贫攻坚先进典型和成就，总结宣传典型经验。积极开展扶贫外宣，讲好中国减贫故事。及时应对舆情事件，正确引导舆论。开展脱贫攻坚奖评选表彰和扶贫日活动。通过加大宣传力度，进一步发挥了榜样示范作用，有力维护了脱贫攻坚良好形象，营造了脱贫攻坚良好舆论氛围。

脱贫攻坚还存在不少困难和问题，主要有：一是实现“两不愁三保障”存在薄弱环节。贫困群众“吃水难”“饮水不安全”的问题，义务教育阶段孩子辍学的问题，乡村看病难的问题，贫困户住危房的问题，在一些贫困地区仍然存在。二是深度贫困地区脱贫难度大。“三区三州”和“三区三州”外的深度贫困县贫困程度仍然较高，基础条件仍然较差，实现脱贫仍有不少突出短板需要解决，需要继续加大支持力度。三是稳定脱贫长效机制有待健全。一些地方产业扶贫基础不扎实，片面追求短期速效，部分产品市场销售困难，影响贫困群众增收。一些地方易地扶贫搬迁配套产业和促进就业跟不上，后续脱贫缺乏支撑。一些地方对贫困户的帮扶缺乏持续性，还没稳定脱贫就停止执行帮扶政策措施。四是帮扶工作方式方法不够精准。一些地方扶贫工作简单化，“一发了之”“一股了之”“一兜了之”不同程度存在，帮扶精力没有聚焦在帮扶贫困乡村和贫困群众的发展上。个别地方和部门利用脱贫攻坚搞“搭车”，扩大范围、提高标准。

（国务院扶贫办综合司　林江平）

第二篇

改革创新篇

【脱贫攻坚专项巡视】 经中共中央批准，十九届中央第二轮巡视对内蒙古、吉林、安徽、江西、湖北、广西、重庆、云南、西藏、陕西、甘肃、青海、新疆、国家发展和改革委员会、教育部、民政部、财政部、人力资源和社会保障部、住房和城乡建设部、交通运输部、水利部、农业农村部、国家卫生健康委员会、国务院扶贫开发领导小组办公室、中国农业发展银行、中国农业银行等26个地方、单位党组织开展脱贫攻坚专项巡视。这是首次集中在一个领域开展专项巡视。

党的巡视工作首要任务是督促党的路线方针政策贯彻执行，保障中共中央决策部署落实，以实际行动维护习近平总书记核心地位、维护党中央权威和集中统一领导。开展脱贫攻坚专项巡视，是贯彻党中央关于打赢脱贫攻坚战三年行动部署要求的重大举措，是坚持以人民为中心、着力发现和推动解决侵害群众利益问题的具体实践。

本轮中央巡视紧紧围绕落实党中央脱贫攻坚方针政策、落实党委（党组）脱贫攻坚主体责任、落实纪委监委（纪检监察组）监督责任和有关职能部门监管责任、落实脱贫攻坚过程中各类监督检查发现问题整改任务这“四个落实”，深入开展监督检查。纳入扶贫考核的中西部22个省区市中，上一轮中央常规巡视已将9个省区的扶贫工作作为监督重点之一进行了专题了解。将其余13个省区市以及脱贫攻坚中承担重要职责的11个中央国家机关、2个中央金融企业党组织作为本轮专项巡视对象，围绕脱贫攻坚开展重点监督和专项检查，做到条块结合、点面结合、上下结合，有助于更加精准发现并推动解决共性问题和深层次问题。

2018年10月9日，中共中央政治局常委、中央巡视工作领导小组组长赵乐际出席十九届中央第二轮巡视工作动员部署会并讲话。会议传达学习了中共中央总书记习近平关于巡视工作重要指示精神，对做好脱贫攻坚专项巡视工作做出部署。中共中央政治局委员、中央巡视工作领导小组副组长杨晓渡主持会议，中共中央政治局委员、中央巡视工作领导小组副组长陈希宣布中央脱贫攻坚专项巡视组长授权任职及任务分工决定。

10月17日至20日，被巡视地方、单位分别召开巡视进驻动员会，中央脱贫攻坚专项巡视全部完成进驻。中央巡视组在被巡视地区和单位工作1个月左右。巡视期间设专门值班电话和专门邮政信箱。根据脱贫攻坚专项巡视工作要求，中央巡视组主要受理反映脱贫攻坚方面的问题和线索。

（国务院扶贫办综合司　居　伟）

【完善考核评估】 2018年，国务院扶贫办会同国务院扶贫开发领导小组（以下简称“扶贫领导小组”）相关成员单位，在总结2015年试考核和2016年正式考核做法与经验的基础上，对2017年省级党委和政府扶贫开发工作成效考核进行了改进和完善。

加强考核统筹整合。统筹整合省级党委和政府扶贫开发工作成效考核与东西扶贫协作考核，将东西部扶贫协作实地考核并入省级党委和政府扶贫开发成效省际交叉考核，统筹安排，一次完成。具体实施按照“五统一”方式进行，即统一部署，统筹安排两项考核工作。统一组织，组建一个交叉考核组赴各省区市开展考核。统一培训，对交叉考核组骨干力量同时进行政策和业务培训。统一抽样，共同确定实地调查的县样本。统一评定，两项考核结果同时评定，东西部扶贫协作考核结果作为省级党委政府扶贫开发工作成效考核的参考依据。

完善考核内容指标。将脱贫攻坚重大政策落实情况纳入精准帮扶考核。围绕精准扶贫精准脱贫，稳定实现“两不愁三保障”，对重大扶贫政策措施落地、重点工作推进及贫困人口受益等情况进行评价。将脱贫人口返贫情况纳入精准识别考核，分析返贫原因，提高退出质量，促进稳定脱贫。启动对贫困县退出计划完成情况的考核，考核依据为上一年度申请退出贫困县退出的专项评估检查结果。

优化考核方式方法。按照自查总结、年终考核和平时情况相结合的实施模式，采取年度考核与平时情况相结合、定性评价与定量评价相结合、横向比较与纵向比较相结合的方式进行综合评价。调整省际交叉考核内容，重点考核脱贫攻坚责任落实、政策落实和工作落实情况。简化第三方评估，主要评估贫困识别和退出准确率、帮扶工作群众满意度以及“两不愁三保障”实现情况。增加媒体暗访考核，充分发挥媒体监督作用，总结典型经验，查找发现突出问题。增加财政专项扶贫资金绩效评价实地检查。首次委托会计师事务所专业人员随机抽取样本县对扶贫资金使用管理和公示公告情况进行实地抽查评价。规范平时情况梳理。将平时情况分为三类，分别是行业扶贫专项考核检查情况、脱贫攻坚审计检查和监督信访情况以及行业部门统计监测数据，避免“一考定终身”，引导各地把主要精力放到平时工作中，更加关注脱贫攻坚工作质量。

改进考核工作机制。坚持问题导向，健全考评机制，把从严从实、较真碰硬贯穿考核评估安排部署、组织实施、结果运用和整改落实全过程各环节，提高考核评估质量和水平。强化考评队伍建设。优化人员结构，充分考虑专业背景、能力水平和工作经验，配备熟悉“两不愁三保障”目标和扶贫重大政策相关领域人员。加强考评工作培训。对考评人员进行全员培训，解读政策，明确标准，规范程序，先考核、后上岗，实行淘汰制。建立问题核实机制。实地考核发现的疑似问题及时反馈地方基层，由被考核地方作出解释说明、提供佐证资料，考评人员按程序进行复核，确保结果真实可靠过硬。严格执行工作纪律。制定考核评估正面和负面清单，严肃考评工作纪律，严禁各地干扰考核评估。建立干扰考核评估即时报告制度，及时纠正处理干扰行为。将地方干扰考核情况纳入综合分析评价范围。优化整改落实机制。将考核发现问题整改落实情况纳入考核评估工作范畴，改进考核情况通报反馈方式，加强整改落实督促指导。整改期结束后，扶贫领导小组分类组织督查巡查，严格检查整改过程、验收整改成效。

（国务院扶贫办考核评估司　张慧东）

完善东西部扶贫协作考核评估。为贯彻落实中共中央、国务院脱贫攻坚决策部署，按照《东西部扶贫协作考核办法（试行）》和《2018 年脱贫攻坚成效考核工作》要求，国务院扶贫开发领导小组对承担东西部扶贫协作任务的东部 9 个省 13 个城市和中西部 14 个省 20 个市州进行了考核。

与 2017 年试考核相比，2018 年的东西部扶贫协作考核主要有以下六点变化：一是加强了统筹整合。按照中共中央办公厅《关于统筹规范督查检查考核工作的通知》要求，将东西部扶贫协作考核与省级党委和政府扶贫开发工作成效考核、中央单位定点扶贫工作考核统筹整合为脱贫攻坚成效考核。二是考核内容主要以扶贫协作协议完成情况为主。同时对各地的工作创新情况进行考核。三是考核对象与签订扶贫协作协议书的范围一致。将签订协议书的中部河北、吉林、湖北、湖南四省，西部的四川凉山，云南昭通、怒江，甘肃定西、陇南、临夏 6 个市州纳入考核范围。四是加强统筹协调。经商国家发展和改革委员会（以下简称“国家发展改革委”）同意，明确东部 9 省市与西藏、新疆及四省藏区开展携手奔小康工作情况，由国家发展改革委负责考核。五是增加成员单位。2017 年参与考核的考核工作组成员单位有 10 家，分别是国务院扶贫办、中共中央组织部、中共中央统战部、国家发展改革委、教育部、国家民族事务委员会、财政部、人力资源和社会保障部、国家卫生健康委员会、全国工商业联合会。根据实际工作需要，2018 年增加农业农村部、自然资源部、中国残疾人联合会 3 家单位。六是明确“较差”等次的评价标准。有下列情形之一的年度考核确定为“较差”等次：未完成年度扶贫协作协议的；违纪违规使用扶贫资金，造成严重损失浪费且影响恶劣的；弄虚作假，虚报成绩，干扰考核工作的。

考核分为省市总结、交叉考核、综合评议三个步骤。扶贫协作双方提交了自评总结报告。国务院扶贫办对参加实地交叉考核的业务骨干进行培训，组织开展实地交叉考核。国务院扶贫办召集考核工作组成员单位进行综合评议，研究考核情况，分析核实考核中发现的突出问题，形成综合评价报告，报中共中央、国务院审定。

（国务院扶贫办社会扶贫司　张　伟）

中央单位定点扶贫工作考核。为全面贯彻落实中共中央、国务院脱贫攻坚决策部署，按照中共中央办公厅《关于统筹规范督查检查考核工作的通知》要求，国务院扶贫开发领导小组决定将 2018 年省级党委和政府扶贫开发工作成效考核、东西部扶贫协作考核和中央单位定点扶贫工作考核统筹整合为“2018 年脱贫攻坚成效考核”。根据《2018 年脱贫攻坚成效考核工作方案》，国务院扶贫办会同中共中央组织部、中共中央统战部、中央和国家机关工委、中央军委政治工作部、教育部、中国人民银行、国务院国有资产监督管理委员会 7 个定点扶贫牵头部门印发《关于 2018 年脱贫攻坚成效考核有关事项的通知》。按照通知要求，国务院扶贫开发领导小组对 2018 年中央单位定点扶贫工作情况进行了正式考核。

国务院扶贫办会同各牵头部门成立中央单位定点扶贫考核工作组，开展考核培训。288 家中央单位对 2018 年定点扶贫工作情况开展自评，国务院扶贫办会同有分类考核任务的 5 个牵头部门进行了中央单位定点扶贫分类评价，主要方式为各单位派员参加，集中审阅材料、分组评议、投票评价。中共中央统战部、中央和国家机关工委、教育部、中国人民银行、国务院国有资产监督管理委员会 5 个牵头部门分别组织了分类考核并提出初步考核意见，考核工作组进行了综合评议，形成综合评价建议，报中共中央、国务院审定。

经中共中央、国务院同意，2018 年 4 月 30 日，国务院扶贫开发领导小组对 2017 年中央单位定点扶贫工作成效考核情况进行了通报，310 家中央单位中，考核等次为“好”的有 54 家，占比 17.4%；考核等次为“较好”的 96 家，占比 31%；考核等次为“一般”的有 160 家，占比 51.6%。

中央军委政治工作部也制定《军队和武警部队定点扶贫工作检查督导办法》，会同军委国防动员部、陆军和武警部队群众工作部门，对中央军委机关部门和战区级单位定点扶贫工作进行抽查，并形成检查督导情况报告。

（国务院扶贫办社会扶贫司　周晓云）

第三篇

基础工作篇

【建档立卡】 2018年，全国建档立卡贫困人口脱贫1522万人、新识别67万人、返贫5.8万人，贫困户家庭成员自然增加51万人、自然减少86万人，全国剩余建档立卡贫困人口规模减少至1381万人，净减少1486万人。

2018年建档立卡主要工作有：完善建档立卡指标体系。在原有贫困户359条指标基础上，新增110条，删除47条，修改30条；在原有贫困村村表116条指标基础上，新增116条，删除37条，修改27条。开展扶贫对象动态调整工作。6月1日，印发《关于做好2017年度考核整改建档立卡数据信息调整和补录工作的通知》，组织开展扶贫对象动态调整工作，纠正漏评、错评、错退人口等现象。截至7月底，全国新识别贫困人口38.7万人，补录32.7万人，清退168.3万人。剩余贫困人口从2017年底的2840万人调整为2867万人。开展扶贫对象动态管理工作。分期分区开展覆盖省、市、县三级扶贫部门的建档立卡大培训，培训学员约5700人。开展3次视频调度。开展建档立卡专项督查，现场督导动态管理工作。各级扶贫部门及基层干部近300万人参与动态管理工作。建档立卡数据分析。发布4期《全国扶贫开发数据质量报告》，指导地方开展数据清洗，进一步提升数据质量。与中国农业大学、中国社会科学院等科研机构合作，开展数据分析。全年围绕年度综合情况、深度贫困问题、“两不愁三保障”解决情况、数据比对结果等脱贫攻坚重点、难点、热点问题开展数据分析，编制30多期各类数据分析报告。

（国务院扶贫办信息中心　陆春生）

【干部驻村帮扶】 向贫困村选派驻村工作队，是加强脱贫攻坚一线工作力量、强化贫困地区基层组织、打通政策落实“最后一公里”的重要举措。国务院扶贫办坚持以习近平总书记关于扶贫工作的重要论述为指导，认真贯彻落实中共中央办公厅、国务院办公厅《关于加强贫困村驻村工作队选派管理工作的指导意见》（以下简称《指导意见》），突出问题导向，传导责任压力，明确目标要求，合力推动落实。

研究贯彻落实举措。一是细化实化任务。国务院扶贫办制定印发《国务院扶贫办贯彻落实〈关于加强贫困村驻村工作队选派管理工作的指导意见〉工作计划》，细化实化工作任务，强化问题导向、实战导向。二是部署推进工作。5月，国务院扶贫办在湖北省孝感市召开驻村帮扶工作现场会，围绕贯彻落实《指导意见》，交流驻村帮扶工作经验做法，研究部署驻村帮扶工作。在国务院扶贫办指导下，各地认真贯彻落实《指导意见》精神，不断深化驻村帮扶工作，改革体制机制，完善各项制度，研究出台《指导意见》实施意见，或者对本省原有驻村工作队管理办法等文件进行修订。三是组织调研暗访。国务院扶贫办先后组织调研组，到河北、山西、内蒙古、湖北、湖南、重庆、贵州、陕西、甘肃、宁夏10个省区市，通过走访贫困村、贫困户，与基层干部座谈交流等方式，深入了解《指导意见》贯彻落实情况，研究解决存在的问题，及时纠错纠偏。同时，委托有关媒体到吉林、黑龙江等省进行暗访，了解驻村帮扶工作效果。

加大干部选派力度。一是覆盖范围更大。全国在岗的驻村工作队24.2万个、驻村干部90.6万人，实现对建档立卡贫困村全覆盖。二是聚焦深度更准。各地进一步聚焦深度贫困地区，重点围绕“派”“帮”“管”“服”四个方面，突出脱贫攻坚目标、方略、政策、路径等工作落实，加大对深度贫困地区的帮扶力度。三是队伍结构更优。

各省区市优先安排优秀年轻干部和后备干部参加驻村帮扶，不断优化驻村工作队人员结构。四是实战能力更强。各地坚持问题导向，瞄准实战需求，按照驻村干部“干什么、学什么、缺什么、补什么”原则，有针对性地开展培训，通过示范培训和大规模轮训相结合、请进来和走出去相结合、课堂教学和现场教学相结合等方式，培育驻村干部奉献精神，提高实战能力。全国共开展驻村干部培训 113.9 万人次。

强化考核激励措施。各地不断健全完善驻村工作队管理规章制度，坚持日常考勤管理，严格执行请销假制度，对驻村干部在岗履职、工作效果、廉洁自律等情况进行全面考核。同时，普遍建立了奖惩机制，对干得好的提拔重用、评优表彰。对干得不好的及时召回调整，压实干部帮扶责任，推进帮扶任务落实，让驻村干部既有压力，又有动力，提高了战斗力，增强了活力。

落实驻村工作保障。一是保障工作经费。各地均出台或完善了保障驻村帮扶工作队工作经费相关规定，根据经济发展水平制定工作经费标准，安排财政专项经费，确保工作队正常开展工作。二是完善保障制度。各地在为驻村干部安排发放生活、交通补助，办理人身意外险等方面都建立起了比较完善的保障制度，尽可能创造条件支持驻村工作队工作。三是加强心理关怀。各地高度重视驻村干部身心健康，给予关心关爱，定期与驻村干部谈心谈话，了解思想动态，切实让驻村干部感受到组织温暖。

（国务院扶贫办政策法规司　刘成义）

【贫困退出】　2018 年 6—8 月，国务院扶贫开发领导小组（以下简称“扶贫领导小组”）组织第三方评估机构对中西部 20 个省区市 2017 年申请退出的 125 个贫困县退出情况进行了专项评估检查。

125 个贫困县退出基本情况。125 个贫困县涉及中西部 20 个省区市。其中有 49 个革命老区县，62 个少数民族县，14 个边境县。2014 年建档立卡时，125 个县贫困人口总规模 459.2 万人，县均 3.7 万人；贫困发生率平均为 14.2%，最高的 44.4%。2017 年底申请退出时，累计脱贫 388 万人，自然减少 34.7 万人，剩余贫困人口 36.5 万人，县均 2923 人，最多的县 1.98 万人，有 5 个县已无建档立卡贫困人口；贫困发生率平均为 1.13%，最高的 2.76%。经县级提出、市级初审、省级核查和公示，2018 年 4 月，20 个省区市向扶贫领导小组提出申请，对 125 个贫困县退出情况进行专项评估检查。

专项评估检查开展情况。组建由 12 个扶贫领导小组成员单位组成的评估检查工作组，制定完善工作方案，组织第三方评估机构开展专项评估检查。

2018 年 6—8 月，由 12 家第三方评估机构牵头，组织 46 家参与机构、4515 名调查评估人员，分两批对 125 个贫困县开展专项评估检查。共随机抽查 3462 个行政村，其中贫困村 2603 个，非贫困村 859 个，县均 28 个。入户调查 19.2 万户，县均 1542 户，其中漏评排查 5.7 万户，问卷调查 8.3 万户脱贫户和 5.2 万户非建档立卡户。座谈访谈县乡干部 6031 人、村干部 10393 人，征求了 1716 名县乡人大代表、县政协委员意见。

评估检查结果显示，125 个贫困县中，36 个中部地区县综合贫困发生率全部低于 2%，89 个西部地区县全部低于 3%，群众认可度均高于 90%，全部符合脱贫摘帽条件。

评估检查结束后，扶贫领导小组将评估检查结果反馈各省区市，各地分别于 8 月和 9 月由省级人民政府公布 125 个贫困县脱贫摘帽，全国脱贫摘帽贫困县总数增至 153 个。

附表　2016年、2017年退出贫困县名单

地区	2016年（28个县）	2017年（125个县）
河北省	3个：望都县、海兴县、南皮县	11个：平山县、青龙满族自治县、魏县、平乡县、威县、易县、平泉市、盐山县、武邑县、饶阳县、阜城县
山西省		3个：右玉县、吉县、中阳县
内蒙古自治区		1个：林西县
黑龙江省		5个：甘南县、富裕县、饶河县、抚远市、望奎县
安徽省		1个：岳西县
江西省	2个：井冈山市、吉安县	6个：瑞金市、万安县、永新县、广昌县、上饶县、横峰县
河南省	2个：兰考县、滑县	3个：新县、沈丘县、新蔡县
湖北省		2个：红安县、神农架林区
湖南省		5个：茶陵县、炎陵县、石门县、桂东县、中方县
广西壮族自治区		1个：龙州县
重庆市	5个：万州区、黔江区、武隆区、丰都县、秀山土家族苗族自治县	3个：开州区、云阳县、巫山县
四川省	2个：南部县、广安区	10个：北川羌族自治县、沐川县、嘉陵区、仪陇县、巴州区、汶川县、理县、茂县、马尔康市、泸定县
贵州省	1个：赤水市	14个：桐梓县、凤冈县、湄潭县、习水县、西秀区、平坝区、黔西县、碧江区、万山区、江口县、玉屏侗族自治县、兴仁县、瓮安县、龙里县
云南省		15个：寻甸回族彝族自治县、罗平县、玉龙纳西族自治县、宁洱哈尼族彝族自治县、云县、牟定县、姚安县、石屏县、勐海县、祥云县、宾川县、巍山彝族回族自治县、洱源县、鹤庆县、芒市
西藏自治区	5个：城关区、亚东县、乃东区、巴宜区、卡若区	25个：林周县、当雄县、尼木县、曲水县、堆龙德庆区、达孜区、墨竹工卡县、类乌齐县、丁青县、桑日县、琼结县、曲松县、洛扎县、加查县、错那县、白朗县、康马县、定结县、吉隆县、聂拉木县、比如县、噶尔县、工布江达县、米林县、波密县
陕西省		4个：延长县、佛坪县、横山区、定边县
甘肃省		6个：皋兰县、崆峒区、正宁县、两当县、临夏市、合作市
青海省	3个：同德县、河南蒙古族自治县、都兰县	7个：平安区、循化撒拉族自治县、刚察县、格尔木市、德令哈市、乌兰县、天峻县
宁夏回族自治区		1个：盐池县
新疆维吾尔自治区	5个：民丰县、察布查尔锡伯自治县、青河县、托里县、巴里坤哈萨克自治县	2个：尼勒克县、吉木乃县

（国务院扶贫办考核评估司　张慧东）

【贫困地区干部培训】 2018年4月2日，中共中央组织部、国务院扶贫办联合印发《聚焦打好精准扶贫攻坚战干部教育培训意见》（以下简称《意见》），为今后三年全国扶贫干部轮训提供了组织保障。

2018年，国务院扶贫办共举办培训班35个班次，共培训学员3562人次。其中在中共中央党校（国家行政学院）举办的“省部级干部打好精准脱贫攻坚战专题研讨班”（套办“厅局级干部研讨班和深度贫困地区市地州党政主要负责同志专题研讨班”），中国浦东干部学院举办的“贫困县党政正职专题研讨班”“习近平总书记关于扶贫工作的重要论述研讨班”“贫困村创业致富带头人示范培训班”“深度贫困地区激发内生动力研讨班”“全国脱贫攻坚培训工作研讨班”等培训班使扶贫干部政治素养、业务能力、工作作风得到全面改进和提升。召开东部、中部、西部片区脱贫攻坚培训推进会，为完善全国扶贫培训体系建设打基础。配合中共中央党校，中国浦东干部学院，中共中央组织部教师进修学院、党员教育中心等单位合作开展各类有关脱贫攻坚的贫困地区干部培训，拓宽脱贫攻坚培训的受众对象，为各级干部提高脱贫攻坚本领提供支持。与中国浦东干部学院开展扶贫网络学院，共同开设“脱贫攻坚网络专题班”，第一批上线的有5000多人，通过互联网技术，为创新培训方式，拓宽培训覆盖面做出积极探索。2018年全国的扶贫培训达到空前规模，全国各级机构各部门共培训774万人。

2018年，全国扶贫宣传教育中心开发出版全国扶贫教育培训系列教材2批共10本，为扶贫干部大轮训提供基础性教材。与中共中央宣传部宣传教育局合作出版《农村政治思想工作案例选编》。开展扶贫扶志理论与实践的课题研究工作，对全国开展扶贫扶志案例征集，评选优秀案例。

开展脱贫攻坚总结方案制定和贫困县摘帽案例研究项目，为全国脱贫攻坚总结工作提供样板和借鉴，为扶贫宣传提供素材支撑。

（全国扶贫宣传教育中心　骆艾荣）

【扶贫扶志】 中共中央总书记习近平高度重视扶贫扶志，在脱贫攻坚重要会议、重要考察等活动中，几乎都强调扶贫扶志，提出了“脱贫攻坚是干出来的”“幸福是奋斗出来的”“滴水穿石”“弱鸟先飞”等重要论断。由中共中央党史和文献研究院编辑并公开出版的《习近平扶贫论述摘编》，“坚持群众主体，激发内生动力”主题是单独一章，摘录了习近平总书记关于扶贫扶志的26段重要论述。中共中央、国务院印发的《关于打赢脱贫攻坚战三年行动的指导意见》，将扶贫扶志行动作为十项到村到户到人精准帮扶举措之一，提出8条措施。

为深入贯彻落实习近平总书记关于扶贫扶志的重要论述和《三年行动指导意见》精神，2018年10月，国务院扶贫办会同12部委印发了《关于开展扶贫扶志行动的意见》，包含4方面具体措施。一是采取有效措施，增强立足自身实现脱贫的决心信心。包括开展扶志教育、加强技能培训、强化典型示范。二是改进帮扶方式，提高贫困群众脱贫能力。包括引导贫困群众发展产业和就业、加大以工代赈实施力度、减少简单发钱发物式帮扶、发挥贫困群众主体作用。三是推进移风易俗，引导贫困群众健康文明新风尚。包括提升乡风文明水平、加大贫困地区文化供给力度、发挥村民治理机制和组织作用、加强对不良行为惩戒。四是强化基层党组织政治功能，加强对贫困群众的教育引导。包括选好配强村级党组织带头人、发挥好村级党组织组织群众宣传群众凝聚群众服务群众的作用、因地制宜发展壮大村级集体经济。这是中央层面出台的关于扶贫扶志工作的第一个综合性指导文件。不少省份也出台了省内的扶贫扶志指导意见，提出了措施，明确了责任单位和工作要求。

脱贫攻坚以来，各地区结合实际探索创

新，在扶贫扶志方面积累了许多可借鉴、可推广的好经验好做法。通过召开研讨班、印发扶贫信息等方式，对有关典型进行推广。

一是在宣传教育方面。各省区立足于基层宣传教育平台，加强贫困群众思想教育和政策、典型宣传，拓展思路、提振信心。广西壮族自治区组织开展贫困户、优秀脱贫户、帮扶干部“三方见面活动”，组织讲好脱贫故事，提振脱贫信心，带动贫困群众脱贫。宁夏回族自治区泾源县按照“八有”标准，建阵地、开讲习，把新时代农民讲习所建成凝心聚力的大阵地、脱贫攻坚的大课堂、同步小康的大本营。内蒙古自治区克什克腾旗开展“三认三记”精神扶贫，理顺扶贫干部和贫困人口精神帮扶渠道，干部“认门、认人、认亲”，贫困户“记人、记事、记党恩”，全旗干群同心同向、凝心聚力。四川省马边彝族自治县制定了“懒汉”“五变套餐”，通过组建乡村巡回演讲团、报告人与贫困群众交流脱贫致富的心路历程、政府与贫困户共同制定脱贫方案、致富能手全程帮带、定期召开“我的增收路”分享评点会等形式，激发起村民脱贫奔小康的内生动力。

二是在政策引导方面。各地逐步调整了产业扶贫补助资金发放方式，从事前发钱变成了事后奖补。光伏扶贫收益使用方向也在进行调整，村级光伏扶贫电站的发电收益形成村集体经济，用以开展公益岗位扶贫、小型公益事业扶贫、奖励补助扶贫等，减少直接发钱发物。浙江省长兴县推出“双扶”行动，通过以奖代补形式帮助集体经济落后村创新发展模式、拓宽增收渠道，通过“十百千万”助农增收行动帮助农户增收。河南省唐河县开展设立“志智双扶”红黑榜，按照多劳多得、少劳少得、不劳不得的原则发放积分，积分最高、表现最好的贫困户上“红榜”，差者上“黑榜”。湖南省株洲县提出“脱贫立志、星级创建”扶贫扶志举措，对贫困户表现进行评星定级，实行差异化管理和帮扶，将评星定级结果直接与“面子”“票子”挂钩。安徽省坚持基层“点餐”的需求申报模式，根据基层“下单”需求，与全省高校、科研院所、大型企业等单位专家精准对接，提升服务针对性和实效性，为地方特色扶贫产业发展提供有力技术支持。爱心超市已经成为各地比较通行的做法，通过积分兑现物资奖励，奖勤、奖孝、奖文明，让贫困户从细微处做起，从点滴中起变化。

三是在脱贫能力方面。重点是通过开展职业技术和实用技术培训，增强贫困群众干事创业本领。甘肃省人民检察院创立精准扶贫培训＋产业就业模式，在检察院培训基地建立“小康互助组”，集资购置猪仔、鸡苗、鱼苗、树苗，培训基地无偿提供圈舍、鱼塘、温棚和土地，聘请农业专家、饲养能手现场培训指导，并在教官组织下每天开展军训，提振精神面貌。福建省南安市蓉中村探索开展贫困村致富带头人培训的“1＋11”模式，“1”是指参训学员在蓉中培训基地进行为期1个月的创业培训；“11”是指学员在培训结业返乡后，11个月时间内可以继续获得创业学习和孵化指导，该模式将培训与创业有机结合，提升了创业水平，更好带动贫困人口脱贫。山西省天镇县许家窑村开展扶贫“信心、暖心工程”，给群众送去精神脱贫的“争先管箩”，配备插卡收音机、党的政策学习资料、致富信息、现代农业技术书籍等，使村民在精神层面争先进步，引导他们做新型农民、建设新型农村。

四是在乡风文明建设方面。重点是引导贫困群众孝亲敬老、遵纪守法、抵制陈规陋习等。江西省鄱阳县聚焦文化“扶民、富民、惠民”做文章，以先进的文化占领农村阵地，以高尚的思想塑造新型农民，教育引导贫困群众树立勤学苦干、自立自强的思想意识。山东省临沭县充分挖掘和利用丰富的非遗资源，深入实施传统工艺振兴计划，创造性地提出了文化惠民先扶志、文化培训再扶智、文化项目助脱贫的文化扶贫“三步工作法”。陕西省旬阳县创新开展“道德评议会”，通过“群众说、乡贤论、榜上亮”三个环节，调动群众广泛参与的积极性，激发群众内生动力。山东省建立孝善基金，通过子女拿一点、社会捐一点、财政补一点等，在村级设立孝善基金，定期发放或以实物形式给老人，引导子女孝敬老人。

（国务院扶贫办政策法规司　江如贵）

【贫困县财政涉农资金统筹整合使用试点】　2018年，财政部继续将贫困县涉农资金整合试点作为强化资金投入保障的重点工作，抓实政策执行坚持放权到位，不断深入推进贫困县涉农资金整合。会同国务院扶贫办对2017年整合试点进行了全面总结和绩效评价，印发《关于2017年贫困县涉农资金整合试点工作推进情况的通报》，对22个试点省工作推进情况进行了分类排序和通报。在总结过去两年推进整合试点绩效的基础上，坚持问题导向，印发《关于做好2018年贫困县涉农资金整合试点工作的通知》，对进一步抓好整合试点提出明确要求，重点督促各地严格按照规定的范围和要求推进试点；落实“省负总责”要求，进一步提高整合的深度和质量；完善贫困县年度整合方案，找出“坚之所在”，排出轻重缓急，优先解决突出短板和重点问题，推动试点深入有序开展。同时，加强对整合试点的政策培训和调研指导，编印工作简报交流各地经验。

截至2018年底，全国832个贫困县实际整合2018年各级相关涉农资金规模超过3000亿元，资金主要投向农业生产发展方向和农村基础设施建设项目。从各地上报情况看，全国整合资金支出进度明显加快，资金投向进一步优化。

（财政部农业司　朱山涛）

【扶贫资金使用】　2018年，各地认真学习中央领导同志关于加强扶贫资金管理使用的重要指示精神，贯彻落实中共中央国务院关于加强扶贫资金管理的各项决策部署，深化资金管理使用机制改革，推进贫困县财政涉农资金统筹整合，强化资金监督管理机制，完善脱贫攻坚项目库建设，严格落实扶贫资金项目公告公示制度，充分发挥资金使用效益。

继续加大资金投入力度。2018年，中央、省级财政专项扶贫资金共计1796亿元，比2017年增加397亿元，增长28.4%。其中：中央安排1061亿元，增加200亿元，增幅为23.2%；省级安排735亿元，增加197亿元，增幅36.6%。

坚持资金精准使用。贯彻精准扶贫、精准脱贫基本方略，在精准识别贫困人口的基础上，把资金使用与建档立卡结果相衔接，与脱贫成效相挂钩，切实使资金惠及贫困人口。

一是资金使用到村到户，提高精准度。各地结合扶贫开发工作实际情况，围绕培育和壮大特色产业、改善小型公益性生产生活设施条件、增强贫困人口自我发展能力和抵御风险能力等方面，因户施策、因地制宜使用资金。据各省2018年底上报数据，中央财政专项扶贫资金（扶贫发展和“三西”建设，以下同）中有58.1%的资金用于建档立卡贫困户，主要是通过直接补助、资产收益扶贫、信贷支持和龙头企业、合作社等经营组织带动，以及开展职业教育培训、扶贫小额贷款贴息等支持产业发展，促进能力建设；约34.2%的资金用于建档立卡贫困村农田水利、村级道路、人畜饮水、沼气等能源项目、危房或住房改造项目等基础设施建设；7.7%的资金用于金融扶贫风险补偿金、保险及信息化和建档立卡管理等支出。

二是推进重点扶贫工作。据各省不完全统计，中央财政扶贫资金中，有46.6%的资金用于贫困村提升工程（或整村推进），支持贫困村基础设施、产业发展、村容村貌改善等方面；13%的资金用于易地扶贫搬迁贴息和后续产业发展；2.1%的资金用于

“雨露计划”等职业教育培训工程，主要实施贫困家庭“两后生”职业教育培训、劳动力转移培训和创业致富带头人培训；5.3%的资金用于扶贫小额信贷贴息、风险补偿等；18.7%的资金用于资产收益扶贫；14.3%的资金用于电商扶贫、旅游扶贫、光伏扶贫等。

三是支持产业发展与基本生产生活条件改善。各地加大对优势特色产业扶持力度，中央财政扶贫资金中约48.6%直接用于产业发展；约30.3%用于农田水利、村级道路、人畜饮水、沼气等能源项目、危房或住房改造项目等改善贫困村基本生产生活条件的基础设施建设；21.1%用于金融扶贫贴息及风险金、能力提升及保险等其他方面。

（国务院扶贫办规划财务司　赵兴奇）

【扶贫资金监督管理】　十八大以来，中共中央、国务院对加强扶贫资金管理高度重视，中央领导同志多次做出重要指示批示。国务院扶贫开发领导小组多次研究部署扶贫资金监管问题。国务院扶贫办认真学习贯彻落实，将加强扶贫资金管理作为脱贫攻坚的基础工作和重点工作来抓。

一是加强资金管理制度建设。2018年制定出台了《关于完善县级脱贫攻坚项目库建设的指导意见》《关于完善扶贫资金项目公告公示制度的指导意见》，国务院办公厅转发了《财政部、国务院扶贫办、国家发展改革委扶贫项目资金绩效管理办法》，强化资金使用和建档立卡结果衔接，强化资金统筹整合，强化脱贫攻坚项目储备，完善扶贫资金项目公告公示，全面实施绩效管理，从制度层面不断提高扶贫资金使用精准度和效益。

二是简政放权推进项目审批权限下放。加快资金拨付进度，2018年度中央财政专项扶贫资金1061亿元于4月全部下达到省。督促各省按规定时间拨付下达，做到资金早下达，便于基层项目的早准备早实施。支持贫困县开展统筹整合使用财政涉农资金试点，资金项目审批权限下放到县，由贫困县围绕脱贫攻坚目标任务精准使用，因地制宜推进脱贫攻坚，切实解决“打酱油的钱不能买醋”的问题。截至2018年底，全国832个贫困县累计整合资金9000多亿元。

三是强化脱贫攻坚项目库建设。指导各地加强项目论证和储备，提高扶贫资金精准使用效率，防止资金闲置和损失浪费。项目库建设要求坚持现行扶贫标准，聚焦建档立卡贫困人口脱贫和贫困县摘帽需求，聚焦“两不愁三保障”目标任务，把产业扶贫、基本公共服务、贫困村提升工程作为项目库建设重点内容。要求坚持逐村逐户分析致贫原因，因户因人确定帮扶措施，自下而上精准选择扶持项目，县级相关行业主管部门加强项目可行性研究和科学论证，做好统筹规划，不断提高项目入库质量。截至2018年底，全国有2000多个县完成脱贫攻坚项目库建设，共入库项目250多万个，资金需求2.4万亿元，实现“钱等项目”向“项目等钱”转变。

四是落实项目资金公告公示。落实中央、省、市、县财政专项扶贫资金分配结果一律公开，乡村两级扶贫项目安排和资金使用情况一律公告公示的要求，将中央财政专项扶贫资金分配结果在财政部、扶贫办门户网站予以公告，对省级分配中央财政专项扶贫资金公告情况进行定期通报，督促各省对省市县各级资金分配结果公告情况和乡村两级公告公示情况加强指导和监督。各地通过主流媒体、门户网站、手机短信和村公告公示栏等方式，公开政策规定、资金使用和项目实施等情况。充分发挥12317扶贫监督举报电话作用，积极发挥第一书记和驻村工作队监督作用，畅通反映渠道，提高公告公示效果和群众知晓度，广泛接受群众和社会监督。把公告公示制度建设和执行情况纳入年度财政专项扶贫资金绩效评价内容。

五是加强资金监督检查和评价。2018年国务院扶贫办、农业农村部、财政部开展了扶贫资金闲置问题专项清理工作，对专项清理发现的结转1年以上闲置扶贫资金，通过加快资金拨付、加快原项目实施、盘活闲置资金等措施进行整改，对相关责任人进行问责，推动建立闲置资金清理长效机制。国务院扶贫办与财政部每年对各省财政专项扶贫资金管理使用情况开展绩效评价并通报结果，兑现奖惩措施，并将评价结果纳入脱贫攻坚成效考核。创新检查方式，引入第三方对资金精准使用情况进行实地抽查评价，增强监管力量。加大提醒、通报、约谈和问题曝光力度，及时通报扶贫领域违法违纪违规问题和扶贫资金使用管理上存在的突出问题。

六是加大审计问题整改力度。国务院扶贫办高度重视审计发现的问题及整改工作，主要负责同志认真履行整改第一责任人的责任，切实承担监督管理责任，与财政部共同督促相关地方及时整改问题并公告整改结果，持续跟踪全面纠正查处违规问题，建立根治屡查屡犯的长效机制。截至年底，审计署2018年对312个贫困县的扶贫资金和扶贫政策措施落实专项审计发现问题已全部完成整改。

七是配合做好扶贫领域监督执纪问责。国务院扶贫办认真学习贯彻中共中央纪律检查委员会关于扶贫领域监督执纪问责工作的相关要求，积极配合开展扶贫领域腐败和作风问题专项治理工作。与中央纪委国家监委党风政风监督室建立线索移送机制。

八是认真开展警示教育。落实全面从严治党主体责任，加强扶贫领域党风廉政建设和反腐倡廉工作，持续开展警示教育，2018年与中国纪检监察报社编写印发《全国扶贫领域腐败案件警示录》，充分发挥典型案例的震慑和教育作用，提高基层干部的思想认识和遵纪守法的自觉性。

经过不懈努力，扶贫资金违纪违规问题明显减少。审计查出问题金额占抽查资金的比例，由2013年的36.3%下降到2018年的6.35%，其中违纪违规问题金额占比由15.7%下降到1%，成效显著。

（国务院扶贫办规划财务司　赵兴奇）

【抓党建比贡献促攻坚】　中央扶贫开发工作会议后，扶贫工作进入脱贫攻坚新阶段，为认真贯彻落实中共中央总书记习近平在中央扶贫开发工作会议上关于越是进行脱贫攻坚战，越是要加强和改善党的领导的重要讲话精神，根据中共中央组织部关于抓党建促攻坚的有关部署要求，结合国务院扶贫办工作实际，国务院扶贫办党组强化党建工作引领，决定自2017年4月起，在办系统组织开展“抓党建比贡献促攻坚”活动（以下简称“抓比促”），重点是“抓学习比素质促进能力提升、抓工作比实绩促进服务基层、抓作风比干劲促进执行落实、抓纪律比党性促进廉洁勤政”。2018年国务院扶贫办党组带领办系统各级党组织，根据全面从严治党要求和脱贫攻坚新情况新任务新部署，持续深化实施“抓比促”，通过多种方式加强学习，积极开展扶贫办作风专项治理和巡视工作“回头看”等工作，持续防止和解决“推、拖、慢、辩、低”等作风问题，进一步优化工作机制，引导广大扶贫干部增强战斗力、执行力，不断提振精气神，增强脱贫攻坚使命担当，有力推动脱贫攻坚取得新成绩。

一是精心组织，扎实推进。坚持把“抓比促”活动作为深入学习贯彻习近平新时代中国特色社会主义思想和党的十九大精神的重要载体，国务院扶贫办党组高度重视，国务院扶贫办主任刘永富亲自牵头抓总、亲自主持会议安排部署，分管领导具体指导，统筹协调活动进展，其他党组同志身体力行，以身作则。紧紧围绕“服务脱贫攻坚、建设过硬队伍”核心任务，着力打造讲政治守纪律有担当、懂扶贫扶真贫真扶贫、敢打硬仗能打胜仗的扶贫干部队伍。一是坚持典型引领，激发干事创业激情。开展“两优一先”评比表彰，组织“学习红旗渠精神，打赢脱贫攻坚战”等主题党日活动，召开青年座谈会，组织观看教育片，开展脱贫攻坚使命感责任感教育，引导党员干部做到思想认识跟上去、观念方式转过来、工作落实顶上去，不怕流汗流泪、流血牺牲，积极投身脱贫攻坚伟大事业。二是严管厚爱结合，提升干部素质能力。积极选拔优秀干部，加强干部培训学习、下基层锻炼。严格落实个人事项报告制度，约谈填报不规范的干部。开展作风问题专项治理，采取有效措施抓整改。三是开展比学赶超，推动扶贫各项工作。推行“月度比进展、工作比创新、实干比标杆”做法；各支部与贫困村结对开展支部共建，派出80余人次到定点扶贫县解决困难、结对帮扶。机关党委认真履行职责，抓实组织实施，通过召开传达会、研讨会、报告会、座谈会、表彰会等方式层层跟进，把活动开展贯穿党建培训、纪检培训、主题党日，设立微信平台晒做法、比进展，建立月会工作制，加强交流严格督促检查，做到月调度季分析年总结，及时回应活动推进有关问题。推动各支部发挥自身优势特点，以打造创新工作品牌带动工作全面提升。各支部紧紧围绕“四抓四比四促进”精心组织、周密安排，细化活动实施方案，认真落实全面从严治党要求，切实解决党员干部队伍中存在的突出问题。

二是创新形式，突出特色。紧扣思想武装、队伍建设、作风治理和反腐倡廉等重点工作，联系实际、大胆创新，做到：有“请进来”，也有“走出去”；有表彰激励，也有专题学习辅导；有党日活动，也有座谈会、报告会、主题演讲和知识测试等；有传统方式的改进创新，也有新媒体的充分利用；有单项活动，也有一段时间内展开的综合性、系列性活动；有几个单位联合的共建共创活动，也有立足本单位实际的个性化活动等，“抓比促”活动开展有新意、有创意、有成效。坚持抓学习与促攻坚相结合，大力推进学习型支部建设，集中打造了“一把手讲党课”“青年微讲堂”等学习品牌。如：国务院扶贫办政策法规司党支部建立起“双周学习”制度，半月组织一次全体学习，实施“学习10分钟，发言5分钟，总结5分钟，研讨2小时”的“1552”学习方法。规划财务司党支部开展“一讲一请一沙龙”的“三个一”学习活动，邀请领导干部讲党课，组织业务专家讲经验，举办主题沙龙交流会。社会扶贫司党支部开展“优秀公文评选”活动，支部书记率先录制党课“微视频”，创新学习方式。全国扶贫宣传教育中心党支部组织“我心中的梁家河”主题党日系列活动、“弘扬革命精神　巾帼助力脱贫攻坚”座谈交流、“我与脱贫攻坚同行”主题演讲。国务院扶贫办信息中心党支部定期开展“读书荐书·悦读”活动。中国扶贫基金会党支部组织开展周末大讲堂、云学堂、微课堂，把学习成效纳入关键绩效考核指标。中国扶贫开发协会党支部实施“灵魂工程”，利用贫困村大学生村官培训契机，开展全会轮训，狠抓思想政治和业务学习。

三是强化引导，广泛参与。国务院扶贫办领导带头参加主题党日活动，主动到所在党支部过组织生活，积极为机关党员讲党课，宣讲十九大精神。各支部既突出党员主体，又注重引导非党群众积极参与，特别是注意吸收入党积极分子及非党群众广泛参与；既注重调动普通党员群众的积极性，又充分体现党员骨干、领导干部的表率作用；既保证本级组织和干部职工的广泛参与，又注重所管工作的统筹推进和效能辐射。社会扶贫司党支部与苏宁易购集团股份有限公司、北京京东世纪贸易有限公司等签署扶贫协议的民营企业建立党建联系点，定期交流研讨，以党建统领民营脱贫攻坚正确方向；考核评估司党支部强化考评结果运用，督促各地掀起抓整改、转作风、促攻坚的高潮。

综合司、规划财务司、机关党委（人事司）、中国扶贫发展中心、中国国际扶贫中心、全国扶贫宣传教育中心、国务院扶贫办信息中心、中国老区建设促进会党支部注重发挥党小组灵活、机动、便利优势，支持各党小组先学一步，下沉一层，及时开展交流互动，打通支部学习“最后一公里”，确保“抓比促”活动全覆盖、多层次，确保了人人参与、人人在活动中受到教育和激励。

四是明确导向，解决问题。始终坚持政治导向、问题导向、结果导向、服务导向和统筹导向“五向合一”，毫不动摇地坚持党对脱贫攻坚工作的绝对领导，坚持人民至上，一切向打赢脱贫攻坚战看齐。对照“六个精准”“五个一批”基本要求，通过着力解决两次中央巡视发现问题来突破“瓶颈”，倒逼“破题”，补齐“短板”，统筹推动党建工作和脱贫攻坚深度融合，狠抓政治建设、思想武装、组织建设、作风改进、纪律执行，向干部要生产力、要效率、要质量，打造过硬攻坚队伍，夯实基层党组织战斗堡垒。组织开展系列强化红色记忆、体验红色文化、增强党性观念的革命理想信念教育、廉政警示教育，深入挖掘办史办风，传承优良传统作风，组织全国脱贫攻坚奖评选，宣传先进典型，树立扶贫榜样；主动开展中央巡视整改落实情况“回头看”专项行动，建立健全“监督—反馈—整改—提升”长效机制；深入开展扶贫办作风专项治理和形式主义、官僚主义专项自查自纠，建立健全谈心谈话机制，着力解决部分党员干部“推、拖、慢、辩、低”和怕苦怕累等作风问题；组织“转作风、蹲基层、察实情、抓落实”活动，建立在脱贫工作一线强化党性锻炼机制，开展百村定点观测，研究把握脱贫攻坚规律；实施党支部建设提升工程，推动各基层党组织建设标准化、规范化，推广主题党日活动、党课月活动实现全覆盖。

通过深入开展“抓比促”活动，各级党组织和广大党员干部的政治站位进一步提高，思想武装进一步强化，工作担当进一步增强、纪律作风进一步严明，各级党组织的创造力、凝聚力、战斗力进一步提升，党员先锋模范作用发挥更加充分。深入开展“抓比促”活动，催生了一批推动脱贫攻坚工作的好抓手、好载体，有效解决了国务院扶贫办过去长期想解决而未解决的老问题和新时期产生的新矛盾，全面从严治党更加深入，为决战决胜脱贫攻坚注入了强大动力和活力。在各方共同努力下，脱贫攻坚不断取得新进展，2018 年减少农村贫困人口 1386 万，283 个贫困县脱贫摘帽。

［国务院扶贫办机关党委（人事司）
胡国卫］

【扶贫调研】 2018 年，国务院扶贫办围绕脱贫攻坚战略性、全局性、苗头性和前瞻性问题，组织开展 7 项重点工作调研，取得积极成效。一是组织 2020 年后减贫战略调研。对 2020 年后我国扶贫工作的目标任务、扶贫标准、重要政策、体制机制等进行初步研究，形成《2020 年后国家扶贫战略研究报告》，报送中共中央政策研究室。二是组织扶贫领域作风建设调研。对各地贯彻落实《国务院扶贫开发领导小组扶贫领域作风问题专项治理方案》情况进行调研，总结经验做法，查找突出问题，研究提出了进一步加强作风建设和能力建设的相关措施。三是组织深度贫困地区脱贫攻坚调研。对各地制定的深度贫困地区脱贫攻坚实施方案进展情况进行调研，总结经验做法，查找突出问题和薄弱环节，提出了进一步推动工作的意见。四是组织东西部扶贫协作调研。对各地贯彻落实 2016 年东西部扶贫协作座谈会精神情况开展调研，总结东西部扶贫协作工作进展和经验做法，分析存在问题，研究提出了细化实化今后三年工作的措施建议。相关措施在国务院扶贫开发领导小组召开的东西部扶贫协作推进会上作了部署安排。五是组织产业扶贫调研。对扶贫小额信贷、光伏扶贫项目、公益岗位就业和扶贫车间开展调查研究，为此后制定印发规范扶贫小额信贷管理、规范村级光伏扶贫电站建设和运营等指导性文件提供了决策参考。六是组织扶贫扶志调研。对贫困人口内生动力不足表现及成因进行了初步分析，对各地精神扶贫的成功经验和有效做法进行总结，研究提出对策建议，形成《国务院扶贫办关于开展扶贫扶志行动的意见》。七是组织规范扶贫领域融资调研。对有的地方以脱贫攻坚名义盲目举债和有的金融机构借支持脱贫攻坚名义违法违规提供融资等情况进行了调研，提出了防范金融扶贫风险的工作建议。

（国务院扶贫办综合司　林江平）

【扶贫开发信息化建设】　全国扶贫开发信息系统建设。2018 年，国务院扶贫办信息中心对全国扶贫信息系统进行了升级改造，业务管理子系统新增了扶贫问题台账、光伏扶贫、创业致富带头人、扶贫车间 4 个模块。优化了驻村工作帮扶、扶贫主体指标、扶贫机构队伍、考核评估、百村监测 5 个模块。优化监管评价子系统，丰富了扶贫对象、扶贫项目、扶贫资金，扶贫小额信贷、易地扶贫搬迁等 5 个模块的监管规则。完善全国扶贫开发统计报表系统，开发自定义统计、查询及导出功能。

12317 扶贫监督举报信息系统建设。2018 年 8 月 31 日，印发《关于通过 12317 扶贫监督举报信息系统办理信访事项的通知》，自 2018 年 9 月 1 日起，扶贫办受理的群众来信来访、主任信箱、12317 电话等信访事项，原则上将通过 12317 扶贫监督举报信息系统（信访管理平台）进行线上转办，实现信访事项在网上进行登记、转办、跟踪、督办、监督、评价等。国务院扶贫办本级和全国有扶贫开发任务的 28 个省共设立 90 个人工坐席，12317 工作人员共 130 人。全年 12317 监督举报平台的电话呼入总量 77999 个，人工接听电话 52862 个，接听率 67.77%。专项扶贫投诉电话 4381 个，已办结 3700 个，办结率 84.5%。

（国务院扶贫办信息中心　龚　克）

【政务公开】　2018 年，国务院扶贫办认真贯彻落实《中华人民共和国政府信息公开条例》精神和《国务院办公厅关于印发 2018 年政务公开工作要点的通知》等有关要求，围绕脱贫攻坚重点领域，大力推进政务公开工作，加强统筹规划，完善体制机制，规范运营管理，取得了明显成效。

政府信息公开情况。2018 年，国务院扶贫办共主动公开信息 5160 条，较 2017 年增长 751.5%，做到了应公开尽公开；在主动公开政府信息中，政务动态类信息 4944 条，占 95.8%；信息公开目录信息更新 210 条，占 4.1%；网站开设并维护专题专栏 15 个，其中 2018 年新开设的专题专栏 5 个；2018 年新开通扶贫办官方微博共发布信息 346 条，微博关注量达 566418；微信信息发布量 133 条，订阅数达 986396。没有收到信息公开申请；没有因依申请公开信息收取费用或减免费用情况。

主要工作及成效。一是加强基础性制度性建设。进一步推进网站集约化建设，稳步推进门户网站升级改版工作。按照国务院办公厅政府信息与政务公开办公室统一部署，推动门户网站 ipv6 协议部署。完善门户网站新闻转载工作制度，进一步细化工作要求，严格审核机制，加强重要时间节点的安全巡查。做好 12317 扶贫监督举报电话、主任信箱等工作，对涉及扶贫工作的重要政务舆情、媒体关切等热点问题，及时解读回应。

二是主动公开重点政府信息。及时公开国务院扶贫办 2018 年部门预算和 2017 年度国务院扶贫办部门决算。公开人大建议和政协提案复文 87 件，确保应公开尽公开。举办 11 场新闻发布会，召开 4 次媒体通气会。新开通官方微博和微信，进一步拓宽信息传播渠道。2018 年主任信箱共收到信件 6259 件，已按程序办理。

三是积极做好网站普查工作。共开展四次门户网站季度抽查，主动在门户网站公开抽查结果并向国务院办公厅信息公开办报送。2018 年共收到“我为政府网站找错”监督举报平台网民留言 41 条，已全部办结。

（国务院扶贫办综合司　韦　飞）

【信息简报】　2018 年，国务院扶贫办编印《扶贫简报》71 期，《扶贫信息》98 期，围绕关键时间节点和主题进行选题，加强汇总分析，提高稿件质量，其中有多期得到中央领导同志批示。向中共中央办公厅、国务院办公厅报送《专报信息》11 期，有 9 期得到采用，采用率比往年有较大提高。同时，认真贯彻中央八项规定精神，进一步控制信息简报数量，更加注重提高内容质量，向中央报送的简报同比减少 6%。进一步发挥全国扶贫信息工作联络机制作用，及时指导各地围绕脱贫攻坚重点工作，加强信息报送。

（国务院扶贫办综合司　韦　飞）

第四篇

重点工作篇

（一）深度贫困地区脱贫攻坚

【深度贫困地区脱贫攻坚】 2017年6月23日，中共中央总书记习近平在山西省太原市主持召开深度贫困地区脱贫攻坚座谈会，对深度贫困地区脱贫攻坚作出全面部署，标志着脱贫攻坚战从面上发力开始向深度聚焦。

2018年2月，中共中央总书记习近平在成都主持召开打好精准脱贫攻坚战座谈会，要求聚焦深度贫困地区，扎实推进各项工作，全面打好精准脱贫攻坚战。3月、4月，习近平主持召开中央政治局常委会会议、中央财经委员会会议听取脱贫攻坚进展汇报和省级党委政府扶贫开发工作成效考核结果时强调，要整合创新扶持政策，引导资源要素向深度贫困地区聚焦，集中优势兵力，打一场攻坚拔寨的合围战、歼灭战。6月15日，中共中央、国务院出台《关于打赢脱贫攻坚战三年行动的指导意见》（以下简称《三年行动意见》），再次明确了坚持精准扶贫精准脱贫基本方略，坚持中央统筹、省负总责、市县抓落实的工作机制，坚持大扶贫的工作格局，坚持脱贫攻坚目标和现行扶贫标准，聚焦深度贫困地区和特殊贫困群体，确保到2020年贫困地区和贫困群众同全国一道进入全面小康社会，为实施乡村振兴战略打好基础的总体要求。对今后三年脱贫攻坚做出新的全面部署，要求集中力量支持深度贫困地区脱贫攻坚，着力改善深度贫困地区发展条件，着力解决深度贫困地区群众特殊困难，着力加大深度贫困地区政策倾斜力度。12月，中央经济工作会议指出要重点解决好实现“两不愁三保障”面临的突出问题，加大“三区三州”等深度贫困地区和特殊贫困群体脱贫攻坚力度，深入实施产业、就业、生态、教育、健康、社会保障等扶贫，强化易地扶贫搬迁后续措施，增强贫困地区、贫困群众内生动力和自我发展能力，巩固脱贫成果，减少和防止贫困人口返贫。研究解决收入水平略高于建档立卡贫困户的群体缺乏政策支持等新问题，及早谋划脱贫攻坚目标任务2020年完成后的战略思路。

为深入贯彻中共中央、国务院决策部署，国务院扶贫开发领导小组及时研究部署相关工作，国务院扶贫办积极协调相关部门全力抓好决策部署的贯彻落实。一是推进制定出台配套政策。中央和国家有关部门在2017年出台的27个支持政策文件基础上，2018年又出台了33个支持深度贫困地区脱贫攻坚的政策文件，形成了以《三年行动意见》为核心的“1＋N”的政策体系，涵盖了财政、金融、土地、健康、教育、交通、水利等多个领域，为“三区三州”等深度贫困地区脱贫攻坚提供了有力政策保障。各相关省区结合各地实际均制定出台了支持本区域深度贫困地区脱贫攻坚的政策措施。二是全力协调推进深度贫困地区脱贫攻坚工作。2018年6—11月，国务院扶贫办会同山西省、青海省、新疆维吾尔自治区、西藏自治区、甘肃省、云南省及相关东西协作省市、定点扶贫企业先后在太原市、玉树藏族自治州、喀什市、拉萨市、临夏回族自治州、怒江傈僳族自治州召开了6场深度贫困地区脱贫攻坚现场推进会，对深度贫困地区脱贫攻坚工作进行了再安排再部署，国务院扶贫办、相关省区党委或政府主要领导、分管领导参加会议并讲话。三是持续督促各地各部门做好基础性工作。整理编印了《“三区三州”脱贫攻坚实施方案汇编》《支持深度贫困地区脱贫攻坚政策汇编》《深度贫困地区范围》等政策文件汇编，明确了深度贫困地区脱贫攻坚目标任务、区域范围、政策举措，为各地各部门抓好落实提供了基础保障。

在中共中央坚强领导下，在各方力量大

力支持下，在深度贫困地区广大干部群众的艰苦努力、奋力拼搏下，两年来，深度贫困地区脱贫攻坚迈出坚实步伐，取得显著成效，面貌发生巨大变化，人民群众获得感明显增强。一是贫困人口大幅减少。据建档立卡数据，2018 年深度贫困县减贫 480 多万人，占全国减贫总数的 35%，贫困发生率较 2017 年下降 4.9 个百分点，比全国平均降速快 3.2 个百分点。“三区三州” 135 个深度贫困县减贫 133 万人，贫困发生率较 2017 年下降 6.4 个百分点。二是贫困群众收入明显提高。全国深度贫困县贫困人口人均纯收入增幅高于全国平均水平，其中脱贫户 2018 年人均收入达到 6800 多元，贫困户收入结构明显改善，经营性收入和工资性收入的比重明显提高。“三区三州” 135 个深度贫困县贫困人口人均纯收入实现连续两年大幅增长。三是群众生产生活条件明显改善。深度贫困地区水、电、路、网等基础设施建设进一步加快，教育、医疗等公共服务水平明显提高，群众生产生活条件明显改善。据统计，至 2018 年底，“三区三州”累计有近 65 万户贫困群众解决了饮水安全问题，26 万户实施了农村危房改造，73 万人实现易地扶贫搬迁入住；贫困群众医保参保率达 99.97%；农村学校基础设施和师资队伍建设得到进一步加强，控辍保学成效明显。四是产业就业扶贫取得新进展。各地因地制宜、积极创新扶贫方式，大力推进特色种养业和旅游业，积极开展电商扶贫、光伏扶贫，提高产业组织化程度，把潜在的资源优势转化为现实的发展优势，促进贫困人口增收脱贫。

（国务院扶贫办规划财务司　董　信）

（二）产业扶贫

【综述】　国务院扶贫办会同相关部门探索开展了旅游扶贫、光伏扶贫、构树扶贫、金鸡扶贫等特色产业扶贫，指导各地因地制宜发展各具特色的扶贫产业。会同农业农村部等部门印发《关于印发实施产业扶贫三年攻坚行动意见的通知》，突出产业提升、产销对接、龙头带动、人才培养、技术服务和机制创新，深入推进产业扶贫工作，做优做强扶贫特色产业，提升产业扶贫、精准脱贫质量。会同农业农村部印发《关于建立贫困户产业发展指导员制度的通知》，通过以村为单位设立产业指导员，加强对贫困户产业发展指导，进一步落实到村到户到人精准帮扶举措。强化专业合作社带动，会同国家林业和草原局、国家发展和改革委员会印发实施《关于推广扶贫造林（种草）专业合作社脱贫模式的通知》，鼓励合作社发展多种经营，完善合作社带贫减贫机制。

在开展产业扶贫过程中注重建立带贫减贫机制，要求使用财政资金入股的资产收益扶贫项目，除了向贫困户分红外，要通过吸纳就业、订单帮扶、生产托管、技术服务等方式，明确带动贫困户参与的制度性安排，提高贫困人口在产业发展中的参与度。对与扶贫龙头企业形成紧密连接关系、吸纳贫困户占大多数的扶贫合作社，要加大支持倾斜力度。对运用财政资金、捐赠资金投入贫困村村集体经济用于发展传统产业或新兴产业产生的收入，有明确的减贫带贫分配导向。

多种方式支持扶贫产业发展。国务院扶贫办会同国务院国有资产监督管理委员会共同推进中央企业贫困地区产业投资基金发展工作，2018 年底，中央企业贫困地区产业投资基金募集资金 153.76 亿元，主要用于通过市场化运作投资方式，支持贫困地区产业发展，增强贫困地区的造血功能和内生动力。国务院扶贫办推动中国人民保险集团股份有限公司等部门开发产业扶贫保险产品，制定优惠费率，适当给予补贴，通过价格保险、产值保险、特定区域或特定产业的综合性保险等多种形式，切实降低产业扶贫风险。

及时总结提炼各地产业扶贫先进典型、经验模式，以现场会等形式宣传推广。深入推广北京德青源农业科技股份有限公司

(以下简称“德青源”)金鸡扶贫“379”模式，即企业用工中建档立卡贫困户应占30%以上；德青源出订单带动周边发展的各类新型主体（扶贫合作社），贫困户要占70%；财政扶贫资金投入形成的资产归村集体，德青源的租金付给当地村后，90%用来开发公益岗位，引导贫困户从事力所能及的劳动。

在产业对接方面，国务院扶贫办积极贯彻落实中共中央总书记习近平关于浙江省安吉县黄杜村党员代表“为党分忧、先富帮后富”的重要批示精神，推动安吉县5000亩*“白叶一号”茶苗捐赠工作顺利实施，探索适宜贫困地区发展、带贫减贫效果显著的产业转移模式。

（国务院扶贫办开发指导司　李新庚）

【电商扶贫】　中共中央、国务院高度重视电商扶贫工作。习近平总书记在网络安全和信息化工作座谈会上指出：“可以发挥互联网在助推脱贫攻坚中的作用，推进精准扶贫、精准脱贫，让更多困难群众用上互联网，让农产品通过互联网走出乡村，让山沟里的孩子也能接受优质教育。”李克强总理在中央扶贫开发工作会议上强调：“贫困群众利用互联网的能力相对较低，要实施好电商扶贫工程，加强人才培训。贫困家庭开设网店给予网络资费补助、小额信贷等支持，帮助他们对接电商平台。”《中共中央　国务院关于打赢脱贫攻坚战的决定》明确要求：实施电商扶贫工程。加快贫困地区物流配送体系建设，支持邮政、供销合作等系统在贫困乡村建立服务网点。支持电商企业拓展农村业务，加强贫困地区农产品网上销售平台建设，加强贫困地区农村电商人才培训。对贫困家庭开设网店给予网络资费补助、小额信贷等支持。

国务院扶贫办把电商扶贫作为打赢脱贫攻坚战的超常规手段，列为“十三五”期间精准扶贫十项工程之一，积极推进，取得以下进展：

一是部门协作不断推进。商务部、财政部、国务院扶贫办联合开展电子商务进农村综合示范，按照三年全覆盖的工作部署，推动电子商务进农村综合示范工作向国家级贫困县延伸。2014—2018年，累计支持1016个县开展电子商务进农村综合示范工作，其中国家级贫困县737个，占贫困县总数的88%。其中，2018年新增的260个示范县，国家级贫困县238个，占91.5%。中央财政资金重点支持促进农村产品上行、完善农村公共服务体系、开展农村电子商务培训等。

联合中共中央网络安全和信息化委员会办公室推动网络扶贫行动，2018年5月，中央网信办、国家发改委、国务院扶贫办、工信部等联合印发了《2018年网络扶贫工作要点》，积极推动落实网络扶贫行动各项工作。

二是电商示范成效显著。推广陇南电商带贫经验，2018年陇南市通过电商扶贫对贫困群众的人均收入贡献额达810元。全国各地深入学习陇南电商精准带贫模式，其中国家级贫困县达536个，占832个贫困县的64%。

三是网络平台充分应用。由国务院扶贫办指导建设的中国社会扶贫网，通过运用互联网新技术和新模式，构建爱心帮扶、电商扶贫、扶贫众筹、扶贫展示、扶贫评价五大功能平台，搭建连接贫困人口和社会爱心人士、爱心企业的网络服务平台。截至2018年12月31日，中国社会扶贫网累计注册用户4165.36万人，其中爱心人士2745.9万人，贫困户1377.16万人，管理员42.3万人。贫困需求发布422.62万个，对接成功318.4万个，对接成功率75.3%。电商扶贫平台于2018年1月19日正式上线运营。截

* 亩为非法定计量单位，1亩=1/15公顷。——编者注

至2018年底，安徽、广东、广西、贵州、河北、河南、海南、湖北、黑龙江、湖南、江西、内蒙古、青海、山西、陕西、四川、新疆、云南、西藏、甘肃、宁夏等24省区的扶贫产品已上线，覆盖190个国家级贫困县。

四是社会力量积极参与。积极动员企业参与电商扶贫。推动苏宁集团、京东集团落实与国务院扶贫办签署的《电商精准扶贫战略合作协议》，在国家级贫困县开展电商扶贫。截至2018年底，苏宁集团在贫困县开设“O2O特色馆”400余家，物流覆盖近90%以上国家级贫困县。京东集团开设130余家线上贫困县特产馆，有效拓宽农产品销售渠道，激发经济活力。此外，积极开展与电商平台企业对接，充分发挥不同企业在电商扶贫方面的优势和作用，促进电商精准扶贫和贫困地区农产品产销对接。

五是社会影响不断加大。2018年，开展了全国电商扶贫案例研究项目。面向全国征集电商扶贫典型案例，共收集案例700余例，经专家审核、实地调研和办领导审定后，最终确定60个电商扶贫典型案例，并于2018年10月17日扶贫日当天在电商扶贫论坛上正式发布，有效推进、宣传和带动了电商扶贫工作，形成了一批可学、可用的典型案例。2018年11月，第五届世界互联网大会期间，主办“网络扶贫与公益”分论坛，积极分享中国电商扶贫的经验和成果，扩大了影响力。

（国务院扶贫办社会扶贫司　史小兵）

【旅游扶贫】　2018年，国务院扶贫办、文化和旅游部等部门持续推动旅游扶贫工作向纵深发展。在国务院扶贫办、文化和旅游部等17部门联合印发实施的《关于促进乡村旅游可持续发展的指导意见》中，明确要注重农民受益，通过探索推广发展模式，完善利益联结机制，推动在旅游扶贫发展过程中建立有效的带贫减贫机制，助力脱贫攻坚。

9月13日，文化和旅游部、国务院扶贫办共同召开2018年全国乡村旅游与旅游扶贫工作推进大会。会议进一步明确，在脱贫攻坚进入决战决胜时期，扶贫部门要积极配合文旅部门抓好落实，深入推进旅游扶贫工作，建立带贫减贫机制，做好深度贫困地区旅游扶贫工作，展示好旅游扶贫工作成果。

2018年，为支持深度贫困地区脱贫攻坚，国务院扶贫办、文化和旅游部研究编制“三区三州”旅游扶贫专项规划，拟定“三区三州”旅游大环线，梳理了旅游资源丰富、基础设施相对完善的路线、沿线贫困县及景区，拟通过推介旅游资源带动深度贫困地区经济社会发展。继续完善并推动“景区带村、能人带户”模式，积极推进景区辐射带动周边发展乡村旅游，形成贫困村与景区共生共荣、共建共享，大力支持懂经营、善管理的本地及返乡能人投资旅游，以吸纳就业、带动创业的方式带动贫困户增收致富。

（国务院扶贫办开发指导司　李新庚）

【光伏扶贫】　2018年3月，国务院扶贫办会同国家能源局印发《光伏扶贫电站管理办法》，指导各地规范有序开展光伏扶贫工作，明确了以村级光伏电站为主推建设模式，单个电站建设规模在300千瓦左右，具备就近接入和消纳条件的可放宽至500千瓦。光伏扶贫电站实施目录管理，只有精准关联建档立卡贫困户、户均配比容量合理、严格对应文件依据建设的光伏项目，才可纳入光伏扶贫国家财政补贴目录，享受光伏扶贫政策。财政部会同国家发展和改革委员会、国家能源局、国务院扶贫办发布了第一批光伏扶贫项目可再生能源电价附加资金补助目录，明确列入光伏扶贫财政补助目录的光伏扶贫项目，优先拨付补贴资金。

7月31日，国务院扶贫办会同国家能源局等有关部门召开全国村级光伏扶贫电站管理工作会议及培训班，明确村级光伏扶贫电站的“五个建设标准”：村级电站原则上应建设在建档立卡贫困村，受益对象以建档立卡贫困户为主；年等效利用小时1000小时以上；具备电网接入条件；电站不得负债建设、企业不得投资入股；产权归村集体所有，收益用于扶贫，主要采取设立公益岗位、设置小型公益事业、小微奖补等方式。并对村级扶贫电站管理运维、利益分配等方面工作提出进一步明确要求。截至2018年底，通过审核且符合要求的村级光伏扶贫电站总建设规模为804.1万千瓦，分布在全国22个省、943个县、42039个村，直接惠及贫困户约189.8万户。

（国务院扶贫办开发指导司　李新庚）

【构树扶贫】　2018年7月11日，国务院扶贫办印发《国务院扶贫办关于扩大构树扶贫试点工作的指导意见》。构树种植从2015年初的1.47万亩发展到2018年底的67万亩，试点县由35个增至200多个，参与的构树企业或合作社600多家，带动贫困人口20万人增收脱贫。在种苗繁育、采收加工、种养结合、产品开发等方面取得了阶段性成效。6月23日，国务院扶贫办在河南省兰考县组织召开全国构树扶贫工程现场会，总结了四条经验：

一是推广杂交构树新品种。建立了15个组培育苗基地，形成了年产组培苗5亿株，可供种植70万亩的生产能力。同时中国科学院植物研究所加快了二代技术的研发。二是创新杂交构树种植采收技术。在试点期间，根据黄河滩区、西南喀斯特山区、中部丘陵地、黄土高原台地的不同地形地貌特征，因地制宜开发了一套种植采收办法。如地处黄河滩区的山东省菏泽市，土地平整适合集中连片规模化种植，根据这个特点，确定了每亩400～600株的定植标准，种植方式采用宽窄模式，采收用大中型青储揉丝收割机。再如山西省蒲县，地处高原台地，针对条田连片的特点，种植采用等行距方式，每亩定植600～800株，项目承担企业与机械厂家联合攻关，研发出了专门的采收机械小型青储揉丝收割机。这些技术创新成果，为实现全产业链发展，建立了一套种植采收标准。三是开发杂交构树饲料产品。在35个县的试点中，参与试点的企业，针对牛、羊、猪、驴、鸡、鸭、鹅、鱼等畜禽的特点，开发了杂交构树青贮料、发酵料、粉末料、颗粒料四大类产品。有的企业联合相关科研部门制定了饲喂标准；有的企业还对杂交构树的药用保健功能进行了深度开发，如构树黄酮类保健品和药物等。这些产品开发工作，为解决构树产品谁来用、怎么用、卖给谁奠定了基础。四是探索形成多种带贫模式且带贫效果明显。试点开展以来，各地聚焦生产种植环节，组织贫困户参与，采取了多种有效的办法措施，使贫困户获得经营性收入、租金收入、股金收入和薪金收入，从而脱贫增收。

2018年，构树扶贫在产业化规模化发展的基础性工作上取得了突破。4月，中国农业科学院对种植8～12年杂交构树的耕地检测评价，结果是在适当施肥的情况下对后续改种农作物没有显著的影响，可以随时复耕。5月，农业农村部正式将构树茎叶纳入《饲料原料目录》，构树饲料可进入销售市场。

（中国扶贫发展中心　苗　猛）

【贫困村创业致富带头人培训】　2018年1月17日，国务院扶贫办会同八部门联合印发《关于培育贫困村创业致富带头人的指导意见》，从选好选准带头人、加大培训力度、设立培训基地、完善减贫带贫机制、强化激励措施等方面对贫困村创业致富带头人工作进行政策制定，明确到2020年底，力争为每个贫困村培育3～5名创业致富带头人。督促各地制定实施方案，遴选带头人，大力开展培训工作，总结推广典型经验，建立实训基地。

3月23日，国务院扶贫办在广西壮族自治区南宁市召开全国贫困村创业致富带头人工作现场会，总结先进经验，探索在对口帮扶机制下，扎实有力推动贫困村创业致富带头人培育工作健康发展。

国务院扶贫办先后组织了闽甘闽宁、粤桂定点帮扶、江苏善港 3 个贫困村创业致富带头人培育基地。截至 2018 年，全国遴选出贫困村创业致富带头人 25.4 万人，培训 18 万人次，领办创办带贫项目 7.95 万个，带动约 45 万贫困人口就业增收。

在全国全面推开贫困村创业致富带头人培育工作过程中，涌现了广西壮族自治区上林县“产业帮扶、以业定培、龙头引领、能人带贫”、宁夏回族自治区原州区“两个带头人”（农村党组织带头人和致富带头人）一起抓、福建省蓉中培训基地“1 + 11”（参训人员在蓉中培训基地进行为期 1 个月的创业培训，结业返乡后 11 个月内可以继续得到创业学习和孵化指导）创业致富带头人培育、重庆市实施的农村本土人才回引工程打造一支不走的工作队等成功经验。

（国务院扶贫办开发指导司　李新庚）

【资产收益扶贫】　2018 年，国务院扶贫办会同财政部、农业农村部继续贯彻落实《关于做好财政支农资金支持资产收益扶贫工作的通知》，推动各地利用中央财政专项扶贫资金和其他涉农资金投入设施农业、养殖、光伏、乡村旅游等项目形成的资产，具备条件的用于资产收益扶贫。

结合光伏扶贫推动资产收益扶贫。国务院扶贫办于 2017 年 12 月印发《村级光伏扶贫电站收益分配管理办法》，并会同国家能源局于 2018 年 3 月印发《光伏扶贫电站管理办法》，对光伏扶贫电站收益分配进行明确要求，推动利用政府性资金投资建设的光伏电站产权归村集体所有，并通过采取设立公益岗位、小微奖补等方式将收益用于扶贫。根据两个管理办法，国务院扶贫办指导各地因地制宜出台相应指导意见，进一步推动光伏电站带贫减贫效益增长。

深化北京德青源农业科技股份有限公司资产收益扶贫。2018 年 5 月，国务院扶贫办在内蒙古自治区林西县召开全国产业扶贫带贫减贫机制培训班，总结推广北京德青源农业科技股份有限公司资产收益扶贫模式：政府整合资金完成固定资产投资，公司租赁场地及设施产生收益，收益归村，带动贫困人口发展。

推广扶贫车间资产收益模式。为进一步解决弱劳力半劳力贫困群体家门口就业问题，国务院扶贫办在推进扶贫车间建设的过程中，采取以奖代补或利用财政资金方式，引导各地利用贫困村集体闲置土地进行新建、闲置学校及房屋庭院进行改建的扶贫车间，通过场地租赁的方式交企业使用，产生的收益归村集体，并通过设置公益岗位等方式带动贫困人口参与发展。

鼓励指导地方出台指导意见。2018 年，国务院扶贫办指导山东省出台《山东省扶贫开发领导小组办公室　山东省财政厅　山东省农业厅印发〈关于做好资产收益扶贫工作的意见〉的通知》，并以国务院扶贫办名义转发各省区市扶贫办（局），要求各地结合实际，因地制宜制定本地资产收益扶贫工作指导意见和操作指南。

（国务院扶贫办开发指导司　李新庚）

（三）就业扶贫

【综述】　2018 年是就业扶贫巩固成效、攻坚克难之年，以促进有劳动能力的贫困人口都能实现就业为目标，以完善落实就业扶贫政策措施为抓手，进一步加大力度、精准施策，努力扩大贫困人口就业规模，提高就业稳定性，确保零就业贫困户至少一人实现就业。多渠道开发就近就地就业岗位，因地制宜推广扶贫车间等就业扶贫模式。促进创业带动就业，积极培育贫困村创业致富带头人。鼓励居家灵活就业，引导贫困劳动力居家从事传统手工艺制作等。统筹开发公益性岗位，鼓励引导贫困地区积极开发养路、护林、护草、生态管护等扶贫就业岗位，引导贫困村利用产业扶贫、光伏扶贫资金形成的村集体收益，开发扶贫专岗，安置弱劳力在家门口就业增收。

深入开展劳务协作，鼓励引导有对口帮扶关系的东部省份和省内发达地区发布就业岗位，贫困县根据岗位信息开展有针对性培训，做到人岗匹配、精准就业。2018 年各地核实贫困劳动力 1215 万人，联系并确认就业失业状态 1180 万人，累计帮扶 890 万贫困劳动力实现就业，比 2017 年底新增就业 290 万人。

加强就业服务，引导各地适应贫困劳动力特点，注重与扶志扶智相结合，提升就业意愿，调动贫困劳动力就业积极性。结合贫困地区特色产业和人力资源优势，打造劳务品牌并带动转移就业。开展职业技能培训和技工教育，落实培训补贴政策。加强就业扶贫工作宣传，营造支持贫困劳动力就业创业、劳动致富光荣的良好社会氛围。

（国务院扶贫办开发指导司　李新庚）

【扶贫车间】　国务院扶贫办会同有关部门积极推动各地因地制宜建设扶贫车间，鼓励各地充分利用贫困村集体闲置土地、废弃的学校、外出务工人员闲置房屋庭院等，采取以奖代补或利用财政资金、对口帮扶资金、企业个人捐资的方式新建、改建扶贫车间，进一步解决留守妇女、老弱病残等弱劳力半劳力贫困群体家门口就业问题。会同文化和旅游部聚焦深度贫困地区，挖掘非物质文化遗产资源，建设一批非遗扶贫就业工坊，发展民族手工业。

总结推广典型做法，通过案例指导、现场观摩的方式推动各地开展此项工作。2018 年 9 月，在青海省召开全国特色手工业扶贫车间现场会，实地观摩了青海省贫困地区民族特色就业工坊，并明确要因地制宜有序推进扶贫车间建设，特别是推动特色手工业扶贫车间健康发展，带动更多贫困人口就业增收。

截至 2018 年底，中西部 22 省区市扶贫车间数量已达 1.48 万个，带动就业人数 61.3 万人，其中贫困人口数量 23.7 万，带贫比例 38.7%。扶贫车间盘活了贫困村闲置资产，提升了贫困劳动力技能，增强了贫困群众的获得感，对贫困人口在家门口就业增收、净化贫困村社会风气、密切干群关系起到了积极作用。

（国务院扶贫办开发指导司　李新庚）

【职业教育培训】　2018 年，国务院扶贫办继续推动各地制定并落实职业培训补贴政策，开展职业教育东西扶贫协作行动和千校技能扶贫行动，引导和鼓励贫困家庭子女中未能升学的初、高中毕业生接受中、高等职业教育和技工院校教育，实现“培训一人、就业一人、脱贫一户”的目标。

在东西扶贫协作框架内，以就业市场需求为导向，结合贫困家庭劳动力实际，开展各类培训，提高农村新成长劳动力和转移就业劳动者的就业技能水平，促进其转移就业或创业，促进技能脱贫、改善生活水平。落实中央脱贫攻坚任务要求，进一步加强对农村贫困劳动力的职业技能培训，从提升贫困劳动力技能上引导劳务输出脱贫。

在开展技能扶贫行动的过程中，开展技能脱贫千校行动，继续实施“雨露计划”，对接受职业教育的贫困家庭新成长劳动力给予每年 3000 元的补助，组织动员贫困家庭“两后生”接受职业教育，实现技能脱贫。2018 年有 258.3 万个贫困家庭得到资助。

（国务院扶贫办开发指导司　李新庚）

（四）易地扶贫搬迁

【资金投入】　2018 年国家发展和改革委员会（以下简称“国家发展改革委”）分三批下达中央预算内投资 255 亿元，在足额满足 2018 年易地扶贫搬迁建设任务的基础上，提前下达贵州等个别省份 2019 年易地扶贫搬迁所需中央预算内投资，支持搬迁任务重的省份加快完成搬迁建设任务。配合财政部安排，2018 年易地扶贫搬迁地方债规模 890 亿元，保障安置区建设融资资金需求。截至 2018 年底，“十三五”易地扶贫搬迁中央预算内投资已下达 692 亿元，各类资金累计安排超过 5000 亿元，各省承接资金超过4700亿元。

【政策宣讲】 在河南省组织召开2018年全国易地扶贫搬迁工作现场会，交流经验，推广典型。针对省级党委政府扶贫开发成效考核、国务院大督查以及平时工作中发现的易地扶贫搬迁相关问题，赴陕西等省份开展实地核查和调研指导。督促指导有关省份加强易地扶贫搬迁工作力度，做好宣传引导和舆情应对。举办扶贫日易地扶贫搬迁论坛，发布《中国的易地扶贫搬迁政策》白皮书和《全国易地扶贫搬迁年度报告(2018)》，向社会各界介绍新时期易地扶贫搬迁有关情况。

【调整搬迁规模】 贯彻落实中共中央总书记习近平在打好精准脱贫攻坚战座谈会上的重要指示精神，配合国务院扶贫办对部分省份“十三五”易地扶贫搬迁建档立卡贫困人口规模进行调整。针对部分地区地方政府存在的隐性债务问题隐患，在确保易地扶贫搬迁人均筹资标准不变的前提下，配合财政部将贷款融资统一规范调整为地方政府发债融资，确保资金不断档、工程项目有序推进。配合财政部出台《关于进一步做好调整规范易地扶贫搬迁融资方式有关工作的通知》。

【监管巡查】 印发《易地扶贫搬迁事中事后监管巡查工作方案》。2018年赴河北等近20个省份开展事中事后监管，印发整改通知16份，督促指导各地工作落实不走样、政策执行不走偏。组织开展全国易地扶贫搬迁巡查工作培训，提高工作人员政策把握和监管工作能力。针对部分地方发现的易地扶贫搬迁工程质量问题，第一时间组织力量现场核查，深挖问题根源，举一反三，印发实施《关于进一步加强易地扶贫搬迁工程质量安全管理的通知》，各地陆续建立易地扶贫搬迁自查自纠机制。

【工作成效】 22个有易地扶贫搬迁任务的省份围绕安置项目建设、安置点选址、完善推进机制、精准后续帮扶等方面做了大量工作，推动易地扶贫搬迁由“求进度、重项目建设”向“求质量、重脱贫实效”转变。湖北、河南、江西等省份加紧加快易地扶贫搬迁安置房建设，2018年底前已基本完成“十三五”搬迁建设任务。安徽、山西、河南等省份坚持靠县城、靠园区、靠乡镇、靠乡村旅游点选址布局新建安置点，充分发挥其人口聚集和产业带动作用，帮助搬迁群众实现就近就地就业。陕西、广西、四川、湖南等省区结合本地实际，加强省级指导，分类施策，不断细化实化后续帮扶措施，探索形成了“三单一卡”（就业岗位菜单、就业状态清单、劳动力资源账单和搬迁对象脱贫明白卡）、市场与搬迁就业“双向调查”、典型示范引路等做法。

截至2018年底，全国完成约870万贫困人口的搬迁建设任务。各地通过发展特色产业、劳务经济、资产收益等方式，累计帮扶629.3万建档立卡搬迁人口，帮扶人口比例达70%以上。

（国家发展和改革委员会地区振兴司
贫困地区发展处）

（五）教育扶贫

【概述】 教育脱贫攻坚肩负着“两不愁三保障”保障义务教育的重要任务，承担着“发展教育脱贫一批”的重要任务，也担负着中共中央总书记习近平关于阻断贫困代际传递的重要嘱托。2018年，教育部认真学习贯彻习近平总书记关于扶贫工作的重要论述，深入贯彻落实中共中央、国务院脱贫攻坚决策部署，狠抓“五个聚焦”，扎实推进教育脱贫攻坚工作，切实阻断贫困代际传递。

【聚焦深度贫困】 教育部会同国务院扶贫办印发《深度贫困地区教育脱贫攻坚实施方案（2018—2020年）》和《推普脱贫攻坚行动计划（2018—2020年）》，会同财政部印发《关于进一步加强财政投入管理，深入推进“三区三州”教育脱贫攻坚的指导意见》，以“三区三州”为重点，以教育和推广普通话为抓手，助力攻克深度贫困堡垒。

【聚焦三年攻坚】　教育部印发《贯彻实施〈中共中央、国务院关于打赢脱贫攻坚战三年行动的指导意见〉重要政策措施部内分工方案》，会同财政部印发《银龄讲学计划实施方案》，会同国家发展和改革委员会、财政部、中国残疾人联合会印发《关于加快发展残疾人职业教育的若干意见》，进一步加强统筹协调，强化政策措施，扎实打好三年教育脱贫攻坚战。

【聚焦精准施策】　教育部会同财政部、民政部、人力资源和社会保障部、国务院扶贫办、中国残疾人联合会印发《关于做好家庭经济困难学生认定工作的指导意见》，第一次从制度上全面规范了各教育阶段家庭经济困难学生认定工作的原则、依据和程序等，进一步提高了学生资助精准度。

【聚焦经费保障】　强化财政投入保障。2018 年，中央财政新增教育转移支付资金 130 亿元，并安排“三区三州”教育扶贫专项资金，重点支持贫困地区和薄弱环节。中央财政下达农村义务教育学生营养改善计划资金 200.92 亿元，农村义务教育薄弱学校改造计划资金 360.5 亿元，农村义务教育阶段教师特设岗位计划资金 70.52 亿元，中小学幼儿园教师国家级培训计划资金 19.85 亿元，乡村教师生活补助资金 45.1 亿元。

【聚焦作风建设】　教育部印发《教育系统扶贫领域作风问题专项治理实施方案》，深入组织开展教育系统扶贫领域作风问题专项治理，全面清除教育系统扶贫领域作风问题形成根源，标本兼治构建扶贫领域作风建设长效机制，推动教育系统扶贫领域作风明显改善，确保教育扶贫各项举措落地见效。

（教育部　杨　波　吴延磊）

（六）健康扶贫

【概述】　2018 年，国家卫生健康委员会将实施健康扶贫工程作为重要政治任务，列为卫生健康系统改善民生行动之首。围绕让农村贫困人口“有地方看病、有医生看病、有医保制度看病”，进一步提高农村贫困人口医疗保障水平，对贫困人口大病和慢性病实施分类救治，全面提升贫困地区医疗服务条件和能力，强化贫困地区疾病防控和公共卫生工作。经过几年集中攻坚，贫困地区医疗卫生机构服务条件明显改善，服务能力明显提升，贫困群众大部分疾病都能在县域内得到及时救治，农村贫困人口医疗费用大幅减轻，670 多万因病致贫贫困户摆脱了贫困，为决战决胜脱贫攻坚作出了重要贡献。

【医疗保障】　实施贫困人口托底医疗保障三年攻坚行动。推动将建档立卡贫困人口全部纳入城乡居民基本医保、大病保险和医疗救助制度保障范围，实行倾斜照顾。推动各地对贫困人口采取特殊保障措施，安排专项资金，通过政府直接兜底、医保制度兜底、建立补充医疗保险制度兜底、专项救助基金兜底等形式，对经城乡居民医疗保险、大病保险、医疗救助补助后的个人自付医疗费用再次给予补偿或救助，将农村贫困人口住院医疗费用个人自付比例控制在可承受范围以内。同时，为贫困人口提供县域内住院“先诊疗、后付费”和“一站式”即时结算等方便措施。

【分类救治】　按照“大病集中救治一批、慢病签约服务管理一批、重病兜底保障一批”的分类救治策略，全过程跟踪每一位贫困患者的救治进展。将肺癌、肝癌、乳腺癌、急性心肌梗死、白内障、尘肺病、神经母细胞瘤及儿童淋巴瘤、骨肉瘤、血友病、唇腭裂、尿道下裂等病种纳入集中救治，专项救治病种范围已扩大到 21 种。对建档立卡贫困人口实现家庭医生签约服务应签尽签，签约一人、履约一人、做实一人，为签约贫困人口规范提供基本医疗和公共卫生服务，重点加强对高血压、糖尿病、结核病、严重精神障碍等慢病患者的规范管理。

【医疗服务能力培训】 实施全民健康保障工程建设规划，中央预算内投资进一步向基层和贫困地区倾斜，2018 年，协调中央财政补助资金 23.3 亿元，专项用于 832 个贫困县县级医院和基层医疗卫生机构临床服务能力建设。加强农村基层全科医生培养培训力度，鼓励贫困地区实行特殊人才利用制度，增加基层岗位吸引力。深入实施全国 963 家三级医院对口帮扶，将超过 3 万人次的城市三级医院医务人员派驻到贫困县县级医院，帮助县医院新建临床专科，引进新技术、开展新项目，门诊诊疗人次超过 3000 万，管理出院患者超过 300 万人，住院手术超过 50 万台，县医院开展复杂手术的种类增加，患者入出院和手术前后诊断符合率均超过 90%。全面建立从三级医院到县医院互联互通的远程医疗网络。推进县域医共体建设，实施以县级医院为龙头、乡镇卫生院为枢纽、村卫生室为基础的县乡村一体化管理，构建三级联动的县域医疗服务体系。

【疾病防控和公共卫生】 加大对西藏和四省藏区包虫病综合防治工作的指导和支持力度。加强对结核病、艾滋病疫情严重的贫困地区防治工作的业务指导和技术支持，全面启动“凉山州艾滋病防治和健康扶贫攻坚行动”。综合防治大骨节病和克山病等重点地方病。继续实施农村妇女“两癌”（乳腺癌和宫颈癌）筛查、免费孕前优生健康检查等项目，为贫困地区 151 万余名计划怀孕夫妇免费提供孕前优生服务。深入实施贫困地区儿童营养改善、新生儿疾病筛查项目，改善贫困地区 6～24 个月儿童营养状况、累计使超过 580 万儿童受益；针对贫困出生缺陷患儿实施出生缺陷救助项目，救助先天性结构畸形和遗传代谢病患儿 4512 名，拨付救助金 5581 余万元。加强贫困地区农村饮用水水质监测，推进落实坚决打赢农村饮水安全脱贫攻坚战。全面开展健康教育、健康促进，努力提高贫困地区群众健康素养。

【深度贫困地区脱贫攻坚】 实施深度贫困地区健康教育三年攻坚行动。制定印发深度贫困地区健康扶贫实施方案，召开“三区三州”健康扶贫攻坚工作座谈会。指导“三区三州”所在省区分别制定“三区三州”健康扶贫工作攻坚行动方案。加大支持力度，倾斜支持“三区三州”各级医疗卫生机构建设。

（国家卫生健康委员会财务司扶贫办
张　喆）

（七）危房改造

【农村危房改造】 2018 年，住房和城乡建设部围绕落实“农村贫困人口住房安全有保障”的目标要求，采取有效措施，加快推进贫困地区农村危房改造工作。会同财政部联合印发《农村危房改造脱贫攻坚三年行动方案》，明确 2018—2020 年农村危房改造目标任务。安排中央补助资金 266 亿元，支持 190 万户建档立卡贫困户等 4 类重点对象改造危房，其中建档立卡贫困户 120 万户。倾斜支持深度贫困地区，将“三区三州”经核准的建档立卡贫困户等 4 类重点对象全部存量危房列入 2018 年改造任务给予支持，与相关省区签订“三区三州”深度贫困地区建档立卡贫困户农村危房改造目标责任书，明确任务目标和责任。研究制定《农村危房改造基本安全技术导则》，提出基本安全底线要求。开发农村危房改造农户档案信息检索系统，实行“县制作录入、省审核管理、部联网检索”，推进农村危房改造精准管理。指导和督促各地加大工作力度，截至 2018 年 12 月底，190 万户农村危房改造任务开工率 100%，竣工率 95%。

（住房和城乡建设部扶贫办公室
赵亚男）

（八）社会保障

【农村低保兜底保障】 2018 年 7 月，民政部会同财政部、国务院扶贫办印发《关于在脱贫攻坚三年行动中切实做好社会救助兜底保障工作的实施意见》，指导各地完善农村低保、特困人员救助供养、临时救助等保障性扶贫措施，为脱贫攻坚提供兜底保障措施。文件规定，将未脱贫建档立卡贫困户中靠家庭供养且无法单独立户的重度残疾人、重病患者等完全丧失劳动能力和部分丧失劳动能力的贫困人口，参照单人户纳入农村低保范围；对于家庭成员因残疾、患重病等增加的刚性支出、必要的就业成本等，在核算家庭收入时可按规定适当扣减。8 月，民政部会同国务院扶贫办、财政部共同召开全国民政系统打赢脱贫攻坚战三年行动电视电话会议，部署各地完善农村低保制度，健全低保对象认定方法，更好发挥社会救助在脱贫攻坚中的兜底保障作用。先后举办统筹城乡社会救助体系建设专题研究班、社会救助综合改革试点培训班、特困人员救助供养培训班等，加强对各地社会救助兜底保障工作的指导。10 月，民政部召开 15 个省区市有关人员参加的社会救助兜底保障工作座谈会，督促脱贫攻坚任务重、工作相对滞后的省份抓紧制定社会救助兜底保障政策措施。截至 2018 年底，脱贫攻坚任务重的省份均结合当地工作实际，出台贯彻落实政策举措。其中，河北、辽宁、浙江、江西、甘肃等省份进一步扩大兜底范围，将困难老人、未成年人、低收入家庭、支出型贫困、四级智力精神残疾人等特殊困难群体纳入低保范围；河北、山西、内蒙古、吉林、安徽、山东、河南、湖南、广西、海南、重庆、四川、贵州、青海、宁夏等省区对低保渐退期作出明确规定。截至 2018 年底，全国共有农村低保对象 3519.7 万人，其中建档立卡贫困人口 1677 万（已脱贫 1144 万人、未脱贫 533 万人）；全国共有城乡特困人员 482.3 万人，其中建档立卡贫困人口 136 万（已脱贫 81 万人、未脱贫 55 万人）。两者合计，共有 1813 万人（已脱贫 1225 万人、未脱贫 588 万人）建档立卡贫困人口纳入农村低保或特困人员救助供养范围，实现兜底保障。

【农村低保标准调整】　指导各地综合考虑维持困难群众基本生活、当地物价水平、财政保障能力、城乡统筹发展需要等因素，科学制定农村低保标准。截至 2018 年底，全国所有县市区的农村低保标准均动态达到或超过国家扶贫标准。全国农村低保平均标准为 4833 元，22 个脱贫攻坚任务重的省份农村低保平均标准达到 4215 元，全国深度贫困县农村低保平均标准达到 3812 元，“三区三州”所辖县农村低保平均标准达到 3706 元。

【农村特困人员救助供养】　指导贫困地区深入贯彻落实《国务院关于进一步健全特困人员救助供养制度的意见》，进一步规范特困人员认定，科学制定救助供养标准，提高救助供养水平，将符合特困人员认定条件的困难群众纳入救助供养范围，为其提供基本生活、照料服务、疾病治疗、殡葬服务等方面的保障。截至 2018 年底，全国共有农村特困人员 454.7 万人，基本生活标准为 6693 元/（人·年），全年累计支出农村特困人员救助供养资金 307.9 亿元。

【农村特困人员供养服务机构建设】　指导各地加快推进农村供养服务机构建设改造，加强运转费用保障和护理员队伍建设，提升农村供养服务机构托底保障能力和服务质量。2018 年 10 月，民政部会同国家发展和改革委员会、国务院扶贫办印发《深度贫困地区特困人员供养服务设施（敬老院）建设改造行动计划》，明确深度贫困地区供养服务设施（敬老院）建设改造总体要求、工作目标、重点任务、资金安排和保障措施，要求将行动计划实施效应逐步扩大到其他贫困地区，推动特困人员供养服务设施逐步改善，兜底保障能力和服务质量稳步提高。

【临时救助制度】　2018 年 1 月，民政部会同财政部印发《关于进一步加强和改进临时救助工作的意见》，要求各地进一步明确对象范围和类别、简化优化审核审批程序、合理制定救助标准、拓展完善救助方式，不断提高制度的可及性和救助的时效性，对贫困地区符合条件的困难群众加大临时救助力度，切实解决其遭遇到的突发性、紧迫性、临时性基本生活困难。2018年，全国共实施临时救助1074.7万人次，累计支出救助资金121.6亿元，平均救助水平1131元/人次。其中，救助非本地户籍对象11.2万人次。

【低保对象与建档立卡贫困人口数据比对】 按照《国务院扶贫办、民政部关于扶贫开发和农村低保数据交换的合作协议》，2018年，民政部与国务院扶贫办继续定期比对低保对象与建档立卡贫困人口重合情况，强化信息共享，分析研判农村低保与扶贫开发衔接工作情况。同时，联合中国残疾人联合会、国家卫生健康委员会，就低保对象、特困人员和重度残疾人、因病致贫人员数据开展比对，精准掌握建档立卡对象中重度残疾人、重病患者等完全丧失劳动能力和部分丧失劳动能力人员底数，为社会救助兜底保障工作开展打下坚实基础。

【资金投入和管理】 争取中央财政加大社会救助兜底保障资金投入力度，2018年中央财政安排困难群众救助补助资金1401亿元，同比增长5.2%。会同财政部指导地方落实《中央财政困难群众救助补助资金管理办法》，明确资金使用范围、分配方法、绩效管理和监管机制，确保资金使用效益。联合财政部对各地开展困难群众救助工作绩效评价，督促改进工作。

（民政部　张晶婧）

（九）金融扶贫

【金融扶贫】 国务院扶贫办会同中国人民银行等有关部门全面推进金融扶贫工作，抓实抓好扶贫小额信贷工作。2018年，围绕扶贫小额信贷“贷得到、用得好、还得上”的工作目标，深入贯彻2017年5部门联合印发的《关于促进扶贫小额信贷健康发展的通知》文件要求，对有贷款意愿、有就业创业潜质、有技能素质和一定还款能力的建档立卡贫困户，提供政策要点为“5万元以下、3年期以内，免担保免抵押、基准利率放贷、财政贴息，县建风险补偿金”的扶贫小额信贷。

督促指导各地完善县、乡、村三级金融服务体系，强化贷前调查、贷中审查、贷后检查，确保符合条件的贫困户获得贷款，提高贷款使用效益。优化全国扶贫开发信息系统（扶贫小额信贷板块），完善扶贫小额信贷“月监测、月统计、月通报”指标体系，加强对逾期风险防范的监测管理。研究起草规范发展扶贫小额信贷的实施方案，指导各省区市会同金融监管部门，针对逾期贷款、户贷企用、贷款使用不精准等问题，分类研究制定处置方案。

2018年全国扶贫小额信贷新增放贷1074.93亿元，惠及267.7万户次贫困户。截至2018年底，全国扶贫小额信贷累计放贷5411.07亿元，惠及1368.16万户次，为贫困户生产提供资金，提高贫困户发展生产能力，发展贫困地区特色产业，推进贫困地区金融服务体系完善和金融治理制度创新。

全国各地积极推动金融扶贫工作，宁夏回族自治区盐池县和河南省三门峡市，在扶贫小额信贷方面有创新做法，分别受到国务院第二次大督查（2015年）、第五次大督查（2018年）的表彰。盐池县通过扶贫小额信贷支持，发展壮大当地滩羊和黄花菜等特色产业，走出一条“依托金融创新推动产业发展、依靠产业发展带动贫困群众增收”的富民之路。河南省三门峡市通过完善风险防控机制建立、探索带贫发展机制，建立金融和产业融合发展机制，激活金融扶贫源头活水。

（国务院扶贫办开发指导司　李新庚）

（十）连片特困地区扶贫

【连片特困地区扶贫】 中共十八大以

来，中共中央高度重视集中连片特困地区脱贫攻坚工作，把连片地区作为全国脱贫攻坚主战场，采取措施重点支持。中共中央总书记习近平走遍了全国14个片区，对连片特困地区脱贫攻坚作出重要指示，提供了强大动力。2018年，各地各部门认真贯彻落实习近平系列重要讲话精神，片区牵头联系单位积极协调推动，相关部门积极支持，片区各级党委政府和广大干部群众共同努力，片区脱贫攻坚取得了重大进展和显著成绩。根据全国农村贫困监测数据，2018年14个集中连片特困地区（含西藏、南疆四地州和四省藏区）剩余农村贫困人口935万人，比2017年减少605万人，减贫规模占全国的43.6%；贫困发生率4.5%，比2017年下降2.9个百分点，降幅高于全国水平；片区人均可支配收入10260元，比2017年增加996元；片区内基础设施建设和公共服务设施等进一步完善，人民群众获得感进一步提高。

一是认真总结谋划。国务院扶贫办和国家发展和改革委员会积极发挥牵头作用，对十八大以来各片区脱贫攻坚成效、存在的突出问题和困难等情况进行专题研究、认真总结，并将相关情况上报中央领导同志。在总结经验的基础上，会同其他相关部门共同研究部署2018年片区脱贫攻坚工作任务，扎实有序推进片区各项工作。

二是牵头部门充分发挥部门职责。14个片区牵头联系单位积极主动作为，负责同志高度重视、亲力亲为，多次赴片区实地调研、走访慰问、座谈交流，了解脱贫攻坚工作进展，沟通片区项目建设需求，协调有关部门争取倾斜支持。进一步完善省际部际工作联系机制，牵头召开片区区域发展与脱贫攻坚工作现场推进会，组织相关部门共同分析片区脱贫攻坚面临的形势任务，交流脱贫攻坚经验，形成片区脱贫攻坚合力，共同推动下一阶段重点任务。充分发挥行业优势，出台一系列政策措施，在人、财、物等方面倾斜支持片区脱贫攻坚，拿出真金白银，将扶贫与扶志扶智相结合，统筹资源加大对片区人才智力支持力度，增强片区“造血”功能。

三是切实加大督导力度。各牵头部门积极指导片区各地按照片区区域发展与扶贫攻坚规划要求，推动片区省级规划与相关部委行业规划衔接，将片区内重点项目纳入相关部委行业“十三五”规划。加大资源整合和统筹协调力度，推进交通、水利、能源、生态等重大项目，实施一批水、电、路、房等基础设施项目，着力补齐片区基础设施短板，为片区脱贫攻坚奠定了坚实基础。

四是组织编写2017年度片区规划实施监测报告。国务院扶贫办根据国家统计局和全国扶贫开发信息系统数据，结合各地上报的片区脱贫攻坚进展情况，开展2017年度片区脱贫攻坚监测工作，对14个片区及相关片区县的脱贫攻坚进展情况进行监测和分析，形成《连片特困地区脱贫攻坚监测报告（2017年度）》，为片区各地全面掌握脱贫攻坚进展，交流学习典型经验，围绕问题找差距补短板，提供指导和参考。

（国务院扶贫办规划财务司规划统计处
杨雪枫）

（十一）扶贫改革试验区

【扶贫改革试验区】 加强顶层设计。鉴于东部的京、津、沪、苏、浙、粤已经消除绝对贫困，鲁、闽、辽也将陆续消除绝对贫困的现状，国务院扶贫办把推动扶贫工作实现“两个转变”作为改革重点，指导各试验区进行整体谋划，把试验区工作纳入脱贫攻坚全局通盘考虑，加强政策协调，完善管理制度。同时，明确将革命老区和扶贫改革试验区作为东部地区扶贫工作重点，进一步加大对扶贫改革试验区的支持力度。

压实各级责任。坚持“中央统筹、省负总责、市县抓落实”的管理体制，对扶贫改革试验区工作的责任进行重新明确：中央层面主要负责研究重大政策和全局性重大问题，协调有关部门政策支持，开展督促检查。各省对试验区工作负总责，加大支持力度，加强工作指导，密切跟踪改革试验，及时了解和掌握有关试验项目进展情况。试验区所在市县负责抓好各项改革任务落实。

把握关键环节。指导各试验区在解决农村绝对贫困问题后，瞄准攻坚战打赢之后扶贫的路怎么走、扶贫目标和标准怎么定、政策如何衔接、如何确保与扶贫任务相适应的投入力度等全局性重大问题，聚焦内生动力不足、贫困村基层组织战斗力不强、脱贫成果不稳等全国性共性问题，面向城乡统筹格局下扶贫开发工作机制、管理体制、帮扶方式方法等前瞻性问题，持续发力，以扶贫为目标、以改革为动力、以试验区为平台，推动扶贫工作实现“两个转变”。

总结推广经验。指导各试验区认真梳理改革成果，做到试验一批、推广一批、储备一批，认真总结经验，加大宣传力度，推介扶贫改革试验成果，为全国扶贫工作提供有益借鉴。

（国务院扶贫办政策法规司　李治国）

第五篇

监督考核篇

（一）脱贫攻坚督查巡查

【脱贫攻坚督查巡查】 为贯彻落实习近平总书记听取2017年省级党委和政府扶贫开发工作成效考核情况汇报时的重要讲话精神，根据中共中央办公厅、国务院办公厅《脱贫攻坚督查巡查工作办法》规定和关于考核情况通报的部署，2018年6—9月，国务院扶贫开发领导小组分三批对中西部22个省区市整改情况进行督查巡查，其中，对考核约谈4省进行巡查，对其他18个省区市进行督查。督查巡查期间，4个巡查组和18个督查组全部由扶贫领导小组成员或部级干部带队，坚持问题导向，坚持较真碰硬，抽调491名干部参加，到22省区市的140个县、695个村，访谈干部3352人，农户5212家，受理举报电话651个，共发现经验典型146个，指出问题107个，提出建议142条，相比往年，力度更大、成效更明显。各巡查组、督查组严格按照要求开展工作，严格遵守中央八项规定精神及实施细则，全面掌握了各地贯彻落实中央脱贫攻坚决策部署进展情况，验收考核评估等发现问题整改成果，督促各地保持整改的压力和态势，确保整改到位。发现一些先进典型和成功经验，查找存在的其他突出问题，提出加大力度、改进工作、完善政策的意见建议，推动各地扎实贯彻落实中央脱贫攻坚部署，达到预期目的。

（国务院扶贫办综合司　曹振华）

（二）脱贫攻坚日常监督

【中共中央纪律检查委员会国家监察委员会机关监督执纪问责】 2018年，中共中央纪律检查委员会国家监察委员会（以下简称“中央纪委国家监委”）坚决贯彻落实习近平总书记关于扶贫工作的重要论述和党的十九大精神，把深入开展扶贫领域腐败和作风问题专项治理作为十九届中央纪委为民务实、谋篇开局的新招实招，加强统筹部署，狠抓责任落实，推动全面从严治党向基层延伸，切实解决扶贫领域群众反映强烈的突出问题，为如期打赢脱贫攻坚战提供坚强的纪律保障。

深入学习贯彻习近平总书记关于扶贫工作的重要论述，从增强“四个意识”、坚定“四个自信”、做到“两个维护”的政治高度，充分重视、科学部署扶贫领域腐败和作风问题专项治理工作。中央纪委常委会多次组织学习习近平总书记关于扶贫工作的重要论述，要求各级纪检监察机关提高政治站位，依纪依法加强对脱贫攻坚重大决策部署贯彻落实情况的监督检查和执纪问责，切实维护群众特别是贫困群众的合法权益。

2018年1月，中央政治局常委、中央纪委书记赵乐际在十九届中央纪委第二次全会上对扶贫领域腐败和作风问题专项治理工作作出具体部署，要求围绕打赢脱贫攻坚战，找准定位、服务大局，开展扶贫领域腐败和作风问题专项治理，重点查处和纠正贯彻中共中央脱贫攻坚决策部署不坚决不到位、弄虚作假问题，主体责任、监督责任和职能部门监管职责不落实问题，严肃查处贪污挪用、截留私分、虚报冒领、强占掠夺等行为。

8月，中央纪委国家监委会同国务院扶贫办在陕西省延安市召开深化专项治理扶贫领域腐败和作风问题推进会。中央政治局委员、中央纪委副书记、国家监委主任杨晓渡对专项治理工作进行再动员再部署，要求各级纪检监察机关深入学习领会习近平总书记关于扶贫工作的重要论述，强化扶贫领域监督执纪问责和审查调查处置，确保党的领导贯穿脱贫攻坚全过程和各环节，确保中共中央关于脱贫攻坚重大决策部署的贯彻落实，确保兑现中共中央作出的所有贫困地区和贫困群众同全国一道进入全面小康社会的庄严承诺。7月，中央纪委副书记李书磊主持召开“三区三州”扶贫领域监督执纪问责工作调研会，重点对“三区三州”等深度贫困地区扶贫领域腐败和作风问题专项治理工作做出部署。

9月，中央纪委办公厅印发《关于贯彻落实习近平总书记重要指示精神 集中整治形式主义、官僚主义的工作意见》，明确整治形式主义、官僚主义4个方面12类突出问题，其中包括脱贫攻坚工作中存在的形式主义、官僚主义问题，特别是漠视群众利益和疾苦、不担当不作为、搞“形象工程”和“政绩工程”、违规决策、弄虚作假、做表面文章等群众反映强烈的突出问题。

中央纪委领导同志坚持以上率下，深入贫困地区基层调研指导专项治理工作。赵乐际先后深入云南、四川、黑龙江、河南等地基层一线调研，要求精准发现解决群众身边腐败和作风问题，持续推进扶贫领域腐败和作风问题专项治理，严肃处理截留款物、贪污挪用、吃拿卡要、优亲厚友等问题，推动全面从严治党向基层延伸，让老百姓有更多获得感。杨晓渡先后赴定西、延安、大小凉山等贫困地区调研，走访困难群众和基层干部，要求深化扶贫领域腐败和作风问题专项治理工作，坚决清除啃食人民群众获得感的腐败分子，切实维护广大基层群众切身利益。中央纪委其他领导同志也带队到脱贫攻坚任务艰巨、困难矛盾集中的地方开展调研，推动专项治理工作向纵深发展。

切实履行监督第一职责，层层压紧压实责任，有力推动中央脱贫攻坚重大决策部署的贯彻落实。各级纪检监察机关立足职责定位，坚持把监督挺在前面，以“脱贫攻坚作风建设年”为契机，重点监督检查和纠正落实脱贫攻坚重大决策部署态度不坚决、工作不扎实、敷衍应付问题，脱贫攻坚主体责任、监督责任和职能部门监管职责落实不力问题，以及盲目决策、弄虚作假、数字脱贫等形式主义、官僚主义问题。对脱贫攻坚“两个责任”落实不力的严肃问责，2018年全国共问责党员领导干部4.8万人，努力实现以问责促落实、以落实促发展。

以最严明的纪律处理扶贫领域腐败和作风问题，坚决斩断向扶贫资金资源伸出的黑手。畅通来访、电话、网络等群众举报渠道，主动对接财政、审计、扶贫等职能部门相关工作中发现的扶贫领域问题线索，对典型问题线索开展多轮次、滚动式重点督办，对其中重大复杂案件要求地方纪委监委提级办理，有的要求省级纪委监委直接组织力量调查核实。2018年，中央纪委共督办3轮46个扶贫领域问题线索，涉及23个省区市。通过持续督办传递强烈信号，带动省市两级纪委监委加强对扶贫领域突出问题的督导检查、复核复查和工作指导，推动贫困县纪委监委把扶贫领域腐败和作风问题专项治理作为主要任务，提高监督执纪质量。各地纪检监察机关依纪依法履行职责，对扶贫领域腐败和作风问题线索一律优先受理、从快办理、高质量处置，严厉惩治了一批贪污挪用、截留私分、虚报冒领、强占掠夺等违纪违法问题。据统计，2018年全国查处扶贫领域腐败和作风问题13.1万件，处理17.7万人。

充分发挥中央专项巡视的政治监督作用，着力发现和推动解决扶贫领域群众反映强烈的突出问题。2018年10月，中央派出15个巡视组对13个省区市、11个中央国家机关、2个中央金融企业党组织进行脱贫攻坚专项巡视，重点对被巡视党组织落实脱贫攻坚政治责任情况进行监督检查。巡视发现一些地方和部门存在责任落实不够到位、脱贫攻坚工作不够精准以及形式主义官僚主义等突出问题，经中央批准向26家被巡视党委（党组）做了反馈。被巡视党组织均高度重视，把巡视整改作为重要政治任务摆在突出位置，建立问题清单，明确责任分工，细化整改措施，逐一整改落实到位，整改情况均通过新闻媒体向社会公开，接受社会监督、群众监督。

实名通报曝光典型案例，不断强化警示震慑，释放扶贫领域从严正风肃纪的强烈信号。2018 年初，中央纪委通过新华社发布《河北省委对张家口市及有关县扶贫领域突出问题严肃问责》的通报，对张家口市扶贫领域有关违纪违法问题进行曝光。中央纪委还分 3 批对 21 件扶贫领域腐败和作风问题典型案例点名道姓进行公开通报曝光，要求各相关部门及党组织对照自查自纠，加强扶贫资金管理，坚决纠正脱贫攻坚工作中各类损害群众利益问题。中央纪委国家监委网站开通扶贫领域腐败和作风问题监督举报曝光专区，分 2 批曝光了有关省区市纪委监委查处的 44 件典型案例，不断强化警示教育，释放在扶贫领域有权必有责、有责要担当、失责必追究的强烈信号。

坚持标本兼治，深化以案促改、以案促建，督促完善脱贫攻坚相关机制制度。深入剖析扶贫领域腐败和作风方面的典型案例，会同和督促有关方面认真查找在职责履行、政策落实、制度执行、监督管理、作风建设等方面存在的薄弱环节和制度漏洞，有针对性完善扶贫和民生保障等方面政策文件和法规制度，进一步巩固党带领人民群众脱贫致富的长效机制。

（中共中央纪律检查委员会国家监察委员会党风政风监督室　孙　倩）

【审计监督】　2018 年，审计署认真落实中共中央、国务院关于打赢脱贫攻坚战的决策部署，积极落实国务院扶贫开发领导小组各项工作要求，不断深化与国务院扶贫办等部门的协调配合，积极推动《中共中央国务院关于打赢脱贫攻坚战三年行动的指导意见》落实，坚持全国扶贫审计工作一盘棋，建立健全脱贫攻坚政策落实和重点资金项目跟踪审计机制，动员全国审计力量扎实推进扶贫审计全覆盖，积极发挥审计在推动打赢脱贫攻坚战中的监督和保障作用。

全面部署扶贫审计工作。2018 年 8 月 28 日，审计署印发《关于贯彻落实脱贫攻坚战三年行动指导意见，进一步深化扶贫审计的通知》，从实现扶贫审计全覆盖、推动脱贫攻坚各项政策措施精准落实、维护扶贫资金安全、促进提高扶贫资金项目绩效、认真落实“三个区分开来”重要要求、推动建立解决问题长效机制、创新扶贫审计方式方法、严格执行各项纪律等八个方面提出具体要求并作出统一部署，持续深化全国扶贫审计工作。8 月 29 日，召开全国审计机关“聚焦脱贫攻坚三年行动进一步深化扶贫审计”视频会议。12 月 14 日，召开扶贫审计工作座谈会。

稳步推进扶贫审计全覆盖。审计署加强对地方审计机关的业务指导，坚持全国扶贫审计工作一盘棋，加大审计资源统筹力度，通过统一组织扶贫资金专项审计和国家重大政策措施落实跟踪审计等，积极推动审计计划统筹、审计资源整合、审计项目融合、审计成果共享，形成全国扶贫审计的强大合力。各级审计机关贯彻落实“中央统筹、省负总责、市县抓落实”的工作机制，继续紧盯扶贫审计全覆盖的目标，统筹审计资源、倒排工作计划，保障人力资源投入，确保在 2020 年以前实现对 832 个贫困县（含集中连片特困地区县）审计全覆盖的同时，扎实推进东西部扶贫协作资金、非贫困县扶贫资金的审计全覆盖，消除监督盲区。

2018 年，审计署和地方审计机关通过专项审计、政策落实跟踪审计等方式，投入审计力量 2200 多人次，对 382 个贫困县开展审计，涉及 2200 多个乡镇、7400 多个行政村，入户走访 2.6 万多户贫困家庭。累计抽查扶贫资金 2200 多亿元，发现各类问题金额 130 多亿元，依纪依法向纪检监察、司法机关等移送问题线索 270 余件。其中，审计署统一组织审计扶贫资金 1600 多亿元，发现各类问题金额 63 亿元，依纪依法向纪检监察、司法机关等移送问题线索 204 件。截至 2018 年底，审计署统一组织全国审计机关通过“上审下”“交叉审”等方式，已累计覆盖全国 832 个贫困县中的 766 个（覆盖面为 92%），涉及 80% 以上的深度贫困地区。全国审计机关依纪依法向纪检监察、司法机关等移送问题线索 1600 余件，促进追责问责 470 多人，推动完善制度 100 多项。审计查出问题金额占抽查资金比例逐步下降，由 2013 年的 36.3% 下降到 2018 年的 6% 以下。

坚持问题导向，突出重点开展审计。2018 年，审计署沿着“政策”“资金”两条主线，突出“精准、安全、绩效”三个重点，着力查处骗取套取、截留挪用、贪污侵占、挥霍浪费扶贫资金，以及化公为私、优亲厚友等严重危害扶贫资金安全、损害贫困群众利益的问题；着力揭示扶贫资金长时间闲置、重点扶贫项目推进缓慢或损失浪费等影响扶贫资金绩效和脱贫效果的问题，推动扶贫资金统筹整合使用；着力反映精准扶贫政策措施不衔接、不落地，以及脱贫攻坚中的不实不准问题、扶贫资金阳光化管理不到位等机制体制问题，推动精准扶贫政策措施落实。

2018 年第一季度，组织特派办和地方审计机关对全国 145 个贫困县进行专项审计。第二季度，组织特派办和地方审计机关在重大政策跟踪审计项目中，重点对 58 个贫困县开展扶贫政策跟踪审计，并组织 6 个特派办分别对西藏、新疆等深度贫困地区县进行审计。第三季度，组织特派办和地方审计机关对 60 个贫困县开展扶贫政策跟踪审计，并对易地扶贫搬迁、东西部扶贫协作和对口帮扶、光伏扶贫、产业扶贫等重点审计内容进行梳理，分析深层次产生问题的原因，形成审计要点，发挥审计建设性作用，提出改进完善体制机制的意见建议。第四季度，在持续组织对 119 个贫困县开展扶贫政策跟踪审计的同时，加大深度贫困地区贫困县的审计力度，组织昆明、成都、郑州、兰州 4 个特派办，并从农业农村、教育、卫生、民政等 20 个派出局抽调 38 名年轻骨干，组成联合审计工作组，分别对云南、四川、青海和甘肃 4 省深度贫困地区进行审计，进一步掌握深度贫困地区短板和查处脱贫攻坚中政策落实、资金管理和项目建设中存在的问题；同时，组织各特派办审计组，重点对易地扶贫搬迁、产业扶贫、村级财务管理、以工代赈等 10 余个重点审计内容进行审计。

积极促进整改。对扶贫审计发现的问题，审计署在向中共中央、国务院报告的同时，每个季度依法向社会公告审计结果，通过公开促进整改，保持扶贫审计监督高压态势。审计结果受到地方各级党委政府、有关部门高度重视和社会高度关注，相关地方党委政府建立审计整改台账，明确整改时限和责任人，逐一对账销号，通过追缴被骗取套取或违规使用的扶贫资金、统筹盘活长期闲置资金、加快扶贫项目实施进度、加快下拨扶贫资金、补发扶贫款物以及完善建档立卡基础工作、严肃追责问责、制定修订规章制度等方式，推动扶贫审计整改及时、到位，保障脱贫攻坚各项工作取得实效。2018 年，扶贫审计促进整改落实有关问题资金 1548884 万元，审计促进拨付资金到位 194476 万元，审计后挽回（避免）损失 23133 万元，核减投资额 528 万元，移送处理落实事项 204 件。审计推动被审计单位制定整改措施 151 项，促进被审计单位建立健全规章制度 185 项。

（审计署农业农村审计司　李　娜）

【民主党派脱贫攻坚民主监督】 2018 年，各民主党派中央以习近平新时代中国特色社会主义思想为指导，认真学习贯彻习近平总书记关于扶贫工作的重要论述，按照党中央对脱贫攻坚民主监督工作的总体要求，加强与各对口省区的协同会商，创新形式、深入调研、积极建言、精准监督，通过脱贫攻坚民主监督深入了解国情，切实帮助地方党委政府打赢脱贫攻坚战，为实现全面建成小康社会的宏伟目标贡献力量。

据统计，2018年，各民主党派中央共组织脱贫攻坚民主监督调研195次，其中由领导班子成员带队调研59次，共走访617个村、5900余户贫困户，举办各类培训、座谈355场次，向地方党委政府反馈意见建议950余条；在调研中，各民主党派中央根据中共中央关于脱贫攻坚工作的新要求，尤其是习近平总书记在打好精准脱贫攻坚战座谈会上的重要讲话精神，对发现的突出问题和困难进行了深入分析研究，并提出对策建议，均形成了调研报告，有的还以“直通车”的形式报党中央、国务院。根据国务院领导同志批示要求，国务院扶贫办将报告分送相关部门和单位，认真分析，提出了工作意见。

2018年3月30日，各民主党派中央脱贫攻坚民主监督工作座谈会召开。中共中央政治局常委、全国政协主席汪洋出席会议并讲话。11月23日，中共中央统战部牵头召开脱贫攻坚民主监督工作经验现场交流暨2018年度成果会商会，创新形式，除就有关情况与国务院扶贫办进行会商外，还增加了实地考察和现场经验交流，提升监督实效。国务院扶贫办主动向各民主党派中央提供脱贫攻坚相关政策文件和资料，通报2018年脱贫攻坚工作情况，参与相关调研和培训，及时将各民主党派中央开展脱贫攻坚民主监督的情况进行宣传报道。

（国务院扶贫办社会扶贫司　周晓云）

【扶贫领域腐败和作风问题专项治理】 2018年是中共中央确定的脱贫攻坚作风建设年。中共中央总书记习近平对扶贫领域作风建设高度重视，作出一系列重要批示指示。国务院扶贫开发领导小组认真贯彻落实习近平的重要批示指示精神和中共中央、国务院的决策部署，印发《关于开展扶贫领域作风问题专项治理的通知》，对扶贫领域作风专项治理统筹协调、督促推进。国务院扶贫办成立作风治理工作专班、加强督导落实。各地、各部门从讲政治和坚决打赢脱贫攻坚战的高度，对作风专项治理工作精心组织、周密部署，形成了上下联动、齐抓共管的良好态势。主要领导对作风专项治理工作亲自抓、负总责、做表率，带头转作风、抓作风，积极发挥示范引领作用。各地、各部门坚持问题导向，聚焦“四个意识”不强、责任落实不到位、工作措施不精准、资金管理使用不规范、工作作风不扎实、考核监督从严要求不够6个方面的25类问题，深入开展自查自纠，对照问题清单，逐一分析研究，查根溯源，正本清流，有力促进了扶贫领域作风转变。

（国务院扶贫办综合司　居　伟）

【信访工作】 完成12317扶贫监督举报平台建设。2018年1月15日，国务院扶贫办副主任欧青平主持召开全国12317扶贫监督举报工作视频会议，对全国12317扶贫监督举报平台建设工作进行部署，将此前各省独立的12317监督电话升级为全国统一平台的监督举报电话。各地对该项工作高度重视，积极协调办公场地、设备和专项工作人员，按照会议要求，1月22日在重庆、河北、辽宁、黑龙江、浙江、河南、新疆7省区市首先开通了12317扶贫监督举报平台，随后其他21个有扶贫开发任务的省区市在4月底前陆续开通，扶贫办本级12317扶贫监督举报平台于8月正式开通运行。截至年底，全国28个有扶贫任务的省区市和国务院扶贫办本级共开通12317座席74个，管理员、座席员约有130人。平台建设完成后，12317扶贫监督举报电话全年共接听来电52862个。

12317扶贫监督举报平台业务逐步规范。为保证12317工作人员能熟练使用扶贫监督举报平台开展工作，2018年4月、9月、12月分别在安徽省、内蒙古自治区、上海市对12317扶贫监督举报平台座席员、管理员进行了系统操作和业务培训以及电话沟通技巧培训。经过多次系统优化和开展培训，各地12317工作逐步规范，电话量平稳上升，接听率逐步提高，9月以后接听率均保持在80%以上，信件转办工作效率也大大提升。

完成扶贫信访整合工作。为加强扶贫领域信访工作，整合信访资源，实现信访工作信息化管理，对12317扶贫监督举报平台进行了升级，实现了将扶贫办受理群众的来信来访、主任信箱、12317电话等信访事项整合，通过平台进行线上转办，实现了信访业务集投诉、办理、查询、跟踪、监督、评价于一体，受理数据全录入、办理过程全留痕。截至2018年12月31日，国务院扶贫办在平台共办理信访件343件。其中12317来电87件，来信28件，来访62件，中央巡视组等有关方面交办信访件166件，经过核实，有137件信访件反映问题属实或部分属实。此外，各地通过平台转办信访件4322件，经核实，有1140件反映问题属实或部分属实，较好地解决了群众的合理诉求。在实现扶贫信访整合工作的基础上，为提高工作效率，于2018年11月初完成了12317扶贫监督举报平台业务延伸到市、县两级的改造工作，在山东省、内蒙古自治区、安徽省开展试点工作。

做好信访日常工作。为做好来访接待工作，从2018年开始，国务院扶贫办信访工作开始由机关各司轮流接访，全年共接访855批次，对其中75个来访件交办地方处理。对主任信箱涉及扶贫的186封来信进行处理，其中交办地方处理43件。认真办理群众来信，对涉及扶贫工作的35封群众来信及时交办地方处理。认真办理“我为大督查提建议”网民留言和群众来信，对175116个网民留言和73件群众来信进行分类处理，并向国办督查室报告了办理情况。此外，委托第三方对63个扶贫领域的信访件进行了实地核实。

（国务院扶贫办综合司　居　伟）

（三）脱贫攻坚考核评估

【脱贫攻坚考核评估】 根据中共中央、国务院脱贫攻坚决策部署和《省级党委和政府扶贫开发工作成效考核办法》，2017年12月至2018年3月，国务院扶贫开发领导小组（以下简称“扶贫领导小组”）组织对中西部22个省区市党委和政府2017年扶贫开发工作成效进行了考核。

考核对象：向中共中央、国务院签订脱贫攻坚责任书的中西部22个省区市党委和政府。

组织实施：考核由扶贫领导小组组织进行，具体工作由国务院扶贫办、中央组织部牵头，会同扶贫领导小组成员单位组建考核工作组组织实施。

考核内容：一是减贫成效。考核建档立卡贫困人口减少计划完成、贫困县退出计划完成、贫困地区农村居民收入增长等情况。二是精准识别。考核建档立卡贫困人口识别、退出精准度和脱贫人口返贫情况，对因脱贫质量不高、帮扶工作不实导致的返贫问题进行核查。三是精准帮扶。考核因村因户帮扶工作群众满意度和脱贫攻坚责任落实、政策落实、工作落实等情况。四是扶贫资金。考核扶贫资金安排、使用、监管和绩效等方面的情况。

具体工作：一是开展省际交叉考核。组织22个省区市从省级扶贫领导小组成员单位和基层扶贫部门抽调骨干人员737人，分赴22个省区市的109个县、519个村、16620户开展实地考核，共发现先进典型92个、查找突出问题102个、收集意见建议51条。二是开展第三方评估。由中国科学院地理科学与资源研究所组织1583名评估人员，组成22个评估组，赴116个县的784个村，对24815户建档立卡户和非贫困户“两不愁三保障”实现情况进行定量、定性分析。主要评估贫困人口识别和退出的准确率，因村因户帮扶工作群众满意度，以及“两不愁三保障”实现情况。三是开展媒体暗访考核。由新华社组织111名记者组成22个工作组，暗访了69个县、303个村、

1892户，围绕脱贫攻坚进展和贫困群众“两不愁三保障”目标落实情况，总结典型经验，查找突出问题。四是开展财政专项扶贫资金绩效评价。由财政部、国务院扶贫办委托会计师事务所组织128名专业人员对170个县扶贫资金使用管理和公示公告情况进行实地抽查评价。五是梳理平时情况。收集了脱贫攻坚督查巡查、民主党派监督、扶贫领域违纪违法、扶贫资金和政策落实审计、扶贫资金专项检查和资金整合、易地扶贫搬迁稽查、社会监督等7方面的情况，汇总了2017年建档立卡脱贫人数、贫困县退出数据、2017年全国和贫困地区农村居民可支配收入增幅等3方面的数据。六是进行综合分析评价。考核工作组在汇总整理年终考核和平时掌握情况的基础上，认真分析考核数据和材料，按照定性定量相结合、第三方数据与部门数据相结合、年度考核与平时掌握情况相结合的原则，对各省区市2017年扶贫开发工作成效进行综合分析，形成考核意见。

考核结果：2017年，各地坚持以习近平新时代中国特色社会主义思想为指导，深入学习贯彻中共十九大精神，全面贯彻落实中共中央决策部署，把脱贫攻坚作为重大政治任务来抓，精准扶贫精准脱贫方略深入推进，脱贫攻坚责任落实、政策落实、工作落实不断强化，脱贫攻坚取得决定性进展。2017年，全国减少贫困人口1289万人，超额完成减贫1000万人以上的目标任务。9个省区市的28个贫困县通过专项评估检查率先摘帽，20个省区市120多个贫困县提出摘帽申请，解决区域性整体贫困迈出坚实步伐。贫困地区农村居民人均可支配收入增长10.5%，比全国农村居民人均可支配收入增幅高1.9个百分点。建档立卡贫困人口识别和退出准确率均在95%以上，识别和脱贫质量进一步提高。扶贫投入大幅增长，资金监管进一步加强。建档立卡贫困人口吃穿“两不愁”总体实现，义务教育、基本医疗、住房安全“三保障”更加有力。脱贫攻坚各项政策效应日益显现，群众获得感进一步增强。

从考核情况看，各地在具体工作中还不同程度存在一些问题，有的还比较突出。一是目标标准把握不准确。有的盲目拔高或随意降低帮扶标准，不按标准按指标脱贫，“三保障”未实现就宣布脱贫。二是政策举措落实有偏差。有的地方健康扶贫政策落实不到位，住房安全保障有短板，产业扶贫重短期效益、轻长效机制建立，金融扶贫贷款使用不精准，未落实免抵押、免担保政策。三是基层干部攻坚能力不足。各地不同程度存在基层干部精准扶贫精准脱贫实战能力较弱、想干不会干、帮扶供需错位等问题。四是形式主义官僚主义仍然存在。一些地方会议多、填表多、检查多。个别地方弄虚作假，帮扶流于形式。五是扶贫资金投入使用不规范。个别地方扶贫资金投入力度不足，资金拨付慢，结转结余率较高，虚报冒领、贪占挪用现象仍时有发生。

2018年4月9日，中共中央办公厅、国务院办公厅向各地各部门通报了2016年省级党委和政府扶贫开发工作成效考核情况。17日，国务院扶贫办将考核中发现的问题一对一反馈各省区市。考核通报反馈后，中西部22省区市党委政府高度重视、迅速行动，认真传达学习习近平总书记重要讲话精神，严格对照考核通报部署，深刻查摆问题，统筹制定方案，层层压实责任，扎实推进整改落实。脱贫攻坚一批突出问题得到及时纠正，一些薄弱环节得到切实加强，东西部扶贫协作取得突破性进展，中央单位定点扶贫更加扎实有力，保持了稳中求进、合力攻坚的良好态势。

（国务院扶贫办考核评估司　张慧东）

第六篇

行业扶贫篇

中共中央组织部扶贫

【概述】 2018年，中共中央组织部（以下简称“中央组织部”）深入学习贯彻习近平总书记关于脱贫攻坚的重要论述精神，按照中共中央关于打赢脱贫攻坚战的决策部署，立足组织部门职能职责，把抓党建促脱贫攻坚作为重要政治任务抓紧抓实，充分发挥和激发各级党组织的组织优势、组织功能、组织力量，为决战决胜脱贫攻坚提供坚强组织保证。在2017年度中央单位定点扶贫工作考核中，中央组织部被评为“好”等次，组织二局一处荣获全国脱贫攻坚组织创新奖，台江扶贫工作组同志受到中央和国家机关工委表彰。

【干部选派】 保持贫困县党政正职稳定。认真落实关于脱贫攻坚期内保持贫困县党政正职稳定规定，坚持凡调整必审核，对不符合中央精神的坚决不予审批。注重做好集中连片特困地区地市党政正职稳定工作。赴黑龙江、贵州开展调研，研究激励贫困县党政正职安心工作、干事创业的相关政策措施。

做好中央单位定点扶贫和东西部扶贫协作挂职干部选派工作。2018年实现288家中央单位对592个国家扶贫开发工作重点县挂职干部全覆盖。结合专项考核发现的问题，指导做好定点扶贫挂职干部轮换交接，促进定点扶贫挂职干部更好发挥作用。印发《关于聚焦深度贫困地区打好精准脱贫攻坚战 加强东西部扶贫协作挂职干部人才选派管理工作的通知》，明确东部地区加大对受帮扶地特别是深度贫困地区干部人才选派力度，按照扶贫协作关系选派1000余名干部到西部挂职。

聚焦脱贫攻坚做好相关干部挂职工作。印发《关于聚焦脱贫攻坚选派干部到西部地区、老工业基地和革命老区挂职锻炼的通知》，2018年选派挂职干部280名，实现“西老革”挂职地国家扶贫开发工作重点县所在市地州盟全覆盖。做好中央组织部、中共中央统战部、国家民族事务委员会从西部地区、民族地区和原中央苏区选派干部挂职锻炼工作，注重从国家扶贫开发工作重点县、“三区三州”深度贫困地区选派挂职干部，2018年挂职干部中来自贫困地区的有240余人。

抓好扶贫干部培训。会同国务院扶贫办印发《关于聚焦打好精准脱贫攻坚战加强干部教育培训的意见》，召开东中西部培训工作推进会。举办省部级干部、厅局级干部、深度贫困地区地市州党政主要负责同志脱贫攻坚专题研讨班。在中国浦东干部学院举办6期贫困县党政正职专题研讨班，共培训640人。举办边疆民族地区和革命老区村党组织书记培训班27期、培训3960人次。会同农业农村部举办村“两委”成员、农村实用技术人才、大学生村官示范培训班253期，培训1.25万人次，其中专门安排8期“三区三州”贫困村党组织书记、村委会主任脱贫攻坚专题培训班。

激发贫困地区干部新担当新作为。制定实施《关于进一步激励广大干部新时代新担当新作为的意见》，推动各地各部门注重提拔使用在脱贫攻坚中表现优秀的干部，落实好关心关爱干部的各项措施。配合做好扶贫成效考核，将考核结果作为省级党委和政府主要负责同志和领导班子综合考核评价的重要依据，约谈2017年度扶贫成效考核较差的省区分管负责同志，促进主体责任落实。开展扶贫领域作风问题专项治理。结合十九届中央第一轮巡视，开展领导干部担当作为情况专项检查，督促相关地方对在脱贫攻坚中干部不担当不作为问题进行整治。实行省市县党委组织部长分别对贫困县、乡镇和村“三个走遍”，沉下去推动解决问题。

【人才扶贫】 完善脱贫攻坚人才支持措施。推动各地结合实际认真落实《关于做好艰苦边远地区基层公务员考试录用工作的意见》和《关于进一步做好艰苦边远地区县乡事业单位公开招聘工作的通知》，采取适当降低学历条件、放宽专业要求、拿出一定数量职位面向本地户籍人员招考（聘）等措施降低进入门槛，鼓励和引导优秀人才到艰苦地区、脱贫攻坚一线干事创业。研究制定艰苦边远地区人才特殊激励政策，鼓励机关事业单位人员扎根基层一线。

加大贫困地区人才项目支持力度。实施边远贫困地区、边疆民族地区、革命老区人才支持计划。加大科教文卫等领域急需紧缺人才选派培养力度，2018年向上述地区培养选派教师2.4万名、科技人员2.2万名、文化工作者1.87万名、医生4800名、社会工作者1500名。做好“西部之光”访问学者和博士服务团工作，2018年接收343名“西部之光”访问学者到研究机构、重点院校、医疗卫生机构和国有企业学习研修，选派298名博士服务团成员到西部地区服务锻炼。开展医疗人才“组团式”支援工作，从对口支援省市所属医院选派医疗人才组团进藏、进疆工作。

【基层党建扶贫】 选优配强贫困村党组织书记。着眼于长远固本强基，巩固脱贫攻坚成果，大力实施村党组织带头人队伍整体优化提升行动，规范村“两委”换届选举，落实县级联审机制，推动落实县级备案管理制度。截至2018年底，全国54.3万名村党组织书记中，大专及以上学历占20.7%，本村致富能手占51.2%，外出务工经商人员占8.7%，比2017年分别提高3.3个、5.1个、1.9个百分点。

持续整顿软弱涣散贫困村党组织。推动县乡党委摸底倒排、“一村一策”精准整顿，着力解决村党组织书记不胜任、村“两委”班子不团结、村干部贪腐谋私、村级管理混乱、矛盾纠纷多等突出问题。2018年排查软弱涣散村党组织44782个，其中建档立卡贫困村10413个，占23.3%。

选派第一书记和大学生村官。推动各地各单位严格人选把关和日常管理，强化激励保障，确保第一书记选得准、下得去、融得进、干得好。中央组织部对中央单位选派的第一书记实行报备管理。2015年以来，全国累计选派第一书记45.9万人，2018年在岗23万人，实现了党组织软弱涣散村和建档立卡贫困村全覆盖，其中288家中央单位选派第一书记415人。督促各地将选聘的大学生村官重点安排到建档立卡贫困村任职并适当调整部分在岗大学生村官到贫困村工作。2018年，在贫困村任职的大学生村官1.8万人，占总数的36.3%。会同农业农村部、中国扶贫开发协会举办大学生村官示范培训班66期，培训6000余人。

充分发挥党员先锋模范作用。推进“两学一做”学习教育常态化制度化，推行支部“主题党日”活动，引导广大党员在脱贫攻坚中当先锋、作表率。推动每个贫困村每两年至少发展1名年轻党员，着力解决党员队伍老化问题。组织有帮带能力的党员每人至少结对帮扶1户建档立卡贫困户。

推动发展壮大村集体经济。推动贫困地区把发展壮大村级集体经济作为脱贫攻坚的重要任务和巩固脱贫成果的坚实基础。2018年，会同财政部、农业农村部研究制定《关于坚持和加强农村基层党组织领导扶持壮大村级集体经济的通知》，用5年时间扶持10万个左右行政村发展壮大集体经济，示范带动各地加大政策支持和统筹推进力度，增强村级自我保障和服务群众能力，切实提升村党组织的组织力。

【定点扶贫】　中央组织部负责定点帮扶甘肃省舟曲县和贵州省台江县。2018 年，部务会专题听取定点扶贫工作汇报，研究强化定点扶贫措施；部领导分别到两县调研推动工作。召开部机关定点扶贫工作领导小组会议和专题会议，协调解决问题，推进工作落实。选派 7 名优秀干部到两个县挂职扶贫。突出抓党建促脱贫攻坚，指导两县着力加强基层党组织建设。2018 年投入 1135 万元、引进帮扶款 1.02 亿元、物资折合 700 万余元，培训基层干部和技术人员 1.72 万名，购买和帮助销售贫困地区农产品 823 万元，积极协助做好教育、健康、就业、产业发展等扶贫工作。

（中共中央组织部　罗元开）

中共中央宣传部扶贫

【概述】 2018年，中共中央宣传部（以下简称“中宣部”）扶贫工作坚持以习近平新时代中国特色社会主义思想为指导，深入贯彻落实中共中央决策部署，发挥宣传思想工作职能，持续推进脱贫攻坚宣传，统筹内宣外宣和网上网下，统筹集中宣传和日常报道，深入宣传阐释习近平总书记关于扶贫工作的重要论述，深入宣传基层脱贫攻坚经验做法，组织开展扶智扶志活动，为打赢脱贫攻坚战提供舆论支持、营造社会氛围。

【中央精神宣传】 制定《关于打好精准脱贫攻坚战宣传报道方案》，做好脱贫攻坚宣传报道和舆论引导工作，将脱贫攻坚宣传纳入“在习近平新时代中国特色社会主义思想指引下——新时代新作为新篇章”“壮阔东方潮 奋进新时代”等重大主题宣传，推出脱贫攻坚系列报道。组织新闻媒体宣传习近平总书记关于脱贫攻坚的重要讲话精神，阐释中共中央关于坚决打赢脱贫攻坚战的重大战略部署。组织制作播出《必由之路》《我们一起走过》等电视专题片，推出《习近平的牵挂》《看扶贫扶真贫》《大凉山扶贫记》等系列微视频。开展扶贫领域腐败和作风问题专项治理的措施成效宣传，做好涉贫热点问题舆论引导。2018年，中央主要媒体推出脱贫攻坚相关报道20.6万余条，省级媒体报道52.3万余条。

【扶贫典型宣传】 组织新闻媒体深入贫困地区调研采访，宣传内蒙古党史研究室干部解良、贵州伤残退伍军人王明礼、广西基层干部蓝标河、河北省高院法官赵江辉、天津援疆干部席世明、河南农民工陈耀平等扶贫一线涌现的先进典型，反映浙江安吉黄杜村农民党员向贫困地区捐赠白茶苗、陕西耀州“八星励志”扶贫扶志、湖南湘西州精准扶贫、内蒙古科尔沁右翼中旗产业扶贫以及河南、山西、湖北、广西、陕西等易地扶贫搬迁等经验做法，营造勤劳致富、脱贫光荣氛围。组织制作播出《庄严的承诺》特别节目，从荣获全国脱贫攻坚奖的99名个人和40个单位中选取一批典型进行宣传报道。会同国务院扶贫办举办2018年脱贫攻坚先进事迹报告会，中宣部负责同志带队赴云南省怒江傈僳族自治州和贵州省贵阳市开展全国脱贫攻坚事迹巡回报告。在中国文明网上发起“我推荐我评议身边好人”活动，关注、宣传一线扶贫干部，经网友举荐、各省区市文明办把关，2018年推荐22名扶贫干部登上“中国好人榜”；“好人365”栏目重点宣传湖南省平江县叶剑芝、宁夏回族自治区西吉县撒风虎等9名扶贫干部先进事迹。

【扶贫新闻发布】 开展多种形式新闻发布活动，向中外媒体解读政策，介绍中国40年减贫成就和脱贫攻坚进展。先后举行3场新闻发布会，1月5日邀请国务院扶贫办主任刘永富结合全国扶贫开发工作会议精神介绍脱贫攻坚工作情况，8月20日邀请中央农村工作领导小组办公室副主任韩俊、国务院扶贫办副主任欧青平介绍《关于打赢脱贫攻坚战三年行动的指导意见》有关情况，12月13日邀请国务院扶贫办主任刘永富介绍中国减贫40年有关情况。举行3场中外记者见面会，邀请3位县委书记、4位全国人大代表、4位基层残疾人和助残代表围绕“脱贫攻坚”与中外记者见面交流。

【扶贫国际论坛】　11 月 1 日，改革开放与中国扶贫国际论坛在北京市开幕。中央政治局委员、中央书记处书记、中宣部部长黄坤明出席开幕大会，宣读国家主席习近平贺信并发表主旨演讲。联合国秘书长古特雷斯向论坛发来贺信。世界银行行长、联合国开发计划署署长、国际农发基金总裁等分别在开幕式上致辞。论坛由中宣部、财政部、国务院扶贫办、世界银行主办，以“国际减贫合作：构建人类命运共同体”为主题。来自 51 个国家和 11 个国际组织的 400 余人参加。

【对外扶贫宣传】　邀请路透社、彭博新闻社、英国泰晤士报、德国世界报等境外主流媒体采访报道改革开放与中国扶贫国际论坛、改革开放 40 周年大型成就展。邀请多家境外媒体记者赴宁夏、西藏等地采访扶贫搬迁、产业扶贫、环境治理等方面情况，介绍边疆和少数民族地区扶贫工作进展成效。组织外国记者餐叙活动，围绕乡村振兴主题与美联社、法新社、英国广播公司等十余家境外媒体负责人进行交流。

【扶贫国际交流】　指导中国网等在北京、意大利罗马分别与联合国等国际机构主办中国扶贫国际论坛、全球减贫伙伴研讨会等国际论坛，与世界银行、联合国粮农组织、国际农业发展基金、联合国世界粮食计划署和亚洲开发银行联合发起“全球减贫案例有奖征集活动”，出版英文图书《中国减贫案例故事选编》，介绍中国扶贫经验与成就。指导中国网及旗下中国发展门户网、中国扶贫在线、南南合作减贫知识分享网站利用网络新媒体开展扶贫对外宣传。打造“习近平扶贫重要论述”专栏，多角度全景式展现习近平总书记关于扶贫工作的重要论述的中国实践。在境外社交平台领英开设南南减贫账号 GPIG Portal，向海外网友介绍中国扶贫成就。制作推出《心迹》《国际机构谈中国扶贫》《融益》等中英双语系列短视频、融媒体产品，展现中国脱贫攻坚成就，介绍中国为世界减贫提供的中国智慧、中国经验，被境外媒体广泛报道和转载发布。其中，《国际机构谈中国扶贫》被联合国中国官网转发，获得高度评价。

【中国脱贫成就展】　6 月 25 日至 30 日，在联合国总部纽约举办“追寻美好生活——中国脱贫成就展”。联合国常务副秘书长阿明娜·穆罕默德出席开幕式并致辞，中宣部副部长孙志军和中国常驻联合国代表团代表马朝旭大使代表中方致辞，联合国开发计划署、儿童基金会、南南合作办公室等机构代表和数十个国家常驻联合国代表参加。这是我国首次在多边舞台举办脱贫攻坚主题展览。展览通过 40 多幅精彩生动的图片和 10 集视频短片，展示了改革开放以来特别是党的十八大以来中国脱贫攻坚工作经验成效，描绘了以习近平同志为核心的中共中央团结带领全国各族人民追寻美好生活的壮阔图景。展览还配套印制数百套《追寻美好生活》外宣品供观众自取，阿明娜副秘书长在上面签名。

【村级文化扶贫工程】　2018 年，中宣部与文化和旅游部、国家广播电视总局、国家体育总局等实施“贫困地区民族自治州所辖县村综合文化服务中心工程”，用两年时间，按照每个行政村 26 万元标准（其中，中宣部补助 8 万元），建设约 1 万个村文化中心，实现集中连片特殊困难地区县和国家扶贫开发工作重点县范围内，民族自治州中所辖少数民族人口占比超过 50% 的县村综合文化服务中心全覆盖，2018 年支持 5112 个村。

2017 年起，实施甘肃省村综合文化服务中心专项工作，分三年支持甘南藏族自治州、临夏回族自治州 15 个县 1423 个村建设文化中心，其中，2018 年支持 474 个村。

【捐赠电视机活动】　落实精准扶贫须补齐“精神短板”的指示精神，2018 年春节前夕，中宣部、中央文明办、国家新闻出版广电总局向22个省区市贫困地区的没有电视机的建档立卡贫困家庭赠送电视机30万台，满足贫困群众收看电视节目、丰富精神文化生活的需要。

【文明实践中心试点扶贫】 落实中央关于建设新时代文明实践中心决策部署，结合推进脱贫攻坚、乡村振兴战略，将吉林省靖宇县、通榆县，湖南省凤凰县，贵州省龙里县和陕西省富平县、延川县6个国家扶贫开发工作重点县纳入全国50个县试点，以志愿服务形式，广泛宣讲习近平新时代中国特色社会主义思想，加强改进贫困地区农村基层宣传思想文化工作和精神文明建设，打通宣传群众、教育群众、服务群众、凝聚群众的“最后一公里”，激发脱贫致富内生动力。

【乡村学校少年宫扶贫】 从2011年开始，中央文明办牵头，与财政部、教育部共同组织实施了中央专项彩票公益金支持乡村学校少年宫项目，累计在国家扶贫开发工作重点县建成乡村学校少年宫6905所。2018年投入资金1.5亿元，新建997所，占所在22个省区市当年指标的91.55%；投入资金2亿元，支持2011年至2017年建成的5908所乡村学校少年宫正常运转。中央专项彩票公益金支持建设的乡村学校少年宫在国家扶贫开发工作重点县乡镇的覆盖率达58.06%。

【圆梦工程扶贫】 2018年，针对中西部贫困偏远地区乡村学校少年宫师资薄弱问题，中央文明办会同教育部、文化和旅游部、国家体育总局、中国共产主义青年团中央委员会、中国文学艺术界联合会、中国科学技术协会6部门启动实施“圆梦工程——农村未成年人思想道德建设志愿服务行动”。通过培训交流、集中活动、专人专岗等方式支持国家扶贫开发工作重点县乡村学校少年宫开展活动。其中，教育部遴选退休教师145名，到36所乡村学校少年宫开展课外活动4498学时；文化和旅游部招募610名文化志愿者，为200所乡村学校少年宫提供定点服务；国家体育总局为60个国家扶贫开发工作重点县招募培训480名体育志愿者，指导学生1万余名，并开展了6期青少年体育冬令营；团中央组建210个志愿服务团队，直接服务210所乡村学校少年宫的学生达9万余人次；中国文联共在35个县开展乡村学校少年宫艺术辅导员培训，培训人数达5000人；中国科协从科技馆、科研机构、高校等单位招募一批科技志愿者，到120多所乡村学校少年宫开展科普报告、科学调查体验等活动。

【定点扶贫概述】 2018年，按照中宣部部务会工作部署，结合陕西省铜川市耀州区、内蒙古自治区科尔沁右翼中旗（以下简称“科右中旗”）、江西省寻乌县经济社会发展实际，在智力帮扶、宣传推介、文化扶贫的基础上，加大产业扶贫力度。全年投入资金1013万元，引进资金15400万元，联系企业签约一批产业扶贫项目，帮助销售农产品3800万元。选派挂职扶贫干部6名（每地各2名）。经考核，2018年科右中旗、寻乌县实现脱贫摘帽，耀州区贫困发生率下降到6%。

【扶贫调研】 8月，中央政治局委员、中央书记处书记、中宣部部长黄坤明带领调研组到内蒙古自治区呼伦贝尔、兴安盟调研，深入9个苏木镇、7个嘎查，走访4个农牧户、8家企业、6个宣传文化单位，与50多名基层干部群众座谈交流，了解脱贫攻坚和基层宣传思想工作情况，形成《吃生态饭　做牛文章　念文旅经——科右中旗脱贫攻坚和乡村振兴调研》报告。调研组赴科右中旗看望慰问贫困群众，实地考察中宣部帮扶的产业项目，向科右中旗捐款100万元。

5月，部务会成员、驻部纪检监察组组长贾育林前往科右中旗调研，督查扶贫项目、扶贫资金使用落实情况。1月，部务会成员、国务院新闻办副主任、国务院扶贫开发领导小组成员郭卫民前往耀州区就打通扶贫宣传“最后一公里”问题开展专题调研，并出席中宣部和中国文联在耀州区举办的“我们的中国梦——文化进万家”迎新春文艺演出开幕式，向当地捐赠电脑、电视机。中宣部机关干部7批31人次前往定点扶贫县调研考察宣传思想工作、脱贫攻坚情况。

【产业扶贫】　5月，在第十四届中国（深圳）国际文化产业博览交易会期间，黄坤明联系杭州、深圳两市帮助中宣部从产业上分别帮扶科右中旗、寻乌县。协调阳信亿利源清真肉类有限公司、山东省阳信广富畜产品有限公司两家肉牛养殖加工项目落户科右中旗，总投资9.8亿元（分别投资6.8亿元、3亿元），落实流转土地、棚圈建设、饲料库、粪污处理等事项。联系协调阿里巴巴网络技术有限公司蚂蚁森林项目帮助科右中旗治理沙化土地，该项目用两年时间打造防风固沙生态林10万亩，在沙化最严重的南部三个苏木镇打造沙棘种植示范基地0.1万亩。9月完成《科右中旗沙地修复项目建议书》，与蚂蚁金融服务集团对接、签订土地使用协议书和造林协议书。协调中国电影股份有限公司、中央电视台电影频道帮助科右中旗发展影视等文化旅游产业项目，包括挂牌设立影视外景基地、编制文旅产业发展规划、投资建设巨幕影厅、摄制播出形象宣传片和主题电视电影等。与中国电影股份有限公司签订协议，在旗电视台开设“中影剧场”栏目并于年底前开播。

推动湖南省长沙县与科右中旗深化“携手奔小康行动”，在产业发展、人才交流、社会民生等方面深度合作。两地合作建设湘蒙农产品加工物流园，该项目总投资约3.8亿元，规划用地300亩。11月占地100亩用于建设配套设施的一期项目奠基、开工。同步引进与农产品加工物流园配套的现代农业产业园，该项目投资5000万元，占地0.6万亩。2018年支付0.6万亩土地三年流转金539万元，120户农民每户平均增收4.2万余元。引进长沙誉满农农业科技开发有限公司，与内蒙古金鼎畜牧业发展有限公司联合成立内蒙古蒙湘金邦农业开发有限责任公司，建设日加工能力100吨的稻米加工厂、供苗能力2万亩的智能化育秧工厂和示范性种植基地。一期项目投资437万元，11月揭牌开工。长沙县第二年无偿设立“脱贫致富激励资金”200万元，援建落成图什业图广场“24小时悦读空间”读书室和哈吐布其嘎查村委会办公楼。

【农产品销售】　联系科右中旗参加农业农村部、阿里巴巴网络技术有限公司等举办的“2018脱贫攻坚公益直播盛典”，帮助引进“阿里巴巴·科右中旗未来农场”项目，帮助提升大米品牌效益，扩大销售量。协调科右中旗、寻乌县参加首届人民网“人民优选”供需对接大会，促成科右中旗大米和牛肉干等农畜产品、寻乌县蜜橘和脐橙等果品供需签约，授予大米、脐橙产区“人民优选”产业合作示范基地称号。联系长沙县相关企业帮助科右中旗销售葵花籽、大米、杂粮、土豆等农副产品。

【扶志扶智】　资助寻乌县、科右中旗山区（牧区）优秀教师利用暑期到教育发达地区学习考察，7月，组织两地优秀教师一行50人赴河北、北京两地参观考察。协调玉芳教育公益基金先后组织7名特级教师，利用暑假分别前往耀州区、寻乌县开展送教上门，培训当地教师1120名。联系中国科技馆发展基金会为寻乌县捐建5所农村中学科技馆。下半年，安排三县44名宣传文化系统干部到全国宣传干部学院参加县级宣传干部培训班。协调安排科右中旗10名社区干部参加全国社区工作者培训班。邀请3名专家学者分别前往三地开展专题辅导讲座。向三地赠阅《学习》活页文选、《党建》杂志等学习刊物。协调向寻乌县、耀州区图书馆捐赠图书6万余册。

联系协调长沙县选送专业技师帮助科右

中旗举办刺绣、焊工、育婴师等培训班，为期12天的刺绣培训，12个苏木镇的3253人参加，其中建档立卡群众1799人；为期15天的焊工、育婴师班培训125人。联系长沙县妇联发动机关干部同科右中旗开展“百户爱心家庭情系草原”结对帮扶活动，向113名贫困学生捐赠书籍、学习用具和衣物，捐助资金23万元。帮助耀州柳林村开展山核桃加工、香菇种植技能培训，培训贫困人口200人。

协助开展扶贫励志宣传教育活动。推广耀州区“八星励志扶贫扶志”评比授星经验，中央和省级媒体报道了“八星励志”促脱贫做法。继续协助科右中旗实施“一学一带两转三改”（即学习习近平新时代中国特色社会主义思想，党支部带动，转变思想观念、转变生产方式，改变生活环境、改变陈规陋习、改变生活习惯）农牧民素质提升工程。春节前夕，协调“我们的中国梦——文化进万家”迎新春文艺志愿小分队前往耀州区、科右中旗慰问演出，其间，向当地所有乡镇捐赠办公电脑、向看电视难的建档立卡贫困户捐赠电视机（其中，耀州区办公电脑8台、电视机200台，科右中旗电脑12台、电视机283台）。向寻乌县建档立卡贫困户捐赠电视机790台。12月21日，协调“弘扬乌兰牧骑精神，到人民中间去——2019年全国文化科技卫生‘三下乡’集中示范活动”走进科右中旗，开展慰问演出、理论宣讲、专家义诊、拍摄全家福、走访慰问等活动，投入基层文化活动经费、“三下乡”活动补贴等800万元。

（中共中央宣传部扶贫工作办公室
吕　凯）

中共中央统一战线工作部扶贫

【概述】 2018年，中共中央统一战线工作部（以下简称"中央统战部"）深入学习贯彻党的十九大精神，深刻学习领会习近平总书记关于扶贫工作的重要论述，全面贯彻落实中共中央关于脱贫攻坚的决策部署和打赢脱贫攻坚战三年行动部署安排，坚持精准扶贫精准脱贫基本方略，充分发挥智力优势和资源优势，坚持问题导向，强化责任担当，强化督促检查，加强作风建设，全面推进统一战线参与脱贫攻坚各项工作，推动有关方面制定民族地区、西藏、新疆等地扶贫政策措施，支持"三区三州"深度贫困地区脱贫攻坚，推动"万企帮万村"行动提质增效，助力贵州省毕节市贯彻新发展理念示范区建设，深入开展脱贫攻坚民主监督。2018年共落实产业、教育、医疗等7大类帮扶项目297个，其中在14个定点帮扶县落实项目138个。

【扶贫资金投入】 2018年，中央统战部支持全国工商业联合会（以下简称"全国工商联"）组织动员民营企业设立扶贫专项基金9.36亿元，助力贫困地区教育、健康等公共事业发展。协调香港、澳门有关方面捐赠资金在贫困地区捐建海联卫生室。协调万科企业股份有限公司捐赠资金7500万元支持中央统战部定点扶贫县贵州省赫章县、晴隆县、望谟县、三都水族自治县和甘肃省积石山保安族东乡族撒拉族自治县开展教育扶贫，协调上海均瑶（集团）有限公司、中国泛海控股集团有限公司、上海复星高科技（集团）有限公司、传化集团有限公司、金辉集团股份有限公司等方面开展教育、医疗、产业等帮扶活动。推进"泛海助学行动"，2018年资助贵州、广西、湖北、重庆等10省区建档立卡贫困户大学新生9.33万人，公益支出4.59亿元。支持购买医疗救护车，支持贫困村太阳能路灯建设，开展养老护理培训，并推进养老岗位的就业扶贫。

【扶贫会议】 2018年3月22日，中央统战部牵头召开统一战线参与脱贫攻坚工作联席会议，中央书记处书记、中央统战部部长尤权对统一战线开展定点帮扶工作提出具体要求，明确统一战线2018年脱贫攻坚的主要任务，从支持深度贫困地区脱贫攻坚、做好定点扶贫工作、推进"万企帮万村"精准扶贫行动、开展脱贫攻坚民主监督、积极推进毕节试验区和黔西南试验区建设、加强学习培训和作风建设6个方面，推动2018年统一战线参与脱贫攻坚工作。组织实施教育、医疗等7大类318个帮扶项目。中央统战部常务副部长张裔炯对抓好2018年各项扶贫工作落实提出具体要求。

12月3日，中央统战部召开定点扶贫县挂职干部座谈会，中央书记处书记、中央统战部部长尤权总结了定点扶贫工作情况，研究进一步推动选派挂职干部扶贫工作的具体措施。

【扶贫政策】 中央统战部协调有关方面制定《加大深度贫困地区支持力度推动解决区域性整体贫困行动方案（2018—2020年）》，指导新疆有关部门编制印发《南疆农业发展规划（2016—2020年）》，明确了南疆地区农业产业发展路径和阶段性目标。各民主党派中央、全国工商联、无党派人士围绕制定《关于打赢脱贫攻坚战三年行动的指导意见》等 13 个文件深入开展研究，形成意见建议，帮助有关方面完善扶贫政策措施。

【万企帮万村】 中央统战部、全国工商联、中国光彩事业促进会（以下简称“中国光彩会”）、国务院扶贫办共同举办“万企帮万村”精准扶贫行动启动会、现场推进会，组织开展产业帮扶专题调研、表彰“万企帮万村”先进民营企业等活动，推动帮扶工作深入开展。截至 2018 年底，进入全国“万企帮万村”精准扶贫行动台账管理的民营企业有 7. 64 万家，帮扶 8. 51 万个村（其中建档立卡贫困村 4. 88 万个）；产业投入 712. 46 亿元（其中购买农产品 52. 27 亿元），公益投入 127. 74 亿元；安置就业 67. 97 万人，技能培训 84. 60 万人，带动和惠及 973. 04 万建档立卡贫困人口。

【“三区三州”扶贫】 中央统战部会同国家发展和改革委员会、文化和旅游部等部门、五省区研究制定推进西藏和四省藏区旅游业发展任务分工方案，把发展旅游业作为产业扶贫的重要切入点；会同人力资源和社会保障部等 6 部门推动对口支援省市和中央企业加大就业援藏力度，以促进就业带动脱贫攻坚。通过协调 19 个对口援疆省市安排专项资金，会同相关方面落实“携手奔小康”行动资金、富民安居房援疆补助资金等渠道，为全疆特别是 22 个深度贫困县发展提供资金支撑；指导兵团深化团场综合配套改革，推动贫困团场和连队释放发展活力，通过产业发展带动就业促进脱贫。指导中国光彩会举办“中国光彩事业怒江行”活动，签订 50 个招商项目，投资总额 295. 4 亿元，公益捐赠 1. 61 亿元；指导支持中国光彩会举办“中国光彩事业南疆行”落地项目签约大会，协调区外民营企业签订合同项目 84 个，签约金额 157. 23 亿元；指导支持统战系统有关单位组织实施温暖工程国家通用语言培训项目，举办 285 期培训班，帮助 2. 6 万名维吾尔族和藏族群众初步掌握国家通用语言并陆续就业。协调无党派人士在甘肃省临夏回族自治州、定西市开展“农民电商培训”项目。会同中共中央组织部、国家民族事务委员会等有关部门召开在京挂职干部组长座谈会，组织 20 个省市民族挂职干部代表，交流扶贫工作经验体会、推动民族地区脱贫攻坚深入开展。

【毕节试验区建设】 2018 年 7 月 18 日，中共中央总书记、国家主席、中央军委主席习近平对毕节试验区工作作出重要批示。7 月 19 日，中央统战部在贵州省毕节市组织召开统一战线参与毕节试验区建设座谈会，中央政治局常委、全国政协主席汪洋出席会议并发表重要讲话。实施“中山博爱夏令营”“同心 · 彩虹行动”“同心 · 助医工程”“同心 · 康福工程”“同心 · 两岸助学金支持计划”等教育、医疗帮扶系列项目，推进教育扶贫、医疗扶贫持续深化。协助毕节建设重大病虫害绿色高效综合防控技术体系，推进实施“致福光谷”等同心示范实践基地项目建设，组织 120 家民营企业（商会）与 120 个深度贫困村开展产业结对帮扶，助力产业发展升级。帮助开通毕节农特产品电商平台，建立“黔之货”实体店，线上线下以消费购买方式推动“黔货出山”，支持、培育农村专业合作社，带动群众增收致富。

【脱贫攻坚民主监督】 2018 年 3 月 30 日，各民主党派中央脱贫攻坚民主监督工作座谈会召开，中共中央政治局常委、全国政协主席汪洋出席会议并讲话。各民主党派中央围绕贫困人口精准识别、贫困人口精准脱贫、贫困县摘帽等内容，由各民主党派中央主席带领调研监督专题组，深入对口省区开展调研，发现问题、提出建议、积极帮扶。充分发挥人才荟萃、智力密集优势，针对监督地区实际情况，抽调专家成员、骨干力量建立完善调研专家库和工作队伍，根据国家规划和对口省区的具体情况，有重点地开展针对性监督，同时主动开展力所能及的帮扶活动。利用以往监督成果，创造性地采用驻村调研、监测点长期跟踪、问卷调查、大数据分析等方式，提高调研深度，增强监督实效。11 月 23 日，中央统战部、国务院扶贫办、各民主党派中央召开各民主党派中央脱贫攻坚民主监督工作经验现场交流暨 2018 年脱贫攻坚民主监督成果会商会，交流脱贫攻坚民主监督进展情况，推动工作深入。2018 年各民主党派中央共组织脱贫攻坚民主监督调研 195 次，其中由领导班子成员带队调研 59 次，共走访 617 个村、5900 余户贫困户，举办各类培训、座谈 355 场次，向地方各级党委、政府反馈意见建议 950 余条。

【定点扶贫】　中央统战部在 5 个定点扶贫县实施 119 个产业、教育、健康、公益、培训帮扶项目。协调投入帮扶资金近 2.29 亿元，16.6 万贫困群众直接受益。选派 23 名干部到贫困县乡村挂职扶贫，发挥统一战线优势，汇集统一战线帮扶力量，联系协调帮扶项目，发挥基层党建扶贫作用，推动帮扶各项任务落实。协调 190 多家民营企业分 30 多批次到定点扶贫县考察，实施扶贫项目，推动定点扶贫县茶叶、中药材种植等脱贫产业发展。组织党外专家帮助定点扶贫县开展教师、医生培训，提升当地教育、医疗队伍能力水平，共培训教师、医生等 1.68 万人次。开展送医问诊等活动 100 多场次，协调专项基金、非公有制经济人士、宗教界、侨界等力量为 1600 多名贫困家庭学生捐赠助学金。帮助定点扶贫县开展基层干部、贫困村“两委”成员、致富带头人等培训 60 场、培训 4200 人次，为贫困群众发展脱贫产业提供智力支持。

（中共中央统一战线工作部　左右志）

中共中央和国家机关工作委员会扶贫

【概述】 2018年，中央和国家机关工委（以下简称“工委”）深入学习贯彻党的十九大精神和习近平总书记关于扶贫工作的重要论述，坚持稳中求进工作总基调，扎实推进中央和国家机关定点扶贫牵头联系工作和帮扶河北省平山县、临城县、阳原县、山西省宁武县各项任务的落实。中共中央政治局委员、中央书记处书记、中央和国家机关工委书记丁薛祥对中央和国家机关及工委定点扶贫工作高度重视，为深入有效开展定点帮扶工作注入动力。工委领导等11人次先后到定点扶贫县调研，向4个定点扶贫县投入帮扶资金135.7万元，引进帮扶资金4825万元，培训基层干部1013名，培训技术人员220名，购买贫困地区农产品15万元，帮助销售贫困地区农产品87万元，所有项目均超额完成《中央单位定点扶贫责任书》承诺指标，在2018年中央和国家机关定点扶贫成效考核中被评为“好”等次。

【扶贫会议】 工委副书记孟祥锋3次与定点扶贫县及所在市领导座谈扶贫工作。副书记李勇召集工委挂职扶贫干部、驻村第一书记座谈，就定点扶贫县查找和预防扶贫领域有关问题等进行部署。机构改革后，工委及时成立扶贫工作领导小组并召开第一次全体会议。

【扶贫调研】 工委领导多次会见中央和国家机关有关部门、定点扶贫县及所在地市有关领导，交流了解定点扶贫工作情况。2018年10月，工委副书记孟祥锋赴临城县调研，现场指导扶贫工作，同省市县领导交换意见，就巩固拓展扶贫成效、防止返贫提出意见。1月，工委副书记、纪检监察工委书记侯凯赴宁武县慰问调研，就扶贫领域监督执纪问责问题、规范扶贫资金管理使用等方面进行督促提醒。工委副书记李勇于1月赴平山县，10月赴宁武县、阳原县，深入村屯、走访慰问困难老党员和贫困户，对定点扶贫县进行实地调研指导。

【扶贫宣传】 在《人民日报》、《光明日报》、中央电视台、人民网等中央媒体及数十家中央和国家机关部门（单位）所属媒体，对中央和国家机关定点扶贫工作推进会和脱贫攻坚表彰大会进行报道。人民网、《中国扶贫》杂志就中央和国家机关脱贫攻坚先进集体、优秀个人进行宣传。发挥工委简报的平台优势，宣传交流中央和国家机关定点扶贫工作典型事迹、经验做法，2018年共刊发10个扶贫工作专题，涉及91个部门（单位）。在原《中直党建》《紫光阁》杂志和网站为定点扶贫县免费刊登旅游等推介广告。

【扶贫培训】 为定点扶贫县、乡、村三级干部宣讲党的十九大关于脱贫攻坚决策部署精神，提高各级干部对脱贫攻坚工作的认识和理解，坚定打赢脱贫攻坚战的信心和决心。发挥中央和国家机关党校资源优势，为宁武县党政干部开展脱贫攻坚培训。联系中国井冈山干部学院、焦裕禄干部学院为宁武县干部集中培训99名党政干部和致富带头人。

【督促指导】 制定《关于督促提醒工委定点扶贫县查找预防扶贫领域有关问题建议方案》，专门召集4个定点扶贫县的工委挂职扶贫干部、驻村第一书记座谈，就提醒定点扶贫县查找和预防扶贫领域有关问题进行工作部署。4 个定点扶贫县根据提醒要点共排查出 66 个问题，有针对性地制定 117 条整改措施，收到较好效果。

【产业扶贫】　帮助临城县绿岭果业有限公司成功递补为农业产业化国家重点企业。帮助临城县河北绿蕾农林科技有限公司列入“第三批国家核桃示范基地”。帮助临城县引进“临城 · 中国供销智慧电商物流商贸城项目”，项目总投资 12 亿元，该项目将进一步促进临城县农业生产方式由传统生产方式向现代农业生产方式转变，并逐步改变临城县现有传统农业生产结构、营销模式，提升农业产业效率、增加农民收入，为乡村振兴战略提供有力支撑。帮助阳原县争取杏扁产业发展项目资金 900 万元。帮助阳原、宁武两县成功申报全国巾帼脱贫攻坚示范基地，获得专项资金 10 万元。

【电商扶贫】　帮助宁武县成功申报为电子商务进农村示范县。与中国银行合作，依托其“公益中国”电商共享平台，免费为工委 4 个定点扶贫县建设线上平台，展示销售特色农产品，促进产销对接。

【生态旅游扶贫】　帮助平山县列入全国首批林业产业投资基金入库项目，引进河北红科地产公司投资开发红峡谷生态旅游项目，预计总投资 1.5 亿元，首轮投资 1000 万元已到位。帮助临城县郝庄镇列入第五批中国传统村落名录。帮助阳原县争取护林员专项资金 1060 万元（连续三年共争取到 2180 万元），直接帮助 2500 名贫困人口稳定脱贫。帮助宁武县增加护林员指标 400 个，护林员每人每年可获得 1 万元补贴，每年获得拨款 400 万元，将直接帮助 400 个家庭稳定脱贫。协调多方资源，帮助阳原县完成桑干河国家湿地公园项目审批规划，第一期 300 万元专项资金已到位并开工建设。

【教育扶贫】　帮助平山县联系爱心企业、爱心人士捐资共 142 万元开展助学活动。2018 年共选派中央和国家机关 25 名年轻干部到平山县开展支教扶贫，为平山县教育发展注入新的活力，提升当地教育整体水平。联系教育企业与平山县职教中心合作，培养高级汽修人才并推荐到大中城市就业。推动中国人民大学与临城县合作，开展互研互学活动。联系中国集邮总公司为临城县石城中学捐赠教育善款 18 万元，建设国内一流的“智慧教室”，捐赠学生用品。持续推进国家开发银行生源地信用助学贷款项目，为阳原县 2751 名学生申请助学贷款 2111 万元，三年已有 6789 名贫困学生获得资助，累计贷款 4386 万元。

【健康扶贫】　联系中国扶贫基金会帮助阳原县成功申请“顶梁柱”健康扶贫公益保险项目，为全县符合条件的 1.37 万贫困人口按照每人每年 30 元的标准上医疗保险，贫困户可对医保未报销费用的 35% 进行再次报销。帮助临城、宁武两县争取“博爱家园”建设项目，获得 80 万元资金用于农村硬件建设、村民培训和资助贫困村民创业。

【党建扶贫】　安排补交党费 89 万元支持平山、临城、宁武三县加强农村基层党组织建设，帮助修缮党员活动场所，发展集体经济，培训贫困村党员和致富带头人，打牢基层党组织建设基础，帮助培育“不走的工作队”。联系国家开发银行安排党费 80 万元，用于帮助阳原县打造 2 个党员活动示范点。工委在河北 3 个定点扶贫县扶贫的同志，直接参与农村“两委”换届工作，积极发挥作用，主动有为，协助 3 个定点扶贫县高质量、高标准、高水平完成换届工作。

【牵头联系工作】　机构改革后，中央和国家机关工委牵头联系的中央和国家机关定点扶贫部门（单位）达到 117 个，共有定点扶贫县 233 个，占全国扶贫开发重点县总数近 40%，有 233 名挂职扶贫干部、163 名驻村第一书记奋斗在脱贫攻坚一线。为摸清底数，工委建立定点扶贫工作机构、挂职扶贫干部、驻村第一书记基本信息等 3 本台账。在原两个工委扶贫工作微信群的基础上，分别整合搭建中央和国家机关定点扶贫工作机构、挂职扶贫干部、驻村第一书记3个微信群。针对涉及机构改革部门（单位）需调整定点扶贫县结对关系的情况，与国务院扶贫办多次沟通，积极协调有关各方完成调整，确保定点扶贫工作不断线，压茬推进、顺利发展。召开中央和国家机关定点扶贫工作推进会，反馈2017年考核结果，传达中共中央、国务院关于脱贫攻坚的新部署，提出新的工作要求，进一步找准问题、补齐短板，推动中央和国家机关更加扎实地做好定点扶贫工作。协同国务院扶贫办组织开展2018年定点扶贫工作分类评价工作，并就各部门（单位）在分类评价中存在的问题提出明确意见建议。通过组织推荐、层层评选20个先进集体和50名优秀个人，召开中央和国家机关脱贫攻坚先进集体、优秀个人表彰大会暨先进事迹报告会。

（中共中央和国家机关工作委员会
杨乌兰）

国家发展和改革委员会扶贫

【概述】 2018年，国家发展和改革委员会（以下简称“国家发展改革委”）高度重视脱贫攻坚工作，始终以习近平新时代中国特色社会主义思想为指导，深入学习贯彻习近平总书记关于扶贫工作的重要论述，落实中共中央、国务院关于脱贫攻坚工作的重大决策部署，坚持精准扶贫、精准脱贫基本方略，强化组织领导，完善政策供给，加大投入力度，狠抓监管巡查，推动承担的脱贫攻坚各项任务取得重要进展。国家发展改革委坚持主动担当、尽锐出战，统筹整合全系统政策资源合力推进脱贫攻坚；坚持上下联动、协同配合，实现“十三五”易地扶贫搬迁建设任务“大头落地”；坚持全面发力、重点突破，全力支持“三区三州”等深度贫困地区脱贫攻坚；坚持精准扶贫与区域发展相结合，努力补上老少边贫地区基础设施和基本公共服务短板；坚持党风廉政建设与锤炼干部队伍相结合，持续推动发展改革系统扶贫领域作风不断改进，主动配合中央脱贫攻坚专项巡视，工作成效明显。

【扶贫政策】 配合中共中央农村工作领导小组办公室、国务院扶贫办研究制定《关于打赢脱贫攻坚战三年行动的指导意见》（以下简称《指导意见》），印发实施《贯彻实施〈关于打赢脱贫攻坚战三年行动的指导意见〉重要政策措施委内分工方案》，定期协调推进《中共中央 国务院关于打赢脱贫攻坚战的决定》（以下简称《决定》）和《指导意见》明确的相关工作。将农村扶贫开发有关指标纳入国民经济和社会发展年度计划，下达2018年农村贫困人口脱贫计划1000万人以上。开展《“十三五”脱贫攻坚规划》中期评估，推动规划明确的目标任务、重大工程、重大项目落到实处。督促指导地方严格落实国家在贫困地区安排的公益性建设项目取消县级和西部连片特困地区地市级配套资金政策。开展消费扶贫政策研究，报请国务院办公厅印发实施《关于深入开展消费扶贫助力打赢脱贫攻坚战的指导意见》，动员干部职工购买贫困地区农产品。会同有关部门制定印发《生态扶贫工作方案》，采取专项检查、联合调研等方式督促指导地方加快生态扶贫工作。会同有关部门编制《乡村振兴战略规划（2018—2022年）》，明确把打好精准脱贫攻坚战作为实施乡村振兴战略的优先任务。加强对贫困地区水电矿产资源开发资产收益扶贫改革试点工作的督促指导，加快推进试点项目开工建设。

【易地扶贫搬迁】 2018年，国家发展改革委下达中央预算内投资255亿元，配合财政部安排地方政府债务890亿元，全力满足全年280万搬迁人口安置住房和配套基础设施建设资金需求。组织召开2018年全国易地扶贫搬迁工作现场会，国务院副总理胡春华出席会议并讲话，充分肯定了新时期易地扶贫搬迁工作取得的进展和成效，深刻阐述了当前面临的形势与任务，对提升易地扶贫搬迁质量和成效提出了明确要求，确保了易地扶贫搬迁各项政策措施落地落实。举办扶贫日易地扶贫搬迁论坛，发布《中国的易地扶贫搬迁政策》白皮书和《全国易地扶贫搬迁年度报告（2018）》，向社会各界介绍新时期易地扶贫搬迁推进情况。配合财政部规范调整易地扶贫搬迁融资方式，积极防范和化解地方政府隐性债务风险。针对部分省份易地扶贫搬迁融资方式调整后出现的资金调度困难，及时协调并积极配合财政部出台《关于进一步做好调整规范易地扶贫搬迁融资方式有关工作的通知》，确保资金不断档、工程项目有序推进。印发《易地扶贫搬迁事中事后监管巡查工作方案》，全年赴河北、湖北、广西、西藏等省区开展事中事后监管，下发整改通知16份，督促指导各地工作落实不走样、政策执行不走偏。2018年280万人的易地扶贫搬迁建设任务顺利完成。截至2018年底，三年累计完成870万人易地扶贫搬迁建设任务，各地已为650多万搬迁人口谋划或落实了后续脱贫扶持措施，实现了360多万已搬迁建档立卡贫困人口的稳定脱贫。

【特困地区脱贫攻坚】 加快推进深度贫困地区、边境地区及革命老区脱贫攻坚，推动落实《加大深度贫困地区支持力度推动解决区域性整体贫困行动方案（2018—2020年）》，从易地扶贫搬迁、以工代赈和基础设施、基本公共服务设施建设等方面，将新增资金、新增项目、新增举措向深度贫困地区倾斜。印发《“三区三州”等深度贫困地区旅游基础设施改造升级行动计划（2018—2020年）》和《“三区三州”等深度贫困地区旅游基础设施提升工程建设方案》，加强深度贫困地区的旅游基础设施和公共服务设施建设。印发《革命老区开发建设与脱贫攻坚2018年工作要点》，组织开展《川陕革命老区振兴发展规划》中期评估，推动革命老区开发建设与脱贫攻坚重点任务、重大项目落地落实。

【基础设施和基本公共服务设施建设】 组织实施交通扶贫“双百”工程，安排中央预算内投资350余亿元，支持贫困地区交通骨干通道和农村公路建设，其中安排中央预算内投资26亿元，支持贫困地区建设约4200千米农村公路。截至2018年底，227个骨干通道项目已开工建设158个，占70%，甘肃陇南机场、青海祁连机场、喀什至疏勒高速公路、宜都至五峰（渔洋关）高速公路等一批项目已投入运营。加快推进水利扶贫，安排中央预算内投资400余亿元，支持贫困地区大中型灌区续建配套节水改造、农村饮水安全巩固提升、中小河流治理等项目建设。加强贫困地区生态保护与建设，安排中央预算内投资108.95亿元，支持贫困县实施重点防护林建设、天然林资源保护、退耕还林还草、石漠化综合治理、重点区域生态保护和建设、湿地保护等生态工程。积极安排中央预算内投资支持农村信息基础设施建设。配合中共中央网络信息化委员会办公室等部门印发《2018年网络扶贫工作要点》，组织召开2018年全国网络扶贫工作视频会议、全国深度贫困地区网络扶贫工作现场推进会暨网络扶贫凉山行活动效果。安排国家以工代赈资金近60亿元，为参与工程建设的贫困群众发放劳务报酬约6亿元。印发实施《关于进一步推动进城农村人口优先享有基本公共服务并有序实现市民化的实施意见》，安排中央预算内投资约210亿元，支持贫困地区改善教育、医疗、文化、社会福利、体育等基本公共服务设施条件。2018年，国家发展改革委安排贫困地区中央预算内投资2000亿元以上，超过全委投资总盘子的1/3。

【作风建设】 印发实施《关于开展发展改革系统扶贫领域作风建设的通知》，把2018年作为全国发展改革系统扶贫领域作风建设年，重点治理易地扶贫搬迁、以工代赈、贫困地区基础设施和基本公共服务设施建设、老少边贫地区脱贫发展等工作中存在的突出作风问题，加强与驻委纪检监察组的沟通衔接，进一步压紧压实作风建设责任。

【定点扶贫概述】 2018年，国家发展改革委印发《国家发展改革委2018年定点扶贫工作计划》，主要负责同志带头前往广西壮族自治区田东县、河北省灵寿县、吉林省汪清县开展调研督导，全年委领导和各司局（单位）赴定点扶贫县调研50余次。按照“尽锐出战”要求，一次性向3个定点扶贫县派出19名干部，2018年12月底轮换驻村第一书记1名。加强挂职干部业务培训和监督管理，落实挂职干部有关待遇保障，有效增强了定点帮扶工作力量。创新开展党支部“结对共建”、机关消费扶贫、人才智力支持、帮助引进企业等帮扶举措，推动定点扶贫工作从“输血式”向“造血式”转变。建立定期调度机制，及时了解定点扶贫县脱贫攻坚进展情况，及时发现和纠正苗头性倾向性问题，助力定点扶贫县打赢脱贫攻坚战。通过共同努力，田东县、灵寿县明确于2018年摘帽退出，在中央和国家机关脱贫攻坚先进集体、优秀个人表彰大会暨先进事迹报告会上，国家发展改革委地区经济司获得“中央和国家机关脱贫攻坚先进集体”称号。

【责任书落实】　国家发展改革委对照《中央单位定点扶贫责任书》明确的各项任务，不折不扣抓好落实，确保各项帮扶举措落地见效，相关可量化承诺事项均超额完成。具体情况如下：承诺投入帮扶资金640万元，实际完成876.4万元；承诺引进帮扶资金15万元，实际完成216.4万元；承诺培训基层干部300名，实际完成509名；承诺培训技术人员1000名，实际完成1257名；承诺购买贫困地区农产品45万元，实际完成61.2万元；承诺帮助销售贫困地区农产品10万元，实际完成69.7万元。此外，国家发展改革委持续加大项目资金支持力度，全年共安排中央预算内投资4.43亿元，支持定点扶贫县建设了一批教育卫生、文化旅游、生态文明、林业生态工程、保障性安居工程等项目，进一步夯实了定点扶贫县脱贫发展基础。

【组织领导】　2018年，国家发展改革委党组书记、主任何立峰多次就定点扶贫工作提出明确要求，并于10月赴河北省灵寿县开展实地调研，主持召开现场协调会，帮助定点扶贫县解决实际问题。分管扶贫工作的委党组成员先后带队前往3个定点扶贫县开展实地调研督导。其他委党组成员也结合各自分管工作，对支持定点扶贫县脱贫攻坚提出明确要求，作出安排部署。4月，国家发展改革委对原委机关扶贫领导小组进行调整充实，成立以国家发展改革委主要负责同志为组长，分管负责同志为副组长，有关司局和委属单位主要负责同志为成员的委脱贫攻坚工作领导小组，把统筹协调推进全委定点扶贫工作作为领导小组主要职责进行单列。6月，何立峰主持召开委打赢脱贫攻坚战三年行动动员部署会暨委脱贫攻坚工作领导小组全体会议，对定点扶贫工作进行再动员、再部署。9月，受委领导委托，委脱贫攻坚工作领导小组办公室召开专题会，传达学习中央单位定点扶贫工作推进会会议精神，通报国家发展改革委定点扶贫工作进展情况，推动全体成员单位进一步做好定点扶贫工作。11月，召开委脱贫攻坚工作领导小组全体会议，再次通报国家发展改革委定点扶贫工作进展情况，并对下一阶段工作进行部署。

【干部挂职扶贫】　2018年，国家发展改革委于10月派出19名干部到定点扶贫县挂职锻炼（处级干部9名），其中：灵寿县7名、汪清县6名、田东县6名；10名科级干部直接挂任乡镇党委或政府副职，深入一线抓脱贫。12月，新派出1名驻灵寿县马家庄村第一书记，完成驻村第一书记轮换工作。截至2018年底，国家发展改革委共有28名干部在定点扶贫县挂职。组织挂职干部围绕思想政治建设、调研方法、群众工作、应急处理等内容开展专题培训，并举办“周三大讲堂——基层干部谈脱贫攻坚”系列讲座，邀请定点扶贫县党政负责人、挂职干部分别作专题报告，进一步提升了抓脱贫攻坚工作的能力和水平。印发《关于进一步加强下派挂职锻炼干部管理的暂行规定》《关于进一步加强挂职锻炼、援派干部工作督促检查的通知》，创编《国家发展改革委挂职锻炼工作通讯》，加强对挂职干部的监督管理。

【督促指导】 国家发展改革委认真贯彻落实《脱贫攻坚责任制实施办法》要求，结合委领导调研工作，对定点扶贫县落实县级党委政府各项脱贫攻坚责任情况开展督促检查，及时发现和纠正扶贫工作中存在的苗头性、倾向性问题，对调研中发现的农村留守老人养老风险、建档立卡贫困人口数据差异、易地扶贫搬迁、贫困群众精神脱贫等问题，向 3 个定点扶贫县发出风险提示函，要求针对问题开展整改，并跟踪落实问题整改情况，帮助定点扶贫县不断提高工作水平。建立定点扶贫工作定期调度机制，分季度调度各司局（单位）在定点扶贫方面开展的工作情况，并将汇总情况上报委脱贫攻坚工作领导小组组长、副组长。建立委机关定点扶贫工作微信群，形成委机关各司局（单位）、定点扶贫县、挂职干部三方即时沟通机制，分享经验做法，及时帮助解决定点扶贫工作推进过程中存在的困难和问题。

【工作创新】 国家发展改革委不断创新帮扶方式，推动定点扶贫工作从“输血式”向“造血式”转变。将与定点扶贫县贫困村党支部“结对共建”纳入各司局（单位）党组织年度党建活动计划，帮助结对帮扶村党支部加强基层组织建设，发挥好战斗堡垒作用。截至 2018 年底，国家发展改革委共有 46 个司局（单位）党组织与定点扶贫县贫困村党支部建立“结对共建”关系，实现机关司局和直属单位与贫困村支部结对共建全覆盖，其中，28 个司局（单位）结对灵寿县，11 个司局（单位）结对汪清县，7 个司局（单位）结对田东县。直属机关党委拨付 30 万元委管党费，支持3 个定点扶贫县贫困村党支部建设。出台《国家发展改革委机关消费扶贫实施方案》，在同等条件下优先从定点扶贫县采购机关后勤所需产品和服务。在委机关设立“消费扶贫专柜”，在内网干部论坛设立消费扶贫专栏，开通“公益发改”App 平台，多渠道鼓励引导干部职工购买定点扶贫县产品。中国经济导报社、中国经贸导刊杂志社、《宏观经济管理》编辑部等委属媒体，拿出专门版面推介定点扶贫县特色产品、优势产业和招商引资项目，为定点扶贫县销售农产品、发展优势产业提供了有力支持。发挥委属单位在专业技术、专业人才等方面优势，帮助定点扶贫县谋划发展思路，制定发展规划，讲解国家政策，引导带动定点扶贫县提高自我发展能力。国家信息中心与灵寿县签订援智发展合作协议，为灵寿县西部学习网地方学习中心授牌，并帮助培训基层干部 400 名、技术人员 1100 名。中国城市和小城镇改革发展中心免费为汪清县编制脱贫攻坚战略策划，为灵寿县编制乡村振兴战略规划，并帮助灵寿县建设“多媒体学习室”，开通网络教学。中国宏观经济研究院为田东县免费编制乡村振兴规划，并帮助田东县培训基层干部 100 名。委直属机关团委组织青年干部，赴灵寿县为当地留守儿童开展为期一周的暑期支教志愿服务。组织定点扶贫县赴北京京东世纪贸易有限公司、中益善源（北京）科技有限公司等企业对接消费扶贫工作，帮助灵寿、田东、汪清县开通网上扶贫特色馆。《中国改革报》《中国经济导报》等媒体组织专门力量，对国家发展改革委帮扶 3 个定点扶贫县进行了集中宣传，在头版头条刊登《倾情帮扶二十载　田东预脱贫摘帽——国家发改委定点帮扶广西田东县开展扶贫开发工作纪实》《举全委之力三十载接续奋斗　弘发改特色新时代冲锋攻坚——国家发展改革委定点帮扶河北灵寿、吉林汪清、广西田东工作综述》等多篇报道，并在国家发展改革委官方微博、微信平台进行了推送。

（国家发展和改革委员会地区振兴司
董　楠）

教 育 部 扶 贫

【概述】 2018年，教育部坚持以习近平新时代中国特色社会主义思想为指导，认真学习贯彻习近平总书记关于扶贫工作的重要论述，会同有关部门和各地政府深入贯彻落实中共中央、国务院脱贫攻坚决策部署，把教育扶贫作为支持贫困地区教育发展的重要内容，深入推进扶智育人教育脱贫攻坚行动，切实打赢打好教育脱贫攻坚战。

【改善薄弱学校办学条件】 2018年，中央财政安排专项资金360.5亿元，用于支持农村义务教育薄弱学校改造。2013—2018年，中央财政累计投入资金1699亿元，带动地方投入3727亿元，新建改扩建校舍2.2亿平方米、体育场地2.1亿平方米，购置学生课桌椅3420万套、图书6.24亿册、教学仪器设备2.99亿台（件、套），校舍建设竣工面积完成规划建设总面积的98.34%，设施设备采购完成率99.7%，农村义务教育学校特别是贫困地区农村学校办学条件显著改善，全国30.96万所义务教育学校（含教学点，占义务教育学校总数的99.76%）办学条件达到“20条底线”要求。

【营养改善计划】 2018年，中央财政安排专项资金200.92亿元，用于支持农村义务教育学生营养改善计划。2011—2018年，中央财政累计投入营养改善计划资金1248亿元，并安排300亿元专项资金，重点支持试点地区学校食堂建设。在全国29个省（京、津、鲁单独开展了学生供餐项目）1636个县实施营养改善计划，受益学生3700万人，为改善贫困地区学生营养健康状况发挥了巨大作用，营养改善计划试点地区男、女生各年龄段的平均身高、体重均有不同程度的增长。

【乡村教师队伍建设】 2018年，农村义务教育阶段学校教师特设岗位计划招聘教师9万人，边远贫困地区、边疆民族地区和革命老区人才支持计划教师专项选派教师2.4万名，“援藏援疆万名教师支教计划”首批新增援派教师4087人，“银龄讲学计划”首批招募1800名优秀退休教师，为贫困地区补充大量优秀教师。2018年，中小学教师国家级培训计划倾斜支持深度贫困地区，组织中小学教师信息技术应用能力提升工程7个培训平台支援“三区三州”，培训教师校长约120万人次，贫困地区教师队伍整体素质得到提高。

【学生资助】 2018年，全国累计资助学生9801万人次，比2017年增加211万人次，全国累计资助金额2043亿元，比2017年增加161亿元，学生资助实现“三个全覆盖”，即各个教育阶段全覆盖、公办民办学校全覆盖、家庭经济困难学生全覆盖。

【定向招生计划】 教育部持续实施定向招生专项计划，2018年，重点高校招收农村和贫困地区学生专项计划录取农村和贫困地区学生10.38万人。持续推进农村订单定向医学生免费培养工作，2018年为中西部乡镇卫生院安排订单定向免费五年制本科医学生培养计划6483人。支持贫困地区少数民族优秀人才培养，2018年下达少数民族高层次骨干人才培养计划等各类内地民族班招生计划8万余名，其中80%的招生计划投向西部边远贫困地区。

【青年红色筑梦之旅活动】 2018年，教育部组织开展第四届中国“互联网+”

大学生创新创业大赛“青年红色筑梦之旅”活动，组织全国高校的70万名大学生、14万支团队走进革命老区、农村地区，传承红色基因，将高校的智力、技术和项目资源辐射到广大农村地区，助力精准扶贫和乡村振兴。教育部举行6场全国性对接活动，参加“青年红色筑梦之旅”活动的14万个创新创业项目，对接农户24.9万户、企业6109家，签订合作协议4200余项，产生经济效益近40亿元。

【深度贫困地区脱贫攻坚】 2018年1月，教育部会同国务院扶贫办印发《深度贫困地区教育脱贫攻坚实施方案（2018—2020年）》，以“三区三州”为重点，以补齐教育短板为突破口，以解决瓶颈制约为方向，采取超常规举措，推动教育新增资金、新增项目、新增举措进一步向“三区三州”倾斜。11月，教育部会同财政部印发《关于进一步加强财政投入管理　深入推进“三区三州”教育脱贫攻坚的指导意见》，聚焦“三区三州”，以保障义务教育为核心，突出问题导向，全面落实教育扶贫政策，加大财政投入，严格资金管理，支持解决特殊困难和薄弱环节，稳步提升深度贫困地区义务教育质量，确保如期完成教育脱贫攻坚任务。

【推普脱贫攻坚行动计划】 2018年1月，教育部会同国务院扶贫办印发《推普脱贫攻坚行动计划（2018—2020年）》，加大推普脱贫工作力度，强化学校推广普及国家通用语言文字的基础性作用，组织开展基层干部和青壮年农牧民普通话培训，充分发挥普通话在提高劳动力基本素质、促进职业技能提升、增强就业能力等方面的重要作用。5月，教育部会同国务院扶贫办在四川省凉山彝族自治州启动实施“学前学会普通话”行动，帮助民族地区学龄前儿童在学前学会普通话，实现听懂、会说、敢说、会用普通话的目标。8月，教育部委托语文出版社编写出版《普通话1000句》，根据贫困地区不通普通话青壮年劳动者的需求，为成年普通话学习者提供了入门级学习用书。10月，教育部举办以“深化扶贫改革　打好教育精准脱贫攻坚战”为主题的2018教育扶贫论坛，论坛举办“学前学会普通话行动”倡议活动，并发布“学前学会普通话”行动倡议书。2018年，教育部联合共青团中央共同开展“推普脱贫攻坚”全国大学生暑期社会实践活动，组织130支团队1360名大学生深入贫困地区，通过开展与生产生活紧密结合、形式内容丰富多样的社会实践活动，培训、宣传、推广国家通用语言文字，提高贫困地区青壮年劳动者和青少年儿童的普通话水平。

【直属高校定点扶贫】 按照中共中央、国务院统一部署，教育部组织44所直属高校承担国家定点扶贫任务，把高校特色优势与定点扶贫县发展短板相结合，助力脱贫攻坚。2018年5月，教育部部长陈宝生主持召开教育部直属系统扶贫暨援派工作推进会，总结交流直属高校、直属单位扶贫和援派工作经验，动员部署下一阶段工作。11月，教育部召开直属高校定点扶贫工作推进会，贯彻落实中央单位定点扶贫工作推进会精神，推动各校加大定点扶贫责任书承诺和落实力度，压实高校扶贫责任。2018年，44所直属高校召开定点扶贫工作会议268次，校领导赴定点扶贫县调研3394人次（其中，学校主要领导66人次），主持各级规划、咨询、决策项目323项，实施科技攻关与成果转化252项，投入帮扶资金13865万元，引进帮扶资金131855万元，培训基层干部23409人，培训技术人员37340人，购买贫困地区农产品12387万元，帮助销售贫困地区农产品32743万元，为改善当地办学条件捐赠物资折款4000多万元，帮助引进企业59家，帮助贫困人口实现就业转移1.2万余人，带动建档立卡贫困人口脱贫人数达75965人。

【直属高校精准扶贫十大典型项目】 2018年9月，教育部举办第三届直属高校精准扶贫精准脱贫十大典型项目推选活动，总结推广一批可复制、体现高校特色的精准扶贫精准脱贫项目，在更大范围内示范推广先进典型和成功经验，带动更多高校做好精准扶贫工作。华南理工大学、南京农业大学、华中农业大学、浙江大学、湖南大学、电子科技大学、中国药科大学、中国农业大学、同济大学、华中科技大学10所高校的典型项目获选。其中，产业扶贫项目4项，智力扶贫项目3项，教育扶贫项目1项，科技扶贫项目1项，党建扶贫项目1项。

【片区脱贫攻坚】 教育部认真履行滇西边境片区定点联系单位职责，建立部内十个司局定点联系滇西十个州市工作机制，动员部署38所直属高校、9个直属单位承担滇西专项扶贫任务，组织10个职教集团与滇西10州市开展战略合作，对口帮扶滇西职业院校，自2013年以来，先后从部机关、直属单位和直属高校选派6批346名挂职干部，投身滇西脱贫攻坚一线。建立滇西部际联系工作机制，每年召开会议，研究解决滇西脱贫攻坚有关重大问题。2018年5月，部长陈宝生主持召开滇西脱贫攻坚部际联系会，协调解决重点难点问题，汇聚各部门力量，共同推进滇西脱贫攻坚。在各项重大教育政策和项目上都对云南特别是滇西给予支持，2018年中央财政累计支持云南省教育资金196.08亿元，比2017年增加12.04亿元，增幅6.54%。实施职业教育东西协作行动，滇西职业教育东西协作支援地区扩大到津沪苏浙粤五省市，2018年协作招生4416人，比2017年增加805人，增幅22.3%，让更多滇西贫困家庭子女有机会到东部发达地区接受优质职业教育。依托直属高校优质教育资源，举办滇西领导干部经济管理研修班，面向滇西脱贫攻坚需求举办党政领导干部培训班，累计举办20期，培训2000余人次。实施滇西中学英语教师出国研修项目，累计选派500余名一线中学英语教师分赴英国、加拿大、新加坡学习，已实现滇西各县全覆盖。

【定点扶贫】 2018年，教育部根据中央单位定点扶贫工作推进会要求，进一步加大帮扶力度，创新帮扶举措，巩固帮扶成果，帮助河北省青龙县和威县如期完成脱贫摘帽目标和年度减贫任务，定点扶贫工作取得显著成效。教育部召开2次定点扶贫专题会议，加强定点扶贫工作部署。5月25日，召开教育部定点扶贫工作座谈会，专题研究青龙县和威县脱贫摘帽工作以及需要解决的重点、难点问题。12月27日，召开教育部定点扶贫工作推进会，专题研究青龙县和威县脱贫摘帽后巩固提升阶段的帮扶工作。2018年，教育部部长陈宝生、副部长孙尧、中央纪委国家监委驻教育部纪检监察组组长吴道槐先后5次深入教育部定点扶贫县调研督查扶贫工作，教育部机关司局和直属单位赴定点扶贫县开展扶贫调研和工作指导累计221人次。教育部选派2名处级干部到青龙县、威县挂职副县长，协助分管扶贫工作。选派2名年轻干部到青龙县青龙镇龙潭村、威县枣元乡魏家寨村任驻村第一书记。选派4名干部到两县县直部门和乡镇挂职锻炼，参与全县扶贫和所在乡镇脱贫攻坚工作。2018年，教育部投入定点扶贫县帮扶资金2223.99万元，引进帮扶资金4097.39万元，培训基层干部2190名，培训技术人员43442名，购买贫困地区农产品1861.73万元，帮助销售贫困地区农产品1683.72万元，帮助引进扶贫企业4个，培育创业致富带头人23759人，帮助贫困人口转移就业9371人。9月，经国务院扶贫开发领导小组同意，河北省人民政府批准青龙县和威县退出国家级贫困县序列。

（教育部发展规划司
杨 波 吴延磊）

科学技术部扶贫

【概述】 科学技术部深入学习贯彻习近平总书记关于扶贫工作的重要论述，聚焦深度贫困地区和特殊贫困群体，针对贫困地区突出存在的科技和人才短板，创新驱动精准扶贫精准脱贫，统筹推进行业、片区、定点扶贫，2018 年印发《深入推进科技扶贫助力打赢脱贫攻坚战三年行动实施方案》《关于深入实施科技扶贫“百千万”工程助力深度贫困地区脱贫攻坚有关工作的通知》《科技部2018 年科技扶贫工作要点及任务分工》等 8 个政策文件，实施“三区”人才支持计划，推进科技扶贫“百千万”工程，深入推行科技特派员制度，动员全社会科技力量投身脱贫攻坚。科技部中国农村技术开发中心被评为 2018 年中央和国家机关脱贫攻坚先进集体。

【深度贫困地区脱贫攻坚】 坚持新增项目、资金、举措向深度贫困地区倾斜。在国家重点研发计划“中医药现代化研究”“畜禽疫病防控”等专项中设立“青藏高原主导畜种选育及健康养殖技术”等课题，支持藏药、草畜等主导产业发展。围绕“三区三州”和秦巴山片区贫困县脱贫主导产业急需技术，向涉农院校和科研机构定向征集先进适用技术成果 239 项。组织 20 余名知名专家深入宁夏六盘山等深度贫困地区，围绕草畜、冷凉蔬菜、小杂粮等 5 大地方特色产业进行帮扶对接，协调宁夏科技厅投入 2100 万元专项资助，助力脱贫攻坚插上“科技翅膀”。2018 年“三区三州”六省科技管理部门整合经费 1.68 亿元，实施 120 余个技术成熟、便于贫困地区示范推广、贫困群众易于掌握且经济效益好的特色产业示范项目。“2018 年全国科技活动周”期间，开展“2018 年科普援藏”“科技列车云南行”等活动，向深度贫困地区捐赠科普资金、展品、实验室等。依托国家临床医学研究中心，将滇西边境片区、秦巴山片区 85 家医疗机构纳入北京阜外医院、湖南湘雅医院等知名医院协同创新网络，提升深度贫困地区临床服务技术水平。向“三区三州”贫困县免费推送《农村科技口袋书》和“星火科技 30 分”电视节目，向深度贫困地区大力传播先进适用技术。

【“三区”人才支持计划】 科学技术部印发《关于在“三区三州”大力实施“三区”人才支持计划科技人员专项计划工作方案的通知》，中央财政投入经费 3.2 亿元，向中西部 22 个省份和新疆生产建设兵团的 1118 个“三区”贫困县选派科技人才 1.81 万名，培训本土科技人员 3542 名，向深度贫困地区精准输送科技服务和创业带动紧缺人才。2018 年 10 月，在西北农林科技大学和四川农业大学举办“‘三区三州’深度贫困地区创业扶贫带头人集中培训班”，培训涉农企业及专业合作社负责人 200 名；督促指导“三区三州”所在省集中培训创业扶贫带头人 1000 名。7—12 月，在复旦大学、西北农林科技大学举办“第四期秦巴山片区科技特派员农村科技创业骨干培训班”，为秦巴山片区培训创业扶贫骨干 152 名。

【科技扶贫“百千万”工程】 2018 年在贫困地区建设国家农业科技园区 11 家，备案国家级星创天地 100 余家；9 月 10—14 日在青岛举办第二期国家级星创天地培训班，培训贫困地区星创天地运营主体负责人30名。推动科研院所、高校与龙头企业等与贫困地区帮扶结对1240对，帮扶主体投入人员25.74万人，资金3.35亿元，结对对象投入资金7.17亿元，建设示范基地1987个，示范推广新成果4181个，培训人员36.1万人次；新增就业岗位5.36万个，带动农民数量32.07万人，增收12.04亿元，带动贫困村1248个，贫困户6.75万户。宣传推广贫困村科技特派员全覆盖试点省份的经验做法，继续扩大覆盖面，2018年全国科技特派员覆盖建档立卡贫困村4.83万个，其中深度贫困村1.62万个；提供科技服务257万天，服务贫困村专业合作组织6.53万个，创办合作组织1.93万个，在贫困村建立科技示范基地1.93万个，引进新品种新技术6.4万个，开展科技培训18.2万场，培训682.9万人次，培育科技示范户和致富带头人26.3万户，帮扶建档立卡贫困户79.7万户，帮助贫困户脱贫41.6万户，帮助贫困村集体经济增收38.3亿元。出版《凝聚创新精神　汇聚创业英才——科技特派员农村科技创业扶贫典型事例汇编》，推介84位优秀典型人物。

【科技项目和技术支持】　通过实施中央引导地方科技发展专项和“主要经济作物”“蓝色粮仓”等重点研发计划项目，实施科技扶贫项目242个，增强贫困地区产业发展动能。围绕贫困地区产业发展中的关键性技术瓶颈，引进推广新品种新技术6.4万项。

【定点扶贫概述】　2018年，科学技术部定点帮扶江西省井冈山市、永新县，四川省屏山县，陕西省柞水县、佳县，落实《中央单位定点扶贫责任书》，加大帮扶力度，切实提高帮扶质量。10月，科学技术部部长王志刚赴定点扶贫县陕西省柞水县调研，主持召开科技部定点扶贫工作推进会。副部长徐南平主持召开科技部2018年定点扶贫工作推进会，全面推进年度工作任务；年内4次赴定点县调研指导，切实解决工作中实际问题。2018年通过国家重点研发计划、中央引导地方科技发展专项、引智项目等，在5个定点扶贫县投入帮扶资金5615万元，引进社会帮扶资金17579万元；培训基层干部、技术人员340名、747名。部系统工会、机关服务局购买定点县羊肉、小米、绿豆等农产品81.4万元，帮助销售农产品86.5万元。2018年，永新县退出贫困县序列，井冈山市获得“全国脱贫攻坚组织创新奖”；屏山县被评为“四川省脱贫攻坚先进县”，柞水县被评为“陕西省脱贫攻坚先进县”。

【产业扶贫】　围绕定点县脱贫主导产业发展，2018年支持5个定点县新立22个科技扶贫项目，继续推进2016年、2017年立项的31个科技扶贫项目取得实效，培育和壮大扶贫产业。井冈山市积极培育茶叶、蔬菜农业产业化龙头企业，项目承担企业带动当地就业1万余人，其中建档立卡贫困户877人，人均增收4000余元。永新县示范推广稻渔（虾、蟹、蛙）综合种养技术，培育立体绿色生态农业；高接换种果园1200亩，新增黄桃、猕猴桃、井冈蜜柚等优质果树种植面积4620亩，带动贫困户1479户。屏山县建立川南佛手瓜种植科技示范基地，2018年实现产值150万元，带动贫困户39户、131人脱贫，辐射带动全县500余户近2000多人调整产业种植佛手瓜。佳县在全县推广渗水地膜高粱3万亩、谷子3000余亩，与常规种植相比，高粱亩产由400千克提高至750千克、收益1200元/亩，谷子亩产由300千克提高至500千克、收益1400元/亩，带动13个镇148个村（含3个深度贫困村）5800多户农民（其中贫困户1463户）增收或脱贫。柞水县建成年产2000万袋木耳菌包厂5个，推广种植吊袋木耳和地栽木耳2300亩，带动4827户贫困群众户均增收1000元。

【协调东西部协作扶贫】　在科学技术

部积极协调组织下，山东寿光九丰农业科技有限公司援建的井冈山高科技农业博览园，已完成一期投入2.5亿元，建成后直接或间接带动2万余人从事蔬菜产业。永新县引入江苏海安鑫缘丝绸集团建成蚕桑科技超市，无偿提供贫困户使用，惠及贫困户120余户、500余人。屏山县针对纺织、农旅、卫生、教育领域，组织干部、技术人员100余人赴北京、上海、江苏等地开展培训。佳县新东奥牧业有限责任公司从江苏引种102头太湖猪，在江苏农林职业技术学院技术支持下，带动175户贫困户开展订单式养殖。柞水县与南京白马国家农业科技园区建立长效合作机制，选派9名专业技术人员赴江苏跟岗学习，江苏选派6名专业技术人员到柞水指导企业生产发展。

【引育人才】 2018年选派330名“三区”人才和科技特派员实现对定点县所有贫困村科技服务和创业带动全覆盖。举办各类培训180余场，培训农村实用技术人才近7000人。井冈山与中国农业科学院郑州果树研究所签订合作协议，为黄桃等特色果业发展提供科技支撑。永新县与家蚕基因组生物学国家重点实验室共建院士工作站，打造永新蚕桑品牌。屏山县邀请格鲁吉亚国家科学院院士阿夫坦季尔·科拉哈什维利、日本花甲专家山本国义为屏山现代农业发展支着献策。柞水县引入吉林农业大学李玉院士团队，推进柞水木耳产业发展。佳县邀请中国农业科学院、清华大学、中国农业大学等单位30余位专家开展对接活动近20次，签订合作协议9个。

【社会扶贫】 多方筹措帮扶资源，为定点扶贫县贫困群众办好事、办实事，累计为5个定点县捐赠现金和物资折合近320万元。组织井冈山市、永新县、佳县、柞水县师生20名赴日本学习交流8天。为佳县、柞水县各捐建价值20万元的“科技创新操作室”；为柞水县联系九阳股份有限公司捐赠价值100万元的中小学厨房设备，联系西部超导材料科技股份有限公司捐助12万元贫困村修路资金；为佳县引荐上海三思电子工程有限公司等3家公司捐赠价值近30万元的LED灯具和视频设备，协调中国科学院化学研究所、青岛科技大学捐资助学10万元；为屏山县捐赠资金15万余元，争取中国扶贫基金会投入资金75万元，帮助300多名重病贫困户建立大病补充保险，争取四川润厚特种纤维有限公司等3家公司捐助36万元；为永新县引进雷沃重工股份有限公司捐款6.9万元，资助138名留守儿童。

（科学技术部农村科技司　霍季春）

工业和信息化部扶贫

【概述】 2018年，工业和信息化部（以下简称“工信部”）始终将脱贫攻坚作为重要政治任务，以习近平总书记关于扶贫工作的重要论述为指导，加强顶层设计、完善推进机制、明确工作责任、深入调研督查，确保“定点扶贫、网络扶贫、片区联系、产业扶贫”四项任务按计划落实。制定年度脱贫攻坚工作计划，统筹推进全系统扶贫工作；印发《定点扶贫“升级版”实施方案》，进一步加大对定点扶贫县的帮扶力度，工信部定点帮扶四川省南充市嘉陵区、南部县，河南省汝阳县、洛宁县，部属高校北京航空航天大学（以下简称“北航”）、北京理工大学（以下简称“北理”）、哈尔滨工业大学（以下简称“哈工大”）、西北工业大学（以下简称“西工大”）分别帮扶山西省方山县、中阳县，广西壮族自治区金秀瑶族自治县（以下简称“金秀县”）、融水苗族自治县（以下简称“融水县”）；继续以电信普遍服务为抓手，实施网络通信扶贫工程；组织开展“两个一”活动、增派挂职扶贫干部积极履行燕山—太行山片区牵头联系职责；指导贫困地区培育发展特色产业，增强“造血”能力，提升稳定脱贫能力；加强扶贫工作宣传，积极动员多方力量组织开展扶贫帮扶活动，营造脱贫攻坚良好氛围。

【领导重视】 工信部党组高度重视脱贫攻坚工作。2018年，通过召开部党组会、部长办公会、部扶贫工作领导小组（扩大）会等研究部署扶贫工作。工信部部长苗圩20余次就脱贫攻坚作出批示指示。制定部《2018年脱贫攻坚工作计划》，围绕定点扶贫、片区联系、网络扶贫、产业扶贫、引导社会扶贫和开展扶贫领域作风建设年等6方面，提出24项具体工作举措。制定《部扶贫领域作风问题专项治理实施方案》，针对扶贫领域存在的“四个意识”不强、责任落实不到位、工作措施不精准、工作作风不扎实、项目资金管理使用不规范以及扶贫领域腐败等问题，开展了部系统扶贫领域作风问题专项治理。2018年，工信部所有部领导都赴部定点县、片区县等贫困地区开展了调研，深入贫困村、慰问贫困群众、看望基层干部，督促指导扶贫工作。在部党组的带领下，部机关各司局、有关部属事业单位和高校以多种形式组织赴贫困地区开展专题调研、结对子、教育帮扶、扶贫济困等工作，为贫困地区区域发展和脱贫攻坚出谋划策，贡献力量。

【扶贫会议】 2018年，工信部部长苗圩先后主持召开6次部党组会、1次部长办公会，传达学习习近平总书记关于脱贫攻坚工作的重要讲话精神，研究部署工作。11月，部长苗圩出席工信部在河北省承德县召开的“燕山—太行山片区部省部际联席会议”，部署片区脱贫攻坚和区域发展工作。2月，副部长陈肇雄出席工信部扶贫干部座谈会，慰问工信部全体挂职扶贫干部和驻村第一书记。6月，副部长陈肇雄出席在陕西省渭南市柿村召开的网络扶贫现场推进会。7月，副部长陈肇雄出席“2018年全国电信普遍服务工作电视电话会议”并讲话，部署加快推进贫困村宽带网络覆盖等工作。1月、7月、11月，副部长辛国斌先后主持召开3次部扶贫工作领导小组（扩大）会议，传达学习中央领导同志关于脱贫攻坚工作的重要批示和有关会议精神，部署和督促推进年度脱贫攻坚各项工作。

【网络扶贫】 工信部以电信普遍服务为抓手，实施网络通信扶贫工程，努力为贫困群众提供“用得上、用得起、用得好”的信息服务。深化贫困村网络建设，确保“用得上”。截至2018年底，在已实施的四批电信普遍服务试点带动下，全国贫困村通宽带比例达到97%，“三区三州”深度贫困地区也达到97%。组织开发电信普遍服务管理支撑平台，建设贫困村通宽带电子地图，实现前三批试点行政村通光纤情况的实时监测。推动降低网络资费，保障“用得起”。5月，联合国务院国有资产监督管理委员会印发《关于深入推进网络提速降费加快培育经济发展新动能2018专项行动的实施意见》。10月，联合国务院扶贫办印发《关于持续加大网络精准扶贫工作力度的通知》，支持基础电信企业针对全国建档立卡贫困户开展精准降费。自开展提速降费行动以来，先后推动基础电信企业实行固定宽带提速不提价，移动流量当月不清零、免费赠流量，推出全国性资费优惠方案和多种地方性优惠资费产品，各基础电信企业针对贫困户平均给予3~5折的资费优惠。推广宽带应用示范，争取“用得好”。以互联网+医疗、教育、电商为切入点，积极配合有关部门开展信息化建设。3月，联合国家卫生健康委员会印发《关于开展“互联网+健康扶贫”应用试点项目的通知》，打造“互联网+远程医疗”试点示范。河南省汝阳县成为全国首批“互联网+健康扶贫”4个试点地区之一，互联网医院覆盖全县所有行政村。12月，联合教育部印发《关于开展学校联网攻坚行动的通知》，目标是到2020年底前，全国学校网络接入和带宽条件全面改善，中小学（含教学点）宽带接入率达到98%以上、出口带宽达到100兆比特每秒以上，探索采用卫星通信等多种技术手段实现学校互联网全覆盖，真正实现“宽带网络校校通”。

【连片特困地区扶贫】 工信部认真履行燕山—太行山片区牵头联系职责，完善工作机制，加强沟通协调，坚持因地制宜，突出精准发力，注重以脱贫攻坚促进区域发展。召开2018年燕山—太行山片区部省部际联席会议，协调23家部际成员单位，推动解决河北、山西、内蒙古三省区需要支持的50余项重点事项，跟踪推进片区规划中180余项重大基础设施项目加快实施。在2017年首次向燕山—太行山片区选派17名挂职扶贫干部基础上，2018年继续加大力度，向河北省涞水县、尚义县、丰宁满族自治县，山西省阳高县、浑源县，内蒙古自治区商都县新增选派6名挂职扶贫干部，工信部在燕山—太行山片区挂职扶贫干部累计23名。按照《工业和信息化部燕山—太行山片区扶贫项目（资金）管理办法》，利用片区扶贫专项资金700万元，支持7个片区县安排7个精准扶贫项目，预计直接帮扶900余户、1900余名贫困人口。组织工信部系统33个片区一对一联系单位在对口片区县开展“两个一”活动（即组织一次对接，帮助办一件实事）。如邀请有关单位帮助易县制定政务信息化提升方案，协调“管家帮”企业与阳原县就业服务中心签订战略合作协议，邀请阳高县政府参加2018年京津冀产业转移系列对接活动，帮助围场县编制《县域工业绿色发展规划》，邀请化德县纺织行业参加2018年中国国际服装服饰博览会面料展，推动京东集团京津冀（张家口）云计算数据中心项目落户张家口宣化区，帮助天镇县制定《天镇县智能光伏扶贫电站建设方案》等。

2017—2018年，燕山—太行山片区贫困人口由71万降至40万，贫困发生率由7.9%降至4.5%。片区基础设施建设和生态文明建设不断加强，公共服务条件和生产生活条件有效改善。2018年，片区内河北省平泉市、易县实现了脱贫摘帽。

【产业扶贫】　2018年，工信部坚持因地制宜，通过设计扶贫、中药材扶贫、金融扶贫等手段，帮助贫困地区增强“造血”能力，提升脱贫质量，巩固脱贫成效，做好与乡村振兴的衔接。探索设计扶贫。8月，印发《设计扶贫三年行动计划（2018—2020年）》，举办“设计扶贫在行动”专题论坛、“设计扶贫”电视电话会议，提出以深度贫困地区为重点，以产品品质提升、居民生活条件改善、乡村特色文化产业发展、特色优势产业升级为主攻方向，为贫困地区普及设计理念，提供设计解决方案，培育设计专业人才，激发发展内生动力，探索有中国特色的设计扶贫路径。推进中药材扶贫。与国家中医药管理局积极推进《中药材产业扶贫行动计划（2017—2020年）》，开展的“百企帮百县活动”已推动四川省南部县等25个县与中药企业达成合作协议，编制《十四个集中连片特困地区中药材精准扶贫技术丛书》，分别在甘肃省和广东省召开中药材产业扶贫工作座谈会。发展金融扶贫。协调推进开发性金融支持特色产业精准扶贫项目试点，与中国农业银行联合印发《关于推进金融支持县域工业绿色发展工作的通知》，推动中国平安财产保险股份有限公司与河南省汝阳县签订“三村工程”扶贫战略合作协议，杜仲羊金融扶贫项目已落地。

【社会扶贫】　工信部积极动员社会各界力量参与脱贫攻坚。加强扶贫工作宣传。工信部部长苗圩发表署名文章《在伟大旗帜下自觉担当工信系统精准扶贫历史使命》。扶贫日期间，举办“学习贯彻习近平总书记关于扶贫的重要论述专题展览”，举办2018年扶贫日系列论坛“网络扶贫”平行分论坛；协调3家基础电信运营企业推送扶贫日公益短信4.08亿条。利用新闻媒体宣传网络扶贫成果，邀请中央广播电视总台等媒体赴西藏自治区开展“乡村振兴　信息扶贫”主题媒体调研行活动，协调《人民日报》连续推出“聚焦网络扶贫”和“补齐农村网络短板特别报道”两个专题。开展多样化帮扶活动。组织消费扶贫活动，2018年通过协调北京京东世纪贸易有限公司、苏宁易购集团股份有限公司、中益善源（北京）科技有限公司等社会力量支持，开发工信消费扶贫App，畅通直属单位、部属高校购买渠道，建立消费扶贫长效机制，全年累计购买和帮助销售贫困县特色农副产品90万余元；组织“一对一”帮扶贫困学生活动，2018年为部机关4个定点县（区）贫困学生捐助助学金13.5万元。工信部向2018年“幸福工程——救助贫困母亲行动”活动捐款23万元。协调中国乳制品工业协会在江西省赣州市发起“中国乳业领军企业赴革命老区扶贫捐赠活动”，动员内蒙古伊利实业集团股份有限公司、蒙牛乳业（集团）股份有限公司等12家乳业企业向赣州市116个村、7900余贫困户捐赠价值139万元的乳制品。协调晶澳太阳能有限公司、天合光能股份有限公司2家光伏企业，为西藏日喀则市谢通门县塔定乡普村牧区贫困群众捐赠18套总价值86万余元的太阳能光伏离网系统，解决牧区3个自然村的用电难问题。

【定点扶贫】　工信部定点帮扶南充市嘉陵区、南部县、洛宁县、汝阳县（以下称“4个定点县区”），落实《中央单位定点扶贫责任书》各项要求，对已脱贫定点县帮扶措施不变，力度不减，注重防止返贫和提高脱贫质量；对未脱贫定点县加大帮扶力度，确保其如期保质脱贫摘帽。同时积极指导部属4所高校北航、北理、哈工大、西工大履行定点帮扶方山县、中阳县、金秀县、融水县责任。

加强顶层谋划。印发《定点扶贫“升级版”实施方案》，聚焦完善机制、产业培育、扶志扶智、干部选派、作风建设5个方面，组建产业扶贫、网络扶贫、党建扶贫、教育扶贫4个帮扶团队，提出14项具体工作举措，确保4个定点县区帮扶责任到位，督促检查到位。针对4个定点县区分别印发《定点帮扶行动计划（2019—2020年）》，分别提出针对性帮扶举措。建立定点县区需帮助协调事项库和项目库，建立扶贫重要资源库，搭建信息平台，协调解决重大问题。加大资金投入力度。利用定点扶贫资金800万元，支持4个定点县区实施20个精准扶贫项目，预计惠及1100户、3000余名贫困人口；向部系统8个定点县区选派的5名驻村第一书记每人拨付7.8万元，支持开展驻村帮扶工作。利用960万元党费帮助4个定点县区实施扶贫项目。此外，围绕定点县区实际需求，帮助引进特色产业、教育培训等帮扶资金1978万元。培育特色产业。加强产业规划指导，帮助厘清发展思路，搭建对接平台，围绕产业链招商引资，培育壮大特色产业。2018年帮助4个定点县区引进工业投资25.4亿元。南部县发展“互联网+特色农产品”，建立阿里巴巴“农村淘宝”，设立198个电商销售站点，覆盖全县所有贫困村；嘉陵区引进睿辉机械、西南交大汽车产业研究院等6个项目，做大汽车汽配产业；洛宁县兴华镇董寺村建立年产100万千克青梅加工项目、年产10万袋香菇种植合作社；汝阳县打造绿色建材暨配式建筑产业基地。北航帮扶中阳县形成扶贫企业进社区、扶贫车间进农村、科技成果进地头、中阳特产进食堂、吕梁护工进北航的扶贫特色；北理“方山县北理工双创扶贫产业园”，成功孵化8家农特企业；哈工大规划指导金秀县长垌乡滴水村田园综合体、民宿旅游改造；西工大帮助融水县累计引进10亿元的产业项目，形成林下中草药种植、加工、仓储、物流等产业链。选派优秀干部。工信部选派9名干部开展挂职帮扶，其中，4名处级或副处级干部任定点县区领导，1名副处级干部担任南充市嘉陵区世阳镇谢家庙村驻村第一书记，4名选调生（2018年新选派）挂职村干部。加强智力帮扶。工信部把加强扶贫培训作为2018年的重点任务。分别在北京、山东威海、四川南部组织3期干部培训班，培训4个定点县区基层干部57人次；安排20万元专项经费，围绕服装加工、电子商务、家政服务、电焊等领域分别组织职业技能培训，累计培训技术人员718人次。部属高校中，北航开办“中阳大讲堂”，北理实施“情系方山·扬志立渔”立体式扶贫培训专项，哈工大设立“哈工大班”“哈工大圆梦计划”“哈工大瑶山讲堂”等专题培训计划，西工大探索构建“师资培训+学生启迪+奖助激励”教育帮扶模式。

截至2018年12月底，嘉陵区、南部县、洛宁县、汝阳县4个定点县区贫困村37个，比2017年减少186个；贫困人口7181户、20303人，比2017年减少11224户、36369人；贫困发生率分别由2017年的0.7%、1.02%、4.13%、5.57%下降至0.01%、0.2%、1.25%、3.18%。4个定点县区实现了贫困村宽带网络全覆盖，自然村通宽带比例也达到99%，基础设施建设不断加强，“两不愁”全面解决，“三保障”水平大幅提升。2018年，南部县荣获“全国脱贫攻坚组织创新奖”，南部县八尔湖镇纯阳山村作为全国6个基层单位之一，参加全国“决胜2020——脱贫攻坚展”。2018年，嘉陵区以“零漏评、零错退、群众认可度98.89%”的国家第三方评估结果顺利脱贫摘帽。

（工业和信息化部　刘　博）

国家民族事务委员会扶贫

【概述】 2018年，国家民族事务委员会（以下简称“国家民委”）党组以习近平新时代中国特色社会主义思想为指导，深入学习贯彻党的十九大精神，把支持深度贫困民族地区脱贫攻坚，扶持人口较少民族率先脱贫、率先奔小康作为新时代民族工作的重中之重，以特色民族工作为抓手，瞄准少数民族特困地区和特困群体，扎实推动《“十三五”促进民族地区和人口较少民族发展规划》《兴边富民行动“十三五”规划》贯彻落实，推进兴边富民行动，扶持人口较少民族和“直过民族”加快发展，保护发展少数民族特色村镇和少数民族传统手工艺品，做好武陵山片区试点联系、定点扶贫、社会扶贫和全国民委系统对口支援西藏新疆工作，落实民贸民品带贫益贫政策，加大民族地区干部人才培养培训力度，开展民族团结进步创建示范，切实推进民族地区脱贫攻坚奔小康进程。据统计，2018年民族八省区贫困人口从2017年的1032万人减少到603万人，减少贫困人口429万人，贫困发生率从2017年的6.9%下降到4.0%。民族地区脱贫攻坚取得显著成就，起到了促进经济发展、社会和谐、民族团结和边疆稳固的重要作用。

【扶贫资金投入】 配合财政部、国家发展和改革委员会，加大中央财政专项扶贫资金（少数民族发展支出方向）、中央预算内投资兴边富民行动专项和扶持人口较少民族发展专项对深度贫困民族地区的投入力度，在资金安排上提高深度贫困因素权重。2018年，安排中央财政专项扶贫资金（少数民族发展支出方向）65.5亿元，新增10亿元资金的60%安排“三区三州”以及其他深度贫困民族地区。协调国家发展和改革委员会安排中央预算内投资人口较少民族专项8亿元，支持人口较少民族聚居地区精准扶贫精准脱贫；兴边富民行动专项26亿元，紧密结合脱贫目标任务，加大对边疆贫困地区脱贫攻坚的支持力度。为内蒙古自治区巴林右旗和广西壮族自治区德保县拨付定点扶贫工作经费，协调机关各部门、直属各单位支持两县（旗）脱贫攻坚，投入和引进帮扶资金共计2589.33万元，举办培训班15次，培训各类人才989人次，助力两县（旗）脱贫摘帽。

【扶贫调研和会议】 按照国务院扶贫开发领导小组统一部署和要求，国家民委专职委员孙学玉带队，与中国农业发展银行组成联合调研组，赴黑龙江开展脱贫攻坚督查，形成督查报告并报送国务院扶贫开发工作领导小组。配合全国政协开展“少数民族地区精准扶贫”特邀常委视察团赴河南、宁夏开展精准扶贫调研活动。国家民委党组召开专题会议，研究部署落实《关于支持深度贫困地区脱贫攻坚的实施意见》工作，组织开展对深度贫困地区特别是四省藏区脱贫攻坚情况调研，召开专家学者座谈会，研究提出支持“三区三州”打好脱贫攻坚战的意见建议，当好参谋助手。召开“全国民族自治县全面建成小康社会经验交流现场会”，交流学习先进发展理念和经验，研讨先富帮后富、决胜全面小康、实现共同富裕的思路和举措。配合国家发展和改革委员会落实支持凉山、怒江、临夏三州加快全面建成小康的政策措施，协调解决三州发展中的重大问题和事项。5月，召开国家民委定点扶贫工作领导小组全体会议，研究部署2018年定点扶贫工作。11月，在贵州省铜仁市召开武陵山片区区域发展与脱贫攻坚试点联系工作领导小组全体会议，深入总结武陵山片区脱贫攻坚取得的成效和经验，协调各成员单位和片区四省区加大对武陵山片区支持力度，印发《支持武陵山片区打赢脱贫攻坚战未来三年办实事清单》和《各成员单位对武陵山片区提出需要支持事项的答复意见》，为片区办实事，解难题。11月，在湖南省湘西土家族苗族自治州召开少数民族特色村镇建设助推精准扶贫现场会，推动少数民族特色村镇保护发展与乡村振兴战略融合，与打赢脱贫攻坚战相结合，与生态文明建设相结合，助力民族地区如期脱贫奔小康。研究印发《国家民委关于进一步加强深度贫困民族地区脱贫攻坚工作的通知》，从经济发展、文化教育、民族团结、干部人才等方面提出了10条支持深度贫困民族地区脱贫攻坚的举措，各地民委深入贯彻落实通知精神，采取更加精准有力的帮扶举措，助力民族地区打好精准脱贫攻坚战。

【扶贫专项规划】 会同有关部门实施《兴边富民行动“十三五”规划》，赴边境省区开展调研，研究推进国家优惠政策和民生项目向边疆贫困民族地区倾斜。边境地区已有44个县（旗）、乡镇（街道）、村（社区、嘎查）等被评为全国民族团结进步创建示范区（单位），有4000多个“爱民固边模范村”，民族团结和边防巩固的社会基础更加坚实巩固。

贯彻落实《“十三五”促进民族地区和人口较少民族发展规划》，推进人口较少民族整族整村精准脱贫和“直过民族”脱贫攻坚。对人口较少民族聚居的建档立卡贫困村，在资金分配、项目安排等方面加大扶持力度，推进人口较少民族整族整村精准脱贫。会同有关部门支持云南省实施《云南省全面打赢“直过民族”脱贫攻坚战行动计划（2016—2020年）》，配合财政部、教育部、国家语言文字工作委员会支持云南省开展“直过民族”聚居区普及国家通用语言工作。在云南省分民族制定帮扶方案，动员大型企业集团结对帮扶包括人口较少民族在内的“直过民族”，组织协同中国长江三峡集团有限公司、中国华能集团有限公司、中国大唐集团有限公司等5家企业对口帮扶布朗族、阿昌族、怒族、普米族、景颇族、拉祜族、佤族、傈僳族8个少数民族，形成“一个民族一个行动计划”“一个民族一个集团帮扶”的具有云南特色的脱贫攻坚模式。配合交通运输部对云南“直过民族”地区沿边地区较大人口规模自然村通硬化路建设制定专项规划，给予资金支持。

积极稳妥地推进少数民族特色村镇保护与发展工作，涌现出一批民居特色鲜明、人居环境优美、产业支撑有力、民族文化浓郁、民族关系和谐的少数民族特色村镇，在推进少数民族特色村镇建设的过程中，优先将贫困民族地区具备条件的村镇纳入支持范围，重点支持特色产业发展，提高贫困群众收入。全国实施少数民族特色村镇建设项目2000多个，国家民委挂牌的“中国少数民族特色村寨”1057个，直接受益人口近百万人，在地域分布上覆盖了大多数民族地区。通过少数民族特色村镇建设助推精准扶贫，少数民族贫困地区农村贫困人口大幅减少、经济全面发展、基础设施改善、社会事业不断进步、群众收入水平逐年提高，民族地区脱贫攻坚效果显著。

【对口支援】 协调东中部21个省市民族工作部门以推进边疆民族地区脱贫攻坚为重点，开展全国民委系统对口支援西藏新疆工作。对口援助省市民委系统投入自有资金及实物并带动企业和其他社会力量参与对口支援，协调当地企业吸收受援地少数民族群众就业增收脱贫，加大人才培训和双向挂职锻炼力度，为西藏新疆民委系统培训各类人才。2013年以来对口支援赣南等原中央苏区江西省乐安县振兴发展，累计投入各类资金1000多万元支持乐安县精准脱贫项目。在民族文化宫成功举办电影《董春女》启动仪式、《千古第一村——流坑图片展》等活动，支持乐安县民族文化事业发展。

【片区脱贫攻坚】 协调有关部门和地方加大对武陵山片区脱贫攻坚的支持力度，帮助片区4省市解决地方发展中急需解决的重大项目和资金问题。举办国家民委第5期派驻武陵山片区联络员培训班，向片区派驻79名司处级联络员，加强对片区脱贫攻坚工作的联络和指导。会同武陵山片区4省市共同推进武陵山片区开发性金融扶贫和旅游减贫致富与协同发展，开展“互联网+多彩民族”网络扶贫，举办第221期武陵山片区基层民族工作干部和第222期人口较少民族地区香港工商业研讨班，提高基层干部精准扶贫工作能力。委属6所高校立足学校资源优势，开展校地合作，多措并举支持片区发展。武陵山片区有41个全国民族团结进步创建示范区（单位），6个全国民族团结进步教育基地，有力促进了片区各民族交往交流交融。

【社会扶贫】 国家民委印发《关于转发〈国务院扶贫开发领导小组关于广泛引导和动员社会组织参与脱贫攻坚的通知〉的通知》，动员和支持委管社会组织积极探索参与脱贫攻坚的工作方式、途径和有效措施。组织国家民委派驻武陵山片区联络员和定点扶贫、对口支援县（旗）挂职干部报送优质农产品信息和动员组织委属高校等直属各单位与扶贫点建立食材采购关系。积极推动国家民贸民品政策惠及定点扶贫县（旗）的群众，引导定点扶贫县（旗）民贸民品企业参与脱贫攻坚。德保县6家民贸民品企业通过扶持产业、吸收就业、捐赠设备和慰问困难群众等形式吸纳建档立卡贫困户110余人就业，促进贫困人口就业增收脱贫。委机关组织委属单位支持贫困地区农产品进食堂，为贫困地区和定点扶贫单位销售农产品牵线搭桥，全年共购买农产品180.19万元，帮助贫困地区销售农产品2123.64万元。

【扶志扶智】 充分发挥民族工作部门熟悉少数民族风俗习惯的优势，注重扶贫与扶志、扶智相结合，通过组织“三区三州”少数民族精准脱贫参观团，举办全国边境地区脱贫攻坚专题研究班、民族工作部门干部出国（境）培训班方式，为深度贫困地区培养一支作风优良、能打硬仗的本土人才干部队伍。大力宣传基层一线精准脱贫的生动实践和典型人物事迹，突出反映各族群众的获得感，教育和引导少数民族贫困群众开展移风易俗，提倡科学健康文明的生活方式，激发贫困群众内生动力，增强脱贫致富本领。

【定点扶贫】 参加中央国家机关定点扶贫工作成果展，以9个部分、52张图片等组成的展板全面展示国家民委开展定点扶贫工作28年来工作进程、主要做法和取得的成效。从委机关选派优秀青年干部到定点扶贫县（旗）挂职和任驻村第一书记。1月，国家民族事务委员会党组副书记、副主任刘慧赴德保县开展春节扶贫慰问调研。7月，国家民委专职委员张京泽赴巴林右旗开展定点扶贫工作督查调研。11月，国家民族事务委员会主任巴特尔赴德保县进行调研指导。其他司局级领导先后8次赴定点扶贫县（旗）调研考察，看望慰问挂职干部和贫困户，听取意见建议。创新帮扶方式，支持定点扶贫县（旗）开展民族文化体育交流和民族团结进步创建活动。组织以清华大学第一附属医院医生为主的医疗队，赴定点扶贫县（旗）开展“中华一家亲”卫生下基层活动，义诊928人次，培训医护人员22人。2018年，国家民委办公厅史睿获得“中央和国家机关扶贫攻坚先进个人奖”。

（国家民族事务委员会　武英奇）

民政部扶贫

【概述】 2018年，民政部党组高度重视脱贫攻坚学习工作，部党组书记、部长黄树贤召开14次会议，传达学习习近平总书记关于脱贫攻坚的重要论述精神和中央部署，召开2次专题学习会和民政工作推进会，细化压实民政领域脱贫攻坚责任，研究部署民政领域脱贫攻坚工作。印发《扶贫工作领导小组职责》，调整部扶贫工作领导小组成员单位和职责分工；制定《民政部扶贫工作领导小组2018年工作要点》，细化工作任务，明确工作重点，压实工作责任。

2018年，民政部印发《贯彻落实〈中共中央　国务院关于打赢脱贫攻坚战三年行动的指导意见〉行动方案》，对民政系统未来三年脱贫攻坚工作作出总体部署。加大社会救助兜底保障力度，积极引导和动员社会组织、社会工作和志愿服务力量参与脱贫攻坚，加强贫困地区农村留守老年人、留守儿童、困境儿童、残疾人关爱保护，指导贫困地区农村基层政权建设、行政区划调整，加大对定点扶贫县和罗霄山片区帮扶力度，扎实推动民政领域脱贫攻坚各项工作有序进行。

【社会救助兜底保障】 民政部会同财政部、国务院扶贫办出台《关于在脱贫攻坚三年行动中切实做好社会救助兜底保障工作的实施意见》，召开全国民政系统打赢脱贫攻坚战三年行动电视电话会议，部署各地完善农村低保制度，更好发挥社会救助在脱贫攻坚中的兜底保障作用。举办统筹城乡社会救助体系建设专题研究班、社会救助综合改革试点培训班、特困人员救助供养培训班、社会救助兜底保障工作座谈会等，加强对各地社会救助兜底保障工作的指导。截至2018年底，全国1813万（已脱贫1225万人、未脱贫588万人）建档立卡贫困人口纳入农村低保或特困人员救助供养范围。

【深度贫困地区脱贫攻坚】 2018年4月，民政部印发《关于推进深度贫困地区民政领域脱贫攻坚工作的意见》，从农村低保制度与扶贫开发政策有效衔接、落实残疾人福利保障政策等7个方面对各地民政部门提出具体要求，并要求在政策、资金、项目、人才等方面对深度贫困地区倾斜支持。民政部在会同财政部分配中央财攻困难群众救助补助资金时，将深度贫困地区作为单独因素纳入分配指标，加大对深度贫困地区资金倾斜支持力度。10月，民政部联合国家发展和改革委员会、国务院扶贫办印发《深度贫困地区特困人员供养服务设施（敬老院）建设改造行动计划》，要求进一步加大中央预算内投资支持力度，发挥地方政府主体责任，全面改善深度贫困地区供养服务设施条件。民政部在分配中央预算内投资和民政部彩票公益金时，综合考虑各地财力困难系数、贫困地区特殊情况等因素，重点向深度贫困地区倾斜；加强对深度贫困地区民政基础设施建设项目储备、资金申报、项目实施的指导和监管，推动项目加快建设进度，早日投入使用。

【社会组织参与脱贫攻坚】 2018年，民政部加大中央财政对社会组织参与社会服务项目支持力度，向"三区三州"等深度贫困地区所在省区立项158个，项目资金5755万元。从登记管理机关职能出发，加强与国务院扶贫办、农业农村部、卫生健康委员会等有关业务主管单位和行业管理部门沟通，充分发挥其业务指导作用，积极推动社会组织参与专业扶贫。组织5场社会组织参与深度贫困地区脱贫攻坚动员会，号召全国社会组织积极参与“三区三州”等深度贫困地区脱贫攻坚。制定《引导社会组织参与“三区三州”等深度贫困地区脱贫攻坚的工作方案》，加强深度贫困地区扶贫需求和社会组织对接。在四川省凉山彝族自治州、新疆和田和云南昭通开展3期社会组织培训，近300家社会组织参加培训，与深度贫困地区30多个部门和19个深度贫困县进行对接。加大对社会组织参与脱贫攻坚先进事迹、先进人物宣传力度，营造社会组织广泛参与脱贫攻坚的氛围。组织开展第十届“中华慈善奖”评选表彰，重点表彰扶贫济困领域作出突出贡献的个人、单位、慈善项目（慈善信托）。举办第六届中国公益慈善项目交流展示会，重点介绍195个贫困地区扶贫项目和312种消费扶贫产品，49个扶贫项目实现资源对接，对接金额约130亿元。

【社会工作力量和志愿服务扶贫】 2018年4月，民政部印发《关于做好2018年“边远贫困地区、边疆民族地区和革命老区”社会工作专业人才支持计划实施工作的通知》，向中西部省份的240多个贫困县（市、区）选派1000名社会工作专业人才，举办5期“三区”计划社会工作实务能力提升培训班。实施社会工作服务机构牵手计划和社会工作教育对口扶贫计划，协调指导30个省份的332对机构牵手帮扶，引导202家高校对口支援118个贫困县开展社会工作教育。5月，民政部办公厅印发《关于深入开展脱贫攻坚志愿服务宣传展示活动的通知》，采用多种方式宣传各地、各领域脱贫攻坚志愿服务典型项目、案例、事迹。主动与15个中央有关部门沟通，共同推进脱贫攻坚志愿服务。

【贫困地区农村基层政权建设】 2018年4月，民政部印发《关于贯彻落实〈中共中央　国务院关于开展扫黑除恶专项斗争的通知〉的意见》，防范涉黑涉恶势力插手把持贫困地区村级事务。会同中央组织部等6部门，研究起草关于加强村规民约工作的指导意见，推动贫困地区改进村规民约工作，引导村民破陋习、讲文明、树新风，努力防范因婚致贫、因丧致贫。举办新疆、西藏和四省藏区、脱贫攻坚重点区域乡镇政府服务能力建设示范培训班，加强对脱贫攻坚重点区域工作指导。指导河南嵩县、贵州贵定等地开展全国农村社区治理实验区建设，建立健全脱贫攻坚与乡村治理协同推进机制。举办第六届全国“村官大讲堂”，联合中央组织部召开部分省区市村和社区“两委”换届工作座谈会，指导贫困地区严把村委会成员候选人的政治关、素质关、结构关，帮助提升村干部脱贫攻坚工作本领。指导贫困地区建立健全村级事务议事协商办法，加强村务监督委员会建设和村级档案管理，持续深化村务公开，探索基层政府政务公开与村务公开有效衔接形式，保障村民对惠民资金使用、土地确权分配、征地拆迁补偿等情况的知情权、参与权和监督权。加强乡镇政府服务能力建设，指导22个脱贫攻坚任务重的省份全面部署开展相关工作。2次召开会议部署推进婚丧礼俗改革，加大对深度贫困地区殡葬设施建设经费倾斜力度，推动贫困地区移风易俗，切实减轻农村贫困家庭负担。

【农村留守老年人和残疾人关爱】 指导各地贯彻落实《关于加强农村留守老年人关爱服务工作的意见》，强化家庭在赡养和关爱服务中的主体责任，发挥村民委员会在关爱服务中的权益保障作用，促进社会力量参与。截至2018年底，包括集中连片困难地区13个省份和“三区三州”深度贫困地区所在省份在内的19个省份出台配套政策。推动各地建立高龄津贴、经济困难老年人的养老服务补贴和护理补贴制度，高龄津贴制度实现省级全覆盖，服务补贴和护理补贴制度分别覆盖 30 个、29 个省份。指导各地贯彻落实《国务院关于全面建立困难残疾人生活补贴和重度残疾人护理补贴制度的意见》，实施困难残疾人生活补贴和重度残疾人护理补贴制度。截至 2018 年底，包括深度贫困地区在内的全国所有县（市、区）全部建立残疾人两项补贴制度。

【农村留守儿童和困境儿童关爱保护】 2018 年，民政部建立农村留守儿童关爱保护和困境儿童保障工作部际联席会议制度，并召开第一次全体会议，指导各地运行全国农村留守儿童和困境儿童信息管理系统，采集录入更新农村留守儿童和困境儿童基本信息。继续安排民政部本级福利彩票公益金 1 亿元支持中西部地区未成年人救助保护设施建设，加强贫困地区儿童基层能力建设。举办深度贫困地区农村留守儿童关爱保护和困境儿童保障培训班，指导各地配备儿童督导员 4.5 万名，儿童主任 61.5 万名，加强贫困地区家庭监护教育引导，推动开展农村留守儿童定期探访。民政部会同中国建筑集团有限公司组织开展农村留守儿童关爱保护“百场宣讲进工地”活动，惠及 3 万多名外出务工人员及其家庭。

【调整贫困地区行政区划设置】 2018 年，积极支持贫困地区优化行政区划设置，审核报批扶贫任务重的省份行政调整事项 19 件，解决贫困地区中小城市和小城镇设置滞后、中心城市市辖区规模结构不合理等问题，助力脱贫攻坚。

【片区扶贫攻坚】 2018 年，民政部加大片区扶贫协调力度，牵头协调的罗霄山片区 23 个县中，7 个县脱贫摘帽，12 个县提交退出贫困县申请。4 月，民政部在湖南省茶陵县召开第六次罗霄山片区区域发展与脱贫攻坚部际联席会议，对各成员单位扎实做好罗霄山片区脱贫攻坚工作做出部署。9 月，民政部印发《对口支援兴国县振兴发展三年行动计划》，进一步完善和健全对口支援工作机制和沟通协商机制。

【民政基础设施资金投入】 2018 年，民政部会同国家发展和改革委员会、财政部等部门，安排中央预算内投资 43 亿元，补助地方彩票公益金 28.97 亿元，支持各地养老服务、社会福利、殡葬服务等民政基础设施建设，提升民政工作的保障能力和服务水平。

【扶贫宣传】 2018 年，民政部积极发挥政务信息交流和宣传舆论引导作用，及时向中共中央、国务院报送民政部脱贫攻坚工作进展成效、问题和建议等政务信息 25 期；及时编撰各地在脱贫攻坚中的经验做法 29 期，向全国民政系统推广交流；通过召开新闻发布会、协调媒体报道、发表署名文章等多种形式，加强民政领域脱贫攻坚政策文件解读工作；《中国社会报》《中国民政》杂志、部门户网站等部属媒体全方位做好脱贫攻坚新闻报道；充分发挥民政部门户网站、政务微博、政务微信等新媒体特点优势，宣传报道脱贫攻坚生动实践，其中，部门户网站推出“坚决打赢脱贫攻坚战”“2018 脱贫攻坚　志愿服务在行动”“慈善聚焦精准扶贫　携手共创美好生活”等系列专题报道。部政务微博、微信推出“脱贫攻坚看民政”栏目，运用图片、视频、动画等公众喜闻乐见的形式，对民政在强化低保等社会救助兜底保障工作方面成效，基层民政工作者参与脱贫攻坚先进事迹以及地方精准扶贫、精准脱贫典型经验等方面进行了宣传报道。部政务微博、微信分别发布相关报道 116 条、124 条。部政务微博持续优化“脱贫攻坚战　民政在行动”微话题，畅通互动交流渠道，相关话题阅读量超过 50 万人次。

【挂职干部扶贫】 2018 年 9 月，民政部党组制定出台《关于进一步激励广大干部新时代新担当新作为的意见》，将扶贫挂职作为培养锻炼干部的重要手段，坚持在脱贫攻坚中培养、发现和考察干部。2018 年，9 名司处级干部参与各种形式的脱贫攻坚挂职，有力推动挂职地脱贫攻坚工作的开展。

民政部选派的北京社会管理职业学院副教授、江西省遂川县七岭村第一书记赵康，被中央和国家机关工委评为“中央和国家机关脱贫攻坚优秀个人”。

【民政领域扶贫作风问题专项治理】 2018 年 4 月，民政部党组、中央纪委国家监委驻民政部纪检监察组联合部署，利用 3 年时间在全国开展农村低保专项治理工作，集中整治农村低保经办中的腐败和作风问题。截至 2018 年底，全国 31 个省区市民政部门均成立农村低保专项治理工作领导小组，因地制宜制定本地区工作方案，29 个省份召开专题会议或培训进行安排部署，各地序时更新专项治理工作台账 124 件次，开设低保信息公开网址 2592 个，设立投诉举报热线 2910 个。

【定点扶贫】 2018 年，民政部领导 2 次带队赴江西省遂川县、莲花县调研脱贫攻坚中存在问题和困难，积极协调相关部门在政策、资金和项目等方面加大对两县支持力度。向两县投入帮扶资金 21957.4 万元，为两县引进帮扶资金 13033 万元。动员民政部直管 48 家社会组织赴两县对接当地政府，采取安老助孤、帮残助学、产业发展等多种方式，支援两县脱贫攻坚项目落地资金计 5000 余万元。截至 2018 年底，遂川县、莲花县贫困发生率分别下降到 0.95%、0.96%。民政部机关干部职工和中国社会福利基金会捐款捐赠 100 万元，分别资助遂川、莲花和兴国县的 10 个乡（镇）100 个贫困村 1000 户贫困家庭每户 1000 元。民政部下属北京中彩印制有限公司向莲花县重点贫困村屋场村捐助 40 万元，建设沙江河“福彩连心桥”及水利生态工程。

（民政部　张晶婧）

财政部扶贫

【概述】 2018年，财政部深入学习领会习近平总书记关于扶贫工作的重要论述，认真贯彻落实中共中央、国务院关于脱贫攻坚的决策部署，始终把脱贫攻坚摆在财政工作突出位置，切实履行好脱贫攻坚政治责任，不断提升财政扶贫开发水平，全力支持打赢脱贫攻坚战。

【扶贫资金投入】 中央财政继续把脱贫攻坚摆在优先位置，加大对贫困地区的一般性转移支付力度，引导相关专项转移支付向贫困地区和贫困人口倾斜。一是加大对贫困地区的转移支付力度。加大对老少边穷地区支持力度，2018年分别切块下达有关地区革命老区转移支付、民族地区转移支付、边境地区转移支付110.6亿元、770.9亿元、200.4亿元。二是持续大幅增加财政专项扶贫资金规模，2018年中央财政专项扶贫资金规模达到1061亿元，较2017年增长23.2%，实现连续三年保持200亿元增量。三是安排专项彩票公益金20亿元用于支持贫困革命老区小型生产性公益设施建设，帮助贫困革命老区加快脱贫攻坚步伐。四是在核定2018年分地区地方政府债务新增限额时，明确要求各地优化债务资金支持重点，安排债务资金1090.8亿元用于支持脱贫攻坚。五是指导督促东部地区继续做好东西部扶贫协作工作。

【深度贫困地区脱贫攻坚】 2018年安排"三区三州"专项扶贫资金120亿元，占当年专项扶贫资金增量的60%，同时要求"三区三州"所属省份，切实优化资金投向结构，加大对"三区三州"的倾斜支持力度，避免资金投入上的"挤出效应"。

【贫困县涉农资金整合试点】 继续将贫困县涉农资金整合试点作为强化资金投入保障的重点工作，印发《关于2017年贫困县涉农资金整合试点工作推进情况的通报》和《关于做好2018年贫困县涉农资金整合试点工作的通知》，对进一步抓好整合试点提出明确要求，推动试点深入有序开展。截至2018年12月底，全国832个贫困县实际整合涉农资金3277.6亿元。

【引导社会力量扶贫】 印发《财政部关于贯彻落实支持脱贫攻坚税收政策的通知》，系统梳理了支持脱贫攻坚的各项税收政策。联合国家税务总局印发《关于公益性捐赠支出企业所得税税前结转扣除有关政策的通知》，明确企业用于包括扶贫在内的慈善活动和公益事业捐赠支出，符合相关政策规定的准予结转三年扣除。完善对金融扶贫、小微企业、重点群体创业就业的税收优惠政策，鼓励金融机构参与脱贫攻坚、小微企业带动创业就业。

【产业扶贫】 通过农业生产发展资金、农业资源及保护补助资金、土地整治工作专项资金、农业综合开发补助资金、农村综合改革转移支付资金等渠道，支持贫困地区因地制宜统筹用于发展优势特色产业，加强农田基础设施建设，强化农业生态资源保护。协同推进生态扶贫工作，支持贫困群众通过护林员等公益岗位增收，在保护好生态环境的基础上，利用生态资源加快旅游等产业发展。

【教育扶贫】 2018年，在分配下达教育相关转移支付时，重点向深度贫困地区倾斜，其中新增安排"三区三州"教育脱贫攻坚资金 30 亿元。积极支持农村义务教育，安排 360.5 亿元支持地方全面改善贫困地区薄弱学校基本办学条件；支持地方稳步推进贫困地区农村义务教育阶段学生营养改善计划。安排学生资助资金 357 亿元，落实完善普通高中、中职、高校家庭经济困难学生国家资助政策。

【健康扶贫】 2018 年，城乡居民医保政府补助标准提高到每人每年 490 元，着力推动提高农村贫困人口基本医疗保障水平。中央财政安排补助资金 240 亿元用于城乡医疗救助投入，着力增强托底保障能力，资金分配向脱贫攻坚任务较重省份和深度贫困地区倾斜。对贫困人口参加新型农村合作医疗个人缴费部分由财政给予补贴，将贫困人口全部纳入重特大疾病医疗救助范围。

【社会保障】 加强农村低保制度与扶贫开发政策衔接，2018 年，中央财政安排困难群众救助补助资金 1401 亿元，支持各地统筹做好贫困户政策性兜底保障，资金分配重点向贫困程度深的地区倾斜。下达农村危房改造补助资金 266 亿元，将“三区三州”四类重点对象存量危房改造任务一次性全部安排，并增加深度贫困地区任务因素，提高对深度贫困地区省份的户均补助水平。

【基础设施建设】 2018 年中央基建投资预算安排支持脱贫攻坚资金 992 亿元，重点支持易地扶贫搬迁工程、以工代赈示范工程、农村扶贫公路、农村电网改造升级、农村饮水安全巩固提升等项目。截至 2018 年 10 月底，累计安排贫困地区车辆购置税收入补助地方资金 2144 亿元，支持贫困地区改善交通条件。安排地方水利发展资金 660.75 亿元，支持各地有关水利建设，资金分配时包括 20% 权重的政策因素，主要向贫困县、革命老区县、民族县、边境县倾斜。单独设立光伏扶贫补贴目录，2018 年下达补助资金 48.6 亿元，惠及贫困户 96.5 万户。

【易地扶贫搬迁】 贯彻落实中共十九大关于打好三大攻坚战的决策部署和中共中央总书记习近平在第五次全国金融工作会议上的重要讲话精神，针对部分地区易地扶贫搬迁融资中出现的新情况、新问题，联合相关部门印发《关于调整规范易地扶贫搬迁融资方式的通知》，将易地扶贫搬迁贷款融资统一调整规范为发行地方政府债券融资。

【金融扶贫】 2018 年，中央财政拨付普惠金融发展专项资金 100 亿元，部分用于对全国 832 个贫困县个人创业担保贷款的三年全额贴息支持。2018 年 8 月，部署开展三大粮食作物完全成本保险和收入保险试点，支持有条件的地区对建档立卡贫困户自缴部分保费给予减免。规范 PPP 的发展，示范项目评审时优先支持贫困地区符合条件项目，第四批 PPP 示范项目分布在连片特困地区的有 68 个，占比 17.2%。截至 2018 年 9 月底，全国 832 个贫困县入库项目投资额 1.2 万亿元。

【扶贫资金管理】 制定印发《财政部关于全面加强脱贫攻坚期内各级各类扶贫资金管理的意见》，建立“1+4”的扶贫资金管理机制。“1”即围绕全面加强各级各类扶贫资金管理这个中心任务，进一步理顺各级各类扶贫资金管理体系，确定扶贫资金总台账并强化管理。“4”就是 4 方面的主要措施：一是探索建立财政扶贫资金动态监控机制。将探索建立动态监控机制作为提升扶贫资金监管水平的重要抓手。以预算编制为源头，以绩效目标为依据，以支付环节为依托，整合信息系统资源，运用现代信息技术，针对纳入总台账的 42 项中央财政扶贫资金，研究建立财政扶贫资金动态监控体系，取得阶段性进展。二是部署实施扶贫项目资金全面绩效管理。制定《扶贫项目资金绩效管理办法》，要求建立扶贫项目资金“花钱必问效、无效必问责”的绩效理念，特别是资金使用部门要承担起绩效主体责任，对扶贫项目资金管理各环节实施全流程跟踪，做到预算“编制有目标、执行有监控、事后有评价、结果有应用”。三是建立完善扶贫资金项目公开公示制度。配合国务院扶贫办印发《关于完善扶贫资金项目公告公示制度的指导意见》，督促地方按照“两个一律”公开的要求，公开扶贫项目资金使用管理情况，自觉接受群众和社会监督。同时，在财政部门户网站设立“扶贫资金政策专栏”，结合公众号等新媒体，专题公开有关扶贫政策、中央财政各项扶贫资金分配结果及地方财政支持脱贫攻坚的经验做法。四是做好扶贫资金日常监管和专项核查。不定期组织地方财政部门和专员办开展财政支持脱贫攻坚政策落实情况专项核查，加强对各级各类扶贫资金的日常监管，依法处理检查发现的各类违规违法问题。督促各地抓好 2017 年脱贫攻坚成效考核、专项扶贫资金绩效评价发现问题整改，举一反三、完善制度，并组织开展“回头看”调研。积极配合纪检监察、审计等部门开展的扶贫领域监督检查工作，支持民主党派中央开展脱贫攻坚民主监督。

【定点扶贫】 2018 年，财政部定点帮扶湖南省平江县和云南省永胜县，坚持把定点扶贫工作作为财政扶贫重点工作，与其他脱贫攻坚工作统筹推进。部定点扶贫工作领导小组先后 5 次召开会议专题研究定点扶贫工作，完善工作机制，充实成员单位。财政部部长刘昆等负责同志先后带队赴定点扶贫县考察调研，了解脱贫进展情况，加强工作指导。同时，按照尽锐出战的要求，增派扶贫挂职干部和驻村第一书记，加大政策支持力度，分类制定帮扶举措，帮助两个定点县培育特色产业、劳务输出就业、加强技能培训、开展干部培训、吸引社会力量帮扶。发挥党建引领作用，部内 10 个单位党组织结对帮扶定点扶贫县 10 个村级党组织，帮助建强村级组织班子，通过结对帮扶帮助贫困村脱贫。经过多年努力，定点帮扶的平江县顺利脱贫摘帽。

（财政部农业司扶贫处　朱山涛）

人力资源和社会保障部扶贫

【概述】 2018年，人力资源和社会保障部认真学习贯彻习近平总书记关于扶贫工作的重要论述，坚决贯彻落实中共中央打赢脱贫攻坚战决策部署，立足职能职责，不断加大就业创业、技能培训、社会保险、人才人事、定点扶贫工作力度，为打赢脱贫攻坚战作出积极贡献。

【就业扶贫】 人力资源和社会保障部会同财政部印发《关于进一步加大就业扶贫政策支持力度，着力提高劳务组织化程度的通知》，围绕扶贫车间吸纳、创业带动就业、有组织劳务输出、公益性岗位安置四条渠道提出一系列扶持政策。为扶贫车间吸纳就业提供以工代训职业培训补贴，为返乡创业者提供创业担保贷款、一次性创业补贴等，为参加有组织劳务输出给予一次性求职补贴，对难以就业的通过公益性岗位安置给予公益性岗位补贴。印发《关于深入推进扶贫劳务协作提升劳务组织化程度的通知》，明确输出地主体责任、输入地帮扶责任，督促各地制定劳务协作实施方案，定期调度工作进展。在全国范围内征集一批劳务品牌，在中国就业网开辟专栏加强品牌宣传推广，征集就业扶贫岗位信息，动员企业接收有组织劳务输出的贫困劳动力。开展人力资源服务机构助力脱贫攻坚行动，引导经营性人力资源服务机构积极参与有组织劳务输出等各项就业扶贫工作。指导地方加强扶贫车间、社区工厂、就业驿站、卫星工厂等就业扶贫载体建设，促进贫困劳动力就地就近就业。加强创业孵化基地、创业园建设，支持农民工、大学生、退役军人及创富带头人返乡下乡创业带动就业脱贫。统筹利用就业补助资金开发公益性岗位，积极协调林业草原等公益性岗位资源，安置就业困难的贫困劳动力。健全公共就业服务体系，开展针对性的职业指导、职业介绍，加强跟踪服务，调动贫困劳动力就业积极性。在全国助残日、全国扶贫日组织开展专项帮扶活动，集中为农村贫困残疾人、建档立卡贫困劳动力送政策、送岗位、送信息。面向全国征集职业指导师，为“三区三州”提供就业服务与支持，组织开展第七届中央企业面向西藏、青海、新疆高校毕业生专场活动，举办“全国高校毕业生就业服务周凉山州专场招聘会”。截至2018年底，各地帮扶贫困劳动力实现就业988万人，2018年新增388万人。

【技能扶贫】 人力资源和社会保障部完善政策措施，印发《关于开展深度贫困地区技能扶贫行动的通知》，推动将适合建档立卡贫困劳动力就业和劳务输出（入）的职业（工种）纳入本地区重点产业职业需求指导目录。印发《关于进一步加大就业扶贫政策支持力度着力提高劳务组织化程度的通知》，明确以工代训的职业培训补贴办法，对建档立卡贫困劳动力在培训期间给予生活费补贴。印发《关于开展专项职业能力考核规范审核备案工作的通知》，受理专项职业能力考核规范审核备案申请，为贫困人员参加专项职业能力培训考核提供支持。加大职业培训力度，支持西藏、新疆、四省藏区、东北地区及内蒙古举办5期创业师资培训班，培训学员约300人。开展农民工职业技能提升计划、农民工等人员返乡创业培训五年行动计划、离校未就业高校毕业生技能就业行动等，对贫困人口参加培训予以倾斜。指导各地引导职业院校、企业和职业培训机构大力开展订单式培训、定向培训、定岗培训。2018 年，各级人社部门开展贫困劳动力职业技能培训 200 万人次。开展技能脱贫千校行动，印发《关于做好 2018 年技工院校招生工作的通知》《关于进一步做好技工院校建档立卡贫困家庭学生资助工作的通知》。2018 年全国技工院校招收贫困家庭学生 6.42 万人，开展贫困劳动力职业培训 14.94 万人次。开展 2018 年度劳动出版“技能雏鹰”奖学金评选工作，适度向贫困地区倾斜。开展技工院校师资能力提升活动，在江西宁都等地共培训教学管理人员、教师约 350 人。与国务院扶贫办共同开展深度贫困地区技能扶贫行动，指导各地以“三区三州”等深度贫困地区贫困劳动力为重点帮扶对象开展精准培训。在云南省迪庆藏族自治州维西县举办技能扶贫培训班，培训贫困劳动力 150 名。支持“三区三州”技工院校发展，指导相关地区开展南疆四地州技工院校帮扶工作和西藏技师学院筹建工作。加强技能扶贫宣传，组织 7 支世界技能大赛先进事迹巡回报告团深入 28 个地级市和 14 个贫困县举办报告会 43 场，宣传技能成才典型。在中央人民广播电台推出“技能脱贫”“技能成才”“技能脱贫千校行动”等主题整点报时。在中国就业网、中国就业培训技术指导中心网、中国就业创业公众号以专题专版形式，集中宣传各地就业、培训、职业技能鉴定领域的扶贫工作动态。

【社会保险扶贫】 人力资源和社会保障部落实《关于切实做好社会保险扶贫工作的意见》，为未脱贫建档立卡贫困人口、低保对象、特困人员等代缴部分或全部最低标准城乡居民养老保险费。2018 年享受代缴保费的贫困人口 2741 万人，全国 60 岁以上享受城乡居民养老保险待遇的贫困老年居民 2195 万人。推动建档立卡贫困人口应保尽保。印发《关于加快实现贫困人员城乡居民基本养老保险应保尽保的通知》，将年满 60 周岁、未领取国家规定的基本养老保险待遇的贫困人员，纳入城乡居民基本养老保险制度，按月发放养老金。与国务院扶贫办签订《社保扶贫信息共享合作协议》，定期交换建档立卡贫困户和贫困人员信息，将建档立卡贫困人员基础数据下发至五级社保经办机构，通过信息系统比对筛选未参保贫困人员名单，将人员明细下发至县，进一步核实基数。2018 年，“三区三州”44.37 万未脱贫贫困老人享受城乡居民养老保险待遇。使用失业保险基金支持脱贫攻坚。印发《关于使用失业保险基金支持脱贫攻坚的通知》，提出针对深度贫困地区，将失业保险金标准上调至最低工资标准的 90%，将稳岗补贴标准提高到上年度实际缴纳失业保险费总额的 60%，将技能提升补贴申领条件由累计参保缴费满三年放宽至满一年。截至 2018 年底，全国 23 个涉及深度贫困地区扶贫任务的省份全部出台实施意见。推进工伤保险扶贫工作。加强工伤预防，将农民工和贫困劳动力较为集中的高危行业企业作为工伤预防宣传、培训的重点。将贫困劳动力较为集中的职业人群纳入制度保障，推进农民工和贫困劳动力按项目参加工伤保险，截至 2018 年末，全国新开工工程建设项目参保率为 99.03%，在建项目参保率 99.15%。建立完善合理的待遇调整机制，推进工伤认定和劳动能力鉴定便民化服务，保障工伤职工基本医疗和生活待遇，防范工伤职工因伤致贫返贫。

【人才人事扶贫】 人力资源和社会保障部做好贫困地区事业单位公开招聘工作。指导各地落实艰苦边远地区县乡事业单位公开招聘政策，各地适当放宽年龄、学历、专业等招聘条件，拓宽招聘渠道，鼓励优秀人才到艰苦边远地区县乡事业单位干事创业。加强贫困地区专业技术人才队伍建设。指导贫困地区推进职称制度改革，对长期在艰苦边远地区和基层一线工作的专业技术人才，适当放宽学历和任职年限要求，侧重考察其实际工作业绩。会同教育部印发《关于做好2018年度中小学教师职称评审工作的通知》，对贫困地区基层中小学教师单独评审、定向使用，适当增加正高级教师指标。配合卫生健康委实施贫困地区全科医生特岗计划。为贫困地区提供人才服务和智力支持。从新疆、西藏各选拔400名、120名专业技术人才骨干进行为期一年的特殊培养和实践学习。组织医疗、农业等领域专家，深入新疆喀什、西藏林芝等地，开展研讨讲学、技术指导等活动。遴选支持服务“三区三州”脱贫攻坚的专家服务基层项目6个，为青海、新疆生产建设兵团各新建1家国家级专家服务基地。深入实施“三支一扶”计划，2018年新增的1000个中央财政补助名额主要用于深度贫困地区。开展“三支一扶”助力脱贫攻坚主题培训，举办27个脱贫攻坚专项培训班。

【人社扶贫信息平台】 人力资源和社会保障部制定人社扶贫信息平台建设方案，人社扶贫信息平台纳入金保二期项目建设。2018年底，完成人社扶贫信息平台的建设和性能优化，开展应用推广工作。与国务院扶贫办建立扶贫信息共享机制，先后签订《社保扶贫信息共享合作协议》《就业扶贫信息共享合作协议》，开展数据比对分析，共形成3期分析报告。不定期对“三区三州”开展有针对性的重点分析，为人社扶贫工作提供支持。

【定点扶贫】 人力资源和社会保障部党组高度重视定点扶贫工作，设立定点扶贫专项组，由部党组成员担任组长，按照精准扶贫工作思路，研究具体帮扶项目，帮助解决实际问题，积极推进定点帮扶山西省天镇县、安徽省金寨县工作。认真完成《中央单位定点扶贫责任书（2018年度）》承诺任务。加大选派定点扶贫干部力度，共选派10名干部组成2个工作队赴山西天镇、安徽金寨。部属各单位和党员干部职工积极筹措扶贫资金，动员社会力量为两县捐资捐物和招商引资。积极开展消费扶贫，利用工会职工福利经费购买两县农产品，动员社会力量引进电商平台。针对基层干部和劳务人员开展培训，累计培训各类人员7700余人。深入定点扶贫县乡镇、贫困村走访座谈，为针对性制定帮扶措施提供依据。检查扶贫政策落实情况，分析困难问题，推动工作落实。开展部属各单位与43个贫困村“一对一”结对帮扶活动。印发《关于选派专业骨干教师赴安徽金寨技师学院开展支教工作的通知》，在原基础上再选派7名扶贫支教教师执行支教任务。帮扶金寨技师学院成为第45届世界技能大赛中国集训基地。加大就业补助资金转移支付力度，开发公益性岗位，推广就业扶贫驿站。协调山西省人社部门投入“天镇保姆”就业培训资金，在大同、北京举办“天镇保姆”推介会。加强师资力量，协调企业捐赠实训设备，帮扶金寨技师学院提档升级。组织专家赴两县就农业种植等问题开展专题讲座、实地指导。安排天镇县5名干部到人力资源和社会保障部挂职锻炼，帮助拓宽视野，提高能力。

（人力资源和社会保障部扶贫办
李三贵）

自然资源部扶贫

【概述】 2018年，自然资源部党组深入学习贯彻习近平总书记关于扶贫工作的重要论述，把脱贫攻坚作为重要政治任务，聚焦“两不愁三保障”目标标准，抓住政策扶贫和对口扶贫两条主线，制定《自然资源部2018年扶贫工作要点》，在深化用地保障、增减挂钩、耕地保护等政策支持和项目资金、技术人才支持方面研究制定行业政策并推动落地生效，持续探索脱贫攻坚与乡村振兴有机结合，加强和改进扶贫工作作风建设，加大定点和片区扶贫力度，全力打好脱贫攻坚战。

【扶贫专项用地保障】 对全国834个深度贫困地区、集中连片特困地区、国家扶贫开发工作重点县，专项安排每县新增建设用地计划600亩。对深度贫困地区实施特殊用地审批政策，涉及农用地转用和土地征收的，在做好补偿安置前提下，可以边建设边报批；涉及占用耕地的，允许边占边补，确实难以落实占优补优、占水田补水田的，可按补改结合方式落实，并按用地审批权限办理用地手续。深度贫困县基础设施、易地扶贫搬迁、民生发展等建设项目，难以避让永久基本农田的，由省级部门办理用地预审。穿越深度贫困县的省级公路，允许占用永久基本农田。属于急需开工建设的控制工期的单体工程，可向自然资源部申请办理先行用地，半年内正式报批用地。

【增减挂钩政策扶贫】 全国28个省区市享受增减挂钩节余指标省域内流转政策，省域内流转15万亩，收益约500亿元。2018年3月，国务院办公厅印发《城乡建设用地增减挂钩节余指标跨省域调剂管理办法》，明确“三区三州”及其他深度贫困县增减挂钩节余指标由国家统筹跨省域调剂使用。下达年度跨省域调剂任务，落实增减挂钩节余指标跨省域调剂办法，增减挂钩节余指标跨省城调剂资金全部用于巩固脱贫攻坚成果和支持实施乡村振兴战略，优先和重点保障产生节余指标深度贫困地区的安置补偿、折旧复垦、基础设施和公共服务设施建设、生态修复、耕地保护、高标准农田建设、农业农村发展建设以及购买易地扶贫搬迁服务等。2018年，8个帮扶省份全部确认完成调剂任务，调剂资金743.78亿元。

【土地整治扶贫】 2018年，自然资源部联合财政部印发《关于进一步做好中央支持土地整治重大工程有关工作的通知》，明确在脱贫攻坚期间，主要支持贫困地区、革命老区和边疆地区实施土地整治重大工程，适当加大中央财政资金支持比例。中央补助资金分配时调增贫困地区分配因素权重，向深度贫困地区和国家扶贫开发重点县倾斜。财政部提前下达2018年土地整治工作专项资金9.4亿元。配合财政部下达甘肃东部和陕西延安治沟造地土地整治重大工程中央财政支持续建资金16亿余元，下达赣州土地整治重大工程项目建设资金2.76亿元，新增支持6省区实施土地整治重大工程中央财政补助资金40.5亿元。

【生态保护修复工程试点】 自然资源部继续推进深度贫困地区山水林田湖草生态保护修复工程建设，开展退耕还林还草工作。会同有关部门根据全国生态安全战略格局安排25个山水林田湖草生态保护修复工程试点，下达年度奖补资金170亿元。在试点选择上向生态环境脆弱的贫困地区倾斜，试点涵盖乌蒙山、祁连山等多个贫困地区。

【地质调查扶贫】　自然资源部实施水文地质调查和饮水示范工程，在“三区三州”等深度贫困地区、赣南老区、乌蒙山等连片特困地区施工探采结合井145眼，探明地下水水源地50处，建设饮水示范工程9处，直接解决近3万人安全饮水难题，可满足20余万人安全饮水需求。聚焦绿色发展，实施能源矿产地质调查。2018年，新发现矿（化）点420处、找矿靶区271处、矿产地70处。在南疆和田地区新发现一批大型超大型矿床，形成火烧云铅锌、大红柳滩锂和玛尔坎苏富锰矿3处大型资源基地，奠定南疆地区矿业开发资源基础。同等条件下对贫困地区新设稀土矿钨矿探矿权、采矿权给予支持，促进贫困地区在保护生态环境的条件下推动资源优势向经济优势转化。发现地质遗迹点600余处，其中国家级16处、省级143处，支撑申报省级以上地质公园8处，建成地质文化村1处。

【产业扶贫】　支持贫困地区发展光伏、旅游等新产业新业态和富硒特色农业产业，建立贫困群众收入稳定增长机制，促进贫困群众稳定脱贫。圈定富硒土地资源270万亩，实现农产品增值、农民增收，近30万贫困区群众受益。基本实现江西省赣州市4县（区）特色农业区1:5万土地质量地球化学调查“全覆盖”，为赣县吉埠镇杨梅基地、兴国县春赐福茶叶基地等25个已有农业基地提供品质提升方案，支持建成于都县梓山产业示范基地、兴国县高多蔬菜示范基地等5处农业示范基地。探索贫困群众稳定收入增长机制，周边贫困户通过收取土地流转租金、入园就业等方式提升收入。结合赣州市赣县区夏潭村实际情况，2018年投入定点扶贫专项资金60万元，扶持发展贫困人口直接受益的蔬菜、甜叶菊大棚项目，建立合作社让贫困群众入股分红，实现稳定脱贫。

在黑龙江省海伦市发展富硒农产品产业，农产品价格提高促进农民增收。2018年11月，海伦市富硒土壤调查成果发布会暨黑土资源开发与保护论坛在哈尔滨市召开。

在海南省琼中黎族苗族自治县（以下简称“琼中县”）改善乡村旅游设施，实施黄牛养殖项目，采取“龙头企业＋村集体＋贫困户”模式，在帮助100余户贫困群众脱贫的同时，助力村级集体经济增收。

【连片特困地区扶贫】　2018年，自然资源部专项安排乌蒙山片区38个片区县每县新增建设用地计划600亩，共2.28万亩。下达四川、贵州、云南等省份城乡建设用地增减挂钩计划指标20.0万亩、8.55万亩、7.57万亩；分别下达四川、贵州、云南等省份增减挂钩节余指标跨省域调剂任务2.55万亩、2.04万亩、3.33万亩。7月，经财政部、农业农村部同意，确定支持云南省乌蒙山贫困地区国土综合整治重大工程、贵州省乌蒙山区域“兴地惠民”土地整治重大工程项目、四川省乌蒙山连片区域土地整治重大扶贫项目，中央支持资金21.27亿元。

圈定清洁富硒土地63.93万亩，其中绿色清洁耕地7.3万亩。实施21处地下水开发示范工程、21处表层泉开发示范工程、34口地下水开发示范井，总有效出水量9737吨/天，可为5.29万乌蒙山贫困缺水地区群众提供饮用水源。发现片区各类地质灾害隐患点282处。选派专家开展地质灾害排查、现场培训，先后培训248人次。新发现矿产地12处，其中大型—超大型6处。

【片区部际联席会】　2018年12月1日，自然资源部在贵州省毕节市召开乌蒙山片区区域发展与脱贫攻坚部际联席会议，全面总结一年来片区脱贫攻坚成效，交流各部门支持片区脱贫攻坚工作情况和经验，对做好下一步工作提出新要求。发挥片区部际联席会议机制作用，协调中央国家机关、东西部扶贫协作省市和定点扶贫部门等52家成员单位重点向片区深度贫困地区倾斜支持，就片区三省提出的脱贫攻坚中存在的突出问题，协调20个部委提出38项答复意见。就三省脱贫攻坚需要部支持的事项提出答复意见，给予支持。

【完善工作机制】 自然资源部组建后，决定在原国土资源部、原国家海洋局、原国家测绘地理信息局三个部门扶贫领导机构和工作机构的基础上，组建自然资源部扶贫开发领导小组，部党组书记、部长陆昊任组长。扶贫开发领导小组下设办公室。召开扶贫开发领导小组全体会议，决定扶贫领导小组办公室由综合司、人力中心联合组建，实行双主任制。原国土资源部赣南老区扶贫开发中心更名为自然资源部赣南老区扶贫开发中心，具体联系赣州4县区定点扶贫工作。

【扶贫挂职干部】 2018年，自然资源部派出挂职干部36名，其中，对口支援青海干部1人，定点扶贫挂职10人，驻村第一书记6人，在河北省阜平县挂职2人，博士服务团挂职2人，8名选调生在贫困县区锻炼。另有7名干部在西北地区、老工业基地和革命老区挂职，其中，在乌蒙山片区挂职干部6人，在赣南革命老区挂职干部14人。

【干部培训】 以落实部支持深度贫困地区脱贫攻坚政策为重点，分3期举办“三区三州”及其他深度贫困地区自然资源脱贫攻坚政策培训班，分别培训各省自然资源主管部门厅局级负责同志和832个深度贫困县自然资源主管部门主要负责同志。组织开展自然资源政策支持定点扶贫县脱贫攻坚培训班，加强政策解读，通过专项培训、现场培训和典型示范等形式，指导各地用好自然资源扶贫政策，促进政策落地生效，充分释放政策红利。

【扶贫调研】 2018年，自然资源部领导赴定点扶贫的6个县市区调研，了解真实情况，组织研究提出有针对性、务实管用的脱贫帮扶措施，推动定点扶贫工作开展。10月，部长陆昊到赣县区、兴国县、于都县、宁都县调研脱贫攻坚工作，组织召开座谈会，研究部署定点扶贫工作。印发《自然资源部定点扶贫工作座谈会纪要》，协调有关单位落实永久基本农田保护、饮水安全、地灾防治等各项任务。

【定点扶贫】 2018年，原国土资源部、国家测绘地理信息局、国家海洋局承担的江西省赣县区、兴国县、于都县、宁都县，黑龙江省海伦市，海南省琼中县定点扶贫任务，统一由自然资源部承担。自然资源部党组制定《自然资源部2018定点扶贫工作计划》，签订《中央单位定点扶贫责任书（2018年度）》，选派6名优秀扶贫挂职干部和3名驻村第一书记，统筹开展6个县市区的定点扶贫工作。

印发《自然资源部办公厅关于2018年支持定点扶贫县脱贫攻坚和赣州经济社会发展意见的函》。支持城乡建设用地增减挂钩，完成省域内增减挂钩节余指标交易683.5亩，收益1.3亿元；完成跨省域调剂节余指标1144.44亩，收益3.43亿元。共4.73亿元。支持土地利用总体规划修改工作，扶贫专项用地应保尽保。

投入1.04亿元资金，在赣州市4县区实施钨矿调查评价及老矿山深部和外围找矿项目。实施赣州市1:5万稀土矿专项地质调查。实施稀土矿区监管体系建设项目，利用信息科技手段对稀土矿区进行全方位监控。实施地热水、矿泉水专项调查。实施1:5万土地质量地球化学调查工作以及1:5万水文地质调查和1:5万地质灾害调查。实施非金属矿调查评价工作、1:5万矿产地质调查和废弃稀土矿山摸底调查。完成了江西省兴国丹霞地质公园总体规划编制工作。在海伦市实施1:5万土壤质量地质调查项目，发现富硒土壤。地质调查成果应用于扶贫产业发展，支撑特色农产品提质、贫困人口增收。

购买贫困县特色农产品、物资 81.1 万元，帮助贫困县销售农产品 344 余万元。部机关食堂购买赣州定点扶贫 4 县（区）脐橙 3 万千克，金额 36 万元。购买和帮助销售海伦市大米 4.89 万千克，金额 48.52 万元。以“琼中县海洋极地大洋科考副食品供应保障基地”为平台，定向采购琼中县物资 10 批 26.54 万元，帮助销售特色农产品 211.5 万元。

设立“海洋奖学金”，资助 984 名贫困学子。支持琼中女足发展，琼中女足 5 名队员入选各年龄段国家队。开展“2018 年琼沪青少年夏令营”，组织品学兼优贫困生赴上海参观学习。建设“海洋意识教育基地”科普馆，向师生赠送自然资源、海洋科普知识书刊，开展海洋强国战略讲座。

（自然资源部扶贫办　马聆萧）

生态环境部扶贫

【概述】 2018年，生态环境部党组高度重视生态环保扶贫工作，围绕绿水青山就是金山银山，在全系统树立保护生态环境就是扶贫减贫理念，一体推进生态环保与脱贫攻坚，协同打好打赢污染防治和精准脱贫两个攻坚战。印发《关于生态环境保护助力打赢精准脱贫攻坚战的指导意见》。支持贫困地区大气、水、土壤污染防治和生态系统保护修复，把帮扶贫困地区作为中央财政生态环保专项资金安排的重要考量因素。解决突出的生态环境问题，将国家级贫困县的建制村纳入农村环境综合整治重点，着力加强饮用水水源保护、生活污水垃圾处理等工作。制定支持贫困地区绿色发展的政策措施，通过发挥环评制度作用、完善生态补偿机制等政策措施，引导贫困地区产业转型，发展绿色产业。开展生态文明建设示范创建等活动，引导贫困地区走生态优先、高质量发展道路。

【行业扶贫指导意见】 2018年，生态环境部印发《关于生态环境保护助力打赢精准脱贫攻坚战的指导意见》，规定行业扶贫需坚持绿色发展、坚持精准施策、坚持协同推进、坚持改革创新四项基本原则，从加大对深度贫困地区支持力度、加强生态环保扶贫、健全长效机制、强化支撑保障等方面开展工作。推动将深度贫困县纳入重点生态功能区转移支付范围，加大转移支付力度；扩大区域流域间横向生态补偿范围，让更多深度贫困地区受益；鼓励纳入碳排放权交易市场的重点排放单位优先购买贫困地区林业碳汇；具备规划环评能力的事业单位优先承接贫困地区的规划环评编制项目，费用减免；推动调整和完善生态补偿资金支出或收益使用方式等内容。同时制定部内分工方案。

【绿色发展政策措施】 发挥环评制度作用，加强空间、总量、准入环境管理，对符合规划环评及“三线一单”（即生态保护红线、环境质量底线、资源开发利用上线和环境准入清单）等环境准入要求的建设项目开辟绿色通道，引导贫困地区产业转型，发展绿色产业。推动贫困地区发展“三品一标”（即无公害农产品、绿色食品、有机农产品、农产品地理标志），开展有机食品生产基地示范建设。

【农村环境综合整治】 2018年，安排中央财政农村环境综合整治资金60亿元，通过“以奖促治”等方式将资金向贫困地区倾斜，重点加强农村饮用水水源保护、生活污水垃圾处理、畜禽养殖污染治理等工作，全国2.8万个建制村完成环境综合整治，其中，四川省将全年4.57亿元的农村环境综合整治资金全部投入深度贫困地区。2008—2018年，中央财政累计安排专项资金495亿元，对全国16.3万个村庄的环境综合整治予以支持。浙江“千村示范、万村整治”获2018年联合国地球卫士奖。

【解决突出生态环境问题】 支持贫困地区大气、水、土壤污染防治，把帮扶贫困地区作为中央财政生态环保专项资金安排的重要考量因素，引导资金项目进一步向贫困地区倾斜。2018年，结合年度环境保护重点任务，会同有关部门下达水、大气、土壤污染防治资金共计385亿元，开展重点流域、重点区域水污染防治、重点区域大气污染防治和土壤污染防治等。在流域水污染防治、湖泊生态环境保护等重点工程中将饮用水水源保护作为重中之重，加大调查评估、执法督察和资金支持力度。河北省推进10个深度贫困县206个深度贫困村生活污水治理和规范排放，解决生活污水乱排乱放问题。重庆市开展自然保护区扶贫项目摸底调查，推动涉及自然保护区的2486个扶贫项目实施。项目建设运营中，通过以工代赈、以奖代补、劳务补助等方式，动员贫困群众参与，增加劳务收入。

【生态保护修复】　2018年，中央财政安排100亿元用于实施第三批山水林田湖草生态保护修复试点工程，雄安新区、汾河中上游、乌梁素海流域、小兴安岭—三江平原、钱塘江源头区域、长江三峡地区、湘江流域和洞庭湖、粤北南岭山区、长江上游生态屏障、额尔齐斯河流域等一批生态功能重要、生态环境敏感脆弱的贫困地区得到系统保护修复。依托生物多样性减贫专项，在生物多样性丰富的集中连片特困地区推进生物多样性保护与减贫示范，梳理总结生物多样性保护与减贫、绿色发展相融合的政策措施和实践路径。

【生态补偿】　2018年，对全国818个县域开展国家重点生态功能区县域生态环境质量监测评价与考核工作，配合财政部将考核结果作为贫困地区中央财政转移支付的重要参考依据，向重点生态功能区下达财政转移支付资金811亿元。

联合有关部门推进建立流域上下游横向生态补偿机制。安排跨省流域上下游横向生态补偿资金7亿元、长江经济带流域生态补偿奖励资金50亿元。开展新安江流域、汀江—韩江流域、九洲江流域、东江流域、引滦入津、密云水库上游潮白河流域、赤水河流域上下游横向生态补偿试点。长江流域9省市与毗邻省份签订上下游补偿协议，水质均达到目标要求；10省市建立省市内流域横向生态补偿机制，苏、川、黔、滇4省实现长江流域补偿机制全覆盖。

【示范创建促扶贫】　2018年，生态环境部考核命名45个市县为第二批国家生态文明建设示范市县，其中包括9个省区的10个国家扶贫开发工作重点县，鼓励发达市县对贫困地区开展跨省生态扶贫，并给予适当政策倾斜，其中浙江嘉善县、四川成都温江区、深圳坪山区和罗湖区通过开展生态扶贫获得第二批命名。命名第二批"绿水青山就是金山银山"实践创新基地16个，涉及4个国家级贫困县。

【扶贫日活动】　生态环境部举办生态环境保护与减贫论坛，全国人民代表大会环境与资源保护委员会委员、中央和国家机关工委委员王秀峰致辞，生态环境部副部长庄国泰讲话，中央单位代表、高校学者代表、扶贫干部代表、地方和企业代表共计80余人参加论坛，深入探讨"绿水青山就是金山银山"转化路径、生态环境保护与精准扶贫脱贫、补齐农村生态环境短板、生态补偿扶贫等问题，搭建起生态环保脱贫攻坚工作交流学习平台。

【定点扶贫概述】　2018年，生态环境部定点帮扶河北省围场县、隆化县。生态环境部部党组书记、部长李干杰继续担任部脱贫攻坚领导小组组长，副组长由1位增加至6位，小组成员由20位增至47位。部脱贫攻坚领导小组办公室主任升格为分管副部长兼任，部扶贫办专项工作组组长升格为司领导兼任。

以机制推动脱贫攻坚。部机关所有业务司局和在京直属单位组成的13个扶贫工作小组，结对帮扶两县87个贫困村，覆盖全部45个深度贫困村，机构调整后新转隶的单位一并纳入小组。制定定点扶贫工作台账，落实量化任务要求。与13个扶贫工作小组的47家成员单位签订定点扶贫责任书。将扶贫工作纳入各级领导班子述职述党建考核内容，实行一票否决。印发《生态环境部定点扶贫三年行动方案（2018—2020年）》。先后派5位干部到两县挂职，组建部定点扶贫前方工作组。

落实领导责任。生态环境部召开2次部党组会议、2次部长专题会议研究部署推动生态环保扶贫工作。部长李干杰、副部长赵英民、副部长庄国泰3次赴两县调研慰问和督促指导，驻部纪检监察组组长吴海英听取定点扶贫、对口支援和作风建设工作汇报。

聚焦精准扶贫。编制87个贫困村“一村一策”脱贫方案。推动13个扶贫工作小组与结对帮扶贫困村开展党支部共建。帮助两县发展生态环保特色扶贫产业，提供或引进生态环保技术项目，牵线搭桥鼓励相关企业在两县投资建厂。

【扶贫资金投入】 2018年，配合财政部门通过重点生态功能区转移支付、引滦入津生态补偿、大气污染防治、农村环境综合整治等项目分别支持围场县、隆化县2.9亿元和1.4亿元。生态环境部向两县直接投入帮扶资金486.41万元，引进帮扶资金3454.4万元，购买两县农产品107.22万元，帮助两县销售农产品91.16万元。

【扶贫资金管理】 制定《生态环境部扶贫领域作风问题专项治理实施方案》。严格落实项目、资金、责任“三个捆绑”要求，加强对两县脱贫攻坚、定点帮扶措施的跟踪督促检查，及时纠正苗头性倾向性问题。按季度4次赴两县开展扶贫监督检查。对两县2015—2017年中央环保专项资金项目进行监督检查，涉及资金3.5亿元，项目47个。

【扶贫培训】 2018年，生态环境部对两县干部群众开展包括生态农业技术、有机产品、生态环保电商等实用技术培训和环境法律法规、环境监测、环境应急、生态环境管理等专业技术培训，培训两县基层干部144名、培训技术人员390名。

【干部挂职扶贫】 2018年，共有5名处、科级干部在两县挂职，其中2名于3月底挂职期满，生态环境部继续选派两位处级干部分别担任围场县县委常委、副县长和隆化县副县长。1名同志任驻村第一书记，获得2018年中央和国家机关脱贫攻坚优秀个人称号。每年为驻村第一书记提供5万元工作经费，每月为挂职副县长提供3000元生活补贴。

【产业扶贫】 帮助两县建立生态产业、农业产业、股份合作、光伏电站、休闲旅游、设施农业、林果等多种扶贫模式和脱贫产业，实现贫困人口产业全覆盖。引进博天环境集团股份有限公司投资3000万元在围场县建厂。引进农村安全饮水、型煤生产、智享单车服务、经济林种植等方面的企业参与两县脱贫攻坚。打造生态环保扶贫电商平台，实现销售额100.26万元，惠及99个贫困村、1319户贫困户、2880名贫困人口。将两县林业碳汇项目优先纳入全国碳排放权交易市场抵消机制。开展生态环保科技帮扶，推动两县有机产品认证和有机食品生产基地建设，提供生态农业技术、环保技术。

（生态环境部科技与财务司综合处 汇 滨）

住房和城乡建设部扶贫

【概述】 2018年，住房和城乡建设部深入贯彻落实中共中央、国务院脱贫攻坚决策部署，研究制定年度扶贫工作要点，压实扶贫工作责任，推进贫困地区农村危房改造、贫困村人居环境整治、定点扶贫、大别山片区脱贫攻坚联系等重点工作，完成年度脱贫攻坚任务。负责脱贫攻坚工作的村镇建设司获得中央和国家机关脱贫攻坚先进集体称号。

【组织领导】 住房和城乡建设部党组全面领导部脱贫攻坚工作，明确部扶贫攻坚领导小组具体负责。2018年1月，印发《关于调整部扶贫攻坚领导小组组成人员的通知》，在部党组书记、部长王蒙徽任组长，部党组成员、副部长易军和总经济师赵晖任副组长的基础上，增加部党组成员、副部长倪虹为副组长，增加中国建设报社为领导小组成员单位。召开7次部党组会和2次部扶贫攻坚领导小组会，学习习近平总书记关于脱贫攻坚工作的重要讲话、重要指示批示精神和《习近平扶贫论述摘编》，研究部署和推进脱贫攻坚工作。部长王蒙徽赴青海省大通县、湟中县和湖北省红安县、麻城市调研脱贫攻坚工作，其他部领导先后赴云南省怒江傈僳族自治州（以下简称“怒江州”）、四川省凉山彝族自治州、青海省西宁市、甘肃省定西市、湖北省黄冈市等地的贫困县、贫困村调研，指导贫困地区建档立卡贫困户危房改造、贫困地区人居环境整治、美好环境与幸福生活共同缔造等脱贫攻坚工作。

【扶贫领域作风问题专项治理】 2018年1月，住房和城乡建设部印发《扶贫领域作风问题专项治理实施方案》，组织部扶贫攻坚领导小组各成员单位，解决“四个意识不强、责任落实不到位、工作措施不精准、资金管理使用不规范、工作作风不扎实、考核监督从严要求不够”等问题，转变工作作风。印发《关于开展农村危房改造领域作风问题专项治理的通知》和《关于进一步加大农村危房改造领域工作作风建设问题专项治理工作力度的通知》，组织省级住房和城乡建设部门开展农村危房改造领域作风治理工作。2次向中央纪委国家监委驻住房和城乡建设部纪检监察组专题报告脱贫攻坚工作。

【脱贫攻坚专项巡视】 2018年10月，中央第七巡视组对住房和城乡建设部党组开展脱贫攻坚专项巡视。部党组成立配合巡视工作领导小组和联络组，配合做好专项巡视工作。对标中央要求，主动查摆、系统梳理脱贫攻坚领域存在的薄弱环节和问题，采取有针对性措施，加强和改进脱贫攻坚工作。

【农村危房改造三年行动】 2018年10月，住房和城乡建设部会同财政部印发《农村危房改造脱贫攻坚三年行动方案》，明确规范补助对象认定程序等7项重点任务，提出质量安全、档案信息、作风专项治理、脱贫退出等管理要求以及加大补助资金支持力度、强化绩效评价和督查激励等保障措施，确保到2020年完成保障贫困户基本住房安全任务。

【农村危房改造】 住房和城乡建设部继续做好2017年农村危房改造绩效评价工作，绩效评价结果和排名抄送省级人民政府，绩效评价得分直接与2018年度资金分配挂钩。会同财政部向国务院办公厅报送2017年农村危房改造激励支持地方名单。国务院办公厅印发通报，贵州、云南、陕西、山东、四川5省获得激励。截至2018年6月底，2017年190.6万户建档立卡贫困户等4类重点对象危房改造任务全部完工。

督促和指导各地加快推进2018年农村危房改造任务。3月，住房和城乡建设部印发《农村危房改造基本安全技术导则》，明确农房重建、农房加固维修和施工与验收等农村危房改造基本安全底线要求，督促和指导贫困地区细化地方标准，加强农村危房改造安全管理。6月，会同财政部下达2018年农村危房改造补助资金266亿元，支持190万户建档立卡贫困户等重点对象改造危房，要求各地合理确定省级分类补助标准和建设面积标准。对于自筹资金和投工投料能力极弱的特困农户，加大倾斜支持力度，通过控制面积、因地制宜推广适宜改造方式和技术、建设农村集体公租房、利用闲置农房和集体公房置换等方式，保障特困农户的基本住房安全。按照精准到户、责任明确的原则，开发“部联网检索、省审核管理、县制作录入”的农村危房改造脱贫攻坚三年行动农户档案信息检索系统。加强警示教育，定期将各级审计、纪检部门查实的问题及处理结果通报全国。截至2018年底，中央农村危房改造任务开工率达100%，竣工率95%。

【深度贫困地区脱贫攻坚】 2018年，住房和城乡建设部副部长倪虹到怒江州深度贫困地区调研脱贫攻坚，指导建档立卡贫困户危房改造工作。承担农村危房改造任务的村镇建设司派出调研组，分别赴怒江州和玉树藏族自治州开展深度贫困地区调研。5月，住房和城乡建设部与相关省份签订“三区三州”深度贫困地区建档立卡贫困户农村危房改造目标责任书。会同财政部在安排中央农村危房改造任务中，一次下足“三区三州”深度贫困地区建档立卡贫困户等重点对象危房改造资金，在因素分配法中增加深度贫困地区因素，加大对相关省份的资金支持力度。安排中央补助资金80.6亿元，支持深度贫困地区53.13万户建档立卡贫困户等重点对象改造危房，任务量和资金量分别占当年总任务量和资金量的28%和30%。其中安排31.49亿元，支持“三区三州”深度贫困地区21.31万户建档立卡贫困户等重点对象改造危房，户均补助1.48万元。在2018年绩效评价中将各省补助标准是否落实对“三区三州”等深度贫困地区的倾斜支持纳入考核内容。

【贫困村人居环境整治】 指导地方在编制省级农村人居环境整治实施方案时，坚决落实“贫困地区农村人居环境达到干净整洁”的基本要求，重点开展农村生活垃圾治理工作。重点督促中西部省份印发并落实省级实施方案，推动建立省级协调领导机制。赴中西部13个省份、23个贫困县调研指导工作。按照到2020年90%行政村实现农村生活垃圾治理的任务部署，推动各地加大贫困村生活垃圾治理力度，超过60%的贫困村生活垃圾得到收集和处理。加大贫困地区传统村落保护力度，将贫因地区249个中国传统村落列入中央财政支持范围，支持资金7.47亿元。从2018年9月起，贫困地区农村人居环境整治牵头部门调整为农业农村部，住房和城乡建设部配合。

【连片特困地区扶贫】 2018年10月，住房和城乡建设部在河南省兰考县召开大别山片区区域发展与脱贫攻坚推进会议，交流片区脱贫攻坚经验，研究和推动下一阶段脱贫攻坚重点任务。国务院扶贫办、国家发展改革委、教育部、自然资源部、交通运输部、水利部、国家卫生健康委等部门，安徽、河南、湖北三省住房城乡建设部门和扶贫部门负责同志以及片区36个县（市）负责同志参加会议。截至2018年底，大别山片区还剩99万贫困人口，贫困发生率3%，36个县市中安徽省岳西县，河南省兰考县、新县、新蔡县和沈丘县，湖北省红安县6个县脱贫摘帽，19个县达到贫困县退出标准。

【定点扶贫概述】　2018年，住房和城乡建设部定点帮扶湖北省红安县、麻城市和青海省大通县、湟中县（以下简称4县）。8月、9月，部长王蒙徽带队分别赴大通县土关村、湟中县黑城村和红安县柏林寺村、麻城市石桥垸村调研考察，指导4县脱贫工作，推动“美好环境与幸福生活共同缔造”示范村建设。其他部领导均到定点扶贫县调研指导工作。召开4次定点扶贫座谈会，督促4县落实脱贫攻坚主体责任和政策措施，推动落实帮扶措施。精心选派7名挂职干部。向4县无偿支持帮扶资金620.18万元，协调帮扶资金1112.6万元，支持4县民生基础设施建设和产业发展。推进“美好环境与幸福生活共同缔造”示范工作。4县完成163个贫困村退出，5万名贫困人口脱贫的年度减贫任务，红安县脱贫摘帽，大通县和湟中县达到贫困县退出标准。

【干部挂职扶贫】　2018年8月，住房和城乡建设部选派普传玺、王晅、张雅鹏3位干部到麻城市阎家河镇古城村驻村帮扶，其中普传玺任第一书记。人事司程建伟在麻城市浮桥河湿地管委会晏店村的驻村工作期满返回部里。12月，选派住房保障司副调研员戴冠华、部信息中心处长王大港、中国建筑工业出版社城市建设图书中心副编审王磊分别赴红安县、麻城市和湟中县挂职，分别任红安县副县长、麻城市委常委和湟中县副县长。中国建设报社专职副理事长王虹航继续留在大通县副县长岗位开展新一轮挂职工作，4位新一轮挂职副县（市）长全部协助分管扶贫工作，任期2年。离退休干部局副处长朱波、部信息中心副处长王锋堂和中国城市规划设计研究院高级工程师石炼3位同志2年挂职期满返回部里，实现了挂职干部交接。

【美好环境与幸福生活共同缔造示范活动】　2018年，住房和城乡建设部将红安县七里坪镇柏林寺村大塘黄格湾、麻城市阎家河镇石桥垸村丁家寨湾、大通县景阳镇土关村和湟中县上新庄镇黑城村确定为“美好环境与幸福生活共同缔造”示范村。组织中国城市规划设计研究院、中国中建设计集团有限公司、中国建设科技集团股份有限公司、北京建筑大学等4家单位帮扶工作组分别驻村帮扶。坚持将扶贫与扶志扶智相结合，通过广泛动员和培训指导，激发村民参与脱贫攻坚和建设美丽家园的积极性、主动性和创造性。以改善人居环境的小事实事为切入点，发挥党建引领作用，发动群众共谋共建共管共评共享，探索建立“纵向到底、横向到边、协商共治”的乡村治理体系，激发基层干部与贫困群众脱贫攻坚内生动力，形成脱贫攻坚、环境整治互相促进方面可复制可推广的经验。11月，住房和城乡建设部在麻城市召开定点扶贫县脱贫攻坚工作推进会暨“美好环境与幸福生活共同缔造”工作现场会，向全国推广示范经验。

【政策帮扶】　2018年，住房和城乡建设部将支持定点扶贫县农村危房改造作为一项重要帮扶举措给予政策支持和技术指导。安排中央补助资金8849万元，支持湟中县、大通县、麻城市6876户建档立卡贫困户等4类重点对象危房改造，其中支持湟中县380户、大通县590户、麻城市5906户。安排中央补助资金17430万元，支持定点扶贫县完成棚户区改造5645套，改善贫困群众居住条件。将定点扶贫县4个传统村落列入中央财政支持范围，补助资金1200万元。帮助红安县建设传统村落数字博物馆，指导红安县加强传统村落保护和发展。帮助红安县编制完成城乡生活垃圾无害化处理、城乡生活污水治理等专项规划，为红安县“四个三”重大生态工程建设（即用三年时间推进“厕所革命”、精准灭荒、乡镇生活污水治理、城乡生活垃圾无害化处理四大工程）提供规划技术支持。

【产业扶贫】　2018年，住房和城乡建设部在建筑业、菊花产业等方面帮扶定点扶贫县发展产业。在专题调研基础上，组织大通县和湟中县有关负责同志赴湖北省团风县、河南省林州市等地交流学习建筑业扶贫经验。支持湟中县八瓣莲花古建筑公司提升企业资质，指导红安县建设公司申请提升企业资质，促进定点扶贫县建筑业产业发展。根据麻城市菊花产业发展需求，组织行业协会和专家指导麻城市推进福白菊原产地保护、品种提纯复壮、菊苗脱毒等项目，支持发展菊花会展经济。推进电商扶贫+消费扶贫。协调北京京东世纪贸易有限公司帮助红安县建立红安扶贫馆。搭建建设系统电商扶贫平台，帮助4县销售特色农产品。

【扶贫培训】 2018年11月，住房和城乡建设部在大通县和红安县举办定点扶贫干部培训班，邀请专家对4县基层干部进行培训。组织4县干部参加住房和城乡建设部举办的住房保障政策培训、乡村振兴研修班，培训基层干部462名。组织4县8名同志参加住房和城乡建设部专业技术人才知识更新工程高级研修项目培训。组织红安县10名专业技术人员参加中国城市规划设计研究院技术交流培训。根据大通县土族传统刺绣工艺特点和湟中县河湟传统建筑工艺特色组织开展劳动力技能培训。协调文化旅游部和教育部，组织大通县和湟中县101名有就业意愿的劳动力参加“中国非物质文化遗产传承人群研修研习培训计划”，帮助村民把传统文化保护传承和产业发展结合起来，拓宽贫困群众的增收渠道。组织湟中县和大通县16名村民，到中建三局青海省农村信用社联合社及西宁农村商业银行综合楼项目工地跟班学习。全年开展劳动力技能培训117人。

【项目帮扶】 2018年，住房和城乡建设部组织部直属机关干部职工开展爱心捐助活动，2000余名干部职工捐款42万元，资助140名建档立卡贫困户在读学生，其中红安县和麻城市各30名；大通县和湟中县各40名。协调北京爱尔公益基金会捐赠49.6万元，资助红安县124名当年考入大学的贫困家庭学生，每名学生4000元。向红安县董必武红军小学捐赠18个“爱尔图书角”和图书3600册，价值12万元。从补交党费中划拨82.6万元，重点对4县贫困村年久失修、因灾受损的基层党组织活动场所修缮以及党员教育管理设施更新等进行补助，支持贫困村基层党建。

（住房和城乡建设部扶贫办公室
赵亚男）

交通运输部扶贫

【概述】 2018年，交通运输部深入贯彻习近平总书记关于扶贫的重要论述和指示批示精神，坚持把打赢脱贫攻坚战作为头号政治任务和第一民生工程，统筹脱贫攻坚、服务乡村振兴战略和“四好农村路”建设等工作，加大工作力度，推动交通扶贫、定点扶贫、对口支援和联系六盘山片区等各项工作，为革命老区、民族地区、边疆地区、贫困地区脱贫攻坚提供坚实有力的保障。

【交通建设扶贫】 2018年，交通运输部安排车辆购置税资金2144亿元，用于贫困地区交通基础设施建设，较2017年增长22.2%，带动全社会投入约9900亿元。安排超过883亿元用于贫困地区农村公路建设，约占全国农村公路补助资金的76.8%。2018年贫困地区新增86个乡镇、4245个建制村通硬化路，建成资源路旅游路产业路9284千米，截至2018年底，贫困地区99.3%的乡镇和98.7%建制村通硬化路。

【脱贫攻坚工作机制】 交通运输部将扶贫开发和农村公路工作领导小组调整为交通运输部服务乡村振兴战略、推进“四好农村路”建设和脱贫攻坚领导小组，部主要负责同志担任组长，党组所有同志参与，形成党组领导、领导小组主抓、司局落实的责任体系。2018年部党组会、部务会、领导小组会21次传达学习习近平总书记重要指示精神，研究部署推动交通扶贫脱贫攻坚工作。部主要负责同志10次带队督查调研交通扶贫工作，党组其他同志调研指导扶贫12次。交通运输部逐步完善交通扶贫目标任务推进、部领导带队督查交通扶贫全覆盖、交通扶贫统计监测分析、问题通报约谈、工作考核评价、目标任务完成“回头看”核查等工作机制。

【规划计划体系】 交通运输部在《“十三五”交通扶贫规划》《支持深度贫困地区交通扶贫脱贫攻坚实施方案》的基础上，制定《交通运输脱贫攻坚三年行动计划（2018—2020年）》《抵边自然村通硬化路建设实施方案（2018—2025年）》，健全“五年规划+三年行动计划+年度计划”的规划计划体系，逐年分省细化攻坚目标、分年度计划，有序推进项目、政策落实落地。

【深度贫困地区脱贫攻坚】 交通运输部以“三区三州”等深度贫困地区为重点，新增资金、新增项目、新增举措进一步向“三区三州”倾斜，其中“三州”纳入国家规划的公路项目车购税补助标准提高到与本省藏区政策持平。推进国家高速公路、普通国省道改造建设，加快“通村畅乡”农村公路建设，推动交通建设项目向进村入户倾斜。2018年安排涉及“三区三州”国家高速公路、普通国道等重点项目中央资金436亿元，比2017年增长72%，“三区三州”农村公路建设资金规模比“十三五”原定规模增长7.5亿元。

【四好农村路建设】 交通运输部完善农村客运制度保障体系，出台《农村公路建设管理办法》。联合中央机构编制委员会办公室、国家发展和改革委员会、财政部共同研究制定《深化农村公路管养体制改革的意见》，加快建立组织保障、资金保障、技术指导和绩效考核体系。协助修订《中华人民共和国公路法》，加强法治保障。加强示范引领，指导各地开展省级“四好农村路”示范县创建，联合农业农村部、国务院扶贫办创建“四好农村路”全国示范县117个，其中贫困县52个。

【贫困地区运输服务水平提升】 交通运输部以“具备条件的建制村通客车”为攻坚目标，将建制村通客车作为交通运输民生实事，推广应用“通村村”App等定制农村客运，指导支持各地加快工作进度。截至2018年底，实现98%的乡镇和94%的建制村通客车。完善农村物流体系，印发《农村物流网络体系建设指南》，推动农村地区整合交通运输、农业、供销、商务、邮政等资源，以乡镇级农村物流节点为重点，统筹推进农村物流网络节点体系建设，加强成熟模式和典型经验的宣传推广。2018年，新增邮乐购站点5万个，快递企业打造服务农业“一地一品”项目905个。

【对口支援和联系六盘山片区】 2018年，交通运输部按照国务院部署要求，推进对口支援和联系六盘山片区工作。组织召开六盘山片区部际联席会议，协调20个中央部门研究解决片区脱贫攻坚问题。深化结对帮扶工作机制，9个结对帮扶工作组制定年度帮扶计划，开展消费扶贫、电商扶贫、党建扶贫、捐资助学等工作。加大行业支持力度，安排166亿元车辆购置税资金，支持六盘山片区加快交通基础设施建设。截至2018年，对口支援的江西省安远县和牵头联系的六盘山片区均提前完成具备条件的乡镇和建制村100%通硬化路任务。贫困发生率分别由2014年的16.9%和19.2%下降至约0.72%和4.5%。

【扶志扶智】 2018年，交通运输部选派11名干部赴贫困地区挂职，接收贫困地区的干部到部机关挂职7名。开展交通扶贫干部轮训，举办交通精准脱贫攻坚专题培训班，参加培训90人次。全年实施42个教育扶贫培训项目，投入资金299.2万元，举办14期专题培训、15期讲师团“送教上门”、12个远程网络培训项目。动员鼓励贫困群众参与农村公路建设，吸纳贫困家庭劳动力参与养路护路。

【腐败和作风问题专项治理】 交通运输部将2018年作为交通扶贫脱贫攻坚作风建设年，制定《交通扶贫领域腐败和作风治理2018年工作要点》，召开全国交通运输行业加强作风建设电视电话会议，开展交通扶贫领域腐败和作风问题专项治理、交通扶贫目标任务督导核查工作。组织开展“四好农村路”建设及交通扶贫督导考评，督促地方做好问题整改，约谈问题突出省份。

【扶贫宣传】 交通运输部开展“小康路·交通情”主题宣传活动，在中国交通报官方微博开设“小康路·交通情”专栏，“交通发布”头条号开设“小康路·交通情”话题。会同中共中央宣传部组织中央媒体记者，开展“四好农村路”主题采访活动，配合央视“焦点访谈”栏目播出节目《别了，溜索！你好，大桥!》，举办“10·17”扶贫日论坛交通扶贫分论坛。开展“感动交通十大年度人物推选宣传活动”，向社会宣传扶贫事迹，树立扶贫典型。

【定点扶贫概述】 交通运输部定点扶贫四川省壤塘县、小金县、黑水县、色达县（以下简称“四县”）。2018年交通运输部以习近平新时代中国特色社会主义思想为指导，召开14次党组会、部务会，5次领导小组会议，切实履行中央单位定点扶贫工作的职责任务，帮助四县贫困发生率由2017年底的7.6%下降到2.5%。部长李小鹏赴黑水县调研并主持召开定点扶贫工作推进会，其他部领导分别赴小金县、壤塘县、色达县调研指导。交通运输部在2018年中央单位定点扶贫工作考核中获得了“好”等次，交通运输部综合规划司被评为“中央和国家机关脱贫攻坚先进集体”。

规划引领，制定《交通运输脱贫攻坚三年行动计划（2018—2020年）》，指导阿坝藏族羌族自治州制定《交通定点扶贫项目建设行动方案（2018—2020年）》。督导四县制定打赢脱贫攻坚战三年行动实施方案，制定《2018年定点扶贫工作要点》和4个结对帮扶工作计划。增派3名挂职干部，充实定点扶贫联络组，增加到10人，形成州、县、乡、村全覆盖的定点扶贫干部队伍。深化结对帮扶机制，四个帮扶工作组分别制定工作清单，调动各方力量开展捐款捐物、捐资助学等多样化帮扶。2018年，投入帮扶资金约140万元，引进社会帮扶资金约489万元。注重志智双扶，通过学院进修、送教上门、专题培训等形式开展教育培训，协调教师跟岗学习、捐赠书籍和基层培训经费等多种方式开展帮扶。开展消费扶贫，2018年，组织工会购买农产品358万元，帮助贫困县销售农产品18.7万元。驻村第一书记组织创建黑水县冰山小丫头食品有限责任公司，拓展村组农畜产品销路。协调商务部、全国供销合作总社帮助拓宽农特产品销售渠道。加强宣传推广，联合中共中央宣传部组织《人民日报》等13家中央媒体开展"四好农村路"调研采访，中央广播电视总台等10余家媒体开展"小康路·交通情"主题采访，宣传定点扶贫举措和成效。

【基础设施建设】　交通运输部2018年投入车辆购置税资金8.38亿元，并协调四川省安排补助资金2.8亿元，支持四县普通国省道和农村公路建设。其中，建设国省道258.2千米（含续建里程）、通村硬化路605.1千米、旅游路97千米、农村路网82.4千米，加宽窄路基路面农村公路74.8千米，实施农村公路安全生命防护工程991.1千米。指导四县制定"四好农村路"建设方案，加快"四好农村路"建设，加快推进乡镇和建制村通客车，为四县脱贫致富提供了坚实的交通运输保障。立足四县实际情况，因地制宜开展"交通+特色农业+电商""交通+文化+旅游""交通+健康+教育""交通+就业+公益岗位"等扶贫模式，帮助贫困群众稳定脱贫。

【问题整改和工作督导】　交通运输部对照2017年定点扶贫考核和脱贫攻坚专项巡视发现的问题，召开党组会、部务会和领导小组会，系统部署整改工作。主要领导带队赴定点扶贫县督导，将2017年定点扶贫考核反馈问题的整改、深入开展扶贫领域腐败和作风问题专项治理，以及常态化过程督导等统筹结合起来，督促推动四县抓好工作落实。2018年5—9月，4个结对帮扶工作组先后对四县开展"回头看"督查调研，检查问题整改落实、扶贫领域腐败和作风问题专项治理情况。2018年12月，部扶贫办会同结对帮扶工作组联合检查四县年度任务完成情况，压实地方主体责任。

[交通运输部投资计划处（扶贫处）
汪　忠　李　娜]

水利部扶贫

【概述】 2018年，水利部党组坚持以习近平新时代中国特色社会主义思想为指导，坚持精准扶贫精准脱贫基本方略，强化工作举措，落实扶贫责任。2018年，安排贫困地区水利建设投资1242.8亿元，其中中央投资750.6亿元。完成农村饮水安全巩固提升工程建设投资523亿元，7814万人受益，其中建档立卡贫困人口436万；支持贫困地区56处大型灌区实施续建配套与节水改造，对湖南、陕西、甘肃3个省部分贫困地区的13处大型灌排泵站进行更新改造，支持贫困地区发展高效节水灌溉面积598.5万亩；支持西南五省等贫困地区建设41座中型水库，支持贫困地区建设36座小型水库，推进雅鲁藏布江、澜沧江、白龙江、乌江等贫困地区主要支流治理，在710个贫困县开展山洪灾害防治项目，在贫困地区新建、改建水文（位）、雨量站140余处；贫困地区完成水土流失综合治理面积7430平方千米、坡耕地治理面积68万亩，除险加固病险淤地坝362座；支持湖北、湖南、广西、重庆、贵州和陕西6省区市落实农村水电扶贫项目37个，3万个建档立卡贫困户直接受益；支持贫困水库移民避险解困、产业发展、技能培训、村庄整治等，帮助30万贫困移民脱贫；云南麻栗坝灌区、四川向家坝灌区一期等6个重大水利工程开工建设，截至2018年底，已开工的133项节水供水重大水利工程中涉及贫困地区的有75项。

【扶贫机构】 水利部机构改革后，调整部扶贫领导小组及其办公室，由部党组书记、部长担任组长，所有副部长担任副组长，领导小组成员由15个增加到22个，覆盖部机关所有司局主要领导。由分管部领导兼任办公室主任，办公室副主任由6个业务司领导担任。

【扶贫会议】 水利部部长鄂竟平多次主持召开部党组会、专题会，传达学习中央决策部署，研究部署水利扶贫、农村饮水安全、定点扶贫等工作。2018年4月，召开水利部定点扶贫工作座谈会。5月，会同国家林业和草原局召开滇桂黔石漠化片区区域发展与扶贫攻坚现场推进会。10月，联合国务院扶贫办召开实施水利扶贫三年行动暨坚决打赢农村饮水安全脱贫攻坚战视频会议。全年5次召开部扶贫领导小组会议，研究部署水利扶贫有关工作。

【扶贫调研】 2018年5月，水利部部长鄂竟平赴云南省文山壮族苗族自治州四个贫困县考察调研滇桂黔石漠化片区扶贫工作；12月，到重庆市万州区、城口县、巫溪县调研水利部定点扶贫工作。部领导9次调研定点扶贫县（区），实现定点扶贫县调研全覆盖；3次赴滇桂黔石漠化片区，6次赴对口支援地区、深度贫困地区和其他贫困地区调研考察水利扶贫工作。

【扶贫文件】 2018年，水利部印发《水利扶贫行动三年（2018—2020年）实施方案》《水利部定点扶贫三年工作方案（2018—2020年）》《水利部关于进一步加强贫困地区水利建设资金和项目管理有关工作的通知》《水利部关于开展水利扶贫工作作风问题专项治理的通知》《2018年贫困地区水利干部培训工作方案》，发布《农村饮水安全评价准则》，与国务院扶贫办、国家卫生健康委员会联合印发《关于坚决打赢农村饮水安全脱贫攻坚战的通知》。

【扶贫巡视】　2018 年 10 月，中央第九巡视组对水利部党组进行脱贫攻坚专项巡视。部党组印发《中共水利部党组关于建立配合中央脱贫攻坚专项巡视工作机制的意见》，成立由部党组书记、部长鄂竟平担任组长的配合中央脱贫攻坚专项巡视工作领导小组，组建巡视联络组、工作组、整改组、保障与维稳组，承担具体工作。接受巡视监督，配合专项巡视工作。

【片区扶贫攻坚】　2018 年，水利部会同国家林业和草原局履行牵头单位职责，落实片区联系责任。加强与片区三省区和有关部委沟通联系，争取支持，推动工作，部领导多次深入石漠化片区县开展调查研究，督促指导片区区域发展与扶贫攻坚规划实施，解决脱贫攻坚有关问题。组织三省区提出需要成员单位支持的区域发展与脱贫攻坚重大事项，加强与所涉及部委沟通协调，积极给予帮助解决。指导做好与国家烟草专卖局出台的《关于加强烟区水利建设推进滇桂黔石漠化片区脱贫攻坚的意见》落实工作。充分发挥水利行业优势，结合片区水利需求，加大水利支持力度。推进《滇桂黔石漠化片区水利扶贫总体实施方案（2016—2020 年）》和《水利部、贵州省人民政府关于推进安顺市石漠化片区水利精准扶贫示范区建设的指导意见》的实施。落实示范区水利投资 27.2 亿元，开工建设 389 处水利扶贫项目。

【深度贫困地区脱贫攻坚】　抓好《关于加快推进深度贫困地区水利改革发展的实施意见》《关于扎实做好深度贫困地区农村饮水安全工作的通知》落实工作。加强沟通协调，加大技术帮扶力度，督促指导“三区三州”六省区编制深度贫困地区脱贫攻坚水利扶贫方案。梳理汇总六省区“三区三州”深度贫困地区脱贫攻坚水利扶贫任务并印送扶贫领导小组成员单位，指导地方抓好落实。加强技术指导，开展专项调研，推进深度贫困地区农村饮水安全巩固提升工程建设。加快灌溉、防洪、水土保持等民生水利工程建设。2018 年，解决“三区三州”深度贫困地区 109.57 万建档立卡贫困人口饮水安全问题。

【扶贫培训】　根据贫困地区需求，分级分层抓好人才培训工作，加大培训资源向贫困地区倾斜支持力度。组织召开水利人才“订单式”培训工作座谈会，积极推广水利人才“订单式”培训创新模式。着力解决基层水利人才“引不进、留不住”的突出问题。在定点扶贫县和对口支援地区开展“菜单式”培训。2018 年，水利部机关举办 15 期水利扶贫专题培训班。水利部及各地全年共培训贫困地区水利干部 15000 多人次。

【干部挂职扶贫】　2018 年，水利部选派 21 名干部到贫困地区挂职交流，其中新选派 11 名干部（含 3 名驻村第一书记）到定点扶贫县以及西部地区、老工业基地和革命老区等贫困地区挂职扶贫，短期援派 10 名干部支援地方脱贫攻坚；接收 3 名西部贫困地区、革命老区干部到部机关挂职交流。截至 2018 年底，贫困地区共有扶贫挂职干部 34 人，每个定点扶贫县区党委或政府至少有一名副职挂职。组织完成 17 名扶贫挂职干部期满考核工作。研究制定《援派干部人才有关待遇的规定》和《异地交流部管干部周转住房及回家探望交通待遇的规定》。

【扶贫宣传】　协调人民日报、新华社、中央广播电视总台等中央主要媒体，以及今日头条客户端、人民日报客户端等新媒体，对“甘泉”公益专项基金成立大会暨捐赠仪式和水利扶贫三年行动暨坚决打赢农村饮水安全脱贫攻坚战视频会等水利扶贫重要活动和会议进行采访、报道进行宣传报道。利用中国水利报、水利部网站、水利扶贫开发微信公众号等水利行业媒体，对滇桂黔石漠化片区区域发展与扶贫攻坚现场推进会、定点扶贫工作座谈会、部扶贫领导小组会议和“10·17”扶贫日活动，以及部领导调研、督导、检查水利扶贫工作情况进行宣传报道。《中国水利报》开设“精准扶贫 改善民生”“打赢脱贫攻坚战”“驻村手记”“记者手记”等栏目，加大水利扶贫宣传报道力度。组织开展学习习近平总书记关于扶贫工作的重要论述和中国扶贫40周年征文活动。编辑印发12期水利扶贫简报和4期信息专报，国务院扶贫办编印4期简报反映水利部工作情况。组织记者赴深度贫困地区挖掘水利扶贫工作典型案例，采编《深度贫困地区水利扶贫在行动》一书。

【定点扶贫】 机构改革后，水利部定点扶贫县区由原重庆市城口县、丰都县、巫溪县、武隆区4个县区增加到6个县区。印发《水利部定点扶贫三年工作方案（2018—2020年）》，明确实施水利行业倾斜支持、贫困户产业帮扶、贫困户技能培训、贫困学生勤工俭学帮扶、水利建设技术帮扶、专业技术人才培训、贫困村党建促脱贫帮扶、内引外联帮扶等新“八大工程”。实行组团式帮扶，组织部机关司局和直属单位84个单位，组成6个定点扶贫对口帮扶组，对口帮扶6个定点扶贫县区。与国务院扶贫领导小组签署《中央单位定点扶贫责任书（2018年度）》后，将责任书任务分解到6个定点扶贫对口帮扶组，并签订帮扶责任书，压实帮扶责任。2018年水利部原农村水利司被中央和国家机关工委评为中央和国家机关脱贫攻坚先进集体。

全年6个对口帮扶组投入捐助帮扶资金923.33万元，引进帮扶资金1.36亿元，培训基层干部367名，培训技术人员1052名，安排贫困家庭勤工俭学学生212名；部机关工会组织购买定点扶贫县区农副产品，部机关和直属单位职工积极参与“选购农副产品、支持定点扶贫”活动，购买定点扶贫县区农副产品206.54万元；协调北京市东城区和湖北省十堰市郧阳区举办农特产展销会等，帮助销售农产品1145.91万元。实施水利行业倾斜支持工程，安排水利建设投资14.98亿元，其中中央投资5.04亿元。实施贫困户产业帮扶工程，投入229.06万元贴息或担保资金撬动6477.6万元贷款，安排股权帮扶金额320万元，共计帮扶2570个贫困户；实施贫困户技能培训工程，投入898.86万元资金，举办169期培训班，培训4585人次，水利部部属单位吸纳289人次贫困户劳动力在安保、保洁等岗位就业；实施贫困学生勤工俭学帮扶工程，安排贫困家庭212个学生进行勤工俭学，平均增加收入2900元；实施水利建设技术帮扶工程，安排285人次进行技术帮扶，帮助编制13个规划（方案、计划），开展15项前期工作；实施专业技术人才培训工程，投入68.34万元资金，举办47期578人次培训班；实施贫困村党建促脱贫帮扶工程，与6个贫困村支部开展共建，安排166.2万元党费，支持26个贫困村修缮党组织活动场所、更新教育设施，举办5期170人次党支部书记、创业致富带头人培训班；实施内引外联帮扶工程，与有关部委沟通协调引进9886万元资金解决8个问题，牵线搭桥引入21家企业签署框架性投资协议10.5亿元，协调北京尤迈慈善基金会组织北京协和医院知名专家远程会诊贫困户病人113人次。针对中央定点扶贫单位试考核反馈意见，组织对口帮扶组完成整改落实工作。组织开展对6个定点扶贫县区落实脱贫攻坚主体责任专项督导检查，并以“一县一单”的方式印发各定点扶贫县区党委政府整改落实。委托第三方独立机构对定点扶贫县区脱贫攻坚以及定点扶贫“八大工程”实施情况开展跟踪监测评估。全年由司局级领导带队调研定点扶贫工作41人次，6个帮扶组共召开21次专题会议，研究部署定点扶贫帮扶工作。

（水利部扶贫办 靳宏强 蓝希龙 周 旷）

农业农村部扶贫

【概述】 2018年，农业农村部坚持把发展产业作为脱贫攻坚根本之策，举全系统之力，创新帮扶方式，突出主体培育、产销对接、产业融合、技术服务等关键环节，扎实推进产业扶贫、定点扶贫、片区扶贫、环京津扶贫和深度贫困地区扶贫等工作，有力促进贫困地区区域经济发展和脱贫攻坚工作深入开展。农业农村部党组书记、部长韩长赋等领导多次带队到贫困地区调研农业农村发展工作，为当地推进产业脱贫出谋划策。联合国家发展和改革委员会、国务院扶贫办等8部门印发《关于实施产业扶贫三年攻坚行动的意见》，明确新阶段产业扶贫工作思路、目标任务与主要措施。会同国务院扶贫办印发《关于建立贫困户产业发展指导员制度的通知》，部署各地建立贫困户产业发展指导员队伍。印发《关于扎实推进农村产业融合发展助推脱贫攻坚的通知》，指导各地加快推进产业融合发展，提升产业扶贫质量。举办扶贫日产业扶贫论坛，发布10大产业扶贫机制创新典型。

【扶贫资金投入】 立足贫困地区资源禀赋和发展实际，加大项目和资金倾斜支持力度。会同有关部门，安排扶贫任务重的22个省区市中央财政资金2105亿元，重点支持农业生产发展、农业资源与生态保护、动植物防疫与生产救灾、高标准农田建设等重点领域，推动各省将资金向贫困地区尤其是“三区三州”等深度贫困地区倾斜。

【产销对接帮扶】 农业农村部制定《贫困地区农产品产销对接实施方案》，明确贫困地区农产品产销对接思路与对策。启动实施“贫困地区农产品产销对接行动”及“互联网＋”农产品出村等六大工程。先后在北京、兰州、和田、长沙、郴州、商丘等地举办了7场贫困地区农产品产销对接活动，为全国600多个贫困县提供营销推介服务，展示展销贫困地区农产品万余种，开展品牌推介活动20多场，近3000家经销商、采购商参与对接采购，现场签约金额超过190亿元。组织大型电商企业举办丰收购物节，开展农产品促销、农资促销等活动，直接带动包括贫困地区在内的农村优质特色农产品网上销售额超过200亿元。会同云南省农业农村厅在迪庆藏族自治州举办云南省深度贫困地区品牌产品招商对接活动，83家农业产业化龙头企业与迪庆藏族自治州、怒江傈僳族自治州对接合作，签约金额8.3亿元。组织70多家龙头企业与环京津28个贫困县、西藏、新疆南疆4地州、大兴安岭南麓片区、武陵山片区等贫困地区开展深度对接合作，签约金额98.7亿元。

【新型主体培育】 支持贫困地区培育龙头企业、农民合作社和家庭农场等新型经营主体。农民合作社示范社创建补助资金对贫困地区实施倾斜，专门安排部门预算资金对扶贫农业产业化龙头企业给予奖补。组织多种形式的专题培训、工作交流和创新典型推介活动，指导贫困地区探索完善“企业＋合作社＋贫困户”“企业＋基地＋贫困户”“园区＋合作社＋贫困户”等带贫模式，完善利益联结机制，强化新型主体带贫能力。截至2018年底，全国贫困县已发展市级以上龙头企业1.4万家，发展农民合作社61万个，新型经营主体通过股份合作、订单帮扶、生产托管等方式，带动贫困户的比例达到 74%。

【科技人才支撑】　调动全国农业科技系统力量，依托国家现代农业产业技术体系专家团队，为贫困地区产业扶贫提供全方位技术服务支撑，构建农业病虫害绿色防控综合技术体系，构建种养循环、农牧结合的绿色产业发展技术体系，示范推广节水、节肥、节药等绿色农业生产技术。印发《关于组建贫困县产业扶贫技术专家组的通知》，指导贫困县加快组建产业扶贫技术专家组，要求专家组专家到村到户开展精准决策咨询和生产技术指导。印发《关于全面实施农技推广服务特聘计划的通知》，在 22 个脱贫任务重的省区市全面实施农技推广服务特聘计划。继续面向贫困地区开展农村实用人才带头人示范培训，大力培育新型职业农民，2018 年累计培训近 3 万人次。选派 22 名部系统干部到定点扶贫地区、革命老区、艰苦边远地区等脱贫攻坚一线挂职锻炼帮扶，选派 13 名博士服务团成员前往新疆、西藏等贫困地区锻炼帮扶。

【片区扶贫攻坚】　农业农村部履行大兴安岭南麓片区扶贫牵头联系职责，积极沟通协调部际联席各成员单位倾力帮扶片区贫困县加快发展。协调推动各单位如期完成 2016 年确定的 101 项办实事清单任务。组织召开片区扶贫部际联席会议，研究部署到 2020 年支持帮扶任务，协调各单位到 2020 年继续为片区办理 105 项实事，确保片区各县如期脱贫摘帽。会同有关部门安排资金 10 亿多元，重点支持片区贫困县粮食生产、草食畜牧业发展、特色水产品养殖、黑土地保护和草原生态保护等。安排草原生态补奖资金 2.8 亿元，支持片区实施退牧还草、退耕还林还草等草原保护建设重大工程。加强片区人才培养，组织培训片区农民、农技人员及农牧干部近 2 万人次。在贫困地区农产品产销对接活动上开设大兴安岭南麓片区专场，宣传推介片区农产品，签订 6.5 亿元购销合同。支持片区休闲农业发展，在内蒙古自治区阿尔山市认定 1 个中国美丽休闲乡村、扎赉特旗认定 2 个中国美丽休闲乡村，在黑龙江省甘南县认定 1 个中国美丽休闲乡村，认定林甸县为休闲农业和乡村旅游示范县。推动黑龙江省和内蒙古兴安盟开展大东北无疫区建设。继续选派优秀干部到片区挂职锻炼，截至 2018 年底，挂职干部数量为 3 名。

【环京津扶贫】　推进特色产业发展，指导环京津贫困地区发展“一村一品”。组织召开环京津贫困地区农业扶贫现场会，观摩农业扶贫合作项目。会同河北省农业农村厅安排环京津 28 个贫困县资金 30 亿元，改善农业产业发展基础设施和科技服务支撑条件。依托国家和省级现代农业产业技术体系组建特色产业专家组 111 个，推动科研院所、大专院校签订技术服务协议 144 个，累计开展技术培训 3.6 万人次。推动农产品经销商、批发市场等营销主体与环京津贫困县建立稳定产销合作关系，全年开展营销活动 270 多场次。利用央视媒体等平台广泛宣传环京津特色农产品，帮助培育蔚州贡米、康保蔬菜、阳原桑干驴等一批特色农产品品牌，促进环京津优质绿色农产品进入京津、走向全国。推动“美菜网”与环京津 28 个贫困县建立农产品销售合作关系。继续组织部内 28 个单位对口帮扶环京津 28 个贫困县。2018 年，农业农村部对口帮扶的 11 个贫困县宣布脱贫摘帽。

【深度贫困地区脱贫攻坚】　贯彻中共中央办公厅、国务院办公厅印发的《关于支持深度贫困地区脱贫攻坚的实施意见》，制定《支持深度贫困地区农业产业扶贫精准脱贫实施方案》《“三区三州”等深度贫困地区特色农业扶贫行动工作方案》，统筹各类措施倾斜支持“三区三州”深度贫困地区特色农业发展。实施“三区三州”特色农业扶贫行动，选择 19 个贫困县，每县选择 1~2 个特色主导产业，整合资源集中支持，打造产业发展示范典型。实施青海、新疆特色畜牧业扶贫行动，集中行政部门、行业协会、保险金融、科研团队、龙头企业等各方力量支持当地特色畜牧业发展。安排资金75.5亿元，支持新疆和西藏实施草原保护建设重大工程。安排资金1.6亿元，支持新疆和西藏开展绿色高质高效创建、耕地休耕制度试点和耕地保护与质量提升。安排资金2亿元，支持新疆开展旱作农业技术推广。安排资金2.65亿元，支持“三区三州”等深度贫困地区农机购置补贴。安排资金2.29亿元，支持“三区三州”等深度贫困地区发展储藏、保鲜、烘干、清选分级、包装等设施装备。派遣4个农业科技服务团、15个特色产业专家指导组为南疆和凉山、怒江、临夏“三州”产业发展提供技术咨询服务。组织“三区三州”所有贫困县参加全国贫困地区农产品产销对接活动。加快“三区三州”新型经营主体培育，截至2018年底，“三区三州”深度贫困县发展农民专业合作社36055家，其中国家示范社161家。利用“三区三州”深度贫困地区新型职业农民培育项目，培育新型职业农民2.4万人。继续选派优秀干部援疆援藏援青，挂职帮扶干部数量达到25名。

【定点扶贫】 农业农村部定点帮扶湖北省咸丰县、来凤县，湖南省永顺县、龙山县以及贵州省剑河县5个县。制定《农业农村部落实定点扶贫县帮扶责任工作方案》，明确定点扶贫主要任务和工作要求。完善部领导联系定点扶贫县工作机制，建立部长为第一责任人、5位副部长分别牵头对口联系1个定点扶贫县的工作机制。制定《定点扶贫县新型经营主体服务行动方案》，推动咸丰县、来凤县、剑河县基本实现农民合作社对贫困村全覆盖，剑河县实现建档立卡贫困户100%入社。安排资金近3亿元、引入帮扶资金（含物资）1.67亿元，推动定点扶贫县的茶叶、柑橘等特色产业发展。免除定点扶贫县“三品一标”产品认证费用。在农业农村部系统举办定点扶贫县特色产品购销活动，开展消费扶贫。继续组织农业农村部机关司局党组织与定点扶贫县的贫困村党支部开展联学共建活动。选派15名优秀干部到定点扶贫县挂职锻炼。2018年，来凤县宣布脱贫摘帽。2018年度，国务院扶贫开发领导小组对中央单位定点扶贫工作进行考核，农业农村部考核等次为“好”。

（农业农村部扶贫办
冯东岳　周　磊）

商务部扶贫

【概述】 2018年，商务部党组书记、部长钟山多次主持召开部党组会议和部扶贫开发工作领导小组会议，听取商务扶贫工作汇报，先后审议出台商务扶贫行动计划、商务部落实《中共中央　国务院关于打赢脱贫攻坚战三年行动的指导意见》实施方案。制定商务部2018年度定点扶贫工作计划，钟山部长分别就贯彻落实习近平总书记对打赢脱贫攻坚战三年行动的重要批示精神、《中共中央　国务院关于打赢脱贫攻坚战三年行动的指导意见》、2017年中央单位定点扶贫工作考核反馈意见等作出批示，提出明确要求。部内有关单位狠抓落实，商务扶贫取得积极成效。

【电商扶贫】 2018年，电子商务进农村综合示范新增示范县260个（国家级贫困县238个），累计支持737个国家级贫困县，覆盖88.6%的国家级贫困县，带动超过300万农村贫困人口实现增收。推动北京京东世纪贸易有限公司（以下简称“京东”）、阿里巴巴网络技术有限公司（以下简称“阿里巴巴”）、苏宁易购集团股份有限公司（以下简称“苏宁”）等21家电商企业创建电商扶贫频道，对接的国家级贫困县超过500个，销售贫困县各类产品和服务200多亿元。在四川省西昌市召开全国电商扶贫工作会，举办电子商务进农村培训班，培训示范县基层干部、返乡大学生、贫困户等超过500万人次。指导中华思源工程扶贫基金会、阿里巴巴等18家单位成立了中国电商扶贫联盟，开展电商扶贫品牌推介工作，首批帮扶对象覆盖全国340个贫困县，完成100家企业农特产品“三品一标”认证。

【产销对接扶贫】 商务部印发关于做好农产品产销对接工作的通知，在农产品批发市场、零售企业和电商平台设立贫困地区农特产品销售专档、销售专柜和电商扶贫频道，鼓励机关、企事业单位等在同等条件下优先采购贫困地区农产品，机关食堂从商务部三个定点扶贫县四川省广安市广安区、四川省仪陇县、湖南省城步苗族自治县（以下简称“城步县”）采购农特产品共计20万元。2018年组织开展6场全国农产品产销对接行，共计组织532家采购商代表与1042家生产企业（合作社）、家庭农场和种植养殖大户等农业生产主体进行对接洽谈，总意向交易金额125.84亿元，其中，深入贫困地区开展田头对接，累计达成意向采购金额53.74亿元。

【家政扶贫】 商务部会同国家发展和改革委员会等印发《关于开展全面推进“百城万村”家政扶贫工作的通知》。组织109个中心城市的247家家政企业与国家级贫困县进行对接。在前期试点工作的基础上，总结提炼21条可复制可推广的经验向全国推广。建立家政扶贫供需对接平台，优化调整家政扶贫商业综合保险政策，推动建立家政劳务输出基地。引进联合国开发计划署资金1000万元人民币，在安徽等7省建设家政扶贫培训基地，2018年家政扶贫带动贫困地区实现就业12万人，人均年收入达到5万元。

【对外劳务扶贫】 2018年，商务部牵头印发进一步加大对外劳务扶贫力度工作方案，建立全国对外劳务扶贫统计工作系统，选定97家对外投资合作企业作为对外劳务扶贫试点企业，指导25个省份建立312家对外劳务合作服务平台。组织召开对外劳务扶贫对接交流会议，来自中西部22个贫困县的企业和80余家对外承包工程、对外劳务合作企业签署合作框架协议55份，对外劳务扶贫派出3.5万人，分布在136个国家（地区）。

【产业扶贫和边贸扶贫】 第123届和124届中国进出口商品交易会继续支持贫困地区企业参展，共为1296家次贫困地区企业减免展位费3396万元，出口成交40亿元。其间，继续增设贫困地区特色产品展区，取消最低出口额限制，为336家次贫困地区企业提供380个展位。利用中国国际投资贸易洽谈会和中国中部投资贸易博览会展会平台，支持对口支援的江西省全南县开展项目洽谈等。组织跨国公司“西部行”，落实扶贫项目。组织25家国家级经开区对口帮扶19家边合区、跨合区，稳步推进中老、中哈跨合区建设。在西部少数民族地区安排中央储备牛羊肉和边销茶计划，占全国总量的97.6%和57.8%，超过原定85%和50%的目标。按计划举办4期国家级贫困县商务扶贫政策培训。

【国际减贫合作】 商务部响应联合国2030年可持续发展议程，充分发挥联通内外的行业特色，积极加强与国际多边机构合作，引进帮扶资源。与联合国开发计划署、可口可乐大中华区、深圳壹基金执行“新疆扶贫与净水计划”，2018年为新疆南疆四地州47所学校、幼儿园提供净水设备。与联合国开发计划署合作，开展“扶贫与可持续发展”“建设中国普惠金融体系”等项目，为三个定点扶贫县引进帮扶资金合计821.7万元，超过原定770万元的目标。商务部副部长兼国际贸易谈判副代表王受文与联合国驻华系统协调员罗世礼签署《中华人民共和国与联合国驻华系统关于支持城步县扶贫工作的谅解备忘录》，城步县成为联合国驻华组织协议支持的第一个国家级贫困县，共计引进帮扶资金100万美元，在城步县开展竹产业、乳产业、民族特色艺术和手工艺设计、电子商务4个领域的合作项目。引导联合国可持续农业机械化中心依托城步民富中心，开展可持续农业机械化培训，捐赠农业设备。利用联合国开发计划署项目，在仪陇开展扶贫互助社转型试点，建立民富可持续发展服务中心，为合作社提供综合服务，推动仪陇扶贫资金互助业务健康和可持续发展，2014—2018年，累计为贫困乡村农户发放借款6596笔，累计借款资金2.56亿元，累计受益农户34760户（含建档立卡贫困户14676户）。落实联合国开发计划署预算资金100万美元支持中国国际扶贫中心建设项目。组织编写出版《国际减贫理念与启示》。

【扶贫宣传】 2018年，商务部以国家扶贫日为契机，在部机关举办商务扶贫工作成果展，展示各项商务扶贫工作情况及成效。在国际商报、“商务微新闻”、“e新商务”等媒体上刊发78篇商务扶贫宣传文章。国务院扶贫办、中央和国家机关工委刊发商务部扶贫信息8篇。

【定点扶贫概述】 2018年，商务部定点帮扶广安区、仪陇县和城步县。广安区作为四川省脱贫攻坚先进县（区）于2017年脱贫摘帽。仪陇县于2018年7月以“零错评、零错退、综合贫困发生率0.83%”的优异成绩实现脱贫摘帽。城步县贫困发生率自2014年的27.1%下降到2018年的4.08%，农民纯收入由4687元提高到8216元，在三个定点扶贫县开展培训4094人，其中农民及技术人员3407人，基层干部及农民合作社管理人员687人，均超过原定目标。商务部在2018年中央和国家机关定点扶贫工作成效考核中获评“好”等次。

【干部挂职扶贫】 商务部向定点扶贫县选派挂职干部和驻村第一书记，2018年，共有13名干部（处级干部3名，处级以下干部10名）在定点扶贫县挂职，其中城步县挂职干部 5 名，广安区、仪陇县各 4 名，按期完成驻村第一书记轮换，形成以挂职副县长为组长、职能部门挂职干部联络协调、驻村第一书记为骨干力量的定点扶贫团队。

【扶贫调研】 2018 年，商务部将“发挥行业优势推进商务扶贫研究”列入党组重大调研课题，分管部领导牵头，把定点扶贫调研作为重点任务之一，坚持问题导向、突出实的特点、强化严的要求，以调研成果推动工作开展。10 月，部长钟山利用国庆假期，专程赴城步调研脱贫攻坚工作，实地考察电子商务进农村综合示范等扶贫项目、看望慰问贫困群众和一线扶贫干部，召开定点扶贫座谈会，研究对接帮扶工作。部长助理李成钢先后带队赴城步、广安和仪陇开展调研，实地查看商务部定点帮扶项目，考察贫困村生产生活情况，加强对地方脱贫攻坚的督促指导。部属单位司局级领导 26 人次赴定点扶贫县，实地检查定点扶贫项目进展和资金使用情况等，对接定点扶贫工作。

【定点扶贫资金投入】 根据《中央单位定点扶贫责任书》，进一步细化工作方案，2018 年，商务部向部属单位募集筹措定点扶贫资金 1522.6 万元，对深度贫困县城步县予以倾斜，安排帮扶资金 969 万元，占资金总量的 63.6%，支持其修建贫困村通村公路等；对广安区、仪陇县支持其整修产业园区、新建生产便道、开展实用业务培训等，注重在产业扶持方面形成持续效应。拨付部门预算资金 100 万元，用于支持定点扶贫县开展劳动技能培训和党建扶贫等。安排 14.8 万元党费，支持挂职扶贫干部开展党建扶贫工作。

【扶贫项目】 商务部 9 家基层党组织与贫困村党支部开展支部共建，利用党费走访慰问贫困地区生活困难党员群众、改善党建活动宣传设施、购买学习资料。组织退休干部赴定点扶贫县调研 26 人次，围绕经济领域热点问题开展专题授课，并帮助建立 2 个农家书屋，捐赠图书 2700 余册。引导外资企业积极开展扶贫公益活动，其中，高通在城步县捐赠 800 台智能手机，惠及 8 个村 805 户深度贫困户，戴尔股份有限公司、玫琳凯（中国）有限公司、索尼（中国）有限公司、佳能（中国）有限公司分别向定点扶贫县 7 所中心小学捐赠 40 台电脑、电教设备及 560 套标准化课桌椅等。在仪陇县，协调引进利达丰（香港）实业有限公司，合作建设规模化集约化蚕桑基地 4000 亩，通过“反租倒包”模式将建成的桑园免费承包给贫困户，实现“造血式”扶贫。在广安区，医保商会与广安区签署《关于共同促进广安医药健康产业发展战略合作协议》，协调会员企业定点收购广安区龙安柚幼果，促成其与村种植专业合作社签署长期合作协议，打造柚枳实产业基地。在城步县，康宝莱（中国）保健品有限公司购买城步青钱柳茶树苗免费发给当地贫困家庭，并以市场价格回收青钱柳茶叶。

（商务部财务司　马绍波）

文化和旅游部扶贫

【概述】 文化和旅游部立足文化和旅游资源优势，依托重大文化和旅游项目，从政策和规划、资金和项目、人才和服务等多个方面积极推进全国贫困地区文化建设和旅游发展。积极配合各牵头单位参与六盘山区、秦巴山区、武陵山区等11个连片特困地区和西藏、四省藏区、新疆南疆四地州等片区的有关扶贫工作，推动文化建设和旅游发展与当地经济社会协调发展。印发《文化和旅游部关于打赢脱贫攻坚战三年行动实施方案》及其分工方案等政策文件，为文化和旅游扶贫工作提供制度保障。成立文化和旅游部扶贫和对口支援工作领导小组，进一步加强对文化和旅游扶贫工作的组织领导。

【基础设施建设】 2018年，文化和旅游部继续组织实施贫困地区村文化活动室设备购置项目，中央财政补助资金共计4.49亿元，支持了2.24万个村文化活动室设备购置。完善贫困县基层服务站点建设，为国家级贫困县基层服务站点设备的提档升级提供9750万元资金支持，提升了贫困地区公共数字文化服务能力。完善贫困地区公共文化服务网络，推进县级文化馆、图书馆总分馆建设，提升贫困地区公共文化服务效能。

【扶贫人才支持】 2018年，“三区”人才支持计划文化工作者专项通过选派和培养文化工作者的方式，重点面向国家确定的连片特困地区覆盖的县、国家扶贫开发工作重点县和省级扶贫开发工作重点县以及新疆生产建设兵团困难团场，中央财政资金安排3.14亿元，选派17000多名优秀文化工作者赴“三区”开展服务，为“三区”培养1500名急需紧缺的文化工作者，为贫困地区文化发展提供了有力的人才保障。通过支持文化产业人才队伍建设、举办旅游专题培训等为文化和旅游扶贫工作提供人才保障。

【扶贫文化服务】 2018年，文化和旅游部拨付3.90亿元为贫困地区所辖乡镇每两个月配送一场以地方戏为主的演出，演出补助从3000元提升至5000元，通过戏曲进乡村，增加农村公共文化服务总量，解决农民看戏难的问题，形成政府、市场、社会协同推动农村文化建设的良好局面。开展“阳光工程”——中西部农村文化志愿服务行动计划，在包括贫困地区在内的农村，招募有文艺专长、热心社会公益、乐于组织基层群众文化活动的文化志愿者，到村文化中心和乡村学校开展文艺辅导、文化活动组织，丰富农村群众精神文化生活。开展“春雨工程”——全国文化志愿者边疆行活动，充分发挥文化志愿服务在支持贫困公共文化服务体系建设中的积极作用。

【文化和旅游产业发展】 文化和旅游部将持续推动藏羌彝文化产业走廊建设与推动脱贫攻坚有机结合，每年支持各地举办相关展览展示、论坛研讨、人才培养、项目路演推介等活动3～5场，推动藏羌彝文化产业走廊信息交互平台建设。2018年，制定印发《进一步推进藏羌彝文化产业走廊建设的实施方案》，以“三区三州”等深度贫困地区及少数民族聚居区域为重点，统筹各类资源，加大倾斜力度，推动走廊建设与脱贫攻坚、乡村振兴有机结合。开展“2018年度藏羌彝特色文化品牌培育”项目征集、遴选工作，以贫困地区为重点，遴选一批有代表性的藏羌彝特色品牌，支持企业开展品牌培育、宣传推广等活动，为“茶卡盐雕品牌培育与打造”“布绣嘎玛藏绣品牌培育建设”等10个项目提供资金支持。

【扶贫文化遗产保护利用】 2018年7月，文化和旅游部、国务院扶贫办联合印发《关于支持设立非遗扶贫就业工坊的通知》，以“三区三州”等深度贫困地区为重点，兼顾部分少数民族国家级贫困县，确定了第一批10个“非遗+扶贫”重点支持地区，支持设立一批非遗扶贫就业工坊。10个重点支持地区依托临夏砖雕、藏香制作技艺、傈僳族传统织麻传技艺等57个就业带动强、有市场前景的各级非遗代表性项目，组织开展341次传统工艺扶贫技能培训，培训9786人，招收和安置3226户建档立卡贫困户学习掌握传统工艺和相关技能。2015年起，文化和旅游部会同教育部等相关单位以传统工艺为重点，共同实施“中国非物质文化遗产传承人群研修研习培训计划”，帮助传承人群“强基础、拓眼界、增学养”。在研培计划基础上，2018年，文化和旅游部补助经费273万元，支持新疆墨玉、青海果洛等地开展“非遗+扶贫”试点培训。

【旅游扶贫】 启动西藏冈底斯国际旅游合作区建设总体规划，编制南疆四地州、云南怒江、四川凉山、甘肃临夏旅游扶贫专项规划。开展“三区三州”深度贫困地区旅游规划扶贫公益行动，已组织144家规划编制单位帮扶223个旅游扶贫重点村编制旅游规划，指导市县抓好规划落实。会同国务院扶贫办举办旅游扶贫对接活动，重点推进“三区三州”深度贫困地区和定点扶贫县的旅游扶贫工作。会同国务院扶贫办、中国农业发展银行、财政部等部门，拓宽贫困地区旅游企业融资渠道。加大对贫困地区旅游资源、旅游商品宣传推介力度，组织云南怒江傈僳族自治州、四川凉山彝族自治州和甘肃临夏回族自治州政府和旅游部门参加“2018‘三州’旅游推介会”。

【定点扶贫】 文化和旅游部定点帮扶山西省娄烦县、静乐县，内蒙古自治区阿尔山市、广西壮族自治区巴马瑶族自治县。以组建文化和旅游部为契机，整合文化和旅游资源，严格有关要求，精心组织、认真谋划，稳步推进定点扶贫工作。5名部领导分别赴定点扶贫县开展调研，对定点扶贫县脱贫攻坚工作予以指导。直接投入资金（款物）1678.6万元。购买贫困地区农产品26.65万元，帮助销售贫困地区农产品67万元。制定《文化和旅游部关于指导定点帮扶的娄烦县、静乐县、阿尔山市、巴马瑶族自治县打造贫困地区公共文化服务和旅游发展示范县（市）的工作方案》，加大对定点扶贫县的公共文化建设和旅游发展的支持力度，推动四县（市）建成全国贫困地区公共文化服务和旅游发展示范县（市）。在娄烦县、静乐县举办文化旅游精准扶贫对接活动，立足两县实际，统筹资源力量，制定《生态旅游扶贫综合金融服务方案》《文化旅游帮扶计划书》等，并组织有关单位向两县各捐赠皮卡车6辆，用于日常生产生活。发挥当地文化中心、传统工艺工作站的作用，加快非遗资源的整理和挖掘，大力培育当地非遗人才，组织开展直接面向普通从业者的手工艺培训，带动贫困劳动力稳定就业。实施旅行社、景区、自驾车营地等项目带动贫困村发展乡村民俗文化旅游；实施农家乐、田园综合体、休闲农业合作社等项目带动贫困户就业增收；开展送戏下乡，提升群众主动脱贫内生动力。为加强挂职干部力量，2018年，增派4名干部到定点扶贫县挂职，7名扶贫干部在协调上下关系、帮助落实项目资金、开展各类文艺演出和旅游活动等方面，发挥了重要作用。

（文化和旅游部财务司　肖　蒙）

国家卫生健康委员会扶贫

【概述】 2018 年，国家卫生健康委员会（以下简称“国家卫生健康委”）将健康扶贫和定点扶贫作为一项重要政治任务，列为当前卫生健康工作的重中之重，举全委、全系统之力，推动各项工作取得积极进展。经过几年集中攻坚，贫困地区医疗卫生机构服务条件明显改善，服务能力明显提升，贫困群众大部分疾病都能在县域内得到及时救治，农村贫困人口医疗费用大幅减少，670 多万因病致贫贫困户摆脱了贫困，为决战决胜脱贫攻坚作出了重要贡献。

【健康扶贫】 2018 年，农村贫困人口看病就医负担进一步减轻，基本医疗卫生服务公平性和可及性进一步提升，190 万因病致贫返贫贫困户实现脱贫。

推动将建档立卡贫困人口全部纳入城乡居民基本医保、大病保险和医疗救助制度保障范围，实行倾斜照顾。推动各地对贫困人口采取特殊保障措施，安排专项资金，通过政府直接兜底、医保制度兜底、建立补充医疗保险制度兜底、专项救助基金兜底等形式，对经城乡居民医疗保险、大病保险、医疗救助补助后的个人自付医疗费用再次给予补偿或救助，将农村贫困人口住院医疗费用个人自付比例控制在可承受范围以内。为贫困人口提供县域内住院“先诊疗、后付费”和“一站式”即时结算等方便措施。2018 年贫困患者医疗费用个人平均自付比例下降到 10% 左右。

对贫困大病患者，选择群众反映集中、费用负担重、诊疗路径清晰、诊疗效果明确的病种，确定定点医院、诊疗方案、单病种付费标准，开展专项救治。2018 年，救治病种范围扩大到 21 种。针对慢性病患者，开展家庭医生签约服务，重点加强对高血压、糖尿病、结核病、严重精神障碍等慢性病患者的规范管理。截至 2018 年底，已有 1212.7 万人得到分类救治，覆盖 95.26% 的大病和慢性病患者。

组织 963 家三级医院对口帮扶 832 个贫困县的所有县级医院，全面建立远程医疗网络。2015 年以来，中央累计支持 3438 个卫生院建设，实施全科医生特岗、农村订单定向医学生免费培养，补充全科医生 1.4 万人，中央支持 1.4 万个卫生室建设，培训 6 万名村医，培养 3 万名乡村全科执业助理医师。

预防为主，防治结合，针对艾滋病、结核病、包虫病、大骨节病等重点传染病和地方病，采取针对性防治策略和有效措施综合防控。深入开展凉山彝族自治州艾滋病防治和健康扶贫攻坚行动。

全面落实妇幼健康项目。农村妇女宫颈癌、乳腺癌筛查、孕前优生健康检查、增补叶酸预防神经管缺陷等项目覆盖所有贫困县。深入实施贫困地区儿童营养改善、新生儿疾病筛查项目。加强健康促进与教育，引导形成健康生活方式和行为。

制定印发深度贫困地区健康扶贫实施方案，召开“三区三州”健康扶贫攻坚工作座谈会，指导“三区三州”所在省区分别制定“三区三州”健康扶贫工作攻坚行动方案。倾斜项目资金支持“三区三州”各级医疗卫生机构建设。协调中央财政补助资金 4.66 亿元，支持“三区三州”县级医院和基层医疗卫生机构临床服务能力建设；协调中央财政专项资金25.2亿元，支持“三区三州”农村贫困人口托底医疗保障工作。实施医疗人才“组团式”援藏援疆，从国家级医院和省级大医院选派专家组团帮扶，以“院包科”的形式帮助受援医院建设重点科室，提升服务能力。西藏实现332种“大病”不出自治区、1914种“中病”不出地市，新疆受援医院急危重症病人抢救成功率达到90%以上。

【片区扶贫攻坚】 坚持定期召开片区脱贫攻坚部际联席会议，协调推进片区重大项目落实。与山西、陕西两省相关部门联合推进吕梁山货、吕梁护工项目，深入开展吕梁山货进机关、进单位、进医院和吕梁护工进医院、进社区、进家庭活动，211名护工在北京实习就业，实现就业一人，脱贫一户；“吕梁山货”覆盖全部吕梁山片区的20个贫困县，辐射带动周边贫困地区。

【援疆援藏】 组织专家力量指导西藏、新疆聚焦当地主要卫生健康问题，制定健康扶贫攻坚行动方案。组织召开全国卫生健康系统援疆、援藏工作会议。统筹对口支援省市根据西藏、新疆卫生健康事业发展的实际需求统筹安排项目、资金，提高帮扶成效。

【定点扶贫概述】 国家卫生健康委承担山西省永和县、大宁县和陕西省子洲县、清涧县4个县的定点扶贫任务。按照定点扶贫“工作思路要清、选派干部要强、机制办法要活、帮扶措施要实、帮扶成效要好”的思路要求，制定工作方案，落实帮扶责任，创新工作方式，推进各项工作取得明显进展。

【扶贫资金投入】 在中国人口福利基金会设立健康暖心专项基金，2018年为4个定点县各安排300万元用于脱贫攻坚工作。动员社会力量以及委机关各司局、直属和联系单位通过志愿服务、捐款捐物等方式支持4县脱贫攻坚。2018年，累计直接投入资金1391万元。

【扶贫培训】 举办定点扶贫县党政干部脱贫攻坚专题培训班，组织深入学习党的十九大精神和习近平总书记关于扶贫工作的重要论述，增强打赢脱贫攻坚战的能力和水平。以推动深化医改为抓手，将定点扶贫县作为改革实验基地，倾斜有关政策、项目、资金支持。举办定点扶贫县脱贫攻坚暨深化医改专题培训班，召开定点扶贫县深化医改座谈会，组织相关司局及专家赴定点扶贫县开展专题调研。结合实际，指导4县研究制定深化医改方案，手把手推动各县深化医改工作。

【挂职干部扶贫】 按照遴选配强原则，选派6名优秀干部在4个定点县挂职，其中，司局级2名、处级3名、科级1名。加强对挂职干部的指导和支持，研究制定《关于进一步加强和改进定点扶贫地区挂职干部管理工作的实施细则》。组建定点扶贫前方工作组，进一步加强挂职干部管理和对挂职干部支持力度。

【扶贫资金管理】 指导中国人口福利基金会制定《健康暖心扶贫资金管理办法》，印发《关于进一步加强健康暖心扶贫资金使用管理和建立定点扶贫项目库的通知》，规范资金管理力度，提高精准程度和脱贫成效。

【产业扶贫】 协调东阿阿胶股份有限公司支持开展养驴扶贫项目，指导子洲县制定《驴产业发展规划（2018—2020年）》。支持子洲县推进黄芪扶贫产业发展，将黄芪列入“药食同源”目录。在国家卫生健康委支持下，陕西煤业化工集团有限责任公司将投资2.8亿元用于子洲黄芪综合开发及大健康产业项目，预计年总产值5亿~10亿元，将带动4000户贫困户脱贫致富。与山西、陕西联合推进“吕梁山货”消费扶贫项目。协调机关、直属单位和多家医院食堂与清涧县签订黑毛土猪肉供应协议，带动贫困人口脱贫。

（国家卫生健康委员会财务司扶贫办
张　喆）

审 计 署 扶 贫

【概述】 2018年，审计署党组落实中共中央、国务院决策部署，推进定点扶贫县河北省顺平县、贵州省丹寨县脱贫摘帽。截至2018年底，河北省顺平县地区生产总值、财政收入、农民人均可支配收入与帮扶前比，分别增长了5倍、14倍和4倍，建档立卡贫困人口由2014年的35242户、102078人下降至2018年底的1273户、2632人，贫困发生率从37.8%下降至0.98%；贵州省丹寨县累计减少贫困人口5.63万人，贫困发生率下降至1.67%，农村居民人均可支配收入从5862元增加到9060元，年均增长11.5%，增速连续六年位列贵州省前三。

【扶贫资金投入】 2018年，审计署直接投入帮扶资金176.15万元。其中，顺平县144.83万元，包括审计长奖学金30万元，党费支持党建工作App建设15万元，拨付第一书记开展工作党费3.9万元，署领导慰问品折算4.98万元、慰问金0.95万元，中央专项补助经费90万元；丹寨县31.32万元，包括拨付第一书记开展工作党费3.9万元，党费支持村级党组织活动场所建设23.6万元，署领导慰问贫困户金额0.4万元，审计署武汉特派办捐款3.42万元。

【扶贫调研】 2018年，审计署党组围绕年度定点扶贫工作计划召开专题工作会，要求领导班子成员进一步加强对脱贫攻坚的调查研究，年内至少到帮扶县调研考察一次。领导班子成员全年先后6次赴定点扶贫县开展调研。5月，审计署党组书记、审计长胡泽君赴顺平县开展定点扶贫工作专题调研，召开脱贫攻坚工作专题会暨座谈会，考察节水灌溉、扶贫产业项目并看望西南蒲村贫困户。春节前，原审计署党组成员刘正均，原中央纪委驻署纪检组长、署党组成员郑振涛分别赴顺平县、丹寨县进行调研慰问。7月，原审计署党组成员、副审计长陈尘肇赴丹寨县调研定点扶贫工作开展情况。9月，署党组成员、总审计师陈健赴顺平县调研脱贫攻坚情况。10月，署党组成员、副审计长孙宝厚赴丹寨县调研定点扶贫工作开展情况。

【扶贫制度建设】 审计署通过强化扶贫审计监督、挂职扶贫干部现场督导等方式，督促顺平县和丹寨县根据中央精神和上级单位规定，制定、完善有关扶贫工作制度办法。顺平县出台《顺平县推进脱贫攻坚统筹整合涉农资金管理办法》《顺平县2017年度财政涉农资金统筹整合第一次调整、增补使用方案部分项目调整变更的请示》《对财政资金收益扶贫项目采取单一来源方式增加购买服务内容的决定》《顺平县2018年度财政涉农资金统筹整合使用方案》《顺平县农业保险联办共保实施方案》《金融扶贫贷款贴息实施细则》等9项政策措施。丹寨县出台《丹寨县开展“五个一”主题活动助推脱贫攻坚的实施意见》《丹寨县易地扶贫搬迁就业创业、培训后续保障工作实施方案》《丹寨县“六个一”产业扶贫工程建设专班工作方案》《丹寨县强化扶志扶智激发内生动力的实施方案》等15项政策措施，有效加快脱贫攻坚进程。

【扶贫培训】 2018年4月，审计署举办2018年度对口支援和定点扶贫地区审计机关审计业务培训班，为顺平县、丹寨县审计局及赣州市、保定市审计局培训干部 92 人。坚持以党建为引领，组织对深度贫困村第一书记、致富带头人、驻村干部等开展培训 330 余人次，培训技术人员 25 名。

【干部挂职扶贫】 2018 年，审计署选派 4 名干部分赴顺平县、丹寨县挂职、担任村第一书记。其中，姜海泉被中央和国家机关工委表彰为“中央和国家机关脱贫攻坚优秀个人”，崔云凯被表彰为“2018 年河北省脱贫攻坚贡献奖”。

【扶贫慰问】 2018 年春节前夕，原审计署党组成员刘正均，原署党组成员、中央纪委驻署纪检组长郑振涛，带领审计署机关党委（人教司）、机关服务局等部门同志分别到顺平县、丹寨县开展扶贫慰问，发放奖（助）学金 30 万元，发放慰问物资和慰问金 6.33 万元，涉及贫困农户 270 余户。

【扶贫宣传】 2018 年，审计署对定点扶贫和扶贫审计工作中涌现出来的先进典型事迹进行宣传，中央媒体及署管媒体对挂职丹寨县甲石村第一书记姜海泉进行系列宣传报道，中青在线刊发《审计人不一样的扶贫经》《扶贫审计人守望的“第二故乡”》，《中国审计报》以“来自扶贫审计一线的报道——他是我们村里的人”为题作深度报道。组织开展全国审计机关驻村第一书记主题宣传，聚焦全国各级审计机关驻村第一书记先进事迹，选取 50 名候选人并将其事迹通过署管媒体以“全国审计机关驻村第一书记事迹展播”专栏形式集中展示，并同步开展投票活动，根据票选情况再进行“蹲点式”采访，推出一批感人至深的宣传作品。

【扶贫资金管理】 2018 年，在审计署统一组织领导下，河北省审计厅加强对顺平县脱贫攻坚情况审计监督，安排扶贫专项审计，抽审扶贫资金 2.33 亿元，针对顺平县在扶贫政策落实、扶贫资金管理使用等方面存在的问题，提出进一步强化精准措施落实到位、提高财政扶贫资金使用效率等审计建议，推动加强扶贫资金管理。贵州省审计厅对丹寨县易地扶贫搬迁工程资金管理使用、项目管理及政策落实等情况进行了专项审计，指出就业和社会保障等政策落实、资金筹集使用、工程建设管理、安置房分配等问题，提出主动加强对接、严格落实国家政策、规范资金管理等审计建议，推动易地扶贫搬迁政策落实到位。

【产业扶贫】 成功为顺平县 1 家企业引入基金资金 5000 万元，帮助企业发展的同时，增加顺平财税收入，夯实县域经济基础。筹资 60 余万元为西南蒲村、永禄村修建花卉大棚和草莓大棚，增加村集体收入，带动贫困户致富。帮助丹寨县成为全国 2018 年有机肥替代化肥试点县、农村一二三产业融合发展示范项目县，连续 3 年每年获得 2000 万元补助。推动大连万达集团股份有限公司投资建设丹寨万达小镇二期帮扶项目总计 5000 万元，助力旅游产业发展。协调杭州滨江区帮扶资金 220 万元支援丹寨县甲石村产业建设和发展，其中 100 万元用于发展食用菌产业。

【教育扶贫】 在顺平县设立审计长奖（助）学金，每年发放 30 万元资助贫困学生；争取 5 万余元为 10 所小学安装恒温饮水机，使孩子喝上放心安全水；组织永禄、西南蒲村考上大学的新生进行座谈并赠送双肩包等上学必需品。为部分村小学捐赠足球等体育用品，鼓励学童锻炼身体、健康成长。协调教育部“改善普通高中办学条件中央补助资金”420 万元，用于丹寨民族高中建设和设备购置，不断优化办学条件，有效缓解丹寨高中师资力量不足的难题；协调全国知名公益网信企业、中央党校浦东干部教育学院教学定点观摩单位沪汇教育集团在丹寨开展“互联网 + 乡村教育”模式。

【公益扶贫】 顺平县审计局主导为顺平县优抚医院捐赠医疗仪器 3.32 万元，提高医疗救助水平，助力脱贫攻坚。审计署第二任审计长吕培俭夫人盛丽霞捐款50万元，分三年资助丹寨高中和职业高中贫困学生完成学业，其中2018年捐款20万元，资助100名学生，每人2000元；审计署政研室捐赠甲石村幼儿园滑梯一座价值6000元；审计署财政审计司捐赠物资价值1万元；审计署培训中心（宣传中心）捐赠玩具、学习资料等物资折合1万元；审计署武汉特派办捐款3.42万元，捐赠冬衣棉被100余件折合金额5万元。

【基础设施建设】　协调中国地质调查局在顺平县和丹寨县开展水资源利用、地质灾害评价和土壤化学元素分析等调查，2018年前三季度完成投资2617万元，包括水资源科学管理、土地合理规划、特色农业产业发展等项目。在顺平县，协调水利部水利水电规划设计总院编制完成《顺平县水利中长期发展规划》，从饮水、节水、供水、河道治理、生态保护、能力建设等6个方面进行了规划；帮助协调资金4567万元，实施了高效节水灌溉、中小河流治理、高标准农田建设等项目。在丹寨县，帮助协调南方电网公司投入2059万元建设110千伏马丹线项目，有效缓解用电压力；4级审计机关通过“四个一点”的方法共同捐资，推动实现丹寨县9个深度贫困村村委会办公场所建设的全覆盖。

【整村推进】　在顺平县，坚持抓党建促脱贫，为部分村支部更新电脑、办公桌椅等党员教育设施，修缮党组织活动场所，增强基层党组织的战斗力；为部分村委会捐赠空调，改善村支部办公环境；筹集17万余元安装太阳能路灯，改善村容村貌，方便老百姓出行；为19个党员活动室购置冬季取暖炉，解决党支部冬季取暖问题。在丹寨县，协调中国南方电网有限责任公司对甲石村全村进行供电设施安装改造，在2017年工作基础上又完成115户家庭的入户电线升级和一户一表改造；协调中国地质调查局开展水资源调蓄利用项目和土壤元素分析和改良项目，对全村各小组的输水管网和蓄水、提灌设施进行更换、扩容，对全村土壤选取250多个样本点进行50多项微量元素分析；同时，开展稻草还田种植食用菌和调整土壤种植火龙果实验，开展对全村170多栋老旧房的维修改造。

［审计署机关党委（人事教育司）
闫　严］

中国人民银行扶贫

【概述】 2018年，中国人民银行围绕精准扶贫精准脱贫方略，充分发挥中央银行职能作用，加大信贷政策指导力度，优化货币政策工具运用，创新金融产品和服务，提高金融服务普惠性和有效性，加强金融扶贫领域作风建设，推动构建金融精准扶贫长效机制，为打赢脱贫攻坚战提供有力支撑。

【信贷政策指导】 引导金融资源精准对接脱贫攻坚融资需求，发挥金融助推脱贫攻坚“活水”作用。在四川省理县组织召开全国金融精准扶贫经验交流暨工作推进会，部署金融精准扶贫工作，引导金融机构将新增资金、服务和项目优先投向深度贫困地区，力争深度贫困地区贷款增速每年高于所在省区市贷款平均增速。赴贵州、甘肃、陕西等地开展金融精准扶贫调研，了解产业扶贫、易地扶贫搬迁等金融服务情况，督促金融精准扶贫政策落实落地。鼓励金融机构帮助贫困地区培育特色优势扶贫产业，加快建立金融支持产业带动贫困户脱贫的利益联结机制，发挥产业扶贫带动效应，促进金融扶贫与产业扶贫融合发展。支持贫困地区交通、水利等基础设施和医疗、教育等公共服务建设，改善贫困地区生活条件和人居环境。截至2018年末，全国建档立卡贫困人口及已脱贫人口贷款余额7244亿元，产业精准扶贫贷款余额1.01万亿元，带动826万人（次）建档立卡贫困人口增收。

【货币政策工具运用】 发挥货币政策工具信贷结构引导作用，支持金融机构扩大对扶贫开发的信贷投入。一是完善普惠金融定向降准政策，对县域农村金融机构实行较低的存款准备金率，增强县域农村金融机构投入扶贫开发的能力。县域农村商业银行、农村合作银行、农村信用社、村镇银行执行8%的存款准备金率，较大型商业银行法定存款准备金率低5.5个百分点。二是加强支小、支农再贷款和再贴现管理，创新再贷款“先贷后借”模式，发挥再贷款、再贴现资金投向和利率传导功能，引导金融机构将更多信贷资源配置到贫困地区。截至2018年底，全国支小、支农再贷款余额3120亿元，再贴现余额3290亿元。三是完善扶贫再贷款管理，将优化运用扶贫再贷款发放贷款定价机制试点从河南、云南推广到陕西、青海、重庆等12个省区市，鼓励试点金融机构合理确定运用扶贫再贷款发放贷款的利率，引导降低贫困地区融资成本。截至2018年底，全国扶贫再贷款余额1822亿元，同比增长12.7%。

【易地扶贫搬迁金融服务】 聚焦易地扶贫搬迁重点领域和重要环节，组织做好相关资金筹措和搬迁后金融服务工作。一是联合财政部、国家发展和改革委员会印发《关于调整规范易地扶贫搬迁融资方式的通知》，明确自2017年7月14日之后，各地易地扶贫搬迁资金需求全部调整为发行地方政府债券筹集，同时做好融资政策调整后衔接工作，确保不因为融资政策调整影响工程进度。二是按照《“十三五”时期易地扶贫搬迁工作方案》等文件要求，在新的资金筹措政策执行前，继续指导国家开发银行、中国农业发展银行通过发行专项金融债募集易地扶贫搬迁项目建设资金，并将发债资金专项用于易地扶贫搬迁项目，为易地扶贫搬迁贷款提供资金保障。三是做好易地扶贫搬迁后续金融服务，鼓励和引导金融机构针对贫困地区实际情况和建档立卡贫困户搬迁后多样化融资需求，帮助安置区发展产业，支持搬迁人口就地就近生产生活和就业创业。截至2018年底，国家开发银行、中国农业发展银行共发行易地扶贫搬迁专项金融债券1939亿元，发放易地扶贫搬迁贷款2279亿元。

【金融产品和服务创新】 针对贫困地区和贫困群众多样化金融需求，引导金融产品和服务创新，提高金融服务精准性和有效性。一是加大助学贷款、创业担保贷款等政策实施力度。拓展助学贷款业务覆盖范围，让民办高校学生同等享受资助政策；推动财政部等有关部门放宽创业担保贷款申请条件，提高个人创业担保贷款额度，支持符合条件的建档立卡贫困人口就学就业。二是联合中国银行保险监督管理委员会、财政部等部门持续完善扶贫小额信贷政策设计，规范扶贫小额信贷发放使用，支持有贷款意愿、有技能素质和还款能力的贫困户发展生产。三是有序推进农村承包土地的经营权、农民住房财产权抵押贷款试点，积极推广仓单、订单质押等产业链、供应链金融，盘活贫困地区农业农村资源资产，促进贫困地区特色种养业、农产品加工业等发展。经全国人大常委会审议，2018年顺利完成“两权”抵押贷款试点任务，试点地区农村承包土地的经营权抵押贷款余额527亿元，农民住房财产权抵押贷款余额306亿元。

【普惠金融服务】 大力发展普惠金融，改善贫困地区金融生态环境。一是提升贫困地区支付服务水平，引导金融机构合理优化网点布局，扩大贫困地区支付清算网络覆盖范围。推广网络支付、移动支付等新型支付方式，深化银行卡助农取款和农民工银行卡特色服务，让更多贫困人口便捷地享受到存取款、转账等基础金融服务。二是加快贫困地区信用体系建设，创新贫困户信用评价指标体系，持续推进贫困地区“信用户”“信用村”“信用乡（镇）”评定，以信用建设促进金融机构增加信贷投放，提升贫困户信贷获得率。三是定期开展“金惠工程”“金融消费者权益日”“金融知识普及月”等活动，借助金融机构营业网点、村组、社区等公共宣传栏，以及微信、微博等新媒体渠道，宣传普及金融知识，帮助贫困人口了解金融扶贫政策和金融知识，提高金融素养和风险意识。同时，多次协调中央电视台、经济日报社、金融时报社等媒体进行实地采访，深入挖掘和广泛宣传金融精准扶贫经验成效，营造金融助推脱贫攻坚的浓厚氛围。

【金融精准扶贫统计监测和评估考核】 建立完善金融精准扶贫信息共享、统计监测和政策效果评估制度，推动金融精准扶贫工作提质增效。一是进一步开发完善金融精准扶贫信息系统，实现金融机构精准对接建档立卡贫困人口、贫困村、贫困县等扶贫基础信息，并与有关部门共享金融精准扶贫信息和数据，提高金融扶贫的精准性。2018年末，金融精准扶贫信息系统已收录全国贫困人口、贫困村等扶贫基础信息共8640万条，2900余家金融机构通过信息系统实现扶贫信息的精准识别和扶贫贷款的精准录入。二是健全金融精准扶贫贷款专项统计制度，按照精准穿透原则，对全国金融精准扶贫贷款、货币政策工具运用效果、基础金融服务等信息进行监测统计，全面、准确地收集、反映金融精准扶贫工作情况。三是定期开展金融精准扶贫政策效果评估，从银行信贷、基础金融服务、政策落实情况等方面，对全国836个国定贫困县及其辖区内银行业金融机构进行评价，督促金融系统有效贯彻落实金融精准扶贫政策。

【金融精准扶贫作风建设和风险防范】 探索构建金融精准扶贫长效机制，促进实现高质量可持续脱贫。一是印发《中国人民银行关于开展金融扶贫领域作风问题专项治理的通知》，集中梳理、解决金融扶贫领域存在的工作不够务实、措施不够扎实、管理不够规范等问题，推动形成金融扶贫工作合力，确保金融精准扶贫工作取得实效。二是高度关注片面追求贷款规模和覆盖面、以扶贫名义过度举债等扶贫领域可能存在的融资风险。加强对扶贫小额信贷使用情况的跟踪监测，对扶贫小额信贷展期和不良贷款等情况进行深入分析。梳理汇总大额异常扶贫贷款信息，及时提示预警，做好风险防范。

【定点扶贫】 2018 年，中国人民银行持续加大对陕西省铜川市印台区、宜君县两个贫困区县资源投入力度，帮助贫困区县出思路、谋发展。一是将中国人民银行职能和定点扶贫工作有机结合，深入推进宜君县农村普惠金融综合示范区试点建设。运用扶贫再贷款等货币政策工具，引导金融机构为脱贫攻坚提供信贷投放。开展贫困户信用救助工作，为 542 户建档立卡贫困户重建信用，以增信促进融资。推动建立 223 个惠农支付服务点和 13 个普惠金融综合服务站，增强金融服务便利性。二是发挥产业扶贫带动作用，帮助两区县建立 3000 万元的产业扶贫贷款担保基金，协调国家开发银行向两区县各提供 100 万元的增信担保资金，组织专家学者现场开展农技培训，联合当地政府部门赴江苏盐城市和苏州市开展投资项目对接，提升贫困县区产业发展水平。三是探索消费扶贫新渠道，推荐两区县农村合作社在银联云商城等搭建电商销售平台，同时发动总行直属企事业单位与帮扶区县相关政企机构签订 600 万元特色农产品采购协议。四是向帮扶区县各捐赠 100 万元建立央行教育扶贫基金，资助两县区贫困学生和困难教师。开展贫困学生结对帮扶、“央行金币精准助教”和“阅读中国”等活动，帮助贫困地区发展教育扶贫。五是组织开展“金融知识进农村”消保宣传月、“6·14”征信宣传日等活动，在宜君县 3 所中学试点开设金融知识普及课程，以贫困群众喜闻乐见的方式宣传金融知识和金融扶贫政策，提高贫困群众金融素养和风险意识，帮助贫困县干部群众更好地知晓政策、理解政策、用好政策。

（中国人民银行金融市场司
邝希聪　丁彩伦）

国务院国有资产监督管理委员会扶贫

【概述】 2018年，国务院国有资产监督管理委员会（以下简称国资委）履行中央企业定点扶贫牵头单位职责，组织指导中央企业深入开展精准扶贫，扎实推进委机关定点扶贫，突出重点加大深度贫困地区帮扶力度。国资委党委会议先后5次学习传达习近平总书记关于脱贫攻坚重要讲话和指示精神，研究部署贯彻落实举措。印发《关于中央企业全力支持打赢脱贫攻坚战三年行动的指导意见》，先后组织召开中央企业深度贫困地区脱贫攻坚现场推进会、中央企业脱贫攻坚工作视频会议、中央企业暨19援疆省市国有企业产业援疆助力脱贫攻坚推进会、中央企业助力云南和四川脱贫攻坚推进会等8次中央企业扶贫工作有关会议，专题举办央企助力西藏脱贫攻坚系列活动和“聚力扶贫　时代担当”央企扶贫论坛活动。牵头对2018年中央企业定点扶贫工作进行考核，继续推进“同舟工程——中央企业参与‘救急难’行动”和“中央企业定点帮扶贫困革命老区百县万村”活动，继续参与集中连片特困地区扶贫攻坚和区域发展工作。

【中央企业扶贫工作】 中央企业定点扶贫工作。2018年，在国资委组织推动下，中央企业继续结对帮扶246个国家扶贫开发工作重点县。中央企业投入无偿帮扶资金19.96亿元；引进无偿帮扶资金7.21亿元；购买贫困地区农产品7.52亿元；帮助销售贫困地区农产品4.66亿元；培训基层干部和技术人员7.81万名。所有中央企业均成立了定点扶贫工作机构并确定了定点扶贫责任人，所有中央企业都制定了年度工作计划（或三年工作规划）并切实实施落实，2018年中央企业共赴定点县考察调研6375人次，召开定点扶贫专题工作会755次。中央企业向定点扶贫县选派挂职扶贫干部360名，驻村第一书记216名。中央企业加大督促指导力度，帮助定点扶贫县提高扶贫工作水平。开展实地督促指导1208次，形成督促指导报告526份，发现主要问题846个。在定点扶贫县帮助引进企业263家，引进企业投资近70亿元，扶持龙头企业和农村合作社697家，带动建档立卡贫困人口脱贫31.8万人，帮助贫困人口实现转移就业人数4.2万人。

中央企业援疆工作。共有39家中央企业在疆投资项目3083个，累计完成投资1610.82亿元；32家中央企业在疆承建项目4841个，完成合同额537.29亿元。同时，中央企业在新疆投入无偿援助帮扶资金2.08亿元，新招收新疆籍员工4000多人，招收内地高校新疆籍少数民族毕业生500多人。

中央企业援藏工作。中央企业广泛参与西藏经济社会建设，在藏完成投资249.60亿元，开展援藏项目161个，投入无偿援藏资金3.59亿元。其中承担对口援藏任务的中国石油天然气集团公司（以下简称“中国石油”）、中国石油化工集团有限公司（以下简称“中国石化”）等15家中央企业开展对口援藏项目106个，投入对口援藏资金3.10亿元。

中央企业援青工作。2018年，中央企业在青海完成投资309.91亿元，实施援青项目78个，投入无偿援青资金1.44亿元。

其中，中国石油、中国石化等 15 家对口援青中央企业累计实施对口援青项目 59 个，累计投入对口援青资金 1.40 亿元。

除国家明确的定点扶贫和对口支援任务外，中央企业还承担地方党委政府和有关行业主管部门安排的结对帮扶任务。截至 2018 年底，中央企业结对帮扶了 1429 个县、968 个乡、9041 个村，各类帮扶点超过了 1 万个。国家电网有限公司和 3 家通信央企各类帮扶点均达到上千个，中国华能集团有限公司、中国大唐集团有限公司、中国长江三峡集团公司承担了云南、四川部分“直过民族”脱贫重任。2018 年中央企业在定点扶贫工作外投入帮扶资金 37.98 亿元，引入帮扶资金 13.64 亿元，带动 60.56 万建档立卡贫困群众脱贫。

【扶贫会议】 2018 年 5 月，国资委在甘肃省临夏回族自治州组织召开中央企业深度贫困地区脱贫攻坚现场推进会，学习贯彻习近平总书记关于扶贫工作的重要论述，总结中央企业在深度贫困地区脱贫攻坚情况。

7 月，国资委召开中央企业脱贫攻坚工作视频会议，总结近年来中央企业扶贫工作成效，贯彻落实《中共中央 国务院关于打赢脱贫攻坚战三年行动的指导意见》精神，研究部署下一阶段具体工作。会同新疆维吾尔自治区、新疆生产建设兵团在乌鲁木齐市组织召开中央企业暨 19 援疆省市国有企业产业援疆助力脱贫攻坚工作推进会，学习贯彻以习近平同志为核心的中共中央治疆方略，围绕助力新疆脱贫攻坚进一步推进中央企业暨援疆省市国有企业各项援疆工作。

9 月，国资委党委会同西藏自治区举办央企助力西藏脱贫攻坚系列活动。9 月 4 日，国资委党委在林芝市召开中央企业助力林芝发展座谈会。9 月 7 日，国资委党委会同西藏自治区在拉萨市举行央企助力西藏脱贫攻坚会议暨签约仪式，深入学习贯彻习近平总书记关于治边稳藏的重要论述，推动中央企业助力西藏打赢精准脱贫攻坚战。有关中央企业与西藏方面签署合同类项目 15 个，涉及金额 73.81 亿元；达成意向类项目 51 个，涉及金额 169.64 亿元。同时举办“中央企业、区内国有企业面向西藏高校毕业生和贫困家庭劳动力专场招聘会”，提供就业岗位 5000 多个；举办央企扶贫成就展。

【扶贫日活动】 2018 年 10 月 17 日，国资委在北京举办“聚力扶贫 时代担当”央企扶贫论坛活动，全方位展示国资委和中央企业扶贫工作成效，分享宣传中央企业扶贫经验，为进一步深入开展扶贫工作建言献策。

【扶贫培训】 2018 年，国资委举办 3 期中央企业暨国资委机关扶贫干部培训班，共培训 47 家委管企业 235 名扶贫工作分管领导、扶贫部门负责同志和挂职扶贫干部，进一步提高了中央企业扶贫干部工作能力。

【中央企业定点扶贫考核】 2018 年，国资委牵头对中央企业定点扶贫工作进行了考核。经考核，在参与考核工作的 96 家中央企业中，35 家中央企业考核结果为“好”，37 家中央企业考核结果为“较好”，22 家中央企业考核结果为“一般”，2 家中央企业考核结果为“较差”。通过考核，进一步压实了中央企业的扶贫责任，有力推动了中央企业脱贫攻坚工作。

【扶贫领域作风问题专项治理活动】 2018 年，国资委开展中央企业扶贫领域作风问题专项治理活动。要求各中央企业提高认识、统一思想、坚持原则，全面查找“四个意识”不强、责任落实不到位、工作措施不精准、资金使用和项目管理不规范、工作作风不扎实等方面存在的突出问题。各中央企业均制定了本单位扶贫领域作风问题专项治理具体实施方案，认真梳理查找了本单位扶贫领域作风问题，对存在的问题认真进行整改，报送了整改情况报告。

【“百县万村”和“救急难”活动】 2018 年，国资委持续推进“中央企业定点帮扶贫困革命老区百县万村”和“同舟工程——中央企业参与‘救急难’”专项扶贫活动，支持贫困革命老区部分贫困村解决缺水、缺电、缺路的突出问题，帮助贫困地区群众解决因病致贫等急、难问题。2018 年，中央企业在救急难活动中投入帮扶资金 2670.46 万元，救助人数 8269 人。截至 2018 年底，参与百县万村活动的 61 家中央企业在革命老区县实施小型基础设施建设项目 1271 项，累计投入帮扶资金 11.04 亿元，惠及贫困人口 83.16 万人。

【定点扶贫】 国资委结对帮扶河北省平乡县、魏县。2018 年，国资委党委高度重视定点扶贫工作，国资委党委书记郝鹏、国资委主任肖亚庆等先后 4 次到平乡县、魏县调研，慰问贫困群众，推动指导扶贫工作。国资委机关全年直接投入帮扶资金 2200 余万元，引进帮扶资金 2 亿余元，开展扶贫项目 30 余个、扶贫活动 50 余次，培训两县基层干部 500 余人、脱贫技术能手 25 人、贫困家庭学生 60 余人，资助、慰问贫困户 671 户，派出挂职扶贫干部 15 名，定点扶贫责任书的承诺事项均圆满完成。2018 年 9 月，平乡县和魏县均正式通过国家脱贫验收，在所在地市率先脱贫摘帽。

（国务院国有资产监督管理委员会综合局　孙家琛）

国家广播电视总局扶贫

【概述】 2018年，国家广播电视总局（以下简称“广电总局”）以“六个精准”“五个坚持”统领广播电视和网络视听精准扶贫工作，按照推动广播电视和网络视听高质量创新性发展的要求，充分发挥广播电视和网络视听行业优势，围绕中心、服务大局，立足当前、着眼长远，尽职尽责、创新创优，扎实做好行业扶贫、定点扶贫和对口支援工作，为打赢脱贫攻坚战作出积极贡献。

【扶贫会议】 广电总局党组高度重视扶贫开发工作，将精准扶贫列入重要议事日程，始终坚持第一时间集中学习习近平总书记关于扶贫工作的重要论述以及中央重要会议、文件精神，通过召开总局党组会、举办党组中心组学习会，对总局扶贫工作进行专题部署。

【扶贫机制】 中宣部副部长、广电总局党组书记、局长聂辰席担任广电总局扶贫工作领导小组组长和定点扶贫工作领导小组组长。结合党和国家机构改革，将原分散于各部门的扶贫职责统筹划归新组建的公共服务司，明确扶贫工作责任，理顺扶贫工作机制，形成扶贫工作合力。

【扶贫调研】 中宣部副部长、广电总局党组书记、局长聂辰席作为总局扶贫工作第一责任人，始终坚持重要工作亲自部署、重大事项亲自处置，就加强和改进广电总局扶贫工作先后作出30余次批示，并于2018年6月带队赴四川省德格县调研推进深度贫困地区定点扶贫工作。根据国务院扶贫开发领导小组第二次会议精神及《国务院扶贫办关于开展2018年脱贫攻坚督查巡查工作的通知》要求，广电总局作为副组长单位，由党组成员、副局长范卫平带队，与组长单位民政部共同组成第6督察组，于2018年7月赴湖北省开展脱贫攻坚督查，圆满完成督查工作任务。2018年1月，广电总局党组成员、副局长张宏森赴平顺县开展扶贫调研慰问活动，走访慰问扶贫干部，调研指导定点帮扶政策、项目和资金落实。2018年以来，广电总局班子成员分别带队赴江西、四川、贵州、重庆、陕西、山西、广西等贫困地区开展专题调研，推动贫困地区广播电视发展，派出5批次工作组督促指导定点扶贫工作，并结合实际研究制定了精准扶贫工作计划。

【扶贫宣传】 深化拓展广播电视媒体“头条工程”和网络视听新媒体“首页首屏首条”建设，组织开展扶贫日、全国脱贫攻坚表彰大会暨先进事迹报告会、庆祝改革开放四十周年扶贫展等脱贫攻坚主题宣传报道活动，丰富运用广播电视节目、电视剧、纪录片、公益广告、网络音视频等表现形式和传播手段，以全方位、多层次、多声部荧屏声频及时宣传中共中央、国务院的扶贫决策部署，宣传各部门、各地区贯彻落实习近平总书记关于扶贫工作的重要论述、支持脱贫攻坚的做法和经验，宣传贫困地区贫困群众脱贫生动故事和典型事迹，宣传脱贫攻坚取得的决定性进展和伟大成就等，引导全社会关心关注和参加脱贫攻坚战，为打赢脱贫攻坚战凝聚力量营造氛围。同时，实施策划国际传播项目，深化中外媒体交流合作，助推优秀节目走出去，借助多边国际舞台向世界阐释习近平总书记关于扶贫工作的重要论述，向世界讲好中国减贫故事，展示中国扶贫成就与经验，介绍全球减贫的中国方案。2018 年 8 月，在联合国消除种族歧视委员会审议履行《消除一切形式种族歧视国际公约》第十四次至第十七次定期报告会议期间，总局将精准扶贫主题电影《十八洞村》作为宣介材料提供给各国审议委员，起到了积极效果。

推进精品创作生产。深入实施舆论引导能力提升工程和新闻节目质量提升计划、百部重点电视剧选题规划、“记录新时代”纪录片创作传播和网络视听节目精品创作传播等工程，创新开展“脱贫攻坚伟大决战”全国脱贫攻坚公益广告作品征集暨展播、“弘扬社会主义核心价值观共筑中国梦”主题原创网络视听节目征集推选和展播等活动，扶持引导广播电视和网络视听媒体开办扶贫类节目栏目，鼓励反映扶贫题材的电视剧、纪录片、公益广告和网络视听节目创作，推出一批反映脱贫攻坚生动实践，讴歌党、讴歌人民、讴歌英雄的优秀作品，如：《大国农道》《我们在行动》《脱贫大决战》《扶贫第一线》等优秀节目，《黄土高天》《太行赤子》《啊，父老乡亲》等优秀电视剧，《落地生根》《出山记》《兴乡记》《山路弯弯》等优秀纪录片，《精准脱贫一路向富》《钢琴课》等公益广告，《习近平的扶贫故事》《扶贫 1 + 1》等主题原创网络视听作品，以群众喜闻乐见和通俗易懂的方式讲好中国扶贫故事，充分发挥广播电视扶志和扶智的正向引领作用。

【基础设施建设】　一是推进有线网络未通达的农村地区实施直播卫星公共服务户户通，全国直播卫星已覆盖 59.5 万个村，用户超过 1.3 亿户。加强农村广播电视覆盖，支持转播中央广播电视节目、直接服务农村地区的无线发射台站基础设施更新改造，加强中央广播电视节目无线数字化覆盖运行维护。截至 2018 年底，全国广播、电视节目综合人口覆盖率分别达到 98.94%、99.25%。统筹有线、无线、卫星推进数字广播电视覆盖和入户接收，已有 0.75 亿户农村家庭享受到高质量有线广播电视服务。二是加强贫困地区县级广播电视播出机构制播能力建设。“十三五”期间，拟对 832 个国家级扶贫开发工作重点县和集中连片特殊困难县符合条件的广播电视台等播出机构购置采集、编辑、播出设备，按 200 万元投资标准，80% 的比例予以补助。落实中央预算内投资 12.2 亿元，支持 735 个贫困县广播电视台基本实现数字化高清化。三是深入推进基层应急广播体系建设，争取中央财政资金 18 亿元支持 443 个深度贫困县应急广播体系建设。2018 年落实资金 2 亿元，补助 48 个深度贫困县应急广播平台、传输覆盖物及大喇叭系统建设。四是配合中宣部实施百县万村综合文化服务中心示范工程和贫困地区民族自治县、边境县村综合文化服务中心覆盖工程，落实中央财政补助资金 4.45 亿元，帮助 2.85 万个行政村配置广播器材，提高基层信息发布能力。

【文化惠民项目】　一是加强边疆民族地区广播电视译制制作能力建设。对边疆民族地区广播电视节目发射台站、广播电视中心、译制中心等基础设施建设和设施设备运行维护给予补助，在民族地区 81 个县（市）设立县级广播电视台，通过直播卫星平台传输覆盖 13 套电视、11 套广播少数民族语言节目。二是持续向少数民族地区提供电视剧、动画片译制片源，广电总局每年推荐 2000 集电视剧、18000 分钟电视动画片供民族地区译制播映。三是精准对接贫困户精神文化生活需求，向中西部 22 个省区市 10 万建档立卡贫困户赠送电视机和 2 万多套直播卫星接收设备。

【人才扶贫】　一是认真选拔优秀干部，深入扶贫一线。选派 3 名政治素质高、工作能力强、有吃苦和奉献精神的干部赴总局德格县、平顺县挂职扶贫，以扶贫干部为纽带，持续加大对扶贫地区广播电视事业产业发展、干部人才队伍建设的支持力度。二是加强贫困地区广播电视人才队伍建设，实施贫困地区广播电视专业技术人才培训计划，组织培训7期700余人次。

【定点扶贫】 一是全面履行定点扶贫责任书责任，向德格县和平顺县投入帮扶资金233.78万元。其中安排150万元党费支持德格县基层党组织活动场所建设，筹集52.78万元向德格县贫困户捐赠500台（套）电视机及直播卫星接收设备，募集职工捐款10万元资助德格县12名、平顺县50名贫困学生，投入21万元慰问困难群众和广电职工。协调清华大学附属中学培训平顺县基层干部8名。通过举办培训班和交流指导方式培训两县广播电视技术人员64名，其中德格县56名、平顺县8名。购买平顺县农产品31.5万元。协调中央广播电视总台将德格县纳入四川省广告精准扶贫项目。协调中国扶贫基金会资助德格县高中生30名。二是充分发挥广播电视媒体优势以及节目、电视剧、纪录片、公益广告、网络视听等内容特色，安排柬埔寨《魅力中国》摄制组和突尼斯国家电视台分别赴德格县和平顺县采访拍摄，协调中央电视台在科教频道和七套播出《中国影像方志·平顺篇》《话说平顺》协调山西省广播电视台录制播出《感谢有你》，宣传报道德格县、平顺县精准脱贫成果和当地旅游文化资源，扩大两县海内外影响。三是扎实推进定点扶贫县广播电视重点惠民工程建设，争取中央财政资金1196万元，支持德格县、平顺县应急广播体系建设工程、中央广播电视节目无线覆盖（含模拟）工程、贫困地区县级广播电视制播能力建设工程、直播卫星公共服务户户通、贫困地区民族自治县村综合文化服务中心覆盖工程等建设。四是积极调动系统内力量、协调系统外资源，多措并举开展帮扶。开展“送温暖、送文化、下基层”慰问调研活动，协调央视著名播音主持人、书画家赴德格县、平顺县举办2场播音主持业务交流指导和2场书法交流活动。组织“恒爱行动”，向德格县、平顺县贫困学生捐赠总局职工手工编制“爱心毛衣”各100件。协助德格县、平顺县广播电视台业务骨干参加北京国际广播电影电视展览会，为基层广电工作者提供更多高水平的学习交流机会。协调相关单位免除平顺县应急广播体系工程设计费10万元，向平顺县免费提供价值110多万元的历史视频资料等。协调电影频道捐赠德格县错阿小学爱心书包256个。争取社会资金28万元，资助两县贫困学生。联合北京市中关村小学开展“玫瑰义卖”活动，向德格县城关第二完全小学奎德图书馆捐赠7万多元图书。协调有关单位向平顺县捐赠约60万元图书和笔记本电脑、打印复印机等办公设备。协调田径协会在平顺县举办“通天峡杯”首届穿越南太行2018·山西平顺国际山地马拉松赛。

【驻村帮扶】 向平顺县三里湾村和高岸村选派驻村第一书记，建强基层组织，推动精准扶贫，提升治理水平，帮助高岸村建强了支村“两委”班子。争取落实项目和资金，充分利用闲置土地开拓光伏电站、养殖小区、蔬菜种植等多种增收渠道，促进集体经济快速发展和村民稳定增收，2018年集体收入实现从0到10万元的突破，实现整村脱贫。帮助三里湾村建设村级光伏脱贫主导产业，创办村史馆、兴建影剧院，设立教育基金，推动农家乐旅游发展，打造集乡村记忆和旅游、红色文化和教育于一体的特色文化发展格局。

（国家广播电视总局公共服务司
绩效管理处　王常宇）

国家林业和草原局扶贫

【概述】 2018年，国家林业和草原局（以下简称“国家林草局”）充分发挥林草行业优势，着力实施生态补偿扶贫、国土绿化扶贫、生态产业扶贫三项举措，聚焦深度贫困地区和特殊贫困群体，着力加强作风整治和监督执纪，全力做好林业草原生态扶贫工作。

2018年，国家林草局和各地共安排贫困地区中央林业资金379.34亿元。林草重点生态修复工程任务和资金安排向贫困地区特别是深度贫困地区倾斜，全面加强森林草原防火、有害生物防治、自然保护区等基础设施建设。50万名生态护林员实现脱贫增收和生态保护“双赢”，组建7000个扶贫造林合作社助推持续增收，生态扶贫产业取得积极成效。会同国务院扶贫办编制《云南怒江傈僳族自治州林业生态脱贫攻坚区行动方案（2018—2020年）》。

国家林草局定点帮扶贵州省荔波县、独山县，广西壮族自治区罗城仫佬族自治县（以下简称“罗城县”）、龙胜各族自治县（以下简称“龙胜县”），通过资金帮扶、金融支持、捐款捐物、人员培训、购买和帮助销售农产品、结对帮扶、支部共建、科技扶贫、产业扶贫等措施，超额完成了《中央单位定点扶贫责任书》各项任务。4个定点县共实现减贫68412人，69个贫困村出列。龙胜县实现脱贫摘帽。

【扶贫会议】 2018年，国家林草局党组书记、局长、林业和草原扶贫工作领导小组组长张建龙主持召开三次局党组会议，听取林草扶贫领域存在问题整改方案的汇报，研究部署林业草原生态扶贫工作。5月，局长张建龙出席滇桂黔石漠化片区区域发展与扶贫攻坚现场推进会，部署片区林业草原生态扶贫工作。11月，在贵州省荔波县召开国家林业和草原局生态扶贫暨扶贫领域监督执纪问责专项工作会议，动员做好后两年林草生态脱贫工作。

【扶贫制度建设】 在原林业扶贫开发领导小组的基础上，成立林业和草原扶贫工作领导小组。局长张建龙任组长，李春良副局长任副组长，45个单位主要负责人为成员。与国家发展和改革委员会等6部门联合印发《生态扶贫工作方案》，与财政部、国务院扶贫办联合印发《关于开展2018年度建档立卡贫困人口生态护林员选聘工作的通知》，与国家发展和改革委员会、国务院扶贫办联合印发《关于推广扶贫造林（种草）专业合作社脱贫模式的通知》，与国务院扶贫办联合印发《云南省怒江傈僳族自治州林业生态脱贫攻坚区行动方案（2018—2020年）》，印发《林业草原生态扶贫三年行动实施方案》《贯彻实施〈林业草原生态扶贫三年行动实施方案〉重要政策措施分工方案》《关于进一步加强定点扶贫工作的意见》等系列扶贫政策文件，加强对局内相关单位责任分解，加大对各相关省区市工作部署督导力度。

【生态补偿扶贫】 在财政部、国务院扶贫办的大力支持下，2018年中央财政新增安排生态护林员补助资金10亿元，总规模达到35亿元。截至2018年底，累计选聘建档立卡贫困人口生态护林员50多万名，可精准带动180万贫困人口增收脱贫。生态护林员实现山上就业、家门口脱贫，生态环境得到有效保护，老百姓在保护绿水青山中享受金山银山带来的实惠。在国务院扶贫开发领导小组打赢脱贫攻坚战的决定牵头任务考核中获得“好”的等次。

【国土绿化扶贫】 统筹中央和地方资金，积极吸引金融和社会资本投入，重点支持生态扶贫。2016 年以来，国家林草局将中央林业资金向贫困地区倾斜，将 2/3 以上的造林绿化任务安排到贫困地区，安排退耕还林还草近 3000 万亩，占全国总任务量的 81%。推广组建扶贫造林（种草）合作社近 7000 个，山西省吕梁市林业局先行先试，荣获“全国脱贫攻坚奖组织创新奖”。通过实施退耕还林还草、生态效益补偿、集体林权制度改革，增加贫困户财产性、经营性收益。160 多万贫困户享受退耕还林还草补助政策，平均每户增加补助资金 2500 元。对实施禁牧和草畜平衡的农牧户给予禁牧补助和草畜平衡奖励，农牧民年人均增收 700 元左右。全面深化集体林权制度改革，赋予贫困户承包经营山林的更多权益，贫困地区集体林权流转面积达 1 亿多亩，促进地方“三变”政策实施。

【生态产业扶贫】 坚持政府引导、市场主体，指导贫困地区因地制宜发展木本油料、森林旅游、林下经济、种苗花卉等生态产业。出台支持贫困地区生态产业发展的指导文件、相关规划和政策举措。坚持长中短、种养加相结合，引导林业龙头企业开展特色产业加工，加强最终消费产品开发。积极推广“龙头企业 + 新型经营主体 + 农户”等模式，完善利益联结、收益分红、风险共担机制。作为产业扶贫有效措施，全国油茶种植面积扩大到 6550 万亩，林下经济示范基地面积达到 2256 万亩，依托森林旅游实现增收的建档立卡贫困人口达 35 万户。

【深度贫困地区脱贫攻坚】 国家林草局会同国务院扶贫办编制《云南怒江傈僳族自治州林业生态脱贫攻坚区行动方案（2018—2020 年）》，量身定做四川省凉山彝族自治州油橄榄产业脱贫，青海、西藏生态补偿脱贫，新疆林果业脱贫等深度贫困地区生态脱贫措施，为当地巩固脱贫成果提供保障。

【定点扶贫概述】 2018 年，国家林草局定点帮扶荔波县、独山县、罗城县、龙胜县。国家林草局党组加强定点扶贫工作研究部署，专门设立 10 人“定点扶贫组”。建立定点扶贫联络人机制，选派 8 名业务能力强的年轻干部，每两人负责联系一个定点县和相关单位、企业，建立日常定点扶贫推进联系机制。局扶贫工作领导小组成员单位设立一名处级联络员，实施定点扶贫进展按季度报告制度。

【干部挂职互派】 一是向滇桂黔石漠化片区共选派挂职干部 18 名，完善定点县所在的省区、市州、县及第一村 4 级挂职干部帮扶机制。2018 年，向龙胜县所在桂林市、罗城县各增派 1 名挂职干部。定点县扶贫干部总数达到 9 人，4 名处级干部任定点县县委常委、副县长，全部分管扶贫工作；4 名处级以下干部任定点县林业局副局长，协助开展林草生态扶贫工作；1 名副处级干部任独山县紫林山村驻村第一书记，主管脱贫攻坚工作，并于 2018 年 10 月被评为中央和国家机关脱贫攻坚优秀个人。同时，加大深度贫困地区干部培养力度，滇桂黔三省和新疆维吾尔自治区到林草局挂职干部共 7 人。二是关心关爱一线扶贫挂职干部。建立挂职干部定期工作汇报机制，要求挂职干部定期回京汇报沟通工作。11 月，在北京召开定点扶贫挂职干部座谈会，听取挂职干部思想汇报和定点县脱贫攻坚工作情况汇报，了解定点扶贫工作存在的问题和意见建议。

【党建扶贫】 为充分发挥党建引领作用和林草生态扶贫的独特优势，按照局党组安排部署，2018 年 12 月，印发《关于开展党建共建联动促脱贫工作的通知》，结对开展支部共建工作，抓党建促脱贫攻坚，帮助基层加强“两委”班子建设，通过共同学习、讲授党课、支持集体经济发展、与困难党员结对等多种形式，提升贫困村党支部的战斗堡垒作用。2018年，培训定点县村“两委”253人、技术人员303人。

【扶贫捐赠】 2018年，国家林草局组织捐款821.2万元。中国林业科学研究院结对帮扶龙胜县，国家林业和草原局调查规划设计院、华东林业调查规划设计院结对帮扶罗城县，中南林业调查规划设计院结对帮扶独山县，西北林业调查规划设计院结对帮扶独山县紫林山村，国家林业和草原局结对帮扶荔波县，每个单位捐资100万元（合计600万元），用于帮助定点扶贫县发展产业扶贫和相关基础设施建设；局机关党委组织职工捐款（57.8万元），支持龙胜县小寨村开展火灾后重建；利用党费（25万元）、划拨中央和国家机关驻村第一书记专项党建经费（7.8万元）支持紫林山村党建工作；机关服务局组织机关幼儿园为紫林山村捐赠教具、玩具等（价值5万元）；中国林业科学研究院支持紫林山村甜柿、白及和铁皮石斛仿野生科学种植、海花草加工等项目，资助油茶良种20万株、捐赠4台彩色打印机（总价值71万元）；中南林业调查规划设计院支持紫林山村产业发展项目（30万元）；西北林业调查规划设计院向紫林山村捐赠5台电脑、1台打印机（总价值2.5万元）；《中国绿色时报》为紫林山村捐赠2台柜式空调（价值1.3万元）；南京森林警察学院为龙胜县开展业务培训（投入18.8万元）；规划财务司为紫林山村捐赠衣物（价值2万元）。

【消费扶贫】 国家林草局购买、帮助销售贫困地区特别是定点扶贫县农林产品，协调中国社会扶贫网“电商扶贫平台”设立定点县农林产品销售专区。2018年，购买贫困地区农产品432.15万元（其中：在定点县购买345.28万元，在其他贫困地区购买86.87万元），帮助销售贫困地区农产品1536.3万元。在局机关食堂设立新疆食品和定点县农林特色产品专卖区，通过悬挂横幅等宣传形式动员广大干部职工购买。局机关食堂组织人员专程赴定点县学习厨艺，开展了定点县美食周活动。

【工作创新】 突出以“我”为主，充分发挥林草行业的优势和特点，增加定点扶贫工作亮点。一是创新产业扶贫。协调17家龙头企业与4个定点县分别签订合作意向书，组织有关企业赴罗城县、龙胜县开展了实地考察。组织调研团队到独山县调研和指导森林旅游精准扶贫，指导贫困地区积极打造森林体验和森林养生产品，逐步推进苗岭国家森林步道的规划建设工作。支持和指导罗城县有序开展全国森林旅游示范市县相关工作。二是创新科技扶贫。与广西、贵州林业局签订《定点扶贫县科技扶贫合作协议》，制定《定点帮扶县科技扶贫工作方案》，为4个定点县授予“林草科技扶贫联系点”标牌，组织油茶、刺梨、铁皮石斛工程中心等相关专家，分别与定点县签订了项目实施协议。协调中国林业科学研究院、国家林草局科技发展中心等10家单位，落实19个科技扶贫项目，涉及17个乡镇，项目资金共计1000万元。三是开展结对帮扶。组织局有关直属单位与定点县开展了结对帮扶活动。同时，积极协调中国农工民主党解决定点县“两不愁三保障”问题，重点解决贫困人口“安全饮水”“送医入户”“教育均衡”等民生难题。

（国家林业和草原局规划财务司
朱介石）

国家能源局扶贫

【概述】 2018年，国家能源局以习近平新时代中国特色社会主义思想为指导，认真贯彻落实中共中央、国务院关于坚决打赢脱贫攻坚战的决策部署，立足行业职能、发挥行业优势，创新思路、机制和方法，举全行业之力，进一步加大对贫困地区能源基础设施建设、能源资源开发支持力度。结合贫困地区资源禀赋情况，在符合相关政策、条件允许、经济可行的情况下，煤炭、煤电、油气、水电、新能源等项目优先在贫困地区布局建设，核准青海—河南±800千伏特高压直流工程、云南乌东德送广西广东特高压直流输电工程、乌江白马电航枢纽、脚木足河巴拉水电站、别斯库都克煤矿、阿尔格敏煤矿、吉朗德煤矿、甘肃甜水堡二号煤矿等重大能源开发项目。安排中央预算内资金支持国家贫困地区农网改造升级和煤矿安全改造项目，实现除西藏外全国所有自然村（含贫困村）通动力电，助推贫困地区经济社会发展和民生改善。

【农网改造升级】 2018年国家下达农网改造升级投资计划405亿元（其中中央预算内投资120亿元），全部投向贫困地区。其中，51%的资金投向“三区三州”深度贫困地区。根据电网公司提供的数据，国家电网供区贫困县户均容量提升至1.8千伏安，农网供电可靠率达到99.76%，电压合格率达到99.69%；南方电网供区农网户均容量提升至2千伏安，供电可靠率达到99.82%，电压合格率达到98.79%。

【光伏扶贫】 与国务院扶贫办联合开展“十三五”第二批光伏扶贫项目申报和审核工作，与国务院扶贫办联合印发《光伏扶贫电站管理办法》。配合国务院扶贫办、财政部，对光伏扶贫项目情况进行核查，拨付财政补贴资金41.84亿元。截至2018年底，累计下达建设规模1544万千瓦，在全国26个省份建成并网光伏扶贫项目1363万千瓦，累计帮扶224万建档立卡贫困户。

【水电开发】 安排国家级贫困县和西部地区外送煤电项目投产约1000万千瓦，占全年新安排投产规模的46%；核准青海—河南±800千伏特高压直流工程、云南乌东德送广西广东特高压直流输电工程；核准乌江白马电航枢纽、脚木足河巴拉水电站，项目总装机127万千瓦，总投资183亿元；受理金沙江上游拉哇水电站（200万千瓦，310亿元）的核准请示；批复阿里与藏中联网工程项目建议书，将雅中—江西特高压直流工程、白鹤滩水电外送工程、陕北—湖北工程等纳入国家规划。

【油气开发】 推进南疆天然气利民工程，乌什支线于2018年11月建成投运；协调推进青藏天然气管道项目；建设楚雄—攀枝花天然气管道、新疆煤制气外输管道一期工程；推动新疆油气勘探开发体制改革试点。

【煤炭开发】 核准位于贫困地区的新疆别斯库都克、阿尔格敏、吉朗德、甘肃甜水堡二号等4个煤炭开发项目，建设规模760万吨/年，总投资51.3亿元；安排贫困地区煤矿安全改造项目15个，总投资5.5亿元，其中中央预算内投资1.65亿元；解决南疆用煤难问题，在国家煤炭工业发展规划中期评估中择优增补南疆缺煤地区煤炭项目，督促加快推进矿区总体规划审批工作，完善煤矿项目核准手续；推动南疆煤炭储运基础设施建设，增加南疆煤炭自给能力。

【可再生能源开发】　2018 年，国家能源局印发《关于促进生物质能供热发展的指导意见》，推动包括生物质燃气在内的生物质能在贫困地区县域清洁供暖中的应用，起到替代散煤作用。

【专题调研】　2018 年 7 月，国家能源局 18 个单位组成 6 个调研组，分别赴“三区三州”所在的 6 个省区、14 个地市州的 15 个贫困县，深入到条件最艰苦、最困难的贫困村，开展深度贫困地区专题调研，摸清了当地社会、经济、能源发展现状及存在困难。根据地方提出的诉求和问题，梳理总结提出有关政策建议，会同有关部门协调推进解决。

【扶贫宣传】　通过国家能源局下属中国电力传媒集团公司运行的网络媒体，发表《啃下“三区三州”精准帮扶这块“硬骨头”》《邂逅很短，回味很长——2018 年国家能源局组织定点扶贫和帮扶学子赴京游学活动回顾》《扶贫路上的“擎旗手”——记中央和国家机关脱贫攻坚优秀个人孙元辛》等 760 余篇扶贫报道，宣传扶贫成效和先进人物，为脱贫攻坚注入强大精神动力。

【定点扶贫概述】　2018 年，国家能源局负责定点扶贫甘肃省通渭县、清水县（以下简称“两县”）。国家能源局党组始终把定点扶贫作为重大政治任务，立足行业优势，聚焦两县的薄弱领域和贫困群体，继续加大对两县基础设施建设、产业扶贫开发、人才支援和教育帮扶等方面的支持力度。2018 年通渭县、清水县分别脱贫约 2.05 万人、0.97 万人，贫困发生率分别降至 12.3%、6.53%，比 2017 年降低 5.3 和 2.9 个百分点。通过直接投入和协调引进，在两县共实施各类帮扶项目 60 余项，总投资 44.55 亿元，当年完成投资 17.27 亿元。

【能源项目帮扶】　国家能源局结合两县资源特点和脱贫攻坚实际，发挥行业优势，大力推进能源帮扶项目，取得明显实效。抓好农网改造升级项目，向两县安排农网改造投资资金 16659 万元，其中通渭县 15567 万元、清水县 1092 万元，建设 10 千伏线路 27.65 千米、0.4 千伏线路 134.09 千米，增加变压器 82 台，改造户表 1080 户。抓好光伏扶贫工程，累计向两县下达光伏指标 16.25 万千瓦，完成投资 12.15 亿元。其中，惠及通渭县 2.16 万建档立卡贫困户，平均每户年稳定增收 2500 元左右；惠及清水县 1417 户贫困户，平均每户年稳定增收 3000 元左右。协调推动清水县新建 5 万千瓦村级光伏扶贫电站，预计可惠及 9000 多户贫困户。国家能源局投入 15 万元，在通渭县开展村级光伏扶贫电站配套电网工程安全稳定运行研究课题。抓好风电建设，协调推动两县新开工风电 26 万千瓦，总投资 20.7 亿元，其中通渭县开工建设风电 20 万千瓦，总投资 15.79 亿元，2018 年完成投资 3.63 亿元；清水县开工建设风电 6 万千瓦，总投资 4.92 亿元，建成后每年可增加税收 750 万元，并带动 330 户贫困户长期稳定增收。抓好清洁供暖，指导协调通渭县清洁供暖项目建设，实现清洁供暖面积 45 万平方米、投资金额 5000 万元，指导清水县开展清洁供暖前期研究工作；为通渭县协调引进总投资 4 亿元、装机容量 3 万千瓦的全国首例秸秆和垃圾气化联合发电热电联产项目，项目建成后每年可实现发电收入 1.5 亿元，消耗生物质秸秆约 25 万吨，处理生活垃圾约 10 万吨，每年向农民收购秸秆费用 6000 万元，可带动 2.5 万户农民户均增收 2400 元。

【产业扶贫】　培育“光伏 +”扶贫产业。利用光伏下的闲置土地搞种植养殖，使用社会捐赠资金建设 3 个“光伏 +”项目，总金额 80 万元，帮助 110 余户贫困户稳定增收。

【就业扶贫】　协调能源央企结合本地

项目建设提供异地就业岗位，全年共实现1877人就业，其中贫困户282人，大部分在本地就业。引进扶贫车间，解决约40人的就业。

【消费扶贫】 组织在京单位集中采购两县农产品，总金额6.57万元，京外单位在本省贫困地区购买金额约1万元。

【电商扶贫】 在能源局门户网站新设了“能源扶贫”专栏，介绍推广两县特色农产品；协助当地开办“孟河优品”“轩辕上品”网店，当年销售额已突破10万元。

【党建扶贫】 组织全局党员开展多次党建扶贫活动。赴通渭县和基层党组织党员共同开展党建活动，重温入党誓词，邀请扶贫、党建专家讲课，培训贫困村党支部书记，指导农村基层党组织建设；向贫困村捐赠党建生活用品8200余元，捐赠图书5973册；制定2018—2020年驻村第一书记党建专项资金使用计划，及时拨付2018年经费；开展“贫困家庭学生对口帮扶”，按每人500元标准帮扶133名贫困家庭学生。

【教育扶贫】 协调引入教育帮扶资金（含捐物折款）295万元，2018年投入125万元，其中，干部捐款14.45万元、捐书5900余本；连续第6年组织两县20名贫困家庭小学生赴北京游学；开展支教活动，参加学生接近1600人次；协调深圳市腾讯计算机系统有限公司，与两县签订网络扶贫结对帮扶项目合作协议，免费为两县推广“腾讯为村”平台，提供在线教育资源；组织7次培训，为两县培养发展扶贫干部、基层骨干、产业和电商带头人超过1200人次。

【督导调研】 2018年，国家能源局共组织赴两县调研督导17次、115人次，在北京、兰州召开座谈会7次，开展督导6次，实地考察风电、村级光伏电站等清洁能源项目以及种植养殖产业项目，入户走访两县10余个村的30余户贫困户。分别在两县召开座谈会，深入研究推动脱贫攻坚产业发展、扶贫成效、问题困难和解决措施。

（国家能源局发展规划司　李　刚）

国家医疗保障局扶贫

【概述】 2018 年 5 月，国家医疗保障局组建后，成立扶贫工作领导小组，把做好医疗保障扶贫作为一项重大政治任务，各级医保部门不断加大工作力度，确保医保扶贫举措落地见实效。在全民医保制度体系不断完善的基础上，医疗保障扶贫政策基本健全、保障基本到位、倾斜适度有力，贫困人口的基本医疗需求得到有效保障，防范因病致贫返贫的工作机制逐步健全，基本实现贫困人口看病有医保的制度目标。

【扶贫制度建设】 2018 年 7 月，按照中共中央、国务院工作部署，国家医疗保障局会同财政部、人力资源和社会保障部、国家卫生健康委员会印发《关于做好 2018 年城乡居民基本医疗保险工作的通知》，对各地做好贫困人口医疗保障工作进行了初步部署。10 月，会同财政部和国务院扶贫办印发《医疗保障扶贫三年行动实施方案(2018—2020 年)》，统筹基本医保、大病保险和医疗救助三重保障，明确实现农村贫困人口全覆盖、全面落实基本医保待遇政策、加大大病保险倾斜力度、增强医疗救助托底保障能力、促进定点医疗机构严格控制成本、不断优化医保经办管理服务等六大目标，提出完善筹资政策、实施综合保障、使用适宜技术、优化公共服务、加强医疗服务管理五项举措，召开全国会议进行专项部署。不断加强部门协作，积极支持健康扶贫工作，配合国家卫生健康委印发《健康扶贫三年攻坚行动实施方案的通知》，按医疗保障扶贫任务目标进行了统一部署。

【完善筹资政策】 2018 年，国家持续提高医疗保障制度筹资水平，增强制度保障功能。城乡居民医保财政补助标准稳步提高，人均新增 40 元，达到人均不低于 490 元水平。其中，中央财政区分东中西实行差别化补助政策，向经济欠发达地区倾斜。各级财政补助到位资金 5395 亿元，人均 527 元，比 2017 年增长 10%。大病保险筹资水平稳步提升，城乡居民医保人均新增财政补助的一半即 20 元用于大病保险，重点用于落实贫困大病患者降低起付线、提高报销比例和封顶线等倾斜支付政策，大病保险资金划转量比 2017 年增长 52%。医疗救助资金支持力度稳步加大，各级财政医疗救助资金预算 424.62 亿元，其中中央财政拨付 235 亿元，比 2017 年增长 53%，重点向贫困人口多、综合财力困难地区倾斜。在此基础上，中央财政另外拨付 40 亿元，专项用于支持“三区三州”等深度贫困地区提高农村贫困人口医疗保障水平。

【实施综合保障】 确保核实身份的贫困人口应保尽保。将农村建档立卡贫困人口纳入医疗救助资助参保范围，落实贫困人口个人缴费补贴政策，对特困人口参保缴费给予全额补贴、对农村建档立卡贫困人口给予定额补贴。据统计，2018 年核准身份信息的农村贫困人口参保率达到 99.8%。

公平普惠提高基本医保保障水平。加快推进城乡居民医保制度整合，均衡城乡保障待遇，稳定住院待遇水平，普遍开展门诊统筹，逐步提高门诊保障水平，整体提升农村居民待遇水平。2018 年，城乡居民医保政策范围内住院支付比例达到 70%。

大病保险精准倾斜支付政策效应显现。大病保险对大病患者高额医疗费用支付比例达到50%以上，在此基础上进一步聚焦深度贫困地区和特殊贫困人口，实行倾斜支付。农村贫困人口大病保险起付线降低50%，报销比例提高5个百分点，并适当提高或取消封顶线。2018年，大病保险实现居民医保参保人100%覆盖，在基本医保待遇基础上提高支付比例13个百分点以上。

医疗救助托底保障功能进一步增强。确保年度救助限额内农村贫困人口政策范围内个人自付住院医疗费用救助比例不低于70%。在此基础上，对个人及家庭自付医疗费用负担仍然较重的，还进一步加大救助力度，并适当拓展救助范围。据统计，2018年全国共资助参保7673.89万人，支出118.29亿元。医疗救助实施住院和门诊救助5620.8万人次，支出306.33亿元。

基本医保、大病保险、医疗救助三项制度有效衔接，形成综合保障链条。据统计，农村贫困人口三项制度综合报销比例接近80%。

【降低就医成本】 2018年，推进抗癌药降税降价，国家医疗保障局开展抗癌药医保准入专项谈判，将17种药品纳入医保目录，平均降幅56.7%，并会同国家卫生健康委员会印发《关于做好17种国家医保谈判抗癌药执行落实工作的通知》，确保政策落地见效；根据税收政策调整情况，调整14种前期国家谈判抗癌药医保支付标准，平均降幅4.86%；开展抗癌药省级专项集中采购，价格平均降幅8.32%；对采购金额靠前且省际价差较大药品进行价格调查，15种抗癌药主动降价10.25%。启动国家组织药品集中采购和使用试点，中选价与试点城市2017年同种药品最低采购价相比，中选价平均降幅52%，最高降幅96%。此外，还鼓励有条件的地区将互联网诊疗服务纳入医保支付范围。督促各地落实国家对医疗康复项目的管理要求。

【优化公共服务】 结合城乡居民医保制度整合，全面推进城乡居民医保、大病保险、医疗救助信息共享和服务衔接，全面推进“一站式”结算。96%以上的地区县域内已实现贫困人口基本医保和医疗救助“一站式”结算。

做好跨地区就医结算服务。对异地安置、异地长期居住、常驻异地工作、贫困地区外出就业创业、异地转诊的农村贫困人口，不断简化优化备案流程，扩充备案渠道，做好异地就医备案和就医结算等服务。明确深度贫困地区按规定转诊的贫困患者，住院医疗费用可连续计算起付线，省域内就医结算执行与参保地相同的报销政策。2018年已实现所有贫困地区每个县有一家医院纳入国家跨省异地就医直接结算系统。2018年，全国跨省异地就医住院494万人次，其中跨省异地就医直接结算137.8万人次。

【医疗服务管理】 深化支付方式改革，引导建立医疗机构主动控制成本的内生机制。2018年，各地在国家医疗保障局的指导下，进一步加强医保基金预算管理，完善总额控制机制，全面推进以按病种付费为主的多元复合式支付方式落地，组织开展疾病诊断相关分组（DRGs）付费国家试点，在30个省的部分城市开展。全国所有统筹地区全部编制和执行基金收支预算，其中95.6%的地区开展总额控制，80%的地区重点推行按病种付费，近65%的地区开展按人头付费。

【打击欺诈骗保】 2018年9月，国家医疗保障局会同国家卫生健康委员会、公安部、国家药品监督管理局在全国范围内启动打击欺诈骗取医疗保障基金专项行动及“回头看”工作，组织“飞行检查”，构建打击欺诈骗保高压震慑态势。同时，建立举报奖励制度和典型骗保案例曝光机制，加强群众和社会监督；细化解除协议的标准，提高医疗机构违规成本。2018年共发现和查处违规违法定点医疗机构3.4万家，零售药店3.2万家，参保人员2.4万人。

（国家医疗保障局）

中国银行保险监督管理委员会扶贫

【概述】 2018年，中国银行保险监督管理委员会（以下简称“银保监会”）以习近平新时代中国特色社会主义思想为指导，围绕精准脱贫、精准扶贫基本方略，统筹融合机构改革后的银行业保险业扶贫工作，进一步加强组织领导，不断完善工作机制和政策措施，强化监管引领，改进工作作风，不断加大扶贫信贷支持力度，延伸贫困地区金融服务网络，鼓励创新金融扶贫产品，大力发展农业保险，开发扶贫专属特色农业保险产品，发展城乡居民大病保险和贫困人口商业补充医疗保险，助力国家脱贫攻坚战略，不断推动银行业保险业扶贫工作取得明显成效。

截至2018年末，全国银行业金融机构发放扶贫小额信贷余额2488.9亿元，支持建档立卡贫困户641.01万户；扶贫开发项目贷款余额4429.13亿元，较年初增加336.8亿元；国家开发银行、农业发展银行累计发放中央财政贴息易地扶贫搬迁贷款2200亿元以上，惠及建档立卡贫困人口超过500万人。

截至2018年底，银行业金融机构通过网点、机具服务或流动服务覆盖832个国家级贫困县的16.23万个行政村，覆盖率达到96.7%，393个国家级贫困县设立了村镇银行。覆盖率达到47.2%。

截至2018年底，银保监会引导保险公司开发扶贫专属农业保险产品147个，覆盖22个省区市的60种农作物。加大减负降费力度，扶贫农业保险产品费率可在基准费率基础上下调20%，深度贫困地区财政补贴型农业保险的保险费率在已降费20%的基础上，可再降低10%～30%。

截至2018年底，16家保险公司在全国31个省区市开展了大病保险业务，承保11.29亿城乡居民（含部分城镇职工），赔付852.89万人，缓解了“因病返贫、因病致贫”情况。

【扶贫制度建设】 制定《关于做好2018年银行业三农和扶贫金融服务工作的通知》《关于进一步提高大型银行普惠金融事业部服务能力的通知》《关于保险业支持深度贫困地区脱贫攻坚的意见》等相关文件，明确目标任务，部署重点工作，提出落实要求，督促引导银行业保险业进一步加大脱贫攻坚支持力度。

【差异化监管】 在考核评价方面，明确对于精准扶贫贷款不良率高出银行自身各项贷款不良率年度目标2个百分点以内的，可不作为监管部门监管评价和银行内部考核评价的扣分因素；给予国家开发银行、中国农业发展银行中央财政贴息易地扶贫搬迁贷款20%的差异化风险权重，仅为一般企事业贷款风险权重的1/5。在机构设立方面，优先支持在中西部地区设立银行保险法人机构、分支机构，严格控制贫困地区撤并现有银行保险机构网点。在资金运用方面，鼓励银行保险资金向贫困地区基础设施和民生工程倾斜。在保险产品开发方面，通过设置“绿色通道”等方式，引导保险机构积极开发扶贫专属特色农业保险产品。

【扶贫小额信贷】 2014年以来，原中国银行业监督管理委员会联合财政部、中国人民银行、原中国保险监督管理委员会、国务院扶贫办创新推出的专门为建档立卡贫困户获得发展资金而量身定制的金融精准扶贫贷款产品，主要是为贫困户提供“5万元以下、3年期以内、免担保免抵押、基准利率放贷、财政贴息、县建风险补偿金”的信用贷款。扶贫小额信贷破解了贫困户贷款难的世界性难题，有效解决了贫困户发展生产的资金问题。2018年，银保监会继续将扶贫小额信贷作为银行业金融机构实施精准扶贫、精准脱贫的重要抓手，压实地方责任，落实分片包干责任制，全国基本以乡镇为单位落实了发放扶贫小额信贷的主要责任银行，由其对建档立卡贫困户实行名单制管理，做到“分工明、责任清、全覆盖、无死角”。

银保监会既注重推动银行机构加大扶贫小额信贷发放力度，又重视解决扶贫小额信贷的规范健康发展和风险防范问题。2018年7月，组织有关银保监局对辖内扶贫小额信贷发放情况、风险状况和还款政策衔接情况开展摸底调查，掌握扶贫小额信贷风险底数。2018年9月13日，召开银行业扶贫暨作风问题专项治理工作（电视电话）会议，将规范发展扶贫小额信贷与扶贫领域作风问题专项治理相结合，对规范发展扶贫小额信贷、特别是防范化解扶贫小额信贷风险做了专门部署。各银保监局积极开展工作，如中国银行保险业监督管理委员会重庆监管局督促全市33个区县将扶贫小额信贷风险补偿金全部划拨到位，并将放大倍数严格控制在10倍以内；中国银行保险业监督管理委员会江苏监管局推动省联社完善扶贫小额信贷模块功能，增加名册导入功能和还款贴息联动处理功能，优化信贷要素控制功能。从整体上看，扶贫小额信贷对符合贷款条件且有贷款需求的建档立卡贫困户基本做到“能贷尽贷”，风险总体可控，贷款逾期率较低。

【贫困地区基础金融服务】 银保监会持续引导和鼓励银行业金融机构下沉网点，不断扩大贫困地区机构网点和服务覆盖率。结合渠道布局优化调整，不断加强对贫困县渠道建设，努力提高贫困县金融服务覆盖面。利用互联网技术创新服务方式，推进移动支付、线上贷款、电子商务等服务下乡进村，为贫困户提供综合化金融服务。鼓励银行加强与基层党政组织的密切合作，实现双方在机构、人员、信息、风控等方面的有效对接，疏通贫困地区最基层金融服务的“毛细血管”。为解决中西部金融服务薄弱地区银行业金融机构网点覆盖率低、金融服务供给不足问题，经国务院批准，在15个中西部省份开展首批投资管理型村镇银行和“多县一行”制村镇银行试点。截至2018年末，银行业金融机构通过网点、机具服务或流动服务覆盖832个国家级贫困县的16.23万个行政村，覆盖率达96.7%；村镇银行共组建1621家，县市覆盖率近70%，其中位于中西部地区的村镇银行占比为66%；我国农业保险经办机构31家，多数省份有3家以上机构开展竞争，建成基层保险服务网点近40万个，基层服务人员近50万人，基本覆盖所有县级行政区域、95%以上的乡镇和50%左右的行政村。

【创新扶贫金融产品】 鼓励银行业保险业金融机构积极探索低成本、可复制、易推广的农村金融产品和服务方式，加快建立健全符合贫困人口需求特点的金融产品体系，提高服务满意度，增强产品契合度。探索扩大抵押品范围，在包括贫困地区在内的农村地区试点开展农村承包土地经营权、农民住房财产权的“两权”抵押贷款，探索开展林权抵押贷款。在贫困地区积极探索开展价格保险、产值保险、“保险+期货”等新型险种业务试点，将保障范围从传统的保自然风险向保市场风险拓展。落实《慈善信托管理办法》，在贫困地区开展慈善信托。

【农业保险扶贫】 农业保险是分散农业生产经营风险的重要手段，也是支农惠农强农的重要举措。2018年，农业保险不断深化改革，保险支农惠农方式不断创新，保险品种不断增多，保险覆盖面不断扩大，保障水平不断提高，我国已经发展成为世界第二、亚洲第一的农业保险大国。2018 年，全国农业保险实现保费收入 571 亿元，为 1.94 亿户次农户提供风险保障 3.46 万亿元，承保粮食作物面积 11.12 亿亩，承保的农作物 270 多种，农业生产中各地域、人群和门类均基本已有相应的保险品种覆盖；全年为 5250 万户次农户支付赔款 423 亿元，成为灾后重建的重要资金来源。银保监会鼓励引导保险公司开发扶贫专属特色农业保险产品，2018 年，开发扶贫专属农业保险产品 147 个，覆盖 22 个省区市的 60 种农作物。引导保险公司加大贫困农户减负降费力度，对贫困地区农业保险产品费率在基准费率基础上可下调 20%，深度贫困地区财政补贴型农业保险的保险费率在已降费 20% 的基础上，可再降 10% ~30%。

【健康保险扶贫】　银保监会指导保险业发挥自身优势，通过承办大病保险、开展补充医疗保险等方式，减轻贫困群众医疗负担。积极引导保险公司探索大病保险向困难群众适当倾斜的具体办法，对包括建档立卡贫困人口、特困人员和低保对象等在内的城乡贫困人口实行倾斜性支付政策，包括降低起付线、放宽报销范围、提高报销水平等。如甘肃城乡居民大病保险对贫困人口的起付线标准由 5000 元降为 3000 元，陕西对农村贫困人口大病保险起付线下降 50%，内蒙古大病保险对建档立卡贫困人口起付线降低 50%，分段报销比例每段提高 5 个百分点。积极配合各地政府开展贫困人口补充医疗保险，指导保险公司在全国 20 多个省区市超过 1000 个县市承办包括贫困人口在内的商业补充医疗保险业务，覆盖建档立卡贫困人口 4000 多万人，部分地区贫困人口的医疗自付比例降低到了 10% 以内。

【定点扶贫】　2018 年，银保监会组建成立后，定点帮扶甘肃省临洮县、和政县和内蒙古自治区察哈尔右翼中旗、察哈尔右翼后旗，党委书记、主席郭树清担任定点扶贫工作领导小组组长，对做好机构改革期间扶贫工作作出重要批示，带队深入两旗督导扶贫工作，主持召开脱贫攻坚工作座谈会，安排部署扶贫工作。党委委员、副主席黄洪、曹宇、祝树民同志先后 4 次带队深入县旗调研脱贫攻坚工作，走访慰问贫困户，推动帮扶项目落实落地。银保监会选派 4 名工作能力突出、基层领导经验丰富的中青年干部到定点扶贫县旗挂职，分管当地扶贫工作；选派 4 名年轻干部担任驻村第一书记。银保监会定点扶贫工作领导小组各成员单位全年赴县旗共 130 人次，督促落实各类帮扶项目。

2018 年，银保监会超额完成《中央定点扶贫责任书》目标任务，对定点扶贫县旗投入帮扶资金 1409.7 万元，引进帮扶资金 2132.2 万元；培训基层干部 408 名，培训技术人员 675 名；购买贫困地区农产品 49.55 万元，帮助销售贫困地区农产品 1290.22 万元。在引进帮扶资金方面，银保监会加大帮扶力度，创新帮扶工作，重点实施了保险公司到贫困乡镇结对帮扶项目、慈善信托扶贫项目等，取得积极成效，引进帮扶资金超额完成 44%。在帮助贫困地区销售农产品方面，重点扶持贫困地区龙头企业创建品牌、提升品质，销售金额超额完成 135%。在国务院扶贫开发领导小组印发的《关于 2018 年中央单位定点扶贫工作成效考核情况的通报》中，银保监会 2018 年定点扶贫工作成效考核等次为“好”。

（中国银行保险监督管理委员会
普惠金融部　张艳丽）

中国证券监督管理委员会扶贫

【概述】 中国证券监督管理委员会（以下简称“证监会”）把资本市场服务国家脱贫攻坚战略作为崇高的政治责任，坚持精准扶贫精准脱贫方略，广泛凝聚全系统全行业合力，攻坚克难，逐步形成了多层次、多渠道、多方位的工作格局。2018 年 10 月，证监会扶贫办获得全国脱贫攻坚组织创新奖。2018 年在中央单位定点扶贫考核中获得“好”的等次。

【扶贫政策】 2018 年 6 月，证监会“绿色通道”政策被纳入《中共中央　国务院关于打赢脱贫攻坚战三年行动的指导意见》。“绿色通道”政策加大对贫困地区企业在首发上市、债券融资、新三板挂牌等方面的支持力度，做到“即报即审、审过即发”。该政策在坚持标准不降、程序不减的基础上，通过资本市场发行上市、并购重组等市场化机制，为贫困地区优质企业发展、特色产业培育等注入“血液”，推动行业机构与贫困地区对接，引导贫困地区逐步增强市场化理念。2018 年，3 家企业借助“绿色通道”政策首发上市，募集资金 31.91 亿元，新疆、西藏等西部省区上市公司并购重组 498 单，交易金额 4535.53 亿元。32 家贫困地区挂牌企业通过新三板市场融资 33 次，融资额 22.46 亿元，交易所市场累计发行扶贫债 44 亿元。

【期货扶贫】 2018 年，“保险 + 期货”模式连续第三年写入中央 1 号文件。上海、郑州、大连三家商品期货交易所稳步扩大“保险 + 期货”试点，2018 年立项 156 个，其中 83 个项目惠及国家级贫困县，为贫困地区 18367 吨橡胶、275366 吨玉米、31126 吨大豆、2931 吨鸡蛋、1372 吨苹果提供风险管理保障，承保货值 11.22 亿元。“保险 + 期货”试点项目不仅给农户提供收入保障，也推动贫困地区产业稳定发展，为产业扶贫探索出一条新道路。此外，证监会积极推动期货公司在贫困地区开展专业知识培训和产业帮扶，让贫困地区更好利用农产品商品期货的价格发现和套期保值功能，助力特色种养业和现代农业发展。

【行业扶贫】 证券业协会先后发布“一司一县”“一县一企”帮扶行动倡议，截至 2018 年 12 月底，有 100 家证券公司结对帮扶 269 个贫困县，约占全国贫困县总数的 1/3，实现宁夏、江西结对帮扶全覆盖。期货业协会动员期货经营机构开展“一司一结对”帮扶贫困县行动，截至 2018 年 12 月底，有 87 家期货公司与贫困县签订 140 份结对帮扶协议。基金业协会成立“基金行业扶贫公益联席会”，统筹和引导基金行业全面参与脱贫攻坚事业，截至 2018 年底，有 12 家公募基金管理公司设立专门的慈善基金会，14 家设立专项扶贫基金，累计捐赠 2.76 亿元，其中 2018 年对外捐赠 6773 万元。上市公司协会把精准扶贫纳入公司治理，引导上市公司积极参与扶贫，2018 年年报中有 1170 多家上市公司披露精准扶贫信息，扶贫投入达到 552 亿元。

【产业扶贫】 基金业协会倡议行业内 35 家基金机构捐款 2355 万元在汾西县建设“光伏农场”项目，创新运用“光伏 + 农业 + 就业”扶贫模式，为汾西县 8 个乡镇各建设一个 300 千瓦光伏农场。上海期货交易所出资 120 万元，支持太湖县北中镇、百里镇、牛镇镇、刘畈乡6个深度贫困村扩容建设光伏扶贫电站，帮助发展村集体产业。上海证券交易所投资200万元，在宿松县开展3500亩“稻虾共作”扶贫项目，录用贫困人口就业，并通过收益分红支持农村贫困户脱贫。证券业协会发起支持隰县光伏扶贫村级电站建设的倡议，有49家公司认捐45座电站项目，捐赠资金5282.5万元，隰县的光伏扶贫项目预计可解决1904户、5782人稳定脱贫问题。深圳证券交易所在武山县发动南钢股份捐赠价值750万元的垃圾处理设备，采用“捐赠设备+提供公共服务”模式，做好武山县域环保产业。

【健康扶贫和教育扶贫】　证监会与清华大学合作举办培训班，将麦盖提县医疗、教学骨干分别安排到长庚医院和清华附中进行为期三个月的培训，提供8批、78人的免费培训，提高当地医疗和教学水平。会同中国电影集团公司通过开展百部影片进南疆和双师课堂进南疆活动，推广普通话教育。深圳证券交易所资助麦盖提县所有中小学校实现“班班通”远程教育全覆盖，通过“石榴籽计划”“青椒计划”打造全县完整的教师培训体系，加强师生培训，提升国语教学水平，全县66所小学、147个班级、5746名学生、1400名教师受益。上海证券交易所出资设立公益基金会，系统性推动社会公益和扶贫工作，累计支出6000多万元开展健康扶贫、教育扶贫等项目。例如在西藏日喀则开展“格桑花之爱”发育性髋关节发育不良贫困儿童公益医疗项目，在云南开展“行走的渴望”因战伤残人员假肢安装项目。证券业协会出资1000万元联合中国扶贫基金会、隰县人民政府成立“隰县特困扶贫专项基金”，专门帮助特困群众实现“两不愁三保障”。郑州商品交易所投入近460万元，为桐柏县15个贫困乡镇卫生院配齐彩超、心电图机、血球计数仪等医疗设备，让贫困群众实现在家门口享受优质医疗服务。

【社会扶贫】　证监会在兰考县探索推广“1加3”社会扶贫模式，1个平台3个支撑的社会扶贫格局，主要以“爱心超市”为平台，“巧媳妇工程”“人居环境扶贫”“助学扶贫”为支撑。“巧媳妇”工程帮助村集体补贴建立标准化厂房，为村集体经济提供安全、优良的生产环境，也帮助当地妇女就近就业。困难群众凭积分卡到“爱心超市”挑选自己需要的商品，变被动给予为按需挑选，有效破解供需不对称问题，在对建档立卡贫困户发放积分的基础上，通过奖励积分的形式，鼓励贫困户发挥自身能力，脱贫致富。

【党建扶贫】　证监会把夯实定点县基层党组织建设同脱贫攻坚有机结合，帮助贫困县加强基层党支部建设，将该项工作纳入挂职干部年度工作考核中。2018年将4460万元留存党费投入到9个定点县的基层党组织建设中。积极探索党支部结对帮扶模式，上海证券交易所组织21个党支部和宿松县21户贫困户结对，按照“一户一策、一人一法”原则，制定脱贫方案并跟踪落实，不脱贫不脱责。

【消费扶贫】　开展“一果连四方”系列消费扶贫宣传活动。自2018年11月起，通过开展扶贫果线下线上互动、消费扶贫推进会、九县联动春节拜年等活动，促进融e购、蚂蚁金服、苏宁易购等与证监会9个定点扶贫县对接，共同打造资本市场扶贫品牌。证监会指导9个定点县增强品牌意识，统一制定扶贫产品标志，打造定点扶贫县特色农产品品牌，通过新闻报道和新媒体等多种宣传方式，广泛宣传扶贫县发展特色农产品的经验做法，促进消费扶贫。延长县有6家农产品龙头企业进驻电商扶贫专区，延安中果生态农业科技股份有限公司半个月销售额突破5万元，为延长县优质特色农产品提质上档、走出深山、走进市场搭建“网络直通车”。

【扶贫宣传】　会同证券时报设立“资

本市场精准扶贫在行动”宣传专栏，刊登50多期证券期货公司董事长、总裁署名文章，介绍优秀扶贫经验。主办“庆祝改革开放40周年　资本市场扶贫成果展”，在北京金融街和富凯大厦同时展出扶贫项目图片，多角度、全景式集中展示党的十八大以来资本市场扶贫开发工作的进展、成效和经验。接访“一带一路”沿线国家媒体考察团，向来自越南、巴基斯坦等14个国家的主流媒体总编辑和资深记者22人介绍证监会脱贫攻坚工作情况，为“一带一路”沿线国家减贫事业提供了中国资本市场扶贫经验和智慧。此外，证监会扶贫成果和经验还被《人民日报》、中央电视台报道，形成良好示范效应。

【定点扶贫】　证监会定点帮扶河南省兰考县和桐柏县，山西省隰县和汾西县，安徽省宿松县和太湖县，甘肃省武山县，陕西省延长县，新疆维吾尔自治区麦盖提县6个省区9个县。证监会以全面落实《中央单位定点扶贫责任书》为底线任务，坚持精准扶贫精准脱贫方略，统筹全系统全行业力量，立足各定点扶贫县实际，有针对性地开展形式多样的帮扶活动，助力贫困群众脱贫致富。截至2018年底，证监会圆满完成《中央单位定点扶贫责任书》承诺确定的各项任务。其中，对定点扶贫县投入资金9096万元，引进帮扶资金71562万元，培训基层干部1599名，培训技术人员2968名，购买贫困地区农产品117万元，帮助销售贫困地区农产品1619万元。同时，证监会选派9名优秀干部到定点扶贫县挂职副县长，并在贫困县招商引资、制定产业发展规划、培育创业致富带头人等方面给予有力支持。延长县于2018年通过验收摘帽。

（中国证券监督管理委员会办公厅
扶贫办　杨志海）

中国铁路总公司扶贫

【概述】 2018年，中国铁路总公司（以下简称“铁路总公司”）把铁路扶贫工作摆在更加突出的位置，深入学习贯彻习近平总书记关于扶贫工作的重要论述，坚决贯彻落实中共中央、国务院关于打赢脱贫攻坚战三年行动的决策部署，充分发挥铁路行业专业优势，统筹抓好铁路建设扶贫、运输扶贫和定点扶贫等各项工作。总公司党组书记、总经理、扶贫开发领导小组组长陆东福就贯彻落实中央脱贫攻坚决策部署、做好铁路扶贫工作先后40余次作出批示、5次主持召开党组会议专题研究。扶贫开发领导小组制定《总公司党组关于打赢脱贫攻坚战三年行动实施方案》，修订完善《铁路扶贫工作考核办法》，组织相关铁路局集团公司签署《铁路定点扶贫责任书》。在2018年度中央单位定点扶贫工作考核中，铁路总公司被评定为“好”等次。

【贫困地区铁路建设】 铁路总公司以中西部和贫困地区为重点，加大铁路建设力度。制定《铁路建设扶贫行动方案（2018—2020年）》，对14个集中连片贫困地区，特别是深度贫困地区铁路建设项目逐一规划。陆东福先后同西藏、四川等深度贫困地区主要领导共同研究铁路建设等工作，2次对川藏铁路进行现场踏勘，组织川藏铁路规划建设工作。结合开展“十三五”现代综合交通运输体系发展规划、兴边富民行动“十三五”规划等研究，统筹规划贫困地区铁路网建设。全面推进百项交通扶贫骨干通道工程铁路项目建设，16个项目开工建设14项，开通1项，建成投产1110千米，完成基建投资705.4亿元，其他2个项目正在推进可研报批。14项交通扶贫铁路项目施工过程中，支付当地劳务人员工资7.46亿元，培训当地劳务人员5.88万人，留给当地永久使用道路3290千米、施工场坪580万平方米、水井425口、通信基站92座。

【贫困地区旅客运输】 铁路总公司结合实施客运提质计划，运用新开通铁路运能，大量增开途经贫困地区的旅客列车。截至2018年底，途经592个扶贫重点县的旅客列车达到1795列，占全国铁路旅客列车总数的23.6%。2018年，贫困地区旅客发送7426万人次，同比增长11.0%，比全国水平高出1.8个百分点，其中，“三区三州”旅客发送1666万人次，同比增长9.4%。继续开好公益性“慢火车”。合理安排开行对数、停站、停点，改善站车设施，方便贫困群众携带生鲜农副产品进站上车。2018年，全路81对公益性“慢火车”日均发送旅客7.8万人次，累计发送2368万人次。其中，在南疆四地州、四川省凉山彝族自治州开行“慢火车”4对，累计发送328万人次。对于铁路运力无法覆盖的贫困地区，与当地政府、企业共同建设客货运输服务功能完备、公铁无缝接驳的无轨车站，为不通铁路贫困地区群众出行提供综合运输服务。2018年，先后建设具备购票、候车、高铁快运等6项功能的铁路无轨站124个。

【重点物资运输】 铁路总公司加强与贫困地区地方政府和重点企业的沟通协调，根据地方经济发展需求优化运输组织，提供安全可靠、适应需求、群众欢迎的货物运输产品。针对春耕化肥、农副产品以及新疆棉花、东北粮食等季节性强的涉农物资，提前制定运输方案，及时调配运力，组织突击抢运。组织开行跨局大宗货物直达列车和特色快运班列，为贫困地区重点物资供给、特色农产品外运等提供方便快捷的货物运输服务。全年贫困地区铁路货物发送 4.24 亿吨，同比增加 6644 万吨、增长 18.6%；货物到达 1.72 亿吨，同比增加 1589 万吨、增长 10.2%。落实国家支农惠农政策，对涉农物资实施运价优惠政策，对整车化肥、黄磷、粮食等免征铁路建设基金，为贫困地区节约物流成本。全年对贫困地区发送货物减免铁路建设基金约 8.6 亿元，其中，减免“三区三州”铁路建设基金约 2.2 亿元。

【连片特困地区扶贫攻坚】 铁路总公司参与并配合科学技术部、国家铁路局联系秦巴山片区脱贫攻坚工作，大力推进郑万、阳安复线铁路等在建项目。同时，推动开工一批连接贫困地区的国家铁路建设项目，其中，途经 14 个集中连片特困地区的有 8 个，途经“三区三州”的有 2 个，投资规模分别为 1135 亿元、245 亿元。强化与贫困地区相关的铁路建设项目的施工组织，建成渝贵、哈佳、广大新双线、哈牡、成蒲、川藏铁路成雅段等线路。2018 年，中西部地区铁路项目建成投产 2918 千米，其中高速铁路 2474 千米，累计完成基建投资 3714 亿元，占全国铁路基建投资的 66.7%；14 个集中连片贫困地区、革命老区、少数民族地区、边疆地区等相关省区铁路项目投产新线 2990 千米，其中高速铁路 2685 千米，累计完成基建投资 4140 亿元，占全国铁路基建投资的 77.6%；“三区三州”铁路项目投产新线 306 千米，其中高速铁路 274 千米，累计完成基建投资 747 亿元。发挥铁路建设对贫困地区经济发展的带动作用，同等条件下优先选用贫困地区人力物力，坚持永临结合组织临建工程施工，将其打造成为贫困地区基础设施。

【定点扶贫】 铁路总公司定点扶贫河南省栾川县、陕西省勉县、宁夏回族自治区固原市原州区、新疆维吾尔自治区和田县。面对栾川县 2018 年脱贫摘帽，勉县、原州区和深度贫困地区和田县 2019 年脱贫摘帽的攻坚任务，2018 年铁路总公司加大投入力度，累计投入 4911 万元，引进帮扶资金 219.6 万元。增派 39 名干部到定点扶贫 4 县区挂职、任驻村第一书记和工作队员，铁路总公司定点扶贫 4 县区扶贫干部达到 92 人。组织 254 名铁路干部结对帮扶 913 户贫困户。举办全国铁路扶贫干部培训班，培训 30 名定点扶贫县区扶贫干部。坚持月度写实、年中总结和年底述职制度，加强扶贫干部日常管理。扶贫干部克服生活困难，坚持驻村，部分驻村干部每年驻村时间超过 280 天，较地方政府规定的 220 天超 60 余天。加强路地联动考核工作，用好考核结果，全年对 11 名扶贫干部提拔使用或重点培养，1 名个人获得中央和国家机关脱贫攻坚优秀个人称号，2 个集体、3 名个人获得铁路火车头奖杯、奖章，4 个集体、12 名个人获得铁路扶贫工作先进集体、个人称号。

【产业扶贫】 铁路总公司落实精准扶贫精准脱贫方略，从原料采购、劳务用工、生产加工、产品销售等方面拉长产业链条，提高项目抗风险能力，创造更多就业和增收机会。建设利益联结机制。成立村集体合作社，吸引贫困户入股，促进集体经济持续发展，贫困群众稳定增收。实施规模化生产，组织村集体在土地流转、临时用工、代种代养等方面创新管理方式，为企业大规模生产创造条件。2018 年，实施产业项目 116 项，帮扶建档立卡贫困人口 3.17 万人。其中投入 100 万元在原州区开城镇柯庄村建设标准化养鸡扶贫示范车间 3 栋，协调固原新月养殖有限公司负责鸡苗饲料赊欠和活鸡收购，提前培训养殖人员，帮助产品进站上车推介销售。

【消费扶贫】 铁路总公司大力推进消

费扶贫，组织农副产品上列车、进车站、入食堂，组织职工直接选购，推出动车组列车互联网预订农副产品业务，在火车站举办优质农副产品展销推介会，在铁路住宅小区举办“消费扶贫直通车”等活动，帮助扶贫地区农副产品外销。累计在62个车站开设157个土特产品展示销售点，在371趟列车组织土特产品销售，全路购买国家级贫困地区农产品1264.5万元，销售特产20余种、4454.4万元。

【旅游扶贫】　铁路总公司持续探索“铁路扶贫+旅游”模式，召开铁路旅游扶贫工作现场会，推动铁路旅游企业与当地政府签订旅游战略合作协议，联手开展大美新疆、绚丽甘肃、亮丽内蒙古、奇境栾川等旅游主题推介活动，共同开发贫困地区地域特色鲜明、比较优势明显的铁路旅游产品。投入200万元对定点扶贫的栾川县77户贫困户住房实施民宿改造，探索开发体验式农业旅游项目。利用车站墙面灯箱、列车广告等媒体加强宣传，为栾川县节约旅游推介费用580万元。组织赴栾川旅游专列3趟、1000余人，组团1510人。投资145万元支持定点扶贫的勉县建设唐家湾农旅主题公园，设立20个农产品流动销售车，增开高铁旅游专列，组织5万余名游客到贫困村观光，推动农家驿站、特色小吃、农产品售卖等项目见效。深度开发“环西部火车游”系列产品，帮助定点扶贫的固原市原州区在铁路旅游平台发布周末游、乡村游、六盘山红色游等方案，开行“环西部火车游”5列、入宁专列80列。联合旅游企业、当地景区在定点扶贫的和田县成立旅游扶贫爱心基金，开行“缘满南疆”旅游专列9列，组织560余名游客开展乡村旅游体验和“民族团结一家亲”活动，引导客流、消费流向贫困地区聚集。2018年，累计向贫困地区开行旅游专列335列，组织游客23万人次。

【教育扶贫】　在栾川县开展“助力扶贫、青年先行”等志愿服务活动，发放学习文具900余件，捐助校服75套。在原州区举办“国酒茅台·国之栋梁——2018希望工程圆梦行动大型公益助学”活动，为100名原州区建档立卡户子女每人提供5000元助学金；组织书画家、医务人员深入原州区贫困村开展“送文化、送健康、送关爱”活动，送字画100余幅、扶贫政策折页1000余册、卫生知识手册500余册。在和田县组织铁路等相关单位捐赠衣物和学习用品价值23.5万元。

【民族融合发展】　铁路总公司在和田县深化“访民情、惠民生、聚民心”活动，聚焦新疆社会稳定和长治久安总目标，自2017年3月25日，开行乌鲁木齐—和田“民族团结一家亲号”列车。在做好服务保障同时，乌鲁木齐局集团公司深化“民族团结一家亲”联谊活动，67名各级干部与和田县拉依喀乡、罕艾日克镇的377户基层群众结对认亲，同吃、同住、同劳动、同娱乐，为贫困群众办实事好事687件，捐款7.35万元，捐物5900多件。壮大党员队伍，提高村民素质，培养入党积极分子236人，发展党员75人。加强扶志引领，激发内生动力，开展宣传教育432场次、1.9万人。做好困难群众工作，慰问“四老人员”、贫困户1628户，做好事、实事1256件。收集各类困难诉求823件，解决712件。

【扶贫宣传】　讲好铁路扶贫故事。协调《人民日报》、新华社、中央广播电视总台等中央主流媒体及地方媒体推出铁路扶贫报道近1000余篇（条），《人民日报》头版、《新闻联播》、《焦点访谈》推出铁路扶贫报道。其中，《我们一起走过——致敬改革开放40周年》节目中讲述的四川凉山州“慢火车”故事，高速铁路、高铁无轨站等服务举措，贫困地区建设成就，铁路扶贫干部先进事迹等引起广泛共鸣。组织扶贫日宣传。在《人民铁道》推出《铁路部门发挥

行业优势　谱写扶贫工作新篇章》等报道和《扶贫路上，我们一直在努力》等整版特别报道。在“人民铁道”“中国铁路”新媒体平台推送《这些照片，记录了铁路扶贫路上的点点滴滴》等图文报道。在车站电子显示屏、动车组车载显示屏上播放铁路扶贫工作视频短片和公益广告，向社会公众展示铁路扶贫工作成果。组织中国铁路“精准扶贫、铁路情怀”纪实摄影展。从1万余幅铁路扶贫纪实摄影作品中筛选出604幅照片在铁路系统巡展，部分优秀作品在《人民铁道》等媒体刊载，得到良好宣传效果。

［中国铁路总公司发展和改革部（扶贫办）　李朝飞］

国家开发银行扶贫

【概述】 2018年，国家开发银行（以下简称“开发银行”）坚持精准扶贫、精准脱贫，坚持发挥开发性金融功能和作用，全力支持打赢脱贫攻坚战。经过多年实践探索形成“113431”扶贫工作体系：建立一个以扶贫金融事业部为主体、全行共同参与、协同作战的高效组织保障体系；科学制定一个明确时间点路线图的脱贫攻坚实施规划；明确融制、融资、融智的“三融”扶贫策略；坚持易地扶贫搬迁到省、基础设施到县、产业发展到村（户）、教育资助到户（人）的“四到”思路方法；深入开展深度贫困地区脱贫攻坚、东西部扶贫协作和定点扶贫“三大行动”；落实一个有效的考核监督体系，层层签订责任状，确保各项工作落到实处。2015年中央扶贫工作会议召开以来，开发银行累计发放精准扶贫贷款8870亿元，其中2018年发放2668亿元，并获得2018年“全国脱贫攻坚奖组织创新奖”和新华网“2018中国企业社会责任峰会精准扶贫奖”。

【组织领导】 开发银行党委高度重视脱贫攻坚，将脱贫攻坚作为全行工作的重中之重，全面强化组织领导，层层压实主体责任。加大工作推动力度。根据中央关于打赢脱贫攻坚战三年行动的决策部署，研究提出《国家开发银行关于打赢脱贫攻坚战三年行动的指导意见》，进一步明确目标任务和工作举措。召开全行2018年扶贫工作会议，进行部署动员；总行党委与25家有扶贫任务的分行党委一把手签订脱贫攻坚责任书，与16家有东西部扶贫协作任务的东部分行签订责任书，与2家有定点扶贫任务的分行签订定点扶贫责任书，逐级压实责任，并将扶贫工作纳入全行考核。提高思想认识和政治责任。开发银行党委深入贯彻落实习近平总书记关于扶贫工作的重要论述，把思想和行动统一到中共中央关于脱贫攻坚的决策部署上来，把脱贫攻坚作为开发银行的重大使命和政治责任，不断强化“四个意识”，切实增强思想自觉、行动自觉和政治担当，举全行之力坚决打赢脱贫攻坚战。加强组织学习。按照国务院扶贫开发领导小组有关要求，开发银行制定《国家开发银行深入学习〈习近平扶贫论述摘编〉工作方案》，明确将学习《习近平扶贫论述摘编》作为当前和今后一个时期的重要政治任务，通过各级党委中心组学习、“三会一课”、开展培训等形式，真正做到学懂弄通做实。总行党委专门召开理论学习中心组学习（扩大）会议，围绕《习近平扶贫论述摘编》开展专题学习研讨，党委书记带头谈体会、讲认识，并要求全行上下深入学习贯彻习近平总书记关于扶贫工作的重要论述，毫不动摇地贯彻落实中共中央、国务院脱贫攻坚决策部署。

【融资支持】 开发银行发挥中长期融资优势，持续加大对脱贫攻坚重点领域和薄弱环节的资金支持力度。大力支持产业扶贫。通过与各类龙头企业合作、与中小商业银行合作开展扶贫转贷款等方式，2015年中央扶贫工作会议召开以来，累计发放产业扶贫贷款1148亿元，2018年发放402亿元，覆盖164个贫困县，带动37.9万建档立卡贫困人口。赴云南、贵州等搬迁人口较多的10个省份开展专题调研，积极研究支持易地扶贫搬迁后续产业发展模式。加大贫困地区基础设施建设支持力度。大力推进贫困村提升工程，累计发放农村基础设施贷款2996亿元，2018年发放618亿元。支持贫困地区交通、水利、电力等重大基础设施建设，累计发放贷款3506亿元，2018年发放1340亿元。扎实做好易地扶贫搬迁相关工作。累计发放贷款1083亿元，支持约312万贫困人口实施易地扶贫搬迁。根据财政部等五部委要求，扎实推进易地扶贫搬迁贷款规范调整有关工作。积极开展助学助业。2015年中央扶贫工作会议召开以来，开发银行累计发放助学贷款769亿元，其中建档立卡贫困学生助学贷款137亿元，2018年发放287亿元，其中建档立卡贫困学生助学贷款54亿元，支持学生402万人次，覆盖全国26个省份和2309个区县。在北京、四川、云南、贵州等13个省市举办13场针对贫困学生的专场招聘会，组织2000余家企业参与招聘，用人需求超过4.5万人，参与学生超过6.5万人次，助力高校贫困学生精准就业。

【深度贫困地区脱贫攻坚】 开发银行将攻克深度贫困作为打赢脱贫攻坚战的关键，持续加大支持力度。一是连续两年召开“开发性金融支持深度贫困地区脱贫攻坚推进会”。邀请“三区三州”地方政府参加，及时了解深度贫困地区脱贫攻坚实际需求和意见建议，就进一步做好金融支持深度贫困进行专题部署。二是按照“五个更优”原则加大融资支持力度。根据“信贷政策更优、贷款定价更优、审批流程更优、资源配置更优、服务方式更优”的工作原则，2015年中央扶贫工作会议召开以来，开发银行累计向“三区三州”等深度贫困地区发放精准扶贫贷款2987亿元，其中2018年发放868亿元；向“三区三州”累计发放精准扶贫贷款1110亿元，其中2018年发放411亿元，支持基础设施互联互通、人居环境与公共服务改善、特色产业发展等。三是实现“三区三州”深度贫困地区培训全覆盖。在2017年为甘肃临夏、四川凉山、云南怒江开展培训的基础上，2018年又为西藏、新疆南疆四地州、四省藏区开展了地方干部培训，累计为“三区三州”216个县培训县领导及扶贫干部630人，为深度贫困地区培养懂金融、会扶贫的扶贫干部队伍。

【东西部扶贫协作】 2018年，开展银行发放东西部扶贫协作项目贷款105亿元，为推进东西部扶贫协作提供有力支持。一是强化工作部署。连续两年召开“开发性金融支持东西部扶贫协作推进会”，与东西部地方政府和龙头企业代表共同探讨开发性金融支持扶贫协作的思路举措。东部14家分行与西部16家分行均与地方政府签订扶贫协作合作协议，在扶贫协作工作方案制定、项目推动对接等方面开展深入合作。二是完善制度建设。制定加大东西部扶贫协作支持力度的意见和项目开发评审指导文件，将东西部扶贫协作工作纳入考核，发挥东部分行客户资源优势，引导企业赴西部投资并给予优惠贷款支持。三是创新开展产业对接。在东部地区与上海、浙江、山东等地政府联合举办12场“开发性金融支持东西部扶贫协作在行动”活动，共对接290余家企业，签署合作协议50余份，融资需求超过500亿元。

【扶志扶智】 一是加大扶贫干部培训力度。开发银行与各地组织、扶贫等部门合作，因地制宜设计课程，研究创新培训方式，不断提升培训的针对性和实操性，全年为贫困地区举办脱贫攻坚培训班20期，培训地方扶贫干部和各类扶贫人才3305人。同时，积极开展行内扶贫干部集中轮训，累计培训扶贫干部348人，进一步提升金融扶贫工作能力和水平。二是加强规划咨询服务。为新疆南疆四地州等25个深度贫困市、州、县编制脱贫攻坚规划咨询报告，实现“三区三州”规划咨询全覆盖；开展云南怒江、湖南湘西等10个规划咨询试点，帮助地方政府找准攻坚方向、实现科学发展。三是强化人才支持。向贫困县、贫困村派驻200多名扶贫金融专员、第一书记和驻村干部，协助地方政府推动脱贫攻坚工作。

【扶贫领域作风建设】　一是制定实施方案，完善工作机制。研究制定《国家开发银行扶贫领域作风问题专项治理实施方案》，成立扶贫领域作风问题专项治理工作领导小组，由党委书记、董事长任组长，一把手亲自管、重点抓。36家分行结合自身实际情况，制定具体工作方案，将专项治理工作和责任落实落细。二是强化学习培训，提升作风意识。在全行扶贫干部集中轮训班上，就扶贫领域作风问题专项治理进行专题培训。将扶贫领域作风建设纳入开发银行组织的各类地方干部培训班培训内容，加强贫困地区干部作风建设。三是开展自查督查，加强问题整改。深入查找脱贫攻坚中普遍性、倾向性问题，先后组织全行开展3次自查，对9家分行开展专项督查，对发现的问题进行深入研究，查找问题根源，明确整改责任，建立工作台账，逐一整改落实。四是开展专项巡视，强化扶贫领域执纪问责。总行党委巡视组选择几家有代表性的分行开展为期一个月的脱贫攻坚专项巡视，围绕聚焦落实脱贫攻坚政治责任情况，扶贫效果、作风、资金使用等重点，深入查摆和推动解决开发银行系统在脱贫攻坚中存在的突出问题和共性问题，确保如期完成脱贫攻坚各项目标任务。同时，制定《关于进一步加强扶贫领域监督执纪问责的意见》，开展违规接受和赠送“红包”专项治理等工作，进一步强化扶贫领域党风廉政建设。

【定点扶贫】　开发银行加大对贵州省道真县、务川县、正安县和四川省古蔺县4个定点扶贫县的支持力度，帮助4县2018年实现11.95万贫困人口脱贫、217个贫困村整村摘帽，道真县、务川县已率先脱贫，正安县、古蔺县预计于2019年实现脱贫摘帽。一是强化组织领导。党委书记、董事长赴贵州务川、正安、道真深入调研，主持召开定点扶贫工作座谈会，部署推进相关工作。逐级签署定点扶贫责任书，进一步压实工作责任。二是加大资金投入力度。制定《国家开发银行2018年定点扶贫工作计划》，全年向4个定点扶贫县新增发放扶贫贷款12亿元。投入捐赠资金650万元，引进各类帮扶资金470万元，支持务川县特殊教育学校等公益项目。三是加强县、乡、村三级干部培训。联合中央党校为4县的81名县乡干部举办扶贫专题培训，重点加大对驻村第一书记、村支书、脱贫致富带头人、实用科技人才等基层人员培训力度，全年培训4县扶贫干部和各类扶贫人才2022人。四是创新产业扶贫举措。举办“定点扶贫县龙头企业对接会”，引入北京、上海等地龙头企业到四个县投资兴业、带动就业。发挥集团优势，国开金融与古蔺县政府联合设立二郎镇特色小镇发展基金，并配套贷款4亿元共同支持二郎镇特色小镇项目，形成投贷联动支持定点扶贫新模式。五是开展消费扶贫。设立定点扶贫县农副产品外卖专柜，并采购特色产品用于会议办公、工会福利、礼品招待等，直接购买和帮助销售贫困地区农产品436万元。六是凝聚中央单位定点扶贫合力。与中央政策研究室、中央党校、最高人民检察院、外汇管理局等90多个中央国家机关和单位建立联系，在联合调研、项目推动、干部培训、规划编制、捐赠帮扶等方面加强合作，向200多个中央国家机关定点县发放贷款1300多亿元，向32个定点县捐赠资金3300万元。

（国家开发银行扶贫金融事业部　张　波）

中国农业发展银行扶贫

【概述】 2018年，中国农业发展银行（以下简称“农发行”）坚定金融扶贫先锋主力模范目标，坚持以服务脱贫攻坚统揽支农全局，强化全行全力全程扶贫工作格局，制定支持打赢脱贫攻坚战三年行动方案，采取超常举措聚焦深度贫困地区脱贫攻坚，瞄准“两不愁三保障”持续加大工作力度，多措并举强化定点扶贫，不断提升扶贫贷款风险管控和基础管理水平，扎实开展扶贫领域腐败和作风问题专项治理，全力配合中央脱贫攻坚专项巡视。全年累计投放各类扶贫贷款3893.42亿元，贷款余额13466.07亿元，占全行贷款总额的26.21%，累放额和余额均居金融系统首位，贷款利率较基准利率下浮28个基点。精准扶贫贷款覆盖824个国家级贫困县，直接服务建档立卡贫困村5.7万个，产业精准扶贫贷款直接带动贫困人口329.13万人，项目精准扶贫贷款服务贫困人口4279.98万人。全年累计向贫困地区捐赠各类资金1838.38万元，为定点扶贫县筹集社会捐赠资金1497万元，购买或帮助销售定点扶贫县农产品1553万元。农发行在2018年中央单位定点扶贫工作考核中获得“好”的等次，连续三年获得全国脱贫攻坚奖，是唯一连续获奖的金融机构，金融扶贫成效获得中央巡视组的充分肯定。

【扶贫机制建设】 2018年，农发行完善全行全力全程扶贫工作格局。组织召开脱贫攻坚工作会议1次、脱贫攻坚工作领导小组会议2次、扶贫金融事业部执委会4次，安排部署全行扶贫工作。组织各级行层层签订服务脱贫攻坚责任书，总行领导对“三区三州”实行分片包干，压实“一把手”责任，建立完善约谈机制。调整优化扶贫金融事业部组成部门及扶贫职能，健全省级分行扶贫金融事业部分部及执委会。建立健全覆盖总行机关部门、省级分行、业务条线三个维度的脱贫攻坚考核体系，将脱贫攻坚工作纳入各级行领导班子和领导干部的考核评价。

【脱贫攻坚三年行动】 农发行按照国家打赢脱贫攻坚战三年行动的部署要求，结合各级行贯彻落实《政策性金融扶贫五年规划》的进展和实践中存在的突出问题，制定印发《中国农业发展银行支持打赢脱贫攻坚战三年行动方案》，完善未来三年全行服务脱贫攻坚工作的顶层设计，明确指导思想、任务目标、工作要求和政策措施。并提出，要在打赢三年脱贫攻坚战中成为金融扶贫的先锋主力模范，精准扶贫贷款投放增速要明显高于全行贷款增速，未来三年精准扶贫贷款累计投放不低于8000亿元、力争实现投放9000亿元。

【深度贫困地区脱贫攻坚】 农发行将支持深度贫困地区脱贫攻坚作为重中之重。6月26日，在四川省凉山彝族自治州召开支持“三区三州”脱贫攻坚工作现场推进会，部署支持深度贫困地区脱贫攻坚工作。印发《关于明确“三区三州”深度贫困地区脱贫攻坚差异化支持政策的通知》，出台28条差异化特惠支持政策，在信贷政策、资源保障、定向帮扶等方面，采取降低准入门槛、执行特惠利率、下放审批权限、优先保障信贷资金计划、加强干部交流、组织免费培训等超常举措，全方位加大帮扶力度。优先安排信贷规模和资金，累计向贫困地区投入PSL资金1196.96亿元，其中投入“三区三州”363.04亿元。2018年，累计向“三区三州”投放扶贫贷款376.21亿元，贷款余额1163.63亿元，增速为全行扶贫贷款增速的1.8倍。开展多渠道帮扶，免费培训“三区三州”大学生村官180名、干部群众23587名；组织26名凉山彝族自治州贫困学生到北京参加夏令营活动；组织购买“三区三州”农副产品100.45万元。

【易地扶贫搬迁】 农发行做好易地扶贫搬迁信贷支持和政策衔接。对接年初国家易地扶贫搬迁中央贴息贷款下达规模，发行扶贫专项债券310亿元，保证信贷资金足额供应。适应国家易地扶贫搬迁融资方式政策调整，及时停止易地扶贫搬迁贷款审批投放，明确存量贷款规范管理和收贷收息工作要求，确保合规操作。对608个存量项目贷款逐项建立电子档案。建立易地扶贫搬迁贷款收贷收息监测体系，按月调度掌握贷款本息收回情况及资金支付情况，及时处置化解偿债风险隐患。2018年，累计投放易地扶贫搬迁贷款367.5亿元，贷款余额2411.8亿元，惠及搬迁人口768万人，其中建档立卡贫困人口占比68%。

【产业扶贫】 农发行支持贫困地区粮棉油收储、农业产业化经营和特色产业发展。2018年，累计投放产业扶贫贷款1467.5亿元，余额4129.8亿元，带动381.6万贫困人口增收。印发产业扶贫流动资金和固定资产贷款办法，对全行产业扶贫信贷政策进行规范统一。在粮棉主产区贫困县增设收储库点，保障资金供应；发放市场性收购贷款，支持多元主体入市收购；将青稞扶贫作为藏区产业扶贫着力点，支持青稞地方储备和市场化收购；支持南疆四地州棉花收购等。支持贫困地区农业产业化经营和特色产业发展，支持重点生态林业工程建设；支持农村土地有序流转、发展多种形式适度规模经营和园区建设；支持流通企业向贫困地区延伸网络；支持现代农业科技创新与推广等。创新推广产业扶贫贷款风险补偿基金“吕梁模式”，印发指导意见，将“吕梁模式”贷款准入、资金投向、风险容忍等十个方面配套政策制度化。

【专项扶贫】 农发行支持国家重大专项扶贫行动，创新推出贫困村提升工程专项贷款产品。2018年，累计投放各类专项扶贫贷款752.1亿元，余额1013.3亿元。其中，支持贫困村基础设施、公共服务设施、产业基础和人居环境条件的提升改善，累计投放贫困村提升工程贷款289.97亿元，贷款余额392.12亿元，支持3000多个贫困村整体改善生产生活条件。推动教育扶贫项目快速落地，累计投放教育扶贫贷款78.53亿元，贷款余额111.49亿元，支持800多个学校改善办学条件。研发健康扶贫贷款产品，累计投放健康扶贫贷款15.60亿元，贷款余额17.10亿元，通过自营和扶贫过桥模式支持18个贫困县（市）改善医疗条件。投放其他专项扶贫贷款，支持旅游扶贫、光伏扶贫、网络扶贫等专项扶贫行动。

【基础设施建设】 农发行在不增加地方政府债务负担的前提下支持贫困地区基础设施建设。2018年，农发行累计投放基础设施扶贫贷款1306.3亿元，贷款余额5911.2亿元。其中，以国家级贫困县和老少边穷地区为重点，通过“先建后补”支持农村交通项目建设、农村公路养护，累计投放农村交通扶贫贷款309.4亿元，贷款余额1691.66亿元，支持新建改建农村公路37.6万千米。支持水利扶贫项目建设，全年累计投放水利建设扶贫贷款131.30亿元、贷款余额803.6亿元。将农村人居环境建设纳入抵押补充贷款（PSL）资金支持范围，支持农村污水垃圾处理、农村危房改造、农村环境集中连片综合治理和改厕、传统村落保护等，累计投放农村人居环境扶贫贷款124.24亿元，贷款余额558.38亿元，修缮改造农村危房36万套。

【东西部扶贫协作和“万企帮万村”行动】 农发行优化东西部扶贫协作信贷支持政策，引导东部企业到西部地区投资兴业和开展产销对接，强化东西部扶贫协作考核，将东西部扶贫协作工作情况纳入东部分行脱贫攻坚工作考核。推进“万企帮万村”精准扶贫行动，建立“万企帮万村”精准扶贫行动项目库，开展精准扶贫行动示范企业评定工作，筛选入库企业987家，支持企业794家，贷款余额610.8亿元，带动、安置及帮扶68.7万建档立卡贫困人口。

【精准扶贫管理和风险防控】 农发行把基础管理和风险防控摆在突出位置，维护国家扶贫信贷资金安全。以任务清单、项目清单、整改清单“三清单管理”为抓手，把精准要求贯穿政策性金融扶贫的全流程各方面。加强扶贫贷款认定和成效管理，组织开展扶贫贷款认定和政策效果非现场检查，建立整改台账并督促全部整改到位。严格执行规范地方政府债务管理各项规定，严守合规底线。加强扶贫贷款贷后管理，防止挤占挪用。建立扶贫贷款成效指标体系，逐项目监测扶贫贷款投向及带贫效果，评估扶贫贷款使用效率和精准度，引导全行提升扶贫质效。加强风险防控，将扶贫贷款风险管控关键点全部纳入监测范围。截至2018年底，全行扶贫贷款不良率0.28%。

【扶贫领域腐败和作风问题专项治理】 农发行召开专题会议部署专项治理工作，制定专项治理工作方案和检查方案，明确作风治理总体要求、治理内容、工作措施、组织领导和活动安排。结合农发行实际将治理内容细化为7大类、28项治理内容、85项检查项目，组织全行开展自查，建立问题整改台账。开展整改“回头看”，派出6个工作组对12个省级分行、48个市县行进行抽查。组织召开两次警示教育视频大会，巩固专项治理整改成果。

【定点扶贫】 农发行定点帮扶吉林省大安市、广西壮族自治区隆林各族自治县、贵州省锦屏县、云南省马关县，从融资、融智、融商、融情四个方面构建“四融一体”帮扶体系。总行党委书记切实履行第一责任人责任，主持召开党委会5次、定点扶贫工作领导小组会议2次，部署定点扶贫工作；总行领导赴定点扶贫县调研12人次；将定点扶贫纳入省级分行脱贫攻坚工作考核，组织定点扶贫县所在省级分行党委向总行党委签订责任状。加大信贷投入力度，全年累计向定点扶贫县投放贷款30.71亿元，贷款余额87.79亿元，支持因地制宜发展特色扶贫产业项目3个，直接带动4.76万贫困人口年人均增收1.04万元；建设搬迁安置住房5590套、搬迁建档立卡贫困人口12236人；新建改建医院、学校9个，新建改建农村公路675.99千米。在定点扶贫县分别召开招商引资对接会，到会企业260家，签订投资合作协议85份，意向投资金额169.58亿元，筹集捐赠资金1497万元。实施就业帮扶，招收116名定点县建档立卡贫困人口就业。加强教育培训，举办定点县扶贫干部培训班4期、培训284人次；举办贫困地区大学生村官培训3期、培训600人次；开展致富带头人和实用科技人才技能培训，培训272人次。拨付专项捐赠资金1130万元，支持公益项目和贫困村基层党组织建设；部分分支机构自愿向定点扶贫县贫困学生捐赠171万元。10月11日，在锦屏县承办中央金融单位定点扶贫工作推进会，介绍农发行定点帮扶工作经验。12月12日，在隆林县召开定点扶贫县致富带头人经验交流会，交流脱贫经验。

（中国农业发展银行扶贫综合业务部 贾兴华）

中国农业银行扶贫

【概述】 2018年，中国农业银行（以下简称“农业银行”）深入贯彻中共中央脱贫攻坚决策部署，全面落实打赢脱贫攻坚战三年行动指导意见，进一步加强金融扶贫组织领导，调整优化金融扶贫工作领导小组成员和工作机制，制定金融扶贫工作领导小组议事规则。在业务经营上继续加大扶贫信贷投放力度。2018年扶贫贷款余额11002亿元，增幅高于全行贷款平均增幅1.81个百分点；精准扶贫贷款余额3415亿元，增幅高于全行贷款平均增幅7.16个百分点，累计带动和服务建档立卡贫困人口271万人；深度贫困地区贷款余额3325亿元，增幅高于全行贷款平均增幅1.59个百分点。

【信贷资金投入】 对接贫困地区和贫困人口的金融需求，加大扶贫信贷资金投入力度。2018年在832个国家扶贫重点县的贷款余额9239亿元，较年初增长13.35%。信贷资金主要投向基础设施、主导产业等有助于贫困人口长期稳定脱贫的重点领域。着力支持基础设施建设，夯实贫困地区发展基础，年末交通、水利、电力等基础设施贷款余额3400亿元，较年初增长11.13%。着力支持特色产业发展，发挥资源禀赋优势，年末农业贷款余额4634亿元，较年初增长10.82%。着力支持农户发展生产，年末农户贷款余额2016亿元，较年初增长18.08%。

【金融精准扶贫】 进一步提升扶贫信贷投放精准度，带动和服务贫困人口增收。2018年累计投放精准扶贫贷款1738亿元，年末精准扶贫贷款余额3415亿元，较年初增长18.68%。一是直接支持建档立卡贫困人口发展生产经营，年末建档立卡贫困人口贷款余额232亿元，较年初增长4.75%。二是发挥带动精准扶贫贷款对贫困人口的带动作用，年末产业精准扶贫和其他个人精准扶贫贷款余额1000亿元，较年初增长25.86%。三是扩大项目精准扶贫贷款对贫困人口的服务作用，年末项目精准扶贫贷款余额2183亿元，较年初增长17.27%。

【深度贫困地区脱贫攻坚】 聚焦聚力深度贫困地区，优先配置各类金融资源。一是加大资源倾斜力度。在信贷规模、财务费用、捐赠资源等方面，加大对深度贫困地区行的支持力度；实施“千人计划”，2018年起，在深度贫困地区招聘贫困家庭应届大学毕业生，计划三年招聘1000人。二是搭建东西部扶贫协作服务平台。召开“东西部扶贫协作推进会”，邀请20个贫困县政府领导和22家企业代表参会，发布《关于加强东西部扶贫协作做好产业扶贫金融服务的行动方案》，对到西部贫困地区投资兴业的东部企业，落实多项优惠政策。三是开展“金穗圆梦”助学活动。通过单位捐赠和员工自愿捐款共募集善款5178万元，对来自“三区三州”深度贫困地区的3996名贫困家庭大学生每人提供5000元助学金。

【作风治理】 认真开展金融扶贫领域作风问题治理。一是部署开展作风专项治理。印发《中国农业银行扶贫领域作风问题专项治理工作方案》，在全行部署开展自查自纠工作，2018年全行金融扶贫督导调研累计达1000余次。二是开展金融扶贫审计巡视。对贵州、西藏等22家分行开展精准扶贫贷款和扶贫资金专项审计，将金融扶贫纳入对湖南、广西等10家分行的巡视范畴。三是做好中央专项巡视配合及问题整改。积极配合中央第十五巡视组开展脱贫攻坚专项巡视工作。坚持立行立改，及时部署已发现问题整改工作。

【扶贫模式创新】 在风险可控、商业可持续的前提下，总结推广一批典型扶贫模式。一是“政府增信＋银政共管”模式。政府通过成立专业化担保公司、风险补偿基金等方式出资为客户增信，农业银行按照政府出资的一定比例（一般为8～10倍）发放贷款，并在推荐、选择、审核、监管客户等方面与政府共同管理，解决带贫企业和贫困户融资难、担保难、融资贵问题，深化银政合作。河北承德分行搭建“政银企户保”增信基金平台和农业产业化龙头企业政府增信平台，宁夏分行利用“风险补偿基金＋建档立卡户”“县级政策性担保公司＋建档立卡户”政府增信模式打造“脱贫致富贷”。二是特色产业带动扶贫模式。基于贫困地区自然禀赋，宜农则农、宜林则林、宜牧则牧，通过发展特色产业，着力帮助贫困地区构建产业发展支撑，破解产业发展瓶颈，满足产业链上中下游各环节金融需求，实现“支持一个产业，带富一方百姓”。推出江苏“金穗油茶贷”、吉林“吉农牧贷”等数十个特色农业信贷产品。三是民生工程扶贫模式。支持贫困地区贫困人口改善住房等基本生活条件，夯实“两不愁三保障”实施基础。贵州分行支持易地扶贫搬迁项目实施，通过银政合作精准识别支持搬迁贫困户；新疆分行以分批分期到位的建房补贴资金为还款来源，以政府增信为担保，创新“安居富民贷”，解决贫困户住房安居问题等。

【基础金融服务】 着力提升贫困地区基础金融服务水平。一是优化网点布局。加大县域网点建设力度，截至2018年底，在国家扶贫重点县设立物理网点3475个，已实现贫困地区县域机构全覆盖。二是推进“金穗惠农通”工程。设立惠农金融服务点14.3万个，乡镇覆盖率达96.8%，行政村覆盖率达69.8%，在832个国家扶贫重点县优先设立惠农金融服务点，积极代理新农合、新农保、涉农财政补贴项目，以及农村公用事业代收费项目。三是实施互联网金融扶贫。在贫困地区加快推进互联网服务“三农”“一号工程”，对接商务部“电商扶贫频道”，已有20个省46个国家定点贫困县入驻惠农e通平台“电商扶贫”专区。在国家扶贫重点县推广“惠农e商”平台，农户版围绕“涉农政策、普惠金融、便民生活、订单农业”等服务场景，为农户提供衣、食、住、行、劳、娱等全方位服务，帮助贫困地区农产品实现产地直销。在287个国家扶贫重点县开办“惠农e贷”政府增信扶贫小额贷款。

【定点扶贫】 中国农业银行定点帮扶河北省饶阳县、武强县，贵州省黄平县，重庆市秀山县。2018年，在4个定点扶贫县累计投放贷款33.2亿元，年末4个定点扶贫县贷款余额88.4亿元，同比增长26.7%。继2017年秀山县脱贫摘帽后，2018年饶阳县实现摘帽。一是发挥金融行业优势。全额保障定点扶贫县支行信贷规模，执行差异化信贷政策。加大电子机具布放力度，实现对行政村全覆盖。牵线搭桥16家大中型企业赴定点扶贫县考察，其中3家落户定点扶贫县。二是加大帮扶力度。增派3名干部挂职贫困村“第一书记”，增派4名干部挂职县支行副行长，已向4个定点扶贫县投入帮扶资金1783.5万元，帮助定点扶贫县培训基层干部和技术人员2808名。三是切实推进消费扶贫。动员各业务条线、各级工会组织、后勤组织直接购买贫困地区农产品，通过益农融商·公益商城、农业银行掌银App和益农融商实体店等线上、线下平台帮助贫困地区销售农产品，已购买贫困地区农产品逾800万元，帮助贫困地区销售农产品逾8000万元。

（中国农业银行扶贫开发金融部
么晓颖）

中华全国供销合作总社扶贫

【概述】 2018年，中华全国供销合作总社（以下简称“供销合作社”）以习近平新时代中国特色社会主义思想为指导，坚决贯彻落实中共中央、国务院决策部署，坚持精准扶贫精准脱贫基本方略，将脱贫攻坚与供销合作社综合改革相结合，加强扶贫调研，强化扶贫制度建设，统筹整合资源合力开展定点扶贫，发挥行业优势开展产业扶贫、消费扶贫、电商扶贫和科技教育扶贫，充分聚焦深度贫困地区，切实加强全系统扶贫领域作风问题专项治理。

【扶贫调研】 供销合作社党组书记、理事会主任王侠12次对扶贫工作作出批示，7次召开会议研究脱贫攻坚工作。10月，赴江西省寻乌县和安远县，考察总社定点帮扶产业发展项目，走访慰问贫困户和高龄老人，并与基层干部群众座谈交流；12月，赴安徽省潜山市，深入贫困村走访慰问贫困户，考察扶贫项目，并举行座谈，对总社扶贫工作作出部署和安排。总社党组成员、理事会副主任邹天敬1月赴寻乌县开展扶贫慰问调研活动，看望慰问总社扶贫挂职干部、乡村扶贫干部和困难群众，听取基层干部群众对脱贫攻坚的意见建议。总社党组成员、经济发展与改革部部长侯顺利6月赴潜山市、寻乌县开展专题调研，听取两个县对总社帮扶工作的意见建议。2018年，总社机关赴定点扶贫县考察共计24人次。7月，履行国务院扶贫开发领导小组成员单位职责，参加国务院脱贫攻坚督导，会同外交部与九三学社中央委员会组成脱贫攻坚督查组赴陕西省开展脱贫攻坚督查。

【扶贫制度建设】 调整总社扶贫工作领导小组成员和职责，形成由主要领导担任组长、2名分管领导担任副组长，1名党组成员担任办公室主任，16个部门一把手参加的工作架构，定期召开会议统筹调度扶贫工作。研究制定《供销合作总社行业扶贫三年行动方案》，指导供销合作社系统以产业扶贫为重点，积极实施具有供销合作社特色的精准扶贫行动；研究制定《供销合作总社定点扶贫三年行动计划》，整合各项为农服务资源，加大人才、资金、项目等扶持力度，助力定点扶贫县如期脱贫摘帽。

【产业扶贫】 供销合作社充分发挥合作经济组织优势，围绕贫困地区优势资源和特色产业，积极吸纳贫困户加入合作社，提高贫困户生产经营组织化程度。发挥为农服务优势，依托供销合作社系统各类农业社会化服务主体，为贫困户提供耕、种、管、收等全托管或半托管生产经营服务，在组织上、经济上与农民形成紧密的利益联结，组织带动贫困户增收脱贫。发挥供销合作社农村流通优势，积极开展农超对接、农校对接、农企对接，构建短链条供销通道，引领带动贫困地区特色产业发展。截至2018年底，全系统在国家级贫困县领办农民专业合作社5.1万个，吸引入社农户412万户，其中，建档立卡贫困户11.8万户。2018年，全系统各类经营主体从国家级贫困县农业生产者处购进的农产品2003.2亿元，通过贫困地区供销合作社农产品批发市场交易农产品682.7亿元。

【消费扶贫】 各地供销合作社发挥流通网络优势，以产销对接为重点，通过扶贫农产品“专区”进商场、“专馆”进电商、

“专柜”进超市、“专场”进市场、“专供”进单位等形式，帮助贫困县与市场主体建立稳定的产销对接关系。利用海南“冬交会”平台，举办供销合作社贫困地区优质特色农产品展示活动，组织153个国家级贫困县的170多家农产品企业参加展示展销。2018年，各地供销合作社在系统内大型商场、超市、市场等设立贫困地区农产品专柜或专区1657个，通过各种方式从贫困地区购进农产品1755亿元。

【电商扶贫】 供销合作总社依托“供销e家”全国平台，以线上线下融合为切入点，积极实施电商扶贫行动。在线上，“供销e家”牵头搭建“国家贫困县名优特产品网络博览会”，为100多个贫困县的店铺开设绿色通道，销售各类商品2.5万种，2018年帮助贫困地区销售农产品6.6亿元。在线下，利用“新网工程”专项资金，支持68个贫困县建立电子商务运营服务中心或农特产品中心，帮助构建电商经营服务体系。积极开展贫困地区电商技能培训。10月，总社在江西省南昌市举办了供销合作社电商扶贫专题培训班，对国家扶贫开发工作重点县和连片特困地区县所在地区的省级供销合作社相关负责同志、部分贫困县供销合作社和电商公司负责人、总社定点帮扶县的供销合作社和电商公司负责人等110人进行了培训。

【科教扶贫】 整合系统科研院所、行业协会、职业院校等各方力量，坚持扶贫同扶智、扶志相结合，加强对贫困地区农民群众及新型农业经营主体的科技和就业培训服务。引进国外资源帮扶，发挥供销合作总社国际合作社联盟副主席作用，邀请意大利果品专家、斯里兰卡茶叶专家对赣南脐橙黄龙病防治、都匀茶叶产业发展提供技术支持。依托总社直属的8所科研院所，通过技术攻关、成果转化、科普惠农、共建科技示范县和培育科技特派员等方式，为贫困地区产业发展提供技术支撑。2018年，全系统在贫困地区培育科技特派员5451人，开展农村实用人才培训26.7万人次。依托总社主管的棉花、食用菌、果品、茶叶、蜂产品等11家全国性行业协会和3000多家系统社团组织，通过实地指导、技术示范、办班讲座等形式，为贫困户提供技术咨询和指导。

【定点扶贫】 供销合作总社定点帮扶江西省寻乌县和安徽省潜山市，2018年，从机关和直属事业单位选派6名干部到两县挂职扶贫和担任驻村第一书记。建立扶贫蹲点调研、扶贫信息月报工作机制。开展扶贫调研7次，其中总社领导带队4次，蹲点调研2次，专项调研1次。根据扶贫县发展需要，2018年，安排农业综合开发资金1000万元，支持定点县开展脐橙、蔬菜、中药材、茶园等土地托管项目建设；安排“新网工程”项目1500万元，支持定点县建设现代农业产业示范园、油茶基地土地托管和瓜蒌产业融合项目建设。开展结对帮扶，2018年，安排8家总社直属企业出资400万元作为总社定点帮扶专项资金，支持贫困村发展特色产业、壮大村集体经济和改善生产生活基础设施。在寻乌县高布村安排定点帮扶专项资金180万元，建设集中式屋顶光伏电站，每年可为村集体增加15万元收入，电站收益将投入教育扶贫暨“优教优学基金”、增设扶贫公益岗位、村级基础设施建设及村容村貌整治，为全村87户建档立卡贫困户提供创收奖励性补贴；发展脐橙假植苗、百香果、甘薯种植和小龙虾养殖基地建设，项目建成后，每年为村集体经济创收9万元，为全村204户农户提供每户150株大苗用于脐橙复种。在寻乌县大仙背村安排定点帮扶专项资金30万元建设15亩脐橙育苗基地，育苗基地建成后将为68户贫困户提供每户150株大苗用于脐橙复种，并为部分农户提供务工岗位。在潜山市坛畈村安排定点帮扶专项资金200万元，支持600亩高标准良种茶园和农村人居环境整治项目建设。茶园项目建成后，将带动200户农户土地流转，其中贫困户 81 户、214 人，每年获得土地流转费用 300 元/亩，每年安排贫困户 400 人次在合作社务工，茶园务工收益 100 元/天。人居环境整治项目建设包括卫生治理、安装路灯、池塘整治等，项目建成后，将解决 8 个村民组、834 人的夜间出行安全，5 个村民组、431 名群众洗衣洗菜、畜禽饮水及防洪灌溉、消防灭火等生产生活需求。总社直属机关党委利用中央和国家机关工作委员会拨付的 7.8 万元专项资金，配套拿出 7.8 万元支持定点县基层党组织建设。总社直属供销集团财务有限公司、中国农业生产资料集团公司和大连再生资源交易所有限公司向定点县捐赠总价值 28.8 万元的书籍、棉被、轮椅、电视等物品；中国供销农产品批发市场控股有限公司投入自有资金 644 万元支持寻乌县现代农业产业示范园二期项目建设；中国农业生产资料集团公司投入 70 万元建设寻乌县高布村现代为农服务中心；中国再生资源开发有限公司出资 87 万元用于寻乌县高布村便民服务中心建设。总社在定点县开展消费扶贫，通过总社直属企业定向采购、机关工会直接购买等形式，购买定点县农产品 185.49 万元；依托“供销 e 家”电子商务平台直接购买定点县农产品 40 万元，帮助销售全国贫困地区农产品 6.6 亿元。总社所属北京商业管理干部学院为定点县免费举办各类培训，培训小微企业负责人、农民专业合作社理事长、电商服务站点负责人及贫困创业者 267 人次；中国供销电子商务有限公司委派寻乌县供销电子商务有限公司开展电商技术培训 146 人次；中国供销农产品批发市场控股有限公司在寻乌县每月不定期开展蔬菜大棚现场教学，累计培训 120 人次。北京商业机械研究所与潜山市坛畈村进行结对帮扶，为坛畈村安装智慧村镇终端机和透明云智慧农业检测设备，提供政务、党务、农产品电子商务、农产品质量追溯等信息化服务。江西旅游商贸职业学院为寻乌县开展扶贫助学行动，对贫困家庭学生采取学费减免、提供勤工助学岗位、优先推荐实习就业岗位等方式帮助其完成学业、走上工作岗位。安徽财贸职业学院在潜山市开展高校学生资助“百千万”走访活动，走访困难学生家庭了解实际需求并提供慰问金。

（中华全国供销合作总社经济发展与改革部　刘文君）

中华全国总工会扶贫

【概述】 2018年，中华全国总工会（以下简称“全国总工会”）深入学习贯彻习近平总书记关于扶贫工作的重要论述，推动工会组织在实现脱贫攻坚总体目标中发挥积极作用。在工会系统脱贫攻坚工作方面，出台《贯彻落实〈中华全国总工会关于在脱贫攻坚中充分发挥工会作用的指导意见〉责任分工方案》《全国总工会开展扶贫领域作风问题专项治理实施方案》《关于聚焦打好精准脱贫攻坚战加强工会扶贫干部教育培训工作的通知》，指导开展扶贫工作。在推进定点扶贫工作方面，加强对定点扶贫县山西省和顺县、壶关县调研督导，制定《全国总工会2018年定点扶贫工作计划》，确定帮扶项目54个，全年对两县投入配套扶贫资金1173.4万元，引入帮扶资金155万元，培训基层干部100名，培训技术人员12860名，引进物资折合53.7万元，引进项目投资500万元，购买两县农产品35万元，帮助销售农产品305.8万元。

【扶贫会议】 2018年11月，全国总工会党组书记、副主席、书记处第一书记李玉赋在山西省和顺县主持召开全国总工会定点扶贫工作座谈会，了解当地贫困群众生产生活情况和脱贫攻坚工作进展，落实定点扶贫工作任务。3月，全国总工会副主席、书记处书记阎京华在北京主持召开全总扶贫工作领导小组会议，通过《全国总工会2018年定点扶贫工作计划》《全国总工会扶贫工作队管理办法（试行）》《全国总工会定点扶贫资金使用管理办法》等文件；9月，在贵州省贵阳市召开全国工会脱贫攻坚工作推进会，总结交流各地工会在脱贫攻坚中的经验做法；10月，在北京召开全总扶贫工作领导小组会议，分析工会脱贫攻坚工作面临的新形势新任务，解决遇到的难点和问题，推动中央决策部署在工会系统落地做实。

【扶贫调研】 全国总工会将脱贫攻坚工作作为一项督查内容纳入集中调研督查，2018年，全国总工会领导带队组成16个调研督查组赴各地实地调研督查，以书面调查和实地调研的方式，调研29个省区市总工会在脱贫攻坚中发挥作用情况，督促指导地方工会强机构、出制度、抓落实。1月，阎京华带队赴定点扶贫县开展慰问调研，走访建档立卡贫困户并看望慰问基层一线扶贫干部，发放书面调查问卷53份，召开座谈会4个，与24名乡村扶贫干部和驻村干部深入交流，听取意见建议，探讨对策措施。5月，阎京华带队赴贵州、新疆、新疆生产建设兵团实地调研，召开座谈会5个，了解当地工会组织在脱贫攻坚方面的总体情况、所做工作以及存在的突出问题和困难。

【贫困地区劳动和技能竞赛】 全国总工会印发《关于深入开展“当好主人翁、建功新时代”主题劳动和技能竞赛的意见》，引导10个省级工会在贫困地区基础设施重点项目和民族地区重大基础设施项目、民生工程建设中开展劳动竞赛，促进当地基础设施建设水平提升。部分省级工会在金融、就业等扶贫工程中开展劳动和技能竞赛，引导职工在扶贫工程中奋勇争先建功立业。

【基层工会建设】 在易地扶贫搬迁集中安置点及卫星工厂、扶贫车间等组建工会，吸纳务工的贫困群众加入工会组织，提供服务帮助贫困群众稳定脱贫。加大工会组建力度，支持在贫困地区组建村级工会。分配帮扶资金向贫困地区工会倾斜，向全国832个贫困县工会拨付帮扶资金2.06亿元，同时垫付1.2亿元当地配套帮扶资金。中国职工发展基金会捐助慈善资金300万元，用于“三区三州”深度贫困地区困难职工送温暖。

【就业帮扶与创业扶持】　各级工会与人社、发改、扶贫、妇联、工商联等部门共同组织开展“春风行动”“民营企业招聘周”等活动，推动贫困地区农村转移劳动力有序流动融入城市。组织“工创美好生活联合招聘活动”，提供就业岗位2.8万余个。深化“全国工会技能培训促进就业”“全国工会就业创业服务月”等活动，提供就业技能培训、创业培训等服务。

【模范先进参与脱贫攻坚】　各级工会组织动员劳动模范、先进集体通过产业扶贫、就业扶贫和扶贫捐赠等方式，帮助贫困村和贫困群众脱贫。开展“践行新思想　奋进新时代”职工助力脱贫攻坚志愿服务活动，引导教科文卫体系统职工志愿者面向贫困地区开展志愿服务，全年志愿服务活动达到2万余次，参与职工志愿者近30万人次，服务职工群众400多万人次。开展文化扶贫志愿服务行动，依托全总职工书屋平台，举办“阅读公益讲座”，实现文化资源向贫困地区倾斜。

【慰问帮扶活动】　2018年中秋、国庆期间，各级工会组织走访慰问困难农民工家庭46.71万户，发放款物4.44亿元，帮助191.4万人次农民工平安返乡，争取返乡补贴6578.4万元。开展“尊法守法·携手筑梦”服务农民工公益法律服务行动，以法治宣传、法律咨询、法律援助等方式，服务5000余场次，服务农民工172.6万人次。推进农民工“求学圆梦行动”，资助20.3万名农民工提升学历层次。

【东西部扶贫协作】　推进东西部扶贫协作的省、市工会开展结对帮扶工作，把人才支持、产业合作、劳务协作、资金支持作为重点，帮扶资金和项目瞄准贫困群众，指导结对帮扶贵州省的上海市、大连市、苏州市、杭州市、宁波市、青岛市、广州市等市总工会与遵义市、六盘水市、铜仁市、黔东南州、黔西南州、安顺市、黔南州、毕节市等市州总工会签订对口帮扶协议，督促双方工会主要负责同志定期开展互访，协调推进协议所列事项。

【产业扶贫】　在全国总工会定点扶贫县和顺县投入150万元建设易地扶贫搬迁菌菇产业园区，建成菌菇大棚1600个；投入150余万元支持10余个精准扶贫产业，带动400余名贫困人口增收；投入100万元支持在易地扶贫集中安置点建设扶贫车间，提供就业岗位200多个。在定点扶贫县壶关县投入近230万元推广连翘种植1万亩，覆盖69个贫困村，直接带动1300余名贫困人口及近万名山区群众增收；投入100余万元支持10个精准扶贫产业，带动500余名贫困人口增收。在两县投入60余万元扶持5个连翘、小杂粮等农产品加工企业扩大生产规模。促成天津中新药业集团同两县签订中药材收购战略合作协议，中国烹饪协会与壶关县签订精准扶贫工作合作框架协议。

【旅游、教育、医疗、文化扶贫】　在壶关县投入100万元支持岭东村乡村旅游项目建设，协调河南郑州铁路学院在太行山大峡谷建立实习基地。在和顺县投入5万元建设三处护栏保护当城村旧石器遗址。组织浙江17名优秀教师和医疗专家赴两县，举办教学示范课22堂、教学主题讲座8场、心理团体辅导讲座6次，覆盖学生2600余人、门诊400多人次。协调清华大学、北京师范大学支教团到两县开展支教活动并建立远程教学站。投入66万元改善两县多家学校教学条件，邀请澳门的士司机总工会考察团到和顺县开展捐资助学。

【驻村帮扶】　2018年，全国总工会直接投入200余万元资金、引进140多万元资金（款物）支持壶关县水池村驻村工作。建设特色农业产业园、航天品种示范基地和300千瓦光伏电站，帮助实现户户通自来水、下水道、水泥路，2018年全村贫困人口人均收入超过万元，村集体收入连年翻番。新建文化活动室、图书室，成立水池之声合唱团、广场舞协会等，举办“重阳节孝亲敬老”“征集水池名言”等活动，评选“水池致富能手”，开设“水池大讲堂”。驻村第一书记夏成方被表彰为“中央和国家机关脱贫攻坚优秀个人”。

（中华全国总工会劳动和经济工作部
扶贫工作处　李　洋）

中国共产主义青年团中央委员会扶贫

【概述】 2018年，中国共产主义青年团中央委员会（以下简称“共青团中央”）深入贯彻落实习近平总书记关于扶贫工作的重要论述，全面落实中共中央、国务院脱贫攻坚决策部署，印发《共青团投身打赢脱贫攻坚战三年行动的意见》，重点围绕学业就业创业扶贫、志智双扶公益服务、青年扶贫志愿服务、青年文化扶贫行动和贫困地区基层团建，动员各级团组织、团干部和广大团员青年积极投身脱贫攻坚伟大实践，主动融入大扶贫格局、全力助推打赢精准脱贫攻坚战。

【学业就业创业扶贫】 一是围绕学业资助，中国青少年发展基金会设立3000万元“精准扶贫专项基金”和1亿元学业资助“10万+”专项基金，重点关注建档立卡贫困户和“三区三州”深度贫困地区。2018年资助贫困学生38829名、拨付资金1.42亿元，其中，资助大学新生25881名、拨付资金1.3亿元，建档立卡学生占比超过78%；资助中小学生12948名、拨付资金1225万元。二是围绕就业援助，通过开发就业岗位、提供就业服务，帮助建档立卡贫困家庭大中专毕业生就业，2018年提供就业岗位1.5万个、实现就业4353人。三是围绕创业扶助，实施农村青年创业致富“领头雁”培养计划和青年农村电商培育工程，安排专项扶持资金1亿元，搭建青年创业服务互联网平台，提供创业培训、结对指导、市场对接、赛事交流及金融服务，助力深度贫困地区农产品上行，通过扶持青年创业带动贫困群众就业增收。

【扶志扶智】 通过网络对国家级贫困县全景式直播，全面展示当地人文历史、自然环境、群众就业、电商培育、扶贫骨干等内容。联合新浪微博发起“我和我的家乡”网络互动活动，邀请社会知名人士代言，传播创意图文、短视频、动图，助力贫困地区发展农林经济、特色农产品、特色手工业和地方旅游业。创作扶贫主题曲音乐短片《家乡》，展示脱贫攻坚伟大成就，倡导自强不息、劳动致富的脱贫精神。广泛开展红领巾圆梦行动、关爱乡村青少年志愿服务行动以及乡村流动少年宫、七彩假期等活动，组织青年志愿者与国家级贫困县乡村小学结对，提供学业辅导、亲情陪护、自护教育、爱心捐赠、感受城市等服务。实施全国青年社会组织“伙伴计划”优秀项目征集活动，引导1000多个项目参与教育扶贫、生态扶贫，整合各类社会资源价值近亿元。

【青年扶贫志愿服务】 以贫困地区为重点深入开展大学生志愿服务西部计划和中国青年志愿者扶贫接力计划，选派18300名西部计划志愿者，围绕基础教育、“三农”服务、医疗卫生、基层青年工作、基层社会管理等开展服务。其中，向623个国家级贫困县派遣11094名青年志愿者，向“三区三州”深度贫困地区派遣4568名青年志愿者。推动农村和城市、贫困地区和非贫困地区青少年间的交友互助，开展城乡少年手拉手等活动。

【青年文化扶贫行动】 深化“希望工程”。全年立项、建设希望小学177所、涉及资金5800余万元。实施“书海工程”，捐赠图书近2亿码洋，帮助贫困地区改善图书室、网络教室、青少年宫，着力加强贫困地区青少年校外文化建设。组织836万名大中专学生、11.5万支团队开展“三下乡”社会实践等活动，提供科技支农、医疗服务、文艺演出、创业就业、教育关爱、环境保护等服务。实施“新时代 艺起来”——新文艺青年进乡村项目，组织11250名新兴领域青年赴贫困地区开展活动65场。

【贫困地区基层团建】 深化乡镇实体化大团委建设，试点创建“青少年零犯罪零受害社区（村）”，发挥团组织在乡村治理中的作用。落实团干部密切联系青年工作机制，传播扶贫开发、农业发展、农民增收的相关政策，培养适应现代乡村社会治理和共青团改革发展需要的基层团干部队伍。紧扣贫困地区青少年需求，选准服务项目，大力支持“青年之家”建设。加强贫困地区学校共青团和少先队工作，完善组织体系，加强基础团务和运行机制建设。

【东西部团组织结对帮扶】 组织23个省级团委和36个副省级、地市级团委建立结对关系、实施帮扶项目。2018年共实施生产、教育、人才、公益、团建等帮扶项目251个，落实帮扶资金2.58亿元，直接服务71183名贫困地区青少年。加强共青团对口支援新疆、西藏和四省藏区等工作，2018—2020年第二轮对口支援项目计划实施1092项、涉及资金7.86亿元。

【定点扶贫】 2018年，共青团中央定点帮扶山西省灵丘县、石楼县。灵丘县14项退出指标全部符合贫困县退出评价标准，124个贫困村100%退出，贫困发生率降至0.39%，农民人均可支配收入预计增长10.8%，高于全省平均水平2.4个百分点，医疗、教育、住房、饮水、交通、社保等均达到或超过全省平均水平；石楼县退出贫困村34个、减贫12370人，贫困发生率从36.7%降至11.37%。共青团中央全年投入资金（款物）共1865.05万元。其中，投入帮扶资金351.6万元、引进帮扶资金973.75万元，购买和帮助销售农产品525.95万元，培训基层干部621人、技术人员957人。一是整章建制。先后制定、实施定点扶贫工作队财务管理制度、扶贫领域作风问题专项治理方案、定点扶贫工作档案管理制度。二是广泛整合社会资源，培育特色扶贫产业。在灵丘县重点发展研学产业，带动全域旅游开发；在石楼县重点发展蜂产业。三是聚焦基层干部、教师、学生以及各类技能人才，“请进来”“走出去”相结合，多措并举开展培训。四是因地制宜选派志愿者、发放物资、开展爱心活动，2018年向两县捐赠各类物资539.7万元，派遣西部计划志愿者76名。五是创新宣传引导方式。开展“脱贫攻坚进行时”共青团定点扶贫专题直播和“我和我的家乡”网络互动活动，发动社会形象正面的公众人物为石楼、灵丘代言，拉动特色农产品销售、手工业和地方旅游发展。六是围绕青少年发展服务，着力加强基层团建。开展团干部和少先队辅导员培训，优化贫困地区基层团组织的工作环境。

（中国共产主义青年团中央委员会
青年发展部 张 帅）

中华全国妇女联合会扶贫

【概述】 2018年，中华全国妇女联合会（以下简称“全国妇联”）围绕中共中央、国务院关于打赢脱贫攻坚战三年行动的决策部署，把协助党和政府做好妇女脱贫工作作为责无旁贷的重大政治任务，立足贫困地区妇女儿童实际需求，充分发挥妇联组织优势，扎实推进“巾帼脱贫行动”，稳步推进农村妇女“两癌”检查及救助工作，大力开展定点扶贫工作，各项工作取得明显成效。

【扶贫宣传】 坚持扶贫先扶志，充分发挥妇联组织宣传优势和组织优势，在主流媒体、新媒体和妇联自有媒体上进行全方位的集中宣传报道，激发贫困妇女的内生动力。面向贫困妇女，举办“巾帼脱贫大讲堂”、开展“小康路上姐妹同行”主题宣传教育活动，充分发挥6700多个妇联网站及新媒体平台、90多万个姐妹微信群、70万个乡（村、社区）“妇女之家”作用，2018年举办扶贫宣讲活动5万余场，在广大妇女中宣传脱贫攻坚政策和脱贫典型，激发贫困妇女脱贫内生动力。开展寻找“最美家庭”和“好家庭好家风”巡讲活动，弘扬良好家风，宣扬脱贫正能量。创新开展“贫困地区妇联干部进中国农业大学”宣讲活动，引领青年学生投身脱贫攻坚。编发《全国“巾帼脱贫行动”典型案例》，总结推广成功经验，推动“巾帼脱贫行动”深入开展。

【教育培训】 全国妇联大力开展深度贫困地区妇女骨干培训，组织22个省区市100名贫困县妇联主席到北京参加培训，提升基层妇联干部带领贫困妇女脱贫攻坚能力。发放《农村妇女脱贫攻坚知识丛书》8万册。各级妇联积极争取资源，大力开展种植养殖、乡村旅游、家政服务、手工编织、农村电商等培训。2018年，各地妇联举办脱贫技能培训班1.37万期，培训贫困妇女和骨干72.3万人次，组织动员贫困妇女和骨干参加政府各类脱贫培训153万人次。通过开展家政培训、电商扶贫等，帮助31.7万名贫困妇女实现就业增收。

【扶贫小额信贷】 2018年，全国妇联继续推动实施创业担保贷款政策和扶贫小额信贷工作，为妇女提供资金支持。2018年全年发放创业担保贷款387.31亿元，获贷妇女39.23万人次，中央及地方落实财政贴息资金47.22亿元。全年各地妇联配合扶贫部门发放扶贫小额信贷51亿元，扶持带动13万名建档立卡贫困妇女发展生产、增收脱贫。

【健康扶贫】 2018年，全国妇联继续配合国家卫生健康委实施农村妇女“两癌”免费检查项目。各地在项目执行过程中，始终坚持贫困妇女优先原则，配合卫生健康委扩大贫困地区妇女“两癌”检查覆盖面，加大对适龄贫困妇女“两癌”免费检查力度，2018年为1170万农村妇女开展宫颈癌免费检查，为618万农村妇女开展乳腺癌免费检查，实现832个贫困县全覆盖。深入实施农村贫困母亲“两癌”救助项目，落实中央彩票公益金3亿元，救助3万名贫困患病妇女，其中建档立卡贫困患病妇女1.47万人，实现深度贫困地区和建档立卡贫困妇女“两癌”救助全覆盖。开展妇女健康宣教，在“三区三州”举办“妇女健康大讲堂”50场，直接培训深度贫困地区妇女群众1.66万人。线上线下开展“两癌”防治宣传教育，各地妇联举办健康讲座2万余场，为300万名中西部农村妇女讲授健康知识，线上参与妇女达1288.8万人。积极探索健康保险扶贫新模式，妇女“两癌”健康扶贫保险已覆盖贫困妇女50多万人。

【全国巾帼脱贫示范基地】 以“三区三州”等深度贫困地区为重点，2018年创建“全国巾帼脱贫示范基地”150个，发挥基地在技能培训、技术推广和扶贫帮困方面的示范带动作用，共结对帮扶14230名建档立卡贫困妇女。带动各地妇联在832个贫困县创建5531个妇字号基地，扶持由妇女创办领办的家庭农场、“农家乐”和各类农业合作社，直接带动43万名农村贫困妇女发展生产、创业增收。

【春风行动】 2018年全国妇联配合人力资源和社会保障部、中华全国总工会、国务院扶贫办开展春风行动，有针对性地开展形式多样的专场招聘洽谈和就业服务，帮助她们尽快实现就业。2018年春风行动仅广西、河南、贵州、江苏等13个省区市就发放宣传资料500多万份，组织各类宣传和招聘活动3700场，参与妇女群众200多万人。其中，成功介绍女性就业40多万人，组织劳务输出女性13.2万人。

【就业扶贫】 围绕脱贫攻坚战略，推进贫困地区妇女转移就业，会同人力资源和社会保障部，指导各地实施巾帼家政培训专项工程，连续7年拨款开展家政培训。与商务部联合出台了《关于开展“百城万村”家政扶贫试点的通知》，将家政扶贫作为精准扶贫抓手。结合实施巾帼脱贫行动，举办3期全国巾帼家政骨干培训和2期巧手骨干培训，培训“百城万村”家政扶贫行动企业负责人、巾帼家政龙头企业职业经理人等300余名、手工编织骨干200余人，引导创业女性推进家政、手工与养老、文化、旅游产业的融合发展，带动更多妇女实现就业创业。

促进居家妇女灵活就业。引导各级妇联突出区域特点、文化特色和民族特质，引导带动贫困妇女宜绣则绣，宜剪则剪，宜编则编，实现灵活就业、巧手脱贫。积极搭建展示展洽平台，帮助从业妇女拓展市场空间。在全国妇联的指导推动下，各地妇联大力实施“锦绣计划”“巧媳妇工程”“陇原巧手干起来”“妈妈制造”等项目，积极建立妇女手工协会，创建“巾帼扶贫车间”，2018年在贫困县建立各级各类妇女手工协会694个，带动33万人次贫困妇女发展手工，实现就地就近灵活就业。

【献爱心活动】 2018年，全国妇联开展“让爱留守·关爱农村留守儿童特别行动”关爱活动16万余场次，363万留守儿童参与其中。全国妇联所属中国妇女发展基金会和中国儿童少年基金会全年募资7.5亿多元，实施“母亲健康快车”“春蕾计划”“消除婴幼儿贫血行动”“安康行动”等公益项目，惠及贫困妇女儿童近770万人次。

【定点扶贫】 2018年，全国妇联定点帮扶甘肃省漳县、西和县，落实帮扶资金（款物）1460.27万元，引进帮扶资金726.32万元；选派48名挂职扶贫干部和扶贫小分队队员驻县驻村开展帮扶；新建19个定点扶贫基地、扶贫工厂，带动2215名贫困群众增收；直接培训基层干部和贫困群众3005人次，其中在北京对漳县135名村党支部书记开展全覆盖培训；为两县捐赠11辆“母亲健康快车”，围绕“送健康理念、送健康知识、送健康服务”开展义诊活动。2018年，全国妇联获得甘肃省脱贫攻坚“先进集体”荣誉称号、中央和国家机关脱贫攻坚“先进集体”荣誉称号。定点扶贫工作在中央单位2018年定点扶贫考核中等次为“好”。

深入开展调研，指导推进工作。2018年全国妇联书记处3位同志4次赴两县进行调研指导。党组和定点扶贫领导小组召开6次会议，主要领导3次与两个定点扶贫县县委、县政府主要负责同志专题研究定点帮扶。

开展多层次宣传培训，提高脱贫攻坚能力。举办“巾帼脱贫大讲堂”“母亲大讲堂”等各类扶贫宣讲活动94场，近万名贫困妇女群众参与。在人民日报、全媒体平台、妇联所属媒体等开展宣传，报道两县脱贫先进典型20余次、新闻稿件200余篇。全年举办基层干部和种植养殖、电子商务、实用技术等各类培训34期（场），直接培训3005人次。协调德国汉斯·赛德尔基金会在西和县持续开展家政培训，培训75名妇女，其中46人就业；协调北京金满叶国际服装有限公司投资148万元在西和县建立“巾帼扶贫工厂”，培训100多名妇女，帮助50余人就业。

聚焦深度贫困，加大产业扶贫力度。在两县新建了19个中药材种植、农产品深加工等扶贫示范基地和扶贫工厂，对已建的32个定点扶贫示范基地加强管理，发挥基地培训、示范带动作用，辐射带动2215名建档立卡贫困群众增收。组织协调圆方集团有限公司等9家企业参加西和县“劳务输转现场对接会”，与20个乡镇签订了长期劳务输转协议，与463人达成务工意向。组织80位女企业家参加西和县在广东举办的招商引资项目推介会，5家企业签订7项协议。下拨党费82万元，助力西和县贫困村建设蔬菜大棚5座、漳县建设醋厂1个。

注重健康帮扶，缓解因病致贫。积极争取中国人寿保险（集团）公司、武汉兰丁医学高科技有限公司等引入人工智能宫颈癌前病变筛查实验室，为22964人开展宫颈癌免费检查。对35名“两癌”患病妇女实施每人1万元救助，对6.9万名贫困妇女进行健康保险全覆盖，捐赠11辆“母亲健康快车”、20辆电动车和2000个母亲邮包。组织回龙观医院专家培训乡村医务人员35人次，为200余名群众开展爱心巡诊。组织北京儿童医院专家为西和县101名听障视障儿童及1000名小学生进行免费检查，资助15名贫困儿童到北京进行治疗。

动员社会力量，拓宽帮扶渠道。通过中国妇女发展基金会和中国儿童少年基金会募集社会扶贫资金（款物）1107万元，对西和县790名、漳县1675名高中生和大学生进行资助，捐建1座“爱心图书室”，捐赠5000套学生爱心套餐礼包，捐赠146.3万元教学及体育设施。

创新帮扶方式，凝聚巾帼力量。按月向两县选派6名干部组成扶贫接力小分队，2018年共派出7批、42人，深入104个村走访214户贫困户，推动两县出台3个巾帼脱贫政策文件，向1000多名贫困群众直接宣讲脱贫政策、培训脱贫技能。指导两县基层妇联组织改革，两县乡村两级妇联队伍由500多人壮大到7671人，通过开展“姐妹手拉手·巾帼脱贫快步走”活动，引导两县7227名妇联执委与29774名建档立卡贫困妇女进行全覆盖结对帮扶。

（中华全国妇女联合会发展部扶贫处
鱼雅妹）

中国残疾人联合会扶贫

【概述】 2018年，中国残疾人联合会（以下简称“中国残联”）深入贯彻落实中央关于贫困残疾人脱贫工作的一系列决策部署和重要政策措施分工要求，推动贫困残疾人脱贫攻坚各项任务有效落实。建档立卡持证残疾人的数量由281万减少到169.8万，58.8万有劳动能力和意愿的贫困残疾人通过实用技术培训掌握1门以上劳动技能，11.3万贫困残疾人家庭通过实施危房改造明显改善住房条件，1.3万贫困残疾人通过康复扶贫贷款有效缓解生产资金短缺困难。残疾人“两项补贴”惠及2000多万贫困和重度残疾人，近900万残疾人纳入低保范围，为110多万残疾人家庭进行无障碍改造。

【加强组织领导】 中国残联第七次全国代表大会后，新一届领导班子第一时间召开贫困残疾人脱贫攻坚工作领导小组全体会议，及时调整领导小组成员，由中国残联主席张海迪担任领导小组组长，党组书记、理事长周长奎担任执行组长，各党组成员为成员，助推贫困残疾人脱贫攻坚工作的组织领导进一步加强。

【扶贫政策文件】 2018年1月，中国残联会同教育部、民政部、人力资源和社会保障部、国家卫生健康委员会、国务院扶贫办共同印发《着力解决因残致贫家庭突出困难的实施方案》，针对因残致贫家庭突出困难和问题，进一步细化贫困残疾人脱贫工作各项政策措施。印发《中国残联办公厅关于落实〈关于着力解决因残致贫家庭突出困难的实施方案〉的通知》，将建档立卡贫困残疾人实名制数据及分析比对的困难和问题分解至各地，要求各地残联逐级分解本地因残致贫家庭突出困难的有关数据。2月，针对贫困残疾人脱贫攻坚中存在的矛盾和短板致函有扶贫任务的省区市人民政府，恳请进一步关心重视解决好贫困残疾人脱贫攻坚问题，得到各地积极反馈。6月，印发《关于全面贯彻落实〈中共中央　国务院关于打赢脱贫攻坚战三年行动的指导意见〉扎实做好贫困残疾人脱贫攻坚工作的通知》，对各地残联深入学习贯彻习近平总书记关于扶贫工作的重要论述，全面落实三年行动指导意见，全力做好贫困残疾人脱贫工作进行部署安排。7月，会同财政部、人力资源和社会保障部、国务院扶贫办共同印发《助盲脱贫行动实施方案》，加大对贫困残疾人中更为困难的视力残疾人的技能培训和就业扶持力度，以建档立卡贫困残疾人中就业年龄段视力残疾人为对象，开展推拿按摩培训和就业服务。10月，印发《中国残联关于落实〈中共中央　国务院关于打赢脱贫攻坚战三年行动的指导意见〉重要政策措施分工方案的通知》，进一步明确中国残联各部门、各单位的具体职责，要求各地残联结合工作实际落实相关责任，加快推动贫困残疾人脱贫攻坚政策措施以及各专项行动的有效落实。

【扶贫会议】 2018年5月，中国残联、国务院扶贫办会同民政部在河南省驻马店市召开因残致贫家庭脱贫攻坚暨贫困重度残疾人照护和托养工作现场会，实地观摩了上蔡县、平舆县关于开展贫困重度残疾人集中托养工作的创新实践，加快推动各地贫困重度残疾人集中托养、日间照料、邻里照护等方面的工作，为进一步解决贫困重度残疾人家庭脱贫解困问题打下基础。10 月，中国残联与国务院扶贫办组织各省区市残联主要负责人在河北省行唐县召开全国残联系统助推贫困残疾人脱贫攻坚工作现场会，实地观摩行唐县“政府 + 残联 + 企业 + 贫困残疾人”模式，以残疾人就业创业园辐射带动贫困村贫困户，打造集贫困残疾人托养、就业创业和康复服务于一体的脱贫新模式。会上 24 个省区市残联与中国残联签订残疾人脱贫攻坚责任书，明确 9 个方面工作目标，并就下一步加快做好残疾人脱贫攻坚工作进行再动员再部署，要求各级残联进一步提高政治站位，切实增强打赢贫困残疾人脱贫攻坚战的责任感、紧迫感。

7 月、10 月、11 月，中国残联召开三场“三州”与东部帮扶省市残疾人扶贫协作工作对接会，建立东西部地区之间残疾人扶贫协作工作沟通联系，共同谋划帮扶项目，加快推动深度贫困地区东西部残疾人扶贫协作工作。

【精准比对数据】　2018 年，中国残联分别与国务院扶贫办、住房和城乡建设部、民政部等部门建立数据信息共享机制。与国务院扶贫办签订数据比对协议，定期进行数据核实比对，精准识别扶持对象，确保各项帮扶措施有效落实；与民政部共同推动落实各项贫困残疾人社会保障兜底政策；与住房城乡建设部进一步核实贫困残疾人危房改造数据，加快推动贫困残疾人家庭危房改造进度。

【贫困残疾人康复服务】　2018 年，中国残联依据《国务院关于建立残疾儿童康复救助制度的意见》，进一步推动将城乡最低生活保障家庭、建档立卡贫困家庭的 0 ~6 岁残疾儿童全部纳入救助范围，鼓励有条件的地区扩大残疾儿童康复救助年龄范围，放宽对救助对象家庭经济条件限制。与国家卫生健康委员会共同推动残疾人家庭医生签约服务工作，将贫困残疾人基本康复服务纳入个性化签约范围。依托残疾人精准康复服务管理系统，指导各地运用实名制调查大数据将贫困残疾人康复需求逐层、逐级分解任务，推动地方优先为贫困家庭有康复需求的残疾人提供基本康复服务和辅助器具适配服务。

【贫困重度残疾人家庭无障碍改造】
2018 年 7 月，中国残联会同财政部、民政部、住房和城乡建设部、国务院扶贫办在河南省信阳市召开全国贫困重度残疾人家庭无障碍改造工作现场会，及时总结推广各地农村贫困残疾人家庭无障碍改造工作经验做法，积极协调各地争取地方财政支持、引导社会力量参与，不断扩大残疾人家庭无障碍改造覆盖面。11 月，在黑龙江省齐齐哈尔市召开部分省区市贫困重度残疾人家庭无障碍改造工作推进会，实地开展调研，促进任务较重、工作进展相对较慢的省区市进一步加大工作力度。通过中央彩票公益金对全国残疾人家庭无障碍改造下拨补助资金 1.65 亿元。2018 年，为 23.86 万户农村贫困残疾人家庭实施了家庭无障碍改造。

【扶贫宣传】　2018 年，中国残联加大对贫困残疾人脱贫扶持政策措施和贫困残疾人脱贫典型事迹的宣传力度。通过新华社、《人民日报》等主流媒体刊发贫困残疾人脱贫扶持政策措施解读文章，通过中国残联官方网站、两微一端等新媒体及时对残疾人扶持政策文件进行发布宣传。组织地方认真挖掘搜集整理贫困残疾人脱贫典型事例，编排印制贫困残疾人脱贫典型事迹宣传册。10 月 16 日，与国务院新闻办共同组织开展贫困残疾人脱贫和助残典型与中外记者见面会，10 月 17 日，国家扶贫日当天，举办以“自强自立　脱贫光荣”为主题的贫困残疾人脱贫典型事迹报告会，引起全社会各界的广泛关注和好评。

【扶贫干部培训】　2018 年，中国残联分别在四川省凉山彝族自治州和贵州省毕节市组织举办两期“三区三州”基层残联扶贫干部培训班，通过文件解读、专家授课、现场观摩、案例教学等方式，提高深度贫困地区残联系统扶贫干部的思想认识、强化贫困残疾人脱贫工作方法，提升他们研究问题和解决难题的能力水平。

【作风治理】 中国残联将2018年作为残疾人扶贫领域作风问题专项治理年，印发《关于残联系统开展残疾人扶贫领域作风治理工作的通知》，就系统内进行残疾人脱贫攻坚领域作风治理工作进行专项部署，明确提出作风治理的具体工作要求。各党组成员充分发挥表率作用，深入基层，调研座谈，听取意见建议。张海迪春节前专程赴河南驻马店探访贫困残疾人家庭，推动贫困重度残疾人托养工作持续开展。周长奎以残疾人脱贫攻坚为主题，深入包括中国残联定点帮扶的南皮县在内的2市2县，入户走访贫困残疾人家庭，并带队赴深度贫困地区甘肃省临夏回族自治州的贫困县调研3天。12月，再次印发《关于进一步做好残疾人扶贫领域作风整治工作的函》，通报中央纪委监察委关于部分地方残联扶贫领域腐败案例，要求有扶贫任务的省区市残联进一步加强组织领导，扎实推进作风建设，进一步强化责任担当，规范资金管理。

【定点扶贫】 2018年，中国残联进一步加大对河北省南皮县定点扶贫工作力度，聚焦南皮县尚未脱贫的6个贫困村、3479名建档立卡贫困人口，开展深入调研，与南皮县委、县政府共同制定工作计划，谋划项目方案、不断巩固脱贫攻坚成果，以有力举措防止返贫。一是深入调查指导。2018年10月，中国残联党组书记、理事长周长奎率调研组赴南皮县开展定点扶贫工作调研，实地查看农村养殖扶贫项目、光伏电站扶贫项目和残疾人就业、辅具研发企业，考察残疾人康复中心、托养中心等机构，深入贫困家庭，仔细询问贫困家庭基本生活、扶贫政策落实和结对帮扶情况。中国残联副理事长程凯先后4次到南皮县开展定点扶贫工作调研，指导南皮县脱贫攻坚工作。二是认真落实《中央单位定点扶贫责任书》有关要求，动员残联系统广大干部职工开展消费扶贫；12月，在南皮县组织开展脱贫攻坚工作培训班。三是选派优秀干部到南皮县挂职，选派办公厅综合处处长张宏坤到南皮县挂职县委常委、副县长，协助分管扶贫工作；选派就业服务指导中心的赵博飞挂职南皮县冯家口镇车官屯村第一书记。四是创新定点扶贫工作模式，中国残联16个直属单位与南皮县9个乡镇开展结对帮扶，2018年，中国残联各直属单位、基金会共17次、120多人次赴南皮县开展定点扶贫工作调研、开展相关活动，投入资金共计210多万元。针对各乡镇提出的需要解决的突出问题和困难，制定具体帮扶方案和相应的帮扶措施，走访慰问贫困户，全力助推南皮县完成脱贫攻坚任务。

（中国残疾人联合会扶贫办　郝大鹏）

中华全国工商业联合会扶贫

【概述】 2018年，中华全国工商业联合会（以下简称全国工商联）以习近平新时代中国特色社会主义思想为指导，深入落实习近平总书记关于扶贫工作的重要论述，坚持两个健康工作主题，组织引导民营企业积极投身脱贫攻坚战，深入推进“万企帮万村”精准扶贫行动向深度贫困地区倾斜，务实推进消费扶贫，开展对参与行动企业的表彰支持。统筹推进定点扶贫、光彩事业、援藏援疆等工作，不断拓宽工作思路、创新工作载体、深化合作机制、增强工作合力，取得显著成效。

【万企帮万村】 2018年7月，全国“万企帮万村”行动领导小组印发《推进“万企帮万村”精准扶贫行动向深度贫困地区倾斜的落实方案（2018—2020年）》，提出未来三年“万企帮万村”行动的工作重点，就是要聚焦深度贫困地区，发挥产业扶贫优势，助力攻克脱贫攻坚的最后堡垒。10月，全国“万企帮万村”行动领导小组在甘肃省天祝县召开“万企帮万村”产业扶贫现场会，交流学习民营企业产业扶贫经验，推动“万企帮万村”行动在深度贫困地区脱贫攻坚中发挥更大作用。11月，在广西百色市召开第十二届全国工商联扶贫工作委员会第一次全体会议，对接产业扶贫项目，助推区域经济发展，捐赠款物共折合3040万元助力脱贫攻坚。截至2018年12月底，进入全国“万企帮万村”行动台账管理的民营企业已达7.64万家，帮扶到8.51万个村（其中建档立卡贫困村4.88万个），共带动和惠及973.04万建档立卡贫困人口；产业投入712.46亿元（其中购买农产品52.27亿元），公益投入127.74亿元；安置就业67.97万人，技能培训84.60万人。

【消费扶贫】 2018年，全国“万企帮万村”行动领导小组将消费扶贫作为工作重点。1月10日，正式启动全国“万企帮万村”消费扶贫行动，12位全国工商联企业家副主席、中国民间商会企业家副会长，联名向全国民营企业发出积极参与“万企帮万村”消费扶贫的倡议书。8月，全国工商联印发《关于在全国深入推进“万企帮万村”消费扶贫活动的通知》，提出组织集中采购活动、组织展销活动、开展扶贫产品专卖、搭建电商销售平台、落实东西部扶贫协作和对口支援任务等工作要求。9月，在中国公益慈善项目交流展示会期间，设立“万企帮万村，民企在行动”专题展馆，重点展示“万企帮万村”行动推进成效，设置全国“万企帮万村”消费扶贫活动专题展区，22个脱贫任务重的省区市工商联组织近200家企业参与扶贫产品展销，现场交易额2352万元。全国工商联申请注册“万企帮万村”商标，联合电商领域民营企业在官方网站、联成e家App上开辟“万企帮万村”消费扶贫专区，畅通广大民营企业和各类商会购买“万企帮万村”扶贫产品助力脱贫攻坚的渠道。

【宣传表彰】 2018年10月16日，全国工商联和国务院扶贫办联合举办表彰大会，表彰100家“万企帮万村”先进民营企业。在2018年全国脱贫攻坚奖评选表彰活动中，全国工商联积极推荐民营企业参选，冷友斌、王伟、王均金等20位民营企业家获得2018年全国脱贫攻坚奖，全国工商联社会服务处获得脱贫攻坚组织创新奖。

【光彩事业】 组织“中国光彩事业怒江行”活动。2018 年 10 月 12 日，“中国光彩事业怒江行”活动在云南省怒江傈僳族自治州举行，来自各地近 200 位民营企业家参加活动，共签约 50 个项目，投资总额 295.4 亿元。累计公益捐赠 1.6 亿元，其中现金捐赠 1.2 亿元，用于为怒江傈僳族自治州 25636 户、96631 名贫困群众配备生活设施、建立产业帮扶基金及开展“百企帮百村”精准扶贫行动。

组织“中国光彩事业南疆行”活动。2018 年，中央统战部光彩事业指导中心和全国工商联组成联合调研组，深入南疆四地州开展了 3 次专题调研。2018 年 10 月 28 日，“中国光彩事业南疆行”在乌鲁木齐举行，共签订合同项目 84 个，投资金额 157.23 亿元，项目主要涉及纺织服装、轻工建材、农业产业化、电子产品组装加工等 4 个劳动密集型产业，将带动南疆四地州 15.54 万农牧民富余劳动力转移就业。

【援藏援疆】 2018 年 6 月 11 日，在全国工商联机关组织召开工商联系统援藏援疆电视电话动员会，明确新时期工商联系统对口援藏援疆工作要求，部署推动援藏援疆工作。7 月 20 日，向各对口援藏省市工商联印发《援藏任务清单》。9 月 7 日，工商联系统对口援藏工作座谈会暨精准扶贫西藏行在拉萨举行，签订《全国工商联与西藏自治区人民政府战略合作框架协议》，17 个对口援藏省市工商联与 7 市地工商联签订对口支援合作协议，举行招商引资和精准扶贫项目签约仪式，共签订合同项目 40 个，投资 182.54 亿元。中国民间商会副会长、长隆集团董事长苏志刚代表长隆集团向西藏自治区捐赠精准扶贫、生态保护、生态旅游资金 1 亿元，郑州医美集团向山南市捐赠价值 596 万元的慢性疾病物理治疗器械。

【智力帮扶】 2018 年，全国工商联继续加大对“三区三州”深度贫困地区智力帮扶力度。5 月 14—18 日，在北京举办了全国工商联第三期民族地区小微企业经营者培训班，共计培训四川、云南、西藏、甘肃、青海、新疆 6 省区民族地区小微企业经营者 150 人。10 月 14—16 日，在怒江傈僳族自治州泸水市举办了全国小微企业经营者（怒江州）培训班，培训怒江州 83 位小微企业经营者。

【定点扶贫概述】 全国工商联定点帮扶贵州省织金县。2018 年，全国工商联直接投入织金县资金 200 万元，开展绣娘培训和经果林产业扶贫项目。引进帮扶资金 945 万元，通过结对帮扶捐建扶贫项目，助力织金县深度贫困村脱贫攻坚。坚持扶贫与扶志、扶智相结合，采用多种形式开展智力帮扶，培训扶贫干部、技术人员近千人，有效提高基层干部综合素质，提升当地群众就业技能。积极开展消费扶贫，全国工商联机关购买 21.12 万元织金县农产品，通过联引千喜鹤集团的采销渠道，帮助销售织金县 3016.67 万元农产品。

【扶贫调研】 2018 年，全国工商联领导赴织金县考察调研共 8 人次。3 月 30 日，主席高云龙、副主席谢经荣率队赴织金县调研精准扶贫工作，深入贫困村镇，了解贫困群众的生产生活情况，实地考察恒大集团有限公司、贵州兴伟集团有限公司捐资兴建的扶贫项目以及当地电商扶贫平台；深入县工商联机关和珠藏镇商会看望干部职工并指导工作。7 月 20 日，统一战线参与毕节试验区建设座谈会后，高云龙、徐乐江、谢经荣率队赴织金县，深入深度贫困村，走访贫困户，调研帮扶项目。7 月 22 日，在织金县召开全国工商联贯彻总书记重要指示织金座谈会，向当地干部群众宣讲总书记重要指示精神，与当地党委政府分析研判脱贫形势，细化落实总书记重要指示精神的具体措施。8 月 8 日，副主席樊友山率队赴织金县，调研精准扶贫项目落实情况，走访慰问挂职干部。1 月 8 日，谢经荣赴织金县看望挂职干部和当地扶贫干部，走访慰问贫困家庭，实地调研民营企业参与精准扶贫的帮扶措施和成效。1月11日，全国工商联副主席，天津市政协副主席、工商联主席黎昌晋率部分天津企业代表赴织金县调研，考察当地民营企业，看望贫困家庭，并送去慰问金。

【产业扶贫】 全国工商联帮助织金县引进千喜鹤集团、中靄万家集团、西商集团、唯品会、依文集团等民营企业。中蔼万家集团与织金县签署20亿元投资协议，建设服装制造的中心工厂和卫星扶贫车间，建成后可吸纳就业5000余人，重点吸纳贫困人口。西商集团与织金县签署5亿元投资协议，建设农产品冷链物流园，填补产业空白。千喜鹤集团与织金县达成合作协议，通过提供农产品订单，助推区域内农业产业与合作社发展。唯品会与织金县蜡染刺绣商会签订1000万元产品订单，直接带动1550名绣娘就业，其中贫困人口435名。依文集团与织金县2家蜡染刺绣企业合作，提供订单帮扶，2018年订单量已超过100万元。

【助推大项目落地】 中国石油化工集团有限公司织金县60万吨/年聚烯烃项目于2010年10月立项，计划投资246亿元，一直未有实质性突破。此项目作为当地支柱性产业，将显著增加就业和税收，经济社会发展意义重大。为尽快推动项目实施，11月16日，徐乐江率贵州省、毕节市、织金县同志专程赴中石化总部，与中石化董事长戴厚良等集团领导座谈，共同研究推动项目尽快落实落地，解决突出问题，明确项目计划表。12月26日，戴厚良赴织金县落实座谈事项，现场推进项目。

【直属商会帮扶】 2018年，全国工商联共组织31个直属商会召开2次机关专题会，研究部署商会参与定点扶贫工作。8月24日，举办全国工商联31家直属商会定点帮扶织金说明推介会。谢经荣副主席出席会议并讲话，织金县县长潘发勇推介扶贫项目，80多家直属商会会员企业参会，会后还召开了全国工商联定点帮扶织金县恳谈会。各商会积极行动，赴织金县考察项目，通过公益捐赠、引进企业、培训人才、帮助推介等形式参与定点扶贫工作。

【智力帮扶】 举办全国工商联第16期乡镇干部培训班，其中培训织金县乡镇干部20名，有效提升基层干部综合素质。捐资100万元培训织金县技术人员905人，其中培训绣娘376人，就业技能培训529人。动员上海均瑶集团捐赠1200万元，用于奖励毕节市优秀乡村教师，2018年分配45万元、奖励90名织金县优秀乡村教师。

（中华全国工商业联合会扶贫与社会服务部　王立吉）

国家电网有限公司扶贫

【概述】 国家电网有限公司（以下简称“国家电网”）印发《关于实施全力服务脱贫攻坚十大行动计划的意见》，明确国家电网服务脱贫攻坚的总体思路、工作目标和重点措施。强化组织领导，调整扶贫工作领导小组，实体化运作扶贫办，专设扶贫处，明确责任分工，建立扶贫协作机制，积极服务脱贫攻坚。编制2018—2020年贫困地区电网建设规划，加大贫困地区电网建设投入力度，推进贫困地区电网改造升级、外送通道建设，实施村村通动力电、机井通电、抵边村寨电网改造等重点工作，不断改善贫困地区电网落后面貌。积极服务光伏扶贫、易地扶贫搬迁等扶贫重点项目用电。扎实开展党建扶贫、定点扶贫。截至2018年末，定点扶贫5个县区中，脱贫摘帽1个，申请摘帽2个；承担地方政府安排的1269个扶贫点中，脱贫摘帽645个，帮助6.15万户建档立卡贫困户、19.05万贫困人口实现脱贫。

【扶贫调研】 国家电网领导多次赴“三区两州”（特指位于国家电网经营区域内的南疆四地州、西藏自治区和甘肃、四川、青海三省藏区，甘肃临夏回族自治州、四川凉山彝族自治州，下同）等深度贫困地区调研脱贫攻坚工作。2018年5月，时任董事长、党组书记舒印彪赴青海海东市互助土族自治县班彦新村考察乡村光伏扶贫、电能替代等情况，并以个人名义向海东市互助县五十镇班彦新村民族小学捐赠20万元，建设电子教学阅览室。7月，时任党组副书记、副总经理辛保安深入新疆喀什、克州调研脱贫攻坚以及党的建设等工作情况。9月，时任总经理、党组副书记寇伟深入四川凉山彝族自治州、甘肃临夏回族自治州等地调研扶贫工作，要求把打赢脱贫攻坚战作为重大政治任务，充分发挥电网基础设施作用，服务深度贫困地区脱贫攻坚。

【扶贫会议】 2018年3月，国家电网召开“三区两州”深度贫困地区电网建设动员会，会议要求国家电网上下要与各级地方政府密切配合，高质量推进‘三区两州”深度贫困地区电网建设，全力助推深度贫困地区脱贫攻坚。9月，国家电网在四川省成都市召开服务贫困地区脱贫攻坚推进会暨2018年援藏工作会议，时任董事长、党组书记舒印彪，时任总经理、党组副书记寇伟和党组副书记、副总经理辛保安参加会议，印发《关于实施服务脱贫攻坚十大行动的意见》《2018年援藏援疆重点工作》等重要文件，全国光伏扶贫信息监测中心揭牌成立。

【贫困地区重大电力外送工程】 优化贫困地区网架结构，增强电力外送能力，投资162亿元，建设藏中联网工程，于2018年11月竣工投运，将林芝市墨脱县、波密县和察隅县纳入大电网覆盖范围，实现藏中电网与全国主网互联，保障沿线3070个小城镇（中心村）、156万各族群众可靠用电。投资407亿元，建设新疆昌吉—安徽古泉特高压直流工程。投资232亿元，开工建设总书记关心的青海—河南特高压直流工程，这是全世界第一条以光伏发电为主要电源的超大规模、超远距离输电通道。推动贫困地区电力市场交易，疆电外送503亿千瓦·时，其中新能源176亿千瓦·时；藏电外送9亿千瓦·时，全部为水电；四川送浙江扶贫专项交易10亿千瓦·时，产生的8000万元收益专项用于浙江对口帮扶的四川40个贫困县扶贫工作。2018年6月20日，国家电网在青海创造持续9日216小时全部使用清洁能源供电的世界纪录，弃电量和弃电率实现双降。

【贫困地区农村电网建设】　国家电网结合贫困地区电网发展实际，编制《国家电网2018—2025年乡村电网发展规划》，启动实施“三区两州”深度贫困地区电网升级攻坚、中西部贫困地区电网改造升级、边防部队及抵边村寨电网建设三大专项工程。2018—2020年，“三区两州”电网建设规划投资325亿元，2018年完成81亿元，显著改善1200个村、25.32万户、92.25万名群众生产生活用电条件，西藏大电网延伸至63个贫困县，覆盖率达85%，深度贫困地区农村户均容量提升至1.66千伏安，供电可靠率99.671%，综合电压合格率99.575%，改造区域2018年全社会用电量较2017年同期增长20.09亿千瓦·时，人均生活用电量同比增长30%。2018年在中西部贫困地区（指位于国家电网经营区域内，除“三区两州”外的国家级贫困县，下同）完成311亿元，竣工配电网工程5.6万项，推动中西部国家级贫困县农村电网提档升级，农村户均容量提升至1.83千伏安，供电可靠率99.7995%，综合电压合格率99.695%。

【村村通动力电和机井通电】　国家电网投资4.5亿元，消除农村通动力电空白点，解决2311个自然村通动力电问题，实现除西藏外自然村全部按标准通动力电，营业区域内新增230万户农村动力电用户，其中深度贫困地区农村动力电用户数同比增长9%。完成4.3亿元农村机井通电工程建设任务，新增通电机井2.2万眼，灌溉农田面积199.9万亩，惠及农民24.3万户、93.6万人。

【扶贫项目配套电网】　服务易地扶贫搬迁，2018年完成投资15.4亿元，开工易地扶贫搬迁项目配套电网工程3184个，保障29万搬迁群众用电。推动大电网向抵边村寨延伸，2018年，完成投资1.2亿元，覆盖抵边村寨电网67个。实施电力助军，提前完成第一批边防供电建设任务。

【光伏扶贫并网】　国家电网积极服务国家光伏扶贫工作，主动做好光伏扶贫项目并网服务，印发《关于做好村级光伏扶贫项目并网服务工作的通知》，按照四个统一（统一管理模式、技术标准、工作流程、服务规则）、便捷高效、一口对外原则，加大投入力度，整合资源，精简手续，畅通并网绿色通道，全额消纳扶贫电量，做好电费结算和补贴发放，实现“电站同步并网、电量全额消纳、收益及时支付”。2015—2018年，累计投资38.13亿元，接入集中式光伏扶贫电站388座，村级光伏扶贫电站3.52万座，户用光伏扶贫系统42.42万户，总装机容量1813.51万千瓦。做好光伏扶贫信息支撑，建设“分布式光伏云网2.0”平台，开展电站在线监测、运维预警分析和电费补贴线上结算等工作，以此为基础，成立光伏扶贫信息监测中心，建成全国光伏扶贫信息管理系统，为政府光伏扶贫的精准施策、有效监督、规范管理提供信息支撑。

【东西协作帮扶】　针对“三区两州”深度贫困地区电网发展滞后、电网企业建设投资能力弱的实际，加强集团内部资源统筹调配，由东部省份电网企业对贫困地区进行建设资金、人才帮扶，组织河北、山西、山东等7个省公司对口西藏开展专项援助，解决西藏公司工程建设能力不足问题。跨省物资调拨设备物资2.2亿元，组织1276名内地员工赴西藏工作，选拔西藏82名青年骨干赴内地省公司锻炼，组织6期扶贫干部培训班，培训扶贫干部606人次，有效增强贫困地区电网企业管理水平和发展能力。

【援疆援藏】　落实“电气化新疆”战

略部署，加大电能替代力度，清洁能源替代自备电厂，替代电量同比大幅增长。完成青海三江源清洁取暖电能替代五年发展规划，为藏区16个县进行电供暖改造。确保电网安全运行和电力可靠供应，完成第六届亚欧博览会、第九届民运会、古尔邦节等重大活动和节日保电任务。援助西藏措勤、青海玛多县，完成措勤县光伏电站扩建、曲洛和达雄乡易地搬迁及玛多县11个村4.4兆瓦扶贫光伏电站等工程。

【就业扶贫】 实施深度贫困地区带动贫困家庭就业行动，结合贫困家庭需求和劳动力就业愿望，帮扶贫困人口就业脱贫1943人，招用贫困人口务工3573人次。在新疆开设电工、焊接、林业、养殖等专业技能培训班，累计培训1.15万人次；在四川建设扶贫产业园1座，2018年用工总量3573人次，发放劳务费43万元；在新疆、西藏和三省藏区采取人才定向培养、同等条件优先录用等方式，解决西藏、青海藏区贫困家庭就业问题，招聘毕业生2308人，其中新疆1435人、西藏644人、三省藏区229人，本地生源比例超过47.6%。

【党建扶贫】 国家电网在自留党费中列支专项资金，帮助贫困地区基层党组织修缮活动场所和更新党员教育设施，使用党费1428万元，实施帮扶项目147项，帮扶贫困村（镇）194个。开展支部联创共建活动，开展基层党组织结对帮扶贫困村党组织建设活动，充分发挥基层共产党员服务队的作用，建立党员与贫困户联结帮扶机制，架起联系贫困群众的连心桥，国家电网1109个基层党支部与贫困村镇乡党支部开展结对共建活动。

【作风建设年活动】 落实中央要求，开展电力扶贫领域作风问题专项治理，围绕“四个意识”、责任落实、工作措施、资金管理、工作作风开展自查自纠，发现问题立即整改。印发《电力扶贫督查巡查工作方案》，将电力扶贫工作作为巡视的重要内容，对国网山西、山东、安徽、湖南、河南、江西、四川、甘肃电力8家扶贫任务较重省公司开展脱贫攻坚及扶贫领域作风问题督查，发现整改有关问题42项。与地方政府建立沟通联络机制，先后两次向14个省扶贫办征求对国家电网服务脱贫攻坚工作的意见建议，不断优化扶贫工作部署。

【扶贫宣传】 1月9日，中央电视台“新闻联播”栏目播发《全国贫困村基本通上动力电》，指出新一轮农网改造升级“两年攻坚战”，助力乡村振兴战略实施，惠及人口超过1.8亿。3月21日，中央电视台“朝闻天下”栏目播出《国家电网：三年内解决“三区两州”深度贫困地区用电问题》，指出国家电网将投资210亿元全面提升“三区两州”地区的供电保障能力，用三年时间让“三区两州”2250万贫困群众不仅能用上电，还要用好电。8月27日，《人民日报》刊发《扶贫，重在慢工出细活》，报道称，国家电网公司搞扶贫不是简单给钱了事，而是做了大量艰苦细致的工作，受到农民欢迎。9月8日，中央电视台“新闻直播间”栏目播发《国家电网未来三年投资210亿元2020年完成深度贫困地区电网改造》，央广网播发《光伏新能源扶贫让贫困群众尽早获益》，报道国家电网坚决贯彻中共中央、国务院决策部署，为助力打赢脱贫攻坚战、推动全面建成小康社会作出积极贡献。

【定点扶贫概述】 根据国务院定点扶贫工作安排，国家电网承担湖北省秭归县、巴东县、长阳土家族自治县、神农架林区和青海省玛多县定点扶贫任务。2018年，国家电网向定点扶贫五县区选派挂职副县长5人，驻村第一书记4人；出资3200万元，建成青海玛多11座4.4兆瓦光伏扶贫电站；捐赠6座集中式光伏扶贫电站，总装机容量19.8兆瓦，设备总价1.73亿元，支付电站收益6870万元，帮扶超过10万名当地贫困群众；投入帮扶资金5800万元，引进帮扶资金800万元，实施茶叶加工“煤改电”、电动汽车小镇、瓜蒌种植等产业示范项目，开展教育医疗扶贫，义诊贫困群众1985人，资助贫困学生2906人，组织农业技术培训920人次，购买医疗器械提升当地医疗装备水平。开展消费扶贫，帮助全国84个贫困县扩大农产品销量2008万元。神农架林区已脱贫摘帽，秭归县和玛多县申请摘帽验收。

【扶贫资金投入】　国家电网向定点扶贫县（区）投入帮扶资金5800万元，引进帮扶资金800万元，实施特色产业扶贫、教育扶贫、医疗扶贫、技能培训、“救急难”行动等帮扶项目。向湖北四县区捐赠6座集中式光伏扶贫电站，总装机容量19.8兆瓦，电站总价1.73亿元。

【《习近平扶贫论述摘编》专题学习】　2018年10月，国家电网按照国务院扶贫办部署，开展《习近平扶贫论述摘编》专题学习活动，国家电网党组带头专题学习习近平总书记关于扶贫工作的重要论述，系统各单位组织专题学习，通过党组带头学、有关部门专题学、扶贫干部全面学等方式，掀起《习近平扶贫论述摘编》学习热潮。国家电网在《国家电网报》、国家电网服务脱贫攻坚内部专题网站上开设专栏，刊发各类优秀体会文章5期20篇。

【调研督导】　国家电网按照定点扶贫责任书要求，2018年针对定点扶贫县开展督导检查7轮18县次。2月，国网扶贫办调研湖北巴东、长阳两县光伏扶贫电站运维、收益分配及监督管理等情况。7月，时任经理、党组副书记寇伟赴青海玛多调研定点扶贫，要求坚持生态保护与扶贫开发并重，立足高质量发展，以生态保护优先理念把青海清洁能源优势切实转化为脱贫攻坚的重要动力。10月，副总经理、党组成员韩君深入定点扶贫县湖北巴东、长阳开展扶贫工作督促检查。11月，时任党组副书记、副总经理辛保安赴湖北秭归、神农架开展脱贫攻坚调研督导。

【干部挂职扶贫】　国家电网向定点扶贫五县区选派挂职副县长5人，协助分管定点扶贫工作，派驻贫困村第一书记4人，国家电网扶贫干部在精准扶贫政策宣传、脱贫措施制定等方面发挥积极作用。国家电网根据各级地方政府定点扶贫工作需求，向全国1269个定点扶贫点派出驻村第一书记794人，驻村工作队982支、2904人。

【光伏扶贫】　国家电网在定点扶贫县，实施以光伏扶贫为主的产业扶贫项目，向湖北秭归、巴东、长阳县捐赠6座集中式光伏扶贫电站，总装机容量19.8兆瓦，电站造价1.73亿元，出资3200万元，建成青海玛多县11座联村光伏扶贫电站。2016—2018年，出资7.3亿元为定点扶贫县建设7座集中式、247座村级光伏扶贫电站，实现建档立卡贫困村全覆盖，督促地方政府建立光伏长效运维机制和精准分配机制，解决村集体经济空壳、后续发展能力不强、群众参与度低等问题，惠及超过10万名贫困群众。

【产业扶贫】　国家电网发挥新能源和电能替代领域技术优势，捐赠1130万元，引资700万元，实施特色种植、生态养殖等绿色产业帮扶项目12个，其中捐赠672万元，实施茶叶加工“煤改电”示范工程，为20个贫困村集体增加电炒茶设备，促进农民增产增收，增加村集体租赁收入，减少燃煤保护环境；捐赠430万元用于购买蜂箱、摇蜜机、开展技术培训等，助力神农架林区松柏、九湖、下谷等5个乡镇建设蜜源基地。引资700万元，支持巴东野三关“电动汽车特色小镇”建设，投放各类电动汽车78台，建设充电站2座。

【教育扶贫】　国家电网捐赠204万元，实施阳光助学行动，资助湖北四县区贫困家庭高中生600名、大学生100名，玛多县考上职业学校以上的学生198名；捐赠600万元，改善湖北四县区6座农村中小学办学条件。引进英大证券助学资金100万元，改善长阳县农村寄宿学校学生学习生活条件。

【健康扶贫】 组织开展医疗帮扶行动，在湖北省定点扶贫县组织义诊活动，现场义诊 1985 人次，引进医疗帮扶资金 360 万元，改善定点扶贫县医疗装备水平。

【扶贫培训】 国家电网举办扶贫干部培训班 6 期，培训扶贫干部 606 人，培训邀请国务院扶贫办、国务院国有资产监督管理委员会等部委领导授课，扶贫人才保障能力显著增强。扎实开展“扶志扶智”工作，在定点扶贫县区开展基层干部培训 10 人次，组织技术人员培训 920 人次，其中在巴东县举办水稻种植、畜禽养殖、果树管理及病虫害防治等农业实用技术培训班 5 期，培训人员 650 人次；在长阳县开展电商技术培训，培训人员 60 人次；在神农架区开展中蜂养殖培训，培训人员 190 人次；为玛多县扎地村 20 人开展公路养护小型机械操作培训。国网光伏学院举办 6 期现场培训及“光伏学院 App”线上培训，培训 688 人次，考试通过并取证人员 573 人，“光伏学院 App”线上登录学习约 8000 人次。

【救急难行动】 国家电网落实“同舟工程——中央企业参与‘救急难’行动”要求，捐赠 80 万元，开展“救急难”行动，救助因病、因突发事件致贫家庭 432 个。

【消费扶贫】 开展“扶贫济困 · 爱心订购”活动，组织发动国家电网系统单位和员工，购买定点扶贫五县区农产品 698 万元，帮助销售农产品 95 万元，惠及贫困户 5408 户；购买其他 12 省、48 个贫困县农产品 526 万元，帮助其他 8 省、26 个贫困县销售农产品 689 万元。

【党建扶贫】 国家电网从自留党费中列支专项资金 1428 万元，帮助 194 个贫困村修缮党组织活动场所，更新党员教育设施，其中 340 万元用于帮助定点扶贫县区 34 个贫困村党组织改善活动场所环境，更新教育设施。

【驻村帮扶】 国家电网向 1269 个地方政府安排的扶贫点派出驻村第一书记 794 人、驻村工作队 982 支 2903 人。2018 年，国家电网系统各单位投入帮扶资金 1.07 亿元（含职工捐款捐物折价），根据扶贫点资源禀赋开展多样化帮扶行动，2018 年帮扶 645 个扶贫点脱贫出列，实现 6.15 万贫困户、19.05 万贫困人口脱贫。

（国家电网有限公司营销部扶贫工作处 胡永朋）

中国南方电网有限责任公司扶贫

【概述】 2018年，中国南方电网有限责任公司（以下简称“南方电网公司”）认真学习贯彻习近平总书记关于扶贫工作的重要论述，始终把深度贫困地区作为脱贫攻坚工作的主战场和最前线，将扶贫工作统筹为电力行业扶贫和定点扶贫两部分内容协同推进。行业扶贫的主要内容是全力推进供电区域贫困地区农村电网改造升级，提升贫困地区电能质量和服务水平，全面满足脱贫攻坚用电需求。定点扶贫的主要内容是承接国务院扶贫办及南方五省区（广东、广西、云南、贵州、海南）各级党委政府安排的扶贫任务，确保对口帮扶点如期脱贫。公司全年投入农网改造升级资金403亿元，其中电力行业扶贫投资237亿元，在“三区三州”及其他深度贫困地区投资58亿元，全面提升供电区域内贫困地区电能质量和服务水平。落实中共中央、国务院及五省区各级党委政府要求，承接572个定点扶贫任务，印发《南方电网公司关于打赢脱贫攻坚战三年行动方案（2018—2020年）》，派出扶贫干部580名，帮助240个贫困村、8.1万人实现脱贫，连续两年在中央单位定点扶贫工作考核中获得最高等次评价“好”。

【扶贫调研】 9月28日，南方电网公司董事长、党组书记孟振平到云南维西县调研脱贫攻坚工作，先后到白济汛乡永安村、攀天阁乡、塔城镇实地了解扶贫项目推进情况，并对下一步在维西县的帮扶工作提出了要形成长效扶贫机制，把扶贫产品品牌做优做强的工作要求。

7月18日，公司董事、总经理、党组副书记曹志安到公司对口帮扶的东兰县调研脱贫攻坚工作，先后到乌鸡养殖基地、富硒米种植基地等地实地了解扶贫项目情况，与东兰县主要领导座谈交流，并要求继续提高脱贫质量，做好产业帮扶、电网建设等各项工作，助力东兰县如期脱贫。

9月4日，公司董事、党组副书记史正江到云南维西县调研扶贫工作，先后实地查看维西县扶贫开发公司农产品基地、交易中心和易地搬迁点康普村马洛组，并对下一步做好维西县帮扶工作提出了加快扶贫公司产业化建设、统筹落实好脱贫攻坚配套电网建设等工作要求。

8月27日，公司党组成员、副总经理陈允鹏到云南迪庆藏族自治州调研，并参加公司和云南省政府联合召开的推进云南省新一轮农网改造升级暨迪庆藏区农网改造升级建设攻坚现场会，对下一阶段高质量完成农网改造升级任务，助力脱贫攻坚进行了部署。会上，云南电网公司分别与迪庆州政府、迪庆供电局签订了《“三区三州”迪庆藏区农网改造升级建设攻坚战略合作框架协议》和《迪庆州农网改造升级2018—2019年建设目标责任书》。

【贫困地区农村电网建设】 南方电网公司持续加大供电区域农村电网改造力度，印发《加快推进新一轮农村电网改造升级建设攻坚工作方案》，全年建成“小康用电示范县”24个，完成18个“中国特色小镇”配套电网建设。对公司供电范围内的所有光伏扶贫电站提供接网服务并全额消纳，实现智能电表、低压集抄全覆盖，全面保障农村地区电力供应。截至2018年底，公司供电区域农村电网供电可靠率达到

99.78%，电压合格率达到98.87%，分别比2015年提高0.17个百分点和1.72个百分点；用户平均停电时间19.68小时，比2015年下降14.5小时；农村户均配变容量达到2.1千伏安，比2015年增长0.52千伏安。2018年，公司供电区域农村地区全社会用电量超过4000亿千瓦·时，比2015年增长33.47%，近三年农村地区用电量增速均高于各省用电量增速平均水平。

为着力推动供电区域内216个贫困县和“三区三州”深度贫困地区农网改造升级工作，公司印发了《“三区三州”农网改造升级攻坚三年行动计划（2018—2020年）》和《“三区三州”怒江、迪庆地区电网改造升级建设攻坚实施方案》，全年在贫困地区投入电力行业扶贫资金237亿元，在“三区三州”及其他深度贫困地区投入行业扶贫资金58亿元，同比增长18.2%，实现贫困村通动力电全覆盖，全面保障农村地区电力供应，有效促进乡村旅游、特色小镇、农村电商等农村新产业、新业态发展。2018年，供电区域内216个贫困县售电量为1575.3亿千瓦·时，同比增长14.9%；供电可靠率99.73%，同比提升0.02个百分点；农村电压合格率98.34%，同比提升0.68个百分点；农村户均配变容量达到1.90千伏安，同比提升0.12千伏安；用户数达到2945.4万户，同比增长5.5%。

【脱贫攻坚配套电网建设】 南方电网公司以问题和需求为导向，建立动态分析脱贫攻坚用电需求工作机制，定期开展电力行业扶贫需求分析。2018—2020年公司供电区域内需配套电网建设的扶贫工程有3.5万项，涉及贫困人口187万户、665万人。印发《关于进一步加快扶贫工程配套电网项目建设的通知》，明确加快光伏扶贫、易地搬迁等扶贫工程配套电网项目建设，优化项目管理流程，提高并网服务效率，全年完成1907个易地搬迁电网配套项目建设，惠及贫困人口约73万人；完成221个光伏扶贫项目的配套电网建设，惠及贫困人口约24万人；完成1057个产业扶贫项目的配套电网建设，惠及贫困人口约36万人。

【贫困人口电费减免】 南方电网公司全面落实城乡“低保户”、农村“五保户”减免电量政策，全年累计减免“五保户”“低保户”电费约1.49亿元；严格执行藏区居民用电政策，供电区域内的迪庆州居民累计节约用电成本337万元。

【干部挂职扶贫】 南方电网公司尽锐出战，把“最能打仗”的干部派到脱贫攻坚一线，累计派出1300多名扶贫干部到脱贫攻坚一线工作，2018年仍有580名扶贫干部在岗。其中选派12名优秀扶贫干部分别挂任云南省迪庆州委常委、副州长，维西县委常委、副县长，贫困村第一书记，驻村工作队员等；选派9名优秀扶贫干部分别挂任广西壮族自治区东兰县委常委、副县长，贫困村第一书记，驻村工作队员等。

【产业扶贫】 根据对口帮扶贫困点实际，南方电网公司培育发展养殖、种植、乡村旅游等产业项目。在对口帮扶的云南省维西县，公司探索创新扶贫模式，成立维西县扶贫开发公司，采取“公司－基地＋农户（合作社）”的运营方式，依托塔城综合基地和永春中药材基地平台，打造“安喷喷”品牌，整合6大类24个农特产品，2018年销售额超过1000万元。投入400万元，在维西县开展“南网杯·强基惠农”村级集体经济大赛，注资16个优胜项目，涉及6乡3镇16个村，带动农户5000余户，为探索村集体经济发展提供新路子。

【教育扶贫】 南方电网公司广泛发动员工采用捐赠助学、志愿联谊、“一对一”结对帮扶方式帮助贫困学生。2014—2018年，以电力学校为平台，共定向培养贫困地区中专生318名，全部就业；联合大学开展“订单班”培养模式，共培养134名贫困地区电气专业本科生，毕业后帮助联系解决工作问题，通过解决一个人的就业，帮助一个家庭脱贫。

【党建扶贫】 加强贫困村党组织建设，建立脱贫攻坚“农民夜校”和“讲习所”，将党的政策传到千家万户，增强贫困村党支部引领服务脱贫攻坚的能力。实施“党员·能人双培养一纳入”计划，把村里的致富能人培养为党员，把党员培养为致富能人，把党员能人纳入村“两委”后备干部队伍，充分发挥党支部、党员在脱贫攻坚中的带动作用。

【消费扶贫】 开展南网电子商城扶贫专区建设，组织南方电网公司系统各单位通过电子商城购买公司系统帮扶点农产品，2018 年直接购买贫困地区农产品 1100 余万元，帮助贫困地区销售农产品 270 余万元。2018 年 10 月 17 日，公司在总部组织开展扶贫日活动，公司系统 11 家单位与扶贫点签订了 4800 余万元的扶贫产品销售意向协议。

（中国南方电网有限责任公司
卢国文）

第七篇

社会扶贫篇

一、东西部扶贫协作

综　　述

2018年，各地各部门深入贯彻中共中央总书记习近平关于扶贫工作的重要论述，认真落实《中共中央　国务院关于打赢脱贫攻坚战三年行动的指导意见》关于加大东西部扶贫协作工作力度的要求和全国东西部扶贫协作工作推进会精神，不断强化组织领导，完善扶贫协作机制，加大帮扶力度，狠抓举措落实，东西部扶贫协作工作强力推进，扶贫协作协议全面完成，取得突破性进展。

召开全国东西部扶贫协作工作推进会。2018年7月4日，国务院扶贫开发领导小组召开全国东西部扶贫协作工作推进会，传达中共中央总书记习近平在浙江省安吉县溪龙乡黄杜村党员代表来信上的重要批示，总结东西部扶贫协作座谈会以来东西部扶贫协作工作，部署推进2018年工作，国务院副总理胡春华出席会议并作重要讲话。推进会上，扶贫协作双方签署了2018年东西部扶贫协作协议书，北京市、浙江省、广东省佛山市、云南省昭通市、上海市合作交流办、广西壮族自治区上林县的代表作了经验交流发言。国务院扶贫开发领导小组全体同志，承担东西部扶贫协作任务的东部9个省市和中西部14个省区市扶贫开发（扶贫协作）领导小组负责同志，各省区市东西部扶贫协作工作主管部门主要负责同志出席了会议。

组织开展东西部扶贫协作工作考核。根据国务院扶贫开发领导小组印发的《东西部扶贫协作考核办法（试行）》和《2018年脱贫攻坚成效考核工作方案》，对承担东西部扶贫协作任务的东部9个省13个城市和中西部14个省20个市州进行了考核。按照中共中央办公厅《关于统筹规范督查检查考核工作的通知》要求，东西部扶贫协作考核与省级党委和政府扶贫开发工作成效考核、中央单位定点扶贫工作考核统筹整合为脱贫攻坚成效考核，主要考核东西部扶贫协作协议完成情况和创新工作开展情况。各有关省区市按要求提交了2018年度工作自评报告。考核工作组组织开展了省际实地交叉考核。从有关省区市、考核工作组成员单位、部分高校抽调191人，组成14个交叉考核组开展了省际交叉考核。考核组分赴14个省区市的50个县，实地核查了235个村、328个项目点，走访贫困户807户。召开座谈会、访谈会115次，累计访谈县乡干部、部门负责人、挂职干部、技术人才代表、企业负责人等1091人次。国务院扶贫办会同中共中央组织部、中共中央统一战线工作部、国家发展和改革委员会、教育部、国家民族事务委员会、财政部、人力资源和社会保障部、自然资源部、农业农村部、国家卫生健康委员会、全国工商业联合会、中国残疾人联合会等考核工作组成员单位进行综合评议，研究考核情况，分析核实考核中发现的突出问题，形成了考核评价报告。考核结果经党中央、国务院同意后，由中共中央办公厅、国务院办公厅通报各省区市党委和人民政府，中央和国家机关各部委等单位。2018年，东部5个省份8个城市和中西部5个省份8个市州综合评价为“好”，东部4个省份5个城市和中西部9个省份12个市州综合评价为“较好”。

“携手奔小康”行动实现全覆盖。东部有关省份不断加大力度，扩大帮扶范围，实现了对扶贫协作地区贫困县结对帮扶的全覆盖。共组织 343 个经济较发达县（市、区），结对帮扶中西部地区 573 个贫困县。还组织 2287 个经济强镇、3240 个强村（社区）、6267 家企业、3065 所学校、1350 家医院分别与西部 2569 个贫困乡镇、11799 个贫困村、3157 所学校、1424 家医院结对帮扶，东西部扶贫协作工作进一步下沉细化。为交流各地携手奔小康行动经验做法，推动各项工作抓细抓实，5 月，在广东省佛山市举办全国东西部扶贫协作贫困村创业致富带头人示范培训班，11 月，在广西壮族自治区河池市组织举办全国携手奔小康培训班。

东西部扶贫协作取得突破性进展。一是组织领导进一步加强。2018 年东部 9 省市 13 个城市和中西部地区的 12 个省区市 20 个市州党政主要负责同志带队赴对口省市开展了调研对接，双方开展省级党政负责同志互访 352 人次，是 2017 年的 1.42 倍。二是资金投入力度进一步加大。东部地区向西部地区投入财政援助扶贫资金 177.6 亿元，是 2017 年的 3.02 倍。县均投入达到 3739 万元，是 2017 年的 3.02 倍。动员社会各界捐助款物 47.7 亿元，是 2017 年的 1.29 倍。三是人才交流进一步强化。扶贫协作双方互派挂职干部 4569 人次，是 2017 年的 1.77 倍；互派专业技术人才 27874 人次，是 2017 年的 1.51 倍。四是劳务协作力度普遍加大。帮助贫困人口实现劳务转移就业 144.2 万人，是 2017 年的 7.2 倍。五是产业合作成果丰硕。引导 1.5 万家企业到西部地区开展产业合作，企业实际投资 3646.9 亿元，是 2017 年的 2.99 倍；共援建扶贫车间 1363 个，吸纳贫困人口就业 32649 人；共销售贫困地区特色农产品 200 亿元。六是携手奔小康行动实现全覆盖。携手奔小康行动共安排 343 个东部强县（市、区）结对帮扶中西部 573 个贫困县，实现了对扶贫协作地区贫困县结对帮扶全覆盖。2018 年共实施扶贫协作项目 8400 个，带动 183.4 万贫困人口脱贫。七是对深度贫困地区和特殊困难群体的帮扶实现突破。2018 年扶贫协作双方按照中央的新部署新要求，进一步加大对深度贫困地区和特殊困难群体的帮扶力度，东部 8 省市、中西部 13 省区市全面完成土地增减挂钩节余指标跨省调入、调出任务，筹集资金 640 多亿元重点用于深度贫困地区脱贫攻坚；将帮扶残疾人脱贫纳入东西部扶贫协作范围，全年通过特设岗位、技能培训、转移就业等方式帮助 8.15 万名贫困残疾人脱贫。

（国务院扶贫办社会扶贫司　张　伟）

北京市—内蒙古自治区、河北省东西部扶贫协作

【概述】 2018年，北京市聚焦精准扶贫、精准脱贫，全力支持东西部扶贫协作地区脱贫攻坚。全年投入财政帮扶资金22亿元，其中内蒙古自治区12.11亿元，河北省9.89亿元，社会帮扶（款物）资金3.76亿元，内蒙古2.11亿元，河北1.65亿元。选派100名干部赴内蒙古，技术人才464名；派往河北省干部77名，技术人才431名。开展干部人才和致富带头人培训3.4万人次，提供就业岗位11万个，带动就近就地就业8.2万人。探索教育、健康、科技、消费、产业扶贫有效模式，助推受援地经济社会发展和民生改善。助力受援地19个县摘帽、47.82万贫困人口脱贫，其中内蒙古10个贫困县摘帽、19.29万贫困人口脱贫；河北省9个贫困县摘帽、28.53万贫困人口脱贫。2018年度东西部扶贫协作成效考核中，北京市综合评价为“好”。

【扶贫资金投入】 帮扶内蒙古、河北财政资金22亿元，其中内蒙古12.11亿元，河北9.89亿元。县均投入财政资金4072万元，其中内蒙古3908万元，河北4304万元。北京市社会帮扶（款物）资金3.76亿元，其中内蒙古2.11亿元，河北1.65亿元。资金分配向深度贫困地区倾斜，深度贫困县县均帮扶资金4585万元，内蒙古4448万元，河北4840万元。项目资金聚焦建档立卡贫困户，98.79%的项目资金投向县以下、与建档立卡贫困户利益直接相关的农村饮水、住房改造、教育医疗、产业就业和农副产品销售等领域。

【工作机制】 成立以市委书记为组长、市长为常务副组长、6名“四大班子”领导为副组长的北京市扶贫协作和支援合作工作领导小组，成员单位由22家扩展到46家，领导小组办公室由常设临时机构变为市政府直属机构，“北京市对口支援和经济合作工作领导小组办公室”更名为“北京市扶贫协作和支援合作工作领导小组办公室”。召开市委全会、市委常委会、市领导小组会等共14次，研究部署扶贫协作工作。中央政治局委员、北京市委书记蔡奇和市长陈吉宁、市人大常委会主任李伟率团赴河北、内蒙古，深入贫困县、贫困村调研走访，研究谋划扶贫工作。

【政策帮扶】 印发《中共北京市委、北京市人民政府关于印发〈北京市全面深化扶贫协作三年行动实施意见〉的通知》《推进“万企帮万村”精准扶贫行动的指导意见》等40个政策文件。修订东西部扶贫协作项目资金管理办法，进一步充实完善三年扶贫协作项目库。16个区制定实施“一县一策一方案”“三年行动计划”等帮扶规划方案108个。

【人才支援】 选派177名党政干部到内蒙古、河北挂职，其中内蒙古100名、河北77名，分管或协管扶贫工作。印发关于北京援派干部聚焦扶贫协作的文件，会同受援地区建立省市县三级扶贫协作机构，向每个贫困旗县新增2~3名科级挂职干部，将援派干部压到扶贫一线。选派教育卫生、种植养殖、科技文化等领域专业技术人才895名（内蒙古464名，河北431名），专业人才聚焦建档立卡贫困人口，通过支医支教、

科技推广，提升贫困地区公共服务水平和科技水平。

【产业扶贫】 与内蒙古、河北及相关盟市在京举办招商推介10次，鼓励在京企业前往受援地区开展产业扶贫。引导430家企业到内蒙古、河北开展产业扶贫（内蒙古147家、河北283家）；2018年实际完成投资186.9亿元（内蒙古51.46亿元、河北135.4亿元）；助力建档立卡贫困人口4.78万人脱贫（内蒙古1.25万人、河北3.53万人）。北京62.56%以上的京蒙、京冀财政帮扶资金（内蒙古8.88亿元、河北4.82亿元）用于产业扶贫。

【消费扶贫】 发挥北京特大型城市巨大消费市场的优势，打造消费扶贫政策体系和市场平台，建成消费扶贫产业双创中心，打造集线上线下展示展销、市场供需信息对接、商品营销推广、产业孵化培育等功能于一体的服务平台。举办迎新春庙会活动，推进线上线下和大宗商品交易。引导本市农产品批发市场和蔬菜零售企业开展扶贫协作地区农产品产销对接，组织蔬菜批发市场销售贫困地区农产品。推动京东、天猫、淘宝、首农电商等专门设立扶贫产品馆或扶贫频道，中商惠民、供销e家、中粮我买网与河北等地签订合作协议。全市16个区设立扶贫协作地区特色产品展销点、展销专区866个。2018年全市销售内蒙古、河北扶贫产品122.92亿元，带动29690人口脱贫。

【劳务协作】 通过技能培训与推荐就业相结合、在京就业与当地就业相结合，有效推动贫困人口就业。全力促进就地就近就业，完善劳务协作政策，通过产业扶贫、建设扶贫车间、购买公益岗位等多种渠道多种形式，共帮助68017名贫困人口就近就地就业，其中内蒙古22256人、河北45761人。实施劳务协作“春风行动”，提高劳务协作的组织化程度，推动贫困地区人口来京就业。会同扶贫协作地区共举办专场招聘会75场，1057家北京企业提供近11万个就业岗位，16万名贫困地区劳动者参与人岗对接。引导内蒙古、河北贫困人口在京就业9790人，其中内蒙古1331人，河北省8459人。帮助贫困人口到其他地区就业7023人，其中内蒙古2313人，河北4710人。精准实施职业技能培训，京蒙、京冀通力合作，为扶贫协作地区建立劳务实训基地54个，开展为贫困人口就业技能培训17814人。推动北京市与贫困旗县36所职业院校结对帮扶。招收3万名学生来北京职校学习。

【携手奔小康】 北京市16个区与内蒙古、河北54个贫困旗县签订了“携手奔小康”行动协议。16区主要领导到54个结对旗县对接调研108次（内蒙古62次、河北46次），召开联席会108次（内蒙古62次、河北46次）。推动北京市390个街道乡镇分别与内蒙古、河北411个乡镇结对（内蒙古221个、河北190个）；754个社区（村）与746个贫困村结对（内蒙古373个、河北373个）；北京383所学校与扶贫协作地区414所学校结对（内蒙古263所、河北151所），305家医院与扶贫协作地区335家医院（内蒙古185家、河北150家）结对共建。“万企帮万村”行动推动746家企业与693个贫困村结对（内蒙古436个、河北257个）。

【扶志扶智】 在京培训教师、医生和其他类专业技术人才21160人（内蒙古15340人、河北5820人），培训北京援派干部和北京扶贫干部3479人次。精准安排内蒙古、河北269名来京挂职干部（内蒙古162名、河北107名）的工作岗位。按照“缺什么补什么”的原则，为269名来京干部（河北107人、内蒙古162人）进行培训。面向受援地区致富带头人开展实用技术、生产技能、经营管理等培训，培养“领头雁”人才。市级层面和16个区共组织54次培训班，开展贫困村致富带头人培训4384人（内蒙古2296人、河北2088

人），创业成功921人，致富带头人带动贫困人口数34675人。

北京天坛医院、积水潭医院、同仁医院医生填补张家口市神经内（外）科、创伤外科、眼科、耳科等领域45项医疗空白，贫困群众就地享受北京优质医疗服务。大兴西瓜专家到内蒙古察哈尔右翼前旗手把手传授温室育苗技术，指导当地50个大棚的种植生产，带动当地50户贫困户脱贫。

（北京市扶贫协作和支援合作工作领导小组办公室）

天津市—甘肃省、河北省承德市东西部扶贫协作

【概述】 2018年，天津市围绕精准扶贫、精准脱贫总要求，按照“升级加力、多层全覆盖、有限无限相结合”的工作思路，统筹调动各方资源，充分发挥自身优势，在推动“组织领导、人才支援、资金支持、产业合作、劳务协作和携手奔小康”6个方面工作取得进展和成效。制定出台指导性文件《天津市推进东西部扶贫协作和对口支援三年行动方案》。投入扶贫协作资金11.86亿元。向甘肃省、承德市选派党政干部69人，医疗、教育等专业技术人才739人次；为受援地区培训各级各类党政干部3027人次、专业技术人才18641人次。支持受援地区特色产业发展，安排资金6.84亿元实施产业发展项目189个。组织召开专题招聘会300余场次，提供就业岗位15万余个，通过援建扶贫车间、企业吸纳就业、建立利益联结机制等方式带动2.14万贫困人口增收脱贫。天津市各界向受援地区捐款捐物4901万元。

【扶贫资金投入】 进一步增加市、区两级财政资金投入，全年累计投入财政援助资金11.86亿元，超过前20年资金投入的总和，其中甘肃省8.86亿元，承德市3亿元；县均投入财政援助资金3122万余元。实施扶贫项目480个，其中甘肃省407个，承德市73个。助力受援地区15.3万建档立卡贫困人口实现脱贫，帮扶甘肃省正宁县等4个贫困县和承德市平泉市脱贫摘帽。

【扶贫调研】 11月，中共中央政治局委员、天津市委书记李鸿忠率党政代表团赴河北省学习考察，进一步健全完善扶贫协作高层互访联络机制，推动东西部扶贫协作各项任务落实，加强两省市交流交往。8月，天津市委副书记、市长张国清率代表团赴甘肃省学习考察，推动各项帮扶任务，升级加力做好东西部扶贫协作工作。

【工作机制】 制定出台《天津市推进东西部扶贫协作和对口支援三年行动方案》，明确东西部扶贫协作目标、任务、措施和责任，增强工作的针对性和实效性。调整天津市对口支援工作领导小组成员单位，明确相关单位职责；各区、各部门结合各自职责，调整完善对口帮扶工作机构，充实工作力量，强化东西部扶贫协作工作的组织保障。制定出台《天津市东西部扶贫协作项目及资金管理暂行办法》，规范帮扶资金和项目管理，细化责任主体、决策审批程序、组织实施方式、资金拨付管理程序等内容，全面加强监督检查和跟踪问效，确保资金使用安全规范，项目实施科学高效。

【携手奔小康】 天津市16个区党政主要负责同志带队赴受援地区结对县走访对接，县处级以上干部对接调研508人次。天津市186个乡镇、148个村（社区）、673家企业与受援地区190个贫困乡镇、883个贫困村结为帮扶对子；215所学校、77家医院与受援地区215所学校、69家医院结为帮扶对子。各区投入帮扶资金11.45亿元，其中甘肃省8.46亿元、承德市2.99亿元。实施致富带头人专培工程，组织建立420人的致富带头人导师库，培训贫困村创业致富带头人6042人次，其中创业成功880人，带动1.1万贫困人口增收。

【人才支援】 按照“补空白、全覆盖、

强力量”原则，2018年向受援地区选派党政干部69名（甘肃省59名、承德市10名），实现甘肃省、市（州）、县（市、区）三级全覆盖，承德市、县两级全覆盖。经与受援地区组织部门协商，明确挂职干部专门分管扶贫协作工作，确保他们的主要精力聚焦到精准扶贫上。16名援甘干部获得甘肃省授予“先进帮扶干部”称号，1名援承干部获得河北省授予“脱贫攻坚奖”称号。先后选派医疗、教育等专业技术人才739人次赴受援地区开展专业技术交流帮扶，其中甘肃省662人次，承德市77人次。为受援地区培训各级各类党政干部3027人次（甘肃省2538人次、承德市489人次）、专业技术人才18641人次（甘肃省17805人次、承德市836人次）。接收受援地区来津挂职党政干部230人次（甘肃省200人次、承德市30人次）、专业技术人才1130人次（甘肃省1013人次、承德市117人次）。依托天津医科大学、天津中医药大学、天津医科大学临床医学院，为甘肃培养医学本科生403人，67名本科生已毕业，为受援地区留下“带不走”的智力财富。

【产业扶贫】　安排资金6.84亿元，实施产业发展项目189个。突出引资帮扶，在当地建设久鼎肉羊产业养殖基地、六沟新兴产业聚集区等园区载体26个，其中甘肃省22个，承德市4个，引导天士力控股集团有限公司、天津市食品集团有限公司等63家企业赴受援地区投资，实际投资额3.5亿元，其中甘肃省44家、投资额1.93亿元，承德市19家、投资额1.55亿元。突出就业帮扶，通过援建扶贫车间、企业吸纳就业、建立利益联结机制等方式，带动当地2.14万贫困人口增收脱贫，其中甘肃省1.5万人、承德市0.64万人。突出消费帮扶，引导中信国安集团有限公司与甘肃省6个市（州）、13个县（区）签订农产品销售框架协议，协助当地在津销售特色农产品；天津市供销商贸集团有限公司、天津市食品集团有限公司在天津市各大农产品批发市场、超市、加油站设立特色农产品专卖点，开展营销促销、品牌推介，拓展贫困地区农产品外销渠道。

【劳务协作】　建立对接机制，与受援地区签署劳务合作协议，在当地设立一批就业服务工作站和劳务基地，组织召开专题招聘会300场次，提供就业岗位15万个。加强技能培训，举办就业技能培训392期，培训1.8万人次，其中甘肃省322期、培训1.6万人次，承德市70期、培训0.2万人次。促进劳务输转，帮助建档立卡贫困人口在津就业1241人，其中甘肃省1010人、承德市231人；帮助省内就近就业1.2万人，其中甘肃省8339人、承德市3385人；帮助到其他地区就业2.68万人，其中甘肃省2.62万人、承德市602人。甘肃与天津共同启动兰州牛肉面“百店千人”扶贫行动计划，以“免费培训+就业创业”模式，在天津等城市开设牛肉拉面店100家以上，促使1000人就业，首批招收的23个贫困县的学员经过2个月培训，其中有200余名建档立卡贫困户在天津市帮助下找到就业岗位。

【社会扶贫】　引导社会力量参与扶贫协作，不断拓宽社会帮扶渠道，天津市各界向受援地区捐款捐物4901万元。推进残疾人脱贫，制定政策文件，确定协作帮扶甘肃省会宁县残疾人扶贫就业基地项目，帮助甘肃省4858名、承德市1054名贫困残疾人实现脱贫。1200余名天津市民参与天水市“我有一棵树、足以来扶贫”认购活动，多个区的党政干部结对帮扶受援地区贫困户，以购买农产品、捐赠等方式带动贫困户增收。针对甘肃部分地州基础差、底子薄、技术落后、人才断档等问题，开展“组团式”医疗帮扶，组织10家三级甲等医院与受援地区医院建立“院包科”关系，明确在肿瘤、重症医学、检验等重点医疗领域开展帮扶共建，推动受援地区医院由单一诊疗向医、教、研复合型医院转型。

（天津市人民政府合作交流办公室
支援合作一处　韩　晖）

上海市—云南省、贵州省遵义市东西部扶贫协作

【概述】 2018年，上海市严格对照东西部扶贫协作考核指标，凝聚全市合力，强化政策供给，加大投入力度，创新工作方法，提升产业合作链，做实劳务协作链，构建利益联结链，打通消费扶贫链，全力助推云南、贵州省遵义市打赢打好精准脱贫攻坚战。在云南，在年初9.89亿元计划资金基础上，两次追加年度资金，年度援滇资金总量24.01亿元，年度援黔资金2.76亿元。上海市援滇干部总人数114名，援黔干部总人数20名。创新探索帮扶工作，深化携手奔小康行动，启动“双一百”村企结对精准扶贫行动，组织“云品（遵品）进社区、万家帮万户”和“我们在行动”等精准扶贫活动，推动产业扶贫、劳务协作、教育扶贫、健康扶贫、扶志扶智有序开展。上海市在国家东西部扶贫协作考核中取得“好”的成绩。

【扶贫资金投入】 2018年，上海市聚焦脱贫攻坚核心任务，工作重心坚持向深度贫困地区、深度贫困人口倾斜，以产业发展、农村建设、劳务协作、社会事业帮扶、人才智力支持为抓手持续精准发力。在云南，2018年投入财政援助资金24.01亿元，实施项目972个。其中，产业发展项目资金8.62亿元，农村建设项目资金8亿元，劳务协作项目资金2.54亿元，社会事业项目资金0.99亿元，人才支援及其他项目资金3.86亿元。直接投向74个结对县及县以下项目资金22.6亿元，投向深度贫困地区项目资金11亿元。根据考核统计结果，帮助建档立卡贫困人口20.39万人脱贫，其中，帮扶贫困残疾人8074人脱贫。

在遵义，2018年投入财政援助资金2.72亿元，实施项目234个。其中，产业发展项目资金1.56亿元，农村建设项目资金0.28亿元，劳务协作项目资金0.69亿元，社会事业项目资金0.19亿元。根据考核统计结果，帮助建档立卡贫困人口6.5万人脱贫，其中，帮扶贫困残疾人937人脱贫。

【工作机制】 持续完善上海市东西部扶贫协作的顶层设计和机制建设，制定落实中央要求的政策细则，印发《上海市助力对口地区打赢脱贫攻坚战三年行动计划》《上海市东西部扶贫协作和对口支援工作管理办法（试行）》《关于深化携手奔小康行动的工作意见》《关于开展“双一百”村企结对精准扶贫行动的通知》《上海市援外干部工作经费管理办法》。深化两地高层互访和联席会议制度，4月，中共中央政治局委员、上海市委书记李强率上海市代表团赴云南省学习考察，召开沪滇扶贫协作第十九次联席会议，调研对接扶贫协作工作。12月，市委书记李强、市长应勇会见云南省委书记陈豪、省长阮成发一行，召开沪滇扶贫协作第二十次联席会议。5月，上海市委副书记、市长应勇率上海市代表团赴贵州省遵义市学习考察，召开沪遵扶贫协作第八次联席会议，调研对接扶贫协作工作。3月，贵州省委常委、遵义市委书记龙长春率遵义市党政代表团到上海学习考察。中共中央政治局委员、上海市委书记李强，市委副书记、市长应勇会见了遵义市党政代表团一行，召开了沪遵扶贫协作第七次联席会议。

【产业扶贫】　用足用好上海市对口支援专项资金支持企业赴对口地区固定资产投资补助政策，引导上海各类企业209家赴云南省投资、62家赴贵州省投资。联合利华在遵义实施可持续茶园产业扶贫项目，立顿“遵义红”和“遵义绿茶”帮助当地打响遵义茶品牌。上海临港经济发展（集团）有限公司与遵义市合作共建“遵义漕河泾科创绿洲”产业园，合力打造东西部产业合作示范园区，园区入驻企业19家，年产值7亿元。开展“云品（遵品）进社区、万家帮万户”和“我们在行动”等精准扶贫行动，促进电商、批发企业、商贸、物流机构和各类社区平台的整合，畅通贫困户农产品生产链、供应链和价值链的融合渠道，促进贫困地区产品进平台、进社区、进家庭。聚焦带贫目标，注重可持续发展，助力云南省、贵州省遵义市打造现代农业生产体系，在云南省建设外延蔬菜基地17个，在遵义市建设面积14万亩的“遵菜入沪”基地，引导上海企业在携手奔小康县设立商贸公司，收购贫困户农特产品，打通当地农产品上行不畅的问题。组建上海商务联盟，发挥50家大型农产品经销商作用，建立产地质检、源头追溯、包装改良、运输集成的服务体系，推动云品入驻批发市场，并与大型电商、生鲜超市、智慧微菜场等新型零售终端合作，建立232个展销网点和专柜，打通对口地区农特产品进入上海市场的绿色通道。倡导“消费＋公益”扶贫理念，举办“10·17”对口地区特色商品展销会，56家遵义企业参展，现场销售和订单额6700万元。设计推出“爱心扶贫大礼包”，面向市民订单化、套餐化销售近4000万元，带动云南省贫困人口13000人增收脱贫；搭建金融扶贫平台，举办“上海在行动——开发性金融支持东西部扶贫产业协作对接会”，上海市政府合作交流办公室与国家开发银行金融扶贫事业部共同推进一批赴云南省投资企业获得产业扶贫授信。

【劳务协作】　坚持就地就近就业为主，发挥劳务协作长效机制作用，建立健全针对到沪就业建档立卡贫困人口的就业服务平台和信息网络，推动组织化劳务输出。依托“职业教育联盟”，联合用人企业、职业院校及相关培训机构，根据产业发展和企业需求，开展订单式培训，打通职业教育、实习锻炼和上岗就业的通道。支持创设岗位，推动公益就业，优先安排无技能和无法外出的建档立卡户上岗。支持设立扶贫车间，促进就地就近转移就业。探索务工人员、村集体、务工家属三方受益的劳务协作新模式，推进沪滇、沪遵劳务站点建设，开发“云上就业”App　和“沪滇就业信息合作交流平台”，探索推动云南农村贫困劳动力“一部手机找工作”。在云南省、贵州省遵义市举办招聘会，上门送岗位，推动到沪就业。在云南，2018年帮助贫困人口实现就业100477人，其中，省内就业73064人，到其他地区就业24972人，到沪就业2459人；在遵义，2018年帮助贫困人口实现就业28428人，其中，省内就近就业18003人，到其他地区就业9628人，到沪就业797人。

【扶志扶智】　2018年，在云南省和遵义市，经过市区两级增派，上海市援滇和援黔干部分别达到114名、20名。向云南省、遵义市选派专业技术人才624名、77名，助力提升贫困地区的卫生、教育等基本公共服务条件和推广农村实用技术，培养急需紧缺人才。192名云南省党政干部到沪挂职，云南省党政干部和专业技术人才到沪培训2971人次；34名遵义市党政干部到沪挂职，党政干部和专业技术人才到沪培训2220人次，帮助对口地区锻炼培养干部人才。依托两地人社部门工作体系，采取灵活方式，在云南省、遵义市开展贫困人口就业培训72995人次、11395人次，提升贫困人口就业技能。

【社会帮扶】　动员引导企业、社会组织等各类社会力量广泛参与沪滇帮扶，发挥

《上海市对口支援与合作交流专项资金资助社会力量参与对口支援工作实施细则（试行）》作用，采取政策引导、资金支持、宣传激励等措施，引导社会公益力量集聚到扶贫协作地区，支持扶贫济困、支教助医、智力支持、生态保护等，2018年度共资助42个项目，撬动7000万元资金支持上海市各类社会组织参与东西部扶贫协作。上海市志愿服务公益基金会和复旦大学附属儿科医院志愿服务医疗队联合开展“关爱香格里拉困难先心病儿童特别行动”。华恩公益服务社与长宁区妇联联手成立绣娘大联盟，推进1000名红河绣娘公益项目。虹桥临空经济园区的携程、史泰博、博世、联合利华等32家企业成立公益扶贫联盟，认领云南省红河州165亩红米生态田，结对帮助498名学生，捐建16个爱心电脑教室。上海心工坊社工事务所在云南省开办扶贫车间，与阳光爱心助残协会共同扶持23名残疾人就业。上海市妇联、市儿童基金会、市慈善基金会在遵义市合作开展“花儿绽放——先心病儿童助医”项目，对78名疑似先心病儿童集中筛查，对24名确诊患儿送至上海市实施救助手术。安利（中国）上海公司在遵义市开展“爱心手牵手　关注眼健康”帮扶项目。

【健康扶贫】　依托上海市三级医院结对帮扶云南省28家贫困县医院机制，整合各方资源，为当地13000余名建档立卡贫困户提供健康管理，开展常见病、地方病筛查诊治。深化推进远程医疗，让建档立卡贫困户不出远门就可以享受大医院专家诊疗服务，推动优质医疗资源和医疗服务下沉到县、乡医疗机构，促进基层健康扶贫工作开展，提升医疗服务水平。上海市6家医院结对帮扶遵义市6家医院，双方开展人员互派挂职、远程会诊等合作项目。上海市第一人民医院连续派出2批10名专家到遵义市挂职帮扶，帮助遵义市8个临床医学中心建设，计划用3年时间为遵义市培养100名基层医生、100名基层护士和50名基层医疗管理人才。

【携手奔小康】　动员引导各方力量开展携手奔小康行动，构建沪滇两地党政部门、各类企业、社会组织和爱心人士共同参与脱贫攻坚的常态化机制。8月，在云南省勐海县召开上海市区县结对携手奔小康行动现场会，推动携手奔小康行动向乡村延伸拓展。以“三带两转”（带出致富带头人、带出农特产品、带出特色产业、转变村民观念和转变村容村貌）为主要内容，推动村企结对帮扶。携手奔小康行动按照坚持聚焦精准、着眼长远布局、凸显区县特色的原则，使各类帮扶资源进一步下沉到贫困村，贫困群众得到更多实惠。上海市1193家企业结对帮扶云南省1685个贫困村，147所学校、145家医院结对帮扶云南省158所学校、190家医院。上海市84家企业结对帮扶贵州省遵义市110个贫困村，40所学校、6家医院结对帮扶遵义市42所学校、6家医院。上海临港经济发展（集团）有限公司下属企业与遵义市道真县的3个贫困村结对，绿地控股集团股份有限公司与遵义桐梓县的贫困村结对，帮助当地贫困村发展特色产业。

【扶贫宣传】　上海广播电视台制播《上海温度》，文汇报App连载《奋楫前行、上海力量——扶贫的故事》，东方卫视打造精准扶贫公益节目《我们在行动》，阿基米德传媒和闵行人民广播电台联合制作《自然的馈赠》，长宁区举办“你我牵手筑梦中国——携手奔小康大型原创作品演唱会”。组建上海（复旦大学）扶贫研究中心，编撰《精准扶贫理论研究》《精准脱贫上海实践案例集》，联合东方广播中心和浦东干部学院打造《脱贫攻坚三十六讲》，为培训扶贫协作干部、宣传工作成效、创新工作思路、推进实践探索，提供理论支撑。

（上海市人民政府合作交流办公室
扶贫协作处　胡晓勇）

江苏省—陕西省、青海省东西部扶贫协作

【概述】　2018年，江苏省全力帮助陕西省和青海省西宁市、海东市脱贫攻坚，省级领导率党政代表团先后5次赴对口帮扶地区考察交流，召开联席会议6次，政府间签订战略合作和帮扶协议33个、企业间签署合作协议92个。先后制定年度工作计划要点、三年行动方案等制度性文件。累计安排财政性帮扶资金23.4亿元，组织实施1538个帮扶项目，340家企业落户对口帮扶地区开展产业合作，实际投资额近百亿元。选派426名挂职干部、2188名专业技术人才赴对口帮扶地区开展帮扶工作。全年共帮助3.5万名贫困劳动力就业，帮助24.95万建档立卡贫困人口脱贫。2017年度东西部扶贫协作试考核综合评议为“较好”等次。

【扶贫资金投入】　2018年共安排23.4亿元扶贫资金，县均3120万元，组织实施1550个帮扶项目。其中，拨付陕西省16.94亿元，县均3025万元，实施1236个项目，帮助16.22万建档立卡贫困人口脱贫；拨付青海省西宁市和海东市资金2.75亿元，县均3060万元，实施70个项目，帮助1.78万建档立卡贫困人口脱贫。2018年，江苏省社会各界向对口帮扶地区捐款捐物约1.1亿元。

【组织领导】　省级主要领导、分管领导率党政代表团先后5次赴对口帮扶地区考察交流，召开联席会议6次，政府间签订战略合作和帮扶协议33个、企业间签署合作协议92个。7月，省长吴政隆率代表团赴青海考察交流；12月，省委常委、秘书长、常务副省长樊金龙率代表团赴陕西考察交流。出台《江苏省东西部扶贫协作2018年度工作计划要点》《江苏省深入推进东西部扶贫协作三年行动方案（2018—2020年）》等政策文件，确保各项帮扶工作扎实推进。

【产业扶贫】　出台《江苏省产业扶贫协作实施方案》《苏陕产业扶贫协作实施方案》，组织279家企业到陕西、青海开展产业合作，实际投资额36.76亿元，带动贫困人口脱贫1.6万人。其中在陕西落户261家，实际投资额35.5亿元，带动1.74万贫困户增收，带动1.56万贫困人口脱贫；启动富丹产业园、通汉产业园等10个“区中园”建设，落地项目23个，完成投资18.56亿元。在青海落户18家，实际投资额达1.26亿元，带动393名贫困人口实现就业脱贫。组团参加第三届丝绸之路国际博览会暨中国东西部合作与投资贸易洽谈会，洽谈落实合作项目164个，总金额373亿元。

【劳务协作】　2018年，举办专场招聘466场，提供就业岗位35.5万个，达成就业意向5.46万人，举办培训282期，贫困人口就业培训1.35万人，帮助陕西、青海贫困劳动力在江苏就业6668人、在当地就业13210人、在其他地区就业4713人。中西部地区在江苏稳定就业贫困人口18.22万人。

【人才支援】　2018年，向陕西省、青海省增派干部64名，选派教师、农技、医务等专业技术人才1795名，平均每个贫困县增派人员18名以上。协助安排陕西省、青海省667名干部、3086名技术人员到苏学习锻炼，帮助培训干部8055人次、技术人员1.8万人次。

【携手奔小康】 组织 10 个设区市相关县（市、区）结对帮扶 75 个贫困县，实现扶贫协作地区“携手奔小康”行动全覆盖。329 对镇和 366 对村（社区）签署结对共建协议，33 对镇企、206 对村企结对帮扶，突出帮助发展产业、做强农业，壮大集体经济，打造宜居宜业宜旅乡村。江苏省 465 所学校与陕西省 422 所、青海省 53 所学校结对，124 家医院与陕西省 104 家、青海省 20 家医院结对。

【金融扶贫】 会同国家开发银行江苏分行、苏州分行等在南京举行“开发性金融支持东西部扶贫协作——江苏在行动”对接会，通过多方面多层次沟通对接，推动相关产业帮扶项目签约、落地、实施，争取国家开发银行陕西分行为 4 个苏陕扶贫协作项目授信 6.01 亿元、放贷 1.14 亿元，形成了东西两地银、政、企多方联动的帮扶格局。

【土地指标调剂】 高标准完成土地增减挂钩节余指标跨省域调剂。2018 年江苏省确认完成调入任务 2.63 万亩，调剂资金总额 131.5 亿元。

【能源合作】 分别与陕西省、青海省政府签署能源协作协议，积极消纳陕西风电、光伏发电等可再生能源，在 2017 年消纳陕西电量 11 亿千瓦·时的基础上，2018 年再一次提升计划输电量，陕电送苏规模增至 15 亿千瓦·时，青电送苏规模增至 11.2 亿千瓦·时，消纳了 6 万多个户用扶贫光伏的发电量，有力推动了陕西省、青海省清洁能源特别是光伏扶贫的持续发展。

【消费扶贫】 开展苏陕烟草生产合作，为陕西中烟工业有限责任公司实现销售收入 10.65 亿元，实现利税 7.12 亿元。组织陕西农特产品南京宣传推介周，陕西苹果、猕猴桃、秦川牛肉等 200 余种产品集中亮相南京，签署发展营销协议近 20 亿元。2018 年共帮助销售农产品 6.54 亿元，其中陕西省 6.42 亿元、青海省 0.12 亿元，带动陕西省 2.3 万贫困人口脱贫。

（江苏省发展和改革委员会　王　刚）

浙江省—四川省东西部扶贫协作

【概述】 2018年，浙江省充分发挥浙江优势，在组织领导、人才支援、资金支持、产业合作、劳务协作、携手奔小康等方面综合施策，推进东西部扶贫协作工作，助力对口帮扶地区脱贫攻坚。2018年，浙江省共向四川、贵州、湖北、吉林4省援助财政资金28.31亿元，其中，浙江省援助四川省财政资金13.72亿元，向四川省选派干部99人，其中从重要岗位和县级党政班子选派正处级干部9名，副处级干部44名。向四川省选派技术人员812人，培养专业技术团队212个，引进、填补四川省贫困地区技术空白234项。四川省贫困人员到浙江省就业25435人，浙江省帮助四川省贫困人员就近就地就业16942人。

【扶贫资金投入】 2018年，浙江省东西部扶贫协作帮扶资金重点用于产业、民生、人才、劳务协作等方面，共安排项目444个，帮扶资金13.72亿元。其中产业项目370个，安排帮扶资金11.41亿元，民生项目安排帮扶资金1.75亿元，人才项目安排帮扶资金0.23亿元，劳务协作项目安排资金0.33亿元。浙江省对四川省各贫困县均投入财政援助资金3611万元。

【工作机制】 2018年，浙江省与四川省建立了联席会议制度，及时召开联席会议，交流新情况、谋划新举措、解决新问题。2018年，浙江省与四川省召开高层联席会议4次。浙江省委、省政府主要领导同志多次听取专题汇报，召开省委常委会、省政府常务会议、领导小组会议等专题会议研究部署东西部扶贫协作9次。出台《关于浙江省助力东西部扶贫协作地区脱贫攻坚实施意见》《浙江省支持深度贫困地区脱贫攻坚实施方案》，实施资金支持、民生项目、特色产业、人才支持、劳务协作、企业帮扶、社会合力推进等七大帮扶行动，明确各项工作向深度贫困地区重点倾斜。印发《关于做好我省对口帮扶地区残疾人扶贫协作工作的通知》，明确残疾人帮扶总体要求、帮扶重点和保障措施。共同出台《浙江省扶贫协作四川省26个贫困县三年行动实施方案（2018—2020年）》。

【贷款贴息】 2018年，浙江省安排帮扶资金150万元，用于四川省青川县农业产业贷款贴息，重点支持茶叶、油橄榄、食用菌、电子商务、乡村旅游等专业合作经济组织、产业大户、家庭农场、龙头企业用于购置生产设施和生产经营流动资金贷款贴息，拉动各类资金3000万元，充分放大帮扶资金的杠杆效应。

【经贸合作】 2018年，浙江省组织引导212家企业到四川省开展扶贫协作工作，实际到位资金100.56亿元。浙江省与四川省双方共建产业园13个，入园企业70家，投资到位资金17亿元。企业带动贫困人口脱贫数2.5万人（企业吸纳0.87万人，通过利益联结机制带动脱贫数1.66万人）。浙江省采购、销售四川省农产品或手工艺品金额3.47亿元，通过消费扶贫带动贫困人口增收14565人。嘉兴市与宜宾市共建海屏纺织产业园，已落户的浙江项目6个，总投资28.2亿元，将实现年产值60亿元以上，利税15亿元以上，解决就业2400余人。嘉善县与九寨沟县、南湖区与若尔盖县共建跨省“飞地”产业园，为60个贫困村每年带来约3200万元的收益。

【高层互访】 2018年5月，浙江省委书记车俊率代表团赴贵州考察并对接东西扶贫协作工作，5月，省委副书记、省长袁家军率代表团赴四川考察并对接东西部扶贫协作工作，10月，四川省委书记彭清华率代表团赴浙江省考察东西部扶贫协作工作。承担结对任务的浙江省9个市、56个县的主要领导均赴四川省对口市、县考察对接工作，其中省级领导3人次、地厅级领导91人次带队出访四川。

【劳务协作】 2018年，浙江省开发东西部扶贫劳务协作动态管理平台系统，对建档立卡贫困人员在浙江省就业情况进行全程跟踪。按来源地、就业地、统计周期三个纬度，每月社保数据、个税数据、工伤保险三个经度，对80个结对县（市、区）贫困人员到浙江省就业数、中西部22省在浙江省就业人数进行统计分析，并提供精准服务。帮助四川省贫困人口在浙江省就业25435人（稳定就业3个月以上人数）；通过建设扶贫车间、提供公益岗位、开展培训等途径，帮助四川省贫困人口就近就业16942人。通过劳务培训以及在外省的浙江省的企业提供公益岗位，吸纳贫困人口到其他地区就业4317人；帮助四川省建档立卡贫困学生581人到浙江省职业院校就读。

【社会帮扶】 2018年，浙江省动员社会力量参与东西部扶贫协作工作，向四川省对口地区捐款及赠物折资共计2.5亿元。2018年4月9日，浙江省安吉县溪龙乡黄杜村20名党员给习近平总书记写信，自愿捐赠1500万株“白叶1号”茶苗，帮助贫困地区百姓脱贫致富。浙江省安吉县黄杜村党员干部选定四川省青川县、贵州省普安县和沿河县、湖南省古丈县等4个县34个贫困村作为茶苗种植地，派出精干力量组成技术指导小组，分赴4县开展土地翻耕、土壤优化、茶园规划、加工等技术指导，翻耕茶园3000余亩。邀请4县种植人员到安吉县开展集中参观考察、授课培训。派出乡村两级技术人员6批30人次，常驻受捐地进行种植指导，为当地茶农解决种植技术难题，完成1326万株白茶苗种植。

【企业帮扶】 浙江蓝美农业有限公司在四川省8个县打造蓝莓基地，计划通过5年努力，在四川省打造15万~20万亩蓝莓种植基地、8~10个蓝莓初加工厂、2~3个精深加工中心、10个蓝美特色小镇，助力建档贫困人员通过蓝莓增收致富。浙江省绍兴市采取“五专”（商场专区、线上专馆、超市专柜、食堂专供、农副产品专场）和“五走进”（进商场、进线上、进超市、进机关、进市场）等形式，举办“边货入城·越商走马”等17场特色农产品展销会，销售额超2000万元。嘉兴市组织“衣暖人心、情系西部”大型社会捐助活动，11个商（协）会、367家企业积极参与，筹集社会帮扶资金4475余万元。浙江传化集团有限公司成立传化慈善基金会，启动传化健康扶贫行动，计划从2018年起的3年内，资助2亿元，援建1000所“传化·安心卫生室”，服务150万贫困人口；2018年资助7000多万元，在贵州省雷山县、云南省泸水市和福贡县等地援建“传化·安心卫生室”350所。浙江新湖集团股份有限公司发起设立1亿元的“浙江新湖慈善基金”，重点开展“新湖乡村幼儿园计划”，通过在贫困地区发展学前教育，阻断贫困的代际传递。浙江保亿集团有限公司与四川省汶川县索桥村结对，无偿出资2000万元，把羌族贫困村打造成民富村强的乡村振兴示范村。

【残疾人帮扶】 2018年，浙江省率先启动贫困残疾人帮扶脱贫工作，印发《关于做好我省对口帮扶地区残疾人扶贫协作工作的通知》，明确残疾人帮扶总体要求、帮扶重点和保障措施。与四川省残联签署残疾人扶贫协作协议，重点在残疾人职业培训、转移就业、康复服务、残疾人及专业服务人才培养等方面开展帮扶。通过政策助残、企业帮残、项目促残、智力扶残、康复助残、教育支残、爱心助残，帮扶四川省贫困残疾人脱贫 3142 人。

【专项扶贫】 2018 年，浙江省统筹推进消费扶贫、电商扶贫、旅游扶贫、电力扶贫等专项扶贫，因地制宜帮助对口帮扶地区发展经济。消费扶贫方面，充分利用第二十届中国浙江投资贸易洽谈会、浙江农业博览会、第二十四届中国义乌国际小商品博览会、第十一届中国义乌国际森林产品博览会等浙江特色展会平台，免费提供展位展示销售对口帮扶地区特色农产品，并帮助开辟超市、商场、专卖店、单位食堂等销售渠道，2018 年，浙江省采购对口帮扶地区农特产品 11.7 亿元。电商扶贫方面，充分发挥淘宝、天猫、网易严选、赶街网等电商平台和乌镇互联网大会等优势，帮助对口帮扶地区发展电商产业，指导建设电商网店，开展电商业务培训，2018 年，浙江省通过电商渠道销售中西部地区农特产品 584 亿元。旅游扶贫方面，浙江省省、市、县三级联动出台支持政策，鼓励机关企事业单位职工赴对口地区开展疗休养，新开辟杭州—阿克苏、宁波—黔西南、宁波—延边、温州—阿坝等空中航线，组织 3 万人次赴对口帮扶地区开展旅游和疗休养。电力扶贫方面，2018 年浙江省向对口帮扶的四川省购买 10 亿千瓦·时富余电量。

【土地增减挂钩】 2018 年，自然资源部下达浙江省跨省域调入增减挂钩节余指标任务为 1.76 万亩，调剂资金任务 88 亿元，并鼓励帮扶省份多购入跨省域增减挂钩节余指标。2018 年，浙江省共购买节余指标达 2.5418 万亩，调剂资金总额为 148.24 亿元。

【携手奔小康】 2018 年，浙江省承担任务的 11 个设区市和结对县主要领导均赴四川省 38 个携手奔小康县调研对接。浙江省有 107 家医院、114 所学校、103 个乡镇、110 个经济强村与四川省开展结对，深化“万企帮万村”活动，组织 761 家企业与 827 个贫困村结对。开展贫困村创业致富带头人培训 6643 人次，创业成功 616 人，带动贫困人口参与 10198 人。

（浙江省发展和改革委员会　陈金炜）

福建省—宁夏回族自治区东西部扶贫协作

【概述】 2018年，福建省11位省领导、5批13人次赴宁夏回族自治区对接，召开了6次工作推进会、交流座谈会，省直和设区市地厅级领导96人次赴宁开展对接交流。召开两省区第22次联席会议，签订10项部门合作协议和22项经贸合作协议。落实财政援宁资金3.204亿元，宁夏受援县县均获得帮扶资金4553万元，实施扶贫项目119个，帮助宁夏建档立卡贫困户44626人脱贫。组织企业到宁夏投资项目112个，实际到资65.77亿元。选派22名党政干部和285名专业技术人员赴宁夏交流挂职，支持宁夏选派19名党政干部和201名专业技术人员到福建交流挂职。两省区实现乡镇结对101对、村村结对110对、村企结对114对、学校结对62对、医院结对28对，实现宁夏5个深度贫困县所辖乡镇“一对一”结对帮扶全覆盖。

【扶贫资金投入】 2018年，福建省大幅度增加东西部扶贫协作财政援助资金，落实资金10.47亿元，宁夏受援县县均获得帮扶资金4553万元。其中，援宁资金3.204亿元，县均4004万元，60%以上用于宁夏深度贫困县，实施扶贫项目119个，帮助宁夏建档立卡贫困户44626人脱贫。根据自然资源部部署，2018年，福建省完成土地增减挂钩节余指标跨省域调剂任务2.13万亩，调剂资金63.9亿元。组织动员社会力量向帮扶地区捐款捐物，落实社会帮扶资金5.744亿元，其中支持宁夏和甘肃定西市、临夏回族自治州1.744亿元。河仁慈善基金会捐资4亿元专项用于“三区三州”健康扶贫。

【组织领导】 2018年，省委召开常委会议10次、省政府召开常务会议和专题会议20次，全力推进东西部扶贫协作工作。6月，省委书记于伟国、省长唐登杰率福建省党政代表团赴宁夏参加闽宁扶贫协作第22次联席会议，闽宁两省区签订了10项部门合作协议和22项经贸合作协议。省委副书记王宁、副省长郑建闽先后3次率队深入宁夏、甘肃对口帮扶地区，进村入户开展调查研究，协调推动工作落实。2018年，福建省共有11位省领导、5批13人次赴宁夏对接，召开6次工作推进会、交流座谈会。省直部门以及福州、厦门、漳州、泉州、莆田5市地厅级领导共96人次分别带队赴宁夏开展对接交流，全省各级各有关部门共1165人次赴宁夏开展帮扶工作。

建立工作责任制，明确东西部扶贫协作任务分工，制定闽宁扶贫协作三年行动计划，进一步细化目标任务和工作责任。建立工作调度制度，省委、省政府定期召开调度会，听取东西部扶贫协作工作汇报。建立跟踪督导制度，对闽宁扶贫协作有关工作实行跟踪督查，每月向省委、省政府主要领导报告工作进展情况。建立挂职干部压茬交接工作机制，确保工作稳定。

【整改落实】 围绕2017年东西部扶贫协作工作试考核存在的不足问题，福建省认真抓好问题整改。强化帮扶资金管理，修订完善《“十三五”闽宁扶贫协作规划》，制定《2018年度闽宁对口扶贫项目清单》《闽宁对口扶贫协作资金管理办法》，对帮扶项目实行精细化管理，明确福建财政援宁资金纳入宁夏财政扶贫资金管理范畴，由宁夏回族自治区扶贫开发领导小组统一管理，全部安排在县以下。

稳定县县结对帮扶关系，福建省明确在脱贫攻坚期内，与宁夏“携手奔小康”县县结对帮扶关系保持不变。制定《福建省闽宁对口扶贫协作工作考核实施方案》，明确帮扶工作量化、具体化的目标要求，推动结对帮扶县（区）全面落实帮扶责任，深化对口县（区）行业部门间的结对帮扶与互学互助。

【产业合作】 福建省组织企业到宁夏考察洽谈、投资兴业，2018 年落地宁夏投资项目 112 个，实际到资 65.77 亿元。立足当地特色推动产业升级融合发展，同心县引进闽商投资 2 亿元，建设葡萄酒旅游文化小镇项目，种植葡萄 5400 亩，为当地建档立卡贫困户提供就业岗位 2000 个。立足龙头带动完善利益联结机制，西吉县引进宁夏泽艾堂生物科技有限公司，带动全县 6 个乡镇 800 多个贫困户流转土地、务工就业增加收入。立足就近就地就业增收，把扶贫车间建到村庄，把贫困人口直接连到产业链上，建设 91 个村级扶贫车间，直接吸纳 1305 名建档立卡贫困人口实现就近就业稳定增收脱贫。立足产销对接推动消费扶贫，多管齐下，搭建营销平台，发展电子商务，组织动员福建企业采购宁夏农特产品，帮助销售宁夏特色农产品 6.25 亿元，直接带动 22296 名建档立卡贫困人口增收脱贫。

【劳务协作】 福建省坚持“劳务输转”与“就地就业”相结合，打好劳务培训和输转政策组合拳，2018 年福建省帮助 10.5 万多名建档立卡贫困人口就业，劳务协作取得新突破。强化组织管理，两省区出台专项优惠政策，支持宁夏在闽建设 5 个劳务协作工作站，为宁夏务工人员提供“娘家人”服务。强化培训指导，举办各类培训班 83 期，培训贫困人口 2216 人次，招收宁夏建档立卡贫困家庭学生 490 人到福建省就读职业学校，增强贫困群众就业能力。强化岗位对接，开展有针对性的招聘活动，组织 63 家企业深入宁夏对口帮扶县（区）和 110 个闽宁示范村，举办 71 场小型家门口招聘会，吸纳 1125 个建档立卡贫困人口到福建就业。组织中西部闽籍企业吸纳 2489 名建档立卡贫困人口实现就业。引导用工企业加强人文关怀，为务工人员提供良好生活环境，让其吃得惯、住得好、留得下。

【人才支援】 福建省把人才支援作为扶贫协作的重要抓手，持续推进双方互派挂职干部交流任职。按照急需、配优原则，2018 年，福建省选派 22 名党政干部和 285 名教育、卫生、科技领域中高级专业技术人员赴宁夏交流挂职，助力当地脱贫攻坚。支持宁夏选派 19 名党政干部和 201 名专业技术人员来闽交流挂职，按照培养目标、发展需要、专业对口的要求，科学安排挂职岗位，促进观念更新，拓展发展思路，提升脱贫攻坚的能力。

【携手奔小康】 推动帮扶责任落实，组织所有对口帮扶的县（区）党政主要领导赴宁夏调研对接，县级领导到结对县（区）对接 77 人次，签订了 10 个帮扶协议，做到县县有协议，明确帮扶任务，建立工作清单，确保了帮扶责任落实。推动结对帮扶延伸，实现乡镇结对 101 对、村村结对 110 对、村企结对 114 对、学校结对 62 对、医院结对 28 对，实现宁夏 5 个深度贫困县所辖乡镇“一对一”结对帮扶全覆盖。推动培训出实效，推广福建省南安市蓉中村——贫困村创业致富带头人“1 + 11”培训机制，帮助宁夏培训贫困村创业致富带头人 2530 人次，其中 353 人创业成功。

【模式创新】 聚焦重点，发挥优势，注重实效，推动闽宁扶贫协作模式创新。围绕“产、城、人”融合推动闽宁镇发展，深化帮扶机制，引导福建优势资源向闽宁镇聚集，新增福州、厦门两市帮扶闽宁镇，增派干部挂职。强化产业帮扶，支持闽宁镇发展特色农业、光伏发电和葡萄酒文化旅游等产业，安排福建有实力的企业到闽宁镇投资创业。优化运营管理，围绕“业兴人旺”的目标，加快基础设施和市场体系建设，支持电商、旅游、物流等第三产业，引导人员回迁、院校迁建，集聚镇区人气。围绕强村富民建设闽宁示范村。2018 年，两省区把脱贫攻坚与实施乡村振兴战略有机衔接，安排专项资金 8600 万元，在村级组织、基础设施、特色产业、扶贫车间、集体经济等方面推进 68 个闽宁示范村建设，惠及贫困人口近 7000 人。围绕提升县域经济建设闽宁产业园，采取闽商为主、以商招商方式，实施“特色产业 + 精准扶贫”，发展特色农产品加工业、中药材产业、纺织业等，增强县域经济发展后劲。截至 2018 年底，8 个闽宁产业园落户企业 82 家，总投资 25.48 亿元，年产值 48.02 亿元，吸纳建档立卡贫困人口 7044 人就业。围绕绿色发展实施生态扶贫，按照生态保护、产业发展、农民增收的思路，探索生态扶贫模式，组织福建农林大学、省农科院 62 位专家帮助宁夏实施生态扶贫“四个一”工程，2018 年，固原市森林覆盖率达到 25.1%，林草覆盖率达到 73%，带动贫困人口近 2000 人脱贫。力推“隆德模式”减缓因残致贫，福建闽侯县帮助隆德县采取“托养 + 扶贫车间”方式安置残疾人 108 人，贫困残疾人得以自食其力，重拾自信。2018 年，两省区加大公益岗位设置、集中托养、创业就业等帮扶措施推广力度，帮助宁夏 1882 个贫困残疾人脱贫。

（福建省扶贫办社会扶贫处　张腾云）

山东省—重庆市东西部扶贫协作

【概述】 2018年，山东省级领导率党政代表团6人次赴协作地考察交流，召开联席会议3次。累计安排财政援助资金5.3亿元，选派81名挂职干部、499名专业技术人才赴协作地开展帮扶工作。全省消费重庆市特色农副产品交易额1.53亿元，带动贫困人口脱贫3290人。注重强化残疾人帮扶，改善贫困残疾人生活质量，省残联与重庆市残联签订扶贫协作协议，14市分别与协作地签订协议或深入对接，扎实推动残疾帮扶工作。2018年度国家东西部扶贫协作考核综合评议为“较好”等次。

【扶贫资金投入】 2018年，山东省安排财政资金5.3亿元，县均投入达到3784.5万元，实施扶贫项目270个，帮助重庆市建档立卡贫困人口脱贫3.54万人。山东省新增在重庆市投资企业100家，投资规模200亿元以上，吸纳群众就业近10万人，推动重庆市产业集聚发展和群众稳定就业。成立了由120多家企业参加的山东扶贫协作产业合作联盟，组织400余家企业赴协作地考察对接，累计签约项目181个，签约资金313.87亿元，落地项目90个，其中，到位资金10.47亿元，带动1.18万名贫困人口脱贫。建设特色园区15个，流转土地4万亩。深化文化旅游产业合作，引导山东华纳国际旅行社有限公司等10家知名旅游企业，开发特色旅游产品，开展旅游系列活动。2018年山东省赴重庆旅游1200万人次，拉动消费增长30亿元，增加当地贫困群众收入。

【工作机制】 提高政治站位，省委书记刘家义多次主持召开省委常委会议、省对口支援和扶贫协作工作领导小组会议、高层联席会议，省长龚正主持召开省政府常务会议，传达中央精神，审定重大事项，研究部署扶贫协作工作。省长龚正、副省长王书坚等省领导多次率团赴重庆对接，召开高层联席会议，研究推进东西部扶贫协作重大工作。健全组织领导体制，调整充实省对口支援和扶贫协作工作领导小组，由省委书记、省长任双组长，新增部分成员单位，统筹全省扶贫协作工作，省委、省政府印发《关于深入推进对口支援和扶贫协作工作的意见》，承担扶贫协作工作任务的14个市均健全完善相应的领导机构和工作机构，出台配套政策措施，有效促进工作落实。建立完善责任、政策、投入、动员、督导“五大体系”，着力构建上下联动、前后融合、多层次、宽领域、广覆盖的工作推进机制。成立产业、教育、健康、文旅、劳务协作5个工作专班，由分管副省长任组长，推进扶贫协作工作。

【社会帮扶】 2018年，山东省加大社会各界帮扶力度，帮扶资源重点向深度贫困地区倾斜。投入深度贫困地区财政援助资金8.86亿元，主要用于改善民生、医疗扶贫、教育扶贫及贫困村提升等领域。加大贫困残疾人帮扶力度，帮助贫困残疾人脱贫5175人。山东省残联与重庆市残联签订扶贫协作协议，实施康复救助、职业技能培训、助盲脱贫等项目，帮助1153名贫困残疾人脱贫。加大贫困学生帮扶力度，积极资助到山东就读的协作地区贫困学生，安排专项资金，资助贫困学生551人。实施“组团式”教育医疗帮扶，共组织42个教育团队、57 个医疗团队，帮助协作地区加快补齐薄弱环节和突出短板，整体提升教育、医疗等公共服务水平和综合能力。引导企事业单位和社会培训机构参与，山东蓝海股份有限公司创新实施“校企合作订单式培训”，实现“培训即就业”，2018 年开办 4 个酒店服务专业“蓝海班”，帮助 211 名学员就业。

【扶志扶智】 2018 年，山东省加大挂职干部、专业技术人才选派力度，选派至重庆市挂职干部 81 名，专业技术人才 499 名。加大扶贫干部人才培训力度，举办扶贫干部培训班 959 人次。采取多种方式，对重庆市 6045 人次教师、医务人员等专业人才开展业务培训。加大贫困群众就业技能培训力度，在重庆市举办培训班 47 期、2173 人次，提高贫困群众发展生产和务工经商的基本技能。加大贫困群众就业帮扶力度，提高就业水平，帮助重庆市贫困人口实现就业 1.47 万人，其中，到山东就业的建档立卡贫困人口 972 人，在协作地就近就业的重庆建档立卡贫困人口 2720 人，到其他地区就业 1.1 万人。开展创业致富带头人培育活动，培训重庆市致富带头人 2506 人次、922 人创业成功。在国务院扶贫开发领导小组办公室、中国扶贫志愿服务促进会指导下，举办跨省市的东西部扶贫协作贫困乡村创业致富带头人培育示范班。

【消费扶贫】 2018 年助力重庆市对接山东省消费市场需求，搭建优势特色产品“销售桥梁”。利用山东省完善的营销网络，帮扶重庆市名优特色产品拓展市场、打造品牌，全省消费重庆市特色农副产品的交易额 1.53 亿元，带动贫困人口脱贫 3290 人，受益贫困人口 10 万人。以经贸合作促进产销，充分利用第二届“中华老字号（山东）博览会”“全国农商互联暨精准扶贫产销对接大会”等平台，开展“万吨脐橙进山东”“重庆贫困乡村优质农产品进入省会大型超市销售”等活动。在山东银座、华联、家家悦等 20 余家大型超市设立销售专柜，设立协作地农产品专卖店，实现销售 8060 万元。临沂市组织销售重庆市贫困地区的蔬菜和柑橘、柚子等农副产品 2 万吨。以电商营销拓宽渠道，在“济南舜网”“临沂云商之家”“交运集团网上商城”“爱工惠”等 72 家电商平台专门开辟扶贫协作版块，385 家企业入驻、493 种产品上线。依托山东电商优势、加强人才培训、理念输出，帮扶重庆电子商务发展。以特色旅游开拓市场，协调协作省市制定旅游优惠政策，对赴协作省市的游客减免门票，拉动旅游消费，并策划开通烟台—巫山—重庆等新航线，组织开展“十万人游重庆”等系列活动。

【助残脱贫】 2018 年，山东省注重强化残疾人帮扶，改善贫困残疾人生活质量，把残疾人等特殊群体脱贫列入扶贫协作重点，实施鲁渝残疾人精准扶贫关爱行动。山东省残联与重庆市残联签订扶贫协作协议。14 市分别与协作地签订协议或深入对接，扎实推动残疾帮扶工作。围绕最基本的康复需求给予康复救助，山东省扶贫开发基金会每年拿出 40 万元用于开展“鲁渝残联助听关爱行动”，连续资助三年共 120 万元，按每人 2000 元标准为 200 名贫困残疾人提供助听器具。在重庆城口、黔江等地实施了“光明行”白内障免费手术、“站立行动”髋膝关节置换免费手术等 59 例手术。先后为重庆巫溪、彭水、酉阳捐赠轮椅等辅助器具 240 台，组织山东籍教师和专家 30 人，对 60 名贫困残疾人开展送教上门、送医到家服务。围绕激发内生动力加强教育救助，枣庄市残联为丰都协调 25 万元残联学生教育资金，烟台市残联为巫山县提供价值 20 万元的无障碍考试系统和价值 30 万元的校园网络教育平台。围绕扶残助残脱贫提升服务能力，采取多种形式，帮助协作地区提高残疾人事业基础设施建设水平，青岛市残联帮助安顺市康复中心配套建设价值

20 万元的电梯。烟台市捐资 10 万元，为重庆巫山县特殊教育学校 129 名残疾学生改善学习和生活条件；威海市提供资金 20 万元，专项用于云阳县泥溪镇鱼鳞村残疾人复康（就业）示范中心建设，帮助 33 名残疾人进行康复训练、实现居家就业，辐射带动周边 382 名残疾人实现康复救助及就业需求。

（山东省发改委对口支援协调处
韩晓林）

广东省—广西壮族自治区东西部扶贫协作

【概述】 2018年，广东省全力帮助广西壮族自治区8个市33个县脱贫攻坚。省委、省政府主要领导多次参与高层互访、调研规划、签署协议，省委常委会议先后6次专题听取粤桂扶贫协作工作情况汇报。2018年安排财政性帮扶资金10.9亿元，组织实施283个帮扶项目，引导13054家企业到扶贫协作地区开展扶贫，实际投资额2825亿元。选派81名挂职干部、893名专业技术人才赴广西对口帮扶地区开展帮扶工作。2018年帮助73.1万名贫困劳动力就业。在2018年度东西部扶贫协作考核中，综合评议为“好”等次，排名第一。

【扶贫资金投入】 2018年6月，广东省财政厅印发《关于东西部扶贫协作帮扶资金提标事项及专项上解的通知》，明确帮扶广西每个贫困县的资金从2018年起从1000万元提高到3000万元。9月，广东省扶贫开发领导小组印发《东西部扶贫协作协议》及各有关市的分解数。省及深圳市到位财政援助资金10.91亿元。

【扶贫会议】 2018年，广东省委书记李希主持召开省委常委会议6次，专题听取粤桂等东西部扶贫协作工作情况汇报；2018年以来，书记、省长2人次和其他省领导8人次赴广西壮族自治区考察调研，书记、省长5人次和其他省领导18人次参加扶贫协作工作对接活动。5月，广西壮族自治区党委书记鹿心社、主席陈武率广西壮族自治区党政代表团赴粤对接粤桂东西部扶贫协作工作；当月，广东省委书记李希、省长马兴瑞等11位省领导与广西壮族自治区党委书记鹿心社、主席陈武等11位省领导在广州召开粤桂合作交流暨扶贫协作第三次联席会议，签署《2018年粤桂扶贫协作重点工作备忘录》。为推动粤桂扶贫协作工作扎实推进，7月，粤桂两省区政府联合召开粤桂扶贫协作工作推进会。

【产业帮扶】 顺应产业转移态势，加大招商推介力度，动员、引导广东企业到广西贫困地区投资产业、建立基地、兴办工厂和扶贫车间，建设一批贫困人口参与度高的扶贫产业园，构建粤桂产业合作大格局。2018年，引导13054家广东企业到被帮扶贫困区，实际投资额2825.3亿元，带动贫困人口脱贫4.31万人，共建深巴大健康特别试验区、田东深百产业园、德保静脉产业园、深圳（龙岗）·百色（靖西）龙邦跨境合作产业园等25个扶贫产业园，引导399家广东企业进驻园区，实际投资额293.8亿元。充分发挥贫困地区自然生态资源禀赋优势，大力推进粤桂旅游扶贫协作，打造旅游产业，增加收入、带动脱贫。与被帮扶区签订旅游帮扶协作框架协议，共同制定旅游扶贫协作计划、出台粤桂旅游扶贫协作优惠政策，与广西旅游部门紧密合作，精心包装惠及54个贫困县的15条旅游精品线路，联手举办16场次“乡味广西”旅游品牌推介和媒体与旅行社采风活动，提高贫困地区旅游品牌知名度。推动开通广东旅游专列，粤桂联手打造“壮族三月三·相约游广西”“大美桂粤自驾游”等旅游节庆品牌，开展“百万广东游客游广西”等活动，推动“东客西送、带动扶贫”。2018年，广西接待广东游客超过1亿人次。

【劳务协作】 广东省着力从签订合作

协议、扩大劳务合作、开展技能培训、加强就业权益保障4个方面推进劳务协作。与扶贫协作省区就业主管部门签订精准扶贫劳务协作框架协议，搭建公共就业服务平台，完善在广东务工的西部贫困劳动力数据信息，动态掌握劳务人员就业情况，促进稳定就业。借助就业失业登记系统、社保系统，发动各地公共就业服务机构通过上门走访等方式提供跟踪服务。2018年，实现8个结对市和33个结对贫困县签订劳务合作协议全覆盖，劳务对接畅通有序。2018年举办劳务协作培训班429期，培训贫困人口1.46万人次，其中在崇左龙州县、河池环江县举办粤菜师傅培训班，培训80名贫困人口。帮助贫困人口实现就业73.14万人，其中在广东省就业61.3万人、就近就业6.61万人、其他地方就业5.22万人。通过粤桂扶贫协作援建扶贫车间118个，吸纳当地劳动力就业5890人，其中贫困人口2079人。年底，深圳与广西联合开展爱心福彩专列特别行动，专设福彩公益基金69万元，为百色、河池市2250名贫困劳动力返乡过年提供免费动车票、火车票。

【人才支援】　互派干部挂职交流，广东省派出81人次干部到广西壮族自治区、市、县挂职，其中地厅级3人次、县处级39人次，50人分管（协管）扶贫协作挂职干部。2018年以来，广东省派出专业技术人员893人次，接受116人次广西干部、1492人次专业技术人才到广东挂职学习锻炼，把广东好的经验和市场理念带回广西。加强人才培训，省扶贫办会同广西壮族自治区举办3期广西扶贫管理干部培训班，培训全区各市县扶贫业务骨干220多人。

【扶志扶智】　为阻止新生贫困，隔断代际贫困，推行职业教育“1+2”（1年在当地、2年在广东）、“0+3”（3年在广东就读）合作模式，免费兜底招收建档立卡贫困家庭学生入读广东的职业学校，毕业后在广东就业。2018年，完成“两后生”培训3356人，实现就业2845人，其中通过粤桂扶贫协作在广东实现就业2000人。在百色、河池市的靖西、巴马等县加强“两后生”招生工作，深圳技师学院招收51名建档立卡贫困户子女，深圳市第二高级技工学校在百色招收建档立卡贫困户子女83名，深圳市携创技工学校在河池招收建档立卡贫困户子女103名。深圳龙岗区在靖西、那坡开展无人机飞控技术全日制脱产封闭学习培训，培训30名建档立卡贫困户子女。“2018深圳市对口帮扶广西河池市劳务协作‘两后生’专场招聘会暨广西现代职业技术学院校园招聘会”活动上，68名建档立卡贫困家庭“两后生”成功被企业录用，校园招聘会上有23名学院毕业生与企业达成录用意向。深圳市龙华区引进银星投资集团有限公司资助150名贫困学生，并提供实习就业机会。肇庆市鼎湖区通过昭平—鼎湖职业技术培训联盟，加大对建档立卡贫困学生扶智力度，2018年9月成功输送昭平县111名学生到肇庆市农业学校就读，其中贫困生94人，毕业后优先推荐到肇庆及珠三角地区优质企业工作，保证100%就业。信宜市与忻城县职业技术学校开展“2+1”培训模式，忻城县职业技术学校选派33名学生（其中建档立卡贫困学生17名）到信宜职业技术学校开展为期1年的培训学习，并享受推荐就业服务。

【携手奔小康】　在对被帮扶地区贫困县全覆盖、真覆盖的基础上，把携手奔小康行动向镇村延伸，向广度拓展，向纵深发展，广东省99个镇（街）、106个村（社）与被帮扶贫困地区108个乡（镇）、149个贫困村建立结对帮扶。深入开展“万企帮万村”活动，组织广东实力较强的148家企业结对帮扶广西214个贫困村。2018年，组织广东33所普通高中和17所职业院校与广西贫困地区33所普通高中和18所职业院校签订“一帮一”结对帮扶协议，已有179家学校与广西173家学校签订协议结成对子，实现各类型学校结对帮扶全覆盖。广东33个医院与广西33个贫困县的县级综合医院建立结对帮扶关系，安排广东省95家医院结对帮扶广西贫困地区92家医院。据统计，粤桂扶贫协作投入结对贫困县财政援助资金达10.59亿元，携手奔小康惠及贫困人口82.49万人，帮助贫困人口脱贫38.43万人。

【社会帮扶】 为推进粤桂扶贫协作深入开展，进一步广泛动员社会力量参与东西部扶贫协作，根据国务院扶贫办对“10·17”扶贫日活动的部署，11月26日，粤桂两省区扶贫开发领导小组联合开展“同饮一江水、携手奔小康”粤桂扶贫协作大型募捐活动，591家广东企业参与募捐活动，筹集社会扶贫资金3.95亿元。2018年，广东省动员社会各界向广西壮族自治区捐款2.6亿元。

（广东省扶贫办　黄会腾）

辽宁省—贵州省六盘水市、新疆维吾尔自治区托里县、西藏自治区东西部扶贫协作

【概述】 2018年，辽宁省委、省政府按照党中央、国务院决策部署，将带动贫困人口脱贫数量作为检验成效的重要标准，围绕组织领导、资金支持、产业合作、人才支援、劳务协作和携手奔小康等方面，全面落实《2018年东西部扶贫协作协议》。2018年，辽宁省无偿援助贵州省六盘水市，西藏自治区安多县、索县、巴青县，新疆维吾尔自治区托里县资金3.26亿元，实施扶贫项目104项，引导企业扶贫13家，投资额4.28亿元，人才培训9551人次，互访交流538人次，动员社会各界向扶贫协作地区捐款捐物8590.5万元，资助贫困学生2209人，帮助建档立卡贫困户脱贫22876人。2018年，六枝特区、盘州市、安多县、索县实现脱贫摘帽。

【扶贫资金投入】 2018年，辽宁省投入援助六盘水市、安多县、索县、巴青县、托里县资金3.26亿元，实施扶贫项目104项。其中，大连市援助六盘水市帮扶资金1.04亿元，帮扶项目63项。投入县以下援助资金1.03亿元，投入深度贫困地区（深度贫困县、极贫乡镇和深度贫困村）资金4015万元。资金重点投向扶贫成效明显的保华镇食用菌大棚、都格镇小黄牛养殖等农业产业项目，用于产业扶贫项目比例达到86%，项目覆盖贫困人口2万余人。

沈阳、大连、鞍山、本溪4市对口帮扶安多、索县、巴青、托里4县，2018年累计投入4个县财政援助资金2.22亿元，实施扶贫项目41项。其中投入托里县1.04亿元，投入西藏安多县、索县和巴青县资金共1.18亿元。资金重点投向保障贫困人口“两不愁三保障”的小康村建设、易地搬迁、教育扶贫、医疗扶贫和直接带动贫困人口增收的产业扶贫等领域。实施牧民安居1260套及水、电、路等基础设施配套工作，直接受益6000余人，修建村级道路80千米，新建或改扩建幼儿园、中小学校及乡镇或村级卫生室16个，进一步完善基层教育和医疗体系，面向654名困难学生实施就学补助项目。

【工作机制】 实行中央统筹、省负总责、市县抓落实的工作机制。按照中央统筹部署，实行结对帮扶机制，即大连市对六盘水市和索县、沈阳市对安多县、鞍山市对巴青县、本溪市对托里县。2018年，对口支援工作领导小组印发《关于深化对口支援结对帮扶工作的通知》和《2018年东西部扶贫协作省市联动方案》，建立帮扶双方高层领导定期互访和联席会议制度，定期或不定期召开省委常委会、省政府常务会、领导小组会议等专题研究部署东西部扶贫协作工作。

【产业扶贫】 2018年，辽宁省组织省市两级100余家国有和民营龙头企业与扶贫协作地区对接考察，落实投资项目13个，实际到位资金4.28亿元。企业带动贫困人口脱贫2102人。共建产业园区6个，入驻企业4家，实际投资额0.83亿元。援建扶

贫车间 6 个，吸纳就业 185 人，其中 184 人为建档立卡贫困户。开展消费扶贫，销售额 0.76 亿元，带动贫困人口脱贫 825 人。

其中，2018 年大连市对口帮扶六盘水市落实投资项目 11 个，实际到位资金 4.18 亿元，带动脱贫 531 人。共建产业园区 3 个，入驻企业 3 家，实际投资额 0.61 亿元。援建扶贫车间 5 个，吸纳就业 184 人，均为建档立卡贫困户。推进“互联网 +”消费扶贫，线上线下有机结合，助销六盘水市特色农产品 1000 余吨，实现销售额 7560 万元，带动贫困人口脱贫 825 人。开展旅游扶贫，全年到贵州（六盘水）的辽宁（大连）游客超过 1.8 万人次，带动 800 余名贫困人口增收。大连惠普金融控股有限公司在六盘水盘州市设立扶贫创投项目，开展金融扶贫，帮助中小微企业解决扶贫项目融资难问题，贵州岩博酒业有限公司投入 1000 万元，带动脱贫人口 300 余人。

沈阳、大连、鞍山、本溪 4 市对口帮扶安多、索县、巴青、托里 4 县，全年实施 3 个特色产业园区基础设施建设，打造手工产品加工、农特产品深加工等扶贫车间，发展玉米试验田基地、农业示范基地、黑木耳种植基地等特色种植养殖基地，促进贫困人口实现就近就地就业。投入计划外援疆资金 260 万元，与托里县共同设立协作产业发展基金，帮助中小微企业解决扶贫项目融资难的问题。在西藏 3 县，投入援助资金实施农牧民经济合作组织培育工程和特色产业培育补助项目，使更多贫困群众实现就地就业。引进农牧业龙头企业高原蓝农业发展股份有限公司落户索县，实际投资额 2200 万元。通过项目投资、利益联结机制和产销对接等方式，全年带动贫困人口脱贫 1571 人。

【扶志扶智】 2018 年，辽宁省沈阳、大连、鞍山、本溪 4 个市共选派 44 名党政干部、49 名专业技术人才赴贵州、西藏、新疆挂职工作；针对受援地教育、医疗卫生等社会事业短板，实施柔性人才引进工程，选派 226 名教育、卫生、农技等专业技术人才开展智力帮扶，全年实现技术输出 69 项。组织党政干部和技术人才培训 75 期，培训 9551 人次，接收赴辽宁省挂职培训干部人才 29 名。通过选派医疗专家、“组团式”教育和医疗队伍，填补受援地医疗技术空白 19 项，培训指导医护人员 5000 余人次，开展义诊 4600 余人次，孕妇健康体检 900 余人次，为建档立卡贫困户免费体检 1 万余人次；开展教师教学培训活动 39 次，受众人数 2000 余人次，组织 29 名大学生实习支教，招录贫困学生赴辽宁就读 154 名。

大连市在原已选派 9 名挂职干部基础上，新增选派 8 名党政干部赴贵州六盘水市挂职工作，挂职干部均分管或从事脱贫攻坚领域工作。针对六盘水市教育、医疗卫生等社会事业短板，选派 136 名教育、卫生、农技等技术专业人才赴六盘水市开展智力帮扶。帮助六盘水市开展党政干部和技术人才培训 50 期，累计达 8876 人次。2018 年实现专业技术输出 67 项，其中中国科学院大连化学物理研究所与六盘水市共建煤化工技术转化基地、设立院士工作站、帮助编制氢能源产业发展规划已经启动。援派各类医疗专家 111 名，实施新技术 50 余项，培训指导 5000 人次。完成 6 个远程医疗协作平台搭建和 3 项基层适宜技术推广工作，接受六盘水市 118 人次医疗人员赴大连进修交流。

沈阳市、大连市、鞍山市、本溪市选派 27 名党政基层干部、49 名专业技术人才赴西藏安多县、索县、巴青县和新疆托里县 4 个结对帮扶县任职工作，其中派往托里县 27 人，派往那曲市 3 县 49 人，50% 以上挂职干部工作在脱贫攻坚第一线。此外，针对受援地教育、医疗卫生等社会事业短板，选派 90 名专业技术人才开展智力帮扶。沈阳援助安多县教师开展教学培训活动 39 次，受众人数达 2000 人次，“组团式”援藏医生义诊人数 4600 余人次，为建档立卡贫困户口免费体检 1 万人次，孕妇健康体检 900

人次。大连市医疗专家邀请北京301医院和306医院赴索县开展“组团式”医疗诊治，联合北京武警总医院、中国慈善总会等机构开展包虫病筛查33例、白内障手术62例、先心病手术18例，为牧民节省医疗费300万元。本溪市与托里县达成学生代培协议，2018年4所省级示范高中代培学生16名，建立“对口援疆实习支教基地”，首批29名大学生于2018年8月飞抵新疆开展为期一学期的顶岗实习支教，“组团式”医疗专家填补技术空白5项。2018年接收4个县赴辽宁省挂职培训干部人才29名，组织4个县党政干部和技术人才赴辽培训25期，累计培训675人次，实现专业技术输出2项，招录贫困学生在辽宁省就读154名。

【社会扶贫】　2018年，辽宁省帮扶贵州省（以六盘水市为主）、安多县、索县、巴青县、托里县贫困人口实现就业6414人。举办专场招聘会8场、劳务输出等培训班46期，开展贫困人口就业培训3175人次。其中，大连市援建六盘水市装备制造技能人才培养基地1处，并在大连市建立5个劳务协作工作站，为受援地职校学生和社会劳动力参加劳动技能培训和赴辽宁就业提供条件。组织引导中西部22省份贫困人口来辽宁就业10021人，帮扶西部贫困学生到东部职业学校就读169人。开展“留守儿童关爱中心”“春蕾助学”“职工书屋”“志愿服务”等公益活动，受益建档立卡贫困人口超过4000人，资助贫困学生2209人，动员社会各界向扶贫协作地区捐款捐物8590.5万元。

【携手奔小康】　2018年，辽宁省深化“一对一”携手奔小康行动，在原市县对口结对基础上，进一步延伸下沉，建立健全县（市、区）结对帮扶乡镇、乡镇结对帮扶村和产业园区、学校、医疗共建等合作交流机制，援受双方围绕脱贫攻坚、促进就业、产业发展、人才智力提升和民族交往交流交融等方面，开展精准对口帮扶。沈阳、大连、鞍山、本溪4个市的23个县（市、区）、24个市直部门、1个产业园区、100个乡镇、130家企业参与结对帮扶，帮扶贵州省、西藏自治区和新疆维吾尔自治区的8个国家级贫困县（区）、40个贫困乡镇、207个贫困村。此外，上述4市的43所学校和17家医院与受援地区49所学校和15家医院开展结对帮扶、共建。全年投入携手奔小康县财政援助资金2.21亿元，其中用于产业扶贫1.01亿元，用于就业扶贫0.14亿元；培训贫困村创业致富带头人1293人次，创业成功71人，带动贫困人口1223人；投入计划外资金1325万元，捐赠图书1.1万册；携手奔小康行动惠及贫困人口21695人，脱贫11258人。

（辽宁省发展和改革委员会对口支援处　孙大川）

江苏省苏州市—贵州省铜仁市东西部扶贫协作

【概述】 2018年，苏州市县两级上缴省财政东西部扶贫协作统筹资金4.5亿元，拨付铜仁财政帮扶资金3.71亿元。61家江苏及东部企业在铜仁投资。实施扶贫协作项目232个。携手奔小康行动惠及贫困人口69500人，帮助建档立卡贫困人口29319人脱贫。乡镇结对113个，村村（村企）结对248个。干部人才交流1880人次。助力铜仁市4个贫困县（区）实现摘帽，贫困发生率降至4.43%，43538户、166092名贫困人口脱贫，贫困村减少至400个。编制完成《苏州市东西部扶贫协作三年行动实施方案（2018—2020年）》。2018年，亨通集团有限公司党委书记、董事局主席崔根良荣获全国脱贫攻坚奖奉献奖；江苏省张家港市杨舍镇善港村党委书记葛剑锋荣获全国脱贫攻坚创新奖。

【扶贫资金投入】 2018年，苏州市上缴江苏省东西部扶贫协作统筹财政资金4.5亿元。统筹各类帮扶铜仁资金4.30亿元，拨付到铜仁的江苏省市县乡四级财政帮扶资金超过3.71亿元（其中省市2.85亿元、县乡0.86亿元），帮扶资金使用率96.31%，其中，用于县以下（不含县）基层财政帮扶资金3.14亿元。

经双方商定，铜仁市印发《关于进一步加强江苏省苏州市扶贫协作资金和项目管理的通知》，进一步规范强化东西部扶贫协作帮扶资金使用和项目监管。2018年安排铜仁市基础设施建设资金4569万元，其中修建村道路2134万元、安全饮水865万元、贫困户住房1570万元；产业开发2.36亿元；劳务协作1350万元；教育医疗投入5937万元，其中乡镇（村）学校（含幼儿园）5所，资助贫困学生1.2万余人，贫困村卫生室、乡镇（村）养老院7所。

【工作机制】 2018年，江苏省及苏州市党委和政府负责同志到贵州铜仁调研对接互访18次41人次，其他调研对接631人次。8月，江苏省委副书记、省长吴政隆率江苏省党政代表团赴贵州调研指导扶贫协作工作。7月，江苏省委常委、苏州市委书记周乃翔率苏州市党政代表团赴铜仁实地调研对接。贵州省及铜仁市党委和政府负责同志到江苏苏州调研对接8次25人次，其他层级调研对接407人次。11月，贵州省委副书记、省长谌贻琴率贵州省党政代表团赴苏州考察调研。4月，铜仁市委书记陈昌旭率铜仁市党政代表团赴苏州调研。2018年双方召开4次联席会议。

【产业扶贫】 2018年，61家江苏及东部企业赴铜仁投资兴业，实际到位资金58.56亿元，带动贫困人口1358名实现就业脱贫。苏州铜仁共建产业园区12个，入园投资企业数达30个，完成投资额42.68亿元。援建扶贫车间13个，吸纳就业429人，其中贫困人口133名。

在苏州建立铜仁农产品展示中心、旗舰店和专柜15个（含线上平台4个），助力铜仁绿色优质农副产品进入苏州市场。2018年，苏州采购销售铜仁市各类农产品达1.59亿元，带动铜仁市建档立卡贫困人口6040名实现增收脱贫。

落实《苏州—铜仁百名导游（旅行社）

结对帮扶》《2018年铜仁市旅游发展委员会·同程旅游战略合作》协议内容，推动铜仁市旅游与经济深度融合发展。2018年苏州旅行社组织4.2万人次赴铜仁旅游，带动苏州游客赴铜仁近50万人次。

支持东吴证券股份有限公司等苏州地方金融机构，为铜仁政府和企事业单位提供金融产品和服务。鼓励国家开发银行苏州分行等驻苏金融机构，围绕扶贫协作项目给予铜仁市重点支持。2018年，国家开发银行苏州分行提供铜仁·苏州产业园20亿元授信融资服务。

【劳务输出】　2018年，举办贫困人口就业培训班86期、培训5107人，铜仁市10.52万名贫困人口到东部省份稳定就业，铜仁籍建档立卡贫困人口在江苏（苏州）就业945人，铜仁市426名贫困学生到江苏（苏州）就读职业学校。

2018年，出台《关于进一步完善职业介绍补贴政策的意见》和《关于落实东西部扶贫劳务协作有关政策的实施意见（试行）》，明确苏州市对口帮扶地区建档立卡贫困人员可纳入苏州社保补贴、职业介绍补贴、免费技能培训和吸纳就业贴息贷款政策范围，引导包括铜仁在内的苏州扶贫协作地区的贫困劳动力来苏州实现稳定就业。铜仁市本级和所辖各区县在苏州均已成立劳务协作工作站。资助200万元建设铜仁·苏州人力资源市场，苏州铜仁就业创业培训远程课堂、苏州铜仁远程视频招聘平台和苏州铜仁人才科技培训远程课堂3个平台顺利启用。

【扶志扶智】　2018年，苏州市选派169名党政干部赴铜仁挂职，393名教师、医生、农技专家等专业技术人才前往铜仁指导帮带；铜仁市安排126名干部到苏州挂职锻炼，1192名专业技术人才赴苏州交流学习。在苏州举办铜仁市党政干部培训班49期、培训2708人次，其中市级21期、1345人，县级28期、1363人。

2018年，国务院扶贫办批复同意张家港市善港农村干部学院设立全国贫困村创业致富带头人（善港）培训基地。举办“苏州·铜仁创业致富带头人培育班”11期、培训1159人次。

【携手奔小康】　2018年，苏州所辖各市区党委或政府主要负责同志全部完成赴对口地区调研对接活动。各有关部门分别与受援县（区）开展对接活动，签订扶贫协作合作协议。苏州市96个乡镇（街道）结对铜仁市116个乡镇，实现苏州市所有乡镇（街道）单向结对全覆盖。村村结对数103个，其中，深度贫困村97个。苏州高新区和铜仁万山区、张家港市和贵州省沿河土家族自治县（以下简称“沿河县”）、昆山市和碧江区实现乡镇、深度贫困村双向结对全覆盖。苏州高新区644家文明单位与万山区644个贫困户结对、昆山市220户家庭与碧江区开展“户户”结对模式，点对点帮助贫困户解决实际困难。苏州市137家企业与铜仁市145个贫困村企结对帮扶。两地219所学校签订协议，苏州市31家医院与铜仁市48家医院开展结对帮扶工作。铜仁贫困县财政援助资金数为3.51亿元，其中，产业扶贫资金1.88亿元，就业扶贫资金587万元，惠及贫困人口近6万人，帮助2.93万名贫困人口脱贫。引导248个村和企业参与结对，募集社会捐赠资金（款物）共计5890万元，项目惠及295个贫困村近2万名困难群众。培训铜仁市创业致富带头人1159人，助力382人成功创业，带动当地4191名贫困人口就业。2018年，苏州市残联及所辖市区残联均与铜仁市签订对口帮扶合作协议，实现4160名贫困残疾人脱贫。

【模式创新】　张家港市与沿河县在全国率先探索实践“五位一体”（即在市、镇、村、园区、企业等五个层面与沿河县建立健全“一对一”或“一对多”的结对帮扶机制，全方位、立体化、纵深式推进东西部扶贫协作精准帮扶“全覆盖”），整体推进东西部扶贫协作工作。2018 年，双方互派 421 名年轻干部开展挂职锻炼、跟班学习和现场培训等，54 名教师开展支教和跟班学习，118 名医生开展支医、进修、短期培训，10 家医院结对帮扶；安排对口帮扶资金 1.07 亿元，支持沿河县产业发展、基础设施建设、劳务协作和文化交流等 54 个项目；培育沿河县贫困村创业致富带头人 186 名。3 月，张家港市善港村与沿河县高峰村签订整村推进帮扶协议，推动形成可推广可复制的深度贫困村精准扶贫精准脱贫的善港高峰村村结对“善登高峰”范例。

（苏州市发展和改革委员会支援合作处
邵　军）

浙江省杭州市—贵州省黔东南苗族侗族自治州、湖北省恩施土家族苗族自治州东西部扶贫协作

【概述】 浙江省杭州市贯彻党中央、国务院关于东西部扶贫协作工作的一系列重大决策部署，助推贵州省黔东南苗族侗族自治州（以下简称“黔东南州”）、湖北省恩施土家族苗族自治州（以下简称“恩施州”）打赢精准脱贫攻坚战。2018 年，杭州市与黔东南州、恩施州召开高层联席会议 10 次；投入帮扶资金 8.7 亿元，实施帮扶项目 615 个；选派挂职干部 62 名，帮助培训党政干部和各类专技人才 22855 人次；引导企业 156 家，落实投资 44.65 亿元。

【扶贫资金投入】 2018 年，杭州市拨付黔东南州、恩施州财政帮扶援助资金 8.7 亿元。其中：向黔东南州投入 5.86 亿元；向恩施州投入 2.84 亿元，县均投入提升到 3784 万元。安排实施项目 615 个，其中：黔东南州 284 个，恩施州 331 个，帮助贫困人口脱贫 8.69 万人，帮助残疾贫困人口脱贫 6198 人。帮扶项目资金用于发展特色优势明显、市场前景好、带动能力强的种植养殖、农产品加工、冷链冷库、乡村旅游等产业项目资金 5.93 亿元；用于开展劳务协作，大力开展就业脱贫资金 0.23 亿元；用于实施教育、医疗卫生等公共服务设施项目资金 1.18 亿元；用于解决贫困村道路、农村饮水安全、整村环境整治等短板问题资金 1.32 亿元。

【工作机制】 2018 年，杭州市召开市委常委会议 4 次，召开杭州市对口支援工作领导小组（扩大）会议等全市性工作推进会议 9 次，部署杭州市扶贫协作工作。调整充实杭州市对口支援领导小组，由浙江省委常委、杭州市委书记周江勇任组长，杭州市委副书记、市长徐立毅任常务副组长，成员单位由 32 家增加到 57 家。周江勇于 8 月赴黔东南州调研考察，徐立毅于 2018 年 4—5 月先后 3 次赴两地调研对接。2018 年，杭州市与黔东南州、恩施州召开高层联席会议 10 次。编制出台《关于杭州市助力对口帮扶地区脱贫攻坚的实施意见》《关于做好新形势下就业创业工作的实施意见》《关于进一步加大东西部扶贫政策支持力度的通知》等政策意见。

杭州市 13 个区、县（市）党政主要领导赴两州调研 33 人次，召开联席会议 41 次，签订合作框架协议 160 个。杭州市直部门主要负责人赴两州开展对接交流 51 人次，签订合作框架协议 36 个。组建杭州市帮扶黔东南州工作队和杭州市帮扶恩施州工作队，选派 62 名挂职干部，其中黔东南州 42 名，恩施州 20 名，实现每个结对县（市）2 名挂职干部全覆盖。

【社会扶贫】 2018 年，杭州市开展各类社会扶贫和慈善公益项目 267 个，捐赠社会帮扶款物 2.05 亿元，其中，向黔东南州捐助 1.46 亿元，向恩施州捐助 0.59 亿元。

推进“万企帮万村”行动，组织 77 家国有企业、258 家民营企业结对帮扶两州 662 个贫困村。其中 77 家国有企业安排国企帮扶资金 4440 万元用于开发公益岗位和

兜底残疾贫困群众，其中84.8%的资金用于深度贫困地区，累计开发公益性岗位5706个，帮扶残疾贫困人口3553人。

浙江新湖集团股份有限公司出资300万元与中国农业大学在恩施州枫香河自然村开展深度贫困与乡村振兴综合治理实验。浙江吉利控股集团捐资2000万元，打造雷山县茶旅文化产业园，通过“资金+管理+技术+销售”模式开展全产业链扶持，惠及当地17个村、850户贫困户；在黔东南民族职业技术学院开设“吉利成蝶定向班”。浙江传化集团有限公司捐赠1500万元，在雷山县70个村建立安心卫生室，在恩施州建立安心卫生院，帮助深度贫困地区改善医疗卫生条件。发起“春风助学”走进大山，将杭州特有的社会救助制度——“春风行动”政策向黔东南州、恩施州延伸，每年拿出600万元“春风助学”援助金帮扶2000名困难学子进入大学。浙江新湖集团股份有限公司、杭州赛石园林集团有限公司、西子联合控股有限公司、浙江崇豪汽配有限公司分别成立慈善基金援助两州。实施听障儿童康复“聪慧计划”，2018年，杭师大附属医院、浙江大学附属儿童医院专家已帮助10例贫困听障儿童实施免费人工耳蜗植入手术。

【产业扶贫】 2018年，杭州市在281个经济强村（社区）与黔东南州、恩施州284个贫困村结对的基础上，编制出台《黔东南州、恩施州东西部扶贫协作一村一策方案汇编》，逐一制定“一村一策”帮扶方案。

2018年新设35个农特产品展销中心，组织农特产品进超市、进市场、进食堂、进社区，开展电商扶贫，实现两州农特产品及手工艺品销售5.84亿元。其中“黔货出山”2.94亿元，“硒品入杭”2.90亿元。组织实施“杭州帮扶恩施州茶产业提升工程”。引入浙江新洲国际贸易公司，与恩施湖北金果茶叶股份有限公司合作，打造集生态茶园和标准化茶厂为一体、生产加工销售全产业链的现代化茶叶示范产业园，首条抹茶生产线已投产。杭州市上城区联合省茶叶集团，在鹤峰县挂牌成立浙江省茶叶加工技术研究院鹤峰有机硒茶分院；恩施州5款茶叶在2018年国际茶博会上获金奖。依托华东医药股份有限公司引导农户加强中药材种植和生产管理，推动当地中药材种植面积增加10800亩，带动2000余户农户种植，产值增加近3000万元。依托华鼎集团控股有限公司推进余杭—天柱“十百千亿”服装产业合作项目，帮扶本地人创业，实现家门口就业。首批3家服装“扶贫工厂”2018年建成投产，年内解决400人左右就业，其中建档立卡贫困户150人以上，创造了从签约到投产119天的“天柱速度”。依托浙江大央泱牧业有限公司和杭州唯新食品有限公司开展种猪繁育、猪苗供应、生猪回购、屠宰和冷鲜肉产品的包装、销售、配送以及黑猪肉的深加工产品研发及生产，帮助1000户贫困户实现户均年收入增长9000元以上。

【扶志扶智】 2018年，杭州市选派627名专业技术人才赴黔东南州、恩施州开展技术援助，其中帮扶1年以上的有119名，7~12个月的44名，1~6个月的464人次。接收黔东南州专技人才598人，恩施州专技人才217人。开展党政干部培训3531人次，其中黔东南州1899人次、恩施州1632人次；开展专业技术人才培训19324人次，其中黔东南州10306人次、恩施州9018人次。组织致富带头人培训3296人次，创业成功566人，带动贫困户10623人。

设立“杭黔扶智班”“杭州甘霖班”“余杭班”，择优招收品学兼优贫困初中毕业生197人。实施“台江县教育综合提升工程”，帮助当地培养一支优质中小学师资队伍。在黔东南州镇远县捐助建造杭州（西湖）实验小学。浙医二院台江分院在全国三级医院对口帮扶贫困县县级医院工作专项督导检查中位列第一。在恩施州开展远程智慧医疗项目，建成后可让恩施群众在线享受与杭州市民同样的优质医疗服务。两州新增远程会诊医院30家，实施远程会诊336例，开展新技术新项目170个。

【经贸合作】　2018年，组织112批次、836家民营企业赴两州投资考察，举办“光彩事业恩施行”“广聚浙商英才携手帮扶恩施”等招商推介活动20次，其中黔东南州14次，恩施州6次。在两州投资签约项目127个，协议金额131.34亿元；引导企业156家，落实实际投资额44.65亿元，其中在黔东南州引导企业111家，实际投资额33.2亿元，带动贫困人口1090人；在恩施州引导企业45家，实际投资额11.45亿元，带动贫困人口2466人。援建扶贫车间97个，吸纳就业人口5247人。

【电商扶贫】　2018年杭州市引导云集、贝贝网、艺福堂、卡乐猫、天下良仓、四喜等知名电商平台入驻两州，其中，云集线上销售巴东小土豆18万元，帮助黎平县在“双11”当天销售橘红茶、香禾糯13万元，与建始县专业合作社合力把红岩寺镇打造成“猕猴桃小镇”。贝店销售恩施土豆，上线首日卖出15万千克。萧山万丰电子商务有限公司帮助从江县销售椪柑100吨。环球捕手与黔东南州电子商务公共服务中心签署战略合作协议。助力两州搭建电商平台153个，从事电商市场主体2392个，网络零售额16.54亿元。通过品牌包装升级有机茶、高山小土豆、腊肉等农副产品，实现销售额987万元。网易严选整合中外设计资源帮助雷山县开发民族特色优势产品10种，衍生品20种。

【劳务协作】　2018年，帮助贫困人口来浙就业101803人，其中贵州省来浙就业82771人，湖北省来浙就业19032人，帮助贫困人口就近就业10909人，帮助贫困人口到其他地区就业1002人。在浙稳定就业贫困人口8.76万人，开展贫困人口就业培训7353人。接收贫困学生就读职业技术学校435人。新招收179名恩施籍、54名黔东南籍建档立卡应届初中毕业生到杭入学，并帮助推荐在杭就业。

（杭州市对口支援和区域合作局
范国彬）

浙江省宁波市—贵州省黔西南布依族苗族自治州、吉林省延边朝鲜族自治州东西部扶贫协作

【概述】 2018年，宁波市围绕“组织领导、人才支援、资金支持、产业合作、劳务协作、携手奔小康行动”6个方面展开对口帮扶工作，发动社会各界参与扶贫协作，精准聚焦贫困地区和建档立卡贫困人口，与对口地区通力合作。投入东西部扶贫协作资金5.89亿元，帮助3.44万贫困人口脱贫。2018年新华社、《人民日报》、《光明日报》等中央级媒体先后报道宁波对口帮扶工作30篇次。宁波市在2018年东西部扶贫协作考核中等次为“好”。

【扶贫资金投入】 2018年，宁波市安排财政援助资金5.89亿元，贫困县县均资金5354万元。其中，黔西南布依族苗族自治州（以下简称“黔西南州”）援助资金3.4亿元，贫困县县均资金4855万元；延边朝鲜族自治州（以下简称“延边州”）援助资金2.49亿元，贫困县县均资金6228万元。支持黔西南州、延边州建档立卡贫困人口实施各类援助项目242个，惠及贫困人口13.21万，帮助3.44万贫困人口脱贫。其中，黔西南州项目153个，帮助脱贫1.78万人；延边州项目89个，帮助脱贫1.67万人。

【工作机制】 调整充实宁波市对口支援工作领导小组，市委书记和市长担任组长和常务副组长，成员单位增加到64个。建立完善市委、市政府领导决策体系，领导小组办公室的强力推进体系，区县（市）、市直部门和前方工作队三大主体责任体系，以及社会力量全面参与体系，四大体系“四轮驱动”协同作战。重新调整优化县（市）结对关系，宁波市10个区县（市）与对口地区11个国家贫困县“一对一”结对。制定《关于宁波市助力东西部扶贫协作地区脱贫攻坚的实施意见》，建立宁波市东西部扶贫协作指挥（服务）中心。建立完善标准化台账制度，“最多报一次”前后方响应机制、督查督办制度以及工作交流推广制度。采用年度考核、季度点评、月度排名、每天通报的评价办法开展动态过程性推动，各地各部门创新性工作做法在全市发文推广。

【社会帮扶】 2018年，宁波市发动社会各界力量向黔西南州、延边州捐赠资金1.2亿元（其中物资折价3962万元）。其中，黔西南州7639万元，延边州4385万元，90%以上来自于民营企业。康达洲际医疗器械有限公司捐赠550万元医疗器材，雅戈尔集团股份有限公司捐赠528.96万元服装，宁波申洲国际集团控股有限公司全新采购总价值333万元的200台高速缝纫机捐赠贞丰县者相镇土布小镇，宁波银亿集团有限公司出资300万元资助册亨县双江镇民族中学修建食堂和教学楼。宁波善园公益基金会发起结对帮扶延边州128名贫困学生活动，团市委组织开展“温暖晚餐”等“牵手行动”，筹资669.26万元支持青少年健康成长。“10·17”国家扶贫日，宁波市举办“甬黔延情·你我同行”扶贫日活动，开展

社会捐款捐物、中国社会扶贫网推广、扶贫日宣传周等活动，募集资金（款物）4372万元，动员浙江逸盛石化有限公司捐资1000万元支持汪清县建设食用菌恒温仓储库。动员242家民营企业（商会）与黔西南州、延边州225个贫困村结对帮扶，援助资金2161万元，帮助发展产业，完善基础设施，开展扶老助残等活动，惠及贫困人口58235人次。宁波市推广“中国社会扶贫网”，两个月发动注册爱心人士7万人，认领各类微心愿捐助资金70余万元。宁波“支教奶奶”周秀芳获得2018年全国脱贫攻坚“奉献奖”。

【劳务协作】　宁波市在黔西南州新设宁波人才市场黔西南州分市场，支持黔西南州、延边州和各县市在宁波全面设立劳务协作工作站，在三地人力资源和社会保障网站上互设劳务协作专区，全年举办各类专场招聘会41场，提供各类就业岗位20万余个，达成就业意向1550人。资助举办贫困人口劳动技能提升培训班249期，培训12582人次，帮助提升就业技能。其中，黔西南州227期、11131人次，延边州22期、1451人次。出台《关于加大东西部扶贫协作对口地区就业扶贫政策支持力度的通知》等扶持政策，采取交通补贴、岗位补贴等举措，帮助中西部省区99237名贫困人口在宁波实现稳定就业。接收吉林省和贵州省24489名贫困劳动力到宁波（浙江）转移就业，其中吉林省到浙江省就业423人（延边州到宁波就业164人），贵州省到宁波就业16634人（黔西南州到宁波就业899人），黔西南州在浙江其他城市就业7432人。同时，通过投资企业就业、援建扶贫车间、援助项目带动等方式，吸纳带动8162名贫困群众实现就近就业，其中黔西南州5430人，延边州2732人；帮助3092名贫困群众到其他地区就业。接收黔西南州、延边州272名贫困家庭子女到宁波市就读职业学校，其中黔西南州235名，延边州37名。推动宁波技师学院、得力集团有限公司与安龙县技工学校，黔西南州机电职业技术学校与宁波舜宇光学科技集团有限公司开展校企合作办学。

【扶志扶智】　新增选派31名干部、43名专技人才到黔西南州、延边州挂职，组建帮扶工作队。选派400名专技人才到黔西南州、延边州开展1～12个月不等的短期指导交流，组织437名专技人才到黔西南州、延边州开展1个月以下的短期援助。接收黔西南州、延边州89名干部、433名专技人才到宁波挂职学习。按照黔西南州、延边州干部人才培训需求，协助举办各类党政干部培训班70期、专技人才培训班56期，培训各类干部5311人、专技人才14747人次。通过实地和远程培训方式，为黔西南州、延边州医疗、教育领域人才进行技术培训。举办致富带头人培训班34期，培训各类贫困村创业致富带头人1772人次，其中168人创业成功，带动周边贫困群众7205人次。

【经贸合作】　推进经贸合作，组织企业500次赴黔西南州、延边州开展投资考察，新增落地项目43个，实际到位资金39.06亿元，吸纳带动6695名贫困人口脱贫。其中，与黔西南州新增项目26个，实际到位资金23.48亿元，吸纳带动6348名贫困人口脱贫；与延边州新增项目17个，实际到位资金15.58亿元，吸纳带动347名贫困人口脱贫。7月，总投资20亿元的杉杉新能源汽车项目动工建设。援建扶贫车间14个，吸纳489名贫困人口就业。扩大产销对接，帮助黔西南州、延边州以及16个县市在宁波和结对区县（市）核心地段开设农产品销售直营店，帮助黔西南州、延边州优质农特产品进入宁波各大商场超市。协助黔西南州、延边州参展中国—中东欧国家博览会、中国食品博览会、浙江投资贸易洽谈会、浙江农业博览会等大型展会，全年与黔西南州、延边州达成农产品购销2.35亿元，带动4071名贫困人口脱贫，其中与黔西南州1.88亿元，带动3944名贫困人口脱贫；与延边州0.47亿元，带动127名贫困人口脱贫。

【助残帮扶】 成立市残联对口支援工作领导小组，明确人才、项目、技术、培训等帮扶重点，组织实施残疾人蜂蜜产品销售合作、贫困残疾人家庭无障碍改造、贫困残疾人日间照料站等项目。安排帮扶资金698万元支持黔西南州10个残疾人创业就业示范基地建设，带动355名贫困残疾人员创业就业。加强帮扶项目对贫困残疾人的辐射带动作用，公益岗位优先安排贫困残疾人。2018年实施的帮扶项目惠及贫困残疾人8453人，帮助4388名残疾人脱贫。

【旅游帮扶】 创新开展旅游扶贫，宁波市在全国率先出台政策，将黔西南州、延边州纳入职工疗休养目的地，带动周边省（市）出台类似的旅游帮扶政策，黔西南州、延边州相继出台系列针对宁波疗休养职工的优惠政策。支持增加宁波到延边的直飞航线，协调中国东方航空公司和浙江长龙航空有限公司新开2条宁波至兴义航线，组织3.75万名宁波干部职工到黔西南州、延边州疗休养，其中到黔西南州2.05万人，到延边州1.7万人。

（宁波市对口支援和区域合作局
对口帮扶处　黄俊兵）

福建省厦门市—甘肃省临夏回族自治州东西部扶贫协作

【概况】 2018年，厦门市委、市政府加强组织领导、创新协作机制、强化产业合作、优化劳务输转、完善结对帮扶、携手奔赴小康，推进福建省厦门市与甘肃省临夏回族自治州（以下简称“临夏州”）东西部扶贫协作取得成效。截至2018年底，厦门市援助临夏州财政资金4.75亿元，落实社会帮扶资金3191万元、引导企业投资2.553亿元。抽调选派19名基层干部、183名专业技术人才和84名青年志愿者赴临夏州各县（市）、乡（镇）、村开展工作。举办党政干部、扶贫干部、专业技术人才培训班120余场，培训干部688人（次）、专业技术人才13249人（次）；举办劳务技能培训班128期，完成5300名贫困人口就业培训。向临夏州推送6批次、41053个就业岗位，输转到厦门和第三地就业人口3500人；建立“两地四级结对帮扶”制度，临夏州11.22万人实现脱贫。

【扶贫资金投入】 厦门市按照“临夏所需、厦门所能、协作见效”的原则，坚持“政府引导、国企带头、市场运作”模式，聚焦精准脱贫重点工作。2018年落实财政资金4.75亿元，其他资金2亿元，设立国有企业公司15家、民营企业8家，共建产业园区6个、扶贫车间103个、农特产品基地7684亩，直接带动临夏州8000名群众就业（其中4000名贫困群众）。引导民营企业投资3500万元购地30亩建立临夏州吉美包袋有限公司，吸纳150多个建档立卡贫困户就业。

【工作机制】 2018年，厦门市先后制定出台《厦门市—临夏州东西部扶贫协作三年行动计划（2018—2020年）》《2018年东西部扶贫协作工作意见》《2018年东西部扶贫协作工作意见补充工作意见》《关于认真贯彻落实〈扶贫项目资金绩效管理办法〉的通知》《关于加强对口甘肃省临夏州扶贫协作干部人才选派管理办法》《关于广泛引导和动员社会组织参与脱贫攻坚的通知》《关于加快推进市属国资国企东西部扶贫协作工作的实施意见》《关于调整援临干部人才生活补助的通知》等政策措施，对社会组织参与扶贫、劳务协作、国有企业参与扶贫协作以及挂职干部保障机制等作出明确规定，形成务实高效的扶贫协作工作机制。

【高层互访】 2018年5月，福建省副省长郑建闽、厦门市副市长李辉跃率团赴临夏州考察对接东西部扶贫协作；6月，厦门市市长庄稼汉率团赴临夏州与甘肃省宋亮副省长、时任临夏州委书记杨元忠及时任州长马学礼等共商深化东西部扶贫协作工作，实地考察厦门援建项目，走访慰问深度贫困地区贫困户；6月，甘肃省委书记、省人大常委会主任林铎率党政代表团赴厦门召开东西部扶贫协作座谈会并签订《厦门市—临夏州全面深化东西部扶贫协作三年行动框架协议（2018—2020年）》；12月，甘肃省委副书记孙伟、临夏州委书记杨元忠带队到厦门考察对接东西部扶贫协作工作。同时，厦门市所辖6个区和火炬高新区与临夏州8县（市）党政主要领导、分管领导及教育、卫生、人社、民政、总工会、金融等部门也开展互访考察，加强区县、部门之间交流合作。2018 年，厦门市有 560 人（次）赴临夏州开展对接，其中地厅级以上领导干部 31 人（次）。

【扶贫培训】 为提高扶贫干部和临夏州各级政府部门及专业机构人员素质，厦门市各部门加强与临夏州沟通联系，利用厦门大学、厦门市党建学院、厦门市委党校等教育资源和发挥厦门医疗、教育、科技、金融等系统人才优势，积极开展党政干部、扶贫干部和专业技术人才培训工作，2018 年培训干部 688 人次，专业技术人才 8951 人。

【事业单位定向招聘】 为深化东西部扶贫协作关系，拓宽临夏州贫困高校毕业生就业渠道，厦门市专门拿出岗位定向招聘临夏州建档立卡贫困高校毕业生，先后有 75 个贫困高校的毕业生报名，经过资格审查、笔试、面试等程序，最终 15 名建档立卡贫困高校毕业生赴厦门工作。

【国企帮扶】 厦门市国有企业在产业帮扶工作中发挥产业协作主渠道作用，在充分调研基础上，通过自主经营、合作等形式，设立国有企业公司 15 家，实施 32 个项目，吸纳就业 2495 人，其中建档立卡贫困人口 1277 人；在国有企业带领下，厦门市及周边地区有 6 家民企通过独资、合资等形式设立雨具、鞋业、电商等产业公司 8 家，实现临夏州 8 年民企落地“零”突破。厦门市国资委专门拿出 20 个岗位定向招聘临夏州建档立卡贫困高校毕业生。

【科技扶贫】 厦门市科技局在东西部扶贫协作过程中，注重把沿海地区先进的发展理念、科学技术、学术成果、管理经验等要素向临夏州传导，促进两地观念互通、思路互动、技术互学。2018 年，厦门市科技局先后从福建省亚热带植物研究所选派 10 名专业技术人才赴临夏州开展种植基地和扶贫调研，并结合各自研究领域，在临夏州农业科学院、临夏现代职业学院等院校举办作物种植及深加工技术、园林设计专题学术报告 10 场。厦门市科技局根据临夏州社会科技发展现状，投资 50 万元设立东西部扶贫协作科学计划项目 5 个，对口帮扶临夏州发展科技事业，并将临夏花椒采后处理技术、甘肃产淫羊藿保健功能及淫羊藿苷提取技术、临夏牡丹籽油的防晒霜研制技术、临夏紫斑牡丹花绿茶的研制技术、啤特果保健活性和化学成分分析技术 5 项研究成果无偿捐赠给临夏州，对推动临夏农业科技创新、科技带贫提供技术支持和帮助。

【教育扶贫】 为尽快使临夏州学生通过职业教育提高就业水平，厦门市教育部门腾出专门学位，定向招收临夏州建档立卡贫困学生。厦门医学院腾出 50 名护理专业专科招生名额投放到甘肃省少数民族专项计划中，并向临夏州倾斜，录取 38 名，实际就读 29 名（其中建档立卡贫困户 1 人）；厦门高级技师学院、集美职业技术学校等 4 所中职学校提供专门学位定向招收临夏州学生，2018 年就读的贫困学生 34 人，并给予每人每月 1000 元生活补助。安排 100 万元协作资金，对临夏州 500 名建档立卡贫困大学生每人资助 2000 元。

【电商扶贫】 厦门援临工作队针对临夏州资源禀赋有限、电商无货可卖、一卖就断的实际，探索“两头在外”的“互联网 + 扶贫”模式，引进厦门中达电商等运营平台，创建农村电商基地，针对当地贫困群众文化程度普遍不高的现状开发“电商扶贫助手”，帮助建档立卡贫困人员实现平台工作，既解决当地电商无货可卖等发展瓶颈，又实现贫困户稳定增收。2018 年，厦门中达电商培训临夏州群众 434 人，其中建档立卡贫困人口 120 人；培训在册创业人员 43 人，建档立卡贫困人口 24 人，月均收入 3000 元左右，最高月收入达 2.7 万元。该扶贫案例被国务院扶贫开发领导小组办公室社会扶贫司和中国社会科学院社会责任研究中心联合课题组收入《中国企业精准扶贫分领域案例（2018）》。

【消费扶贫】　厦门市把推动“消费扶贫”作为一项重要抓手，采取“三管齐下”措施助力贫困户脱贫。组织企业采购，厦门市在临国有企业共花费1577万元向贫困户采购牛羊、百合、苹果、菜籽油等农特产品，通过打“扶贫牌”直接进入厦门市场销售。举办展销活动，通过提供展位等形式，支持临夏州在厦门市举办多场专场展销对接活动，在厦门建立临夏州特色农产品展示展销馆，打造永不落幕的展销会。推进电商销售，建成“厦门甘肃临夏特色产品电商体验中心”，组织临夏州30多家企业、180多种产品入驻。发挥电商优势，在轻工商城等新媒体平台设立扶贫专栏，加大采购力度。

【社会扶贫】　厦门市利用国家扶贫日等契机，采取上线公益广告等方式加强宣传，通过开展结对帮村、专场募捐等活动，2018年争取社会帮扶款3191万元，物资折款705万元。7月，临夏州遭遇百年一遇暴雨山洪灾害，厦门各级快速响应，筹措救灾资金，市民捐款捐物筹措社会善款214.96万元。

【残疾人就业扶贫】　厦门市残疾人联合会非常重视临夏州残疾人就业脱贫工作，通过与临夏州残疾人联合会签订《厦门市—临夏州东西协作残疾人脱贫框架协议》，加强残疾人脱贫、康复、就业培训、教育等方面协作。统筹东西部扶贫协作资金推动在当地建立残疾人就业培训基地5个、“扶贫车间”103个，为残疾人就业提供充分条件；对每接收1名残疾人的企业每月补贴400元，夯实企业用工意愿。2018年，厦门市通过东西部扶贫协作机制带动临夏州1057名残疾人实现就业脱贫。

【台胞扶贫】　厦门市东西协作成员单位充分发挥对台优势，发动台胞参与东西部扶贫协作，在善款筹集、智力帮扶和岗位推荐方面取得成效。5月，举办“两岸青年为爱益起跑”公益活动，两岸各界特别是在厦台湾青年、企业积极响应广泛参与，在公益活动中筹集善款及物资57万元；11月，台湾教育会简明忠理事长一行5人，在厦门市委教育工委常务副书记林佳添和厦门市人民政府台湾事务办公室联络处处长孙丽玲陪同下，赴甘肃对接台湾教育会支教工作，并就台湾罗东高工学校与临夏职业学校建立姊妹校进行探讨；在厦台企台商积极参与劳务输转，厦门新凯复材科技有限公司、诚益光学（厦门）有限公司、厦门正新橡胶工业有限公司、玉晶光电股份有限公司等台企赴临夏州开展招聘，并通过设立清真餐厅、提供专有宿舍等为来厦务工人员做好保障。2018年有55家台企吸纳2879人，其中建档立卡人员577人。

【扶贫车间】　为解决部分贫困劳动力不方便进城务工问题，厦门市以推动“扶贫车间”建设为主要抓手，引导企业投资和协作资金1.04亿元，建成“扶贫车间”103个，带动就业人数3869人，其中建档立卡贫困人口2259人，使贫困户在家门口实现稳定增收。

【携手奔小康】　厦门市通过实施“结对帮百村”活动，推动厦临两地各级各部门签订对口帮扶协议，初步形成“两地四级联动”携手奔小康格局。2018年除市属部门结对外，所辖6个行政区及火炬高新区与临夏州8个贫困县（市）结对；38个镇（街）与临夏州的51个贫困乡镇结对，77个村与临夏州77个深度贫困村结对；26家国有企业、24家民营企业、16个社会组织与74个贫困村结对；8所学校与临夏州41所学校结对；10家医院与临夏州13家医院结对。

【扶贫宣传】　2018年10月，在第5个扶贫日前后，厦门市组织实施以“爱心闪耀”为主题的扶贫日系列活动，通过在《厦门日报》、《海西晨报》、厦门卫视、厦门广电、网络媒体、微信群等媒体平台投放公益广告、播放扶贫日特别节目和在企事业单位悬挂扶贫标语横幅、播放 LED 显示屏等形式开展扶贫日宣传活动。活动期间还开展青年志愿者巡回帮扶、消费扶贫、社会捐赠等活动，募捐善款善物 360 万元，推动设立“鹭岛青少年奖学金”、3 个希望教室和 2 所希望小学援建工作。《人民日报》、新华社、中央电视台、《经济日报》等中央媒体先后报道了厦临东西部协作的做法与成效。

（厦门市对口支援办公室　江洪云）

山东省济南市—湖南省湘西土家族苗族自治州东西部扶贫协作

【概述】 2018年，山东省济南市委、市政府加大帮扶力度、健全帮扶机制、拓宽帮扶领域、创新帮扶方式，投入财政帮扶资金2.8亿元，实施财政帮扶资金支持项目132个，带动湘西土家族苗族自治州（以下简称“湘西州”）脱贫人口17359人。动员各类社会捐赠款物折合人民币6224.2万元。选派医疗、教育、科技等领域人才273名在湘西州开展工作。在湘西州设立扶贫公益岗位万余个，新建扶贫车间49个，帮助贫困群众实现就业14580人，其中异地就业1198人，赴山东省就业254人，通过公益性岗位、扶贫车间等不同方式帮扶贫困残疾人就业542人。组织动员5.8万名山东游客赴湘西州旅游，带动当地消费收入8500万元。设立特色产品长期展销基地5处，销售当地农副产品6600万元。

【扶贫资金投入】 2018年援助资金2.8亿元，县均受援资金4000万元。安排援建项目132个，开工率100%，援助资金使用率94%，绝大多数用于深度贫困县产业和就业项目。为使援助资金使用精准规范，两地分别出台援助资金使用管理办法，确保湘西州有关方面将资金使用精准聚焦贫困乡镇、贫困村和建档立卡贫困人口，重点支持与建档立卡贫困人口利益联系紧密的产业扶贫和就业扶贫项目。

【工作机制】 双方省部级领导互访对接4次；两地人大、政协主要领导及7个对口区县、22个结对市（州）直单位开展对接互访，两地企业、社会组织开展形式多样的对接交流活动。两地先后召开7次高层联席会议；市委常委会、市政府常务会先后3次专题研究部署推进相关领域工作；领导小组办公室召开工作部署会议4次，工作培训会议2次，在湘西州及有关县召开推进会、座谈会等20余次。承担任务的各区、市直各有关部门主要领导专题研究部署相关领域工作会议累计达70余次。及时调整东西部扶贫协作领导小组，将市文明办、市国土资源局、市民政局、市残联、红十字会、济南日报报业集团等单位纳入领导小组。市委、市政府制定出台《关于深入推进东西部扶贫协作和对口支援工作的意见》，市委办公厅、市政府办公厅印发《关于全面对标国务院扶贫办考核指标做好全市东西部扶贫协作各项工作的通知》等文件，与湘西州共同编制了《济南市湘西州东西部扶贫协作三年行动计划（2018—2020年）》。

【人才支援】 积极落实互派干部挂职交流机制，互派挂职干部44名，其中，湘西州向济南市选派挂职干部27名，济南市增派17名处科级干部挂职交流。全面推进专业人才学习交流，向湘西州选派教育、卫生、科技、农业领域专业技术人才273人次，吸纳湘西州选派长期进修学习人员258人次，2018年实现两地互派专业人才531人次。全面开展干部人才培训合作，市委党校、市农业局、市畜牧兽医局、市旅发委、市规划局、市投资促进局等单位及7个区的有关部门、单位，通过举办基层干部、乡村旅游带头人、湘西黄牛育种改良技术、农技干部及新型农业经营主体负责人、创业致富带头人等专题培训班，为湘西州培训各级干部和各类专业人才1.2万人次。

【产业扶贫】 与湘西州共同研究出台《湘西州支持东西部扶贫协作产业合作的若干优惠政策》《关于济南市市民到湘西州旅游享受优惠政策的通知》等优惠政策，助推产业合作。2018年动员24家扶贫协作企业在湘西州实现注册登记，完成投资1.02亿元。山东省商业集团有限公司与湘西州签订战略合作框架协议，投资规模50亿元；济南市、湘西州和山东航空公司共同签署开通济南—凤凰（铜仁）航线备忘录。援助资金聚焦产业扶贫，以实施农业特色产业提质增效为抓手，重点发展“两茶两果一药一烟”规模农业，已建设茶叶基地11家、水果基地9家、发展产业合作社34家。推进“济南万人游湘西”活动，向湘西输送山东旅客5.8万人次，创造旅游收入8500万元。开展旅游人才培训和旅游宣传合作，助推“神秘湘西”旅游品牌建设，扩大“神秘湘西”旅游品牌影响力。借助济南各类博览会、展销会、大型超市等平台优势，举办湘西州各类招商引资及特色农副产品推介活动，建立特色产品直销窗口、旗舰店、体验店5家，切实推动“湘货出山”，古丈毛尖、保靖黄金茶、湘西腊肉等各类特色产品已进入济南市大型超市和连锁店销售，2018年累计销售额6600万元。

【劳务协作】 加强两地劳务协作对接，实现劳动力求职信息精准对接，转移就业合作力度不断加大。市人社局及各区人社部门举办劳务协作专场招聘会13场，帮助湘西州实现建档立卡贫困人口转移就业14580人，其中转移到省外就业1452人，转移到山东就业254人，在湖南省内就近就地就业13128人。全面开展劳务培训合作，山东蓝翔技师学院十八洞分院正式挂牌，两地职业培训合作取得实质性进展，举办挖掘机专业培训班2期，培训学员201人，并向山东校本部选送贫困劳动学员58名。联合举办就业技能培训班26期，培训贫困劳动力3353人。吸纳83名家庭贫困学生在济南职业院校就读，在济南技师学院继续开设“轨道交通湘西班”，免费吸收64名湘西贫困家庭子女入学深造。通过远程视频系统举办残疾儿童康复教师培训班、阳光大姐就业技能培训班等。推进凤凰县周生堂、花垣县七秀坊、龙山县惹巴妹等49个“扶贫车间”建设，吸纳就业人数3413余人，其中建档立卡贫困劳动力1147人。10月16日，《人民日报》以“扶贫车间办到家门口”为题报道济南市湘西州东西部扶贫协作劳务协作典型。开发扶贫协作公益性岗位，在贫困乡镇、贫困村及易地扶贫搬迁集中安置点开发针对建档立卡贫困人口的公益性岗位9664个，帮助一批建档立卡贫困人口在家门口实现就业。

【携手奔小康】 在2017年“1+7+11”协作框架基础上，新增11个结对单位，形成了“1+7+22”新的协作框架，各结对区县、部门之间交流互动频繁，合作形式多样。市残联、市红十字会等单位发挥各自优势，对接高效。街道（社区）、乡镇（村）对接深入推进。在各区发改部门及街道组织下，济南市67个街道办事处与湘西州88个贫困乡镇结对，83个社区与106个贫困村结对，深入开展基层党建、产业发展等合作；“村企结对”活动成效明显，济南162家企业与湘西州185个贫困村结对帮扶；学校、医院结对工作扎实深入，各阶段学校结对172对，医院结对26对。市总工会、团市委、市妇联、市民政局、市慈善总会、市东西部扶贫协作产业联盟等部门组织，推动开展两地群团组织、媒体、企业和民间交流以及社会捐赠等活动，全市各界已向湘西州捐赠款物价值6224.2万元。

（山东省济南市发展和改革委员会 于朝晖）

山东省青岛市—贵州省安顺市、甘肃省陇南市东西部扶贫协作

【概述】 2018年，山东省青岛市围绕组织领导、资金支持、人才支援、产业合作、劳务协作、携手奔小康6项工作，开展对贵州省安顺市、甘肃省陇南市扶贫协作。安排财政专项帮扶资金6.1亿元，县均投入4077.3万元，帮助4.44万名贫困人口脱贫。社会各界捐款捐物7037.81万元。帮扶建设青安共建产业园、陇南科创孵化园，带动签约项目64个，总投资52.4亿元。搭建经贸、商超、电商、直购、推介5大消费扶贫平台，推动“安货陇货入青”，消费扶贫1.27亿元，带动协作地3359名贫困人口脱贫。新开通青岛与陇南直飞航线和旅游专列。向安顺市、陇南市选派35名干部挂职交流，选派支医、支教等专业技术人员321名，在青帮助培训各类人员12569人次，在协作地培训各类人员2万人次。与260所学校建立“手拉手”关系，30家医疗机构签订对口帮扶协议。提供安顺市、陇南市两地就业岗位33948个，解决在青就业1098人。

【扶贫资金投入】 2018年投入财政专项帮扶资金6.1亿元，县均投入4077.3万元。其中，帮扶安顺市2.46亿元，县均投入4096.5万元；陇南市3.66亿元，县均投入4064.4万元。安排安顺市政府援助项目220个，帮助126个贫困村2.17万名贫困人口实现脱贫；安排陇南市政府援助项目103个，帮助90个贫困村、2.27万名贫困人口实现脱贫。

【工作机制】 调整充实由市委书记、市长任双组长的市对口支援和扶贫协作工作领导小组，健全“市负总责、区（市）和部门抓落实”的管理体制和党政一把手负总责的领导责任体制。市委、市政府8次研究部署东西部扶贫协作工作，启动脱贫攻坚和扶贫协作进位争先“百日会战”。构建“1+7+X”的政策制度支撑体系（1个指导性文件：《市委、市政府关于深入推进东西部扶贫协作工作的意见》，7个专项配套政策文件，若干个配套推进措施文件）。出台《关于加强对接交流提高扶贫协作工作实效的意见》。两地副市级以上领导互访交流9批次58人次，召开党政联席会议6次。省委常委、市委书记张江汀带队赴协作地对接扶贫协作；市人大、市政协主要领导及市委、市政府分管领导先后到协作地调研对接。9个区市和2个经济功能区的党委或政府主要负责同志均带队赴结对县（区）对接扶贫协作。

【产业扶贫】 组织150批320家企业到安顺、陇南投资洽谈，签约项目64个，到位资金4.36亿元，带动协作地11252人脱贫。在安顺建成青岛安顺共建产业园，4个项目开工建设，完成投资1.9亿元，直接带动1000人就业。在陇南设立中国（青岛）跨境电子商务综合试验区陇南产业园、青岛前湾保税港区陇南空港物流园区、陇南市青岛高科技创业孵化园，带动陇南特色产品开拓国际市场。

立足安顺、陇南当地资源禀赋和产业基础，组织青岛企业到协作地区投资建立种植养殖基地，通过订单保底收购、合作社入股等方式，带动增收脱贫。推进以种植加工辣

椒、构树为代表的“种植基地＋特色产业链＋贫困户”扶贫模式，青岛红星化工集团有限责任公司在安顺市镇宁县推广种植工业辣椒，配套投资建设辣椒油树脂和辣椒红色素项目，2018 年辐射带动种植辣椒 1 万亩，带动 3000 人就业，1600 贫困户、7000 人脱贫；山东湘鲁食品有限公司在陇南武都区建设 3121 亩辣椒种植生产基地，带动周边 4 个镇、55 个村、2950 户农民（包括 885 户贫困户）增收；引进成都安之源科技有限公司，在安顺关岭县投资 3000 万元建设“构树林料畜一体化”项目，带动 1144 户、5240 贫困人口脱贫。

推进以养殖奶牛、种植中药材为代表的“产业园区＋专业合作社＋贫困户”扶贫模式，青岛榕昕牧业集团有限公司在安顺市西秀区投资 1.5 亿元建设“康乐生态休闲观光产业园”，助推 200 户贫困户脱贫；青岛鸿德盛中药饮片有限公司在安顺市紫云县成立中药材合作社，带动农户增收 650 万元、解决贫困劳动力就业 2259 人次；在陇南市文县投资 8000 万元建设中药材种植加工基地 1600 亩，带动 116 户贫困户参与种植。青岛利和萃取股份有限公司投资 1.6 亿元在陇南成县建设陇南生物科技产业园，创造就业岗位 500 余个，带动 5 万农户增收。

推进以种植蔬菜、养殖小龙虾为代表的“村企共建＋三变革＋贫困户”扶贫模式，青岛善扶供应链管理有限公司在陇南礼县投资 400 万元建设汉阳宏昊蔬菜种植示范基地，吸纳 50 户建档立卡贫困户入股，年保底分红 4 万元；吸纳 97 户农民土地入股，年保底分红 12.8 万元。

【教育扶贫】 协调青岛市 171 家学校与安顺 113 家、陇南 68 家学校开展“手拉手”结对帮扶，选派 130 名优秀骨干教师到安顺、陇南支教。向安顺市 2.4 万名教师免费开放山东省教师研修网络平台，市南区通过“互联网＋”与安顺、陇南结对学校开展“空中课堂”活动。扩展“支教岛”服务范围，在青岛为安顺市培训校长、教师 231 人。李沧区捐助 600 万元设立“李沧康县特困学生教育基金”，崂山区每年投入 50 万元在陇南礼县设立助学基金。

【扶志扶智】 向安顺、陇南选派 35 名干部挂职，其中 6 名干部到深度贫困县扶贫部门工作。在青岛为安顺、陇南举办党政干部和专业技术人才培训班 88 期、培训 4790 人次；选派专家到安顺、陇南举办培训班 150 期，培训 2 万人次，开展致富带头人培训 45 期、2951 人。

【健康扶贫】 协调 51 家医疗单位与安顺 31 家、陇南 20 家医疗卫生单位结对帮扶，帮助提升医疗管理水平。选派 164 名医疗技术人员赴安顺、陇南支医，协调 19 所三级医院帮助安顺建立 7 个医联体，启动“青岛援安医疗专家流动工作站”。协调青岛大学医学院附属医院等帮助安顺、陇南两地建设学科（专科）100 余项，填补医院空白新技术 50 余项。青岛市中心医院帮扶安顺市中心医院开设首个规范化乳腺外科。青岛阜外心血管病医院、中国红十字基金会、青岛市慈善机构和爱心企业等筹措资金 450 万元，把安顺 85 名贫困家庭先天性心脏病患儿接到青岛免费实施手术治疗。青岛新视界眼科医院组织医疗队赴陇南康县为 43 名贫困白内障患者进行免费手术。齐鲁医院（青岛）到安顺普定县现场义诊 1000 人次。

【消费扶贫】 瞄准贵州安顺、甘肃陇南两地产品资源优势，搭建经贸、商超、电商、直购、推介“五大消费平台”，打造“政府倡导、市场主导、消费引导”消费扶贫模式，2018 年实现消费扶贫 1.27 亿元，带动安顺、陇南 3359 名贫困人口精准脱贫。搭建经贸平台，组织“安货入青”“陇货入青”等经贸洽谈活动 15 次，开展“贵州绿色优质农产品‘泉涌’行动青岛推介展销会”“迎新春陇南农特产品展销会”“陇南生态旅游推介暨名优农特产品展卖周”“贵州安顺名优农特产品青岛年货大集”等。搭建商超平台，开设结对帮扶县区特色农产品专卖店20余家，设立“安顺农特产品体验店”“陇南农特产品体验馆”，在大型超市和农产品批发市场为两地农产品免费开辟销售专柜。搭建电商平台，构建青岛与安顺、陇南产销对接的“大数据”网络平台，拓展“互联网+”消费扶贫，开展电商社交和跨境外销活动，青岛市委统战部借助利群集团股份有限公司第三方电商平台搭建“统一战线电商扶贫协作平台”，交运集团网上商城开辟扶贫协作版块，117家企业入驻、272种产品上线，建成建筑面积1215平方米的青岛（陇南）电商体验中心，通过淘宝、京东、苏宁等各大平台将陇南特产推送到全国各地和海外市场。搭建直购平台，组织利群集团股份有限公司、青岛广电传媒集团、青岛军民融合食品保障有限公司等农产品加工企业、大型零售批发企业，采取“龙头企业+基地+市场”模式，赴安顺、陇南建设采购基地定向采购产品，直接带动贫困户增收脱贫。

搭建推介平台，运用青岛、安顺、陇南的全媒体平台融合互动，聚焦协作地的地域特色和产品优势，开辟专版、专栏推介安顺、陇南特色产品。市商务局出台《开展消费扶贫及带动建档立卡贫困人口致富增收的实施意见》，开展“以购代捐”助力消费扶贫；青岛市总工会倡议工会组织购买协作地农特产品，倡导全市职工参与消费扶贫。青岛市政协倡议和鼓励政协委员为协作地农特产品牵线搭桥，拓宽销售渠道。

【旅游扶贫】　青岛市与陇南市、安顺市签署推进旅游产业发展合作协议，举办“青岛陇南周”旅游宣传推介活动7次，15家青岛旅游企业在陇南注册公司开展业务。新开通青岛至陇南航线，促进青岛赴陇南游客增加1.5万人次，与陇南携手组织“青青之岛·悠悠陇南”东西协作文化旅游专列。实施《青安一家亲——对青岛开展“真情回馈”旅游优惠活动方案》，青岛市、安顺市旅游景点分别实施优惠。拓展职工疗休养活动区域，将陇南市作为青岛市干部职工疗休养目的地。

【劳务协作】　在安顺、陇南举办劳务招聘46次，提供就业岗位6.9万个，输转劳动力12963人，其中建档立卡贫困人口750人。出台《关于做好青岛市扶贫协作地区建档立卡贫困劳动力就业脱贫工作的通知》，对到青岛务工的建档立卡贫困劳动力市财政每人每月给予工资补贴800元、租房补贴500元，每年每人报销两次往返交通费。在青岛成立安顺、陇南劳务协作工作站，在安顺、陇南设立劳务工作站，帮助9000名贫困劳动力就近就业创业。青岛爱心大姐家政服务中心成立“巾帼家政服务培训基地”，帮助1950名妇女在青就业。青岛农业大学与安顺关岭县签订人才战略合作框架协议，青岛远洋船员学院招收协作地区贫困学生。青岛园林环卫技校开办“陇南班”订单式培养当地学生50名。

【携手奔小康】　出台《关于进一步深化携手奔小康结对帮扶工作的通知》，深化“百镇千村携手奔小康”行动，协调全市76个镇（街）、96个村（社区）、75家企业与安顺、陇南的85个贫困乡镇、174个贫困村结对帮扶。

【社会扶贫】　41个行业部门150多人次赴安顺、陇南考察对接。市总工会与陇南市总工会签订陇南产品推介合作协议，帮助陇南销售橄榄油、花椒等农特产品600多万元。市科技局设立80万元科技惠民专项资金，联合青岛农业大学帮助陇南发展林下栽培食用菌轻简化技术。市残联开展“送温暖”活动，捐款捐物61万元。

【金融扶贫】　协调国家开发银行青岛市分行、中国农业发展银行青岛市分行与战略合作伙伴企业到安顺、陇南投资洽谈，签约项目45个，总投资37.43亿元，带动5万多人务工就业，其中贫困人口1.5万余人。

开展“开发性金融支持东西部扶贫协作”行动，对参与东西部扶贫协作的企业优先给予信贷支持，提供扶贫协作产业项目借款1.13亿元，授信6亿元。中国农业发展银行青岛分行出台政策，对参与东西部扶贫协作的企业优先授信借款，引导多家企业帮扶陇南6个贫困村，带动215户贫困人口脱贫。

（青岛市扶贫协作工作办公室
政策法规处　冯　志）

广东省广州市—贵州省黔南布依族苗族自治州、毕节市东西部扶贫协作

【概述】 2018年，广东省广州市投入东西部扶贫协作财政帮扶资金7.89亿元，实施帮扶项目302项，帮助7.81万名建档立卡贫困人口脱贫。其中，投入贵州省毕节市帮扶资金3.24亿元、黔南布依族苗族自治州（以下简称“黔南州”）帮扶资金4.65亿元，毕节市、黔南州17个贫困县县均财政帮扶资金4643万元，累计投入毕节市、黔南州深度贫困地区财政帮扶资金5.25亿元。引导111家企业到两地投资50.95亿元，带动20.69万贫困人口脱贫；共建产业园2个，引导24家企业到园投资1.75亿元；援建扶贫车间46个，吸纳4156人就业；销售两地绿色农特产品16.43万吨、12.25亿元；选派71名党政领导干部、2833名专业技术人才到两地挂职和结对帮扶，培训党政干部2474人次、专业技术人才15058人次；联合两地举办劳务培训班351期，培训贫困人口5.7万人次，举办招聘会56场次，帮助两地贫困人口到广东地区就业3939人，就地就近就业67797人。

【扶贫资金投入】 2018年，广州市投入东西部扶贫协作财政帮扶资金7.89亿元，实施帮扶项目302项。其中，援助毕节市3.24亿元，实施帮扶项目156项，主要用于当地基础设施建设、产业开发、劳务协助和教育医疗，分别为0.49亿元、1.23亿元、0.68亿元和0.37亿元，累计用于县以下基层财政资金3.13亿元，帮助5.58万名建档立卡贫困人口脱贫。援助黔南州4.65亿元，实施帮扶项目146项，主要用于当地基础设施建设、产业开发、劳务协助和教育医疗，分别为2.71亿元、0.75亿元、0.30亿元和0.09亿元，累计用于县以下基层财政资金4.49亿元，帮助2.23万名建档立卡贫困人口脱贫。

【工作机制】 建立健全三地党政联席会议制度，加强高层互访、结对帮扶、压实责任，扎实推进广州与两地的东西部扶贫协作工作。召开扶贫相关工作会议37次，研究部署脱贫攻坚战工作。8月，市委书记张硕辅率党政代表团赴毕节市、黔南州考察调研；11月，广州市5天内4次召开专题会议，贯彻落实粤黔两地扶贫协作联席会议精神，开设东西部扶贫协作工作“绿色通道”。研究制定《广州毕节东西部扶贫协作三年行动方案》《广州黔南东西部扶贫协作三年行动方案》等文件，抓实各项工作。

【产业扶贫】 创新“黔货送粤”“粤客游黔”“粤资投黔”扶贫协作模式，打造产业帮扶“三大基地”。协作共建绿色农副产品产供地，引导广州海大集团股份有限公司等一批广东农业龙头企业落户毕节市、黔南州，实现特色农产品产销对接。加强技能培训和技术指导，投资建设种植养殖基地、加工厂和冷链仓储物流，补齐延长当地农业产业链条，形成规模化、标准化和产业化，打造黔货山珍名片。成立广州·毕节同心黔行产销扶贫联盟，在广州各区设立5个“黔货出山”分销中心、15个农特产品展销窗口等，通过进市场、进社区、进展会方式，快速打通市场销售通道。2018年，广州市场帮助销售两地绿色农特产品16.43万吨、12.25亿元。协同打造黄金旅游休闲目的

地，三地旅游部门签署《旅游合作发展框架协议》，继续组织开展“百企千团十万广东人游贵州”旅游扶贫系列活动，开设10趟广黔旅游专列，广之旅国际旅行社、广东南湖国际旅行社有限责任公司等60多家在穗知名旅行社与当地签订客源营销协议，2018年毕节市、黔南州分别接待广东籍过夜游客5.28万人次、24万人次。协作建设承接产业转移集聚地，24家广东企业落户两地广州产业园，注册资金30.63亿元。广州石头造环保科技股份有限公司等实力企业落户毕节市、黔南州投产。设立产业发展基金，协调推动政、银、企投融对接，11个项目获授信贷款110亿元。广州援建46个“扶贫车间”和“大型农业产业合作项目”，吸纳就业4056人，其中贫困人口954人。广州唯品会信息科技有限公司通过“苗绣和蜡染合作社”打造产业链，实现千万订单帮助1000名少数民族绣娘在家门口就业增收脱贫。

【教育扶贫】 广州135所学校与毕节市、黔南州165所学校结成帮扶对子，选派135名优秀教师挂职、支教，帮助两地培训教学骨干7331人次；搭建广州·毕节·黔南“互联网+”教育帮扶平台，开展互联网异地一课两讲活动；为毕节市、黔南州教师开通广州图书馆的数字图书浏览服务，共建共享优质教育资源。采取政府牵头联合办班、校企合作办班等形式，开展“黄埔三都民族班”“三都黄埔技工班”“广州港班”“非遗传承教育扶贫项目”等劳动力订单培训，为两地贫困学生提供职业技术教育并推介就业。

【健康扶贫】 广州选派医护专家185人，到两地医院挂职院长40人，帮助两地培训医护人员4000人次，接收两地到广州进修医护人员166人。加强“组团式”帮扶，组织专家团队帮助毕节市、黔南州17个贫困县各打造1家医院“示范点”。帮助两地实现多个技术难题“零突破”：广州医科大学附属二院帮助毕节市第一人民医院建设过敏反应科，填补贵州省该学科临床科室空白；广州医科大学附属三院帮助毕节市七星关区人民医院建设脑科中心和神经专科；广州市番禺区中医院帮助毕节市赫章县中医院实施11个“第一例手术”；广州市白云区第二人民医院帮助黔南州平塘县人民医院启动中国基层胸痛中心创建认证工作。广州星河湾地产控股有限公司捐赠1000万元建设“毕节妇幼保健院两癌防治中心”；广州与黔南深度贫困村镇共建5家‘广黔同心”卫生院。

【社会帮扶】 广泛发动和组织企业家、各类志愿服务团队、社会各界爱心人士到两地开展社会帮扶，向两地捐款20.59亿元，捐物折款1221.71万元，其中20亿元为恒大地产集团有限公司对毕节市的捐赠。制定“广黔同心、携手同行——百企帮百村振兴计划”，协调广州各类企业参与“百企帮百村”活动；精心打造“花城有爱，穗黔同心”共青团广州市委助力黔南精准脱贫六大公益帮扶行动，重点在青年创业就业、关爱留守儿童艺术培训、教育公益资源支持、未成年人保护、“健康直通车”志愿服务等方面开展公益帮扶；广州企业建设“领略中国农村电商扶贫大数据中心”，将黔南贵定县9374户、30097人的贫困信息全部录入平台运作系统，实现扫码就能扶贫。广州市妇联与当地妇联联合推动“锦绣协作”计划，5万个订单带动贫困户脱贫增收。广州产业投资基金管理有限公司在毕节设立“汇垠助学基金”，三年内重点资助纳雍、威宁、赫章深度贫困学生，首期100万元资助基金到位。广州市国有企业为两地贫困劳动力提供184个工种、796个岗位，601名两地户籍人员在广州市国有企业就业。

【携手奔小康】 广州10个区与毕节市、黔南州22个县（市、区）开展携手奔小康活动，各区党政主要领导22人次到结对县（市、区）开展调研对接，召开党政联席会议23次；57个街道（镇）与毕节市、黔南州61个乡镇结对帮扶，180个街道（镇、社区）与毕节市、黔南州264个村结对帮扶，459家企业与毕节市、黔南州555个贫困村结对帮扶。广州135所学校、54所医疗单位与毕节市、黔南州165所学校、50所医疗单位结对帮扶；举办贫困村致富带头人培训班，培训1566人，创业成功259人，带动1280人脱贫。

【扶贫宣传】　协调中新社、《南方日报》、《新快报》、广东电视台、广州电视台、凤凰新闻、腾讯新闻、《南方农村报》等主流媒体，分阶段分批次分专题深入两地帮扶一线调研采访宣传报道，讲好“扶贫故事”；以“非遗扶贫”“黔货出山”等主题为重点，制作专题宣传片和公益宣传广告，利用广州地铁21600多个视频终端和30个固定灯箱，对每天近800万人流量进行滚动宣传。

（广州市协作办公室　肖　坚）

广东省珠海市—云南省怒江傈僳族自治州东西部扶贫协作

【概述】 2018年，广东省珠海市对口云南省怒江傈僳族自治州（以下简称“怒江州”）东西部扶贫协作工作取得明显成效。珠海市各级政府、各部门、社会各界向怒江提供无偿资金及捐物折款共3.61亿元，其中省市区三级政府拨款2.45亿元，社会帮扶捐款（含捐物折价款）1.16亿元。帮助怒江州举办各类培训班104期，培训人员5666人次，其中培训党政干部650人次。2018年怒江州外出务工人员到珠海务工1021人。累计召开有党政主要领导、相关协作部门主要负责同志参加的两地联席会议3次。2018年珠海市国家东西部扶贫协作考核结果为“好”等次。

【扶贫资金投入】 2018年，珠海市与怒江州实施帮扶协作项目69个，珠海安排帮扶资金2.45亿元，涉及产业合作、劳务协作、易地扶贫搬迁、人才支援、培训交流等多个领域。珠海参与援建5个易地扶贫搬迁安置点和2个危房改造示范点，截至2018年底已基本完工，将解决1800户、6500名搬迁群众的住房安全问题。

【产业扶贫】 珠海依托怒江自然条件和资源禀赋，探索“分散组织生产、集中规模经营”模式，帮扶怒江发展特色产业，并引导怒江企业和合作社与州外企业建立产销合作机制，举办农产品展销会和建设电商平台等，搭建怒江名优特产品销售渠道，促进怒江特色产品销售。2018年帮扶实施高原反季节蔬菜、羊肚菌、重楼、草果、中华蜂、高黎贡山猪等种植养殖，以及农产品和中药材加工、民族服装加工扶贫车间，乡村农家乐旅游等45个产业项目，加上2017年跨年度和滚动发展的24个项目，累计实施产业帮扶项目69个，产业遍布怒江州122个村组，通过利益联结机制和吸纳务工就业等形式，受益建档立卡贫困户8288户、32102人，带动1748户、6730人增收脱贫。

【扶志扶智】 2018年，珠海以扶智强素质、扶志增信心为根本点，把扶志扶智融入日常帮扶工作之中，不断启发民智激发民志，为怒江脱贫攻坚拓宽思路。为帮助怒江补人才之短，解智力之困，珠海市加强对怒江干部队伍的支援帮带。2018年先后举办16个培训班，培训各级各类怒江干部650人；安排37名珠海市干部到怒江挂职，接收23名怒江干部到珠海市挂职。继续实施“墩苗计划”，选派2期“墩苗计划”19名学员到怒江4个边远乡镇开展驻点帮扶。落实“三同计划”，选派2批34名学员到怒江2个深度贫困村与群众“同吃同住同劳动”，接受“三同”锻炼。

扎实推进“一堂两班百校千人”教育帮扶工作，建设“粤教云”等智慧课堂71间、覆盖学校62所，选派66名教师到怒江9所学校支教，开设8个普通高中“珠海班”招收学生334名、初中“金湾班”“斗门班”招收学生113名，援建的格力小学幼儿园招收学生482名，安排两地64所学校结成35对对口帮扶关系，组织怒江教育人才328名到珠海市学习，选派珠海市教育人才32批次、175人次到怒江92所学校开展交流活动65场次。

【健康扶贫】 先后派出38名医疗人

员到怒江支医，完成了冠脉造影手术、起搏器植入术等多项“全州首例”，推广新技术70项，下乡义诊40场，诊治群众10000人次。制定结核病防治计划，举办4期“结核病防治技术培训班”，培训结核病防治人员349人，完成怒江结核病流行病学调查，共计调查2.44万人。开展“救心行动”，筛查并送至珠海市治愈33名儿童先心病例。鼓励社会力量参与健康帮扶，2018年4月，珠海市和佳医疗设备股份有限公司向州人民医院无偿捐赠了一批价值1100万元的医疗设备。

【劳务协作】 2018年，两地联合开展针对性和实用性较强技能培训70期，培训4084人次，开展劳务经纪人和创业致富带头人培训18期，培训932人。组织珠海市40余家企业赴怒江开展劳动力转移，举办各类招聘活动25场次，提供工作岗位26000个。强化政策激励，出台各类政策保障文件19份，设立智力帮扶基金，两地人社部门互设工作站，珠海全国首创建立实体性的“怒江员工之家”。2018年度共转移3645名贫困人口到广东就业（其中珠海1021人）；转移1551名贫困人口到其他地区就业；通过培训服务、产业带动等帮助1510名贫困人口实现就近就业。

【社会帮扶】 通过广泛宣传发动，珠海市已形成全民关注和参与怒江脱贫攻坚的社会合力。2018年共落实社会帮扶资金11631万元，其中企业10183万元，社会组织1132万元，个人316万元。

实施“百企帮百村”精准扶贫行动，充分发挥珠海市企业在助推怒江打赢深度贫困地区脱贫攻坚战中的积极作用。2018年，动员遴选148家企业与144个怒江深度贫困村进行结对开展帮扶工作，结对数占怒江深度贫困村总数的66.1%。

关爱特殊群体，实施无障碍改造工程，帮助50户残疾人家庭实现生活无碍化，通过产业帮扶带动680名残疾人就近就地就业和收益分红，转移10名有劳动能力的残疾人至珠海就业，帮助解决1名残疾儿童在珠海的特殊教育问题。

建立关爱基金，通过爱心组织及个人共出资1000万元，建立《怒江“青苗计划”之珠海市郑联通大学生资助基金》《珠海市吴惜娥江海情教育基金》及《民盟广东省珠海市江海情教育基金》3个基金，对232名怒江州2018级建档立卡本科生实施全覆盖，按每人每年5000元的标准连续资助4年。出资援建兰坪县通甸镇下甸村小学及泸水市大兴地镇鲁奎地小学，剩余资金由当地政府负责管理支配，每年以固定利息对泸水市和兰坪县的优秀教师及学生进行奖励。

【携手奔小康】 珠海市推动区县结对帮扶向乡镇、村基层延伸，大力开展区县、镇镇、村村结对帮扶探索，助力怒江解决扶贫“最后一公里”问题。2018年，珠海14个镇（街道）、4家国企与怒江18个贫困乡（镇）对接，8个村（居委会）、1家企业与怒江9个贫困村对接，并分别拟定了帮扶计划方案。市、区两级财政共投入1.07亿元，共43个考察团、300人次赴怒江对口县乡村开展帮扶工作。

（珠海市农业农村局扶贫协作与对口支援科　吴远宏）

广东省佛山市—四川省凉山彝族自治州东西部扶贫协作

【概述】 2018年，广东省佛山市对口四川省凉山彝族自治州（以下简称“凉山州”），从组织领导、产业合作、劳务协作、人才支援、资金支持、携手奔小康6大方面推进扶贫协作工作。2018年，佛山市委书记鲁毅3次到凉山州开展扶贫相关工作对接；佛山市向凉山州拨付财政资金6.85亿元；256家广东企业到凉山州进行投资考察，不少企业经过考察后确定投资项目并注册落地；佛山市在凉山州投资注册落地24家企业，遍布11个贫困县，实际投资额14亿元，吸纳贫困人口就业605人，一批带动性强、关联度高、辐射面广的产业项目开工建设。佛山还利用新增资金5000万元开展11个贫困县新型农民素质提升培训，并结合劳务输出佛山的需要安排课程内容，培训37941名贫困人口。2018年，佛山市向凉山州11个贫困县各增派一名处级干部挂任县委常委、副县长，实现对凉山州11个贫困县派驻处级干部全覆盖，广东省与佛山市派驻在凉山州开展扶贫协作的干部达33名。2018年共派出医生、老师等专业技术人员172名。组织195名教师、医生和规划建设人才到凉山州开展短期技术指导交流活动。

【扶贫资金投入】 2018年，佛山市向凉山州拨付财政资金6.85亿元，动员企业、社会组织和个人向凉山州无偿捐助310笔资金共5772.44万元，其中捐款5079.28万元，捐物价值693.16万元。

【工作机制】 2018年，佛凉两地签署《广东佛山市——四川凉山州全面深化扶贫协作协议》，佛山市还印发《广东（佛山）对口凉山扶贫协作2018年度计划》；资金方面，佛山市联合凉山州出台《凉山州人民政府、佛山市人民政府关于印发广东（佛山）对口凉山扶贫协作资金管理办法的通知》，明确专项资金的使用与监管；消费扶贫方面，佛山不断加大“以购代捐”凉山农特产品力度，出台《关于印发2018年佛山市对口凉山州农业产业扶贫协作补助扶持实施方案的通知》，对线上和线下批发、开设直销店等方式销售凉山农特产品的，均予以财政资金补贴，促进佛凉农特产品产销对接；劳务协作方面，佛山下发《关于进一步做好接收凉山籍务工人员工作的通知》，并出台《佛山市—凉山州劳务协作一次性生活补助资金使用管理办法》。

【帮扶项目】 2018年佛山财政援助资金主要用于安全住房建设、产业发展、劳务输出、人才支持、学前学会普通话、防艾体系、助残等161个项目建设。佛山对口凉山扶贫协作工作把援建安全住房建设作为工作点，2016—2018年投入资金3.7亿元，共为18103名贫困户解决安全住房问题，援建安全住房4243套，其中2018年1320套。

【产业扶贫】 为弥补由于产业配套不足及运输成本高等问题导致广东企业落地凉山信心不足的短板，佛凉两地有关部门沟通会商，促成凉山州出台《关于以奖代补鼓励广东企业来凉山投资的管理办法（试行）》，对在凉山州11个贫困县注册落地的广东企业按照企业实际投资额的20%予以奖补支持，单个企业的最高奖励可达600万元。对落地企业招收当地贫困户就业还给予每月 300 元用工补助。奖补资金均从广东（佛山）对口凉山财政援助资金中支出。佛山市也出台政策安排专项资金 300 万元，用于补贴佛凉农业合作项目。

【消费扶贫】　佛山不断加大“以购代捐”凉山农特产品力度，在佛山各类展会、美食节设立凉山农特产品专馆，在佛山各区举办 8 场凉山农特产品义卖活动，提高凉山农特产品认知度和认可度。发动佛山市各级机关、企事业单位、采购商、广大市民支持凉山农特产品“以购代捐”活动。佛山已开设凉山农特产品展销店和专柜达 30 家、凉山畜牧产品批发店和加盟店 10 家，利用本来果坊网、小农丁等电商上线凉山农特产品 100 多种。通过 1 年来的大力推动，2018 年“以购代捐”帮助凉山贫困群众销售 1.1 亿元农特产品，带动贫困人口脱贫 797 人，并签订 2018—2020 年 4.2 亿元认购协议。

【扶志扶智】　2018 年派出医生、老师等专业技术人员 172 名，探索组团式医疗、教育帮扶模式。组织 195 名教师、医生和规划建设人才到凉山开展短期技术指导交流活动。加大对凉山干部、人才培训力度，举办 17 期党政干部培训班，共培训凉山州各级党政干部 752 人，培训凉山州老师、医生、辅导员等专业技术人员 8529 人。

【劳务协作】　2018 年，佛山市与凉山州多次出台奖补政策文件，调动凉山劳务人员到佛山务工积极性，通过政府组织，向佛山成功输出劳动力 6718 人，其中建档立卡贫困人口 6159 人。利用广东（佛山）新村公益岗位、产业合作项目及财政资金投入产业项目就业等途径安排就地就业 1647 人。

【携手奔小康】　佛凉两地不断拓展携手奔小康的广度和深度，佛山与凉山的区县、乡镇、村村、村企结对实现全覆盖。2018 年新增结对乡镇 11 对，结对村居 8 对，结对村企 112 对，另安排佛山 15 家医院与凉山 11 家医院开展结对、佛山 28 所学校与凉山 27 所学校结对。推动凉山致富带头人培训工作，2018 年共为凉山举办 11 期致富带头人培训班，培训致富带头人 1238 人，其中创业成功 19 人。

（广东省佛山市扶贫开发办公室
彭焱明）

广东省中山市—云南省昭通市东西部扶贫协作

【概述】 2018年，广东省中山市深入推进对口云南省昭通市东西部扶贫协作工作，落实对口帮扶昭通市财政援助资金1.85亿元。领导考察互访78人次（其中东部地区到西部地区56人次，含省级1人次、地厅级15人次；西部地区到东部地区22人次，地厅级6人次）。帮助建档立卡贫困人口脱贫50709人，帮助贫困残疾人脱贫1283人。建设完善扶贫民生项目156项，人才交流10701人次，派驻挂职干部和人才支援121人次，其中党政干部13人、专业技术人才108人。

【扶贫资金投入】 2018年，中山市加大财政投入力度，落实财政援助资金累计1.85亿元，主要用于实施产业发展、劳务协作、村卫生室和危房校舍改造等扶贫项目156个，帮助昭通建档立卡贫困人口脱贫50709人，惠及贫穷困难群众20余万人。县均投入财政援助资金4625万元，接受社会帮扶资金1.25亿元。

【工作机制】 2018年，中山市选派4名处级干部到昭通4县挂职县委常委、副县长，结束对口帮扶县没有派驻挂职干部进入党政班子的局面。7月底，成立广东省第六扶贫协作工作组，由中山市派员组成，选派中山市人大常委会副主任、中山市总工会主席蔡宏任工作组组长，并进入昭通党政班子挂任昭通市委常委、副市长。2018年，中山派驻昭通共有党政干部13人，其中厅级1人，处级5人，科级及以下7人。先后制定出台《中山市东西部扶贫协作三年行动计划（2018—2020）年》《中山市支持深度贫困地区脱贫攻坚实施方案》《中山市对口帮扶昭通市"攻坚克难"实施方案》和《关于进一步加大就业创业扶贫政策支持力度着力帮扶建档立卡贫困劳动力就业创业的通知》等指导性文件，为两市扶贫协作做好制度性安排。

【健康扶贫】 组织中山、昭通两地医疗人才培养交流、医院结对、组团医疗义诊等帮扶活动，选派技术好、职称高、能力强的医疗专家在昭通设立工作站，建立远程医疗会诊系统，让老百姓在家门口就能享受到中山市医疗专家的诊治医疗。对口医疗帮扶中，中山医疗专家不仅填补了对口帮扶县医院心血管、儿科、骨科等多项专科空白，还发现并解决多个疑难杂症。

【社会帮扶】 发动社会各界力量，中山市各级党委政府、各个部门、企事业单位、社会组织团体、爱心人士等助力昭通脱贫攻坚。香港嘉华建材集团、澳门中山慈善义工协会、中山市爱兰基金会、完美（中国）有限公司等台湾香港澳门同胞和海外华人华侨积极到昭通捐款捐物献爱心800万元。中山市民政局组织经济类社会组织到昭通开展产业合作、民政救济等社会帮扶。共青团中山市委、中山市残联、市工商联、慈善总会、红十字会等都主动为昭通捐款捐物。很多企业家、社会组织、协会、热心人士也主动联系困难群众开展帮扶活动。

【产业帮扶】 推动粤滇产业园建设，协调组织中山卉盛农业发展有限公司、云南顺华智能科技有限公司、中顺洁柔纸业股份有限公司、东莞市鸿宝光电有限公司、碧桂园控股有限公司等100多家企业到昭通考察洽谈，共引进中山卉盛农业发展有限公司、中山兴中集团有限公司、素果（中山）食品科技有限公司、中山市中智药业集团有限公司、中山亿利投资有限公司、澳洲安格斯能繁母牛扩繁、大关农产品冷链加工物流基地建设、大关高原原生态蔬菜基地等11个产业项目落地，引导企业实际投资额5.21亿元。企业通过投资兴业、发展产业、吸纳就业、建立利益联结机制等带动贫困人口脱贫13412人。援建扶贫车间5个，吸纳就业68人，其中建档立卡贫困户41人。促成中山食源食品配送、逸仙堂中药等采购、销售大宗农特产品价值742.75万元，带动贫困户脱贫6044人。

【扶志扶智】　聚焦职业教育联合办学，中山市职业学校以“0＋3”模式（中山市职业学校招收昭通户籍初中毕业生，在中山市就读3年，毕业后推荐在当地就业），招收昭通籍初中毕业生1150人（其中建档立卡贫困学生803人）在中山8所中职中技院校就读，并为昭通籍学生提供学费、住宿费、交通费、生活费等补贴共计2763万元，毕业后推荐在中山就业。中山职业技术学院采取“3＋1”模式（前3年在昭通市就读，最后1年在大学实习），共招收昭通学生61人（其中建档立卡贫困学生12人）。两地干部开展互访500人次，互派干部培训班8期、355人次。提出人才支援昭通“百人计划”，在2017年支教、支医人才帮扶11人的基础上，增加选派农业、国土、住建、规划等领域的专业技术人员到昭通开展人才支援。中山采取长期挂职1年和短期支持1个月的方式，共选派108名专业技术人员到昭通开展为期至少1个月的人才支援。将贫困户劳动技能培训与劳务输出结合起来，安排专项资金聚焦贫困人口开展有针对性的技能培训，实现授人以渔实现精准就业。中山与昭通、东莞一起共同推动形成了“四精准四协同”（即聚焦精准对接，实现机制协同；聚焦精准组织，实现动员协同；聚焦精准推动，实现市场协同；聚焦精准落地，实现稳岗协同）劳务输出的昭通经验。

【残疾人帮扶】　签订《对口帮扶贫困残疾人协作协议》，把开展贫困残疾人扶贫行动纳入对口扶贫协作大局，加大对贫困残疾人康复、特殊教育、技能培训和就业创业扶持等精准帮扶力度，通过采取特色产业、技能培训、扶贫车间、合作社带动、社会帮扶等措施助力残疾贫困人口增收脱贫。要求派驻挂职干部必须定期走访慰问残疾困难群众，及时为他们排忧解难、提供力所能及的帮助。拨付东西部扶贫协作专项资金开展残疾贫困人口技能培训，让他们掌握一技之长，增强谋生手段。搭建残疾贫困户就业创业平台，通过政府补贴、购买服务、设立公益岗位等多种方式，为贫困残疾人提供就业创业岗位，并要求资产收益扶贫项目优先安排贫困残疾人家庭。永善县17名残疾大学生每人获东西部扶贫协作社会帮扶资金资助5000元，实现永善县在读贫困残疾大学生资助全覆盖。2018年，帮助昭通贫困残疾人脱贫1283人。

【携手奔小康】　组织全市25个镇区组成4个组团，全部参与结对帮扶昭通4县，并发动中山村（社区）、企业参与“万企帮万村”活动，实现对口帮扶县182个深度贫困村村企结对帮扶全覆盖。结对帮扶村企已全部签订帮扶协议，4万～10万元帮扶资金陆续到账，结对单位通过考察慰问、劳务输出培训、农产品收购、重点民生项目支持、社会捐助等开展帮扶活动。中山市委党校、中山职业技术学院、中山16所中小学、7所三甲医院分别与昭通市委党校、昭通学院、4县14所学校、6家医院等签订结对帮扶协议。

【扶贫宣传】　协调《南方日报》、《中山日报》、中山广播电视台、“中山发布”

微信公众号、《昭通日报》、昭通广播电视台等媒体聚焦两地帮扶一线深入开展宣传报道，发布“乌蒙路博爱情”微信公众号推文 62 期，编印《工作简报》183 期、《2018 年中山对口昭通东西部扶贫协作工作汇编》和《广东中山—云南昭通东西部扶贫协作工作纪实》，讲好中山昭通东西部扶贫协作故事。

（广东省第六扶贫协作工作组
三小峰）

广东省东莞市—云南省昭通市东西部扶贫协作

【概述】 2018 年，广东省东莞市、云南省昭通市的东西扶贫协作重点在产业合作、劳务协作、职业教育、人才支援、干部互派、携手奔小康行动等方面，全年东莞市镇两级财政共向昭通投入 2.57 亿元，实施协作项目 515 个；举办劳务协作培训班 56 期，帮扶贫困户劳务就业 13798 人次；引导企业 48 家，实际投资 4.87 亿元；选派专业技术人员到昭通挂职 64 人次，接收昭通专业技术人员到东莞学习 281 人次；发动社会捐款捐物 1.52 亿元，发动 312 家企业参与“万企帮万村”行动。2018 年累计带动贫困人口 2.8 万人次，帮扶项目受益贫困人口超过 20 万人。

【扶贫资金投入】 2018 年，东莞投向昭通的财政援助资金为 2.57 亿元，其中 99.6%的资金投向深度贫困地区，实施项目 515 个，其中工程建设资金 1.33 亿元，用于建设 106 个贫困村卫生室及 238 个卫生室配套设备，为 22 间偏远贫困山区中小学修建宿舍或进行修缮，建设贫困村道路 47.83 千米，为 15426 户贫困户建设安全饮水改善工程；产业帮扶资金 5217 万元，用于发展苹果产业、蔬菜种植业及村集体经济建设；劳务协作资金 990.8 万元，用于贫困户就业稳岗补贴；职业教育帮扶资金 6248.01 万元，用于昭通籍初中毕业生定向招生的培养经费和贫困生补贴。

【工作机制】 2018 年，东莞市党政负责人有 6 人次赴昭通开展调研对接工作，召开市委常委会、市政府常务会、全市性大会等 6 次，专题研究东西扶贫协作工作。制定出台《关于支持深度贫困地区脱贫攻坚的实施方案》《东莞·昭通扶贫协作三年行动的实施方案（2018—2020 年）》。制定《东莞·昭通扶贫协作 2018 年工作计划》，细化形成 2018 年 6 大类 64 项具体任务清单。

【社会帮扶】 2018 年，东莞各界人士继续响应号召参与东西部扶贫协作，为昭通的教育、卫生、交通等民生事业贡献力量，全年向昭通捐资捐物 1.52 亿元；有 312 家企业参与“万企帮万村”行动，结对帮扶昭通 6 县区、211 个贫困村。东莞市教育、卫生、农业等系统派出 64 名老师、医生、农技等领域专业人才赴昭通挂职帮扶，帮助昭通培训教育、医疗卫生等专业技术人才 857 人次。

【健康扶贫】 开展“名师走进昭通”“最美天使”医疗志愿者义诊等活动，派出短期支援人才 56 人次。开展学校医院结对帮扶，发动东莞 29 所学校结对帮扶昭通 26 所学校，16 家医院结对帮扶昭通 12 家医院。

【产业扶贫】 2018 年，东莞协助昭通推介招商，组织东莞企业赴昭通考察，协助昭通在东莞的 21 世纪海上丝绸之路博览会、中国（东莞）国际科技合作周、2018 第四届东莞农产品博览会等大型展会上开展招商推介活动。2018 年促成东莞市立时电子有限公司等 48 家企业落地昭通，实际投资 4.87 亿元，带动 4487 名贫困人口就业增收。开展集中产销对接活动，通过“市场 + 企业 + 合作社（农户）”等模式，促成广东省东莞国药集团有限公司、东莞市泽景果品物流园有限公司等一批企业到昭通采购天麻、苹果等，采购额4592.69万元，带动贫困人口脱贫4085人次。

【劳务输出】 2018年，东莞完善对接机制，发动市场力量，组织120多家中介服务公司、大中型企业赴昭通招聘，全年向昭通提供就业岗位22万个。协作举办就业培训班56期，培训4577人次，帮助贫困人口转移就业13798人次，其中转移到广东省11274人次，转移到东莞6337人次。

【教育扶贫】 2018年，东莞进一步推进职业教育“0＋3”模式，即由公办职业学校招收昭通籍初中毕业生，在东莞就读3年，毕业后推荐在当地就业，努力隔断贫困代际传递，2018年招生1847人，是云南省历年来接受教育帮扶单次招生规模最大的一次，两市结对以来2193名昭通籍学生在东莞就读。

【携手奔小康】 2018年东莞继续深化携手奔小康行动，开展组团式结对帮扶，在国家确定的“6对6”关系基础上，主动增加16个镇街参与，分为6个组团开展携手奔小康行动，对口昭通的6个县区每个有3～4个镇街进行帮扶。2018年，22个镇街对昭通投入财政资金1475.5万元，结对帮扶贫困乡镇28个、深度贫困村30个，帮助培训致富带头人627人次，在公共基础设施、产业、教育、劳动力培训输出等方面做了大量工作。

（广东省第五扶贫协作工作组
郭　佳）

二、定点扶贫

综　　述

为深入学习贯彻习近平总书记关于扶贫工作的重要论述，认真落实《中共中央 国务院关于打赢脱贫攻坚战三年行动的指导意见》，2018 年 9 月 17 日，国务院扶贫开发领导小组举办中央单位定点扶贫工作推进会，总结交流近年来定点扶贫工作的成效与做法，安排部署下一阶段重点工作。会上，288 家中央单位向国务院扶贫开发领导小组签署了 2018 年定点扶贫责任书，进一步明确了各单位定点扶贫工作的目标任务和工作内容。12 月 26 日，国务院扶贫办会同中共中央组织部、中共中央统一战线工作部、中共中央和国家机关工作委员会、中共中央军事委员会政治工作部、教育部、中国人民银行、国务院国有资产监督管理委员会 7 家定点扶贫牵头部门联合印发《2018 年脱贫攻坚成效考核有关事项的通知》，并组织开展中央单位定点扶贫工作正式考核，通过考核，激励先进，鞭策后进，进一步压实中央单位的帮扶责任，加大帮扶力度。

2018 年，中央定点扶贫单位深入学习习近平总书记关于扶贫工作的重要论述，认真贯彻落实中共中央、国务院脱贫攻坚决策部署，首次签署定点扶贫责任书并超额完成承诺事项，工作机制更加健全，帮扶举措更加精准，帮扶力度进一步加大，定点扶贫工作取得了突破性进展。据统计，2018 年，各单位主要负责同志到定点扶贫县调研 540 人次，其他领导班子成员到定点扶贫县调研 1104 人次，是 2017 年的 1.34 倍。各单位共选派挂职扶贫干部 1131 名，是 2017 年的 1.73 倍，驻村第一书记 554 名，是 2017 年的 1.49 倍。各单位直接投入和帮助引进帮扶资金 170.8 亿元，是 2017 年的 2.48 倍。帮助培训基层干部和技术人员 42.3 万名，是 2017 年的 1.23 倍。为定点扶贫县引进企业 1079 家，实际投资 329 亿元，扶持定点扶贫县龙头企业和农村合作社 3209 个，带动 114 万贫困人口脱贫。2018 年，全国有 125 个贫困县宣布脱贫摘帽，其中有 57 个县是中央单位的定点扶贫县。中央单位有 7 名个人、6 个集体获得 2018 年脱贫攻坚奖。

（国务院扶贫办社会扶贫司　周晓云）

中国人民政治协商会议全国委员会办公厅定点扶贫

【概述】 2018年，中国人民政治协商会议全国委员会办公厅（以下简称“全国政协办公厅”）定点帮扶安徽省舒城县、阜阳市颍东区，投入帮扶资金204.02万元；引进帮扶资金2335.88万元；累计培训颍东区技术人员2115名，培训舒城县、颍东区基层干部90名；购买扶贫县区农产品44万元，帮助销售农产品32万元；帮助引进扶贫企业，吸纳贫困人口就业增收，推动农村电子商务成为定点县精准扶贫、农民增收和区域经济社会发展的新动能、新引擎。

【扶贫资金投入】 全国政协办公厅共投入帮扶资金204.02万元，其中，捐赠舒城县师范学校100万元；从机关清理收缴党费中安排40万元，作为脱贫攻坚专项资金，划拨舒城县、颍东区挂职扶贫干部联系的贫困村；人民政协报社向舒城县贫困家庭学生捐助1.44万元、向颍东区贫困家庭学生捐助1.2万元、捐赠价值1.38万元的文具、出资60万元捐建杨楼孜镇中心校音乐教室1间与科技教室1间、枣庄镇中心校计算机教室1间。

全国政协机关党委根据《中央组织部关于党费收缴工作专项检查中清理收缴的党费使用有关问题的通知》要求，明确帮扶资金使用范围、用途，由扶贫县区组织部门制定资金使用的具体方案报全国政协机关党委备案，并做好具体资金使用的监管工作。

【扶贫调研】 2018年5月，全国政协副主席郑建邦率全国政协考察团到舒城县专题调研绿色发展工作。6月，全国政协副主席马飚率全国政协重点提案督办调研组到舒城县调研绿色发展和脱贫攻坚工作，看望慰问机关挂职扶贫干部，听取脱贫攻坚工作情况汇报。9月，全国政协副主席兼秘书长夏宝龙率调研组赴舒城县调研精准扶贫工作，走访贫困农户，慰问贫困学生，看望挂职机关干部，并召开座谈会，研究舒城县精准脱贫工作。全国政协常委、农业和农村委员会副主任陈雷，时任中央纪委国家监委驻全国政协机关纪检监察组组长周新建共同参加调研。10月，全国政协副秘书长刘家强率中央信访工作督查组一行到舒城县深入华夏杭埠产业新城、胜利精密制造公司和青墩村调研脱贫攻坚工作，并看望全国政协机关在舒城挂职干部。

【扶贫工作会议】 全国政协机关扶贫工作领导小组于4月、6月两次召开专题工作会议，研究布置2018年度精准扶贫工作和定点扶贫整改工作，制定精准扶贫项目责任清单，全面贯彻落实整改意见。增补农业和农村委员会办公室（新设立）、新闻局、人民政协报社为机关扶贫工作领导小组成员单位，成员单位数量达到12家，且领导小组成员均由单位主要负责同志担任，进一步加强机关定点扶贫工作领导力量，完善扶贫工作体制机制，形成齐抓共管工作合力。

【扶贫干部培训】 通过中国电子商务协会电子商务大讲堂举办电子商务培训班，累计培训颍东区技术人员2115名。通过“政协委员讲堂”、赴兰考参观培训等活动培训颍东区基层干部50名；通过全国政协干部培训中心第120期、121期委培班，培训舒城县、颍东区基层干部40名。

【干部挂职扶贫】 继续开展“双向挂职”，充实壮大扶贫工作力量。认真做好挂职扶贫干部选派工作，9月，从机关年轻处级干部中遴选2名业务骨干，替换2名挂职期满扶贫干部，赴2个定点扶贫县区开展为期2年的挂职帮扶。同时结合贯彻中共中央组织部《关于进一步加强和改进选调生工作的意见》精神，安排2名机关选调生到颍东区挂职锻炼，参与定点扶贫工作。挂职干部们扎根基层、奋战一线，当好全国政协机关扶贫工作的联系人，沟通、协调相关部门，落实扶贫方案。舒城县、颍东区第六批选派到全国政协挂职学习的4名干部，在完成本职工作的同时，参与定点扶贫联络服务工作，为服务家乡发展建设做出贡献。

【扶贫宣传】 充分利用宣传媒介资源，广泛宣传推介扶贫工作。利用全国政协办公厅所属人民政协报（网）、中国政协杂志（网）等新闻媒体资源，对定点帮扶地区开展集中采访调研，在人民政协报（网）开设专栏，宣传推介扶贫先进个人、扶贫典型事迹、扶贫新模式新项目，全年累计刊发颍东、舒城扶贫工作相关报道20余篇。协调中央主要新闻媒体和重点新闻网站通过“报网端微”等不同形式宣传推介定点扶贫县扶贫工作。人民政协报（网）、中国政协杂志（网）、百度网、人民网等刊登定点帮扶地区的宣传推介文章及招商信息等，重点宣传推广当地旅游资源、合作项目、文化产业教育信息以及特色农副产品、特色手工艺品。

【产业扶贫】 联系“锦绣江山全国联合旅游年票一卡通”公司，将舒城县万佛湖（5A级）、万佛山（4A级）两个旅游景区纳入该公司年票目录，利用该旅游年票每年在全国500万份的发售量，助推舒城县旅游产业发展。帮助推动颍东区与北京京东世纪贸易有限公司合作，研究建设京东皖北分公司、皖北仓储中心、电商扶贫特色馆等项目。

【消费扶贫】 2018年9月，全国政协举办舒城县、颍东区绿色农产品、特色工艺品展销推介活动，现场销售及网络预订贫困户农副产品和特色手工艺品共计21万余元。11月，举办“情系大别山 品茗小兰花”专场推介活动，现场销售预订舒城县特色农产品——“小兰花茶”共计11万余元，获得在京委员的普遍关注，取得良好的推介效果。

【教育扶贫】 在教育扶贫方面，助推安徽省舒城师范学校升格为“安徽大别山幼儿师范高等专科学校”，着力解决皖西大别山贫困地区幼师短缺难题。协调有关单位、部门、企业为贫困村学校建设多媒体等专业教室，对贫困家庭学生进行资助，捐赠计算机、打印机、复印机等办公设备以及书籍和体育文化用品。6月，人民政协报社组织84名党员、1个党支部开展“情系学子帮扶贫 捐资助学献爱心”结对子帮扶活动，募集到49150元爱心结对资助款，确定2个定点扶贫县区的44名贫困学生作为“结对”资助对象，给予每人每年600元的生活资助。

【社会力量帮扶】 联系中国国民党革命委员会、中国民主同盟爱心人士向舒城县马河口中心学校捐赠总价值13万元的物资（空调12台、校服145套）；联系民生加银基金管理有限公司捐赠20万元建设舒城县建档立卡贫困村大桥村党群服务中心；联系海通证券股份有限公司捐赠36.88万元救助舒城贫困家庭20名先天性心脏病患儿；协调有关单位帮助颍东区成功申报电子商务示范区，获得2000万元帮扶资金；联系飞蚂蚁环保公益平台向颍东区捐赠50万元扶贫物资；联系中国制笔协会向颍东区贫困家庭学生捐赠价值186万元的文具和其他学习用品；联系社会爱心企业、机关图书馆和部门职工向颍东区捐赠价值30万元的物品。

（中国人民政治协商会议全国委员会
办公厅 苏成峰）

中共中央对外联络部定点扶贫

【概述】 2018年，中共中央对外联络部（以下简称“中联部”）定点帮扶河北省行唐县，2位部领导、6位局领导、10位处级干部以及5批约80人次调研培训团（组）赴河北省行唐县调研定点扶贫工作并接受国情教育，选派1位干部赴行唐县挂职县委常委、副县长，1位干部驻行唐县东井底村任第一书记。应行唐县委要求，安排1位行唐县干部到中联部机关党委挂职。直接投入44万元，帮助引进各类资金4564.5万元，项目涉及工业、农业、水利、基础设施、文化教育、医疗卫生等，推动行唐县经济社会发展和脱贫攻坚工作。

【扶贫资金投入】 2018年，中联部在行唐县直接投入44万元，帮助引进各类资金4564.5万元。其中，引进峪口禽业行唐蛋种鸡产业扶贫养殖示范项目3000万元；促成北京大地津泰会计师事务所捐助20万元，在行唐县东井底村建立村级互助福利院；促成著名运动员钱红等投资1079万元，在行唐县建成钱红游泳馆。引进日本社民党活动家代表团暨“日中友好21之会”植树代表团赴行唐县植树，捐赠1.6万元；引进霍洛基金会防盲治盲项目资金60万元；引进在京返乡创业人员资金300万元，在村里建设仓储办公中心；中联部—中国人保行唐县教育扶贫基金捐赠103.9万元，资助学生287人。

【扶贫调研】 2018年2月，中联部副部长王亚军一行6人赴行唐县走访慰问贫困户和老党员，并看望中联部挂职干部。先后听取行唐县、行唐县东井底村脱贫攻坚工作汇报，代表中联部为东井底村敬老院和党员之家分别捐赠床上用品和图书及文具；走访慰问5户贫困户和老党员；考察中联部2016年以来援建的青岛保税港区行唐功能区、东井底村党员之家、面粉加工厂、敬老院等项目。4月，原中联部副部长，现全国政协外委会副主任、中国国际交流协会副会长刘洪才一行4人率“日中友好21之会”植树代表团19人到行唐东井底村植树，并为学生捐赠价值1.6万元的文具。

【扶贫会议】 2018年5月，京津冀协同发展产业精准扶贫研讨会暨蛋种鸡项目启动奠基仪式在行唐县举行。5月23日，中联部副部长钱洪山会见行唐县委书记杨立中一行，座谈交流扶贫工作。

【扶贫宣传】 2018年4月，《光明日报》以“把事做到村民心坎上——中联部驻河北行唐东井底村第一书记李双伍扶贫工作记”为题，就李双伍同志在行唐县东井底村工作情况作报道。《人民日报》、《农民日报》、《北京日报》、央视7频道等权威媒体对由中联部牵线搭桥促成的蛋种鸡项目落户行唐县进行报道。

【干部挂职扶贫】 2018年，中联部在2016年选派干部赴行唐县挂职2年期满后，继续安排1位干部赴行唐县挂职县委常委、副县长，接替上一任挂职干部工作，协管全县扶贫和农业工作。同时，按照行唐县委要求，安排1位行唐县干部赴中联部机关党委挂职，助推定点扶贫工作。

【教育扶贫】 2018年，中联部—中国人保行唐县教育扶贫基金资助103.9万元，对287名升入普通高校（含职高）的贫困学生给予一次性补助。完成中国青少年发展基金会为行唐捐赠200万元的语音教学设备的招投标工作。

【健康扶贫】　2016年4月至2018年5月，协调完成澳大利亚霍洛斯基金会在行唐县开展的防盲治盲项目，资助总金额为100万元，对50周岁以上中老年人及中小学生免费进行眼科疾病筛查，共筛查中老年人64591人、中小学生30663人，进一步提高群众眼科自我保健意识，收到良好的社会效益。其中，2018年资助60万元，培训医务人员391人。

【文化扶贫】　2018年4月，促成钱红游泳馆在行唐县竣工，著名运动员钱红等投资1079万元。

【生态扶贫】　促成“日中友好21之会”植树代表团连续3年赴行唐县义务植树。2018年，资助1.6万元，在行唐县种下200棵友谊之树、扶贫之树，并向小学生捐赠学习用品。引进在京返乡创业人员资金300万元，在行唐县东井底村建设仓储办公中心。

【产业扶贫】　2018年，促成峪口禽业有限公司蛋种鸡项目落户行唐。该项目首期投资金额2.3亿元，建设100万套蛋种鸡示范园区，建成后将实现蛋鸡养殖自动化、管理智能化，成为世界单体最大的蛋种鸡项目，每年可向社会提供优质商品代健母雏8000万只，并可提供就业岗位1000个、带动3598户建档立卡贫困户脱贫，贫困户每年获得10%的保底收益+10%的分红收益。

【水利扶贫】　经中联部协调水利部，行唐县地下水超采综合治理地下水高效节水灌溉项目、地下水超采综合治理地表水节水灌溉项目、农业综合开发口东灌区节水配套改造项目和行唐县规划设计抗旱应急水源、郜河防洪整治、沙南灌渠综合整治等一批重大水利项目先后建成，使行唐县纳入“十三五”规划内的建档立卡贫困人口8500人中的8100人饮水安全问题得到解决。

【扶贫创新】　推进形成政府拨款、企业建设、村集体收益的合作新模式。一是促成北京大地津泰会计师事务所捐助20万元，在行唐县东井底村建立村级互助福利院，形成“20万元捐助+20万元配套+35万元赞助”的东井底村互助福利院的建设新模式，将使村里24名五保户和低保户受益。二是形成面粉加工厂合作新模式。利用中联部老同志个人捐款20万元，在行唐县东井底村建立面粉加工厂，形成“20万元捐款+19万元配套资金+10万元村民免费资助”的合作新模式，该项目于2018年底竣工投产。

【扶贫培训】　2018年，安排行唐县2名年轻干部赴中国农业大学学习。协调相关机构，培训技术人员总计459人，其中，果树技术培训21人次，养老护理培训47人次，引进弗雷德·霍洛斯基金会重点对行唐县三级医疗机构及眼病患者讲授眼科疾病知识，培养出1名可以独立开展白内障手术的医生，培训乡镇卫生院医生34人，培训村卫生室人员351人，合计391人。

（中共中央对外联络部机关党委
赵玲娟）

中共中央政法委员会定点扶贫

【概述】 2018年，中共中央政法委员会（以下简称“中央政法委”）定点帮扶内蒙古自治区扎赉特旗。中央政法委主要负责同志和领导班子成员2018年全部赴扎赉特旗开展扶贫调研；帮助扎赉特旗协调落实“111国道”乌兰浩特至新林北段公路升级改造项目（预算投资5.5亿元）、扎赉特旗至阿尔山旅游公路七家子至喇嘛洞大桥段公路提质改造项目（预算投资4.8亿元）和万头安格斯牛养殖屠宰加工项目（预算投资2亿元）；直接帮扶重点地区困难群众77户243人，已帮助其中70户、225人实现脱贫；帮助扎赉特旗将贫困人口从最多时的14.2万人减少到2018年底的3614人，贫困发生率降至1.16%，达到退出贫困县序列标准。2018年12月，内蒙古自治区已对扎赉特旗进行了评估验收。

【扶贫资金投入】 2018年，中央政法委通过直属单位捐赠、特殊党费等形式为扎赉特旗筹措扶贫资金61万元，重点用于扎赉特旗巴达尔胡嘎查抓党建促脱贫、扶贫产业发展等方面工作；从业务经费中向扎赉特旗支持150万元用于反邪教相关工作；协调交通运输部、内蒙古自治区交通厅等有关部门，帮助扎赉特旗落实“111国道”升级改造项目资金1.6亿元。

【扶贫调研】 2018年7月，中共中央政治局委员、中央书记处书记、中央政法委书记郭声琨赴扎赉特旗调研定点扶贫工作。中央政法委秘书长陈一新和5名副秘书长也分期分批在2018年全部赴扎赉特旗开展扶贫调研。9月陈一新在扎赉特旗调研时，提出“产业扶贫、电商扶贫、生态扶贫、就业扶贫、搬迁扶贫、健康扶贫、教育扶贫、兜底扶贫”8项重点帮扶举措，并对落实好扶贫责任、扶贫干部、扶贫项目、扶贫业务工作与扶贫资金作出具体要求。

【扶贫工作会议】 2018年，中央政法委先后4次召开秘书长会议，研究部署扶贫工作、制定相关工作计划。7月，召开中央政法委机关下半年工作推进会，定点扶贫作为政法工作“十大抓手”之一，与政法业务工作一同进行安排部署，将定点扶贫任务分解精准到年、精确到人，要求各业务局分工履责，将定点扶贫同业务工作一并研究、一并部署、一并落实。

【扶贫干部培训】 为进一步提升扎赉特旗政法干部服务脱贫攻坚工作水平，9月，中央政法委在扎赉特旗举办政法干部服务脱贫攻坚专题培训班。培训班共3天，扎赉特旗各级政法干部600人参加，中央政法委领导、有关业务局负责同志以及公安大学教授等进行授课，并邀请其他地区政法干部进行经验交流。为提升深度贫困地区护林员业务技能，12月，中央政法委在扎赉特旗巴达尔胡镇组织护林员培训会，联系扎赉特旗林业局相关技术人员进行授课，培训全镇护林员53名。中央政法委还提供护林员培训经费1万元予以支持。

【干部挂职扶贫】 2018年，中央政法委在组织全体干部自愿报名基础上，经过挑选考察，选派1名干部挂职扎赉特旗副旗长；选派1名干部任扎赉特旗巴达尔胡嘎查第一书记。8月，完成挂职干部和第一书记工作交接。同时，中央政法委通过健全完善相关制度机制，加强对扶贫挂职干部的考核、管理、保障，积极落实待遇政策，保障扶贫挂职干部心无旁骛做事情、干工作。

【扶贫资金管理】　中央政法委健全扶贫资金监管机制，要求挂职干部定期督查定点扶贫县扶贫资金使用情况及相关项目进度。驻村扶贫干部按要求建立帮扶资金管理制度，规定：帮扶资金存入专门账户，由镇农业经营管理站代为管理；资金使用时必须征求村“两委”班子成员意见，其中大额资金使用需村“两委”班子开会集体研究讨论且半数以上同意；资金使用情况要及时公示。

【产业扶贫】　中央政法委根据扎赉特旗草原和水资源丰富、适合牛羊养殖的优势，协调引进北京祥达瑞林农业科技公司，在扎赉特旗投资建设万头安格斯肉牛养殖屠宰加工项目，计划总投资超过2亿元，建设内容为养殖肉牛15000头，建设牛舍、饲料加工车间、屠宰加工生产线等。该项目已于2018年11月正式签约，根据估算，项目建成运营后，仅养殖环节即可实现年产值2.2亿元，安置就业200人左右。直接受益农户数可达3万~4万户，造福群众约10万人。

【基础设施建设】　中央政法委帮助扎赉特旗协调“111国道”乌兰浩特至新林北段公路升级改造项目，项目计划建设里程165千米，预算投资5.5亿元，已于2018年完成招投标并开工建设。该项目将进一步打通扎赉特旗农牧产品运输通道，方便扎赉特旗7个乡镇、25万人的交通出行。

为发展当地旅游产业，中央政法委还帮助扎赉特旗协调了扎赉特旗至阿尔山旅游公路七家子至喇嘛洞大桥段公路提质改造项目，项目全长111千米，总投资4.8亿元，于2018年开工建设。该项目使扎赉特旗和阿尔山之间实现快速互通，进一步拉动本地旅游经济发展，为扎赉特旗北部沿线5个乡镇、10万农牧民提供增收机会。

中央政法委还通过扎赉特旗“雪亮工程”（公共安全视频监控建设联网应用）助力脱贫攻坚，将扎赉特旗所在盟市列为2019年度全国“雪亮工程”重点支持城市，利用专项经费为巴达尔胡镇“雪亮工程”整体建设项目提供支持，并协调国家信息中心专家免费设计建设方案。

【整村推进】　中央政法委集中力量以点带面开展帮扶工作，对贫困人口多、产业基础弱、自然条件差的深度贫困村——扎赉特旗巴达尔胡嘎查进行重点帮扶，通过派驻第一书记、扶持产业项目等各种方式探索适合当地脱贫致富的发展路子。针对当地缺乏饲草料的问题，帮助巴达尔胡嘎查建立兴鸿草业合作社，集青贮饲料种植、收购、加工、销售于一体，并通过低价提供饲料等方式带动贫困户脱贫。引导合作社拓宽经营方式开展养殖业务，通过帮扶资金为合作社先后购买育肥牛23头、育种母牛32头，帮助合作社增加收入来源、消耗多余库存。

（中共中央政法委员会机关党委
刘定坤）

中共中央台湾工作办公室定点扶贫

【概述】 2018年，中共中央台湾工作办公室、国务院台湾事务办公室（以下简称“中央台办”）定点帮扶甘肃省广河县。为加强对扶贫工作的组织领导，中央台办成立了定点扶贫工作领导小组，由刘结一主任担任组长，分管经济工作和机关党委的副主任担任副组长，定期研究部署定点扶贫工作。2018年，中央台办投入帮扶资金28万元，引进帮扶资金1039.86万元，培训基层干部79名、技术人员1385名，购买贫困地区农产品7.8万元，帮助销售贫困地区农产品24.5万元。协调台资企业为县内学校捐建录播教室、数字化地理专用教室、跑道、图书资料、学习用品等累计460万元人民币。全国台湾同胞投资企业联谊会、东莞市台商投资企业协会等台资企业或地方台协纷纷襄助广河县教育扶贫，向县内儿童及中小学生捐赠校服、鞋子、日常用品等，累计430万元人民币。

【扶贫资金投入】 2018年实施帮扶项目27个，帮助建档立卡贫困人口3500人脱贫，直接投入资金28万元，引进帮扶资金1039.86万元，购买贫困地区农产品7.8万元，帮助销售贫困地区农产品24.5万元，医疗卫生帮扶270万元，教育援助832.44万元，捐助受灾救助15万元，福利、过冬物资等其他捐助273万元。

【扶贫调研】 2018年以来，中央台办定点扶贫工作领导小组成员2次组成工作组赴广河县开展调研，对广河县精准扶贫工作推进、台商台企援建项目进度、教育医疗卫生帮扶情况、台商台企产业对接情况等进行督导，并召开专题会议与县委、县政府研究下一步脱贫规划。与省台办、县台办进行对接，就开展招商引资、服务台商台企助力扶贫等议题制定方案。中央台办副主任龙明彪带队到广河县调研，与广河县委、县政府一起谋划全年工作，形成《中央台办2018年定点扶贫工作要点》，确立了抓好电商带动扶贫车间建设、协调台资企业落地或开展产业对接的扶贫工作思路。8月，刘结一主任赴广河县调研，通过召开座谈会，随机走访贫困家庭，深入扶贫车间、电商孵化园等场所，对广河县脱贫攻坚工作进行调研。

【扶贫培训】 中央台办动员台资企业，为广河县务工人员协调更多的就业岗位，尤其是包涵职业技能培训、要求一定技术素质的岗位，使务工人员在稳定增收的同时强化“扶智”，成为技术能手、岗位能人。中央台办还协助县里制定专门的培训计划，采取“请进来培训、走出去学习、县内企业实践”相结合的方式，协调台资企业帮助县政府开展电商人才教育、贫困户妇女手工制作等多类型、多层次就业指导培训。截至2018年底，培训基层干部79名、技术人员1385名，协助联系台资企业共输送1379人，其中建档立卡贫困人口273人。

【干部挂职扶贫】 中央台办选派2名优秀干部赴广河县开展帮扶：经济局一级调研员李杨挂职县委常委、副县长；宣传局四级调研员常超挂职广河县庄窠集镇红星村第一书记。

2018年以来，李杨协调江苏、广东等地台办和知名台企负责人，使台资企业成为吸纳广河籍务工人员稳定就业重要基地。截至2018年底，广河县与新世电子（常熟）

有限公司、玉晶光电股份有限公司、纬创科技有限公司、清禄集团等10家台资企业签订长期用工协议，组织输转劳务人员共23批、4387人次，其中建档立卡贫困户1688人，总创收约1.3亿元。

常超依托中央台办拨付第一书记所驻村补贴26万元，修建党员活动室1个，并配套相关设备，开展形式多样的党建活动。定期召集村干部专题研究扶贫任务要点，协调台商捐资修建的村级幼儿园良性运转，协调相关院校、企业、台湾爱心人士为村小学生、幼儿捐赠总价值约3万元的图书玩具、学习用品等，协调东西协作资金160万元建设种植大棚，协调当地农牧部门扩大本村果蔬种植规模，提高农业技术，培养种植能人，拓宽群众增收渠道。依托台企引进圣诞灯具的“来料加工”，打造“炕头经济”，让当地群众足不出户即可就业。

【扶贫慰问】　2018年8月31日，广河县庄窠集镇遭遇了40年不遇的洪涝灾害，包括中央台办重点联系村在内的多个贫困村出现山体滑坡、房屋坍塌、群众伤亡、牲畜死伤等灾情。在中央台办积极联络下，广大台商台企踊跃向灾区群众献爱心。其中，台资企业顶新国际集团捐赠矿泉水、方便面等救灾物资价值约5万元，统一企业中国控股有限公司捐赠矿泉水、方便面等救灾物资价值约10万元。台资企业捐赠的救灾物资在灾情发生5天内即送达救灾点，有力支持当地抗洪救灾。

【扶贫宣传】　2018年，策划组建中国广播电视总台两岸青年报道团队赴广河县、临夏市采访扶贫工作，推介广河电商，指导其制作《台湾女生看大陆五线城市》《广河县里会算账的马大哥》等新媒体作品，在两岸网络舆论场产生积极效应，视频播放逾2300万次；7月，组织海峡飞虹中文网携两岸音乐组合“山浪花”及台湾自拍客赴广河县、临夏市、夏河县举行“两岸青年音乐人西部采风”活动，通过海外社交媒体平台脸谱（Facebook）主页“知行”发布直播视频、图文报道多则，覆盖面达114865人，直播观看量达42457人次，受到两岸青年热捧；8月，中央台办在广河县举行“海峡两岸媒体记者精准扶贫联合采访”活动，邀请新华社、中央电视台、《联合报》、东森新闻云等13家两岸重要媒体参与，对县内电商扶贫产业、牛羊养殖产业、重点联系村、远程医疗等帮扶点与帮扶项目进行了深入采访报道。其中，中央电视台四套“海峡两岸”栏目就中央台办在广河县开展定点帮扶有关情况作了两期专题报道，传播效果良好；台湾媒体运用电视、报纸、新媒体平台在台湾舆论场作了形式多样的报道，引发两岸同胞关注。

【产业扶贫】　8月，中央台办主任刘结一赴广河县调研，动员呷哺呷哺餐饮管理有限公司、天津康农食品集团有限公司、安佑生物科技集团股份有限公司等知名台资企业组建考察团赴广河县开展经贸考察与产业对接，就牛羊养殖、农畜产品采购、饲料供应及技术指导等方面与当地政府、农民合作社签订了框架协议。12月，天津康农食品集团有限公司已在广河县注册公司，成为县内第一家台资企业，致力于推广和提供以微生物肥料做土壤改良的技术，提升当地马铃薯、玉米等农产品的品质和产量，增加经济效益。同时，公司还开展蔬菜种植培训，建设智能化暖棚，开展立体栽培，发展订单农业等。其他2家企业也在中央台办指导下逐步推动与广河的产业对接。

【党建促扶贫】　中央台办指导挂职干部充分利用中央直属机关工委划拨的专项扶贫经费，推动红星村党支部建设草莓大棚，做好抓党建促扶贫具体工作。

【电商扶贫】　中央台办通过牵线搭桥、协调资源，指导广河县依托国家电子商务进农村综合示范县项目，结合新型产业与传统产业的不同优势，着力打造电子商务服务体系，推动建设扶贫车间，探索出一条以

“特色产业为依托、政策扶持为牵引、企业带动为支撑、车间培训为抓手、群众增收为目标”的就地脱贫路子。县里先后投入资金5500多万元，建成县级服务平台2个、乡镇服务站9个、村级服务点102个，县、乡、村三级服务体系业已建成。全县电商企业从无发展到200家，从业人员6000人，微商3000人，电商销售额实现井喷式增长。2018年“双十一”线上销售额达1882万元，比2017年同期增长38%；线上销售1.5亿元。电商平台已成为推动全县精准扶贫事业发展的催化剂。中央台办挂职干部指导广河县研究制定出台了《广河县精准扶贫电商扶持计划实施方案》《广河县电子商务人员培训工作方案》《广河县扶持电子商务发展的意见》等一系列促进当地电商发展的政策，积极谋划电商人才培训工作，把人才培养作为推动电子商务发展的有效突破口，累计举办电商培训班38期，参训人员3000多人，实现就业、创业累计858人。2018年来，中央台办还指导广河县围绕民族服饰与民族用品，先后在庄窠集镇、城关镇、三甲集镇等村镇设立5个扶贫车间；围绕圣诞灯（深圳台企）、手机USB接口等劳动密集型的小型加工业，促成相关企业设立5个加工车间；促成县物流中心建立4个车间。截至2018年底，全县能够带动贫困户就业增收的车间共计14个。

【教育扶贫】 2018年，中央台办先后协调上海、杭州、成都、东莞、昆山等地台协及全国台湾同胞投资企业联谊会组团赴广河县考察，聚焦教育帮扶，为当地群众带来实惠。深圳市台协、北京市台协、广州市台协等地方台协及大润发流通事业股份有限公司、宝健公益基金会、晶华宝岛（北京）眼镜有限公司等台资企业为县内学校捐建录播教室、数字化地理专用教室、跑道、图书资料、学习用品等累计460余万元人民币，为广河县提升基础教育质量做出贡献。台湾顶新公益基金会持续关注县内少数民族困难家庭学生上学难问题，设立“顶新明日朝阳奖学金”援助广河贫困学生。全国台湾同胞投资企业联谊会、东莞台协等台资企业或地方台协纷纷襄助广河县教育扶贫，向县内儿童及中小学生捐赠校服、鞋子、日常用品等累计430万元人民币，为贫困地区孩子们完成学业提供物质保障。

【健康扶贫】 2018年初，台湾爱盲协会为广河县病患捐赠了价值60万元的人工晶体，并免费开展白内障复明手术。在得知县里贫困户务工青年突发恶性疾病后，孙德聪等台商朋友慷慨捐资20万元，帮助患者及时救治。协调北京尤迈慈善基金会支持县医院开展远程医疗项目，利用该机构与北京协和医院合作的优势，帮助县内疑难病患开通网上会诊，并给予医生一定资金奖励。已有38例广河籍患者成功进行网上会诊，病人能够准确确定病情并能及时得到医治。

【劳务输出】 2018年，中央台办推动广河县劳务输出取得巨大成绩，协调县内劳动力到台资企业务工，2012年以来共计输出8120人，使许多沿海台资企业与广河县建立联系，保障了一定数量的劳动力（尤其是建档立卡户务工人员）稳定增收。

（中共中央台湾工作办公室　王海源）

中央网络安全和信息化委员会办公室定点扶贫

【概述】 2018年，中央网络安全和信息化委员会办公室（以下简称“中央网信办”）定点帮扶陕西省佛坪县，充分发挥网信工作优势，持续加大投入力度，动员各方面力量广泛参与，推进产业扶贫、教育扶贫、公益扶贫、信息化扶贫等，推动佛坪县脱贫攻坚工作取得新的进展。9月，佛坪县顺利通过国家验收，宣布脱贫摘帽。

【扶贫资金投入】 2018年，中央网信办在佛坪县投入帮扶资金225.29万元，具体包括：中心敬老院养老设施建设120万元；高考激励基金30万元；银厂沟村党建文化建设41万元；农技人员和领导干部综合培训16.38万元；电子政务建设规划论证10万元；慰问敬老院和贫困户2.6万元；驻村干部通信费资助3.31万元；图书馆图书捐赠2万元。帮助佛坪县引进蒙牛乳业（集团）股份有限公司、深圳市腾讯计算机系统有限公司、滴滴出行科技有限公司、中国扶贫基金会等15家企业、机构的各类帮扶资金577万元。

【扶贫调研】 2018年1月，中央网信办副主任杨小伟赴佛坪县调研，看望慰问贫困群众，出席高考激励基金发放仪式，召开座谈会听取工作汇报并讲话。10月，时任中央网信办副主任高翔赴佛坪县调研，看望慰问贫困群众，实地考察扶贫项目，出席高考激励基金发放仪式并召开座谈会，见证中国互联网发展基金会、天津小屋信息科技有限公司（贝壳找房）、北京世纪好未来教育科技有限公司等机构与企业与佛坪县政府签订捐赠协议，听取工作汇报并讲话。

【扶贫会议】 2018年6月，时任中央网信办主任、办定点扶贫工作领导小组组长徐麟召开定点扶贫工作领导小组2018年第一次会议，贯彻落实习近平总书记对脱贫攻坚工作作出的重要批示精神，听取挂职扶贫干部、扶贫办工作汇报，审议《2018年度中央网信办定点扶贫工作计划》和《中央网信办定点扶贫工作领导小组成员单位工作考核办法》，研究部署下一步工作。

【产业扶贫】 全力打造佛坪旅游品牌。8月，结合“秦岭大熊猫旅游节暨音乐节”，协调一直播、抖音、斗鱼、映客、YY、快手等11家短视频平台举办“网络达人公益行”音乐晚会和旅游美食直播推荐活动，网络点击量超1亿；积极推进农特产品产业发展，协调中央广播电视总台财经频道现场直播佛坪土蜂蜜生产，协调中青网、央视网、新华网、腾讯网、新浪网进行导流直播。通过北京京东世纪贸易有限公司、阿里巴巴网络技术有限公司、苏宁易购集团股份有限公司销售农产品300万元，带动受益农户超100户。通过社员网销售香菇1200万元，覆盖多个香菇合作社，参与分红的建档立卡贫困户超240户，推动香菇种植成为当地脱贫攻坚主要产业模式。

【教育扶贫】 10月，中央网信办下属事业单位中国互联网发展基金会在佛坪县中学发放高考激励基金约30万元，奖励优秀学生和教师。

【公益扶贫】 动员各方面力量向佛坪县捐款捐物、资助相关项目。天津小屋信息科技有限公司（贝壳找房）捐资建设品质民宿，有力推动旅游产业发展；蒙牛乳业（集团）股份有限公司捐赠营养早餐奶项目，有效改善佛坪县少年儿童营养状况；上海基分文化传播有限公司（趣头条）资助建设西岔河镇平安乡镇智能监控系统，滴滴出行科技有限公司捐赠政务中心信息处理平台，进一步提高当地社会管理水平；中国扶贫基金会开展“自强班”项目，北京世纪好未来教育科技有限公司捐赠空中课堂硬件设备，提高当地教育水平；深圳市腾讯计算机系统有限公司、北京字节跳动科技有限公司等捐赠台式电脑、图书、运动器材、衣物等物资，笑果文化、今日头条、快手捐赠相关活动经费，有效保障当地人民群众精神文化需求。中央网信办机关和下属事业单位食堂还通过佛坪县电子商务协会购买当地农特产品5万元。

【信息化扶贫】 协调推动佛坪县纳入国家电信普遍服务试点，截至2018年底，全县城区住宅小区光纤覆盖率已达100%，宽带速率100兆比特每秒以上，25个行政光纤宽带网络建设任务均已完工，平均速率57兆比特每秒，实现城区、行政村、重点区域及公共场所4G网络全覆盖，建成160个免费WiFi热点。协调电信运营商推动网络基础设施建设。陕西电信、陕西移动组织网络优化工程师、设计院，会同铁塔公司对建站点位进行初勘。陕西电信向当地35个贫困村每个村委会赠送1条宽带。陕西移动启动建设西岔河智慧乡村应急调度系统。中央网信办还组织开展佛坪县电子政务建设方案论证。

【扶贫培训】 2018年7月，中央网信办组织对佛坪县50名香菇种植和中华蜂养殖骨干进行为期2天的农技培训。11月，邀请中国科学院、中国社会科学院、中共中央党校、国务院国有资产监督管理委员会、浙江省委网信办、北京大学、西安邮电大学7个单位8位专家学者，围绕习近平新时代中国特色社会主义思想解读等8个专题，对佛坪县350名科级以上领导干部、70余名村支书和第一书记、140名专兼职网信战线工作人员，进行为期4天的培训。

【扶贫制度建设】 9月，制定印发《中央网信办定点扶贫工作领导小组成员单位工作考核办法》。深入查找工作薄弱环节，及时研究提出相关意见建议，进一步压实各成员单位帮扶责任，推动加大帮扶力度，确保完成年初确定的各项帮扶任务。

（中央网络安全和信息化委员会办公室扶贫办　袁龙生）

中央外事工作委员会办公室定点扶贫

【概述】 2018年，中央外事工作委员会办公室（以下简称“中央外办”）认真贯彻落实党中央、国务院决策部署，坚持把定点帮扶重庆市彭水苗族土家族自治县（以下简称“彭水县”）作为中央交办的重大政治任务来抓，把精准方略和责任履行贯穿始终，紧密围绕《定点扶贫责任书》有关要求，在组织领导、选派干部、人员培训、产业扶贫、资金投入或引进等方面稳扎稳打、逐项推进，有力支持了彭水县脱贫攻坚工作。

【扶贫资金投入和管理】 中央外办2018年实际投入资金39万元，主要用于修建通达道路、支持基层党建等工作。此外，协助引进资金254.54万元，用于支持少数民族村寨的保护和基础设施完善。同时，中央外办制定《扶贫资金管理办法》，对资金拨付、使用流程做出严格规定，要求挂职干部对中央外办投入资金进行严格把关、实施全程监管，对中央外办引进资金要全称参与项目的设计、评审、概预算等环节，确保资金安全。

【扶贫调研】 10月，中共中央政治局委员、中央外办主任杨洁篪到彭水县考察调研，深入帮扶项目现场、困难群众家中、彭水民族中学以及贫困村便民服务中心等走访调研，了解彭水脱贫攻坚进展，听取帮扶需求，检查帮扶成效，共同规划下步帮扶举措，并向善感乡周家寨村20户贫困学生家庭捐赠5万元助学金，向彭水县民族中学捐赠2万元体育用品。

12月，中央外办海权局和农业农村部渔业渔政管理局有关负责同志到彭水县实地调研，经与重庆市农业农村委员会、彭水县对接，确定了增拨增殖放流和自然保护区资金、在贫困村实施集装箱养殖、提升渔政执法力量建设、引进大型渔业养殖公司等具体帮扶举措。

【扶贫会议】 6月29日，中央外办召开扶贫领导小组会议，对定点扶贫工作进行专题研究，进一步优化2018年定点扶贫帮扶思路和工作重点。12月29日，中央外办召开扶贫领导小组会议，总结2018年定点扶贫的经验和不足，并对2019年工作进行规划。7月和9月，中央外办副主任刘建超与重庆市副市长刘桂平两次会面，推动重庆市向彭水县拨付少数民族发展资金235万元，支持彭水基础设施建设和民族文化传承和发扬。

【扶贫干部培训】 经中央外办协调，12月，彭水县在浙江生态文明干部学院举办生态文明与乡村振兴专题研修班，包括5名县领导、有关部门和乡镇负责同志在内的共78名同志参加。培训活动聚焦“深学笃用习近平生态文明思想、大力推进乡村振兴”这一主题，将课堂授课与实地考察相结合，使学员们进一步深化了对习近平生态文明思想的认识，为结合彭水县实际做好脱贫攻坚和乡村振兴工作奠定基础。

【扶志扶智】 12月，中央外办组织农业专家在彭水县鞍子镇举办农民实用技术培训班，50余人参加。培训活动结合鞍子镇产业发展实际，重点围绕畜牧产业发展政策、生猪养殖技术和牛羊养殖技术等进行授课，有效提高村民技术水平，为培育产业致富带头人、夯实产业发展基础创造条件。

【干部挂职扶贫】 中央外办选派 1 名年轻干部赴彭水县挂职，先后担任县委办副主任、鞍子镇罗家坨村第一书记和县政府党组成员。中央外办通过挂职干部及时了解彭水县脱贫攻坚有关决策部署和推进落实情况，同时要求挂职干部履职尽责，敢于亮剑，对脱贫攻坚中发现的问题及时向县委县政府报告。

（中央外事工作委员会办公室
海洋权益局　于子森）

中央机构编制委员会办公室定点扶贫

【概述】 2018年，中央机构编制委员会办公室（以下简称“中央编办”）定点扶贫内蒙古自治区化德县。中央编办坚持把定点扶贫工作作为重要政治任务，结合化德县实际，发挥自身优势，加强组织领导和督促检查，扎实推进定点扶贫工作。

2018年中央编办共为化德县筹集和引进资金7057万元。其中，直接投入扶贫资金252万元，主要实施了农村互助幸福院改造、村级党员活动室建设、安装村街路灯、档案盒脱贫车间设备购置、资助贫困学生、基层党员干部培训等项目；引进帮扶资金6805万元，主要实施地方特色产业型公共实训基地建设、国家级电子商务进农村综合示范县、幼儿园建设、京津风沙源改造、增加生态护林员、国家级贫困县医疗提升等项目。培训基层干部108名，主要是组织全县驻村第一书记、乡镇干部及致富带头人赴河南省新乡市唐庄乡镇干部学院进行集中培训；培训技术人员237名，主要是组织开展全县羊驼绒服装企业培训和手工艺编制培训。全办干部职工直接购买化德县农产品15万元，帮助化德县销售糖菜和羊肉等农牧产品共320万元。

化德县建档立卡贫困人口从2018年初的3054户、7065人减少到1131户、2470人，贫困发生率从5.2%降至1.8%，退出贫困人口稳定实现“两不愁三保障”。

【扶贫资金投入】 2018年，对化德县直接投入帮扶资金252万元，其中投入党费资金41万元，用于划拨补助款至挂职驻村第一书记所在的白音特拉村村委会和慰问留守儿童；投入UNDP项目资金84.4万元，用于为化德县白音特拉村等村安装路灯；中央编办事业发展中心为化德县捐赠120万元，用于化德县村委会建设、幸福院改造、第一书记培训和发展集体经济等项目；中央编办全体党员干部捐款6.6万元，用于捐助化德县25名贫困学生。为化德县引进帮扶资金6805万元，其中落实国家级电子商务进农村综合示范县2000万元、地方特色产业型公共实训基地项目2000万元、京津风沙源治理790万元、国家级生态护林员230万元、思源幼儿园建设项目1300万元、就业奖补资金180万元、就业补助资金100万元、国家级贫困县医疗能力补助资金205万元。

【扶贫调研】 2018年12月，时任中央编办主任张纪南带队赴化德县督促指导脱贫攻坚工作，重点就实施技能脱贫专项行动、增强贫困地区职业培训供给能力、推动贫困人口应保尽保、引进各类人才向贫困地区流动等提出要求，督促化德县落实脱贫攻坚主体责任，推动2018年重点帮扶项目落地见效，共同谋划2019年定点扶贫工作。8月，中央编办副主任崔少鹏带队赴化德县调研指导工作，重点就党建扶贫、生态扶贫、电商扶贫、技能扶贫、作风建设等方面提出明确要求。为争取区、市两级相关部门支持，与自治区党委组织部、编办以及乌兰察布市委主要负责人和相关部门就有关问题进行充分沟通。2018年，中央编办定点扶贫工作领导小组综合协调办公室和组织实施办公室负责人先后6次深入化德一线调研，了解最新情况，掌握一手材料，慰问挂职干部，督促工作落实。

【干部挂职扶贫】 2018年中央编办选派1名副局级干部挂职任乌兰察布市委常委、副市长，1名副处级干部挂职任化德县委常委、副县长，协助分管扶贫工作，原有1名副处级干部任驻白音特拉村第一书记并兼任驻二台村第一书记。3人组成“扶贫前方工作组”，定期会商，研究帮扶需求、推进项目实施，市县村三级联动、上下贯通推进扶贫工作。2018年，中央编办1名干部被评为中央和国家机关脱贫攻坚优秀个人，1名干部被评为内蒙古乌兰察布市优秀共产党员。机关党委适时组织到挂职干部家中慰问，了解情况，帮助解决实际困难，及时送上组织的关心关怀。

【扶贫培训】 2018年12月，举办化德县第一书记培训班。分两批组织化德县驻村第一书记、乡镇干部及致富带头人共108人到河南省新乡市唐庄乡镇干部学院进行集中培训，请改革先锋、全国乡镇基层党员干部的优秀代表吴金印和“当代愚公”回龙村党支部书记张荣锁与学员座谈，介绍脱贫致富经验，激发基层干部脱贫攻坚内生动力。组织开展全县羊驼绒服装企业培训和手工艺编制培训，培训技术人员237名，提高基层群众工作技能，增强“造血”功能。

【扶贫资金管理】 中央编办在源头上严格控制资金使用范围，每一笔项目资金的投入都要经过周密的论证，并规范财务程序。在使用过程中加大日常监督力度，发挥挂职干部作用，加强对资金使用的督促检查，对于资助到户到人的资金，要求被资助人签收，注明收款金额，防止出现资金挤占、挪用和截留等情况。在项目完成后，做好项目验收，对项目进行严格审计，发现问题及时处理，严肃追责问责。

【党建扶贫】 实施化德县深度贫困村党支部阵地提升项目。在白音特拉村和二道河村新建党员活动室，加强基层党组织阵地建设，改善驻村工作队工作条件。陆续为化德县贫困乡镇和贫困村捐赠价值近百万元的办公家具。为驻村第一书记所在村档案盒扶贫车间购置设备，支持该村发展集体经济，直接吸纳20个建档立卡贫困户，每户年均增收8000元。开展党性教育活动，组织贫困村党员参观先进村和集宁战役纪念馆，开展“不忘初心，缅怀先烈”党日活动。实施公共服务项目，先后投资改造公腊胡洞村和昔尼乌素村幸福院，通过新建附房、修缮主房、墙体保温等暖心工程，改善幸福院老人的居住环境，提高生活质量。先后在二台、白音特拉、十顷地等村安装太阳能路灯，方便农村群众夜间出行。

【产业扶贫】 协助联系申万宏源证券公司赴化德县调研当地铁合金龙头企业，促成内蒙古蒙达钛业股份有限公司正式在全国中小企业股份转让系统挂牌。该公司成为乌兰察布市首家新三板挂牌企业，内蒙古自治区首家通过国家级贫困县“绿色通道”实现挂牌的企业。

【电商扶贫】 商请商务部将化德县纳入2018年国家级电子商务进农村综合示范县，落实国家专项资金2000万元。健全农产品上行体系、生产认证体系和质量追溯体系。建设县乡村三级电商服务体系，实现电商服务站点乡镇全覆盖，行政村覆盖60%以上，为电商产业发展提供服务保障。

【技能扶贫】 结合化德县羊驼绒服装特色产业和服装脱贫车间建设实际，商请人力资源和社会保障部及国家发展和改革委员会将公共实训基地建设项目优先落户化德县并给予2000万元项目资金支持。基地建成后，将为全县羊驼绒服装企业培训技术工人，并为全县62间服装脱贫车间提供培训场所。

【生态扶贫】 立足改变化德县生态脆弱面貌，协调国家林业和草原局派员到化德县开展专题调研，研究提出支持化德县生态扶贫的意见。为化德县增加250名国家级生态护林员指标，分配给化德县2.9万亩京津风沙源项目。

【健康扶贫】 针对当地癌症高发现状，促成化德县人民医院与内蒙古肿瘤医院、中国医学科学院肿瘤医院签订肿瘤防治医联体协议，确定中国医学科学院肿瘤医院指导建设内蒙古自治区癌症中心。协调内蒙古肿瘤医院做好与化德县医院学科对接，提升化德县医院综合诊治能力，建立上下级医院双向转诊、绿色通道运行机制。

（中央机构编制委员会办公室机关党委
蔡书巧）

中共中央党校（国家行政学院）定点扶贫

【概述】 中共中央党校（国家行政学院）［以下简称“校（院）”］定点帮扶河北省武邑县、江西省安远县、云南省大关县和云南省墨江哈尼族自治县（以下简称“墨江县”）。2018 年，校（院）赴定点县调研 106 人次，派驻挂职扶贫干部 8 名；投入资金 693.98 万元，引进资金 776.6 万元，帮助协调助学贷款 5660 万元；培训基层干部 1900 余人次（其中举办领导干部培训班 5 期 279 人次），培训技术人员 227 人次（其中举办教师培训班 1 期 50 人）；实施消费扶贫行动，投入 92 万元购买 4 县农特产品；帮助武邑县在中央党校社区举办特色产品展销，为安远县牵线“每日优鲜”网络电商销售甘薯、脐橙等，合计 2710 万元。9 月，武邑县通过国家、省组织的考核验收，率先脱贫出列。校（院）扶贫办被云南省表彰为“脱贫攻坚先进集体”；中央党校驻武邑县工作组，获得“河北省脱贫攻坚奉献奖”。

【扶贫资金投入】 2018 年，校（院）投入帮扶资金 693.98 万元，其中，向 4 个定点县捐赠资金 440 万元，投入 147.98 万元举办定点县领导干部、中小学教师培训班，投入 82 万元党费补助资助第一书记村修缮党员活动室，投入 4 万元开展春节前走访慰问建档立卡贫困户，投入扶贫助学资金 20 万元资助中小学学子完成学业；引进资金 776.6 万元，其中，协调国家开发银行向 4 县各投入 100 万元风险担保资金，争取国家开发银行投入 80 万元为大关县木杆镇甘顶村安装太阳能路灯，协调中国西部人才开发基金会在定点县实施“伊利方舟”校园安全项目，争取民族团结示范项目资金 12.2 万元，联系协调募集各类捐款、扶贫物资约 125.4 万元，协调建设和推广腾讯“为村项目”并减免 159 万元入网基本费等。

【扶贫机制建设】 2018 年，校（院）重新组建后，第一个审批设立的非常设机构是校（院）扶贫工作领导小组，建立健全校（院）委会统一领导，扶贫工作领导小组部署推动，扶贫办统筹协调，相关部门分工落实的定点扶贫工作机制。进一步形成主要领导亲自抓、分管领导具体抓、相关部门合力抓的工作局面。校（院）委会将精准扶贫工作纳入重要议事日程，听取汇报，审定校（院）定点扶贫重大举措和年度精准扶贫工作计划。校（院）扶贫工作领导小组定期召开会议，统筹定点扶贫工作，专题研究精准扶贫工作重要事项，动员和组织各成员单位开展精准扶贫工作；校（院）扶贫办加强组织协调和督促检查，推动落实年度精准扶贫工作计划。责任部门抓具体工作组织实施，确保扶贫工作项目落到实处，取得成效。办公厅将定点扶贫工作落实情况纳入重点督查内容，定期通报，跟踪问效。制定印发《关于开展精准扶贫工作的实施意见》《关于落实〈中央单位定点扶贫工作考核办法（试行）〉的意见》，健全沟通协调、督促检查工作机制。全面落实原中央党校、原国家行政学院 2018 年精准扶贫工作计划。

【扶贫会议】 2018 年 12 月，在武邑县召开定点扶贫工作联席会议。分管日常工作的副校（院）长何毅亭出席并讲话。河北省委副书记赵一德、国家开发银行副行长周清玉参加会议。校（院）4个定点扶贫县的领导在会上交流了脱贫攻坚经验做法，实地观摩武邑县脱贫攻坚典型事例，分享脱贫摘帽工作过程相关信息。

【扶贫培训】 校（院）发挥自身优势，围绕脱贫攻坚主题，优化专题培训教学体系，接续开展对定点县领导干部的教育培训，委托有关单位对致富带头人和山村教师开展专项培训，将扶贫与扶志、扶智紧密结合，激发脱贫致富的内生动力，增强其自我造血、自我发展的能力。2018年举办5期领导干部培训班、培训279人；邀请北京优秀教师示范授课，举办1期初中教师培训班、培训50人。针对大关县灾害多发实际，于1月在大关县举办1期“灾害风险治理专题研讨班”；9月8日墨江县发生5.9级地震，11月底在墨江县举办应急管理培训班，有针对性地开展灾害应急和恢复重建专题培训；将校（院）应急管理专项培训资源向定点县倾斜，为其培训19名各类应急管理干部。会同国家开发银行在浙江生态文明干部学院举办开发性金融支持脱贫攻坚领导干部培训班，在宣讲国家有关金融扶贫政策基础上进行金融帮扶与定点县项目对接，并完善定点扶贫县《融资规划》《咨询报告》《工作方案》。2018年派出党的建设、经济学、政法、公共管理、电子政务、应急管理等教研部专家教授赴定点县专题授课，提升当地干部理论素养和整体素质，参训1600余人次。投入10万元，用于在定点扶贫县发起设立扶贫助学基金，投入总额75万元，累计资助贫困家庭品学兼优学生2300余名。

【扶贫调研】 2018年12月，校（院）副校（院）长何毅亭，副校（院）长、校（院）扶贫工作领导小组组长甄占民带队，赴河北省武邑县调研。8月，时任校（院）委委员、校（院）扶贫工作领导小组组长黄宪起赴江西省安远县调研。7—8月，校（院）组织专家教授成立精准扶贫调研小分队，分赴云南省大关县、墨江县调研，在当地举办专题培训，向县乡村三级干部解读中央关于脱贫攻坚和实施乡村振兴战略政策、宣介脱贫摘帽考核评估有关案例等。

【干部挂职扶贫】 坚持把政治过硬、综合素养强的人派到扶贫岗位，向4个定点扶贫县派出挂职扶贫干部8名，分别挂任县级领导干部和建档立卡贫困村第一书记。在党建引领、政策宣传、组织群众、信息咨询、项目实施、产品销售、协调落实、督查指导等方面发挥着桥梁和纽带作用。担任驻村第一书记的干部，与贫困村群众同吃、同住、同劳动，特别是注重发挥自身优势，帮助所驻村加强基层党组织建设，协调村“两委”认真做好换届选举和日常党建工作，带领群众走出脱贫新路。同时，结合村情实际在“果、蔬、茶、竹、药、畜”等方面，帮助村民深化产业发展，实现脱贫致富。挂任县级领导的司处级干部、具有博士学位的副高职称干部，按照县和所在市统一安排，以己所长、发挥专业领域优势为当地干部不定期做培训专题报告。校（院）重视完善对挂职扶贫干部管理和保障措施，按照干部管理权限加强跟踪管理服务，认真落实艰苦地区挂职干部生活补助政策，及时了解掌握干部思想动态和工作表现，安排干部所在部门负责人带队到挂职地调研慰问，给予挂职干部关心和支持。副局级组织员赵广周在结束挂任大关县甘顶村第一书记后，本人再次申请并获批准挂任墨江县坝利村第一书记。2018年，冯丰同志结束第一书记挂职时，武邑县贾寺院村村民自发制作两面锦旗：赠中央党校“驻村帮扶办实事，情系群众解民忧”；赠冯丰书记“访贫问苦温暖民心，捐资助学心怀大爱”。

【党建扶贫】 2018年，校（院）机关党委指导挂职扶贫干部，用好原中直工委资助贾寺院村和咀下村各41万元党费补助，对村“两委”活动场所进行修缮，对党员教育培训设施设备进行更新。将安远县委党校设为中央党校教学实践和党性锻炼基地，安排校（院）马克思主义学院在安远建立科研基地，结合革命老区建设有针对性地开展理论研究；安排校（院）经济学教研部在武邑县设立精准扶贫实验室，组建多个课题组开展精准扶贫课题研究。

【扶贫创新】 在武邑县，协调北京京东世纪贸易有限公司（以下简称“京东”）物流仓储基地落地，深化与京东跑步鸡项目合作，使武邑县成功争列国家电子商务进农村示范县；投入135万元建成“暖心棚”（示范高标准智能蔬菜大棚），作为当地最大的育苗基地（年可育苗100万株），推动蔬菜生产由传统种植向智能种植转型；积极推进美丽乡村建设，协同完成村内道路硬化、树木种植和“煤改气”工程，建成农家书屋、“柳编馆”。在安远县，协同推进了机械和电子配件产业园、百香果基地等产业项目建设发展，加快推动全县工业化、农业现代化建设步伐；与三百山景区争创5A级旅游景区同步，规划配套产业，助其打造具有“三百山特色”的旅游业、农业、工业融合发展模式；在大关县，推进“伊利方舟”校园安全项目实施，建设“安全生态校”；协调中国农科院蜜蜂养殖所，培训养蜂农户100余人；协调专家与大关县防震减灾局联合开展“震灾风险防御指挥部演练”，全面提升灾害风险防范与协同配合能力；协调CCTV10（科教频道）“地理中国”“中国影像方志”栏目赴大关拍摄专题片，加强形象宣传；协调国家开发银行筹资80万元为甘顶村和向阳村安装路灯200盏，解决村寨照明问题；在墨江县，针对9月8日墨江县发生5.9级地震造成15个乡镇受灾情况，校（院）第一时间发去慰问电，第一时间配合普洱市、墨江县展开救援工作；协调腾讯集团，建设和推广“为村项目”农村电子商务模式，减免基本费159万元。

【消费扶贫】 举办武邑县特色产品展销会。两天时间共销售硬木家具、橱柜500余件套，特色农产品15000余千克，销售额210万元，提升武邑县“河北蔬菜之乡”和硬木雕刻家具的品牌效应。策划定点扶贫县特色农产品及其初级加工品走进校（院）学员食堂和教职工食堂，采购部分贾寺院村新鲜蔬菜，端上中央党校学员的餐桌。帮助安远县加大“赣南脐橙”品牌宣传力度，朝高端化方向发展。在国家法定节假日为工会会员发放慰问品时，校（院）购买4县农特产品（赣南脐橙，武邑香油、蔬菜，大关天麻、蜂蜜，墨江紫米、普洱茶等）合计92万元。牵线“每日优鲜”网络电商与安远县合作，销售甘薯、脐橙等2500万元。在中央党校北校区憨邻福超市开辟定点扶贫县农产品代销点，在南校区报告厅、皇苑酒店设立定点扶贫县特色农产品展销柜台，增设宣传活动架，对53种农特产品进行展示、宣传和销售。

【扶贫宣传】 2018年，校（院）国际合作部投入40万元，深入挖掘校（院）开放办学和精准扶贫两个优势，紧密结合大关县、墨江县大山深处多民族集居特点，委托两县县委党校（行政学校）开展“讲好中国故事”课题研究，优选“关于贫困山区少数民族公共文化扶贫实践研究——大山里的‘背篼图书馆’行动”“云南省墨江县精准扶贫案例研究——景星镇布朗族”，充实“讲好中国故事”脱贫攻坚案例。两县县委党校（行政学校）组织精干力量进行研究，校（院）多次派出专家进行跟踪评估、指导，并邀请国务院扶贫办有关负责同志和校内外专家对有关研究成果进行评审。其中“扶志扶智——行走在大山里的背篼图书馆”研究报告入选“讲好中国故事”精准脱贫攻坚案例，大关县图书馆于2018年1月荣获“第七届全国服务农民、服务基层文化建设先进集体”称号。积极对外宣传扶贫经验。2018年11月，中国政府和世界银行联合主办“改革开放与中国扶贫国际论坛”，校（院）应邀参会，并在议题为

"新时代扶贫：中国的扶贫理念与创新实践"的圆桌会议上发言，重点介绍校（院）开展扶贫工作的实践和经验。

【扶贫捐赠】 2018年，校（院）争取社会资源，在安远县引进中国扶贫基金会新长城特困高中生自强班项目30万元，资助家庭特困高中生完成学业；组织教职工捐赠和工会采买，向咀下村小学赠送500多册儿童读物；为武邑县图书馆、党校、中小学校募集图书8930册（套），共计码洋65.43万元，其中《中国少年儿童百科全书》1000套（四册一套），分发武邑县全部中小学、特教学校和少年儿童活动中心的图书馆（角）；联系中央电视台央视动画公司捐助价值16万元的扶贫物资（T恤衫2160件、帽子150顶等），捐助贫困户、贫困家庭学生及奖励脱贫模范等；原中央党校经济学教研部离休教授王珏以个人名义向定点县捐款10万元，对贫困家庭学生进行资助，定点扶贫县领导专程来校看望王珏教授，并带来受资助贫困学生亲手制作的画册，表达感谢之情。

［中央党校（国家行政学院）办公厅　孙　健］

人民日报社定点扶贫

【概述】 2018年，人民日报社充分发挥中共中央机关报宣传优势，持续深入宣传习近平总书记关于扶贫工作的重要论述，及时反映各地区各部门脱贫攻坚进展成效，为扶贫工作营造舆论氛围。报社结合河北省滦平县、河南省虞城县两个定点扶贫县实际情况，从舆论扶贫、产业扶贫、挂职干部扶贫、社会扶贫、党建扶贫等方面下功夫，全方位推动两县脱贫攻坚取得重要进展。报社全年投入帮扶资金274.2万元，引进帮扶资金141643万元，培训基层干部3069名、技术人员8074名，帮助销售农产品1212.2万元。截至2018年底，滦平县贫困发生率降至0.57%；虞城县贫困发生率降至1.02%，均实现脱贫摘帽。

【扶贫资金投入】 2018年，人民日报社向两个定点扶贫县直接投入（含无偿和有偿）资金274.2万元，购买两县农产品190.7万元，帮助销售农产品1212.2万元。帮助引进各类资金（含无偿和有偿）14.16亿元，举办劳务输出培训班7期，培训11143人次，实现劳务收入729.2万元。

【扶贫调研】 2018年，人民日报社领导到滦平县调研2次、虞城县调研2次。人民日报社社长、报社扶贫工作领导小组组长李宝善9月28日带队到滦平县开展定点扶贫工作调研。人民日报社总编辑庹震10月15日带队到虞城县开展定点扶贫工作调研，形成《河北滦平扶贫调研报告》。报社副总编辑、报社扶贫工作领导小组副组长王一彪于2018年1月、8月，分别带队赴虞城县、滦平县开展定点扶贫工作调研，形成《推动精准脱贫与乡村振兴互融互进——河南虞城扶贫调研报告》。调研中，工作组认真对标习近平总书记提出的“脱贫质量不高、帮扶工作不实、扶贫措施不够精准、资金监管有待加强”等突出问题，与市县有关负责同志、具有代表性的建档立卡贫困户以及挂职干部面对面了解情况，召开扶贫工作座谈会，重点了解扶贫工作进展情况、存在问题，听取意见建议。走访贫困乡镇、贫困村、贫困户，重点了解帮扶措施到户情况、贫困户脱贫路径和自我发展情况，鼓励贫困户依靠自己的双手勤劳致富。实地考察贫困村建设、扶贫模式的种植养殖基地、龙头企业经营情况，重点了解扶贫搬迁安置、扶贫资金投入、产业扶贫政策落地情况，研究制定提高定点扶贫实效的具体举措。

【扶贫宣传】 2018年，《人民日报》《人民日报》（海外版）刊发扶贫报道63篇，报社“两微两端”推出300余篇融媒体产品，《阜平正在富起来》《聚焦河南虞城脱贫：靠啥让10万人回乡创业》等脱贫攻坚系列报道获得良好传播效果。深入调研采访21次，全方位多角度宣传虞城、滦平两县经济社会发展成效，宣传中央部委和有关企业支持两县扶贫工作的创新举措和经验做法，刊发近200篇报道，其中《人民日报》2个整版、4个头版，《在虞城，看乡村振兴的曙光》《河北滦平：脱贫攻坚决战犹酣》等稿件展示两县脱贫攻坚生动实践和宝贵经验，在当地引起强烈反响。

【社会扶贫】 人民日报社在滦平县开展以“名誉校长”为主要内容的教育精准扶贫活动，由13名同志担任13所贫困小学“名誉校长”，组织开展讲科普课、组织夏令营、筹建在线视频教室等形式多样的活动，为贫困学生资助助学，捐赠教学设施、书籍、文具等物资折合人民币 163 万余元，惠及学生 1900 多人。在虞城县开展“名誉村长”活动，25 个建档立卡贫困村“名誉村长”签署帮扶合作协议，建立日常联络、双向沟通机制，动员市场力量推进改厕改厨、路面硬化等基础建设，开展资助小规模特色种植养殖、捐资助学等帮扶项目。协调引进碧桂园控股有限公司向两县投入近 2000 万元扶贫资金，建设扶贫车间、苗木基地，开展就业培训，支持改善贫困村小学办学条件等。

【党建扶贫】　人民日报社总编室、政治文化部、机关党委、海外版等 30 多个党工委、党总支、党支部，与两县贫困村党支部结成党建帮扶对子，全年开展各类党建扶贫活动近 40 次，以党建带扶贫、脱贫促党建，实现党建与扶贫工作的双利共赢。充分发挥人民日报社工会、妇委会、共青团等群团组织作用，把两县作为报社农副产品采购基地，开展购买贫困村特色农产品、爱心捐助帮扶等活动，助力当地农业发展，改善贫困群众条件。

【产业扶贫】　人民日报社同国家能源局、农业农村部等有关部门沟通，促成全国首批农村新能源革命试点县在虞城县落地。项目总投资约 6.8 亿元，可使 3334 户贫困户每年每户增加 3000 元收入。引进河南冰清日用品有限公司厂区建设项目，计划总投资 3.9 亿元，建成后预计年产牙刷 6000 万支，年产值 2 亿元，年利税 1800 万元，用工 400 人。在滦平县建成光伏发电扶贫项目，总投资约 4.8 亿元，帮助 2000 户贫困户每年每户增加 3000 元收入，每年获得扶贫资金 600 万元，持续受益 20 年，累计获得扶贫资金 1.2 亿元，光伏项目已于 2018 年 6 月 30 日正式并网发电，帮助 2000 贫困户稳定脱贫。

【干部挂职扶贫】　2018 年，人民日报社继续派驻 2 名优秀同志挂职担任定点扶贫县县委常委、副县长，2 名同志挂职任贫困村驻村第一书记。4 名挂职干部发挥其在思想、政策、资金、技术、信息等方面的优势，引资金、上项目、调结构，有效推动各项扶贫政策落地，引进、筹集各类项目、资源折合人民币近 11 亿元。

【扶贫资金管理】　人民日报社建立健全协调统一的扶贫资金管理机制。严格落实《关于进一步加强报社定点扶贫监督执纪问责工作的意见》，规范执行地方政府专项资金使用管理规定，明确扶贫资金纳入当地政府专项资金管理；报社与定点扶贫县成立扶贫资金审核领导组，挂职干部全面参与，及时通报情况，全面督促扶贫资金的精准使用情况；通过制定规章制度、听取挂职干部工作汇报、听取当地党委政府意见等方式，加强对挂职干部的监督管理，防止扶贫领域腐败问题发生。

（人民日报社　张　雷）

中国科学技术协会定点扶贫

【概述】 2018年，中国科学技术协会（以下简称“中国科协”）定点帮扶山西省临县和岚县，坚持“以扶贫为主题，志智双扶”工作思路，领导同志6次深入定点扶贫县调研督导工作；选派4名优秀干部在定点扶贫县挂职驻村；投入帮扶资金1637万元、引入帮扶资金470.21万元；培训基层干部696名、培训技术人员2919名；购买贫困地区农产品34.4万元、帮助销售贫困地区农产品1115.6万元，助力岚县2018年实现整体脱贫摘帽、助力临县2018年完成脱贫攻坚年度目标。

【扶贫资金投入】 中国科协实施科普惠民服务专项和科技助力精准扶贫项目，聚焦马铃薯、食用菌、红枣等特色产业以及网络电商销售、畜牧加工、示范基地建设等服务产业，设置22个子项目，安排经费1637万元，全年带动建档立卡贫困户5567户、14137人脱贫。

【扶贫资金管理】 2018年12月，印发《中国科协科普惠民服务专项实施管理细则（暂行）》，明确职责与分工，制定扶贫项目组织与实施、资金使用管理、监督监察与总结验收等方面的管理办法，进一步加强和规范扶贫资金使用。

【扶贫调研】 中国科协党组、书记处领导同志6次赴临县和岚县调研和督导定点扶贫工作，实地考察科技助力产业扶贫、生态扶贫、电商扶贫及基层科协组织力提升“3+1”试点等情况，了解驻村干部和挂职扶贫干部的工作、食宿、补助待遇等情况，推动落实中央单位定点扶贫工作责任，签署中国科协与山西省政府、吕梁市政府合作协议。

【扶贫会议】 2018年，中国科协召开6次扶贫专题会议，听取定点扶贫工作等情况汇报，研究部署中国科协定点扶贫工作，调整中国科协定点扶贫领导小组，成立中国科协定点扶贫督导工作组，明确了“以扶贫为主题，以扶智为主线，以励志为目标”的定点扶贫工作思路，制定动员全国学会和地方科协参与脱贫攻坚的措施。

【扶贫制度建设】 2018年10月，印发《中国科协办公厅关于调整中国科协定点扶贫领导小组的通知》，确定调整中国科协定点扶贫领导小组，统筹协调落实定点扶贫主体责任，谋划定点扶贫战略规划，审议年度工作计划，研究决定定点扶贫重大事项，指导和督促定点扶贫县党委政府落实脱贫攻坚主体责任。同月，印发《中国科协党组关于成立中国科协定点扶贫工作督导组的通知》，成立中国科协定点扶贫工作督导组，负责督促检查定点扶贫县党委政府脱贫攻坚主体责任和扶贫政策措施、资金管理使用、作风建设等方面的落实情况。

【扶贫培训】 中国科协坚持扶贫与扶志扶智相结合，对定点扶贫县干部群众、贫困户、科技教师、医务人员等开展培训，提升定点扶贫县干部、专业人员技能水平，提高公民科学素质，提高贫困户生产生活能力，为定点扶贫县脱贫攻坚和乡村振兴提供智力支持。开展科普培训，组织中国科技馆开展“中科馆大讲堂”、中国流动科技馆巡展、“小手拉大手科普报告希望行活动”，在岚县超过1万人参加。开展科技教师专题培训，组织中国科技馆、青少年科技中心、中国青少年科技辅导员协会等开展中国科技馆夏令营、中学生高校科学营、科技辅导员培训班、科普中国校园e站骨干教师培训等活动，来自临县、岚县近200名学生和科技教师代表参加。开展干部能力培训，组织开展科普骨干培训、“三长制”专题培训、市场营销培训等干部能力培训和考察活动，帮助定点扶贫县培训基层干部696人。开展农业技术培训，组织动员山西省农科院、河北省平泉市食用菌研究会等专家开展食用菌种植技术、红枣提质增效技术、大棚果蔬种植技术、科技养殖技术等农业技术专题培训。开展医务技术专题培训，组织中国防痨协会、深圳市慢性病防治中心开展两期岚县卫生骨干培训班，22人参加；中华医学会资助岚县医务人员8人参加医务技术培训研讨会。

【干部挂职扶贫】 2018年，中国科协选派2名干部分别担任临县和岚县副县长，2名干部分别任临县程家塔村、岚县长门村驻村第一书记。中国科协挂职干部积极带领和组织基层干部和科技人员培训、引进农业新产品新技术、引入科技专家资源、开展青少年科普教育活动，为定点扶贫县脱贫攻坚和乡村振兴作出积极贡献。中国科协派驻岚县长门村第一书记蔡钢荣获2018年中央和国家机关扶贫先进个人称号。

【扶贫宣传】 针对吕梁贫困地区销售难的问题，中国科协积极动员全国学会及社会力量，宣传推广定点扶贫县特色产业。1月，中国林学会在吕梁召开了“发展经济林助力精准扶贫”研讨会；7月，中国作物学会在岚县举办马铃薯产业联盟年会；9月，中国粮油学会、中国粮食行业协会帮助岚县成功申报“中国马铃薯（美食）之乡”；10月，中国科协研究制定《全国科技助力精准扶贫“典型团队、典型人物”宣传工作方案》，组织央视、央视网、科技日报等主流媒体记者赴临县、岚县，首次尝试央视+多个地方电视台联动的报道模式，对2018年全国科技助力精准扶贫现场会和扶贫典型人物进行报道，取得良好效果。

【产业扶贫】 中国科协紧密围绕定点扶贫县特色产业发展、贫困户脱贫增收的实际需求，实施科普惠民服务专项和科技助力精准扶贫项目，在马铃薯、食用菌、红枣、青贮饲料新技术新品种示范推广，以及电商扶贫、养殖业扶贫示范等方面取得良好成效，带动贫困群众脱贫增收取得实效。马铃薯新技术新品种示范推广方面，实施临县乡村农业转型升级和示范引导工程项目、临县商品薯种植技术培训项目和岚县马铃薯科技扶持示范项目，项目资金366万元，全年带动建档立卡贫困户3136户、7472人脱贫。食用菌栽培新技术新品种推广方面，发挥临县食用菌院士服务站作用，实施临县乡村农业转型升级项目和岚县农业供给侧结构性改革和综合能力提升示范项目，项目资金420万元，全年带动建档立卡贫困户506户、1552人脱贫。红枣品种改良和新产品开发方面，9月在临县建立红枣院士工作站，实施临县基层科普服务能力提升工程，支持临县开展红枣加工产业升级推广，项目资金150万元，全年带动临县建档立卡贫困户200户、600人脱贫。引进青贮饲料新技术新品种方面，发挥岚县畜牧兽医专家工作站作用，实施岚县畜禽饲草品种引进示范和技术培训，以及岚县粮改饲科技扶持示范项目，支持岚县引进畜禽饲草新技术新品种，项目资金130万元，全年带动岚县建档立卡贫困户773户、1726人脱贫。支持拓展电商扶贫方面，实施临县乡村农业转型升级和示范引导工程和岚县农业供给侧结构性改革和综合能力提升示范项目，项目资金36万元，全年带动建档立卡贫困户100户、300人脱贫。种植业养殖业扶贫示范方面，实施临县基层科普服务能力提升工程项目、临县核桃产业技术培训、岚县大棚果蔬科技种植技术推广、岚县农业供给侧结构性改革和综合能力提升示范项目，项目资金529万元，全年带动建档立卡贫困户 852 户、2487 人脱贫。

【扶志扶智】 中国科协组织动员 12 个中国科协机关和直属单位、12 个全国学会、4 个地方科协、5 个高校科研院所等以及 2 个社会机构参与定点扶贫工作，在培养贫困群众增强内生动力、提升技能素质等方面成效显著。帮助定点扶贫县引进资金和设备，全年共引入援建桥梁、修缮村党组织活动场所、援建青少年工作室、乡村规划、机器人设备等资金和设备，共计 344.5 万元。帮助销售农产品，全年中国科协共组织购买定点扶贫县的红枣、香菇、核桃、杂粮等农产品 34.4 万元，帮助销售定点扶贫县的红枣、枣夹核桃等农产品 1115.6 万元。组织开展科普扶贫，开展“中科馆大讲堂”、中国流动科技馆巡展、“小手拉大手科普报告希望行活动”、中国科技馆夏令营、中学生高校科学营、科技辅导员培训班、科普中国校园 e 站骨干教师培训等活动，有效激发贫困地区青少年对科学的热情，进一步提高公民科学素质。

【扶贫合作】 10 月 16 日，中国科协与山西省人民政府签署全面战略合作协议，明确全力推进精准帮扶助力山西脱贫攻坚，引入创新资源促进科技经济融合和产业转型升级，加强智库平台建设服务党委政府决策，加强科学普及大力提升公众科学素质，加速人才培养提升创新水平，夯实基层基础实质性提升组织力等方面的合作事项。同日，与吕梁市人民政府签署合作协议，明确协同推进岚县和临县定点扶贫，引进创新资源促进科技经济融合和产业升级，加强科学普及提升全民科学素质，夯实基层基础提升基层科协组织力等方面的合作事项，开创联合协同的定点扶贫新局面。

【党建扶贫】 中国科协组织基层党组织开展定点扶贫县结对帮扶，9 家第一批试点单位分别结对帮扶临县 4 个贫困村和 1 所学校、岚县 3 个贫困村和 1 所学校。

（中国科协扶贫办扶贫工作处
郭孟楚）

中华全国归国华侨联合会定点扶贫

【概述】 中华全国归国华侨联合会（以下简称“中国侨联”）定点帮扶江西省上饶县。历经多年努力，2018年7月29日，上饶县正式退出贫困县序列。2018年，中国侨联结合《中央单位定点扶贫责任书（2018年度）》各项目标要求，落实帮扶资金87.8万元，签约引进帮扶资金137.3万元；培训基层干部和技术人员460余人；在上饶县中学开设“百乘树人班”1个，受益学生50人；帮助销售农产品45万元。

【扶贫资金投入与管理】 2018年，中国侨联落实和引进帮扶资金220余万元，用于发展扶贫产业项目、加强基层党建工作、改善和提高当地医疗水平、办学条件及帮扶求助困难群众等。制定《第一书记专项工作经费管理办法》，并与捐赠扶贫款项的江西省侨商联合会签订《捐赠协议书》，明确资金的使用范围及报销程序，实现帮扶资金使用的规范化、透明化。

【扶贫计划】 2018年，召开中国侨联扶贫领导小组会议和定点帮扶座谈会，实施《2018年定点帮扶工作计划》。出台《中国侨联2018年江西省上饶县定点帮扶行动方案》，从健康、公益、教育、产业等6个方面明确帮扶内容。

【扶贫调研】 2018年，中国侨联主席和主管扶贫工作的副主席相继赴上饶县开展4次扶贫专项调研活动。召开定点扶贫工作座谈会，举办“新形势下领导干部依法行政”专题讲座，慰问当地生活困难归侨侨眷。

【干部挂职扶贫】 2018年，中国侨联选派2名干部赴江西上饶县挂职，分别任上饶县委委员、常委、副书记、副县长，尊桥乡乡长助理、上乐村驻村第一书记，精准对接侨界资源与当地扶贫工作。

【扶贫培训】 2018年11月，中国侨联法律顾问委员会选派资深律师赴上饶县开办“新形势下领导干部依法行政”专题讲座，从依法履职大数据分析、依法履职申请识别、依法履职涉诉案司法判断路径、依法履职申请处理技巧等方面进行全面深入的讲授，对上饶县各级领导干部深入领会法治精神、提高依法行政能力和水平，有力推进法治政府建设具有积极的指导意义。加强上饶县基层干部和技术人员的培训，先后培训地方侨联干部、侨心小学校长和骨干教师10余人。

【捐资助学】 推动中国华侨公益基金会与上饶县中学签订协议设立“百乘树人班”。牵线北京百乘金控科技有限公司定向资助上饶县中学50名家庭贫困但成绩特优、品行优良的初中学生。

【健康扶贫】 在中国华侨公益基金会推动下，1台价值120万元的司迈等离子双极电切电凝微创手术系统于2018年底落户上饶县人民医院。这个先进的医疗系统可以广泛应用于所有科室的内镜手术，为提高当地的医疗服务水平作出贡献。

（中国侨联权益保障部　肖炜蘅）

新华通讯社定点扶贫

【概述】 新华通讯社（以下简称“新华社”）对口帮扶贵州省石阡县和河北省新河县。2018 年，新华社对照《中央单位定点扶贫责任书（2018 年度）》发挥自身优势，深入开展宣传扶贫、信息扶贫、产业扶贫、消费扶贫、人才扶贫，取得显著成效。在国务院扶贫开发领导小组组织的 2018 年定点扶贫工作成效考核中，新华社定点扶贫工作荣获“好”等次。

【扶贫资金投入】 2018 年，新华社向石阡、新河县投入帮扶资金 6100 多万元。其中，直接投入帮扶资金（含物资折款）4175.5 万元、引进帮扶资金（含物资折款）2019.2 万元。

向石阡县投入和引进的帮扶资金包括：投入预算经费近 200 万元，支持帮扶石阡县村级集体经济发展茶叶加工厂、酥脆枣产业园等扶贫产业项目；利用新华社多媒体资源提供价值 1588.4 万元的广告推介服务；向县人民医院捐赠市场价值 800 万元的核磁共振机；全资投入 50 多万元，派出专业团队全程参与，帮助石阡建成县级融媒体中心；组织干部职工“一对一”帮扶石阡县贫困家庭学生 2021 人，捐助资金 202.1 万元；协调壹基金捐赠温暖包、母亲包、姐妹包等共 1009 个，价值 22.5 万元；协调中华思源工程扶贫基金会为石阡县 800 名贫困家庭学生捐赠 96 万元助学扶贫款；协调路劲地产集团深圳公司为石阡县甘溪乡扶堰小学捐助物资约 13 万元；协调内蒙古伊利实业集团股份有限公司、北京大医公益基金会分别为石阡县捐赠价值近 5 万元的营养牛奶和价值 9 万多元的食用油；等等。

向新河县投入和引进的帮扶资金包括：利用新华社多媒体资源提供价值 1142.8 万元的广告推介服务；由新华社直属企业新华网筹资投入 100 万元，援建新河县刘秋口村高水平鱼菜共生高效香菇大棚产业，并捐资近 4 万元升级改造村图书室；协调碧桂园控股有限公司与新河县签订乡村振兴结对帮扶协议，各帮扶项目共引进资金 616.3 万元；协调北京大好河山酒店管理有限公司为新河县捐助 200 万元，用于县中医院购买手术室设备等；协调内蒙古伊利实业集团股份有限公司“营养 2020 计划”走进新河赠送牛奶、学习用品，价值近 20 万元；协调中华思源工程扶贫基金会为新河县 50 所学校捐助 15000 册图书，价值 24 万余元；协调壹基金为新河县捐赠物品，价值 28.7 万元；协调深圳市腾讯计算机系统有限公司免收全县教育信息化投入，折合款项 300 万元；协调北京联慈健康扶贫基金会开展国奶扶贫暨儿童福利主任公益项目，捐赠奶粉价值 51.9 万元；等等。

【扶贫调研】 制定《新华社 2018 年定点扶贫重点工作安排》，对全年定点扶贫工作作出安排部署。2018 年，新华社共有部级干部 4 人次、局级干部 32 人次到定点扶贫县调研，为当地脱贫攻坚工作提供指导、帮助和支持。新华社党组书记、社长蔡名照分别于 5 月、10 月到新河、石阡两县深入调研，走访慰问贫困群众，向当地学校捐赠教学设备和图书，对产业扶贫、乡村振兴建设、村级阵地建设等进行考察，检查落实情况。社党组副书记、总编辑何平 7 月 31 日至 8 月 1 日到石阡县调研，就做好脱贫攻坚报道和定点扶贫工作提出要求。副社长兼秘书长、新华社扶贫领导小组组长刘正荣于12月12日至13日到新河县调研，逐一梳理落实情况，推进帮扶措施落实到位。

新华社忠实履行党中央“耳目”“智库”职责，组织交叉暗访为中央决策提供重要参考，派出100多名记者组成22个小组，对20多个省区市扶贫成效进行深入调研，相关报告受到中央领导同志批示和国务院扶贫办肯定。紧扣党中央关注的重点，在深度贫困、少数民族、连片贫困地区就脱贫攻坚开展了大量调研，在摸清事实的基础上，就防止返贫、移民搬迁等具有典型性、代表性的问题采写了一批参考报道，部分稿件受到中央领导同志重视。有关梵净山保护问题的参考报道得到中央领导同志批示，推动贵州省、铜仁市采取切实可行措施，妥善解决梵净山多头管理、景区利益调整和少数民族生态补偿等问题，受到当地干部群众高度评价。

【干部挂职扶贫】 2018年，新华社派出3名处级干部和3名科级干部，组成新华社石阡扶贫工作队、新河扶贫工作队，分别到定点扶贫县挂任县委副书记、县政府副县长、县委办副主任及驻村第一书记。扶贫挂职干部牢记嘱托、不辱使命，奋战在扶贫第一线，受到当地干部群众广泛好评。石阡扶贫工作队田朝晖同志荣获“中央和国家机关脱贫攻坚优秀个人”称号。新河扶贫工作队朱峰同志荣获“2018年河北省扶贫攻坚奖”。石阡扶贫工作队宾绍政同志荣获贵州“全省脱贫攻坚优秀村第一书记”称号。

【扶贫宣传】 新华社牢记职责使命，坚持围绕中心、服务大局，做好脱贫攻坚宣传报道工作，为打赢脱贫攻坚战提供有力舆论支持。深入诠释习近平总书记关于扶贫工作的重要论述，精心策划、深入采访，2018年播发脱贫攻坚主题各类中英文报道超1.5万条。推出《脱贫攻坚的重要一步——写在40个贫困县脱贫摘帽之际》《点燃奋斗的精神火种——来自中国脱贫攻坚战场的报告》等精品力作，深入宣传党的脱贫攻坚方针政策，全面反映中国反贫困斗争取得的巨大成绩，充分发挥舆论引导主力军主渠道主阵地作用。创新报道形式，推出《冲锋，在反贫困的最前线》《大凉山扶贫日记》等图、文、视频并茂的系列融媒体报道，采写播发《从“一宿饥”“千年穷”到“万年饱”》等文风清新的体验式报道，生动讲述脱贫攻坚感人故事，被主流媒体广泛转载，受到广大用户好评。大力推进县级融媒体中心建设，投资150多万元建设石阡、新河县融媒体中心，实现对县属传统媒体和“两微一端”的统一指挥，新闻采集能力显著提升，成为可复制、可推广的县级融媒体中心示范工程。

【信息扶贫】 2018年，新华社发挥经济信息资源丰富优势，组织新华社中国经济信息社等单位，精准聚力做好智力帮扶工作，为定点扶贫县提供价值800余万元的经济信息。无偿提供经济信息，为石阡、新河县免费开通“新华财经”“新华丝路”“新华信用”国家级信息平台账号，无偿提供《经济分析报告》乡村振兴周刊、《高管信息》周刊等，帮助当地党委政府掌握最新扶贫动态。编发《中国·铜仁精准扶贫指数报告》，为铜仁市扶贫成效评价提供有效参考，助力当地脱贫攻坚工作。紧扣铜仁市发展战略，编发《中国·梵净山生态养生指数报告》，助推梵净山成功入选世界遗产名录。组织经济分析师和行业专家对相关产业发展情况进行调研分析，形成专业分析报告，为定点扶贫县优质资源产业化开发问诊把脉、出谋划策。

【扶志扶智】 新华社把扶志扶智作为基础性工程来抓，采取“请进来、走出去”的培训方式，实施各类培训帮扶项目，2018年培训基层干部487人、技术培训804人。11月，在新华社举办铜仁市宣传干部研修班，铜仁市新闻战线的37名学员参加培训。

11月5日，邀请国务院扶贫开发领导小组办公室考核评估司负责同志到新河县授课培训，解读脱贫攻坚考核评估制度，省市扶贫办负责人和新河县基层干部近300人参加培训。新华社保育院先后派业务骨干到两个扶贫县帮教指导当地幼儿教师，培训师资198人。12月，在新河县举办教育系统校长教师培训班，邀请北京师范大学教授、北京京源学校校长结合基础教育实际情况作专题授课，县教育系统教研员和各中小学负责人、年级组长及年轻教师等470余人参加培训。协调碧桂园控股有限公司在新河县举办2期苗木种植技术专场培训会，为新河县培训32名技术人员，同时对32人进行岗位培训，带动当地群众实现个人增收、家庭脱贫。

【消费扶贫】 新华社研究制定消费扶贫专项计划，帮助贫困农户增收、当地产业发展。动员干部职工参与消费扶贫，2018年购买定点扶贫县农特产品659万元。推动社会力量帮助销售，2018年帮助定点扶贫县销售农特产品109万元。为石阡县企业、村级集体经济合作社等引荐渠道资源丰富的电商公司“寻味西南”，接入平台流量，开展互利合作，助推石阡县销售豆瓣酱、皮蛋、酸汤汁等特色产品，2018年下半年完成销售额近10万元。协调中通快递股份有限公司对定点扶贫县电商企业快递实行统一优惠，助力农特产品网上销售。

【产业扶贫】 新华社把培育产业作为推动脱贫攻坚的根本出路，为定点扶贫县产业发展聚合资源、吸引项目，提升“造血”能力。投入近200万元，支持帮扶石阡县村级集体经济发展茶叶加工厂、酥脆枣产业园等扶贫产业项目；投入50万元援建新河县刘秋口村高水平鱼菜共生高效香菇大棚产业。依托新华社报刊、新华网、中国金融信息网、中国财富网和“两微一端”等渠道平台，免费为石阡县、新河县提供价值4000多万元的广告推介服务。为石阡县、新河县无偿搭建网上推介招商平台，平台上挂牌项目已达40余个。依托新华社民族品牌工程平台，推介碧桂园控股有限公司、康师傅控股有限公司、深圳市腾讯计算机系统有限公司等上市公司、大型企业到石阡县、新河县投资农业、石材、新能源等产业，开发温泉、旅游等项目，助力产业结构转型升级。推动“碧桂园苗木小镇”项目在当地落户，已投资530万元、计划再投资900万元。引进“米巧米创客引擎”公司在新河县建立创业孵化园，78家企业入驻园区，带动728人就业。

【教育扶贫】 2018年，新华社扎实推进“一对一”帮扶贫困学生助学项目，以职工自愿认捐方式资助贫困学生，帮扶学生2021人，捐助资金达202.1万元；组织开展“‘新新相印’——新华社帮扶新河县贫困学生2018共同行动”“爱心衣橱行动”“温暖包发放行动”等公益项目。对接伊利集团向新河县西李村小学赠送价值20万元的牛奶，向116名石阡县特殊教育学校学生每人每天捐助1袋牛奶，为贫困学生生活提供健康保障；协调碧桂园控股有限公司捐赠50多万元，帮扶365名建档立卡贫困家庭学生。

【健康扶贫】 协调中国中医药研究促进会向新河县捐赠100万元，用于开展慢性病防治的样本管理、临床研究和医生培训；协调北京大好河山酒店管理有限公司为新河县捐资200万元，用于支持新河县中医院购买手术室设备、农村危房改造项目；争取上海复星高科技（集团）有限公司“健康暖心——乡村医生精准扶贫支持计划”进入石阡，开展新村医振兴计划、乡村医生能力建设与培训、乡村医生健康关爱等工作。

（新华社扶贫办　来江铭）

光明日报社定点扶贫

【概述】 光明日报社定点扶贫青海省囊谦县。2018年，报社坚持全员扶贫、宣传报道助力扶贫、扶智扶志长远扶贫、做好“小”事精准扶贫等工作机制，做好定点扶贫工作。坚持“输血”与“造血”相结合，扶贫扶智扶志，加大宣传力度和文化扶贫力度，用群众喜闻乐见的话语和方式讲清党的扶贫方针政策，做好科学知识的普及工作，帮助和指导贫困群众提升脱贫致富的综合素质，调动贫困地区、贫困人口的脱贫积极性。

【扶贫资金投入】 2018年，光明日报社对囊谦县开展10余项扶贫项目，累积折合投入帮扶资金404.34万元，占80%，帮扶资金主要用于囊谦四大战区沙盘、扶贫倒计时牌、建档立卡贫困户档案室、光明图书室等建设；为囊谦县引进帮扶资金41万元；购买贫困地区农产品40.2万元；帮助销售贫困地区农产品20万元；各项资金合计近505.54万元。

【扶贫宣传】 2018年，光明日报推出整版报道4个，并在光明网、《光明文化周末》、文摘报“阅读公社”微信公众号开设专栏宣传报道囊谦，见报稿件20多篇、新媒体作品约100条，以全方位多视角深度宣传报道囊谦，助力旅游产业、文化产业发展。制作《十九大以来青海囊谦脱贫攻坚宣传报道集》，帮助囊谦做好宣传工作；推出7个彩版公益广告，折合人民币196万元；为囊谦县相关部门赠阅300份2018年度《光明日报》，价值11万元。

【教育扶贫】 光明日报社建立“光明助学金”，2018年为130名贫困学生送上20多万元助学金。建设“光明图书室”，2018年为囊谦县5所学校建立“光明图书室”，并为囊谦县4个乡1个镇及县委、法院捐赠图书，图书主要包括习近平总书记著作、光明日报系列图书、优秀少儿读物等。截至2018年底，已建立19个图书室。

【扶贫培训】 2018年，光明日报社分批次培训囊谦县9乡1镇基层干部和专业技术骨干100名。1月，在四川邓小平城市发展学院培训囊谦县党员干部20人。9月，在浙江嘉兴红船干部学院举办囊谦县机关党支部和纪检干部“不忘初心　牢记使命”专题培训班，对来自囊谦县各乡镇的42名党员干部进行培训。11月，组织青海省囊谦县党政领导班子成员和党组织书记在浙江红船干部学院进行专题学习，来自囊谦县的24名党员干部参加培训。12月，组织囊谦广播电视台工作人员一行14人到国家广播电视总局研修学院进行为期一周的培训学习，提高其专业技能和综合素质。

【干部挂职扶贫】 2018年，光明日报社选派1名干部挂职县委常委、副县长，1名干部挂职囊谦县香达镇多昌村第一书记。挂职干部了解当地的扶贫情况，协助当地干部推动精准扶贫，为精准扶贫筑牢基础。

【扶贫慰问】 2018年，光明日报社慰问组3次赴囊谦县走访慰问57户贫困户和贫困党员，为每户分别送去慰问金和慰问物资，慰问资金21.58万元。捐助爱心棉衣棉被2000多件，这些衣物棉被通过驻囊谦县的扶贫干部全部发放给当地贫困群众。

（光明日报社机关党委　张君华）

中国日报社定点扶贫

【概述】 中国日报社定点扶贫江西省会昌县。2018年，中国日报社对外积极宣传会昌发展情况，介绍当地特色资源，深化教育扶贫工作，争取各方支持，探索“电商扶贫”新模式，突出抓好文化培训、旅游宣传、教育支援、帮助招商引资、产业扶贫、整村推进等具体工作。

【扶贫资金投入】 2018年，中国日报社对会昌县投入帮扶资金（款物）125.55万元。其中：出资22.55万元用于南田村主路圳下小组的桥梁扩建加固，该项目已竣工，桥宽从原3.5米拓宽到6.3米，重新铺设桥梁两端及附近破损道路；出资41万元，用于资助南田村发展集体产业；捐赠10台电脑（总价值5万元）为南田村党支部建立实用人才及电商培训基地；购买贫困地区农产品4.7万元。帮助销售贫困地区农产品214万元。

【扶贫调研】 10月，《中国日报》总编辑率队赴会昌县调研定点扶贫工作，看望挂职干部，先后赴会昌县高排乡南田村、文武坝镇古坊村，实地察看蔬菜产业大棚、脐橙种植基地、竹荪生产基地，走访慰问建档立卡贫困户、基层一线扶贫干部，深入了解当地百姓生活现状、社会发展状况和扶贫工作推进情况；出席报社教育扶贫和产业扶贫活动；实地查看报社扶贫项目进展情况；召开定点帮扶工作座谈会，了解会昌县脱贫攻坚情况及报社精准扶贫督促调研小组前期调研的落实整改情况，对深入推进精准扶贫工作提出具体要求。

【干部挂职扶贫】 中国日报社选派2名干部挂职会昌县常委、副县长，1名干部挂职会昌县高排乡南田村任第一书记，争取政策及资金支持，定期开展科技培训和科普宣传，推进整村脱贫和当地美丽乡村建设。

【电商扶贫】 开展电商培训，培训人员200余名。协调“温暖中国社交电商消费扶贫行动”专委会，从品牌、营销、资源对接、渠道打通等方面进行全面支持。与律回生物科技有限公司签约扶贫项目，签署帮助销售150万元会昌竹荪的协议。通过天猫、淘宝等网络直播销售会昌农特产品竹荪，帮助贫困户增收脱贫。

【扶贫宣传】 中国日报网为会昌扶贫宣传投入价值272.5万元。其中，安排制作会昌旅游和橘柚推销专题并在网站首页和其他渠道推广，约合广告价值75万元；会昌旅游扶贫专题改版制作费15万元；会昌扶贫专题站内推广182.5万元。

宣传好“能人”的榜样引带作用，生动讲述扶贫开发先进人物的感人故事，讲述会昌广大干部群众在脱贫攻坚工作中取得的成绩，积极传播会昌扶贫工作经验。刊发电商扶贫、产业扶贫、文化扶贫等典型案例，充分报道会昌落实习近平总书记关于精准扶贫、精准脱贫的重要论述的好做法、好经验。

对外宣介会昌丰富的旅游资源、文化资源以及特色美食。组织记者赴会昌，从扶贫贷款、医疗保障、结对帮扶、教育帮扶、大棚蔬菜、农村合作社、基础设施建设、安居保障、扶贫车间、电商培训等10个角度深入采访，并拍摄剪辑10条短视频，12月17—21日、12月24—28日在《中国日报》

脸谱账号和《中国日报》(香港版)脸谱账号连续播放10集扶贫短视频，展示“风景这边独好”的会昌。

邀请中央媒体赴会昌开展“纪念改革开放40周年”摄影采风活动，在中央媒体发表稿件20余篇，突出展示会昌在经济、文化、生态等各方面的最新成就，共同支持老区特色发展，打好脱贫攻坚战。

【教育扶贫】 邀请英语教育名师为会昌县314名中小学英语教师开展集中培训。联络北京陈经纶中学嘉铭分校、对外经济贸易大学附属小学与会昌结成帮扶对子，完成4期共64名教师的培训。

为会昌县高排中学捐赠20万元作为结对帮扶资金；为高排乡初中提供教育支持，通过图书捐赠、贫困生资助、奖优奖学、师资培训、基础设施更新等开展全方位帮扶，助力学校办学条件改善。

为会昌县高中、初中、小学学生免费赠送总价值约为30余万元的21世纪英语教育传媒旗下出版的系列英语学习报纸，从小学到高中每期各500份。

落实2018圆梦新征程——中国山区优秀校长国际领导力奖学金项目2个免费名额(会昌白鹅乡初级中学校长刘金圣、庄埠中心小学校长张尧煌参加)，为贫困山区教育发展培养中坚力量。

落实新长城特困高中生自强帮扶项目(每年资金10万元/班)，为会昌县建档立卡家庭高中生提供生活费资助。

(中国日报社扶贫办公室　郭海港)

中国外文出版发行事业局定点扶贫

【概述】 2018年，中国外文出版发行事业局（以下简称“中国外文局”）定点帮扶山西省左权县，全年共投入帮扶资金122.33万元，资助贫困大学生40名，举办左权中青年干部培训班，共培训左权县基层干部、工作骨干等50人。积极开展消费扶贫，购买左权县农特产品37.98万元，帮助销售农产品3.7万元。开展贫困人口就业技能培训15人次。捐赠图书1万册，码洋30.9万元；看望慰问贫困户6户，发放慰问金0.3万元；向左权三中捐赠电脑和体育用品1万元。

【扶贫资金投入与管理】 2018年，投入帮扶资金122.33万元，其中：党建扶贫资金40万元，贫困大学生资助金24.23万元，举办左权中青年干部培训班28.1万元，产业扶贫项目30万元。2018年11月，印发《中国外文局扶贫资金管理办法》，通过制度建设，加强和规范扶贫资金的管理，全面贯彻中央八项规定精神，完善财务管理制度，依托第三方机构，加强内部控制，健全使用程序，促进廉政建设，提高资金的使用绩效。

【扶贫调研】 中国外文局认真贯彻中央部署，把做好精准扶贫工作作为一项重要政治任务，认真抓好落实。2018年6月和11月，中国外文局时任副局长王刚毅和副局长刘大为分别带领调研组赴左权县开展扶贫调研，对左权县落实脱贫攻坚主体责任进行集中督导，通过听汇报、实地考察、抽检脱贫档案、与相关部门座谈等方式开展了集中督导。针对左权县脱贫攻坚中的新情况新问题，督促当地党委、政府加强领导、加大力度、完善机制，自觉承担好脱贫攻坚主体责任，认真落实党中央、国务院关于脱贫攻坚的各项决策部署，确保各项主要举措落地生根，不断提高脱贫质量，按时保质完成脱贫目标。集中调研督导情况形成有关对左权县脱贫攻坚工作进行督导情况的报告。同时，赴中国外文局派驻挂职第一书记的贫困村——寒王乡里长村走访慰问贫困户6户，发放慰问金，了解贫困户生活情况。

【扶贫制度建设】 中国外文局制定《中国外文局2018年扶贫工作要点》和《中国外文局2018—2019年度精准扶贫工作计划》，印发《中国外文局扶贫资金管理办法》，修订印发《中国外文局挂职干部选派、服务与管理办法》。2018年，中国外文局领导班子调整，新任副局长刘大为同志分管定点扶贫工作，担任中国外文局定点扶贫工作领导小组组长，加强了对定点扶贫工作的组织领导。

【扶贫培训】 中国外文局坚持把培养左权县干部，加强当地干部队伍建设，提升干部能力素质作为扶贫工作的重点。2018年9月，出资举办左权县第14期中青年干部北京培训班。副局长陆彩荣出席开班式、结业式并致辞，左权县委常委、组织部部长史彦忠作动员讲话，局办公室、教育培训中心负责同志，局派驻左权县挂职副县长及50名左权县中青年干部参加。培训班紧密围绕左权县领导干部队伍建设需要和学员具体工作需求，按照中央精准脱贫工作要求设计课程，把习近平新时代中国特色社会主义思想作为重要学习内容。通过课堂讲授、案例教学、现场体验、专题讨论等多种教学方式，提升参训人员的理论素养和履职能力。

【扶贫宣传】　中国外文局所属中国互联网新闻中心（中国网）、融媒体中心组织采访小组深入左权县里长村，了解对口帮扶工作情况，通过互联网介绍老区人民脱贫攻坚的新举措新办法。利用“左权县农副产品展示专区”，帮助贫困户推介农特产品，增加贫困家庭的收入。

【扶志扶智】　2018 年，中国外文局继续对左权县建档立卡贫困大学生进行帮扶资助，直至其完成大学学业。经左权县有关部门确认，有 40 名考取二本 B 类以上贫困大学生得到中国外文局的资助。2018 年，中国外文局累计资助大学生 119 名，资助金额共计 24.23 万元。资助单位和个人与每一名大学生建立定期联系制度，挂职干部还建立了微信群，及时关注他们的思想、学习和生活情况，让他们切实感受到中央精准扶贫工作带来的温暖，更好地为实现中华民族伟大复兴的中国梦而发奋学习、健康成长。

【文化扶贫】　中国外文局是新闻出版单位，在定点扶贫中充分发挥自身优势，采取多种举措开展文化扶贫和智力扶贫，阻断贫困代际传递。先后在左权三中、思源学校、西关小学捐建 3 所“复兴书屋”，累计捐赠图书 10 余万册。

【党建扶贫】　中国外文局高度重视党的建设在脱贫攻坚中的引领作用，关注左权县基层党组织特别是贫困村的党建工作，出资设立左权县建强基层党组织专项资金，用于培训贫困村党支部书记和党员致富带头人，帮扶村级党组织建设活动场所，助力农村党支部标准化、规范化建设，调动和夯实党支部在脱贫攻坚中的战斗堡垒作用和共产党员先锋模范作用。

【产业扶贫】　中国外文局着眼长久脱贫和激发内生动力，产业扶贫初见成效。帮助寒王乡里长村建设旱鸭养殖场项目，出资帮助建设的 3 个养殖棚已全部完工投入使用，已出栏 10 批旱鸭，共收入 16 万元。资助石匣乡竹宁村的拱棚建设项目已投产，该村已开始种植蔬菜，产生销售收入 70 万元，带动 26 户贫困户增收。

（中国外文出版发行事业局扶贫办
吕　梁）

国家档案局定点扶贫

【概述】 国家档案局定点扶贫四川省凉山彝族自治州喜德县，先后选派8名干部赴喜德县参与定点扶贫工作，帮扶喜德县完成10个项目，直接投入资金88万余元，从基础设施建设、产业发展、教育帮扶、移风易俗等方面精准发力，加快推进米市水库枢纽及灌区工程前期工作，助力喜德县脱贫攻坚。

【扶贫资金投入与管理】 通过职工捐款和自筹资金等方式，累计筹集扶贫资金377万元，用于喜德县基础设施建设、产业发展、教育帮扶、文化惠民及移风易俗等。2018年共实施10个项目，直接投入扶贫资金88.9万元。制定《国家档案局定点扶贫资金使用管理办法》，委托喜德县档案局对资金管理、项目等进行严格审核，按照相关规定，从财务管理制度等方面，加强和规范扶贫资金的使用监管，做到财务完全公开透明。

【扶贫调研】 国家档案局将调研与监督有机结合起来，完善与喜德县委县政府的交流沟通机制。2018年5月，国家档案局局长、副局长3次赴喜德县调研督导种植养殖产业发展、扶贫搬迁安置、基础设施建设、文化教育和基层党建等工作，看望慰问贫困户并与当地干部群众进行座谈交流。

【扶贫会议】 国家档案局定期召开扶贫领导小组工作会议，部署扶贫相关工作，针对扶贫工作中的重大事项进行决策。局务会多次专题研究定点扶贫工作，确立目标任务，明确工作思路和实施方案。局扶贫工作领导小组坚持定期组织召开扶贫工作会议，落实扶贫工作任务。指定1名司局级领导负责扶贫相关工作事项的协调、推进、督促、落实。

【扶贫培训】 组织举办了3期农民夜校农技知识培训班，邀请四川省农科院专家，实地讲解花椒剪枝栽种、马铃薯切块种植和种草养畜增收等技术，提升村组干部和村民的脱贫致富能力。

【干部挂职扶贫】 2018年，完成挂职干部轮换工作，选派1名科级干部到喜德县两河口镇斯果觉村任第一书记，选派1名处级干部在喜德县挂职扶贫并任县委常委，参与喜德县扶贫工作的研究决策。

【扶贫慰问】 国家档案局组织开展爱心捐赠活动，动员干部职工、家属及亲戚朋友利用业余时间编织爱心毛衣，捐助文具、书籍等，无偿捐助手织毛衣105件、图书资料800多本、书包等文具1090套。开展“国家档案局走基层暖冬行动”，慰问贫困户、五保户、残疾人等93户，送去棉被、食用油、大米等物资。

【产业扶贫】 根据地形、土壤等实际情况，因地制宜开展产业扶贫，发展适合的特色种植品种。购进“娃娃椒”花椒苗7万株，在两河口镇斯果觉村、则约乡则约村进行试种，改良品种、提高亩产。引进冕宁县韩国珍红辣椒，试种20亩，带动贫困户30户，年收益1.3万元。帮助斯果觉村完成20亩中草药瓜蒌的试种。

【教育扶贫】 资助贫困学生47人合计14.1万元，帮助其顺利完成义务教育以上阶段学业，阻断贫困代际传递。推进“授渔计划”，2018年四川省档案学校招收喜德籍学生28人，全部纳入“授渔计划”。

帮助贫困学生完成职业教育，安排组织 10 名优秀喜德籍四川省档案学校学生到中央档案馆实习 3 个月。联合四川省档案学校，在喜德县召开家长会，通过家访等形式，走访贫困学生家庭，倾听他们的声音，帮助解决实际困难。走访两河口镇红星小学、斯果觉村幼教点，为红星小学送去 4 万余元的学习生活物品。

【文化扶贫】　组织开展彝族群众喜闻乐见的丰富多彩的移风易俗活动。结合“四好”创建工作，评比文明家庭，以奖代补，激发群众勤劳奋斗、创造美好生活的动力。创建民族团结示范样板，在斯果觉村综合活动室建设 6 个宣传栏，宣传党的民族政策、扶贫政策等。在斯果觉村幼儿园修建洗手房并购置必要的洗漱用具、衣柜鞋柜等，帮助小朋友们从小养成讲卫生的好习惯。通过文化扶贫系列工作，引导群众自觉养成现代文明新风尚，逐步改变贫困群体的生活居住环境和卫生状况。

【公益扶贫】　争取引进帮扶资金 20 万元用于农业田头市场建设。联合四川省农村发展组织及相关企业为村民购买微耕机（7.2 万元）、发放草种补贴（4 万元）。

【基础设施建设】　充分利用当地光热资源，2018 年 12 月在斯果觉村启动路灯照明工程，修建太阳能路灯 100 盏。

（国家档案局政策法规研究司
综合调研处　范理权）

最高人民检察院定点扶贫

【概述】 最高人民检察院（以下简称“最高检”）定点帮扶云南省西畴县和富宁县。2018年，最高检通过与各相关单位的沟通协调，帮助定点扶贫县找资金、找项目，多渠道、全方位帮扶，促进国家扶贫开发攻坚战略顺利实施，助推西畴县按计划在2018年完成脱贫摘帽任务，为富宁县完成2019年脱贫摘帽的任务打下坚实基础。

【扶贫资金投入】 2018年，最高检对西畴、富宁两县投入帮扶资金312万元，引进扶贫资金560万元，通过购买贫困地区农产品32.1万元，帮助销售贫困地区农产品35.44万元。

【扶贫资金管理】 根据《最高人民检察院定点扶贫资金管理使用办法（试行）》，最高检对扶贫项目和扶贫资金的使用情况进行严格管理，明确责任主体，加强督促检查，发现问题及时纠正，规范扶贫资金的使用。最高检把定点扶贫的西畴、富宁县作为专项工作试点，部署开展易地扶贫搬迁、农村危房改造补助资金等方面的集中查处工作。

【扶贫调研】 2018年，最高检调研组3次赴文山州调研脱贫攻坚工作，通过听取汇报、实地检查、查阅资料、走访谈心等方式，对定点扶贫工作进行调研、指导和监督。最高检各内设机构和直属事业单位领导干部也多次深入西畴、富宁两县实地调研，指导定点帮扶工作。

【扶贫会议】 2018年11月，最高检扶贫工作领导小组与西畴县、富宁县主要领导就脱贫攻坚工作召开专题座谈会议，听取两县脱贫攻坚工作情况汇报，全力协调解决需要最高检帮助的有关事项。

【扶贫培训】 2018年11月，最高检邀请云南师范大学教授分别为富宁县、西畴县广大党政干部进行以“扶贫干部高效工作法与执行力提升”为主题的业务培训，两县处级领导、乡（镇）班子成员、全体驻村扶贫工作队员等2120名干部参加培训；最高检主动帮助文山州培养党政干部，经与文山州委协调，由文山州委选派2名、西畴县委选派1名、富宁县委选派1名人员到最高检交流学习，为期1年；派出专业人员加强指导，加大对西畴县南昌水库、整乡推进等重大项目的职务犯罪预防工作力度，搞好警示教育和廉政教育，为精准扶贫和精准脱贫保驾护航。

【干部挂职扶贫】 2018年2月，最高检选派到西畴县、富宁县挂职县委副书记的2名干部挂职期满后，立即又选派2名干部到两县挂职县委副书记。最高检始终坚持加强与挂职单位的沟通和联系，共同服务好、培养好、管理好扶贫干部，督促扶贫挂职干部认履职尽责，树立最高检机关干部的良好形象，圆满完成扶贫工作任务。

【产业扶贫】 最高检帮助协调河南省神火集团年产90万吨绿色水电铝项目到富宁县落地实施，大力助推产业发展，为文山州做大做强铝产业提供坚实基础；帮扶西畴县瓦厂村的蜜蜂养殖、巴西菇栽种、柑橘栽种、猕猴桃栽种和乌骨鸡养殖等项目；帮助富宁县格当村创建扶贫车间、发展肉牛养殖等项目；通过四川省检察院协调省司法厅为西畴县、富宁县援建扶贫车间，推动“电子线圈加工”“民族特色文创产品”等帮扶项目在定点扶贫县落地生效。

【教育扶贫】　最高检始终坚持“扶贫先扶智”的原则，变“输血式扶贫”为“造血式扶贫”，促成中国发展研究基金会与西畴县、富宁县的项目签约，计划由中国发展研究基金会在西畴县、富宁县各援建100所山村幼儿园，项目建成后将有力地帮助贫困地区儿童获得优质学前教育。

【公益扶贫】　最高检积极整合检察系统资源，协调云南、上海、江苏、广东、福建、浙江等省市检察院为西畴、富宁两县捐助360万元用于帮助易地搬迁贫困户购置生活用具；积极推进社会扶贫，协调央视电影频道为西畴、富宁两县的扶贫产品代言；协调中华慈善总会、中国红十字会为西畴、富宁两县提供支持帮助。

【基础设施建设】　最高检在交通基础设施规划建设、水利基础设施建设等方面积极协调相关部门，促成了蒙自至文山铁路纳入交通运输“十三五”规划、西畴县南昌水库顺利建设、加快推进富宁港及百色水利枢纽过船设施等许多重大事项；持续帮助推进解决文山州和西畴县、富宁县在灾害救济、石漠化治理补助、贫困人口饮水巩固提升项目、交通基础设施项目、水利基础设施项目、产业扶贫项目、农村危房改造项目等方面重大事项。

（最高人民检察院扶贫办　唐健雄）

国家安全部定点扶贫

【概述】 2018年，国家安全部定点扶贫工作按照《中共中央关于打赢脱贫攻坚战三年行动的指导意见》和国务院扶贫办、中央单位定点扶贫工作牵头单位（工委）的部署要求，紧密结合《关于2017年中央单位定点扶贫工作试考核情况的通报》和《2017年定点扶贫工作试考核反馈意见》，把坚决打赢脱贫攻坚战作为一项重大政治任务，深入研究谋划、突出问题导向，自觉对表对标，明确目标任务，按照工委反馈意见，不断强化和改进工作措施，确保定点扶贫工作在敖汉旗、盐山县扎实有序开展。9月30日，经国务院扶贫办考核验收，盐山县正式脱贫出列。

【扶贫资金投入】 2018年，国家安全部投入扶贫资金1130万元，引进大型产业项目1个。培训基层干部64人，培训贫困群众和农业技术人员452人。捐赠盐山县图书馆新图书2万余册，价值103万元。购买、消费定点扶贫旗县特色农产品8万余元。

【扶贫调研】 部党委书记、部长陈文清分别于2018年9月、11月带队赴敖汉旗、盐山县开展扶贫工作专题调研督导，与定点扶贫旗县党委政府领导座谈共谋脱贫之策，深入贫困村慰问贫困群众，看望慰问扶贫挂职干部。督导贫困旗县履行扶贫主体责任，提出工作要求。陈文清强调，做好扶贫工作本质上也是维护国家安全，定点帮扶敖汉旗、盐山县是党中央、国务院交给国家安全机关的重大政治任务，打赢脱贫攻坚战，任务重、要求高，必须付出更加艰辛的努力，国家安全机关将继续加大帮扶力度，创新工作方式，把各项工作做得更具体、更到位，与定点扶贫旗县政府携手完成脱贫攻坚任务。2018年部机关党员干部60余名分别到两旗县开展扶贫调研、捐赠帮扶和支部共建活动。

【扶贫会议】 2018年3月，部扶贫领导小组组长主持召开部定点扶贫工作领导小组工作会议，传达学习习近平总书记在打赢精准脱贫攻坚战座谈会上的重要讲话及中央有关精神要求，研究部署工作。会议强调，定点扶贫工作要突出问题导向，对照中央和国家机关工委考核评价指出的突出问题进行全面整改。必须提高政治站位，强化责任意识。从讲政治的高度，充分认识扶贫工作具有重大的政治属性。必须坚持更高标准，力争一流工作。虚心向先进帮扶单位学习，深入研究谋划、找准努力方向，坚持一流标准、采取切实可行的办法，不断提高定点扶贫工作能力和水平。必须突出精准扶贫，确保帮扶成效。把帮扶贫困村、贫困户和贫困群众作为指令性任务，精准到户到人，确保其按时达到脱贫收入标准。部定点扶贫工作领导小组分别于3月、7月专门与旗县领导就有关需要协助帮扶的扶贫项目进行磋商。12月，部党委专门听取定点扶贫工作汇报，研究部署下一步定点扶贫工作，就帮扶敖汉旗、盐山县扶贫工作提出具体措施。

【基础设施建设】 部扶贫办与国家交通运输部、内蒙古自治区交通厅等相关部门协调，推动敖汉旗305国道玛尼罕至玉田皋段和210省道线高日罕至羊场段二级公路建设项目按期施工建设。向盐山县投入扶贫资金110万元，用于美丽乡村基础设施建设。其中，70万元用于孟店乡常金村的道路硬化，小营乡前陈村的老年活动中心建设，望树镇望树村的村“两室”建设以及盐山镇小韩村的道路硬化项目；40万元用于孟店乡东小卢村（第一书记村）的文化广场扩建、排水沟翻新及路肩硬化项目。

【产业扶贫】 结合敖汉旗牛羊产业实际，投入专项资金450万元（地方投入3500万元），与内蒙古赛科星繁育生物技术（集团）股份有限公司对接，推动良种繁育中心建设，促进敖汉旗畜牧品种改良，提高养殖效益。完成现代化牛羊圈舍等基础设施建设。继续做好北京和牛养殖企业东大品证控股有限公司落户敖汉旗相关工作。为盐山县引进大型“循环生态农业产业园”项目。11月20日，盐山县人民政府与中合生态农业科技有限公司（中国供销集团下属公司）正式签约。

【精准扶贫】 投入450万元帮扶资金用于盐山县4179户建档立卡贫困户厕所改造项目，进一步改善农村卫生环境，提升贫困群众满意度和获得感。2018年，向敖汉旗投入扶贫资金120万元。其中，80万元用于建设高家窝铺村、巴尔当村、三节梁村3处27千瓦光伏村级电站项目，惠及未脱贫建档立卡贫困户33户、51人，人均年增资产收益900元；40万元用于扎赛营子村（第一书记村）50千瓦分布式光伏发电站项目，惠及未脱贫建档立卡贫困户38户、79人，人均年增资产收益345元。生态建设方面，8月完成敖汉旗大黑山国家级自然保护区规划调整工作，将贝子府镇（5万余人）整体划出，为1443户、3151名贫困群众提供脱贫条件，有效化解社会矛盾。

【扶贫培训】 带领村级党支部谋划乡村长远发展规划，开展结对帮扶、培训技术人员、捐赠图书、推销农产品等活动。在敖汉旗组织农村牧区党员代表、贫困党员、贫困群众及致富带头人开展4期农牧业实用技能培训，共培训452人。

【健康扶贫】 协调中国扶贫基金会在敖汉旗推广“顶梁柱健康扶贫公益保险”项目，为44986名18～60岁建档立卡贫困群众提供健康保障。

【干部挂职扶贫】 2018年，部机关采取自愿报名、组织推荐、人事部门把关的方式，推荐1名现职副处长（经济学博士）担任敖汉旗旗委副书记，1名主任科员（硕士）和1名副主任科员（硕士）分别担任驻东小卢村、扎赛营子村第一书记。1名副处级干部继续挂职盐山县副县长。充分发挥挂职干部一线攻坚作用，深入一线督促指导，形成监督管理合力。按照中央有关要求，严格落实定点扶贫督导责任，要求将部挂职的副县长、旗委副书记列为所在旗县脱贫攻坚领导小组成员，全程参与扶贫工作决策，指导推动工作落实，履行监督责任。两位挂职县级领导参加旗县脱贫攻坚领导小组会议22次。部驻盐山县孟店乡东小卢村第一书记，被评为中央和国家机关定点扶贫工作优秀个人。

【消费扶贫】 在部机关形成机制，以消费扶贫的方式向贫困户献爱心。部机关局级单位以及部机关工会采购敖汉旗、盐山县贫困地区的农特产品，价值5万余元；在国家扶贫日活动期间，组织敖汉旗农特产品展卖，机关干部及家属踊跃购买敖汉旗杂粮等农特产品3万余元，直接带动贫困群众增收。

【扶贫宣传】 国家扶贫日活动期间，制作宣传展板20余块，在部机关宣传展示部定点扶贫工作成效。组织邀请盐山县、敖汉旗有关部门、企业来部机关，开展展板展示、农特产品展卖活动。挂职扶贫干部在《经济日报》发表《脱贫攻坚需要发挥基层智慧》和《精准扶贫重数据 造血强身靠产业——河北省盐山县成功脱贫纪实》的调研文章，总结宣传两旗县脱贫攻坚工作成功经验，全方位宣传展示两旗县脱贫攻坚取得的成果及经济发展情况。

（国家安全部扶贫办 王 原）

司法部定点扶贫

【概述】 司法部定点扶贫四川省平昌县、苍溪县和河北省阜城县。2018 年，司法部对定点扶贫县投入帮扶资金 153.7 万元，帮助引进帮扶资金 14521.8 万元；培训基层干部 376 名，培训技术人员 3412 名。向定点扶贫县引进扶贫企业，培育创业致富带头人，吸纳贫困人口就业增收。开展消费扶贫，购买贫困地区农产品 14.7 万元，帮助销售贫困地区农产品 629 万元，超额完成《中央单位定点扶贫责任书》承诺事项。

【扶贫资金投入】 2018 年，在 5 位挂职干部的协调努力下，司法部共帮助 3 个定点扶贫县引进帮扶资金 14521.8 万元。其中帮助苍溪县从农业农村部争取引进价值 1 亿元的国家现代农业产业园项目，该项目已到位 5700 万元。从全国红色旅游工作协调小组办公室争取到 14340 万元的文化旅游提升工程中央预算，用于建设苍溪县黄猫垭战役遗址。从四川省农业厅争取到 1000 万元产油大县示范县奖励金。合计帮助苍溪县引进三个项目、价值 12434 万元。帮助阜城县引进中央财政服务业务发展专项资金 2000 万元，已拨付 1500 万元。帮助平昌县从县司法局引进资金 63 万元用于乡镇司法所建设。中国法律出版社和中国法制出版社捐赠价值 24.7 万元的法律书籍。

【扶贫调研】 2018 年，司法部新一任部党组和领导班子高度重视定点扶贫工作，召开党组会、部长办公会，专题学习贯彻习近平总书记关于脱贫攻坚的重要论述，制定《进一步做好司法部机关定点扶贫工作的意见》，从人才扶贫、物质扶贫、法治扶贫、创新扶贫、项目扶贫、智慧扶贫、党建扶贫等 7 个方面，对进一步做好定点扶贫工作作出了部署。5 月至 6 月，部长傅政华、书记袁曙宏和主任冯力军分别赴 3 县及 2 个对口支援县（江西省上犹县、石城县）调研，实地察看定点扶贫和司法行政工作开展情况，走访慰问贫困户，与当地群众座谈，指导定点扶贫工作。10 月 29 日，司法部在内蒙古召开全国司法行政系统扶贫工作会。11 月，书记袁曙宏、副部长熊选国分别到江西省赣州市和河北省阜城县调研扶贫工作，对支援工作和定点扶贫工作作出督促检查和安排部署。12 月，副部长赵大程赴四川省平昌县、苍溪县调研、督查定点扶贫工作。

【干部挂职扶贫】 2018 年，司法部共选派 5 名党员干部前往 3 个定点扶贫县挂职扶贫（含 2 名第一书记），继续为 3 县脱贫致富贡献积极力量。在四川省苍溪县云台村，挂职干部协同当地政府精准规划，带头攻坚。根据因病、缺劳力、缺技术等不同致贫原因，因户施策，逐一制定云台村贫困户 2018 年帮扶规划；带头开展“同吃同住同劳动”活动，驻村定点解决云台村易地扶贫搬迁、村委会阵地建设、提灌站变压器老化等 4 类突出问题；组织成立云台村农业合作社，深入推进“监狱扶贫”，协调 5 所监狱定向收购云台村农副产品；指导云台村在淘宝、一亩田等电商交易平台开设“云台山绿色农场”网店，实现农副产品线上线下同步销售。截至 2018 年年底，云台村种植基地共种植蔬菜 200 多亩，定向为 5 所监狱输送白菜、土豆、萝卜等时令蔬菜 400 余吨，实现销售收入 62 万元，贫困户户均增收 5000 余元。

【产业扶贫】　针对定点扶贫县实际，司法部创新推动地方发展特色产业和项目扶贫。协同平昌县、苍溪县两地政府在实地调研的基础上，发挥自然环境优美的地域优势，大力发展特色产业和旅游扶贫。以“全国有机产品认证示范县创建”为依托，指导平昌县规模发展茶叶、花椒、生态养殖等特色产业70万亩，建成海升、元丰等产业扶贫示范园区6个，各类农产品加工企业50家，发展龙头企业32家，农民专合社30个，专业大户200户。引导2万余户贫困户发展“小微经济”，基本实现“一村一产业、一村一园区”目标，辐射带动65%的贫困户就近就业、稳定增收。引导苍溪县围绕“三个百亿产业”布局，新发展猕猴桃2万亩、中药材1.5万亩，新增健康养殖猪牛羊25万只、小家禽240万只，实现“一户一园一产业”目标。

在平昌县成功创建白衣古镇、皇家山2个国家4A级旅游景区，全县4A级旅游景区总数达到7个，惠及贫困人口6万余人，2018年全县接待游客650.34万人次，实现旅游收入为55.87亿元，带动贫困户户均增收800元。协调将苍溪县云台山旅游项目纳入全省旅游项目中期调整规划和全省重点旅游项目招商引资项目库，争取到省旅发委乡村旅游资金200万元，正在争取纳入文化和旅游部第二批旅游产业扶贫重点项目。指导策划投资6亿元的“云台山”等3个旅游扶贫项目，争取农发行政策性贷款4.5亿元。通过招商引资，促成北京王致和食品集团有限公司、北京东来顺集团有限责任公司等一些转移产业项目在河北省阜城县落地，建成扶贫创客产业园，成功引进多家知名企业落地办厂。

【扶贫培训】　在河北省阜城县，通过开展思想政治建设，持续开展“两学一做”学习教育活动，认真贯彻落实中央和省市县脱贫攻坚战略部署，教育引导党员干部增强参与脱贫攻坚的思想自觉和行动自觉，把党员干部的思想和行动统一到脱贫攻坚工作上来，推动党员积极主动为贫困群众多干实事好事，帮助贫困群众发展产业，进一步增加农民收入，切实做到抓党建、促脱贫、出实效。邀请商务部门、北京京东世纪贸易有限公司为本地电商从业人员、村级电子商务服务站站长以及农业合作社、农业园区、企业等有关人员举办电商扶贫培训，促进农村电商产业发展；邀请省绿办、省农业环保站的专家就“三品一标”认证知识进行培训授课，激发全县种植养殖企业对“三品一标”认证的积极性，调动贫困群众的积极性、创造性，激发贫困群众脱贫致富的内生动力。

【扶贫资金管理】　《司法部定点扶贫工作作风问题专项治理实施方案》规定由部派驻同志与所在地县司法局共同监督，按规定用好扶贫资金。部扶贫领导小组办公室不断加强沟通协调，对接定点扶贫县司法局及扶贫挂职干部，通过建立司法部扶贫办扶贫工作微信联系群及时了解、掌握定点扶贫县脱贫攻坚工作进展、存在问题及难题，建立定期工作汇报等机制要求挂职扶贫干部及时反馈司法部定点扶贫工作具体开展情况、各项帮扶及优惠政策落实情况、扶贫资金落实及使用情况等，切实加强对定点扶贫工作的指导和监督，扎实推进定点扶贫工作高效、健康开展。同时，严格资金审批程序和流程，加强监督和检查，将扶贫资金用实、用细、用准。

（司法部办公厅办公室　刘　鑫）

海关总署定点扶贫

【概述】 海关总署定点帮扶河南省鲁山县、卢氏县、民权县。2018年，海关总署圆满完成《中央单位定点扶贫责任书》承诺全部事项，选派挂职扶贫干部8名，新录入选调生到定点扶贫县锻炼干部6名，扶贫支教老师16名；投入扶贫资金1000万元，引进扶贫项目达成意向资金14.2亿元，培训基层干部450人次、技术人员210人次，帮助销售农产品1亿余元，组织捐赠物资折合人民币500万元。海关总署2018年度定点扶贫工作考核等次为“好”。总署扶贫办调研员房季被评为中央国家机关定点扶贫工作优秀个人；驻鲁山县上竹园寺村第一书记王镝被评为平顶山市劳动模范；驻卢氏县代家村第一书记方宇被评为三门峡市优秀驻村第一书记；支教老师黄倩敏荣获三门峡市2017年脱贫攻坚奖；等等。《中国报道》、《河南日报》、新华网等媒体多次宣传报道海关总署定点扶贫和支教工作经验做法。

【扶贫资金投入】 围绕定点扶贫工作年度计划安排，海关总署扶贫办多次听取扶贫干部对扶贫资金使用汇报，派员现场调研了解扶贫项目进展情况。按照早投入早见效原则，协调财务司把2019年80%扶贫经费提前调整到2018年使用。为河南省鲁山县和卢氏县提供扶贫经费920万元，优先用于解决贫困户急需、有长远发展潜力的扶贫项目。按期督促检查项目落实落地。教培中心从全国海关教育培训经费中，专门为两县预留出200余万元，满足两县培训需求。上海海关学院和中国海关管理干部学院，从本级行政办公经费中支出40余万元，为定点扶贫县举办新任村支部书记培训班。机关党委从历年节余党费中，为驻村第一书记提供7.8万元党建活动经费。

【扶贫调研】 署长、党委书记倪岳峰专程赴民权县、卢氏县调研指导扶贫工作；副署长、政治部主任胡伟到江西革命老区龙南县调研对口帮扶工作；驻署纪检监察组组长、党委委员许罗德到鲁山县、卢氏县进行调研。署领导深入扶贫一线，调研了解当地企业生产发展存在问题，现场解决保税物流中心、跨境电子商务和保留海关办事机构等问题；对照核查建档立卡贫困户档案情况，看望贫困老人，慰问扶贫干部，察看连翘加工车间、食用菌大棚等扶贫产业项目，现场指导驻村第一书记开展工作。

【扶贫培训】 把定点扶贫县党员干部培训列入海关总署年度培训计划，2018年开展培训2批次，每批次8天时间50人培训，培训地点从上海海关学院和中国海关管理干部学院延伸到浙江、广州等海关培训基地。培训内容从理论学习、专家讲座、经验介绍等，拓展到组织外出参观到新农村学习调研。此外，应卢氏县政府邀请，新增1期8天时间50名新任村党支部书记专题学习培训班，组织村级基层干部到改革开放前沿学习如何开展支部建设，更好发挥基层党组织在脱贫攻坚中的战斗堡垒作用。

【干部挂职扶贫】 海关总署派驻鲁山县和卢氏县2名副县长和2名驻村第一书记；8月，增派6名选调生到定点扶贫县锻炼。为帮助他们尽快进入工作状态，请国务院扶贫办和工委有关人员、总署参加过定点扶贫工作同志，解读当前扶贫政策、分享典型经验和注意事项；组织外出学习扶贫成功案例；总署扶贫办的同志针对具体扶贫项目和工作难题，面对面谈体会、手把手教方法，帮助他们尽快进入工作状态。

【产业扶贫】　以卢氏“果、牧、菌、烟、药、菜”等特色产业发展需求为出发点，联系星辰中联（天津）农业科技有限公司、中国东方航空集团有限公司、中国南方航空股份有限公司等公司，扩大卢氏特色农产品销售市场。上海海关协调鲁山县农产品参加2018年上海市农产品展销会，免费提供农产品销售展台和召开农产品新闻发布会，联系上海市光明乳业股份有限公司西郊国际农产品交易市场和江桥蔬菜交易市场，把鲁山县急需销售的大蒜、洋葱等农产品引进该市场进行销售。青岛海关组织举办青岛、鲁山招商选资洽谈会，达成合作签约意向合同金额10余亿元。

【示范区建设】　帮助民权县建成“民权国家级出口食品农产品质量安全示范区”等3个示范区。推动该县产业集聚区成功创建为全国知名品牌创建示范区，帮助该县纳入“全国党建标准化试点”“全国农业综合配套改革美丽乡村标准化试点”，推动林下香菇经济带成功获批“全国农业标准化示范基地”。

【教育扶贫】　坚持打造扶贫支教品牌。海关支教老师给山区孩子传授知识，言传身教，发动身边亲人朋友捐款捐物，创办“金钥匙”图书角、网络课堂等。支教老师武汉海关黄倩敏指导卢氏县五里川镇中心小学学生，参加在济南举办的“海看中国梦”全国沙画电视大赛，6个送选作品获得3个特等奖、1个金奖、1个银奖和1个铜奖。2018年教师节前夕，教育部与中央电视台“寻找最美乡村教师”栏目组专程听取海关支教事迹介绍。

【公益扶贫】　借助“公益中国”精准扶贫平台，推出“公益海关”二级子平台，把定点扶贫县特色产品从线下推到线上进行销售。黄埔、宁波、上海、广州、厦门等海关每年为两县各组织捐赠一次总价值不少于200万元的罚没侵权物资；总署机关和部分海关干部职工累计向两县中小学捐赠图书逾万册。

（海关总署定点扶贫办　王杏妮）

国家税务总局定点扶贫

【概述】 国家税务总局（以下简称“税务总局”）定点帮扶青海省海东市平安区和民和县。2018 年，税务总局及协助帮扶单位共向两地投入帮扶资金 700 万元，用于完善农村基础设施建设、改善困难群众生活水平等；引进电子商务平台、物流交易平台等投资项目，大力促进消费扶贫，加大对基层干部和技术人员培训力度，认真落实扶贫领域税收优惠政策。2018 年 9 月，平安区率先在海东市实现整体脱贫摘帽；税务总局选派干部挂职担任第一书记的民和县大库土村已经实现整体脱贫，提前完成了“两不愁三保障”的脱贫攻坚目标。

【扶贫资金投入】 2018 年，税务总局及各协作帮扶单位为平安区、民和县捐助扶贫款 700 万元，用于完善农村基础设施建设、搭建电子商务平台、改善困难群众生活水平等。年度捐赠具体情况为：税务总局向平安区、民和县各投入扶贫资金 200 万元，共 400 万元；向民和县大库土村捐助党费 20 万元；相关协作帮扶省税务局向平安区、民和县共捐赠 280 万元。

【扶贫调研】 2018 年 10 月，税务总局党委书记、局长王军赴青海调研定点扶贫工作，实地察看海东市平安区三合镇易地搬迁产业综合市场、民和县大库土村易地搬迁情况，走村入户看望困难群众，主持召开税务总局定点扶贫工作座谈会。税务总局党委委员、副局长王陆进和定点扶贫领导小组相关司局负责人分别赴青海调研指导定点扶贫工作。

【扶贫会议】 2018 年，税务总局党委书记、局长王军主持召开第 20 次党组会议和第 8 次党委会议，传达学习习近平总书记关于扶贫攻坚工作的重要论述，专题研究部署定点扶贫工作。要求进一步增强责任感和使命感，全面抓好《中央单位定点扶贫责任书》各项任务落实工作。建立定点扶贫工作会议机制，定期召开定点扶贫工作领导小组会议和定点扶贫工作领导小组办公室会议，扎实推进各项定点扶贫工作措施落地。

【扶贫制度建设】 研究制定《国家税务总局 2018 年度定点扶贫工作计划》，明确税务总局 2018 年度扶贫工作指导思想和目标任务，确定完善定点扶贫的工作机制、落实扶贫领域税收优惠政策、建立横向协作帮扶工作机制、持续投入资金帮扶、整合资源提高产业扶贫实效、增强脱贫内生动力、帮助指导农村基层党组织建设、督促脱贫攻坚主体责任落实等重点定点扶贫工作措施。制定《国家税务总局机关扶贫干部管理暂行办法（试行）》，建立工作季报和请销假制度，明确工作纪律要求，进一步加强对挂职扶贫干部的教育管理监督。制定《国家税务总局机关定点扶贫资金管理办法（试行）》，建立健全扶贫资金拨付、使用和审计机制，加强扶贫资金监督管理，推进扶贫资金使用的制度化和规范化，确保资金使用精准到位。

【扶贫培训】 2018 年，民和县和平安区共举办扶贫干部和专业技术人才培训班 4 期，累计培训 93 人次。其中，培训干部 66 人次（含第一书记、驻村工作队员），培训各类专业技术人员 27 人次。

【干部挂职扶贫】 2018 年 3 月，税务总局选派财务管理司资产管理处处长崔恩彬、稽查局稽查六处副处长王明科分别赴平安区、民和县挂职任副区长和副县长，协助分管扶贫工作，挂职时间为2年。同时，选派督察内审司综合处副处长弓豰到建档立卡的民和县核桃庄乡大库土村担任第一书记，任期为2年。3名同志到任后，扶贫工作取得明显成效。税务总局严格挂职扶贫干部请销假制度，定期召集扶贫干部听取工作汇报，开展谈心谈话，及时了解思想动态和工作表现，督促工作落实。在2018年中央和国家机关脱贫攻坚优秀个人评选中，税务总局政策法规司杨省庭同志（2016—2018年挂职青海省海东市平安区副区长）荣获中央和国家机关脱贫攻坚优秀个人荣誉称号。

【扶贫资金管理】　税务总局制定印发《国家税务总局机关定点扶贫资金管理办法（试行）》，加强对投入扶贫资金的监督管理，严格按照有关规定实行专款专用，提高扶贫资金的使用效益。加强对帮扶工程项目的管理和监督，确保帮扶工程在立项审批、建设程序管理、帮扶资金使用等方面依法依规。2018年1月，税务总局安排审计部门，对2016年和2017年税务总局机关投入青海省民和县、平安区扶贫资金使用情况进行实地审计。审计结果表明，税务总局投入扶贫资金使用项目明确，符合国家有关规定，为改善民和、平安两县（区）广大贫困农民的生产、生活条件发挥了推动作用。

【产业扶贫】　税务总局带头推进消费扶贫，购买126万元贫困地区农产品。在前期推广富硒马铃薯等特色种植业和家庭牧场养殖项目建设的基础上，引进资金建设电子商务平台项目、集装箱锁生产企业和物流交易平台项目各1个，吸纳当地贫困人口就业，帮助完善电子商务平台体系，建设物流中心，实现农副产品的网上销售，促进地方农业和电子商务发展。

【基础设施建设】　改善教育基础设施和配套设施，为平安区巴藏沟中心学校和古城中心学校安装燃煤锅炉及配套设备2套，为石灰窑乡上庄小学安装60千伏变压器及配套设备1套；切实改善困难群众生活水平，为平安区修建农村公厕2所，为民和县松树乡松树小学、中川乡中心幼儿园、塘儿垣幼儿园、古鄯中心幼儿园、中川乡金田小学修建卫生厕所5所；加强基础设施建设，维修、拓宽平安区下河滩村、阳坡山村、唐隆台村村级道路，方便贫困地区群众生活。

【扶贫税收优惠政策】　税务总局认真制定《财政部、国家税务总局关于易地扶贫搬迁税收优惠政策的通知》，集中整理涉及支持贫困地区基础设施建设、推动涉农产业发展、激发贫困地区创业就业活力等6个方面的101项税收优惠政策，组织编写了《支持脱贫攻坚税收优惠政策指引》。要求全国各级税务机关切实加强帮扶地区税收业务指导，不折不扣落实好扶贫领域各项税收优惠政策。2018年，在全国14个连片特殊困难地区的680个县落实脱贫攻坚重点税收政策减税837.3亿元，同比增长21%，有力推动贫困地区加快发展。

【扶贫机制建设】　按照税务总局党委对定点扶贫工作的部署，税务总局办公厅印发《关于协助做好国家税务总局定点扶贫工作的通知》，确定北京、上海、江苏、浙江、福建、广东、厦门、深圳等8个省（市）税务局作为税务总局定点扶贫的协作帮扶单位，负责对平安区、民和县在引进投资项目、帮扶资金和人员培训等方面给予帮助支持，形成“总局机关主导，有关省市联动配合”的联动帮扶模式。机关党委统一组织协作帮扶省（市）税务局与民和县、平安区政府进行对接，协调有条件的协作帮扶省税务局给予资金上的支持，加大扶贫资金的帮扶力度。在扶贫资金使用上，牢牢把握精准性和实效性的要求，从贫困村、贫困人口实际出发，切实提高扶贫资金使用效益。

（国家税务总局　李　晖）

国家体育总局定点扶贫

【概述】 2018年，国家体育总局（以下简称“体育总局”）定点帮扶山西省繁峙县、代县，投入资金530万元支持两县发展产业和民生项目，组织物资捐赠折合约220万余元。全年累计筹集各类资金折合758万元。通过财政转移支付体育彩票公益金，支持繁峙县、代县体育基础设施建设80万元，支持两县体育赛事活动63万元。为繁峙县、代县培训班干部600人、技工60人、建档立卡贫困户和产业致富带头人20名，培训社会体育指导员和体育教师140人。先后在两县举办了10余项体育赛事，还组织了文艺交流、干部支教、体育大学生实习等多项活动。各单位购买和帮助销售繁峙县、代县农副产品304万元。

【扶贫资金投入】 2018年先后组织40多家单位、企业为繁峙县、代县捐赠扶贫资金，募集资金530万元用于支持两县发展生产和民生项目。通过财政转移支付体育公益金，支持体育基础设施建设80万元，用于国家森林公园代县赵杲观修建健身步道。使用筹集的扶贫基金资助繁峙县齐城小学和代县东若院小学共10万元，用于场地硬化、体育器材购置等。体育彩票中心及所属公司向两县各捐赠10万元共计20万元，繁峙县资金用于“雪炭工程”助建的体育馆修缮，代县资金用于灯光篮球场塑胶场地建设。

2018年先后在两县举办雁门关国际骑游大会、寻找美丽中华全国旅游城市定向系列赛代县站和繁峙站、全国毽球公开赛、“奥跑中国”等8项体育赛事活动，合计投入经费63万元。吸引3000余名国内外队员参加比赛活动。

组织文艺交流、彩票中心干部支教、北京体育大学学生实习、物质捐赠等活动投入折款约220万元。全年累计捐助各类资金折款758万元。

【扶贫调研】 2018年，体育总局领导多次深入定点扶贫单位繁峙县、代县进行扶贫专题调研。12月，党组书记、局长苟仲文专程到两县调研，考察了体育总局扶贫项目落实情况，就体育扶贫工作提出要求。11月，党组成员、副局长杨宁到体育总局工作不久就到两县开展调研，实地了解两县脱贫攻坚情况。7月，时任体育总局党组成员、副局长赵勇到繁峙县、代县调研脱贫攻坚工作，听取了两县扶贫工作开展情况汇报，对做好体育总局定点扶贫工作、帮扶两县脱贫致富提出了明确要求。

【扶贫制度建设】 为充分发挥体育行业在脱贫攻坚战中的特有优势，将体育扶贫纳入脱贫攻坚总体部署和工作体系，7月，体育总局联合国务院扶贫开发领导小组办公室印发了《关于体育扶贫工程的实施意见》，通过引进体育赛事，在贫困地区构建“体育+”或“+体育”的发展模式，营造精准扶贫、体育助力的良好局面。到2020年，实现贫困地区体育基础设施和健身公共服务体系基本完善。

【扶贫培训】 2018年体育总局资助38.5万元举办了3期干部培训班和技工培训班，培训干部600人、技工60人，其中建档立卡贫困户和产业致富带头人20名，贫困户在参加完培训后直接就业，产业致富带头人扩大生产规模，吸纳了更多劳动力就业。为两县培训社会体育指导员和体育教师140人，协调北京体育大学与两县教委达成了教育扶贫协议，北京体育大学派出专业教师对两县体育教师进行培训、派专业学生到两县学校进行体育教育实习；彩票中心派青年干部到两县两所小学支教；棋牌中心在两县三所学校开展象棋、围棋和五子棋等教育培训，将这些学校确定为全国棋牌教育推广工程单位。

【干部挂职扶贫】　2018年初，体育总局选派两名副处长挂职扶贫，分别担任山西省繁峙县、代县副县长。2018年12月换岗，选派训练局基建维修处处长魏灵敏挂职繁峙县委常委、副县长，北京体育大学宣传部常务副部长聂伟挂职代县县委常委、副县长，于年底前完成总局扶贫工作交接。2018年8月，总局定点帮扶村调整为繁峙县繁城镇三祝村，经过组织遴选，选派训练局党委办公室副主任石刚担任三祝村驻村第一书记。

【产业扶贫】　2018年体育总局加大产业扶贫力度，投入180万元资助在繁峙县集义乡东坡头村建藜麦加工厂，工厂建成投产后将可带动1200户贫困户通过种植富硒藜麦增收脱贫；投资200万元资助代县雁门关乡杂粮加工项目，工程于2018年4月18日开工、10月30日竣工投产，采用公司+合作社+农户的生产模式，可带动270户贫困户脱贫；投入5万元资助繁峙县建羊舍发展养羊，可帮助7户贫困户脱贫。

（国家体育总局扶贫办　黄　炜）

外交部定点扶贫

【概述】 外交部自1992年起定点帮扶云南省金平和麻栗坡两个国家级贫困县。经外交部内部属单位和驻外使领馆共同努力，外交部全年筹集各类扶贫资金2021万元，向两县拨付扶贫资金1844万元，其中向深度贫困的金平县拨付1091万元，向麻栗坡县拨付753万元，实施教育、卫生、民生（饮水）、培训和产业等185个扶贫项目，进一步改善定点扶贫县教育、医疗设施和贫困群众的生产生活条件，促进两县经济发展。继2017年外交部在中央单位定点扶贫工作首次考核中被确定为“好”的等次后，2018年再次被确定为“好”的等次。2018年10月，外交部扶贫工作领导小组办公室还被评为中央和国家机关“脱贫攻坚先进集体”。

【扶贫资金投入】 2018年外交部向两定点扶贫县拨付扶贫资金1844万元，实施教育、卫生、民生（饮水）、培训和产业等185个扶贫项目。向金平县拨付1091万元，用于教育425万元，实施项目14个；助学138万元，实施项目81个；卫生211万元，实施项目6个；民生（饮水）80万元，实施项目2个；培训81.4万元，实施项目2个；产业扶贫149万元，实施项目3个；其他6.6万元。拨付麻栗坡县753万元，用于教育230万元，实施项目8个；助学138万元，实施项目43个；卫生149万元，实施项目18个；民生（饮水）60万元，实施项目4个；培训50.4万元，实施项目3个；村寨改造119万元，实施项目1个；其他6.6万元。

【扶贫调研】 王毅国务委员兼外长于2月11—13日赴定点扶贫两县考察调研，深入乡村山寨看望慰问长年奋战在脱贫攻坚第一线的驻村干部和基层扶贫干部，走访多家建档立卡贫困户，会见两县师生及外事和界务工作者代表，考察外交部产业扶贫项目以及援建的教育和民生扶贫项目。

根据国务院扶贫开发领导小组的统一安排，7月，王超副部长率由外交部、中华全国供销合作总社、九三学社中央组成的联合督查组赴陕西省开展脱贫攻坚督查工作，走访安康市紫阳县、商洛市镇安县、延安市宜川县和富县以及渭南市合阳县等5个县的17个乡镇22个村，访谈123名县乡村干部和驻村干部、驻村第一书记，走访222家农户，实地察看项目18个。随后督查组向陕西省委、省政府反馈督查意见，回京后向领导小组汇报督查情况。

根据《中央单位定点扶贫工作考核办法》的要求，李惠来部长助理9月率组赴金平县开展督促检查工作，到访3个贫困乡镇的5个自然村，访谈31名县乡村干部、驻村工作队和驻村第一书记，走访20户农户，并考察外交部援建项目。

【教育扶贫】 2018年，外交部在教育领域投入655万元，实施22个项目，包括修建麻栗坡县巴布乡东油小学教学楼和铁厂乡铁厂小学综合楼、金平县马鞍底中学教学楼、马鞍底乡普玛小学教学楼、者米乡者米中学教学楼、者米乡顶青小学学生宿舍楼和营盘乡水塘小学学生宿舍楼等，为金平县金河镇大保寨小学和麻栗坡县巴布乡东油小学购置教学设备，为两县11所学校建立图书室。下拨两县276万元资金用于奖励优秀师生、资助困难学生等助学项目124个，惠及大、中、小学的2300多名贫困学生。2018年首次在两县设立“阳光奖学金”，每年奖励每县各10名家庭贫困且成绩优秀的高一新生，每人2000元。

【健康扶贫】 2018年，外交部在卫生健康领域投入360万元，实施24个项目，包括新修建扩建金平县金水河镇卫生院综合楼以及麻栗坡县马街卫生院保障性住房和马达村等3个村卫生室，为金平县阿得博乡、金河镇、金水河镇和大寨乡等4个乡镇的卫生院以及麻栗坡县38个村卫生室配置彩超、数字化X光摄影仪等医疗设备。此外，利用第9届“大爱无国界”国际义卖活动筹集的300多万元，在麻栗坡县修建了杨万乡卫生院，在金平县金河镇、金水河镇、老集寨乡、老勐镇、勐桥乡、营盘乡和大寨乡新建了卫生室，进一步改善了边疆地区医疗卫生条件，有效缓解了当地群众看病难问题。

【基础设施建设】 全年共拨付140万元扶贫资金用于饮水安全项目，其中80万元用于帮助金平县新建石桩村委会新寨自然村饮水工程和老集寨乡马撒斯村委会老集寨村饮水工程；60万元用于帮助麻栗坡县铁厂乡铁厂村委会李子树村、马街乡街背后村柴坪子片区、下金厂乡大坝行政村清水片区以及大坪镇马达村委会赶乡寨和林家寨修建人畜饮水工程。此外，拨付帮扶资金119万元，在麻栗坡县下金厂乡下金厂村委会湾沟村实施村寨基础设施改造项目。

【技能培训】 全年开展多种类型培训，努力在提高干部、教师等专业知识水平及贫困人口综合素质和生产生活能力上下功夫。4月，外交部扶贫办与云南省外事办公室在云南省昆明市合作举办第10期外交部乡村小学教师培训班，来自定点扶贫两县的100名乡村小学教师参加为期半个月的培训。5—11月，外交部利用机关党委清缴的60万元党费在两县举办基层党员干部培训，其中在金平县举办3期，533人参训；在麻栗坡县举办6期，1434人参训。9月，外交部联合外交培训学院在云南省红河州举办党政干部外事工作培训班，430名党政干部参训。此外，结合澳大利亚政府人权合作项目，在两县16个乡镇实施妇女儿童健康及能力提升培训项目，共有4500多人参训。

【产业扶贫】 为把扶贫开发同贫困县特色农业发展结合起来，推动产业扶持精准到村到户，外交部在两县积极推广“基金+合作社+贫困户”的产业扶贫模式，依托农业合作社，带动贫困户增收脱贫。2018年向金平县的“外交产业扶贫基金”追加149万元资金，使基金额达到244万元，用于帮扶诺玛养殖、夏华农产品和米束乡小米辣等9家合作社，直接带动300多户建档立卡贫困户增收。积极推动新西兰安发集团在金平县指导开展黑木耳、猕猴桃、油奈等种植。通过在麻栗坡县设立的香港仁善产业扶贫基金，扶持星宇种植、星光肉牛养殖、童心三七种植等9家合作社，直接带动600多建档立卡贫困户增收。为做大做强产业扶贫，经做工作，12月17日，外交部又与香港仁善基金会签署了第二期1000万元产业扶贫基金的协议。

【消费和就业扶贫】 拓展扶贫方式，积极开展消费和就业扶贫。10月首次在外交部内举办两县产品展销活动，当日干部职工就购买了20多万元的茶叶、咖啡、三七、紫米、腊肉等特色农产品和刺绣、银器等手工艺品。积极推荐两县参加“大爱无国界”国际义卖活动，帮助推销农特产品。外交部服务中心、钓鱼台国宾馆、外交人员服务局以及部机关小卖部等利用自身资源，开拓渠道，采购或推销两县产品。全年外交部实现购买两县产品51.2万元，帮助销售产品150万元。此外，通过扶持的农业合作社和一些种植养殖项目，全年实现836人就业。部属单位外交人员服务局的交远公司与麻栗坡县签署了《日本技能实习生业务合作意向书》，派遣建档立卡贫困人员作为技能实习生赴日工作，已有5人获选并接受出国前培训。

【公益扶贫】 10月21日，由王毅国务委员夫人钱韦主持的“大爱无国界——听见世界的爱”第10届国际慈善义卖活动在北京工人体育场举行。王毅国务委员、张业遂书记、乐玉成副部长、王超副部长等部领导以及150多位驻华大使、临时代办和国际组织驻华机构代表夫妇出席。义卖活动规模超过2017年，吸引200多家驻华机构及国内企业设摊义卖，2万多民众踊跃参与，共筹集善款500多万元，将用于为甘肃、陕西省贫困地区听障儿童植入人工耳蜗，帮助他们恢复听力。

【扶贫宣传】 外交部内部属单位和驻外使领馆将扶贫开发作为鲜活生动的公共外交素材，利用各种场合讲好中国脱贫攻坚故事，争取更多人士对中国扶贫开发的理解和支持。外交部借“外嘴”讲中国发展故事，约谈多国媒体驻京记者，向其宣介中国扶贫工作成就，助其了解中国扶贫工作和政策落实情况，引导对方作出积极报道和评价。组织外国记者实地考察脱贫攻坚情况，安排阿拉伯国家联合记者团参访宁夏，了解生态移民和精准扶贫给当地群众生活带来的积极变化；请浙江省扶贫办负责人向萨尔瓦多记者团介绍扶贫经验；组织非洲、亚太、拉美分中心记者赴广西、山西、湖北等地采访，重点了解当地扶贫成就和经验；安排外国驻华记者赴江西、云南等地走访脱贫农户，详细了解扶贫政策及成效。

此外，积极搭建外交部扶贫宣传平台，通过改版“外交扶贫（公众网）”“扶贫网（明网子站）”，增加扶贫新闻发布量，稿件篇数是2017年的三倍以上。继续维护运营好“外交扶贫”微博、微信公众号，及时转发国家重要扶贫政策、消息，发布资金募集、扶贫项目竣工、调研考察等信息和更新两县县情、脱贫需求等材料，以便公众跟踪了解外交部扶贫工作情况。

【作风建设】 根据脱贫攻坚作风建设年的要求，外交部就开展扶贫工作中存在的不规范问题进行自查，并对部内涉扶贫工作有关规定进行了梳理，3月底出台《外交部扶贫工作贯彻落实中央八项规定精神的有关要求》，并要求部内部属单位严格遵照执行。5月，外交部专门就2016年以来外交扶贫资金使用和项目建设管理情况，要求两县开展自查，并对发现存在的少部分项目结余资金未及时归结再使用、个别项目因受雨季影响而延长工期等问题，立即督促两县及时整改。

【减贫国际交流与合作】 外交部指导常驻联合国代表团向第73届联合国大会提交“消除农村贫困，落实2030年可持续发展议程”的联大决议草案，并积极推动联大通过“消除贫困”主题联大决议。第73届联大期间，外交部在纽约联合国总部举办中国落实2030年可持续发展议程主题图片展，王毅国务委员出席活动并致辞。图片全面展示中国开展脱贫攻坚、落实2030年可持续发展议程、共建“一带一路”、推动南南合作的积极举措和显著成就，取得良好效果。11月初，“改革开放与中国扶贫国际论坛”在北京举行。外交部积极协助中宣部、财政部、国务院扶贫办等论坛主办方，在以习近平主席名义向论坛致贺信、邀请外国高级别代表与会等方面推进相关工作，有效扩大论坛影响力，并借助论坛向国际社会介绍改革开放40年来中国取得的减贫成就和中国特色减贫经验。

【定点扶贫责任书落实情况】 9月，外交部党委书记张业遂、扶贫工作领导小组组长王超副部长代表外交部签订《2018年中央单位定点扶贫责任书》，并以此指导定点扶贫工作。在责任书中承诺，2018年对定点扶贫县投入帮扶资金1400万元，引进帮扶资金1600万元；培训基层干部900名、技术人员 130 名；购买贫困地区农产品 10 万元，帮助销售农产品 10 万元。经部内部属单位和驻外使领馆齐心协力，《责任书》各项任务指标得以超额完成。全年向定点扶贫两县投入帮扶资金 1844 万元，引进帮扶资金 2021 万元，培训基层干部和技术人员 2400 多人，购买两县产品 50 多万元，帮助销售产品 150 万元。

（外交部扶贫工作领导小组办公室
张惠勋）

国家统计局定点扶贫

【概述】 国家统计局始终把精准扶贫作为统计部门一项重大政治任务，成立由局主要负责同志任组长的定点扶贫工作领导小组，立足统计行业优势，坚持扶贫和扶志、扶智、扶技相结合，推动定点帮扶的山西岢岚县、内蒙古正镶白旗脱贫工作取得积极成效。2018 年，两个定点扶贫县（旗）在基础设施建设、公共服务能力、特色产业培育等方面取得重要进展，贫困人口脱贫步伐明显加快，贫困发生率显著降低。其中，山西省岢岚县 31 个贫困村、5559 名贫困人口完成整体脱贫摘帽目标，进入脱贫攻坚成效巩固期；内蒙古自治区正镶白旗建档立卡贫困户从 2014 年的 3435 户、7874 人减少到 282 户、606 人。

【扶贫资金投入】 2018 年，向两个定点扶贫县各拨付资金 150 万元，采购定点扶贫县特色农产品 110 万元，向每个定点扶贫县拨付党建资金 3.9 万元，帮助内蒙古自治区正镶白旗查干宝恩本村和山西省岢岚县三井镇孟家坡村修缮村支部活动场所及配备相关设备、桌椅、资料。开展定点扶贫捐款活动，组织局机关干部职工捐款 9 万余元用于资助定点扶贫县建档立卡贫困户以及改善乡村教学设施。举办图书捐赠活动，为贫困地区学生捐赠图书 5000 余册以及相关学习用品，在中国人口福利基金会协助下，向内蒙古自治区正镶白旗陶林社区卫生服务中心赠送价值 20 多万元的医疗设备，用于改善当地医疗条件，帮助解决群众看病难问题。慰问内蒙古自治区正镶白旗查干宝恩本村 20 户贫困户，发放慰问金 1 万元。

【扶贫调研】 国家统计局主要负责同志坚持每年深入定点扶贫县，实地察看定点扶贫与脱贫工作进展；走访慰问建档立卡贫困户，了解当地贫困群众生产、生活状况；与县委县政府、旗委旗政府和驻村书记深入探讨，研究精准扶贫存在的问题，共同商讨扶贫攻坚思路和措施，并代表国家统计局向当地捐赠农村电商发展设备和扶贫资金。2018 年，局领导班子成员先后 5 次赴定点扶贫县开展调研，实地走访贫困群众，与两个定点扶贫县党委、政府积极对接，指导协调相关问题推进解决。局扶贫办各成员单位按照职责分工，各司其职，组织开展拨付资金使用情况、定点扶贫工作成效等专题调研，为定点扶贫县脱贫攻坚加油助力。通过与重点贫困村结对子，开展“七个一”活动，即下沉一个贫困村、访问一批贫困户、撰写一份调研报告、提出一项好建议、对接一次帮扶活动、开展一次宣传、做一次报告，取得较好效果。

【扶贫会议】 定期召开局机关定点扶贫工作领导小组会议，学习贯彻习近平总书记关于扶贫工作的重要论述和党中央、国务院关于打赢脱贫攻坚战部署要求，研究制定定点扶贫工作计划，以明确的路线图和时间表细化进度、量化指标、压实责任。召开定点扶贫工作推进会，通报定点扶贫工作考核情况，并就贯彻落实整改措施和深入推进定点扶贫工作作出部署。召开局定点扶贫工作座谈会，总结定点扶贫成绩和经验，谋划下一阶段扶贫工作任务和措施，为统计部门扎实做好脱贫攻坚工作明确目标，指明方向，压实责任，提出要求。

【扶贫制度建设】 积极与定点扶贫县

对接协调，对照两地2020年脱贫攻坚任务目标，制定国家统计局定点扶贫工作计划和重点工作安排，明确帮扶目标，强化帮扶措施，压实帮扶责任，提高工作精准度和有效性。制定实施《国家统计局开展扶贫领域作风问题专项治理实施方案》，对扶贫挂职干部选派、改进调查研究和考评方法、加大突出问题查处力度、加强扶贫资金使用监管等方面持续开展专项治理。

【干部挂职扶贫】 2018年，国家统计局新选派6名优秀青年干部赴定点扶贫县（旗）挂职，为脱贫攻坚提供智力支持。统计系统更是涌现了一批先进人物事迹，其中，国家统计局河南调查总队派驻河南息县弯柳树村第一书记宋瑞在7年的驻村工作实践中，带领广大村民走出了一条“党建引领、文化扶心、产业形成、脱贫致富”的扶贫道路，荣获2018年全国脱贫攻坚贡献奖。

【扶贫培训】 推动培训工作“走进来”，在北京举办定点扶贫县青年干部培训班，来自定点扶贫县山西省岢岚县、内蒙古自治区正镶白旗以及对口支援县江西省寻乌县的180余名基层青年干部参加培训。推动统计业务培训提升，帮助岢岚县搭建精准扶贫大数据管理平台，数据涵盖了全县12个乡镇、5859户贫困户、13035名建档立卡贫困人口的基本情况，使“谁是贫困户”得以精准、动态地反映和展现；对正镶白旗全旗、苏木乡镇两级统计业务人员及相关样本点的辅助调查员进行分类培训，着力提升基层统计人员的数据审核、评估、分析能力和辅助调查员的访户水平。

【基础设施建设】 2018年，国家统计局投入资金在岢岚县岚漪镇、三井镇、高家会乡、大涧乡建设村级党组织活动场所、农民讲习所、县脱贫攻坚服务平台数据库、贫困村爱心超市以及污水处理设施，在高家会乡持续打造“万亩统计林”项目，种植油松、杏树6000多亩。在正镶白旗星耀镇南沟村投入资金建设水浇地340亩，建设配电设备和灌溉设施；在星耀镇查干宝恩本村建设毛驴繁育基地相关设施。

【产业扶贫】 协调国家发展和改革委员会等部门帮助定点扶贫县（旗）解决重点项目落地过程中的项目审批、资金落实等问题，破解项目建设瓶颈难题，以重点项目推动区域经济快速提升。截至2018年底，帮助正镶白旗明安图镇引水工程项目落实资金3000万元，骏马湖湿地公园项目落实配套资金200万元；推动岢岚县大唐岢岚40万千瓦风电项目、山西和光同50兆瓦光伏发电项目落地实施，帮助晋岚绒育繁推一体化项目争取到农业农村部1000万元资金支持。结合岢岚县特色产业发展规划，进一步扶持绒山羊、红芸豆等特色产业，协调岢岚县参加“吕梁山货”扶贫活动暨中央单位大宗采购对接会。为内蒙古正镶白旗引入中国最大的农村电商平台——乐村淘村镇O2O电商平台，初步形成正镶白旗农村全覆盖的电子商务网络平台。

【革命老区建设】 2013年国务院出台《中央国家机关及有关单位对口支援赣南等原中央苏区实施方案》，明确国家统计局和中共中央宣传部在2013—2020年这8年间对口支援寻乌县。国家统计局多措并举，积极支援寻乌扶贫攻坚工作，2018年，选派3名优秀干部到寻乌县挂职锻炼。协调联系阿里巴巴网络技术有限公司等知名电商，支持引导寻乌县果品销售向电子商务网络销售拓展，促成寻乌果业经销商与北京、上海、杭州等地大型超市建立对接联系。协调帮助寻乌县争取重大项目和政策扶持，引进社会资本，推进央企对接，夯实产业发展平台。

【扶贫统计】 健全完善扶贫统计监测制度，完善以“两不愁三保障”为核心的贫困人口统计监测体系，优化贫困监测指标体系和制度设计，健全贫困监测调查方法，丰富统计监测内容，及时客观反映脱贫攻坚成效。按照《中共中央　国务院关于打赢脱贫攻坚战三年行动的指导意见》的要求，认真做好国家脱贫攻坚普查各项准备工作。提高扶贫统计数据真实性，建立实施举报追查曝光制度，对在贫困监测数据上弄虚作假、数字脱贫的，一经发现，追查到底，依纪依法从严追责。加强贫困监测统计分析服务，强化基础数据挖掘利用，充分运用丰富的基础数据开展贫困标准、多维贫困、返贫致贫等相关问题研究。针对贫困地区存在的重点难点问题组织深入调研，及时反映贫困地区脱贫面临的困难和期盼。

（国家统计局办公室　三宜聪）

国家知识产权局定点扶贫

【概述】 2018年，国家知识产权局（以下简称“知识产权局”）定点扶贫湖南省桑植县和河北省张家口市崇礼区。知识产权局充分发挥知识产权人才、智力、信息优势，特别是机构改革后新增商标等行业职能优势，局党组加强组织领导、全面统筹推进扶贫工作；增加扶贫资金投入200万元，引进扶贫产业资金172万元；全年直接投入资金478万元，引进资金306.83万元，实施扶贫项目18个，培训基层干部736人、技术人员310人。干部职工捐赠钱物、设立学习基金、书籍文具、学生服等助学助贫，折款计12万元。崇礼2018年底被批准退出贫困县行列。

【扶贫资金投入】 2018年，知识产权局本级扶贫资金预算是200万元，根据国务院扶贫开发领导小组反馈的2017年定点扶贫工作试考核意见，追加产业扶贫项目资金预算200万元，总计400万元；局直属单位培训中心、国家知识产权局专利局专利审查协作湖北中心、北京国专知识产权有限责任公司出资78万元。其中，在桑植县投入扶贫资金378万元，用于3条村镇道路建设、1个蜜柚种植基地建设；帮助桑植县引进扶贫资金270.83万元，用于产业扶贫、便民桥和洗衣码头修建、学校“希望厨房”改造等项目建设。在崇礼区投入扶贫资金100万元，用于杨树沟村和柳条沟村村部用房、路灯和厕所、田间蔬菜交易场、人力资源培训等项目建设；帮助崇礼区引进扶贫资金36万元，用于学校改建修建、“希望厨房”改造等项目。

【产业扶贫】 大力实施商标品牌战略，以品牌带动产业发展，据统计，注册后产品价格平均提高50.11%，带动产业发展的产值比达到1∶5.2，就业带动比达到1∶3.34，促进了农民增收。根据2017年试考核指出的“帮助贫困县发展扶贫产业，提升造血能力上仍有待进一步加强”问题，按桑植县扶贫产业发展规划及仓关峪村情村况，规划扶贫产业，2018—2019年发展蜜柚、黄金茶种植以及黑山猪放养产业。2018年，知识产权局投入177万元，产业大户投入172万元，帮扶发展200亩蜜柚种植和100亩黑山猪养殖循环经济，以及甘薯套种和阴米加工项目。通过利润分红、基地务工、提供原料、土地流转等多种方式，带动贫困户和村集体增收。直接帮扶建档立卡贫困户100户、300余人，每年人均可增收1000元。

【干部挂职扶贫】 2018年4月，知识产权局向桑植县仓关峪村增派1名科级干部挂职扶贫，工作队人数达到3人。至此，自2017年向桑植和崇礼两地派驻2017—2018年工作组人数为8人。

【扶贫调研】 2018年，知识产权局有20批15个机关部门、直属单位189人次，分赴两个定点扶贫县参与扶贫实践调研，开展主题联学、党日团日、访贫问苦、青年国情教育等活动。11月和12月，知识产权局党组书记、局长申长雨先后分赴定点扶贫县桑植县和崇礼区调研。在桑植县，申长雨一行深入知识产权局2018—2020年定点帮扶村陈家河镇仓关峪村，实地查看3条道路、2座便民桥、2个产业帮扶项目进展情况。在蜜柚种植基地现场，为仓关峪村“桑植县宜农蜜柚专业合作社”成立揭牌，捐赠20万元项目资金，亲手栽植了一棵蜜柚树苗。在崇礼区，申长雨向西沟寄宿制学校捐赠校舍改造资金20万元，并赴知识产权局长期帮扶的清三营乡寄宿制小学现场调研。9月，党组成员、副局长甘绍宁赴崇礼区调研扶贫支教工作；7月、9月，党组成员、副局长、扶贫领导小组组长廖涛分赴崇礼区和桑植县调研脱贫攻坚和定点扶贫工作；9月、10月，扶贫领导小组副组长、专利局副局长徐聪分赴崇礼区和桑植县调研定点扶贫工作，督促工作落实，推进工作进展，捐赠爱心物品，看望扶贫挂职干部。

【扶贫会议】 2018年11月28日，局党组书记、局长申长雨主持召开党组会议，学习习近平总书记关于扶贫工作的重要论述，研究部署局定点扶贫工作，在提高政治站位、加大帮扶力度、发挥知识产权优势、形成长期帮扶机制、助力如期脱贫摘帽等方面提出要求。局扶贫领导小组、局扶贫办按照工作机制，定期召开会议，传达学习中央扶贫政策方针、听取扶贫挂职干部工作会议、审定年度扶贫项目、制定考核问题整改措施、研究定点扶贫新举措新办法。

【扶贫培训】 加强对地方工作的指导和培训。11月，组织贫困地区地理标志运用水平提升培训班，引导注册人规范使用地理标志商标和地理标志产品专用标志，提升使用效能。培训桑植县基层干部386人次，崇礼区350人次。培训桑植县技术人员160人次，崇礼区150人次。运用电商平台推进商标富农工作，联系阿里巴巴网络技术有限公司、北京京东世纪贸易有限公司、苏宁易购集团股份有限公司等知名电商，共同参与地理标志商标品牌推广，为地理标志产品搭建更加便捷的销售渠道。阿里巴巴网络技术有限公司开展了地理标志产品“网络代购”，北京京东世纪贸易有限公司建立了地方特色馆，苏宁易购集团股份有限公司成立了农村电商学院，已培养10万余农村电商专业人才。

【扶贫宣传】 2018年4月，在两扶贫县广泛开展“4·26”知识产权系列宣传活动，实施知识产权特色帮扶，发布“商标富农和运用地理标志精准扶贫十大典型案例选编”，宣传推广地理标志商标精准扶贫“宁德经验”，淮安等地市运用地理标志商标精准扶贫典型地市的成熟做法。认真落实国务院领导“进一步加强地理标志宣传，发挥地理标志在供给侧结构性改革中的重要作用”指示要求，5月、9月、10月在广西、新疆、四川等地，组织举办“地理标志精准扶贫”西部宣讲团活动。

【社会扶贫】 2018年，继续加强与九阳股份有限公司的联系，为桑植县10所、崇礼区3所学校援建了“九阳希望厨房”，为每所学校投入5万元，合计65万元，其中桑植县教育局投入相应配套资金300万元，改善了6603名学生的就餐条件。协调北京三友知识产权代理有限公司、北京三聚阳光知识产权公司（集团）等，出资建设扶贫项目，引入帮扶资金48.83万元，用于修建仓关峪村2座桥，该村小学食堂设备配备和学校操场硬化处理等项目。协助区政府提高政务工作水平，联系嘎呀科技（北京）有限公司开发投用政府办公自动化系统，崇礼区成为张家口各区县中首家使用移动办公系统流转批阅文件的政府部门；联系北京“雏凤声”读书社为小学设立爱心阅读基金，引入资金合计21万元，用于学生阅读成就奖励等项目。引入帮扶资金总计306.93万元，带动桑植县投入项目配套资金300万元。

【整村推进】 2018年初，知识产权局开始“整村推进”帮扶桑植县陈家河镇仓关峪村，制定了2018—2020年扶贫项目规划。仓关峪村于2016年由原半溪、甘溪、吴家湾、仓关峪4个村合并而成，是桑植县第二大贫困村，总面积3.4万亩，24个村民小组，725户、2830人，其中建档立卡贫困户214户、705人。知识产权局按照桑植县确定的户脱贫“1+2+3”、村出列“10+1”的标准，全面帮扶仓关峪村的发展。令帮扶2017年底脱贫出列的贫困村廖家村镇二户田村驻村第一书记，转任仓关峪村第一书记；同时，新选派1名桑植籍女干部为驻村队员，发挥“当地人”熟知民情、便于沟通优势，打好人员基础。加强“两委”班子建设，以党建促扶贫，仓关峪村党总支辖4个支部，党员89名，充分利用中央下拨的党建工作经费，认真落实组织生活制度，加强党组织和党员队伍建设。搞好基础设施建设，投入资金378万元，拓宽、硬化三条村组道路，总计5.5千米；投入资金60万元，重建3座危桥。扶持产业发展，投入177万元，发展300亩蜜柚种植基地项目，采用“合作社+龙头公司+村集体+贫困户”的方式，成立专业合作社，龙头公司负责技术指导及产品包销；采取“畜—沼—果”相结合的生产模式，开发立体循环生态农业，让贫困户稳定增收。

（国家知识产权局扶贫办公室
冯　伟）

国务院参事室定点扶贫

【概述】 2018年，国务院参事室（以下简称“参事室”）结合定点帮扶的吉林省延边朝鲜族自治州龙井市实际情况，扎实开展定点扶贫工作，参事室定点扶贫工作领导小组多次召开专题会议研究定点扶贫工作，参事室党组书记、主任、定点扶贫工作领导小组组长到龙井市调研定点扶贫工作，对标《中央单位定点扶贫责任书》推进工作落实。2018年，参事室投入帮扶资金68.495万元（其中物资折款24万元），引进帮扶资金14万元（其中物资折款1万元）；培训基层干部610名，培训技术人员42名；购买贫困地区农产品1.725万元，帮助销售贫困地区农产品10.16万元。组织国务院参事和机关工作人员赴龙井开展调研和帮扶，共调研4批次、21人次。国务院参事引接网上培训资源，帮助协调两个教学楼重建项目列入2019年义务教育学校建设投资计划。利用帮扶奖金修缮定点帮扶村党员活动室和党员爱心公寓，开展党员荣誉星评定、孝慈家庭、干净人家、致富带头人评选等活动，驻村党建经验在州级媒体专题报道。与一汽集团合作开发第一书记代言电商平台“海兰江畔”。

【扶贫资金投入】 参事室2018年投入30万元调研联系点建设经费，用于开展脱贫攻坚、乡村振兴相关调研、走访等工作。投入补缴党费7.8万元，用于修缮定点帮扶村党员活动室和党员爱心公寓。组织党员干部到龙井市开展“五天四夜”党性教育暨蹲点扶贫实践活动，支持7个贫困村经费6.435万元。参事一司党支部向龙山村贫困学生捐赠助学款2600元。参事室主管的中国华鼎国学研究基金会向龙井市四所中小学捐赠有关中华优秀传统文化方面的图书7600余册，总标价24万元。机关干部联系北京文升在线文具礼品有限公司向龙海村捐赠文具和体育用品，价值1万元。

【扶贫调研】 2018年6月1日，国务院参事室党组书记、主任、定点扶贫工作领导小组组长在北京同定点帮扶县主要领导会商定点扶贫工作。10月，参事室党组书记、主任、定点扶贫工作领导小组组长赴龙井市调研定点扶贫工作，实地查看龙井市脱贫攻坚作战指挥室和脱贫攻坚大数据平台，听取龙井市脱贫攻坚总体情况介绍，走访慰问贫困户并与龙井市领导座谈。

参事室还发挥智力资源优势，加强脱贫攻坚中长期战略研究和扶贫政策研究，为脱贫攻坚建言献策。国务院参事和特约研究员在调研龙井市脱贫攻坚工作的基础上，分析了我国脱贫攻坚的具体做法及政策层面存在的普遍问题，向国务院领导报送《从龙井市看脱贫攻坚中需要认真研究的几个问题》《关于建立和田产业转移扶贫试验区的建议》《脱贫攻坚需要强化四个关注》等建议。

6月，参事室机关党委组织各司室及所属事业单位8名党员干部，深入定点帮扶县6个未出列贫困村和参事室定点帮扶村蹲点一周，开展“五天四夜”党性教育暨蹲点扶贫实践活动。参事室党员干部与村民同吃同住同劳动，深入田间地头，广泛入户访谈和民情恳谈，参与驻村扶贫工作，深入了解基层扶贫工作开展情况、经验和困难问题。蹲点结束后，参事室扶贫工作主管领导主持召开座谈会，就脱贫攻坚的价值导向、重视农村养老脱贫、考核评估应给基层干部减负降压等问题，与龙井市委组织部、市扶贫办进行深入交流并提出相关建议。

【扶贫会议】　2018 年，参事室党组、参事室定点扶贫工作领导小组多次召开专题会议，认真传达学习习近平总书记关于打赢脱贫攻坚战的重要指示批示精神、中央单位定点扶贫工作推进会议精神，研究审议定点扶贫工作要点，研究部署定点扶贫工作事项等。机关党委召开工作会议，专题研究扶贫议题。邀请中国社科院研究员、贫困问题研究中心主任吴国宝为机关干部作扶贫专题讲座。印发《国务院参事室 2018 年定点扶贫工作要点》，围绕督促中央脱贫攻坚方针政策有效落地、用好调研联系点经费和自筹资金、继续落实教育合作协议、支持帮助发展特色产业、争取支持解决脱贫攻坚难题、帮助加强“三支队伍”建设等，明确 11 项工作，并将任务分解到相关司局和驻龙井市工作组。

【扶志扶智】　3 月 26—30 日，参事室定点帮扶的龙山村组织部分村干部、党员、致富带头人和帮扶干部赴北京开展“田园综合体和特色小镇”调研学习活动。调研组先后参观北京现代农业企业示范园区、考察北京特色小镇和特色农家院运营管理、参观“复兴之路”大型展览，并到国家发改委城市和小城镇改革发展中心与专家进行交流学习。通过调研学习，村干部、党员、致富带头人和帮扶干部进一步拓宽视野、打开思路、对接资源，提高对脱贫攻坚和乡村振兴工作的认识并明确了方向。

【扶贫培训】　国务院参事引接中国慈善联合会乡村振兴委员会的“乡村振兴领头雁计划——公益性新农人专业赋能培训”，组织龙井市 37 位致富带头人网上参训。挂职干部为延边州各县市分管乡村振兴和农村经济发展工作的副县市长、相关部门负责人、各乡镇党委书记等举办讲座，介绍其他省份农村发展经验；为龙井市社区工作人员举办“党建工作和群众工作的历史实践”讲座；为东盛涌镇扶贫干部、村干部举办抓党建促脱贫攻坚讲座。第一书记组织村致富带头人、村干部、扶贫干部赴先进村镇调研学习，组织开展电商培训，为全村党员讲党课。培训基层干部 610 人次、技术人员 42 人次。

【干部挂职扶贫】　2016 年 11 月至 2018 年 11 月，选派 1 名处级干部挂职龙井市委常委、副市长，协管脱贫攻坚工作，分管东盛涌镇脱贫攻坚工作。2018 年 11 月下旬，选派 1 名处级干部接替挂职市委常委、副市长。2017 年 8 月，选派 1 名科级干部任东盛涌镇龙山村第一书记，2018 年 5 月改任智新镇龙海村第一书记。挂职干部组织龙井市学校参加国务院参事引接的北京四中网校乡村青年教师社会支持公益计划；组织龙井市致富带头人参加国务院参事推荐的乡村振兴领头雁计划；帮助合作社农户对接中国邮政集团邮乐网龙井馆，为菇娘果、李子等农产品开辟网络销售渠道；帮助联系相关部门解决村民民生、农业生产问题。推动龙井市成为吉林省唯一承办首届中国农民丰收节系列活动的城市。下村调研督导 55 天、127 次，就基层反映的问题和困惑咨询国务院扶贫办和扶贫专家。推动工作交流，将专家答疑、个人思考、各村典型经验、优秀网络文章，通过微信群向县、乡、村三级扶贫干部分享。支持参事室下派第一书记工作，帮助协调联系销售大米等农产品 4 万余元。

【党建扶贫】　参事室驻村第一书记坚持五天四夜驻村，密切联系党员群众，努力推进扶贫工作。第一书记加强党建引领，探索实行“党员荣誉星”评定工作，率先开展党员联系群众“1 + N”工作法和六项工程，发挥党支部在脱贫攻坚中的主体责任，发挥党员帮扶带头作用。为全村干部和在村党员设岗定责，建立流动党员“三家”管理服务机制，致力打造服务党员的“主阵地”、群众致富的“加油站”。加强党建阵地建设，利用参事室党费和红十字会总会“博爱家园”项目资金合计49.8万元，对村部、党员活动室和党员爱心公寓进行修缮。延边日报以“龙海村党支部如何‘破茧成蝶’——来自龙井市农村党员‘星级化’管理的实践”为题对相关事迹做了专题报道。

【教育扶贫】 协调国务院参事向龙井市引接乡村青年教师社会支持公益计划，龙井市二中、一中、德新联校三所学校成为北京四中网校的扶持学校。通过国务院参事协调国家发改委、吉林省发改委支持，将龙井小学、龙井四中等两个教学楼建设项目列入2019年义务教育学校建设投资计划，切实解决相关学校教学楼受损重建问题。

【电商扶贫】 定点帮扶的龙海村联合一汽集团包保村南阳村，投资20万元合作开发“海兰江畔”农产品电商平台，由第一书记代言，推销龙井大米、辣椒酱、灵芝孢子粉等特色农产品，2018年9月上线，12月销售额合计9万元。由参事室牵线成立的京东龙井特产馆，2018年销售额79.094万元。由参事室牵线成立的邮乐购龙井馆，2018年销售额34.821万元。

【信息扶贫】 参事室驻村第一书记以龙井市龙山村、龙海村为试点，在龙井市建设首个村级脱贫攻坚信息化平台，为每一位常住村民配对二维码，扫码可知基本信息和证明材料。在龙井市推广以表现换积分、以积分换物品的“爱心便利店”的基础上，引入信息化方式运营，货品扫码入库出库，自动生成台账。以此简化工作流程，提高工作效率。2018年龙井市以此为经验在全市建设了爱心便利店信息化系统。

（国务院参事室驻村第一书记
王　优）

国务院港澳事务办公室定点扶贫

【概述】 国务院港澳事务办公室（以下简称“国务院港澳办”）定点扶贫河北省赞皇县。2018 年，国务院港澳办对照《中央单位定点扶贫责任书》，完成各项任务指标。使用党费等直接投入帮扶资金 50.87 万元，用于产业扶贫项目，比责任书指标超出 35.87 万元；协调引进港澳帮扶资金 6086.71 万元，用于赞皇县教育、医疗卫生、文化等基础设施建设，比责任书指标超出近 2000 万元。帮助赞皇县培训县乡村三级基层干部 1500 人次，依托劳动技工学校培训技术人员 150 人次。与赞皇县签订农产品长期供应协议，直接购买农产品 15.366 万元；协调香港四洲集团定向收购赞皇板栗 53 吨，销售额 52.44 万元。此外，国务院港澳办还应地方请求协调资金 300 万元，用于支持广西都安瑶族自治县菁盛乡中、小学教学综合楼建设。

【扶贫资金投入与管理】 围绕赞皇脱贫攻坚实际需要，国务院港澳办注意凝聚包括港澳同胞在内的各方面力量，累计协调投入帮扶资金 6000 余万元，帮助赞皇加强教育、医疗卫生、文化等基础设施建设，建立稳定脱贫长效机制，增强经济社会发展后劲。为保障扶贫资金合理、规范、高效使用，扎紧制度的笼子，2018 年 3 月，制定印发《国务院港澳办定点扶贫资金管理办法》，对定点扶贫资金募捐、项目对接、资金划转、使用监督和结余资金处理等进行了更加严格的规范。

【扶贫调研】 2018 年，办党组把注重调查研究作为做实做细精准脱贫工作的抓手，坚持深入扶贫一线了解实情，拍板解决问题，党组书记和党组成员 5 次赴赞皇县现场办公，协调对接帮扶项目。办领导先后 7 次在京与石家庄市和赞皇县领导专题研商扶贫工作，共同探讨脱贫发展路径。12 月 10 日，张晓明同志还专程再次带队赴赞皇县进行调研检查，与河北省、石家庄市、赞皇县委县政府主要负责同志就做好脱贫考核验收、巩固提升脱贫成效、持续推动赞皇经济社会发展和群众生活改善等问题进行座谈，研究部署下一阶段工作。6—11 月，负责定点扶贫工作的宋哲同志先后 3 次赴赞皇现场办公，考察调研扶贫政策措施落实和产业帮扶项目情况，根据脱贫攻坚进展情况提出新的具体要求。10 月 11 日，党组成员、中央纪委国家监委驻港澳办纪检监察组组长潘盛洲同志带队到赞皇县，调研检查帮扶项目落实和帮扶资金使用情况，防范廉政风险，听取当地干部群众对定点扶贫工作的意见建议。

【扶贫会议】 2018 年，国务院港澳办先后 5 次召开定点扶贫专题工作会，第一时间传达学习习近平总书记关于扶贫工作的重要论述和中央文件精神，听取扶贫工作汇报，研究谋划帮扶措施。

【扶贫培训】 国务院港澳办坚持把扶贫与扶志扶智相结合，2018 年帮助赞皇培训县乡村三级基层干部 1500 余人，依托劳动技工学校培训技术人员近 200 人。国务院港澳办还依托港澳区情研讨班等平台，定期组织赞皇县干部赴港澳开展培训，帮助他们开阔眼界，更新观念，提升素质。通过对赞皇县领导干部特别是基层干部和贫困村致富带头人进行培训，帮助他们掌握政策方法，提升能力素质，激发自我脱贫的愿望和动力。

【干部挂职扶贫】 国务院港澳办选派年轻干部赴赞皇县挂职锻炼，挂职干部4人。4名同志发挥攻坚克难骨干和桥梁纽带作用，得到赞皇当地干部群众的高度评价。在做好选派工作的同时，国务院港澳办注重加强对挂职干部的管理考核。办领导坚持同每位挂职干部进行任前谈话、座谈，指导挂职干部因地制宜找准帮扶项目，合理使用引进资金，及时帮助他们解决工作和生活中遇到的实际问题。

【产业扶贫】 2018年，国务院港澳办直接采购和帮助销售赞皇板栗等农产品67.81万元，注意优先优价采购建档立卡贫困户的农产品，91户贫困户受益，每户平均增收2400元。协调香港轩辕基金会捐资20万元港币，用于尹家庄温室蔬菜大棚项目建设，对全部未脱贫户实现帮扶全覆盖，可使每户平均年增收2000元，村集体年增收6万元。使用党费等投入帮扶资金50.87万元，主要用于梁家湾村扶贫微工厂等项目建设，带动450名劳动能力较弱的贫困人口就业。

【教育扶贫】 2018年，国务院港澳办协调香港董氏慈善基金会等捐资3600余万元，为赞皇中学新建教学综合楼、餐饮楼和学生宿舍楼，已经完成工程设计和招投标工作；为白壁小学等4所学校新建教学综合楼和教室，现已全部建成并投入使用。协调北京香港马会会所为许亭小学等4所学校新建“梦想教室”。这批项目可有效改善3000多名学生就读条件，直接惠及了195名贫困家庭学生和众多贫困边缘家庭学生，进一步改善了赞皇县教育发展条件。

【健康扶贫】 医疗卫生扶贫是实现稳定脱贫的有力保障，也是港澳人士到内地开展扶贫的重要方式，对推动贫困地区经济社会持续健康发展和群众生活改善具有重要现实意义和长远意义。为进一步改善赞皇县医疗条件，缓解就医资源紧张等问题，国务院港澳办协调香港黄廷方慈善基金会等捐资2200余万元，帮助赞皇县医院、1所镇卫生院、4个村卫生室改善基础设施．更新医疗设备，方便贫困患者就近就医，有效减轻贫困患者就医负担，降低因病致贫、因病返贫发生率。国务院港澳办还明确要求受帮扶医院在招聘人员时，优先考虑雇用具有相应劳动力的贫困户。

【党建扶贫】 党建旨在为民，扶贫旨在惠民。国务院港澳办结合机关自身建设，创新党建活动，推进党建与扶贫工作有效衔接融合。秘书行政司等党支部赴赞皇县开展主题党日活动，并为尹家庄村党支部更新配备电脑、打印机等信息化设备，为村党支部建设提供设备支持。国务院港澳办机关团委还组织青年干部赴赞皇县开展“驻村第一书记”走访慰问暨五四青年节主体团日活动。

（国务院港澳事务办公室扶贫办
刘成庭）

中国科学院定点扶贫

【概述】 2018年，中国科学院（以下简称“中科院”）认真贯彻习近平总书记关于扶贫工作的讲话精神，在国务院扶贫办统一部署和院党组的坚强领导下，充分发挥中科院智力与人才优势，通过基地示范、技术培训等方式，在广西环江县、内蒙古库伦旗和贵州水城县三地深入开展精准扶贫工作，成效显著，27561人实现脱贫，三地贫困发生率比2017年分别下降6.56个、2.00个和8.15个百分点。

【扶贫资金投入】 2018年，在原有每年2000万扶贫专项资金的基础上新增扶贫资金1500万元，要求各参与扶贫的分院、研究所精准施策，将资金重点用于提升当地的“造血功能”上。扶贫资金重点向三个定点县倾斜，2018年向三地投入帮扶资金1453万元，引进帮扶资金3714万元，有力地促进了扶贫工作。发挥纽带作用帮助贫困地区引进企业投资建厂。在内蒙古库伦旗，促成江南大学荞麦深加工技术成果转化，引进内蒙古荞泰生物科技有限公司投资1.8亿元建成荞麦速溶颗粒冲剂生产线1条，年产冲剂40万包。引进下属企业鑫控集团有限公司投资2亿元打造黑山羊草畜一体化产业链，达产后可实现产值20亿元，带动上万人就业。

【扶贫调研】 2018年中科院加大调研力度，由院领导（其中3位正部级）带队，先后分6批次赴各定点县开展调研工作。在深入调研的基础上，启动了5个定点扶贫项目，符合当地资源禀赋和产业发展方向。

【扶贫制度建设】 进一步落实《中国科学院关于加强我院科技扶贫工作组织领导的通知》精神，明确院党组书记、院长白春礼任院科技扶贫领导小组组长，为院科技扶贫工作第一责任人，副院长张亚平任副组长。为扎实促进扶贫工作，院党组与各责任单位签订了责任书。

【干部挂职扶贫】 中科院按照“干部先行”原则选派4名干部赴各定点县挂职，专职负责科技扶贫工作，同时选调3名干部深入扶贫最前线开展工作，其中中科院离退休干部工作局业务主管韩力同志挂职期间表现突出，先后荣获2018年中央和国家机关脱贫攻坚优秀个人、贵州省脱贫攻坚优秀村第一书记、六盘水市脱贫攻坚优秀党务工作者、水城县脱贫攻坚优秀党务工作者等荣誉称号。

【扶贫资金管理】 根据中纪委驻院纪检组要求，2018年加强院科技扶贫资金监管和审计力度，制定监管方案，院监督与审计局、科技促进发展局联合印发《关于开展科技扶贫项目资金专项审计工作的通知》，审计扶贫资金2510万元，形成审计报告22份。监管和审计的目标是促进扶贫资金合理使用，推动扶贫项目落地，提高扶贫资金使用绩效，促进院科技扶贫工作有序开展。中科院要求各科技扶贫项目结题验收前开展财务专项验收工作，形成资金使用情况自查报告并由2名财务专家签字确认。未来，中科院将把资金使用情况自查和审计作为项目过程管理和结题验收的重要环节，促进扶贫资金合理高效使用。

【产业扶贫】 应用先进技术推动产业扶贫工作是中科院的优势。开展扶贫工作以来，中科院针对帮扶地区的资源禀赋、产业现状、科技需求制定出符合当地实际的产业扶贫方案，推动成果转化，组织实施示范项目，发展特色产业，逐渐形成了有效、稳定的脱贫长效机制。

在库伦旗，充分发挥草业资源丰富的优势，通过优良优质饲草种植、高效青贮加工、全日粮配方设计、精准饲喂体系构建、林下禽类饲养、牛羊良种繁育、新技术传播与培训等工作，建立起多种牛羊养殖模式，加速地方特色草牧业产业转型升级、提质增效。发挥纽带作用，促成江南大学荞麦深加工系列技术在库伦进行成果转化，引进内蒙古荞泰生物科技有限公司投资 1.8 亿元研发荞麦功能性产品，已建成年加工荞麦 3 万吨、生产 2 亿包荞麦速溶颗粒冲剂的生产线 1 条，2018 年已试生产荞麦速溶颗粒冲剂 40 万包、油菜花粉片剂 3000 瓶。大力推广青贮饲料加工技术，重点推广青贮玉米品种“文玉 3 号”和“青贮王”两个品种，推广种植 2000 亩，平均亩产提高 30% ~40%，亩均增值 200 ~350 元；引进饲用甜高粱新品种，推广种植 1500 亩，平均亩产提高 40% ~50%，亩均增值 240 ~380 元。在库伦旗扣河子镇建立五星光伏移民新村，在六家子镇建立塔斯海大棚式光伏电站，装机容量峰值功率 275 千瓦，现已并网发电，帮助 102 户贫困户稳定脱贫，户均增收 500 ~800 元。同时，中科院在库伦旗还加大智力扶贫力度，合作共建民族小学和民族幼儿园各 1 所，捐赠图书、教具价值 90 万元；中科院京区事业单位妇工委与库伦旗妇联签署扶智专项合作协议，捐赠 5.2 万元扶智基金用于“蓓蕾”助学计划和“春雨”心理关爱计划。

在环江县，结合生态修复和产业发展，培育形成种养结合——中草药生态扶贫产业链，创新扶贫机制和平台，以电子商务、农超对接等方式拓宽贫困村特色农产品销售渠道。依据《环江毛南族自治县产业扶贫发展规划》，2018 年在环江县下南乡建立 320 亩种养示范基地，涉及贫困人口 160 多人，建立中草药山豆根种植示范基地 117 亩，涉及贫困人口 120 多人，帮助贫困人口人均年增收 1000 元以上。中科院亚热带所依托多年来对喀斯特生态适应性修复研究成果的积累，在环江县实施坡耕地退耕还林还草，种植木本饲料植物为先锋植物，发展优质牧草与肉牛圈养产业，形成喀斯特农牧复合生态系统，通过肉牛养殖，人均年收入从过去的 500 ~600 元增长到 3000 ~4000 元。

在水城县，中科院精准聚焦该县猕猴桃、马铃薯、小黄姜、刺梨等特色农业资源，以及玄武岩纤维、野生动物、生态旅游等资源，着力解决当地核心龙头企业发展中的科技难题。

中科院在水城县实施“猕猴桃专利品种高端品牌建设”成果转移转化专项，全面提升水城县猕猴桃产业化水平。猕猴桃种植面积由 2 万亩扩大到 6 万亩，帮扶贫困人口 6 万多人，户均年增收 3000 元以上，1.21 万户贫困户、4.13 万贫困人口因此受益。依托院士工作站启动了水城县玄武岩纤维科技扶贫项目，使玄武岩纤维产业成为水城县乃至六盘水市脱贫攻坚的新兴支柱产业，已实现 2 万吨拉丝生产能力，解决就业 200 多人，其中贫困人口占 20% 以上。中科院微生物所支撑水城县建成 2 万平方米的马铃薯种薯繁育中心，重点发展由 3 ~5 户贫困户组成的生产小微单元，提供标准化服务，实行保护价收购政策，形成利益共享机制，建立起“科技 + 精准”扶贫模式；在水城县玉舍镇木柯村流转土地 3000 亩，吸收 621 名贫困人口耕种，开展技术培训 150 多人次，无偿提供农资 8 吨，确保参与贫困人口实现年收入 5000 元以上。中科院水生生物所在水城县万营水库、观音岩水库放流 1000 千克食草性、抑藻性鱼类，建成淡水鱼类养殖示范基地，饵料生物综合利用率提高 60%，既为村集体增收 20 万元以上，又有效地解决了水体富营养化的问题，在保护水环境的同时带动了渔业发展。水城县是黑叶猴的主要栖息地，中科院将精准脱贫与保护黑叶猴结合起来，建立起科普教育基地，加强野生动物保护知识宣传，形成了水城特色名片，既促进了黑叶猴种群扩大，又带动了旅游产业发展。

【扶贫会议】　2018年，中科院召开8次定点扶贫专题会议。2月8日，白春礼院长在北京主持召开院科技扶贫领导小组2018年第一次会议，审定2018年院科技扶贫工作计划，与相关分院、院属单位签订脱贫攻坚责任书。之后，中科院分别在长沙、昆明、兰州、库伦、北京、水城等地先后召开7次专题会议，与扶贫地区党政领导交流讨论扶贫工作，落实脱贫攻坚主体责任。

【扶贫培训】　2018年中科院在定点扶贫地区大力开展培训工作，全年培训基层干部1718名，培训技术人员1552名，为贫困地区脱贫起到智力支持作用。中科院微生物所发挥专长在贵州水城县开展马铃薯高效栽培技术培训，2018年累计培训150多人次，无偿提供药剂8吨。

（中国科学院　韩永滨）

国务院发展研究中心定点扶贫

【概述】 2018年，国务院发展研究中心（以下简称“发展研究中心”）定点帮扶河北省大名县。中心负责同志多次主持中心党组和扶贫工作领导小组会议，贯彻落实党中央关于脱贫攻坚的决策部署。李伟主任、马建堂书记、王一鸣副主任以及中心局级干部11人次、其他干部21人次赴大名调研。截至2018年12月20日，中心实际投入帮扶资金694.69万元，引进帮扶资金220万元。培训基层干部500名、技术人员500名。经中心协调，大名县已与北京十余家目标企业进行接洽，计划帮助大名县在北京召开项目推介会。向大名县选派的挂职扶贫干部杨玉洋同志获评2018年度“中央和国家机关脱贫攻坚优秀个人”荣誉称号，其任队长的驻村工作队荣获“河北省2018年脱贫攻坚先进集体奖”。

【扶贫资金投入】 完成投入帮扶资金、引进帮扶资金任务。通过党组成员带头捐赠、直属机构安排自有资金等多种方式，截至2018年12月20日，实际投入帮扶资金694.69万元。其中，中心党组成员每人捐赠1万元，共计8万元，结对捐助32位贫困家庭学生。中心机关工会为双台村小学图书室补充书籍100本，价值904.8元。中国发展研究基金出资245.98万元，实施“大名县山村幼儿园质量提升计划”；拨款42.84万元，实施“大名县儿童主任计划”；出资47万元，实施职业教育“赢未来”计划；此外，还为大名县学前儿童营养改善计划捐赠价值一百多万元的营养片。国研科技集团有限公司出资100万元，实施北京市教委支持的大名县“高中教师能力提升三年帮扶计划”项目；拨款30万元，实施“国研励志奖学金”项目；捐助50万元，帮助双台村进行自来水改造；出资10万元，用于大名县绿色发展脱贫项目规划设计；拨款100万元，用于组建大名县扶贫信贷担保基金；拨款60万元，实施“千人培训计划”；出资7780元，开展大名县海员培训项目，培训海员1名。

引进帮扶资金220万元。其中，引进国家开发银行100万元扶贫增信资金，用于建立大名县信贷扶贫担保基金；引进永安期货股份有限公司120万元，用于大名县养殖及电商扶贫项目。此外，在马建堂书记协调下，中国西部人才开发基金会在大名县投入几十万元，开展“伊利方舟”儿童安全公益项目。

【扶贫调研】 国务院发展研究中心李伟主任、马建堂书记、王一鸣副主任赴大名调研定点扶贫工作。中心局级干部11人次、其他干部21人次赴大名调研，推动落实具体帮扶措施，对大名县委县政府履行脱贫攻坚主体责任、落实政策措施、加强资金项目管理等进行督促指导。

【扶贫会议】 中心召开6次定点扶贫专题工作会。中心全年召开2次中心党组会议、4次扶贫工作领导小组会议，专题学习贯彻习近平总书记对脱贫攻坚工作的重要指示、《中共中央　国务院关于打赢脱贫攻坚战三年行动的指导意见》、中央单位定点扶贫工作推进会精神，研究解决定点扶贫工作中的重大问题。

【扶贫制度建设】 中心制定并实施年度定点扶贫工作计划，印发《国务院发展研究中心2017年定点扶贫工作总结及2018年工作计划》，对2018年履行好督促检查职责提出了明确要求，从三个方面部署了22项具体帮扶措施。

根据《关于调整国务院发展研究中心扶贫工作领导小组成员的通知》，中心扶贫办设在农村经济研究部，由农村经济研究部部长叶兴庆同志、副部长张云华同志兼任扶贫办主任、副主任。农村经济研究部确定伍振军、周群力、殷浩栋等3名同志参加扶贫办工作。扶贫办承担编制年度扶贫计划、督促落实帮扶措施、开展扶贫调研、协调中心与大名县关系、起草各类总结材料、编印《定点扶贫信息》、整理存档相关材料等工作。

【扶贫干部培训】　2018年，中心通过"千人培训计划"，培训500名基层干部、500名技术人员。加强大名县贫困村"两委"班子，创业致富带头人培训，有效促进贫困劳动力转移就业。

【干部挂职扶贫】　2018年5月，选派资环所法律与治理研究室主任吴平挂任大名县委常委、副县长。2017年9月赴任的杨玉洋同志继续任大街镇双台村第一书记。杨玉洋同志因工作成绩突出，获评2018年度"中央和国家机关脱贫攻坚优秀个人"荣誉称号，其任队长的驻村工作队荣获"河北省2018年脱贫攻坚先进集体奖"。

【扶贫宣传】　《经济日报》刊发《河北大名县：每个村都有扶贫车间》，宣传大名县脱贫攻坚经验和做法。《中国经济时报》用头版头条和两个整版刊发《大名脱贫攻坚：一场志在必得的决战》《"人、智、网"联动的智库扶贫"国研样本"》等，对大名县脱贫攻坚经验进行专题报道。

【扶贫资金管理】　中心领导把加强扶贫资金管理作为督促指导的重要内容。李伟主任专程赴大名县调研，对大名县委县政府履行脱贫攻坚主体责任、落实政策措施和加强资金项目管理等方面的情况进行督促检查，要求大名县针对扶贫资金监管等问题出台专项文件，加强扶贫资金管理。针对投入帮扶资金，中心要求中国发展研究基金会及国研科技集团公司，根据本单位内部资金管理制度，严格扶贫资金管理。针对引进帮扶资金，要求大名县严格按照帮扶单位的要求使用资金，加强和规范扶贫资金的使用。中心加强和大名县财政局等单位的联系，要求大名县严格按照原定资金使用用途使用扶贫资金。

【产业扶贫】　积极向大名县引进扶贫企业。经中心协调，大名县已与北京十余家目标企业进行接洽，计划帮助大名县在北京召开项目推介会。中心扶贫办协助大名县获批"结合新型城镇化开展支持农民工等人员返乡创业试点"，试点工作初见成效。中心扶贫办协助大名县获得"电子商务进农村综合示范县"试点，试点资金2000万元。

【消费扶贫】　中心职工以自愿方式购买大名县贫困村鲜枣1250千克，共0.5万元。杨玉洋同志帮助双台村销售肉羊102万元、草编工艺品5.11万元。段炳德同志牵线搭桥引进电商平台，帮助大名销售大蒜210吨、销售额150.36万元，销售山药9743千克、销售额13.6万元。驻村第一书记杨玉洋同志引进北京中医药大学中药种植项目，引进海草编织加工项目并开办草编加工工艺品厂，带动200多名贫困群众增收。

【扶志扶智】　充分发挥国家高端智库优势。马建堂书记亲自挂帅，组织开展大名县所在的邯郸市产业升级路径研究。组织专家赴大名县解读中央1号文件精神和乡村振兴战略，赴大名及周边贫困县调研总结精准扶贫经验。信息中心赠送大名县委、县政府两套中心调研报告、中国智库网数据库账号。挂职扶贫干部利用自身专业优势，组织大名青年干部就扶贫开发和经济社会发展中的重大问题进行专题研讨。

【教育扶贫】　开展教育精准扶贫，阻断贫困代际传递。支持发展早期教育，中国发展研究基金会在大名县开展儿童早期发展项目。提升中学教育水平，中心扶贫办协调北京市教委，在国研科技集团有限公司资助下，通过支持大名县“高中教师能力提升三年帮扶计划”项目，有力提升大名县中学教育水平。支持贫困学生接受高等教育，中心扶贫办协调国家开发银行在大名县实施“生源地助学贷款业务”，2018 年发放 3004 笔贷款，共 2346.585 万元。

【健康扶贫】 开展健康精准扶贫，解决因病致贫返贫问题。中心扶贫办协调北京市卫生和计划生育委员会安排优质医疗资源帮扶大名县，培训大名县医疗骨干 26 人，其中乡镇卫生院 19 人、县级医疗机构 7 人。中国发展研究基金会与中心扶贫办协调推动国家重点研发计划“数字诊疗装备研发”试点专项“基于创新国产诊疗装备的贫困地区医疗健康一体化服务规模化应用示范”项目在大名落地。

【公益扶贫】 2018 年，中心职工通过中心机关工会继续为双台村小学捐赠图书、文具、校服等物品，中心党组成员继续结对资助大名县贫困家庭学生，每年捐助 1 万元，资助 4 名大名县贫困家庭学生，已持续 3 年。

（国务院发展研究中心农村部 伍振军）

中国工程物理研究院定点扶贫

【概述】 2018年，中国工程物理研究院（简称“中物院”）认真贯彻落实习近平总书记关于扶贫工作的重要论述和中央单位定点扶贫工作会议部署，扎实推进定点扶贫陕西省富平县各项工作。坚持精准扶贫精准脱贫方略，深入开展调研活动，加大产业扶贫力度，充分发挥自身优势，扎实开展科技扶贫、教育扶贫、健康扶贫，继续实施基础设施建设，踊跃开展爱心消费扶贫，落实定点扶贫整改工作，全年完成扶贫项目17个，投入定点扶贫帮扶资金1661.92万元，购买当地农产品价值368.36万元，培训基层干部210余名，培训基层技术人员1800余名，全面完成年度定点扶贫责任书承诺指标和扶贫帮扶任务目标，有力助推了富平县脱贫摘帽，富平县委县政府专程来函对中物院扶贫帮扶工作表示高度肯定和诚挚感谢，陕西卫视、《渭南日报》等多家媒体平台对中物院定点帮扶先进事迹进行了宣传报道。

【扶贫资金投入】 2018年，中物院在富平县完成扶贫项目17个，直接拨付院定点扶贫专项资金1661.92万元，通过院各级工会组织，购买当地农特产品价值368.36万元，引进社会帮扶资金30万元。

【扶贫调研】 中物院定点扶贫领导小组组长、院长刘仓理、院党委书记杭义洪多次听取扶贫工作汇报，3次深入富平县调研慰问指导扶贫帮扶工作，协调解决帮扶工作中的困难与问题。3月，杭义洪书记实地调研富平县深度贫困村赵老峪北村产业发展，走访慰问贫困户代表。4月，刘仓理院长深入中物院驻村包联梅家坪镇车家村调研产业发展，就年度扶贫项目计划实施情况与富平县政府沟通交流；11月，赴富平县开展科技扶贫专题调研，沟通对接2019—2020年定点扶贫规划，在多个方面达成共识。2018年围绕扶贫计划制定、扶贫项目实施、定点扶贫整改等方面，中物院共组织10余次、70余人次深入富平一线调研走访慰问，并根据考察调研情况及时动态调整扶贫项目和帮扶进度，确保各项扶贫措施精准高效惠民。

【扶贫会议】 认真落实中物院定点扶贫工作制度，及时召开院定点扶贫领导小组会议和其他相关专题会议，有序推进定点扶贫各项工作。2月，院长刘仓理主持召开院定点扶贫领导小组2018年第1次全体会议，听取2018年定点扶贫工作安排总体思路及相关工作建议、2018年扶贫项目安排计划和投资规模建议等情况汇报，重点讨论2018年定点扶贫工作思路和项目安排计划。9月，院长刘仓理主持召开院定点扶贫领导小组2018年第2次全体会议，传达中央单位定点扶贫工作推进会主要精神，听取院2018年上半年扶贫工作开展情况及扶贫整改措施落实情况汇报，讨论并审议通过院援建富平县老庙镇幼儿园项目调整情况及工作建议、青海省海北藏族自治州扶贫帮扶方案建议，明确2019—2020年扶贫工作基本思路与主攻方向。

【产业扶贫】 2018年，中物院聚焦富平县深度贫困地区和群体，因地制宜加大产业扶贫帮扶力度，持续增强当地造血功能。在赵老峪北村，组织专家结合当地地理、土壤、气候等条件编制产业发展规划，联合北京南北任重研究所在该村发展丹参种植产业，安排帮扶资金170万元推广种植丹参110亩。在梅家坪镇车家村，投资300万元建成果品交易市场配套设施气调库，满足果品保鲜存储需要；投资60万元建成生猪养殖场、柿饼加工厂，增强村集体经济实力。投资120万元建成梅家坪镇电子商务运营中心，帮助当地拓宽农特产品销售渠道，缓解销售难问题。积极扶持当地龙头企业和农村专业合作社发展，在绵阳免费提供门店供富平县渭鸿金果柿业种植专业合作社销售农产品，辐射带动当地10余家农村合作社联合供货、共同发展，安置贫困人口再就业30余人，带动建档立卡贫困人口脱贫100余人。

【科技扶贫】 2018年，中物院深挖内部科技资源和人才技术优势，找准科技扶贫切入点和结合点，不断加大科技扶贫力度。11月，邀请中国工程院刘中民、冯煜芳、康振生3名院士及多名专家教授前往富平开展科技扶贫专题调研并指导工作，重点考察富平县特色种植、装备加工制造、高新技术等产业发展，初步摸清当地自然条件、资源禀赋和要素支撑情况，为后续深入论证项目可行性、加快推进相关科技扶贫项目落地奠定基础。12月，组织西北农林科技大学、利尔化学股份有限公司等单位专家教授赴富平县农校、梅家坪镇举办农业实用技术培训，普及先进的种植理念、栽培技术和精细化的水肥药管理技术，当地技术人员、种植大户及农民共200余人参加。开展山羊奶保存保鲜和柿饼加工工艺改进专题调研，形成富平县羊奶储存技术情况、柿饼加工工艺及加工设备情况等调研报告，有针对性地提出下一步帮扶思路和对策建议。

【教育扶贫】 2018年，中物院充分利用院属子弟校优质教育资源，深入开展教育扶贫活动。4月，组织富平县20名基层乡村骨干教师来院进行为期半个月的跟岗学习培训。7月，组织开展科技夏令营活动，富平县30名建档立卡贫困家庭学生参加。9月，发放2018年度爱心助学金30万元，资助贫困学生300名，缓解了贫困家庭学生上学难问题。10月，组织科学城11名优秀教师赴当地送教上门，当地24所学校的500余名教师参与听课和研讨活动。11月，富平县选拔两名优秀教师来院进行为期半年的跟岗培训。加快支持当地基础教育设施建设力度，投资1100余万元的老庙镇扶贫移民搬迁点幼儿园项目建设按计划完成建筑主体浇筑封顶。

【健康扶贫】 2018年，中物院针对富平县因病致贫现象突出、基层医疗卫生条件较差等问题，积极组织开展医疗卫生扶贫活动。5月，邀请富平县5名基层卫生院负责人和15名医疗技术人员来院属科学城医院和九〇三医院参加为期半年的跟岗进修培训。5月和9月，组织两家医院医疗骨干深入当地开展送医送药、下乡义诊、医疗卫生技术培训活动，共诊疗病患1776人、发放药品器械价值6万余元、培训医疗卫生人员1100人次。大力支持基层卫生院建设，援助乡镇基层卫生院设备价值50万元，先后派出2名骨干医生驻点指导帮扶薛镇中心卫生院疼痛专科建设，共诊疗疼痛病人1500余人次。

【基础设施建设】 2018年，中物院继续大力推进富平县贫困地区基础设施建设，逐步完善当地基础设施条件。投资200余万元硬化刘集镇张北村通村路3.1千米、薛镇赵老峪北村通组路1.9千米，便捷了当地村民出行。投资200余万元完成车家村生产道路建设项目，改善了该村农业生产条件。

【消费扶贫】 2018年，中物院响应中央消费扶贫号召，动员全院职工参与消费扶贫，通过所属基层单位工会分批购买当地苹果、柿饼、羊奶粉、面粉等特色农产品价值368.36万元。帮助拓宽农特产品销售渠道，无偿提供场地并于11月初建成富平县特色农产品绵阳（科学城）直营店，发出“爱心消费扶贫助力脱贫攻坚”倡议书，号召全院职工在日常生活中积极购买消费当地农产品，帮助销售农产品30余万元。

【党建扶贫】 2018年，中物院认真落实习近平总书记抓党建促脱贫重要指示，加强当地基层党建支持力度，建成梅家坪镇车家村、曹村镇郭家村、刘集镇十字村、刘集镇施家村等4个党员活动室。8月，中物院党委组织部派人赴富平县调研对接党建促脱贫有关事宜，筹划推进院地基层支部结对帮扶活动。12月，组织举办富平县基层干部及党组织负责人培训班，当地基层干部及党组织负责人共计210余人参加学习培训。

【干部挂职扶贫】 2018年，中物院共有2名优秀干部在富平县挂职扶贫，分别担任富平县政府副县长、驻梅家坪镇车家村第一书记。挂职副县长何大鹏全面参与支持富平县脱贫攻坚，深入基层调研，走访慰问贫困家庭200余户；关心支持深度贫困地区发展，深入赵老峪北村就丹参种植进行现场指导和协调解决问题；充分发挥院地沟通管道和协调纽带作用，全力推进院扶贫项目建设。驻车家村第一书记王磊认真履行职责，着力加强村级党组织建设，经常关心走访慰问村中贫困家庭，帮助解决实际困难与问题，积极争取资源推动村集体经济建设，大力促成生猪养殖场、柿饼加工厂、茵陈制茶厂以及电商运营中心等产业扶贫项目竣工投产，增强了当地造血功能，为当地村民持续稳定增收奠定了良好基础。

【定点扶贫整改】 认真落实2017年定点扶贫工作试考核整改措施，院长刘仓理、院党委书记杭义洪要求对标反馈问题，认真查找原因，举一反三，抓好整改落实工作，确保定点扶贫工作取得更大实效。6月，结合富平县委县政府帮扶诉求，形成《中国工程物理研究院2017年定点扶贫工作试考核反馈意见整改报告》，围绕发挥行业优势、加强督促检查、激发内生动力、进一步动员组织本单位干部职工积极参与定点扶贫等方面共提出十二条具体整改措施。7月，组织召开专题会议研究部署整改落实工作；制定印发整改工作实施方案，进一步细化任务目标、明确整改责任及完成时间节点，确保整改任务完成并取得实效。截至2018年底，中物院定点扶贫试考核整改各项工作按计划全面完成。

【扶贫宣传】 2018年，中物院充分依托院内外媒体渠道，广泛宣传定点扶贫工作，讲好脱贫攻坚“富平故事”。5月，陕西卫视大型爱心助农类人物访谈节目《脱贫路上》以“浓浓川陕情”为题，专题采访介绍中物院驻富平县车家村第一书记王磊。11月，《渭南日报》刊发文章《川陕情深暖频阳》，专题报道中物院定点扶贫工作。借助院电视台、自办报刊、微信公众号等平台媒体，全年发布定点扶贫报道与资讯20余篇（条）。

【扶贫慰问】 2018年，中物院发挥工会组织优势，利用国庆、元旦、春节等假日，组织基层单位代表深入当地开展特困家庭及人员献爱心、送温暖等活动，共慰问当地特困家庭20户，发放慰问金2万元及慰问物品价值1万元。

（中国工程物理研究院公管部办公室
张晓波）

中国地震局定点扶贫

【概述】 2018年，中国地震局定点帮扶甘肃省永靖县。发挥防震减灾行业优势，紧密对接永靖县实际需求，狠抓精准到户扶贫、产业扶贫、就业扶贫、教育扶贫，完成定点扶贫责任书任务，选派2名优秀挂职干部，投入帮扶资金577.5万元，引进帮扶资金2063万元，培训基层干部400名、技术人员217名，购买、帮助销售农产品共计50.75万元，助力永靖县按计划稳步推进脱贫攻坚各项工作任务。

【扶贫资金投入】 2018年，中国地震局投入帮扶资金577.5万元，其中安排年度中央财政预算480万元，甘肃省地震局配套投入97.5万元。按扶贫项目主要包括：精准帮扶到户项目275.2万元，用于实施永靖县东部2个乡镇17个村共593户精准到户项目，为贫困户量身定制“帮扶菜单”，在种植养殖、危旧房改造、技能培训、土壤改良等方面进行精准扶持；产业帮扶项目100万元，支持建设黄芪饮片加工厂和实施百合种植新品种试验项目；智力帮扶项目8.94万元，举办帮扶干部和农业种植技术培训班；教育帮扶项目15万元，为当地部分中小学购置教学设备和学习用品；行业帮扶项目110万元，建设永靖防震减灾科普馆，开展防震减灾科普宣传；生态帮扶项目34.72万元，实施了永靖县龙汇山“减灾林”和徐顶乡面山经济林补植与设施维护项目；基础设施维修改造项目11.79万元，实施了永靖县徐顶乡久长沟村村委会房屋设施维修改造项目；支持基层党建工作7.5万元，帮助3个结对共建村党支部布置支部活动室。

【扶贫调研】 2018年，中国地震局应急管理部副部长、中国地震局党组书记、局长郑国光和其他局负责同志4次赴永靖县调研考察，实地检查帮扶项目实施情况，加强对定点扶贫县脱贫攻坚工作指导，督促落实脱贫攻坚主体责任。看望慰问特困群众，与州县乡干部群众共同研究困难和问题，共谋脱贫攻坚之路。

【扶贫会议】 组织召开4次定点扶贫工作专题会议，加强对中央政策学习和扶贫措施研究，传达中央单位定点扶贫工作推进会精神，听取年度扶贫总结，听取永靖县脱贫工作进展和暴雨灾情汇报，审议年度工作方案。8月16日，应急管理部副部长、中国地震局党组书记、局长郑国光，中国地震局党组成员、副局长闵宜仁专题听取永靖县“7·22”特大暴雨灾害情况以及近期脱贫攻坚工作汇报，并协调水利部安排300万元专项资金支持永靖县开展恢复重建工作，9月又再次协调应急管理部研究解决受灾群众越冬面临的实际困难，防止灾区群众因灾返贫，下达冬春救助资金1763万元。

【扶贫培训】 为提升当地干部的管理能力，更新思想观念，改善知识结构，加强扶贫干部人才队伍建设，举办1期帮扶干部培训班，培训永靖县建档立卡贫困村及深度贫困村驻村帮扶工作队长、队员，县直帮扶单位分管领导，县委农工办、县扶贫办全体干部400人。提升当地农业种植技术水平，增强贫困户发展产业的信心决心和内生动力，聘请农科院专家深入田间地头开展现场培训，培训农户217人。

【干部挂职扶贫】 中国地震局始终将扶贫挂职作为扶贫帮扶的重要措施和锻炼培

养年轻干部的重要平台，2018 年继续选派 2 名优秀机关干部到永靖县挂职扶贫，分别担任副县长和第一书记，任期 2 年。扶贫干部投身脱贫攻坚浪潮，扎根基层、服务基层，深入调研了解当地经济社会发展状况和风土人情，和当地干部群众打成一片，积极为脱贫攻坚献计出力。充分发挥桥梁纽带作用，积极沟通协调，认真落实局党组决策部署，督促执行扶贫工作计划，做了扎实的基础性工作。

【扶贫资金管理】　为组织好扶贫项目实施，加强项目管理，规范完善项目申报、立项、实施、验收程序，促进项目合理合法合规高效开展和资料完整，确保项目安全、资金安全，有效提升项目绩效、提高资金使用效益，扶贫项目实施单位甘肃省地震局根据《中国地震局“十三五”甘肃永靖定点扶贫工作要点》，结合扶贫项目实施工作实际，印发《甘肃省地震局扶贫项目管理办法》。

【产业扶贫】　永靖县是全国优质鲜百合产出地，其中东部山区主要以百合种植产业为主。中国地震局持续加大对永靖百合产业的帮扶力度，2018 年实施包括冷库、加工厂、交易中心的百合产业项目，购置冰柜、真空包装机等设备，提升鲜百合的附加值。与中国农业科学院蔬菜花卉研究所合作协调，实施百合种球种植试验，引进新品种试验，提升百合产业质量。配合做好百合农产品销售，向地震系统发出购买永靖百合的倡议书，动员各单位和广大干部职工购买、宣传、推介永靖百合，扩大百合销量，通过互联网平台扩展百合销售渠道，切实增加贫困种植户收入。为进一步支持永靖西部山区发展黄芪加工产业，依托刘家峡农业集团建设黄芪饮片加工（扶贫）车间，改建厂房 600 平方米，项目 2019 年建成，预计将带动 42 个贫困村的黄芪种植合作社建设。完成徐顶乡面山经济林项目，种植 600 余亩果树经济林，配备储水和灌溉设施，同时发挥经济效益和生态效益。

【教育扶贫】　持续开展教育帮扶，为永靖九中新建的综合教学楼建设了一个综合多媒体教室，购置了 86 英寸* 智能交互平板、音响、操作控制台等多媒体教学设备和教具；投资 5 万元为徐顶乡大干沟中心小学更换了部分学生宿舍床及床上用品，添置了学习用品。在永靖县刘家峡镇、太极镇等 17 个乡镇的中小学校开展了防震减灾科普宣传和培训，参加培训人员有 66 名中小学防震减灾辅导员和部分学校师生，共 500 余人，印发防震减灾科普宣传资料 50000 份。

【基础设施建设】　依托永靖县青少年活动中心建设永靖防震减灾科普馆，开展防震减灾科普宣传和教育，提高青少年防震减灾意识，培养避险、救援、逃生技能。继续开展生态环境基础设施维护，对永靖县龙汇山“减灾林”实施补植补种与灌溉管网维修，补植补种各类苗木 14200 株，新建灌溉管网 2000 米。完善乡村基础设施，实施永靖县徐顶乡久长沟村村委会因受冬季雨雪浸泡影响垮塌的围墙和大门的维修改造项目，拆除了危旧围墙，硬化了院内破损地坪，重建了村委会大门。

（中国地震局　潘　博）

---

* 英寸为非法定计量单位，1 英寸 =2.54 厘米。——编者注

中国气象局定点扶贫

【概述】 2018年，中国气象局定点帮扶内蒙古自治区突泉县，建立扶贫领导小组会议、干部选派、重点任务清单、进展季度通报和进展汇报、督查检查等工作制度，形成了主要负责人亲自抓，扶贫领导小组统一协调，各成员单位分工负责，上下联动、合力推进的工作格局，较好完成年度定点扶贫责任书任务，进一步发挥气象在脱贫摘帽过程中趋利避害、减灾增收的独特作用。2018年派出扶贫干部3人，投入资金和捐赠物品折合1015.6万元。多措并举，创新多元投入帮扶机制，加大产业发展帮扶力度。投入320万元帮扶肉牛养殖平台服务项目，投入10万元支持村集体经济建设，帮助引进帮扶资金85万元。强化扶智扶志培训和捐资助学。安排4万元用于突泉县农民夜校建设运行，投资27万元建设科普展厅，深入中小学开展气象防灾减灾培训。向53名贫困家庭学生资助助学金3.8万元。深入开展消费扶贫。中国气象局机关和直属单位工会开展消费扶贫金额100.6万元。发挥气象服务"趋利避害，减灾增收"作用，提高农村气象灾害防御能力、服务农牧业生产、开展增雨防雹作业，为助力脱贫攻坚提供气象保障。全方位开展宣传推介行动。利用中国气象局资源优势，在中央电视台等国家级媒体多层面对外宣传突泉县脱贫成效。2018年突泉县共脱贫8251人，贫困村退出80个，贫困发生率降至2.63%，在中央国家机关工委定点扶贫考核中获"较好"等次。

【扶贫资金投入】 2018年，中国气象局投入资金和捐赠物品折合1015.6万元。其中，专项帮扶资金400万元、业务项目资金503万元，各单位捐助资金和捐赠物品折合27.6万元，帮助引进内蒙古北方保安民爆器材有限公司等10家企业帮扶资金85万元。业务项目主要用于"突泉县防灾减灾应急指挥中心"建设、"突泉县突发事件预警信息发布中心"建设、为农服务平台及测站建设、防雹增雨弹药购置，发挥气象服务"趋利避害，减灾增收"作用，助力脱贫攻坚提供气象保障。结合部门实际创建扶贫公岗机制，突泉县气象局与县扶贫办共同建立自动气象站维护公岗，第一批19名贫困人口增加收入1000元/人。

【扶贫调研】 2018年，中国气象局局长刘雅鸣对突泉县扶贫工作进行了3次专题调研考察，走访慰问贫困户，与内蒙古自治区李秉荣副主席等共商下一步定点扶贫计划，同时要求突泉县承担好脱贫攻坚主体责任。中国气象局副局长余勇分别于5月和11月2次到突泉县调研指导扶贫工作。中国气象局职能司、直属单位及内蒙古气象局，以及相关部委领导共计126人次赴突泉县调研、对接扶贫工作。

【扶贫会议】 2018年5月，中国气象局在突泉县召开全国气象助力精准脱贫现场会，局长刘雅鸣对气象扶贫工作进行检查动员部署，会议全面总结气象扶贫工作取得的成绩和存在的不足，对下一步工作做出具体部署。中央纪委国家监委驻农业农村部纪检监察组正局级纪检监察员周若辉到会指导。

2018年，中国气象局召开3次扶贫开发工作领导小组（以下简称"局扶贫领导小组"）会议，3月和6月召开两次领导小组会议，研究部署相关工作，深入学习贯彻习近平总书记关于扶贫开发的重要论述，传达学习中央关于精准扶贫和打赢脱贫攻坚战有关精神，研究部署2018年及今后一个时期气象助力精准扶贫和中国气象局定点扶贫工作。做好2017年定点扶贫考核存在问题的整改工作，形成深入推进定点帮扶突泉县任务清单并分头抓好落实。组织做好突泉县定点帮扶方案，做好定点扶贫干部和驻村第一书记的选派工作，落实扶贫干部轮换衔接及工作待遇，做好资金、项目等的落实和实施工作推进。12月，局长刘雅鸣主持召开局扶贫领导小组第3次会议，邀请突泉县屈振年书记共同总结2018年扶贫工作、协商2019年重点工作。

【扶贫制度建设】　2018年，中国气象局召开局扶贫领导小组会议，审定并印发实施《2018年突泉县定点扶贫工作计划》《2018年气象助力精准扶贫工作要点》《中央单位定点扶贫责任书》。8月，根据突泉县脱贫攻坚工作推进实际情况，对《定点扶贫工作计划》进行了优化修订批复。9月，中国气象局办公室印发《定点扶贫督促检查工作办法》，明确中国气象局对定点帮扶的内蒙古自治区突泉县脱贫攻坚工作督促检查的原则、形式及重点内容、工作程序等。局扶贫领导小组办公室制定了配套的《定点扶贫督查工作方案》并组织开展督查。

【扶贫培训】　中国气象局注重强化扶志扶智相结合激发脱贫内生动力，着力开展就业培训行动，让农户在家门口就近培训就业。安排4万元用于支持突泉县农民夜校的建设和运行，农民夜校采用电视讲堂、网络课堂、远程教学、现场传授等方式，重点开设了甜菜种植、牲畜养殖、健康知识、家庭教育等课程。全县9个乡镇农民夜校全部开课，邀请技术人员、致富能手来到田间地头、牛棚羊圈实地授课，尤其是紫皮蒜种植课程受到广大农户的欢迎。年内夜校培训基层干部381人，培训技术人员314名（含致富带头人65名）。

【干部挂职扶贫】　中国气象局党组坚持把优秀干部投向扶贫一线。1名处级干部在突泉县挂职县委副书记并协管扶贫工作，2名科级干部分别挂职任突泉县扶贫办副主任和太平乡五三村驻村第一书记。挂职干部投身脱贫攻坚，深入乡村开展脱贫攻坚工作调研、部署和督促检查，走访贫困户超过300户，累计入户调查核实170余户，发现24个问题并组织完成整改。推动社会帮扶工作，组织推广应用“中国社会扶贫网”，落实捐赠金额21182元。

【扶贫慰问】　2018年5月，中国气象局局长刘雅鸣对突泉县扶贫工作进行了专题调研考察，慰问2户贫困农户，带去慰问金0.4万元；11月，副局长余勇到突泉县调研督导脱贫攻坚工作，并走访慰问2户贫困农户，带去慰问金0.4万元。

【扶贫宣传】　2018年，中国气象局充分利用气象频道、天气网、兴农网等为突泉县脱贫攻坚成效及特色产品进行宣传推介。利用在CCTV7栏目的资源优势，在早间档播出宣传片《寻梦春州　品味突泉》。在“中国天气网”播出突泉县精准扶贫宣传片《脱贫路上气象新》，对外宣传突泉县脱贫攻坚成效。

【扶贫资金管理】　中国气象局制定《2018年突泉县定点扶贫工作计划》，定点扶贫资金的使用均按照年度工作计划，经过局扶贫领导小组会议审议。具体实施过程中，产业扶贫资金均按财务规定拨付到项目实施单位，气象能力建设方面的资金使用均严格执行相关项目建设财务要求，慰问金的发放均经过扶贫干部、县气象局局长共同研究，慰问对象均在领取单上签字。如资金使用与年初计划相比有调整，必须向局扶贫领导小组报告，待批复同意后实施。

【产业扶贫】　2018年，中国气象局加大突泉龙头产业帮扶力度，帮助发展肉牛养殖平台服务项目。投入320万元整合到县国有资本投资运营的肉牛养殖平台服务项目中，通过“基地 + 农户”的联结机制，带动 26 个贫困村 208 名贫困人口，每人年收益 3171 元。帮助发展庭院经济，投入 10 万元支持宝石镇宝利村村集体经济百亩果园建设。建成 60 平方米的管理房和 80 米深的深水井，栽植了 6000 株果树，受益群众 80 户，其中建档立卡贫困户 62 户、114 人。利用气象部门科技优势，服务扶贫产业发展。建设突泉县曙光和赛银花两大标准化现代农业气象服务示范园区，开展“直通式”“智慧型”气象服务，精准助力扶贫产业发展。开展畜牧业饲料种植、收割晾晒气象服务，研制紫花苜蓿适应气候条件指标，为紫花苜蓿生长提供系列化服务。突泉绿豆成为兴安盟首个获得“气候好产品”认证气候名片的农产品，每千克增收近 3 元。增加地面增雨防雹作业设施，开展人工增雨防雹作业，减轻气象灾害对农业生产影响。完成突泉县太阳能资源精细化评估报告，为 1600 户建档立卡贫困户的太阳能光伏电站提供服务，保障电站良好运行。

【扶志扶智】 中国气象局设置“气象扶贫助学金”，深入推进“助学·筑梦”扶贫助学活动。2018 年，向 53 名贫困家庭学生资助助学金 3.8 万元。投资 27 万元建设科普展厅，深入中小学开展气象防灾减灾培训 845 人次。为集体经济采摘园引进棚前防寒裙、棚内反光幕、安装增光灯等技术；在 14 个大棚安装气象监测设备，通过气象 App 随时获取棚内气象要素，及时采取放风、盖帘等防御措施，提高了产量、降低了成本，该园已吸纳贫困人口 35 人就业。

【教育扶贫】 2018 年，中国气象局相关单位捐资 67 万元用于突泉县教育事业，帮助 2 所学校建设改造学生食堂，帮助 20 所学校建设校园安全系统。开展气象科普进校园活动，在县三中开展公益性科普讲座。

【整村推进】 2018 年，中国气象局帮助五三村大力发展庭院经济，五三村庭院经济受到中央、自治区、盟、县各级 40 多家新闻媒体采访。投入 20 万元支持驻村工作队开展工作，向太平乡五三村捐赠总价值 16 万元的电脑、投影仪等办公用品，利用党建专款 7.8 万元完成村党建活动室设施改造。驻村干部协助上级党委圆满完成五三村党支部换届选举工作，发展 1 名预备党员，引导 1 名党员致富能手帮助贫困户创业脱贫并获得兴安盟“优秀创业带富党员”称号。驻村干部走访贫困户 30 户；每周 4 次 8 小时为五三村中小学生辅导功课。

（中国气象局应急减灾与公共服务司
张晓红）

全国社会保障基金理事会定点扶贫

【概述】 2018年，全国社会保障基金理事会（以下简称"社保基金会"）定点帮扶内蒙古自治区兴和县。先后选派3名干部到兴和县挂职推动扶贫工作，干部职工和帮扶单位工作人员前往兴和调研共计42人次（含部级领导2人次）；培训基层干部208人，技术人员224人。加强兴和县基层党组织建设，配备"党建直通车"、开展村党支部书记培训、支持兴胜庄村集体经济发展。直接投入资金64.56万元，引进无偿资金477.9万元，建设蔬菜暖棚、启动互联网入村试点、引进肉羊养殖项目、购买农机器械、引进"政融保"项目帮扶企业、为兴和县制定旅游规划、广泛开展教育帮扶。引进有偿资金5718.36万元，对接兴和瑞盛石墨产品销路。购买兴和县农产品11.8万元，帮助销售47.65万元，合计59.45万元。社保基金会超额完成《中央单位定点扶贫责任书》任务承诺。

【扶贫资金投入】 2018年社保基金会直接投入资金64.56万元，引进无偿资金477.9万元，引进有偿资金5718.36万元，购买兴和县农产品11.8万元，帮助销售47.65万元，合计59.45万元。

【扶贫调研】 2018年，社保基金会党组两位主要负责同志切实承担起定点扶贫工作责任，理事长、党组成员楼继伟和党组成员、副理事长、机关党委书记吴焰于2018年先后前往定点扶贫地区，对已落实项目的成效进行评估，对正在实施的项目了解进展，探讨对接新的项目，督促检查兴和县委县政府落实脱贫攻坚主体责任的情况，走访慰问建档立卡贫困户，与当地干部群众一起座谈交流，研究解决实际问题。

【扶贫制度建设】 2018年，社保基金会建立健全工作机制。根据会领导班子调整情况，及时调整扶贫工作领导小组组成人员，王尔乘任组长，吴焰任副组长，会内相关部门主要负责同志为成员，办公室设在机关党委。年初制定并印发《社保基金会2018年定点扶贫工作计划》，明确重点工作，列出责任清单，由各支部主动领任务、抓落实。坚持每季度召开领导小组会议谋划和推动工作，部分重点事项进一步报会党组研究审议，确保责任能落实、事事有回音。

【扶贫培训】 2018年，社保基金从树立正确政绩观、掌握精准脱贫方法、发挥基层党组织带动作用入手强化对基层干部的培训，从培养解决攻坚难题能力、提高带头引领致富能力、使用农业创业技术方面开展技术人员、创业带头人、集体经济负责人的培训。培训基层干部208人，技术人员（包括集体企业负责人、致富带头人）224人。其中，依托人保财险为兴和县举办"扶贫扶志扶智"金融专题培训班，培训基层干部25人，企业代表、致富带头人75人；协调融航科技（北京）公司赴兴和县对接饲料高粱种植项目，在畜牧局举办项目培训，23名农技站工作人员和养殖户参加；举办"兴和县非公经济人士专题知识培训班"，邀请人民银行、人保财险专家讲课，当地技术人员和致富带头人126人参加；开展"强党性、促脱贫"专题培训班，培训村党支部负责人和各级基层干部183名。

【干部挂职扶贫】 2018年社保基金会先后有3名干部在兴和县工作，分别是挂职担任兴和县副县长的李柏梅和邓怿帅，担任大同夭乡兴盛庄村第一书记的刁怀杰。3 名挂职干部在工作岗位上认真履职尽责，既发挥牵头带头作用，当好“协调员”，又发挥政策专业优势，当好“战斗员”，还发挥桥梁纽带作用，当好“信息员”。

【扶贫慰问】 2018 年，理事长、党组成员楼继伟和党组成员、副理事长、机关党委书记吴焰带队调研时分别入户慰问走访 4 户、3 户建档立卡贫困户，与贫困群众深入交谈，了解贫困户致贫原因和实际困难，仔细询问当地政府的惠农惠贫政策。

【产业扶贫】 2018 年，社保基金会以基础设施建设和旅游资源规划开发为重点，推动产业项目落地。协调中国电信集团有限公司出资 30 万元铺设线路，实现信号覆盖，协调君联资本管理股份有限公司出资 25 万元在旗地村启动互联网入村试点，对发展现代农业、现代电商提供支持。组织证券公司调研旅游资源，发挥证券公司在研究经验、资源积累等方面的优势，为兴和县旅游产业发展提供科学的整体规划，并针对重点景区进行招商引资、深度开发。协调江西紫宸科技有限公司、东莞市凯金新能源科技股份有限公司 2 家公司购买兴和瑞盛新能源有限公司石墨产品 12519. 05 万元，扶植龙头企业，提高县里财政收入。协调交通银行捐助 80 万元引进山东汇鹏肉羊养殖项目、为银子河村购买农机器械，为农村集体经济发展提供支援。协调中国人民财产保险股份有限公司向兴和县扶贫企业贺氏粮油公司发放 80 万元“政融保”资金。以派驻第一书记所在的兴胜庄村为试点，打造“兴胜庄模式”，发展建档立卡贫困户直接受益的种养业。协调资金 97 万元建设蔬菜暖棚，签约深圳市腾讯计算机系统有限公司“万企帮村”项目，成立藜民百信电子商务公司，销售特色农产品。

【教育扶贫】 2018 年，社保基金会组织全体党员捐款 6. 35 万元，帮扶兴和县 29 名建档立卡贫困学生。投入 1. 18 万元党费为大同夭乡中心学校全校 98 名学生购置一套春秋季校服，把温暖送达每一名贫困学生。协调 3 家证券公司、5 家基金公司落实助学捐款 105. 9 万元，帮扶资助 341 名建档立卡贫困学生，组织 25 名师生来京游学。商请上海真爱梦想公益基金会出资（包括易方达基金管理有限公司、嘉实基金管理有限公司 2 家基金公司捐助）60 万元，在兴和县 4 所学校分别建设了“梦想中心”多媒体教室，提高贫困学生素质教育水平。

（全国社会保障基金理事会　陈安熠）

国家粮食和物资储备局定点扶贫

【概述】 2018 年，国家粮食和物资储备局（以下简称“粮食和储备局”）定点帮扶安徽省阜南县，投入帮扶资金 173.5 万元，引进帮扶资金 745 万元，建设 11 个粮食产后服务中心和 1 个粮食质检中心，选派 4 名扶贫挂职干部，举办 3 期脱贫攻坚培训班，累计培训 1500 人。在各级党委、政府的关心支持和各有关部门的帮扶下，2018 年阜南县贫困人口减少 3.93 万，贫困发生率从 2017 年的 4.83% 降至 2.48%。

【扶贫资金投入】 粮食和储备局对接阜南县实际需求，投入 173.5 万元帮扶资金，投资建设文化广场、活动中心等公共基础设施，受益群众超过 8000 人。将捐建的 80 千瓦光伏电站升级为光养混合一体化综合示范基地，预计可带动 30 名贫困户人均年增收约 5000 元。机关工会组织干部职工扶贫捐款 6.4 万元，用以解决贫困户实际困难。

【扶贫调研】 粮食和储备局党组书记、局长张务锋，分管定点扶贫工作的局党组成员、副局长梁彦于 2018 年 12 月带队赴阜南县调研考察，召开座谈会，慰问贫困户，实地督导脱贫攻坚进展成效，共商精准扶贫举措。局党组成员、副局长卢景波、韩卫江分别于 2018 年 6 月、9 月带队开展调研和督导，推动落实定点扶贫工作。此外，司局和直属单位共 96 人次赴阜南县调研督导。通过召开座谈会、走访贫困户、实地检查账目、调研扶贫项目进展等，深入了解攻坚脱贫进展情况，督促扶贫项目落实和资金使用，增强精准性和实效性，共形成 12 份调研和督导工作报告，发现 12 个主要问题。

【扶贫制度建设】 粮食和储备局党组将定点扶贫纳入司局“三定”职责，把局扶贫办从原调控司调整到规划建设司，并在该司综合处加挂“扶贫支援处”牌子，进一步加强定点扶贫工作力量。局内进一步完善党组统一领导、分管党组成员牵头负责、扶贫办协调推进、各司局单位按分工落实的工作机制。规划建设司形成司长负总责、分管副司长具体抓、扶贫支援处具体推进的落实机制。

【扶贫会议】 张务锋局长于 6 月、9 月和 10 月分别主持召开 2 次党组会议和 1 次专题会议，认真学习贯彻习近平总书记关于扶贫工作的重要论述和重要指示、李克强总理重要批示和胡春华副总理在中央单位定点扶贫工作推进会上的重要讲话精神，研究部署做好定点扶贫工作。分管扶贫工作的局党组成员 3 次主持召开专题会议听取定点扶贫工作情况汇报，研究解决存在的问题，协调推动工作落实。

【扶贫培训】 粮食和储备局在阜南县举办 3 期脱贫攻坚培训班，包括基层干部、致富带头人、贫困户专题培训和小麦赤霉病防治、水稻矮缩病防治、龙虾养殖技术、电商技术等培训。培训受益 1500 名，其中基层干部 290 名，致富带头人 510 名（含 260 名贫困村致富带头人）、技术人员 150 名、贫困户 550 名。

【干部挂职扶贫】 2018 年，粮食和储备局新选派 4 名干部到阜南县挂职，加上担任第一书记的干部，共 5 人在阜南县挂职扶贫。其中，1 名正处级干部任县委常委、副县长，1 名副处级干部任驻村第一书记，

3名科级干部分别任县粮食局副局长、扶贫办副主任和中岗镇党委委员，实现各层级全覆盖。2015—2017年任驻村第一书记杨乔伟同志被评为2018年中央和国家机关脱贫攻坚优秀个人。

【产业扶贫】 粮食和储备局立足当地资源条件，协调有关方面持续支持阜南县实施“优质粮食工程”，安排725万元中央财政补助资金，建设11个粮食产后服务中心和1个粮食质检中心，改善种植结构，发展订单农业，提升粮食一二三产业融合发展水平。建成1.5万亩优质弱筋小麦种植示范基地，1万名农民（约含贫困人口600名）预计人均年增收200元；建成7个粮食产后服务中心，其中2个投入使用，在一个烘干季内增加农民和企业收入80万元；粮食质检中心也已建成并发挥作用。帮助对接引进益海嘉里金龙鱼粮油食品股份有限公司、中粮集团有限公司旗下中粮贸易华中公司、四川省百川通液化石油气公司、安徽省蒙城县恒瑞面粉有限公司等4家企业，其中四川省百川通液化石油气公司采取参股方式建设扶贫车间，计划投入100万元，前期已投入20万元。通过机关消费扶贫、开通国家粮食和物资储备局电商扶贫微店等方式，购买及帮助销售阜南县农产品30.49万元。

【党建扶贫】 粮食和储备局推进党建工作与定点扶贫有效融合，突出扶志扶智。培训180名贫困村党支部书记和驻村第一书记，组织5个司局和单位党支部与3个贫困村党支部结对帮扶，帮助建强基层党支部，发挥党建扶贫的引领作用；出资45万元设立励志奖学金，资助450名品学兼优的困难学生；开展“老手拉小手，携手奔小康”教育扶贫活动，邀请贫困村部分小学师生代表来北京参观学习，组织退休干部与来京小学生进行一对一结对帮扶；捐赠价值10.1万元的杂志，组织“写春联、献爱心”、青年党员团员“根在基层”调研等活动；组织专家到实地培训指导，预防和解决种植病害。

【扶贫宣传】 粮食和储备局通过门户网站、微信、微博、《中国粮食经济》杂志等平台宣传被评为2018年中央和国家机关脱贫攻坚优秀个人的杨乔伟同志。宣传阜南县脱贫攻坚经验做法，组织新华网、光明网等主流媒体，重点报道产业扶贫、光伏培训等精准扶贫实践，刊发报道13篇，印发3期党建简报。

（国家粮食和物资储备局扶贫办
刘　晨）

国家国防科技工业局定点扶贫

【概述】 2018年，国家国防科技工业局（以下简称“国防科工局”）定点帮扶陕西省汉中市宁强县、略阳县。国防科工局加大帮扶力度，加强帮扶力量，共投入帮扶资金199万元，引进帮扶资金49万元；全力开展科技扶贫、产业扶贫、医疗扶贫、教育扶贫，培训两县基层干部334名，培训技术人员1405名；组织本单位购买两县农特产品31万元，发动社会力量购买两县农特产品380万元。动员局各基层党组织开展捐赠助学活动，举办首届贫困学生北京夏令营，指导支持贫困村基层党组织抓党建工作等。与两县一道攻坚克难，全年两县67个贫困村、21647户贫困户、48882名建档立卡贫困人口脱贫摘帽。

【扶贫资金投入】 2018年，国防科工局向宁强县、略阳县直接投入扶贫资金总额199万元，其中：向宁强、略阳两县投入扶贫专项资金100万元，投入资金26.2万元开展“一对一”贫困学生爱心捐资助学活动，为黄家沟村修建百余盏路灯捐资22万元，开展贫困学生北京夏令营活动投入资金14.8万元，投入困难群众大病救治资金11.1万元，修缮黄家沟村党员活动室捐资10.86万元，为贫困地区购买电脑打印机等投入资金9.9万元，为驻村第一书记划拨专项党费2.6万元，开展春节慰问活动投入资金1.95万元。

【扶贫机制建设】 为进一步做好定点扶贫工作，国防科工局及时调整局扶贫开发领导小组组成，由国防科工局局长张克俭担任组长，国防科工局副局长田玉龙担任常务副组长。创新工作方式，在局扶贫开发领导小组原有架构基础上，专门设立宁强、略阳县工作组，围绕《中央单位定点扶贫责任书》和局年度定点扶贫工作任务，分别负责两县定点扶贫工作具体事项，加强定点扶贫工作力量。工作组成立后，分别与两县对接扶贫需求，研究扶贫方案，推进重点工作。加大对宁强、略阳两县党委和政府落实脱贫攻坚主体责任的督促检查力度，组织召开定点扶贫工作计划布置会、年度工作推进会、调研检查座谈会议，听取工作汇报、查阅文件材料，当面提出在脱贫攻坚落实政策、组织实施、资金运用等方面的意见建议，督促改进工作作风、加强组织能力、提高工作效能。有效发挥挂职干部作用，利用参加市县党委常委会、政府常务会等机会，了解党委、政府脱贫攻坚工作进展情况，提出合理化意见建议。综合2018年定点扶贫工作调研、慰问、座谈，挂职干部意见反馈及查阅资料等情况，向两县反馈4条进一步落实脱贫攻坚主体责任的具体意见，督促其整改落实。

【扶贫调研】 2018年10月，国防科工局局长张克俭带队赴两县调研指导检查扶贫工作开展情况。国防科工局始终坚持“实事求是、因地制宜、量力而行、尽力而为”原则，将精准扶贫方略贯彻工作始终，调研并推进略阳乌鸡产业、宁强食用菌扶贫产业发展，建立并推广“互联网+医联体”精准扶贫模式，督促两县党委政府落实脱贫攻坚主体责任，分析研究精准扶贫精准脱贫措施，帮助两县解决产业扶贫、医疗帮扶、扶志扶智、农特产品消费扶贫等方面遇到的困难和问题。

【扶贫会议】 2018年，国防科工局召开3次党组会（含2次局扶贫开发领导小组会议、1次局专题办公会）审议《2018年定点扶贫工作计划》，部署年度扶贫重点任务。国防科工局局长张克俭，副局长田玉龙于10月底带队赴两县调研扶贫工作开展情况，组织省市县党委政府和有关企事业单位召开定点扶贫工作座谈会议。4月底在陕西省汉中市召开陕西省国防科技和航空工业办公室、汉中市、宁强县、略阳县、中国航空工业集团有限公司、在陕部分军工企事业单位参加的定点扶贫工作推进会，宣贯《2018年定点扶贫工作计划》，明确各单位对接任务和工作要求。

【扶贫培训】 协调国家中医药管理局对宁强县4名基层干部进行授课培训，为宁强县中药材扶贫产业规划进行专业性指导。联系阿里巴巴网络技术有限公司，促成3名略阳县领导和基层干部赴阿里巴巴网络技术有限公司总部参加学习培训。发挥挂职干部专业技术优势，组织召开“互联网+精准扶贫”工作培训会、青年夜校、驻村干部专题培训会等，培训略阳县基层干部330人次。

【干部挂职扶贫】 2018年，国防科工局选派1名副处长挂职担任略阳县黄家沟村第一书记，1名调研员挂职担任略阳县委常委、副县长，1名处长挂职担任宁强县委常委、副县长，1名副司局级领导挂职担任汉中市委常委、副市长，任期均为2年。略阳县挂职副县长潘祝华被汉中市委、市政府评为“脱贫攻坚先进个人”，其撰写的《浅析“互联网+”在精准扶贫中的实践与创新》在“习近平总书记关于扶贫工作的重要论述”主题征文活动中被评为获奖论文。

【公益扶贫】 2018年，国防科工局针对略阳乌鸡独特地理品牌特点，宣传推广略阳乌鸡品牌。挂职干部策划实施略阳乌鸡众筹计划，在“淘宝众筹”平台上宣传推广，完成销售额12万元，带动略阳县乌鸡企业和电商销售额约1000万元。借助“99公益日活动”平台，对接陕西省扶贫办额外增加略阳乌鸡扶贫项目，获得7238人次捐款171.8万元。同时获得深圳市腾讯计算机系统有限公司、陕西省慈善协会配捐113.2万元。项目总筹款额285万元，在陕西省参加的236个公益项目中排名第二，惠及略阳县贫困户200户。运用网络众筹、慈善募捐等活动，激发当地贫困户养殖乌鸡积极性。国防科工局协调中央电视台将略阳乌鸡列入“国家品牌计划——广告精准扶贫”项目宣传，在中央电视台8个频道高频播出，并在中央人民广播电台等媒体同步推广。

【扶贫资金管理】 2018年，国防科工局按照与宁强、略阳两县签署的《国家国防科技工业局定点扶贫专项资金委托管理协议》要求，对贫困县急需的精准扶贫项目，国防科工局加快审批和资金拨付速度，同时加强监督管理；对于扶贫专项资金使用率不高的贫困县，国防科工局扶贫办会同县扶贫办等有关部门与挂职干部共同研究，提出具体整改意见，加强需求对接，规范合理使用扶贫资金。

【健康扶贫】 国防科工局探索创建“互联网+医联体”模式，协调航天721医院与宁强天津医院达成合作协议，实施“引才、育才、援建重点科室和‘互联网+’”工程，组建松耦合医联体开展医疗帮扶。实施引才工程。航天721医院院领导担任医联体名誉院长和远程医疗总顾问，重点科室主任担任首席专家，帮助宁强天津医院提高管理和技术水平。实施育才工程。航天721医院专家定期到宁强天津医院开展现场培训授课，2018年培训12班次600余人；通过互联网远程培训13班次700余人；免费接收县医院管理人员和技术人员2人次到北京开展跟班临床培训。支持重点专科建设。航天721医院重点支持宁强天津医院急诊科和肝胆外科建设，在急诊科设立专家工作站，由航天721医院知名科室主任担任负责人，定期到现场培训、指导学科建设。实施“互联网 +”工程。航天 721 医院指导宁强天津医院成立远程医疗服务中心，免费开通远程会诊、培训、影像、检验诊断等端口，实现两家医院音视频和数据同步。通过远程医疗服务中心开展培训和诊断活动，进行远程会诊 20 人次、手术示教 6 次，提升诊治水平。

国防科工局坚持每年在定点扶贫县开展义诊活动。2018 年，组织航天 721 医院 12 名专家赴宁强天津医院举行健康扶贫大型义诊活动，为患者进行诊治和分析，解答问题，给出科学治疗方案和建议，为 879 名患者提供了疾病诊疗、健康咨询和健康教育服务，进行教学查房 45 例、病例讨论 5 例，开展手术示教 6 例、健康讲座 7 次；组织航空 3201 医院在宁强、略阳两县开展义诊，接诊约 1500 人次，进行 4 场专题学术讲座，接收两县 2 名先天性心脏病患儿进行手术，全部减免个人承担费用 2. 99 万元。

国防科工局直属机关党委利用专项党费或公益募资活动，为两县 6 名贫困家庭儿童进行大病救治，帮助患者得到专业诊疗。

【科技扶贫】　国防科工局党组强化责任担当，切实发挥好高分辨率对地观测系统重大专项工程（以下简称“高分专项”）在脱贫攻坚中的特殊作用，支持国务院扶贫开发领导小组办公室（以下简称“国务院扶贫办”）开展全国脱贫攻坚数据分析及应用等工作，开辟高科技重大工程扶贫新领域，发挥新作用。2018 年，完成“高分专项精准扶贫技术研究及应用示范项目”任务书批复。配合国务院扶贫办开展技术攻关、实地调研、项目合作等，加速推进该项目的实施应用。高分专项精准扶贫示范系统原型完成后，分别向国务院扶贫办、中央军民融合发展委员会办公室有关领导进行汇报演示，得到肯定。截至 2018 年底，配合国务院扶贫办完成陕西省宁强县、略阳县，内蒙古乌兰察布等示范区调研，开展数据动态关联、扶贫数据评估、扶贫项目动态监测等技术攻关和成果专题图设计。

【教育扶贫】　国防科工局开展“一对一”捐资助学活动，倡议基层党组织、全体党员捐款 26. 2 万元，资助宁强、略阳两县 119 名贫困大、中、小学生。组织航空有关技校、单位对宁强、略阳两县贫困学生在教育和就业上加大扶持力度。2018 年，陕西省航空技师学院（012 技校）实施教育助困计划，招收两县 98 名初、高中生，并免收两县籍学生各项学杂费用 49 万元，并发放生活补贴。开展“产学研一体化”示范基地师资培训，对 12 名教师随岗培训，免收培训费用 4. 26 万元。

【基础设施建设】　2018 年，国防科工局投入 22 万元为略阳县黄家沟村修建路灯 100 盏，解决群众夜间出行问题，捐赠 2 台电脑和 1 台打印机改善村委会办公条件；投入 10. 86 万元修缮黄家沟村党员活动室，为村党员干部群众开展党建促脱贫工作提供场所便利；国防科工局选派的驻村第一书记向汉中市、略阳县领导汇报，争取汉中市财政扶贫拨款 20 万元，用于乌鸡孵化繁育精准扶贫基地建设。

（国家国防科技工业局扶贫办
陈文锋）

国家铁路局定点扶贫

【概述】 国家铁路局定点帮扶贵州省黔东南州榕江县。2018 年，国家铁路局充分发挥自身优势，不断加大帮扶力度，先后组织召开专题扶贫会议 3 次，组织人员到榕江县开展调研 5 次，直接投入和引进资金 1207.8 万元，直接购买或协助榕江县销售农产品 95 万元，从产业扶贫、教育扶贫、基础设施扶贫、公益扶贫等多方面着手，扎实推进定点扶贫工作。2018 年，榕江县共有 2 个乡镇、36 个村、25659 人脱贫，贫困发生率降至 12.28%。

【扶贫资金投入】 2018 年，国家铁路局直接向榕江县高扒村捐助 70 万元，帮助成立铁榕土特产开发公司，发展贫困村土特产加工产业，刺激贫困村脱贫内生动力。引进扶贫资金 1137.8 万元，其中：协调贵州省发改委引进资金 865 万元，用于在榕江县开展农村人居环境整治示范项目；协调国家林草局，为榕江县争取生态护林员名额 265 名，引入资金 265 万元；按照中央和国家机关工委要求，向国家铁路局驻贫困村第一书记转拨党费 7.8 万元用于基层党建活动，为基层农村开展党建促脱贫提供支持。

【扶贫工作会议】 2018 年，国家铁路局召开 3 次扶贫工作领导小组会议，专题研究扶贫攻坚相关工作，制定印发《国家铁路局定点扶贫榕江县 2018 年工作推进方案》，加强对定点扶贫工作的组织领导力度。

【扶贫调研】 2018 年，国家铁路局由局党组书记杨宇栋带头，先后 5 次组织人员到榕江县进行实地调研，掌握第一手资料，督促县委县政府落实好脱贫攻坚主体责任，确保各项扶贫举措落地见效。

【干部挂职扶贫】 2018 年，国家铁路局加大挂职干部支援力度，在原有 1 名同志挂职副县长的基础上，增派 1 名同志到榕江县高扒村任第一书记。为深化帮扶工作，先后安排 7 名榕江县干部到国家铁路局挂职培训。

【产业扶贫】 继续抓好前期捐资建设的小香鸡养殖项目、寨章村稻香鱼养殖基地项目、农家乐旅游项目及商铺出租的经营建设推进工作，增加村集体收入 34.2 万余元，以分红形式分配给高扒村贫困户。拓宽榕江县农特产品的销售渠道，直接购买、帮助销售榕江特产 95 万元。推进榕江县旅游产业发展，组织召开榕江县旅游宣传暨招商推介活动，并协助榕江县组织举办了黔东南州第九届旅游产业发展大会。协调商务部，帮助榕江县评选为国家级电子商务示范县，推动榕江县电子商务产业发展，带动黔货出山。

【基础设施建设】 加快推进榕江县铁路、公路等基础设施建设项目落地。推进涪陵至柳州、兴义至永州铁路建设，涪陵至柳州铁路、兴义至永州铁路已纳入《中长期铁路网规划》。下一步将在深化研究过程中结合地质地形、安全性、可靠性及经济性进一步研究论证。推进 S413 四格至水尾公路建设，国家铁路局联系交通运输部有关司局，了解工作开展情况，协调推进项目尽快落地。推进榕江公路项目建设，在前期立项并争取资金的基础上，通过协调督导，该项目已于 2018 年 4 月上旬开工建设。协调推进乐乡村旅游大桥项目，在前期立项及争取资金的基础上，经过国家铁路局不断推进，该项目已经省、州政府批准，待相关高速公路完工后及时开工建设。

【教育扶贫】 加大中学生升学就业帮扶力度，按照“升学1人，就业1个，脱贫1家”的思路，协调贵阳职业技术学院和贵州铁路技师学院等铁路中高职院校，解决榕江县初中、高中毕业生的求学就业问题。2018年9月，贵州铁路技师学院扩招的第一批127名榕江籍学生已完成招录。协调贵阳职业技术学院按照为铁路企业定向培养的模式，帮助贫困学生进入高职求学就业。2018年9月28日，国家铁路局联合贵阳职业技术学院组织召开了铁路扶智扶贫劳动技能型人才培养供需见面会，协调中国铁道建筑总公司、中国铁路昆明局集团有限公司等8家企业在会后与贵阳职业技术学院签署了合作培养铁道类人才的框架协议。协调相关单位实施“蓝天春蕾”计划，争取资金43万元用于资助贫困学生上学。协调相关单位定点帮扶榕江县高扒小学，出资10万元资助贫困学生。组织5名榕江县小学教师参加在北京举办的教师培训班。协调中交建集团出资30万元帮助高扒村小学完成了操场硬化、围墙建设等配套设施工程。

【公益扶贫】 开展扶贫日捐书活动，为贯彻落实党中央关于脱贫攻坚工作的重要决策部署，加强定点扶贫工作，捐赠各类青少年儿童读物1573本，内容涵盖教育、科普、人文、历史、艺术等多个门类。这些图书全部捐赠给国家铁路局定点扶贫的贵州省榕江县高扒村，帮助贫困地区青少年儿童丰富课余生活，培养孩子们养成良好的阅读兴趣和学习习惯。国家铁路局还向榕江县高扒村捐赠了计算机、投影仪、打印机等价值10余万元的办公设备以及政治理论学习书籍77本，改善贫困村党支部工作环境，为推进以党建促扶贫提供了硬件支持。

（国家铁路局直属机关党委　张海东）

国家邮政局定点扶贫

【概述】 2018年，国家邮政局定点帮扶河北省平泉市。9月28日，平泉市退出贫困县序列，标志着平泉市提前3年摘掉了贫困帽子。2018年，国家邮政局继续选派优秀干部赴平泉市，分别挂职副市长和驻贫困村第一书记；直接向平泉市投入帮扶资金105.5万元（含专项党费投入），引进各类社会帮扶资金89万元；培训基层干部6名，培训技术人员200余名；购买平泉特色农产品10.8万元，帮助销售平泉地区农产品1960万元；党组书记、局长深入定点扶贫村调研，全局党员领导干部赴平泉市考察46人次，其中，部级1人次、司局级领导5人次、处级以下40人次；累计向北京京东世纪贸易有限公司、平泉市内各快递企业及大数据中心劳务输出79人。

【扶贫资金投入】 直接向平泉市投入帮扶资金105.5万元（含专项党费投入），引进各类社会帮扶资金89万元。按照“企业+村集体+合作社+村民”的扶贫模式，建设食用菌烘干及小包装加工扶贫车间，2018年投入专项帮扶资金60万元，撬动社会资本90万元，建成后可安置就业30人，每年可为村集体增收6.8万元，可辐射带动300多户农户从事食用菌生产经营管理、每户年均可增收1万元。投入帮扶资金13.01万元，新建标准化垃圾池9个，加密LED照明路灯50盏，改善哈叭气村生产生活条件。向南五十家镇杨杖子小学投入帮扶资金15万元，硬化操场2000平方米，绿化和美化校园900平方米。

【扶贫调研】 5月中旬和9月底，党组书记、局长马军胜，党组成员、副局长赵晓光分别带队赴平泉市开展脱贫攻坚工作督促检查和调研慰问，重点了解定点扶贫工作中存在问题和困难并走访慰问贫困户。

【扶贫会议】 3月，马军胜同志出席“2018年扶贫工作领导小组全体会议”，对全年工作做出部署，会后形成《国家邮政局2018年定点扶贫工作重点任务安排》，从5个方面、20个大项、35个具体工作明确任务，为全年定点扶贫工作奠定基础。10月，马军胜同志出席“2018年扶贫工作领导小组第二次（扩大）会议”，传达学习中央单位定点扶贫工作推进会精神。8月，国家邮政局在北京召开“贯彻新发展理念、打好三大攻坚战部署会议”，凝聚全行业之力打好三大攻坚战，对精准脱贫工作进行再部署。

【扶贫制度建设】 2018年，印发《邮政业助力脱贫攻坚三年行动方案》，在此基础上，国家邮政局扶贫办制定了《定点扶贫三年巩固提高行动计划（2018—2020年）》，打造定点扶贫“升级版”。

【扶贫培训】 组织无界控股、邮政企业开展电子商务培训：面向哈叭气村驻村工作队、村干部和农户开展4期培训，培训人数200人；面向全市村邮乐购负责人及农村电商创业者开展电商运营支撑和业务培训3期，培训258人。

【干部挂职扶贫】 2018年，国家邮政局继续选派1名处级干部和1名科级干部赴平泉市，分别挂职副市长和驻贫困村第一书记。

【扶贫宣传】 《经济日报》连续刊发《这里的农产品不愁卖》《在求学路上，不让任何一个孩子因贫穷而掉队》两篇新闻，对国家邮政局帮扶平泉市的工作进行报道。

【消费扶贫】 开展特色农产品进机关食堂、进职工餐桌“双进”活动，北京邮电疗养院先后出资10.8万元采购1万余千克蔬菜、鸡蛋等特色农产品。

【产业扶贫】 提振食用菌产业。加强“食用菌扶贫园区”建设，2018年协调无界控股公司出资18.4万元为园区更新多能源环保蒸菌锅炉1台。按照“企业+村集体+合作社+村民”的扶贫模式，建设食用菌烘干及小包装加工扶贫车间，2018年投入专项帮扶资金60万元，撬动社会资本90万元，建成后可安置就业30人，每年可为村集体增收6.8万元，可辐射带动300多户农户从事食用菌生产经营管理、每户年均可增收1万元。推进平泉电商快递物流产业园建设。已引进4家快递企业和6家电商企业进驻。打通特色农产品上行通道，支持和帮助亚欧果仁公司销售当地特产山杏700吨、销售额约1680万元。协调邮政、快递等电商平台，帮助销售平泉市食用菌、水果、甘薯等农特产品，至2018年底累计销售额294万元。推动北京京东世纪贸易有限公司“电商扶贫战略合作”协议落地。加大平泉特色馆线上运营力度，已有23个合作品牌、107种产品，累计销售额36万元；建设京东大家电卖场4家，累计销售额650万元；建设线下京东便利店7家，累计进货额30万元。

【教育扶贫】 协调争取中国光华科技基金会支持和指导，分别面向厦门启新体育文化有限公司和北京世纪好未来教育科技有限公司筹集善款20万元和价值20万元的网校学习卡，以平泉市作为全国首批试点，实施“光华助学金”项目，完成对全市200名建档立卡贫困家庭学生的资助。向南五十家镇杨杖子小学投入帮扶资金15万元，硬化操场2000平方米，绿化和美化校园900平方米。

【基础设施建设】 在哈叭气村投入帮扶资金13.01万元，新建标准化垃圾池9个，加密LED照明路灯50盏，改善哈叭气村生产生活条件。开展危房改翻（新）建工作，落实地方住房政策性资金53万元，先后翻建房屋9户，维修房屋7户，修缮老旧房屋29户，实现住房安全全覆盖。与菜鸟网络科技有限公司开展合作，引进项目资金14.5万元，采用“驿站+班车+绿色包装”模式，打造平泉市首家村级末端快递物流服务平台。

（国家邮政局 邓治国）

国家文物局定点扶贫

【概述】 2018年，国家文物局坚持专项扶贫、行业扶贫和社会扶贫相结合，坚持扶贫同扶志、扶智相结合推进定点帮扶河南省淮阳县的脱贫攻坚工作。投入文物保护专项资金580万元，投入专项扶贫资金205万元。文物局机关各级党组织先后9次到淮阳县调研脱贫攻坚工作。

【扶贫资金投入】 2018年国家文物局通过文物保护专项资金投入580万元支持淮阳县平粮台古城遗址、刘崇墓等全国重点文物保护单位的本体保护。2018年，落实精准扶贫精准脱贫方略，国家文物局共投入205万元，作为扶贫专项资金，支持定点帮扶的城关镇北关村和白楼镇大李村以及挂职副县长分包的安岭镇的脱贫攻坚工作。其中，为安岭镇投入扶贫专项资金80万元，用于建设党建扶贫大讲堂、提升敬老院生活水平、改善农村人居环境基础设施、救助贫困学生等。此外，捐赠党费30万元，按每人2000元标准，对150名品学兼优的建档立卡贫困学生和残疾学生发放资助资金，解决贫困学生的生活和学习困难；捐赠党费5万元，用作大李村的贫困群众补助款和慰问金，改善群众的生活条件。

【扶贫慰问】 2018年7月，国家文物局党组书记、局长刘玉珠，中央纪委国家监委驻文化和旅游部纪检监察组组长迟耀云一行到淮阳县调研脱贫攻坚和文物保护工作情况，为困难群众和老党员送去慰问金和慰问品。11月，国家文物局党组副书记、副局长顾玉才一行前往淮阳县白楼镇大李村进行专题调研和慰问困难群众，看望挂职干部。

【产业扶贫】 国家文物局发挥行业优势，在“扶志和扶智”上下功夫，结合淮阳县历史文化丰富的特点，打造淮阳文化品牌。投资580万元用于平粮台、刘崇墓等全国重点文物保护单位的考古发掘、环境整治、陈列展览及本体加固项目。指导平粮台国家考古遗址公园建设工作，提升平粮台遗址博物馆展陈水平，新建电子监控、垃圾污水处理设施、供电线路、看护房等保护展示设施，带动周边村庄道路修建和供电线路改造等基础设施改善，便利村民们的基本生产生活条件。项目实施过程中优先招收贫困村居民，促进贫困人口再就业和收入增加。2018年平粮台遗址考古发掘和文物保护项目使用当地民工约100人，人均增收超过6000元。与淮阳县签订24万元农产品采购合同。

【文化旅游扶贫】 指导淮阳县成功创建河南省公共文化服务体系示范区和河南省文化先进县。完成145个建档立卡贫困村和322个非贫困村的综合文化服务中心建设，实现全县村级综合文化服务中心100%覆盖和广播电视户户通，打通农村公共文化服务的“最后一公里”。指导编制《淮阳县旅游扶贫实施方案》，通过吸纳就业、扶持创业、资产入股、结对帮扶等方式，对全县确定的6个乡村旅游扶贫重点村、704个建档立卡贫困户和2700名贫困人口精准施策。创新旅游扶贫新模式，2018年淮阳依托全国重点文物保护单位太昊陵举办“朝祖会”期间，创新旅游扶贫新路径，为30个贫困户免费提供“旅游扶贫摊位”，组织十多家县内知名的旅游商品生产厂家同贫困户进行对接，免费给贫困户铺货。仅1个月时间，

30户贫困户累计创收70万元，盈利近20万元，经营者每户收入6000～12000元。指导县旅游局在省首批乡村旅游特色村“从庄村”主办“景区带村　共享成果”旅游扶贫活动，吸引省内各地游客1600人来淮观光及购买旅游商品，促成旅游景区+乡村旅游+扶贫新型模式的有效结合。

【干部挂职扶贫】　扶贫干部落实扶贫政治责任，每周赴分包乡镇开展访谈，赴困难群众家中走访慰问，对建档立卡、三率一度、农村人居环境整治等阶段性重点工作进展情况调研督促。带领安岭镇刘桥村和梅墩村顺利通过国务院扶贫办的第三方评估检查和贫困县退出市级考核。争取扶贫专项资金80万元，打造安岭镇“六村共建”示范村和建设基层党建扶贫大讲堂。在安岭镇开创“百企帮百村”模式，企业与贫困村签订帮扶协议，帮助贫困村厘清发展思路、对接项目、发展特色产业、拓宽农副产品销售渠道、完善基础设施、发展社会公益事业等，促成36家企业与22个行政村有效对接，带动92户贫困户实现就业。在全县率先启动“接父母回家”及表彰“敬孝之星”活动，并新建农村幸福院，让特困户集中供养、老人户合吃合住。贺鹏同志荣获河南省委组织部等4部门授予的“河南省优秀驻村第一书记”荣誉称号。

【扶贫培训】　从部门预算培训经费中单列30万元，用于淮阳县驻村扶贫第一书记培训工作，实地学习农村特色产业种植等内容，拓宽扶贫干部工作思路。

【基础设施建设】　投入专项帮扶资金20万元，对大李村23户建档立卡贫困户进行“六改一增”工程［改院、改厨、改厕、改门窗、改墙（地）面、改照明灯、增添或更新简单家具］，改善贫困户生活居住条件。投入40万元，为大李村安装太阳能路灯，实施“村村点亮”工程，改变夜间出行不便的问题。

【教育扶贫】　为大李村小学捐赠5万元的课桌椅200余套，改善师生办公和学习条件；北京天明公益基金为大李小学捐赠1间造价10万元的多媒体美术教室，通过在线远程教育，实现北京的高水平教师与乡村孩子在线互动。组织各地博物馆为大李小学捐赠价值约10万元的图书、文具、校服等，还组织湖北省博物馆等优质社会教育资源，赴大李小学举办了“礼乐学堂进校园”等社教活动。指导中国文物报社建立帮扶结对机制，每年在大李小学举办4期文物图片展览。

（国家文物局　张洁　曹明成　刘永琴）

国家中医药管理局定点扶贫

【概述】 2018年，国家中医药管理局定点帮扶山西省五寨县。局党组坚持精准扶贫精准脱贫基本方略，发挥中医药行业优势，强化扶贫任务落实，兑现《中央单位定点扶贫责任书》各项内容，调整扶贫开发工作领导小组成员，局党组书记余艳红同志担任领导小组组长，局长于文明、副局长闫树江担任领导小组副组长，推进五寨县脱贫攻坚。五寨县农村贫困人口减少至461人，贫困发生率降至0.51%；贫困村减少至4个，贫困村退出比例97.5%，14项脱贫摘帽指标任务全部完成。2019年4月18日，山西省人民政府批准五寨县如期退出贫困县序列。

【扶贫资金投入】 国家中医药管理局组织局直属（管）六家医院通过中国人口福利基金会“健康暖心扶贫基金”捐赠资金1410万元，支持五寨县乡医疗机构购置设备，提高基层医疗机构硬件水平与服务能力。安排项目资金151万元，支持五寨县乡村医生培训、扶贫干部培训、中药材产业发展规划编制、人群体质特点及防治策略研究、中医药科普宣传、村民健康素养促进及村扶贫党建等。动员企业单位捐资捐物60万元，支持开展教育扶贫，村日间照料中心和村卫生室建设；中国中医药出版社捐赠“教育扶贫资金”20万元资助贫困师生工作学习；局机关服务中心捐赠中所村15万元资金支持村中医康复室、活动室建设；中华中医药学会动员广西、安徽中医药企业，向五寨县的卫生室捐赠价值25万元的中成药品。

【扶贫调研】 2018年，国家中医药管理局38个单位（部门）、150人次赴五寨开展调研，其中司局级以上领导19人次。9月，国家卫生健康委党组成员、国家中医药局党组书记余艳红一行深入山西省五寨县调研定点扶贫工作。10月，于文明局长带队赴山西五寨县开展定点扶贫调研督导。局两位主要领导同志深入了解五寨县精准脱贫、产业扶贫、健康扶贫等方面工作，进村入户了解贫困群众生产生活、干部驻村帮扶、易地扶贫搬迁、扶贫政策资金落实和基层党建等情况，共谋脱贫之策。2月，闫树江副局长也带队前往五寨县调研并慰问困难群众。

【干部挂职扶贫】 2018年，先后派出4名干部在五寨县挂职。局医政司董云龙同志挂职五寨县人民政府副县长，协助分管农业农村、教育、卫生以及扶贫等工作；法监司黄莹同志挂职五寨县砚城镇中所村党支部第一书记。6月和11月，规财司陈丽娜同志（挂职五寨县委常委、副县长）、办公室肖国栋同志（挂职五寨县中所村党支部第一书记）分别两年挂职期满，人教司会同当地组织部门进行了期满考核，并选派干部压茬推进扶贫工作。肖国栋同志获评2018年中央和国家机关工委脱贫攻坚优秀个人。

【健康扶贫】 组织直属医院选派管理干部、专科专家，长期挂职五寨县中医医院，帮助驻点医院提高业务能力。5月，5名医疗业务、管理专家进驻五寨县中医医院，对基层医务人员进行培训带教。制定巡回诊疗排班表，每月均有医疗队在五寨进行巡回诊疗，每次时间不少于1周，已有4家直属医院各派出一轮巡诊医疗队，累计派出医疗专家约30人次。督促广安门医院、西苑医院、望京医院和眼科医院落实与五寨县人民医院、中医院的对口帮扶协议。加强五寨县人民医院眼科和中医院心血管科、肛肠科、骨伤科的专科建设。如中国中医科学院眼科医院开展“五寨健康扶贫光明行”活动，派出专家诊治150多名疑难眼病患者，为38名患者免费进行白内障复明手术，并为五寨县人民医院建立了眼科会诊平台。为五寨县乡村医生配置14台全科医师机器人，实施远程医疗服务，提升村医能力水平。针对五寨的常见病多发病，组织专家编写《五寨防病治病100问》科普读本，印刷3.5万册免费发放五寨县群众。

【产业扶贫】　委托中国工程院院士、中国中医科学院院长黄璐琦，编制起草五寨中药材产业扶贫示范区建设方案，探索将五寨县打造成为“中药材产业扶贫示范区”。委托中国中医科学院协同山西农业大学、山西中医药大学等高校院所，编制《五寨县中药材产业发展规划》，帮助五寨中药材产业做好顶层设计。协调邀请国内知名中医药企业、科研院所有关负责人及专家，赴五寨开展调研，旨在通过技术帮扶，企业投资等，设立定制药园和中药材种子种苗基地，帮助五寨发展中药产业，促进贫困人口就业。鼓励中药企业在五寨投资办厂，已推动中国中药控股有限公司与五寨县达成中药产业园项目投资意向。举办“五寨县中药材规范化种植与产业精准扶贫培训会”，培训中药材种植技术骨干，推进中药材种植标准化、生态化，助力贫困药农脱贫增收。五寨县中药材种植面积5万亩，中药材种植生产企业和专业合作社12家，规模种植大户11个，涉及人口6000多人，带动贫困人口脱贫720人。

【扶贫培训】　4月，组织五寨县卫生计生系统5名同志赴京参加定点扶贫县党政干部脱贫攻坚专题培训班暨贫困地区健康促进试点项目启动会，学习产业扶贫、健康扶贫等方面政策举措。8月，与国家卫生健康委一起，在贵州省大方县、台江县举办扶贫干部培训班，对委、局定点帮扶的山西省五寨县、大宁县、永和县，陕西省清涧县、子洲县扶贫干部17人开展培训，通过现场教学、实地观摩等方式，学习精准扶贫政策举措和先进经验做法。11月，邀请贵州省2名扶贫干部赴五寨开展脱贫摘帽专题培训，五寨县213名扶贫干部参加培训，提高脱贫攻坚实战能力。中国针灸学会还在五寨县举办浮针义诊和浮针疗法培训班，培训基层医务人员74人。中国中医科学院驻点五寨帮扶专家及医疗队，累计培训带教当地医务人员518人。中国中医科学院中药资源中心组织两次中药材种植栽培技术培训班，就中药材选苗、栽培、病虫害防治、采收加工、相关政策等进行培训，培训中药材种植骨干187人次。

【党建扶贫】　制定《直属机关党建扶贫工作方案》，将局机关各部门、直属各单位以“多对一”或“一对多”形式联合组成7个帮扶小组，分别结对帮扶五寨县8个自然村和乡镇。各帮扶小组结合自身特色优势，先后赴五寨开展了联合主题党日、讲授微党课、建设党建活动阵地、走访慰问困难党员群众、建强村卫生室以及义诊咨询、中药材种植采购服务等党建扶贫活动。中医药局拨付党费专项资金26万元支持直属机关党建扶贫点的村镇党组织加强基层党建工作。

【消费扶贫】　量身定制消费扶贫具体措施，按照“单位大宗采购”“个人自主选购”“行业主动购买”，三层次购买五寨县农副产品。依托中国中医药报社，深入挖掘五寨县农副产品的价值，在行业报纸、杂志、微信公众号上开设专栏，线上线下宣传推广五寨农特产品。2018年春节、中秋节、年末期间，国家中医药管理局机关及直属单位工会累计购买五寨农副产品245万元。中华中医药学会、中国针灸学会、中国中医药出版社、各直属中心等单位，开展了捐药、捐书、捐资、义诊、培训等公益活动，参与支持五寨县扶贫。

【扶贫宣传】 依托中国中医药报等行业主流媒体，发挥媒体融合优势，报道五寨县定点扶贫工作经验做法及先进典型等，宣传推广当地的特色农副产品，广泛动员全社会力量参与定点帮扶工作，稳步推进五寨如期“脱贫摘帽”。2018 年，中国中医药报社共发表中医药扶贫相关新闻报道 140 余篇，其中五寨县定点扶贫相关新闻报道 25 篇。

【扶贫督导】 国家中医药管理局贯彻落实中央纪委国家监委关于深化专项治理扶贫领域腐败和作风问题工作推进会精神，加强脱贫攻坚作风建设，着力解决突出问题和薄弱环节，督促五寨县委县政府落实脱贫攻坚主体责任。印发《2018 年扶贫监督工作方案》，重点对扶贫资金使用、帮扶政策落实、工作作风建设等方面开展监督，进一步加强扶贫工作纪检监督。编印发放《扶贫领域腐败和作风问题典型案例廉政警示教育材料》，有针对性地开展廉政教育。针对挂职干部履职、项目资金使用、中医药扶贫等方面帮扶任务，局直属机关纪委先后 2 次派员赴五寨实地开展监督检查，与忻州市、五寨县纪监委建立监督工作机制，加强扶贫领域作风建设。

（国家中医药管理局扶贫办　骆征洋）

国务院扶贫开发领导小组办公室定点扶贫

【概述】 2018年，国务院扶贫办开发领导小组办公室（以下简称“国务院扶贫办”）持续加大对甘肃省渭源县和贵州省雷山县的精准帮扶力度。国务院扶贫办定点扶贫工作领导小组实行统一领导下的分工负责制，办党组书记、主任刘永富担任领导小组组长，统筹领导全办定点扶贫。办党组成员、副主任欧青平、洪天云、陈志刚分别负责江西省石城县（对口支援）和渭源、雷山县的定点帮扶工作，办党组成员、副主任夏更生对定点县摘帽工作加强指导。投入两个定点扶贫县帮扶资金2723.6万元，引进帮扶资金6913.89万元。2018年，雷山县脱贫4562户、16965人，贫困发生率降至1.9%，已实现脱贫摘帽。渭源县2018年脱贫5458户、22525人，贫困发生率降至8.9%。国务院扶贫办2018年定点扶贫工作考核等次为“好”。

【扶贫资金投入】 2018年国务院扶贫办投入两个定点扶贫县帮扶资金2723.6万元，引进帮扶资金6913.89万元，购买贫困地区农产品53.62万元，帮助销售贫困地区农产品2754.65万元。帮助渭源县引进3个企业，发展中药种植加工、花卉种植、乡村旅游项目合计总投资约7亿元。帮助雷山县引进资金发展茶旅产业、乡村旅游等，投资5000多万元。协调北京京东世纪贸易有限公司、苏宁易购集团股份有限公司、阿里巴巴网络技术有限公司、中国社会扶贫网等，通过建立网络营销平台、帮助贫困户销售农特产品，帮助雷山县电商网络销售达1.43亿元。

【扶贫调研】 国务院扶贫办党组书记、主任刘永富1月和3月2次赴渭源县调研指导脱贫攻坚，听取渭源县党政主要负责同志的汇报，进乡村、访农户，看望一线扶贫干部。办党组成员、副主任洪天云1次到渭源县调研指导并为渭源县近400名基层干部授课，办党组成员、副主任陈志刚3次赴雷山县开展调研指导。2个牵头司和各参与单位司（局）级领导共29人次到渭源、雷山县开展调研，围绕“两不愁三保障”“五个一批”，特别是针对定点县在光伏扶贫、危房改造、户贷企用、小额信贷逾期、扶贫资金折股量化、项目库建设、资金分配使用等政策方面存在的问题督促和帮助落实各项政策。

【扶贫会议】 国务院扶贫办主任刘永富先后主持召开2次国务院扶贫办党组会议和1次国务院扶贫办定点扶贫工作领导小组会议，专题研究定点扶贫工作。副主任欧青平召开定点扶贫工作办公室会议4次。副主任洪天云召开1次渭源县定点扶贫工作协调会。副主任陈志刚在雷山县召开3个县（含对口支援县）参加的国务院扶贫办定点扶贫工作现场推进会，帮助渭源和雷山县查找问题，厘清思路，改进工作；主持召开1次雷山县定点扶贫专题会议和1次雷山县产业发展视频工作会议。

【扶贫制度建设】 制定印发《国务院扶贫办2018年定点扶贫工作要点》，提出强化监督，夯实主体责任；加强指导，提高脱贫质量；加强培训，提高攻坚能力；加强协调，动员社会帮扶4个方面的重点19项具体措施。为加强对挂职干部的管理，人事司于2018年6月修订完善《国务院扶贫办双向挂职干部管理办法》，对挂职干部的基本条件、工作职责、工作纪律等都做了明确规定，要求挂职干部聚焦脱贫攻坚，加强调查研究，推动地方抓好中央各项扶贫政策落地，每季度末报送书面报告、每月末报送工作进展情况。

【扶贫培训】 培训基层干部 1181 名，培训技术人员 1112 名，不断支持定点扶贫县人才队伍建设，提高定点扶贫县基层干部的管理能力。协调友成企业家扶贫基金会举办 2 期“让妈妈回家创业”农村女性电商创业培训，定点扶贫县 100 余人参加培训，学习掌握了电商创业的基本技能，增强网络学习的基本知识。中国农业银行捐资 315 万元支持产业发展基础设施建设和贫困群众技能培训，帮助定点扶贫县贫困人口脱贫后更好地就业，更好地稳定脱贫，让定点县人民享有便利的基本公共服务，生活需求得到基本满足。

【干部挂职扶贫】 2018 年，国务院扶贫办共选派 9 名同志到渭源、雷山县挂职。3—4 月选派张显峰、范军武接替任期届满的李慧、卢立群，分别挂职渭源县委常委、副县长，雷山县委常委、副县长，分管扶贫工作，将主要精力用于帮助定点县做好脱贫攻坚。选派李茂林到渭源县任田家河乡香卜路村党支部第一书记、驻村帮扶工作队队长，余晖任雷山县郎德镇南猛村驻村第一书记；选派 4 名青年志愿者到雷山县龙塘村驻村开展精准帮扶工作。协调中国农业银行选派 2 名干部、贵州省扶贫办派 1 名副处长到雷山县挂职。与雷山县建立干部双挂机制，选派 1 名干部到国务院扶贫办挂职。为加强深度贫困县渭源县脱贫攻坚的攻坚力量和帮扶力度，11 月底加派一名骨干处长刘胜安到渭源县任县委副书记，主抓脱贫攻坚，并组建挂职干部前线工作组，积极推动定点扶贫县帮扶工作。

【扶贫宣传】 为进一步推进定点县扶贫工作，宣传脱贫攻坚的重要性和意义，国务院扶贫办社会扶贫司总结推广 2018 年雷山县脚猛村贫困户文德方的脱贫典型案例，并在《人民日报》予以发表。

【产业扶贫】 国务院扶贫办帮助渭源县发展40 万亩马铃薯（其中26 万亩种薯）、40 万亩中药材。帮助雷山县建立生态农业循环经济，重点发展茶、竹、游三大产业，实现农民人均 1 亩茶，配套发展黑毛猪特色产业，实现精细管理，提升效益；完成 15.2 万亩茶园更新改造，茶园套种金银花苗木等，有利于提升茶品质，增加农民收入。帮助定点扶贫县招商引资，提升发展能力，协调引进浙江吉利控股集团有限公司、三星（中国）投资有限公司、北京德青源农业科技股份有限公司、天津红日药业股份有限公司等大企业，帮助定点扶贫县发展光伏发电、金鸡养殖、中药材配方颗粒加工、花卉种植、电商扶贫、茶旅结合一体化、乡村旅游 + 等特色产业扶贫，构建了“园区（企业）+ 贫困户”“企业 + 基地 + 农户”“基地 + 合作社 + 农户”等带贫减贫模式和全产业链发展体系，提高农业生产的社会化、组织化和市场化程度。

（国务院扶贫开发领导小组办公室
冯宝平）

中国国际贸易促进委员会定点扶贫

【概述】 中国国际贸易促进委员会（以下简称“中国贸促会”）定点帮扶贵州省从江县、黑龙江省林甸县。为加强对扶贫工作的组织领导和统筹协调，2018 年 9 月，中国贸促会调整了扶贫工作领导小组，党组书记、会长高燕担任组长，党组成员、副会长卢鹏起和张慎峰任副组长，成员涵盖会内 40 个部门（单位）一把手。为加强对两县扶贫项目协调和督办，安排机关和下属单位共 7 名同志到扶贫办工作。选派 6 名干部赴两县挂任副县长和村党支部第一书记。中国贸促会向定点扶贫县投入帮扶资金 1038 万元，引进帮扶资金 296 万元，培训基层干部 98 名，培训技术人员 1145 名，购买农副产品 154 万元，帮助销售农副产品 114 万元。助力林甸县 4959 名贫困人口、从江县 28118 名贫困人口脱贫。

【扶贫资金投入与管理】 2018 年，中国贸促会通过协调会属相关单位，向从江、林甸两县直接投入涉贫资金 1038 万元，为两县引进帮扶资金 296 万元。按照中央关于向深度贫困地区倾斜扶贫资源的要求，中国贸促会向贫困发生率高、脱贫难度更大的从江县直接投入涉贫资金 544. 59 万元，引进帮扶资金 260. 8 万元。

2018 年，中国贸促会通过制定《中国贸促会扶贫专项资金管理暂行办法》，规范筹集和拨付扶贫专项资金，依托既定扶贫项目，参照从江县和林甸县财政资金管理办法，依法依规使用扶贫资金。另外，中国贸促会于 2018 年底组织对扶贫资金专项审计，并严格对照审计列明的问题，会同两县及责任单位进行认真整改，确保扶贫资金发挥效益。

【扶贫调研】 2018 年，中国贸促会扶贫工作领导小组成员 14 次赴从江县、林甸县进行扶贫工作考察对接，数次召开扶贫工作座谈会、研讨会，听取从江、林甸县脱贫攻坚工作开展情况并研提相关建议。

【扶贫工作会议】 为增强决策的科学性、提升扶贫开发工作的成效，中国贸促会 2018 年度召开 6 次党组会、13 次会长专题办公会议研究定点扶贫工作。学习传达党中央、国务院关于脱贫攻坚的最新决策部署，用以指导定点扶贫工作“方向正”。听取扶贫责任单位关于扶贫项目执行情况的汇报，研究推进扶贫工作有关事宜，确保定点扶贫工作“措施实”。研究总结定点扶贫工作的经验，对下一阶段的扶贫工作做出部署。

【扶贫培训】 2018 年，中国贸促会组织农业专家在从江、林甸两县举办果树和蔬菜种植培训班，120 名农业专业技术人员和农村创业致富带头人参加培训；在林甸县宏伟村、新民村组织开展手工编织培训，60 名农村妇女参加培训并承接手工编织订单；组织专家在两县开展农村电商精准扶贫专题培训，320 多名村镇干部、种植养殖大户、返乡复员军人和青年参加培训。

【干部挂职扶贫】 2018 年，中国贸促会有 6 名干部在两县挂职锻炼。崔乐、孟育建在从江县、林甸县挂任县委常委副县长，李鹏、刘伟男分别担任从江县丙妹镇岜沙村和谷坪乡高武村第一书记，李泽明和马磊分别担任林甸县宏伟乡宏伟村和四季青镇新民村第一书记。

【产业扶贫】 2018 年，中国贸促会推广“公司 + 合作社 + 农户”的产业扶贫模式，实施百香果、红小豆、樱桃、蔬菜等种植项目，从江香猪、乌骨鸡、肉鸡、狮白鹅、毛驴等养殖项目，以及竹编、藤编、刺绣等特色手工艺品项目，引导贫困群众通过生产劳动和利益联结实现增收目标。在从江县打造“云上香猪”品牌，在林甸县注册“林缘宏”商标并设计“鹤乡优品”包装，拓宽农产品营销渠道，增加农副产品品牌附加值，帮助定点扶贫县的优质农产品在家乐福、永辉、华联、大润发、沃尔玛等超市和苏宁易购、京东、淘宝网等电商平台销售。

【教育扶贫】 2018 年，中国贸促会组织开展“精准扶贫爱心捐款”活动，募集 45.5 万元资金帮助两县建档立卡贫困学生完成学业。投入 102 万元举办教师培训班，培训中小学教师 780 名。选派 14 名青年干部到 6 所乡村小学支教。组织从江县贫困学生在北京开展暑期见学活动。投入 59 万元帮助从江县银潭小学、党扭小学完善学校基础设施建设，改善教学条件。积极引导社会力量参与教育扶贫，援建小学教学楼、“儿童快乐家园”、塑胶运动场，捐赠电脑、投影仪、课桌椅、文具、校服、图书等物资，为贫困家庭学生提供助学金等。

【公益扶贫】 2018 年，中国贸促会协调首都医科大学组织 38 名各科室医生赴从江县开展为期 6 天的义诊活动，诊疗贫困地区村民 1500 人次，向贫困群众捐赠价值 2.6 万元的药品和图书，对当地医护人员开展培训和心理辅导。协调北京大鸾翔宇慈善基金会捐建从江县高武村卫生室，向 80 名建档立卡贫困户捐赠医药用品，提升乡村医疗卫生水平。

【展会扶贫】 利用贸促会展会活动平台多的特点，在农产品、食品、大健康、中药材、旅游等 11 个国内知名展会上，为定点扶贫县提供免费展位，承担相关参展费用，加强宣传推介，提升两县特色产品和资源知名度，组织专业观众参观采购，同时要求参展企业向建档立卡贫困户采购产品，提升参展效果和扶贫实效。

【电商扶贫】 协助从江县、林甸县推进国家级电子商务进农村综合示范县建设，指导从江县建立电子商务运营服务中心、快递物流综合配送中心、146 个农村电子商务综合服务站点、4 个农村青年电子商务创业孵化中心、156 个村物流快递分发点，举办电商培训 96 期，培训学员 5648 人、13034 次，孵化培育本地电商企业 32 家。林甸县建成村级服务站 67 家，其中贫困村 39 家，在示范县建设项目的中期评估中获“良好”等级。

【劳务输出】 2018 年，中国贸促会组织从江县摆党村 119 名村民赴广东湛江务工，做好劳务输出服务，提供交通和用餐保障，安排联络员跟踪务工动态，协调解决问题。在林甸县建设扶贫车间，安排公益扶贫岗位，吸纳 91 名贫困家庭劳动力参与保洁、保安、护路、管水等工作，实现就近就业。通过以工代赈、以奖代补、劳务补助等方式，组织贫困群众参与中国贸促会在当地实施的小型基础设施和农村人居环境整治项目建设，增加劳务收入。

（中国国际贸易促进委员会扶贫办
陈三炼）

中国投资有限责任公司定点扶贫

【概述】 2018年，中国投资有限责任公司（以下简称“中投公司”）进一步推进对贵州省施秉县、青海省循化县、甘肃省会宁县和静宁县的定点帮扶工作，投入扶贫捐赠资金1.95亿元，截至2018年底，各县贫困发生率显著下降。其中，循化县为0.03%，施秉县为1.83%，会宁县为7.50%，静宁县为8.37%。循化县已经宣布脱贫摘帽。甘肃省脱贫攻坚领导小组授予中投公司“全省脱贫攻坚帮扶先进集体”荣誉称号。中投公司在国务院对2018年中央单位定点扶贫工作成效的考核中被评为“较好”等次。

【扶贫资金投入】 中投公司系统2018年投入扶贫资金1.95亿元（无偿捐赠）。其中，向会宁县投入帮扶资金5266.55万元，购买当地农产品454.82万元；向静宁县投入帮扶资金3630万元，购买当地农产品55.65万元；向施秉县投入帮扶资金7194.6万元，购买当地农产品80万元；向循化县投入帮扶资金3369.5万元，购买当地农产品70万元。从2018年11月30日上线到2018年底，中投京东电商平台帮助四县销售农产品共计327.07万元。

【扶贫调研】 中投公司主要领导和分管领导4次深入定点扶贫县的村、户和企业进行专项扶贫调研，现场察看脱贫任务最困难的村，考察产业扶贫项目、教育扶贫项目、危房改造项目、金融扶贫项目、党建扶贫项目等。2018年8月，公司党委副书记、总经理屠光绍赴青海省循化县调研扶贫工作。9月，公司党委副书记、总经理屠光绍再次与党委副书记、监事长杨国中一起带队赴甘肃省静宁和会宁两县调研。公司直管企业主要领导和分管领导赴贫困县调研共26次。公司全系统赴扶贫县调研、检查、推进工作共达185人次以上。

【扶贫会议】 2018年中投公司全系统召开各类扶贫工作会议共计47次。2018年中央单位定点扶贫工作推进会召开后，中投公司召开系统定点扶贫工作推进会，对落实中央要求、进一步加大力度助力脱贫攻坚做了专项部署安排，提出了脱贫攻坚九项举措。

【扶贫培训】 2018年5月，中投公司系统接受黔东南苗族侗族自治州（定点扶贫县所在州属的各县区）10名县处级干部到各直管企业部门级副职领导或省分公司副职领导岗位上挂职三个月。通过参与实际金融业务，从中体验学习金融知识和政策，开展“干中学”式的金融培训。7月，对来自贵州省黔东南州各县和甘肃省静宁县、会宁县的县、乡级干部等94人进行脱贫攻坚政策和业务培训，重点培训地方履行脱贫攻坚主体责任的干部。同时，公司系统下沉培训基层干部、村干部和农村致富带头人等1041人次。

【干部挂职扶贫】 中投公司选拔了10位扶贫事业干部分别担任4县的挂职副县长、驻村第一书记（4位）、县扶贫办副主任（1位）、县工信局副局长（1位）。

【扶贫资金管理】 中投公司运用系统金融和财务专业技能帮助县政府建立健全项目资金管理制度，由政府主要领导负责项目调度和资金审批，并前置中投公司挂职干部签字程序，引入第三方如建设银行进行预算和资金监管。在工程建设和采购的关键节点，到场监督或引入专业机构进行监理。项目完成后聘请第三方专业机构全过程审计。项目投入使用后，到现场察验项目精准帮扶效果。

【产业扶贫】 在前几年摸清四个定点扶贫县产业基础、自然资源和人才结构等三个底数的基础上，中投公司与贫困县党委政府共同探索研究，于 2018 年初确定了四个县的扶贫产业布局。从 2018 年开始，转入按照既定的产业扶贫规划助力推进各县重点产业的发展。静宁县和会宁县确立以壮大发展特色苹果蔬菜种植业及牛羊养殖业为产业帮扶目标。循化县根据自身产业基础和资源禀赋特点，重点做好拉面经济“走出去”和统筹开发全县域 4A 级景区资源“引进来”两个产业的发展。施秉县并行发展旅游产业和传统种养产业。

【金融扶贫】 中投公司充分发挥系统覆盖银行、证券、保险、投资等全品类金融业务的优势，创新使用金融工具进行帮扶。中投公司直管企业中国再保险（集团）股份有限公司在青海省循化县成功探索保险扶贫模式，防止因病、因灾、因学返贫，巩固脱贫成效，在四县推广。中投公司直管企业中国银河证券股份有限公司帮助静宁县德美冷库成为郑州商品交易所苹果交割仓库，引入期货套保进行金融扶贫。中投公司直管企业中国建银投资有限责任公司帮助贵州省施秉县建设 1 亿元污水处理项目，利用政府和社会资本合作（PPP）模式（Public - Private - Partnership）帮助贫困县解决水利、道路、环保等基础设施建设融资。中投公司直管企业申万宏源证券有限公司利用投行业务优势，帮助各县企业规范财务管理，改制上市，引进资金。

【生态扶贫】 中投公司、中国银河证券股份有限公司和静宁县政府共同决策，由中投公司系统投入资金 1600 万元，建设 2 万亩静宁生态公益林项目，帮助贫困人口增加收入。带动沿线 3522 户、1.4 万贫困人口通过整地、植苗、林木管护等人均增收 462 元，合计达 700 万元；聘用 100 名护林员，每人每年获得补助 8000 元；林地使用权和林木所有权归农户所有，增加其资产性收入。

【电商扶贫】 中投公司结合自身实际，探索走出了“四县统一组织、对接一流标准、出资聘用专业团队管理、改造当地电商环境、培训当地电商人才”系统化推进的新路子。鉴于贫困县的企业组织化程度低、电商人才缺乏、物流设施特别是物流管理方式落后，严重制约了各县原自发建立的各类电商发挥预期效益的实际情况，中投公司充分调研后，决定不走“给钱开店”的旧模式，组织各直管企业与北京京东世纪贸易有限公司（以下简称“京东'），建立统一的“中投扶贫电商专区”，充分利用京东的客流资源、物流资源和管理模式提升四县电商规范化水平。由中投公司出资聘请京东的京东云服务 5 人团队，负责管理中投京东扶贫电商专区及四县电商馆的运营，并培养贫困县电商人员学习电商管理知识和技能。将京东物流资源与四个贫困县对接，解决四县“产品虽好却运不出去”的问题。

（中国投资有限责任公司扶贫办
王　亮）

中国中信集团有限公司定点扶贫

【概述】 中国中信集团有限公司（以下简称“中信集团”）定点帮扶云南省元阳县、屏边县和重庆市黔江区。2018 年，中信集团投入帮扶资金 14728 万元，培训基层干部 683 名，培训技术人员 1855 名，购买贫困地区农产品近 727 万元，帮助销售贫困地区农产品近 510 万元。

【扶贫资金投入】 2018 年，中信集团投入扶贫资金 14728 万元，其中集团本部投入定点帮扶资金 6750 万元（扶贫资金 2250 万元，捐赠党费 4500 万元），子公司投入扶贫资金 7978 万元。

【扶贫会议】 2018 年 1 月，中信集团党委书记、董事长常振明主持召开扶贫工作专题会议，贯彻落实党的十九大精神和中央打赢脱贫攻坚战的决策部署，总结中信集团定点帮扶工作，研究部署 2018 年定点扶贫重点任务。12 月，中信集团党委副书记、监事长、工会主席、定点扶贫领导小组副组长蔡华相主持召开了中信集团定点扶贫工作领导小组会议，听取了集团定点扶贫工作汇报，研究部署集团 2019 年扶贫重点工作和投入资金预算情况。

【扶贫调研】 2018 年，中信集团到定点扶贫县调研 58 人次。10 月至 11 月，中信集团党委副书记、副董事长、总经理王炯和集团党委副书记、监事长、工会主席蔡华相分别带队到黔江区、元阳县和屏边县调研脱贫攻坚工作，走访建档立卡贫困户，了解当地贫困群众的实际情况和生活状态，组织召开扶贫工作专题会议，督促定点扶贫县落实脱贫攻坚主体责任和脱贫政策，指导中信集团开展帮扶工作。

【干部挂职扶贫】 2018 年，中信集团对挂职到期的扶贫干部进行了轮换，向黔江区派出 1 名司局级干部和 1 名处级干部，分别挂职黔江区委常委、副区长和区长助理。目前在岗挂职干部总数从 6 人增至 7 人，其中扶贫干部 4 人，驻村第一书记 3 人，形成了区、县、村全覆盖的扶贫队伍。

【扶贫制度建设】 中信集团公益办围绕精选帮扶项目、监管资金划拨、加强档案管理等重点工作和关键环节建立健全各项规章制度，瞄准建档立卡贫困户开展精准扶贫、精准脱贫工作，制定印发《中信集团产业扶贫项目上报要求》《中信集团扶贫援藏项目关键节点管理框架图》《中信集团扶贫援藏干部岗位说明书》等 7 项规章制度，明确扶贫工作具体要求，加强对扶贫干部的专业化管理。

【扶贫资金管理】 为加强对中信集团扶贫资金的监督和管理，中信集团在中信银行昆明和重庆分行开立账户，每年经集团批准的扶贫资金存入上述账户，根据扶贫项目进度需要，随时审批拨付，实现了扶贫资金由集团、属地银行、扶贫干部三重监管。中信集团按照国务院扶贫办和中央和国家机关工委的考核要求，督促当地政府严格按照国家政策使用好帮扶资金，做到精准扶贫。

【扶贫培训】 中信集团在两县一区投入 95 万元开展劳务输出培训、致富带头人培训、基层干部培训等，培训基层干部 683 名，技术人员 1855 名，帮助贫困群众提升劳动技能，增强就业本领，帮助干部充分发挥脱贫攻坚主体作用。

【危房改造】 针对贫困县农村危房存

量较多，资金压力大问题，中信集团2018年投入扶贫资金420万元对屏边县5个乡镇6个自然村111户（其中建档立卡贫困户96户）进行危房改造，同时帮助6个自然村硬化村内道路、改善农村人居环境。

【产业扶贫】 2018年中信集团在元阳县投入近400万元，实施了3个产业扶贫项目，扶持元阳县龙头企业和合作社发展，帮助贫困群众增收。投入200万元建立中信元阳产业发展扶持专账管理资金扶持梯田红米、泥鳅等特色产业发展，其中150万元以无息贷款方式循环使用，形成长效机制，专门用于收购梯田红米，已收购梯田红米稻谷56万千克，惠及贫困群众604户；其余50万元用于发放泥鳅苗给建档立卡贫困户，带动农户146户、677人，惠及建档立卡户60户、225人。在专账资金支持的基础上，主鲁村利用第一书记专项资金30万元实施205亩梯田泥鳅养殖项目，惠及建档立卡贫困户94户、381人。投入170万元以“支部+公司+合作社+基地+互联网”运营模式开展刺绣扶贫，受益贫困绣娘146人。

【基础设施建设】 中信集团2018年投入帮扶资金180万元用于黔江区蔬菜基地和红叶冬桃基地道路硬化、修建便民桥等基础设施建设项目，帮助完善300亩绿色蔬菜基地设施配套，带动200亩冬桃特色产业、200余亩核桃产业发展，解决村民出行难、运输难问题，同时促进乡村旅游发展，帮助提高深度贫困村公共服务能力，受益群众达2100余人（建档立卡贫困户116户、464人）。

【教育扶贫】 中信集团坚持“扶贫先扶智”指导思想，1992年成立中信奖助学金，用于奖励优秀学生与老师，资助家庭困难的学生读书。截至2018年，中信集团累计发放“中信奖学金”和“助学金”近647万元，万余名学生和千余名优秀老师得到资助和奖励，解决了贫困家庭子女上学难的问题。

中信集团2018年投入帮扶资金200万元用于教育扶贫，在元阳县投入100万元，资助和奖励贫困学生1551人（其中建档立卡贫困户学生1216人），奖励优秀教师70人；在屏边县投入50万元，资助和奖励贫困学生202人，奖励优秀教师50名，并投入50万元帮助建设中信半坡希望小学食堂，使在校师生439人（其中建档立卡贫困户子女210人）受益。

【消费扶贫】 中信集团针对深度贫困地区元阳县梯田红米产业，除加大产业扶贫资金投入力度支持发展外，还发动中信证券股份有限公司、中信信托有限责任公司和集团员工购买元阳红米36319.5千克，金额782636元，惠及12000户农户（其中建档立卡贫困户4615户）；发动中信银行重庆分行、昆明分行和中信戴卡股份有限公司等子公司员工购买屏边荔枝840盒、元阳县水卜龙茶叶1278盒；同时通过中信乐益通和中信易家、中信信用卡积分兑换平台帮助销售两县一区农副产品，帮助提升电商运营能力和农产品品质；中信集团发动系统力量购买832户贫困户农产品近727万元；销售832户贫困户农产品近510万元。

【公益扶贫】 中信集团引入中信信托有限责任公司投入资金30万元，设立中信信托“黔江区爱心帮扶公益项目”，用于帮助黔江区贫困儿童家庭，缓解其医疗、教育负担，防止贫困家庭因病返贫，助力黔江区脱贫攻坚。为帮助黔江区巩固脱贫成果，减少和防止贫困人口因病返贫，中信集团设立了“慈善信托+社会公益模式”作为政府社会保障体系的补充，能够较好缓解特殊困难家庭的教育、医疗等困难，帮助未成年人成长、进步。

（中国中信集团工会社会公益事业办公室　孙　峰）

中国光大集团股份公司定点扶贫

【概述】 2018年，中国光大集团股份公司（以下简称“光大集团”）党委先后3次开会研究定点扶贫工作。在定点帮扶的湖南省新化县、新田县和古丈县投入资金5216万元，实施帮扶项目44个，培训基层干部3273名，培训技术人员2306名，向定点扶贫县引入帮扶资金6.3亿元。开展消费扶贫，购买贫困地区农产品656万元，帮助销售贫困地区农产品1579万元。2018年底，新化、新田、古丈3县退出贫困村157个、6.9万人脱贫。光大集团在2018年中央单位定点扶贫工作考核中获评“好”等次。

【扶贫资金投入】 2018年，光大集团向3个定点扶贫县投入帮扶资金5216万元。其中，光大集团本部投入资金2250万元，子公司合计投入扶贫资金2050万元，党费支持810万元。开展“一对一”扶贫助学活动，在光大集团系统内部募集资金106万元。

【扶贫调研】 2018年，光大集团赴定点扶贫县调研150人次。3月，光大集团党委书记、董事长李晓鹏履新光大首次调研就到定点帮扶的新化县，实地查看援建的水车镇光大卫生院、紫鹊界梯田和正龙村文旅项目，与村干部、贫困户和驻村干部进行交流。10月，李晓鹏赴新田县调研。

【扶贫机制建设】 2018年4月，光大集团党委研究决定，在原扶贫工作办公室挂靠党委组织部的基础上，单独新设扶贫工作办公室作为光大集团一级部门，配备专职干部负责扶贫工作，加强扶贫工作力量。制定《中国光大集团助力定点扶贫县打赢脱贫攻坚战三年行动方案》，提出光大集团定点扶贫工作的目标任务、主要行动方案和组织保障措施。

【干部挂职扶贫】 2018年，光大集团在新化、新田、古丈县分别派有1名挂职县委（县政府）副职干部，在新化县双星村派有1名驻村第一书记。光大集团挂职古丈县的扶贫干部李言志被评为中央和国家机关扶贫攻坚优秀个人、湖南省脱贫攻坚先进个人，获得湘西土家族苗族自治州“最美脱贫攻坚人物”称号，并荣记“二等功”；挂职新化县的扶贫干部陈进获得娄底市脱贫攻坚先进个人，并荣记“二等功”。

【扶贫宣传】 新华社、《人民日报》、《金融时报》、新浪网、中国社会扶贫网、《湖南日报》、湖南卫视等主流媒体先后报道光大扶贫成效和案例数百篇（次）。2018年11月10日，《金融时报》在一版重要位置刊发《精准·力度·特色——金控扶贫的光大实践》重点报道，媒体广泛转载。新田“米大姐”、新化“野菜合作社”、古丈“茶疯子”等讲述光大扶贫故事的新闻，在网上发布后成为扶贫宣传的“网红”案例。

【扶贫培训】 光大集团坚持扶贫与扶志扶智相结合，在3个定点扶贫县共培训基层干部3273名，培训技术人员2306名，帮助贫困人口实现转移就业1300人。

【产业扶贫】 2018年，光大集团在3个定点扶贫县投入1370万元，支持11个产业扶贫项目，扶持龙头企业和合作社25家，带动建档立卡贫困人口脱贫5000多人。在新化县投入150万元，新建4000平方米的茶叶加工厂和2条自动化生产线，受益范围覆盖7个村、268户。在新田县投入

540 万元，支持当地发展含硒大米、食用菌、猕猴桃、油茶等特色产业。在古丈县投入 370 万元用于支持古丈茶产业发展，扩建茶叶基地、新建有机茶加工厂。援助的 4 家茶企项目覆盖 4 个乡镇，19 个贫困村，直接帮扶 1721 名贫困人口脱贫。开发成立电商平台“古丈微商城”，推进古丈县茶产业提质增效和“古丈毛尖”品牌宣传。2018 年 5 月，光大集团子公司中青旅控股股份有限公司在新化县举办“中青旅联盟第十七次成员大会”，为新化、新田、古丈三县搭建宣传推介文化旅游资源的平台。在古丈县利用土家族、苗族聚居区的民族特色资源，帮助建设文化旅游示范基地，其中古丈默戎苗寨 2018 年游客量达到 100 万人，收入达到 800 万元。

【金融扶贫】 光大集团充分发挥综合金融控股及产融结合的业务优势，不断提高金融扶贫贡献度。下属子公司光大银行在贫困地区设立分支机构，扩大金融服务覆盖面。2018 年 3 月，永州分行新田支行正式开业，7 月、8 月，娄底分行和新化支行分别开业。12 月，光大银行首个乡村服务网点——新田县门楼下瑶族乡自助银行及助农取款服务点正式开业。2018 年，新化支行向新化保障性安居工程发放贷款 2 亿元。新田支行成立后，加大对当地小微企业的支持力度，帮助新田县扶植了一批龙头企业。发挥互联网金融扶贫作用，光大银行利用自身的“购精彩”电商平台，为新化县搭建专属的电子商城，帮助当地特色产品扩大销路。光大证券股份有限公司持续推进“证券 +”综合扶贫模式，利用证券公司业务优势，指导新田县融资超过 10 亿元，并为新田县 6 万多名师生提供重大疾病保险。光大永明人寿保险公司为古丈全县 1500 名教师和 900 名茶产业工人捐赠总保额 2.52 亿元的意外伤害和意外医疗保险。

【健康扶贫】 光大集团根据贫困地区医疗资源分布不均、贫困群众看病困难等问题，聚焦脱贫攻坚中因病致贫、因病返贫“痛点”，投入资金 340 万元，推进新化县、乡、村三级远程医疗服务系统建设，协助新化县建设 5 家县级医疗机构、5 家乡镇卫生院的基层远程诊室，完善水车镇 19 家村标准卫生室建设。2018 年底，新田县门楼下瑶族乡鲁塘村、新化县游家镇谢家庙村、西河镇卫生院沙江分院开通湖南省首批村级远程诊疗点。此外，在新化县投入 150 万元，改扩建白溪镇卫生院，服务 4 个乡镇，约 20 万人就医；投入 150 万元支持温塘镇卫生院易地建设，服务 30 个行政村，6.85 万人就医；在洋溪镇双星村投入 140 万元，修建 12 千米砂石路、修复 5 座水毁便桥；在新田县投入 200 万元，建设枧头镇龙家大院引水工程。

【党建扶贫】 2018 年，光大集团使用补缴党费 730 万元，帮助改造古丈县村级综合服务平台 73 个。开展党支部结对共建活动，组织光大集团系统 3 个支部与贫困村支部结对共建。帮助提升贫困村党组织的组织力，支持党员创办领办脱贫致富项目，2018 年光大集团帮助开展贫困村“两委”班子培训 1100 余人次，以各种方式培训创业致富带头人 72 人。在建党 97 年之际，光大集团下拨党费支持新田、新化县开展“红色关爱”慰问活动，慰问困难党员 400 名。

【教育扶贫】 2018 年，光大集团在系统内部实施“明德”一对一扶贫助学活动，募集资金 106.93 万元，资助 3 个县 1464 名贫困学生，其中小学生 996 名，中学生 468 名。投入 300 万元在新化县西河镇、吉庆镇援建光大希望小学；投入 390 万元为新田县、新化县援建特殊教育学校；在新田县 12 个乡镇学校建设“爱心书屋”；组织 3 个贫困县师生 46 人到北京参加中青旅“认知远方的城市公益研学夏令营”。

（中国光大集团股份公司扶贫办
丁明渊）

中国工商银行股份有限公司定点扶贫

【概述】 2018年，中国工商银行股份有限公司（以下简称“工商银行”）定点帮扶四川省通江、南江、万源和金阳4县市，投入捐赠资金3071万元，引进帮扶资金621万元，培训基层干部864人，培训技术人员2193人，购买贫困县农产品2450万元，帮助销售贫困县农产品1.08亿元。贷款8亿元支持巴通万高速公路建设，1.76亿元支持通江、南江开展土地增减挂钩项目，承销2亿元四川专项债券支持万源棚户区改造。开展了黑鸡、黄羊、肉兔、大棚蔬菜等产业扶贫项目，受益贫困户5060户，户均增收超过2000元。继续开展贫困大学生专项招聘，2018年招聘496人，直接资助新考入大学贫困学生418名，表彰优秀教师400名。将“健康快车”火车医院开进工商银行定点帮扶的巴中市，为1219名贫困白内障患者实施了免费复明手术，组织医疗队伍为金阳5000余名小学生进行听力视力筛查。统筹资源，推动资金、项目向深度贫困地区倾斜。对深度贫困县金阳县的捐赠金额提高到750万元。

【扶贫资金投入】 2018年实施帮扶项目38个，帮助建档立卡贫困人口12132人脱贫，直接投入资金5521万元，主要包括产业开发资金2040万元，文化教育类扶贫资金601万元，医疗卫生类扶贫资金400万元，解决乡村基础设施30万元，消费扶贫2450万元。

【扶贫调研】 2018年11月，工商银行党委书记、董事长易会满率队赴四川巴中、达州调研考察。3月，党委副书记、行长谷澍带队到深度贫困县金阳调研。8月，董事会秘书官学清与3位董事赴南江、通江、万源3县市开展调研。

【干部挂职扶贫】 延长2位扶贫干部挂职时间，保证了扶贫工作的稳定性和持续性，为定点扶贫4县市高标准选拔第一书记6名，在定点扶贫地区建立了以总行扶贫干部为组长、当地机构挂职干部为重要支撑、驻村第一书记为骨干力量的扶贫团队。加强对扶贫干部的管理，把定点扶贫和培养锻炼干部有机结合，扶贫干部通过视频会方式按月向总行汇报工作、交流情况。

【聚焦深度贫困】 2018年，工商银行加大力度帮扶深度贫困县——凉山彝族自治州金阳县。2018年初，党委副书记、行长谷澍首先到金阳开展调研。在帮扶资金、新增项目、脱贫举措上对金阳做到优先安排，统筹各类资源向深度贫困地区倾斜。2018年的新增帮扶资金全部用于金阳，捐赠金额为750万元。在4县市开展的教师表彰、学生资助、产业扶持、“三支队伍”培训项目中，金阳的获益人数、项目都高于其他3县市。在人员安排上，指定凉山彝族自治州分行1名具有扶贫干部挂职经历、熟悉当地情况的副行长，专门协助金阳挂职干部开展帮扶工作，明确其工作职责并纳入年度考核，加强深度贫困地区帮扶力量。

【金融扶贫】 坚持把定点帮扶“责任田”打造成“金融政策落地、金融普惠实现、信用价值彰显、风险防控有效”的金融脱贫“示范田”。制定了金融精准扶贫工作效果评估办法，设置六大类13个指标对建档立卡贫困人口集中的分行进行统一考评，考评结果纳入对各行负责人的总体评价。辖内有国定贫困县的 25 家一级（直属）分行全部成立由分行一把手任组长的金融扶贫工作领导小组。2018 年底，工商银行精准扶贫贷款余额 1559.45 亿元，较 2018 年初增加 289.16 亿元。在 4 个帮扶点实施特惠金融政策、推广普惠金融产品、创新金融扶贫模式，更好发挥金融的撬动作用。

【产业扶贫】 2018 年投入 1825 万元，支持通江肉兔、南江黄羊、万源黑鸡、金阳高寒湿地大棚蔬菜等 15 个种植养殖项目。实施过程中，坚持“工行 + 政府 + 村‘两委’ + 企业 + 农户”的产业扶贫模式。在成都组织两期“三支队伍”培训班，参训的贫困村党支部书记、创业致富带头人、实用科技人才 530 余名。

【消费扶贫】 将购买贫困地区农产品、帮助销售农产品作为金融扶贫的重要指标分解到各分行，鼓励在福利、食堂原材料采购时重点考虑，并按月统计、按季督办、按年考评，动员全行购买贫困地区农产品 2450 万元。利用工商银行自建、银行系最大的电商平台“融 e 购”，围绕打造“第一扶贫电商”，聚焦如何帮助贫困地区将特色产品卖得出、卖得好进行研究探索。从开辟“绿色通道”帮助商户 2 周内快速上线入手，以帮助当地培育产业、帮助企业打开市场为目标，全方位支持企业优化管理和运营，提供“电商运营培训 + 品牌打造 + 手续费保证金双免优惠 + 市场推广补贴 + 融资支持”五项帮扶措施，取得良好成效。“融 e 购”专门开设了 22 家“扶贫馆”，281 个贫困县 574 家企业的 7600 多种产品在“融 e 购”电商平台销售。2018 年，“融 e 购”贫困地区农产品销售金额为 1.08 亿元。

【教育扶贫】 连续第 15 年开展“启航工程——贫困大学生资助”活动，2018 年按照每人 5000 元标准资助了 418 名新考入大学的建档立卡贫困学生，累计资助近 3000 名贫困学生。连续第 16 年开展“烛光计划——优秀山村教师表彰”活动，2018 年按照每人 2000 元标准表彰 400 名扎根山村的优秀教师，累计表彰 2800 人次。延伸教育扶贫帮扶链条，继续开展贫困大学生专项招聘，降低应聘门槛，2018 年招聘 496 人，其中定点扶贫地区学生 12 人。联合中国妇女发展基金会投入 150 万元为 4 县市 6750 名贫困学生发放安全书包，联合私人银行客户捐赠 30 万元为通江的帮扶学校配备热水器。

【健康扶贫】 将“健康快车”火车医院开进定点帮扶的巴中市，为 1219 名贫困白内障患者实施了免费复明手术。在巴中市中心医院建设一座白内障治疗中心，改善医疗设施，提升诊疗水平。联合中国儿童少年基金会等单位，发起设立儿童健康教育与医疗扶贫专项基金，组织医疗队伍 30 余人在金阳县为 5000 多名小学生进行视力听力筛查。

【扶贫宣传】 将扶贫工作作为工商银行宣传工作的重中之重，以“金融扶贫工行情”为主题，组织全行对落实扶贫政策情况、扶贫典型人物、经验做法等，开展全方位、多层次、不断线的宣传。新华社、《人民日报》、人民网、中央人民广播电台等主流媒体播发工商银行扶贫类稿件超过 5000 篇次，《金融扶贫活水浇灌幸福之花》《工行“造血式”精准扶贫激发致富动力》《创新扶贫：看见金融的力量》等宣传稿件广为传播，《紫光阁》以“金融扶贫的‘工行样本’”为题，刊登工商银行精准扶贫成果，扩大了工商银行定点扶贫工作的社会影响力。

（中国工商银行股份有限公司办公室
张海明）

中国银行股份有限公司定点扶贫

【概述】 2018年，中国银行股份有限公司（以下简称“中国银行”）聚焦产业扶贫、民生项目和深度贫困村三个领域，发挥银行、员工、客户、国际支持四种力量，连续第17年定点帮扶陕西省咸阳市永寿县、长武县、旬邑县、淳化县（以下简称“北四县”）。无偿投入资金7509万元，实施各类项目112个，投入1.2亿元资本金设立4家中银富登村镇银行，帮助引进帮扶资金2.28亿元，培训基层干部、致富带头人、贫困群众4400余人次，帮助贫困人口实现就业1626人，直接购买和帮助销售贫困地区农副产品7480万元，助力北四县退出300个贫困村，脱贫1.3万户、4.4万人。2018年，中国银行在国务院扶贫开发领导小组对中央单位定点扶贫工作成效考核中被评为“好”等次。

【扶贫资金投入】 2018年投入无偿帮扶资金7509万元，实施各类扶贫项目112个。其中，总行直接捐赠5423万元，支持产业发展、教育培训、健康养老、基层党组织建设等32个重点项目；全行各机构捐赠款物折合394万元，实施爱心助学、慰问救助等74个项目；引进无偿资金1692万元，支持建设养老院、残疾人托养中心等6个民生项目。此外，还投入1.2亿元资本金设立四家中银富登村镇银行；与泰国正大集团各投入5400万元，促成正大综合农业示范项目落地咸阳。

【扶贫调研】 党委书记、董事长陈四清，党委副书记、监事长王希全及其他党委班子成员先后6人次赴北四县开展实地调研。挂职扶贫干部和第一书记全年组织召开扶贫座谈交流会173次，走访调查贫困村506人次，了解掌握一线情况，督促检查扶贫工作，解决矛盾问题。

【扶贫会议】 召开4次党委会议，传达学习习近平总书记关于扶贫工作的重要论述和党中央、国务院重大决策部署，分析扶贫工作形势任务，研究审议年度工作方案举措；召开2次执行委员会会议、11次定点扶贫工作领导小组会议，定期听取扶贫工作进展情况汇报，部署阶段性工作任务，审批扶贫项目和资金。

【扶贫制度建设】 与咸阳市及北四县研究建立信息通报、调研督查和意见反馈三项机制，请咸阳市及北四县定期报送计划方案、总结报告，掌握当地脱贫攻坚进展情况，定期发送建议函，加强对贫困地区党委政府脱贫攻坚主体责任的检查督促。

【扶贫培训】 组织开展各类培训30余次，培训基层干部730人、技术人员2677人、贫困群众1030人。举办中国银行优秀扶贫干部培训班，提高扶贫干部的政策理论水平和实际工作能力；分别在北京、上海国际金融研修院举办两期咸阳党政干部金融研修班，100名咸阳市和北四县党政干部参加研修学习；举办北四县扶贫工作及项目管理培训班，提升当地干部对扶贫政策的理解把握，增强项目管理能力；举办永寿县党政干部金融培训班，永寿县300余名党政干部参加；邀请中科院院士李德仁，为咸阳市党政干部讲授运用大数据和云计算知识提升城乡管理水平专题讲座；举办“旬邑大讲堂”“永寿大讲堂”“电商金融乡镇巡回讲座”“白求恩走进咸阳”等活动，组织电商运营、扶贫票据融资、种植养殖技术、医疗技术、劳务就业等各类培训，帮助北四县培养创业致富带头人、实用科技人才。

【干部挂职】 向咸阳市及北四县压茬派驻两批次共 18 名挂职扶贫干部。其中，担任咸阳市政府副市长或副秘书长的 3 人，担任北四县县委常委或副县长的 8 人，驻村第一书记 5 人，驻村干部 2 人。挂职扶贫干部全部具有丰富的银行从业经历，其中 3 人为博士研究生，充分利用专业金融知识为当地脱贫攻坚贡献力量。

【扶贫慰问】 2018 年春节前夕，总行驻咸扶贫工作队分赴北四县，看望慰问生活困难党员及特困群众 283 名，发放慰问金 18.78 万元。

【扶贫宣传】 国务院扶贫开发领导小组办公室《扶贫信息》、中央和国家机关工委《简报》、银保监会《监管工作信息》先后刊登中国银行开展定点扶贫工作的经验做法，定点扶贫案例入选《2018—2020 年社会力量参与脱贫攻坚实践案例研究》，新华网、凤凰网、《金融时报》、《陕西日报》、咸阳电视台等媒体对中国银行定点扶贫工作及创新做法进行了报道。

【产业扶贫】 根据北四县产业发展重点方向，建立产业扶贫项目库，投入无偿帮扶资金 3653 万元，实施光伏发电、种植养殖、农产品加工、三产融合等 19 个产业扶贫项目，直接带动 12179 人脱贫。重点投入 750 万元援建长武县光伏农场项目，全县 3254 户贫困户每户每年可分红 400 余元；投入 150 万元支持旬邑县郑家百富食用菌项目，形成有机农业良性自循环。充分发挥客户资源优势，综合运用资源整合、撮合引进、咨询培训等方式，促成优质产业项目到北四县落户发展。重点推动正大一期 30 万头生猪养殖项目落地，可精准带动约 1.5 万贫困人口实现可持续脱贫。

【教育扶贫】 投入教育扶贫资金 756 万元，开展各类教育项目 35 个，惠及 2500 名贫困学生。重点投入 266 万元支持淳化县 11 所农村寄宿制学校改造卫生设施；发放“中银奖教助学基金” 120 万元，资助 300 名孤残儿童、68 名贫困大学生，奖励 80 名优秀乡村教师；连续三年开展“中银私享爱心荟——春蕾计划”，向长武县中学 125 名贫困女生发放助学金 50 万元；投入 20 万元在旬邑县实验中学建设“梦想教室”，打造贫困地区素质教育样板工程；邀请复旦大学、上海大学赴北四县宣讲招生政策，组织 40 名贫困家庭学生走进复旦大学参观学习。

【文化扶贫】 邀请中央音乐学院专家赴贫困县培训音乐教师，帮助组建贫困学生合唱团，组织北四县音乐教师赴海外游学；邀请中央美院教授等专家学者进行专题讲座，挖掘当地非物质文化遗产价值；组织旬邑剪纸艺术传承人培训，促进剪纸艺术传承创新，探索文化扶贫之路。

【公益扶贫】 融合公益理念、市场力量、金融服务和区块链技术，开发“公益中行”线上精准扶贫平台，实现帮扶端购买力和供给端产品的线上精准对接。截至 2018 年 12 月底，平台注册用户 235 万人，累计上线农产品 2 万余种，覆盖 22 个省区市的 110 个贫困县，发展脱贫助理人 1034 名，培育带动自营贫困户 483 人，为 42 家行外合作单位消费扶贫提供服务。平台“善源公益”模块获得民政部“慈善组织互联网公开募捐信息平台”资质，与慈善组织合作面向社会募集资金，开展“多彩课间成长计划”“暖冬计划”“真爱梦想教室”等 37 个众筹和捐赠项目。

【国际扶贫】 充分利用中国银行海外机构分布在 57 个国家和地区的丰富资源，依托全球化、多元化平台优势，将全球资金、技术、人才引入到中国脱贫减贫事业中。动员海内外中高端客户募集善款 3000 余万元用于定点扶贫事业；联合黄廷方慈善基金、世茂集团、长江实业集团有限公司设置 2000 万港币“中银奖教助学基金”，资助孤残学生，奖励优秀乡村教师；法兰克福分行募集7.6万元资金，支援北四县群众开展霜冻灾害生产自救；澳门分行募集50万澳元投入旬邑县养羊产业项目；卢森堡分行邀请卢森堡农业协会专家赴永寿县培训肉牛养殖技术；加拿大分行开展“白求恩走进咸阳”医疗扶贫活动，邀请8名加拿大医疗专家赴北四县，提供无偿医疗救治、技术指导和人才培训。

【健康扶贫】　投入健康扶贫资金872.5万元，支持保险捐赠、康复中心建设等项目9个。重点投入472万元支持旬邑县残疾人托养中心建设，为200名建档立卡残疾人提供护理康复、技能培训、心理辅导等服务；连续两年开展“爱心中行”公益项目，投入230万元为四个贫困县全部建档立卡贫困人口购买意外险，总保额达15亿元；与中国扶贫基金会合作，投入221万元为“北四县”量身定做“顶梁柱”保险计划，为贫困家庭主要劳动力的目录外大额医疗支出提供保障；动员员工、客户参与扶贫，为北四县残疾贫困群众捐赠电动轮椅21台和价值20万元的助听设备等。

【就业扶贫】　帮助北四县贫困人口实现转移就业1626人；通过提供银行卡客服、座席员等岗位录取北四县贫困家庭大学生27人；开展贫困大学生专项招聘，2018年校园招聘录用全国贫困大学生291人；中银富登村镇银行招聘北四县员工120名，帮助贫困群众在本地解决就业问题；携手百年职校招收贫困学生29人，免费进行口腔护理、酒店管理等培训，两年后学校推荐就业。

（中国银行股份有限公司扶贫办　程大为）

交通银行股份有限公司定点扶贫

【概述】 2018年，交通银行股份有限公司（以下简称“交通银行”）通过加强组织领导、干部选派、项目实施、督促检查、平台搭建等举措推进定点扶贫工作。向定点帮扶的甘肃省天祝县、山西省浑源县和四川省理塘县捐款2116.91万元，实施精准扶贫项目16个，培训基层干部和技术人员1448人，购买和帮助销售贫困县农产品2056.36万元。向3个定点扶贫县选派4名挂职干部。在国务院扶贫办对中央单位定点扶贫年度考核中评价为“好”。

【扶贫资金投入】 交通银行对3个定点扶贫县累计投入2116.9万元，其中天祝县投入1000万元，理塘县投入631.4万元，浑源县投入485.5万元，主要用于天祝县旱厕改造、电商培训、旅游培训、添置医疗救护车项目，理塘县集体牧场、添置医疗救护车项目，浑源县光伏电站项目等。其中，扶贫捐赠资金1525万元，党费扶贫资金462.5万元，员工捐赠资金129.4万元。扶贫资金投入重点向深度贫困地区倾斜。

【金融扶贫】 2018年底，交通银行金融精准扶贫贷款余额163.35亿元，银保监会口径扶贫贷款（扶贫小额信贷与单位精准扶贫贷款合计）余额120.57亿元，完成银保监会要求的“增速总体不低于各项贷款平均增速”目标。

【产业扶贫】 投入捐赠资金240万元建设浑源县王庄堡镇洪水村户用光伏电站项目，建设53个户用电站，每户5千瓦，户投资3.981万元，电站总投资211万元，配套设施29万元，项目总投资240万元，每户预计年发电量7665千瓦·时，按每千瓦·时0.7元计算，每户可增收5365元，电站所有权属贫困户所有，年总发电量约40万千瓦·时，总收入约28万元，并网发电后洪水村53户贫困户实现一次性脱贫。

【健康扶贫】 投入224万元，向3个定点扶贫县捐赠爱心医疗救护车13辆，有效改善贫困地区基本医疗条件，提高急诊急救能力，方便和满足群众看病就医需求。

【教育扶贫】 向3个定点扶贫县投入捐赠资金534万元，其中：400万元用于天祝县教学设备购置和教育场所建设，100万元用于三个县电商、旅游产业、党建等方面的教育培训工作。同时，在交银金融学院举办了3期定点扶贫县地方扶贫干部培训班。2018年通过各种培训资源和形式，3个县累计培训1448人。

【作风建设】 把扶贫领域腐败和作风问题专项治理情况列为2018年度党风廉政建设责任制全覆盖考核重要内容，制定《2018年至2020年开展扶贫领域腐败和作风问题专项治理的工作方案》，坚持问题导向、坚持精准监督、坚持抓常抓长、坚持标本兼治，重点整治相关单位党委履责不力、扶贫工作作风不实、通过扶贫项目以权谋私等问题。

（交通银行企业文化部　梁　雨）

中国人民保险集团股份有限公司定点扶贫

【概述】 2018年，中国人民保险集团股份有限公司（以下简称“人保集团”）定点扶贫黑龙江省桦川县、陕西省留坝县和江西省吉安县、乐安县。截至2018年底，四县贫困人口大幅减少，由2017年的26248人减少至9789人。贫困发生率显著降低，留坝县、乐安县、吉安县和桦川县的贫困发生率分别降至1.09%、0.83%、0.8%和0.78%。

【扶贫资金投入】 2018年，人保集团为四县投入无偿帮扶资金4023.57万元，支持产业、健康、教育、基础设施等扶贫项目80个，覆盖全部建档立卡贫困人口55273人（户）次；引进帮扶资金1419.13万元，购买农产品（含帮助销售）3466.59万元，提供低息保险融资5490万元，各类保险赔款（不含车险）4509.21万元。为四县提供各类风险保障金额1306.89亿元。

【干部挂职扶贫】 2018年，人保集团新增9名干部到四县挂职，其中，挂职副县长1名、挂职县扶贫办干部4名、挂职驻村第一书记2名、挂职驻村工作队员2名。集团在四县挂职扶贫的干部增加到14人。向乐安县所在的抚州市选派1名市委常委、副市长，支持开展金融工作。

【扶贫调研】 依托人保财险分支机构遍布全国的优势，建立总、省、市、县公司领导与定点扶贫县挂钩机制，确保督导经常化。2018年，人保集团主要领导均赴四县检查调研督导扶贫工作，集团党委书记、董事长缪建民赴黑龙江桦川、江西乐安和吉安3县，集团党委副书记、总裁白涛赴陕西留坝县，集团党委副书记、监事长林帆赴江西吉安、乐安县。集团公司其他班子成员和各子公司负责同志全年赴定点扶贫县实地开展调研督导和帮扶工作累计12次。

【扶贫会议】 人保集团党委开展党委理论中心组学习和党委会研究脱贫攻坚工作16次。2018年初召开定点扶贫工作会议，制定印发指导意见和实施方案，对全年定点扶贫工作进行安排部署。10月，在中央单位和金融系统两次定点扶贫工作会议召开后，再次召开全系统专题会议，分解指标，压实责任，配套下发《投入帮扶资金实施方案》和《消费扶贫实施方案》，与9家子公司签订《定点扶贫责任书》，人保集团公司9个部门与9家子公司一对一挂钩督导。

【产业扶贫】 针对农业生产受自然灾害影响风险大的特点，人保集团发挥在“三农”保险领域的优势，把定点扶贫县特色农业和支柱产业作为保障重点，按照“一县一策、一业一品”原则，精准开发烟叶、桑蚕、养蜂、西洋参、横江葡萄、井冈山蜜柚等一系列特色保险产品，在乐安签出全国竹鼠保险第一单，在留坝开办保险业第一个全产业链保险——“食用菌全产业链保险（留坝专用）”。针对种植养殖业产品价格波动大等市场风险，集团联合商品期货交易所、期货公司，创新“保险+期货”模式，在桦川推出了玉米价格期货保险项目，为5666户种植农户的41.08万亩玉米，提供4.51亿元价格下跌风险保障，开启了“保险+期货+基差收购”的产业保障新模式，这是全国单体规模最大的主粮作物类“保险+期货”项目。在乐安县开展饲料价格期货保险项目，成为中国养殖业原料价格领域“保险+期货”的创新探索。

通过“政府扶贫资金支持＋中国人保保费补贴”的方式，对定点扶贫县建档立卡的贫困户实行农业保险全覆盖，贫困户不需缴纳或仅象征性缴纳保费，当自然灾害或市场波动导致农户发生损失时，能够及时获得恢复生产和灾后重建资金，实现了对贫困人口生产力的有效保护，有效化解自然风险和市场风险。2018 年，人保集团在四县开办产业保险 39 个，承保 770.84 万亩次，提供风险保障金额 64.71 亿元，惠及贫困人口 117944 户次。

【金融扶贫】 人保集团结合自身优势，优化扶贫资源配置，坚持保险扶贫与融资扶贫相结合，加大“政融保”推广力度，为增强脱贫内生动力注入“金融活水”。针对农村小微企业和贫困户抵押物少、信用评级偏低的特点，以及融资难、融资贵等问题，集团创新“保险＋融资”模式，为贫困县提供资金支持和增信支持。在监管机构的指导支持下，首创保险资金支农融资新模式，与四县签订“政融保”扶贫合作协议，打造“政府支持＋融资支农＋保险保障”运营方式，形成完整的金融扶贫服务链。“政融保”入选国务院扶贫办案例汇编，多地政府将集团的支农融资工作写进政府文件。积极发挥保险增信功能，大力开展农村借款人意外伤害保险、支农融资还款保证保险、贫困家庭助学贷款保证保险，为贫困户融资提供增信支持，推动实现农民小额融资“少手续、无抵押、无担保”。截至 2018 年底，支持四县 8 亿元融资额度，融资余额 5490 万元，平均融资利率 5%，带动贫困人口 5706 人（户）次。

【民生扶贫】 人保集团创新兜底保障模式，为防止因意外致贫返贫构筑牢固屏障。针对贫困人口家庭财产及人身面临的风险因素，集团按照“重精准、低保费、广覆盖”的原则，创新了“扶贫保”“深贫保”和“返贫责任”等一系列扶贫综合保障产品，开办了农村小额意外伤害保险、驻村扶贫人员意外伤害保险、贫困户家庭成员意外保险、一元民生保险、政策性农房保险等，精准对接多元化民生保险需求，把精准扶贫落实到解决低收入群体意外风险保障上。2018 年，在四县补贴保费 259.77 万元，承担风险保障金额 754.06 亿元，覆盖全部建档立卡贫困人口 185562 人次，支付赔款 1234.33 万元。

探索贫困人口脱贫后的保障新路，率先开办返贫责任险，由县财政出资为脱贫群众购买，对返贫群众给予年度最高 2 万元/人的补偿，以较少的财政资金为广大脱贫户提供保障。2018 年，在吉安县和乐安县承保返贫责任险 91203 人，赔付 34.1 万元，化解 43 名脱贫人口的返贫风险。

【健康扶贫】 为进一步提高病贫群众医疗保障水平，有效解决“一人生病、全家贫困”的痛点，集团积极拓展和延伸基本医保的功能，对贫困人口给予保费补贴，承办大病保险，开办针对贫困人口、满足各县不同需求的大病补充保险、重特大疾病医疗救助保险、贫困人口医疗救助综合保险等，并将慢性病纳入保障范围。针对病贫群众，大病保险起付线降低 50%，各档次补偿标准提高 5%～10%，取消封顶线。特别是承保的大病补充医疗保险补偿范围包括了基本医疗“三大目录”外的医疗费用，是国内少有承保非基本医疗目录费用的政策性健康保险。

在乐安、桦川和留坝三县形成由“基本医保＋大病保险＋大病补充保险＋民政救助（社会救助）＋小额商业医疗保险”构成的“五重医疗保障”体系。桦川县在因病致贫比例高达 76.5% 的情况下，贫困人口医保报销率提高到 92%。在留坝县开办大病补充保险，承担贫困户平均 23% 的医疗费用，报销比例由 73% 提高到 96%。乐安县贫困人口医保报销率提高到 90%，显著提高当地医疗保障水平。2018 年，人保集团在四县医疗保险覆盖 56.33 万人，提供保费补贴 219.23 万元，提供风险保障金额 864.92 亿元，支付赔款 2702.78 万元。其中，承保建档立卡贫困人口 11.4 万人，赔付贫困人口 3109 人次，赔付金额 1351.86 万元。

【扶贫培训】　加强扶贫干部培训，人保集团分别于 4 月、5 月、10 月三次召开专题会议，对四县挂职扶贫干部进行培训。5 月，集团专门邀请中央农村工作领导小组办公室副主任、农业农村部党组副书记、副部长韩俊为集团全系统省、市、县各级扶贫干部做了主题为“实施乡村振兴战略”的专题培训。开展扶贫和专业技能培训，人保集团分别针对定点扶贫县产业特点，按照定点扶贫县政府提出的农产品电商运营、现代农业产业运作、农业栽培养殖技术等实际需要，结合“三支队伍”（贫困村党支部书记、致富带头人和实用科技人才）的培训需求，开展扶贫和专业技能培训。为定点扶贫县组织开展“送培训”工作，邀请国家税务总局专家库种植和养殖专家教授、博士生导师等 12 人次赴定点扶贫县讲解传授扶贫和产业技能，现场授课指导，培训各类干部、专业技术人员和贫困户 1464 人次。

【扶贫宣传】　2018 年，人保集团有 5 篇经验材料被国务院扶贫开发领导小组办公室、中国人民银行和金融系统定点扶贫推进会议刊用。《人民日报》《光明日报》《经济日报》《金融时报》《中国保险报》《江西日报》及四县政府网站等 20 多家媒体宣传了人保集团扶贫工作的经验做法，发布了《中国人民保险为精准脱贫上“保险”》《精准扶贫路上的“保险”力量》《江西开产业扶贫“前门”，堵因病致贫“后门”，多措并举提高脱贫质量》《政企融合的“扶贫样本”——中国人保全力助推留坝打赢扶贫攻坚战纪实》等一批报道。

（中国人民保险集团股份有限公司
办公室　何相宇）

中国人寿保险（集团）公司定点扶贫

【概述】 2018年，中国人寿保险（集团）公司（以下简称“中国人寿”）定点帮扶广西壮族自治区龙州县、天等县和湖北省郧西县、丹江口市，全面对接四个县的脱贫攻坚工作，加大资金、人员投入力度，共选派12名干部挂职扶贫，投入资金4172万元，通过保险扶贫、金融扶贫、产业扶贫、消费扶贫、教育扶贫、技术扶贫、社会扶贫等多种方式，实施扶贫项目34个，四个定点扶贫县均完成年度脱贫工作目标，截至2018年底，四个定点扶贫县脱贫25311户、84897人。龙州县于2018年7月底正式脱贫摘帽，成为广西首个脱贫的国家级贫困县。

【扶贫资金投入】 2018年，中国人寿对龙州县、天等县、郧西县、丹江口市投入资金4172万元，其中龙州县820万元，天等县950万元，郧西县1602万元，丹江口市800万元。实施扶贫项目34个，主要用于四个定点扶贫县的保险扶贫、金融扶贫、产业扶贫、教育扶贫、技术扶贫和基础设施建设。

【扶贫调研】 2018年，中国人寿赴定点扶贫县考察调研157人次。9月至10月，董事长王滨走遍四个定点扶贫县，深入调研督导。总裁袁长清、监事长陈方磊也深入四个定点扶贫县调研。调研结束后，调研组根据贫困地区提出的需求和调研发现的问题，逐条逐项拉条挂账，研究解决问题。

【干部挂职扶贫】 2018年，中国人寿在四个定点扶贫县共派出12名挂职扶贫干部，其中，4名挂职扶贫副县长、7名驻村第一书记、1名乡党委副书记。对其中任期满两年的2名挂职扶贫副县长、2名驻村第一书记进行轮换。

【扶贫培训】 2018年，中国人寿投入140余万元，为四个定点扶贫县培训基层干部300名、技术人才1500名，援建产业扶贫项目12个，惠及贫困人口2313人，人均增收790元以上。在丹江口市面向党支部书记、致富创业带头人、实用技术人才开展培训。通过从湖北省及十堰市农业部门、华中农业大学等有关高校邀请专家到丹江口举办精品课堂，并将重点产业精品培训与日常生产使用培训相结合，推进农技培训日常化、系列化，将农技培训服务送到村组、送到农户身边。全年安排20多场次培训，受益人数超过1500人。

【保险扶贫】 中国人寿充分发挥行业优势，投入1375余万元，为四个定点扶贫县420918名贫困户办理小额人身保险和意外伤害保险，首次实现建档立卡贫困户的全覆盖，为3748名扶贫工作人员办理小额人身保险和意外伤害保险，为40974名贫困户办理住房保险，风险保额超过700亿元。

针对天等县近年大力发展肉牛养殖产业的实际，中国人寿专门开发贫困户肉牛养殖保险，投入265万元为全县建档立卡贫困户养殖的肉牛和能繁母牛进行投保。为提高承保工作效率，中国人寿与北京一家科技公司合作开发牛脸识别系统，用手机2分钟内即可完成一头牛的投保工作，极大提高投保效率。通过建立牛脸ID库，对牛进行电子化管理，既能精确追溯牛个体，有效支持牛养殖的疾病防控工作，又能大大提高验标、理赔效率。养牛保险新产品、新技术的推广使用，推动当地养殖业快速发展，一年内贫困户牛养殖覆盖面提升30%。2018年8月，人民网以“广西天等牛保险让贫困户吃上定心丸”为题报道了扶贫成果。

中国人寿还在龙州县和天等县创新医保经办模式，构建健康扶贫“一站式”即时结算服务平台，将基本医保、大病保险、民政救助、二次报销、财政兜底等进行系统整合，贫困户患者就医时实行“先诊疗，后付费”，无须交付押金，出院时仅负担10%的自付医疗费用，其余报销范围内的资金不需垫付，让建档立卡贫困户患者医疗费用实现“一站式”即时结报，解决报销周期长、垫付资金压力大等难题，为贫困家庭带来便利。该项目自8月10日启动，在崇左市大新县、凭祥市、天等县、龙州县落地实施。覆盖人口约17.47万人，委托管理医疗救助基金约2150万元。

【金融扶贫】　发起设立初始规模2亿元的“国寿丹江口绿色扶贫产业基金”，成为全国首家市场化运作的保险产业扶贫基金。注册成立以来，基金聚焦丹江口市“水”和“鱼”两大优势资源，首批论证推出“国寿丹泉”瓶装水和“博奥鱼头”加工两个特色项目，扶贫基金初期投资共计750万元。基金设立不到7个月，“国寿丹泉”瓶装水即在丹江口市正式下线。中国人寿举全系统之力在销售端给予支持，要求全系统将“国寿丹泉”瓶装水作为标配公务用水。2018年“国寿丹泉”瓶装水销售额超过340万元，“博奥鱼头”产能扩大8倍，顺利入驻盒马鲜生、本来生活、顺丰优选、京东新通路等多个一线销售平台，直接惠及185个渔民贫困户、1000多名贫困人口。

【扶贫基金】　12月28日，中国人寿扶贫基金暨丹江口保水生态项目启动仪式在北京举行，规模5亿元的中国人寿扶贫基金正式启动。扶贫基金由中国人寿旗下的寿险公司、资产管理公司、财险公司、养老险公司、国寿投资公司等5家公司以自有资金设立构成，是国内保险企业设立的最大规模精准扶贫产业基金。产业基金将把“造血”作为根本任务，遵循基金模式、市场运作，因地制宜、精准投资，扶贫为先、造血为本的原则。依托对口扶贫地区优势资源禀赋，优先考虑带动作用明显的产业领域，通过设立股权投资基金的方式进行投资，以金融投资带动产业发展，以产业发展推动脱贫攻坚，全面带动定点扶贫县脱贫摘帽。

【产业扶贫】　2018年，资助建设龙州县安镇村“生态农业+”精品示范园暨党员活动基地，项目一期建成现代化鸡舍3个，实现山地散养土鸡销售近2000只，销售收入20余万元，集体经济累计净收入4万余元。向郧西县顺利沟村援助近300亩的茶园茶厂建设经费，提高经济效益30%。首期投入455万元支持郧西县美丽乡村项目，示范引领全县民宿旅游产业发展。在郧西县龙潭村采取“村集体+专业合作社+农户”的股份制模式，种植1000亩柿子树苗，年收入达300万元，带动150户贫困户增收。发挥丹江口市蜜蜂养殖的传统优势，以“公司+合作社+农户+市场”的方式引导贫困户养殖蜜蜂增收。2018年养殖蜜蜂2000箱，423户、1234名贫困群众受益，人均增收2000元。

【电商扶贫】　2018年，制定“销售突破一千万，精准帮扶一千个贫困户，培育一批品牌产品，培训一批电商人才，建立一套电商扶贫长效机制”的“五个一”工作目标。“国寿i购”电商平台全年销售扶贫产品超过500款，销售额2190万元。

【教育扶贫】　2018年4月18日，“国寿（郧西）教育扶贫基金”在北京举行签约仪式，基金由中国人寿同郧西县人民政府共同设立，规模3000万元，所得收益全部用于精准资助普通高中阶段建档立卡贫困家庭学生。2018年，“丹江口市中国人寿贫困生高等教育资助基金”继续按照2000～5000元/人的资助标准，对丹江口市贫困家庭学生进行补助。

【党建扶贫】 2018年，投入400万元党费支持四个定点扶贫县的基层党支部建设和村集体经济壮大；捐助500万元打造魏登殿扶贫精神教育基地暨“两学一做”党性教育基地。根据规划，教育基地将成为湖北省、十堰市以及中国人寿的党性教育基地。9月至11月，集团公司机关开展“主题党日+扶贫攻坚”活动，17个党支部采取结对联学的方式，组成8个联合调研小组深入四个定点扶贫县，近距离感受当地贫困现状和脱贫攻坚工作。

【社会扶贫】 2018年10月，中国人寿促成天等县和中央电视台对接，参与“脱贫攻坚战——星光行动”大型公益项目，推广宣传当地民俗文化、名特优产品，现场多家企业大量购买辣椒酱、富硒米等特色产品。11月，中国人寿和郧西县政府在北京联合主办“中国人寿郧西扶贫招商会”，中国工商银行股份有限公司、中青旅控股股份有限公司、央广网等13家国内知名机构企业与郧西县政府现场达成合作意向。12月，中国人寿与中国林业集团有限公司等企业签约“丹江口保水生态项目”，将“千岛湖保水渔业”模式引入丹江口市，该项目总投资规模5亿元，将带动丹江口市1000多名贫困人口脱贫，推动以渔业为主的产业发展，惠及1万农户、4万人。

［中国人寿保险（集团）公司办公室
张国波］

中国太平保险集团有限责任公司定点扶贫

【概述】 2018年，中国太平保险集团（以下简称“中国太平”）定点帮扶甘肃省两当县、安徽省裕安区，投入直接帮扶资金661万元，实施帮扶项目11个。引进帮扶资金7.8万元。培训基层干部100名，培训技术人员820名。购买贫困地区农产品650余万元，帮助销售贫困地区农产品113万元。2018年9月，甘肃省两当县成为甘肃省第一批、陇南市第一个整体脱贫县。

【扶贫资金投入与管理】 2018年，中国太平对两个扶贫点投入帮扶资金661万元，引进帮扶资金7.8万元。购买贫困地区农产品650余万元，并利用集团内部电商平台帮助销售贫困地区农产品113万元。结合财政部相关文件精神和扶贫点工作实际，修订完善《集团扶贫专项资金管理办法》，提高资金使用效益。

【扶贫调研】 2018年10月，中国太平董事长罗熹带队赴甘肃调研。中国太平还组织调研小组深入考察甘肃两当、安徽裕安的农业、旅游业、自然资源开发利用情况，加大扶贫力度。

【扶贫制度建设】 制定《中国太平保险集团党委关于深入服务精准脱贫攻坚战的指导意见》，结合集团定点扶贫工作情况和地方实际需求，在反复讨论的基础上，明确年度扶贫项目计划与工作思路，推动落实年度定点扶贫工作。修订完善中国太平《扶贫专项资金管理办法》。结合财政部相关文件精神和扶贫点工作实际，优化扶贫资金的使用方式，提高资金使用效益。

【扶贫培训】 中国太平利用自身培训资源，出资30多万元在上海为两当县、裕安区40名中小学校长举办短期培训班。为提升两当扶贫干部的管理能力，出资20余万元组织两地扶贫干部赴贵州、江西学习考察，帮助他们开阔眼界，更新思想观念，扩展工作思路。出资20万元在两当县开展花椒种植贫困户技术培训，对当地500亩花椒园进行科学管护，解决技术管护上的缺陷。

【干部挂职扶贫】 根据中共中央组织部文件要求和《中国太平挂职扶贫干部管理办法》规定开展选派工作，在两个定点扶贫地区挂职工作的副市长1名、副县（区）长各1名、驻村第一书记各1名。

【产业扶贫】 2018年，中国太平在两当县发展特色农业项目，扶持回乡创业的青年带头人。在裕安区资助标准化工业厂房项目，将产业扶贫和就业扶贫统一起来。创新扶持模式，在深入调研基础上，响应省委省政府提出的“变资源为资产、变资金为股金、变农民为股东”的“三变”思路，充分利用两当县资源丰富的特点，由中国太平出资开发特色产业。采取“党支部+合作社+农户”模式，在两当县杨店乡进行花椒基地项目建设，改造400余亩山地荒林。开展精准滴灌，实施两当县110亩玫瑰示范园建设项目，全面建成后，每亩年收入可达2000元左右，将带动当地54户居民实现稳定增收。支持220亩苹果园进行规范化建园、标准化管理，年净利润40万元。推动消费扶贫，组织广大员工共同参与定点帮扶工作，倡导员工购买定点扶贫地区特色农副产品，拓宽销售渠道。搭建面向集团各级机构和个人的网络销售平台，2018年中国太平系统采购扶贫点特色农产品总额超过400

万元。

【扶志扶智】 中国太平始终将促进贫困地区人口素质提升贯穿于定点帮扶的全过程，重点采取捐资助教、专业培训等方式，点对点对贫困地区开展智力扶持。与扶贫点扶贫办共同制定培训方案，精心准备培训课程，有针对性地对各类群体开展教育培训，重点提高“三支队伍”（贫困村党支部书记、致富带头人和实用科技人才）的一线实际操作能力，为扶贫点培养更多懂扶贫、会帮扶、作风硬的人才队伍。2018 年，出资 20 余万元组织两个扶贫点的扶贫干部赴贵州、江西学习考察，帮助他们开阔眼界，扩展工作思路。

【教育扶贫】 2018 年，中国太平利用自身培训资源，出资 30 多万元在上海为两地 40 名中小学校长举办短期培训班。赞助双联爱心教育基金，在两当县捐助 30 万元为当地近 100 名贫困高中生提供免费教育；与中国扶贫基金会合作，拨付专项资金，向贫困学生捐赠“爱心包裹”1000 个；携手中国少年儿童新闻出版社等设立“太平手拉手长效关爱计划”，在贫困学校建立“爱心书屋”，捐助各类书籍 3000 余册；在集团全系统范围开展“一对一”扶贫助学活动，捐款 45 万元、资助学生 500 余名、参与员工逾千人次。

【公益扶贫】 2018 年，中国太平在安徽裕安区与中国人民保险集团股份有限公司合作，为近 3 万户建档立卡贫困户产业发展提供“深贫保”保险保障，为近 400 名建档立卡贫困户捐赠团体意外险，总保额 2000 万元；向安徽裕安区贫困人员和临泉县贫困师生捐赠团体意外险，覆盖人员 600 余人，总保额 3330 万元。与农业农村部签订共同推进“双创”现代农业合作协议，在农业防灾减损、菜篮子工程等领域进行合作；响应行业号召，认购中国保险业产业扶贫投资基金，促进贫困地区经济发展和产业脱贫，首期认缴金额达 1 亿元，居行业机构首位。

【基础设施建设】 中国太平把推进定点扶贫单位基础设施建设作为扶贫的重要内容，组织专家帮助贫困地区围绕改善村容村貌、交通运输、产业配套等进行整体规划设计。在两当县，参与农村人居环境综合治理及旅游乡村项目，为 9 个美丽乡村旅游示范村出资 63 万元安装 140 盏太阳能路灯，带动贫困户 370 户、1410 人实现稳步脱贫，带动全县 1217 户、3878 人稳步增收。加大基础设施扶持力度，为杨店乡颜河村、显龙镇聂沟村各出资 92 万元、98 万元，硬化村内道路，并安装太阳能路灯，解决群众出行难问题，使农民群众出行更便捷。在裕安区向江家店镇桂花村资助 112 万元援建扶贫纺织车间，为当地 18 位村民提供就业岗位，为村集体带来收益。

【健康扶贫】 中国太平对接扶贫点群众健康保险需求，开发面向贫困人口的商业健康保险产品，提高贫困人口医疗费用实际报销比例。对接民生保险需求，针对建档立卡贫困人口，争取地方政府支持，积极开展商业医疗补充保险业务。2018 年，投入 158 万余元，援建裕安区韩摆渡镇卫生院项目，为 5 万余名村民就近看病就医提供方便，助力该镇医疗健康“双基”达标。2018 年 3 月，在裕安区组织开展“残疾儿童家长康复知识培训班”，邀请北京市残疾人康复服务指导中心专家，历时 4 天针对脑瘫、孤独症、聋儿、智力四类残儿康复知识展开授课，当地 11 个康复机构、26 个乡镇卫生院、社区卫生中心的康复医生和残疾儿童家长共 600 人次参加培训，提高了各康复机构医生的专业水平，提升了残儿家长的家庭康复知识和训练技巧。

（中国太平保险集团党群工作部 刘翔鹏）

中国华融资产管理股份有限公司定点扶贫

【概述】 2018年，中国华融资产管理股份有限公司（以下简称“中国华融”）定点帮扶四川省宣汉县，投入定点扶贫资金1303万元，实施定点扶贫项目14个，向宣汉县派驻挂职扶贫干部2人，组织“三支队伍”（贫困村党支部书记、致富带头人和实用科技人才）培训224人次，购买宣汉县农特产品152.91万元，帮助销售农特产品21.44万元，完成《中央单位定点扶贫责任书》承诺的资金投入、消费扶贫、人员培训等指标任务。2018年宣汉县4.52万人脱贫，74个贫困村脱贫摘帽，贫困发生率下降至1.5%。中国华融重点帮扶的仁义村、板桥河村通过市级脱贫验收。

【扶贫资金投入】 2018年，中国华融向宣汉县投入扶贫资金1303万元，其中，教育扶贫资金429.51万元，基础设施建设资金545万元，产业扶贫资金130万元，健康扶贫资金100万元，培训资金98.49万元。

【扶贫调研】 2018年12月，中国华融党委书记、董事长王占峰赴宣汉县实地调研。中国华融党委委员、副总裁王文杰于2月、8月两次赴宣汉县调研定点扶贫工作。

【扶贫制度建设】 2018年，中国华融制定印发《扶贫项目管理办法》，确立扶贫项目管理原则，明确扶贫项目调研论证和方案审批要求，规范扶贫项目资金拨付流程，完善扶贫项目建设和监管标准。

【扶贫资金管理】 2018年，中国华融根据公司《扶贫项目管理办法》要求，按照“一次性预拨付到位、按项目审批支取、年终汇总结算、剩余结转”的原则落实扶贫资金管理，规范了扶贫资金申请的条件、要求和程序。公司挂职扶贫干部和驻村第一书记全程跟进掌握扶贫资金划拨情况，公司扶贫办公室对扶贫资金审批、结算材料进行审核备案。

【干部挂职扶贫】 2018年，中国华融选派鞠鹏为新任挂职扶贫干部，担任宣汉县委常委、副县长，协助分管金融、扶贫移民等工作；选派鄢宏继续担任驻仁义村第一书记。

【教育扶贫】 2018年，中国华融投入429.51万元开展教育扶贫，围绕教师、学生、教学设施建设等三方面，帮助改善贫困地区学生生活条件、支持提高乡村教育水平。投入60万元实施天生中学女生宿舍楼配套设施建设项目，建设辅助基础设施并购置学生宿舍用床。投入100万元实施隘口乡中心校运动场改扩建项目，帮助隘口乡中心校平整山体滑坡沉降土地，扩建学校运动场。投入168万元实施黄金中学迁建项目。投入50万元开展第四届“中国华融·宣汉县最美乡村教师”奖励项目，组织50名优秀乡村教师赴北京培训。投入51万元实施中国华融奖、助学金项目，向当年高考被录取的宣汉县贫困学生发放奖学金5000元/人，资助60人次；向宣汉县贫困高中生发放助学金1000元/人，资助210人次。

【基础设施建设】 2018年，中国华融投入545万元开展基础设施建设，实施建设村级道路、建设安全饮水工程等项目，帮助改善贫困村基本生产生活条件。投入13万元修建仁义村安全饮水设施，解决100余户、400余人（贫困户30余户、120余人）

安全饮水问题。投入180万元为峰城镇板桥河村维修山坪塘，帮助板桥河村357户、1587人解决生产用水和灌溉问题。投入312万元为仁义村和板桥河村新建3条道路，共计3.89千米；硬化5条道路，共计3.83千米；修复3处因灾损毁道路，解决村民出行难、农产品运输难问题。投入30万元为板桥河村修建村级阵地，配套建设文化室、卫生站等附属设施，为村民集会及集体活动提供场地。

【产业扶贫】 2018年，中国华融投入130万元开展产业扶贫，帮助贫困村培育特色产业，为贫困户提供较为稳定、可持续的经济收入来源。投入70万元代替仁义村出资，由仁义村与果康源农业发展有限公司合作发展车厘子种植项目，通过分红、劳务工资等增加贫困户收入，为30户贫困户提供务工工资10.3万元。投入60万元修建板桥河村蜀宣花牛养殖场，该项目已于5月竣工投入使用，为当地村集体增加了收入来源。帮助桃花米加工厂拓展销售渠道，销售桃花米约7.1万千克，实现销售收入96.3万元，帮助200余户村民增收10余万元。

【扶贫干部培训】 2018年，中国华融举办宣汉县“三支队伍”培训班5期，培训224人，其中，培训贫困村党支部书记66人、创业致富带头人54人、实用科技人才104人。

【公益扶贫】 2018年，中国华融组织开展第4期公司员工与宣汉县贫困家庭学生“一对一”爱心资助活动，动员150余名员工结对资助150名宣汉县贫困学生，资助金额30.3万元；2018年，中国华融与中国扶贫基金会合作，捐资100万元，引进阿里巴巴公益等340万元资金，在宣汉县开展“顶梁柱”公益健康保险项目，为宣汉县建档立卡贫困家庭主要劳动力约11万人（18～60周岁）提供住院补充医疗保险，缓解“看病难”问题。截至2018年底，宣汉县2018年度“顶梁柱”公益健康保险项目已累计理赔244人次，累计赔付金额超过92万元。

【扶贫宣传】 2018年，中国华融注重扶贫工作信息的搜集、总结和宣传，搭建扶贫工作展示平台和全员参与机制，引导动员公司系统员工参与扶贫工作，提升扶贫工作影响力。组织开展2018年国家扶贫日主题活动，通过制作宣传展板、推送微信公众号文稿等形式，展现公司扶贫工作开展情况。完成报送国务院扶贫开发领导小组办公室、中国人民银行、中国银行保险监督管理委员会的定期工作总结、报告和经验材料8份，征文稿9篇，展现公司扶贫工作的进展及经验做法。

（中国华融资产管理股份有限公司
扶贫办　倪思媛）

中国航天科技集团有限公司定点扶贫

【概述】 2018年，中国航天科技集团有限公司（以下简称“航天科技集团”）承担陕西省太白县、洋县和河北省涞源县定点帮扶任务，选派挂职干部3名，驻村第一书记3名，驻村工作队员2名。投入专项扶持资金1050万元，引进帮扶资金531.2万元，购买贫困地区农产品203万元，帮助销售192.1万元，培训基层干部166名，培训技术人员528人。

【扶贫资金投入】 2018年，航天科技集团投入专项扶持资金1050万元，其中，向太白县投入帮扶资金370万元，包括155万元用于产业项目、15万元用于技能培训、30万元用于教育扶贫、20万元用于社会救助；向洋县投入帮扶资金420万元，包括360万元用于产业项目、40万元用于教育扶贫、20万元用于社会救助；向涞源县投入帮扶资金260万元，包括210万元用于产业项目、30万元用于教育扶贫、20万元用于社会救助。

【扶贫调研】 2018年，航天科技集团党组书记、董事长吴燕生，党组副书记、总经理袁洁，党组成员、副总经理张建恒，党组成员、纪检组长谭焕民共计6次到定点扶贫县调研考察，考察光伏发电、电商扶贫、贫困村基础设施建设等项目，慰问挂职干部，与县委县政府座谈。

【扶贫会议】 2018年，航天科技集团共召开5次专题工作会专门研究定点扶贫工作：2月，召开扶贫领域作风问题专项治理工作部署视频会；6月，召开集团公司扶贫工作领导小组会；10月，召开专题党组会；11月，召开集团公司定点扶贫工作推进会；12月，召开集团公司定点扶贫工作汇报会。

【扶贫培训】 2018年，航天科技集团依托当地职业技术学院、职教中心等组织开展职业技能培训。在太白县，投入帮扶资金15万元，举办专业培训班36期，受训3751人次，其中贫困户931人次，65人已上岗就业，月收入2500元以上。在洋县，开展“航天技能大师·大国工匠进课堂”活动，邀请航天集团5名技能大师到洋县职业技术教育中心，开展了数控技术应用、焊接、汽车应用与维修3个专业的授课和技术交流活动，受益师生500余人。在涞源县，开展2期培训，培训草莓种植专业技术人员19人。

【干部挂职扶贫】 2018年，集团公司共选派8名同志到帮扶县挂职开展定点扶贫工作，其中3名挂职副县长，3名驻村第一书记，2名驻村工作队员。

【扶贫日活动】 2018年航天科技集团向三个贫困县各投入20万元用于社会救助及国家扶贫日活动。在10月17日第五个国家扶贫日之际，航天科技集团组织在三个贫困县开展了一系列活动。

在洋县，董事长吴燕生调研老庄村吊瓜示范园项目、洋县职教中心航天帮扶项目，入户慰问贫困户，慰问挂职副县长和驻村书记，出席“大国工匠航天技能大师进课堂”启动仪式，参加洋县定点扶贫座谈会，同陕西省、汉中市、洋县县委县政府有关领导就定点扶贫进行专题座谈交流。

在太白县，开展扶贫日捐赠活动，对全县8所教学生活基础薄弱的中小学开展后勤设施设备配置、贫困学生资助、乡村困难教师资助系列活动。

在涞源县，在昌源公园、东团堡乡开展扶贫政策宣传、扶贫成果展示等活动，并组织进行政策咨询解答，同时组织开展现场义诊活动。开展扶贫助学活动，为白石山小学捐赠资金铺设塑胶地垫，修建安全护栏，改善学校的教育教学条件。

【扶贫资金管理】 2018 年，航天科技集团加大扶贫资金使用监督检查力度，组织成立检查工作小组，赴太白县、洋县、涞源县开展专项检查。检查工作组成员翻阅相关的规章制度、红头文件、文字记录、总结报告、调研照片和视频等见证资料，项目相关的文件、协议、合同、会议记录等资料，对扶贫资金的使用进行全面检查，并对发现的问题进行整改。

【产业扶贫】 在太白县，投入资金 155 万元用于下白云村农家乐产业园、焦家山村食用菌大棚、和平村富硒灵芝生产基地、高家坝中蜂养殖示范园、原生态土蜂蜜加工等产业项目，带动贫困户增收；投入资金 150 万元，在咀头镇梅湾村修建一座光伏发电站。

在洋县，投入资金 210 万元用于杆柏村整村脱贫食用菌基地、张坪村整村脱贫有机水稻食用菌基地、薛氏土蜂养殖基地、老庄村吊瓜生产示范基地、关帝镇马坪村航天科技集团茶产业扶贫示范基地、厂盛蜂业专业合作社吊瓜种植示范园区、华阳生态茶园、波溪村中药材柴胡种植等产业项目，带动建档立卡贫困户 461 户、1500 余人，实际帮助脱贫 86 户、323 人。投入资金 150 万元，在窑平村、月蔡村建设光伏扶贫电站，预计带动建档立卡贫困户 323 户、1047 人。

在涞源县，投入帮扶资金 210 万元用于盛泽农副食品加工、品一电商、飞建蔬菜种植和观光采摘基地、万亩黑柴胡种植基地、航天育种推广等产业项目，带动贫困户增收。

【教育扶贫】 2018 年，在太白县，航天科技集团联合杨凌职业技术学院成立了农民培训基地，教授农民种养技术；完成 6 所小学搭建远程互动教室项目 6 个，实现远程互联网视频互动教学；投入帮扶资金 30 万元，在县青少年活动中心建成航天科普教育基地。在洋县，投入帮扶资金 40 万元，开展洋县职教中心无人机专业建设及基础专业提升项目。

（中国航天科技集团有限公司扶贫办）

中国航天科工集团有限公司定点扶贫

【概述】 2018年，中国航天科工集团有限公司（以下简称“航天科工”）发挥政治优势、组织优势和科技优势，由党组书记、董事长高红卫任航天科工扶贫领导小组组长，总经理、党组副书记及分管扶贫工作的专职党组副书记为副组长，在定点扶贫的云南省昆明市东川区和富源县持续开展科技扶贫、产业扶贫、教育扶贫、医疗扶贫、民生扶贫、消费扶贫等项目。直接投入帮扶资金1003万元，引进帮扶资金58.57万元，职工捐款936万元。培训基层科技干部20人，培训教育、卫生、农业等方面人员1087人。航天科工向两个定点扶贫县选派扶贫挂职副县（区）长2名，向东川区铜都街道老村村派驻第一书记1名。

【扶贫资金投入】 2018年，航天科工增加对定点扶贫县投入，帮扶资金1003万元。其中，加大对深度贫困地区东川区的帮扶倾斜力度，投入556.25万元，向富源县投入446.75万元。引进帮扶资金58.57万元。首次开展消费扶贫，购买贫困地区农产品23.01万元，帮助销售贫困地区农产品354.13万元。在全系统广大干部职工中发放《倡议书》，开展“精准扶贫　爱心捐款”活动，10.52万名职工参与捐款，合计936万余元。善款主要用于定点扶贫县教育扶贫、科技扶贫、民生扶贫、医疗扶贫、危房改造等方面。

【扶贫调研】 在国家第五个扶贫日及中秋节前夕，原总经理、党组副书记李跃专程赴东川区和曲靖市富源县调研扶贫工作。8月，原党组副书记、副总经理方向明率总部及所属单位相关人员一行赴云南省东川区、富源县多个村镇调研，协调引进扶贫企业，督促检查扶贫项目进展情况。2018年，航天科工扶贫调研7次，赴扶贫县调研人数近100人。

【扶贫培训】 航天科工举办全系统扶贫干部培训班，对增强“四个意识”（政治意识、大局意识、核心意识、看齐意识）、如何做好扶贫干部、扶贫工作的重点难点问题进行阐述，开展业务培训。在贫困地区培训基层科技干部20人，培训教育、卫生、农业等方面人员1087人，提高上述人员业务能力和产业化发展能力。协调引进扶贫企业，培育创业致富带头人，吸纳贫困人口实现转移就业28人。

【产业扶贫】 采用航天智能节水灌溉技术提升产业化水平。在东川区实施乌龙镇碑棋社区100亩太空蔬菜基地项目、乌龙镇坝塘村300亩软子石榴节水灌溉项目，使东川区249个建档立卡贫困户2408人受益。在富源县营上镇哈播村实施170亩软籽石榴智能节水种植示范区项目、富村镇块泽村270亩蔬菜种植项目、鲁纳村200亩山药和200亩脆玉米种植项目、水井村100亩魔芋和100亩山药种植基地项目，使富源县1008户建档立卡贫困户、4493人受益。扶持定点扶贫县龙头企业和农村合作社7个，开展贫困人口就业技能培训260人。项目实施改善贫困户生产条件，帮助产业结构调整升级，提高农民收入，提升生活质量。

【科技扶贫】 在东川区实施森林防火视频监控系统项目，提高防火效能。东川区森林覆盖率较高，冬春季降水量小，气温偏高，每年有半年时间是防火期，森林防火形势严峻，2018 年春节以来发生大小火情 20 余起。森林防火视频监控系统项目通过智能图像识别、GIS、热成像等高新技术建立林火智能化监测预警和应急指挥系统，实现林火监测识别、定位、扑救指挥、损失评估等功能，解决人工监控因用眼疲劳无法第一时间发现火情的问题，实现森林防火从人防转为技防。

【健康扶贫】 航天中心医院与富源县中医院进行远程医疗会诊 40 余次，涉及风湿免疫、极危重症等 10 个专业 30 余位专家；开展教学讲座 40 余次，培训医护人员 300 人次；捐赠医疗设备，开展结对帮扶义诊，医治病人 3100 余人次。

【教育扶贫】 在东川区、富源县投入 20 万元，为 100 名贫困家庭的初高中生发放“航天—智高”助学金，资助家庭特别贫困的学生圆大学之梦。开展“同舟工程——中央企业参与‘救急难’行动”，继续在东川区投入资金 5 万元，对 10 户贫困家庭进行救助。

【干部挂职扶贫】 2018 年，航天科工向 2 个定点扶贫县选派扶贫挂职副县（区）长 2 名，向东川区铜都街道老村村派驻第一书记 1 名。

【党建扶贫】 通过与党员群众进行面对面沟通交流、征求意见建议的重要形式，让每一个党员群众参与进来，为村脱贫攻坚和党组织建设出谋划策，党员群众凝聚力得到增强。2018 年，航天科工及所属单位向两个定点扶贫县投入党费 300 万元，主要对 99 个贫困村 151 个党支部党员活动室党员教育设施陈旧部分进行更新，覆盖 3466 名党员。将群众需求转化为党组织和党员的实际行动，做到让群众满意，听党话、感党恩、跟党走。东川区大橄榄坡党支部党员自发修整抹平剐蹭汽车底盘的过路水沟，下村党支部党员清理了沉淤多年的沟渠，光龙角党支部自觉捐款出力，修葺活动场所广场边缘的围栏，避免安全风险。设立党费帮扶奖学金，从扶贫党费中支出 10 万元，用于资助 50 名东川区家庭特别贫困的小学、初中学生完成学业。加强对习近平总书记关于扶贫开发工作的重要论述、党的十九大精神、村规民约和移风易俗宣传，邀请专业播音员录制脱贫攻坚政策和村规民约，每天定时播放。成立老党员、老同志脱贫攻坚政策宣讲团 30 余个，深入村组开展群众思想教育工作 300 余次。组建老村先锋文化艺术团，70 多支舞蹈队 800 余名队员在建党节、重阳节、春节自编自演节目，把脱贫攻坚政策、村规民约等融入表演，寓教于乐。

（中国航天科工集团有限公司党群部
刘芳晓）

国家烟草专卖局定点扶贫

【概述】 2018年，国家烟草专卖局定点帮扶湖北省十堰市竹山县、竹溪县，宁夏回族自治区吴忠市红寺堡区3个定点扶贫县（区）。投入扶贫资金6381.2万元，其中竹山县2270万元，竹溪县2280万元，红寺堡区1500万元，党建扶贫资金331.2万元；引进帮扶资金240.77万元。创新消费扶贫帮扶方式，在十堰市组织召开定点扶贫县烟叶产销衔接会，引导全国卷烟工业企业采购两县烟叶。2018年，两县种植烟叶3.88万亩，实现烟农总收入12294.1万元。2018年全行业采购定点扶贫地区农特产品2023.34万元，其中国家烟草专卖局机关直接采购金额为40.86万元。组织督促检查工作，形成督促检查报告，对3个定点扶贫地区共提出16项整改意见，并发函督促其整改。国家烟草专卖局的定点扶贫工作在2018年脱贫攻坚成效考核中取得“好”的等次。

【扶贫资金投入】 2018年，国家烟草专卖局共向定点扶贫地区投入帮扶资金6381.2万元。在资金投入和项目安排上，按照聚焦扶贫项目的精准性和资金使用规范性的要求，向竹山县投入2270万元扶贫资金，用于产业增收、基础设施、人居环境改善、教育事业、医疗卫生5大类36小类扶贫项目；向竹溪县投入2280万元扶贫资金，用于产业增收、人居环境改善、教育事业3大类13小类扶贫项目；向红寺堡区投入1500万元扶贫资金用于发展肉牛养殖、饲料补贴。国家烟草专卖局机关党委向定点扶贫地区的深度贫困村拨付两年党建扶贫资金共631.2万元（提前拨付2019年资金300万元），用于强化村“两委”建设、促进村集体经济发展。

【扶贫调研】 国家烟草专卖局建立了党组领导调研督导和走访慰问制度。明确局党组书记和分管领导每年要深入各定点扶贫县（区）调研指导、慰问干部，其他党组成员也要定期走访慰问非定点县（区）的挂职干部。国家烟草专卖局党组书记、局长张建民于10月底和12月上旬分别到竹山县、竹溪县和红寺堡区调研指导定点扶贫工作。国家烟草专卖局分管扶贫工作的副局长杨培森8月底和9月中旬分别到3个定点扶贫县（区）调研督导、走访慰问。

【扶贫会议】 2018年，国家烟草专卖局召开3次党组会议（暨扶贫工作领导小组会议），集中学习中央单位定点扶贫工作推进会会议精神和重要讲话精神。

【扶贫制度建设】 印发《国家烟草专卖局 中国烟草总公司机关党建对口帮扶工作方案》，要求自2018年起，在三年时间内利用返还结余党费资金累计向定点扶贫地区投入不超过1000万元资金，用于强化村“两委”建设、夯实空壳村经济。2018年4月，印发《中共国家烟草专卖局党组关于加强烟草行业对口扶贫、蹲点帮扶干部管理的意见》，要求通过加强教育培训和管理考核等方式促进扶贫干部提升工作能力，改进工作作风，强化责任担当，真正做到“扶真贫、真扶贫”。6月，印发《国家烟草专卖局关于调整充实扶贫工作领导小组组成人员的通知》，调整充实了扶贫工作领导小组，由国家烟草专卖局党组书记、局长担任扶贫工作领导小组组长，并补充机关党建部门和廉政部门主要负责同志为领导小组成员；印发《国家烟草专卖局 2018 年定点扶贫工作计划》，对年度定点扶贫工作提出具体措施意见；印发《国家烟草专卖局定点扶贫县脱贫攻坚督促检查工作实施办法》，进一步夯实地方党委、政府脱贫攻坚主体责任并切实解决扶贫资金使用及项目安排中的不足，为脱贫攻坚督促检查工作提供了制度遵循。11 月，印发《中共国家烟草专卖局党组关于贯彻落实打赢脱贫攻坚战三年行动计划指导意见的通知》，统一思想、明确目标，履行烟草行业脱贫攻坚帮扶责任。

【扶贫培训】 培训扶贫干部、技术人员 519 人次，其中培训竹山县技术人员 330 人次、扶贫干部 79 人次，培训竹溪县技术人员 36 人次、扶贫干部 52 人次，培训红寺堡区扶贫干部 22 人次。国家烟草专卖局于 2018 年 7 月在北京（会同工业和信息化部共同举办）、9 月在十堰市竹溪县组织了 2 次定点扶贫地区干部培训班，先后培训扶贫干部近 200 人次，其中培训国家烟草专卖局定点扶贫地区基层扶贫干部 67 人。委托十堰市烟草专卖局（公司）组织培训竹山、竹溪两县烟叶生产技术人员和种烟贫困农民 74 人。

【干部挂职扶贫】 2018 年 7 月，国家烟草专卖局新增选派 2 名干部到竹山县擂鼓镇新堰村、竹溪县水坪镇洛家河村担任第一书记，利用返还党费一次性拨付第一书记配套经费 15.6 万元，用于第一书记开展基层党建活动和发展村级集体经济。截至 2018 年底，国家烟草专卖局向定点扶贫地区派出挂职干部 7 人，含挂职副县（区）长 3 人、县委办副主任 2 人、第一书记 2 人，初步形成县有副县（区）长、乡镇有副书记、村有第一书记的“国烟扶贫工作队”。

【扶贫宣传】 2018 年，国家烟草专卖局发展计划司联合《东方烟草报》举办了第一届烟草行业践行乡村振兴战略纪行暨寻找最美烟草帮扶村活动。通过 6 个月的展示和评选，四川省凉山地区的特补乃乌村、少小民族布朗族所在的云南省大中村等 21 个村庄脱颖而出，获得最美烟草帮扶村荣誉称号。

【扶贫资金管理】 2018 年 10 月至 11 月，国家烟草专卖局抽调省市各级扶贫专家组成联合督查组对定点扶贫地区党委、政府的主体责任及扶贫资金使用及项目安排等方面进行督促检查工作。督查组针对检查中发现的压力传导层层递减、部分干部工作作风不严不实、帮扶措施及对象识别不精准和不到位，以及在国烟扶贫中存在的项目管理及资金规范使用等问题，向县（区）委、政府进行了现场反馈，提出 16 项书面整改意见，要求各定点扶贫地区整改落实，以切实转变工作作风，夯实工作脱贫成效。3 区（县）根据整改意见，分别向国家烟草专卖局提交整改报告，对扶贫资金管理机制和流程进行完善和细化。

【产业扶贫】 2018 年 8 月，国家烟草专卖局在十堰市组织召开定点扶贫县烟叶产销衔接会，引导和鼓励全国卷烟工业企业采购两县烟叶，助力两县烟农脱贫增收。竹山县全年种植烟叶 2.07 万亩，收购烟叶 4.32 万担*，实现烟农总收入 6766.8 万元；竹溪县全年种植烟叶 1.81 万亩，收购烟叶 3.89 万担，实现烟农总收入 5527.3 万元。十堰市烟草系统 2018 年在竹山、竹溪两县完成烟田基础设施投入 84.2 万元，行业援建的竹溪县鸳鸯池水库建设项目已完成前期论证工作。

向竹山县投入 1510 万元，聚焦郧巴黄牛、郧阳大鸡的养殖及深加工，蜜蜂加工业建设，扶贫车间建设等当地特色产业。竹溪县 2018 年共投入 1252 万元，聚焦蔬菜大棚建设，黄牛、娃娃鱼和土鸡等特色农产品深

* 担为非法定计量单位，1 担 = 50 千克。——编者注

加工基地建设，茶叶、食用菌、魔芋、树莓等产业基地建设。红寺堡区2018年共投入1500万元，聚焦“中烟飞地”肉牛养殖园区及饲草料补贴等项目。

国家烟草专卖局副局长杨培森、发展计划司多次帮助协调弘德包装材料有限公司烟标订单问题。2018年生产烟标32万箱、销售34万箱，实现营业收入1.96亿元，实现利税总额3832万元，其中上缴税金1941万元，净利润1891万元，稳定解决就业256人（含建档立卡贫困户53人，残疾人3人）。该厂是红寺堡区工业增加值和税收贡献第一大户。

【教育扶贫】 2018年，国家烟草专卖局向竹山县投入270万元用于教育培训事业，聚焦幼儿园改造、塑胶跑道建设、足球场建设、直播课堂建设、种养业培训等方面；向竹溪县投入890万元用于教育培训事业，聚焦教学楼、宿舍楼建设，运动场改造，“双师”教育信息化建设，贫困户技术培训等方面。协调湖北省烟草专卖局（公司）、湖北中烟工业有限责任公司通过“湖北希望工程·知音同行助学基金”向两县捐赠95万元，通过“金叶新长城自强班”和“相守计划”向竹溪县捐赠62万元用于资助中小学生放学后的安幼工作，竹山县国烟扶贫工作队通过公益众筹的方式为东河村幼儿园筹集资金2.2万元，通过教育扶贫阻断贫困的代际传播。

【基础设施建设】 2018年国家烟草专卖局向竹山县投入150万元，用于支持桥梁建设、道路硬化、安幼养老中心建设等方面；向竹溪县投入138万元，用于支持洛家河和麻河塘村美丽乡村项目建设。

【公益扶贫】 2018年国家烟草专卖局协调浙江中烟工业有限责任公司向竹山县捐赠50万元用于烟叶救灾，保证了贫困户利益不受损失。

【健康扶贫】 2018年国家烟草专卖局向竹山县投入150万元帮助村级卫生站、救护车及配套设施采购项目建设。协调湖北省烟草专卖局（公司）、湖北中烟工业有限责任公司通过“我看见：消除白内障、荆楚送光明”活动，向两县捐赠31.6万元。

（国家烟草专卖局发展计划司
董昊明）

中国航空工业集团有限公司定点扶贫

【概述】 中国航空工业集团有限公司（以下简称“航空工业集团”）定点帮扶“两省五县”：贵州省镇宁、关岭、普定、紫云4县和陕西省西乡县。2018年，以产业扶贫为重点，创新开展“产业扶贫、文化扶贫、教育扶贫、劳动力扶贫、消费扶贫、医疗扶贫、党建扶贫”七项扶贫举措，推进定点扶贫工作。对定点扶贫县投入帮扶资金1579.91万元，引进帮扶资金2372万元，培训基层干部546名，培训技术人员3845名。

【扶贫资金投入】 2018年，航空工业集团对定点扶贫县投入帮扶资金1579.91万元，引进帮扶资金2372万元。购买贫困地区农产品1328.8万元，帮助销售贫困地区农产品421万元。在落实银保监会金融扶贫政策方面，航空工业集团所属中航证券有限公司投入5.2亿元认购安顺市地方债券，支援地方脱贫攻坚工作。

【扶贫机制建设】 在原有航空工业集团扶贫开发工作领导小组及办公室、贵州和陕西两个扶贫现场指挥部两级架构基础上，继续向一线延伸，新设包县包村工作组，形成了“集团抓总、扶贫现场指挥部组织、包县包村工作组实施”，职责明晰、上下贯通的指挥体系。在集团层面，董事长、总经理、专职副书记任扶贫领导小组组长、副组长，相关总部部门和二级单位主要负责人任成员，加强对扶贫工作的指导、决策。在定点扶贫地区层面，将贵州和陕西的航空工业单位全部纳入指挥部参与定点帮扶，扶贫工作组织实现了“实时沟通联络，快速推进落实”。

2018年3月首次召开全行业扶贫工作推进会，所属二级单位分管扶贫工作的班子成员、扶贫工作部门负责人全部参加，学习中央扶贫工作要求，明晰各单位任务，形成全集团参与定点扶贫工作的合力。制定印发航空工业集团《定点扶贫工作三年滚动计划》《中国航空工业集团公司定点扶贫开发专项资金管理办法》《扶贫专项资金使用规则》等文件。

【干部挂职扶贫】 2018年选派1人到安顺市挂职任市委常委、副市长，协管扶贫工作，5人挂职任定点扶贫县县委常委、副县长，8人任驻村第一书记，挂职干部均分管或协管扶贫工作。

【督导检查】 建立企地合作机制，与地方党委政府加强在扶贫领域监督执纪问责的协作，通力合作进行扶贫领域作风问题专项治理。集团领导谭瑞松、李玉海、张希赴贵州、陕西两地扶贫县调研工作时均与当地政府进行座谈，专题听取扶贫工作推进情况报告，研究解决存在问题。开展全过程管理监督，成立专项督察小组，以项目为载体，以“扶贫资金流转”为主线，分别对5县扶贫工作开展专项督察。航空工业集团全年共督导84次，形成督导报告9篇。印发《航空工业开展扶贫领域作风问题专项治理的实施方案》，集中开展专项治理，向国务院国有资产监督管理委员会专题上报《航空工业开展扶贫领域作风问题专项治理情况的报告》。

【产业扶贫】 2018年在5个定点扶贫县审批立项扶贫产业项目25项，涵盖农业产业、工业产业和文化旅游等领域，直接资金投入1270万元。项目完成后将覆盖贫困户1200多户，贫困人口7000多人。将扶贫工作纳入航空工业集团军民融合推进方案中通盘考虑，在贫困县建立军民融合工业产业，实现“输血”向“造血”的转变。航空工业集团在普定县马官镇捐建的包装箱厂已建成，在镇宁工业园区引进厚诚发科技有限公司投资2000万元新建机加工厂项目已正式启动建设。

【旅游扶贫】　帮助西乡县回龙村利用原红29军军部所在地的历史资源，建设红色旅游文化设施，按西乡县产业规划，力争建成市级爱国主义教育基地。帮助普定县水井村利用种植的千亩荷塘打造“荷文化”，2018年7月28日举办第二届荷花节，实现单日接待游客5万人。捐建村集体公司荷叶茶生产设备，帮助销售莲藕、莲蓬、莲子等农产品。

【教育扶贫】　组建贵州和陕西义务支教讲师团，选派航空工业集团在贵州所属企业12名在职青年员工，所属汉中012技校3名教师赴定点扶贫县中小学任教，开展为期一年的驻村支教活动。实施“免学杂费、保证就业”扶贫资助政策，与定点扶贫县政府召开“技能扶贫”工作洽谈会，2018年定向培养贫困生56名，实行“零费用”入学，对部分贫困户学生给予生活费补助，负担各类费用100多万元。实施培训就业一条龙帮扶，在学生进校时即签订就业协议，保证就业。开展航空工业集团“蓝粉笔”教育公益行动，2018年投入30多万元，培训基层乡村教师1600名。持续开展“定点扶贫乡镇航空科普”、“1+N”助学、爱心助学接力活动和公益书苑建设工作，2018年在贵州省镇宁县简嘎中心学校等3所学校为2159名学生开展航空科普讲座和航模表演。投入23.4万元为贫困地区的孩子发放御寒保暖物品和课外读物，为4所小学建立公益书苑。

【就业扶贫】　实施贫困家庭子女定向培养、就业工程，与长沙航空职业学院、张家界航空职业技术学院、成都职业技术学院等职业航院达成人才培养战略合作协议，对贫困家庭子女进行订单式培训，2018年汉中012技校订单式培训项目共招收56名贫困地区学生。航空工业集团所属部分单位组团参加紫云县、镇宁县专场招聘会，累计招收安顺四县劳动力就业350人，其中8人为建档立卡贫困户。在安顺和汉中地区成员单位制定政策，在招录人员时优先招录贫困家庭人员。

【消费扶贫】　拓宽贫困县产品销售渠道，构建“天虹商场实体店+爱心航空电商平台+单位集采”多平台消费扶贫模式。航空工业集团所属天虹商场开辟扶贫商品专柜，采购贫困县生鲜产品150万元，同时指导贫困地区以销定产，派出农业专家对农副产品进行全生长周期指导，邀请贫困户到商超学习，使农超对接更加顺畅。航空工业集团所属中航亿通电子商务（北京）有限公司开发“爱心航空”消费扶贫电商平台，推动定点扶贫县农特产品的在线销售，9月平台上线后一个季度内实现销售1000万元。

【健康扶贫】　组织包括协和医院专家在内的北京医学博士专家团与航空工业集团在贵州、陕西的所属医院医生组成43人扶贫专家组，赴贫困地区医院进行学术讲座、教学查房、贫困村专家义诊，为贫困人口170人建立健康档案，诊疗人次约3850人，培训541名乡村医生。建立乡村医生一对一导师制培养长效帮扶机制，由航空工业所属贵州302医院、汉中3201医院（均为三甲医院）和北京航空总医院为乡村医生指派一对一导师，负责提供日常专业咨询及在上述医院组织每年一个月的集中学习进修，帮助提升基层乡村医师临床技能，提升贫困县医疗水平。

【党建扶贫】　坚持“围绕扶贫抓党建，抓好党建促扶贫”理念，配齐配强村“两委”班子，建强基层党组织。开展2018

年航空工业集团挂职扶贫干部党建工作培训，由总部党组干部部、党建文宣部、纪检监察部相关人员授课，提高挂职干部的党务工作水平。开展党建结对帮扶，由党组织和党员一对一帮扶贫困户，2018 年，已结对贫困村 12 个，参与结对基层党委、党总支（支部）60 个，其中陕西指挥部对一对一精准帮扶的贫困户每户资助 5000 元资金，12 月经县、镇两级政府组织考核，全部通过了脱贫评估。

（中国航空工业集团有限公司 马 媛）

中国兵器装备集团有限公司定点扶贫

【概述】 2018年，中国兵器装备集团有限公司（以下简称“兵器装备集团”）定点帮扶云南省泸西县和云南省砚山县。泸西县、砚山县均达到脱贫摘帽标准，正式退出贫困县序列。

在精准扶贫实践过程中，兵器装备集团以“围绕一个中心、贯彻一个方针、聚焦三个重点、注重三个结合”的扶贫“1133”工作思路为指导，不断完善“RPDCA”（研究、计划、执行、检查、总结）扶贫全流程管理体系，着力优化、规范项目启动、实施、监督、评估管理流程。

2018年，兵器装备集团向泸西县、砚山县投入资金4000万元，启动实施扶贫项目20个，精准帮带1030户建档立卡贫困户发展产业，解决591户建档立卡贫困户的安全住房问题，援建学校3所，资助学生2885人，就业扶贫102人，解决1所县级医院、5个乡镇医院、88个村卫生室的部分关重设备匮乏问题，扶贫工作获得国务院扶贫开发领导小组“好”评。

【扶贫资金投入】 2018年，兵器装备集团总部及成员单位向两县教育、产业、民生等领域投入扶贫资金4000万元，确定启动20个扶贫项目。其中，向泸西县投入扶贫资金2000万元，实施8个扶贫项目；向砚山县投入扶贫资金2000万元，实施12个扶贫项目。

【扶贫调研】 兵器装备集团党组主要领导、分管领导4次（6人次）到扶贫县调研。5月、8月，党组书记、董事长徐平，党组副书记、总经理龚艳德，党组成员、副总经理董春波分别赴泸西县、砚山县现场办公，指导扶贫工作。

2018年，在兵器装备集团党组领导下，扶贫办牵头成立扶贫项目评审小组、联合督查组赴两县开展调研活动，持续跟踪2016—2018年扶贫项目运行情况。扶贫项目评审小组参与项目筛选、实施方案评审，调研筛选扶贫项目1次，开展项目实施方案评审2次。联合督查组分别于2018年3月、6月、8月、11月，开展作风检查2次、专项审计1次、监督检查1次，形成4份报告。

【扶贫会议】 2018年，兵器装备集团党组书记、董事长徐平组织召开3次党组会，讨论扶贫工作年度安排、半年工作进展、扶贫攻坚质量提升方案。分管领导通过党风廉政建设会等形式，组织专题学习扶贫政策文件，深入研究扶贫工作中的难点、痛点，指导扶贫实践。

【扶贫制度建设】 修订《定点扶贫项目管理办法》，健全扶贫工作管理体系，保障扶贫制度系统完备、科学规范、运转有效。进一步完善“总部相关部门＋挂职干部＋扶贫县”的大监察体系，从而保障扶贫项目有序推进，扶贫项目申报周期缩短40%以上；加强扶贫资金绩效管理，扶贫资金拨付周期缩短30%以上。

【扶贫培训】 兵器装备集团充分利用善小公益基金会等社会力量的优势资源，在泸西县开展实施乡村医生培训项目，兵器装备集团出资95万元，带动善小公益基金会出资23万元，共培训乡村医生44名。

【干部挂职扶贫】 兵器装备集团选派3名懂经营、善管理，市场化意识强的干部，分别担任泸西县、砚山县人民政府副县长及泸西县金马镇太平村驻村第一书记，为两县脱贫提供有力的人力保障。

【扶贫宣传】 向国务院扶贫办社会扶贫司、中国社会科学研究院工业经济研究所推介精准扶贫案例，获“企业扶贫50佳案例”称号；向中国互联网新闻中心主办、人民日报社《中国城市报》承办活动投稿，兵器装备集团获“首批美丽乡村建设最具影响力企业”称号；兵器装备集团运营管理部荣获云南省文山州“扶贫先进单位”称号。

【扶贫资金管理】 2018年8月，兵器装备集团审计与风险管理部对两县2016—2017年的57个扶贫项目（涉及资金1亿余元）进行专项审计调查。审计专家组一行10人深入乡镇、农户、合作社，通过查阅资料、入户访谈等，实现扶贫项目审计全覆盖。针对审计发现的问题，审计专家组提出3个建议，指导两县工作落实。

【产业扶贫】 转化乡村生态优势，打造高原特色农业，让贫困人口稳定增收。2018年，兵器装备集团向两县产业领域投入891万元，启动实施80亩巴西蘑菇种植项目、108亩蔬菜基地建设项目、三七种植项目、商品牛养殖项目等，增强当地种植养殖、中药材等产业发展实力，精准帮带1030户建档立卡贫困户，实现了“一地生四金”（贫困户土地流转有租金、扶贫款入股有股金、参加劳动有薪金、直接经营挣现金），让贫困户分享全价值链增值收益。

【教育扶贫】 坚持扶贫先扶智，推进物质、心理“双关爱”，让贫困学生有尊严地接受素质教育。持续向两县教育领域投入1480万元，用于学校援建、学生资助（2885人）、暖冬行动等项目。兵器装备集团审计与风险管理部主任肖勇为两县学生开设“梦想与人生”主题讲座，鼓励学生实现自我价值与社会价值，力求阻断贫困代际传播。

【健康扶贫】 结合两县需求，2018年兵器装备集团开展医疗卫生扶贫项目，出资300万元解决1所县级医院、5个乡镇医院、88个村卫生室的部分关重设备匮乏问题，实现“小病不出村、大病不出县”。截至2018年11月底，砚山县中医院ICU及NICU建设项目顺利启动，减少建档立卡贫困户医疗费用支出100万元。

（中国兵器装备集团有限公司
运营管理部　蔡　旺）

中国石油化工集团有限公司定点扶贫

【概述】 2018年，中国石油化工集团有限公司（以下简称“中国石化”）定点帮扶安徽省颍上县、岳西县，湖南省凤凰县、泸溪县，新疆维吾尔自治区岳普湖县，甘肃省东乡族自治县6个县，完成基层干部培训486人，技术人员培训224人。帮助购买定点扶贫地区农产品195.97万元，帮助销售定点扶贫地区农产品1982.8万元。派出扶贫挂职干部9人，投入扶贫资金10841万元，重点围绕产业开发、消费扶贫、就业扶贫和教育扶贫等内容，实施项目50个，受益群众2.4万余人。2018年8月，定点扶贫的岳西县正式脱贫摘帽；中国石化扶贫案例分别被国务院扶贫开发领导小组办公室、人民日报社评为脱贫攻坚推荐案例。2018年中国石化在中央单位定点扶贫考核中被评为“好”等次。

【扶贫资金投入】 2018年，中国石化向定点扶贫的6个县援助资金10841万元。其中，东乡族自治县6000万元（含救灾款500万元），岳普湖县1000万元，岳西县1263万元，颍上县758万元，凤凰县922万元，泸溪县898万元。

【扶贫会议】 2018年，中国石化党组领导组织召开定点扶贫专题会议5次，研究确定精准脱贫工作计划和资金投入安排，研究部署脱贫攻坚中的重点、难点工作，总结扶贫工作经验和成效，谋划下一步工作安排。

【扶贫调研】 2018年，中国石化党组领导先后赴定点扶贫县调研，中国石化董事长、党组书记戴厚良带队赴东乡族自治县调研定点扶贫工作。中国石化党组其他领导同志也先后赴定点县考察调研，共同推动精准脱贫工作。

【扶贫制度建设】 2018年8月，中国石化成立扶贫项目管理处，配备5名专职扶贫工作人员，加强了集团公司层面扶贫工作管理力量。修订完善《中国石化对口支援及定点扶贫项目执行和资金使用管理办法》《中国石化对口支援及扶贫工作管理考核办法》两项制度，规范扶贫资金和项目的管理，把每一项政策、每一个项目、每一笔资金都落到实处。聚焦精准，统筹规划，制定《中国石化扶贫工作三年行动计划》，明确重点投资项目及资金使用方向。

【扶贫资金管理】 严格执行《中国石化对口支援及定点扶贫项目执行和资金使用管理办法》，确保资金的使用安全。由中国石化党组纪检组、监察局、审计局和扶贫办组成联合检查组，开展扶贫领域专项治理工作，2018年完成岳西县、颍上县、泸溪县的专项检查，为脱贫攻坚有序开展提供保障。与地方政府监督监察部门建立日常联络沟通机制，在各定点扶贫县公布中国石化监督联系人和联系方式，实时接受地方政府各级干部群众监督。

【干部挂职扶贫】 中国石化向6个定点扶贫县派驻挂职干部9人，其中东乡族自治县3人，岳西县2人，其余各县均1人。挂任县级干部7人，派驻岳西县、东乡族自治县各1名驻村第一书记。2018年，各个县的挂职干部按照要求及时完成了轮换交接，配齐配强一线挂职干部，为全面打赢脱贫攻坚战奠定了人才基础。中国石化扶贫办定期组织召开挂职干部专题会议和工作述职会，学习有关会议、文件精神，通报项目和资金管理存在的问题，警示教育挂职干部履职尽责，规范扶贫项目和资金管理。编制《中国石化集团公司对口支援及定点扶贫县挂职干部履职责任书》，与挂职干部面对面签字背书，压实责任。

【扶贫培训】 全年举办 2 期扶贫干部专题培训班，对定点扶贫县及直属企业 70 余人进行扶贫专业培训，加压明责，打造一支懂扶贫、会扶贫、作风硬的扶贫干部队伍。开展 8 期基层干部党建扶贫专题培训班，对东乡族自治县 24 个乡镇党建办主任、230 个村（社区）党支部书记以及 238 名新党员进行培训，提高民族地区基层干部的政治觉悟、党性修养，帮助基层干部提升农村工作本领和脱贫攻坚能力。在东乡族自治县组织妇女手工技能培训和藜麦、甜高粱种植培训，在泸溪县、岳西县、凤凰县组织农业种植技术培训、食品加工培训，增强贫困地区群众劳动就业技能，实现由“输血”向“造血”的转变。

【产业扶贫】 2018 年，中国石化结合贫困县自然禀赋，积极开展岳普湖县贫困户庭院经济项目，在屋前屋后发展经济种植项目。实施颍上县、泸溪县、东乡族自治县种种养殖产业扶贫项目。与中国扶贫基金会在东乡族自治县、凤凰县和泸溪县合作开展美丽乡村民宿项目，全力打造产业扶贫新亮点，民宿项目得到地方政府认可。与甘肃省农业科学院合作，在东乡族自治县大树乡乔鲁村和高山乡布楞沟村示范种植藜麦 14.5 亩、甜高粱 20 亩。在东乡族自治县布楞沟流域 5 个乡镇、23 个村推广种植全膜玉米 2.1 万亩、脱毒马铃薯 4173 亩，增加群众收入。在东乡族自治县大树乡大树村新建 490 千瓦光伏村级发电站 1 座，带动 199 户群众年稳定增收 2000 元/户。

【消费扶贫】 组织专业人员到贫困县指导销售工作，举办扶贫产品推介会，提高扶贫县的农特产品知名度。10 月，组织各贫困县 130 余种农特产品参加杭州专场展销，现场实现销售 12 万元，达成后续意向订单 100 万元。充分发挥中国石化内部消费、渠道平台、专业化运作优势，通过专场推介、易捷便利店、中国石化团购网等多种渠道，2018 年购买定点扶贫县农产品 195.97 万元，帮助销售桑枝木耳、大枣等定点扶贫县农副产品 1982.8 万元。2018 年中国石化全系统直属企业累计购买 832 个贫困县农产品 772.13 万元，帮助销售 1.5 亿元。

【教育扶贫】 投入教育帮扶资金 1045 万元，其中，完善教育基础设施、购置教育教学设备投入 995 万元，发放助学金 50 万元。在民族地区成立中国石化希望班、启航班、励志班、筑梦班、振兴班和自强班，资助贫困学生 156 人。针对贫困地区失学女童问题严重的情况，设立“春蕾”班，帮助她们重返学堂。组织东乡族自治县贫困学生参加第十一届“长城润滑油·中国航天员体验营”夏令营活动。组织安徽岳西县、颍上县，湖南凤凰县、泸溪县 70 余名学生参加冬令营，让贫困地区品学兼优的学生走进北京、走进中国石化，帮助贫困地区儿童开阔视野。

【就业扶贫】 2018 年 10 月，中国石化在东乡族自治县举办未稳定就业大中专毕业生专场招聘会，公司 7 家直属企业提供就业岗位 278 个，共招聘录取 60 余人。在东乡族自治县建成产业扶贫车间 7 座，有效解决 300 户贫困人口“就近就业”。在凤凰县扶持蜡染非物质文化遗产，帮助贫困户掌握蜡染技能，解决贫困户就业难题。

【公益扶贫】 2018 年 7 月，东乡族自治县突发暴洪灾害，中国石化第一时间向东乡县委县政府致慰问信并捐赠 500 万元救灾款。中国石化甘肃石油分公司增派 4 台工程救援车和 1 台油品配送车支援现场，捐赠临时救灾物资 660 箱水和 700 箱方便面，保障受灾群众基本生活需求。在颍上县建设谢桥镇李庄村敬老院，将于2019年建成投用。在岳西县开展同舟工程“救急难”项目，全年救助特困户150户。举办慈善义卖捐赠活动，向东乡族自治县布楞沟小学捐赠爱心款27.7万元。

【健康扶贫】　连续11年做好中国石化“光明号”健康快车项目，为4.1万名白内障患者送去光明，2018年为3000多名贫困白内障患者实施手术。与“尤迈健康扶贫”远程医疗合作，使公益性优势资源精准对接贫困县，2018年完成63例大病患者免费诊治，免费培训医生100余人次。

【基础设施建设】　中国石化在东乡族自治县投入资金1810万元，实施危房改造853户。在布楞沟村实施整体提升工程，在布楞沟流域实施供水改造，投入495万元新建水厂加压泵站1座，调蓄水池4座，阀门井50座，埋设村级管道20千米，入户管道40千米，改造安装入户设施1000余套。

（中国石油化工集团对口支援及扶贫办　周　永）

中国海洋石油集团有限公司定点扶贫

【概述】 2018年，中国海洋石油集团有限公司（以下简称“中国海油”）定点帮扶甘肃省夏河县、合作市，内蒙古自治区卓资县，海南省保亭黎族苗族自治县（以下简称“保亭县”）、五指山市5个国家级贫困市县。在民生扶贫、教育扶贫、产业扶贫等方面实施项目23个，投入帮扶资金3010.1万元。派出挂职干部7名，购买和帮助销售贫困地区农产品近800万元。公司对口帮扶的地处“三区三州”深度贫困地区的甘南藏族自治州合作市于2018年9月29日通过评估验收，实现脱贫摘帽。

【扶贫资金投入】 2018年，中国海油聚焦建档立卡户脱贫和脱贫成果巩固，将“输血”与“造血”相结合，在民生扶贫、教育扶贫、产业扶贫等方面实施项目23个，投入资金3010.1万元。在夏河县投入资金900万元，实施优质牦牛高效繁育示范项目，夫地村生态文明小康村建设，贫困牧民转场生产生活帐篷购置，敬老院和幼儿园冬季供暖设施建设，以及吉仓乡卫生院附属设施建设。在合作市投入资金719.68万元，建设勒秀镇、佐盖曼玛镇和勒秀镇畜牧兽医站参木道分站3座畜牧兽医站，配套建设那吾镇周曲村和佐盖曼玛镇俄合拉村2座生态文明小康村。在卓资县投入资金567万元，支持产业发展，建设电商平台，培育特色农产品品牌，配套建设冷凉蔬菜加工项目，引进熏鸡保鲜项目，推动卓资产品实现“走出去”。在保亭县投入资金412.1万元，重点支持危房改造，缓解当地危房改造成本高、财政补贴不足的矛盾；建设脱贫攻坚惠农超市，让群众通过自身劳动获取积分在超市换取物资，激发脱贫致富内在动力。在五指山市投入资金411.32万元，实施番阳镇番阳村和水满乡新村危旧房改造，在通什镇应示村建设光伏项目，并继续资助“雏凤”助学基金。

【扶贫机制建设】 2018年，中国海油在原有机构基础上，成立由党组书记担任组长、副书记担任副组长的扶贫与对口支援工作领导小组，下设办公室，配备专职人员，专项负责扶贫日常管理工作。聚焦《中央单位定点扶贫责任书》，逐项分解责任指标，以深度贫困地区脱贫攻坚为重点，以贫困地区人民为中心，以提高脱贫攻坚实效为导向，坚持“解困、扶本、造血，建立长效机制”的工作原则，坚持“一把手”负总责、分管领导具体抓、有关单位对口管理、全员积极参与的工作机制，明确机构、明确责任、明确人员，层层落实。

【扶贫调研】 中国海油党组领导定期赴受援地区考察调研，2018年继续实现赴定点扶贫市县调研考察“全覆盖”，及时了解各地脱贫遇到的困难和所需解决的问题，掌握各地扶贫脱贫第一手资料，共同研究解决实际问题。5月，中国海油总经理、党组副书记、扶贫与对口支援工作领导小组副组长汪东进一行，赴甘肃省甘南藏族自治州合作市和夏河县进行调研，考察中国海油援助项目，走进建档立卡深度贫困户家中慰问，了解高原畜牧等产业发展情况。11月，汪东进赴卓资县现场办公，先后了解当地脱贫攻坚进展情况和中国海油援助项目，考察当地易地搬迁推进情况，走进建档立卡贫困户家中慰问，参观帮扶企业。11月，中国海油党组书记、董事长、扶贫与对口支援工作领导小组组长杨华一行赴海南省五指山市和保亭县开展定点扶贫工作调研，现场考察中国海油援助项目。12 月，中国海油党组成员、副总经理吕波赴甘肃省合作市调研考察扶贫工作。

【扶贫会议】　中国海油定期召开全集团扶贫援藏工作会议，4 月，在内蒙古卓资县组织召开中国海油第 16 次扶贫援藏工作会，传达国务院国有资产监督管理委员会印发的《中央企业扶贫领域作风问题专项治理方案》要求，总结 2017 年扶贫援藏工作经验，研究部署 2018 年工作任务。7 月，召开 2018 年扶贫援藏工作暨专题培训会。10 月，召开中国海油定点扶贫援藏工作推进会。

【扶贫培训】　7 月，中国海油开展扶贫援藏干部培训，邀请北京大学、北京师范大学、国务院扶贫开发领导小组办公室、国务院国有资产监督管理委员会的专家领导，为挂职干部、扶贫干部和来自各对口帮扶市县的干部讲授扶贫政策理论，分享扶贫先进案例。集中购买发放《梁家河》《习近平扶贫论述摘编》等书籍，共同深入学习讨论，提升干部政治理论素养。

按照《中央单位定点扶贫责任书》指标任务，中国海油 2018 年拨付培训专项资金 82.1 万元，在定点扶贫县培训基层干部 419 人、培训技术人员 367 名，帮助基层干部提高脱贫攻坚理论水平。中国海油还在夏河县和合作市组织开展畜牧业技术人员培训，在卓资县组织开展电商运营培训，在保亭县和五指山市组织开展农业品牌推广营销培训。

【干部挂职扶贫】　中国海油从严把握挂职人员挑选条件，明确自 2018 年起挂职干部须从后备干部中产生。在 5 个定点扶贫县分别派驻 1 名副处级及以上扶贫挂职干部，在当地分管或协助分管扶贫工作，配合当地政府开展其他工作；在五指山市水满乡新村派驻 1 名正处级干部任驻村第一书记；由中组部选派一名公司副局级干部在甘南藏族自治州挂职副州长，形成州、县、村全覆盖的扶贫队伍。其中，派驻五指山市的挂职干部，推动全国首例橡胶收入保险落地五指山，实现 2018 年 1858 户农户获得橡胶价格保险理赔 274.6 万元，有效稳定传统产业发展和胶农预期收入。

2018 年，公司制定下发《中国海油扶贫援藏干部工作考核办法（试行）》，从作风建设等 5 个方面、工作落实情况等 10 个维度进行量化考核，进一步压实挂职干部帮扶责任，强化考核结果运用，调动挂职干部在扶贫前线的重要作用。

【扶贫宣传】　2018 年 10 月国家扶贫日期间，在公司总部组织开展为期三天的扶贫主题活动，搭建产销对接平台，集中展示销售各对口帮扶地区的特色农产品、手工艺品，邀请挂职干部亲自代言，促进公司员工更加深入了解贫困地区的实际情况。

【扶贫资金管理】　始终严格实行地方政府申请、对口管理单位初审、扶贫办和中国海油公益基金会审核的扶贫项目三级审批流程；合同签订后，如要变更资金用途，须提前提出申请，批复后方可变更。在项目建设过程中，要求挂职干部紧盯项目实施进展，深度参与项目建设各个关键环节，提高项目建设质量，提升资金使用效率。

【产业扶贫】　印发《关于中国海油全员参与消费扶贫的通知》，通过工会慰问品采购、内部餐厅食材选用、组织团队活动、鼓励自费旅游等方式，动员全体员工和家属参与消费扶贫。持续推进以所属海油发展公司为主要载体的产业扶贫，成立产业扶贫专项工作组，组织团队赴定点扶贫县深入调研，整合定点扶贫县农产品资源，借助“智选生活”线上线下商城，建立中国海油扶贫产品体验中心，销售扶贫产品超百余种。提出“农业 ×”的产业扶贫新模式，紧紧围绕农牧业核心，结合消费者需求，对贫困地区特色产品进行甄选、检测、定制化生产、包装及营销推广等整体开发，促进贫困县产业发展，赋予产业扶贫深层内涵。

联合甘南藏族自治州创新提出针对优质企业员工群体的精准推广思路，以微信社交网络为主要手段实施精准营销，推进甘南旅游在发达地区的低成本大面积传播，并以“海油人九色甘南行”方式成果试点。事实证明，央企员工群体在扶贫情怀、审美情趣、消费能力、人员素质等方面精准契合了甘南旅游定位。在 2018 年试点中，实现参团人员 333 人，为当地创造旅游收入 130 余万元。

（中国海洋石油集团有限公司扶贫办 方 祺）

中国华能集团有限公司定点扶贫

【概述】 中国华能集团有限公司（以下简称“中国华能”）定点帮扶陕西省榆林市、横山区和新疆克州、阿合奇县，对口支援青海省黄南州尖扎县。2018年，中国华能将“巩固脱贫攻坚成果、增强贫困地区和贫困人口自我发展能力”作为主攻方向，在横山区和阿合奇县投入帮扶资金1890万元，设立栋梁工程和同舟工程专项基金，对困难家庭和贫困人口给予精准帮扶，确保“两不愁三保障”脱贫底线。2018年9月，经陕西省人民政府批准，榆林市横山区正式退出国家贫困县序列。华能扶贫援助工作获得民政部颁发的中国公益事业领域最高奖项“中华慈善奖”和中国社科院“精准扶贫奖”。在2017年和2018年国务院扶贫开发领导小组定点扶贫工作考核中，连续获得“好”的评价。典型案例“精准扶贫新时代，华能大爱暖人间”入选国务院扶贫开发领导小组办公室和中国社会科学院《中国企业精准扶贫案例50佳（2018）》《企业扶贫蓝皮书（2018）》。

【扶贫资金投入】 在定点扶贫县投入帮扶资金1890万元。其中陕西横山区580万元，新疆阿合奇县1310万元，引进帮扶资金20万元。

【扶贫调研】 2018年，时任党组书记、董事长曹培玺和分管扶贫工作的党组成员、副总经理王敏，6次带队深入定点帮扶县乡镇村，实地查看重点项目推进落实情况，了解当地脱贫攻坚进度和紧迫需求。

【扶贫会议】 5月，中国华能党组会议专题审议通过了《精准脱贫攻坚战“红色行动计划”工作方案》《总部定点扶贫和对口支援工作规划（2018—2020年）》并印发执行。6月，分管副总经理、领导小组副组长王敏主持召开华能系统脱贫攻坚工作推进会议，统筹安排脱贫攻坚任务。中国华能党组书记、董事长舒印彪同志11月到任后，主持召开领导小组扩大会议，学习习近平总书记重要讲话和指示精神，研究部署华能系统脱贫攻坚工作。

【扶贫机制建设】 2018年，修订《中国华能集团公司对外捐赠管理办法》，印发《关于扶贫驻村干部薪酬待遇有关事项的通知》，进一步明确了扶贫工作的管理机制、审批程序，加强一线工作人员后勤保障。

在党建责任制年度考评中，中国华能将扶贫援助工作纳入企业履行社会责任评价体系，从机构设置、制度建设、选派干部、组织领导、人员培训、监督检查、资金管理、项目推进等方面，对考核内容和评分标准作出进一步细化和量化，依据前期职能监督和党组巡视发现问题，对45家二级单位的相关资料进行认真审查、做出相应评价。

【干部挂职扶贫】 选派7名干部赴定点帮扶地区挂职或担任第一书记，其中陕西省榆林市、横山区3人，分别担任榆林市常务副市长、横山区政府副区长和驻村第一书记；新疆克州、阿合奇县4人，分别担任克州常务副州长、阿合奇县常务副县长以及驻村第一书记。阿合奇县地处南疆，属深度贫困地区，中国华能加大工作力度，安排新疆公司派出2支工作队共13名队员。

【作风建设】 将开展扶贫领域作风问题专项治理作为加强扶贫工作管理的重要抓手。2月，中国华能印发《扶贫领域作风问题专项治理实施方案》，组织所属企业对2015年以来扶贫援助工作中存在或潜在的作风问题进行全面梳理和自查，制定整改措施，建立整改台账，明确责任部门、责任人和整改时限，做到有的放矢、边查边改、立行立改。4月至10月，规划发展、纪检监察和直属党委等职能部门，联合对横山区、阿合奇县、尖扎县以及青海公司、新疆公司、雅江公司、四川公司等重点二级单位进行扶贫领域作风问题现场检查，与地方政府主管部门共同制定整改措施，督促定点县党委、政委落实脱贫攻坚主体责任。

【产业扶贫】 在横山区实施品牌扶贫战略，注册区域公用品牌，建设农产品溯源监管系统，实现二维码扫描查询“陕北横山羊肉”的全部生产信息，推动当地市场羊肉价格稳步提升，从每千克52元稳定在每千克70元左右，包装产品每千克已接近160元。协调前期扶持的龙头企业，以高于市场10%的价格与26个合作社、630户贫困户签订了羊子购销协议，品牌扶贫工作初见成效。安排120万元设立村级互助资金，帮助没有劳动能力的贫困户入股专业合作社，保障每年不低于2000元的保底分红。投资30万元完成2个贫困村膜下滴灌节水灌溉示范工程。在南塔、武镇规划建设20万~40万千瓦风电项目，完成前期投资87万元，新建、改建道路约122千米，完善周边2镇11个村基础设施。

在阿合奇县投资21亿元建成24.8万千瓦水电站，2018年缴纳利税3271万元。利用新增4万亩可灌溉耕地，助推沙棘产业蓬勃发展。2018年投资330万元设立了戈壁沙棘产业发展投资基金，鼓励当地群众依靠自己的双手勤劳致富、摆脱贫困。修建光伏发电扬水站，配套管路设施平整土地1000亩，帮助引进20万元捐赠资金和山东援疆龙头企业开展金银花种植试验项目。

【教育医疗扶贫】 在横山区、阿合奇县投入1100万元设立栋梁工程和同舟工程专项基金，开展助学和救急难行动，在改善当地教学和卫生条件的同时，对享受国家政策后仍难以承受费用的困难家庭给予精准帮扶，2018年全面完善库兰萨日克乡小学、幼儿园校园基础设施，组织20名品学兼优的民族学生到北京参观学习，完成阿合奇县全民健康体检信息平台建设。为两县区2171名贫困家庭学生、515名贫困人口提供生活和医疗补助，帮助15465名建档立卡贫困户购买健康、住房保险，有效防止和减少因病因学致贫返贫的情况发生，确保“两不愁三保障”的脱贫底线。

【公益扶贫】 在华能成长宝App系统中开发“扶贫公益”板块，利用移动互联网技术，搭建贫困地区群众的脱贫攻坚需求，与职工爱心资源精准对接的高效平台，引导全体员工参与脱贫攻坚。开展消费扶贫，组织所属企业及员工购买贫困地区农产品221.9万元，帮助销售贫困地区农产品71.6万元。

【扶贫培训】 坚持扶贫扶志，注重提高贫困地区和贫困人口自我发展能力，开展基层干部、创业致富带头人、实用科技人才培训。2018年在陕西横山区开办“巩固精准扶贫，振兴乡村经济”培训班，培训基层干部和致富带头人60人次；在阿合奇县培训基层党员干部28人、培训技术人员51名。

【对口支援】 制定实施《对口支援青海省黄南州尖扎县工作规划（2018—2020年）》，在文化教育、医疗卫生、移民搬迁、基层党建和产业发展等方面开展脱贫攻坚行动，支持尖扎县打赢打好脱贫攻坚战。2018年中国华能投入资金740万元，为尖扎县2040名在校贫困生和5454名建档立卡贫困人口购买健康商业补充保险，对400名贫困家庭学生和100名优秀高中生给予资助和奖励，为1903户建档立卡贫困人口缴纳住房保险，支持多加区拉群村、尖扎滩乡来玉村整村移民搬迁，为251户贫困群众解决自筹资金难题，对因病、因灾导致生活困难的贫困家庭给予临时救助，资助昂拉乡德吉村和尖扎滩乡萨尕尼哈易地搬迁点602户安装节能炕灶。按照“自发自用、余额上网”方式，在德吉村搬迁点建设屋顶光伏2.1兆瓦，户均年收益4200余元，帮助贫困群众实现“搬得出、稳得住、能致富”。支持农村基层党组织阵地建设，修建、扩建2个村级党员活动场所，组织党员教育培训730余人次。

【扶贫宣传】　中国华能聚焦脱贫攻坚，大力宣传先进典型。在新华网组织发表《当佐村民的粪“阿柯”》《高原上的“格桑花”》《大凉山腹地的“攻坚人”》《情“驻”雪域》《“直过区”来了华能人》《这个“书记”不简单》《黄土地上留真情》《“小书记”有大作为》等报道，集中宣传奋战在深度贫困地区、红色革命老区和边疆民族地区的十多位华能第一书记的事迹。以“脱贫攻坚——我们在行动”为主题，在《中国华能》杂志策划“红色行动——三大攻坚战之精准脱贫攻坚战”专辑，组织“总书记讲脱贫”“华能红色行动方案解读”“扶贫在一线、脱贫进行时”等系列专题，报道脱贫攻坚战线涌现出的典型事例和先进人物。

（中国华能集团有限公司　崔博乐）

中国大唐集团有限公司定点扶贫

【概述】 中国大唐集团有限公司（以下简称“中国大唐”）定点扶贫陕西省澄城县和广西壮族自治区大化县，建立集团公司、子分公司、基层企业“一级抓一级，层层抓落实”的扶贫工作机制，制定《集团公司脱贫攻坚工作2018—2020年行动计划》等一系列措施方案，2018年向两县投入帮扶资金1429万元，帮助两县引进帮扶资金166.55万元，培训两县基层干部159名，培训两县技术人员298名，购买两县农产品661.95万元，帮助两县销售农产品84.63万元，帮助澄城县1.4万人脱贫，大化县1.5万人脱贫，澄城县实现脱贫摘帽。中国大唐在2018年度中央单位定点扶贫脱贫攻坚成效考核中获综合评价“好”等次。

【扶贫资金投入】 2018年，中国大唐向贫困地区直接投入帮扶资金3.95亿元，其中向澄城县和大化县共投入帮扶资金1429万元，向脱贫攻坚主战场云南省捐赠3.5亿元，用于傈僳族“直过民族”聚居区脱贫攻坚工作和解决贫困群众“两不愁三保障”问题及基础设施建设。

【扶贫调研】 中国大唐党组书记、董事长陈飞虎担任脱贫攻坚领导小组组长，分别于10月、11月赴澄城县、大化县调研督导定点扶贫工作。12月，中国大唐党组副书记、董事、脱贫攻坚领导小组副组长兼办公室主任王森同大化县委、县政府进行脱贫攻坚专项调研和座谈，督导落实脱贫攻坚主体责任。具体负责定点扶贫任务的广西公司、陕西公司领导班子成员多次深入两县调研考察督导定点扶贫工作。通过入户调研、查阅资料、召开座谈交流会等手段，摸透情况，形成帮扶思路，在澄城县探索推行“支部+生态乡村+贫困户”“政府+企业+合作社+贫困户”等扶贫模式，在大化县聚焦特色产业、危房改造、就业扶贫、基础设施和教育设施建设、设立大唐奖学基金、同舟工程“救急难”、饮水工程等方面，加大脱贫攻坚力度。

【扶贫会议】 2018年9月，中国大唐组织召开了脱贫攻坚工作推进视频会和重点扶贫单位工作汇报会，对全系统推进脱贫攻坚工作进行再动员再部署。全年召开5次脱贫攻坚领导小组会议，召开2次脱贫攻坚定点扶贫推进会议，召开2次定点扶贫专题工作会议，落实和推进定点扶贫具体工作。具体负责定点扶贫任务的中国大唐广西公司、陕西公司组织召开11次专题工作会，研究推进大化、澄城定点扶贫工作，部署安排系统企业扶贫工作，审定工作、资金计划，听取扶贫工作进展报告，研究扶贫干部派驻及其他相关事宜。

【扶贫机制建设】 为规范和加强中国大唐系统扶贫管理工作，提升扶贫成效，中国大唐印发《扶贫工作管理办法》，出台《关于在扶贫工作中规范应用中国大唐视觉识别系统的指导意见》，实现全面计划、全面预算等原有管理手段与扶贫工作的有效衔接。

【扶贫培训】 为提高定点扶贫县基层干部管理能力和贫困户技能水平，中国大唐组织培训澄城县基层干部90名，培训大化县基层干部69名。培训澄城县技术人员125名，培训大化县技术人员173名。对中国大唐系统内93名管理干部进行为期3天的扶贫政策培训。

【干部挂职扶贫】 中国大唐选派一名副厅级干部挂职渭南市委常委、副市长，协管扶贫工作，选派一名副处级干部挂职澄城县副县长，协助分管扶贫工作，选派集团总部一名高级主管挂职和家楼村第一书记，增派一名科级干部任和家楼村第一书记助理。选派一名副处级干部挂职大化县副县长，协助分管扶贫工作，选派系统内2名中层干部担任板兰村、安兰村第一书记，增派2名驻村队员、2名挂职干部，加大帮扶力度。

【扶贫资金管理】 中国大唐在《中国大唐集团有限公司扶贫工作管理办法》中针对扶贫资金制定了监管措施，要求各基层企业全过程指导、监督使用扶贫资金，做到专款专用，接受审计、纪检监察等有关部门监督审计。2018年11月，中国大唐党组巡视组对广西分公司、陕西公司等6家公司脱贫攻坚工作进行了专项巡视，听取13次汇报，谈话121人次，问卷调查229份，发现75项问题，形成巡视报告6份，严格扶贫项目和扶贫资金使用程序，确保扶贫资金精准使用。

【产业扶贫】 中国大唐结合澄城县实际，提出“政府+企业+合作社+贫困户”的扶贫模式。在和家楼村，投资100万元援建甘薯产业加工园，吸纳贫困群众12人就业，人均收入2600元，辐射带动贫困群众51户、186人，每户年均增加收入3000余元，实现贫困群众全覆盖。结合澄城县丰富的风力资源，中国大唐确定了发展风电产业的“大唐帮扶路子”。在2018年第三届丝绸之路国际博览会集中签约仪式上，中国大唐与澄城县签订总投资16亿元的20万千瓦风力发电项目。前期投资4亿元的5万千瓦风力发电项目也落户澄城县寺前镇。

在大化县，2018年投入帮扶资金929万元，引进帮扶资金126.55万元，通过推行“党建+经济能人+基地+贫困户+合作社”的多方经营共赢模式，重点推广特色产业，打造“山上放羊，山腰种树，山脚养鸡”的立体生态农业，完成产业扶贫14项，安兰、板兰两村1400亩“安兰李”种植基地、900平方米“山羊养殖基地”、100亩“毛葡萄基地”等取得进展并初见成效。

【教育扶贫】 2018年，在澄城县城关三小投入200万元援建1栋4层高、框架结构的教学楼及教学配套设施，有效改善学校办学条件和化解学校大班额等问题，确保移民搬迁小区学生享受到优质教育资源。

在大化县投入678万元建设大化县民族新城中学综合教学楼，已完成基础工程，投入100万元设立大唐奖学基金，帮助贫困家庭学生完成学业，组织大唐启明星讲师团赴山村小学给孩子们做公益讲座，还分期分批让村小学生走进大唐企业参观。

【文化扶贫】 为加强扶志扶智教育，中国大唐向澄城县中小学校、困难企业等单位，捐赠价值7.9万元的300余份《求是》杂志，包括35所学校35份、66家企业66份、159个行政村159份，10个镇（办）40份，丰富群众文化生活，激发贫困群众内生动力。

【公益扶贫】 中国大唐2018年投入60万元用于大化县同舟工程“救急难”行动，合计救助112人次；参与各项社会救助，2018年投入146.4万元用于贫困大学生、大病就医等社会救助行动，救助人数超2287人。

【基础设施建设】 2018年，中国大唐投入200万元在澄城县庄头镇雷家洼社区援建移民搬迁小区及道路、管网、绿化等相关配套设施，有效改善庄头镇袁家河、赵家河、雷家洼等村贫困群众居住环境。投入180万元用于大化县饮水工程建设，投入75万元用于大化县危房改造和同舟工程“救急难”等项目，投入223万元用于安兰村、板兰村家庭水柜和危房改造项目。

【整村推进】 2018年，中国大唐向澄城县和家楼村投入 100 万元，建设了粉条加工厂，辐射带动贫困群众 51 户、186 人，户均增加收入 3000 余元。驻村帮扶干部协调资金 12 万元加宽入村公路、硬化路面、栽植塔柏等 2000 多株。实现脱贫 60 人，贫困发生率下降至 1.19%，整村退出贫困村序列。

向大化县安兰村、板兰村两村投入 674 万元，种植 200 亩苞谷李，10 亩毛葡萄，养殖 40 只山羊，培训 340 人次。安兰村实现脱贫 28 人，贫困发生率降至 35.77%。板兰村脱贫 97 人，贫困发生率降至 63.77%。

【劳务输出】 在定点扶贫工作中，积极帮助贫困人口转移就业，所属大唐大化发电总厂、大唐岩滩水力发电有限责任公司、检修公司解决大化当地就业 100 余人，接收应届毕业生入职 2 人，招聘大化县籍毕业生 21 人。接收陕西贫困地区毕业生 40 名，其中建档立卡贫困人口 4 名，澄城县籍毕业生 5 名，建档立卡贫困人口 1 名。

（中国大唐集团有限公司扶贫办
方世杰）

中国华电集团有限公司定点扶贫

【概述】 中国华电集团有限公司（以下简称“中国华电”）承担新疆维吾尔自治区乌恰县、阿图什市两个深度贫困县（市）定点扶贫任务。2018 年，中国华电从项目发展扶贫、民生设施扶贫、特色产业扶贫、就业扶贫、教育扶贫、消费扶贫、人才扶贫、“救急难”8 个方面谋实招，推进深度贫困地区脱贫攻坚。在定点扶贫县投入帮扶资金 781 万元。乌恰县脱贫考核全面达标实现摘帽。中国华电新疆公司驻村工作队被评为新疆维吾尔自治区“访惠聚”驻村工作先进工作队，6 名同志荣获“访惠聚”先进工作者称号。中国华电云南公司 1 名同志获国务院扶贫开发领导小组办公室和中国社会科学院联合发布的《企业扶贫蓝皮书（2018）》“企业扶贫优秀人物”荣誉。中国华电西藏公司被评为西藏自治区“脱贫攻坚”先进集体。中国华电广东公司驻村工作队被评为广东省 2016—2018 年脱贫攻坚工作突出贡献集体。

【扶贫资金投入】 2018 年，中国华电在定点扶贫县投入帮扶资金 781 万元，援建 1 所卫生院、3 所幼儿园，建设 6 个村“党员之家”，资助 44 户重大疾病患者家庭，援助 1 个村发展村集体经济。引进 1 家企业无偿捐助 10 万元，资助 50 名阿图什市困难家庭大学生完成高等教育学业。

【扶贫调研】 2018 年，中国华电负责同志赴定点扶贫县考察调研 3 人次。8 月，党组书记、董事长、扶贫工作领导小组组长温枢刚赴定点扶贫县调研脱贫攻坚工作，与定点扶贫县所在克孜勒苏柯尔克孜自治州（以下简称“克州”）党委政府相关负责同志就推动深度贫困地区脱贫攻坚座谈，实地查看阿图什市援建项目。7 月，时任党组书记、董事长赵建国赴克州调研定点扶贫工作。党组成员、副总经理、扶贫工作领导小组副组长杨清廷赴克州调研脱贫攻坚工作。中国华电扶贫工作主管部门（单位）全年累计 15 人次到两个定点扶贫县调研。

【扶贫会议】 2018 年，中国华电召开 4 次党组会专题研究定点扶贫工作，召开 2 次扶贫领导小组会议，召开 1 次公司系统脱贫攻坚工作视频会，召开 1 次打好脱贫攻坚战专题汇报会，召开 3 次扶贫领导小组办公室会议。

【扶贫机制建设】 中国华电成立以党组书记、董事长温枢刚任组长，党组成员、副总经理杨清廷担任副组长，相关部门负责同志任成员的扶贫工作领导小组，领导小组下设办公室承担日常扶贫工作。2018 年，中国华电在已有扶贫工作领导小组及办公室基础上，在战略规划部新增设立扶贫工作处，归口管理扶贫日常工作，加强扶贫工作力量。承担定点扶贫现场具体工作的中国华电新疆公司设置专职扶贫工作办公室，增加 2 名专职扶贫工作人员，持续增强组织力量。

【干部挂职扶贫】 中国华电坚持落实扶贫人才保障，从集团总部和二级单位选派实职干部担任挂职干部、驻村第一书记。2018 年，向两个定点扶贫县（市）选派 2 名挂职干部，分别担任副县长、副市长职务，协助分管扶贫开发工作；向定点扶贫县和对口支援的喀什地区选派 7 名驻村第一书记。

【扶贫资金管理】 中国华电严格实行扶贫资金管理，进一步规范扶贫项目审批程序，做到年初有计划、年中有复核、年终有结算，做到资金到项目、管理到项目、核算到项目。2018年，为加强扶贫资金使用的监督，在公司系统内全面开展扶贫领域作风问题专项治理，通过对扶贫项目实施情况、扶贫资金使用情况、廉洁风险防控情况等方面的详细检查，及时了解扶贫项目合规情况、实施计划和进展情况、资金去向和使用情况等，确保扶贫资金安全使用。

【就业扶贫】 2018年，中国华电在定点扶贫县举办电商、美容美发及农业科技培训班，提升有就业意愿农牧民的技能水平。帮助招商引资增加就业岗位，为提升定点扶贫县所在克州棉花深加工水平，提高棉产品附加值，为地方政府提供帮扶资金落实招商引资优惠政策，帮助引进纺织品加工企业克州疆南家纺有限公司在阿图什市小微产业园投资600万元开办扶贫车间，吸纳30名贫困群众实现就业。发挥中央企业优势，就近在喀什热电厂为乌恰县贫困群众提供10个后勤辅助性岗位。推行贫困地区群众参工参建（参与工程建筑材料供应，参与工程建设施工），按照“依法依规、政府主导、市场行为”原则，引导协调贫困群众个人或团队参与在建项目非关键工程施工，为当地贫困群众提供就业机会。

【消费扶贫】 2018年，中国华电多途径拓宽贫困地区农产品营销渠道，采取产销对接、动员社会力量等方式购买贫困地区农产品248万元，帮助贫困地区销售农产品53万元。

【教育扶贫】 2018年，中国华电在定点扶贫县直接投入397万元用于教育扶贫，建设3所乡村幼儿园，服务贫困群众415户、2646人，在园儿童353名，其中128名来自建档立卡贫困家庭。创新实施以定向招生、定向培养、定点安置为主要内容的“三定培养”，在金沙江上游川藏段藏区和西藏自治区山南市等深度贫困地区定向招收45名学员。

【健康扶贫】 2018年，中国华电无偿捐赠318万元用于定点扶贫县健康扶贫，在阿图什市“六乡一镇”开展“救急难”行动，对44户重大疾病患者家庭实施现金救助，其中建档立卡贫困户41户，防止其因病返贫、致贫。援建乌恰县吐尔尕特卫生院，解决当地一万余名农牧民就医难问题，服务贫困群众327户、1058人。

【扶贫培训】 2018年，中国华电投入42万元在定点扶贫县举办基层干部、技术人员、农牧民培训班，累计举办各类培训班12期，培训基层干部87名，技术人员389名，农牧民1563名。

【三定培养】 2018年，中国华电确定“入口”和“出口”的三定培养长效扶贫模式，三定即定向招生、定向培养、定点安置。定向招生，委托大专院校定向招收当地建档立卡贫困户“两后生”（即未升学的应往届初、高中毕业生），正常进行全日制教育。定向培养，与大中专院校合作办学，学校根据中国华电项目所需人员素质、专业结构、人员配置量身定制产学结合教学计划。定点安置，学生毕业合格后就近安置到中国华电所属电站从事生产运行维护相关专业工作。

【扶贫宣传】 2018年，中国华电将10月设立为“扶贫宣传月”、将10月15—21日设立为“扶贫宣传周”，以“‘一起过上好日子’为主题、中央主流媒体为主阵地、新媒体为催化剂、线上线下相融合、系统多地相呼应”的立体传播架构，宣传脱贫攻坚的工作思路、举措和成效。新华网、人民网、央视网、中国电力新闻网、中国能源网等先后报道中国华电首届“扶贫宣传周”产业脱贫、捐资助学、可持续发展等主题活动。《中国电力报》连续刊登6篇中国华电精准扶贫系列报道，结合行业性质和脱贫攻坚工作特色亮点，讲述新时代中国华电的扶贫故事。中国华电“三定培养”被人民网、新华网、央视网、中国能源网、中国政府网、人民政协网等先后报道，成为百度搜索热点。在同类型企业中率先发布首份精准扶贫报告——《中国华电精准扶贫行 思路在脚下》。在国务院扶贫开发领导小组办公室组织的第三届企业精准扶贫高峰论坛上，中国华电《助力西藏和四川藏区打赢脱贫攻坚战纪实》入选“企业优秀扶贫案例”。

【基础设施建设】 中国华电持续推进贫困地区特别是深度贫困地区项目开发和基础设施建设，通过项目发展助力当地脱贫攻坚。2018 年，全面推进金沙江上游藏川段叶巴滩水电站、苏洼龙水电站、巴塘水电站建设，增加地方税收 1800 万元，引导当地 267 人、422 辆车参与工程建设，为当地群众增收 4800 万元。在西藏桑日县建设华电精准扶贫创业就业楼，每年为贫困户增收约 100 万元。在四川凉山彝族自治州盐源县风电项目建设中，修建 24 千米通乡公路改善当地群众出行条件。在云南怒江傈僳族自治州投入约 15 亿元建设六丙公路一期工程、六库连接线工程和美丽公路连接线工程，解决交通薄弱问题。

（中国华电集团有限公司战略规划部　刘　敏）

中国长江三峡集团有限公司定点扶贫

【概述】 中国长江三峡集团有限公司（以下简称“三峡集团”）承担重庆市巫山县、奉节县，江西省万安县和内蒙古自治区巴林左旗4个县（旗）的定点扶贫任务。2018年，三峡集团通过安居扶贫、产业扶贫、教育扶贫、医疗卫生扶贫、消费扶贫等方式，扎实推进定点帮扶工作，投入帮扶资金3044.78万元。2018年，巫山县、万安县顺利脱贫出列，三峡集团获得第十届“中华慈善奖”。

【扶贫资金投入】 2018年，三峡集团向4个定点扶贫县（旗）投入扶贫资金3044.78万元。其中，向巫山县投入扶贫资金759.82万元，向奉节县投入扶贫资金770.11万元，向万安县投入扶贫资金712.19万元，向巴林左旗投入扶贫资金802.66万元，共计实施扶贫项目32项。

【扶贫资金管理】 三峡集团对扶贫项目资金实行科学、规范、精细管理，做到年初有预算、实施有审核、年末有决算，同时做到资金到项目、管理到项目、核算到项目，全面实施审核审批和预算编制管理，加强项目资金使用的监督与管理。强化资金管理，建立项目资金分期拨付制度，除奖学助学、大病救助等少数项目外，项目资金原则上按照首次70%、验收通过30%进行拨付，确保帮扶资金安全高效使用。

【扶贫调研】 2018年10月，三峡集团党组书记、董事长雷鸣山，党组副书记、总经理王琳先后带队赴4个定点扶贫县（旗）进行走访调研，通过实地踏勘、座谈交流等形式，了解三峡集团定点扶贫工作落实情况，总结经验教训，分析存在不足，征求地方意见，探讨改进措施，提升扶贫成效。

【扶贫会议】 2018年，三峡集团层面召开6次定点扶贫专题会研究相关议题，听取相关单位定点扶贫工作进展情况汇报，总结定点扶贫工作取得的成效和经验，就定点扶贫工作作出决策部署。

【扶贫培训】 2018年6月，三峡集团举办扶贫干部培训班，集团公司派往西部地区的挂职干部和定点扶贫挂职干部、对口援疆挂职干部、派驻川滇两省少数民族脱贫攻坚挂职干部等70余名学员参加培训。通过向扶贫挂职干部宣传国家政策、传达管理要求、开展专题培训，进一步提升扶贫干部业务素质，增强履责能力，助力脱贫攻坚。

【扶贫制度建设】 编制《三峡集团履行社会责任工作管理制度》，修订《三峡集团履行社会责任项目管理办法》，优化扶贫工作体制机制，明确扶贫工作的程序和职责，提升扶贫工作规范化、科学化管理水平。

【干部挂职扶贫】 2018年，三峡集团共有6名挂职干部在4个定点扶贫县（旗）任职，其中包括1名由中共中央组织部选派的副县长，4名由集团公司选派的副县（旗）长或县长助理和1名驻村第一书记。三峡集团高度重视挂职干部日常工作管理，要求挂职干部严格执行月工作报告制度，按月报送扶贫项目实施和帮扶资金使用情况、工作日志以及思想动态等。2018年，挂任奉节县永乐镇白龙村第一书记的徐磊同志获得“重庆市脱贫攻坚2018年度先进个人”称号。

【扶贫监督检查】　2018年，三峡集团严格落实中央关于脱贫攻坚作风建设年相关要求，结合扶贫项目实施，主动与地方政府对接，加大扶贫项目督查巡查力度。7—10月，集团社会责任办、纪检监察部等组成联合检查组，对2017年扶贫项目开展专项监督检查。通过踏勘项目现场、进村入户调查、召开座谈会、查阅档案资料、电话随机询问被资助学生和困难家庭等方式，检查扶贫项目实施情况，重点跟踪资金落实、拨付管理情况，确保资金投向符合政策规定并真正用到实处。

【扶贫日活动】　2018年，三峡集团以“扶贫济困，企地同行”为主题，开展了走访调研、慰问捐赠、消费扶贫、志愿服务、特色帮扶等扶贫日系列活动，编（摄）制了公益宣传片、精准扶贫白皮书、公益项目画册、公益宣传手册等宣传品，并通过《三峡工程报》、官网官微等自办媒体平台以及其他有影响力的主流媒体，宣传报道三峡集团扶贫工作成效。

【消费扶贫】　2018年，三峡集团投入212.04万元实施消费扶贫，帮助定点扶贫县（旗）贫困群众增收脱贫。其中，在巫山县投入51.51万元，在奉节县投入55万元，在万安县投入55.53万元，在巴林左旗投入50万元。

【产业扶贫】　2018年，三峡集团投入380万元帮助定点扶贫县（旗）发展优势特色产业。其中，投入300万元在巫山县两坪乡华家村、巫峡镇七星村建设900亩脆李标准示范园基地，通过标准示范园建设以点带面，提高当地脆李产业标准化生产技术，整体提升果农管护水平，提高农业产业发展能力；投入50万元在鹤峰乡莲花村新建泥鳅养殖场30亩，发展特色农产品养殖，增加村集体收入；投入30万元在岩湾乡板仓村新建山桐子种植基地200亩，采取“合作社+村集体+所有农户”的模式带动贫困户增收。

【健康扶贫】　2018年，三峡集团投入500万元提高定点扶贫县（旗）贫困群众医疗保障水平。其中，投入300万元扩建改造奉节县康坪乡卫生院，改善康坪乡及周边区域基本医疗和基本公共卫生服务环境，解决康坪乡及周边区域人民群众看病难的问题；投入100万元持续在巫山县、奉节县开展“同舟工程——中央企业参与‘救急难’行动”，通过补助部分医疗费用，帮助约60户贫困家庭减轻医疗经济负担；投入100万元在奉节县民政局设立“三峡扶危济困救助基金”，帮助奉节县因遭遇意外事件、重大疾病、接受非义务教育或其他特殊原因而导致基本生活暂时出现困难的家庭渡过难关。

（中国长江三峡集团有限公司办公厅　黄晓天）

国家能源投资集团有限责任公司定点扶贫

【概述】 国家能源投资集团有限责任公司（以下简称“国家能源集团”）定点帮扶内蒙古自治区宁城县、山西省右玉县、青海省曲麻莱县、陕西省米脂县和吴堡县、四川省布拖县和普格县7个国家扶贫开发工作重点县。2018年，国家能源集团出台《2018—2020年扶贫工作方案》，明确扶贫工作原则目标、方案举措和资金规模等。加强组织领导，成立集团公司扶贫工作领导小组及其办公室和各工作小组，明确由6家属地子分公司作为责任主体，承担定点县具体帮扶工作。向7县派出挂职干部16名，确保每个县至少有一名县级挂职干部和一名驻村第一书记。加大投入力度，全年向7县投入各类扶贫资金1.29亿元。抓实督促指导，建立集团领导重点、总部层面专项、二级公司定期、挂职干部日常的多层次、全方位督促检查工作机制；创新帮扶方式，在产业扶贫、生态扶贫、消费扶贫、扶志扶智、教育扶贫、就业扶贫、医疗扶贫等方面扎实开展各类扶贫帮困工作，取得成果成效。2018年6月，山西右玉县成功实现脱贫摘帽，位于“三区三州”的青海曲麻莱、四川布拖和普格3县2018年脱贫人数超过3万人。国家能源集团连续四届荣获“中华慈善奖”，在2018年中央单位定点扶贫工作考核工作中取得“好”的最高等次评价。

【扶贫资金投入】 2018年国家能源集团投入定点扶贫资金1.2897亿元，实施各类扶贫项目42个。其中：拨付宁城县1417.19万元，实施项目4个；拨付右玉县1255.68万元，实施项目3个；拨付曲麻莱县2035.24万元，实施项目5个；拨付米脂县扶贫资金1648.83万元，实施扶贫项目8个；拨付吴堡县扶贫资金1435.17万元，实施扶贫项目9个；拨付布拖县扶贫资金2539.55万元，实施扶贫项目6个；拨付普格县扶贫资金2566.24万元，实施扶贫项目7个。

【扶贫调研】 国家能源集团党组书记、董事长乔保平于10月深入位于“三区三州”的普格县、布拖县调研扶贫工作。党组副书记、总经理凌文先后于8月、10月到米脂县、宁城县调研革命老区定点扶贫工作，实地考察县情，研究推动农村电商、红色旅游、现代农业等产业扶贫项目。分管扶贫工作的副总经理高嵩先后赴全部7个定点县调研考察，深入凉山彝区两个深度贫困县，指导推进各项扶贫工作。纪检组长卞宝驰于9月赴右玉县和宁城县进行扶贫作风专题调研。

【扶贫会议】 7月，国家能源集团在全系统专题召开打赢脱贫攻坚战工作推进视频会议，传达学习习近平总书记关于脱贫攻坚的重要指示精神。10月17日国家扶贫日，国家能源集团举办主题活动并召开专题会议，党组书记、董事长乔保平参加会议。11月，党组成员、副总经理高嵩主持召开专题学习座谈会，深入学习贯彻《中共中央　国务院关于打赢脱贫攻坚战三年行动的指导意见》，进一步推动《国家能源集团2018—2020年扶贫工作方案》落地实施。12月，国家能源集团召开2018年扶贫干部教育培训班暨扶贫工作座谈会，贯彻落实中共中央组织部、国务院扶贫开发领导小组办公室关于加强干部教育培训的指示精神，研究部署集团公司2019年脱贫帮扶工作。

【扶贫机制建设】 国家能源集团印发《关于成立国家能源集团扶贫工作领导小组的通知》，构建“党组统一领导、总部统筹协调、子分公司主责、挂职干部落实”的扶贫工作组织体系，成立扶贫工作领导小组，党组书记、董事长任组长，总经理任副组长，其他党组成员为小组成员。领导小组下设扶贫办公室和4个工作小组，加强统筹协调，贯彻落实集团各项部署。压实二级单位的脱贫责任，由6家属地子分公司作为责任主体，承担定点县具体帮扶工作。加强对挂职干部的指导、监督和考核，确保扶贫工作落实到位。

2018年9月，国家能源集团印发《2018—2020年扶贫工作方案》，明确未来三年脱贫帮扶工作的指导思想、具体目标、实施方案、资金规模和重点工作，为全集团做好后续脱贫帮扶工作提供行动纲领。《方案》以“三区三州”深度贫困地区和革命老区为重点，着力提升深度贫困地区的教育、文化、卫生等公共服务水平，因地制宜采取民生、智力、产业、生态等多措并举的帮扶方式，精准实施一批脱贫攻坚工程，助力各县打赢脱贫攻坚战。

【扶贫培训】 国家能源集团依托集团公司党校，先后举办藏区基层干部培训班和挂职干部教育培训班，培训基层干部33名。发挥置业公司电商运营经验，先后举办3期电商培训班，为右玉等5县培训22名电商致富带头人、98名优秀基层干部和38名贫困户。利用集团内部技能培训中心优势，先后举办2期职业技能培训班，为宁城、米脂等3县79名贫困户进行电工、电焊等使用技能培训。创新开展新型农民技能培训，在普格县3个乡镇举办2期培训班，帮助150名贫困群众提升种植养殖技能和外出务工技能。捐资援建曲麻莱县农牧民就业创业服务中心和布拖县新型农民素质提升工程培训基地，帮助当地提升培训师资水平和基地硬件条件。

【干部挂职扶贫】 国家能源集团公司2018年向7个定点县派出挂职干部（含第一书记）共16名，确保每个县至少有一名县级挂职干部和一名驻村第一书记在岗开展定点扶贫工作，在深度贫困地区布拖县和普格县各多派一名挂职扶贫干部，担任贫困乡党委副书记，实现了县乡村三级挂职干部全层级、共帮扶的局面。2018年，驻右玉县挂职干部祝亮被推荐为山西省脱贫攻坚先进典型候选人，驻布拖县博作村第一书记胡小明获“全国脱贫攻坚先锋人物”称号。

【扶贫宣传】 国家能源集团强化扶贫宣传组织领导，全方位开展脱贫攻坚宣传工作。2018年在集团外网开辟“打赢脱贫攻坚战”专栏，组织记者赴定点扶贫县进行深度报道，集团公司报纸发表扶贫类稿件60余篇，内外网共发表扶贫类内容150篇。外部主流媒体原发、转发集团2018年扶贫工作新闻宣传稿件5000余篇。其中：人民网刊发了集团公司扶贫工作动态《乔保平：以建设项目和培育优质品牌支撑凉山州可持续发展》等重要报道；国务院国有资产管理委员会网站在“脱贫攻坚　央企力量”专题中刊发了《国家能源集团：履行央企责任　助力打赢精准脱贫攻坚战》。

【产业扶贫】 国家能源集团结合各定点县具体情况，因地制宜发展增收带动作用明显的特色产业。在宁城县捐资1000万元援建日光温室大棚项目，吸纳约40名贫困人口入园务工，帮助约100户贫困家庭享受资产收益。在吴堡县捐资805万元扶持手工挂面厂、日光温室、枣园、中药材种植基地4个产业项目，带动当地585户农户（其中贫困户253户、833人）增收。在米脂县捐资296万元保护杨家沟红色资源，培育壮大红色旅游产业，带动125户、303名建档立卡贫困人员脱贫。发挥新能源行业优势，在右玉县投入1000万元无偿援建两座总容量1.49兆瓦的村级光伏扶贫电站，年电费收入约 150 万元，带动 400 户以上深度贫困户长期稳定增收，带动建档立卡贫困人口共 812 人脱贫。

【生态扶贫】 国家能源集团在曲麻莱县安排“黄河源生态保护扶贫基金”1450 万元，选聘当地 162 名有劳动能力的建档立卡贫困户作为生态管护员，进行草原、湿地日常管护。在右玉县安排“绿色生态保护扶贫基金”200 万元，选聘当地 184 名建档立卡贫困护林员，帮助管护 26 万亩生态林。在布拖县安排“绿色生态保护扶贫基金”200 万元。

【消费扶贫】 国家能源集团建立“能源爱购”和“国能智业慧采”两个扶贫电商平台，2018 年，通过两个电商平台购买贫困县农产品 741 万元，直接对接购买贫困县农产品 160 余万元，“以购代捐”金额合计突破 900 万元。此外，通过电商平台成功推广宣传右玉等贫困县土特产品，带动社会人员购买 433 万元。

【教育扶贫】 国家能源集团 2018 年向位于“三区三州”的布拖、普格和曲麻莱 3 县捐资 3350 万元助力当地教育事业发展，援建瓦吉小学、补洛乡中心校等 5 所学校基础设施，满足数千名儿童入学需求，改善教学住宿环境，并设立助学帮困基金，资助贫困家庭学生和基层教师。在米脂县捐资 400 万元新建第六幼儿园，解决县城东部近 400 名幼儿的入园难问题。国家能源集团公益基金会 2018 年捐资 374.6 万元为 7 个定点县建设 729 个“爱心书屋”，捐赠图书共计 74.7 万册，受益人数达 37.3 万人。

【基础设施建设】 2018 年，国家能源集团在吴堡县捐资 490 万元为慕家崖村等 28 个贫困村安装 3950 套净水器，解决贫困村群众安全饮水问题。投入 40 万元继续援建弓家山桥涵项目，解决 6 村 1500 余人交通困难。在米脂县捐资 400 万元援建杨家沟排洪渠工程，彻底治理河道。捐资 160 万元为当地乡村道路安装太阳能路灯 533 盏，解决 65 户、172 名贫困群众的交通出行问题。在普格县捐资 1193.5 万元建设危房改造项目 2 个，为文坪乡沙锅坪新村和永安乡三坝新村 61 户（建档立卡 30 户）村民提供住房保障。

【健康扶贫】 在布拖县投入 200 万元设立“艾防专项爱心基金”，帮助该县提升基层艾防服务能力和服务水平，减少全县艾滋病新发感染（包括母婴阻断），提高艾滋病抗病毒治疗覆盖率和治疗有效率，减少因病致贫、因病返贫现象。国家能源集团公益基金会还在宁城、米脂、曲麻莱 3 个定点扶贫县救助 12 名先心病儿童。

【扶贫日活动】 国家能源集团高度重视激发广大员工参与扶贫的自觉意识，于 10 月 17 日举办扶贫日主题活动，党组书记、董事长乔保平参加活动并要求将扶贫日公益捐款主题活动作为一项长期机制固化下来，提倡“人人向善”。系统内广大干部员工踊跃参加，合计捐款约 1203 万元，捐款全部用于 7 县的助学助教工作。

【就业扶贫】 国家能源集团精准组织定点扶贫地区大学生专场招聘活动，2018 年制定贫困户大学毕业生专项接收计划，通过组织有关单位和贫困地区高校毕业生进行双向选择，最终录用 16 人，帮助贫困家庭实现“一人就业、全家脱贫”。

（国家能源投资集团有限责任公司
战略规划部　贾睿涛）

中国联合网络通信集团有限公司定点扶贫

【概述】 中国联合网络通信集团有限公司（以下简称“中国联通”）定点帮扶河北省沽源县和康保县、黑龙江省饶河县、贵州省册亨县，对口支援西藏自治区革吉县。此外，中国联通所属各级公司共有500多家单位承接地方政府交办的定点帮扶任务，覆盖917个国家级和省市级贫困县，1857名扶贫人员（含驻村第一书记417人）奋战在扶贫一线。2018年，中国联通坚持党建引领，将脱贫攻坚作为自身的政治考量和重大责任，充分发挥央企优势、行业优势和混改优势，初步形成了全集团“统一领导，专业实施，条块结合，统筹协调”的大扶贫格局。中国联通各级公司累计投入扶贫资金2.05亿元，安排产业扶贫项目360多个，培训农村劳动力、技术骨干6400多人次。

【扶贫资金投入】 2018年，中国联通各级公司累计投入扶贫资金2.05亿元，安排产业扶贫项目360多个，培训农村劳动力、技术骨干6400多人次，帮助超过4500名贫困群众实现易地搬迁，资助贫困学生2310人，投入医疗卫生资源惠及1.48万贫困人口，为精准扶贫精准脱贫提供了有效支撑。向5个定点扶贫县投入扶贫资金1.53亿元，在全国832个国家扶贫开发工作重点县完成网络投资19亿元，新建无线基站1.78万个，新增宽带接入总端口数50万个，改善贫困地区的无线网络覆盖率和行政村宽带接入覆盖率。

【扶贫调研】 2018年，中国联通集团公司领导累计5次赴定点扶贫县调研定点扶贫工作，定点扶贫县所在省分公司领导累计10次赴定点扶贫县实地调研，与县委县政府充分沟通，加强定点扶贫的顶层设计，针对不同地区的资源禀赋和贫困特征，因地施策，明确扶贫总体思路，开展扶贫工作。重点实施在册亨县打造香蕉特色产业，在饶河县推进“智慧饶河”建设，在康保县和沽源县以电商扶贫推进农牧业产业化进程，在革吉县聚焦“两不愁三保障”，助力推进易地搬迁项目。

【扶贫会议】 中国联通党组召开定点扶贫专题工作会2次，其中4月16日召开全系统2018年脱贫攻坚工作会议，10月17日扶贫日召开助力脱贫攻坚推进大会；2018年安排集团公司党组理论学习中心组扶贫工作专题研讨学习2次；召开党组扶贫专题会议和总经理办公会各1次。党组专职副书记主持召开扶贫攻坚例会、专题会、座谈会累计10次，亲自调度、部署、推进脱贫攻坚工作。集团扶贫办在册亨县召开全系统脱贫攻坚现场工作会，落实中央单位定点扶贫工作会议精神。定点扶贫县所在省分公司全年累计召开定点扶贫工作会议40次。

【扶贫制度建设】 2018年，中国联通出台涉及加强定点扶贫管理、扶贫干部管理和待遇保障、扶贫资金管理、网络扶贫、资费扶贫、消费扶贫、就业扶贫、扶贫考核、扶贫统计、扶贫宣传、作风建设、监督检查等方面16项扶贫制度，对支撑和规范扶贫工作、调动和发挥扶贫干部积极性、加强扶贫队伍建设起到积极作用。同时建立全集团精准扶贫信息平台和线上扶贫宣传频道。

【扶贫培训】 依托中国联通网上学习平台，建设培训专区，上线17门扶贫课程，面向贫困地区干部群众免费提供学习平台。

联通党校开展扶贫扶智助学培训，在北京为贵州册亨县和西藏革吉县开展2期扶贫扶智培训，人数达到120人。双鸭山联通总经理为饶河县400余名党政干部进行“互联网+”扶贫专题培训，提高饶河县委县政府领导对“互联网+”在助力县域政务、产业、医疗、民生领域发展的认识水平。

【干部挂职扶贫】 2018年，中国联通向沽源县、康保县、饶河县、册亨县各派出1名处级干部挂职扶贫，担任县委副书记或副县长，向革吉县派出2名处级干部挂职援藏，分别担任县委副书记和副县长，向沽源县石头坑村选派1名第一书记。

【扶贫宣传】 中国联通拓宽内部宣传渠道，使扶贫工作深入人心。在公司内部OA上开辟“扶贫专区”、创办《中国联通脱贫攻坚工作动态》内刊，运用官方网站、官方微博、官方微信以及公众号新媒体资源等方式，对各单位脱贫攻坚阶段性成果和亮点进行展示，对脱贫攻坚工作中涌现出的典型案例和先锋人物进行专题报道，加强各单位扶贫工作的沟通交流和学习借鉴。借助外部媒体宣传，展现中国联通政治担当。在人民网、新华网、中央人民广播电台等多家主流媒体广泛宣传中国联通“10·17”国家扶贫日助力脱贫攻坚主题活动。

【扶贫资金管理】 印发《中国联通扶贫资金管理办法》，明确扶贫资金预算编制与审核流程，加强扶贫资金审批拨付与使用监管，规范扶贫资金会计核算与税务处理，落实工作责任，优化工作流程，强化财务审核，防范廉政风险，提高使用效率，使扶贫资金及时拨付、列支规范、监管到位。

【产业扶贫】 在中国联通推动下，册亨县全力打造“中国糯米蕉之乡”品牌，取得“册亨糯米蕉”地理标识保护产品认证，成为“国家森林生态标志产品生产基地创建试点县”。打造册亨县香蕉全产业链，开创高质量脱贫新模式。投入扶贫资金3600余万元，直接参与建设了香蕉水窖、香蕉冷藏库、香蕉农业大数据项目、香蕉加工厂、香蕉大数据产业园区等项目，同时帮助建设集香蕉组培育苗、示范观光、生态采摘等为一体的综合项目，形成了香蕉全产业链基础设施能力。以“产业+电商”为新模式，实现香蕉产业化，打通销售通道，增加经济附加值，调动农户种植积极性，香蕉种植面积从6000亩发展到6万余亩，2018年销售3.5万吨，销售额8100万元，使农户、企业、政府多方受益。近三年累计脱贫478户、2229人，年户均增收1.8万元。

【革命老区建设】 开展定点帮扶贫困革命老区百县万村专项活动，解决缺水、缺电、缺路问题，加大投入帮扶力度，实施一批小型基础设施项目。向饶河县投入帮扶资金807万元，为佳兴村敷设田间架电4.2千米，为小南河村新建、维修农田路14.3千米，为西丰村村内硬化道路4.5千米，为昌盛村修建农道桥一座、太阳能路灯30盏、村内路边沟2.55千米、入户盖板桥36座，维修农田路1.8千米。向沽源县投入帮扶资金2030.96万元，为丰源店乡修建水沟护坡3500立方米、村内道路硬化6.5千米、打深井53眼、修建桥梁3座，为莲花滩乡村内硬化道路7千米，修建防洪坝2座，打机井46眼，搭建高压用电设施1千米、低压用电设施4.675千米。

【整村推进】 在助力沽源县石头坑村整村脱贫方面，投入848.94万元，新建产业蔬菜大棚1座、新建500千伏光伏发电站1座、新建新时代农民夜校1所、对村内道路硬化11.7千米、修缮治理村容村貌、为300户贫困家庭建设宽带通信电视终端。经过帮扶，石头坑村在沽源县闪电河乡的综合排名从倒数第二名上升至正数第一名。

【易地搬迁扶贫】 向革吉县实施易地搬迁扶贫，投入资金4483.65万元，保障新建易地搬迁住房，改建贫困户现有危房，解决贫困牧民易地搬迁和建档立卡贫困无房户、危房户住房安全问题。充分发挥中国联通行业优势，投入1000余万元，完善沽源县、康保县、册亨县、饶河县等定点扶贫县移民安置区的通信网络基础设施建设，通网络、通宽带，实现易地搬迁地区通信网络的100%覆盖，为2万多户易地搬迁居民提供光猫（光调制解调器）、iptv（交互式网络电视）的安装调试和网络维护，并为其减免三年使用费用，解决易地搬迁群众上网、看电视等问题，让搬迁群众“搬得出，稳得住”。

（中国联合网络通信集团有限公司
党群工作部　张　晨）

中国移动通信集团有限公司定点扶贫

【概述】 2018年，中国移动通信集团有限公司（以下简称“中国移动”）承担黑龙江省桦南县和汤原县，海南省白沙县，新疆维吾尔自治区洛浦县、疏勒县、阿克陶县以及各级地方政府安排的7个县、15个乡、1537个村的定点扶贫任务，全年捐赠扶贫资金1.8亿元，派出挂职干部、第一书记500余人，带动17万名建档立卡贫困人口脱贫，定点扶贫的黑龙江桦南县、汤原县于2018年底启动脱贫摘帽程序。发挥行业优势全面开展网络扶贫，在832个国家扶贫开发工作重点县投入资金106亿元建设通信网络基础设施，为贫困人群提供通信资费优惠和手机购买补贴，惠及建档立卡贫困客户340余万人，减免及补贴费用2.7亿元，创新研发推广“互联网+教育”“互联网+健康”等信息化扶贫服务，减小数字鸿沟，作为通信行业唯一案例入选国务院扶贫办年度《中国企业精准扶贫案例50佳（2018）》，荣获中华慈善奖“最具爱心捐赠企业”奖。

【扶贫资金投入】 2018年，中国移动在定点扶贫6个县捐赠扶贫资金6027万元。资金重点投向产业、教育、健康等领域，并向“三区三州”等深度贫困地区倾斜，在新疆三县捐赠资金3000万元。

【扶贫战略合作】 7月16日，中国移动与国务院扶贫开发领导小组办公室签署《互联网精准扶贫战略合作协议》，国务院扶贫开发领导小组办主任刘永富、副主任洪天云，中国移动董事长尚冰、总经理李跃、副总经理董昕出席签约仪式。双方在网络覆盖、信息服务等八大领域开展战略合作，拓展“互联网+社会扶贫”新模式。

【扶贫调研】 2018年，集团公司及各省公司领导先后28次到定点扶贫县现场调研、督导。9月，董事长尚冰带队到新疆疏勒县、阿克陶县调研。8月，总经理李跃带队到海南白沙县调研。10月，副总经理董昕带队到新疆洛浦县调研。

【扶贫会议】 6月，中国移动党组召开理论学习中心组扩大学习会，学习贯彻习近平总书记关于扶贫开发的重要论述。6—7月，先后召开集团公司党组会、总经理办公会、专题办公会研究部署扶贫工作，通过《2018年定点扶贫工作计划》。10月，召开全集团2018年定点扶贫与对口支援工作会。

【网络扶贫】 2004年以来，累计投资538亿元完成“村村通电话”工程、电信普遍服务试点工程建设。2018年，在832个国家扶贫开发工作重点县投入网络建设扶贫资金106亿元（其中定点六县1亿元），新建4G基站9.5万个，新增家庭宽带管线覆盖约1000万户。全国12.29万个建档立卡贫困村中，已完成4G网络覆盖11.4万个、有线宽带覆盖7.7万个，贫困村宽带网络覆盖率超过93%。

【资费扶贫】 为建档立卡贫困户推出18元、28元专属“扶贫套餐”，普通套餐全部享受4～5折优惠，每月免费赠送上网流量1GB、语音通话100分钟，惠及建档立卡贫困客户300余万名，赠送和优惠流量超过200亿兆字节、语音通话20亿分钟，减免费用2.6亿元。

【信息化扶贫】 研发“精准扶贫系统”，通过一部手机、一套系统、一个平台，实现扶贫工作的精准化和智能化，系统在14个省71个县应用，覆盖808万贫困人口与78万名扶贫干部。2018年3月，该系统获联合国教科文组织、国际电信联盟组织评选的“2018年信息社会世界峰会电子政务类最高项目奖”。创新“互联网+教育扶贫”，云南“推普脱贫”项目帮助7.4万贫困人口学会普通话，教育部部长陈宝生要求将其作为“直过民族”及少数民族素质提升的样本工程在全国复制推广。创新“互联网+健康扶贫”，为贫困人群、基层医生和基层医疗机构提供信息化服务。

【扶贫制度建设】　制定印发《扶贫工作考核管理办法》，明确对各单位扶贫工作专项考核及问责要求。制定印发《定点扶贫援助项目管理办法》《扶贫捐赠项目资金管理办法》《对外捐赠管理办法》等规章制度，确保扶贫资金、项目管理依法合规。

【扶贫培训】　组织举办就业技能、产业技术、政策党建等各类培训，培训基层干部265名、技术人员2649名。11月，举办“扶贫工作专题培训”，提升全集团86名干部员工、扶贫干部理论水平和业务能力。

【产业扶贫】　在海南省白沙县投入950万元建设百香果种植基地2000亩，通过土地租金、采摘用工等方式带动559名贫困户脱贫，将百香果产业发展成白沙县龙头产业。在黑龙江汤原县发展森林旅游产业，投资200万元建设腰营林场旅游综合服务区，总面积8513平方米，创造住宿、餐饮、销售等相关就业岗位50个，每人每月增收2000元。在新疆维吾尔自治区疏勒县投资300万元建设库木西力克乡电子产品产业园、巴仁乡一村服装和农产品合作社园区，带动200余名贫困人口脱贫。

【基础设施建设】　在黑龙江省桦南县投入960万元，新建村所840平方米、村内水泥路4.5千米，解决约3000人出行问题。在洛浦县、疏勒县投入1700万元建设2所乡镇小学、2所村小学，解决1770名小学生入学问题。在阿克陶县投入1000万元建设卫生院综合楼，为搬迁新区1.3万人提供医疗保障；在汤原县投入800万元扩建妇幼保健服务中心综合楼，每年可为1.2万人次妇女儿童提供体检、筛查、门诊等医疗服务，全面提升全县妇幼健康服务水平。

【公益扶贫】　2018年，中国移动“爱心行动”捐赠2400万元，在内蒙古、广西、青海、河北等地对6160名贫困儿童进行筛查，完成860名贫困患儿的救治工作。2018年9月13日，该项目获第十届中华慈善奖“慈善项目奖”。中国移动蓝色梦想项目完成11000名中西部贫困地区校长培训，在四川、山西两省深度贫困地区建设272间多媒体教室。开展“和你在一起”爱心帮扶行动，员工“一对一”结对帮扶贫困学生365名。开展“和苗”公益行动，组织十余名员工志愿者下乡支教，给银川市兴泾镇回民一小送去105套全新课桌椅和一百多节课程。

（中国移动通信集团有限公司扶贫办公室　杨志军）

中国电子信息产业集团有限公司定点扶贫

【概述】 中国电子信息产业集团有限公司（以下简称“中国电子”）定点帮扶陕西省镇安县、四川省阆中市、贵州省松桃苗族自治县（以下简称“松桃县”）、海南省临高县4县（市），其中镇安县是秦巴山区集中连片特困地区县，松桃县是武陵山区集中连片特困地区县。4县共派出挂职干部9名，其中第一书记4人，2018年投入帮扶资金964.5万元，开展帮扶项目28个，引进帮扶资金5610万元，培训基层干部946人、技术人员457人，购买贫困地区农产品95.7万元，帮助贫困地区销售农产品141.8万元。2018年顺利协助镇安县和阆中市整县（市）脱贫摘帽，其中，镇安县90个贫困村退出，44264人脱贫，贫困发生率降至0.9%，为陕西首个脱贫摘帽的深度贫困县。阆中市61个贫困村退出，17953人脱贫，贫困发生率降至0.6%。阆中市还被评为“2018年度中国十佳脱贫攻坚与精准扶贫示范县市”。临高县在2018年海南省扶贫考核和脱贫攻坚大比武中，分获全省第三名和省脱贫攻坚“优秀流动红旗”奖。

【扶贫资金投入】 2018年，中国电子筹措资金投入扶贫攻坚，加大对各对口帮扶地区的基础设施、公共服务配套的扶持力度，对定点县投入帮扶资金964.5万元，引进帮扶资金5610万元，还确定了1亿元医疗扶贫和1000万元消费扶贫意向，购买贫困地区农产品95.7万元，分别从强化基层党建、改善基础设施、支持产业发展、提升教育环境、开展帮扶慰问、增进文化交流、解决救急难、采购扶贫产品等方面利用资金开展定点帮扶工作。

【扶贫调研】 中国电子党组书记芮晓武赴秦巴山区腹地调研镇安县脱贫攻坚工作，3次会见商洛市、镇安县主要领导。其他党组成员4次深入帮扶地调研督导，察看帮扶项目落地情况。集团扶贫领导小组加强前方后方协同，明确调研督查重点，以挂职干部为抓手，建立督查长效机制。扶贫办通过微信群等渠道，与帮扶地主要领导加强联络，实时沟通工作、通报情况、分享经验。

【扶贫会议】 加密会商频次，党组会和扶贫领导小组会议6次研究扶贫有关问题。加强工作协调，党组决定实行月工作通报、半年交流研讨、年度考核评价制度，将扶贫攻坚纳入年度重点任务考核。

【扶贫制度建设】 强化组织带动，建立“一把手”责任制，党组书记亲自参战督战，逐级压实责任任务，建强集团党组、企业党委、挂职干部三级责任体系。加强顶层设计，党组制定印发《中国电子扶贫攻坚三年规划（2018—2020年）》和年度工作要点，依托大网信产业创建集团扶贫工作特色，支撑服务贫困地区经济发展、农村稳定和社会治理。增加资金投入，聚焦产业培育、民生改善和能力建设，加强项目遴选。完善制度机制，修订健全扶贫基金、扶贫工作、对外捐赠、扶贫干部4个管理办法和扶贫工作考核办法等制度措施，探索完善资金筹措、资源整合、利益联结和监督考评机制。

【扶贫培训】 中国电子联合中国社会扶贫网、县学（北京）电子商务技术研究院、中国社区扶贫联盟，在镇安县举行“链接幸福乡村”中国电子产业扶贫培训会。培训会围绕消费扶贫专业服务助推产业升级、社交电商助力精准扶贫农特产品上行、社区营销链接城市绿色农产品消费需求和贫困地区资源供给的新渠道、新模式、新经验进行介绍和案例分享，当地近60名电商扶贫负责人和合作社负责人得到培训。

2018年12月，应中国电子下派驻村第一书记的邀请，全国小学数学教学名家华应龙走进阆中教育，以专题报告培训会的形式和贫困县的老师及教育同行们分享对数学教育的理解和对数学课堂的艺术把握。参加此次培训人员超过720人。

【干部挂职扶贫】 中国电子党组充分发挥人力资源部主抓扶贫工作的组织优势，推行"1名挂职副县长+1名驻村第一书记"帮扶模式。2018年，精心做好3名扶贫干部轮换调整，派出扶贫干部10人，含4名驻村第一书记，形成了市、县、村全覆盖的扶贫队伍。中国电子党组纪检组对扶贫干部履职尽责开展作风监督和提醒谈话，防止履责不力、不作为、慢作为问题发生。中国电子扶贫办加强培训指导和管理考核，围绕对标进度质量、补强短板弱项，使扶贫干部能力得到提升。

【扶贫慰问】 2018年，中国电子组织下属企业先后2次赴贵州省松桃县麻阳村进行困难帮扶慰问，带去慰问金及慰问物资。2018年，中国电子派出帮扶干部慰问东兴镇大力宫村内留守儿童，为他们带去文体用品。争取到阆中市粮食局的慰问物资并及时发放给贫困户。

【扶贫宣传】 中国电子被授予"全国扶贫开发先进集体""中央企业扶贫开发工作先进单位""首批精准扶贫最具影响力企业"等荣誉称号。扶贫工作得到《人民政协报》《中国报道》《国资报告》《中国扶贫》以及人民网、新华网、中国网、中国扶贫网等10余家新闻媒体的关注和报道。

【扶贫资金管理】 中国电子党组纪检监察组对集团定点扶贫工作开展专项巡视，聚焦政策执行、干部履职、资金使用、项目实施、脱贫成效等，重点察看了镇安、临高县的9个项目。

中国电子扶贫资金主要来自集团公司二级企业募集，集团公司扶贫工作领导小组根据《中国电子2018年扶贫工作要点》制定资金募集和使用计划，并设专户管理，确保专款专用。

中国电子挂职干部负责监督帮扶单位按照规定和规范使用扶贫资金。扶贫办公室负责定期对使用扶贫资金的项目实施情况进行检查。审计部门、纪检监察部门负责不定期对扶贫项目实施和扶贫资金使用开展审计和监督检查。

【产业扶贫】 帮扶阆中市在裕华镇千佛岩村引进建设了集观赏价值与产业效益于一体的650亩富硒软籽石榴产业示范园，园区采用"公司+合作社+贫困户"和"返租倒包"模式，投资总额1000万元，后期还将规划建设果品加工基地和富硒石榴酒厂，项目建成后，可全面带动周边2000余人入园就业。阆中市"中电诚帮"专业合作社的跑山猪肉、农副产品电商销售门市部和腊肉加工车间的建设项目，结合了跑山猪肉的国家有机产品认证，将为跑山猪产业上下游协同发展、猪肉产品的本地及网络销售、村内跑山猪养殖相关农作物的收购及相关农副产品逐步推向市场发挥重要作用。

帮扶松桃县黄木坳村开展林下蛋鸡养殖项目，依托铜仁望乡龙头企业，按"公司+村集体经济（合作社）+贫困户"模式，壮大村级集体经济，实现贫困户稳定增收。贫困户作为农业工人参与产业化联合体，以固定分红、土地租金、畜禽代养、劳务等形式获得收益。帮助麻阳村组织推进了短期容易见效的花生种植项目。着眼把生态优势转化为发展优势，推动马安村山体滑坡形成的堰塞湖变"天赐湖"，打好生态牌，做强综合体，做活"山水文章"。投入帮扶资金并带动贫困户用财政扶贫资金及"精扶贷"入股，发展村集体经济，做实 300 亩渔业养殖、1000 亩楠竹园、400 亩樱花园、130 亩荷花园，铺设 18 千米“产业路”，打造“一湖三园”小康田园综合体，注册“一品天赐湖”商标，让垂钓观光、莲子花生、樱花苗木等形成的山地立体经济带成为村民脱贫致富生态引擎。

【教育扶贫】 为让临高县全部 1247 名建档立卡贫困学生接受良好教育，以在临高职业技校和 9 个镇级中学建设“云教室”、开设“云课堂”为教育信息化扶贫工程的切入点，由援建电教设施向提高教育水平拓展，与政府合作建设“数字学校”，使县乡学校共享全国优质教育资源。2018 年重点实施了多文学校智慧校园建设项目，着力打造农村信息化示范学校。开展了临高第二思源实验学校教育扶贫项目，惠及 1815 名学生（含 362 名贫困学生）和 118 名教职工。

中国电子 2018 年还以特殊党费的形式投入 160 万元，分别为阆中市、松桃县和临高县的贫困村建设 16 个党建扶贫工作站，让城乡教育资源共享、镇村党员管理、技能培训、亲情联络有了新平台。已开办农民夜校 70 余场，培训干部群众逾 800 人次，为留守家庭提供沟通服务 2000 人次。

2018 年 7 月，为帮助贫困家庭子女不因贫困失学，不因毕业失业，中国电子在松桃县盘石镇和甘龙镇推进实施了助学助业政策，针对考上一本的贫困家庭学生，在专业对口的情况下，毕业后愿意来当地企业工作的，每人每年给予 5000 元生活补贴；专业不对口但是一本院校的，每人一次性补助 2000 元；没有考入大学或高中的，帮助安排到贵州电子信息职业技术学院或贵州省电子信息技师学院免费入学，并争取政策给予生活补助帮扶完成学业，对愿意到当地企业就业的毕业生予以优先录用。政策实施以来，已资助盘石镇和甘龙镇贫困学子 38 人。

【公益扶贫】 2018 年 7 月，中国电子下属企业组织公司 40 余名爱心人士筹集 35904 元助学金，前往桃江县石井中学礼堂，对当地 25 名贫困学子进行一对一帮扶，实地走访贫困学生家庭。

12 月，由中国电子扶贫办公室和中国电子团委联合发起，彩虹集团彩虹医院具体承办，中国电子“点亮爱”医疗志愿服务队送医送药下乡村活动在对口帮扶的镇安县回龙镇宏丰村开展。医疗志愿服务队除为村民集中诊治，还深入行动不便的贫困户家中进行诊治，活动共计为近 200 名村民提供诊疗服务，同时为 122 户贫困家庭送去了家庭急救药包。活动期间还进行了基础健康知识讲解，发放相关医疗知识资料。

【基础设施建设】 2018 年，在阆中市，为东兴镇大力宫村补贴并争取村道水泥路面硬化项目 4 千米。为东兴镇大力宫村和井溪河村有条件的村民及全体贫困户解决了安全饮水或安装了自来水，根本上解决了两村用水安全的问题，保障了村民身体健康。为大力宫村新建村委会办公场所。为大力宫村和井溪河村开展“点亮回家路”项目，为两村主干道安装太阳能路灯。

在镇安县，投资 100 万元建设米粮镇和高峰镇村级公路，投资 100 万元新建 2000 平方米达仁镇移民区扶贫工厂厂房，投资 50 万元为米粮镇丰河村新建 50 个食用菌大棚，投资 50 万元帮助修建永乐镇蓄水池和养鸡场桥。

（中国电子信息产业集团人力资源部 陈 爽）

中国第一汽车集团有限公司定点扶贫

【概述】 2018年中国第一汽车集团有限公司（以下简称“中国一汽”）承担吉林省镇赉县、和龙市，广西壮族自治区凤山县的帮扶任务。投入扶贫资金4635万元。截至2018年底，镇赉县贫困发生率降至0.06%，和龙市贫困发生率降至0.15%，这两个县已实现脱贫摘帽，退出贫困县序列。

【扶贫资金投入】 开展帮扶工作16年来，中国一汽累计投入帮扶资金约4.5亿元，在基础设施、产业发展、教育及医疗等方面开展帮扶项目约300余个，累计减贫约11.8万人，35.5万贫困人口间接受益。2018年，中国一汽投入定点帮扶资金4635万元，其中：镇赉县1520万元，凤山县1475万元，和龙市1240万元，省内帮扶资金投入400万元。在消费扶贫方面，中国一汽购买对口县农产品约7.1万元，帮助销售贫困地区农产品95.96万元。

【干部挂职扶贫】 2018年，中国一汽向对口帮扶地区派出12名优秀干部。其中，向定点帮扶县派出3名副县长和1名副市长，分别挂职和龙市委常委、副市长，镇赉县副县长，凤山县委常委、副县长，向凤山县上一级地级市广西河池市派出1名干部，挂职市委常委、副市长，分别分管扶贫工作。向对口支援藏区派出3名援藏干部。向省内定点帮扶地区及凤山县先后派出5名驻村第一书记。2018年，中国一汽3名援藏干部被评为“昌都市县级优秀公务员”。

【扶贫机制建设】 2018年，中国一汽把脱贫攻坚工作从三个方面融入企业日常运营。2018年4月，党委常委会、总经理办公会分别听取扶贫领域工作报告和专题汇报，对持续推进定点帮扶地区脱贫攻坚，设立“红旗扶贫梦想基金”等重大事项进行决策，审定援藏扶贫项目及资金、审定并推进扶贫领域年度重点工作，对领导班子成员扶贫实地调研等专项工作作出安排。

精准扶贫工作列入集团公司党建工作地图，是党建十三项重点工作之一。在2018年11月举行的中国一汽第十四次党员代表大会上，就扶贫工作向党员代表进行了汇报，并对下一步工作作出了规划。

从重大决策事项、党建工作绩效考评两个维度，将扶贫领域工作列入相关单位绩效和高级经理人员绩效考评中，促进扶贫领域工作在各职能体系和子公司全面落实。

【扶贫调研】 2018年，中国一汽有5名班子成员先后前往对口帮扶地区，到县、进村、入户，进行脱贫攻坚实地调研。12月，党委书记、董事长徐留平赴镇赉县调研，党委副书记、总经理奚国华9月赴左贡县和芒康县调研，党委副书记秦焕明5月赴镇赉县调研，党委常委、副总经理邱现东9月赴和龙市调研，党委常委、副总经理孙志洋11月赴广西壮族自治区凤山县调研。在赴村屯及建档立卡贫困家庭调研过程中，班子成员先后走访慰问建档立卡贫困家庭5户，解决实际困难9件，现场办公为地方政府及时反馈并解决实际问题7件。调研后编写脱贫攻坚实地调研报告，列出问题清单，研究制定解决方案。

【扶贫培训】 2018年2月和12月，中国一汽先后组织挂职干部开展2次作风建设专项培训，解读脱贫攻坚政策举措，介绍精准扶贫典型做法，帮助挂职干部提高认识。中国一汽还组织“脱贫攻坚进行时”精准扶贫能力培训班，结合定点扶贫地区基层干部和致富带头人实际情况制定培训方案，共组织培训基层村干部31人，技术人员150人。通过精准扶贫能力培训，培育一批懂扶贫、会帮扶、作风硬的扶贫干部队伍和素质高、技能强、观念新的致富带头人。

【旅游扶贫】 2018年，中国一汽在定点扶贫地区建设“一汽小镇”，打造旅游名片。在凤山文里村、凤凰村及和龙市柳洞村推进3个“一汽小镇”项目，投入资金1460.16万元。和龙市柳洞村建设的“一汽小镇”正在完善旅游综合体建设，将以“旅游+民宿”的创收模式惠及该地区群众近万人。凤山县文里村和凤凰村通过“一汽小镇”促进脱贫攻坚，截至2018年底，已顺利完成了2018年脱贫双认定工作。

【产业扶贫】 2018年，中国一汽在农牧产业项目扶持方面投入资金1844.36万元，主要用于养殖、合作社项目和农特产品推介。在凤山县久隆村打造100亩食用菌产业示范基地，采用“公司+合作社+贫困户”经营模式，每年帮助50名贫困劳动力就业，同时带动10个村民合作社发展，每个合作社年纯收入35万元左右，项目惠及1837户贫困户、7759名贫困人口。在吉林镇赉县，建设肉牛养殖产业扶贫基地，13871名贫困人口受益。在平保村建设采光温室大棚项目，539户贫困家庭受益。

【消费扶贫】 2017—2018年，中国一汽创新扶贫举措，连续两年借助全球知名展会——中国长春国际农业·食品博览（交易）会，举行精准扶贫推介展，为定点帮扶地区企业、合作社与知名旅游公司、商超牵线搭台，推介帮扶县特色农产品及当地旅游资源。此举在全国同类展会中尚属首次，展会现场达成多个合作意向，展销收入约95万余元，成功为帮扶地区特色产品打开新市场。

【健康扶贫】 2018年中国一汽按照国务院国有资产监督管理委员会要求落实“同舟工程”，在对口的3个县安排专项资金，开展“救急难”项目。帮助特困家庭主要劳动力大病就医，帮助特困家庭学生继续求学，帮助特困家庭残疾人康复、出行，有效帮助300名生活困难的贫困人口获得兜底保障。

【深度地区脱贫攻坚】 2018年，中国一汽拨付援藏资金2610万元，主要用于新农村建设、基础设施建设、教育、医疗、就业等方面，推进了当地经济社会发展，加快“三区三州”深度贫困地区脱贫攻坚步伐。

【作风建设】 2018年，中国一汽以问题为导向，扶贫办积极开展自查、业务部门督导、集团公司合力监督层层递进。针对2017年定点扶贫考核发现的问题，中国一汽制定了《扶贫领域作风问题专项治理方案》并梳理问题清单，自查问题7项，制定整改措施。

9月，中国一汽办公厅派有关负责人前往和龙市了解挂职干部的工作生活情况；5月，纪委（监察部）派有关负责人前往镇赉县开展执纪监督并与挂职干部一对一进行廉洁提醒谈话；11月，集团公司巡视办派有关负责人赴凤山县了解一汽帮扶项目资金执行情况；5月，党群工作部派有关负责人前往镇赉县专项监督检查党费扶贫资金使用情况。

中国一汽组织党委巡视、纪检监察、审计、财务等6个部门从各自的专业角度对一汽扶贫工作及各县的脱贫攻坚工作开展联合监督、检查和指导。工作组先后前往镇赉县、和龙市，现场查验扶贫项目底账，核实受益群众名单，审计扶贫项目资金使用，用问题整改和专项治理成果促进各项扶贫政策举措的落实。

（中国第一汽车集团有限公司
社会责任办公室　葛季明）

东风汽车集团有限公司定点扶贫

【概述】 2018年，东风汽车集团有限公司（以下简称“东风公司”）定点帮扶新疆维吾尔自治区柯坪县、广西壮族自治区马山县。派出扶贫挂职干部3人，在2个定点扶贫县实施了15个扶贫项目，投入扶贫资金760万元，引进帮扶资金53.05万元，培训基层干部36名，培训技术人员80名。组织开展技术培训4次。

2018年，马山县20个贫困村实现脱贫摘帽，27000人摆脱贫困。柯坪县14个贫困村实现脱贫摘帽，农村贫困人口人均纯收入提高至10088.76元，187人摆脱贫困。

【扶贫资金投入】 2018年东风公司共向柯坪县、马山县投入扶贫资金760万元，引进帮扶资金53.05万元。东风公司还帮助当地政府引进其他企业投资，发展当地产业。引进龙头企业湖北沃康农业发展有限公司资金1000万元，引进广西泓源达农业开发有限公司资金2000万元，带动121户、514人脱贫，培育4名创业致富带头人。

【扶贫调研】 2018年5月，东风公司工会主席何伟到马山县调研扶贫工作并组织召开座谈会。10月，公司党委副书记、副总经理程道然到柯坪县调研扶贫工作，并向柯坪县捐赠500万元扶贫资金和4辆郑州日产“防雹”皮卡车。11月，公司董事长、党委书记竺延风到马山县调研扶贫工作，走访慰问贫困户，考察马山县立星村精准扶贫产业园和农畜产业项目，并与广西壮族自治区签署战略合作框架协议，进一步加大东风柳州汽车有限公司的战略投资力度，在广西发展汽车服务贸易，完善汽车营销服务体系，支持广西汽车关键零部件产业发展。

【扶贫会议】 2018年8月，东风公司召开扶贫专题工作会议，传达学习国务院扶贫办、国务院国有资产监督管理委员会及西藏、新疆地方2018年系列扶贫攻坚会议精神。安排部署下阶段脱贫攻坚工作，调整精准扶贫工作领导小组，由董事长、总经理担任组长，成立专项扶贫推进办公室和扶贫监督检查办公室，为定点扶贫工作提供有力的组织保障。发挥下属企业扶贫攻坚助攻作用，构建“大扶贫”责任制工作体系。

【扶贫制度建设】 2018年东风公司制定并发布《东风汽车集团有限公司关于全力以赴支持打赢脱贫攻坚战三年行动的实施方案》，明确了“一个体系”“两个确保”“三个满意”的脱贫攻坚总目标。“一个体系”：以产业扶贫、智力扶贫、就业扶贫、消费扶贫为载体，带动公司各企业、合作伙伴、供应商、经销商、客户等共同参与扶贫攻坚，形成东风公司全价值链扶贫体系。“两个确保”：确保到2020年，公司定点扶贫地区全部如期脱贫摘帽；确保公司结对帮扶地区开展的扶贫项目按时、保质保量推进和落实。“三个满意”：助力结对帮扶地区打赢脱贫攻坚战，措施得力、成效明显，实现地方党委政府满意、当地人民群众满意和上级主管单位满意。

【扶贫培训】 东风公司2018年共组织4批共80名技术人员培训，组织4名创业致富带头人培训，并组织36名基层干部参加业务培训班及4次党员大会。

【干部挂职扶贫】 东风公司2018年共选派3名扶贫挂职干部支援柯坪县、马山县扶贫工作。柯坪县副县长罗永，通过打好民生改善、基层党建、教育扶智、产业发展组合拳，推动庭院经济“六个一”的发展，组织援建便民警务站等系列设施，为柯坪县和谐稳定发挥积极作用。派往马山县的扶贫干部——马山县副县长刘宏涛和马山县立星村第一书记沈拥军，带领立星村发展种桑养蚕、养羊、养牛、沃柑种植等产业，实施基础设施建设和乡风文明建设，取得积极成效。

【扶贫资金管理】 2018 年东风公司巡视办、审计合规部、财务会计部、纪委（监察部）等部门联合组成公司扶贫领域专项巡视组，从党中央扶贫攻坚方针政策精准落实及履行扶贫攻坚主体责任情况、扶贫攻坚过程中发现问题整改落实情况、扶贫攻坚过程中干部队伍建设情况以及扶贫攻坚领域项目及资金合规使用情况（腐败问题）等 4 个方面，对东风公司在柯坪县、马山县扶贫攻坚工作进行专项巡视，形成“专项督查报告”，报告中提出了 5 个方面的问题和 6 条改进建议。东风公司扶贫办针对报告中的问题和改进建议逐一制定整改措施，并组织在后期的扶贫工作中落实。

【产业扶贫】 东风公司驻马山县工作队利用帮扶资金在马山县打造华星果蔬示范区，精准扶贫产业园等区级、市级现代特色农业示范区，充分发挥辐射带动作用，指导示范区构建“公司 + 专业合作社 + 基地 + 贫困户”的新型经营主体，引导贫困户通过土地流转、务工劳动或资金等方式入股经营，共同发展沃柑产业致富。2015—2018 年，马山县沃柑产业规模实现从无到有，种植面积发展到 1.4 万多亩，年产值达 3500 万元以上。“广西沃柑”产业开发项目的实施对农民脱贫致富积极性和当地经济发展有明显带动作用，当地沃柑种植企业、合作社吸收农户就业超过 1500 人次，惠及建档立卡贫困户 137 户、525 人，农民通过种植沃柑实现年人均增收 5000 元以上。

【基础设施建设】 东风公司 2018 年投入 200 万元帮扶柯坪县玉尔其乡、盖孜力克镇以及阿恰勒镇的 100 户贫困户改善住房条件。援建了文化大礼堂、治安检查站和便民警务站、村党群服务中心、东风路、东风桥、东风文化广场、饮水工程等 20 项基础设施，捐赠“防雹”车，补齐公共服务的短板。

【消费扶贫】 东风公司帮助贫困地区打通前端生产与终端购买销售，促使受援地农业生产者直接对接消费市场。组织开展扶贫团购活动，将扶贫点的羊肉、红枣、杏干等特产送上员工餐桌，主动购买沃柑作为春节慰问品，2018 年累计采购扶贫点农产品 400 余万元。通过搭建“东风惠购”、东风汽车扶贫馆等电商平台，举办精准扶贫农副产品展销会，参加慈善展等活动，宣传推广贫困地区农产品，为贫困地区农产品销售赋能。

（东风汽车集团有限公司扶贫攻坚办公室　刘　鹏）

中国机械工业集团有限公司定点扶贫

【概述】 2018年，中国机械工业集团有限公司（以下简称“国机集团”）负责河南省固始县和淮滨县、四川省朝天区和山西省平陆县4个贫困县（区）的定点帮扶工作。国机集团立足自身资源优势及定点扶贫县（区）实际情况，按照“扶智力、扶志气、扶产业、扶民生”的扶贫工作思路开展扶贫开发工作。投入资金2753.13万元，分别对四个定点帮扶县（区）的60余个帮扶项目有针对性地开展帮扶工作。开展消费扶贫，2018年购买贫困地区农产品586.04万元，帮助销售贫困地区农产品737.93万元。

2018年，国机集团有342人次赴定点帮扶县（区）进行考察，13次赴定点帮扶县（区）监督指导，派出8名挂职干部长期驻守扶贫一线。在定点帮扶县（区）共召开16次扶贫座谈会。举办培训班52期，培训基层干部1605名、贫困人口就业技能培训4371人、培训专业技术人才2140名、培训创业致富带头人218名、培训贫困村“两委”班子成员1107名。扶持17家定点帮扶县（区）龙头企业和农村合作社。帮助790名贫困人口实现转移就业。在国机集团所属企业招用224名来自贫困家庭的职工。带动14263名建档立卡贫困人口脱贫。

【扶贫资金投入】 2018年，国机集团及所属企业为国家扶贫、经济、教育、文化、基础设施等方面，共计投入帮扶资金2753.13万元，分别对四个县（区）60余个项目进行帮扶。其中投入河南省固始县扶贫资金861.38万元，投入河南省淮滨县扶贫资金688.41万元，投入四川省朝天区扶贫资金752.82万元，投入山西省平陆县450.52万元。

【扶贫调研】 国机集团初步形成“教育为根、产业为本、农机为枝、民生为脉”的扶贫模式，将所属企业划分为四个片区，指定牵头单位，对定点帮扶的贫困县（区）实施重点帮扶。国机集团扶贫办在2018年4月至5月，分别组织各片区所属企业赴4个定点扶贫县（区）深入开展调研工作，对2017年项目落实情况进行监督检查，提出2018年国机集团定点扶贫计划、措施和具体扶贫项目，形成调研报告，报集团党委常委会研究审定后开展实施。9月至10月，时任国机集团党委书记、董事长任洪斌，时任党委副书记、总经理徐建，现任党委书记、董事长张晓仑3位主要领导分别带队前往4个定点扶贫县（区）开展调研。10月至11月，分管国机集团定点扶贫工作的党委副书记宋欣带队前往4个定点扶贫县（区）进一步开展督促检查。

【扶贫培训】 为让贫困人口掌握一门适应当今职业需求的技能，国机集团出资180余万元，在四个县积极开展健康养老培训生项目和电商培训项目。在固始县，还出资30万元，组织贫困村村支书、第一书记和村干部赴大别山区开展培训，提高政治素质和扶贫帮困工作能力。在朝天区，出资260万元，组织开展“免费职业教育扶贫培训”“免费创业技能培训”“贫困劳动力种养业技能培训”“村医基础理论技能培训”“乡镇卫生院院长理论技能提升培训”“脱贫攻坚干部专题培训”“贫困村第一书记培训班”“贫困村‘两委’负责人培训班”等发多项专题培训。在平陆县，出资32万元，组织县乡村干部开展“基层党组织书记培训班”“党政干部培训班”“村庄整治培训班”等专题培训班。

为提高贫困地区干部的政治素质和履职水平，组织贫困县干部进行培训学习，加强基层党组织建设，保障党的路线、方针、政策在农村基层的贯彻落实，2018 年 11 月，在中央党校（国家行政学院）举办扶贫干部培训班，来自 4 个定点扶贫县（区）和向地方政府安排扶贫点派出的挂职干部及驻村第一书记、各所属企业扶贫管理干部共计 51 人参加了培训。

【干部挂职扶贫】 国机集团向 4 个定点扶贫县（区）各选派 1 名扶贫挂职干部从事脱贫攻坚工作，目前共有 4 名扶贫挂职干部在任。向四个定点扶贫县（区）贫困村各派驻 1 名驻村第一书记，目前共有 4 名干部担任驻贫困村第一书记。

【扶贫慰问】 国机集团积极走访慰问困难党员和贫困户、贫困生，筹集慰问金（品）共计 23 万余元。开展“结对认亲”（结对 56 户）、春节送温暖、贫困儿童“六一”走访慰问等活动，送去慰问品和慰问金共计 7 万余元。开展“救急难”活动，出资 10.2 万元，慰问平陆县因病、因灾、因残致贫贫困户 21 户、51 人，资助常乐镇孤儿、残疾、贫困户中小学生 20 人。

【扶贫宣传】 2018 年 9 月，时任国机集团董事长任洪斌参加联合国全球契约组织领导人峰会期间，在 CEO 圆桌会议上，介绍中国和国机集团的扶贫工作情况，并向联合国秘书长古特雷斯先生、联合国全球契约组织总干事金丽莎女士赠送了对口帮扶的四川省朝天区鱼鳞村村民绣制的麻柳刺绣作品。

编发《扶贫工作简报》，利用集团网站、国机集团报、微信公众号等渠道，打造多层次、全方位的扶贫工作宣传平台，宣传在扶贫工作中涌现出来的好人好事好做法和扶贫干部的事迹，增强扶贫干部的归属感和自豪感。

【扶贫资金管理】 国机集团每年给对口帮扶县（区）政府、片区牵头单位以及扶贫干部去函，规定扶贫项目，严格扶贫资金投向，资金使用做到专款专用。国机集团纪检监察会同审计、财务等部门派员到各贫困县对扶贫资金的使用与管理、扶贫项目的落实等情况开展监督检查。国机集团正不断地完善资金使用管理制度，强化扶贫领域信息公开，加强每个扶贫项目、每笔资金的跟踪监督和检查，消除“盲区”，堵塞漏洞，让扶贫资金切实发挥效益。

【产业扶贫】 在淮滨县，国机集团投入 361 万元资金和 150 万元设备，发挥集团所属服装加工企业优势开展产业扶贫。在贫困村建立 3 个扶贫车间，第一个扶贫车间已建成投产，吸纳当地农村劳动力 124 人，其中建档立卡贫困人员 23 名，带贫率 19%。在朝天区，投入 140 万元，帮助东沟村、石卡村发展集体经济产业。支持东沟村打造前胡（中草药）种植产业园。捐赠 30 台旋耕机，帮助山区土地开垦作业。扶持区级电商产业。在平陆县，投入 30 万元，建设现代化的平陆县电子商务县级运营中心——平陆恒天电子商务公共服务中心。

【消费扶贫】 2018 年，国机集团发动职工购买贫困地区的核桃、樱桃、跑山鸡、固始鸡、固始蛋、蜂蜜、苹果、玉露香梨等农产品，价值 586.04 万元。

【教育扶贫】 依托国机集团所属职业技术学院，每年给固始县和淮滨县贫困生 15 个降分录取指标，免除学杂费。专项招收朝天区贫困生，免除学费，发放生活补助。安排贫困学生顶岗实习或就业，发放实习补贴。

出资 210 万元，分 8 个批次组织固始县、朝天区的 570 余名的骨干教师和学校校长前往北京师范大学进行教学培训，增强帮扶地区师资力量，提升贫困地区教师教学水平。

出资135万元，在固始县、淮滨县、朝天区设立“国机教育扶贫基金”，奖励品学兼优的贫困生及投身教育扶贫事业、关爱贫困学生的基层教职工。

在固始县，出资336.5万元，对国机励志学校5000余名贫困户子女进行系列帮扶。其中：为建档立卡贫困生购买校服，为贫困生宿舍购置了2000套三件套床品，为建档立卡贫困生购买校园平安险，捐赠爱心教室，添置部分图书和学生教辅读物。

在淮滨县，出资150万元，对7所小学进行改建维修。

在平陆县，出资37万余元，为平陆中学建设“恒天艺术楼”，改善贫困地区学校教育设施和设备，使全校67个班、3099名中学生（674名贫困中学生）受益。为3所中小学新入学的253名贫困中小学生捐赠校服。资助贫困生20人，每人1000元。向12名品学兼优的贫困生发放价值0.12万元的“当当读书卡”。

【基础设施建设】　在固始县，投入214.8万元帮扶民生工程，改善帮扶村村貌和基础设施，提振村民脱贫致富热情。在陈营村实施亮化工程，在3.6千米的村主干道两旁，架设太阳能路灯151盏。在丰港乡，对种子场村的基础设施进行修建，清淤开挖3口大塘，建设1000米U形渠，水泥硬化1200米道路。在郭陆滩镇孙棚村完善文化广场便民设施，修缮村部办公场所，整修农用灌溉蓄水大塘，满足村民日常文化娱乐场所需求和农业生产灌溉需求。

在淮滨县，投资84万元，为刘圩村建设“美丽刘圩”，安装太阳能路灯240盏，改善村民的出行条件。

在朝天区，投资135万元，为鱼鳞村6组硬化组路1.5千米并修建过河桥梁。修建三级提灌安全饮水工程，修建垃圾屋加强环境卫生建设。为袁家村1组至3组、石卡村11组进行路基整治项目，使两村486户、1743人受益。

在平陆县，投资300万元，帮助11个贫困村开展“村庄整治”，改善贫困户生活条件和居住环境。整治面积205万平方米，使11个贫困村1459户、3953人（贫困户280户、832人）受益。

【健康扶贫】　国机集团注重解决贫困地区群众就医难问题，投资150万元向朝天区中子镇卫生院捐赠数字化X摄影机1台。对乡镇卫生院院长理论技能进行提升培训，对贫困村村医基础理论技能进行培训，加强贫困地区医疗设备和人才建设。

（中国机械工业集团党委工作部
扶贫办公室　林　萌）

中国东方电气集团有限公司定点扶贫

【概述】 2018年，中国东方电气集团有限公司（以下简称"东方电气集团"）定点帮扶山西省吉县、四川省昭觉县和壤塘县，其中昭觉县和壤塘县为"三区三州"深度贫困县。派出6名干部到贫困县挂职，还派出6名工作队员在昭觉县和壤塘县专职负责扶贫项目的推进实施。组织实地调研68人次，共实施扶贫项目44个，投入扶贫资金988.8万元，培训基层干部34名，培训技术人员230名，购买贫困地区农特产品721万元，帮助销售贫困地区农产品1193万元。吉县已于2018年8月宣布脱贫，重点联系帮扶的昭觉县特布洛村、壤塘县下大石沟村已于2018年12月脱贫摘帽。

2018年，东方电气集团研究制定《定点帮扶（2018—2020年）三年规划》，全力做好产业扶贫、教育扶贫、民生扶贫、就业扶贫、党建扶贫5个方面的重点工作和决胜"百千万亿"脱贫攻坚工程（三年安排就业人数不低于100人、培训人数不低于1000人、教育扶贫惠及人数不低于10000人、资金总投入1亿元）。

【扶贫资金投入】 2018年，东方电气直接投入扶贫资金988.8万元，采购定点扶贫县农特产品721万元。向"三区三州"的昭觉县和壤塘县直接投入扶贫资金821万元，采购农特产品467万元。

【扶贫会议】 为了加强扶贫开发工作的组织领导，2018年，集团公司共召开2次扶贫领导小组工作会议，5次扶贫专项工作会议研究落实扶贫工作推进情况。传达学习党中央、国务院扶贫工作会议精神，研究确定2018年扶贫工作计划、重点扶贫项目和预算。听取挂职干部工作汇报，总结交流扶贫工作经验，落实阶段性工作。贯彻党中央、国务院关于打赢脱贫攻坚战三年行动指导意见，狠抓定点帮扶三年规划落实和实施。

【扶贫培训】 东方电气集团在昭觉县开展了2期基层干部培训、1期实用农业技术培训，在壤塘县组织了1期焊工技能培训、2期电工技能培训，在吉县策划了1期电商扶贫大讲堂培训、1期吉县职业中学机械加工和焊接操作培训。2018年共培训定点扶贫县"两委"班子等基层干部34名，技术人员230名。

【干部挂职扶贫】 2018年，东方电气集团派出6名干部到3个定点扶贫县挂职扶贫，分别担任壤塘县委副书记、吉县副县长、昭觉县副县长、壤塘县石里乡党委副书记、吉县林雨村第一书记、昭觉县特布洛村第一书记，并向深度贫困县派出6名驻村工作队员加强工作力量。有3名扶贫干部分别获得了"2018年度四川省对口帮扶工作先进个人""2018年度四川省定点扶贫优秀驻村工作队队员"和"昭觉县2018年优秀第一书记"荣誉。

【扶贫宣传】 2018年，东方电气集团建立了专门的集团公司扶贫网站，并通过集团公司微信公众平台、官网、新华网、《四川日报》等内外部媒体加强对扶贫工作的宣传报道。新华社、凤凰新闻网、《四川日报》等媒体先后刊发了《四川昭觉："订单农业"让大凉山农民腰包鼓起来》《国家扶贫日｜这一年，东方电气扶贫路》等5篇报道，集团公司官方微信先后发布了《学习

先进 真抓实干 埋头苦干 坚决打赢脱贫攻坚战》《以民族文化交流助力脱贫攻坚》等17篇文章或报道。

【扶贫资金管理】 2018年9月，东方电气集团巡视办组织工作组对定点扶贫县扶贫工作开展进行专项检查，通过查阅资料、组织座谈、进村入户等方式了解扶贫挂职干部履职和作风建设情况、扶贫项目执行情况和资金管理使用情况。

【产业扶贫】 东方电气集团坚持把产业扶贫作为脱贫致富的治本之策，在昭觉县特布洛乡连出四招，搭起了“一乡＋一村”“兴产业、促发展、稳脱贫”的构架。在消费扶贫基础上探索扶贫新模式——订单农业，以批量合同方式引导村民特色种植养殖、规模化种植养殖，引导观念转变。2018年集中采购土豆6万千克、核桃4523千克、苦荞11万千克、乌金猪296头，帮助当地307户村民增收150万元，户均增收4886元。

通过在东方电气企业内设立扶贫产品销售专柜，发动企业食堂定向采购，协调京东众筹等电商渠道，帮助贫困县农产品扩大销售，2018年东方电气采购和帮助销售定点扶贫县农特产品1869万元，惠及农户上万人。

支持建设苦荞加工合作社，引导村民规模化种植当地特色苦荞，实现就地商品转化，直接增加农民收入。引进优质花椒种植，改善当地农作物结构，增加村民收入渠道。

在凉山彝族自治州设立风电产业制造基地，引进3家配套企业建成风电产业园，实现营业收入19.1亿元，为当地上缴税收和租金5830万元。帮助昭觉县引进投资2亿元的30兆瓦光伏电站。帮助吉县成立电子商务协会，成功申报电子商务进农村全国示范县，获得2000万元专项资金。

【教育扶贫】 针对昭觉县教育程度低、基础教育设施薄弱等实际情况，2018年，东方电气集团对昭觉县实施从学前教育、义务教育到高中教育的全学段教育扶贫。

支持“学前学会普通话”活动，出资210万元捐建3所标准化幼教点，改善学前教育环境，3个村级幼教点覆盖100余名学前教育儿童。开展“学习汉语，从小培养好习惯”专项工程。在国家统一发布“学前学会普通话”活动教材之前，联合昭觉县教育局共同开发完成《彝族幼儿学说普通话初级读本（试用）》，保证现阶段“一村一幼”幼教点“教有范本，学有目标”。捐资170万元对“东方电气昭觉第一希望小学”和“东方电气民族中学”进行软硬件升级改造，完善校舍教学设施，配合地方教育部门加强师资力量，不断提高教学质量，3000余名彝族学生受益。出资100万元设立“东方电气昭觉县优秀学子奖学金”“东方电气昭觉县贫寒学子助学金”和“东方电气昭觉县优秀教师奖教金”，鼓励、帮助昭觉县中小学生提高受教育水平，激励教师为学生们提供更好的教育，惠及师生2000人。

【公益扶贫】 2018年，东方电气集团响应民政部、国务院资产监督管理委员会号召，捐资80万元在吉县开展“同舟工程——中央企业参与‘救急难’行动”，对因遭遇突发紧急事件或意外事故，致使基本生活陷入困境的群众，特别是对医疗负担沉重的城乡困难家庭、因病致贫家庭，经政府救助后个人自负医疗费用仍然过大的困难家庭、因病致贫家庭减轻医疗负担，采取“一事一办、特事特办”的方式，实施现金救助，2018年为91名符合条件的人员提供77.73万元的现金救助。

【基础设施建设】 东方电气集团2018年投入205万元为定点扶贫县加强基础设施建设。开展“百县万村”活动，出资50万元在山西省吉县为林雨村援建山腰加固工程，惠及两个贫困村1800人。实施乡村照明工程，出资 49 万元为昭觉县和吉县捐建太阳能路灯 150 盏，解决上万村民无公共照明设施、夜间出行不便难题。实施安全饮水工程，为改变下大石沟村农牧民一直饮用河沟水的情况，提升农牧民生活质量，集团捐赠 50 万元帮助壤塘县下大石沟村建立安全饮水工程。结合企业优势，投入 20 万元帮助壤塘县石里乡维修小水电，满足周边的石里乡政府机构及 12 户村民、110 人的用电需求，多余电量出售至电网，经济效益作为石里乡的集体经济。在昭觉县捐资 36 万元，兴建彝家新寨支部活动室，为 54 户贫困户实施厨卫改造和客厅三件套建设工程，为贫困户统一配置生活必需的家居用品、卫生用品，为开展“移风易俗”活动提供保障。

（中国东方电气集团有限公司
华剑宇）

鞍钢集团有限公司定点扶贫

【概述】 2018年，鞍钢集团有限公司（以下简称“鞍钢”）定点扶贫新疆塔什库尔干塔吉克自治县（以下简称“塔县”）和贵州省盘州市。鞍钢采取民生、产业、教育和健康扶贫等帮扶形式，对两个贫困县实施扶贫项目47个，投入扶贫资金1097.6万元，引进郭明义爱心团队帮扶资金9.785万元。开展基层干部、技术人员、贫困人口就业技能培训1700人次。购买贫困地区农产品117.98万元，帮助销售贫困地区农产品72.09万元，采购扶贫县煤炭约34亿元。

【扶贫资金投入】 2018年，鞍钢对塔县和盘州市投入扶贫资金1097.6万元。其中，鞍钢向塔县投入扶贫资金657.7万元，鞍钢全资子公司攀钢集团有限公司向盘州市投入扶贫资金439.9万元。所投入扶贫资金中，产业扶贫投入资金421万元，民生扶贫投入257.2万元，医疗扶贫投入228.6万元，教育扶贫投入106.8万元，党建扶贫投入资金73.9万元，其他投入10.1万元。

【扶贫培训】 2018年，根据塔县和盘州市的需求，鞍钢组织教培机构的教师，针对不同群体有针对性地编制课件，对各个层次的人员进行培训。培训县乡村基层干部566人，培训幼教、医务等技术人员813人，贫困人口就业技能培训124人，培训贫困村“两委”班子成员134人，培训创业致富带头人89人。

【干部挂职扶贫】 2018年，鞍钢向塔县和盘州市共派出挂职干部12人，其中副处级干部2人，分别挂职塔县副县长和盘州市委常委、副市长。向盘州市新选派2名干部，分别挂职刘官街道淹五寨村和瞿家庄村第一书记，还针对基层第一书记满员，产业、教育等方面急需人才的实际，新选派5名干部到扶贫办、供排水公司、颗粒饲料加工厂和汉语教学机构进行帮扶。选派的扶贫干部代表徐俊荣获贵州省“全省脱贫攻坚优秀村第一书记”称号。

【扶贫宣传】 2018年，鞍钢在《鞍钢日报》《攀钢日报》开设5期“脱贫攻坚政策精神”专栏，刊登《十八大以来习近平总书记关于精准扶贫系列讲话精神要点》等有关国家扶贫战略和中央相关文件精神的宣传和解读。在《中国冶金报》《中国经济导报》《辽宁日报》和国务院资产监督和管理委员会网站等内外部媒体刊发鞍钢集团精准扶贫报道20篇。

通过媒体宣传扶贫干部的先进事迹，推广典型扶贫经验并在微信工作群讨论、交流。在国务院国有资产监督和管理委员会网站、《鞍山日报》等媒体先后以人物通信、专访的形式报道了《火红攀枝花在贵州高官村绽放》等5篇扶贫干部的典型事迹。

【扶贫资金管理】 2018年，鞍钢按照国务院国有资产监督管理委员会统一部署，认真开展扶贫领域作风问题专项治理，对扶贫工作责任单位开展专项巡视工作，在资金管理方面提出了9个问题和建议。责任单位认真进行整改，修订完善扶贫工作管理制度，规范业务流程；规范年度扶贫捐赠项目预算管理、列支扶贫捐赠项目费用渠道，按规定履行决策程序；跟踪扶贫点扶贫资金使用情况和扶贫项目进展情况，加强扶贫项目现场作业单、费用凭证归集管理，及时准确归集相关费用。

【产业扶贫】 2018 年，为解决塔县搬迁贫困农牧民的稳定脱贫问题，鞍钢投入资金 321 万元，实施 1750 余亩土地平整工程，修建灌渠 10 余千米，种植青稞、苜蓿等农作物，解决 358 户搬迁贫困农牧民的耕地和收入问题，预计人均年收入可增加 1000 元，使 100 户建档立卡户脱贫，258 户增加收入，防止返贫现象发生。

鞍钢投入 100 万元，帮助盘州市刘官街道瞿家庄村实施云茸种植、分葱种植及蔬菜大棚扶贫产业项目，引进贵州宝芝灵公司和欣永创公司 2 家企业，为云茸、分葱种植等产业发展提供技术指导、管理及市场营销支撑。采取引进公司经营、合作社参与、农户入股方式，通过"保底收入 + 经营分红"利益联结模式，种植经济作物 50 余亩，可带动 29 户贫困户脱贫，实现贫困人口稳定增收。鞍钢还在四川省喜德县达洛村和里柯惹村投入 200 万元，实施"汽车租赁"产业帮扶项目。购买攀钢集团有限公司所需的工程车辆，由攀钢集团西昌钢钒有限公司提供市场并租赁使用，每年可为 2 村产生约 60 万元可供分配的收入，为 192 户贫困户每户每年增加收入 3000 元。

【教育扶贫】 2018 年，鞍钢投入 99.44 万元，在四川机电职业技术学院设立"攀钢圆梦助学金"，对在机电学院就读的 688 名建档立卡贫困家庭学生发放圆梦助学金，解决贫困学生的学费、生活费用问题。投入资金 42.5 万元为塔县中心小学寄宿学生购买 1000 套被服用品，使 551 名建档立卡家庭学生受益。

【基础设施建设】 2018 年，鞍钢投入 188 万元用于盘州市农业基础设施建设，投入 38 万元对刘官街道瞿家庄村老鹰大塘子旧体进行清淤、垫层、筑底等，恢复蓄水功能，解决农业产业提升用水瓶颈，保障瞿家庄村何家丫口农业灌溉，更好开展农业多样化种植布局，项目覆盖农户 113 户、378 人，其中建档立卡贫困户 29 户、59 人。投入扶贫资金 150 万元，在刘官街道淹五寨村实施灌溉渠道维修改造工程，维修改造干渠 3.85 千米、支渠 1.75 千米，新建田沟渠道 2.54 千米，可解决 640 余亩农田灌溉用水问题，项目覆盖农户 605 户、1812 人，其中建档立卡贫困户 61 户、200 人。在瞿家庄村投入 171 万元，实施蔬菜基地供水管道工程，新建 5 立方米取水池一座、输水管道 9.55 千米，解决瞿家庄村 800 余亩耕地灌溉用水难题，项目覆盖农户 760 户、2630 人，其中建档立卡贫困户 161 户、534 人。

【健康扶贫】 2018 年，鞍钢投入 197 万元帮助塔县 36 个村卫生室（其中深度贫困村 32 个）、5 个社区卫生服务站购置乡村卫生室设备设施，提高医疗服务水平，解决村民看病难、看病远的问题。针对塔县人民医院管理水平和医疗水平落后的情况，派出由病理科、普外科和儿科的 3 名医务人员组成的支医队对其进行帮扶。除正常出诊外，还帮助科室完善各项制度，对相关医务人员开展培训 19 人次，提升塔县人民医院的管理水平和医疗水平，帮助其在 2018 年晋升为二甲医院。

2018 年，鞍钢还派出医疗团队深入帮扶地区学校、街道卫生院、村社等地，为老人、学生及农村患病人员开展先心病筛查及义诊等医疗帮扶活动。对 18561 人次开展先心病筛查，发现疑似病例 26 人，并给予进一步诊治建议。

【扶贫慰问】 2018 年，鞍钢把号召全体共产党员参与扶贫、筹措扶贫资金作为扶贫工作的重要举措，在第五个国家扶贫日，组织全体共产党员为鞍钢集团负责的定点扶贫点建档立卡户（未脱贫）进行爱心捐款。共有 51839 名党员参与捐款活动，募集资金 97.6 万元，慰问建档立卡户 759 户，发放慰问金 37.95 万元。

（鞍钢集团有限公司战略规划部
杨　禹）

中国宝武钢铁集团有限公司定点扶贫

【概述】 2018年，中国宝武钢铁集团有限公司（以下简称“中国宝武”）负责6个县的定点扶贫工作：云南省宁洱哈尼族彝族自治县（以下简称“宁洱县”）、镇沅彝族哈尼族拉祜族自治县（以下简称“镇沅县”）、江城哈尼族彝族自治县（以下简称“江城县”）和广南县，湖北省罗田县和广西壮族自治区上林县。

2004—2018年，中国宝武累计投入定点扶贫资金1.9969亿元，定点扶贫县直接受益群众超过52万人。2018年，中国宝武投入帮扶资金3327.65万元，为定点扶贫县引进帮扶资金374.3万元，为定点扶贫县培训基层干部、技术人员合计958人，购买贫困地区农产品1065.23万元，帮助销售贫困地区农产品8272.47万元。

2018年，中国宝武6个定点扶贫县建档立卡贫困人口直接脱贫人数10324人，直接受益贫困群众38034人。其中，宁洱县贫困发生率降至0.66%，于9月30日成为云南省15个第一批脱贫出列的贫困县之一。镇沅县贫困发生率降至1.36%，罗田县贫困发生率降至0.12%，镇沅县和罗田县已完成脱贫出列第三方论证；江城县贫困发生率降至14.35%，广南县贫困发生率降至9.21%，上林县贫困发生率降至5.55%。

2018年，中国宝武定点扶贫工作被国务院扶贫开发领导小组评价为“好”。

【扶贫资金投入】 2018年，中国宝武投入定点扶贫资金3257.65万元，其中，在宁洱县投入帮扶资金472.20万元，在镇沅县投入帮扶资金420万元，在江城县投入帮扶资金900.75万元，在广南县投入帮扶资金860万元，在罗田县投入帮扶资金300万元，在上林县投入帮扶资金304.70万元。

2018年，中国宝武为定点扶贫县引进帮扶资金374.30万元，其中，为宁洱县引进帮扶资金91万元，为镇沅县引入帮扶资金80万元，为江城县引入帮扶资金132.80万元，为广南县引入帮扶资金70.50万元。

【扶贫机制建设】 2018年，制定印发《中国宝武扶贫工作领导小组组成与职责的通知》，明确党委书记、董事长任扶贫工作领导小组组长，总经理、党委副书记、分管党委副书记、工会主席任副组长。明确扶贫工作领导小组办公室负责推进落实扶贫工作领导小组的各项工作部署和工作安排，协调推进脱贫攻坚相关工作。

制定印发《中国宝武助力对口帮扶地区打赢脱贫攻坚战2018—2020年三年行动计划》，明确脱贫攻坚任务目标，从基础设施建设、产业扶贫、教育扶贫、金融扶贫、党建扶贫等方面做出统筹部署，确保打赢脱贫攻坚战。

制定印发《中国宝武定点扶贫工作管理办法》，对定点扶贫工作成员单位的工作职责、项目资金计划、资金使用管理、项目过程管理等进行明确。

【扶贫会议】 2018年4月，中国宝武党委中心组专题学习习近平总书记关于扶贫开发的重要论述。2018年1月、6月、7月、9月先后4次召开党委常委会，2018年1月、7月先后2次召开董事会，2018年1月、7月先后2次召开公司常务会，研究实施扶贫资金倍增计划，进一步加大扶贫工作力度。

主要领导亲赴现场调研，召开脱贫攻坚

联席会议。2018 年 9 月，中国宝武党委书记、董事长陈德荣亲赴上林县督促检查脱贫攻坚工作，并召开中国宝武—上林县脱贫攻坚联席会议。2018 年 12 月，中国宝武总经理、党委副书记胡望明专程到广南县检查推进脱贫攻坚工作，并召开中国宝武—广南县脱贫攻坚联席会议。2018 年，中国宝武班子成员到 6 个定点扶贫县现场督促检查脱贫攻坚工作，共组织召开脱贫攻坚联席会议 9 次。

【扶贫资金管理】 《中国宝武定点扶贫工作管理办法》对扶贫项目管理和扶贫资金管理进行明确规定。项目管理突出精准，明确项目投入资金按照“541”分配，即 50% 的资金用于整村扶贫项目，40% 的资金用于产业扶贫项目，10% 的资金用于教育扶贫项目。中国宝武每年将扶贫项目资金划拨到定点扶贫地区扶贫办指定账户，由定点扶贫地区扶贫办按照项目的实施进度分期拨付资金到每个项目。资金管理强调规范，明确项目资金按照“541”分期拨付，即项目启动时拨付 50% 资金，项目完成一半时拨付 40% 资金，项目竣工验收后拨付最后 10% 资金。

建立主要领导现场督查、纪委监察部实地督查、审计部专项督查、扶贫办督办检查和扶贫干部一线检查的监督检查体系，确保扶贫项目的有序推进和扶贫资金的规范使用。

【干部挂职扶贫】 制定印发《中国宝武扶贫援派干部管理办法》，2018 年，选拔增派 1 位司局级干部挂职普洱市党委常委、副市长，完成普洱市扶贫办副主任、云南省 4 县副县长的压茬交接，向深度贫困县江城县和广南县各增派 1 名驻村第一书记，配备形成中国宝武 13 位定点扶贫挂职干部队伍：1 位司局级干部挂职普洱市党委常委、副市长，1 位处级干部挂职普洱市扶贫办副主任，6 位处级干部挂职定点扶贫县副县长，5 位驻村第一书记，实现了每个定点扶贫县至少选派一名处级扶贫挂职干部，且分管扶贫工作。

【扶贫培训】 开展扶贫挂职干部任前培训，按照“懂扶贫、会帮扶、作风硬”的要求，由党委组织部、财务部、审计部、纪委监察部等部门对新一批扶贫挂职干部进行系统培训。加大面向定点扶贫县的培训工作力度，2018 年，中国宝武合计培训基层干部、贫困村致富带头人和技术人员 958 人。

【产业扶贫】 2018 年，中国宝武投入资金 1192 万元，实施产业扶贫项目 14 个。其中，在江城县嘉禾乡联合村投资 80 万元建设茶叶初制所加工厂房、生活和办公用房及配套设施等，形成“村集体 + 龙头企业 + 合作社 + 农户”的产业发展模式。该项目既带动村集体经济发展，又促进当地农户发展产业，同时还提供部分就近就业岗位，促进了贫困户增收脱贫。

茶叶初制所不动产及配套设施产权归集体所有，租赁给当地企业阿卡庄园，年基础租金为 2 万元，以后根据市场定价进行租金浮动，租金计入村集体经济收入，村集体将租金的 90% 作为产业发展资金用于扶持贫困户。

当地企业江城县国庆乡田房村阿卡洛垛村民小组的阿卡庄园带动当地农户成立茶叶及农特产品合作社，租赁中国宝武援建的场地运营茶叶初制所，茶叶初制所为当地贫困群众提供 20 个稳定就业岗位，使 20 户贫困家庭每年户均增收 18000 元。

茶叶初制所每日加工茶叶鲜叶 1500 ~ 2000 千克，收购茶叶鲜叶每千克高于市场价格 1 ~ 2 元，预计年加工茶叶鲜叶 460 吨，干茶产量可达 120 吨。茶叶初制所通过收购茶叶鲜叶，提高了嘉禾乡联合村 158 户建档立卡贫困户、580 人和 149 户非建档立卡户、840 人收入。随着生产规模的扩大，已辐射带动附近的明子山村、洛洒村、江西村、巴嘎村等村的茶叶产业发展。

【革命老区建设】　按照国务院国有资产监督管理委员会《关于开展中央企业定点帮扶贫困革命老区百县万村活动的通知》要求，中国宝武在革命老区罗田县、上林县积极开展百县万村活动。

2018年3月，中国宝武投入1000万元援建的罗田县胜利镇“武钢新村”建设完成，来自43个村的320户、1075名贫困群众告别了世代居住的土坯房，免费入住这个罗田县规模最大的异地搬迁扶贫安置点。2018年，中国宝武继续在罗田县投入帮扶资金300万元，实施帮扶项目3个，项目可使农户6261户、2247人受益，其中建档立卡贫困户441户、1431人。其中，投入100万元资金实施胜利镇武钢新村老米酒厂项目，投入100万元实施骆驼坳镇胡家冲村油茶综合加工厂建设项目，投入100万元实施胜利镇中心幼儿园建设项目。罗田县贫困发生率降至0.12%，已完成脱贫出列第三方论证。

2018年，中国宝武在上林县投入帮扶资金304.7万元，实施帮扶项目3个，项目可受益农户663户、2734人，其中建档立卡贫困户280户、1134人。其中，投入200万元，在云蒙村塘往水库附近区域规划“中国宝武芳樟产业扶贫园项目”，建设芳樟种植示范基地，该基地每年可为云蒙村贫困户提供5～10个长期用工岗位，为50户特困户提供稳定收益；投入70万元，援助实施镇圩瑶族乡中心学校龙贵教学点教学楼项目，解决镇圩乡龙贵村285户群众子女的就学环境差的问题；实施深度贫困村“宝武扶贫助学金”项目，按6000元/(人·年）的标准，资助全县14个深度贫困村的建档立卡贫困户52名大学生完成学业。上林县贫困发生率降至5.55%。

（中国宝武钢铁集团有限公司扶贫办　阎文龙）

中国远洋海运集团有限公司定点扶贫

【概述】 2018年，中国远洋海运集团有限公司（以下简称“中国远洋海运”）定点扶贫湖南省安化县、沅陵县和云南省永德县，同时对口支援西藏自治区洛隆县和类乌齐县。中国远洋海运党组2次召开党组会专题研究部署精准扶贫工作。2018年投入扶贫资金5504.12万元，实施项目92项，组织培训班28期，培训干部、专业技术人才560人，购买和销售当地农产品881.6万元，受益贫困人口36143人次，在教育、特色产业扶持、民生基建、医疗卫生、扶危济困等方面开展了卓有成效的工作，推动地方精准扶贫措施有效落实，助推洛隆县、安化县于2018年整体脱贫摘帽。

【扶贫资金投入】 2018年度，中国远洋海运支出帮扶资金5504.12万元，实施项目92项。其中，向定点扶贫和对口支援5县投入帮扶资金3920万元（永德县620万元、安化县700万元、沅陵县600万元、洛隆县和类乌齐县各1000万元），中远海运慈善基金会为5县追加资金998.16万元，集团各下属单位为地方脱贫攻坚支出帮扶资金585.96万元。

【扶贫调研】 2018年，中国远洋海运赴各扶贫点现场调研43批次188人次，主要负责同志对帮扶地区实施调研考察全覆盖。考察组调研期间与省、市、县三级领导进行会谈，深入基层了解群众所需所想，为贫困地区解决实际问题。先后接待对口帮扶地区12批次代表团来访，党组书记、董事长参加会谈，各职能部门与地方相关局委办面对面座谈，开展扶贫项目洽谈与对接，共同探讨将帮扶与合作引向深入。

【扶贫会议】 2018年，中国远洋海运召开定点扶贫专题工作会14次。与各省市县召开扶贫工作座谈会10次，专题讨论定点扶贫工作，洽谈战略合作，确定主要任务和基本思路。

【扶贫机制建设】 中国远洋海运明确将开展扶贫援藏工作成效纳入直属各单位年度党建工作考核范畴。并将扶贫援藏工作小组成员扩大到总部所有职能部门。制定并印发《中国远洋海运集团有限公司定点帮扶工作管理规定》，进一步规范定点帮扶工作管理。结合当地操作实际，指导永德等县挂职干部制定《帮扶资金管理暂行办法》。

【扶贫培训】 中国远洋海运扶贫援藏领导小组和工作小组成员参加国务院扶贫开发领导小组办公室或国务院国有资产监督管理委员会在各地召开的各类扶贫会议6次。2018年投入430余万元，在受援地组织干部岗位、农牧业技能、技术人员、致富带头人和劳务就业5个大类培训，举办28期培训班，培训560人次。其中培训基层干部共计216人次、培训专业技术人员224人次、创业致富带头人39人次、劳务就业技能培训61人次、农牧业实用技术培训20人次。

【干部挂职扶贫】 中国远洋海运在定点扶贫和对口支援地区共派有17名挂职干部，其中有1名干部在当地挂职地级市领导，7名干部挂职副县级领导，3名干部挂职村第一书记，另6名干部为下属企业派驻对口扶贫村工作队成员，所有挂职干部均在当地分管或协管扶贫工作。2018年，派出扶贫干部中有1人获得省级脱贫攻坚先进个人称号。

【扶贫慰问】　在赴定点帮扶地区调研期间，考察组慰问安化县长塘完小、永德县大出水完小的2322名贫困师生及沅陵县幸福苑的56名五保户老人，发放26.1万元慰问品。在洛隆县小学慰问贫困师生，购买电脑等教学设备合计6.7万元。

【扶贫宣传】　中国远洋海运组织邀请新华社、经济日报社等央媒赴西藏，开展援藏采访报道活动。2018年，人民政协报等报纸杂志、新华网等门户网站和湖南省等相关省市电台、电视台或官网对中国远洋海运扶贫援藏事迹和成果进行专题报道83次。中国远洋海运官网、微信公众号对扶贫援藏工作成果和挂职干部典型事迹进行专题报道124次。深入发掘扶贫工作先进典型和事迹，制作《中远海运扶贫援藏展示片》等。

【扶贫资金管理】　结合全面预算管理的要求，中国远洋海运扶贫办介入并指导各下属单位做好年度捐赠预算编制工作，确保按预算实施；督促各受援地设立中国远洋海运扶贫援藏资金专户或专账，确保专款专用、专人管理、专项核算；按《集团定点帮扶工作管理规定》的要求，规范项目变更程序，加强项目监督管理和现场帮扶资金使用审批管理规程；监审部还组织专项检查组赴各受援地对中国远洋海运扶贫援藏资金和项目开展专项监督检查和审计。

【产业扶贫】　投入785万元，扶持受援地特色产业发展。在安化县以国有、镇办村办集体所有中药材基地为依托，扶持安化中药材产业的发展，支持柘溪镇国有唐溪茶厂开展茶叶基地建设。在沅陵县配合借母溪申请4A级景区，援建游客接待中心，增加服务接待能力。以村集体名义绑定贫困户进行投资，扶持“农家乐合作社”和“种植养殖合作社”。建设借母溪生态农业观光园二期项目，对当地旅游特色项目《狃子花开》实景剧进行舞台扩建。多渠道拓宽受援地农产品营销范围，为对口帮扶五县编制特色产品目录清单，组织所属单位和职工采购。集采中心、各电商平台、宾馆酒店等把当地特色产品列入销售清单，并放在网站首页。2018年，直接购买各受援地农产品724.6万元，帮助销售农产品157万元。

【教育扶贫】　投入1300.34万元，持续加大教育扶贫软硬件投入力度。永德县大出水完小教学楼、安化县长塘完小运动场，沅陵县筒车坪、军大坪、凤乡坪和明溪口九校多媒体教室等一批新校舍、新场馆相继完工投入使用。永德县乌木龙乡小村完小、安化长塘幼儿园危改项目相继开工建设。“远航·追梦”项目为临沧市永德等4县35所学校配备课桌椅、高低床等设备近7500套。永德县“中远海运希望班”升级为每年一届。在洛隆县和类乌齐县实施的“中远海运—格桑美朵”奖助学金也提升了资金支持力度。继续实施“为中国而教”活动，招募并派遣40名志愿者教师到沅陵县和安化县13所僻远山区学校任教，通过“远航·追梦”自强班和“远航·追梦”奖助学金双轨推进组织助学。在永德实施多年的“浪花·心愿”结对助学活动，扩大到其他定点帮扶地区。

【公益扶贫】　投入125万元，为帮扶地区贫困群众和受突发事件伤害影响的群体提供经济援助，有效解决他们生产、生活困难。向安化县、沅陵县及永德县困难残疾人发放价值188万多元的营养品。组织“10·17”扶贫日捐款活动，45443名员工自愿参与，募集善款329万余元，所有善款已通过结对帮扶形式确定了具体帮扶项目。下属14家单位承担地方对口帮扶任务，支出帮扶资金585.96万元。主动参与上海市“双一百”村企结对精准帮扶行动，在贵州遵义市和云南临沧市结对帮扶两个贫困村。

【基础设施建设】　投入795万元，实施民生项目9项。在洛隆县、类乌齐县和安化县的8个乡村建设安全饮水工程，解决当地3039人和2697头牲畜的安全饮水问题。在永德县建设5处村民文化活动室，并配备相应设备，丰富当地 1110 户、4340 名村民的文化生活。在安化县开展河堤整治工程，在沅陵县陈家溪村开展人行桥和亮化工程项目建设，提升和改善村组内 398 户、1592 名群众的基础设施和居住环境。为安化县南金乡修缮敬老院，并购买配备各类生活设施。

【健康扶贫】 投入 250 万元，在永德县新建村级标准化卫生室一栋，配备医疗仪器，改善 96 户、348 名群众的公共卫生服务水平。在洛隆县设立“中远海运—色钦美朵”医护人才培养基金，用于当地医护人员的培养、培训，引进和奖励优秀医护人才。继续支持“中远海运—岗拉美朵”医疗救助基金，对入院前期经费不足的建档立卡贫困农牧民予以借款及适当的补助。在安化县、沅陵县和永德县开展“集善工程助听行动”和“幸福微笑——救助唇腭裂儿童”助残项目，为 276 名残疾人提供助残设备或医疗服务，改善生活质量。

【劳务输出】 在临沧市组织举办“中远海运 2018 年就业专场招聘会”，中国远洋海运下属企业共提供 700 多个工作岗位，年内帮助永德县 278 人转移就业。在沅陵县和安化县招收远洋船员，免除贫困户培训费，15 名通过培训考证合格学员已上船工作。

【易地扶贫搬迁】 投入 1200 万元在西藏洛隆县和类乌齐县分别实施易地扶贫搬迁项目，为 438 名贫困农牧民新建扶贫安置房 101 套、12545 平方米。

（中国远洋海运集团有限公司扶贫办 龙 恩）

中国五矿集团有限公司定点扶贫

【概述】 2018年，中国五矿集团有限公司（以下简称“中国五矿”）定点帮扶云南省镇雄县、彝良县、威信县，湖南省花垣县，贵州省沿河土家族自治县（以下简称“沿河县”）、德江县6县。投入直接无偿帮扶资金3519.4万元，实施帮扶项目50个，引进帮扶资金1164.1万元，培训基层干部101人、技术人员及致富带头人等265人。

【扶贫资金投入】 2018年，中国五矿对定点扶贫县投入直接无偿帮扶资金3519.4万元，实施帮扶项目50个。引进帮扶资金1164.1万元，开展消费扶贫，购买贫困地区农产品25.98万元，帮助销售贫困地区农产品28.8万元。

【扶贫调研】 董事长唐复平赴云南与省政府主要负责人会谈，到彝良县入村入户开展实地调研。先后5次召集扶贫专题会议，提出“特色、精准、长效”的扶贫工作要求，派出研究、专家团队，指导具体工作。总经理国文清先后赴贵州省沿河、德江两县开展扶贫实地调研，检查援建成果，调研工作思路。党组副书记董明俊先后对6个扶贫县和1个对口帮扶县开展全覆盖调研指导。

【产业扶贫】 截至2018年底，中国五矿在花垣县投资建立3个产业扶贫示范基地，分别为养鸭基地、加工冷藏基地和香菇种植基地，在带动脱贫方面效果良好。养鸭基地2018年一共向村民发放鸭苗12000只，带动120户建档立卡贫困户参与养鸭，开展技术培训200余人次。香菇基地计划总面积20亩，其中包括出菇棚39座，冷库一间，已建成出菇大棚12座，采摘香菇0.9万千克，带动村民前来务工人数约20人。在威信县建立1个葛根种植示范基地，在镇雄县建设2个兔子养殖场示范基地，可带动周边945户贫困户逐步脱贫出列。在沿河县建设1个花椒产业基地，可带动周边3000亩花椒基地、454户贫困户逐步脱贫出列。在德江县为村级产业园建设基础设施项目。投资在花垣县试点建设长乐乡纳吾车村美丽乡村，可覆盖77户贫困户。

【干部挂职扶贫】 2018年，中国五矿在原有1名司局级挂职副市长、6名挂职副县长和2名驻村第一书记共9名挂职干部的基础上，对深度贫困地区增派驻村第一书记2人，深度贫困县全部配齐副县长和驻村第一书记。

【金融扶贫】 拓展“保险+期货”扶贫模式。所属五矿资本股份有限公司在2017年通过“保险+期货”的形式帮助云南贫困胶农仅用3个月的时间成功脱贫的基础上，2018年陆续操作了玉米“收入保险”、甘蔗“订单+保险+期货”、棉花“保险+期货+银行”等模式，积极探索“保险+期货+基差贸易”，切实提高了金融衍生工具在扶贫领域的适用范围，2018年支出保费873.52万元。

结合证券业务，帮助深度贫困地区大规模引进发展资金。所属五矿证券有限公司作为牵头主承销商帮助贵州省成功发行了规模15亿元的债券。该债券是2018年贵州省发行规模最大的企业债券。

【电商扶贫】 推动“互联网+”、大数据在扶贫领域的应用。所属中冶赛迪集团有限公司在农业农村部指导下开发“全国初级农产品产销对接公益服务平台”，仅2018年中国五矿就向该平台投入4500万元资金用于扶贫项目开发。2018年，中冶赛迪集团有限公司携平台参加了农业农村部主办的全国贫困地区农产品产销对接行动的全部7场系列活动，实现成交额157.35亿元。

【生态扶贫】 支持祁连山环境生态保护，促进生态扶贫。2018年，中国五矿向对口帮扶的青海省祁连县直接投入无偿援助资金750.9万元，其中650万元用于搭建祁连山生态保护监测系统，系统完成后可以对祁连山国家生态保护区进行全覆盖监测。

【教育扶贫】 中国五矿资助小学配套设施建设工程8个，年资助建档立卡贫困户高三和大学学生4268人。开展“爱心包裹”品牌助学活动。针对6个定点扶贫县建档立卡贫困户学生创新开展了“一对一”爱心捐助活动，主要内容是针对高三学生1000元/年的“筑梦计划”，针对大一学生2000元/年的“凌云计划”，全体干部职工捐款346.5万元，惠及3089名贫困大中学生，其中对威信县、花垣县建档立卡贫困户高三和大一学生实现全覆盖。

【基础设施建设】 中国五矿修建便民路、桥及饮水工程类项目20余个。帮扶的荞山镇饮水工程是彝良县脱贫攻坚工作中重大的民生工程，使5个村2.2万人、4280名学生受益，灌溉耕地1万亩。

（中国五矿集团有限公司党群工作部
高培峻　黄　硕　康　维）

中国建筑集团有限公司定点扶贫

【概述】 2018 年，中国建筑集团有限公司（以下简称“中建集团”）定点扶贫甘肃省卓尼县、康乐县、康县。对三县直接投入帮扶资金 4386.75 万元，引进帮扶资金 295 万元，培训基层干部和技术人员 1235 人，购买和帮助销售农产品 847.59 万元，招录及转移贫困人口就业 90 人，引进帮扶企业 4 家，积极培育创业致富带头人，投入 5 亿元认购央企扶贫基金，帮助甘肃三县 6420 户、2.6 万名建档立卡贫困群众脱贫。中建集团发挥资源禀赋优势，坚持“输血”与“造血”相结合，发挥全产业链优势、人力资源优势、企业文化优势、资源品牌优势，打造“全生命周期”的产业扶贫模式、“全过程服务”的就业扶贫模式、“全方位保障”的教育扶贫模式、“全要素管理”的消费扶贫模式。中建集团先后获“甘肃省中央单位定点扶贫先进集体”“央企年度扶贫责任企业”等荣誉，在 2018 年度中央单位定点扶贫工作成效考核中，中建集团的等次为“好”。

【扶贫资金投入】 2018 年，中建集团向康乐县、卓尼县、康县直接投入帮扶资金 4386.75 万元，引进帮扶资金 295 万元。其中，向康乐县投入帮扶资金 711.68 万元，引进帮扶资金 28.55 万元；向卓尼县投入帮扶资金 1348.93 万元，引进帮扶资金 238 万元；向康县投入帮扶资金 2326.14 万元，引进帮扶资金 28.45 万元。中建集团还认购中央企业贫困地区产业投资基金 5 亿元。

【扶贫调研】 2018 年 5 月，时任中建集团党组成员、纪检组组长周辉带队到康乐县、卓尼县调研考察，了解扶贫资金监管和作风建设情况。9 月，时任中建集团总经理、党组副书记王祥明历时 7 天对三个定点扶贫县开展深入调研。11 月，中建集团党组专职副书记郑学选上任伊始就到康乐县开展调研。3 次调研考察共走访慰问贫困群众 50 余户，实地考察扶贫项目 20 余个，与扶贫干部谈话谈心 12 人次，形成调研报告 3 份，就定点扶贫县在产业、就业、劳务输转扶贫等方面存在的困难提出工作建议和解决方案。2018 年，中建集团各级领导干部先后赴甘肃三县开展督促指导 108 人次，发现及反馈问题 86 条，形成 18 份调研督导报告。

【扶贫会议】 中建集团多次召开专题会议研究部署扶贫工作，全年 30 次党组会中，10 次涉及扶贫工作议题，3 次专题研究定点扶贫工作，审议扶贫议案 31 项。2018 年，中建集团召开 2 次总部部门联席会、7 次定点扶贫座谈会，实时检索扶贫任务落实情况，保证定点扶贫工作过程受控。2018 年 5 月，中建集团在甘肃省兰州市召开扶贫工作现场推进会。

【扶贫机制建设】 中建集团制定“1+11”3 年行动方案，即《中国建筑集团有限公司党组关于打赢脱贫攻坚战三年行动的工作实施方案》和产业扶贫、就业扶贫、消费扶贫等 11 个专项工作方案，明确 2018—2020 年定点扶贫时间表、任务书和路线图。修订《中国建筑集团有限公司扶贫工作管理办法》，将扶贫工作纳入总部部门绩效考核和子企业党建责任制考核。

【扶贫培训】 2018 年，中建集团投入 83.23 万元在甘肃三县举办 15 期培训班，累计培训基层干部60人、技术人员1175人。2018年8月，中建集团在甘肃省兰州市举办扶贫干部培训班，国务院国有资产监督管理委员会有关部门负责人及甘肃省委党校教授围绕“如何扎实做好中央企业扶贫工作”“乡村振兴与脱贫攻坚”“甘肃省扶贫攻坚现状和精准扶贫路径选择”等进行讲解，挂职副县长对扶贫工作的开展情况进行详细介绍，人力资源部等5个牵头部门对集团党组关于打赢脱贫攻坚战三年行动的专项工作实施方案进行解读交流。

【干部挂职扶贫】 中建集团选派6名干部分别挂职卓尼县、康乐县、康县委常委、副县长和3个贫困村第一书记；与甘肃省临夏回族自治州、甘南藏族自治州、陇南市联合开展5名挂职扶贫干部的届满考核，完成5名优秀干部接替任职程序，并及时向中组部及甘肃省委组织部报备。3名挂职副县长均获评甘肃省脱贫攻坚帮扶工作先进个人。

【扶贫慰问】 2018年，中建集团继续与中国妇女发展基金会合作开展“救急难”医疗救助扶贫工作，投入99.77万元，直接帮扶和救助149户因病因祸致贫的“急难”群众，解决生活困难问题，改善和提高生活水平；时任中建集团总经理、党组副书记王祥明等3名中建集团领导在甘肃三县调研考察期间，慰问康乐县城南小学、妇幼保健站以及甘肃三县50户贫困群众，支出8.75万元。

【扶贫宣传】 2018年，中建集团利用电视媒介、互联网、内部融媒体平台开展多维宣传，发稿总计412篇。在国资小新、中国日报网等重要网媒宣传康乐县何家沟村“鞋垫书记”罗恒扶贫事迹，在《中国报道》《国资报告》等期刊推出扶贫攻坚“中建模式”。利用中建集团微信、报纸、网站等融媒体矩阵，集中开展专题扶贫宣传。

【扶贫资金管理】 中建集团注重对定点扶贫县的扶贫资金管理工作进行督促与检查，在定点扶贫资金拨付过程中严格资金拨付程序。中建集团党组领导还带队深入定点扶贫地区了解定点扶贫地区扶贫资金使用情况以及脱贫攻坚的总体情况，督促定点扶贫县党委和政府落实脱贫攻坚的主体责任。中建集团选派的挂职副县长负责扶贫资金的管理及使用情况的日常监督，确保扶贫资金专项使用。制定《中国建筑集团有限公司扶贫工作管理办法》明确职责分工，确保扶贫工作有效开展。

【产业扶贫】 中建集团充分发挥“投资、设计、建造、运营”全产业链优势，对产业扶贫项目实行“全生命周期”管理，既设计建造又支撑运营，杜绝“一建了之”，让产业扶贫项目持续稳固发挥产业带动和精准扶贫作用。2018年，中建集团结合美丽乡村建设和当地的资源优势，投入2945万元，打造中建卓尼特色产业示范区、康县旅游产业扶贫示范园两个产业扶贫项目，预计带动1347户建档立卡贫困户脱贫。中建卓尼县特色产业示范区项目，采取中建集团投资、中建西北院设计、中建八局施工、中海商业协助运营的全生命周期管理模式，被列为甘肃省脱贫攻坚观摩拉练活动现场观摩项目。

【就业扶贫】 中建集团发挥人力资源管理优势，对贫困群众就业提供“组织动员——技能培训——岗位供给——跟踪保障——职业发展”全过程服务，实现“一人就业，全家脱贫”。2018年，印发就业扶贫手册3100册，举办4次就业扶贫专场招聘会，招录和转移就业甘肃三县贫困群众90人。开设中建高级技能人才培训班，招录27名建档立卡贫困学生，进行为期3年的学历提升教育，动员25名康乐县贫困群众参加焊工班培训，组织学员到北京参观学习，到中建制造基地开展实训，为他们配备工作导师和生活导师。第一期焊工学员全部取得中级证书并在系统内外顺利就业，在中建就业的月收入6000元。

【教育扶贫】 中建集团“既投资建校又选派师资、既传授知识又人文关怀、既送教进山又带娃出山”，坚持为贫困地区少年儿童的健康成长提供全方位保障。近年来，累计投资7973万元，建设22所小学和特殊教育学校，为1.4万名学子提供优质的学习环境；累计派出22名优秀职工到山区义务支教，带动当地教师队伍整体素质的提升。2018年，中建集团在甘肃三县设立360万元“中建幸福空间助学基金”；为中建集团捐建的康乐县城南小学、卓尼县博峪小学捐赠校服和书屋；开展康乐县金秋助学、康县留守儿童关爱“童伴计划”、卓尼县“大手拉小手”结对帮扶和励志夏令营等活动，惠及140名贫困学生。

【消费扶贫】 中建集团充分利用庞大的合作伙伴群体、全行业最大的网络集采平台和房地产行业第一品牌的资源优势，打造“搭建电商平台＋培育畅销产品＋拓展消费市场”三位一体的“全要素管理”消费扶贫模式。2018年，中建集团依托云筑网建立“中建云筑扶贫商城”，免费为甘肃16家供应商开设网店，为康乐县打造散养土鸡品牌，并通过商城推向各子企业和多方合作伙伴，带动甘肃三县贫困群众增收。

（中国建筑集团有限公司党建工作部
佃　恒）

中国储备粮管理集团有限公司定点扶贫

【概述】 中国储备粮管理集团有限公司（以下简称“中储粮集团公司”）定点帮扶黑龙江省拜泉县、兰西县和新疆维吾尔自治区伽师县。2018年，中储粮集团公司向3个定点扶贫县选派3名处级干部，挂职县委副书记或县政府副县长，另选派3名干部担任驻村第一书记，贯彻精准扶贫精准脱贫方略。对定点扶贫县投入资金9237.8万元，引进帮扶资金5万元。培训基层干部515名，培训技术人员360名。在3个定点扶贫县收购农产品35990万元。

【扶贫资金投入】 2018年中储粮集团公司对定点扶贫县投入资金9237.8万元，引进帮扶资金5万元。其中，在兰西县投入帮扶资金509.8万元，用于建设水泥路、安装太阳能路灯、修建排水沟渠等；投入32万元用于“救急难”项目。在拜泉县投入资金7875万元，建设6万吨规模大豆储备库项目；投入433.8万元，用于修建水泥道路和排水沟渠等基础设施。在伽师县投入帮扶资金419.2万元，其中，投入259.2万元用于农业保鲜库项目；投入60万元用于贫困村小学食堂改造项目；投入100万元用于贫困户庭院改造项目。

【扶贫资金管理】 2018年7月至9月，中储粮集团公司对2013年以来定点帮扶的14个扶贫项目组织了专项审计，并提出管理建议34条，针对审计发现问题，审计部门先后与定点扶贫县的扶贫办、项目单位等有关部门进行沟通。通过开展专项审计监督，帮助定点扶贫县严格扶贫资金和项目管理，保障扶贫资金专款专用、管理规范、发挥作用，实现廉洁扶贫、阳光扶贫。通过发挥巡视巡察作用，把作风建设贯穿脱贫攻坚全过程，2018年初制定了《扶贫领域腐败和作风问题专项治理方案》，明确治理重点和工作措施。强化群众监督，畅通信访举报渠道，听取群众意见建议，结合中储粮集团集中整治形式主义、官僚主义工作，狠抓扶贫领域形式主义、官僚主义问题整改。2018年，结合巡视巡察、内部审计、财务检查和扶贫督查等工作，开展多轮次、滚动式督查，及时发现问题隐患，及时谈话提醒，严肃查处发现的违规违纪违法问题。

【扶贫调研】 2018年，中储粮集团公司党组书记、董事长、扶贫工作领导小组组长邓亦武，党组副书记、董事、扶贫工作领导小组副组长宋致远和副总经理、党组成员、扶贫工作领导小组副组长徐宝义先后共8次赴拜泉县、兰西县和伽师县调研指导扶贫工作，了解扶贫项目实施情况，召开由当地县委、县政府及有关部门、乡镇、村负责人和挂职干部参加的座谈会，了解情况，调研需求，指出不足，督促定点扶贫县落实脱贫攻坚主体责任。

【扶贫会议】 2018年6月，中储粮集团公司在黑龙江省组织召开扶贫工作座谈会，组织有关分、子公司负责同志，定点扶贫县基层干部，中储粮集团公司挂职干部、驻村书记等20余人共同研究定点扶贫工作。8月，召开中储粮集团公司全系统脱贫攻坚工作推进会，对打好脱贫攻坚战进行统筹部署。10月，在齐齐哈尔市召开中储粮集团定点扶贫工作现场推进会，传达贯彻落实中央单位定点扶贫工作推进会精神，签订定点扶贫工作责任书。

【干部挂职扶贫】 2018年，中储粮集团公司分别选派3名处级干部到3个定点扶贫县挂职副县长或县委副书记，分管或协助分管扶贫工作；选派3名干部担任驻村第一书记，贯彻精准扶贫各项要求，开展扶贫工作。选派的挂职干部和驻村第一书记的任职时间均不低于两年。同时，中储粮集团公司加强对扶贫干部的关心和关爱，在制定出台的《中储粮集团公司2018—2020年定点扶贫工作方案》和《关于进一步加强中储粮集团公司定点扶贫工作的指导意见》中，均明确规定要加强对挂职扶贫干部和第一书记的培训、管理、考核、监督、服务。

【产业扶贫】 黑龙江省拜泉县是大兴安岭南麓片区典型的农业县，农业是该县的主要收入来源。为解决当地大豆种植面积增加后的销售问题，2018年中储粮集团公司投资7875万元，在拜泉建设大豆储备库，6月28日正式开工建设，12月4日经消防、质监等部门批复正式投入使用，建成后的拜泉大豆储备库收购大豆近6万吨，直接带动农民增收近1000万元。伽师县位于新疆西南部，地处偏远，交通不便，产业落后，优质的果蔬产品卖不上好价钱。中储粮集团公司在深入调研的基础上，投资259.2万元为伽师县克孜勒博依乡曲如其村建设了800平方米保鲜库，解决了瓜果蔬菜的保鲜问题，通过错峰销售，实现了种植户增收和当地果蔬种植产业的发展。

【扶贫培训】 中储粮集团公司把农民、农村干部培训作为重点工作，精心制定培训方案，邀请专家教授讲课，确保培训工作实效。2018年，中储粮集团公司研究确定了10个培训专题，邀请北京农林科学院、东北农业大学、上海交通大学等学校的国内知名农业专家教授，就大豆高产栽培技术、有机肥的生产方法和施用技术、黑土保护与秸秆快速发酵利用、现代农业发展与对策分析、农机标准化管理等方面，为拜泉县4大班子成员和全县科局级干部、16个乡镇186个行政村干部、扶贫助理和创业致富带头人等860人，开展农业技术培训、帮扶宣讲会、解放思想推动高质量发展大讨论专题辅导报告会等培训；开设贫困村创业致富带头人培训班，激发当地农民增收内生动力。

【消费扶贫】 在以农业为支柱产业的贫困地区，增加种植户收入是实现精准脱贫的最直接和最有效手段。2018年，中储粮集团公司充分发挥政策收储体系优势，优先收购贫困地区农产品，在黑龙江拜泉县、兰西县和新疆伽师县收购农产品35990万元。其中，在拜泉县收购农产品22844万元；在兰西县收购农产品12454万元；在伽师县收购农产品692万元。

【扶贫机制建设】 2018年，中储粮集团公司制定下发了《2018—2020年定点扶贫工作方案》和《关于推进中储粮集团公司定点扶贫工作的指导意见》，对系统定点扶贫工作进行了总体规划，坚持紧密结合实际，确定定点扶贫项目。

中储粮集团公司通过高效执行国家粮食收储政策，在定点扶贫工作中发挥了独特作用。针对一些贫困地区农民的市场信息不对称、科学储粮意识不强等问题，通过开展直属库党组织与村镇党组织联建，以结对帮带形式为农民提供粮食市场信息，同时为农民售粮开辟绿色通道，实行预约售粮。通过开展各种形式的培训，积极引导农民合理调整种植结构，生产适销对路的农产品，让农民管好自产粮、卖上好价粮。

（中国储备粮管理集团有限公司党群工作部 姚惠宇）

国家开发投资集团有限公司定点扶贫

【概述】 2018年，国家开发投资集团有限公司（以下简称“国投”）承担甘肃省宁县、合水县以及贵州省罗甸县、平塘县的定点扶贫开发任务。向定点扶贫县无偿捐赠3608.63万元，帮助实施教育资助、生态扶持、安居工程、产业扶持、保险服务、节日慰问等6个方面33个帮扶项目，惠及建档立卡贫困户5689户、建档立卡贫困群众20202人。

【扶贫资金投入】 2018年，国投向定点扶贫县无偿捐赠3608.63万元，其中向宁县投入680.52万元，向合水县投入691.3万元，向平塘县投入663.91万元，向罗甸县投入1572.9万元。为定点扶贫县引入帮扶资金140万元，购买贫困地区农产品83.5万元，帮助销售贫困地区农产品109万元，引进扶贫企业4家，引入资金4000万元。

【扶贫调研】 2018年，公司主要负责同志及党组成员，先后6次深入定点扶贫县调研考察、慰问走访，督导脱贫攻坚进展情况，召开现场扶贫工作座谈会，交流看法、解决困难，严格督促各项工作全面落实。国投扶贫办累计8次到定点扶贫县督促扶贫项目进展，对以往实施的扶贫项目情况进行督促检查，并在充分摸底和考虑脱贫出列计划的基础上，为各定点扶贫县分别制定了三年帮扶项目计划，倒排工期，逐一落实。

【扶贫会议】 2018年5月，公司党组书记、董事长王会生主持召开党组扩大会议，深入学习习近平总书记关于扶贫开发的重要论述，传达中纪委副书记杨晓渡关于中央单位在甘肃省扶贫情况汇报的批示意见以及国务院国有资产监督管理委员会党委书记郝鹏在中央企业深度贫困地区座谈会上的讲话精神，对下一阶段的扶贫工作提出要求。

【扶贫机制建设】 2018年，国投党组研究印发《国家开发投资集团有限公司关于打赢脱贫攻坚战三年行动计划（2018—2020年）》，对公司未来三年开展定点扶贫工作进行了更加明确的规划指引。根据干部管理、作风建设等方面的要求，印发《国家开发投资集团有限公司定点扶贫挂职干部工作联系制度》《国家开发投资集团有限公司扶贫领域廉洁从业若干规定》，进一步完善扶贫领域各项工作的责任落实和作风建设，形成更加完备的制度体系。

【扶贫培训】 2018年，国投为帮助建档立卡贫困户掌握就业技能，培养一批致富能人，公司在调研定点扶贫县产业特点和培训需求的基础上，在合水县举办了面向湖羊养殖的“新型职业农民培训班”，在宁县举办了面向苹果种植的“理性投资苹果期货知识巡讲”，在罗甸县举办了面向电商和创业的“创业致富带头人培训班”，还组织罗甸县卫计局干部和县医院技术人员到沈阳何氏眼科医院接受“眼科医疗精准扶贫”专题培训。2018年累计完成定点扶贫县基层干部培训62人，培训技术人员238人。

【干部挂职帮扶】 2018年，国投增配一名挂职副州长，加强扶贫工作统筹协调，增配3名挂职村第一书记，为基层攻坚克难补充力量，形成覆盖市县村的三级干部队伍体系。2018年5月，4名挂职副县长继任；7月，1名挂职黔南州副州长到位；9月，4名挂职村第一书记到位。

【扶贫慰问】　2018年春节前，国投分别向平塘县、罗甸县和宁县、合水县发慰问信并拨慰问金40万元（每县10万元），慰问贫困家庭820户。

【扶贫宣传】　2018年，国投通过微博、微信平台以及社会公众媒体发布各类扶贫报道34篇，参加了新浪微博“扶贫路上带头人”启动仪式，借助新浪微博、国资小新等新媒体开展品牌传播，“扶贫路上带头人”主题微博传播近5万次。参与新华社国家高端智库扶贫调研，阐述国投扶贫理念和扶贫基金先进做法。国家扶贫日期间，国投参加国务院扶贫开发领导小组办公室和国务院国有资产监督管理委员会组织的相关论坛，宣传公司在精准脱贫方面的经验做法。

【产业扶贫】　2018年，国投出资20亿元，牵头发起并受托管理“贫困地区产业发展基金”和“中央企业贫困地区产业投资基金”，充分发挥国有资本投资公司的导向作用，以市场化的投资方式，引导社会资本投向定点扶贫县，为贫困地区引进行业龙头企业，以产业发展助力实现“脱真贫”和“真脱贫”。2018年，通过基金投资，累计向定点扶贫县投资4000万元，帮助提供700个就业岗位。

【金融扶贫】　国投通过旗下国投安信期货有限公司探索金融机构服务农业产业链的业务模式，践行党中央国务院对于金融服务实体经济、服务“三农”事业的定位。项目选择严格立足精准扶贫，完全承担贫困地区建档立卡贫困户的自缴保费，通过“订单保障+场外期权”的构建，将农户面临的农产品价格风险合理转移，打通“保险+期货”支农惠农的“最后一公里”。2018年，国投为宁县、合水县实施了3500吨苹果“保险+期货”金融精准扶贫项目，贫困户“零成本”获得苹果价格保障，两县参保贫困户最终获得总赔付金额为150万元。

【教育扶贫】　2018年，国投与中国扶贫基金会合作设立“新长城自强班”6个，与上海真爱梦想基金会合作修建1间“梦想中心”教室，资助平塘县和罗甸县各年级贫困学生以及在罗甸县修建学生宿舍。全年通过各类项目，支持学生1434名，改善贫困学生的学习和生活条件。

【公益扶贫】　国投充分发挥各级党支部和党员干部先锋模范作用，结对帮扶项目自实施以来得到广大员工积极响应和支持，2018年，国投总部及在京子公司共有934名员工参与，结对439名贫困学生、91户贫困家庭，捐赠资金165万元。

【基础设施建设】　2018年，国投帮扶宁县实施湘乐镇柏底村等6个村及其他村零散户安全饮水工程建设，帮扶九岘乡鲁甲村修建排水渠，帮扶合水县实施蒿咀铺乡整乡易地扶贫搬迁安置点2018年小区亮化工程、道路土方工程、护坡工程及卫生厕所修建，帮扶平塘县平舟镇兴民村产业发展及居住条件改善，打造美丽村寨示范点。

【健康扶贫】　2018年，国投帮扶罗甸县建设全县25个乡镇卫生院肺结核智能筛查系统及相关硬件配套设备。

【劳务输出】　2018年，国投借助首批“对外劳务扶贫”试点优势，出资400万元设立“扶智就业慈善基金”，在贵州和甘肃举办6场境外劳务输出和招聘会，组织当地农民出国就业、学习先进技术，首批计划每年培训劳动力300人，实现90%以上外派目标，同时派出职校毕业生300人，人均年收入不低于8万元，未来力争每年增长15%。

（国家开发投资集团有限公司扶贫办　杜　鹏）

华润（集团）有限公司定点扶贫

【概述】 2018年，华润（集团）有限公司（以下简称“华润集团”）定点帮扶江西省广昌县、宁夏回族自治区海原县，投入定点扶贫资金4501万元，其中向海原县捐赠3860万元，向广昌县捐赠641万元。完成乡村基层干部培训101名，完成技术人员培训803名。购买贫困地区农产品284.7万元，其中购买海原县青贮254.3万元，购买海原县蔬菜、肉等农产品30.4万元。帮扶销售贫困地区农产品7252.7万元，其中帮扶海原县销售肉牛6743.1万元、硒砂瓜104万元、马铃薯9.6万元，帮扶广昌县销售白莲等农产品396万元。向广昌县选派1名干部挂职广昌县委常委、副县长，向海原县选派2名县处级挂职干部和1名驻村第一书记。为进一步加强对深度贫困地区海原县的定点帮扶力度，2018年4月，华润集团增派1名同志赴海原县上级单位中卫市挂职副市长。2018年，华润集团帮扶广昌县赤水镇杨坊村建设“共创小康”工程示范区项目，惠及建档立卡贫困户55户、165人。

【扶贫资金投入】 为整合华润集团的扶贫资金和扶贫资源，规范华润集团的扶贫项目运作，华润集团于2010年1月在民政部发起成立了华润慈善基金会，统一口径具体实施华润集团的定点扶贫项目。2018年，华润慈善基金会共对外捐赠资金11228万元，支持定点扶贫项目、河南兰考产业扶贫项目、华润希望小镇建设，文化、教育等公益性事业发展。其中向定向扶贫县实施资金总额4501万元。年度捐赠具体情况为：华润集团向广昌县捐赠641万元，其中631万元用于“共创小康”项目建设，10万元用于开展“救急难”活动。向海原县捐赠3860万元，其中3800万元用于海原华润希望小镇建设，2018年海原华润希望小镇完成幼儿园、小学、卫生站、养老院4栋公共建筑的改造，新建党群服务中心和产业帮扶中心2栋，完成20栋新建集中安置区、74栋新建民居及17栋民居的改造。捐赠60万元专项用于海原县“三缺”项目的实施，帮助海原县史店乡田拐村修建了一条长8千米、路基宽5.5米、路面宽4.5米、横断面厚25厘米的道路。

【扶贫调研】 2018年，华润集团党委成员和华润集团定点扶贫领导小组赴广昌县现场调研扶贫工作5次，赴海原县现场考察13次。其中，时任华润集团党委委员、纪委书记单记京赴海原县考察草畜一体化肉牛养殖基地和海原华润希望小镇项目。华润集团党委副书记、副总经理马璐赴广昌县实地调研白莲产业、教育事业发展和广昌县新农村建设。时任华润集团党委委员、副总经理陈朗赴海原县重点考察海原扶贫项目组的党建工作开展情况。

【扶贫培训】 2018年，华润集团在海原县完成乡村基层干部培训101名，完成技术人员培训803名。2018年年底，华润集团利用冬闲时间，组织海原希望小镇及周边地区的留守妇女举办了3期回绣、剪纸创业致富培训班，累计培训211人，为海原华润希望小镇多元化产业发展打下基础。

【干部挂职扶贫】 华润集团向广昌、海原先后选派1名厅级干部、3名处级干部和2名驻村第一书记，分别担任中卫市副市长、海原县委副书记、海原县长助理、广昌副县长、海原县曹洼乡第一书记等，挂职干部全部协助分管扶贫工作。此外，华润集团还向海原县选派了一支50余人的扶贫工作队。在当地政府的紧密支持配合下，挂职干部和华润常驻贫困县的工作团队对于华润集团在两县开展的扶贫项目，从立项、执行到审计评估进行严密的过程管理。

【扶贫资金管理】　民政部、国务院国有资产监督管理委员会联合下发《关于开展“同舟工程——中央企业参与‘救急难’行动”的通知》，鼓励中央企业参与“救急难”工作。2018年，华润集团根据广昌提交的贫困户信息，结合困难群众已享受的帮扶政策和广昌县实际消费情况，将群众的困难程度划分为A、B、C三档，并分别按照2500元、2000元、1500元的标准给予现金帮扶，向50户困难群众捐赠10万元，帮助他们渡过生活难关。

在定点帮扶过程中，华润集团根据帮扶计划，合理编制帮扶资金预算，2018年2月，海原县政府、华润集团办公厅、华润信托、华润五丰四方就海原草畜一体化项目召开联席会议，通报2017年预算执行情况并研讨2018年预算编制工作。在投入帮扶资金后，华润集团不光“捐钱”，更讲究联合扶贫县一起“管钱”，从项目前期预算到后期审计对扶贫资金实施严细的过程管理。2018年，华润在广昌重点推进杨坊村“共创小康”项目的收尾工作，广昌提交的杨坊村项目预算为1524.92万元，华润集团对项目进行预算审核，预算核减为996万元。项目执行期间，华润的挂职干部长驻项目现场，严把质量关，项目竣工后，华润要求广昌县聘请审计机构对项目实施审计，审减金额118.22万元，最终杨坊村项目审定的建设资金为877.77万元。

【产业扶贫】　海原县为回族聚居区，有养牛的传统，华润集团捐赠3.85亿元，帮扶海原县发展肉牛养殖产业。捐赠2.65亿元，建设一座存栏10000头，设有母牛隔离舍、育肥舍、高档肉牛繁育舍、草料棚、青贮窖、办公生活区等功能的草畜一体化肉牛养殖基地。捐赠1.2亿元，创办“基础母牛银行”帮扶模式，即每头价值1万元的母牛，由华润集团提供6000元赊销款，政府提供2000元帮扶资金，农户自筹2000元即可领回，这样每个农户只用花4000～10000元认养2～5头基础母牛即可建立一个小型的家庭农场。农户饲养的基础母牛产下牛犊后，母牛犊留存用来扩大养殖规模，公牛犊作为肉牛，由农户育肥后再由华润回购并抵顶农户每头6000元的赊销款。华润集团将回购的肉牛集中加速育肥后统一销售，收回的赊销款继续帮扶更多农户开办家庭农场。按这种模式，一个农户赊销5只母牛，经过5年的帮扶周期，可实现存栏牛只23.75头，5年累计增收14.25万元。截至2018年底，“基础母牛银行”已赊牛只2万余头，覆盖海原16个乡镇、175个村、6969户农户。

【公益扶贫】　2018年，华润集团旗下珠海华润银行股份有限公司在海原县举办第六届“快乐助学”公益活动，华润银行捐赠8万元助学金及物资，并引入珠海市香洲区拱北小学的优质资源，与海原华润希望小学签署了“手拉手·共成长”公益计划协议书，两所学校正式缔结为手拉手互助学校。设立“润心园丁”支教计划，该计划长期向海原华润希望小学派驻志愿者，每2人为一组，赴海原华润希望小学开展每期4周时间的公益支教工作，2018年第一批2名志愿者已圆满完成第一期支教工作。

华润集团旗下华润纺织（集团）有限公司向广昌县赤水镇中心幼儿园捐赠校服，华润燃气（集团）有限公司向该园捐赠室外体育娱乐设施等，华润集团还邀请广昌二小10名足球运动员到华润深圳半程马拉松活动现场，参加广昌白莲公益推广活动。

【华润希望小镇】　华润希望小镇是华润集团的品牌公益项目。十年来，华润共捐资 6.4 亿元，在中国建成广西百色、河北西柏坡、湖南韶山、福建古田、贵州遵义、安徽金寨、江西井冈山 7 座华润希望小镇，2018 年，宁夏海原华润希望小镇全面开工建设，贵州剑河、湖北红安、陕西延安华润希望小镇陆续开工，四川南江华润希望小镇正在规划建设中。10 年 12 镇，希望小镇直接受益村民总计 3000 余户、1 万余人。

华润希望小镇以“环境改造、产业帮扶、组织重构、精神重塑”为四大愿景，精准对接革命老区、贫困地区，习总书记在十九大报告中提出“乡村振兴”国家战略，并为乡村振兴明确了“产业兴旺、生态宜居、乡风文明、治理有效、生活富裕”五大总要求。华润希望小镇的“四大愿景”全面响应了国家“乡村振兴”的“五大总要求”，希望小镇 10 年建设历程为企业参与乡村振兴战略探索了一条新模式、新路径。

【健康扶贫】 2018 年，华润医药集团有限公司在广昌县高虎脑镇开展“健康扶贫中国行走进江西火炬传递”活动，特邀南昌的专家为当地群众义诊，并开展过期药品回收、免费药箱发放活动。华润医药集团有限公司还向高虎脑镇红军卫生院捐赠价值 3 万余元的药品。华润双鹤药业股份有限公司在海原县组织三次“在希望的田野上”公益讲座、公益捐赠和义诊咨询等活动，组织 47 位医学专家为 300 余名小镇居民做健康服务，华润双鹤药业股份有限公司合计向关桥乡卫生院捐赠价值 16 万元的降压降糖及补钙药品，向关桥中学捐赠价值 1 万元的学习用品和课外书籍。

［华润（集团）有限公司办公厅
范雯雯］

中国旅游集团有限公司定点扶贫

【概述】 2018年，中国旅游集团有限公司（以下简称“中国旅游集团”）定点帮扶贵州省黎平县，云南省西盟县、孟连县、香格里拉市和德钦县。中国旅游集团对脱贫攻坚工作领导小组组织架构进行调整，党委书记、董事长任组长，党委副书记、总经理任副组长。投入帮扶资金1974.33万元，引进帮扶资金859.92万元。购买贫困地区农产品100.36万元，帮助销售贫困地区农产品162.76万元。培训基层干部310名、技术人员124名。“时光之礼”线路产品实现销售3545万元，向大香格里拉地区输送游客10234人次。帮扶“善品公社”电商企业项目首产普洱茶16550饼、德钦高山野生蜂蜜2150瓶，产销货值达241.2万元。投入380万元，率先在云南孟连县所有中小学校完成电脑室项目建设，使孟连县成为首个“希望之星”项目全覆盖的试点县。

【扶贫资金投入】 2018年，中国旅游集团持续加大对扶贫点帮扶力度，投入定点扶贫资金1669.29万元，下属单位和员工捐款、物资折款305.04万元，合计1974.33万元。引进帮扶资金859.92万元。资金主要用于两省五县（市）地区旅游主业帮扶、特色农产业扶持、教育、兜底保障4个方面工作。

【扶贫资金管理】 中国旅游集团年度扶贫资金拨付计划按照本年度集团扶贫规划和扶贫点报送资金需求相结合的方式制定。扶贫资金预算须经中国旅游集团党委会和董事会审定后实施，资金拨付严格按照中国旅游集团《捐赠管理办法》的相关规定进行统筹支付。为保证定点扶贫专项资金使用安全、合规，所有扶贫资金一律只拨付至扶贫点政府财政、扶贫办专户或国家5A级公募基金会专用资金接收账户。

【扶贫调研】 中国旅游集团重视脱贫攻坚工作开展，形成“一年两看、两验”的扶贫调研工作机制。2018年，党委班子赴扶贫点调研考察6次，其中党委书记、董事长带队赴黎平县调研1次，党委委员、纪委书记、董事带队赴黎平县、西盟县、孟连县、德钦县、香格里拉市5个扶贫点各调研1次。集团扶贫办和下属企业另组织5次考察调研。集团2018年全年扶贫考察调研共84人次，总部召开定点扶贫专题党委会、工作会共6次。

【干部挂职扶贫】 中国旅游集团在扶贫点有在任挂职干部18名。其中，挂任云南迪庆藏族自治州副州长1名；香格里拉、德钦、西盟、孟连和黎平政府副职各1名；德钦、孟连专职驻村第一书记各1名。2018年，中国旅游集团加大干部选派力度，向深度贫困地区增派了3名挂职干部。

【扶贫培训】 中国旅游集团加强扶贫点人才培训交流力度，2018年投入81.4万元，开办10期旅游行业专题培训班，并针对西盟、孟连2个电商扶贫试点县举办“互联网+扶贫”技术人员培训活动。集团扶贫点及扶贫点所在州市共434名基层干部和技术人员参加了相关培训。培训通过邀请相关专家解读政策、分享产业发展趋势及技术经验，帮助受训人员开阔眼界，激发自我学习成长的内生动力。

【电商扶贫】 2018年，中国旅游集团引入中国扶贫基金会“善品公社”电商企业，预计3年投入600万元在西盟、德钦

2县试点推进电商产业。项目以建立合作社锁定建档立卡户脱贫方式，帮助贫困户从种植源头、生产端进行质量把控，加强品牌建设和销售渠道引入，建立完善的合作社利益分享机制和透明可控的资金投放机制，为当地现代农业发展赋能。2018年，项目基地首产西盟普洱茶16550饼、德钦高山野生蜂蜜2150瓶，产销货值达241.2万元。

【旅游扶贫】 中国旅游集团扶贫办和下属旅行社共同策划打造大香格里拉“时光之礼”旅游扶贫主题线路，并在集团全球2200多家旅行分社及官网、App、微信客户端同步上市销售。该线路产品2018年实现销售3545万元，向大香格里拉地区输送游客10234人次，成为集团拓展旅游扶贫模式的全新尝试。

【教育扶贫】 中国旅游集团推出“希望之星”教育帮扶品牌，设立启动“希望之星自强班”捐资助学计划，举办深度贫困地区学生“游学看世界”活动，助力扶贫点均衡教育资源，阻断贫困代际传递。十八大以来，集团已投入资金1122.7万元，在扶贫点开办了3届7个共210人规模的“希望之星自强班”、捐建39间共1900台电脑规模的“希望之星电脑室”。2018年，集团投入380万元，率先在孟连县所有中小学校完成电脑室项目建设，使孟连县成为首个“希望之星”项目全覆盖的试点县。

【公益扶贫】 2018年，中国旅游集团作为同舟工程“救急难”项目试点单位，拨付人民币50万元联合扶贫点民政部门制定救助审批机制和行动实施方案。除完成贵州黎平县作为项目试点县的工作，集团还在其他4个扶贫点启动“救急难”项目，实现集团5个扶贫点“救急难”全覆盖。集团捐资314.89万元，及时参与云南香格里拉、德钦白格堰塞湖洪水泄流和暴雨山体滑坡的灾后重建工作，支持外交部“大爱无国界”国际义卖活动，加强扶贫点房屋、道路出行、公共文化及卫生等项目的跟踪建设。

中国旅游集团协调中国扶贫基金会“筑巢行动”公益项目落地贵州黎平县，援建学生宿舍楼改善贫困地区学童住宿难等问题。参与组建“中央企业贫困地区产业投资基金”工作，承担企业社会责任，助力央企扶贫资金联盟工作建设。中国旅游集团已完成出资人民币5000万元，加入基金第二期组建工作。

【劳务输出】 2018年，中国旅游集团在深度贫困点组织“就业帮扶、真情相助”大型专场招聘会，协调下属景区、酒店、旅行社、地产等6家企业参与，提供近300个一线服务及行政后勤全职、实习岗位，及时发布宣传招聘信息，为扶贫点人员外出务工、拓宽就业渠道提供协助。

【整村推进】 中国旅游集团与中国扶贫基金会、贵州黎平县政府共同打造黄岗村“美丽乡村”精品民宿项目，发力旅游主业扶贫。项目建设周期约3年，集团配套资金预计为人民币1000万元。项目进入第二年建设阶段，集团已完成拨付项目资金700万元。项目建成后，将全面提升黄岗村容村貌，通过旅游住宿、餐饮和侗族文化体验提高黎平县旅游目的地吸引力，带动提高当地旅游经济收入。

【扶贫宣传】 中国旅游集团重视定点扶贫外宣工作，连续8年发布《企业社会责任报告》，在官网、微信公众号开设“定点扶贫”专栏。集团扶贫工作多次受到国内主流媒体关注，2018年8月，国家级扶贫刊物《中国扶贫》以“依靠好风景，打造好‘钱景’——中国旅游集团以三大抓手开拓旅游扶贫新深度”为题对集团进行了专题报道。

（中国旅游集团有限公司社群部
蔡琳娜）

中国节能环保集团有限公司定点扶贫

【概述】 2018年，中国节能环保集团有限公司（以下简称“中国节能”）定点帮扶河南省嵩县和广西壮族自治区富川瑶族自治县（以下简称“富川县”），重点从产业帮扶、科技帮扶、教育帮扶、捐赠帮扶等方面开展工作，向两个定点扶贫县直接投入扶贫资金580万元，向嵩县和富川县各选派1名挂职副县长和1名驻贫困村第一书记。引进民营企业、慈善机构等无偿帮扶资金352.4万元。培训基层干部54名、技术人员36名。购买定点扶贫县农产品31万元，帮助销售农产品55万元。

2018年，富川县30个贫困村4185户、18013名贫困人口脱贫摘帽，贫困发生率降至2.42%，中国节能重点帮扶村191名贫困人口脱贫摘帽，全村贫困发生率降至2.48%，实现整村脱贫。嵩县脱贫6605户、24737人，贫困发生率降至3.65%，中国节能重点帮扶的石场村已脱贫108户、446人，剩余贫困户14户、20人，贫困发生率降至1.3%。

【扶贫资金投入】 2018年，中国节能向2个定点扶贫县直接投入扶贫资金580万元。主要用于嵩县“逐村脱贫项目”“‘圆梦大学·放飞希望’助学项目”和“石场村专项扶贫项目”；富川县“专项扶贫项目”“‘希望工程·圆梦行动’项目”。在2个县实施“走访慰问项目”。

【扶贫调研】 2018年10月，中国节能集团党委书记、董事长刘大山赴嵩县和富川县调研，总经理、党委副书记余红辉于1月赴富川县进行实地调研考察。集团主要领导先后3次同来京的定点扶贫地区党政主要领导进行沟通交流，听取他们对扶贫工作的意见建议。

【扶贫会议】 2018年，中国节能党委常委会4次专题研究扶贫工作，听取定点扶贫工作进展情况汇报。研究通过《中国节能环保集团公司2018年定点扶贫工作计划》和扶贫资金预算。主要领导和分管领导先后组织、参加扶贫衔接会议、扶贫协议签订仪式、扶贫资金捐赠仪式等10余次，主持重要工作衔接、重大项目签约、扶贫资金捐赠等活动，督导工作落实。

【扶贫机制建设】 制定实施《中国节能2018年度定点扶贫工作计划》，实行季报、年报等工作制度。明确2018年度定点扶贫工作任务、选派干部、项目实施、资金投入等内容。

【扶贫培训】 2018年，培训2个定点扶贫县基层干部54名、技术人员36名，提升扶贫县干部能力素质，增强“造血”功能。

【干部挂职扶贫】 2018年，中国节能派出扶贫干部4人，挂职干部2人，分别担任嵩县副县长、富川县副县长；驻村第一书记2人，分别在嵩县石场村、富川县新石村任职。

【扶贫资金管理】 中国节能研究制定《集团公司定点扶贫资金管理办法》，确立有利于生态文明建设和可持续发展、有利于增强帮扶地区自身“造血机能”、有利于贫困群众脱贫的扶贫项目立项评估原则，明确项目立项流程、立项管理、立项效益等相关要求。细化《中国节能定点扶贫项目资金使用协议书》《中国节能定点扶贫资金公益扶贫项目申报表》《中国节能定点扶贫资金安排及其资助的扶贫项目验收单》等配套文件，确保扶贫资金运作规范、效果落地。修订《中国节能环保集团有限公司对外捐赠管理办法》，强化对外捐赠事项管理。中国节能确定的扶贫项目，在立项、实施各环节，都经过职能部门调研论证、层层把关、严格实施。

【产业扶贫】 2018年，中国节能打造嵩县石场村乡村旅游品牌，组织20余名系统内专家到嵩县石场村调研，帮助制定旅游发展规划。加大对该村乡村旅游业的投入力度，先后完成游客服务中心和景区山门、生态步道、九酒路廊道绿化、部落宾馆、石头部落文化博物馆、CS枪战基地等项目建设，建立石头部落国家3A级景区。投资15万元在石场村建立连翘产业基地，成立以中药材种植产业为主的合作社，帮助该村流转贫困户、搬迁户土地100亩集中连片种植丹参，实现合作社发展、产业壮大、村民受益、集体资产保值增值“四赢”。当地群众直接参与项目建设，在景区从事清洁、安保等工作，经营农家宾馆，销售土鸡蛋、土猪肉、山野菜等土特产和皂角刺、连翘等中药材，为石场村农业转型升级、发展现代农业注入新动力。2018年6月，与嵩县人民政府签订《嵩县静脉产业园项目投资框架协议书》，拟投资16亿元建设嵩县静脉产业园，助力招商引资，吸引周边企业入驻运营，打造嵩县“新名片”。计划投资7亿元，在嵩县九皋镇建设风力发电场，2018年已完成测风工作，项目如期建成后，为嵩县经济建设提供清洁能源，可实现荒山、荒坡和闲置屋顶利用，带动贫困户脱贫。

在富川县，协调创建新石村委扶贫产业就业基地，协助村合作社流转土地85亩发展产业种植，初步建成香芋和花生种植基地，推进“合作社+公司+贫困户”产业发展模式。帮助富川县联系国家开发投资集团有限公司央企扶贫基金会为“金鸡”项目融资。出资10万元改造修缮新石村扶贫车间用房，成功引进价值200万元的数据线生产设备，项目效应逐步显现。

【消费扶贫】 中国节能利用新时代健康产业（集团）有限公司现有国珍App优选平台，与富川县签订电商扶贫战略合作框架协议，探索建立“体验店+互联网”模式销售定点帮扶地区农特产品。2018年，中国节能采购销售定点扶贫的嵩县、富川县农产品金额55万元。

【教育扶贫】 中国节能在嵩县、富川县分别实施“圆梦大学·放飞希望”和“希望工程·圆梦行动”助学项目。把每年6月作为中国节能扶贫助学捐赠发起月，每年8月在嵩县举行“圆梦大学·放飞希望”公益助学捐赠仪式，出资50万元资助100名嵩县贫困家庭学生圆梦大学，连续5年共出资250万元资助500多名贫困学生。2018年7月，集团组织富川14名品学兼优的贫困学生开展“逐梦首都行”夏令营活动。中国节能工会还开展“春苗扶助计划”活动，利用员工捐款为嵩县石场村和富川县新石村150余名学生定制校服。21名员工与嵩县石场村、富川县新石村贫困家庭的孩子结成互助对子。

【文化扶贫】 2018年，开展“抓党建、促脱贫”活动，实施“抓观念提升精气神、抓班子提升凝聚力、抓制度提升规范化、抓氛围提升引领力”“四抓四提升”工程。在嵩县石场村和石板沟搬迁点建立党建文化墙、党建文化长廊、党建文化广场，强化党组织政治引领作用和党员党性意识，凝聚群众发展合力。投资15万元建设嵩县文化广场，投资120万元在富川县新石村开展人居环境整治。组织集团内部员工捐赠活动，为两个县捐赠价值近10万元的办公用品，学生学习、体育、生活用品等。

【基础设施建设】 2018年，针对嵩县和富川县乡村照明问题，投资170万元为嵩县和富川县安装太阳能路灯346盏。在嵩县石板沟村投资116万元，开凿一口630米深的水井，解决近500人饮用水问题，为300余亩农田提供灌溉用水。在富川县新石村投资110万元，引山泉水解决新石村委周家和峡头2个自然村241户、1122人饮水长期不达标问题。

【整村推进】　中国节能贯彻落实国务院扶贫办“百县万村”计划，在调查研究基础上，启动“逐村脱贫”项目，自2013年起，累计投入扶贫资金676万元（其中2018年投入226万元），在8个村开展吃水工程、排污工程、道路硬化工程和亮化工程，捐建节能爱心幼儿园、小学及文体广场等，5个乡镇8个行政村受益。

（中国节能环保集团有限公司
徐建新）

中国化学工程集团有限公司定点扶贫

【概述】 2018年，中国化学工程集团有限公司（以下简称“中国化学工程”）定点帮扶甘肃省华池县、环县，完成基层干部扶贫理论及农技人员肉羊养殖培训693人次，开办首期焊工培训班，培训建档立卡户“两后生”43人，完成2次大中院校毕业生招聘，解决182名贫困大学生就业。认购中央企业贫困地区产业投资基金200.6万元。2018年实际投入帮扶资金1000万元，用于培育特色龙头产业、中药材种植业、湖羊养殖业及相关基础设施建设等项目。

【扶贫资金投入】 2018年，中国化学工程及所属企业为国家扶贫、救济、教育、文化、卫生等公益性事业捐赠款物折合人民币1000万元，其中向定点帮扶地区投入帮扶资金882.2万元。其中，投入华池县帮扶资金395.2万元，投入环县帮扶资金487万元。

【扶贫调研】 2018年，中国化学工程累计考察调研72人次，召开座谈会6次，考察贫困村9个，走访贫困户420户。在充分调查研究的基础上，制定了2018年度定点扶贫工作计划和实施方案。

【扶贫工作会议】 2018年，召开中国化学工程党委常委会议、理论学习中心组会议、全系统扶贫动员视频会议、定点扶贫县现场推进会、市县挂职干部座谈会等专题扶贫工作会议，传达学习习近平总书记关于扶贫工作重要论述特别是关于深度贫困地区脱贫攻坚的重要指示精神，听取挂职干部对扶贫开发项目的调研情况，对扶贫资金进行审定，研究2018年定点扶贫工作计划及实施方案。

【扶贫机制建设】 出台《定点扶贫挂职干部管理暂行办法》，规范了挂职干部的选派要求，明确了挂职干部的管理举措，强化了挂职干部的考核和使用，有力促进了定点扶贫市、县、村挂职干部的规范管理。

【扶贫培训】 2018年6月，中国化学工程在定点帮扶的环县设立了“中国化学工程劳务培训基地”，针对“两后生”开展“订单式”技能培训。首期焊工培训班于2018年11月正式开班，投入50万元，培训建档立卡贫困家庭的43名学员，培训期3个月，学员完成培训并经考核合格后输转至集团所属企业就业。

支持华池县和环县人才队伍建设，加大扶贫干部培训力度，帮助提升当地基层干部扶贫理论水平和农技人员肉羊养殖技术水平。2018年11月，中国化学工程分别在定点帮扶的华池县和环县举办了基层干部扶贫理论及农技人员肉羊养殖培训班，共培训基层干部及技术人员693人次。

【干部挂职扶贫】 中国化学工程先后派出1名副局级干部、4名副处级干部（其中两人到期交接）、1名副科级干部到庆阳市、华池县和环县挂职扶贫，分别担任庆阳市副市长、华池县和环县副县长、太阳村驻村第一书记等职务，从事对庆阳市、华池县和环县等地区的帮扶工作。

【扶贫慰问】 中国化学工程党委开展春节慰问活动，2018年慰问环县10户，每户0.1万元，捐赠新集子村村集体发展资金5万元，慰问华池县贫困学生20人和贫困户10户，共计6万元。

2018年，中国化学工程及所属企业在

华池县、环县多个乡村、中小学校等开展扶贫济困送温暖活动，集中开展“送温暖、献爱心”活动8次，慰问贫困户200户次，发放慰问品、捐赠物品或慰问金折合人民币超过50万元。

【结对帮扶】 2018年，在中国化学工程党委书记、董事长戴和根的积极倡导和率先垂范下，中国化学工程探索扶贫新形式，结合华池县、环县和企业现状，建立了“一对一”结对帮扶机制，加强与贫困户互动交流，在特困生资助、子女入学、技能培训和就业等方面提供支持和帮助。2018年，中国化学工程共计3521名党员干部与华池县、环县的1497户建档立卡贫困户结成帮扶对子，畅通了帮扶渠道，落实了助学、助工、助医等帮扶措施，累计投入款物折合人民币116万元。

【扶贫宣传】 2018年，中国化学工程重点围绕在定点扶贫县开展“庆祝建党97周年”“不忘初心　牢记使命　中国化学在行动”“开展贫困大学生就业招聘会”“劳务培训基地揭牌仪式”“党员教育基地揭牌仪式”“召开定点扶贫精准推进会”“情系老区　饮水思源　捐赠饮水机”等活动，在《工人日报》、新华网、中国青年网、新浪网、《陇东日报》等各级媒体开展了宣传报道，累计发文31篇，宣传革命老区，提高定点扶贫县的社会知名度。

【扶贫资金管理】 2018年11月，中国化学工程脱贫攻坚领导小组办公室结合开展的2018年度扶贫领域腐败和作风问题专项督查工作，组成联合检查组奔赴定点扶贫市、县、村、户，对资金使用、政策落实、干部作风等情况进行了实地调研检查核实。从调研检查的结果看，定点扶贫县在主体责任落实、资金使用管理、挂职干部履职尽责及作风建设方面未发现违规违纪问题。

【产业扶贫】 2018年，中国化学工程积极培育种植专业合作社和养殖专业合作社，通过配股分红的方式帮助贫困户脱贫增收和发展壮大村集体经济。围绕中药材种植产业，推行“产业＋合作社＋贫困户”的脱贫模式。为建档立卡贫困户配股，按照贫困户户均1万元标准，向中药材种植农民专业合作社每户配股1万元，每户每年固定分红1000元，2018年的固定分红已全部到户。贫困户的劳动力还可以优先在种植基地务工，每亩务工收入400元，实现增收。为种植中药材的建档立卡贫困户发放补助，鼓励贫困户通过种植中药材实现脱贫。为建档立卡贫困户配股，采取户托社养的方式，按照每个贫困户1万元标准向养殖专业合作社配股，每个贫困户每年可固定分红1000元，通过发展湖羊养殖业实现脱贫。中国化学工程还通过入股合作社，每年固定分红，壮大村集体经济。

【公益扶贫】 2018年11月，中国化学工程邀请中国志愿服务基金会在华池县列宁学校成功举办“情系老区　饮水思源”关注中小学生饮水健康公益活动“走进庆阳”捐赠仪式，向华池县、环县捐赠17台（其中华池县9台、环县8台）、总价值80万元的校园纳滤直饮机，解决6290名学生饮水安全问题，另捐赠10万元给南梁革命纪念馆。引进中国扶贫基金会资金30万元，资助50名贫困学生3年的学习生活费用。认购中央企业贫困地区产业投资基金200.6万元。

【革命老区建设】 中国化学工程打造“党建＋扶贫”品牌，实现“三同时”，即到南梁教育基地抓党建活动的同时落实了定点扶贫责任、在用南梁精神提振党员干部士气的同时提升了贫困地区贫困户脱贫志气、在学习南梁精神的同时带动了贫困县红色旅游。中国化学工程党委把南梁干部学院设立为集团党员教育基地，依托南梁红色教育资源用3年时间实现全集团党员领导干部轮训全覆盖。建党97周年前夕，中国化学工程党委开展了“不忘初心　牢记使命　中国化学在行动”红色主题教育，组织了“党

建 + 扶贫”系列活动，共举办轮训班 9 期，培训 400 多人。

【劳务输出】 2018 年，中国化学工程共为两个定点扶贫县提供了 800 个就业岗位（其中 593 个技术管理岗、132 个技工岗、75 个后勤服务岗），7 月，组织所属 23 家企业在华池县和环县举办了 2 场就业扶贫专场招聘会，招收 2 县近 3 年毕业的高校学生、具有一定技能的技术工人，并优先录用建档立卡贫困户子女。招聘会吸引 1530 名应聘人员参加面试，现场登记人员 965 人，解决 182 名贫困大学生就业问题。中国化学工程还与 2 个定点扶贫县实力较强的建筑施工企业开展合作，吸纳进入劳务及建筑分包商名录，优先参与工程项目分包，广泛吸纳当地劳动力。

（中国化学工程集团有限公司党群工作部　宋宝华）

中国有色矿业集团有限公司定点扶贫

【概述】 中国有色矿业集团有限公司（以下简称“中国有色集团”）定点帮扶云南省梁河县。2018年，中国有色集团从智力扶贫、技术扶贫、产业扶贫、基础扶贫、教育扶贫五个角度开展2018年定点扶贫工作。投入帮扶资金593.02万元，引进帮扶资金1000万元，培训基层干部347人，培训技术人员958人次，采购当地农产品57.40万元，帮助销售当地农产品52.36万元。2018年，梁河县脱贫2128户、8934人，贫困发生率降至3.4%。

【扶贫资金投入】 2018年，中国有色集团由对外捐赠预算中的定点扶贫资金支出，向梁河县投入帮扶资金593.02万元。其中，产业扶贫光伏发电项目及马茂村专业合作社百香果种植共投入420.6万元，教育扶贫捐助2018级贫困大学生及向九保中学等中小学校捐赠图书共投入81.95万元，基础设施扶贫磨石沟自然村村内道路硬化及小厂乡友义村腌腊厂建设项目共投入77.47万元，实物捐赠向丝光坪村便民服务站、学校捐赠40台电脑共投入13万元。

【扶贫调研】 2018年，中国有色集团主要负责同志和分管扶贫工作的领导班子成员带队赴德宏傣族景颇族自治州（以下简称“德宏州”）、梁河县考察、调研共3次。2018年11月，中国有色集团董事长、党委书记、总经理王彤宙率队赴德宏州及梁河县调研定点扶贫工作。2018年6月，时任中国有色集团党委书记、总经理张克利赴梁河县进行定点扶贫工作调研。2018年3月，中国有色集团分管扶贫工作的党委副书记董长清赴梁河县就定点扶贫工作进行专题调研。

【扶贫会议】 2018年7月，中国有色集团在京召开“扶贫工作布置协调会”。9月，中国有色集团与梁河县政府、大唐融合通信股份有限公司在中国有色大厦共同举行签约仪式，就三方在梁河县建立呼叫中心基地签署了项目合作协议。9月，中国有色集团召开全系统扶贫攻坚工作会议，深入学习贯彻习近平总书记关于扶贫的重要论述，特别是关于脱贫攻坚重要指示批示精神。11月，中国有色集团与梁河县委在梁河县召开定点扶贫工作座谈会并举行中国有色集团与梁河县政府农特产品采购签约仪式。

【扶贫培训】 2018年12月，中国有色集团聘请云南省委党校决策咨询研究院副院长、省情与政策研究所副所长陈辞教授为梁河县基层干部进行深刻领会习近平总书记关于精准扶贫精准脱贫的重要论述、云南精准扶贫精准脱贫面临的约束条件及实践困境、加快推进云南精准脱贫的对策建议的授课培训，347人参加。

2018年，中国有色集团出资支持梁河县组织实施茶艺师、甘蔗种植技术、生猪养殖、茶叶种植技术、玉米种植等培训。通过在德宏州梁河县逸馨玫瑰科技开发有限公司设立科普培训教室为建档立卡贫困户提供科技培训。邀请云南省农科院番兴明教授到梁河县调研及开展培训座谈活动，指导玉米产业发展。2018年培训场次达12场，受训人员958人次。

【干部挂职扶贫】 中国有色集团共向定点扶贫县派出3名挂职干部，分别担任云南省德宏州州委常委、副州长，德宏州梁河县副县长及梁河县河西乡丝光坪村驻村第一书记。3名干部因地制宜，陆续推进了当地畜牧养殖业、农作物种植产业、光伏发电、呼叫中心产业等项目的发展，配合中国有色集团大力推动消费扶贫，有效带动了当地经济，协助当地政府开展丝光坪村易地移民搬迁等工作。

【扶贫资金管理】 为规范扶贫资金的有效管理和使用，避免挪用、滥用行为，真正做到精准扶贫、廉洁扶贫，2018年4月，中国有色集团纪委牵头，多个部门组成检查小组赴梁河县对扶贫资金进行审计，并对扶贫领域作风问题进行了专项检查。扶贫资金审计期限为2013年至2017年，检查内容主要包括拨付的扶贫资金使用及项目实施情况、监督机制建立和落实情况、作风领域的建设、考查挂职干部遵守纪律及履责情况。检查后形成专项审计报告，并将审计结果通知梁河县，督促其加快整改。中国有色集团要求梁河县扶贫办每季度报送扶贫资金使用情况和扶贫项目实施进展情况，形成扶贫项目跟踪监督机制；在年度资金拨付批复中，明确要求梁河县扶贫办加强扶贫资金使用管理，扶贫资金账户由当地财政所统一管理，并定期由当地审计局进行专项审计，严格扶贫资金管理专款专用；委派挂职干部参与并负责扶贫项目具体实施工作。

【产业扶贫】 2018年，中国有色集团投入帮扶资金400万元支持梁河县发展光伏发电产业。该项目为当地重点产业扶贫项目，计划建设25个村级光伏电站，计划总投资8000万元，总规模11.338兆瓦，涉及8个乡镇、25个贫困村，受益建档立卡户2863户。全部建成后预计实现收入2.22亿元，25个贫困村每村每年可确保不低于20万元的村集体经济收入，可保障受益建档立卡户稳定持续脱贫。2018年12月28日，首个村级光伏电站已建成并在梁河县九保乡举行了并网仪式。

2018年，中国有色集团与大唐融合通信股份有限公司达成协议，中国有色集团出资490万入股大唐融合联合央企产业扶贫基金、北京外企服务总公司等企业合资设立的大唐服务外包产业总公司，并在梁河县投资设立大唐中色（梁河）服务外包有限公司，建设呼叫中心产业项目（总投资不低于1000万元），由此为梁河县引进1000万元帮扶资金。项目计划分三期建设，一期办公面积2000平方米，初始运营300个工作席位，保证来自贫困建档立卡家庭的员工不低于20%。

【教育扶贫】 2018年，中国有色集团投入30万元用于捐助梁河县2018级新入学贫困大学生部分生活费用。投入51.95万元向梁河县九保中学、芒东民族中学、囊宋中学、遮岛镇中心小学、芒东镇杞木寨小学、囊宋乡瑞泉小学、小厂乡大邦幸小学捐赠图书。投入11.38万元为梁河县小厂中学、勐养民族小学捐赠35台电脑。

【基础设施建设】 2018年，中国有色集团出资57.47万元资助建设梁河县（中色）小厂高山生态腌腊庄园项目。该项目总投资65万元，投产后预计第一年特色腌腊产量可达50吨、产值超100万元，可将高山生态农副产品附加值提升5倍以上，直接带动建档立卡贫困户168户、674人脱贫致富，使每户建档立卡贫困户每年增加收入2000元以上。

（中国有色矿业集团党群工作部
王怡然）

中国中车集团有限公司定点扶贫

【概述】 中国中车集团有限公司（以下简称“中车集团”）充分发挥企业自身优势，依托产业带动，聚焦精准发力，2018年，投入帮扶资金1418.6万元，派出挂职干部5人，全力做好广西壮族自治区靖西市、那坡县和甘肃省天水市麦积区、甘谷县4个县（市、区）的定点扶贫工作，取得较好成绩。2018年，甘谷县正接受国家摘帽退出的验收核查。

【扶贫资金投入】 2018年，投入帮扶资金1418.6万元，其中，用于公共基础设施建设580万元，扶贫产业项目开发500万元，甘谷县“扶贫车间”投入232万元，“天鹅计划”贫困地区乡镇基层干部培训投入43万元，扶贫济困投入60万元。

【扶贫会议】 2018年4月，组织召开第3次扶贫开发工作领导小组会议，深入学习领会习近平总书记关于脱贫攻坚的重要论述，传达了上级相关会议精神及要求，总结2017年中车集团定点扶贫工作开展情况，审议通过2018年定点扶贫开发工作计划。10月17日，在第5个国家扶贫日期间，组织召开“乡村振兴·中车行动”研讨会，中车集团与天水和百色两市、四县区领导共同开展研讨，共同学习领会中央乡村振兴战略，共同交流扶贫开发经验，共谋乡村振兴路径。

【扶贫制度建设】 根据中车集团和帮扶县区实际，制定了《中国中车集团三年脱贫攻坚规划方案（2018—2020年）》，提出中车集团脱贫攻坚的指导思想、基本原则、工作目标、主要任务和保障措施。制定《中国中车集团扶贫挂职干部管理规定》，提高挂职干部履职尽责的自觉性；修订完善《中国中车集团扶贫开发资金管理办法》，使中车集团扶贫资金项目管理更合规、使用更有效、监督更健全。按照《中国中车集团关于扶贫领域工作作风问题专项治理实施方案》，剖析问题原因，做到立行立改。

【扶贫调研】 中车集团党委书记、董事长刘化龙4次组织召开扶贫工作相关会议，并于5月、8月赴甘肃、新疆参加脱贫攻坚推进会，9月上旬赴那坡县、靖西市督查调研。中车集团党委副书记、总经理孙永才于8月底赴麦积区、甘谷县实地调研指导工作。分管扶贫领导和负责扶贫的相关领导干部先后9批共117人次深入4个县（市、区）走访调查。接待贫困地区各级领导4批49人次，就更好地完成脱贫攻坚任务提出建设性意见。

【扶贫资金管理】 中车集团扶贫办和挂职干部采取定期和不定期、抽检和普检、关键环节全跟踪等方式，加大扶贫项目和资金的监管和检查力度，及时向集团扶贫开发工作领导小组汇报工作。

【基础设施建设】 中车集团以改善生活环境、缩小发展差距为重点，投入580万元用于提升基础设施建设。其中在甘谷县投入200万元，实施3个镇100户贫困户C级危房改造；在麦积区投入200万元，实施五龙镇凌温村产业路硬化4.4千米；在那坡县投入资金180万元，实施平孟镇10户贫困户危旧房改造。受益困难群众223户、465人，助力达标“两不愁三保障”。

【产业扶贫】 中车集团投入产业资金500万元，强化当地“造血”功能，其中在甘谷县投入100万元，建设花椒产业园一期工程；在麦积区投入50万元，建设麦积镇草滩村中蜂养殖产业园；在靖西市投入250万元，建设康和村2500平方米钢架结构养殖大棚和德周村200平方米小蚕共育室；在那坡县投入100万元，建设龙合镇6个贫困村集中大蚕房共111间，全面推动贫困地区贫困户增收脱贫。

【干部挂职扶贫】 6月底前，中车集团对挂任期满2年的5名挂职干部（包括1名驻村第一书记）进行了轮换交接。中车集团总部挂职草滩村的第一书记李志磊荣获甘肃省驻村帮扶先进个人称号。

【扶贫培训】 10月，中车集团投入43万元，在中车大学常州校区举办第1期“天鹅计划”活动暨中车集团定点帮扶地区优秀基层干部领导力提升培训班。2市4县共46名各级干部按照量身定制的“天鹅领导力模型”参加了活动。通过多样化现场教学，先后赴中车南京浦镇车辆有限公司、江阴华西村和常州嘉泽镇，参观学习先进精益制造生产线、智能物流和农村产业发展的成功实践等。以眼见为实的方式，让学员认识了中国高铁先进智造、苏南农村乡镇产业发展状况，开阔视野，增长见识，知晓差距。参观嘉兴南湖“中共一大会址”，重温我党艰苦奋斗的历程。

【扶贫慰问】 中车集团投入20万元，在那坡县开展同舟工程“救急难”行动，受益43户、149人，补齐了政府民政救助短板，扩大救助层面和范围；投入12万元，在春节前夕由副总经理带队慰问4个定点扶贫县240户贫困群众；向麦积区草滩村2名贫困大学生捐款1万元。

【公益扶贫】 中车集团挖掘定点扶贫县优势资源，强化帮扶措施，灵活帮扶形式，探索推行“企业+车间+贫困户”扶贫新模式，2018年6月签订了《中车集团、甘谷县人民政府、腾达实业公司工服采购专项扶贫三方协议》，由下属公司投入232万元采购工服1.49万套，帮扶贫困户130人；中车兰州机车有限公司投入9.44万元购置设备10台，为甘谷县石坪村“扶贫车间”提供善工利器；中车北京二七机车有限公司向甘谷县捐赠总价值9.5万元的二手计算机50台和投影仪1台；中车财务有限公司向草滩村小学捐赠总价值2.5万元的二手计算机20台和笔记本电脑15台；在中车集团总部员工中开展“果树认养”活动，集资12.56万元，认养果树314棵，拓宽麦积区贫困户苹果销售渠道。

（中国中车集团有限公司办公厅 童福林）

中国铁道建筑集团有限公司定点扶贫

【概述】 2018年，中国铁道建筑集团有限公司（以下简称“中国铁建”）定点扶贫河北省万全区、尚义县及青海省甘德县。中国铁建遵循“真心扶贫、精准扶贫、共赢扶贫、创新扶贫、干净扶贫”工作方针，坚持政府主导与企业辅助相结合，坚持互惠共赢与扶贫攻坚相结合，坚持整体推进与重点突破相结合原则，派出挂职干部、第一书记7名，投入帮扶资金1559.58万元，引进各类资金3096.75万元，购买对口帮扶区县工业、轻工业产品和农产品1567.45万元。万全区2018年已脱贫摘帽。

【扶贫资金投入】 2018年，中国铁建投入帮扶资金1559.58万元，其中万全区投入265.02万元，尚义县投入686.01万元，甘德县投入608.55万元。引入各类资金3096.75万元。投入10727万元入股扶贫基金、扶贫专业公司，其中中国铁建第二期出资9027万元入股“中央企业贫困地区产业投资基金股份有限公司”；所属中铁第一勘察设计院集团有限公司出资900万元，与相关成员单位成立“商洛市扶贫开发有限公司”；所属中铁二十局集团有限公司出资800万元，与陕西有色金属控股集团有限公司等11个单位联合成立了“渭南合力产业扶贫有限公司”。

【扶贫调研】 2018年，中国铁建领导班子成员5次带队前往定点扶贫区县，调研督查定点扶贫工作成效和扶贫干部履职情况。深入一线，到河北万矿机械厂、河北省张家口市粤北神水发展有限责任公司、张家口伦比服饰有限公司、谷之禅张家口食品有限公司等当地企业实地考察，与当地就做强产业、加大产品销售力度、拉动当地百姓就业等问题交流看法，提出建议和意见。

【就业扶贫】 2018年，中国铁建组织贫困户培训1065人次。通过与当地职业学校合作办学等形式，在师资交流、岗位实践、实训器材等方面提供援助，转移青年劳动力成为产业工人。结合实际大力开发公益性岗位，多方面拓宽就业渠道，帮助贫困人口尽快实现转移就业，培训、安置60名贫困人员成为中国铁建京承高速公路项目收费员、后勤人员。

【干部挂职扶贫】 2018年，中国铁建选派7名干部到扶贫前线挂职，分别担任县委副书记、副县长、驻村第一书记。尚义县委副书记（挂职）孙洁2018年8月被张家口市委组织部嘉奖1次。驻村第一书记李华一（挂职）获“河北省优秀驻村第一书记”“张家口市脱贫攻坚先进个人”荣誉称号。

【扶贫宣传】 中国铁建官网设立“社会责任”专栏，全方位报道中国铁建参与扶贫工作和公益慈善事业情况。2018年，中国铁建在国有资产监督管理委员会（以下简称“国资委”）网站、中国扶贫网、新华网、人民网、央广网、新华社客户端、东方网、中创网、东方头条、今日关注、搜狐网、网易网、中工网、河北新闻网、中国报道、中国扶贫杂志等多家媒体刊物发表扶贫报道和公益信息287条，《中国铁道建筑报》刊发扶贫专项报道46篇。国资委在“全国扶贫日‘数说’央企扶贫”中报道中国铁建扶贫成果，国资委网站刊登《中国铁建：彰显铁军担当　决胜脱贫攻坚》，新华网、《中国扶贫》杂志刊登《阳光洒向希望的田野——中国铁建扶贫纪实》。中国铁建报送的《认清九大关系推进新时代扶贫工作》获“2018年度学习习近平扶贫思想征文活动”优秀论文，入选《习近平总书记关于扶贫工作的重要论述学习文集(2018年卷)》。

【扶贫资金管理】 中国铁建依据《中国铁建股份有限公司定点扶贫与对口支援工作管理办法》第五章“定点扶贫和对口援助资金管理”，扶贫资金应用本着“依法合规、专款专用、职责清晰、流程规范、集中使用”的原则，经所属各单位上报，中国铁建财务部审核，并经总裁办公会研究审定，确定援助专项资金支出方案，再由各扶贫单位将扶贫资金划拨县、乡指定专户管理。为确保扶贫项目及资金在阳光下运行，2018年1月，中国铁建开展扶贫领域腐败和作风问题专项治理，成立督查小组，集中细致全面查摆扶贫领域腐败与作风问题，规范扶贫资金使用，加强扶贫干部作风建设，强化执纪督查。各派出单位领导多次深入扶贫一线，查看财务账目、收支凭证、签订的合同等，随时听取来自扶贫点百姓的建议和社会的舆论监督。

【消费扶贫】 中国铁建通过加大产品销售力度，培育龙头产业，拉动当地百姓就业，促进贫困户增收。2018年采购张家口伦比服饰有限公司工装632万元，河北省张家口市粤北神水发展有限责任公司矿泉水434万元，万矿机械厂工业设备220万元，谷之禅张家口食品有限公司燕麦饮品62万元。

【产业扶贫】 中国铁建投资设立张家口市万铁商贸有限公司，把贫困户自种自产的蔬菜、杂粮、柴鸡蛋、羊肉等农产品运送到中国铁建机关食堂和大院，打通定点扶贫区县农产品进京通道，让当地贫困群众在家门口扶贫企业就业，实现脱贫增收。在尚义县建立无公害小杂粮供应基地260亩，吸纳贫困户耕种管理，带动200名贫困人口就业。在尚义县南朝碾村创办微店、网店，帮助贫困户销售坝上羔羊肉，2018年销售额9万余元。在甘德县投资50万元建设饲草基地项目，带动江千乡隆吉村6户、15人及叶合青村12户、57人脱贫，增加就业7人，增加贫困群众纯收入12.7万元。

【教育扶贫】 中国铁建与尚义县职教中心、张家口职业技术学院合作办学，设立“铁道施工与养护”专业，并在师资交流、岗位实践、实训器材等方面提供援助。从云校（北京）科技有限公司引进价值700余万元的智慧云端教育平台，免费向市万全区、尚义县中小学、幼儿园提供教学服务，惠及万千学子。资助尚义县三中20名特困生每年3000元，直至完成学业，捐资20万元维修尚义三中教学楼。出资435万元援助建设甘德县青少年活动中心，为深度贫困地区的青少年提供各项活动场所。捐赠60万元资助盐津县300名贫困大学生入学，捐赠30万元帮助内蒙古清水河县城关一小建设录播室。中国铁建全系统积极开展志愿服务、爱心捐助等活动，为所在地中小学捐款98万元，捐赠包括电脑、复印机、书籍、衣物、树苗、生活用品等物资折合112万元。中国铁建青年员工和志愿服务组织经常到定点扶贫点志愿助学支教，不定期开展送知识、送文化暖心助学活动。

【文化扶贫】 2018年，中国铁建出资150万元在3个定点扶贫区县修缮党建活动中心。通过新建或修缮村党群服务中心、帮扶困难党员群众、开展党员教育、开展党支部书记培训等形式，不断提高村党支部委员会、村民委员会人员能力和素质。建立运营了扶智扶识项目“中国铁建爱心书屋”，安装多媒体视频通话设备，为村民们提供学习交流平台。开发“智慧·尚义”手机App，集“新闻咨询”“走进尚义”“旅游特色”“本地特产”“便民服务”和“行政办公”六大功能于一体，形成尚义互联网文化品牌。

【基础设施建设】　2018年，中国铁建联合尚义县水利局投资95万修通一条1.7千米的村村通硬化水泥路、排水沟，并完成两侧路灯安装工程；出资70万元完善尚义县南朝碾村光伏发电项目。

【健康扶贫】　改造修缮尚义县南朝碾村乡村医疗室，联系乡卫生院，每周固定日期安排医生驻村2～3天，解决村民看病难题，帮助村民现场解决医保报销难、程序复杂问题，直接享受国家新农合报销政策。为尚义县南朝碾村捐赠轮椅20把，并募集现金2万元，捐助给村内11名卧床不起的病人。联系北京阜外医院，全额出资救助了1名先天性心脏病患者。

【劳务输出】　中国铁建发挥劳务用工需求量大的优势，着力开展劳务输出促进就业。注册成立“尚农劳务有限公司”，与京津冀地区和中国铁建所属各单位的人力资源部门合作，为有劳务输出意向人员进行政策咨询服务。各单位为贫困地区外出务工人员提供便利条件，为其搭建长期稳定的增收岗位，全年吸收212人到中国铁建工作。与万全区劳务公司签订劳务分包合同，安排劳务队伍在项目部承包劳务施工任务，打造劳务供应基地，实现劳务输出结对，全年接收各地建档立卡劳务用工158人。根据工作需要，优先录用接收“三区三州”等贫困地区大学毕业生385人，其中少数民族毕业生97人，定点扶贫区县大学生11名。

（中国铁道建筑集团有限公司党委办公室　胡　勇）

中国交通建设集团有限公司定点扶贫

【概述】 2018年，中国交通建设集团有限公司（以下简称“中交集团”）定点帮扶云南省泸水市、兰坪县、福贡县、贡山县和新疆维吾尔自治区英吉沙县。这5个县（市）均属于“三区三州”贫困县，是脱贫攻坚的主战场和重点扶持地区。2018年，中交集团对定点扶贫县（市）投入帮扶资金9449万元，出资1亿元参与中央企业贫困地区产业投资基金，引进帮扶资金150万元，培训基层干部27名，培训技术人员83名，购买贫困地区农产品205万元，帮助销售贫困地区农产品45万元。

【扶贫资金投入】 2018年，中交集团投入定点帮扶资金9449万元，引进帮扶资金150万元。以基础设施建设扶贫、产业扶贫、就业扶贫、易地扶贫搬迁、教育医疗扶贫为重点，选取了12个扶贫项目开展帮扶工作。

【扶贫调研】 2018年10月，中交集团党委书记、董事长刘起涛一行赴怒江傈僳族自治州（以下简称“怒江州”）调研脱贫攻坚工作。调研期间，实地考察了怒江渡口大桥、绿色香料产业园、火龙果种植等援建项目，与怒江州委州政府召开座谈会，探讨脱贫攻坚新思路，提出打造帮扶怒江50年不变的长效机制。12月，中交集团党委副书记、总经理宋海良一行赴英吉沙县开展扶贫开发调研工作。公司副总裁文岗（4次）、王建（2次）赴定点扶贫县开展调研考察。全年派出170多人次赴定点扶贫县调研指导。

【扶贫制度建设】 2018年8月，中交集团召开党委会审议通过了《中交集团脱贫攻坚工作任务分工》。11月，党委会审议通过了《中交集团挂职扶贫干部管理办法》和《中交集团扶贫开发工作考核办法》等相关制度文件，建立健全扶贫开发制度体系，明确各部门、各单位工作职责，加大考核力度，确保工作落地，建立务实高效、齐抓共管工作机制。

【扶贫培训】 为提升怒江州和英吉沙县干部工作水平，强化人才队伍建设，2018年中交集团组织定点扶贫地区培训工作，培训基层干部27名，技术人员83名。解决贫困人口就业问题，出资200万元协助怒江州举办农民讲习所，在中蜂养殖培训、讲习员培训、安保培训、易地搬迁群众生活技能提升等方面开办培训班，累计培训1387人，部分参加培训人员已实现就业。农民讲习所被云南省宣传部评为“云南省学习宣传贯彻习近平新时代中国特色社会主义思想基地”，并被推介到中共中央宣传部参评“习近平新时代中国特色社会主义思想宣讲先进集体”。

【干部挂职扶贫】 2018年8月，中共中央组织部选派中交第三公路工程局有限公司副总经理黄紫跃到怒江州挂职州委常委、常务副州长，协管扶贫开发工作。10月，中交集团再次选派7名处级干部、2名科级干部赴定点扶贫地区挂职，其中5名干部驻县挂职，4名干部驻村任第一书记。

【扶贫宣传】 中交集团利用网站、微信、报纸等媒介，开设“扶贫攻坚”专栏，刊登国家领导人、国务院国资委关于扶贫开发工作的讲话及公司扶贫开发工作等相关信息，组织内部报道组赴怒江州扶贫一线采访报道，全年发表4版19篇4万多字稿件。

中交集团在10月17日第5个全国扶贫日邀请新华社、《光明日报》等8家媒体记者深入怒江州采访报道，相继刊发报道150余篇，展示中交集团多年的扶贫成果。

【扶贫资金管理】　中交集团扶贫资金由财务资金部统筹管理，办公厅年初制定2018年度扶贫资金计划，全面纳入公司预算管理。资金拨付实行事前审批制度，扶贫办对定点扶贫地区提出资金申请的合规性、可行性进行审核，审核通过后报请公司领导审批。公司援建的项目实行扶贫资金项目管理制度，做到资金到项目、管理到项目、核算到项目，项目竣工结束后，由地方政府或相关项目管理部门向公司提供项目建设过程中签订的协议、收据、发票等票据复印件。2018年11月，中交集团办公厅和审计部组成督导组，对怒江州政府主体责任落实，集团扶贫开发工作开展、项目落实、资金使用等情况开展联合督查指导。

【产业扶贫】　中交集团在泸水市原有肉牛养殖场的基础上，增资200万元配套二期肉牛养殖项目，同时启动饲草加工项目，促进农民增收。与泸水市合作，推进上江香料产业园项目建设，使“香料产业”成为脱贫攻坚产业新引擎和产业扶贫的金字招牌。出资500万元，协助贡山县政府推进中华蜂产业园建设，园区建成后优先吸纳当地贫困群众到园区就业，促使山区群众由传统农民转变为农业产业化工人。出资300万元支持怒江州举办“‘中国交建杯’中国怒江皮划艇野水国际公开赛”，让贫困群众有更多更稳定收入来源。参与援建英吉沙县的15座日光温室已投入使用，解决全县5万座拱棚集中育苗和林果业育苗难题，带动建档立卡贫困户1000人增收。

【教育扶贫】　2018年，中交集团出资200万元在怒江州设立“中交用心浇筑峡谷求学路”希望工程助学金，资助583名困难大学生完成学业。

【基础设施建设】　中交集团与怒江州签订《援建协议》，出资6500万元援建怒江渡口大桥。项目建成后对推进老六库城市转型，加强泸水市主城江东和江西两个片区联系，完善城市道路交通骨架网络，促进泸水市和怒江州经济社会发展等具有重要意义。投入1000万元用于泸水市恩感思落易地扶贫搬迁安置点建设，该安置点建成后将搬迁安置679户、2755人。投入400万元补齐贡山县腊咱村易地扶贫搬迁点的缺口资金，解决62户搬迁户（其中建档立卡户40户）的住房问题。出资50万元为福贡县上帕镇腊吐底村扩建村委会，出资80万元为城镇创业社区扩建党员议事场所和群众文化生活活动场所，满足了党员群众日常办公生活需要。在新疆英吉沙县，中交集团利用政府和社会资本合作（PPP）模式（Public－Private－Partnership）修建的旅游景区道路已投入使用，该项目改善城关乡、乌恰镇的交通面貌，群众出行难的问题得到解决。该路连接了英吉沙县5座水库，为今后发展旅游业奠定基础。

【劳务输出】　2018年，中交集团所属14家工程局对接怒江州29个乡镇开展有针对性地劳务输出，已实现劳动力转移就业467人。在新疆维吾尔自治区，中交集团协助英吉沙县、莎车县以乌蔚公路建设项目为依托，转移安置富余劳动力200人。

【易地扶贫搬迁】　2018年，中交集团参与制定搬迁规划，与怒江州共同创新扶贫工作模式，按照“搬得出、稳得住、有事做、能致富”要求，谋划脱贫搬迁规划工作。协助泸水市恩感思落易地扶贫搬迁安置点建设，该安置点建成后将搬迁安置679户、2755人；补齐贡山县腊咱村易地扶贫搬迁点的缺口资金，解决62户搬迁户的住房问题。

（中国交通建设集团有限公司
于　森）

中国保利集团有限公司定点扶贫

【概述】 2018年，中国保利集团有限公司（以下简称“保利集团”）定点帮扶山西省河曲县、五台县，内蒙古自治区喀喇沁旗，云南省鲁甸县、巧家县。保利集团结合当地实际开展产业扶贫、职教扶贫、文化扶贫、消费扶贫，形成了具有保利特点的定点扶贫工作模式。2018年直接投入帮扶资金932.3万元，引进帮扶资金52万元；培训基层干部300名，培训技术人员3800名。积极向定点扶贫县（旗）引进扶贫企业，先后引入湖南兴业集中式光伏扶贫项目、巧家万户户用光伏项目、上海生物制品研究所单采血浆站项目等扶贫项目，吸纳贫困人口就业。

【扶贫资金投入】 2018年，保利集团及各子企业投入扶贫资金3233万元，其中对定点扶贫县（旗）直接投入帮扶资金932.3万元，引入帮扶资金52万元。购买贫困地区农产品454万元；帮助销售贫困地区农产品375万元。

【扶贫调研】 2018年保利集团党委书记、董事长徐念沙到定点扶贫地区调研考察4次，先后到巧家县、鲁甸县、喀喇沁旗、忻城4县进行扶贫调研。党委副书记、总经理张振高到定点扶贫地区调研考察2次，先后到河曲县、五台县调研。2018年保利集团赴定点扶贫地区帮扶共计94人次。

【电子商务培训】 为提升农村“两委”成员、第一书记、驻村工作队员以及乡镇挂职干部电子商务能力，结合河曲县电商发展水平，保利集团组织了电子商务技术培训。培训内容包括网店创业入门培训、电子商务创业就业培训、电子商务技能培训、网商精英岗位提升培训、传统企业电子商务转型培训等。培训采取现场会、讲解引导、案例分享、现场微咨询、互动交流等方式，确保培训对象听得懂、学得会、用得上。经过认真筹备，中国保利集团帮扶河曲县电子商务技术培训班已于2018年6月顺利结业，培训基层干部和技术人员800人次。

【干部挂职扶贫】 保利集团向5个定点扶贫县（旗）派出挂职副县长5人、第一书记3人，其中有2名挂职副县长2018年内任职期满，已进行轮换。

【扶贫资金管理】 保利集团加强和规范扶贫资金的使用，会同定点县（旗）扶贫办等有关部门与挂职干部管好用好扶贫资金。安排扶贫相关部门对扶贫项目和扶贫资金的使用情况进行了专项调研。

【产业扶贫】 保利集团在昭通市与当地政府合作，下属保利发展控股集团股份有限公司与鲁甸县探索小城镇建设、新农村建设等扶贫模式。保利文化集团股份有限公司利用平台优势，推动非物质文化——河曲民歌二人台艺术走向市场化，其中出资20万元支持二人台艺术团在河曲13个乡镇开展惠民演出78场，宣传扶贫政策，鼓舞扶贫斗志。依托保利文化剧院平台，出资43余万元支持二人台艺术团赴太原、呼和浩特等保利大剧院巡演4场。通过在贫困地区建立产业，形成产业扶贫项目，增加当地就业的同时还增加了当地的经济总量。2018年，在喀喇沁旗投入60万元帮扶建设头把火村蔬菜花卉产业园、希庄村硬果番茄产业园、砬子沟村农家乐等扶贫项目。在鲁甸县专门拨付50万元用于发展水产养殖。在巧家县专门拨付50万元成立中国工艺集团产业扶贫基金。在河曲县投入50万元建设杨桥洼村有机水果储藏冷库，发展海红果特色产业。在五台县投入324万元与五台县德奥电梯厂共同成立电梯维保公司，为贫困地区贫困人口创造就业机会。

【就业扶贫】 集团党委结合定点帮扶实际，2018年初提出“教育就业扶贫”构想，确定“职教一人、就业一个、脱贫一户”的精准扶贫目标。党委副书记、总经理张振高带队赴河曲、五台县开展扶贫调研，与两县签署就业扶贫项目意向协议，正式启动“保利星火班”就业扶贫项目。

第一期“保利星火班”历时4个月，投入资金180余万元，完成63名五台、河曲二县的贫困学生教育培训并就业分配。“星火班”采用军事化双班主任制管理模式，从企业抽调一批阅历丰富经历过军旅生活的精锐干部作为生活班主任，随时关注学生学业、人格发展。安排十余名二、三级企业主要领导亲自授课，开阔学员眼界。要求相关用工企业出台制度，确保星火班学员入职后与社招员工享受同等职业路径，打通学员未来发展通道，做到“授其技、立其业、树其人”。第一期63名星火班学员现已安排至保利物业华北片区实习并入职，转正后月工资不低于2600元，可带动63户建档立卡贫困户脱贫。在首届保利星火班试点成功的基础上，按计划将逐步在其他4个定点扶贫县和对口帮扶贫困县逐步推开。

【文化扶贫】 充分利用工艺美术行业方面优势，保利集团与云南省工艺美术行业协会、丽江滇绣唐卡文化艺术有限公司等合作，携手打造“滇绣之县”文化扶贫项目。该项目已免费培训500余名绣娘，使以家庭为主的零星刺绣工艺品向规模化、市场化发展，带动了农村妇女、辍学儿童、聋哑孩子、孤寡老人、其他特殊人群脱贫致富，实现“打工不离家，忙时抓生产，闲暇就绣花，增收又顾家”的新型扶贫模式。“滇绣之县”项目以“刺破贫穷，绣出新天地”为使命，本着“完全免费教学”的宗旨和“学会一项技能，带富一个家庭”的理念，通过传授刺绣技术带动群众增收，采取“企业+家庭+村民”的自由式管理模式，完全免费教学，免费提供各种刺绣作品创作所需材料、图案等。村民每产出一幅刺绣作品，便根据其作品质量以每幅不同价格预先收购，再通过各类平台、实体门店、电商等各种渠道进行销售，带动农村人口增收，繁荣地区文化交易市场，提升城乡居民文化素质。

【扶贫宣传】 2018年陆续在《人民日报》刊发《中国保利集团与山西省五台县签订教育就业扶贫协议安置一人就业带动一户脱贫》、在国务院国有资产监督管理委员会网站刊发《中国保利集团深挖精准扶贫内涵　创新扶贫模式》、在《北京青年报》头条推发《保利集团：扶贫的路，每一步都算数》、在新华网刊发《首届“保利星火班”迎来开学第一课》、在新华网客户端发布《中国工艺集团：播种在精准扶贫的“最后一公里”》、在人民日报客户端发布《云南首个“走进崇高践行基地”在江底中学揭牌》等报道。

（中国保利集团有限公司　刘录良）

中国冶金地质总局定点扶贫

【概述】 2018年，中国冶金地质总局（以下简称“地质总局”）定点帮扶云南省漾濞彝族自治县（以下简称“漾濞县”）和巍山彝族回族自治县（以下简称“巍山县”）。2018年地质总局对定点扶贫县实施精准扶贫项目7个，直接投入帮扶资金668.49万元（其中漾濞县341.355万元、巍山县327.1358万元），引进帮扶资金100万元；选派挂职干部5人，其中挂职副州长1人，挂职副县长2人，驻村第一书记2人；培训基层干部50名，培训技术人员186名；组织购买定点扶贫县农产品14.9万元，帮助销售定点扶贫县农产品23.3万元。巍山县与漾濞县均脱贫摘帽。

【扶贫资金投入】 2018年，地质总局投入帮扶资金668.49万元，先后在定点扶贫县实施了庙街镇火龙果基地建设和综合开发项目、庙街镇六合古城水厂提升改造项目、巍山县巩固脱贫成果云岭牛养殖项目、己路河村集体肉牛养殖项目、富恒乡长寿村产业发展示范基地建设项目、核桃古树树龄测定方法研发及应用项目、“国冶励志奖学金”助学项目等精准扶贫项目7个，重点帮扶定点扶贫县产业发展、贫困村集体经济发展、地质科技发展等。

【扶贫调研】 2018年11月，地质总局党委主要领导带队赴定点扶贫县调研走访。地质总局巡视员带队于2018年9月赴漾濞县调研考察定点扶贫工作，重点检查了地质总局帮扶的精准扶贫项目并与当地干部群众举行了座谈，针对监督检查中发现的问题提出意见建议。

2018年，地质总局赴定点扶贫县调研督导脱贫攻坚工作3批45人次，发现的主要问题集中在两县缺乏可持续发展产业、村集体经济发展较慢、健康扶贫达标有差距等方面，地质总局通过加大帮扶力度，制定相应措施等方式，帮助定点扶贫县逐步解决问题。

【扶贫培训】 2018年，为提升定点扶贫县教师的教育水平，更新思想观念，地质总局在漾濞县开展中小学校长、骨干教师培训2期（100人次），教育系统精准扶贫培训1期（38人次），支持漾濞县人才队伍建设。

结合定点扶贫县实际，地质总局组织对漾濞县建档立卡户中17~22周岁非在校生及“两后生”共38人实施针对性培训1期，提升贫困家庭成员技能素质和就业适应能力。针对定点扶贫县养殖技术水平不足的情况，地质总局组织相关专家在巍山县庙街镇古城村开展了1期养殖技术培训，重点培训了猪和牛养殖、育肥、疫情防治等方面技术，培训66人次。联合巍山县工业园区管委会，针对54名建档立卡户普通劳动力组织1期劳动力转移培训。

【干部挂职扶贫】 总局先后派出5名干部到大理白族自治州挂职，其中1名干部任大理白族自治州副州长，2名干部分别任两个定点扶贫县的副县长，2名干部任驻村第一书记。为重点支持定点扶贫县深度贫困村，2018年9月，地质总局主动将贫困发生率较低的漾濞县顺濞镇顺濞村的第一书记调整到深度贫困的漾濞县富恒乡长寿村任第一书记，加大对深度贫困地区的帮扶力度。

【产业扶贫】 地质总局重点帮扶定点

扶贫县高原特色养殖业、高原特色种植业等产业发展，投入帮扶资金 524.36 万元。帮助定点扶贫县开展地质灾害治理工作，要求驻云南单位在灾害发生后给予技术支持，各类投入共计 45 万元，帮助核查排除灾害隐患。参与扶贫县易地扶贫搬迁安置点建设项目规划建设，近 3 年来共编制大理州剑川县、祥云县、巍山县和鹤庆县，楚雄市双柏县，文山市砚山县，红河州金平县共 55 个易地扶贫搬迁安置点建设项目地质灾害危险性评估报告。发挥地理信息产业优势，策划推动巍山古城特色小镇政府和社会资本合作 PPP（Public - Private - Partnership）模式。地质总局所属正元地理信息智慧城市建设公司积极融入巍山县社会经济发展，在智慧城市建设、市政设施建设、地下公共安全等领域充分发挥自身优势，全力助推巍山县打造国际级特色小镇。

【教育扶贫】　地质总局和漾濞县希望公益服务中心共同发起设立“国冶励志奖学金”，地质总局负责资金募集工作，漾濞县希望公益服务中心负责助学项目的具体实施。项目旨在帮助漾濞县内品学兼优、自强自立的家庭经济困难大学新生、高中生（含职校生）、初中生，为其提供学习生活费用的资助，改善学生学习生活条件，帮助他们完成相应阶段的学业。项目于 2017 年实施以来，已累计资助 100 名贫困家庭子女，包括 20 名大学生、40 名高中生和 40 名初中生。在漾濞团县委的协助下，地质总局组织开展 1 次“情满童心”微心愿活动，收集和发放价值约 1.6 万元的微心愿物品，活动期间，征集淮安完小贫困家庭小学生微心愿 81 个，发动地球物理勘查院爱心同事自愿认领。

【基础设施建设】　为着重解决定点扶贫县“两不愁三保障”问题，重点做好定点扶贫县饮水安全保障工作，地质总局投入 124.48 万元，用于巍山县庙街镇六合古城水厂提升改造项目建设，该项目彻底解决了两个村委会、14 个自然村、3802 户村民、13764 人的饮水安全问题，补齐饮水保障短板。

（中国冶金地质总局办公室　宁鹏飞）

中国电力建设集团有限公司定点扶贫

【概述】 中国电力建设集团有限公司（以下简称“中国电建”）定点帮扶云南省剑川县和新疆维吾尔自治区民丰县。2018年，中国电建领导6人次赴定点扶贫县调研考察，研究部署并着力推动定点扶贫工作。捐赠扶贫资金8953万元，其中总部捐赠扶贫资金5143万元，有关成员企业捐赠扶贫资金3810万元。购买并帮助销售定点扶贫县农产品近200万元，经国务院扶贫开发工作领导小组考核，中国电建2018年定点扶贫工作等次为“好”。

【扶贫资金投入】 2018年，中国电建捐赠扶贫资金8953万元，其中总部向定点扶贫县共捐赠扶贫资金5143万元，具体包括：向剑川县捐赠扶贫资金3640万元，实施剑川县万头奶牛及10万亩饲草饲料产业、剑川县甸南镇白蜡村肉牛养殖场建设、马登镇后甸村向善水库扩建工程、中小学校博爱校医室建设、“圆梦的手”教育奖学金5个扶贫项目；向民丰县捐赠扶贫资金603万元，实施民丰县驻村干部宿舍生活设施标准化改造、萨勒吾则克乡美丽乡村庭院建设改造、若克雅乡农贸市场扩建、中小学校博爱校医室建设4个扶贫项目。协助中国延安干部学院向越西县捐赠扶贫资金400万元，继续实施瓦曲觉乡河西村易地移民搬迁项目。向平凉市灵台县捐赠扶贫资金500万元，实施灵台县光伏产业扶贫项目。

【扶贫调研】 2018年，公司领导6人次赴定点扶贫县调研考察。10月，中国电建党委书记、董事长、扶贫开发工作领导小组组长晏志勇带队赴剑川县建档立卡贫困户家中调研考察，实地查看定点扶贫项目建设和效益发挥情况。7月，中国电建党委副书记、总经理孙洪水带队赴民丰县调研考察脱贫攻坚工作。6月、7月，中国电建党委常委、副总经理、扶贫开发工作领导小组副组长姚强带队分别赴剑川县和民丰县调研考察。根据国务院国有资产监督管理委员会及《中国电建扶贫领域作风问题专项治理实施方案》，9月，中国电建党委常委、纪委书记符岳岩带队赴剑川县开展扶贫领域作风专项检查。

【扶贫培训】 2018年，通过中国电建延安干部学院高级研修班、中国电建投资管理高级研究班、水电工程造价培训班等，中国电建专业培训定点扶贫县干部、技术职工共8名，着力培育懂扶贫、会帮扶、作风硬、技术强的扶贫干部队伍。结合剑川县实际，中国电建加强扶贫培训工作，《中国电建助力剑川县全面打赢脱贫攻坚战三年实施方案》明确3年培训剑川县乡村教师300人，培训乡村医生160人。

【干部挂职扶贫】 中国电建2018年派出挂职扶贫干部、驻村第一书记和驻村工作队员共57人，其中驻村第一书记29人。在已派剑川县1名挂职副县长、1名驻村第一书记的基础上，增派剑川县扶贫办1名挂职副主任、1名驻村第一书记；在已派民丰县1名挂职副县长的基础上，增派1名驻村第一书记。

【健康扶贫】 2018年，中国电建积极参与中国红十字基金会“中小学校博爱校医室建设”公益活动，通过中国红十字基金会公益平台向剑川县、民丰县定向捐赠共60万元，建设6所校医务室，配置常用药品和医疗急救器械，旨在为学生在校期间的体检和医疗提供有效保障，促进和引导少年儿童健康成长。

【扶贫资金管理】　中国电建对扶贫项目及资金实施严格的管理制度，强调“事前、事中、事后”的全过程监督管理。2018年6—7月，公司主管领导带队分别赴剑川县和民丰县贫困一线，实地调研考察并与贫困户和派驻当地的挂职干部进行座谈交流，指导制定年度项目计划，经公司决策审批后予以下达，确保帮扶资金去向清楚。通过下发文件和派驻地方干部监督的方式，明确要求定点扶贫县对年度定点扶贫项目资金实施专账管理，专人负责，专款专用，坚决杜绝违纪、违规使用等问题，确保扶贫资金落到实处并发挥效益。公司纪委书记带队赴剑川县开展扶贫领域作风专项检查，对照国务院国资委要求扎实细致开展有关工作。中国电建扶贫工作组加强对剑川县、民丰县扶贫工作督促指导，形成《关于云南省剑川县2017—2018年脱贫攻坚实施情况的督促检查报告》《新疆维吾尔自治区民丰县2017—2018年脱贫攻坚实施情况督促检查报告》等专项报告，确保扶贫资金安全高效，实现了定点扶贫工作的闭环管理。

【产业扶贫】　在充分发挥剑川县丰富的土地资源和饲草饲料资源及大量剩余劳动力资源等资源禀赋优势基础上，中国电建以产业扶贫为龙头抓手，开展“造血式”扶贫，实施剑川万头奶牛养殖及10万亩饲草饲料产业扶贫项目。该项目由中国电建捐赠扶贫资金3000万元，剑川县政府将该笔资金作为资本金注入县产业扶贫投资公司，通过部分融资和招商引资引进合作企业进行投资，采取“县委政府产业平台公司＋外部合作企业＋金融机构＋村民合作社＋农场主＋贫困户”的“1＋5”产业扶贫模式，分2期最终完成总投资达5.5亿元的万头奶牛及10万亩饲草饲料产业扶贫项目建设。项目建成后，剑川县10个贫困村每年可收益5万元，收益期10年；520户贫困户每户每年收益3000元，收益期6年；3000户贫困户每户每年收益1200元，收益期5年。牧草加工厂每年提供500个就业岗位，人均年收入4万元，年人工收入总额2000万元；10万亩饲草饲料种植可解决十万农民工就业问题，人工年收入总额35000万元。该项目覆盖剑川县全部尚未脱贫的3475户、13023人，直接助推建档立卡贫困户脱贫摘帽，并带动剑川县已脱贫群众进一步增收和乡村振兴发展，真正实现扶贫项目的“造血”功能。

【教育扶贫】　中国电建在剑川县开展“圆梦的手”爱心助学金项目，2018年捐赠50万元资助具有剑川县户籍、2018年参加普通高考并被录取的建档立卡贫困家庭本科生，每个学生资助3000元，受益建档立卡贫困户160户，进一步减轻建档立卡贫困家庭由于子女升学带来的经济压力。

【基础设施建设】　中国电建扶贫捐赠400万元，实施剑川县马登镇后甸村向善水库扩建项目。水库始建于20世纪80年代，目前处于废弃状态。坝型为均质土坝，坝高6米，总库容8.45万立方米。2018年计划投资建设Ⅴ等小（2）型水库，总库容15.56万立方米，兴利库容14.43万立方米。向善水库扩建后，1085户、4128人受益，受益农田面积1500亩，增加种植水稻、玉米等农作物，可以实现年产量90万千克，年净收入180万元，每户每年增收1658元，其中91户、301名贫困人口受益。

中国电建扶贫捐赠340万元，实施民丰县驻村干部宿舍生活设施标准化改造项目。通过配齐配强村级宿舍生活家电、办公设备等硬件设施，改善驻村干部生活工作条件，使驻村干部“蹲得住、住得下、起作用”。该项目覆盖民丰县全部34个行政村，每村补助10万元，资金全额由中国电建帮扶解决。

中国电建扶贫捐赠200万元，实施民丰

县萨勒吾则克乡美丽乡村（庭院改造）建设项目。该项目主要对喀拉墩村、巴格其村、古勒巴格村的400户庭院进行三区分离（修建隔离栏），路面硬化，闲置边角土地整理等。每户帮扶资金5000元，用于改厕、庭院三区隔离、院内生活区硬化及小道硬化等。项目建设后，可提高农户庭院利用率，改善农户居住环境，拓宽农户经济发展渠道；可改善村容村貌和农村人居环境，使村庄人居环境整体质量得到提高，为乡村生态农业、农家乐等发展创造良好条件。

（中国电力建设集团有限公司
投资管理部　万齐平）

中国能源建设集团有限公司定点扶贫

【概述】 中国能源建设集团有限公司（以下简称“中国能建”）定点帮扶广西壮族自治区西林县、陕西省镇巴县。中国能建选派4名干部挂职扶贫县副县长和定点扶贫村第一书记，动员全集团力量开展“百元捐赠献爱心”活动，共募集资金730万元拨付帮扶县，购买帮扶献农副产品1230.57万元，培训光伏技术人员2名，投入帮扶资金1121.19万元。结合两地实际，按照“造血功能强、惠民功能强、服务受众广”的原则，精准实施了道路交通、风电、光伏、环境治理、危房改造、特色种植养殖、教育扶贫等项目。2018年，西林县、镇巴县贫困发生率分别降低至2.38%和8.9%。镇巴县获2018年全国脱贫攻坚组织创新奖。

【扶贫资金投入】 2018年，中国能建向定点扶贫县投入帮扶资金1121.19万元，其中向西林县、镇巴县分别投入帮扶资金373.69万元、747.5万元。帮扶资金全部用于实施两地人居环境整治、专项建房、太阳能路灯建设、标准卫生室建设、爱心卫生室建设、机耕道路建设等项目。

【扶贫调研】 2018年，中国能建党委书记、董事长汪建平，党委常委、副总经理吴春利和党委常委、纪委书记李子勇分别带队赴西林县、镇巴县实地调研集体经济茶园、芭蕉芋、进村道路、电商扶贫等项目进展情况，并签订了帮扶资金、农副产品采购和光伏电站资金协议。

【扶贫制度建设】 中国能建颁布实施公司定点扶贫调查研究、信息报送工作细则、考核办法等制度，进一步健全了定点扶贫工作机制。《信息报送工作细则》的颁布实施，强化了公司总部与前方工作组的沟通联系；《定点扶贫工作考核办法》强化对公司所属企业和扶贫工作组的扶贫基本责任和重点责任的分类考核评估，通过层层传导压力压实扶贫责任，为扎实完成年度扶贫工作奠定坚实基础。

【干部挂职扶贫】 中国能建选派4名干部挂职扶贫县副县长和定点扶贫村第一书记。中国能建向西林县、镇巴县选派干部分别挂职担任县委常委和副县长，协助负责农村危房改造、改厨改厕、扶贫包联等工作。选派干部分别担任镇巴县泾洋街道办蒿坪子村、西林县足别乡央龙村第一书记，帮助当地干部群众开展基础设施建设、产业开发、教育、文化活动场所建设、推进公司扶贫计划落实等工作。挂职干部李峻峰获得“陕西省助力脱贫攻坚竞赛先进个人”和汉中市政府授予的“脱贫攻坚先进个人”称号。

【产业扶贫】 中国能建坚持“输血”与“造血”相结合，根据帮扶县资源禀赋和产业基础，投入专门资金支持两县种植有机茶、芭蕉芋、青花椒、天麻、枇杷等经济作物，发展雉鸡、林麝、肉牛、中蜂等养殖业。其中，中国能建以镇巴县仁村镇专业合作社为依托，试点种植青花椒项目，项目先期试验种植青花椒200亩，挂果收获1万余千克，产值30余万元。在前期试点成功的基础上，当地群众纷纷跟种，种植面积达3000亩以上，建成集中连片种植基地2个。中国能建所属3家在陕企业已确认各出资500万元，加入汉中产业扶贫投资开发有限公司，集中开展产业扶贫项目。

【教育扶贫】 中国能建在镇巴县投入

100 万元设立“中国能建镇巴教育扶贫资金”，2018 年资助学生 682 人，使用专项资金 53.75 万元。投入 35 万元用于镇巴职业中学“人人技能工程”项目，改善实训场所和学生培训条件。全方位排查央龙村辍学学生，成功劝返 11 名学生。出资 4 万元开展金秋助学活动，资助 17 名深度贫困家庭学生就学。8 月，公司团委组织两地贫困户小学生来京游学，开阔眼界、增长见识。

【公益扶贫】 公司党委发起员工“百元捐赠献爱心”活动，共募集资金 730 万元，用于帮扶县年度计划外资金追加。

【基础设施建设】 针对西林县不通高速公路的情况，中国能建所属中国葛洲坝集团有限公司投资建设田林—西林高速公路，公路全长约 198 千米，预计投资约 273.74 亿元，该项目是当地最大的民生工程项目和扶贫项目，实施后将改善西林交通，促进当地经济社会发展。

帮助西林县开展风电资源的全面规划，完成 4 个风电场的规划布置及场内测风塔设立，开展测风等前期论证工作；投入 450 万元支持镇巴县开展 5 兆瓦集中式光伏电站项目，项目收益将全部用于带动全县 10 个深度贫困村、716 户贫困户、2864 人脱贫摘帽。

免费为仁村镇 300 千瓦屋顶光伏电站提供勘察设计服务。在镇巴县分别投入 260 万元、20 万元和 140 万元实施泾洋街道办蒿坪子村通村道路、打根坝道路、杨家河镇村级道路工程，各工程已于 2018 年陆续完工。西林县央龙村 4.5 千米机耕道路已开工建设，将改善群众生产生活条件，并彻底解决农副产品无法外运的瓶颈。

水利建设方面，镇巴县沙坡子、王家河等 4 处人畜饮水工程项目已竣工投用，垭上组堰渠维修工程已完成勘测设计。在镇巴县仁村镇东院社区投入 100 万元开展社区环境综合整治工程，有效解决汛期雨水内涝问题，改善群众生活环境。在西林县足别乡投入 50 万元推进村庄人居环境整治工作，改善村庄面貌和农村生产生活条件，投入 80 万元支持西林县央龙村危房改造，彻底解决当地群众的稳固住房问题。

（中国能源建设集团战略与投资部
程　岭　赵　勇）

中国黄金集团有限公司定点扶贫

【概述】 中国黄金集团有限公司（以下简称“中国黄金”）定点帮扶河南省新蔡县和贵州省贞丰县。2018 年全年直接投入定点扶贫专项资金 1000 万元，其中 350 万元用于中国黄金“宏志班”学生学费，以及各类扶贫培训班、移动讲堂有关费用，650 万元用于支持各类扶贫项目。帮助引进扶贫资金 839 万元，采取“合作社 + 基地 + 贫困户”“企业 + 专业合作社 + 产业园 + 农户”形式帮助当地政府开发种植养殖扶贫项目。面向两县党政干部、扶贫干部、致富带头人和基层党员干部等，累计举办 9 期培训班，培训各类人员 894 名；培训农业、教育、卫生行业技术人员 148 名；中国黄金“宏志班”全日制免费培养贫困学生 219 名，2018 年安排 109 名毕业生就业，2017 级在读 60 名，2018 年新招收 50 名，在校生 110 名；资助贫困学生 287 名；资助残疾儿童 200 名。以中国黄金旗下位于贞丰县的贵州锦丰矿业有限公司为依托，提供正式工作岗位 431 个，提供临时工作岗位 794 个。新蔡县于 8 月 8 日正式脱贫摘帽。

【扶贫资金投入】 2018 年中国黄金直接投入定点扶贫专项资金 1000 万元，其中 350 万元用于中国黄金“宏志班”学生学费以及各类扶贫培训班、移动讲堂有关费用，由总部直接支出；650 万元用于支持各类扶贫项目，由集团下属 8 家对口帮扶企业分别支出。帮助引进扶贫资金 839 万元，在贫困地区购买 1.46 亿元生产物资，直接购买贫困地区农产品 47.25 万元，帮助销售贫困地区农产品 846.2 万元。

【扶贫资金管理】 中国黄金党委要求参与定点帮扶的子企业将帮扶资金列入企业财务预算，确保扶贫资金的投入力度。中国黄金还根据扶贫资金预算，利用集团领导赴定点帮扶地督导检查、扶贫工作会、扶贫专题会等形式，对照检查挂职扶贫干部和有定点扶贫任务的各子企业关于扶贫资金的投入和使用情况，做到对扶贫资金的全过程监管。

【扶贫调研】 中国黄金扶贫开发领导小组 2018 年开展扶贫调研 20 次，形成调研督促报告 3 份，专题会议纪要 4 份，扶贫简报 12 期，相关新闻报道 7 份，报送国务院扶贫开发领导小组办公室、国务院国有资产监督管理委员会和河南、贵州相关扶贫部门。

【扶贫机制建设】 中国黄金以《中国农村扶贫开发纲要（2011—2020 年）》精神为指导，制定《中国黄金集团公司“十三五”扶贫工作规划》，确立“以精准扶贫为核心，以教育扶贫、智力扶贫为重点，以促进青年就业创业为目标”的工作规划。根据《中共中央　国务院关于打赢脱贫攻坚战三年行动的指导意见》，制定《中国黄金集团有限公司关于定点帮扶河南省新蔡县、贵州省贞丰县打赢脱贫攻坚战三年行动规划》，明确 2018 年至 2020 年扶贫工作的总体方向、工作思路和帮扶措施。制定《中国黄金集团有限公司 2018 年定点扶贫工作计划》，明确 2018 年工作重点。

【扶贫培训】 中国黄金投入 150 万元，面向两县党政干部、扶贫干部、致富带头人和基层党员干部等，举办 9 期培训班，共培训以上 4 类人员 894 名。

在新蔡县，组织黄楼镇干部外出考察学习美丽乡村建设经验；在黄楼镇举办中国黄金“走进新蔡”脱贫攻坚大讲堂，对乡村振兴战略、如何做好产业扶贫工作进行系统解读；举办脱贫攻坚黄金大讲堂“走进新蔡余庄村”，为村民培训脱贫技能。

在贞丰县，组织扶贫干部到延安等地实地学习参观，在西安交通大学集中研学；聘请专家到贞丰县培训扶贫干部；利用东西部协作帮扶资金，组织教育、医疗、农业科技方面技术人才进行培训。

【干部挂职扶贫】 中国黄金在2县选派5位挂职扶贫干部。选派皇甫亚宏、王瑞厚分赴贞丰县纳尧村、新蔡县余庄村任第一书记；选派卢赤坤、李东分别担任贞丰县、新蔡县委常委、副县长，分管扶贫工作及与脱贫攻坚相关的基础行业领域。中国黄金贵州锦丰矿业公司派出李大友同志赴纳尧村驻村协助工作。

卢赤坤和皇甫亚宏2018年7月任期已满，中国黄金向中共中央组织部、国务院国有资产监督管理委员会请示，与黔西南州、贞丰县沟通，征求个人意见后，党委会研究决定，为确保扶贫工作的延续性和效果，卢赤坤继续留任，选派王晓东接续挂职纳尧村第一书记；贵州公司派出张凯接替李大友驻村工作。

【扶贫宣传】 《人民政协报》、国务院国有资产监督管理委员会新闻中心联合编著的《精准扶贫：央企在行动》一书收录了中国黄金定点扶贫工作纪实；《人民政协报》《中国报道》《经济日报》均刊发中国黄金定点扶贫专题新闻报道。《经济日报》结合中国黄金扶贫工作撰写信息专报，相关信息得到中共中央办公厅的综合采用。

【产业扶贫】 2016年中国黄金出资3.2亿美元并购贞丰县境内锦丰公司，2018年锦丰公司上缴利税1.2亿元，在黔西南州及贞丰县购买生产物资1.46亿元，贞丰县黄金公司参股分红365万元，带动县内3家濒临破产企业扭亏为盈，录用贞丰县员工431人，2018年累计发放工资2000万元，周边居民参与矿区临时用工794人次，支付工资60.3万元，整修矿区周边道路，改善村民饮用水质量，资助贫困家庭学生，完善中小学设施，推动企业周边3个深度贫困村脱贫进度。

中国黄金还在贞丰县直接投入100余万元，用于开发食用菌养殖项目，实施小黄姜、高粱、蓝靛、油茶、精品果蔬等农特产品种植项目，以产业开发为主带动贫困户实现增收。食用菌项目2018年创收15万元；沙坪镇砂仁烘烤房投入运行，第一批烘烤砂仁1万余千克；纳尧村在原有油茶、生姜等产业基础上，增加25万元的养蜂项目，拓展增收渠道；招商落地沙坪镇豪猪养殖项目，成功撬动东西部协作扶贫资金320万元；电商帮扶“黄金扶贫馆”如期开馆。

中国黄金在新蔡县直接投入100万元，与新蔡县黄楼镇政府、农民合作社三方合作中草药项目，带动200户贫困户，每户每年收益2000元，帮扶带动5年（2018—2022年），以分红模式带动贫困家庭增加收入。直接投入60万元，支持当地新农业龙头企业，重点扶持中药材种植、加工、销售项目，与160户贫困户签订项目带贫协议，每年可为每户增加1200元收入。直接投入20万元，资助新蔡县黄楼镇金盛杂果种植专业合作社，以“基地+农户”形式，农户以资金入股分红，共带动贫困户52户、216人。在新蔡县余庄村投入100万元，以“龙头企业+村集体+村民（含贫困户）入股”形式，继续推进贝蒂纺织袜业扶贫车间项目，该项目已纳入县产业项目库，是重点扶贫项目，为贫困户人均增收3000元，预计将撬动龙头企业扩大投资2000万元，将为约800名当地群众提供就业岗位。

【扶志扶智】 2018年12月，中国黄金在贞丰县组织教育、医疗、农业科技方面150名技术人才进行培训，包括50名初中物理、化学、数学教师，50 名乡镇卫生院卫生员，以及 50 名县级、乡镇农业服务中心农技员。培训采取集中授课、交流讨论相结合的方式进行，突出互动参与，注重实践性、实用性技能培训。

【教育扶贫】　中国黄金在所属三门峡黄金工业学校举办宏志班，对贫困家庭子女开展职业教育，在集团内安排就业。2018 年中国黄金完成 2 个定点帮扶县 109 名贫困学生的教育培养和就业分配，实现一人就业带动家庭脱贫，新招 50 名学生，在校生 110 余名。集团公司已累计招收 287 名贫困学生，解决就业 177 名。

中国黄金动员社会资源助力“志智”双扶，争取到国家图书馆向新蔡县捐赠图书 2 万册、期刊 1 万册，折合人民币价值约 70 万元；邀请清华大学、新蔡县有关领导以及新蔡县企业家代表，赴清华大学与清华、北大的新蔡县学子一起交流座谈；为矿区周边 3 个社区的 22 名大学生和 64 名高中生发放奖学金共计 15.8 万元，实现社区学生的“升学梦”和“大学梦”。

贵州锦丰矿业有限公司按照中国黄金党委统一部署，对中小学生、大学生进行集中捐助和跟踪助养，2018 年对中小学生累计发放助养金近 11 万元，减轻社区贫困家庭子女教育方面的经济负担，降低周边社区中小学生辍学率。

【公益扶贫】　8 月 16 日，在由新蔡县委、县政府主办的以“金秋助学　圆梦前行”为主题的捐资助学公益晚会上，中国黄金捐资 80 万元，用于帮扶贫困学生完成学业。10 月 17 日国家扶贫日，中国黄金集团捐赠 44.1 万元用于关爱新蔡县残疾儿童，从全县选出 200 个困难家庭的残疾儿童，按照每人 2000 元给予爱心资助，并给每位残疾儿童发放书包、服装各一套，另外资助余庄村先天性残疾儿童 2 名、2000 元。

中国黄金下属贵州锦丰矿业有限公司累计为贞丰县中小学贫困家庭学生捐赠各类生活物资约 6.8 万元，发放教育资助资金 9 万余元，整合社会助养金 10 万余元，中国黄金贵州锦丰矿业有限公司、中国黄金贵州公司利用党员活动日，动员党员向贞丰县学校捐赠电脑、电风扇等物资，改善学生学习生活条件。2018 年“六一国际儿童节”之际，贵州锦丰矿业有限公司出资向板昌小学、金山小学学生捐赠文具和水壶等节日礼物，总价值 7.8 万元。

【基础设施建设】　中国黄金 2018 年继续加大投入力度，用于改造升级县村基础设施。在新蔡县，中国黄金出资 35.7 万元，分 3 批资助县政府安装路灯及配套宣传牌、中国结，帮助推动道路亮化工程，方便群众出行。出资 9.7 万元用于新蔡县余庄村基础设施建设，其中 5.7 万元用于文化长廊宣传阵地建设，3 万元用于众鑫合作社外部围栏、用电线路基础设施完善，1 万元用于扶贫车间工作环境升级改造。在贞丰县，继续升级“黄金产业路”，完善美丽乡村路，维护纳尧村文化广场。

（中国黄金集团有限公司党群工作部　邓小睿）

中国广核集团有限公司定点扶贫

【概述】 2018年，中国广核集团有限公司（以下简称“中广核”）承担广西百色市凌云县、乐业县的定点扶贫工作。2018年，中广核党委班子成员14人次赴全国各扶贫点调研检查，投入帮扶资金近2600万元，选派扶贫挂职干部26名，8人担任村党支部第一书记。在定点扶贫县凌云、乐业2县投入帮扶资金1744.2万元，以项目促脱贫，重点推进桑蚕养殖和猕猴桃种植产业扶贫项目，惠及773户、3281人。引进帮扶资金379.32万元，培训基层干部96名，培训技术人员413名。依托集团内部海核淘网、工会组织和外部电商平台，采购贫困地区农产品1100万元，其中采购定点县农产品610.75万元。乐业县全达村按期脱贫，获得百色市委颁发的“产业兴旺红旗村”称号；凌云县陇槐村133户、628人脱贫，贫困发生率降至11%以内。

【扶贫资金投入】 中广核在定点扶贫的凌云、乐业2县投入1744.2万元，帮扶资金重点用于产业扶贫和教育扶贫。投入610万元帮助乐业县发展红心猕猴桃产业园，投入720万元帮助凌云县发展种桑养蚕项目。投入190.62万元用于“中广核—凌云县特少数民族白鹭班”和支持凌云县览金小学基础设施改造。集团各级党工团组织、员工结对帮扶，挂职干部走村入户慰问贫困户等全年累计投入约31.1万元。

【扶贫调研】 中广核领导班子成员6人次赴定点县调研检查。11月，党委书记、董事长前往凌云、乐业2县调研，考察种桑养蚕、猕猴桃种植产业扶贫和村集体经济建设情况等。1月，党委常委、副总经理，集团扶贫工作领导小组组长赴凌云、乐业2县推进扶贫工作。3月，党委副书记、总经理赴定点县调研。

【扶贫机制建设】 中广核集团扶贫工作领导小组和扶贫办有效运作，发布《集团国家定点扶贫工作管理标准》，加强扶贫干部、资金、项目统管，编制进度跟踪表，明确责任人，动态跟踪实施全过程，建立项目台账，完善资料档案。在全集团开展扶贫领域作风问题专项治理，将作风建设贯穿扶贫工作始终。

【扶贫培训】 2018年培训基层干部96名，邀请“中国扶贫第一村”福建宁德赤溪村党总支书记杜家柱赴定点县开展扶贫培训，分享脱贫成功经验。培训技术人员413名，在乐业县依托广西防城港核电项目用工需求和千亩猕猴桃产业园项目开展务工技能培训249人，在凌云县依托白鹭班教育扶贫项目开展职业技能培训164人。邀请中国（深圳）综合开发研究院常务副院长举办“百色讲坛——粤港澳大湾区规划建设”专题讲座，培训领导干部2500余名，助力百色融入粤港澳大湾区建设。

【干部挂职扶贫】 中广核向定点县派出3名扶贫干部，其中2名挂任县委常委、副县长，协助分管扶贫工作，1名挂任驻村第一书记；主动增派1名干部挂任乐业县逻沙乡党委副书记，2名团干支持扶贫干部工作；选派1名干部挂任百色市委常委、副市长，从市级层面协调推进定点扶贫工作。此外另有21名优秀扶贫干部在全国各地挂职。

【扶贫宣传】 中广核坚持正确舆论导向，组织中央电视台、《人民日报》等10

家媒体赴扶贫地区采访，推送报道 30 篇；参加以“聚焦精准扶贫，共创美好生活”为主题的第六届中国公益慈善展。在国家扶贫日，在中广核集团各大基地餐厅开展“同吃扶贫餐”等系列主题活动。

【扶贫资金管理】　规范扶贫资金管理，以项目管理的方式，通过一本协议、两张表格、三份报告，全过程跟踪资金拨付和使用，确保专款专用，使实施管理规范化、程序化。在确定项目时签订协议，明确实施内容、金额、到款账户、预期脱贫成效等具体指标，指定项目负责人，责任到人。在实施过程中编制项目台账表和进度跟踪表，动态跟踪各里程碑实现的时间，及时搜集整理资料。在项目完成后以相应的完工验收报告、项目总结报告、贫困村脱贫摘帽工作情况报告作为验收、评价、拨付尾款的依据，加强扶贫监督，确保精准扶贫、干净扶贫。

【产业扶贫】　中广核结合凌云县产业发展需要，重点支持凌云种桑养蚕产业项目，2018 年投入 720 万元，在 7 个贫困村 16 个项目点建设蚕房 1.3 万平方米，种桑养蚕项目可帮助贫困户在 2 年内实现脱贫。依托乐业县已取得红心猕猴桃国家地理标志的优势，中广核协助乐业县将其重点打造成为支柱产业，统筹考虑其闲置土地较多、劳动力外出务工、大部分农户自主经营能力等实际情况，实施乐业千亩猕猴桃产业园项目，在原有千亩猕猴桃产业园基础上，中广核增资 1000 万元再建 1000 亩，给受益贫困户发放股权证，通过地租、务工、收益分红等模式使贫困户稳定脱贫。

【教育扶贫】　推进“中广核—凌云县特少数民族白鹭班”项目，落实项目责任，由 1 名班子成员分管，中广核大学负责组织实施，组建项目组；定期举办“白鹭大讲堂”，邀请集团内世界记忆大师李威等分享成功经验，激发学生奋斗精神；定期举办“白鹭夏令营”，组织学生到南宁、深圳等地参观，拓宽视野；提高学生文化水平，共享 200 余门优质课程给学校，建立教师和学生评优激励机制；依托集团内有教师资质的外籍员工，定期开展外教支教，激发学生英语学习兴趣，提升学校老师英语教学水平。首届 100 名高三学生专科上线率 100%，优于学校平均水平。实施“一人就业、全家脱贫”，组织“白鹭班”高一、高二学生开展暑期职业技能培训，确保掌握一门技能。

【整村推进】　针对挂职干部定点联系的凌云县加尤镇陇槐村，投入 93.1 万元重点开展危房改造、水窖修建、道路修建、豚狸养殖基地和大蚕房村集体经济产业等帮扶工作，陇槐村 133 户、628 人脱贫，贫困发生率降至 11% 以内。针对集团挂职干部定点联系的乐业县逻沙乡全达村，投入 99.3 万元在猕猴桃产业园、生态养猪场村集体经济和危房改造、道路硬化等方面。在中广核的大力支持下，乐业县全达村按期脱贫，获得百色市委颁发的“产业兴旺红旗村”称号。

（中国广核集团有限公司扶贫办　农党振）

南光（集团）有限公司定点扶贫

【概述】 南光（集团）有限公司（以下简称“南光集团”）定点扶贫云南省禄劝彝族苗族自治县（以下简称“禄劝县”）和甘肃省临夏县2个国家级扶贫开发重点县。2018年，南光集团从特色种植养殖、光伏扶贫、劳务输出、教育扶贫、改善农村基层基础设施建设等方面开展扶贫工作，投入帮扶资金863.42万元，为2县的脱贫攻坚工作提供保障。

【扶贫资金投入】 2018年，南光集团对定点帮扶县禄劝县和临夏县合计投入资金863.42万元。其中，基础设施建设投入225.44万元，教育帮扶18万元，产业扶持610.98万元，开展“救急难”行动5万元，落实基层支部党建经费4万元。

【扶贫调研】 2018年，南光集团主要负责同志赴定点扶贫县考察调研22人次，召开定点扶贫专题工作会12次。针对扶贫领域作风建设问题，南光集团对2个定点扶贫县进行专项巡视及监督检查，发现问题10个，反馈地方主管部门。

【就业扶贫】 2018年9月，南光集团招收禄劝县职业高级中学5名建档立卡贫困户酒店专业应届毕业生到南光集团下属酒店公司就业，实现一人就业，全家脱贫。

【扶贫培训】 建立临夏县“南光集团帮扶示范基地培训中心”；在临夏县和禄劝县开展基层干部培训和贫困人员技术技能培训，2018年培训基层干部138名、技术人员696人。

【产业扶贫】 2018年，利用临夏县当地海拔和气候条件优势，南光集团投入帮扶资金274.7万元，通过白土窑村合作社流转土地151.5亩，规模化种植当归、黄芪等，采取“种植大户＋合作社土地流转＋建档立卡贫困户”方式，打造“育苗＋种植＋技术支持＋加工＋药厂定点收购”的产业发展模式，建立临夏中药材种植示范基地。扶持79户建档立卡贫困户和80户非建档立卡贫困户，户均增收1.3万元。

2018年，南光集团在临夏县江家寨村投入资金60万元、合作社自筹140万元，由致富带头人、村委会委员发展毛驴养殖，专业养殖山东黑驴。年底存栏量500头，年产值约400万元，带动210户建档立卡贫困户脱贫致富，每户增加收入3000元。

南光集团投入资金68.4万元，在临夏县白土窑村发展藏羊集体养殖产业，为白土窑村25户建档立卡户改造圈舍提供每户4000元的补贴。

2018年建成禄劝县屏山街道发明村养鸡场，散养乌骨鸡5500羽，带动建档立卡贫困户73户、236人，增加村集体收益2万～5万元；投入帮扶资金15万元，在禄劝县新华村种植20亩指天椒、20亩美人椒。

2018年南光集团扶持2定点扶贫县专业种植养殖合作社5个，带动建档立卡贫困人口1072人增收脱贫。

【光伏扶贫】 2018年，南光集团在禄劝县发明村和新华村建成装机容量35千瓦和45千瓦的村级光伏发电站，年底2个发电站已完成并网发电，每年分别为2个村带来4.5万元和5.4万元的稳定村集体收益，收益期20年。每年可聘请16名贫困户从事扶贫公益岗位，稳定增收脱贫。

【教育扶贫】 2018年，南光集团设立教育扶持专项资金，奖励成绩优秀的建档立卡贫困户学生66人；协调港澳公益人士设立的“黄土计划”，先后对58名建档立卡贫困大学生开展爱心助学，共计发放爱心助学金11.6万元；争取港澳热心人士参与定点扶贫县教育和慈善事业，为1名孤儿高中三年、3名儿童读书提供资助。

【基础设施建设】 2018年，南光集团加大禄劝县贫困乡镇基础设施建设力度，出资70万元，铺设马鹿塘乡石门坎村村委会通村小组2.7千米砂石路面；出资83.64万元，硬化屏山街道茂龙村村委会小庄村小组通村2.1千米道路；出资30万元，在老木德村村委会打诺村小组安装路灯60盏；修建加固重点帮扶村临夏县白土窑村护坡边沟3000米，保障村民出行安全。

【消费扶贫】 向澳门特别行政区推介定点扶贫县特色农产品，实现定点扶贫县花椒、核桃、苦荞茶、苦荞面等特色农产品销售1000份，价值6.77万元。

【“救急难”行动】 南光集团参与“同舟工程——中央企业参与‘救急难’行动”。2018年出资5万元帮助临夏县掌子沟乡白土窑村12户困难家庭解决“过冬难”问题。

【基层党建扶贫】 为支持南光集团选派的驻村第一书记工作，2018年为每人提供2万元的经费支持，年度共计4万元。

［南光（集团）有限公司社会工作部
顾征东］

中国西电集团有限公司定点扶贫

【概述】 中国西电集团有限公司（以下简称“西电集团”）定点帮扶陕西省麟游县。全县确认建档立卡贫困人口5713户、17676人，贫困发生率24.5%。西电集团探索出以党员带富工程、文化扶贫、产业扶贫、项目扶贫、智力扶贫、医疗扶贫和就业帮扶等为主要内容的特色扶贫模式，经过多年帮扶，截至2018年底已脱贫16585人，55个贫困村全部退出，贫困发生率降至1.6%。2018年西电集团向定点扶贫县投入帮扶资金162.52万元，引进帮扶资金6万元；培训基层干部67人、技术人员235人；全县累计550名贫困户受益。麟游县已通过陕西省贫困县退出专项评估检查。

【扶贫资金投入】 2018年西电集团向定点扶贫县投入帮扶资金162.52万元，引进帮扶资金6万元，招商引资1130万元，购买当地农产品93.85万元，帮助销售农产品41.95万元。

【产业扶贫】 西电集团推动发展光伏扶贫产业，针对当地部分因病、因残致贫的贫困户，集团捐资61.5万元为万家城村援建一座225.8千瓦光伏扶贫电站，2018年7月已并网发电，71户贫困群众每年每户可增收2000元以上，使贫困群众获得长期稳定的“阳光”收益。西电集团推动发展黑猪养殖，捐资80万元建成兴盛黑猪养殖场，吸纳贫困群众发展黑猪养殖，截至2018年底黑猪存栏360头。西电集团推动发展养鸡产业，捐资12.4万元援建4000平方米生态养殖场，把畜牧专家教授请到镇村，上门开展养殖技术培训，全过程人力物力资助，土鸡存栏从2017年的500只扩大到2018年底的9000只，并全部实现销售。

【教育扶贫】 西电集团向麟游县职教中心捐赠教学设备，利用公司职教资源对麟游县骨干教师开展封闭式培训，建强麟游县高技能人才培育平台。开展“送教下乡”活动，对麟游县贫困青年开展汽修培训，增长当地群众谋生技能，增强其自身发展后劲。为全县“双返生”给予免学费、包就业等招生政策，为扶贫村24名大学生捐资助学，帮助其完成学业。

【扶贫培训】 结合扶贫产业，组织畜牧专家为养猪专业户进行上门培训。在推进帮扶项目的同时，向麟游县引进现代企业管理制度，加强现代法人治理结构建设，组织35名县属企业负责人到公司所属企业学习现代企业管理知识。

【医疗扶贫】 麟游县是陕西省为数不多的未通高速公路的地区，为了解决当地百姓看病难的实际情况，中国西电集团发挥医疗资源优势，帮助扶贫村建设标准化卫生室，捐赠医疗设备、药品，按照标准化规范整治药房，组织专家上门入户为120名群众义诊。捐赠全套远程会诊设备，建立起远程会诊平台，使贫困群众不出村就能享受三甲医院的医疗服务。

【消费扶贫】 西电集团定期采购麟游县特色农产品，仅2018年就采购了贫困群众自产的蜂蜜、土猪肉、鸡蛋等农特产品100万元。为贫困群众和关联企业牵线搭桥，累计帮助销售当地农产品42万元，惠及360名贫困户。

【文化扶贫】 西电集团贯彻乡村振兴战略，从农村文化、意识形态、社会风俗等因素出发，在扶贫的同时做好农村文化建设，帮助麟游县筑牢共同富裕的思想基础。加快完善麟游县乡村公共设施体系建设，结合乡村文化特点，为当地修建文化活动广场，捐赠健身器材，向当地易俗社捐赠戏装戏服，丰富当地老百姓的业余文化生活。健全当地以党组织为核心的组织体系，强化思想引领，引导基层党组织始终坚持正确的政治方向，将“道德讲堂”带到了扶贫村，通过仪式感召和深情讲述，让当地党员群众转变思想，树立“造血”强于“输血”的意识。

（中国西电集团党委工作部　吴珺雅）

中国铁路物资集团有限公司定点扶贫

【概述】 2018年，中国铁路物资集团有限公司（以下简称“中国铁物”）定点帮扶湖北省孝昌县。投入扶贫专项资金150万元。另投入75万元专项资金用于引导和撬动社会资本，引进社会资本投资近6810万元、孝昌县专项资金762万元。创新扶贫方式，引进优质产业项目，建立油茶种植基地7600亩、树莓种植基地300亩、白及种植基地400亩、辣椒种植基地800余亩，推进定点扶贫工作由“输血”向“造血”转变。培训技术人员600名、基层干部650名。孝昌县于2018年7月脱贫摘帽。

【扶贫资金投入】 2018年，中国铁物投入扶贫资金155万元。其中，定点扶贫专项资金150万元，主要用于产业扶贫和消费扶贫领域；专项党费5万元，主要用于完善党员活动中心基础设施。

【扶贫调研】 2018年，中国铁物领导班子成员和高管赴孝昌县调研考察累计9人次，与孝昌县委、县政府紧密协作，深度了解中国铁物产业扶贫进度与孝昌县扶贫工作整体情况。组成扶贫工作组赴孝昌县开展督促检查工作，通过跟踪项目进展、强化过程管控、监督扶贫资金使用，帮助促进脱贫攻坚各项政策措施全面落实。

【扶贫机制建设】 2018年，中国铁物制定下发《2018年度扶贫工作计划》，从加强组织领导、选派优秀干部挂职、积极寻找精准扶贫项目、保障扶贫资金精准使用、加大招商引资力度、发挥党政工团合力、积极引导消费扶贫等方面提出工作要求，确保2018年定点扶贫取得实效。

【扶贫培训】 中国铁物不断加大对贫困人口的教育培训力度，培育创业致富带头人，举办农村电商、茶叶种植、服装缝纫等专题培训班，培训600名技术人员。召开扶贫政策专题培训会，深入解读国家扶贫政策，培训孝昌县脱贫攻坚基层干部650名，帮助贫困县人口掌握脱贫致富“真本领”。融入孝昌县基层党建工作，邀请专家学者赴孝昌开展党建政策宣讲和专题培训工作，丰富党员培训学习和组织文化生活，规范党支部日常工作，增强党员凝聚力。

【干部挂职扶贫】 2018年，中国铁物派出2名干部到孝昌县挂职扶贫，分别担任孝昌县副县长和松林岗村第一书记。挂职干部挖掘孝昌县脱贫攻坚关键点，整合社会资本和央企资源，精准引进扶贫项目。

【扶贫慰问】 2018年1月、6月，中国铁物主要领导2次赴松林岗村慰问贫困家庭，慰问贫困户16户，捐赠慰问金1.5万元。所属子公司为孝昌县贫困村松林岗村贫困儿童捐赠价值万余元的衣物、书籍。

【扶贫资金管理】 2018年，中国铁物定点扶贫专项资金150万元，统一纳入孝昌县财政统筹资金，由孝昌县财政与中国铁物共同监管，严格使用。在扶贫项目选择方面，各相关实施主体单位根据孝昌县扶贫总体统筹安排，综合考虑贫困人数、贫困程度、收入水平、基础条件和资金使用绩效等因素分配扶贫资金，与中国铁物协商后确定实施。在扶贫资金使用方面，中国铁物完善扶贫资金内部审批支付流程，加大对扶贫项目监测力度，强化监督检查，禁止挤占挪用、截留和贪污。

【产业扶贫】 中国铁物结合孝昌县资

源禀赋，投入75万元专项资金，引进社会资本6810万元、孝昌县专项资金762万元，助推孝昌县产业扶贫。帮助引进中国林业科学院的先进种植技术，建立油茶种植基地7600亩、树莓种植基地300亩、白及种植基地400亩，有效激发贫困人口就业发展的积极性、主动性。发挥孝昌县资源优势，引进优质辣椒种植项目，已种植800余亩，吸纳150人次建档立卡贫困户就业。与县水产局共同建设稻虾养殖基地，项目每年可安排贫困户临时用工1000人次；以松林岗村集体经济名义建设食用菌大棚，建成后以每年租金5万元出租给企业，可带动60余户贫困户就业增收。

（中国铁路物资集团有限公司战略规划部　王　静）

中国国民党革命委员会中央委员会定点扶贫

【概述】 2018年，中国国民党革命委员会中央委员会（以下简称“民革中央”）大力开展以人才教育、医疗卫生和产业扶持为重点的帮扶工作，扎实推进贵州省纳雍县定点扶贫工作。2018年，民革中央组织有关领导、专家和企业家210人次赴纳雍县开展扶贫考察调研，直接投入帮扶资金263.75万元，帮助引进各类帮扶资金573.9万元，帮扶脱贫500人，组织开展各类人才培训8期，培训教师、医生、乡村干部和致富骨干700人次。

【扶贫资金投入】 2018年，民革中央直接投入帮扶资金263.75万元，帮助引进各类帮扶资金573.9万元，引进落户1家农业龙头企业，实际投资600万元，带动532户贫困户增收，购买贫困地区农产品13.5万元，帮助销售农产品29万元。

【扶贫调研】 2018年，民革中央对纳雍县20个乡镇40个行政村，以及5个县直部门开展了专项调研，召开乡村两级座谈会40次，形成脱贫攻坚民主监督调研报告1篇、专题调研报告13篇，关于产业扶贫社情民意信息1篇。7月，民革中央主席万鄂湘率队赴纳雍县开展扶贫工作调研。9月，民革中央常务副主席郑建邦率调研组到纳雍县考察。民革中央副主席兼秘书长李惠东年内多次带队赴纳雍县考察调研，不断压实双方对于打赢脱贫攻坚战，实现同步小康的共同责任。

【扶贫会议】 11月，民革中央在纳雍县召开定点扶贫工作推进会。会议明确了民革全党参与纳雍县脱贫攻坚的任务书、路线图、时间表，全国30个民革省级组织参加会议。北京、天津、上海、江苏、浙江、山东、广东7个民革省级组织向民革中央签署了帮扶责任书，对口纳雍县7个极贫乡开展结对帮扶工作。民革贵州省委会、民革中央企业家联谊会与纳雍县签订了帮扶共建协议，民革党员企业与纳雍县签订了农产品扶贫采购协议。

【扶贫慰问】 1月，民革中央副主席兼秘书长李惠东率队在纳雍县调研期间，赴阳长镇核桃寨村开展春节走访慰问活动，慰问贫困农户4户，发放慰问金和慰问品共计3000元。

【干部挂职扶贫】 民革中央选派1名干部到纳雍县挂职副县长，协助分管脱贫攻坚等工作；选派1名中共党员干部到纳雍县玉龙坝镇岩脚村任驻村第一书记。

【整村推进】 民革中央选择纳雍县玉龙坝镇岩脚村作为脱贫攻坚重点联系村，并派出驻村第一书记。民革协助该村制定《岩脚村产业发展三年行动规划（2019—2021年）》，确定“农旅结合”“茶旅结合”和“岩脚农产品出山三年三步走”作为岩脚村产业发展方向。协调民革党员企业向岩脚村的纳雍土鸡育雏场捐赠价值2.7万元的家禽孵化设备，并提供安装服务和技术支持。组织起草《村规民约》《村民自治章程》等文件，为村级事务管理建章立制。11月，民革中央拨付农村扶贫专项资金42万元，支持岩脚村村民文化广场帮扶项目建设。

【电商扶贫】 民革中央实施电商扶贫

项目，开通“博爱扶贫云商城”微信服务号，在苏宁易购和贵州“那家网”电子商务平台开设“博爱扶贫农特产精品专区”，帮助销售贫困地区优质特色农产品，并印发《关于助推黔货出山活动的通知》，动员民革各级组织和广大党员，关注并支持“博爱扶贫云商城”，帮助推介贵州农特产品。“博爱扶贫云商城”于7月19日正式上线，截至2018年年底为包括纳雍县在内的贫困县销售各类农产品21万余元。

【产业扶贫】　经民革中央联系，北京农友商盟企业管理有限公司与纳雍县鸽子花农业有限公司及6个贫困乡签署合作协议，托管11个肉牛养殖场的5500头能繁母牛。项目与贫困户建立利益联结机制，在为期3年的托管代养期内，贫困户将稳定获得每年每头牛1700元的收益，同时还可在养牛场就业，实现稳定增收。截至2018年末，“托牛所”养殖规模已达到3025头，带动532户贫困户。

【教育扶贫】　民革中央通过中山博爱基金会出资138万元，举办第二届“中山博爱夏令营”活动，组织纳雍县202名贫困家庭留守儿童于7月至8月分五批赴北京、上海两地开展活动，帮助他们开阔视野、增长知识。

民革北京市委向纳雍县农村小学捐赠价值50万元的远程教育设备，实现与北京知名小学共享优质教学资源。民革成都市委会和民革江苏省委会企业家支部捐赠资金28.75万元支持偏远农村学校完善教育基础设施，提高教育信息化水平。民革上海市徐汇区委会向纳雍县20所中小学捐赠各类图书5.2万余册。民革党员陈伟志创办的上海新纪元教育集团通过上海市慈善基金会捐赠454.68万元，资助135名纳雍籍贫困家庭学生在四川广元外国语学校就读高中（2018年招收40名新生），其中建档立卡贫困家庭子女24人。民革党员秦宗红创办的重庆涪陵创新计算机学校捐赠67.2万元，资助纳雍县167名学生就读（2018年招收44名新生），其中建档立卡贫困家庭子女68人，同时向纳雍县捐赠总价值3.7万元的音响设备和图书资料。民革中央还联系有关企业每年出资40万元，结对帮扶40名贫困家庭学生，联系中国文化管理协会每年出资8万元资助16名贫困家庭大学生。

【健康扶贫】　11月，民革中央组织黑龙江省知名眼科专家赴纳雍县为困难群众免费实施白内障、斜视等眼科手术78例，并开展现场教学培训。湖南和广东民革分别组织医疗专家赴纳雍县开展义诊和教学培训活动，帮助培养骨干医生。

【扶贫培训】　4月，组织北京农业专家为纳雍县基层干部和致富带头人举办蔬菜种植、肉牛和蛋鸡养殖、高效有机肥应用等专题培训，组织医疗专家开展教学查房及专题培训。5月，组织河南教育专家为纳雍县320名班主任和中小学教师举办专题培训。9月，组织四川教育专家为纳雍县260名初中骨干教师开展专题培训。

（中国国民党革命委员会中央委员会
社会服务部　艾　岩）

中国民主同盟中央委员会定点扶贫

【概述】 2018年，中国民主同盟中央委员会（以下简称“民盟中央”）定点帮扶河北省广宗县。民盟中央以产业扶贫、教育扶贫、健康扶贫为切入点，通过扶贫调研、扶贫慰问、扶贫培训、选派挂职干部、扶贫资金投入、帮助购销农产品等形式助推广宗县经济社会事业全面发展。民盟中央及专家团队全年赴广宗县走访调研48人次，举办农业技术类、教育类、医疗类等培训9期，培训人员2000名。投入扶贫资金110万元。建立“科技小院”1所，探索精准扶贫新模式。

【扶贫资金投入】 2018年，民盟中央直接投入资金110万元，其中投入资金66万元为广宗县一中安装双师课堂远程教学直播设备3套、配备一座微机室、修建操场塑胶跑道，投入资金14万元为两个贫困村安装太阳能路灯，投入23万元为伏城村修建蔬菜暖棚，投入3万元用于春节贫困户慰问，4万元用于购买农村地区农产品。

【扶贫慰问】 2018年底，民盟中央副主席龙庄伟，民盟中央社会服务部部长刘圣宇一行6人赴广宗县调研慰问。龙庄伟、刘圣宇先后来到葫芦乡伏城村和北塘疃镇东庄村慰问贫困户，送去慰问金和慰问品3万元，为100户贫困户带去节日慰问。

【消费扶贫】 2018年，民盟中央根据广宗县当地物产情况，在机关食堂引进广宗县出产的小米、绿豆等杂粮，在元旦、春节等节日集中采购广宗特色农副产品作为工会福利。民盟中央与中国农业大学合作在广宗县建立“农大教授工作站”“科技小院”，加强对广宗县特色农业产业在规范化、标准化、特色化等方面的技术指导和市场营销策划，并联系盟员企业和今日头条等电商平台推广广宗县农副产品，总销售额约2000万元。

【产业扶贫】 2018年10月，依托中国农业大学盟员专家力量，民盟社会服务实践基地“广宗科技小院”正式揭牌运行。科技小院农业专家们与当地贫困户同吃、同住、同劳动，打破农业技术推广“最后一公里”屏障，为农民提供技术指导，实现“零距离、零门槛、零费用、零时差”的“四零”服务。在研究、推广高产高效技术，解决贫困户增产增收问题的同时，科技小院高度重视贫困户农技培训，推动扶贫与扶智，“输血”（推广农业技术）与“造血”（提升农技水平）的紧密结合，为当地培养了一批接地气、带不走、高素质的农技人才队伍，为助力当地打赢脱贫攻坚战提供人才保障。

【扶贫调研】 2018年5月，民盟中央主席丁仲礼率队赴广宗县开展脱贫攻坚专题调研，协调中国科学院技术力量，支持广宗县工业、农业、医疗等方面建设。1月，民盟中央副主席龙庄伟率队赴广宗县调研。2018年部级以上领导赴广宗县调研或开展活动共8人次，形成报告2份，发现问题7项，及时向广宗县进行反馈。

【教育扶贫】 民盟中央社会服务部与新东方教育科技集团携手推出“双师课堂”，通过互联网直播技术，将新东方优质的教育资源输送到广宗县，助力广宗县教育均衡发展。在广宗一中，2018年高考一本人数为63人，二本人数304人，本科升学率53.1%，创建校以来最高；600分以上

13 人，创 30 年来最高。2018 年 8 月，民盟中央联系协调山东青岛、河北唐山、江苏常州等省市民盟组织，组织广宗县中学校长赴当地进行暑期集中培训，为校长们提供先进的教育理念和教育管理方法。2018 年底，民盟中央社会服务部组织北航附中盟员特级教师暨数学高考名师，在广宗一中开展示范课及高考辅导讲座，共培训当地师生 200 人。

【健康扶贫】　2018 年，民盟中央加大对广宗县医疗扶贫力度，开展县、乡、村三级医卫人员培训。联系中国科学院大学华北医院与广宗县人民医院结对子，加强县级医院重点科室建设，已组织 2 批次业务骨干接受进修培训。组织北京同仁医院、天坛医院等盟员专家，2 次开展“民盟名医大讲堂暨天使健康行”活动，开展义诊和查房教学，培训广宗县人民医院、乡镇卫生院医护人员 180 余人。携手中国妇女发展基金会，对广宗县近百名乡村医生进行实用技能培训，提升村医的临床技能，补齐农村医疗卫生短板。

【公益扶贫】　协调联系一批企业家赴广宗县考察投资，2018 年，台湾鹏景集团有限公司与广宗县农业园区签订了合作意向书。协调盟员企业家捐款 20 万元用于广宗县村医培训。携手西门子医疗系统有限公司投入资金 4 万元，开展 2 次“天使健康行”活动。2018 年累计引进公益扶贫资金约 84 万元。

【干部挂职扶贫】　2018 年，民盟中央先后选派机关干部葛亮、高睿强挂任广宗县副县长。2017 年 6 月，根据中共中央组织部安排，民盟中央选派张红全同志挂任葫芦乡伏城村第一书记，派驻时间 2 年。张红全在 2018 年被中共河北省委组织部评为全省扶贫脱贫“优秀驻村第一书记”。

（民盟中央社会服务部教育处
魏仕雯）

中国民主建国会中央委员会定点扶贫

【概述】 2018年，中国民主建国会中央委员会（以下简称“民建中央”）定点帮扶河北省丰宁满族自治县（以下简称“丰宁县”）。开展并完成扶贫项目19个，本级投入帮扶资金41.1万元，民建省级组织和中华思源工程扶贫基金会投入帮扶资金267.5万元。培训基层干部、致富带头人、技术人员1763名。通过产业扶贫项目吸纳贫困人口就业增收，惠及1317户贫困户。购买丰宁农产品9.3万元，帮助销售农产品1.58亿元。

【扶贫资金投入】 2018年，民建中央本级在丰宁县直接投入帮扶资金41.1万元，民建省级组织和中华思源工程扶贫基金会投入无偿帮扶资金267.5万元。协调引进无偿帮扶资金1123.12万元；协调落实招商引资项目3个，预计投资1.79亿元。

【扶贫调研】 2018年8月，民建中央主席郝明金、副主席兼秘书长李世杰赴丰宁县调研并开展帮扶活动，实地考察民建协调推动的丰宁抽水蓄能电站项目，深入3个深度贫困村考察民建帮扶项目并慰问贫困户。1月，民建中央副主席兼秘书长李世杰率队赴丰宁县开展慰问调研活动，实地考察丰宁缘天然乳业有限公司和民建会员企业丰宁满族自治县元始种植有限责任公司。10月，民建中央副主席兼秘书长李世杰率队赴丰宁开展脱贫攻坚督促检查。

【扶贫机制建设】 2018年，民建中央充实定点扶贫工作领导小组，民建中央主席郝明金任组长，常务副主席辜胜阻任常务副组长，民建东部十省市和重庆、贵州民建省级组织主委任成员。5月，民建中央下发《关于聚焦丰宁县深度贫困村开展结对帮扶的通知》，召开民建京津冀省级组织对口帮扶丰宁县工作会，结对帮扶丰宁县27个深度贫困村。

【扶贫培训】 民建中央出资与丰宁县联合开展人才培训，2018年度共培训农村致富带头人、乡村医生、第一书记、驻村干部、村“两委”干部1763名。

【干部挂职扶贫】 2018年，民建中央有3名干部在丰宁县挂职。1名处级干部挂任丰宁县政府副县长，1名有乡镇工作经验的干部到丰宁县贫困村——乐国窝铺村担任驻村第一书记，1名科级干部挂任县政府办副主任兼扶贫办副主任。

【扶贫慰问】 2018年1月，民建中央副主席兼秘书长李世杰率队赴丰宁县开展慰问调研活动，深入土城镇苇子沟村、榆树沟村的20户建档立卡贫困家庭，送去慰问金2万元，并看望民建中央挂职干部、驻村工作队员和乡村扶贫干部。自2003年起，民建中央已连续16年赴丰宁县开展送温暖活动，走访1730个贫困户，发放慰问金和物资50万元。

【扶贫宣传】 民建中央副主席兼秘书长李世杰以“多措并举发展农村电商　助力打赢深度贫困地区脱贫攻坚战”为题在全国政协常委会上的发言，先后被人民网、《人民政协报》等主流媒体宣传报道，其关于精神扶贫的署名文章也在《人民日报》发表。民建会员企业丰宁满族自治县元始种植有限责任公司“扶强带弱”的产业扶贫新模式相继被中国商务新闻网、东方财富网、丰宁广播电视台等媒体报道。

【扶贫资金管理】 民建中央2018年就丰宁县党委、政府在脱贫攻坚主体责任落实、扶贫资金使用和作风建设等方面开展专项督导3次，形成督促检查报告2份并向当地进行反馈。民建中央副主席兼秘书长李世杰带队会同多方专家，采取座谈会和实地考察相结合的方式，随机抽取贫困村、贫困户进行调研和访谈，力求客观真实地掌握情况。

【产业扶贫】　民建中央与商务部电子商务和信息化司合作，将丰宁县杂粮列为电商扶贫品牌推荐产品，并在首届中国贫困地区特色农产品品牌推介洽谈会上进行推介。

协调会员企业北京京东世纪贸易有限公司筹建京东商城丰宁特产馆，促成北京京东世纪贸易有限公司与丰宁满族自治县元始种植有限责任公司签订合作协议。

帮助会员企业丰宁满族自治县元始种植有限责任公司和承德丰大农业发展有限公司在丰宁发展有机杂粮和蔬菜种植，从基础设施、种植技术、营销策划方面实施全产业链帮扶，帮助其搭建销售渠道，打开市场销路，年销售农产品4800万元。公司已在丰宁县12个乡镇的36个村种植传统杂粮17000多亩，每亩帮助种植户增收1000元，带动1317户贫困户脱贫。

协调由中华思源工程扶贫基金会联合部分电商企业等共同发起的中国电商扶贫联盟，销售贫困地区优质农特产品1.1亿元。鼓励会员企业购买丰宁县农产品，帮助销售大白菜10万千克，小米7500千克，每月购买奶产品2～3吨。民建中央机关食堂采购丰宁牛奶和有机蔬菜约10万元。

协调民建天津市委促成天津市林业果树研究所在丰宁设立工作站，拟投资2000万元建设食用菌科研基地，助力丰宁县形成新的扶贫产业支撑项目。

协调民建河北省委促成会员企业亿博基业集团有限公司在丰宁县开展香椿规模化种植项目，计划投资900万元，已投入种植香椿树苗20万株，种植面积120亩，一期项目完成后可带动200户贫困户脱贫增收。

协调会员企业在丰宁成立丰宁韵天承旅游发展有限公司，投资1.5亿元开发综合旅游项目，2018年已完成投资300余万元。

组织30多位会员企业家赴丰宁县召开扶贫项目恳谈会，推动项目对接。协调三一筑工集团与丰宁县就装配式建筑产业示范基地、绿色建筑产业园等项目签署战略合作框架协议。

【教育扶贫】　民建中央协调中国社会福利基金会授渔计划、完美（中国）有限公司在丰宁县捐赠1000万元，资助丰宁县职教中心、部分中小学贫困生，为多个乡镇中学配备双师课堂教学设备，让丰宁学生在本地就能接受名师远程授课。

协调民建北京市委组织丰宁县22位老师走进北京市十一学校和北京师范大学附属实验中学，学习课程架构和教学管理等内容。

协调民建河北省委促成河北和邦电子科技有限公司向丰宁县捐赠总价值93.12万元的36套中华微课堂共享教育平台设备，协调大世界教育咨询有限公司向丰宁县捐赠价值30万元的教育课件。

【公益扶贫】　指导民建中央驻村第一书记在丰宁县黄旗镇乐国窝铺村筹办“民建爱心超市”。通过实行爱心值兑换制度，鼓励贫困群众通过劳动实现脱贫，进一步激发贫困群众脱贫的内生动力。爱心超市已筹集2000余件、价值约10万元的爱心物品。

【健康扶贫】　民建中央2018年协调中华思源工程扶贫基金会出资80万元，为丰宁13个贫困村援建13个村级卫生室，惠及群众近万人。2018年11月，民建中央联合民建北京市西城区委，组织北京三甲医院11位权威专家赴丰宁县开展送医下乡活动，接诊患者近200人次，通过病例分析等形式培训基层医务工作者100人。协调民建保定市委、廊坊市委于2018年11月在丰宁县五道营村和大金营村开展专家义诊活动。

（中国民主建国会中央委员会
社会服务部　赵思源）

中国民主促进会中央委员会定点扶贫

【概述】 2018年，中国民主促进会中央委员会（以下简称“民进中央”）定点帮扶贵州省安龙县，协调各级组织和社会力量投入定点扶贫资金240万元，引进帮扶资金1亿元。培训基层干部50人，培训教师、医生1100人次，培训农民100人次。捐赠图书近12万册。协调购买农产品2万元，帮助销售农产品1.5亿元。定点扶贫考核等次为“好”。

【扶贫资金投入】 2018年，民进中央协调各级组织和社会力量投入定点扶贫资金240万元，用于培训专业人才、发放助学金、捐赠学校物资和慰问贫困群众和贫困家庭学生。引进帮扶资金1亿元。捐赠图书近12万册，码洋200万元。协调购买农产品2万余元，帮助销售农产品1.5亿元。

【扶贫机制建设】 成立新一届民进中央参与脱贫攻坚工作领导小组，民进中央主席蔡达峰任组长，常务副主席刘新成任常务副组长，形成顶层谋划，全会上下各级组织、各机关部门协同推进的工作格局。先后召开5次办公会议、5次专题会议，研究部署产业扶贫、就业扶贫、教育扶贫、医疗扶贫、干部挂职等方面工作。形成3方面工作机制，两单位年初互访和工作对接机制，与民进各省级组织联合、制定年度工作计划的联动机制，发挥民进黔西南州委会、安龙县支部和挂职干部作用，建立工作跟踪、督促检查和反馈机制。

【扶贫调研】 民进中央主席蔡达峰，常务副主席刘新成，副主席王刚、庞丽娟、高友东5位民进中央领导班子成员分别带队到安龙县调研指导，围绕精准识别、精准帮扶、精准退出、资金管理使用、乡村振兴等问题与安龙县党委政府有关部门座谈，交换意见。

在安龙县召开民进全国挂职（驻村）干部工作座谈会，组织11名各地民进机关挂职、驻村干部深入安龙县的贫困乡镇、村寨和产业项目点考察调研，和乡镇干部、扶贫工作部门座谈交流，介绍各地经验。

民进各级组织配合开展帮扶调研，民进中央教育委员会、科技医卫委员会、联络委员会等专委会，北京、上海等10个民进省级组织，先后赴安龙县开展人才培训、传统文化教育、发展民办教育、产业投资、助学帮困等对口帮扶工作，就相关问题提出意见建议。

民进中央社会服务部10次赴安龙县考察调研并进行工作督促检查，形成3份调研报告。

【干部挂职扶贫】 民进中央选派1名副处级干部吴晓知挂任安龙县副县长，1名副主任科员李薛飞担任安龙县万峰湖镇坝盘村第一书记。李薛飞荣获贵州省“优秀第一书记”称号。2018年9月，李薛飞挂职期满，民进中央办公厅满运磊接任第一书记挂职工作。民进中央机关党支部、民进支部、工会和团总支联合，每年2次到坝盘村扶贫慰问，支持挂职干部工作。

【扶贫培训】 民进中央举办安龙县基层干部培训班，针对当地工作实际，分别以土地制度改革、茶产业发展、种桑养蚕为主题，邀请专家讲学。

开展以人才培训为主要内容的“同心·彩虹行动”，培训教师、医护人员、农技人员1180人次。培训骨干教师，实施安龙县骨干教师培养3年提升计划，针对地方所需，协调有教育资源条件的9个民进省级组织和中国儿童少年基金会等持续开展特岗教师、英语教师、音乐教师、职业教育教师等骨干教师培训。发挥民进教育界会员作用，开展与安龙县学校的校际共建活动，帮助引进上海协和国际学校合作办学。培养医疗骨干，协调民进中央科技医卫委员会和医卫界会员相对集中的4个民进省级组织，联合开展民进医疗专家赴安龙县人民医院讲学交流活动，开展对口帮扶，接收骨干医卫人员外出培训。组织开展赴安龙县万峰湖镇卫生院的义诊带教活动，培训乡村医生。培训基层干部和农技人员，发挥带富作用。针对基层工作和群众生产需要，邀请两名专家会员和1名广西桑蚕研究所技术推广中心专家，在安龙县举办知识技能讲座，培训基层干部，到农户家指导桑蚕养殖。开展“美育共建”，联合央视体育频道、民进苏州市委会组织开展足球、戏曲进校园活动。协调民进北京市委出资举办安龙县贫困家庭女生职业教育“彩虹班”，招收安龙学生15名，接受3年民族传统手工艺培训。协调民进中央开明慈善基金会、北京明伦公益基金会、部分民进地方组织及民进会员单位，捐资帮助安龙县贫困家庭学生、民族传统曲艺学生接受教育，外出研学。

【产业扶贫】　民进中央机关党支部、浙江教育出版社党支部与坝盘村党支部共建，针对致贫原因，帮助引进产业资金450万元，完成投入150万元，发展民宿。截至2018年底，村民人均收入增至8000元，贫困发生率降至1.89%。

推动重大项目建设，会同水利部有关部门赴安龙县实地调研，指导安龙县美女山大（1）型水库项目前期设计。引入龙头企业，广东温氏食品集团股份有限公司继续投入资金1.2亿元，加快50万头生猪养殖一体化项目总部建设，形成“公司+家庭农场+贫困户”的扶贫模式，每个家庭农场带动30户贫困户，每户每年增收1万元，每年培养3个养殖能手。截至2018年，已投入资金近2亿元，产业销售收入3000多万元，带动贫困户800户、3030人，分红资金600多万元，培训新型农民177人次。民进会员企业还与安龙县企业合作，签订8.6亿元食用菌销售订单，2018年销售食用菌1.5亿元，惠及贫困人口5000人。

（中国民主促进会中央委员会
社会服务部　郑滨成）

中国农工民主党中央委员会定点扶贫

【概述】 中国农工民主党中央委员会（以下简称“农工党中央”）定点帮扶贵州省大方县。2018年，农工党中央组织以23个省级组织、15个副省级城市组织和中央12个专门工作委员会为主要力量的57家定点帮扶单位，与大方县28个乡镇（街道）一对一全覆盖结对，在健康扶贫、产业扶贫、公益扶贫、智力扶贫、消费扶贫等方面开展创新帮扶活动。农工党中央及各级地方组织76批次、776人次赴大方县开展考察调研和帮扶活动。投入帮扶资金1547万元，引进帮扶资金1595万元。组织培训基层干部501名，专业技术人才1567名，购买和帮助销售贫困地区农产品254万元。组织督促检查45次，深入50村、475户，发现各类问题124个，提出意见建议142条。在国务院扶贫开发领导小组组织的2018年脱贫攻坚成效考核中获得“好”等次。

【扶贫资金投入】 2018年，农工党中央对大方县直接投入帮扶资金1547万元，其中：农工党各级组织、党员为同心圆“博爱家园”精准扶贫项目捐款958万元，医疗扶贫190万元，教育扶贫328万元，其他71.4万元。引进帮扶资金1595万元，主要用于协调中国红十字会支持同心圆“博爱家园”精准扶贫项目，引入农工党党员企业在大方县投资建厂，协调贵州省相关部委支持大方县“低碳示范村”和“新农村建设”项目建设。

【扶贫调研】 2018年7月，全国人大常委会副委员长、农工党中央主席陈竺到大方县考察调研指导定点扶贫工作。4月，全国政协副主席、农工党中央常务副主席何维带队到大方县开展精准健康扶贫专题调研，先后走进乡村医疗卫生机构、农业种植基地、同心圆“博爱家园”精准扶贫项目点等实地考察，了解健康扶贫推进情况。农工党中央副主席蔡威、龚建明、曲凤宏、王路、于文明等还分别赴大方县开展定点扶贫工作。

【扶贫机制建设】 2018年9月，农工党中央第9次主席办公会议审议通过《关于助力贵州省毕节市大方县打赢脱贫攻坚战建设贯彻新发展理念示范区工作的指导意见》，助力大方县打赢脱贫攻坚战，探索大方县脱贫摘帽后与实施乡村振兴战略有机衔接，建立贯彻新发展理念示范区的方法与途径，即促进绿色发展，支持人力资源开发，协助开展新发展理念示范区试点。2018年8月，农工党中央办公厅下发《关于进一步加强对贵州省毕节市大方县定点扶贫督促检查工作的通知》，规范督促检查工作。

【扶贫培训】 培训基层干部501名，包括同心圆“博爱家园”精准扶贫项目培训村干部45人、贵州省红十字会参与脱贫攻坚“博爱家园”项目推进会培训96人、中药材种植技能培训118人、中药材产业适宜技术培训100人、中药产业发展技能培训96人，其他班46人。培训和引进专业技术人才1567名，其中医疗类509人，教育类605人，农业技术类373人，旅游类80人。

【干部挂职扶贫】 选派2名机关干部到大方县分别挂任大方县委常委、副县长和羊场镇陇公村驻村第一书记。下派挂职扶贫干部做好和农工党中央及各省级组织的协调沟通服务工作，了解定点扶贫县域的经济社会发展情况和当地老百姓对扶贫项目的需求，当好农工党中央机关扶贫工作的联系人，并做好协助引进产业、资金、项目等帮扶工作。驻村书记获得“贵州省优秀村第一书记”称号。

【扶贫慰问】　2018年1月，农工党中央副主席兼秘书长曲凤宏赴大方县看望慰问挂职干部，向2名挂职干部送去慰问金各1000元。农工党毕节市委会还向大方县10户建档立卡贫困户发放价值1万元的粮油及现金。

【扶贫资金管理】　2018年，农工党中央组织督促检查45次，深入50村、475户，发现各类问题124个，提出意见建议142条，提交大方县督促检查报告15份。建立3条途径向大方县及相关部门反馈意见建议，即由农工党省级组织和农工党中央专委会直接向对口所帮扶的乡村提出意见建议，由农工党中央负责同志向大方县委政府反馈监督检查意见，由农工党中央向中共大方县委、县政府发送书面督促检查调研报告，确保扶贫资金落到实处。

【产业扶贫】　引进北京华麟合众科技有限公司在理化乡建立标准化猕猴桃基地1033亩，2018年实现销售收入300万元，211户群众获得30万元分红。示范带动理化乡种植猕猴桃近1万亩，全县种植猕猴桃4万亩，覆盖贫困户600余户，猕猴桃产业成为大方县支柱产业。协调贵州同威生物科技有限公司落户食品药品产业园，完成投资1.2亿元；协调国家卫健委将大方天麻和冬荪两样特色产品申报为药食同源食品。协调农工党企业家捐赠中草药及花卉种苗。

【健康扶贫】　开展“贫困人口精准医疗爱心行动”，组织农工党内医疗专家团队对大方县每个因病致贫、因病返贫的建档立卡贫困人口进行科学诊断、规范治疗、合理用药指导。促成天坛医院国家神经系统疾病临床医学研究中心与大方县人民医院签订合作协议。协调遵义医学院附属医院与大方县人民医院签订帮扶协议，组建跨区域医疗联合体。有计划、有组织地选派高级专家通过开展双向转诊、远程会诊、检验结果互认等业务积极推动分级医疗，在医疗、行政管理、分配机制改革、学科建设和人才培养方面开展全方位帮扶。对新住院大楼进行规范化设置，扩建和完成了神经—呼吸内科、神经胸外科、新生儿科、妇科、产科等二级学科的分科，完成了新生儿科、急诊医学科的改造，重点打造了泌尿外科，使医院临床医技科室由18个增加到24个，提升县人民医院整体服务水平和能力。把大方县恒大医院作为农工党爱心示范医院，帮助大方县恒大医院制定发展规划、引进学术人才、建设重点学科。开展“名医主刀”免费手术、“重塑笑颜”唇腭裂免费手术、“杏林春雨行动”癫痫病义诊救治等大型公益医疗救助活动。建成羊场镇陇公村、新田村2个卫生室；捐赠了医疗巡疗车、医疗器械、药品等一批医疗资源。

【教育扶贫】　协调农工党员企业北京潮星控股集团捐资500余万元在陇公村迁建同心希望小学，并配齐教学设施，为阻断代际贫困奠定基础。资助贫困学生825人。捐赠电脑229台、课桌椅1851套、图书27223册。根据大方县需求，帮助毕节同心农工中等职业学校扩大学科设置，培养大方县实用技术人才。捐赠50万元的无人机设备，帮助学校创建无人机专业，并派无人机教师来大方县先期培养50名无人机专业学生。

【公益扶贫】　投入1864万元在45个深度贫困村实施同心圆“博爱家园”精准扶贫项目，建成活动广场25个、服务站40个、励业帮扶基地16个。发放生计金923.78万元，惠及贫困农户1213户共3639人。该项目的运作模式不仅是对中国扶贫途径的成功探索，也被“一带一路”沿线国家所学习复制，为国际减贫提供借鉴。争取“中央公益彩票扶贫专项资金”“农村社区综合发展项目”等，用于改善农村基础设施。发动企业、社会爱心人士捐赠100余万元的科技设备、衣物等物资，改善群众生活条件。捐赠105万元建成理化合区同心综合服务管理中心。支持建立“帮扶大方县农特产品指定扶贫商城”电商平台，号召党员消费购买，购买金额254万元。

（农工民主党中央委员会社会服务部
刘雪君）

中国致公党中央委员会定点扶贫

【概述】 中国致公党中央委员会（以下简称“致公党中央”）定点帮扶重庆市酉阳土家族苗族自治县（以下简称“酉阳县”）。2018年，致公党中央、致公党重庆市委以及全党各级组织在酉阳县投入资金180万元，引进帮扶资金2762.4万元，培训基层乡镇干部及技术人员728名，购买酉阳县农特产品5.2万元，帮助销售农产品20万元。

【扶贫资金投入】 2018年，致公党中央及各级组织为酉阳县教育、文化、卫生等公益性事业投入资金180万元，引进帮扶资金2762.4万元，在酉阳县车田、花田、官清、黑水、楠木等乡镇建设项目17个，包括建设科普中心1所，图书角2个，双向远程教学站2个，捐赠直接数字化医学X射线摄影系统（DR）一套、精准扶贫专项资金30万元、有机肥1批，慰问贫困户39户等。

【基础设施建设】 2018年10月，致公党中央、致福慈善基金会向酉阳县卫健委拨付人民币20万元援建黑水中心卫生院业务综合楼。11月，致公党中央与致公党上海市委会合作在重庆酉阳官清乡中心小学建设1所价值20万元的“致公科普活动中心”。11月，致公党中央、致公党重庆市委会、致福慈善基金会合作在酉阳一中和酉阳二中各建设1个双向远程教学站，价值15万元。11月，致公党中央协调北京999急救中心向酉阳黑水镇卫生院捐赠一套价值50万元的直接数字化医学X射线摄影系统（DR）。

【扶贫慰问】 2018年1月，全国人大常委会委员、全国人大环资委副主任委员、致公党中央副主席吕彩霞，重庆市政协副主席、致公党重庆市委会主委张玲深入车田乡看望慰问39户贫困户，发放慰问金10万元。

【产业扶贫】 2018年5月，致公党厦门市委会免费提供价值15万元的海洋生物有机肥料用于提高酉阳县花田乡1500亩优质稻米产量。5月，致公党中央、致公党重庆市委会帮助酉阳县引进致公党员企业重庆琥珀茶油有限公司进驻板溪工业园区，投入资金2762.4万元，采用新的生产工艺，扩大产能，发挥产业扶贫效益。

【消费扶贫】 2018年11月，依托党员企业打造致公电商定点扶贫平台“酉好货”，全党推广。截至12月29日，13个致公党省级组织微信公众号关联了“酉好货”电商程序，上线不到一个月已销售12万元酉阳县特色农副产品。

【公益扶贫】 2018年10月，发布《倡议书》号召全体党员通过捐款捐物助力酉阳县脱贫攻坚。11月，致公党中央机关开展爱心捐款，募集资金2.71万元。

【健康扶贫】 2018年9月，致公党天津市委会组织医疗专家赴酉阳县开展“致福送诊”，义诊病人400人次、培训医疗技术人员40人。

【教育扶贫】 2018年1月，致公党重庆市委会向重庆机械电子高级技工学校“致公·酉阳班”学生发放奖学金4.2万元。6月，致公党中央在杭州举办为期一周共40人的酉阳中学英语骨干教师培训班。7月，致公党中央在重庆举办“致公科普夏令营”活动，重庆酉阳3所“致公科普中心”师生代表参加。7月，致公党中央在酉阳培训英语骨干教师40人、足球教练40人。10月，致公党杭州市委会在楠木中心小学、李溪翔燕中学建立“‘明志·悦读’杭州致公图书角”，捐赠20万元的图书。12月，致公党北京市朝阳区委会赴酉阳开展美育送教活动，100余名美术老师、中小学学生参加。

【扶志扶智】 2018年5月，致公党中央赴酉阳县调研后向全国政协、统战部等提交《加大深度贫困地区非义务教育扶贫力度阻断贫困代际传递》建议，为酉阳县解决“因学致贫”提供智力支持。

【扶贫培训】 2018年10月，致公党重庆市委组织“花田乡农家乐厨师技能培训”，培训170人。11月，致公党中央组织农业产业、电商、旅游领域的专家学者围绕产业发展促进脱贫攻坚等主题培训酉阳县286名基层干部。

【干部挂职扶贫】 2018年，致公党中央选派参政议政部汪庆发、社会服务部黄鹏飞分别挂职酉阳县副县长、花田乡何家岩村第一书记，帮助酉阳引进各类帮扶项目，推进致公党帮扶项目落实。

【扶贫宣传】 2018年，致公党中央发挥侨海联系广泛优势，在出访接待和对外交往中，介绍中国脱贫工作取得的成绩。致公党中央定点扶贫酉阳县的新闻在《中国扶贫》《人民政协报》《团结报》等新闻媒体刊登。

【扶贫调研】 2018年，致公党赴酉阳县调研19次，深入13个贫困村、走访农户近百户，覆盖4个扶贫产业基地、14所学校和幼教点、3所乡镇卫生院和村卫生室。全国人大常委会委员、全国人民代表大会环境与资源保护委员会副主任委员、致公党中央副主席吕彩霞4次率队赴酉阳县开展调研。5月，致公党中央社会服务部部长李万通率调研组赴车田乡、麻旺镇调研致公党中央精准扶贫项目落实情况和因学致贫问题。

【脱贫攻坚民主监督】 2018年，全国政协副主席、致公党中央主席万钢，全国人大常委会委员、全国人民代表大会环境与资源保护委员会副主任委员、致公党中央副主席吕彩霞等多位领导5次带队深入贫困程度最深、条件最艰苦的甘孜阿坝高原藏区、大小凉山彝区等深度贫困民族地区调研。本党12个省（市）级组织分别带队到对口监督的四川地市（州）开展调研。开展民主监督调研18次，走访34个县、78个贫困村、323户农户。围绕精准扶贫精准脱贫中贫困户精准识别、精准退出、医疗扶贫、教育扶贫、基础设施建设、产业扶贫、生态扶贫、易地搬迁、退耕还林等方面的情况与中共四川省委及各级地方政府充分沟通，提出意见建议85条，基本得到落实。

2018年5月，致公党中央脱贫攻坚民主监督工作会议在浙江省杭州市召开。全国政协副主席、致公党中央主席万钢对致公党脱贫攻坚民主监督下一步工作做出部署，以“向前看”“回头看”“盯着看”为工作基调，聚焦深度贫困民族地区，开展调查研究、民主监督；继续推动和深化地方组织对口监督，结对帮扶；引入企业、高校、科研机构等社会力量，助推脱贫攻坚政策监督落实；进一步加强与四川省各级政府的协作机制建设。

2018年11月，全国人大常委会委员、全国人民代表大会环境与资源保护委员会副主任委员、致公党中央副主席吕彩霞在广西南宁参加中央统战部组织的脱贫攻坚民主监督工作经验现场交流会暨2018年度成果会商会。吕彩霞介绍致公党中央2018年开展脱贫攻坚民主监督工作情况，总结经验做法，即深入基层，形成中央领导、省级组织、驻村干部等共同参与的立体式调研体系；改进工作作风，大力开展自助式调研，减轻地方负担，增进调研实效；丰富情况反馈渠道，促进问题有效解决；加强对外宣传，在国际上讲好脱贫攻坚的中国故事，展现多党合作最新成果。吕彩霞还围绕加强贫困地区优势资源转化支持、防止贫困户与非贫困户之间产生新的矛盾、为地方减负、全面对接乡村振兴战略、继续加大基础设施建设投入、重视培育优势产业、加大扶贫宣传力度等提出建议。

（中国致公党中央委员会社会服务部
过鹏华）

九三学社中央委员会定点扶贫

【概述】 九三学社中央委员会（以下简称“九三学社中央”）定点帮扶四川省旺苍县。2018 年 1 月，九三学社中央成立了九三学社中央主席武维华任组长的新一届九三学社中央定点扶贫工作领导小组，在指导发展思路和产业、教育、健康扶贫以及开展督促检查等方面发力。投入帮扶资金 160 万元，帮助协调国家部委项目资金 1200 万元。

【扶贫资金投入】 2018 年，九三学社中央投入帮扶资金 160 万元，其中产业项目资金 60 万元（实施乡村振兴示范项目柴胡种植 20 万元、寨梁村椴木香菇村集体经济示范项目 20 万元、水墨乡广福村高寒山区乌天麻种植村集体经济项目 20 万元），教育帮扶资金 92 万元，健康帮扶资金 8 万元（援建农村幸福院）。帮助协调国家部委项目资金 1200 万元，其中农业农村部农业项目资金 1000 万元，实施果菜茶有机肥替代化肥示范项目；生态环境部环境保护项目资金 200 万元，实施城乡环境综合治理项目。

【扶贫调研】 2018 年初，全国人大常委会副委员长、九三学社中央主席武维华带领调研组赴旺苍县调研。10 月，全国人大常委会委员、宪法和法律委员会副主任、九三学社中央副主席、中国工程院院士丛斌率队对旺苍县定点扶贫工作开展督促检查调研。调研组一行 25 人共走访 11 镇、12 村，访谈农户 56 户（贫困户 53 户，非贫困户 3 户），针对健康扶贫、村集体经济发展、扶贫领域作风 3 个方面提出 18 条意见建议。

【扶贫培训】 九三学社中央组织社内专家对旺苍县 200 余名干部作题为《现代农业发展与产业扶贫》《发展农村集体经济中的风险管控》的专题培训。邀请社内专家为旺苍北部山区中药材产业的规范化种植和发展提供科技和智力支持，针对柴胡基地建设和杜仲标准化示范园区发展提出意见建议。组织专家在旺苍县开展“四川科技扶贫在线”线下培训，就马铃薯产业化及科技支撑、农业节水与绿色发展、地方饲料发展等方面的种养技术进行培训。协调专家到木门镇三合村实地调研，为该村依托三合现代农业园区建设全国农业互联网小镇献计献策。

【扶贫机制建设】 2018 年初，九三学社中央审议通过《2018 年对旺苍县开展定点扶贫工作计划》，明确从“组织领导、加大投入、整合力量、督促检查、选派干部”5 个方面发力做好 2018 年定点扶贫工作。

【干部挂职扶贫】 2018 年 1 月，九三学社中央选派九三四川省委省直工委办公室副主任王江代表九三学社中央赴旺苍县尚武镇寨梁村担任第一书记，重点推动发展农村集体经济试点。

【产业扶贫】 九三学社中央投入资金 40 万元，在尚武镇寨梁村发展椴木香菇、在水磨乡广福村发展高寒山区乌天麻种植等农村集体经济示范项目，探索集体经济发展模式。在寨梁村发展椴木香菇村集体经济产业扶贫示范，投入资金 20 万元，采用“农科院 + 合作社 + 种植基地”的运行模式，由省农科院提供菌种和技术支持。在广福村实施高寒山区乌天麻种植项目，采用“照顾贫困户，兼顾一般户，大户带小户，合作社带农户”的方式，实行整村推进，带动全村 95% 的农户从事乌天麻生产，带动全村 90 户贫困户顺利实现脱贫。

继续推动在旺苍县北部山区发展柴胡产业。投入 20 万元，动员福庆乡红花村 65 户村民分散种植柴胡 100 亩，预计可帮助 77 户贫困户实现户均增收 3000 元。促成四川德培源中药科技开发有限公司与旺苍县政府就发展中药材（柴胡）产业签订合作框架协议，并在旺苍县境内发展柴胡种植面积 3 万亩以上，提供就业岗位 200 个。引荐并促成江西汇仁药业股份有限公司与旺苍县政府就中药材（淫羊藿）资源综合开发利用签订合作框架协议。组织并动员社员购买价值 2 万元的旺苍县特色农副产品。

【教育扶贫】 实施“同心树人”项目，组织天津市教育专家对旺苍县 315 名小学语文、数学和英语骨干教师进行为期 3 天的培训；组织旺苍县学科骨干教师及管理人员 16 人，赴江苏省扬州市育才西区学校、泰州市姜堰区实验小学等学校开展为期 7 天的交流学习活动。

结成教育帮扶对子，协调河西区上海道小学与旺苍县刘瑞龙红军小学、旺苍中学和天津海河中学分别签订结对帮扶协议，刘瑞龙红军小学与北京市海滨区清华大学附属小学建立“友好学校”联系，组织 6 名刘瑞龙红军小学老师到清华附小参加“2018 北京国际儿童阅读论坛”。

开展捐资助学活动，九三学社中央为旺苍县水墨乡小学、万山乡小学购买价值 10 万元的文学、科普类图书；协调社四川省委为旺苍县特殊教育学校捐赠价值 50 万元的特殊教育学校多感官教室设备一套；协调社广东省委、天津市委为三江镇厚坝村小学、木门镇中心小学等捐赠近 12 万元“同心树人”助学金；协调旺苍支社为万山乡小学捐赠价值 2000 元的文具、衣服等儿童节礼物；协调社员陈利浩向旺苍县 100 名建档立卡贫困户学生每人资助 1000 元，共计 10 万元；组织九三学社中央机关 3 名干部与 3 名贫困学生形成每月捐赠 200～300 元的长期一对一帮扶；联系国家图书馆为旺苍县图书馆捐赠图书 1 万册。

【健康扶贫】 针对旺苍县厚坝村在煤矿务工群众较多，硅肺发病率高的情况，九三学社中央给村卫生室捐赠了一台价值 3500 元的医用分子筛制氧机。4 月，协调北大第一医院、北大人民医院、北大第六医院、北大口腔医院与广元市卫健委及相关医院签订合作协议，助力广元医疗卫生事业发展。

（九三学社中央委员会社会服务部
董 刚）

台湾民主自治同盟中央委员会定点扶贫

【概述】 2018年，台湾民主自治同盟中央委员会（以下简称“台盟中央”）定点帮扶贵州省赫章县，深入贯彻“上下联动、横向联合”工作机制，聚焦精准扶贫精准脱贫，发挥智力优势和“台”字特色，集中全盟资源和力量，深入开展教育扶贫、医疗卫生扶贫等一系列定点帮扶工作。2018年，台盟中央对赫章县投入帮扶资金74万元，引进帮扶资金100万元，帮助赫章县培训基层干部35名，培训教师、医生等技术人员711名，免费治疗白内障患者103名，选派1名处级干部到赫章县挂职副县长，选派1名干部到赫章县双坪乡营兴村担任第一书记。

【扶贫资金投入】 2018年，台盟中央对赫章县投入帮扶资金74万元，引进帮扶资金100万元。

【扶贫调研】 2018年7月，全国政协副主席、台盟中央主席苏辉率台盟中央常务副主席李钺锋，副主席杨健、张泽熙、连介德、吴国华、郑建闽，台盟中央全体常委赴赫章县调研，召开台盟中央助力赫章县脱贫攻坚工作推进会，并捐资100万元助力赫章脱贫攻坚。其间，调研组一行实地考察了赫章平山乡江南同心新村建设情况，赴赫章县城关镇第三小学和赫章县儿童福利院走访，详细了解赫章县脱贫攻坚进展情况。

【扶贫机制建设】 2018年2月，制定并通过了《2018年台盟中央开展定点扶贫工作实施方案》，成立以苏辉主席为组长的专项工作领导小组，统筹协调和决策部署全盟定点扶贫工作；领导小组下设工作小组，组长由吴国华副主席担任，指导定点扶贫工作有序开展；工作小组下设办公室，负责定点扶贫工作的具体实施和日常事务。

【干部挂职扶贫】 台盟中央选派研究室调研处副处长李凌到赫章县挂任赫章县委常委、副县长，协助分管赫章县扶贫工作，为期1年；选派社会服务部综合处干部刘沈韬到赫章县双坪乡营兴村担任驻村第一书记，为期2年。

【产业扶贫】 2018年9月，台盟中央社会服务部率两岸企业界人士和农业专家一行19人赴赫章县调研产业扶贫项目。台盟中央协调引进广州独角兽农业科技有限公司与赫章县有关企业签订合作协议，在广州代理销售赫章鸡蛋等农特产品。

【教育扶贫】 2018年7月，台盟中央社会服务部、北京青年政治学院、北京市团校、台盟北京市委联合举办2018年“筑梦师者”骨干教师培训班。来自贵州省黔西南布依族苗族自治州、赫章县的60名骨干教师参加本次培训。2018年8月，台盟中央、台盟辽宁省委和沈阳师范大学联合组织开展沈阳师范大学教育专家支教组送教赫章培训活动。本次送教通过示范教学、案例分享、互动交流等形式开展培训，涉及语文、数学、英语、物理、化学、生物、政治、历史、地理九大学科内容，培训教师600人。

【扶志扶智】 2018年10月，台盟中央“筑梦乡村”农村电商行政管理干部培训班在福建省云霄县举办。课程内容涉及农村电商精准扶贫理论、案例分析、经验分享、产品开发、现场教学等环节，培训贵州省赫章县基层行政干部35名。

【健康扶贫】 2018年8月，台盟中央

"筑梦医者"乡镇全科医师提高班在安徽合肥举行，培训赫章县20名基层全科医生。9月，台盟中央协调组织中国中医科学院眼科医院专家一行9人赴赫章县开展"情系赫章·爱心光明行"免费诊疗活动，免费为103名白内障患者进行手术救治。中国中医科学院眼科医院与赫章县人民医院签订了对口协作协议，双方将在人才培养、远程会诊等医疗帮扶方面进行深度合作，解决赫章县眼科疾病医疗技术薄弱等难题。

【扶贫慰问】 2018年1月，台盟中央副主席吴国华率队赴赫章县开展春节慰问活动，向白果镇、结构乡共40户贫困户每户发放500元慰问金，共计2万元；发放贫困学生助学金1万元；台盟中央和台海出版社向赫章儿童福利院、结构乡中心小学授牌赠书1050册，价值3万元。2018年5月，台盟中央联合台盟天津市委、台盟福建省委、台盟广东省委、台盟湖北省委、台盟云南省委、台盟辽宁省委、台盟陕西省委到贵州省赫章县开展聚力助推脱贫攻坚暨"六一"慰问捐赠活动，向赫章县2所学校分别捐赠50台电脑和电教显示设备；向珠市乡矿山小学等4所小学捐赠1230册图书，价值5万元；向珠市乡诺素小学和矿山小学捐赠价值2万元的文具；赴双坪乡中心小学开展支教暨捐赠活动。

【消费扶贫】 组织台盟各地方组织开展消费扶贫，台盟中央机关工会直接购买赫章县农特产品2.9万元，协调台盟吉林省委购买赫章县农特产品3.3万元。

【脱贫攻坚民主监督】 2018年4月，全国人大常委会委员、台盟中央常务副主席李钺锋率调研组前往甘肃省平凉、庆阳2市的5个区县开展脱贫攻坚民主监督调研。调研主题为产业扶贫、扶贫资金使用、生态保护、民生保障、"三变"改革等工作。

4月，全国政协常委、台盟中央副主席吴国华率调研组一行8人赴甘肃省定西市陇西县启动脱贫攻坚民主监督县级监测点工作对接和基础情况摸底调研。县、乡、村三级动态监测点的设立，是台盟中央探索脱贫攻坚民主监督工作的一种新尝试，也将为对口甘肃省的脱贫攻坚民主监督工作提供重要的工作支撑。5月，全国政协常委、台盟中央副主席杨健率调研组一行10人赴甘肃省甘南藏族自治州的夏河县、合作市，围绕县域经济发展开展脱贫攻坚民主监督专题调研。5月，全国政协常委、台盟中央副主席吴国华率调研组一行13人赴甘肃省东乡族自治县围绕脱贫内生动力开展脱贫攻坚民主监督专题调研。6月，全国政协副主席、台盟中央主席苏辉率台盟中央调研组赴甘肃省开展脱贫攻坚民主监督调研，先后深入全国深度贫困地区"三区三州"之一的东乡族自治县布楞沟村、李家沟以及天水市麦积区花牛镇白家河村实地调研，看望易地搬迁安置点家庭，实地察看当地畜牧养殖农民合作社和菌类种植合作社的产业脱贫情况。

（台湾民主自治同盟中央委员会
社会服务部　刘沈韬）

北京大学定点扶贫

【概述】 2018年，北京大学定点帮扶云南省弥渡县，推进"1+8+N"帮扶工作模式（"1"是指全校统筹，"8"是指8个院系结对帮扶弥渡8个乡镇，"N"是指按照弥渡的实际需要，不断增加其他资源及帮扶主体）。投入帮扶资金450.4万元，引进帮扶资金7793.5万元。培训基层干部1580名，培训技术人员202名。实物捐赠折合款项62.5万元。在校内筹措党费70万元，用以支持弥渡县兴办"新时代农民讲习所"。开展"弥渡讲坛"，培训弥渡县党政干部1400名。力促云南白药集团股份有限公司在弥渡县落地帮扶项目，已达成初步合作意向。帮助彭家庄水库建设、德苴乡公路改造等重大项目落地，已落实超过7000万元项目资金。2018年底弥渡县贫困发生率降至2.12%，贫困人口降至5845人，基本达到脱贫摘帽标准。

【扶贫资金投入】 2018年，北京大学投入帮扶资金450.4万元。引进帮扶资金7793.5万元。实物捐赠折合款项62.5万元。帮助销售贫困地区农产品2000万元，从弥渡县直接购买农产品25.3万元，从其他贫困地区购买农产品327.3万元。通过社员网帮助销售农产品3942.4万元。

【扶贫调研】 2018年12月，书记邱水平率团赴弥渡县调研、督促检查脱贫攻坚工作。5月，时任校长林建华率团赴弥渡县调研、督促检查脱贫攻坚工作。7月，常务副书记于鸿君赴弥渡县调研，慰问贫困户、看望挂职干部。1月，副校长龚旗煌率团赴弥渡县调研，慰问贫困户，召开座谈会。

【扶贫培训】 在校内筹措党费70万元，用以支持弥渡县兴办"新时代农民讲习所"，以党建促脱贫，帮助弥渡县凝聚壮大脱贫攻坚主体力量。"讲习所"共计在弥渡县91个党支部开讲近200场，参加干部群众2000人次。继续办好"弥渡讲坛"，将新思维新理念引入基层，2018年，讲坛开讲3期，著名学者周志忍、贾庆国、湛中乐分别围绕"党和国家机构改革回顾和展望""中美关系的热点问题""依法行政与基层法治政府建设"等专题开展讲座，培训弥渡县党政干部1400名。夯实干部培训，帮助提升干部领导能力和管理水平，2018年安排70人来校插班学习。6月，举办为期6天的"北京大学智力帮扶国家级贫困地区市县领导干部研修班"，弥渡县的40名党政干部参加培训，包括县委书记论坛、企业实地调研等活动。

【干部挂职扶贫】 2018年7月，学校选派化学与分子工程学院党委副书记王菲接替杨学祥挂职担任弥渡县人民政府副县长，分管脱贫攻坚等工作。选派学生工作部、人民武装部干部魏培徽接替张晓东担任寅街镇勤劳村第一书记。两位新挂职干部就任以来，走遍弥渡县的8个乡镇、走访贫困村36个、贫困户400户。

【扶贫资金管理】 2018年，北京大学安排200万元定点扶贫专项经费，在资金管理方面，出台北京大学扶贫经费管理办法，着力加强扶贫经费的监督管理。在经费使用过程中，学校严格按照"三重一大"（重大事项决策、重要干部任免、重要项目安排、大额资金的使用，必须经集体讨论做出决定）决策制度执行。资金使用专款专用、专款专账，不存在使用扶贫资金安排脱贫攻坚规划以外的项目支出情况，没有违规使用扶贫资金的问题。

【产业扶贫】　2018年12月，邱水平书记在赴弥渡县调研之际，邀请北京大学名誉校董、云南白药集团股份有限公司董事长陈发树同行，力促云南白药集团股份有限公司在弥渡县落地帮扶项目，已达成初步合作意向：云南白药集团股份有限公司计划在弥渡县建设饮片加工车间、中药材营销中心、公共技术服务中心等，引进先进中药制片设备，对多种药材进行加工，提升当地中药产业的科技含量及产业规模。

【教育扶贫】　继续选派4名研究生支教团成员赴弥渡县支教，与当地师生同吃同住，在传授知识、促进基础教育发展等方面做出贡献。

发挥自身优势，派出多位专家学者为弥渡县城乡建设总体规划、全域旅游规划等献计献策。1月，城市与环境学院吕斌教授受聘担任弥渡县人民政府城乡规划建设顾问，政府管理学院薛领教授受聘担任全域旅游顾问，艺术学院彭锋教授、周映辰副教授受聘担任艺术顾问和艺术总监。利用暑期等时间先后组织4个师生实践团深入弥渡县开展社会实践活动，共计33人。实践团对当地的经济结构、社会问题、基础教育、医疗卫生等问题进行深入调查研究，为弥渡县经济社会发展、脱贫攻坚事业建言献策。

【基础设施建设】　帮助彭家庄水库建设、德苴乡公路改造等重大项目落地，2018年落实7000万元项目资金。方正证券股份有限公司还直接投入“厨房革命”项目资金50万元、“博雅自强班”项目资金30万元。

【健康扶贫】　2018年7月，北京大学第一医院选派实践团赴弥渡县调研。实践团以县医院、乡镇卫生院、村卫生室为研究对象，深入研究弥渡县三级诊疗的开展现状等，形成两万余字的调研报告，对进一步加强基层医疗卫生工作提出建议。实践团在弥渡县举办多场医疗讲座，指导当地医生提高业务水平。12月，医学部选派3位医学专家赴弥渡县，在县人民医院开展为期2天的帮扶指导工作。

（北京大学　刘爽健）

清华大学定点扶贫

【概述】 2018 年，清华大学持续以教育帮扶、医疗帮扶、人才智力帮扶、产业帮扶、党建帮扶、消费帮扶等为切入点，精准助力定点帮扶的云南省南涧彝族自治县（以下简称“南涧县”）脱贫攻坚工作。投入帮扶资金 309.5 万元，引进帮扶资金 472.3 万元，培训基层干部 638 人、技术人员 2491 人。选派 2 位青年骨干教师到南涧县挂职参与脱贫攻坚工作。截至 2018 年底，南涧县贫困发生率降至 1.32%，通过大理州的贫困县退出专项考核。

【扶贫资金投入】 2018 年，清华大学系统内为南涧县投入无偿帮扶资金 309.5 万元，主要用于南涧县党建扶贫双推进、教育扶贫基金、医疗帮扶等方面工作。引进无偿帮扶资金 472.3 万元，主要用于产业发展、教育扶贫等。购买贫困地区农产品 528 万元，帮助销售贫困地区农产品 3658.5 万元。清华大学校友、校企 2018 年提供无偿帮扶物质和服务折款累计 1016 万元。清华大学为南涧县引入 2 家企业，2018 年在南涧县投入资金 3350 万元。

【扶贫调研】 2018 年清华大学校领导 4 人次赴南涧县就定点帮扶工作进行调研。12 月，清华大学党委书记陈旭率队赴云南省，就深化清华大学对口帮扶大理州南涧县工作展开调研及指导。6 月，清华大学党委常务副书记、副校长姜胜耀率队赴南涧县进行现场调研，深入推进帮扶工作。6 月，清华大学党委副书记、纪委书记李一兵赴南涧县调研清华大学对口帮扶工作。

【扶贫培训】 清华大学选派专家和依托清华大学教育扶贫南涧远程教学站开展专题培训，同时充分发挥挂职干部作用在当地开展各类培训。2018 年培训南涧基层干部 638 人。

针对南涧专业技术人员，清华大学充分发挥线上、线下优势，以清华附中、清华第一附属医院、清华控股下属的慕华教育投资有限公司、清华大学教育扶贫南涧远程教学站等为平台开展各类技术培训。2018 年培训南涧县教师、医护人员等专业技术人员 2491 人。

【干部挂职扶贫】 选派清华大学学生学习发展指导中心副主任金峰（2017 年 5 月派出，挂职期两年）挂职任南涧县政府党组成员、县政府办公室副主任。选派校党委研究生工作部助理研究员沈正波（2017 年 9 月派出，挂职期两年），挂职任南涧县南涧镇副镇长、南涧镇西山村第一书记、驻村扶贫工作队长。10 月，沈正波荣获 2018 年度“大理州优秀驻村扶贫工作队员”荣誉称号。

【扶贫宣传】 2018 年 2 月，《中国经济时报》以“清华大学携手云南南涧，建立政、校、企三方协同推进的立体式、互利共赢的帮扶体系”为题对清华大学的帮扶工作进行报道。3 月，北京电视台专题报道了清华一附院推广大理模式，在全国多个贫困县开展先心病免费筛查救治活动情况。12 月，新华网以“对口帮扶情不断，‘清华缘’满无量山”为题报道清华大学的对口帮扶工作。5 月，清华大学挂职第一书记组织西山小学 15 名同学第一次走出大山来到北京开展游学活动，《云南日报》《北京青年报》对活动进行报道。

【产业扶贫】 清华控股核心企业启迪控股股份有限公司投资3250万元，在南涧县注册成立无量山启迪大健康科技有限公司，并购南涧土林凤凰茶叶厂。企业帮助20名建档立卡贫困户实现就业，500户贫困户增收。

启迪控股股份有限公司在南涧注册成立南涧启迪农业科技有限公司，注册了当地乌骨鸡“黑凤凰”商标。企业通过免费投放鸡苗、技术指导等方式帮扶当地饲养户增收，惠及居民10000户，并与1000户建档立卡贫困户建立了养殖收购协议。启迪控股股份有限公司还与南涧县政府合作，成立南涧产业扶贫基金，到位资金达2000万元。

清华控股有限公司党委积极开展帮扶工作，向南涧县捐赠两笔资金共计200万元，100万元专项支持南涧县党建扶贫双推进工作，重点打造西山村、团山村、新山村3个党建示范点；100万元用于补充南涧教育扶贫基金本金。清华控股有限公司党委还投入20余万元，支持西山村党组织建设、基础教育提升、集体经济发展。

【扶志扶智】 清华大学博士生暑期实践支队4人到南涧县开展为期6周的专业实践，4名同学分别赴南涧县委宣传部、县扶贫办、县旅发委3个部门开展实践调研和支援脱贫攻坚等相关工作。清华大学全球政治与经济双硕士学位项目6名中、美、瑞硕士研究生来到南涧县进行为期1周的中国国情和脱贫攻坚调研实践活动。

清华控股有限公司下属同衡规划设计研究院大幅减免费用，为南涧县制定乡村振兴系列规划，包括南涧县乡村振兴整体规划以及南涧镇、西山村、白云村和山花村乡村振兴分项规划。

【教育扶贫】 清华大学附属中学2018年通过深入现场调研，制定了为期6年的帮扶方案，开启了对南涧中学教育的系统性、一对一帮扶。2018年7月，清华大学附属中学创新实验班在南涧正式招生：初中2个班、高中2个班，每班30人，共120人。

清华大学联合南涧县政府、校企启迪控股股份有限公司成立“南涧教育扶贫基金”，到位资金800万元。2018年8月发放基金收益34.6万元，资助南涧县256名家庭困难准大学生。

清华控股有限公司旗下企业慕华教育投资有限公司拥有全球最大的中文MOOC平台——学堂在线。慕华教育投资有限公司与南涧县共同设立的“慕华—南涧互联网学校”于2018年3月正式上线。互联网学校包括教师教学和教师成长两大平台，开通免费使用账号，为南涧县1800余位教师及教育部门负责人和25000余名学生提供慕华教育旗下平台的优质在线课程。

【健康扶贫】 清华大学第一附属医院持续在南涧开展先心病免费筛查和救治工作。12月，清华大学第一附属医院由院长张明奎带队，开展自2013年以来的第7次赴大理白族自治州进行先心病疑似患儿的大规模筛查工作，在宾川、南涧、巍山和祥云四个县，累计完成对442名疑似患儿的筛查，确诊50余名患儿。2018年清华大学第一附属医院为南涧县投入经费35万余元，进一步深化清华大学第一附属医院、地方政府、慈善基金会三方合作的“大理模式”，并在全国有效推广。

（清华大学对口支援办公室　朱　涛）

北京科技大学定点扶贫

【概述】 北京科技大学（以下简称“北科大”）定点帮扶甘肃省秦安县，按照“以党建引领为先导，教育扶贫为主线，产业扶贫为主题”的精准帮扶思路开展定点帮扶工作，在教育、人才、产业、文化、健康扶贫等方面取得成效。2018 年，学校投入帮扶资金 235.5 万元，引进项目投资 842 万元。培训基层干部 241 人，培训各类技术人员 1251 人，其中教师 509 人、农村创业致富带头人 102 人、电商人才 115 人、农业实用技术培训 525 人。学校积极开展消费扶贫，购买当地农产品 204 万元，帮助销售特色林果 212 万元。劳务输转 71 人，“一对一”资助贫困学生 242 名，帮扶资金和项目涉及贫困户 1995 人。

【扶贫资金投入】 投入帮扶资金 235.5 万元，引进项目投资 842 万元。积极开展消费扶贫，购买当地农产品 204 万元，帮助销售特色林果 212 万元。在帮扶资金方面，苹果“保险 + 期货”产业扶贫项目和城乡规划投入 120 万元，2 个扶贫车间投入 50 万元，秦安县教师敬业奉献奖投入 10 万元，培训方面投入 379716 元，家庭经济困难学生“一对一”帮扶投入 121000 元，其他费用投入 54284 元。在引进项目资金方面，助力秦安县成功申报“全国首批健康扶贫示范项目”，项目 10 年总资金 1000 万元，年投入额 100 万元。捐赠投入 682 万元携手北京少年创客教育科技研究院，捐赠价值 50 万元的设备和教程。向中国扶贫基金会争取乡村小学生爱心包裹 1000 余个（总价值 10 万余元）。帮扶资金和项目涉及贫困户 1995 人。

【扶贫调研】 党委书记武贵龙、时任校长张欣欣等校领导 7 人带队赴秦安县调研。学校把调研工作和督查工作结合起来，制定了《中央单位定点扶贫督查工作方案》，成立由党委副书记和纪委书记为组长、相关职能部门为成员单位的督查工作组。2018 年开展了 2 次综合督查和 1 次专项督查工作，并形成督查报告 1 份。坚持以问题为导向，紧紧围绕秦安县委和县政府承担脱贫攻坚主体责任落实情况、扶贫政策措施落实情况以及扶贫工作作风建设情况 3 个方面，通过听取汇报、个别访谈、实地走访、入户调研、召开座谈会、查阅资料等方式开展督查工作。

【扶贫机制建设】 学校与秦安县签订“十三五”期间《北京科技大学—秦安县人民政府结对帮扶工作框架协议》，确定 2017—2020 年帮扶工作思路和主要内容。2018 年初，学校研究制定《北京科技大学定点扶贫甘肃省秦安县 2018 年工作计划》。10 月，学校制定《北京科技大学关于做好 2018—2020 年定点扶贫秦安县工作的推进方案》，签订《北京科技大学—秦安县人民政府结对帮扶工作框架协议（补充协议）》，进一步加大扶贫工作力度。

【教师培训】 在秦安县培训中小学校长、骨干教师 509 人次。设立“秦安教师敬业奉献奖”，每年表彰 10 人，奖金 10000 元/人，并通过“师带徒”等形式培养了 13 名青年骨干教师。学校还在北京组织“秦安县女干部培训班”，在秦安县组织“助力脱贫攻坚人大代表专题培训班”，不断增强秦安县干部队伍素质。

邀请相关领域专家深入秦安，举办“农村创业致富带头人培训班”“电商人才训练营”“农业实用技术培训”等，培训人员 1251 人次。举办 12 期“小庄村大讲堂”“小寨村大讲堂”系列培训，参加农村实用种植技术培训累计 525 人次。

【干部挂职扶贫】　2018 年 10 月，学校选派党委宣传部副部长、新闻中心副主任沈崴赴秦安县挂职副县长 2 年，分管定点扶贫工作，协助分管精准扶贫工作。2018 年 1 月，学校选派蒋灵斌赴秦安县西川镇小庄村任第一书记，蒋灵斌被评为“甘肃省脱贫攻坚先进个人”“天水市抓党建促脱贫攻坚致富带头人”。11 月，学校增派李萌到秦安县西川镇小寨村任第一书记，进一步增强扶贫工作队伍力量。学校还选派 4 名优秀支教研究生在秦安桥南初级中学任教。2018 年 10 月，学校选派的党办、校办副主任吴豪伟赴秦安挂职副县长 2 年届满，被评为“甘肃省帮扶工作先进帮扶干部”。

推动学校全国样板党支部等与秦安县贫困村党支部结对共建，构建“高校基层党支部＋贫困村党支部”的浸入式共建模式；成立“北京科技大学秦安扶贫工作功能型党支部”；聘请学校马克思主义学院院长和党总支书记为“秦安县党建顾问”。

【扶贫宣传】　学校对定点扶贫过程中的好做法、好举措、好经验及时总结，将广大师生在秦安县的帮扶事迹通过中央电视台、《人民日报》、《中国教育报》、新华网、中国新闻网等媒体进行传播，全年主流媒体报道 14 次。

【扶贫资金管理】　每年制定工作计划和经费预算，严格按照学校财务管理制度和当地省、市、县扶贫资金使用政策使用扶贫经费。资金主要按帮扶项目支出或拨付并进行监管。对于学校无偿投入秦安县的资金，学校扶贫办和挂职干部按照帮扶事项监管县里使用，消费扶贫项目等由学校牵头帮扶单位监管实施，捐赠扶贫资金由校友会、基金会监管使用，校外引进资金或项目由联系人和扶贫办共同监管，校内外捐赠物资由扶贫办和捐赠人（单位）共同监管。

【产业扶贫】　开展“秦安·华园果业杯”公益营销大赛，将“我有一棵树，足以来扶贫”大型果树网络认购活动推向新热潮，推动秦安传统林果产业向新型订单农业发展。举办“秦安苹果电商营销大赛暨电商人才训练营”，有效提升本土电商人才技能及秦安苹果品牌知名度。启动“乡村优品发掘计划”，加强秦安苹果品牌建设，接洽首农京乡在线商城等企业与秦安县签订战略扶贫合作协议，推动秦安果品在北京市场销售。联合郑州商品交易所等单位，合作开展苹果“保险＋期货”试点项目，投资 100 万元用于贫困户保费补助，通过探索期货市场对冲农业市场风险的保障机制，为 1000 余贫困户苹果种植实现保底收益，助推“精准扶贫”工作。捐赠 50 万元援建 2 个扶贫车间，其中服装加工“扶贫车间”占地 600 平方米，已吸纳务工村民 36 名（其中贫困人口 22 名）；果品发泡网“扶贫车间”正在建设，计划占地 1000 平方米，吸纳 15 名贫困村民就业，为贫困村民持续稳定增收提供支撑。

【教育扶贫】　学校立足教育扶贫长远计划，在秦安县建立 5 个教育帮扶基地，形成“以机制和基地建设为保障，教师培训与激励为基础、学生资助与培养并行”的教育精准扶贫体系。捐赠投入 682 万元，建设开发“智慧校园”终端应用程序，覆盖全县 62 所中小学，实现“家校互通即时化、学校办公自动化、教师教学信息化”的现代化教学场景。开展科技创新教育，携手北京少年创客教育科技研究院，捐赠价值 50 万元的设备和教程，建立“秦安县少年创客工作室”。实施“育苗计划”，开展京秦师生“手拉手”活动，发动教师、校友等与贫困学生“结对子”，开展学生资助、暖心家访等活动，“一对一”帮扶贫困学生

242 名，每人每年资助 500 元直到上大学（2018 年资助共计 12 万元）；为山区小学向中国扶贫基金会争取乡村小学生爱心包裹 1000 余个（总价值 10 万余元）；每年选派 4 名优秀研究生赴秦安支教，参与课堂教学和第二课堂教育。

【文化扶贫】 挖掘整理秦安县 8000 年前大地湾史前文明和非物质文化遗产，助力秦安县文旅扶贫。依托北科大科技史一流学科优势，举办“2018 年大地湾文化与科技国际学术研讨会”，邀请来自哈佛大学、牛津大学、中国人民大学、国家博物馆等单位的 35 名知名专家学者及 100 多名代表参会，提升秦安历史文化资源的知名度。携手浙江大学编制《秦安县发展空间规划》和《桃花小镇概念性规划》，引领带动全县城乡规划建设水平提升。携手中国曲协助力秦安国家级非物质文化遗产——“秦安小曲”入围“第十届中国曲艺牡丹奖”，并启动秦安“中国曲艺之乡”创建工作，促进文化与旅游融合发展。组织国际学生团队到秦安县开展文化交流活动，促进国际学生对中国发展的理解和认同。

【健康扶贫】 组织开展义诊、捐赠医药活动。组织由校医院内外科主任医师 5 人组成的团队前往秦安县西川镇、陇城镇，为贫困村民开展义诊、捐赠医药活动，共接待义诊村民 100 余人，免费发放给就诊村民医药价值 3.2 万元。助力秦安成功申报“全国首批健康扶贫示范项目”，项目 10 年总资金 1000 万元。

【劳务输出】 学校加强与劳务企业对接，积极联系江苏省江阴市志勇企业管理服务有限公司在秦安县设立天水分公司，专项服务贫困地区向江苏省劳务输出工作。该公司已向江苏江阴等地劳务输转 35 人。该举措加大秦安县剩余劳动力稳定输转力度，解决了部分贫困人口外出务工难的问题。

（北京科技大学扶贫办　沈　崴）

北京交通大学定点扶贫

【概述】 2018年，北京交通大学（以下简称“北京交大”）定点帮扶内蒙古通辽市科尔沁左翼后旗（以下简称“科左后旗”）。赴科左后旗调研考察共计48人次。全年直接投入帮扶资金201.46万元，用于开展互助幸福院建设、建档立卡贫困人口驾驶员培训、贫困家庭幼儿学前教育补贴发放、新营子村设施农业示范园项目、金融扶贫模式研究等。帮助引进帮扶资金307.65万元。组织各类培训4期，培训基层干部280人、技术人员353人。购买当地农产品52万元，帮助销售农产品204.4万元；派遣挂职干部4人次、研究生支教团2届8人。设立生源地中学1所。组织社会实践团2批21人。承接科左后旗工业园区二期规划。通过培训推荐就业和学校接收就业实现就业扶贫113人。

【扶贫资金投入】 2018年，北京交大直接投入帮扶资金201.46万元。其中，用于互助幸福院建设85万元，建档立卡贫困人口驾驶员培训80万元，贫困家庭幼儿学前教育补贴发放20万元，新营子村设施农业示范园项目5万元，金融扶贫模式研究6万元，开展调研督导、社会实践、培训及项目对接5.45万元。年度捐赠总计7.65万元，其中师生、校友及爱心人士捐款2.65万用于资助贫困学生，校友企业——北京树思源数字媒体科技有限公司捐款5万用于新营子村设施农业示范园建设。向科左后旗部分嘎查村捐赠旧电脑100台，折合资金约2万元。

【扶贫调研】 2018年，学校组织赴科左后旗调研考察共计48人次。9月，校长、定点扶贫工作领导小组组长宁滨带队，副校长余祖俊、校长助理郑广天陪同赴科左后旗开展定点扶贫有关工作，与科左后旗签订了《蔬菜等食品原材料供货协议》和《劳务输出意向书》，考察当地特色产业，慰问当地困难群众，看望学校挂职干部和支教学生。

【扶贫机制建设】 研究制定《北京交通大学2018年定点扶贫总体思路及工作安排》《北京交通大学定点扶贫三年行动计划》，印发《北京交通大学新时期定点扶贫工作方案》和《北京交通大学定点扶贫资金管理办法》。

【扶贫培训】 为提升科左后旗当地干部群众素质，开展各类培训4期。7月，学校派遣相关教授围绕“高铁的基本技术经济和运营特点与投资效益评价”和“高铁网格化的区域经济效应研究”两个课题面向科左后旗党员干部作了高铁经济培训，科左后旗全旗处级以上领导，旗直、驻旗中区市直部门主要负责同志120人参加培训。8月，学校后勤集团组织当地建档立卡贫困户14人参加了学校的就业培训。11月，学校投入资金80万元，依托旗县所在地驾校，对科左后旗未脱贫建档立卡人口100人进行为期3个月的大货车司机培训，并在培训结束后推荐就业。12月，学校面向科左后旗广大干部群众举办“讲好品牌故事与网络推广技术”培训，科左后旗各苏木镇场农牧业工作分管同志，旗直各单位各部门领导干部，各行业、合作社负责人，个体私营企业负责人，家庭农场负责人，农牧民致富带头人等400人参加培训。

【干部挂职扶贫】 2018年，共有4名干部在旗县挂职。其中，任新胜屯村第一书记的挂职人员于5月结束挂职返校。其余3名干部分别担任副旗长、旗长助理和甘旗卡镇新营子村驻村工作的第一书记兼工作队长。2018年9月，经学校推荐，在科左后旗新胜屯村挂职第一书记的赵兴因挂职工作表现突出获“第八届首都民族团结进步先进个人”荣誉称号。

【扶贫慰问】 2018年9月，校长、定点扶贫工作领导小组组长宁滨在科左后旗新胜屯村走访慰问贫困户2户，为贫困户送去米面油和棉被等物资，并代表学校向新胜屯村捐赠扶贫资金5万元。

【扶贫资金管理】 印发《北京交通大学定点扶贫资金管理办法》，明确学校定点扶贫资金的管理机制。按照《北京交通大学定点扶贫资金管理办法》，学校与科左后旗签订185万元的定点扶贫专项资金使用协议、5万元的新营子村精准扶贫资金使用协议，进一步明确定点扶贫资金的使用和管理，并于2018年底前，委托驻旗县挂职干部对学校定点扶贫专项资金支持的3个项目进行督促指导。

【产业扶贫】 自2016年起，北京交大投入资金15万元，在新胜屯村开展养种结合和养猪致富项目。2018年10月，依托新营子村驻村挂职干部，学校投入5万元，引进企业及个人捐款6万元，建设新营子村设施农业示范园，扶持当地绿色农业发展。帮扶当地龙头产业，协调四川海底捞餐饮股份有限公司旗下成都蜀海投资管理有限公司采购当地龙头企业——内蒙古科尔沁牛业股份有限公司牛肉204万余元。引进吉林腾明新能源科技有限公司投资300万元收购沈阳久兴橡胶制品有限公司在科左后旗建设项目。2018年12月，组织“讲好品牌故事与网络推广技术”培训，培训贫困村致富带头人85名。在北京交大直接帮扶下，全年共有120户、363名建档立卡贫困人口成功脱贫。

【扶志扶智】 作为帮助科左后旗制定交通、旅游、物流三项规划的补充内容，建筑与艺术设计学院蒙小英教授团队在2017年工作基础上，继续承接了科左后旗工业园区第二期规划。根据科左后旗需要，学校还投入基本科研业务费6万元，由经管学院邱奇副教授牵头，开展金融扶贫模式课题研究。

【教育扶贫】 2018年派遣支教团2届8人，所有支教学生均在甘旗卡二中服务。依托挂职干部和支教学生，学校在新营子村设立思源学堂，由支教学生每周末对贫困户子女进行免费辅导，并利用学校捐赠的5台电脑，面向全体村民开展计算机技能培训。6月，学校招生宣传组到科左后旗开展招生政策宣传和咨询，并在甘旗卡一中建立了通辽市的首个生源基地，支持当地高中教育发展。针对贫困户子女上学难问题，协调北京“泰康部落”和其他捐款1.5万元，支持科左后旗4名贫困学生求学。针对学前教育费用对贫困家庭负担较重问题，投入20万元，为部分建档立卡贫困家庭儿童补助保教费。

【劳务输出】 根据北京交大统一安排，学校后勤集团为科左后旗建档立卡贫困户提供就业岗位并解决食宿和保险。2018年8月，学校组织首批就业的贫困户共14人进行了就业培训。通过此次就业安置，可直接实现首批14位贫困户的脱贫。北京交大与科左后旗驾校签订培训合作协议，开展科左后旗未脱贫建档立卡人口大货车司机培训，培训结束后，由驾校负责推荐就业，参加培训的99名建档立卡人口可全部就业，户均年收入增加可达5万元以上。

【消费扶贫】 作为中直机关定点包联单位，学校把“农校对接”与脱贫攻坚结合起来，采取“学校+龙头企业+贫困户”的模式，为科左后旗开通了贫困户农副产品直供通道，由科左后旗本地龙头企业家和农牧业有限公司负责收购贫困户生产的农副产品并负责运送，有效解决贫困户农产品销售难的问题。2018 年，学校从科左后旗采购各类农副产品 69.9 吨，总价值 52 万余元。

【易地扶贫搬迁】　根据科左后旗实际情况，学校投入资金 85 万元，建设巴彦毛都苏木农村牧区互助幸福院、改造散都苏木巴彦乌楞幸福院，该项目将惠及科左后旗贫困人口中住房困难家庭，解决贫困人口住房保障问题。

（北京交通大学定点扶贫领导小组办公室　宋阳）

北京邮电大学定点扶贫

【概述】 北京邮电大学（以下简称“北邮”）定点帮扶贵州省长顺县，在定点扶贫工作中，北邮形成了“1＋6＋N”工作模式，即1套机制，6类帮扶，N方助力，围绕一套定点扶贫工作机制，在教育、人才、科技、文化、消费、产业扶贫方面做好文章，协调N方资源，确保定点扶贫工作取得成效。2018年，北邮直接投入帮扶资金230.35万元，引进帮扶资金1334.6万元，培训基层干部389名，培训技术人员259名，采购农产品204.9万元，帮助销售农产品681.2万元。2018年4月，在2017年中央单位定点扶贫工作考核中，北邮的考核等次为“好”。

【扶贫资金投入】 北邮从自有资金中直接投入帮扶资金230.35万元，其中100万元作为支持长顺县一次性投入，100万元用于采购农产品。北邮教育基金会投入80万元，10万元用于资助长顺县困难学生，10万元用于资助长顺县中小学教师，10万元用于资助考入北邮的长顺籍困难学生，50万元用作产业扶贫经费。为助力消费扶贫，从工会、后勤处专项经费中列支采购长顺县农产品，累计采购231.8万元农产品。

【扶贫调研】 北邮校长乔建永，副校长赵纪宁、郭军分别带队赴长顺县调研，与长顺县委政府进行座谈，听取长顺县脱贫攻坚工作情况汇报，实地对接长顺县帮扶需求，并深入贫困户家中走访慰问，对标检查长顺县脱贫攻坚工作情况。

【扶贫培训】 2018年9月，举办“长顺县领导干部综合能力提升培训班”，以理论学习、专题调研、考察参观等形式全面提升领导干部的综合能力。举办“黔南州领导干部大数据发展下法治建设专题研修班”，提高黔南州领导干部运用法治思维和法治方式深化改革、推动发展、化解矛盾、维护稳定的能力。培训干部100名。

连续3年举办“长顺骨干教师培训班”，培训教师40名，通过随堂观摩、自由选课、专题培训、参观走访、交流座谈等多种形式，提升教师业务能力，开阔视野。

【干部挂职扶贫】 累计派出3名挂职干部。2018年6月，挂职干部刘春晓荣获“全省脱贫攻坚优秀共产党员”称号，驻村第一书记李瑾梁荣获“全州脱贫攻坚优秀党务工作者”称号。

【扶贫资金管理】 扶贫项目及资金安排均严格按照“三重一大”（重大事项决策、重要干部任免、重要项目安排、大额资金的使用，必须经集体讨论做出决定）制度执行，基金会资金安排严格按照理事会决议执行。资金使用聚焦及时规范、专款专用、专款专账，有专门计划、专门安排、专门方案，不存在使用扶贫资金安排脱贫攻坚规划以外的项目支出，无违规使用扶贫资金的问题。

【产业扶贫】 投入130万元产业扶贫经费，主要用于长顺县深度贫困村产业技术学习培训，扶贫车间、食用菌种植等特色产业项目发展。

【扶志扶智】 成立“中国网络扶贫理论与政策研究中心”。11月，网络扶贫中心的专家教授赴长顺县调研，总结推广长顺县经验，形成研究报告5篇。结合长顺县实际需求，组织专家对《长顺县智慧城市建设方案》进行咨询论证。切实发挥了智力优势和“思想库”“智囊团”的作用。

【教育扶贫】 在长顺县设立家庭困难优秀学生专项奖学金，为长顺县优秀中小学教师设立“奖教金”，为从长顺县考入北邮的学生设立“北邮—长顺励志助学金”。将长顺县民族高级中学定为“优质生源基地”。2018 年录取 3 名建档立卡贫困考生。

【支教服务】 相继派遣 30 名优秀研究生到长顺县开展支教活动。支教团成员协助教师开展英语等相关课程的教学工作，创新教学方法，提高学生英语水平及综合素质；承办各项校园文体活动，在长顺四中成立了书画院、合唱、舞蹈、吉他、电子琴等社团，组建了足球队和啦啦队，丰富学生业余生活；建立“留守儿童”之家，关注留守儿童心理健康和业余生活，为孩子们提供积极健康的成长环境。协助当地开展志愿服务工作，参与组织 2018 年黔南州第十二届旅游产业发展大会。

【圆梦行动】 2018 年 11 月和 12 月，北邮研究生支教团联合共青团长顺县委员会与真情志愿者协会组织开展了“微心愿”活动，把心愿卡邮寄回北邮，由爱心人士为长顺县第四中学的 300 名优秀学生实现愿望。

【文化扶贫】 组织 4 支暑期社会实践团赴长顺县开展暑期“三下乡”社会实践活动。学校大学生艺术团多次前往长顺县进行系列专场演出和艺术实践活动。

（北京邮电大学扶贫办　邹　丹）

北京林业大学定点扶贫

【概述】 2018年，北京林业大学（以下简称“北林大”）继续定点帮扶内蒙古自治区科尔沁右翼前旗（以下简称“科右前旗”），赴科右前旗调研81人次（其中单位主要负责同志2人次），派遣挂职扶贫干部3人，投入帮扶资金260万元，引进帮扶资金270万元，培训基层干部688名、技术人员719名，购买农产品246万元，帮助销售农产品226万元。2018年，北林大定点扶贫工作领导小组进行了调整、充实和加强，党委书记、校长任定点扶贫工作领导小组双组长，党委副书记、纪委书记、副校长任副组长，相关职能部门和学院负责人为成员。

【扶贫资金投入】 2018年，校长安黎哲与旗长李振林签订2018—2019年扶贫工作备忘录，北林大向科右前旗直接投入帮扶资金200万元，北林大专门设立“扶贫工作专项经费”，2018年实际支出30万元，科技扶贫立项投入自有科技资金30万元。全年合计投入260万元。

【扶贫调研】 2018年北林大党委书记王洪元、校长安黎哲、党委副书记谢学文、党委副书记全海、副校长李雄、校长助理李永和6位校领导先后带队，共81人次赴科右前旗开展考察调研，慰问挂职干部和支教学生，研究帮扶措施，座谈指导工作。

【扶贫培训】 2018年，北林大开展扶贫培训班13期，帮助培训科右前旗基层干部与技术人员1400人。1月、6月、7月、12月，面向科右前旗200名现代农牧业合作社骨干、农村致富带头人、基层干部，在校内开办4期精准扶贫培训班，把村民、基层干部带进大学课堂，讲授国家农牧业相关政策、农牧业合作社建设与管理、现代智慧社区管理等实用课程，精准服务脱贫致富人才培养。9月、12月，组织校内外20多位专家教授赴科右前旗，讲授园林与生态园林城市建设、果树育种育苗技术、病虫害防治、特色林源产品开发与深加工、庭院经济创新创业等技术。

【干部挂职扶贫】 2018年，北林大派遣刘忆、张骅在科右前旗挂职，分别担任副县级干部（旗委副书记，分管扶贫工作）和贫困村驻村第一书记（建档立卡贫困村党支部第一书记）。10月，刘忆挂职期满，北林大选派干部人事处副处长孟祥刚赴科右前旗挂职，任旗政府副旗长，分管扶贫工作。

【扶贫资金管理】 北林大扶贫资金严格按照“三重一大”（重大事项决策、重要干部任免、重要项目安排、大额资金的使用，必须经集体讨论做出决定）制度执行，每年的预算投入、工作计划都经校常委会专题审议，依循会议纪要和计划严格执行。经费核算依据高校会计制度和财务制度，实际支出实行项目负责人责任制，专人审批各项支出，资金支出全部用于定点扶贫工作。

【教育扶贫】 北林大2018年继续派出志愿服务品牌项目“研究生支教团”在科右前旗最基层最偏远的中小学校扶贫支教、接力帮教，上半年8位支教大学生在俄体中学、索伦小学、大石寨蒙古族学校三所学校支教，下半年派出8位支教大学生在科右前旗三中、俄体中学、古迹小学三所学校接力支教，解决偏远地区教师资源不足难题。

【科技扶贫】 北林大在2017年立项的“科右前旗沙果深加工设备存在的关键问题开展沙果去核机定向输送机构”“科右前旗设施枣栽培技术研究与示范”“科右前旗金口味食品饮料造型包装装潢设计”“科尔沁镇平安村标志设计及绿色果蔬包装设计”4个科技扶贫项目如期执行、进展顺利的基础上，2018年利用自有科技资金30万元，新建立“基于产业扶贫理论的科右前旗远新村循环农业发展规划与路径研究”“内蒙古东北地区农林废弃物资源化利用——以科右前旗为例”“科右前旗远新种植合作社龙葵果深加工利用与功能性饮品开发”三个科技支撑项目，帮扶建档立卡贫困村远新村产业发展、脱贫摘帽。

【消费扶贫】 北林大组织北京市教委直属学校采购直供基地以及北京大学、清华大学、中国人民大学等8所在京高校的后勤、工会部门负责人赴科右前旗开展“农校对接”消费扶贫。截至2018年底，通过北京市教委的“学校采购直供基地平台”面向包括中国戏曲学院、北京联合大学、中国农业大学、中央财经大学在内的18所在京高校销售科右前旗农产品价值226万元。2018年全年，北林大通过工会、后勤总公司以及师生自购等各种渠道、各种形式，共购买科右前旗各类农产品折合人民币246万元。

【“手牵手”扶贫活动】 北林大组织扶贫支教服务所在学校的中小学生赴北京开展手牵手、面对面交流活动。8天时间里，29名来自科右前旗贫困家庭的中小学生入住北林大附属小学的“手牵手”家庭，与北京的结对小伙伴们同吃同住同上课，体验北京的学习生活。北林大还安排了梦想起航系列体验活动，让这些贫困家庭的孩子们参观知名高校，“扶智”加“扶志”，帮助他们筑起自强不息、早日成才的“大学梦”，让他们成为脱贫致富、全面小康“中国梦”的见证者、参与者和传播者。

【大学生志愿服务团】 北林大引导青年学子在扶贫一线服务国家建设，2018年8月派出19名大学生组成“把精彩论文写在科右前旗”志愿服务团，在暑期深入科右前旗科尔沁镇贫困村一线，协助整理核验贫困户档案并予以完善。帮助远新村搭建网络电商平台，解决农产品销路不畅的问题。协助远新村开展两个文明现场会，为科右前旗“五城同创”现场会成果展设计展示海报，补齐精准脱贫“精神短板”，在思想和行动上真正投身脱贫攻坚国家战略。该项目获得2018年北京高校红色“1+1”示范活动一等奖。

（北京林业大学发展规划处　朱雨晨）

山东大学定点扶贫

【概述】 2018年，山东大学定点帮扶河南省确山县。充分发挥综合性大学优势，调动校内外资源，凝聚师生与校友力量开展教育、医疗、科技等各项扶贫工作。2018年，直接投入帮扶资金200万元，帮助引进帮扶资金200万元，购买当地农产品106万元，帮助销售农产品196万元，培训技术人员988人、基层干部508人。

【扶贫资金投入】 2018年，直接投入帮扶资金200万元，其中学校产业集团捐赠100万元，山大教育基金会捐赠55万元，工会组织全校教职医务员工捐赠45万元。帮助引进帮扶资金200万元，其中申请河南省扶贫办第一书记项目资金50万元；山东大学产业集团联系多家企业为确山县捐赠资金150万元。推广“以购代捐”扶贫模式，与确山县相关农业合作社对接，采购确山县当地农产品，使确山县成为学校食堂原材料重要采购地。学校后勤保障部共计购买106万元的确山县留庄镇大米、香菇、香油等农副产品。

【扶贫调研】 2018年2月，党委书记郭新立、常务副校长王琪珑一行12人赴河南确山调研。调研期间，郭新立对老臧庄小学教学楼建设和资金使用提出要求，王琪珑实地考察确山县老臧庄小学，走访慰问困难群众，查看村容村貌变化，了解贫困户生活改善情况。

【扶贫培训】 在确山县举办当地基层干部培训班，邀请知名专家学者做专题辅导报告，开阔确山县广大基层干部视野，提升其业务能力，助力确山县乡村振兴和脱贫攻坚工作目标任务实现。确山县各镇（街道）党政正职、分管扶贫工作的副职、村（社区）党支部书记、驻村第一书记、县直各单位、县委各部委（室）、各人民团体主要负责同志、县攻坚脱贫领导小组成员单位负责同志共508人参加培训。

山东大学基础教育集团还通过领导带队赴确山县开展调研辅导、接收确山县中小学班子成员来校交流研讨等方式帮助当地教师、管理人员提升业务能力和管理水平。2018年，学校帮助培训确山县中小学教师、管理人员累计530人。学校附属医院专家赴确山县开展学术讲座、病例研讨及义诊咨询等活动，对确山县医务工作者进行现场指导培训，同时接收确山县医务人员来院学习进修2~6个月。2018年度学校帮助培训确山县医务人员累计458人。

【干部挂职扶贫】 山东大学选派3名干部到确山县开展定点扶贫工作，分别担任确山县副县长、老臧庄社区第一书记。第一书记马勇任职到期后，选派于德宁担任确山县老臧庄社区第一书记。2018年，马勇荣获“河南省优秀第一书记”称号。

【教育扶贫】 山东大学基础教育集团与确山县第五中学、第七小学建立联系学校关系，积极通过各种形式对确山县学校的管理和发展给予建议，交流先进教育理念。2018年12月，确山县教育体育局局长孟雪花、副局长卫百全和教育股长闫庆贺带领确山第五中学、确山第七小学领导班子成员到山东大学基础教育集团研讨交流。在老臧庄小学，推动“三个一”（“三个一”即建设一所标准化综合教学楼，全面拓展教学空间；建好一只优秀教师团队，全面提升教学水平；培育一个关注贫困村教育的爱心群体，提升社会关注度）教育扶贫项目建设，努力实现贫困村教育跨越发展。

【捐资助学】 投资294万元援建的18班规模综合教学楼已于2018年10月正式投入使用，同时还实施了地面硬化、校园绿化、教师周转房和餐厅等项目建设，硬件设施水平为全县前列，成为当地的标杆小学。学校党委书记郭新立调研期间，为当地学校的优秀教师和学生颁发奖学金15万元。山东大学研究生支教团组织开展了“从大山到山大”爱心公益活动，6名确山县优秀中小学生赴山东大学游学；山东大学青岛校区团委启动“老臧庄小学梦想导师”计划；建成社区心理咨询室，针对留守儿童和贫困家庭学生开展心理咨询。

【支教服务】 选派3名优秀毕业生赴确山县开展支教工作，支教志愿者在完成日常教学任务的同时，帮助青少年建立良好成长环境，针对农村儿童健康成长和素质教育提供各种志愿服务，提升学生全方面素质，并参与脱贫攻坚工作。

【文化扶贫】 针对确山县文化资源匮乏的情况，学校加大文化扶贫力度，赠送书法作品，提升群众文化素养。2018年4月，山东大学书画研究院院长、中国书法家协会会员、山东大学文学院教授王培元等一行五位书法家来到确山县，开展调研考察和艺术扶贫活动，并现场创作了30幅书法作品捐赠给确山县宣传部、文联、老臧庄小学等单位。2018年9月，依托校团委及艺术学院，山东大学派出近20人的学生艺术团到确山县多个乡镇开展文化扶贫暨送艺术下乡活动，共计演出4场，将脱贫扶志的精神内核与丰富多彩的节目形式进行有机结合，倡导老赖可耻、脱贫光荣，激发当地贫困群众的脱贫决心和信心。

【健康扶贫】 山东大学齐鲁医院、第二医院与确山县人民医院、第一人民医院签署帮扶协议，派遣技术骨干前往确山县，通过查房会诊、手术教学、学术讲座、开展义诊等形式开展技术指导，提升当地医疗水平。学校附属医院专家赴确山县开展学术讲座、病例研讨及义诊咨询等活动，对确山县医务工作者进行现场指导培训，同时接收确山县医务人员来院学习进修2～6个月。2018年度，学校帮助培训确山县医务人员累计458人。

（山东大学党委校长办公室 武 伟）

上海交通大学定点扶贫

【概述】 2018年，上海交通大学（以下简称“上海交大”）定点帮扶云南省洱源县。依托“心”“行”“梦”“恒”四个专项帮扶基金和上海交大云南（大理）研究院等慈善基金、科技帮扶平台，上海交大向洱源县直接投入帮扶资金240万元，捐赠专项党费30万元，引进帮扶资金279万元。培训基层干部237人次、技术人员375人次。捐赠衣物3000套，被褥400套。免费救治先心病儿童13名。选派研究生支教团2批次16人。购买贫困地区农产品201.58万元，通过在校园内开设洱源县特色农产品展销中心、助力当地企业对接销售渠道、支持电商企业发展和人才培训等形式，帮助销售特色农产品248万元。2018年，洱源县通过国家考核，成为云南省首批“脱贫摘帽”单位。

【扶贫资金投入】 2018年，上海交大向洱源县直接投入帮扶资金240万元，引进扶贫资金279万元，共计519万元。其中，上海交大直接捐赠200万元，上海交大海外教育学院爱心校友募捐资金39万余元救助贫困先心病患儿，上海交大生命科学技术学院、教育基金会等募集资金153万元援建基础教育设施及进行教育扶贫，广大师生及校友捐衣捐物折价17万元，110万元用于技术人员及教师培训。上海交大后勤保障中心和校工会直接采购洱源县201.58万元农副产品，扶持当地特色农产品发展。打造上海交大洱源特产展销体验中心，打开上海与洱源的对接“窗口”，为洱源特色产品销售提供渠道，帮助当地农业、环保企业销售产品248万元。

【扶贫调研】 2018年12月，上海交大校长、党委副书记、中国工程院院士林忠钦专程赴洱源县开展帮扶工作。2018年中，上海交大党委常委、副校长吴旦，上海交大党委常委、副校长、中国科学院院士毛军发分别带队到洱源县开展帮扶工作。2018年，各部门分别组织赴洱源县进行工作对接、实地调研等超过60人次。

【扶贫机制建设】 上海交大与洱源县签订《定点帮扶年度工作合作备忘录（2017—2018年）》，以专题协议形式落实贫困先天性心脏病患儿救治、贫困学生奖励、乡村教师培训与奖励等具体工作。

为加强对扶贫干部日常管理，落实挂职干部工作、生活待遇，给予关怀和保障，学校制定相关挂职干部待遇实施办法，明确各挂职地区、挂职干部待遇内容。2018年3月，上海交大人事工作小组会讨论通过《上海交大选派到外地挂职干部补贴调整方案》，提升挂职干部补贴标准，明确各派出单位为挂职干部合理安排工作、提供补助等支持方式，为挂职干部在基层一线安心工作提供保障。

【干部挂职扶贫】 2018年，上海交大向定点帮扶地区选派2名挂职干部与1名驻贫困村第一书记。环境科学与工程学院王欣泽研究员赴洱源县挂职担任副县长，协助分管环境保护、扶贫等具体工作；外语学院汪开虎副教授赴楚雄州大姚县挂职担任副县长，分管教育、科技等工作，协助分管扶贫等具体工作；学生工作指导委员会张仁伟赴洱源县茈碧湖镇丰源村担任第一书记。为促进挂职干部工作，上海交大同挂职干部服务地区提供30万元专项党费作为项目支持。

【扶贫培训】　2018年12月，由上海交大、洱源县人民政府联合举办的上海交大科学治水系列专题培训在洱源县开讲。洱源县副处级以上领导干部、县委各部委、各相关机关单位干部职工、环保系统全体专业技术人员等400人参加培训。

【产业扶贫】　2018年上海交大免费提供校园中心位置店铺，打造上海交大—洱源特色农产品展销体验中心。体验中心引入洱源乡土公社文化传播有限公司产品，为洱源特色产品销售提供渠道，帮助销售洱源农副产品14万元。组织后勤保障中心、校工会购买洱源县201.58万元特色农产品，直接支持洱源农产品销售。上海交大云南（大理）研究院依托研究院专家平台，发挥专业优势，帮助指导生物化肥制造，帮助销售生物化肥234万元。

【教育扶贫】　2018年，上海交大举办第12期乡村教师公益培训项目，158名来自包括云南省洱源县等多地的乡村教师参加培训，聚焦教育理念、情绪管理、儿童心理，培养学习先进理念和思维模式等。

为提升教学管理干部专业素养，提高教师教学业务水平，上海交大举办教学管理培训班等3期教师专项培训班，136名来自洱源县的教学管理骨干教师赴上海接受了为期2周的培训。

【文化扶贫】　2018年，上海交大云南研究生支教团在洱源职业中学支教，利用课余时间教授洱源职中同学国际象棋，3个月培养了20名具备独立弈棋能力和基础普及能力的青少年棋手，丰富了洱源学子课余文化生活。5月，上海交大云南研究生支教团在洱源县开创性开展国际象棋活动。10月，上海交大国学联谊会“美育西南”项目落地洱源县，艺术家志愿者为洱源县山区小学的孩子们上山间美术课、传统文化艺术课。向洱源县捐助10万余元，以为洱源县300个中小学班级订购美术报的形式，拓展山区孩子接受艺术启蒙教育的途径。

【公益扶贫】　2018年7月，上海交大生命科学技术学院“显微知著”社会实践团赴洱源县，与洱源中小学开展生物实验教学、乡村小学英语教师口语培训等实践活动，并依托学院资源优势，捐赠60台、总价值20万元的显微镜。上海交大爱心校友还通过“梦”基金优秀学生专项，每年捐赠5万元资助洱源一中10名优秀学子完成高中学业，助力贫困学子圆梦。上海交大研究生支教团在学校以及洱源县都有非常大的影响力，每年的研究生支教团人数逐渐增加，2018年，6位研究生驻洱源县开展为期1年的支教工作，牵线校友企业，向洱源县一中优秀学子捐赠总价值3万元的自行车。上海交大还通过七彩暖冬爱心衣物捐赠等活动，分批次向洱源县捐赠3000套衣物和400套被褥。

【健康扶贫】　2018年，上海交大依托“心”基金开展先天性心脏病儿童救治项目，免费救治13名大理州地区及洱源县贫困先心病患儿。上海交大附属胸科医院为患儿提供医疗救助，免除所有护理和食宿费用。上海交大定期组织医疗服务队赴洱源县开展义诊和筛查，到部分受助儿童的家中进行复诊和回访。

8月，上海交大医学院“专家、博士团”赴洱源县开展“三下乡”社会实践活动，与洱源县人民医院开展学术讲座、病例讨论、查房带教、义诊等活动，加强当地医务人员专业诊疗水平，拓宽当地医务人员医疗学科专业知识，使当地百姓不出洱源就享受到上海的优质医疗资源与专家服务。

【基础设施建设】　上海交大为洱源县引进中国教育发展基金会中央专项彩票公益金“润雨计划”项目125万元，用于支持洱源县南极幼儿园、大松甸幼儿园基础设施建设等工作。

（上海交通大学地方合作办公室
丁　蕾）

华东理工大学定点扶贫

【概述】 2018年，华东理工大学（以下简称“华理”）定点帮扶云南省寻甸回族彝族自治县（以下简称“寻甸县”）。投入帮扶资金201.79万元，引进帮扶资金200.94万元，培训基层党政干部838人、技术人员1870名，购买寻甸县农产品402.5万元。14批次138人次（含学校党政负责同志9人次）赴寻甸县推进定点帮扶工作，30名来自建档立卡家庭的品学兼优高二学生来上海参加科学营。1名处级干部到寻甸挂职县委常委、副县长，7名华理研究生赴寻甸中小学支教1年，76名寻甸干部在华理现代远程教育寻甸学习中心提升学历。从清理收缴党费中列支3万元用于支持华理扶贫寻甸前线党支部开展工作。2018年9月，寻甸县正式实现贫困县退出，是云南省唯一获得全国脱贫攻坚组织创新奖的脱贫县。

【扶贫资金投入】 2018年，华理投入帮扶资金201.79万元用于巩固寻甸县脱贫成效、推进乡村振兴和教育发展，引进帮扶资金200.94万元用于帮助寻甸县社会建设。投入物资折合80余万元开展教育培训。投入资金402.5万元购买寻甸农产品。华理还在清理收缴党费中单列每年3万元（2018—2020年，合计9万元）用于支持寻甸县前线党支部开展工作。

【扶贫调研】 2018年，华理领导班子9人次带队赴寻甸县深入调研乡村振兴战略实施、生态文明建设、水环境保护治理、县域经济发展。

【扶贫培训】 华理投入专项资金100万元连续6年举办培训班。2018年专题培训的主题为“现代经济体系建设”，覆盖寻甸乡（镇）街道、特色产业园区、县直有关部门主要负责同志52人。

2018年，华理连续第2年投入专项资金15万元，邀请30名寻甸县建档立卡家庭的品学兼优高中生和3名带队教师赴上海访学并参加科学夏令营。

依托学校继续教育优势，在寻甸县委党校设立华理现代远程教育寻甸学习中心，累计录取76名寻甸干部进行“专升本”学习。

【干部挂职扶贫】 华理先后派出1名处级干部到寻甸县挂职扶贫，担任县委常委、副县长职务，协助分管扶贫和科教文卫工作。派出1名科级干部到寻甸贫困村担任第一书记、驻村扶贫工作队队员。

【扶贫资金管理】 华理财务处、审计处和纪委监察处对年度扶贫项目和扶贫资金的使用情况开展专项梳理总结，形成《华东理工大学关于扶贫项目和资金使用管理自查工作总结报告》，上报至教育部财务司和中央纪委国家监委驻教育部纪检监察组办公室。

【产业扶贫】 2018年，结合当地自然资源，华理科研团队开始对当地特色植物臭参进行科技研发，并在实验室取得产品——臭参酵素，经过技术处理调配成可饮用成品，后续将进行产业化推进。

【扶志扶智】 2018年华理援建的青少年心理健康教育服务中心成为寻甸县的一张教育名片，得到社会认同。“培训计划”“关爱计划”“健康计划”“朋辈互助计划”“爱心手牵手计划”等5个计划的实施，形成社会各界关心青少年身心健康的良好局面。县级心理健康名师工作室、乡镇心理健康服务站已逐步成型。

华理邀请上海市高校智库及本校专家学者组建寻甸县乡村振兴智库，为寻甸县经济和社会发展提供决策咨询服务。2018 年，著名社会学家、“三农”问题专家、上海高校智库“社会工作与社会政策研究院”首席专家、本校教授曹锦清带队到寻甸县调研，并就农业农村工作与当地干部座谈交流。

华理与昆明市外办、云南大学国际关系研究院合作建设东南亚、南亚昆明智库；建立乡村振兴研究中心，在寻甸县设置 2 个示范点。

【教育扶贫】　华理在寻甸县设立远程教育寻甸学习中心，依托继续教育资源优势为寻甸县干部提供学历教育。选派 7 名研究生开展为期 1 学年的支教。2018 年，选派 38 名师生于暑期开展 20 天的短期支教，覆盖寻甸县学生 200 人。在寻甸县鸡街镇初级中学成立“爱心图书角”，为鸡街中学捐赠索尼梦想教室。

（华东理工大学扶贫办　满永博）

南京大学定点扶贫

【概述】 2018年，南京大学（以下简称“南大”）定点帮扶云南省双柏县。派出挂职干部2名，分别挂职担任双柏县副县长、双柏县和平村第一书记。选派4名教师，22名研究生前往双柏县开展为期30天的社会调研。通过参加“南京大学—双柏县2018年乡村振兴暨城乡规划建设管理干部业务素养提升培训班”，为双柏县培训基层干部209名。培训技术人员491名。2018年直接投入帮扶资金213万元，帮助引进各类资金600万元。募捐图书11675册，电脑50台。组织多地企业赴双柏县考察投资。组织南京大学医学院附属金陵医院的专家团队赴双柏县开展医疗扶贫活动。

【扶贫资金投入】 2018年，南大对双柏县直接投入帮扶资金213万元，引进帮扶资金600万元，用于健康扶贫、基础设施建设、产业扶贫、文化扶贫和教育扶贫等方面。购买贫困地区农产品290万元，帮助销售贫困地区农产品150万元。

【扶贫调研】 2018年南大赴双柏县考察调研共32人次。8月，南京大学吕建校长、薛海林副校长率队赴双柏县调研，4月，校长助理孙冶东率队赴楚雄州调研，5月，南京大学团委书记索文斌率团赴双柏县调研。

【扶贫培训】 2018年，通过参加“南京大学—双柏县2018年乡村振兴暨城乡规划建设管理干部业务素养提升培训班”，南大为双柏县培训基层干部209名。培训技术人员491名，其中电子商务培训138人，民宿管家培训125人，医疗技术培训209人，产销对接技能培训19人。12月，南大以专家送教讲学的形式协助双柏县举办2018年乡村振兴暨城乡规划建设管理干部专业素养提升培训班，全县各乡镇分管城乡规划建设管理、农业农村工作的副乡镇长、村镇规划建设管理所所长，农技中心主任，县级各有关部门分管领导或具体业务人员，县住建局、县国土局、县农业局干部职工211人参加培训。

【干部挂职扶贫】 南大基建处副处级干部范存健于2017年5月赴双柏县挂职担任副县长，任期2年。范存健分管县志办，协助分管扶贫工作、教育工作，帮助协调了多个扶贫项目，为双柏县扶贫事业，教育、文化与体育事业的发展做出贡献。选派王譞担任双柏县和平村第一书记，任期2年。王譞2018年被评为楚雄州优秀驻村干部。

【教育扶贫】 选拔4位老师、22位研究生组成社会实践志愿服务团，赴双柏县开展为期30天的社会调研，帮助双柏梳理全县5镇3乡84村（社区）各类外销型农业作物的品类、种植规模，“一户一策”指导农户生产，提升当地蔬菜品牌“双柏菜”在全国市场的竞争力。

【产业扶贫】 2018年，南大推动上海适汝需网络科技有限公司与双柏县政府签订战略合作协议。帮助双柏县对接昆明最大的生鲜连锁超市平台“超尚鲜”平台，设立种植基地2个，预计总投资1000万元。搭建渠道促使双柏县政府和国内最大蔬菜B2B销售电商“比菜价”签订合作协议，农产品可发往全国28个大型城市销售。联系南京大学校友企业苏州爽飞投资有限公司，在双柏县投资农产品深加工厂合作项目。引入

“鹤岚中草药”种植企业，承包2000余亩土地带动农户种植中草药材。引进校友企业“一号农场”在双柏县投资200万元注册“云南双柏绿谷农业有限公司”，引进150万元在双柏注册“云南美蔬鲜生网络科技有限公司”，引进50万元在双柏注册“双柏普岩商贸有限公司”，大力推进双柏县农产品走出双柏。2018年学校还打通校地农产品对接通道，直接购买贫困县农产品290万元。12月，南大举办南京大学定点帮扶双柏县农产品展销会，以茶叶、酱油、野生菌为代表的众多双柏县特色农产品参展，共计帮助销售农产品150万元。“立体式产销对接”的扶贫模式，解决了贫困县农产品积压滞销问题，让农户更加了解市场需求，实现贫困地区农产品的“标准化、规模化、品牌化”，引入市场基因，实现扶贫地区的可持续发展。

【党建扶贫】　2018年5月，南大团委与和平村党支部共建全国首家由高校和国家级贫困村联合搭建的宣传新思想平台“农民青年讲习所”，南大习近平新时代中国特色社会主义思想青年学习社8位骨干成员依托该平台，向双柏县8个乡镇、84个自然村开展十九大精神宣讲，参加的农村党员数量达到5000余人。依托“和平村青年农民讲习所”，双柏县邀请南大习近平新时代中国特色社会主义思想青年学习社到双柏县做讲座，农村党员5000余人参加讲座。

（南京大学国内合作办公室　杨　铮）

东南大学定点扶贫

【概述】 2018年，东南大学定点扶贫云南省南华县。直接投入帮扶资金200万元，通过校外单位和个人向南华县引入帮扶资金221.65万元。培训基层干部245人、专业技术人员342人。直接出资200万元购买南华县农副产品，动员教职工购买南华县农副产品3.3万元。帮助南华县销售农副产品、文化产品222万元。整合校内外资源，向南华县捐赠物资折合约250万元。截至2018年底，全县剩余贫困人口614户、2069人，贫困发生率降至1.16%。

【扶贫资金投入】 直接投入帮扶资金200万元，用于依黑么村村间道路提档升级工程。积极协调、联络、动员社会各方资源引进帮扶资金221.65万元。

【扶贫调研】 2018年，校地党政领导互访5次，学校参访人员69人次，其中主要负责人2人次，校领导班子其他成员2人次。5月，校党委书记左惟、党委副书记郑家茂一行赴南华县调研，邀请南京农业大学科研院的野生菌栽培和加工专家同行，指导当地野生菌栽培和加工。调研期间，左惟书记前往红土坡镇依黑么村实地走访由东南大学交通规划设计研究院勘察设计、由东南大学出资建设的依黑么村村间道路工程项目，实地走访慰问贫困户。11月，校长张广军、常务副校长王保平一行赴定点扶贫村红土坡镇依黑么村开展调研，代表东南大学向村委卫生室捐赠价值5万元的药品和医疗设备；考察依黑么村小学，了解学校住宿条件和教学资源等情况，设立“至善图书室”，捐赠图书2558册。

【扶贫机制建设】 学校明确由校党委书记和校长任定点扶贫工作领导小组组长，常务副校长任副组长，统筹协调学校定点扶贫工作。制定《东南大学定点扶贫云南省楚雄州南华县三年工作方案（2018—2020年）》，确定未来3年学校助力南华县脱贫攻坚、建成小康社会的行动指南和目标举措。推进《东南大学楚雄州人民政府精准扶贫合作协议》的落实工作，大力开展校地合作。

【扶贫培训】 举办“南华县2018年财政干部综合能力培训班”等专项培训班4次，为南华县培训基层干部245人。举办“楚雄州卫生管理人员培训班”等专项培训班5次，为南华县培训专业技术人员342人。

【干部挂职扶贫】 2018年东南大学选派2名副处级干部挂任南华县副县长，2名科级干部挂任建档立卡贫困村第一书记。7月，潘勇涛挂任南华县副县长任期届满，学校选派校团委副书记邱峰赴南华县挂任副县长，为期2年；4月，杨爱军挂任南华县龙川镇二街社区第一书记任期届满，学校选派校工会委员会秘书傅敢峰赴南华县龙川镇二街社区（建档立卡贫困村）挂任第一书记。

【扶贫资金管理】 通过校地互访，加大对南华县扶贫工作的调研指导和督促检查力度，要求规范管理和使用学校直接向南华县捐赠以及帮助引入的扶贫资金。高度重视扶贫资金使用情况，按照专款专用、专款专账的原则，对扶贫资金单独设专项明细核算，及时足额到位，确保资金全部用于脱贫攻坚相关支出，严格按照相关规定的范围、标准和程序使用，严禁虚报冒领、截留私分、挥霍浪费行为。学校纪委监察处将扶贫领域问题纳入日常监督，加强对扶贫资金安全使用及监管教育。

【产业扶贫】 选派东南大学科研院应用技术研究院副院长郝勇生、机械工程学院副院长殷国栋教授以及东南大学国家大学科技园专家，赴南华县指导野生菌种植加工产业及机械制造产业，通过召开座谈会，实地走访，对南华县野生菌种植、加工产业和小型农用机械产业发展提出专家意见和建议。安排校友企业家陈飞先后考察南华野生菌交易市场、云南彝人大酒坊酒业有限公司、南华县咪依噜天然食品开发有限责任公司，对松茸深加工和彝族地方小灶酒酿造及销售2个领域达成了基本投资意向。联系南京农业大学制茶领域著名专家黎星辉教授专程赴南华县半坡茶场进行考察指导，并针对茶厂制茶工艺提出5个方面的改进建议，推动龙泉社区“双带”党员、待业青年和半坡茶场主于2018年5月注册成立南华乔木古茶开发有限公司，注册资金100万元。联系南京农业大学生命科学学院党委书记赵明文、科学研究院副院长俞建飞、食品科技学院教授胡秋辉、科学研究院国家技术转移中心副主任姜爱良四位专家为南华农业产业发展提供咨询建议。

【扶志扶智】 联系江苏华宁工程咨询监理有限公司资深工程监理专家赴南华县龙泉社区纪家村二组对30亩预留宅基地指导基础建设；东南大学交通规划设计专家团队多次赴南华县红土坡镇依黑么村勘察设计村间道路；选派“长江学者”特聘教授、国家杰出青年基金获得者参加楚雄州第一届“科技入楚”第二次项目推介活动和“中国彝乡·生物医药和大健康产业发展论坛”。

【教育扶贫】 东南大学创新教育帮扶工作思路，充分发挥在校师生的思想引领与示范作用，整合各种力量，形成从学生到教师、从点及面的立体式工作模式，开展多维度的支教与学生实践活动。发动校内教职工（党支部）与南华县家庭经济困难学生开展“一对一”结对帮扶，形成“点”上帮扶效应；开展“蒲公英的约定”关爱西部孩子社会实践活动、“牵手彩云，筑梦云端——2018筑梦青年”科技夏令营、本科生党员“精准扶贫”主题实践活动、“彩云至南”东南大学暑期科学营等学生实践活动；选派4名研究生赴南华县开展为期1年的支教工作，形成长期帮扶效应。

【文化扶贫】 引进文化帮扶资金，联系上海宋庆龄基金会—合众公益基金，提供12万元专项资金资助彝绣文化传承。专门邀请云南省彝族服饰传承人、云南第四批非物质文化遗产传承人、楚雄州妇女彝绣协会副会长等专家对来自南华县各乡镇的首期27名彝绣教学人员进行了师资培训。在培训彝绣教学人员的基础上，面向全县对彝绣感兴趣的学员进行培训；在选定的中小学通过彝绣教学人员面向对彝绣感兴趣的中小学生进行培训。对彝绣提档升级，通过联系江浙一带服装企业，帮扶南华县七彩彝州工艺品刺绣加工厂不断改进布料材质，提升绣品品质，工厂业务规模逐步扩大，在全县带动840位绣女就业，包括30位残疾人。助力彝绣文化产业转型，扩大销售市场。联系知名服装或箱包等公司对彝绣绣片形成定制，同时借助“互联网+”推动彝绣产业电子商务平台建设。

【健康扶贫】 东南大学附属中大医院及其集团医院向南华卫计局捐赠设备药品，帮助引入专项资金完善南华县当地医院的远程诊疗系统，提升当地医院的医疗硬件水平。选派东南大学附属中大医院血液科全国知名专家陈宝安主任医师等组成医疗专家团，赴南华县义诊带教、开办学术讲座，提升当地医疗软实力。

（东南大学校长办公室　生沛文）

河海大学定点扶贫

【概述】 2018年，河海大学定点扶贫陕西省石泉县。学校领导、专家先后16次共计98人次赴石泉县开展调研和慰问，其中校领导4人次。学校2名副处职干部先后挂任石泉县扶贫副县长，1名管理干部挂任石泉县池河镇五爱村党支部第一书记。直接投入帮扶资金207.1万元，引进帮扶资金252.4万元，捐赠物资折款等其他资金投入19.67万元。购买农产品209.47万元，帮助销售农产品220.51万元。举办培训班9期，培训基层干部550人、技术人员230人。

【扶贫资金投入】 2018年，学校直接投入帮扶资金207.1万元，其中200万元用于奖助学金、农用机械援助、远教扶贫文化广场电子屏援助、农产品品牌打造及包装、党校报告厅援建、干部培训、专家工作站运行等项目，6.6万元用于石泉县招商引资项目推介会暨产品展销会会务支出，0.5万元用于慰问贫困户。引进帮扶资金252.4万元，资助石泉企业200万元，援建金蚕小镇文化研究所46万元，教职工党员捐款3.4万元，校友企业捐款3万元。学校直接购买石泉县农产品209.47万元，广泛动员校友企业和学校教职工参与扶贫，帮助销售扶贫县农产品220.51万元。另捐赠体育用品、幼儿图书、教学乐器、衣物等其他物资折款合计19.67万元。

【扶贫调研】 2018年，学校13个职能部门、9个学院，16批次、98人次到石泉县开展扶贫调研和工作对接。11月，校长徐辉、副校长许峰赴安康市签订战略合作框架协议，将扶贫攻坚上升到市校全面合作的层面。6月，副书记孟新带队赴安康市和石泉县调研，为池河镇捐赠旋耕机、伐条机、除草机等农用机械32台。

【干部挂职扶贫】 石泉县挂职副县长刘成钢2018年持续发力，推进江苏毛绒玩具等劳动密集型产业向石泉县转移，带动更多贫困人口就业脱贫，挂职工作至12月结束。学校选派孙彦歆继任副县长一职，孙彦歆到任后立足地方需求，包联贫困村，调研地方在科技、干部培训、基础设施建设等方面的需求并反馈学校，同时挖掘和利用个人资源开展帮扶。2018年继续担任石泉县池河镇五爱村党支部第一书记的胡忠平团结带领村“两委”建强基层组织，参与谋划五爱村产业发展，激励贫困户自主脱贫，先后获安康市2018年“脱贫攻坚优秀第一书记”、池河镇“2018年度脱贫攻坚先进第一书记”等荣誉称号，其所在的五爱村于2018年获陕西省“美丽宜居示范村”、安康市级“文明村”等荣誉称号，并成功脱贫退出。

【扶贫资金管理】 为规范扶贫资金专项管理，学校将扶贫资金纳入学校财务预算，设立扶贫工作专项经费，明确界定扶贫资金使用范围。在管理上，扶贫资金由学校财务处统一管理，确保“专户管理、专款专用、封闭运行”。在使用上，根据石泉县需求，共同商定资金使用项目方案后，报经学校扶贫工作领导小组讨论通过，并及时划拨到石泉县。在监督上，实行资金使用全过程监督，扶贫工作领导小组办公室、纪委办公室、监察处、财务处、审计处分别履行相应监督职责，确保扶贫资金按双方所签协议内容规范使用。

【扶贫培训】　2018 年，学校组织专家教授赴石泉开展党课专题讲座、政府和社会资本合作的 PPP 模式（Public - Private - Partnership）项目建设专题培训、农村经济合作组织暨乡村旅游专题培训、公文写作培训、新闻技巧培训和社区社会工作专题讲座等，培训基层干部 550 人。开展电商培训和幼儿师资教学培训，培训技术人员 230 人。为帮助石泉县水利系统培养干部职工，学校与石泉县联合举办面向水利行业的学历教育项目，组织完成第 1 批培训学员报名及招生考试录取工作。学校专设人才队伍教育培训项目，提供 18 万元项目经费，由石泉县委组织部负责石泉县基层干部党的政策理论知识培训、综合素质能力提升教育培训。

【科技扶贫】　2018 年，多批专家团队赴石泉县开展特色党课开发、异地扶贫搬迁、水利规划、特色小镇建设等方面专业调研，学校暑期社会实践团队走进石泉政府机关、经济企业和贫困村，调研特色产业发展、基础设施建设和贫困户脱贫致富等情况，力求通过实地考察与调研开展精准帮扶工作。10 月，学校免费设计的池河翻板水坝正式投入使用，通过汛期控水、干旱期蓄水补水，保障生产、生活用水安全稳定。11 月，“河海大学—石泉专家工作站”挂牌成立，学校科技服务团队进驻石泉，建立科技、智力支撑长效机制。为强化科技支撑引领作用，学校应石泉水利局、旅发委等单位需求，在充分调研的基础上，围绕石泉县区域特色产业发展设立 5 个科技扶贫专项课题，研究成果将为地方编制“一河一策”实施方案、探索“旅游 + 水利”融合发展模式、研究污水治理方案等提供依据。

【教育扶贫】　2018 年学校共捐资 20 万元奖励和资助石泉县优秀贫困学生，累计资助 175 人。学校职工、校友及友好企业向石泉县分别捐赠了价值 1.4 万元的图书、幼儿音乐教学用具、体育用品等，助力石泉县基础教育发展。7 月，大学生暑期社会实践团 16 人赴池河镇池河中心小学捐赠爱心文具，并开展为期 15 天的支教和志愿服务，教育帮扶留守儿童达 500 人次。10 月，学校与石泉县委签订定点支教协议，2019 年起，学校每年将派出 5 名研究生支教团成员赴石泉县中学开展为期 1 年的支教。与石泉县签订优质生源基地共建协议，助力石泉县中学教育发展。学校响应国家“贫困地区专项计划”和“农村自主招生”规划，在石泉县及所属的安康地区加强宣传，鼓励贫困学生报考河海大学，2018 年共录取安康籍本科生 17 名，其中 2 人来自石泉县。

【消费扶贫】　2018 年，学校直接购买和帮助销售了 429.98 万元农副产品，包括大米、花生、木耳、香菇、菜籽油等近 10 个品种，直接带动当地 30 个村、20 个农民专业合作社，600 户贫困户、2100 名贫困人口增收，通过“以购代捐”的形式激发贫困群众的内生动力，为石泉县将地域资源优势向经济优势转化提供实践途径。

【产业扶贫】　学校深入分析石泉县现状，以增强“造血”功能为目标，依托石泉县特有的鬼谷子文化、蚕桑文化和汉水文化，全力助推乡村旅游和相关产业发展，拉动贫困人口脱贫增收。10 月，举办石泉县招商引资项目推介会暨农产品展销会，邀请 450 家企业参会，5 家企业与石泉县现场签订合作协议，8 名教授被聘为石泉县专家工作站专家。学校捐资 20 万元设立石泉县农特产品品牌打造与产品包装项目，依托地方合作社支持石泉县农特产品销售与经营，并扶持 65 户贫困户发展七彩花生种植和土蜂养殖产业。联系友好企业，在石泉县投资 200 万元，助力石泉传统产业发展升级。

（河海大学扶贫办　陈红娟）

中国药科大学定点扶贫

【概述】 2018 年，中国药科大学定点帮扶陕西省镇坪县，学校直接投入帮扶资金 212 万元，引进无偿帮扶资金 200 万元，培训干部 210 余人次，培训技术人员 230 余人次，直接购买农产品 214.57 万元，帮助销售农副产品 309 万元，引进的产业项目总资金到账约合人民币 1 亿元。全县农民人均年收入 9167 元，贫困发生率 1.03%，在陕西省安康市率先实现整县脱贫摘帽。

【扶贫资金投入】 2018 年，学校进一步加大投入力度，直接投入帮扶资金 212 万元，其中 170 万元用于镇坪县道地中药材研究，41 万元由中国药科大学制药有限公司捐赠常用药品进行医疗扶贫，1 万元用作贫困户慰问金。引进无偿帮扶资金 200 万元，在镇坪县义工协会成立“江贵公益基金”扶贫助学。直接购买农产品 214.57 万元，包括购买农副产品和认购蔬菜供应基地等投入。帮助销售茶叶、菊花、腊肉、蜂蜜、粮油蔬菜等镇坪县农副产品 309 万元。

引入投资方面，常州方圆制药有限公司、香港长江实业集团有限公司共同投资成立的陕西安康普欣药业股份有限公司到账资金 7947 万元，常州方圆制药有限公司、香港长江实业集团有限公司联手打造的镇坪中药康养小镇建设项目到账资金 2057 万元，大树村玫瑰花海项目到账 120 万元，协调成都普瑞法科技开发有限公司收购镇坪中药材娑罗子，到账投资 33 万元。

【扶贫机制建设】 2018 年，学校进一步充实对口帮扶力量，调整定点扶贫工作领导小组组成，成员新增加 3 个职能部门负责人，形成了以校党委书记、校长任组长，分管组织工作的党委副书记和分管科技工作的副校长任副组长，15 个职能部门和学院负责人为成员的定点扶贫工作领导小组，加强工作力量。组织学校相关院系党委与镇坪县各镇党委签订“院镇共建、支部结对”协议，做到层层压实责任、人人落实责任。

【扶贫调研】 2018 年，校领导班子成员先后 4 人次带队赴镇坪调研督查、指导定点扶贫工作。副校长袁浩 2 次带队赴镇坪县开展调研精准扶贫相关工作，深入安康普欣药业、镇坪中药材种植基地、镇坪县中国药科大学秦巴中药材研究中心等地实地调研，了解镇坪中药材产业的发展状况。其间，中国药科大学制药有限公司党总支书记董雪松向镇坪县捐赠价值 41 万元的常用药品。

2018 年底，校党委书记金能明、党委副书记、副校长王正华带队赴镇坪县调研，实地考察了位于安康市国家高新区镇坪飞地园区境内的陕西安康普欣药业股份有限公司、曾家县域副中心镇、上竹镇中心村中国药科大学“乡村守望·我在镇坪有块田”蔬菜种植基地、镇坪县农科所、中国药科大学秦巴中药材研究中心、安得药业铁皮石斛种植基地、华坪镇社区工厂、振兴药业黄连基地等，看望慰问贫困户及镇坪籍贫困学生家庭代表。校、县双方还签订“中国药科大学——镇坪县人民政府合作框架协议”“中国药科大学——镇坪县定点采购农副产品协议”。

【干部挂职扶贫】 2018 年，选派专门从事中药配方颗粒研究的专家张朝凤教授任镇坪县副县长，主抓中药配方颗粒项目。选派有基层工作经验的干部钱春华担任镇坪县华坪镇尖山坪村党支部第一书记，促进科教扶贫、产业扶贫。

【扶贫培训】 2018年，分批次选派专家教授指导全县的中药产业发展，培训干部210余人次，主要针对镇村基层党员干部，开展中药材产业发展实用技术及市场分析等方面培训。培训技术人员230余人次，主要针对农科所专业科研人员及中药材种植企业、大户等，开展中药材种植实用技术培训。针对县镇村医院开展中药鉴别、药膳制作等培训。

【扶贫会议】 学校充分发挥药学学科、科研、人才、资源优势，将自身打造为镇坪县中药材产业对外交流的重要窗口，引导医药企业等社会力量参与扶贫工作。成功举办中国药科大学定点帮扶镇坪县脱贫论坛暨镇坪县中药产业招商推介会，包括江苏恒瑞医药股份有限公司、扬子江药业集团有限公司、南京圣和药业股份有限公司等知名药企在内的30家企业到场，与镇坪县政府各部门各单位及镇坪当地30家企业代表共同商讨合作、洽谈投资，现场签订10余项合作协议。活动期间，安排题为“我国中药产业集群化发展几点思考”“中药配方颗粒助力镇坪发展”“陕西镇坪县中药产业资源和基础”等的多场学术报告，从专家学者的视角为镇坪县发展探索方法，建言献策。

【产业扶贫】 在2017年成功引进常州方圆制药有限公司、香港长江实业集团有限公司共同投资成立陕西安康普欣药业股份有限公司基础上，以商招商，促成2家公司再度联手，打造镇坪县中药康养小镇建设项目，进一步延伸中药产业链，深化和巩固第一、第二产业扶贫成果，带动发展第三产业。该项目依托镇坪县“自然国心”的长寿文化，大力发展长寿经济、形成以中药食疗养生和气候养生为核心，以中药养生产品为辅助的中药康养基地。

依托中国药科大学科技力量，通过对镇坪县飞渡峡地区中药资源的充分挖掘，以道地中药材种植、中药健康产品研发、中医药疗养为支撑，围绕镇坪中药资源要素，打造镇坪县全域康养旅游大引擎。

在校地分别成立“中国药科大学中药配方颗粒标准化工程技术研究中心”“中国药科大学秦巴中药材研究中心”，为产业发展提供科技保障。

【扶贫宣传】 2018年，中国药科大学加强对镇坪县的扶贫宣传力度，媒体报道49次。中央电视台综合频道（CCTV1）《晚间新闻》节目在题为“脱贫攻坚战　他们在行动”的新闻播报中聚焦报道了中国药科大学定点帮扶镇坪县脱贫攻坚事迹，特别是学校科研扶贫从源头上助力镇坪县实现高质量脱贫的典型经验。中国教育电视台教育综合频道（CETV1）以“中国药科大学：‘点面融合递进式’扶贫　助‘巴山药乡’脱贫摘帽”为题，在“e视界”栏目刊播时长8分钟的长篇深度报道，深入聚焦中国药科大学“点面融合递进式”扶贫模式。

（中国药科大学党委组织部　陈兰兰）

浙江大学定点扶贫

【概述】 2018年，浙江大学（以下简称“浙大”）继续加大科技、产业、教育、医疗等扶贫力度，切实提高定点扶贫工作的精准度和实效性。43人次专家教授和管理干部赴定点帮扶的云南省景东彝族自治县（以下简称“景东县”）考察调研扶贫工作，其中校级领导3名。直接投入帮扶资金471.38万元，引进帮扶资金441.5万元，培训景东县基层干部826人，培训专业技术人员360人，购买景东县农特产品301.04万元，帮助销售农特产品255万元，帮助引进企业1个，社会企业和公益组织等向景东县捐赠物资折合人民币30万元。

【扶贫资金投入】 2018年，浙大直接投入景东县帮扶资金471.38万元，其中“求是奖教金”和“求是助学金”40万元；捐赠景东县职业高级中学职教园区教学综合楼项目300万元；投入产业扶贫资金44.16万元；用于党政干部、技术人员的培训和进修资金31.29万元；设立课题研究项目10万元；工作经费支出22.53万元；助学捐赠款23.4万元。为景东县引进帮扶资金441.5万元，其中引进上海遂真投资管理有限公司在景东县投资成立“景东真芝宝生物科技有限公司”（注册资金1000万元，2018年到位200万元）；争取中国教育发展基金会“润雨计划”项目125万元援建景东县林街乡中心幼儿园；宁波镇海遂真投资管理有限公司捐赠100万元支持景东县野生菌和乌骨鸡产业项目的开发和应用；引进中国扶贫基金会“新长城高中生自强班”项目9万元援助50名景东县职业高级中学贫困学生；引进“浙江省向日葵爱心助学志愿者协会”5万元资助10名高考中榜的贫困学生；争取海宁浙大校友2.5万元赞助景东县学生赴浙大参观考察。

【扶贫调研】 2018年8月，党委书记邹晓东、副校长罗卫东率团赴景东县考察调研指导扶贫工作，看望慰问挂职干部和支教学生，走访建档立卡贫困户，了解景东县职业高级中学职教园区建设情况以及灵芝孢子粉生产基地和天泽茶庄园普洱茶生产加工基地。12月，浙大相关部门赴景东县考察调研，与景东县对接2019年度培训计划以及采购农特产品和帮助销售农特产品等事宜。

【扶贫机制建设】 印发《关于调整浙江大学扶贫工作领导小组成员的通知》，党委书记、校长任组长，分管副校长任副组长，相关单位主要负责人为小组成员，加强对扶贫工作的统筹协调和整体部署。根据《浙江大学“十三五”定点扶贫云南景东彝族自治县工作规划（2016—2020年）》，制定定点扶贫景东县2018年度工作计划，并在6月对工作计划进行修订和完善。

【产业扶贫】 2018年，乌骨鸡产业首席专家尹兆正帮助指导建成景东无量山乌骨鸡遗传资源保护场1个，种鸡场3个，建立乌骨鸡良种繁育和示范推广示范基地6个，指导建成乌骨鸡养殖农民专业合作社9个，规模养殖户78户，规模养殖场40个，申报“无量乌凤”和“无量锦凤”品牌注册，2018年景东县乌骨鸡出栏460万只，实现产值3.8亿元。食用菌产业首席专家陈再鸣利用“浙江大学—景东野生菌资源驯化研究实验室”平台，培育出“景芝1号”赤灵芝高产菌株，所产孢子粉质量达到国家行业标准，2018 年新建锦屏镇景范村生态灵芝基地 1 个，帮助销售破壁灵芝孢子粉 255 万元。茶产业首席专家汤一开展普洱生茶、红茶等茶产品品质提升研究，促成普洱天泽茶业有限责任公司与山东烟台茶艺协会合作。浙江大学茶叶研究所所长王岳飞教授团队从茶园治理、加工工艺、品质控制等方面为“紫金普洱”提供技术支持。2018 年，销售“紫金普洱”纪念茶饼 19123 饼，散茶 1422 千克，总金额 301.04 万元。

【扶贫培训】 2018 年，举办 2 期共 70 人“浙江大学—云南省景东县党政干部研修班”和 1 期 40 人“景东县中小学校长教育领导力提升专题研修班”。黄祖辉教授和钱朝霞教授赴景东县开展“PPP 模式在县域经济中应用实证分析”“乡村振兴战略解读”等政策培训，景东县 716 名党政干部受训。浙大教育学院选派专家赴景东县开展“百校千人乡镇教师培训”，共有 333 名乡镇中小学教师接受培训。乌骨鸡产业首席专家尹兆正举办“乌骨鸡养殖培训”，共培训专业技术人员 21 名。

【挂职干部扶贫】 2018 年，浙大选派教育学院副研究员吴建绍挂职景东县人民政府副县长，协助分管扶贫、教育、卫计等工作。选派电气工程学院团委副书记苗晓明担任锦屏镇新民村（贫困村）第一书记。苗晓明获 2018 年云南省脱贫攻坚奖“优秀驻村扶贫工作队员”荣誉称号。

【教育扶贫】 2018 年，浙大继续向景东县捐助设立“求是奖教金”和“求是助学金”，用于奖励优秀骨干教师和资助贫困家庭大学生完成学业；继续选派 5 位优秀大学生赴景东县职业高级中学开展为期一年的支教；先后组织 6 批共 110 名大学生到景东县开展社会实践活动。2018 年 8 月，党委书记邹晓东、副校长罗卫东率团赴景东县，与景东县人民政府签署《浙江大学教育基金会向景东彝族自治县人民政府捐赠协议书》，定向捐赠 500 万元支持景东县职业高级中学职教园区教学综合楼项目建设。

【扶志扶智】 2018 年，浙大继续选派中国农村发展研究院院长黄祖辉教授担任景东县人民政府首席顾问，为景东县加快发展提供决策咨询。形成《产业精准扶贫的作用机理、现实困境及破解路径》《基于 PDCA 循环的高校定点扶贫理论与实践研究》《“第一书记”驻村扶贫内涵、作用及实现路径研究》等扶贫工作研究报告 3 篇。持续推进产业扶贫首席专家制度，继续选派陈再鸣、鲁兴萌、尹正兆、汤一等专家对景东县食用菌、蚕桑、乌骨鸡和茶叶等特色产业进行指导和规划。

【健康扶贫】 2018 年，浙大医学院附属第二医院接收景东县人民医院和中医院 6 名医护人员进修学习，为景东县培养优秀医技人才，着力提升景东县医疗技术服务水平。

【公益扶贫】 2018 年，协调中华少年儿童慈善救助基金会“小爱也温暖”基金捐助景东县爱心物资折合人民币 10 万元；杭州禾迈电力电子技术有限公司捐赠锦屏镇新民村价值 20 万元的光伏发电设备；“小谱子”音乐教育创始人捐赠 40 件尤克里里乐器及 3 万元的在线音乐学习卡。

【扶贫宣传】 2018 年，浙大定点扶贫景东县工作受到多方媒体关注。2018 年 6 月 28 日，《人民日报》聚集教育扶贫以《高校产业扶贫变“输血”为“造血”》，对以浙大为首的乌骨鸡产业精准扶贫工作进行详细报道。《光明日报》、《中国教育报》、教育部网站也先后对乌骨鸡产业精准扶贫项目进行报道。10 月，浙大选送的《产业扶贫：让乌骨鸡变身“金凤凰”》项目入选教育部第三届精准扶贫精准脱贫十大典型项目。

（浙江大学地方合作处 龚 辉）

合肥工业大学定点扶贫

【概述】 2018年，合肥工业大学（以下简称“合工大”）承担安徽省灵璧县定点扶贫任务，按照“多措并举全面精准、扶智为先全程辐射”工作思路，构建“上下联动、师生互动、创新驱动”工作模式，以智力扶贫为突破口，充分发挥学校科技、人才、智力等特长和优势推进精准扶贫精准脱贫工作。直接投入帮扶资金247万元，引进帮扶资金400万元，培训基层干部413人次、技术人员216人次，面向灵璧县定点采购米、面、油等农产品216.5万元，通过安徽万人欣科技有限公司开发“斛兵云商”平台，帮助灵璧县销售米面油、肉制品、家禽类等农产品364.6万元。截至2018年底，灵璧县贫困发生率降至1.22%，已脱贫户稳定实现收入达线和“两不愁三保障”，符合贫困人口脱贫标准。通过政府扶持、帮扶单位帮助和村民自身努力，2018年有46户、162人经过安徽省第三方评估，达到脱贫条件。

【扶贫资金投入】 2018年，合工大为灵璧县直接投入帮扶资金247万元。其中，200万元用于砂坝村幼儿园建设，35万元用于该县砂坝村文化墙、道路绿化工程建设，7万元用于举办灵璧县“创业致富带头人”培训班，2.5万元用于资助该村留守儿童，2.5万元用于向该村2018年入学的大学生发放助学金。引进帮扶资金400万元。

【扶贫调研】 2018年，合工大主要负责人到灵璧县调研考察1次，学校领导班子成员赴灵璧县调研考察3次，组织赴灵璧县调研、对接帮扶人员90余人次。

【扶贫培训】 联合灵璧县委为该县中层干部及后备干部举办了“灵璧县‘思想大解放·青年大学习·站位大提升’暨灵璧县基层团队干部培训班”，邀请学校马克思主义学院教授进行授课，培训基层干部413人次。抓好技术人员教育培训，分别在学校和灵璧县两地培训技术人员216人次，其中，由学校出资并在学校举办了为期1周的灵璧县“创业致富带头人”专题培训班，培训人数48人；依托灵璧县委党校，举行“灵璧县科技人才培训班”，学校选派文法学院教授为灵璧县科技人员提供法律服务，培训人数168人。利用校友资源，开展专题咨询。学校分管校友的校领导，带领学校部分校友会会长、副会长、秘书长等11人，赴灵璧县进行专题创业政策咨询。

【干部挂职扶贫】 选派1名处级干部挂职任副县长（协管扶贫工作）、1名科级干部挂任村第一书记。挂职干部联系、对接学校各单位，及时把学校对贫困户的关心和物资送达贫困户。摸排贫困户的实际困难，有针对性地带领学校各单位进村入户走访，安排各支部、教职工进行结对帮扶，并做好慰问品、慰问金的发放工作。

【扶贫宣传】 2018年，中国新闻网发布《合肥工业大学帮扶安徽省灵璧县精准脱贫见实效》一文；人民网发布《合肥工业大学扎实推进灵璧县精准扶贫工作》一文。

【扶贫资金管理】 制定《合肥工业大学定点扶贫中长期工作规划（2013—2020年）》《合肥工业大学灵璧县爱心捐款使用管理办法》等制度，建立和完善考核监督机制、资金拨付管理、党务政务公开等制度。先后与驻村扶贫干部开展任前、任中谈话督促和任后交流回访，就扶贫干部的一些具体问题及时沟通，督促有关人员遵守纪律，加强监督检查，防止出现扶贫领域腐败和作风问题。实行专款专用，实施精准扶贫，定期采取合理方式向当地村民公示捐赠款的详细支出账目。拓宽信访渠道，设立举报信箱和举报电话，加强对定点扶贫工作人员的监督。

【产业扶贫】　2018 年，合工大组织动员全校师生员工以及广大校友力量，采用引进资金、扩充产业实体等多种形式帮助灵璧县当地产业健康快速发展，提升灵璧县当地企业的竞争力。遴选、动员 2 位校友，在灵璧县注册成立安徽东来北斗智慧信息科技有限公司和安徽万人欣科技有限公司，帮扶灵璧县进行应急广播系统、中小学信息化建设以及智慧教育建设和发展农产品电商，2 家公司 2018 年共到账 400 万元。把学校的科研优势同灵璧县资源特点、发展需求紧密结合，2018 年学校与灵璧县签订产学研合作项目 3 项，总经费 90 万元。学校食品与生物工程学院对口帮扶安徽荷金来农业发展股份有限公司，解决该企业的产品质量提升关键技术，两者合作的“调理肉制品品质提升关键技术创新及应用”项目获得 2018 年度安徽省科学技术奖专业（学科）一等奖。

【教育扶贫】　合工大充分发挥高校人才、科技优势，以智力扶贫为突破口，以人才、教育、科技、文化资源为载体，改善基础条件，激活内生动力，实施教育科技扶贫。建立“合肥工业大学砂坝村支教基地”，2018 年暑假学校资源与环境工程学院选派 12 名学生，开展为期一个星期的社会调研和支教服务。校图书馆为砂坝村文化室赠送科普类、幼儿类、农业科技类图书 1854 册。学校高度关注关心灵璧籍家庭经济困难大学生，资助该村留守儿童 2.5 万元，给该村 2018 年入学的大学生发放助学金 2.5 万元。为在合工大就读的灵璧籍学生发放国家励志奖学金、国家助学金 23 人次，共计 7.2 万元，国家助学贷款 35 人，共计 29.9 万元，基层就业代偿 1 人，金额 7305 元。

【文化扶贫】　合工大建筑与艺术学院组织 14 名学生赴砂坝村开展“艺风悠悠，扶贫灵璧”艺术扶贫活动，该学院研究生第三党支部的 11 名党员在灵璧县完成了长约 270 米、高 2 米的文化墙彩绘工作，绘制面积近 540 平方米，融合宣传标语与艺术画多种表现形式，帮助当地营造更具文化氛围的人居环境。

（合肥工业大学扶贫办　赵恩秀）

厦门大学定点扶贫

【概述】 2018年，厦门大学定点帮扶宁夏回族自治区隆德县。学校党委和行政高度重视定点扶贫工作，召开14次专题会议研究部署定点扶贫工作，调整、加强了学校扶贫工作领导小组。通过加大帮扶资金投入力度、加强两地交流互访、增强消费帮扶力度、组织实施校友帮扶、强化教育帮扶和产业帮扶等多措并举，不断提升帮扶隆德县工作质量。校长张荣和副校长邓朝晖分别率团到隆德县考察调研，签订《厦门大学—宁夏大学定点帮扶宁夏隆德县协议书》，随团赴隆德县考察人员22人次。选派挂职干部和第一书记2名接替挂职期满干部。2018年，学校援建隆德县图书馆、扶贫车间以及开展乡村产业振兴项目等，直接投入资金235.92万元；联系校友企业招商，引进帮扶资金5121.88万元。发挥智力资源优势，培训基层干部204名和技术人员241名。发掘教职工消费市场潜力，帮助销售隆德县农产品290.45万元。对接校友企业和乡镇种植户，采购农产品260万元。建设建成张树村扶贫车间二期工程1项，厦门大学精准扶贫宁夏隆德特色产品营销中心1个，厦门大学—宁夏大学—隆德县人民政府农业科技研发示范基地1个，厦门大学—宁夏大学—宁夏黄土地农业食品有限公司质量安全控制实验室1个，职教实习基地1个。选派研究生支教团1个，结对资助贫困学生5名。学校获得固原市2018年脱贫攻坚和乡村振兴“先进集体”光荣称号。

【扶贫资金投入及管理】 2018年，厦门大学投入帮扶资金235.92万元。其中向隆德县拨付无偿帮扶资金200万元，指定专项用于隆德县图书馆建设、张树村扶贫车间建设、乡村产业振兴项目建设、举办培训班等。投资17.2万元在厦门大学黄金地段建设“厦门大学精准扶贫宁夏隆德特色产品营销中心”，店面租金18.72万元全免。引进帮扶资金5121.88万元。

厦门大学将对口支援和定点扶贫经费纳入“三重一大”（重大事项决策、重要干部任免、重要项目安排、大额资金的使用，必须经集体讨论做出决定）范围，经校长办公会研究决定，单列计划，立项管理，专款专用，并对资金使用情况进行监督，确保资金使用效率。

【扶贫调研】 2018年7月，校长张荣率团深入隆德县考察调研，并与隆德县、宁夏大学签署《厦门大学—宁夏大学定点帮扶宁夏隆德县协议书》。12月，分管定点扶贫工作的副校长邓朝晖率团深入隆德县工业园区、人民医院、张树村、民联村等地调研，通过查阅档案资料、进村入户访谈、随机抽查等方式，对该县扶贫工作开展督查。

【挂职干部扶贫】 2018年，厦门大学先后选派材料学院党委副书记杜海林、医学院党委副书记马龙赴隆德县开展定点扶贫工作；先后选派人事处干部吕铖、研究生院干部胡雄担任张树村党支部第一书记。

【扶贫培训】 厦门大学围绕隆德县实际需求，免费对其副处级以上领导干部、县党政部门和乡镇主要领导、法官、企业家、教师、医护人员、“非遗”传承人、农村“双带头人”进行轮训。2018年，厦门大学举办隆德县干部能力提高培训班7期、网络在线学习班1期、书法培训班1期，共培训基层干部204名和技术人员241名。

【教育扶贫】 厦门大学为解决隆德县职业中学旅游与酒店管理专业无实习基地的问题，依托学校国际学术交流中心建立职教实习基地，接收隆德县职业中学旅游与酒店管理专业学生来厦门大学实训。2018年，先后接受2批共34名品学兼优的建档立卡贫困户学生实习半年至一年，实习期间免费提供食宿，发放工资2350元/月，并为有在校就业意愿的学生提供就业岗位。

2018年，学校继续派出5名获得研究生入学资格的优秀本科毕业生在隆德县第四中学支教，主要承担生物、地理、信息技术等课程。9月，隆德支教团发起的“这条小鱼在乎”一对一助学活动，筹得助学捐款54716元，以及文具、冬衣等价值3000余元的爱心助学物资，资助90余名家庭困难、品学兼优的学生；向隆德四中捐赠1503本价值2万元的课外读物，在各班设立“书香一厦”图书角。

驻张树村第一书记吕铖联系社会爱心人士结对帮扶张树村贫困学生5名，每人500元/月，全年募得助学款3万元。4月，联系社会力量向隆德县第四幼儿园捐赠绘本图书1000册，价值10400元。

【产业扶贫】 厦门大学依托校友在隆德县工业园区创立中小企业（创业）孵化园，建设“厦门大学康业扶贫产业园”。截至2018年底，已入驻企业39家，实现年产值4亿多元，提供就业岗位2000个。厦门大学依托自身智力优势、科技优势和校友资源优势助力工业园区产业发展，为园区入驻企业提供科技咨询、技术攻关、实验示范等支持，并以联合申报科技合作项目的形式，推动建立可持续发展的科技扶贫模式。建成厦门大学—宁夏大学—隆德县人民政府农业科技研发示范基地，选派药学院、环境与生态学院专家团队开展马铃薯加工、中药材、药食共用产品、功能性产品的研发、食品检测以及其他适合隆德生产的农副食品等研发工作。投入高效液相色谱仪等贵重设备100多万元，建立了厦门大学—宁夏大学—宁夏黄土地农业食品有限公司（厦大校友企业）质量安全控制实验室。2018年，学校引进帮扶资金5121.88万元。其中，校友企业宁夏康业投资有限公司固定投资4640.88万元，宁夏黄土地农业食品有限公司固定投资481万元。

自2017年厦门大学援建张树村扶贫车间后，2018年学校继续增资100万元用于扶贫车间二期工程建设。扶贫车间占地12亩，聘有张树村员工43人，设置组装车间和机器车间，按计件方式发放工资，人均月收入1500余元，年增收可达80万元。

2018年，学校投入17.2万元将校内黄金地段店面改建为隆德特色产品营销中心，线上线下展示、销售隆德县优质特色产品，免去租金18.72万元。

【消费扶贫】 2018年，厦门大学购买隆德县农产品共290.45万元。其中，学校后勤集团购买隆德县牛肉2.4万千克，总金额208.8万元。学校教职工购买张树村牛肉礼盒产品70份，金额2.5万元。学校工会和离退休处分别购买隆德县粉丝、党参、黄芪、当归、枸杞等产品79.15万元。联系“厦门大学康业扶贫产业园”入驻企业上药（宁夏）中药资源有限公司，向沙塘镇中药材种植户收购黄芪、党参等中药材共260万元。

【党建扶贫】 2018年，厦门大学办公室第一党支部与隆德县张树村党支部建立结对共建关系。通过学校援建的电商服务中心开展远程党课活动2次。校办第一党支部组织委员马进龙3次到张树村与党员座谈交流。积极在厦门大学师生中发动捐物，张树村受赠冬衣7000多件，鞋子近200双。

【扶贫宣传】 2018年3月，《光明日报》专题报道《厦门大学探索高校扶贫之路》。6月，《人民日报》文章《高校产业扶贫变“输血”为“造血”》对隆德县厦门大学康业扶贫产业园进行报道。全年各新闻媒体、厦门大学、隆德县对学校定点扶贫工作报道9次。

【协同扶贫】 厦门大学通过对口支援宁夏大学，协同宁夏大学做好定点扶贫隆德县工作，以宁夏大学优势学科对隆德县中草药、马铃薯产业发展进行指导。学校与宁夏大学、隆德县人民政府签署《厦门大学与宁夏大学定点扶贫隆德县协议书》，在双方紧密合作的基础上，通过共同设立和申报研究课题、打造隆德科技成果转化及产业化基地等方式，助力隆德县脱贫攻坚步伐。厦门大学—宁夏大学—隆德县人民政府农业科技研发示范基地已发挥实质作用，助推隆德马铃薯产业发展，厦门大学—宁夏大学质量安全控制实验室对隆德县产品质量和食品安全发挥重要作用。

（厦门大学　吕　铖）

华中科技大学定点扶贫

【概述】 华中科技大学（以下简称“华中大”）定点帮扶云南省临沧市临翔区。2018年，华中大23个单位240人次赴临翔区开展扶贫工作。在教育、科技产业、医疗健康、村镇规划、干部培训、消费扶贫等方面全方位开展帮扶工作，完成管理干部培训1500人次、技术人员培训1200人次；直接投入扶贫资金602万元，帮助引进扶贫资金360万元；购买当地农产品458万元、帮助销售当地农产品217万元。截至2018年底，4个贫困乡，53个贫困村脱贫出列，10328户、41167人脱贫，全区综合贫困发生率降至1.19%。

【扶贫资金投入】 2018年，华中大向临翔区直接投入资金602万元。其中，设立专项扶贫资金100万元，设立自主创新研究基金120万元，捐资360万元为临翔区蚂蚁堆乡蚂蚁堆村捐建一座标准化茶叶加工厂，向临翔区中小学、幼儿园捐赠图书等价值10万元，出资12万元资助临翔区一中20名优秀贫困生到华中大参加暑期科技夏令营。

帮助引进扶贫资金360万元。挂职副区长通过中国教育基金会为临翔区蚂蚁堆乡杏勒小学募集宿舍建设资金130万元，引进校友到临翔区投资建设蚂蚁堆乡驿亭古寨，到位资金230万元。

【干部挂职扶贫】 华中大先后派出2名干部到临翔区挂职扶贫，其中，吕洪良挂职临翔区副区长，宋建涛挂职临翔区贫困村蚂蚁堆村第一书记。挂职期限均为2年。根据临翔区实际需要，增派特级教师马明荃挂职临翔区第一中学副校长、留美博士张瑞光挂职临翔区人民医院副院长。2018年11月又增派公共卫生管理学院副教授许奕华挂职临翔区卫计局副局长。

【校友扶贫】 2018年，华中大带领校友企业家赴临翔区实地考察投资环境，部分校友达成投资意向。校友郑州海力特集团农林科技有限公司董事长许智远与临翔区合作，共同建设高效生态农业示范基地，并与临翔区签订战略合作协议。武汉校友田广礼出资175万元与临沧天下茶都茶叶集团有限公司合作，成立临沧金蚂蚁茶业发展有限责任公司，并与临翔区签订成立茶产业基金投资意向协议；引进外地企业在蚂蚁堆村投资驿亭古寨农家乐项目。

【教育扶贫】 华中大附属幼儿园、小学、中学分别与临翔区中心幼儿园、杏勒小学、第一中学开展结对帮扶，通过开展系统培训、驻校教学、同课异构交流、手拉手活动、远程教学互动等，开展教师培训，提高教育教学水平。华中大还在临翔区一中建立了华中科技大学优质生源基地，帮助该校全面提升教学水平，在2016年、2017年的基础上，2018年实现连续3年各有3名临翔区一中学生通过国家专项招生计划进入华中大就读。华中大利用在临翔区设立的大学生暑期社会活动基地，组织30多名大学生赴临翔区开展社会实践活动，选派6名研究生开展驻校1年支教活动。2018年7月，临翔区一中组织20名贫困学生到华中大参加暑期科技营活动。

【产业扶贫】 2018年华中大继续依托在临翔区设立的华中科技大学院士专家工作站，根据脱贫攻坚具体需求定期选派专家赴临翔区开展科技帮扶工作，助力优势产业提质增效，并发展新兴产业，带动贫困村集体经济发展和贫困户增收。以申报省级科技项目为切入点，帮助提升金线莲林下种植项目推广。在生命学院教授团队的带领下，通过前期技术改良和研发，已经开展规模化种植，种植成活率高，产品有效成分优于其他地区产品，该产品已注册“雨山仙草”商标。

以普洱茶熟茶数控发酵为切入点，助力提升普洱茶熟茶品质和品牌。从2016年开始，在经过1年多的研究试验后，2017年在临翔区建成普洱茶示范性生产线，前期实验取得良好效果，不仅缩短普洱茶发酵周期，还提升了普洱茶的品质，2018年成功注册“纯造普洱”商标，正在组装数控生产线，将带动临翔区茶产业快速发展。为临翔区培训了一批科技工作人员，解决近50名群众就业问题。

以建立现代化村级茶叶加工厂为切入点，助力贫困村脱贫攻坚。华中大产业集团捐资360万元，为临翔区蚂蚁堆乡蚂蚁堆村建设年产100吨的标准化茶叶加工厂，该厂采取“党支部+合作社（村集体）+企业+农户”运营模式，是全乡唯一的茶庄园标准化精制厂，可辐射全乡14个行政村，覆盖24000亩茶叶基地，成为蚂蚁堆村集体经济主要来源，不仅帮助蚂蚁堆村建档立卡贫困户243户、998人脱贫，也带动周边茶农脱贫致富。

【健康扶贫】 华中大附属协和医院每3个月轮换选派一名心血管外科专家坐诊临沧市人民医院心血管外科基地，培训医护人员，指导开展心外科手术。为提升临翔区基层医疗服务水平，6月21日至7月26日，华中大校医院派出20名专家，在临翔区开展为期1个月的村医和准村医资格培训，培训185名村医，基本做到临翔区村医持证上岗全覆盖，有效缓解临翔区基层卫生人员不足和专业素质低下的问题。校医院在勐准村和蚂蚁堆乡建立了医疗扶贫点，编制《村医用药手册》，指导当地村医规范用药；派出医护人员赴蚂蚁堆乡蚂蚁堆村，对全村48户贫困户进行逐一摸排诊断，查出病因，建立完善档案，并制定分级诊疗方案，形成了可推广可复制的模式在全区推广。

2018年，华中大附属协和医院继续实施面向临翔区培训各类医护人员的“百人计划”，累计培训64人；选派18名医疗专家到临翔区开展“大型专家医疗周暨学术交流”帮扶活动，医院领导多次带领外科、心血管、骨科、泌尿、肿瘤方面全国著名的专家，就疑难病症进行会诊，开展手术带教、专家门诊、教学查房等，义诊近400人次。开通协和医院与临翔区医院远程诊疗系统和重病快速转诊通道，已有30多人获得救治。

【文化扶贫】 2018年华中大在2017年申报的“非遗扶贫”项目的基础上，建筑与规划学院联合社会学院专家教授，2次组织师生开展对临翔区南美乡拉祜族民居调研，形成综合材料，“拉祜族建造技艺传承”已申报云南省非物质文化遗产。

【扶贫机制建设】 华中大成立扶贫工作领导小组和专门扶贫机构，校党委书记邵新宇、校长李元元担任组长，分管副校长梁茜担任副组长，设立扶贫工作领导小组办公室，配备专职人员。根据临翔区脱贫攻坚实际需要，结合学校自身特点和专业优势，学校制定了《华中科技大学对云南省临沧市临翔区定点扶贫工作规划（2016—2020年）》《2018年华中科技大学对云南省临沧市临翔区定点扶贫工作计划》，对2018年扶贫各项工作明确牵头单位，强化目标和责任落实，出台《华中科技大学精准扶贫专项资金管理办法》《关于进一步加强精准扶贫工作实施意见》《华中科技大学外派挂职干部管理办法（试行）》等文件。

（华中科技大学扶贫办公室　李祖元）

武汉大学定点扶贫

【概述】 2018年，武汉大学定点帮扶湖北省恩施市，驻村精准帮扶芭蕉侗族乡白果树村，同时，参与湖北省精准帮扶大悟县新城镇熊湾村。武汉大学以恩施市和大悟县的实际需求为导向，紧紧围绕精准扶贫、精准脱贫工作，充分发挥自身科教优势，切实开展智力帮扶、教育帮扶、产业帮扶、医疗帮扶等，扎实推进扶贫工作。直接投入资金（款物）675.58万元，引进帮扶资金1097万元。

【扶贫资金投入】 2018年，武汉大学累计直接投入资金（款物）675.58万元，其中，支持受援地基础建设、教育卫生事业等资金320.48万元，捐款捐物折合54.98万元，采购农产品300.12万元。帮助引进校友企业卓尔智联集团有限公司签约富尔山国际生态休闲度假区项目，计划总投资10亿元，2018年落地资金1050万元。帮助引进其他企业投入47万元用于驻点村的建设发展。帮助销售恩施市土豆、茶叶、猪肉等农副产品价值310余万元。

【干部挂职扶贫】 2018年，武汉大学按照有关规定，完成新一批挂职干部轮换工作。1月，选派胡长根、孙晓言进驻熊湾村；5月，选派李锦江担任白果树村第一书记，选派陈春荣担任熊湾村扶贫工作队队长兼第一书记；6月，选派杨凯军挂职恩施市副市长，协助分管扶贫工作。

【扶贫机制建设】 武汉大学成立了定点扶贫工作领导小组，校党委书记、校长担任组长，4位副职校领导担任副组长，党政办公室、组织部等19个职能部门为成员。出台《武汉大学关于进一步做好定点扶贫工作的实施意见》《武汉大学定点扶贫恩施市工作规划（2016—2020年）》《武汉大学定点扶贫恩施市三年行动计划（2018—2020年）》《武汉大学定点扶贫恩施市2018年工作要点》等文件。

【扶贫调研】 2018年，武汉大学先后组织专家学者、干部、学生等近400人次前往受援地开展考察、调研、慰问等活动。其中，主要校领导（副部级）3次，分管校领导3次。

【扶贫培训】 2018年，武汉大学充分发挥人才优势和智库作用，通过举办培训班、讲座、专题策划和课题研究等多种形式，积极为恩施市的脱贫攻坚和快速发展提供智力支持。

培训基层干部609人次。其中，副校长周叶中为恩施土家族苗族自治州州委、恩施市委中心组扩大学习会做宪法知识辅导报告，400余名基层干部参加学习。举办恩施市乡村全域旅游创新培训班，50名基层干部参加培训。举办第2期“农村支部书记精准扶贫精准脱贫与美丽乡村建设能力提升研修班”，恩施市和大悟县112名村支部书记参加学习。由恩施市委组织部、市金融办举办的全市金融管理人才培训班在武汉大学开班，47名学员参加为期1周的培训。

培训技术人员2443人次。其中，组织开展劳务就业培训、农村创业致富带头人培训、农业实用技术培训等多种培训，受训292人次。副校长周叶中在恩施高中为师生做辅导报告，210人参加。附属人民医院多次选派专家赴恩施市中心医院开展临床教学和现场培训，成于珈先后举办《三甲评审资料整理与分类》《质量管理工具应用》《科室质量与安全管理》《如何开好各质量管理委员会持续改进会》4 场专题培训，1080 人次参加；雷嘉川做《药事评审条款解读》报告，200 人参加；主管药师韩静静开展现场培训并做了《院感评审条款解读》报告，200 人参加；护理部主任范湘鸿开展教学查房并做《护理评审条款解读》报告，350 人参加。

【健康扶贫】 武汉大学附属人民医院对口支援恩施市中心医院，双方实现了优质病理医师资源共享，开通了远程会诊系统，帮助市中心医院加入检验医学专科联盟；选派成于珈担任恩施市中心医院副院长，并选派了 4 位专家进行现场指导和初期模拟评审，培训医护人员 1800 多人次。组织专家对芭蕉乡 40 多名基层医生进行高血压、肿瘤等疾病防治培训。基础医学院“暖医之家”实践队赴白果树村开展健康支教、义诊咨询等活动，送医送药价值 3000 元。武汉大学附属人民医院、中南医院共接收恩施市中心医院 12 名医护人员免费进修，涉及皮肤科、神经内科、康复科、护理等多个专业门类。武汉大学附属口腔医院与大悟县中医院开通口腔医疗远程会诊系统，让县域百姓享受优质医疗资源；向熊湾村卫生室捐赠价值 7.5 万元的口腔治疗椅及配套设备，并捐赠新空调 1 台，提升村卫生室硬件建设；选派 7 名医疗专家到熊湾村开展义诊服务，为毛集小学 60 名儿童进行了免费“窝沟封闭”和涂氟防龋护牙。

【教育扶贫】 2018 年，武汉大学提供援助资金 50 万元，用于恩施市一中数字化校园建设。组织恩施市一中 47 名师生来汉参加“樱花诗赛”活动，组织 11 名师生参加青少年高校科学营湖北营活动。向白果树村捐赠 40 台电脑，提升白果树小学和村委的信息化水平。提供 20 万元资金为白果树村小学修缮教学楼，为师生更换课桌椅，改善办学条件。选派 2 名优秀毕业生赴芭蕉乡白果树村小学开展支教扶贫。接收芭蕉乡 4 名农村小学骨干来汉进行为期 1 个月的跟班学习和业务培训。引进社会力量赞助资金 5 万元，用于白果树小学留守儿童实现“微心愿”，捐赠发放学习和生活用品。在芭蕉乡高拱桥民族小学、龙凤镇中心小学援建 2 间“魔法教室”，选派 24 名志愿者前往授课累计 171 个课时。

【产业扶贫】 8 月，校友企业卓尔智联集团有限公司签约总投资 10 亿元的恩施市富尔山国际生态休闲度假区项目，发展旅游产业，带动贫困户增收脱贫，2018 年落地资金 1050 万元。湖北供销合作电子商务有限公司、湖北省茶业集团股份有限公司与恩施市芭蕉侗族乡人民政府签订产业扶贫战略合作框架协议，将在芭蕉乡投资 500 万元兴建茶厂，兴建“供销 e 家”新型电商服务站。

2018 年，在恩施白果树村，协调恒心农牧合作社投入 20 余万元，帮助 7 户贫困户发展黑猪养殖，提供黑母猪 14 头，黑猪苗 100 余头，培育猪仔共计 200 余头；帮助 6 户贫困户发展土鸡养殖 300 只；协调金苔香茶业合作社吸纳社员 79 户、202 人，并建立 400 亩生态茶园示范区；为仁信生态专业合作社协调资金 15 万元，免费为 40 户村民发放 214 亩李子种苗。在大悟县熊湾村，4 月，协调解决 1 万株高产油茶苗，建设 100 亩油茶基地；11 月，学校后勤服务集团与熊湾村签订蔬菜供应基地合作意向书，助力产业发展。

【消费扶贫】 武汉大学将恩施市农副产品纳入 2018 年教职工春节慰问物资采购清单，包括恩施黑猪肉、黄牛肉、马尔科土豆、富硒茶籽油、富硒大米等，累计成交金额 264.12 万元；在校内超市旁、菜市场分别设立 1 个恩施农产品销售点，面向教职工销售恩施农特产品，全年销售约 36 万元。

【文化扶贫】 2018 年，社会学系桂胜教授团队开展了“非遗传承保护与助力精准脱贫的恩施模式”项目研究。在白果树村组织开展“庆六一圆梦童心伴成长”主题的送文化下乡大型文艺演出活动。经济与管理学院在白果树村建设法治书屋，捐赠书籍100多本折合1000元。电子信息学院援建白果树村党建廉政图书角，捐赠书籍120本。城市设计学院选派专业团队实地为白果树村文化广场做规划设计，加强村级文化阵地建设；为熊湾村绘制3面文化墙，宣传党的扶贫政策。

【基础设施建设】　2018年5月，在大悟县新城镇熊湾村建设村文化广场，为丰富群众文化生活提供场地和设施。10月，学校投入10万元建设村党建活动室，配备音视频系统、空调，更换全新桌椅、设计党建宣传背景墙及宣传栏。11月，学校投入15万元，整修山塘两口，整修水毁道路20米，拓宽硬化村头道路40米。投入16万元为熊湾村安装太阳能路灯55盏，方便居民出行。完成熊湾村主河道清淤600米，清理当家塘漂浮物，开展“厕所革命”，修建公共厕所2座。

【结对帮扶】　在扶贫日活动期间，学校组织全校教职工自愿为扶贫捐款72.3万元。先后遴选经济与管理学院分党委、电子信息学院分党委与白果树党支部接力开展结对共建。组织部支持白果树村党支部阵地建设经费11万元。经济与管理学院组织230余名党员捐赠爱心款12.98万元，捐助法治书籍100多本，并向白果树村捐资10万元，还定期组织党员专家教授前往白果树村党支部参加主题党日活动。电子信息学院党委与白果树村党支部开展结对共建，捐赠5万元用于党员活动室条件改善。协助完成白果树村村支“两委”换届工作，进一步配齐班子，增强力量。

（武汉大学定点扶贫工作领导小组办公室　杨志威）

华中农业大学定点扶贫

【概述】 2018年，华中农业大学定点帮扶湖北省建始县。按照“教育扶贫夯实乡村振兴根基，产业扶贫促进乡村经济发展，文化扶贫提升乡村品牌价值”的思路，遵循“学校统筹、团队主导、项目推动、首席负责、绩效考核”的工作组织方式，着力构建以党建扶贫为统领、以教育扶贫为基础、以产业扶贫为主导、以文化扶贫为牵引、以消费扶贫为支撑、以社会扶贫为补充的“六位一体”扶贫工作体系，扶贫效果显著。培训基层干部208人次、技术人员336人次。帮助购买贫困地区农产品365.04万元，帮助销售贫困地区农产品566.58万元。

【扶贫资金投入】 2018年，华中农业大学直接投入帮扶资金418.33万元，引进金融帮扶资金、企业投资、政府扶持产业等帮扶资金5407.7万元。

【扶贫调研】 2018年，学校人文社科教授团队对建始县扶贫政策执行、扶贫资金使用等情况开展调查，累计调查贫困村36个，调查贫困户1209户，形成《易地扶贫搬迁后农户增收与产业定位》调研报告1份。对学校定点扶贫工作模式进行学理和实证研究，形成专著1篇，硕士论文3篇，在对建始县猫儿坪村调研基础上，完成《农村妇女反贫困的调查》报告1份。

【干部挂职扶贫】 2018年，学校选派挂职干部11人次，分别挂职副县长、扶贫办副主任、教育（科技）局副局长、农业局副局长、县食品药品监督管理局副局长、村第一书记等。

【党建扶贫】 学校定点扶贫组织协调部门科学技术发展研究院党支部与建始县龙坪乡店子坪村党支部结对共建，开展幼儿园支教、产业科技咨询、整村形象提升设计等帮扶工作。

开展党建“1+1”共建行动。推动学校5个学院党委和1个直属党支部与扎鱼口村、大洪寨村等6个村党支部开展结对共建；与建始县店子坪村共建湖北省当代红色教育基地、当代红色旅游基地和精准脱贫示范基地，推动学校各党支部到建始县开展学习“当代愚公精神”主题党日活动。

【产业扶贫】 先后选派产业扶贫科技服务团队17个，乡村振兴科技服务团队10个，湖北省科技特派员团队6支，“三区”科技人才计划17名人员赴建始县进村入企开展科技服务。

设立产业扶贫项目17个，投入项目经费253万元，支持建始县高山蔬菜、特色水果、景阳鸡、茶叶、有机肥料、饲用油菜、猕猴桃健康酒、马铃薯、枸杞、冷水鱼、甜柿、特色农产品加工等10余个产业发展。

设立“建始县园艺作物良繁体系建设与新品种试验示范”项目，撬动省科技厅和恩施土家族苗族自治州400万元帮扶资金支持武陵山特色园艺作物良种繁育中心建设，提高建始县为武陵山集中连片贫困地区供应优质苗木能力。

设立乡村振兴扶贫项目10个，投入项目经费130万元，支持高坪镇青里坝村依托建始县青花田园综合体项目，建设“乡村振兴示范点”。

【扶贫培训】 为建始县举办“建始县农技人员能力建设”等培训班2次，培训学员 250 人；以现场示范讲解或远程视频形式培训党员管理干部、致富带头人、专业技术人员 2220 人次。

【教育扶贫】 组织第 6 批研究生支教团 4 名志愿者在建始摩峰小学开展支教。志愿者组织开展“大手牵小手　笑眼看世界”活动，带领留守儿童赴杭州开展为期 1 周的城市体验。举行“百廿薪火　点亮深山”第 12 届乡村教师来汉培训活动，40 名建始县乡村教师来汉学习培训 1 周。组织 21 支大学生社会实践团队 100 名师生到建始县开展精准扶贫调研、关爱留守儿童、艺术教育普及等活动。学校教育发展基金会向建始县摩峰小学捐赠 10 万元及校服 270 套，折合人民币 6 万元。

【文化扶贫】 提升扶贫产业品牌形象，依托产业扶贫，完成猕猴桃、枸杞珍酒、马坡茶、甜柿、冷水鱼、高山蔬菜、景阳鸡等系列扶贫产业品牌视觉形象设计。为建始县三里乡马坡茶完成系列包装、Logo、宣传页、企业 VI、淘宝网店设计，通过提升企业品牌形象带动销路拓展，企业产品销量激增，2018 年春季 2 个月就完成以往1 年销量，单品价格提升 20%，2018 年综合收益增加至 1000 万元。

推动非遗文化元素与产业的融合，挖掘本地非遗资源的经济价值，为建始县业州竹编手工艺、西兰卡普艺术、建始县传统小吃——桃片糕注入“黄四姐”等非遗元素，提升当地特色农产品、旅游文创产品品牌形象。

培育本土特色文化产业，强化规划引领，帮助高起点规划建设“青花田园综合体”等农耕文化产业区、文化产业特色村。

【金融扶贫】 融资帮扶建始县覆盖贫困人口多的中小企业，为 3 家扶贫重点支持企业——湖北枸杞珍酒业有限公司、恩施硒姑娘酒业有限公司和恩施州国硒冷水渔业开发有限公司引入金融帮扶资金 1760 万元。动员和鼓励校友或校友企业等社会资源到建始县投资，引入各类帮扶资金 3647.7 万元。

【消费扶贫】 推动建始县特色农产品进学校教育超市、学校食堂，开展第 4 届建始县农产品展销活动，学校节假日、年终福利发放建始特色农产品。学校共计购买建始县农产品 365.04 万元，帮助销售产品 566.58 万元。

（华中农业大学科学技术发展研究院
余华俊）

湖南大学定点扶贫

【概述】 2018年，湖南大学定点帮扶湖南省隆回县。直接投入帮扶资金216.6万元，帮助引进帮扶资金2160万元，培训基层干部1316人，培训教育、医疗、致富带头人等各类技术人员856人，输送贫困人口就业511人，选派4名干部挂职帮扶，购买贫困地区农副产品1276.25万元，帮助隆回县销售农副产品1150万元。驻点帮扶村白水洞村实现整村脱贫摘帽。

【扶贫资金投入】 2018年，湖南大学直接投入帮扶资金216.6万元，分别用于产业引导、旅游扶贫、干部培训、教育基金建设、党建、宣传阵地建设等项目。帮助引进帮扶资金2160万元，其中引进湖南省现代农业产业控股集团有限公司2140万元，用于富硒优质稻产业扶贫项目土地整理蓄养；引进湖南省教育厅、财政厅投入20万元，用于虎形山瑶族乡中心学校各教学点信息化建设。

【扶贫调研】 2018年10月，湖南大学党委书记邓卫率队赴隆回集中调研学校定点扶贫工作。邓卫一行先后调研白水洞村茶叶种植合作社基地、设计艺术学院“花瑶花”扶贫项目、建筑学院贫困地区人居环境综合治理项目、生物学院羊肚菌人工培植等扶贫项目。与当地政府负责人深入交流、对接推进学校扶贫项目，与白水洞村党支部开展“学习脱贫攻坚精神　提振干事创业热情”主题党日活动。走访3户结对帮扶的建档立卡贫困户，推进“一户一策”政策落实。

【干部挂职扶贫】 湖南大学将定点扶贫和对口支援县作为培养锻炼干部的基地，选派1名同志挂职隆回县委常委、副县长，任期2年。选派1名同志任隆回县虎形山瑶族乡白水洞村党支部第一书记，任期2年。2018年4月，增派2名同志为隆回县虎形山瑶族乡白水洞村驻村扶贫干部。

【产业扶贫】 湖南大学组织生物学、化学等学科专家，帮助当地开展农产品技术攻关，大幅提高金银花附加值。实现羊肚菌大范围人工培植，2018年种植规模扩大至10个一级栽培大棚，销售额突破100万元，帮助引入投资建成规模化种植基地。打造富硒大米、虎久雾语茶等特色品牌。通过众筹定制、以购代捐等模式，实现特色农业年产值超过1000万元。基于驻点帮扶村白水洞村风土人情，推进特色农业与少数民族地区特色风情旅游融合，截至2018年底，白水洞村已有15家农家乐投入运营，年到村游客突破10万人次。

【教育扶贫】 2018年，湖南大学先后选派22名研究生赴隆回县支教，在隆回县北部高寒山区新设2个支教点。列支120万元党费用于白水洞村小学改扩建一期工程建设。筹集资金10万元设立白水洞村小学教育基金，2018年2个学期共发放奖助学金、奖教金2.9万元，奖励资助师生150人次。湖南大学普教中心与虎形山瑶族乡中心学校开展结对帮扶，投入帮扶资金、捐赠物资近30万元。学校联合北京汽车股份有限公司株洲分公司等战略合作企业，支援隆回县职业教育发展，不断完善联合授课、靶向培养、精准选送的职业教育和就业服务模式。

【扶贫培训】 学校通过邀请来校学习与送教下乡相结合、远程教育与现场授课相结合的形式，开展“隆回中青年干部培训班”“隆回师训大讲堂”等面向党政干部、基层教师和致富带头人的专项培训，培训基层干部1316人，培训教育、医疗、致富带头人等各类技术人员856人，输送贫困人口就业511人。

【扶志扶智】　湖南大学组织建筑学、土木工程、工商管理等学科专家，指导编制乡村旅游规划，实施厨厕改建、特色民宿设计、村容村貌整治等规划设计项目近10项。邀请湖南省建筑师学会开展协同合作，争取了2018年度西南聚落青年论坛落地隆回，帮助推动乡村旅游和新型农业产业融合发展。指导完成了《隆回县县域金融发展规划》，2018年隆回县域金融竞争力排名全省第15位。

【文化扶贫】　湖南大学持续做好“花瑶花”非遗扶贫示范项目，扶贫文创产品受邀参加2018意大利工匠博览会。制定并完善面向贫困人口的设计创新、培训赋能、订单生产的文创扶贫模式，支持少数民族妇女参与非遗文化生产性保护，创造就业机会。完成花瑶非遗资源数字化记录与保存，“花瑶花”手机应用程序在苹果App Store上线。2018年7月，联合国教科文组织官方网站以“Inspiring China’s New Generation of Artisans（激发中国新一代匠人）”为题，专门介绍“花瑶花—新通道”项目提供的农村群体就业和技能发展方案。

【国际交流】　2018年8月，泰国枢密院大臣格森·瓦塔纳猜（Kasem Watanachai）等一行17人赴隆回县考察定点扶贫工作，先后考察湖南大学“‘花瑶花’文创扶贫”“可溯源优质水稻示范种植”及“乡村人居环境综合治理”等3个扶贫示范项目，并就扶贫减贫的相关经验和做法与湖南大学校长段献忠等进行座谈交流。

（湖南大学定点扶贫工作办公室　陈　实）

中南大学定点扶贫

【概述】 2018年，中南大学定点扶贫湖南省江华瑶族自治县（以下简称“江华县”），充分发挥学校资源优势开展党建、教育、医疗、智力、科技、产业、文化、就业、驻村帮扶等多种形式帮扶。直接投入帮扶资金1130万元，引进帮扶资金260.68万元。针对江华县举办干部和人才培训班8期（次），累计培训基层党政干部200人、专业技术人才615人。截至2018年底，江华县贫困发生率为0.97%，完成脱贫考核验收。

【扶贫资金投入】 2018年，中南大学直接投入帮扶资金1130万元，其中，通过职工捐款等形式募集“助推江华扶贫攻坚”资金620万元，学校党委划拨党建扶贫经费500万元，筹集10万元发放2017—2018年度中南大学江华助学金。引进帮扶资金260.68万元。

【扶贫机制建设】 中南大学定点扶贫工作领导小组由学校党委书记和校长任组长，常务副书记和常务副校长任副组长，全体校领导为组员。2018年，中南大学先后与江华县签订《中南大学—江华瑶族自治县人民政府战略合作框架协议》《2018年度中南大学定点扶贫江华瑶族自治县目标责任书》，制定《中南大学2018年度定点扶贫江华瑶族自治县工作任务分解表》，出台《中南大学对口支援与定点扶贫工作管理办法》《中南大学助力江华瑶族自治县打赢脱贫攻坚战三年行动实施方案（2018—2020年）》。

【扶贫调研】 中南大学校领导及各职能部门、二级学院负责人先后到江华县调研158人次。3月，校党委书记易红、常务副校长胡岳华赴江华县调研对接扶贫工作。10月，校长田红旗赴江华县开展实地考察调研，全力助推江华县脱贫攻坚工作。

【干部挂职扶贫】 中南大学选派4名定点扶贫工作干部挂职，其中，黎胤挂职江华县委常委、副县长，分管扶贫工作，周飞挂职大圩镇长山村第一书记，简瑞余挂职江华县扶贫办副主任，江泽光挂职江华县高新区副主任。

【扶贫培训】 中南大学针对江华县举办干部和人才培训班8期（次），累计培训基层党政干部200人、专业技术人才615人。其中，2018年8月，学校在江华县委党校举办以“加强党建引领，助推乡村振兴”为主题的基层干部培训，200名村党支部书记参加脱产学习。5月，江华县大圩镇小学10名骨干教师在中南大学附属小学开展为期1周的跟岗实践教学。7月，体育教研部对江华县100余名中小学体育教师进行培训。7月，在江华县人民医院对100名乡村医生进行业务知识与专业技能培训，免费接收15名医护人员来校培训。8月，在江华县职业中专开展第三期中南大学江华青年农村电商人才培训班，培训电商从业人员50余人。8月，参与江华县电商服务站培训和电商扶贫小店推广培训，培训190余人。10月，在永州市工贸学校培训江华县农村致富带头人150名。

【扶贫资金管理】 中南大学根据江华县脱贫实际和发展需求，研究确定年度扶贫资金额度，经与江华县委县政府充分协商确定拟开展具体扶贫项目，按照规定履行校内审批程序。中南大学将扶贫专项资金直接拨付至江华县地方财政，委托地方财政进行管理，由江华县负责实施，严格遵守地方财政制度，明确专项资金用途，转款转账，专款专用。

【产业扶贫】　依托引进的江华瑶族自治县瑶郡绿色农产品开发有限公司，以“公司＋农户”帮扶模式引领农户进行规模种植、林下养殖，做好农副产品精深加工，提高农产品标准化、品牌化。扶持贫困村发展特色优势种养产业项目5个，开展扶贫示范基地建设10个，引进12家农业种养大户流转土地种植600亩甘薯、200亩猕猴桃、220亩蔬菜、150亩油茶林；开发100亩瑶香猪养殖场和200亩林下养殖基地，规划新增中药材育种基地500余亩。

扶持江华怡源林下生态专业养殖合作社，注册“瑶鼓”商标，开发“瑶都优品”系列农副产品38种；通过“中南大学农村电商创业孵化基地”和“中南大学农村电商种植养殖合作基地”，搭建电商平台，培训人才队伍，进行农产品初加工、包装设计和物流配送等服务，拓展销售市场。

调动校友力量，先后在中南大学各地校友会介绍学校扶贫工作20余场次，引进校友投资建设江华县盛华达电子工业园，工业规模3亿元；分别引进注册资金7000万元的江华瑶族自治县大瑶山龟寿酒业有限公司、注册资金1000万元的江华大瑶山优然饮品公司和注册资金800万元的湖南省圣功生态科技有限责任公司，将长山村作为主要生产基地。

【科技扶贫】　邀请校内外知名专家针对江华县扶贫主导产业进行政策、技术和市场风险评估，提供决策咨询支持；开展教授服务团、科技服务团、博士服务团等活动52人次。实施创新驱动发展，对接中国高新技术产业研究院，协助江华县制定《湖南永州申报国家高新区工作方案》，培育、发展具有自主知识产权和区域特色的高新技术产业及战略性新兴产业，力争国家高新园区落户江华县。组织高新园区企业与学校开展校企科研项目合作，促进科研成果转化落地并产业化。11月，湖南贵德科技有限公司和中南大学材料科学与工程学院针对液晶屏材料方面签订技术开发合同；湖南盛华达电池科技有限责任公司和中南大学冶金与环境学院深入对接具体需求。协助江华县申报湖南省双创基地、成立中小微企业、建设电子商务示范县等；帮助江华县成功申报湖南省科技孵化器，协助15家企业通过高新技术企业认证工作。

【教育扶贫】　发放2017—2018年度中南大学江华助学金10万元资助大圩镇中学，受益师生59人。提升师资水平，通过“走出去”送课、“接进来”培训、结“青蓝对”、搭建网络教育资源共享平台等途径，开展培训讲座11场、上示范研讨课98堂；通过北京校友会捐赠20万元继续推动“双师教学”项目。建立支教服务基地和社会实践基地，2018年中南大学有9名研究生在江华县大圩镇中学和江华县一中支教。

【扶志扶智】　结合江华县本土实际，中南大学组织多学科专家组成专家团，经多轮论证，校地共同编制《江华瑶族自治县生态环境保护条例》《江华县分级诊疗平台暨健康小屋项目建设方案》《智慧江华全域特色旅游大数据平台解决方案》《江华县全国电子商务进农村综合示范县申报材料》《江华县宝镜智慧古村解决方案》《江华县原木画产业设计开发计划》《中南大学创新扶贫（江华）项目策划书》《中南大学驻江华瑶族自治县大圩镇长山村三年帮扶规划（2018—2020年）》等文件，切实在经济社会发展、资源环境协调等方面提供智力帮扶。

【健康扶贫】　深化医疗帮扶机制，持续推行“人才培养、技术支撑、管理培训”三位一体医疗帮扶模式，提升受援地区医疗服务能力和管理水平。2018年度，中南大学保持7名医生常驻江华县人民医院，全年帮助接诊2064人次，操作手术223台次，举办讲座94场次，培训乡村医生100人，组织义诊4次，接收进修医护人员15人，帮助江华县人民医院整章建制34条，指导开展当地第1台支气管动脉介入栓塞手术。

推动智慧医疗服务，指导江华县开展医院信息化建设，完善基于智慧医疗体系的数字病区建设，依托“新湘雅移动远程医疗平台”推进远程医疗项目，全年完成远程会诊57例，参与专家近100人。经过医疗帮扶，江华县各受援医院在制度管理、院感控制、规范诊疗、病种处理等方面水平均有提高。2018年11月，江华县人民医院被湖南省卫生健康委批准升格设置为三级综合医院。

提升基层医疗卫生机构服务能力，改善村级卫生室设施条件，全年协助完成江华县82所标准化村卫生室建设。

【文化扶贫】 做好瑶族文化活态传承，聚焦“非遗保护”，建立长鼓舞研习基地，设置长鼓舞素质选修课程，选修学生120余人，编纂教材《湖南瑶族长鼓舞》，出版配套教学音像视频，改编创作长鼓舞广播体操。举行“湘韵新传”江华瑶族长鼓舞文化创意设计展3场。

开发瑶族特色手工艺品，设计兼备瑶族元素和中南元素的校园文化纪念品提案30个，注册“榣加木艺”品牌商标，筹备建立生产车间，实现成品定销生产。中南大学江华瑶族长鼓文创设计获得中国首届高校创新创业创造教育精品成果展二等奖和湖南省第九届旅游商品设计大赛银奖。

开发设计“互联网+”美丽乡村全域旅游云平台建设方案，协助江华县做好乡村旅游项目发展规划工作，重点推进“智慧长山”美丽乡村项目开发。

【扶贫宣传】 教育部网站、《中国日报》、湖南教育新闻网、新浪、网易等媒体先后对中南大学扶贫工作宣传报道100余篇次。2018年扶贫日，教育部专题网站推介中南大学扶贫经验5篇，湖南省教育厅推介1篇。中南大学报送的1篇扶贫论文被全国扶贫宣传教育中心评为优秀论文，1篇扶贫征文被湖南省教育厅评为特等奖。

（中南大学学校办公室　雷先阳）

中山大学定点扶贫

【概述】 2018年，中山大学（以下简称“中大”）加大对云南省凤庆县项目和资金扶持力度，直接投入资金634万元，引进资金528万元，培训基层干部342名、技术人员2715名，购买贫困地区农产品321万元，帮助销售贫困地区农产品536万元。凤庆县贫困发生率降至2018年末的0.78%，5个建档立卡贫困乡（镇）、159个建档立卡贫困村全部脱贫出列。2018年12月，凤庆县贫困县退出全面达标。中大定点扶贫工作组获得2018年临沧市脱贫攻坚先进单位称号。

【扶贫资金投入】 2018年，中大直接投入凤庆县资金634.2万元，其中医疗类29.7万元，教育类166.4万元，调研咨询类38.6万元，危房改造类60万元，党建类18.5万元，支持电商企业321万元。引进帮扶资金528.2万元，其中校舍及危房改造资金133.6万元，各类助学资金128.8万元，校友企业注册公司50万元，校友企业组织贫困户生产茶叶并回购215.8万元。

【扶贫调研】 2018年，中大党委书记陈春声于11月赴凤庆县调研，副书记余敏斌于5月、8月2次到凤庆县调研。全年共计201人次赴凤庆县开展扶贫工作与调研。

【扶贫培训】 2018年，为临沧市、凤庆县党政领导干部开展3次综合能力素质提升培训，培训342人。11月，在凤庆县举办中大2018年秋季教职工发展对象入党培训班，18位已被确定为入党发展对象的教职工和博士后到凤庆县上党课，加深对凤庆县认识，提高党性修养。11月，中大、凤庆县共青团干部100余人在广州、凤庆互办交流培训班。

【干部挂职扶贫】 中大有1名处级干部、1名科级干部在凤庆县挂职扶贫。管理学院党委副书记余立人担任凤庆县人民政府副县长，协助分管脱贫攻坚工作。挂职副县长深入乡镇、部门、企业和农户家中实地调研、收集资料，做好人才、教育、文化、医疗、产业、社会力量帮扶联系工作。岭南学院郭兴勇到凤庆县红塘村任第一书记，从基础教育、危旧房改造、基础设施、产业发展等方面入手，推进村脱贫攻坚工作。

【扶贫宣传】 2018年，中大在凤庆县脱贫攻坚工作得到了《人民日报》、《中国教育报》、人民论坛网、中国青年网、光明网等中央级媒体的报道。其中《人民日报》刊发报道《助力脱贫攻坚的“高校样本”》，《中国教育报》刊发报道《“茶马古道”上的白衣天使——中大附属医院对口帮扶云南凤庆县人民医院纪实》《远程医疗让2000公里近在咫尺——中大健康扶贫云南凤庆进入新阶段》，人民论坛网发布报道《中大多措并举推动跨省扶贫》《凤庆电商助力脱贫攻坚探索路》。

【扶贫资金管理】 中大对扶贫专项资金通过设立独立项目进行管理，做到专款专用、专项核算。学校注重从资金分配、下达、使用、管理、监督等各个环节上健全制度，完善措施，加强监管，切实提高扶贫资金的使用效益。制定《对口扶贫帮扶工作经费管理办法》，为扶贫经费的使用管理、职责分工和监督管理提供执行依据。在扶贫资金的支付方面，遵循《资金使用审批管理办法》，确保扶贫项目从审批、实施、管理到资金使用支付全过程严格按制度要求办事，保证资金安全。

【产业扶贫】 推介特色产品，在粤举办招商义卖活动。2018 年 6 月，中大在国茶荟茶文化主题商城举办扶贫爱心茶义卖活动，联系校友与凤庆县签订生物有机肥生产线建设项目投资合作协议，联系校友企业——广州市燕语食品有限公司与凤庆县大摆田茶厂有限责任公司签订合作协议，发动校友企业购买当地茶叶等农特产品，截至 12 月，收购 215 万元茶业原料。引进校友企业进驻凤庆，校友企业东莞市保得生物工程有限公司在凤庆县注册成立临沧保得农业科技有限公司，注册资金 50 万元。倡议发起消费扶贫活动，9 月、11 月，在校内两次倡议各二级工会及校友购买凤庆县茶叶、核桃、坚果等农特产品，累计购买 320 万元。

【教育扶贫】 2018 年，中大在凤庆县持续开展学生实践、常态化心理咨询辅导、中小学骨干教师跟班培训等教育扶贫工作。中大附属中学 4 名教师到凤庆县第一中学任教，研究生支教团 4 名队员前往凤庆县鲁史中学支教一年。暑假期间，学生分批次赴凤庆县开展“青马班”“逸仙思源”等实践活动。心理学系在凤庆县设立青少年心理援助基地，培训凤庆教师 4 场、126 人，为凤庆中学生开展 3 场团体心理辅导、辅导 123 人，为凤庆县留下一支心理辅导人才队伍。2018 年共有 5 名凤庆籍同学入读中大，其中 2 名通过农村专项录取。学校投入 32 万元支持凤庆县建设远程教学系统，已完成中大附属中学输出端设备建设。

【文化扶贫】 中大中国非物质文化遗产研究中心联合多个院系深入调查挖掘凤庆县“彝族支系俐侎人”文化等非遗资源，收集整理 10 万字图文资料，确定了潜在的非遗传承人，为凤庆县非遗工作人员进行专项培训。2018 年 11 月，中大在 CSSCI 期刊《文化遗产》上发表非遗扶贫专项学术研究成果《云南凤庆彝族俐侎人茶俗调查》《团山村俐侎人的信仰与变迁》。

【公益扶贫】 2018 年 3 月，中大引进中国教育发展基金会 125 万元，支持凤庆县大河中学入口道路建设。为凤庆县募集 25.2 万元奖助学金，资助 252 名贫困生，每人发放 1000 元“一对一”博爱助学金；引进广东省游心公益基金会、广州市慈善会博研慈善基金在凤庆县第三中学、凤庆县第一中学成立“游心班”和“博研励志班”，分别捐赠 8 万元和 15 万元；引进校友企业向郭大寨乡捐赠 32 套、总价值 9.3 万元的直饮水设备，索菲亚家居股份有限公司为凤庆县第三中学捐赠“博爱助学金”10 万元。11 月，中大筹集 68.6 万元支持凤庆县红塘村及马庄村的危房改造项目。12 月，学校根据凤庆县请求，发动全校师生开展捐衣送暖行动，向凤庆县贫困户捐赠 6181 件衣物，33 袋棉被。

【健康扶贫】 2018 年 8 月，中山大学附属第七医院与凤庆县人民医院正式签订对口医疗帮扶协议。5 月，中山大学孙逸仙纪念医院神经外科专家陈由芝、护理管理专家区月霞到凤庆县蹲点开展 1 期医疗支援工作。接收 27 名医务人员到广州、深圳开展为期 6 个月的进修。8 月，中山大学附属第七医院副院长张常华教授被聘为县人民医院院长（挂职）。11 月，中山大学附属第一医院儿科主任蒋小云教授在凤庆县人民医院设立专家基层工作站。中大捐赠 15 万元支持远程平台建设，中山大学附属第七医院赠送 68 寸* 一体机用于支持远程平台搭建，可使凤庆县患者接受大医院专家治疗，提升凤庆县医疗队伍水平，帮助凤庆县医疗系统建设一批重点科室。中山大学附属第七医院、中山大学附属第一医院、中山大学光华口腔医院、中山大学附属第六医院 3 次派出医疗专家队 39 人赴凤庆县开展义诊，累计义诊 1550 人次。

（中山大学定点扶贫工作组　林炜双）

---

* 寸为非法定计量单位，1 寸≈3.33 厘米。——编者注

华南理工大学定点扶贫

【概述】 华南理工大学（以下简称“华工”）定点帮扶云南省云县。2018年，华工投入帮扶资金888万元，引进帮扶资金261万元，培训基层干部655人次、技术人员585人次，购买贫困地区农产品210.5万元，帮助销售贫困地区农产品2708万元，帮助当地企业科技成果转化新增利润800万元、引进人才5名。此外，还为云县编制全域旅游规划1套，编制乡村振兴规划4套。

2018年9月，云县作为云南省首批、临沧市首个脱贫摘帽县，正式退出贫困县序列。华工定点扶贫项目获评第三届“教育部直属高校精准扶贫精准脱贫十大典型项目”。在国务院扶贫开发领导小组2018年定点扶贫工作考核中，华工被评为“好”等次。

【扶贫资金投入】 2018年，华工投入帮扶资金888万元，其中支持云县大寨镇慢赖村太阳能路灯安装项目18万元，捐赠电脑74.67万元，支持云县爱华镇小忙兔村改造建设核桃加工烤房项目5万元，捐赠2018年“云县爱心学子”助学金3万元，改善小忙兔村办公条件及基础设施9万元，捐赠图书和电子图书资源278万元，编制《云县全域旅游发展总体规划（2018—2035年）》，项目价值500万元（市场报价）。引入帮扶资金261万元。

【扶贫会议】 9月，云县县委书记李明奎一行15人来华工参加“华南理工大学精准帮扶云县工作推进会”，华工党委书记章熙春、副书记刘琪瑾以及学校扶贫开发领导小组成员单位负责同志和相关领域专家参加会议。12月，校长高松带队赴云县调研并参加扶贫专题座谈会，明确华工将持续精准对接乡村振兴战略，深入推动落实云县全域旅游规划。会上，华工与云县签订《华南理工大学—云县人民政府深化定点帮扶实现脱贫奔康备忘录》《消费扶贫意向书》《爱心茶采购协议》，并向云县捐赠价值155万元的资金。

【扶贫调研】 2018年，华工师生、校友等到云县参加扶贫调研13批120余人次，开展教育帮扶、医疗帮扶、产业帮扶、智力帮扶、公益帮扶和投资考察。其中，8月中旬，华工党委副书记刘琪瑾带领华工附属广东省人民医院、附属第二医院（广州市第一人民医院）、华工医院、党委统战部、附属实验学校相关教育和医疗专家一行13人赴云县调研，并开展教育和医疗帮扶。1月和8月，华工党委副书记陶韶菁带领全域旅游规划调研组和相关投资企业赴云县考察调研，开展产业和智力帮扶。11月，华工广东省村镇可持续发展研究中心常务副主任叶红副教授一行12人深入云县爱华镇小忙兔村、大寨镇慢赖村、后箐彝族乡菠萝村现场踏勘并进行调研，为3个行政村编制乡村规划。

【扶贫培训】 打造“华园云州大讲坛”品牌活动，先后邀请4名资深专家学者赴云县开展心理调适、全域旅游、金融投资、乡村建设等专题讲座，培训党政干部655人次。坚持“请进来”和“走出去”相结合，9月和12月分别邀请云县以及临沧市相关干部78人赴广州参加投融资专题培训班和综合素质提升培训班。结合教育与医疗帮扶，培训教师、医生等专业技术人员

585 人次。

【干部挂职扶贫】 2018 年，继续选派张健（校党委办公室、学校办公室副主任）挂职云县副县长，继续选派毛善超（经济与贸易学院正科级干部）挂任云县爱华镇小忙兔村第一书记。

【产业扶贫】 华工结合云县优势农业资源，充分利用自身学科特点，开展产业帮扶，利用华工食品学科专家在云县设立的“专家工作站”，向云县优势产业提供科技创新支持，帮助突破技术瓶颈，加速实现产品转型升级，2018 年为企业新增利润 800 万元。

【扶志扶智】 为云县打造“一体化”全域旅游规划，构建“扶贫链”造血机制。2018 年，华工组建以吴志才教授为组长的课题组，根据云县区域位置、资源禀赋、发展定位，为云县量身定制全域旅游规划。课题组涵盖旅游规划、城市规划、新闻传播、互联网应用、公共管理、文化设计等专业教授和相关单位领导，先后召开 10 余次项目研讨推进会，并分 4 批 37 人次赴云县实地调研，召开各类座谈会 13 场。2018 年 9 月形成《云县全域旅游发展总体规划（2018—2035 年）》“1 + 5”（即一个全域旅游总体规划加一套云县形象设计系统、一套招商项目库、一个招商宣传专题片、一套品牌推广方案、一套乡村振兴民居改造指引）终期成果，并被云县县委和云县人民政府采用。华工经济与贸易学院（旅游与酒店管理学院）、广东旅游战略与政策研究中心及广东省乡村振兴与旅游大数据工程技术研究中心主任吴志才教授被聘为云县人民政府社会经济顾问。

2018 年，华工积极链接社会资源，推动广东温氏食品集团股份有限公司等农业龙头企业赴云县开展投资规划考察。9 月，借助校友资源和渠道，华工成功促成上海秦森园林股份有限公司与云县签订全域旅游与精准扶贫项目战略合作框架协议书，并于 11 月签订项目合作协议书，总金额达 26 亿元。10 月，在校友合力推动下，邀请广东裕丰食品股份有限公司等企业赴云县实地考察山地黑骨鸡、核桃等农特产品，签订 12 亿元的投资意向书。

【教育扶贫】 8 月，华工附属实验学校分别与云县民族中学、爱华完全小学和大寨镇邦别完全小学签订帮扶协议，双方互派 13 名优秀教师骨干交流学习，并为云县大寨镇慢赖村邦别完全小学、爱华镇小忙兔小学和云县职业高中捐赠建设 3 间华云计算机教室；华工首次派遣 2 名西部志愿者赴云县支教 1 年。协助开展高中办学水平提升工程，帮助引进广东省特级教师、高级教师各 1 名。组织云县一中师生 17 人，7 月赴广州参加由中国科学技术协会、教育部主办，广东省科学技术协会、广东省教育厅和华工承办的 2018 年青少年高校科学营华工分营活动。推动云县小学英语教学提升计划，通过引进捐赠智能教学设备，协调争取增加教师人数等多种途径，2018 年云县小学英语开课率提升至 32.3%。

【公益扶贫】 2018 年，华工广泛争取社会资源，捐赠资金（款物）折合 260 余万元。10 月，博研慈善基金捐赠 10.8 万元建设的大寨镇荒田小学“爱心浴室”顺利落成。12 月，协调中国教育发展基金会 150 余万元用于云县大寨镇慢赖村幼儿园建设，协调校友捐赠价值 100 万元的教育信息化设备。12 月，华工向云县大寨镇慢赖村贫困户捐赠食品价值 7 万余元。

【健康扶贫】 8 月，组织附属广东省人民医院、附属广州市第一人民医院党外医疗专家团 12 人，赴云县开展免费义诊、手术指导、带教查房、学术讲座等一系列医疗帮扶活动，义诊病人 200 余人次，带教手术 5 台次，带教查房 8 场次，疑难病例讨论 30 余例，指导临床科室交班 8 场次，开展学术讲座 8 场次，培训卫生专业技术人员 300 名。

【扶贫宣传】　10 月 15 日，教育部官网在专栏中发布《华南理工大学精准扶贫精准脱贫典型项目——打造“一体化”全域规划，构建“扶贫链”造血机制》一文，报道华工帮扶成效。10 月 17 日，教育部官网在专栏中发布《华南理工：执着和守望于这片青山绿水》一文，对帮扶干部进行报道。

（华南理工大学党委宣传部　张　健）

四川大学定点扶贫

【概述】 2018年，四川大学定点扶贫四川省甘洛县。确定甘洛县帮扶项目23个，直接投入帮扶资金457.1万元，引进帮扶资金644.92万元，培训基层干部358人、技术人员702人，购买贫困地区农产品222.22万元，帮助销售贫困地区农产品209.03万元。截至2018年底，甘洛县格布村退出专项考核已顺利通过县、州、省三级验收考核。四川大学荣获全省高校定点扶贫“先进单位”称号。

【扶贫资金投入】 2018年，四川大学直接投入帮扶资金457.1万元，其中基建及民生项目244.95万元，产业项目180万元，教育投入12.65万元，规划设计19.5万元。引入资金644.92万元，其中协调校友会公益组织捐赠10万元，佛山南海区投资300万元，甘洛森谷食品加工有限公司投资330万元，协调中国建设银行成都七支行补贴资金3.14万元，四川马良神笔教育咨询公司捐赠1.78万元。

【扶贫调研】 2018年度，四川大学领导赴甘洛县实地调研和工作6人次，组织干部下乡调研289人次。10月17日，校长李言荣、校党委副书记敬静，赴学校定点帮扶的甘洛县开展扶贫日脱贫攻坚工作，并代表学校向甘洛县捐赠扶贫项目建设资金200万元。针对甘洛县150户贫困户实施“分户包干”工作，动员12个二级学院分别开展对户帮扶工作，全年走村入户30次，100人次。

【扶贫培训】 开设党政干部能力提升脱产培训班6期，培训314人；培训县级骨干教师431人；为甘洛县量身定制了3年培训规划；举办优秀校长综合管理能力提升培训班，培训50人；开展远程医疗会诊14例次；远程网络教学199场次，7211人次、654名医务人员参加；接受进修19人。

【扶志扶智】 发挥智力资源优势，为地方发展出谋划策，实施“凝智”计划，鼓励专家针对甘洛县脱贫攻坚工作开展专项研究，直接投入研究经费19.5万元，减免研究经费100万元，完成甘洛县《政府PPP项目的策划方案》《招商引资项目潜力挖掘研究报告》《斯觉镇精准扶贫产业规划（2018—2020年）》《斯觉镇格布村精准扶贫产业规划（2018—2020年）》。

【干部挂职扶贫】 利用人才、学科优势，在原选派1名县级领导和1名第一书记的基础上，根据2县人才需求，选派农业、水利等学科领域方面的干部人才，形成覆盖县、乡（镇）、村3级的梯队式干部扶贫工作格局，构建了1名县级副职+3名至4名县局副职+1名乡镇副职+1名至4名驻村干部的“1+N”干部人才精准扶贫新模式，2018年共派驻甘洛县扶贫干部10人，平均年龄35岁。学校专门出台《挂职干部人才管理暂行办法》，做好帮扶干部的激励保障工作。

【教育扶贫】 发挥研究生支教团智力优势，提升地方基础教育水平。四川大学研究生支教团自2013年起已连续在甘洛县服务6年，在甘洛县职业技术中学服务3年。2018年，支教团开展授课覆盖20个班级的716名学生，约6400课时（其中高三年级主科1200课时）；开展丰富多彩的第二课堂活动共计50余课时，覆盖2000名学生。开展“索玛花儿”一对一扶贫助学项目，募集资助款10.9万元，帮助62名贫困学生完成学业；开展“爱汇彝乡，情暖昭觉”暖冬计划，募集扶贫捐赠物资折合近10万元，覆盖10余所乡村学校5000人。

【产业扶贫】　在甘洛县格布村，引入校友企业助推贫困村产业发展，让贫困户持续增收。学校以贫困户的名义入股180万元，校友企业出资380万元，斯觉镇出资30万元，创办了以乌金猪为龙头产品的甘洛森谷食品加工有限公司；校友企业还出资200万元，同时吸引广东佛山市帮扶资金300万元、斯觉镇产业发展金100万元共建乌金猪养殖基地。格布村已首期分红64688元。开发地方特色物种潜力，以“学校+政府+校友企业+贫困户”的联合模式推进产业扶贫。

【健康扶贫】　完成远程会诊14例次，远程教学1850人次，在甘洛县人民医院坐诊36人次，门诊量2906人次，开展手术74例，开展新技术10项，开展讲座5次；捐赠价值数万元的医疗设备，改善地方医疗基础设施，提高手术的安全性；开展医务人员技术培训；开展健康知识普及和宣教工作，提高当地医疗技术水平；开展远程教学、各类专科讲座、远程会诊、义务诊疗、送医下乡活动，提供优质的医疗服务。

【结对扶贫】　学校发动12个学院结对精准帮扶甘洛格布村150户贫困户，精准实施对户结对帮扶。在甘洛县格布村，出资4.11万元开展卫生创建活动；出资23.41万元为贫困户搬迁新居添置家具；出资5.38万元开展暖冬活动，为全村添置棉被，在彝族新年为每户拍摄“全家福”；着力解决贫困户的“负面清单”，精准实施对户结对帮扶。

【社会扶贫】　学校动员和组织校友组织、校友企业、合作单位在帮扶资金、产业项目、物资捐赠等方面支持学校扶贫工作。协调四川长虹电子控股集团有限公司为甘洛县贫困村捐赠空调、电视各4台，价值2.64万元；协调中国建设银行成都七支行补贴资金3.135万元；协调校友会公益组织捐赠10万元用于帮扶项目实施；协调“四川马良神笔教育咨询有限公司”义卖资金1.78万元用于改善村幼儿园教学设备。加强基础设施改造投入，着力改善贫困村落后面貌，在甘洛县格布村，协调帮扶资金33万元修建上学路1.2千米、入户路3.5千米；投入205.6万元建设格布村幼教点及党群多功能活动中心综合体；投入4.35万元建设村内路灯。

【消费扶贫】　学校后勤集团开辟贫困县农特产品采购绿色通道，通过甘洛森谷食品加工有限公司直接采购该县牛、羊肉及蔬菜222.22万元；在学校教育超市设立专柜，2018年帮助甘洛县销售农特产品8.64万元；校工会在校内积极开展甘洛县特色商品专卖会3次，“以购代捐”甘洛县蜂蜜、年货、黑猪肉等共计141.53万元；向合作单位推荐甘洛农特产品并实现销售31.44万元；协助甘洛森谷食品加工有限公司在成都市高新区开设新零售网点，实现销售收入27.41万元。

（四川大学对外联络办公室　杨　彬）

电子科技大学定点扶贫

【概述】 2018年，电子科技大学定点帮扶贵州省岑巩县。推进“电子信息+精准扶贫”模式，在党建、教育、产业、智力及医疗扶贫等方面精准发力，助力岑巩县贫困发生率降至2018年底的5.06%。投入帮扶资金222.29万元，引入帮扶资金3492.8万元，完成基层干部培训428人，完成电商、旅游、技术人员培训630人，购买岑巩县大米等农特产品324.04万元，帮助岑巩县销售生猪等农特产品436.8万元。选派“三下乡”社会实践大学生6批、66人，接收挂职干部1人、医务人员进修1人，选派短期挂职干部3人，举办人才推介会1次，推荐赴岑巩县就业研究生1人。带动建档立卡贫困人口脱贫1618人，帮助贫困人口实现转移就业151人。

【扶贫资金投入】 2018年，电子科技大学直接投入帮扶资金222.29万元，涉及帮扶项目20个，其中，教育扶贫投入61.5万元，科技扶贫投入55万元，产业扶贫投入45万元，党建扶贫投入38.79万元，智力扶贫投入22万元。引入帮扶资金3492.8万元。

【扶贫调研】 2018年，电子科技大学党委书记、定点扶贫工作领导小组组长王亚非等7位校级领导深入考察岑巩县中小学校、果园、养殖场、产业园区等，推动并深化帮扶协作。2018年共37个单位累计278人次赴岑巩县对接、落实年度扶贫工作计划的48项具体任务。

【扶贫培训】 2018年，电子科技大学加大多层次、多类型、多视角的人才培训力度，开设覆盖四大班子、党政干部、青年骨干等的专题培训班，开展电商从业、乡村旅游、桑蚕养殖等技术人员培训工作，累计培训1058人。

【干部挂职扶贫】 2018年，电子科技大学先后派出3名干部到岑巩县挂职扶贫，构筑了县、乡、村梯队式挂职干部格局。谢继华接替张海涛同志，挂职岑巩县委副书记，协助县委书记分管脱贫攻坚工作，负责大数据产业、电子商务和“智慧岑巩”建设。派驻岑巩县大有镇塔山村第一书记赵冰获评贵州省“脱贫攻坚优秀村第一书记”。增派学工部就业指导中心副主任张彦昭赴岑巩县挂职扶贫办副主任。建立“辅导员挂职锻炼实践基地”，开展长短期相结合的挂职锻炼工作，首批遴选3名辅导员赴岑巩县挂职。

【扶贫宣传】 2018年，电子科技大学扶贫工作被中央电视台、中国教育频道、中国教育报、人民网、新华网等中央媒体报道18次，被网易新闻、今日头条等知名平台广泛转载和报道。2018年发布以赵冰工作经历为蓝本的微电影《塔山之上》，获第三届全国大学生网络文化节三等奖和全国高校网络教育优秀作品推选展示活动二等奖。

电子科技大学将扶贫日打造为扶贫开发宣传窗口与国情教育平台，在学校、岑巩县（教育部牵头的定点帮扶任务）和康定市（四川省教育厅牵头的定点帮扶任务）三地同步开展主题展、中小学师资帮扶、慰问贫困户和驻村干部、图书捐赠、“捐里程献爱心”爱心公益跑、送医下乡、脱贫攻坚慈善晚会等系列活动。

【扶贫资金管理】 2018年，电子科技大学扶贫工作严格执行《电子科技大学扶贫项目管理暂行办法》和《电子科技大学扶贫经费管理暂行办法》，严格把控扶贫项目的立项、评审、实施和管理等各个环节，设立定点扶贫工作专项经费账户，确保专款专账，明确专人管理，做到资金有保障、项目出实效。

【党建帮扶】　2018年，电子科技大学开展二级党委（党总支）、基层党支部与岑巩县8个省级深度贫困村和教育系统11个单位党支部“一对一”“多对一”定点帮扶，校内二级党委（党总支）、机关党支部与贫困村、中小学、机关部门结对14个。学校定点帮扶的塔山村带动周边5个村党支部成立区域联合党委，以党建促发展，塔山村已于2018年率先实现整村脱贫摘帽。继续强化校内党支部与塔山村18个贫困学生“爱心一帮一”帮扶工作。

【教育帮扶】　2018年，电子科技大学投入教育帮扶资金61.5万元，用于远程教室、教育信息化等帮扶项目实施。依托“大学生社会实践基地”选派3名研究生开展为期1年的支教活动，组织6批、66名大学生为地方教育教学提供持久精准帮扶，设立“贫困学生专项助学金”，资助塔山村贫困学生35人。开展机器人竞赛相关培训，指导岑巩县四中备战贵州省3D打印创意设计大赛，5名同学全部获奖。开展招生政策专题宣讲活动，录取岑巩县籍学生1人。携手新华公益为当地贫困学生开展线上募捐活动，提升贫困地区学前教育质量、改善教学设施。2018年启动建设的远程教育系统，实现30所中小学学生与国内外优秀教师的“面对面”。探索高考外语提分新模式，帮助岑巩县一中日语科目平均分提升20余分，一本上线人数较2017年增加125人，本科升学率94.35%，助力探索普惠式高中教育样板经验。岑巩县一中连续3年荣获黔东南州普通高中教育教学质量一等奖。

【产业帮扶】　2018年，电子科技大学以“电子信息+”升级传统产业，投入产业帮扶资金47万元。签订《岑巩县数字资源环境展示系统框架合作协议》并研发数字资源分析大数据平台，推动岑巩县地理信息可视化进程，推进岑巩县农林资源的精细利用和国土资源的科学规划。实施的“智慧养猪”“智慧果园”等项目，完成生猪养殖智慧化升级及智慧果园建设，推动探索农村种养规模化、品牌化、可持续化发展新路子，覆盖9村、4721人，2018年增收326.8万元，带动200户贫困户脱贫。2018年，“智慧养猪”项目获贵州省生态农业循环项目100万元支持。2019年岑巩县入选全国县域数字农业农村发展先进县。

发挥校友资源，组织各地校友会负责人实地考察调研，邀请岑巩县代表参加校友大会，广泛推介校友企业落地。在成都为岑巩县举办“创业天府·菁蓉创享会”引资引智专场会，组织国家大学科技园30家企业与岑巩县互动对接，引荐成都市易农科技有限公司、成都成电医星数字健康软件有限公司等校友企业参与“智慧岑巩”项目建设。

【扶志扶智】　2018年，电子科技大学继续发挥高校引智作用，选派17位电子信息、经济管理、公共管理等领域专家以及5名博士，为岑巩县及企事业单位发展规划和重大决策等提供决策咨询，推荐1名研究生赴岑巩县就业。助力岑巩县获批国家级电商示范县，已获1500万元资金支持。加大特殊群体扶志扶智力度，举办残疾人电商培训2期，累计培训61人次，高质量推进残疾人脱贫攻坚工作。在“智慧扶贫作战指挥系统”（一期）良好运行的基础上，与岑巩县签订二期合作协议，进一步构建扶贫大数据可视化体系，为脱贫攻坚提供科学决策依据，该系统构筑起精准扶贫指挥中枢的信息平台，实现对16654户、64677人的贫困精准识别、帮扶精准施策。“电子信息+精准扶贫”入选2018年教育部直属高校精准扶贫精准脱贫十大典型案例，获20万元资金支持。

【健康扶贫】 2018 年，电子科技大学积极开展“送医下乡”义诊活动，累计受益 300 人次，发放价值 2000 元药品，选派优秀内外科专家驻点大有镇卫生院，并捐赠电动洗胃机等医疗设备与物资。校办企业成都成电智创科技有限公司捐赠医疗信息系统软件 2 套，价值 6 万余元。校友企业成都成电医星数字健康软件有限公司投资 1000 万元推进智慧医疗建设，完成岑巩县城乡居民健康档案规范化电子建档 13.35 万份，建档率 82.6%。

【文化帮扶】 投入 13 万元，在塔山村启动 6 个文化广场建设与“村村通”无线广播系统建设，打造知识传播、文化交流新平台。打造塔山村留守儿童亲情聊天室和农民信息化培训室。组织专家调研“思州石砚”等非物质文化遗产，探索古砚文化产业化路径，为申请国家非物质文化遗产奠定基础。电子科技大学艺术团于 10 月扶贫日期间赴岑巩县为地方群众举办慈善晚会。携手校友发起“蓉之风华”文化公益行，让艺术文化走入贫困地区。

（电子科技大学定点扶贫工作办公室
段培俊）

重庆大学定点扶贫

【概述】 2018年，重庆大学定点帮扶云南省红河州绿春县，根据绿春县社会经济、教育发展落后及素质型贫困问题突出的实际情况，按照“绿春所需、重大所能”原则，充分利用自身教育、智力、人才等资源优势开展帮扶工作。校领导、专家2次带队赴绿春县考察帮扶。选派2名挂职干部赴绿春县任职，挂职干部下乡调研20次，形成督导意见17个。投入帮扶资金176.63万元，协助申报中央专项彩票公益金润雨计划专项资金130万元。购买贫困地区农产品5.2万元，通过动员校友企业和鼓励大学生创业，帮助销售贫困地区农产品7.61万元。选派6名支教团成员到绿春县一中开展基层扶贫支教工作。做好基层队伍培训，开展专题研讨班和网络学历教育，培训基层干部共878名，通过教师业务培训和绿春校外学习中心网络教育，培训专业技术人员146名。

【扶贫资金投入】 2018年，重庆大学直接投入帮扶资金176.63万元，包括25.8万元书籍、60万元奖助学金、88.83万元教育培训资金以及2万元物品捐赠资金。引进中央专项彩票公益金润雨计划专项资金130万元，用于云南省绿春县戈奎乡俄东小学、戈奎中学围墙建设等工作。

【扶贫调研】 2018年，校领导、专家2次带队赴绿春县调研脱贫攻坚。10月，重庆大学校长张宗益、副校长王时龙带队赴绿春考察调研，分别到戈奎乡咪丕村、党建脱贫双推进基地、哈尼城建设指挥部和新高中进行督导工作。5月，学校派经管学院教授廖成林赴绿春县农科局和党建脱贫双推进基地督导工作，提出专业意见和建议。

【扶贫培训】 经管学院教授廖成林受邀赴绿春县作题为《贯彻党的十九大精神，推进乡村振兴战略——“互联网+”环境下的乡村振兴路径思考》报告，两期研讨班培训基层干部448名。举办高级研修班，以“请进来”的方式对绿春县选派的21名教育管理者、骨干教师进行业务培训，提升其综合能力。开展远程培训，重庆大学网络教育学院设立绿春校外学习中心，聘请经验丰富的优秀教师，根据当地需求开设近200门优质的网络课程，提供7×24小时的多元学习服务，在读人数近700人，培训绿春基层干部430名、专业技术人员125名。

【干部挂职扶贫】 2018年，重庆大学选派2名挂职干部赴绿春县任职：学校公共管理学院副教授、农业经济管理博士李雪松挂职绿春县副县长，协助县长工作，负责绿春县与重庆大学对口帮扶工作，协管教育、扶贫、科技、住建、招商等工作；派遣党委保卫部吴献伟赴绿春县任中共大兴镇阿迪村党总支第一书记。挂职干部副县长李雪松在7月至12月共下乡调研20次，涉及6个乡镇、15个村委会（村民小组），调研期间入户走访24户，形成督导意见17个。

【扶贫资金管理】 2018年，重庆大学定点扶贫经费按照“三重一大”（重大事项决策、重要干部任免、重要项目安排、大额资金的使用，必须经集体讨论做出决定）制度执行，每年申报专项，严格按照学校财务制度管理使用，并对资金使用情况进行及时监督，确保资金使用合理合规。

【消费扶贫】 通过校友企业帮扶，重庆原产地实业（集团）有限公司指导绿春县“一号桥”电商基地建设，为绿春制作专题纪实宣传片，2018 年全年收购绿春红米、茶叶、野生菌和香辛料等共计约 5720 千克，重新包装后在“爱上源产地商城”进行线上销售。通过“绿春绿，哈尼红，炬多多”国家级大学生创业项目打造电商平台，为绿春农产品做网络推广，帮助销售绿春玛玉茶近 2 万元。

【教育扶贫】 开展支教服务，选派 6 名研究生支教团成员赴绿春县一中支教 1 年，教授数学、英语、思想品德等科目，共承担 26 个班级的教学任务，每周工作量 100 个课时。开展捐资助学，学校向绿春县捐赠 60 万元奖助金，主要用于奖励优秀学生和改善教育基础设施；向大兴小学和三猛乡小学捐赠价值 1 万元的文体月品；向绿春中小学捐赠图书 5843 册，价值 25.8 万元。

（重庆大学国内合作办公室　吴　炯）

西安电子科技大学定点扶贫

【概述】 2018年，西安电子科技大学（以下简称“西电”）定点帮扶陕西省蒲城县。学校逐步形成以党建扶贫为引领，教育扶贫为主线，人才培训及产业科技帮扶为两翼，全面统筹、综合施策、稳步推进的工作格局，在教育帮扶、人才培训、科技信息、产业扶贫等方面，有针对性地为蒲城县的经济社会发展服务，构建多维长效扶贫机制。领导班子成员先后6人次赴蒲城县参加扶贫活动、开展扶贫调研考察和督促检查。直接投入帮扶资金202万元，引进帮扶资金275.75万元，采用“项目+资金+团队”的方式推动学校扶贫资金及扶贫项目实现精准落地。培训蒲城县基层干部431名，培训各类技术人员806名。直接购买蒲城县农产品245.6万元，帮助销售蒲城县农产品209.9万元。西电结合学校特点及优势资源，根据蒲城县县域实际情况以及脱贫攻坚实际需求，动员西电师生及校友、校友企业、社会公益基金等力量全力推进，形成校县联动的扶贫工作态势。

【扶贫资金投入】 2018年，西电直接投入帮扶资金202万元，实施包括基层党组织阵地建设、电子商务培训基地建设、青年红色筑梦之旅科创小屋建设等帮扶项目；引进帮扶资金275.75万元，其中引进校友、校友企业投入帮扶资金125万元，引进西电合作单位投入帮扶资金52万元，引进社会公益组织投入帮扶资金98.75万元。

【扶贫调研】 2018年，西电调整成立由党委书记和校长任双组长，相关校领导任副组长，相关职能部门任成员的学校扶贫工作领导小组，专门设置学校扶贫工作办公室，配备三名专职扶贫工作干部，充实学校扶贫工作队伍。2018年，时任党委书记郑晓静院士、校长杨宗凯及校领导班子成员先后6人次赴蒲城县参加扶贫活动、开展扶贫调研考察，针对蒲城县委、县政府承担脱贫攻坚主体责任情况，蒲城县镇、村两级党委、政府脱贫攻坚推进情况以及扶贫工作作风建设开展督促指导。

【扶贫培训】 2018年，西电针对蒲城县的县镇村三级干部、共青团干部、非公企业和社会组织党支部书记开展各类基层干部培训，邀请高校内知名教授以及相关领域知名专家累计举办6期培训班，培训学员431名。采取“请进来”与“走过去”方式，针对蒲城县基础教育教师，依托基础教育集团开展“跟岗挂职”培训4批、128人，针对企业负责人、电商从业者和建档立卡贫困户分别组织开办企业负责人培训1期、电商培训4期以及基础教育师资培训1期，2018年累计培训各类技术人员806名。

【干部挂职扶贫】 选派2名干部到蒲城县挂职，分别担任蒲城县副县长和闫家村驻村第一书记。2位挂职干部在党建引领、产业发展、脱贫增收、扶贫项目开发等工作中务实努力，发挥联系校地双方的桥梁纽带作用。鞠波获得渭南市“优秀第一书记”荣誉称号。

【扶贫宣传】 2018年，国务院扶贫办网站、《中国青年报》、教育部网站等中央主要媒体先后10次，陕西省扶贫办、《陕西日报》等省级媒体先后3次，陕西省教育厅等委厅平台先后20次报道学校定点扶贫工作。在“10·17”扶贫日期间，西电要求各单位加强宣传，开展全方位、多形式的扶贫日主题活动，宣传脱贫攻坚目标任务、政策举措，引导动员广大师生参与脱贫攻坚工作，各二级单位组织开展特色扶贫日主题活动20次。

【扶贫资金管理】 扶贫项目及资金安排按照“三重一大”（重大事项决策、重要干部任免、重要项目安排、大额资金的使用，必须经集体讨论做出决定）决策制度执行，资金使用聚焦蒲城县经济社会发展，制定年度计划和专门方案，统筹安排扶贫专项资金使用，做到专款专用、专款专账，扶贫工作办公室对资金使用负有主体责任，计划财务处负有监管责任。在使用过程中，采用“项目+资金+团队”的方式，召开项目需求对接会、项目论证会，校地之间充分进行对接，精准确定帮扶项目和帮扶资金，在前期准备成熟后拨付帮扶资金，然后组建学校帮扶团队，包括教授专家团队、校友团队、党员干部团队、学生团队等跟进指导项目推进，监督学校扶贫资金使用，最终由蒲城县相关单位出具《项目完成情况报告》，确保扶贫资金下得去、用得好、出实效。

【党建扶贫】 推进“贫困村村委会阵地建设工程”，2018年投入35万元，在蒲城县兴镇、龙池镇、罕井镇、桥陵镇、荆姚镇等5个乡镇、58个贫困村开展基层党组织阵地建设项目，捐赠办公自动化设备；推进机关党支部与蒲城县贫困户结对帮扶，动员机关党员干部捐赠3.8万元支持蒲城县邢家村羊肚菌产业发展和贫困户健康诊疗，从党费中拿出4万元支持蒲城县陈家村金银花产业发展。

【产业扶贫】 发展金银花产业。2018年，学校组建由8名具有高级职称的教师组成的专家工作站，投入20万元助力产业园区建设，推进金银花产业升级发展。金银花产业现已成为蒲城县产业脱贫3大支柱产业之一，被列入在渭南市总结推广的“村党支部+新型经济合作组织+贫困户”产业联结模式和产业扶贫“菜单”。发展西甜瓜产业。依托西电计算机科学与技术学院刘志镜教授团队开发的“农掌门”科技惠农服务应用平台，指导蒲城县西甜瓜种植，实现对全县1300户种植贫困户精准跟踪指导，开展“保姆式”服务。2018年，西电专门组建由12名具有高级职称的专家组成的专家工作站并投资10万元支持基地的建设及发展，推动产学研用结合。发展食用菌产业。2018年，西电组建由电子工程学院相关专家教授组成的专家工作站，投入20万元，同时引进校友资金15万元在蒲城县成立了食用菌产学研一体化示范基地，结合基地实际情况研发部署“利农宝”智慧大棚控制系统，系统可以即时在手机端和硬件端精确采集、显示大棚温度、湿度、光度等参数，并根据参数变化实现实时控制，达到降低成本、提高产量、带动贫困户增收的效果。

【教育扶贫】 实施“一院一校一品帮扶行动计划”，推进20个二级学院与蒲城县20个乡镇中小学结对帮扶，2018年各学院近1000名师生走进蒲城县中小学，开展扶贫活动53次，形成了如机器人进校园、无人机展示、国学经典诵读、中小学创客实验等品牌活动，为蒲城中小学捐赠各类物资超过30万元。实施“基础教育资源改善计划”，打造“互联网+教育”模式，投入120万元、引进资金12万元推进蒲城县尧山中学智慧校园建设项目。学校投入30万元先后在蒲城县建立3间“青年红色筑梦之旅科创小屋”，同时协调上海真爱梦想公益基金会投入40万元为蒲城县中小学捐建2间“真爱梦想教室”，上海真爱梦想公益基金会还联合惠普公司为蒲城县中小学捐赠80台总价值40万元的大型打印机。实施“大学生社会实践行动计划”。2018年，学校依托在蒲城县建立的23个大学生社会实践基地组织开展“万名学子扶千村”大学生暑期社会实践扶贫专项活动，组建6支实践队91名队员赴蒲城县开展调研、宣讲以及支教等实践活动。西电从2015年起，每年选派4名优秀研究生实施中国青年志愿者扶贫接力计划在蒲城县支教。

【消费扶贫】　西电与蒲城县签订战略合作框架协议推进消费扶贫，在食堂大宗物资采购和教职工福利采购方面优先购买蒲城县特色农产品，2018年累计购买价值245.6万元的特色农产品。2018年，西电累计帮助销售蒲城县特色农产品229.9万元。

（西安电子科技大学扶贫工作办公室　张　鹏）

长安大学定点扶贫

【概述】 2018 年，长安大学定点帮扶陕西省商南县。直接投入帮扶资金 252.2 万元，培训基层干部 258 名、技术人员 272 名，购买贫困地区农特产品 435.6 万元，帮助销售贫困地区农产品 251.17 万元，开展科技项目 2 项，建成 1 个产学研示范基地，设立 1 个工程技术咨询服务站，陆续开展教育扶贫、科技扶贫、工程技术咨询、消费扶贫、党建扶贫、人才帮扶等帮扶活动。

【扶贫资金投入】 2018 年，学校在商南县直接投入帮扶资金 252.2 万元。其中，支持商南县产业项目 9 项，投入资金 145 万元；支持基础设施建设项目 5 项，投入资金 65 万元；投入资金 8 万元，编制《商南县物流业发展规划》；投入资金 20 万元，开展脱贫攻坚与乡村振兴战略背景下陕南乡村“三生空间”发展模式研究，编制《商南县青山镇花园村乡村振兴规划》；投入资金 13.05 万元，开展基层干部、专业技术人员和贫困农民技能培训；发放慰问金 1.15 万元，慰问贫困户 18 户。

【扶贫调研】 2018 年，长安大学校领导 14 人次赴贫困县调研指导工作。9 月，党委书记杜向民一行赴商南县开展定点扶贫调研工作。6 月，校长陈峰率队赴商南县开展定点扶贫调研工作。

【党建扶贫】 12 月，长安大学机关党委作为首批结对帮扶试点单位与青山镇党委签署了“党建帮扶”扶贫合作协议，在推动基层党组织标准化建设、组建宣讲团及培训专家队伍开展党建专题教育培训、建立党建扶贫示范点、持续抓好“四扶”工作（扶志、扶智、扶技、扶德）等方面达成共识。机关党委还在全校教职工中发起“爱心传递·捐衣赠书”献爱心活动，为商南县青山镇捐赠秋冬衣 675 件，捐赠青少年儿童书本 918 册（件）。

【扶贫培训】 长安大学在商南县开展幼儿教师、国土资源、交通工程等技术培训三期，培训 272 人次；开展农家乐经营、服务礼仪、创新创业、致富能手等农民技能培训 4 期，培训 200 人次；开展基层干部政策培训 2 期，培训 178 人次；承办商南县“优秀年轻干部能力提升培训班”2 期，每期培训 12 天，参训 80 人次。

【干部挂职扶贫】 2018 年，长安大学在商南县派驻挂职干部 3 人，分别担任副县长、团县委书记助理、驻村第一书记职务。12 月，选派后勤党委副书记黄飞挂任商南县委常委、副县长，接替完成挂职任务的李红霞。挂职干部李红霞连续两年考核优秀，并被评为中省驻商单位脱贫攻坚先进个人。

【消费扶贫】 建立教职工福利消费平台，采购当地生产的特色农特产品用于发放职工实物福利。2018 年，长安大学工会采购价值 162.15 万元的商南县农特产品，帮扶带动贫困户 121 户、484 人。建立教职工生活消费平台，在校内教职工服务超市开设商南县农特产品专柜，2018 年，累计销售农特产品 24 万元，带动贫困户 200 户增收。建立校园餐饮消费平台，在校园食堂设立商南县特色餐饮档口，采购商南农特产品 210 余万元。在 2018 年的扶贫日活动中，长安大学与商南县签订《优质农产品战略合作框架协议》，结成长期、全面的战略合作关系，为商南县农产品进高校提供稳定的销售渠道。

【扶贫宣传】　2018年，人民网、央视网、中国日报网、中国教育网络电视台、搜狐网、凤凰网、华商网、三秦网等各级各类媒体先后160余次报道长安大学扶贫相关工作。

【扶贫资金管理】　专项管理、专款专用，长安大学专门设立扶贫专项资金，纳入学校预算统一管理，根据年度工作要点和重点工作制定扶贫工作预算，列出专门计划，专款专账。严把项目资金使用关，所有帮扶项目均由结对帮扶县人民政府遴选推荐，列出专门方案，组织专家进行论证和评审，经扶贫工作领导小组会议讨论后，按照“三重一大”（重大事项决策、重要干部任免、重要项目安排、大额资金的使用，必须经集体讨论做出决定）决策制度分别提交常委会、校务会。对于会议确定的帮扶项目，全部按照“一项目一协议”的要求与帮扶县签订扶贫项目合作协议，聚焦扶贫项目，专款专用，明确资金使用、用途、监管等责权，并及时做好教育部国有资产处置备案工作。认真抓好后期跟踪监管，定期对帮扶项目进展情况开展检查，对资金使用和管理情况要求当地政府定期给予书面报告，并实地检查落实，加强扶贫资金安全使用及监管。

【产业扶贫】　长安大学结合商南县青山镇产业发展实际，在青山镇建设特色镇域经济发展产学研一体化示范基地，直接投入资金145万元，对青山镇8项扶贫产业发展项目予以支持，成功吸引陕西神农兔业发展有限公司、云南景谷白龙茶业有限责任公司等企业入驻或在当地增加投资，直接受益贫困群众284户、865人。2018年12月，长安大学与商南县人民政府签订《长安大学—商南县特色镇域经济发展产学研基地合作协议》，持续在资金、技术、规划等方面提供支持，以示范基地建设为基础，建立了“党建$\xrightarrow{\text{引领}}$产业生态$\xrightarrow{\text{构建}}$产业基地$\xrightarrow{\text{孵化}}$产业项目$\xrightarrow{\text{镶嵌}}$贫困户”的产业帮扶模式，稳定推进贫困户的持续脱贫，服务区域经济发展。

【扶志扶智】　长安大学充分发挥在公路交通、国土资源与环境、城乡建设3大领域的科研特色和优势，组织专家团队参与当地脱贫攻坚和社会经济发展。结合商南县经济社会发展需求，设立商南县物流业发展规划、乡村振兴战略背景下陕南乡村“三生空间”（生产空间、生活空间和生态空间）发展模式研究等专项扶贫课题研究，将科学研究与扶贫攻坚有效融合，提升扶贫开发精准性。长安大学工程设计院在商南县交通局设立工程技术咨询服务工作站，捐赠各类工程设计规范图书1万元，开展交通工程技术专题培训，发挥工程技术优势，启动312国道改线设计、丹江画廊规划等技术咨询工作，助力当地经济社会发展。

【教育扶贫】　长安大学在商南县已经选派6届研究生支教团开展支教活动。2018年有7名支教队员分别服务于商南县鹿城中学、城关第七小学以及富水初级中学。除做好教学工作之外，支教团成员还组织公益志愿活动，开展“乡村书海工程”，募捐图书3000册，折合人民币5万元；开展“点亮微心愿”公益活动，收集商南县留守儿童600多个微心愿，认领捐赠物资折合人民币5万余元。2名队员先后荣获陕西省西部计划杰出志愿者和优秀志愿者称号。长安大学还投入资金10万元，助力鹿城中学心理素质发展中心建设。长安大学图书馆还在青山镇新庙村援建爱心书屋，捐赠书籍2000册。附属学校多次组织数学、英语等主干学科教学骨干赴商南县鹿城中学，开展以“送教下乡重引领，研讨交流促提高”为主题的帮扶送教活动。

【文化扶贫】　长安大学借助暑期社会实践活动，开展送科技、送文化下乡活动。2018年，在商南县组织开展了以“服务精准扶贫·助力乡村振兴”为主题的社会实践活动，立项资助8支团队赴商南县开展实践。先后开展“电商+农业”、“互联网+教育”、“建档立卡+精准扶贫”、推广普通话等文化教育扶贫活动。学校大学生艺术团还深入商南县乡村开展文化扶贫，精心举办文艺演出3场，近1000名群众观看演出。

【整村推进】 2018年，长安大学驻村帮扶青山镇花园村，选派专家团队，结合乡村建设实际，编制花园村乡村振兴规划，将当地生态优势转化为产业发展优势。投入资金55万元，捐建花园村小湾沟口休闲广场、花园村安家坪过水路面、花园村霸王沟桥梁、花园村公共厕所等基础设施，改善花园村民生条件。捐助计算机20台、打印机1台，建设“花园e家”农民培训基地，开展扶贫扶志行动，共培训农民234人次。11月，校医院到青山镇和花园村开展“健康扶贫”活动，为50多名群众做了血糖检测、血压检测、中医把脉等检查并发放药品，还为青山镇村卫生院捐赠医疗设备20台。

（长安大学校长办公室　王　凯）

北京航空航天大学定点扶贫

【概述】 2018年，北京航空航天大学（以下简称“北航”）定点扶贫山西省中阳县。主要领导及班子成员分别赴中阳县调研5人次，校地间往来超过500人次。2018年实现县城就业1000人，农村带动就业500人，培训基层干部985人、技术人员1070人，直接投入帮扶资金240万元，引进帮扶资金2000万元，直接购买中阳县农特产品53.78万元，帮助销售贫困地区农产品金额1223万元。2018年8月，中阳县在山西36个国家级贫困县中首批脱贫摘帽。国务院验收数据显示，2015年至2018年，中阳县贫困村由37个减至2个，贫困户由7969户、20918人减至354户、714人，贫困发生率由20.5%降至0.7%。中阳县建档立卡贫困人口零漏评、零错退，脱贫攻坚群众认可度95.59%，在山西省3个脱贫摘帽县中位列第一。

【扶贫资金投入】 直接投入资金260万元，其中山西扶贫专项经费60万元，阳坡村产业扶贫引导经费60万元，中阳党政干部北航培训经费120万元，第二代核桃硬壳碎皮机研发经费10万元，教育基金会定向募集北航“赛格威—纳恩博”励志奖学金10万元/年，支持50名中阳贫困小学生完成学业。引进帮扶资金2500万元，其中阳坡村省级集体经济发展试点到位资金100万元，同步吸引地方企业投资200万元，吕梁市中小微企业双创基地示范县到位300万元，山西省级双创基地示范县到位400万元，电子商务进农村全国示范县到位1500万元。

【扶贫调研】 2018年，5位校领导4次前往中阳县调研督导扶贫工作，看望慰问扶贫干部。8月，党委书记曹淑敏带领20名校友企业家调研中阳县，发挥大学优势，支持中阳县乡村振兴和全面小康事业发展。

【扶贫机制建设】 压实工作机构，明确党政办主任程波为领导小组办公室主任，副主任李建伟为领导小组办公室专职副主任。制定实施《关于印发〈北京航空航天大学2018年定点扶贫工作要点〉的通知》，把2018年扶贫任务细化成45项，分解到19家校内单位。

【干部挂职扶贫】 北航党委先后选派2批4名干部担任挂职副县长和第一书记。实施《关于印发〈北京航空航天大学挂职干部选派及管理暂行办法〉的通知》，明确扶贫干部选任条件、程序、待遇和考核激励。

【教育扶贫】 北航实验学校与中阳中小学开展“爱心双百”手拉手共建，组织200名师生交流互访。派遣16支大学生社会实践队、300名学生深入中阳县开展社会实践活动。第3批研究生支教团已开始为期1年的中阳县支教。北航4位院士、4位教授受聘为吕梁市转型发展专家顾问和大数据发展咨询委员会委员。指导吕梁职业技术学院创办“大数据学院”，并在9月迎来首批200名新生。针对中阳县最大企业——山西中阳钢铁有限公司技术瓶颈，组织材料、机械等领域教授联合把脉会诊。

【扶贫培训】 2018年7月，邀请北航教授为478名中阳县干部举办专题培训。8—11月，在北航连续举办5期中阳党政干部脱产培训班，培训358人，实现科级以上干部北航培训全覆盖。8月，北航实验学校对全县1000名中学、幼儿教师开展全覆盖的业务培训。9月，邀请校友企业到县举办实体经济经营管理者素质提升培训班，培训企业经营管理人员100人。

【易地扶贫搬迁】 在安置1254户易地扶贫搬迁贫困户的全县最大移民小区，设立吕梁市北航中汇科技孵化器，引进6家校友企业和14家本地中小微企业，招聘员工500人，其中贫困户121人，月收入2000元以上，帮助贫困户直接在家门口就业，顾家工作两不误，解决了部分贫困户“搬得出、稳得住”的问题。中阳县先后获批吕梁市中小微企业双创示范县、山西省级双创示范县。校友企业、吕梁航电新能源有限公司获批中阳县首家高新技术企业。

【扶贫车间】 北航第一书记把校友企业电子产品加工业务搬进阳坡村，成立电子产品村级加工点，精准带动51户、114名贫困户在家中加工电子线圈。

【产业扶贫】 针对中阳20万亩核桃硬壳碎皮难题，学校2018年投入10万元，支持机械学院战强教授团队成功研发出第二代核桃碎皮机。针对农村畜禽粪便处理的老大难问题，校友企业利用2017年引进的1000万元省级专项资金，在暖泉镇发展垃圾处理、有机肥加工、泰椒种植“三位一体”循环农业。建成年处理垃圾6万吨的有机肥厂，为15个贫困村每村分红2万元。带动445户贫困户种植辣椒700亩，亩均增收3000元以上。

【劳务输出】 在北航校园设立“吕梁山护工北航服务站”，引进中阳家政企业，把政府培训、持证上岗的吕梁山护工输送到北航及周边社区，从事保姆、月嫂和家政服务。累计310名妇女签约上岗，其中贫困户110人，人均月收入4000元以上。

【消费扶贫】 探索“超市+食堂+电商”扶贫模式，推进农超对接，在校内超市设置中阳特产专柜，春节前组织中阳核桃、枣夹核桃等“年货团购、爱心义卖”。加强农校对接，依托校友企业建立农产品进食堂绿色通道，将小米、土豆、粉条等送进北航食堂。挂职副县长牵头创办中阳县电子商务管理中心、中阳县电子商务协会，整合全县电商资源推动中阳县特产上行。7月，中阳县被商务部批准为电子商务进农村全国示范县。

直接购买中阳农特产品53.78万元，其中师生春节团购18.18万元，超市专柜销售农特产品5万元，食堂直采农产品30.6万元。帮助销售中阳农特产品1223万元，其中组织全县10家电商企业销售农特产品1193万元，组织校友企业收购暖泉镇贫困户辣椒产品30万元。

【整村推进】 阳坡村是北航定点帮扶村，学校驻村第一书记坚持搞好4类富民经济。狠抓“党支部+”脱贫工作法，通过“党支部+校友企业+致富能手”，发动村民家中炕头加工电子线圈。通过“党支部+校友企业+党员骨干”，带动村民试种50亩泰椒并实现丰产。通过“党支部+本地企业+党员骨干”，带动村民利用废旧窑洞养殖黄粉虫，实现户均月收入2000元。通过“党支部+本地企业”，建成产能2万吨的村有机肥厂，保底集体收益6万元，顺利实现集体经济破零。建好2个幸福工程，建成5千米的通村柏油路，多方筹措资金，建成阳坡集中养老看护中心，20名70岁以上老人告别“两天一顿饭、一顿吃两天”的生活。2018年，阳坡村贫困户从95户、253人减少至1户、2人，实现整村脱贫。

【扶贫宣传】 2018年，《人民日报》、《光明日报》、《吕梁日报》、吕梁电视台等媒体30余次关注和报道北航的扶贫工作。《山西日报》发表吕梁市委研究室《创新四大扶贫模式　探索四种脱贫路径——北航定点扶贫助力中阳县脱贫摘帽的实践报告》。

（北京航空航天大学）

北京理工大学定点扶贫

【概述】 北京理工大学（以下简称“北理工”）2018年定点帮扶山西省方山县，组织全校师生、校友、社会力量近1000人次开展帮扶工作，投入帮扶资金315.5万元，引进帮扶资金1767.5万元，培训基层干部510人次、技术人员2000人次，购买农产品72.75万元，帮助销售农产品2824万元。培育8家农特创业企业，劳务输出1000人次，捐赠设备100套，捐赠图书2800册，赠送服装1032套。截至2018年底，方山县贫困村减至7个，贫困户减至283户、670人，贫困发生率减至0.63%。

【扶贫资金投入】 2018年，北理工精准扶贫直接投入315.5万元，其中投入71万元举办方山北理工暑期学校、各类培训班等活动，提升方山县基础教育水平，提高方山县干部队伍等整体素质；投入89.9万元捐建扶贫车间、健康小屋，支持建设双创扶贫产业园、在校内开设扶贫超市，帮助方山县解决易地搬迁人口安置问题，支持县内相关企业创新发展，带动县域经济快速发展；投入108.2万元捐赠体育器材、衣物、图书、党内刊物等各类物品，用于方山县中小学生日常生活保障，支持方山县图书馆建设等；投入15万元设立“理工梦想”精准扶贫助学金、材料学院奖学金，用于资助方山县品学兼优的贫困学生；投入31.4万元用于各类调研等保障性支出。

【扶贫调研】 2018年，北理工党委书记赵长禄和校长张军等7位校领导先后前往方山县开展专题调研和督促检查。通过调研走访，北理工进一步明确“全员扶贫、全方位扶贫”的工作思路，做好“五个结合”，即远近结合、点面结合、“扶智”与“扶志”结合、学校力量与社会资源结合、特色与创新结合，扎实有序推进扶贫工作。

【扶贫机制建设】 根据北理工实际和方山县需求，制定《北京理工大学2018年精准扶贫工作计划》，将扶贫任务细化成18大类，分解到25家校内职能部门和各二级党委和直属党支部，并督促各单位按要求落实工作任务。根据中央和国家机关工委《2017年定点扶贫工作试考核反馈意见》，制定《北京理工大学定点扶贫工作整改报告》，动态调整帮扶举措。成立以党委书记和校长为组长的定点扶贫工作领导小组，设立专项扶贫资金，全力保障定点扶贫工作正常开展，统筹学校人才培养、科学研究、社会服务、文化传承以及校友企业等方面的资源，凝聚起学校精准扶贫的工作合力，有效形成了党委统一领导、党政齐抓共管、党政办公室统筹协调、全校各单位全员行动、校友及社会力量广泛参与的“大扶贫”格局。

【干部挂职扶贫】 2018年，北理工选派赵汐挂职方山县副县长，分工负责全县电子商务、物流、招商引资等工作，协管扶贫工作，选派刘伟光挂职方山县桥沟村第一书记，挂职干部均任期2年。在工作中，扶贫挂职干部深入了解定点扶贫县经济社会发展情况和当地百姓的日常生活需求，结合当地实际情况，创新开展“互联网+扶贫”的新路子；结合村内实际情况，与村“两委”干部紧密合作，多措并举提高村集体和村民实际收入。挂职干部刘博联获评2018年中央和国家机关脱贫攻坚先进个人。

【教育扶贫】 开展素质教育培训和社

会实践，创办方山北理工暑期学校，累计300余名志愿者赴暑期学校辅导2000余名方山县中小学生。每年选派8名研究生赴方山县支教1年，组织300名大学生深入方山开展社会实践。持续开展捐资助学，设立多项精准扶贫奖助学金，累计投入35.7万元，300名家庭贫困学生受到资助。

【扶贫培训】 实施教育专项培训计划，策划实施“情系方山·扬志立渔”立体式扶贫培训专项，通过“红烛点亮助力计划”“星火致富助力计划”“公仆领航助力计划”3大计划完成了对44名中小学校长、2000名青年电子商务创业人员、34名县乡领导干部和30名法官的培训。

【科技扶贫】 助力企业转型升级，选派47位专家先后6批次开展民营企业技术服务，已在球墨铸造、耐火材料与超级电容、生物提取、煤矸石粉煤灰循环利用等新领域实现技术升级对接，促成北方凌云工业集团有限公司等大型军工企业与山西庞泉重型机械制造有限公司等方山县企业达成合作。助力群众高效生产，研发新型“打枣机”并得到普遍应用，降低红枣采摘的人力成本；“云智车”智能平台已应用于方山县电商物流分拣中心，提升物流分拣准确性和物流投放效率；建设高效能示范大棚，提升群众的生产效率和收益。助力新兴产业发展，6位院士、2位教授作为吕梁市转型发展专家顾问和大数据发展咨询委员会委员，促使吕梁由“挖煤”变为“挖数据”。与方山县签署《关于数字扶贫方山县的合作框架协议》，推进数字旅游建设、智慧旅游建设。在北武当镇打造“画家村”艺术画廊，推广县域旅游。

【产业扶贫】 北理工大力支持方山县发展技术型和劳动密集型产业，实现家门口创业就业，提升自我技能，增强造血能力。打造电商扶贫平台，推进实施“电子商务进农村全国示范县”项目，引进京东金融等帮扶资金1767.5万元，建成承载能力70000件/天的物流配送中心，全县物流配送成本降低50%。依托“一方粮川”等区域公共品牌，累计销售农特产品2824万元，惠及贫困户2120人。开设方山县扶贫惠农超市，定期开展方山特产校园展卖活动，帮助销售农产品70余万元。打造双创扶贫产业园，建立北理工双创扶贫产业园，开展创新创业培训，成功孵化8家农特企业。2项北理工专有技术就地转化，为方山县培育“专精特新”企业和县域经济转型提供有力支撑。打造“方山肉牛”产业链，北理工校友企业——重庆恒都农业集团有限公司设立“北理工方山肉牛产业工作站”，建成肉牛育肥基地，全县牛存栏达2.8万头，实现建档立卡户“人均一头牛”。打造“北理工扶贫车间”，北理工累计投入45万元在移民安置点建设3个扶贫车间，开展订单式“服装加工”，每年加工成衣60万件以上，带动500名贫困人口每年增收2万元以上。打造“吕梁护工”品牌，建立北理工吕梁山护工服务站点，帮助吕梁山护工就业600人次，实现年人均稳定增收3万元。

【公益扶贫】 北理工发动校机关部门、社会扶贫力量开展公益扶贫。北理工捐赠价值10万元的青少年读物和10万码洋的图书，捐助40万特殊党费用于贫困户送温暖慰问活动和支持定点帮扶桥汔村发展蛋鸡产业。协同中日友好医院、阜外医院、北京市红十字会等单位组建医疗团组，支持方山县人民医院疼痛专科建设。出资8万余元捐建“健康小屋”，开展无偿健康教育咨询，引导城乡居民特别是贫困人口养成健康生活习惯，防止因病致贫、因病返贫。

【社会扶贫】 北理工教育基金会在方山县设立“理工梦想”助学金，年投入资助资金10万元，资助100名贫困学生。出资50万元支持新建大棚11个，推动“绿色蔬菜产业发展示范点”建设，实现村集体年增收30余万元，带动11户共32人脱贫。携手服装加工企业，通过“订单帮扶”方式助力扶贫车间建设，联合北京服装企业为方山县两所小学捐赠价值约 61 万余元的童装 1032 套。

【整村推进】 方山县桥沟村是北理工定点包联帮扶村，北理工以驻村第一书记为纽带，全面开展帮扶工作。2018 年北理工帮扶项目为村集体创收超 110 万元。新开垦 110 亩土地，栽种果树 6268 棵，果树间隙种植中药材，散养 2000 余只蛋鸡，构建了完整的果园“生态链”；建立微信公众号“桥沟网事”，开设微店“桥沟小店”，面向全国销售桥沟村的土鸡蛋、豆类、杂粮等；建设 11 个标准反季节蔬菜大棚和 220 千瓦光伏电站，实现“农光互补”；依托革命老区红色教育资源成立村集体控股公司，开展红色实践服务，发展壮大红色教育培训产业。

建立暑期学校，选派北理工学子前往支教；建立数字化图书室，并邀请大棚种植、果树栽培等专家为农户做培训；建立规章制度，出台《桥沟村集体收益分红办法》《桥沟村文明先锋鼓励办法》，通过榜样的力量激发贫困群众脱贫致富的内生动力。

绘制百米文化墙，以弘扬社会主义核心价值观、落实“精准扶贫”和提倡孝老爱亲为主题的 125 平方米综合性文化墙于 2018 年建成，由北理工设计、艺术学院 30 余名师生共同绘制；办理人身保险，北理工协调太平人寿山西分公司，免费为 18 周岁以上、60 周岁以下的村民办理人身保险，保单总额 2094.1 万元；优化居住环境，北理工和县政府共同支持桥沟村新建村民文化活动中心、乡村“e 站”、村卫生室和便民公厕，完成村级体育活动中心建设，引进“吕梁情”系列文化演出，让村民群众过上体面、舒适、便捷的生活。

（北京理工大学党政办公室
张田育子）

中国科学技术大学定点扶贫

【概述】 2018年，中国科学技术大学（以下简称“中国科大”）定点帮扶贵州省六盘水市六枝特区，投入帮扶资金299.38万元，培训基层干部495人次、技术人员2212人次，购买六枝特区农产品73.08万元。学校派驻在六枝特区的挂职扶贫干部着力推进农产品电商工作，完成线上销售2732万元，助力六枝特区获国家级电商示范县称号。六枝特区成功实现脱贫摘帽。

【扶贫资金投入】 2018年，学校投入扶贫资金299.38万元。其中，党建扶贫投入27.8万元，拨付第一书记办公经费10万元，教育培训和科普投入85.84万元，产业扶贫投入114.89万元，安全饮水专项支出18.9万元，为六枝特区制定乡村振兴发展规划投入40万元，校内师生捐赠爱心资金1.95万元。

【扶贫调研】 2018年，学校领导3次到访六枝特区，115名师生赴六枝特区开展扶贫调研和教育培训。

【扶贫培训】 2018年，学校通过公共事务学院、附属第一医院和中科院相关研究院所组织各类培训17次，培训各级党员干部495人次，中小学教师、医护人员、农业技术人员等各种专业技术人员2212人次，致富带头人25人次。

【干部挂职扶贫】 学校选派2名干部在六枝特区挂职，校图书馆馆长助理、高级工程师陈超挂任六枝特区党委常委、政府副区长，协管扶贫工作；学工部（处）专职辅导员、机关团委副书记杨志伟博士挂任六枝特区新窑镇联合村第一书记。2位挂职干部争取专项经费和学校结余党费推进扶贫项目、开展基层党建，帮助六枝特区对接校内外和中科院相关技术和资源。2018年7月，杨志伟荣获“贵州省脱贫攻坚优秀村第一书记”“六盘水市脱贫攻坚优秀共产党员”称号，陈超荣获“六盘水市脱贫攻坚优秀共产党员”称号。

【产业扶贫】 引进中国科学院武汉植物园先进技术，在六枝特区新窑镇联合村、牛场乡平寨村、中寨乡平基村建设62.97亩猕猴桃种植示范基地，并对猕猴桃相关从业人员和种植大户进行培训。与中国科学院昆明植物园合作，为六枝特区引进云茸、黑皮鸡枞等林下菌品种，建立种植实验示范基地。2018年共种植3季51亩，出菇旺盛，亩产1500余千克，达到预期试验效果，带动农户种植积极性。联合中国科学院微生物研究所，在六枝特区九龙社区五龙村、关寨镇西克村、牛场乡云盘村实施农作物肥料农药减施增效技术试验点。从马铃薯试验对比情况来看，运用该项技术后平均亩产提升35%～80%、平均增产1000余千克，试验效果较好，已逐渐在全区广泛推广。

【教育扶贫】 2018年，六枝特区面向六枝特区中小学生开展“三下乡”社会实践和支教、科普活动，邀请中小学生来校参加科技活动周，惠及中小学生800余人次。学校图书馆向六枝特区新窑镇联合村四角田小学、梭戛乡中学捐赠价值10万元的图书；化学与材料科学学院向新窑镇联合村捐赠“春蕾计划”资金1.05万元，资助联合村35名贫困女童读书学习。

【基础设施建设】 根据六枝特区需求，针对月亮河乡折溪村水源点硫酸盐超标问题，学校派遣技术团队于8月上旬实地调研查看，引入化学与材料科学学院研制的炭砂滤+膜过滤设备，建立净水系统，有效解决月亮河乡3个村4700人饮水安全问题。

（中国科学技术大学扶贫办公室
何昊华）

附表 2018年度中央、国家机关和有关单位定点扶贫情况统计表

单位名称	定点帮扶县名称	挂职干部数量（人）	赴定点县考察（人次）	本单位直接投入（含无偿和有偿）（万元）	帮助引进各类资金（含无偿和有偿）（万元）	培训情况	
						举办培训班（期）	培训人次
中央和国家机关工委	宁武（山西），临城、阳原、平山（河北）	8	11	135.7	4825	7	1233
中国人民政治协商会议全国委员会办公厅	舒城、颍东（安徽）	5	80	204	2335.88	18	2205
中共中央组织部	舟曲（甘肃），台江（贵州）	7	19	1135	10200	65	17200
中共中央宣传部	耀州（陕西），科尔沁右翼中旗（内蒙古）	6	31	1013	15400	10	2160
中共中央统一战线工作部	三都、赫章、晴隆、望谟（贵州），积石山（甘肃）	10	67	1005.64	7959.21	9	1220
中共中央对外联络部	行唐（河北）	2	80	44	4564.5	5	459
中共中央政法委员会	扎赉特旗（内蒙古）	2	7	211	16030	2	653
中共中央台湾工作办公室（国务院台湾事务办公室）	广河（甘肃）	2	19	28	1039.86	15	1785
中共中央网络安全和信息化领导小组办公室	佛坪（陕西）	2	27	225.29	577	2	550
中央机构编制委员会办公室	化德（内蒙古）	3	19	252	6805	5	345
中共中央党校（国家行政学院）	武邑（河北），安远（江西），大关、墨江（云南）	8	106	693.98	776.6	6	329
人民日报社	虞城（河南），滦平（河北）	4	64	274.2	141643	7	11143
中央党史和文献研究院	镇原（甘肃），唐县（河北），南召（河南）	6	31	191.58	255	2	217
求是杂志社	杂多（青海）	2	15	151.57	15	2	86
中华全国总工会	和顺、壶关（山西）	6	86	1173.4	708.7	130	12960

（续）

单位名称	定点帮扶县名称	挂职干部数量（人）	赴定点县考察（人次）	本单位直接投入（含无偿和有偿）（万元）	帮助引进各类资金（含无偿和有偿）（万元）	培训情况	
						举办培训班（期）	培训人次
中国共产主义青年团中央委员会	灵丘、石楼（山西）	10	56	351.6	973.75	51	1578
中华全国妇女联合会	漳县、西和（甘肃）	6	52	1460.27	726.32	34	3005
中国科学技术协会	岚县、临县（山西）	4	6	1637	470.21	36	3615
中华全国归国华侨联合会	上饶（江西）	2	19	87.8	173.3	4	466
国家广播电视总局	德格（四川），平顺（山西）	3	7	233.78	1265	3	72
新华社	石阡（贵州），新河（河北）	6	36	4175.5	2019.2	6	1291
光明日报社	囊谦（青海）	2	32	404.34	41	4	100
经济日报社	赤城（河北）	1	23	243	420	2	169
中国日报社	会昌（江西）	2	19	489.9	367	6	645
中国外文出版发行事业局	左权（山西）	3	11	122.33	0	1	50
中国出版集团公司	泽库（青海）	2	8	114.7	0	1	40
国家档案局	喜德（四川）	2	14	129	42.4	5	249
中国浦东干部学院	江口（贵州）	2	23	335	105	6	1265
中国井冈山干部学院	鄱阳（江西）	2	53	185	73642.84	167	9105
最高人民检察院	西畴、富宁（云南）	4	30	312	560	1	2120
外交部	麻栗坡、金平（云南）	3	20	1844	2021	11	7000
教育部	青龙、威县（河北）	8	221	2223.99	4097.39	—	45632
科学技术部	佳县、柞水（陕西），井冈山、永新（江西），屏山（四川）	9	12	5615	17579	—	1087
工业和信息化部	洛宁、汝阳（河南），南部、嘉陵（四川）	10	219	833.5	256198	8	775
国家民族事务委员会	巴林右旗（内蒙古），德保（广西）	3	87	2259.33	330	23	989
安全部	敖汉旗（内蒙古），盐山（河北）	4	64	1130	32814	4	452
民政部	遂川、莲花（江西）	3	20	21957.4	13033	4	106

（续）

单位名称	定点帮扶县名称	挂职干部数量（人）	赴定点县考察（人次）	本单位直接投入（含无偿和有偿）（万元）	帮助引进各类资金（含无偿和有偿）（万元）	培训情况	
						举办培训班（期）	培训人次
司法部	平昌、苍溪（四川），阜城（河北）	5	6	153.7	14521.8	12	3776
财政部	平江（湖南），永胜（云南）	6	128	57418	66204	25	2812
人力资源和社会保障部	天镇（山西），金寨（安徽）	10	641	715.83	613.21	25	7654
自然资源部	赣县、宁都、兴国、于都（江西），海伦（黑龙江），琼中（海南）	6	207	11088.5	114267	1	68
生态环境部	围场、隆化（河北）	3	327	592.3	3537.4	32	538
住房和城乡建设部	湟中、大通（青海），红安、麻城（湖北）	7	288	620.18	1112.6	5	597
水利部	万州、城口、巫溪、丰都、武隆（重庆），郧阳（湖北）	15	270	923.33	13572	44	1519
农业农村部	咸丰、来凤（湖北），龙山、永顺（湖南），剑河（贵州）	15	295	30000	16700	55	4574
商务部	广安、仪陇（四川），城步（湖南）	13	31	1622.6	821.7	10	4094
国家卫生健康委员会	大宁、永和（山西），清涧、子洲（陕西）	6	402	1491	42000	84	6762
中国人民银行	宜君、印台（陕西）	8	196	1102.96	337.9	12	1908
审计署	顺平（河北），丹寨（贵州）	4	38	157.16	16830.5	1	92
国务院国有资产监督管理委员会	平乡、魏县（河北）	15	110	2200	25900	8	815
海关总署	鲁山、卢氏、民权（河南）	8	40	1000	142000	6	600
国家税务总局	民和、平安（青海）	3	43	420	280	4	93
国家体育总局	繁峙、代县（山西）	2	23	530	40	3	820

（续）

单位名称	定点帮扶县名称	挂职干部数量（人）	赴定点县考察（人次）	本单位直接投入（含无偿和有偿）（万元）	帮助引进各类资金（含无偿和有偿）（万元）	培训情况	
						举办培训班（期）	培训人次
国家统计局	岢岚（山西），正镶白旗（内蒙古）	6	74	337.8	4200	1	180
国家林业和草原局	罗城、龙胜（广西），荔波、独山（贵州）	13	32	31013.25	1536.3	6	556
国家知识产权局	桑植（湖南），崇礼（河北）	8	189	478	306.83	20	1046
国务院参事室	龙井（吉林）	3	21	50.2	14	7	652
国务院港澳事务办公室	赞皇（河北）	2	72	50.87	6086.71	30	1650
中国科学院	水城（贵州），环江（广西），库伦旗（内蒙古）	7	6	1453	3714	10	3270
中国工程院	会泽、澜沧（云南）	4	6	565	3617	11	7668
国务院发展研究中心	大名（河北）	2	32	694.69	220	20	1000
中国工程物理研究院	富平（陕西）	2	70	1661.92	30	6	2100
中国地震局	永靖（甘肃）	2	20	577.5	2063	2	700
中国气象局	突泉（内蒙古）	5	126	1015.6	85	15	695
中国银行保险监督管理委员会	和政、临洮（甘肃），察哈尔右翼中旗、察哈尔右翼后旗（内蒙古）	8	135	1409.7	2132.2	12	1083
中国证券监督管理委员会	隰县、汾西（山西），宿松、太湖（安徽），兰考、桐柏（河南），延长（陕西），武山（甘肃），麦盖提县（新疆）	10	31	9096	71562	58	4567
全国社会保障基金理事会	兴和（内蒙古）	3	42	64.56	6196.26	4	432
国家自然科学基金委员会	奈曼旗（内蒙古）	2	18	150	12000	1	244
国家粮食和物资储备局	阜南（安徽）	5	100	173.5	745	3	1500

（续）

单位名称	定点帮扶县名称	挂职干部数量（人）	赴定点县考察（人次）	本单位直接投入（含无偿和有偿）（万元）	帮助引进各类资金（含无偿和有偿）（万元）	培训情况	
						举办培训班（期）	培训人次
国家能源局	清水、通渭（甘肃）	5	115	206.91	445293	7	1206
国家国防科技工业局	略阳、宁强（陕西）	3	101	199	49	10	1739
国家烟草专卖局	竹溪、竹山（湖北），红寺堡区（宁夏）	7	154	6381.2	240.77	2	519
国家铁路局	榕江（贵州）	2	19	81	943	2	12
国家中医药管理局	五寨（山西）	2	150	1561	60	32	1122
中华全国供销合作总社	潜山（安徽），寻乌（江西）	6	24	3747.6	40	5	533
中国国际贸易促进委员会	林甸（黑龙江），从江（贵州）	6	14	1038.36	296	6	1243
中国铁路总公司	和田（新疆），栾川（河南），勉县（陕西），原州（宁夏）	92	75	4911	219.6	48	690
中国投资有限责任公司	会宁、静宁（甘肃），施秉（贵州），循化（青海）	10	185	19460.65	800	8	1135
中国中信集团公司	元阳、屏边（云南），黔江（重庆）	7	58	6750	72.34	28	2538
中国光大集团股份公司	新化、古丈、新田（湖南）	4	150	5216	63800	49	5579
中国邮政集团公司	商州、洛南（陕西）	8	464	9680.4	110	12	593
国家开发银行	道真、务川、正安（贵州），古蔺（四川）	6	92	120320	1120	7	2022
中国进出口银行	岷县（甘肃），云阳（重庆）	5	90	7611.1	104.28	4	3895
中国工商银行股份有限公司	南江、通江、万源、金阳（四川）	5	352	5521	65620	29	2057
中国农业银行股份有限公司	武强、饶阳（河北），秀山（重庆），黄平（贵州）	13	68	335952	0	—	2808
中国银行股份有限公司	永寿、长武、淳化、旬邑（陕西）	18	447	22017	8292	30	4400

（续）

单位名称	定点帮扶县名称	挂职干部数量（人）	赴定点县考察（人次）	本单位直接投入（含无偿和有偿）（万元）	帮助引进各类资金（含无偿和有偿）（万元）	培训情况	
						举办培训班（期）	培训人次
交通银行股份有限公司	天祝（甘肃），理塘（四川），浑源（山西）	4	58	2116.91	80	14	1448
中国人民保险集团股份有限公司	乐安、吉安（江西），桦川（黑龙江），留坝（陕西）	10	174	4023.57	1419.13	16	2065
中国人寿保险集团有限公司	龙州、天等（广西），郧西、丹江口（湖北）	12	157	4672	8800	20	2127
中国太平保险集团有限责任公司	两当（甘肃），裕安（安徽）	5	40	661	7.8	11	920
中国华融资产管理股份有限公司	宣汉（四川）	2	32	1303	370.3	5	224
中国长城资产管理股份有限公司	陇县（陕西）	2	19	292	375	2	38
中国东方资产管理股份有限公司	邵阳（湖南）	4	116	693	200	7	560
中国信达资产管理股份有限公司	乐都（青海）	2	18	110	50	31	436
招商银行股份有限公司	永仁、武定（云南）	3	8	1179.38	141.7	12	2001
中国民生银行股份公司	封丘、滑县（河南）	4	72	2334	195	2	966
包商银行股份有限公司	鄂伦春旗、莫力达瓦旗（内蒙古）	4	47	705	4158.5	2	360
中国核工业集团有限公司	石柱（重庆），同心（宁夏），旬阳、白河（陕西）	8	64	3900	4800	13	737
中国航天科技集团有限公司	太白、洋县（陕西），涞源（河北）	8	186	1050	531	82	826
中国航天科工集团有限公司	富源、东川（云南）	3	85	1003	58.57	10	1107
中国航空工业集团有限公司	镇宁、普定、关岭、紫云（贵州），西乡（陕西）	6	402	1579.91	2372	—	4391

（续）

单位名称	定点帮扶县名称	挂职干部数量（人）	赴定点县考察（人次）	本单位直接投入（含无偿和有偿）（万元）	帮助引进各类资金（含无偿和有偿）（万元）	培训情况	
						举办培训班（期）	培训人次
中国船舶工业集团有限公司	鹤庆（云南）	2	24	1911.69	0	2	136
中国船舶重工集团有限公司	勐腊、丘北（云南）	4	244	17554.82	825	55	1704
中国兵器装备集团有限公司	泸西、砚山（云南）	3	88	4000	10.78	1	44
中国电子科技集团有限公司	绥德（陕西），叙永（四川）	2	119	816.8	0	9	960
中国石油化工集团有限公司	岳西、颍上（安徽），凤凰、泸溪（湖南），岳普湖（新疆），东乡（甘肃）	9	183	10841	56.2	22	710
中国海洋石油集团有限公司	保亭、五指山（海南），夏河、合作（甘肃），卓资（内蒙古）	7	99	3010.1	476.2	10	786
国家电网有限公司	巴东、秭归、长阳、神农架（湖北），玛多（青海）	6	102	23100	800	11	660
中国南方电网有限责任公司	维西（云南），东兰（广西）	3	4	1405.89	77	15	1017
中国华能集团有限公司	横山（陕西），阿合奇（新疆）	7	59	1890	20	3	139
中国大唐集团有限公司	大化（广西），澄城（陕西）	11	92	1429	166.55	11	457
中国华电集团有限公司	乌恰、阿图什（新疆）	3	19	781.35	10	12	2039
国家能源投资集团有限责任公司	宁城（内蒙古），右玉（山西），曲麻莱（青海），米脂、吴堡（陕西），布拖、普格（四川）	16	157	12897.9	32.73	9	466
中国长江三峡集团有限公司	巫山、奉节（重庆），万安（江西），巴林左旗（内蒙古）	6	80	3044.78	14.6	1	180

（续）

单位名称	定点帮扶县名称	挂职干部数量（人）	赴定点县考察（人次）	本单位直接投入（含无偿和有偿）（万元）	帮助引进各类资金（含无偿和有偿）（万元）	培训情况	
						举办培训班（期）	培训人次
中国联合网络通信集团有限公司	康保、沽源（河北），饶河（黑龙江），册亨（贵州）	5	108	11723	500	8	1891
中国移动通信集团公司	汤原、桦南（黑龙江），白沙（海南），疏勒、洛浦、阿克陶（新疆）	6	31	16027	9169	—	2914
中国电子信息产业集团有限公司	镇安（陕西），阆中（四川），松桃（贵州），临高（海南）	10	32	964.5	5610	42	1403
东风汽车集团有限公司	马山（广西），柯枰（新疆）	3	4	760	53.05	4	116
中国机械工业集团有限公司	固始、淮滨（河南），朝天（四川），平陆（山西）	8	342	2753.13	0	52	9441
中国东方电气集团有限公司	昭觉、壤塘（四川），吉县（山西）	6	68	988.8	20000	8	264
鞍山钢铁集团有限公司	塔什库尔干（新疆），盘州市（贵州）	12	85	1097.6	9.79	13	1726
中国宝武钢铁集团有限公司	宁洱、江城、镇沅、广南（云南），罗田（湖北），上林（广西）	13	135	3327.65	374.3	9	958
中国铝业集团有限公司	阳新（湖北）	2	54	210	667.5	24	2338
中国远洋海运集团有限公司	沅陵、安化（湖南），永德（云南）	8	145	1920	942.6	19	331
中国航空集团有限公司	苏尼特右旗（内蒙古），昭平（广西）	3	274	5369.4	0	11	302
中粮集团有限公司	延寿、绥滨（黑龙江），乌什（新疆），隆安（广西），甘孜、石渠（四川），修水县（江西）	20	100	3244	6.3	18	554

（续）

单位名称	定点帮扶县名称	挂职干部数量（人）	赴定点县考察（人次）	本单位直接投入（含无偿和有偿）（万元）	帮助引进各类资金（含无偿和有偿）（万元）	培训情况	
						举办培训班（期）	培训人次
中国五矿集团有限公司	威信、镇雄、彝良（云南），花垣（湖南）	11	9	3519.4	1164.1	9	366
中国建筑集团有限公司	卓尼、康乐、康县（甘肃）	6	108	5009.03	520.31	15	1235
中国储备粮管理集团有限公司	拜泉、兰西（黑龙江），伽师（新疆）	6	8	9237.8	5	3	875
国家开发投资集团有限公司	罗甸、平塘（贵州），合水、宁县（甘肃）	8	6	3608.63	4140	4	339
华润（集团）有限公司	广昌（江西），海原（宁夏）	4	58	4501	0	8	904
中国旅游集团有限公司	黎平（贵州），西盟、孟连、香格里拉、德钦（云南）	8	84	1974.33	859.92	13	434
中国节能环保集团有限公司	嵩县（河南），富川（广西）	4	35	580	352.4	2	90
中国国际工程咨询有限公司	利辛（安徽）	4	97	100	10000	1	250
中国中煤能源集团有限公司	蔚县、赵家蓬（河北），印江（贵州）	4	13	400	35	6	201
中国煤炭科工集团有限公司	寿县（安徽），武乡（山西）	3	30	245.94	105	4	226
中国钢研科技集团有限公司	山阳（陕西）	2	18	202	0	2	60
中国化工集团有限公司	古浪（甘肃），平山（河北）	5	35	634.78	75.85	3	45
中国化学工程集团有限公司	环县、华池（甘肃）	4	72	1204.2	120	5	736
中国盐业集团有限公司	定边、宜川（陕西）	3	25	346.05	100	4	400
中国有色矿业集团有限公司	梁河（云南）	3	17	702.78	1000	13	1305

（续）

单位名称	定点帮扶县名称	挂职干部数量（人）	赴定点县考察（人次）	本单位直接投入（含无偿和有偿）（万元）	帮助引进各类资金（含无偿和有偿）（万元）	培训情况	
						举办培训班（期）	培训人次
有研科技集团有限公司	思南（贵州）	2	14	154	10	7	92
北京矿冶科技集团有限公司	平舆（河南）	2	24	782.7	0	2	43
中国建筑科学研究院有限公司	偏关（山西）	4	3	150	0	2	130
中国铁路工程集团有限公司	桂东、汝城（湖南），保德（山西）	6	109	4314.9	1270.88	15	2991
中国铁道建筑集团有限公司	尚义、万全（河北），甘德（青海）	7	118	3127	3096	35	1065
中国交通建设集团股份有限公司	贡山、福贡、泸水、兰坪（云南），英吉沙（新疆）	10	170	9449	150	4	110
中国普天信息产业集团有限公司	达日（青海）	1	16	210	0	4	63
中国信息通信科技集团有限公司	沈丘（河南），大悟（湖北）	4	46	118.08	1140	18	1321
中国冶金地质总局	漾濞、巍山（云南）	5	45	683.39	181	6	296
中国航空油料集团有限公司	盐池（宁夏）	2	20	800	0	1	30
中国民航信息集团有限公司	神池（山西）	2	3	303	0	7	2518
中国航空器材集团有限公司	白水（陕西）	2	21	239	0	4	232
中国电力建设集团有限公司	剑川（云南），民丰（新疆）	6	42	5143	32000	2	8
中国能源建设集团有限公司	镇巴（陕西），西林（广西）	4	37	1121.19	0	2	5
中国黄金集团有限公司	贞丰（贵州），新蔡（河南）	4	78	1000	839	9	894
中国广核集团有限公司	乐业、凌云（广西）	4	23	1744.2	769.32	5	509
华侨城集团有限公司	天柱、三穗（贵州）	4	116	1357.57	69500	6	217

（续）

单位名称	定点帮扶县名称	挂职干部数量（人）	赴定点县考察（人次）	本单位直接投入（含无偿和有偿）（万元）	帮助引进各类资金（含无偿和有偿）（万元）	培训情况	
						举办培训班（期）	培训人次
南光（集团）有限公司	禄劝（云南），临夏（甘肃）	4	22	859.41	460	20	834
中国西电集团有限公司	麟游（陕西）	2	230	162.52	6	4	302
中国铁路物资（集团）有限公司	孝昌（湖北）	2	9	155	6810	9	1250
中国国民党革命委员会中央委员会	纳雍（贵州）	2	210	263.75	573.9	8	700
中国民主同盟中央委员会	广宗（河北）	2	48	110	84	9	2000
中国民主建国会中央委员会	丰宁（河北）	3	310	41.1	1390.62	3	1763
中国民主促进会中央委员会	安龙（贵州）	2	339	240	12030	18	1189
中国农工民主党中央委员会	大方（贵州）	2	776	1547	1595	25	2068
中国致公党中央委员会	酉阳（重庆）	2	150	180	2762.4	7	728
九三学社中央委员会	旺苍（四川）	1	50	160	1200	1	315
台湾民主自治同盟中央委员会	赫章（贵州）	2	80	74	100	7	746
中华全国工商业联合会	织金（贵州）	2	25	200	945	13	925
北京大学	弥渡（云南）	2	4	450.4	7793.5	4	1580
清华大学	南涧（云南）	2	56	837.5	3822.3	28	3129
北京科技大学	秦安（甘肃）	3	84	235.5	842	18	1492
北京交通大学	科尔沁左翼后旗（内蒙古）	4	48	201.46	307.65	4	633
北京邮电大学	长顺（贵州）	2	42	230.35	1334.6	7	648
中国农业大学	镇康（云南）	2	34	220	640	8	800
北京林业大学	科尔沁右翼前旗（内蒙古）	3	81	260	270	13	1407
中国地质大学（北京）	化隆（青海）	5	31	121	200	6	227

（续）

单位名称	定点帮扶县名称	挂职干部数量（人）	赴定点县考察（人次）	本单位直接投入（含无偿和有偿）（万元）	帮助引进各类资金（含无偿和有偿）（万元）	培训情况	
						举办培训班（期）	培训人次
中国矿业大学（北京）	都安（广西）	2	47	218.43	155.5	4	346
南开大学	庄浪（甘肃）	2	118	307.06	245.89	9	615
天津大学	宕昌（甘肃）	2	81	144	85	8	294
山东大学	确山（河南）	3	58	200	200	3	1496
大连理工大学	龙陵（云南）	2	37	219	94140	7	1450
东北林业大学	泰来（黑龙江）	2	16	417	249	8	580
复旦大学	永平（云南）	2	277	493.42	712.91	7	8000
同济大学	云龙（云南）	3	131	446.3	201.6	6	2962
上海交通大学	洱源（云南）	2	60	240	279	5	612
华东理工大学	寻甸（云南）	2	138	604.29	200.94	18	2708
南京大学	双柏（云南）	2	32	213	600	5	700
东南大学	南华（云南）	4	69	200	221.65	10	587
河海大学	石泉（陕西）	2	98	430.02	479.13	9	780
南京农业大学	麻江（贵州）	3	50	243	1000	22	675
中国药科大学	镇坪（陕西）	2	39	426.57	10000	4	440
浙江大学	景东（云南）	2	43	471.38	441.5	9	1186
合肥工业大学	灵璧（安徽）	2	90	247	400	3	629
华中科技大学	临翔（云南）	5	240	602	360	24	2700
武汉大学	大悟（湖北）	5	400	675.58	1097	18	3052
华中农业大学	建始（湖北）	11	50	418.33	5407.7	2	2470
湖南大学	隆回（湖南）	4	242	216.6	2160	6	2172
中南大学	江华（湖南）	4	158	1130	260.68	8	815
中山大学	凤庆（云南）	2	201	634	528	19	3057
华南理工大学	云县（云南）	2	120	888	261	8	1240
四川大学	甘洛（四川）	10	289	457.1	644.92	13	2910
电子科技大学	岑巩（贵州）	3	278	222.29	3492.8	11	1058
西安交通大学	施甸（云南）	2	60	252.35	157.5	20	1567
西北农林科技大学	合阳（陕西）	2	998	482.84	330	65	8046
西安电子科技大学	蒲城（陕西）	2	46	202	275.75	15	1237
长安大学	商南（陕西）	3	135	252.2	551.2	11	730
北京理工大学	方山（山西）	2	1000	315.5	1767.5	60	2510
中国科学技术大学	六枝特区（贵州）	2	115	299.38	0	17	2732

三、解放军和武警部队扶贫

【概述】 2018 年，解放军和武警部队坚决贯彻中央军委主席习近平和中央军委决策指示，按照中央关于脱贫攻坚三年行动的指导意见和部署安排，在完成军事任务的同时，坚持精准扶贫、精准脱贫基本方略，聚焦革命老区、民族地区、边疆地区、深度贫困地区，深入扎实开展党建、教育、医疗和产业扶贫等行动，高标准高质量推动各项帮扶举措落地见效，参与脱贫攻坚工作取得阶段性成果。

【工作指导】 军委机关各部门和各大单位把参与脱贫攻坚作为重要政治任务，以有力举措狠抓工作落实。军委领导主持召开军队参加和支援经济社会建设领导小组第一次全体会议，对参与脱贫攻坚进行研究部署，要求把参与扶贫作为当前军队援建工作的头等大事，全力以赴、坚决完成军队担负的脱贫攻坚任务。军委政治工作部领导带工作组，深入河北省保定市、张家口市等地调研检查军队脱贫攻坚工作。军委办公厅、军委政治工作部、军委后勤保障部等部门，跟进中央部署出台 11 份规范性文件，军委审计署将扶贫经费使用监管纳入专项计划。军委装备发展部，军委训练管理部、军委国防动员部和陆军、空军、火箭军、战略支援部队、武警部队等单位领导深入一线调研，召开推进会督导工作。全军军以上领导干部 1600 多人次进村入户、访贫问苦，对部队帮扶工作实施强有力的指导。先后 3 次在北京举办军委机关部门和各大单位群工部门负责同志扶贫业务培训和座谈会，传达学习军委有关决策指示，研究解决军队扶贫重要现实问题，推动增强部队帮扶工作质效。

【产业扶贫】 各单位紧贴帮扶对象致贫原因和脱贫需求，定实帮扶方案措施，创新拓展帮扶模式，支持发展禽畜养殖、果蔬种植、农产品加工等项目 8351 个。军委办公厅多措并举，帮助河北省涞水县福山口村整治村容村貌、发展红色文化产业、壮大集体经济。军委国防动员部协调民营企业在盛产大枣的革命老区阜平县建成年产 20 万吨的深加工厂，既解决了卖枣难题，又增加了群众收入。军委纪律检查委员会按照“突出生态绿色、开发旅游特色”扶贫路子，帮助村里引进光伏发电、改造民宿民居，成为当地乡村旅游示范村。各单位还积极帮助修出山路、架连心桥、整修农田水利设施，西部战区陆军在 132 个贫困县打井 1800 多眼，为贫困地区脱贫发展打下基础。围绕农产品和社会化保障需求，用部队消费拉动贫困地区脱贫。军委后勤保障部在新疆定向采购生产 3280 多万套被装物资，促进直接就业 1.5 万余人。陆军指导所属部队就近采购贫困村农产品，优先聘用贫困群众到军营从事服务性工作。海军帮助河北省易县大兰村的农产品进军营、上军舰，群众年人均收入从 1800 元增加到 5000 元以上。

【教育扶贫】 各部队把支持贫困地区教育发展、资助贫困家庭学生完成学业作为阻断贫困代际传递的根本大计，持续援建贫困地区中小学，“八一爱民学校”建设以长征沿线为主轴蔓延展开，“蓝天春蕾计划”“武警春蕾工程”助力上万个家庭阻断贫困代际传递。军委联合参谋部在喀什市建成综合条件一流的军民同心幼儿园，在园的 838 个孩子中 799 个是少数民族，升国旗、唱国歌、学国语，从小打牢爱党爱国基因底色。空军会同全国妇女联合会、中国儿童少年基金会连续 24 年实施“蓝天春蕾计划”，2018 年捐赠 1500 万元，在革命老区新增援建 8 所中小学校，资助 3600 名贫困学生，组织 100 名教师参加北京大学教师培训，在井冈山革命老区组织“蓝天春蕾心向党”活动。火箭军设立专项助学金资助西部地区高校贫困学生，协调安排定点帮扶村学校老师到北京优质学校跟班学习，有效提高了贫困地区的办学条件和教学质量。军委政治工作部投入4000万元，在5个革命老区资助10所中等职业学校学生，仅2018年就资助贫困学生5377人。

【健康扶贫】 聚焦解决因病致贫返贫问题，扎实开展健康扶贫工作，军委后勤保障部召开专题会议研究部队健康扶贫工作，指导全军卫生系统深入开展以“对口帮扶精品工程、大病救治样板工程、勇于奉献标兵工程”为主要内容的创建活动。继续推进对口支援113所贫困县县级医院帮扶工作，各任务单位派出专家医疗队深入受援医院开展专科门诊、疑难会诊、教学查房、手术指导、技术培训等工作，促进优质医疗资源下沉基层、深入贫困地区，2018年累计派出驻点帮扶医疗队153批、790余人次，巡回医疗队410批、1800余人次，支援建设468个学科，举办业务讲座和科普宣教1800余场次，带教培养业务骨干670余人次，帮助受援医院规范业务流程，建立规章制度，支援医疗装备130余台，价值1300余万元。联勤保障部队99家医院联合行动，3422名医务人员参加义诊，服务人民群众5万余人次。解放军第五医学中心支援藏区包虫病防治，派出70多名专家9次上高原筛查7200多人、确诊519例，并在西藏第二人民医院成立第一家包虫病治疗中心，牵头举办全军藏区包虫病筛查诊断与治疗技能培训、西藏包虫病外科规范化诊疗技术培训等，让先进医疗技术更多更直接惠及藏区各族群众。

【扶贫扶志】 各部队充分发挥思想政治工作优势，深入村组院落、田间地头，传播党中央的声音，密切军政军民关系。陕西、宁夏、青海等地驻军协助举办扶贫夜校、讲习所等宣传党的富民政策，引导贫困群众更新思想观念，坚定脱贫致富信心。普遍把帮建贫困村党支部作为切入点，共学创新理论、共过组织生活、共谋脱贫之策，助力提升抓班子建设和带领群众脱贫致富本领。西藏军区连以上单位与驻地村党支部结对共建，武警新疆总队数百个驻村工作队与所在村党支部结成帮扶对子，贵州省军区推荐2000多名优秀退役士兵进入村“两委”，支持建强战斗堡垒，壮大脱贫骨干力量，给贫困村留下不走的工作队。沿边地区驻军把脱贫攻坚与民族团结、维护稳定、强边固防捆在一起抓，与少数民族贫困群众“结对认亲”，党政军警民“五位一体”强边固防，促进边疆民族地区长治久安。军委政治工作部连续3年为军级以上单位帮扶的200个贫困村订阅《解放军报》《中国国防报》宣传国防和军队改革建设发展情况，增强爱党爱国爱军情怀，提振贫困地区群众精神风貌。

【扶贫宣传】 军委政治工作部协调新华社、人民日报社、解放军报社、中央人民广播电台、中央电视台等军地主要媒体加大对军队参与脱贫攻坚工作宣传力度，2018年累计刊播部队参与脱贫攻坚新闻稿件420多篇，《扶贫简报》《扶贫信息》《中国扶贫》等20多次刊发反映部队扶贫工作情况的稿件。结合“10·17”扶贫日活动，集中宣传军队参与脱贫攻坚工作先进典型和经验做法，陆军在中央单位定点扶贫工作推进会上介绍经验，营造了军地合力打赢脱贫攻坚战的舆论氛围。2018年，解放军总医院第五医学中心肝胆外科二中心、武警广西柳州支队政治委员何方礼、解放军96601部队政治工作部保卫处处长伊占伟分别获得全国脱贫攻坚奖组织创新奖、贡献奖、创新奖，特别是解放军总医院第五医学中心肝胆二中心对口支援防治藏区包虫病的先进事迹，被全国脱贫攻坚事迹巡回报告团到新疆、青海、甘肃、云南、四川、贵州6个省区巡回报告，在社会上产生强烈反响。

【定点扶贫】 军委政治工作部2018年初印发《关于坚决贯彻落实习主席重要指示，深入扎实做好部队定点扶贫工作的通知》，以军以上机关和国防动员系统、武警部队为重点，扎实开展定点扶贫工作，各单位结合帮扶对象和自身实际，在最能体现部队作用的领域和项目上投入力量。武警部队组织驻发达地区与驻“三区三州”总队结对帮扶 12 个深度贫困村。宁夏军区优先帮扶家庭困难军烈属、退伍老兵及现役军人军属“三个群体”，帮助解决生产生活难题。一些新调整组建和移防换防到贫困地区的单位，主动请领帮扶任务，数万名官兵和民兵预备役人员与贫困地区群众并肩攻坚。全军部队共定点帮扶 4100 个贫困村，协调各方累计投入资金 54 亿余元，截至 2018 年底，已有 2061 个村实现脱贫。9—12 月，军委政治工作部会同军委机关有关部门组成 6 个检查考评组，赴中西部 22 个省区市对部队定点扶贫进行考评，先后抽查部队帮扶的 140 个贫困村、14 家医院、31 所学校，走访 536 个建档立卡贫困户，压实帮扶责任，促进工作落实。

（中央军委政治工作部群众工作局
阳　晶）

四、社会组织扶贫

综　　述

社会组织是联系社会帮扶资源的桥梁纽带，是政府扶贫工作的有机组成，是推动扶贫创新的重要力量。中共十九大把精准脱贫作为决胜全面建成小康社会必须打好的三大攻坚战之一，将动员社会组织参与脱贫攻坚摆上了更加重要的议事日程。《中共中央　国务院关于打赢脱贫攻坚战三年行动的指导意见》明确要求，支持社会组织参与脱贫攻坚，加快建立社会组织帮扶项目与贫困地区需求信息对接机制，确保贫困人口发展需求与社会帮扶有效对接。实施社会工作“专业人才服务三区计划”“服务机构牵手计划”“教育对口扶贫计划”，为贫困人口提供生计发展、能力提升、心理支持等专业服务。加强对社会组织扶贫的引导和管理，优化环境、整合力量、创新方式，提高扶贫效能。

广大社会组织积极响应中共中央、国务院号召，深入落实国务院扶贫开发领导小组《关于广泛引导和动员社会组织参与脱贫攻坚的通知》精神，广泛参与贫困地区，特别是“三区三州”等深度贫困地区脱贫攻坚工作，凭借自身专业技术和行业资源优势，充分发挥桥梁纽带和拾遗补阙作用，涌现出了许多社会组织扶贫先进事迹、典型代表和优秀案例，为打赢脱贫攻坚战，决胜全面建成小康社会做出了积极贡献。

国务院扶贫办开展社会组织参与扶贫典型案例研究项目，面向全社会征集社会组织参与扶贫的典型案例，宣传推广优秀典型，营造良好的社会氛围。

（国务院扶贫办社会扶贫司
宿　盟　杨　轩）

中国扶贫基金会扶贫

【概述】 2018年，中国扶贫基金会围绕“两不愁三保障”的目标任务和精准助力贫困人口脱贫的要求，实施瞄准建档立卡家庭劳动力的“顶梁柱健康扶贫公益保险项目”，开展针对深度贫困地区贫困儿童成长环境和条件的营养加餐、童伴妈妈、爱心包裹、加油计划等项目，组织面向贫困家庭高中生、大学生的提供就学支持的新长城助学项目，继续推动发展贫困地区乡村旅游和三产融合的“百美村宿”项目，探索推动贫困地区产品助销的电商扶贫、消费扶贫项目，动员公众参与“捐一元·献爱心·送营养”“善行者”“善行100”“大爱无国界”国际义卖活动以及“小小公益传播官”“小小减灾官”等公益动员倡导项目。努力在捐受双方搭建传递爱心、传播诚信友善理念的桥梁和平台。在“一带一路”沿线多国实施国际救援、国际减贫行动项目。

2018年，中国扶贫基金会捐赠款物收入7.33亿元，慈善活动支出6.47亿元，611.8万人次受益。国际项目在缅甸、尼泊尔、柬埔寨、埃塞俄比亚、苏丹、乌干达、纳米比亚、朝鲜和加纳9个国家开展。

【顶梁柱公益保险健康扶贫项目】 联合阿里巴巴公益、蚂蚁金服公益发起顶梁柱健康扶贫公益保险项目，旨在针对建档立卡贫困户中家庭主要劳动力提供免费住院补充医疗保险，以此降低因病致贫、因病返贫发生率。截至2018年底，项目累计接受捐赠1.36亿元，为12省区、66县（市、区）、425.32万人次建档立卡贫困户提供健康保障，累计支出1.08亿元。

2018年，项目筹集善款1.2亿元，投入资金9235.8万元，涉及12省区市、63县（市/区），包括“三区三州”贫困县7个，深度贫困县14个，为343.77万名建档立卡贫困人口提供补充医疗保险。

【爱加餐健康扶贫项目】 以贫困农村小学为重点，通过营养加餐、爱心厨房和营养宣教等方式，解决贫困地区儿童营养不良问题。截至2018年底，项目累计接受捐赠超过3.1亿元，累计投入超过2.8亿元，覆盖14个省、446个州（市）、96个偏远山区的县（区），受益学生超过93.6万人次，为学生提供5100万份营养加餐，建立1748所标准化爱心厨房；同时在柬埔寨、加纳等国家开展学校供餐项目。项目为中国20个省60.5万人次儿童提供约76.2万包蜜儿餐。

2018年，项目筹集款物4641.99万元，投入资金3748.31万元，为分布于6省区、29县（市、区）的项目学校提供了603.3万份营养加餐，建立281个标准爱心厨房，13.8万人次受益。

【童伴妈妈留守儿童福利项目】 建立“一个人·一个家·一条纽带”模式，选配、培养有条件的农村妇女，为贫困地区留守儿童开展学前、学后管理，组织活动，沟通亲人，联系有关部门解决个性问题。截至2018年底，累计接受捐赠4346.95万元。项目覆盖四川、贵州、江西、云南4省34县353村，惠及19万人次。

2018年，项目筹集善款1587.88万元，项目投入1155.75万元，收集并解决儿童福利保障需求7.06万例，童伴妈妈组织童伴之家活动2.61万次，参与儿童达34.79万人次、家长 6.6 万人次。

【爱心包裹教育扶贫项目】 致力于改善贫困地区农村小学生综合发展和生活条件，通过动员社会力量捐购包裹形式，发起关爱贫困地区及灾区小学生的一项全民公益活动。截至 2018 年底，累计接受捐赠 6.78 亿元，累计发放学生型美术包 534.75 万个，学生型温暖包 49.37 万个，学校型包裹 3.1 万个，惠及 31 个省区市、842 个县、27738 所学校的 592.71 万名学生。

2018 年，公众参与捐赠 41 万人次，企业参与捐赠 5 万次，筹集善款 6743.52 万元，投入资金 7179.45 万元，发放学生型美术包 459050 个，学生型温暖包 89656 个，惠及 27 个省区市、208 个县、2871 所学校的 548706 名学生。

【加油计划教育扶贫项目】 旨在通过持续性的社会关爱和专业化支持，为贫困地区的儿童改善学习环境，共享优质教育资源。以贫困县为项目实施区域，同当地县教育部门联合，在全县一定比例的小学中开展加油计划，项目连续实施 6～10 年，助力贫困地区儿童全面发展。截至 2018 年底，项目累计接受捐赠 4224.64 万元，投入 4200.83 万元。

2018 年，项目筹集善款 2290.63 万元，投入资金 1764.5 万元，惠及贵州省威宁县、云南省镇雄县、广西隆林县、云南省会泽县和四川省昭觉县等 5 个贫困县，累计受益学生 38790 人次，受益教师 1609 名。

【新长城特困大学生资助教育扶贫项目】 针对高校家庭经济困难大学生给予助学资助，每人每年 3000 元，根据情况资助 1～4 年，并通过高校自强社为学生提供成才支持服务。截至 2018 年底，项目覆盖 31 个省区市 600 余所大学，累计募集善款 2.86 亿元，134943 人次直接受益。

2018 年，项目筹集善款 1433.08 万元，投入资金 1274.33 万元，向来自全国 31 个省区市的 186 所项目高校的 4639 名家庭经济困难学生提供生活费资助。

【新长城高中生自强班教育扶贫项目】 为家庭经济困难高中生提供经济资助和成才支持，帮其实现求学之梦。截至 2018 年底，项目累计募集资金 1.79 亿元，累计投入资金 1.45 亿元，覆盖 28 个省区市的 346 个县（市、区），在 388 所贫困县高中建立 763 个新长城高中生自强班，为 3.98 万贫困高中生提供经济资助和成才支持。

2018 年，项目募集善款 7918.92 万元，投入资金 4535.87 万元，覆盖 20 省、143 县、173 所学校，开设 192 个新长城高中生自强班，2.77 万人次贫困高中生受益。

【公益未来项目】 通过整合社会资源，支持高校公益社团发展，带动大学生参与公益，从而鼓励青年人用创新方式探索社会问题解决之道，使其成为富有创造力、团队协作能力和社会责任感的新一代青年。截至 2018 年，项目累计支持超过 466 所高校的 591 个社团、1816 名社团负责人获得培训机会，80 万人次青年直接或间接受益。

2018 年，公益未来项目筹集善款 636 万元，投入资金 563 万元，在分布于 29 个省、87 个城市的 274 个公益社团开展活动，直接影响 30 万名大学生。

【教育综合扶贫项目】 致力改善贫困地区的基础条件，促进城乡教育公平，推动当地教育整体发展水平。2018 年筹集款物 4039.91 万元，投入资金 4441.99 万元，主要实施阳光跑道、筑巢行动等项目。

阳光跑道项目为中国扶贫基金会联合阿里巴巴公益平台发起，关爱贫困地区农村小学生运动，通过建设学校操场和跑道，丰富孩子们的体育运动形式，让他们能在正规跑道上跑步。2018 年，筹款善款 512 万元，投入资金 360 万元，在中国 4 省、4 县进行 20 所学校跑道援建，10789 名学生受益。

筑巢行动项目旨在为贫困地区的乡村小学修建学生宿舍。2018 年，筹集善款 101.49 万元，投入资金 368.12 万元，援建校舍15栋，3941名学生受益。

【百美村宿（美丽乡村）旅游扶贫项目】 挑选有条件的建档立卡贫困村，依托村“两委”和合作社进行民主协商，通过整体规划和专业设计对旧村庄、旧民居进行内部改造，对特色产业产品进行品牌设计，对周边生态环境进行维护整治，帮助打造一村一式、一村一品新模式，构建以合作社为载体、以农户为主体，成员共享、建档立卡户优惠、利益联结的分红分配机制，促进乡村旅游发展及一二三产业融合。截至2018年底，项目累计接受捐赠资金1.18亿元，累计投入资金5934.71万元。

2018年，项目筹集善款2900万元，投入资金2924.99万元，惠及7省、18县区，其中灾后重建村庄2个，贫困村庄10个，深度贫困村庄5个，19个村庄共计25476人，其中建档立卡贫困户5269人。已运营村庄民宿营业收入总额为319.86万元，带动村民就业超过100人，人均工资收入为29116元/年。

【善品公社电商扶贫项目】 重点在“三区三州”和深度贫困地区落地开展，以贫困地区产业发展为切入点，以农民专业合作社为载体，以提高组织化水平为核心，着力打造合作社生产标准化、产品品牌化、经营产业化的机制。截至2018年底，项目整体投入公益资金规模（含规划数）超过4000万元，累计出品农产品品类17个，项目涉及10个国家扶贫开发重点县，12个深度贫困县。扶贫援助合作社27个、合作社联合社2个。

2018年，项目筹集善款2459.78万元，投入资金739.17万元，帮扶贫困县项目合作社农产品销售交易额2043.18万元，1.6万户农户（其中建档立卡贫困户2152户）户均增收超过800元。

【溪桥工程生计发展项目】 以“架设爱心，让过河者有其桥”为宗旨，在贫困地区修建便民桥，解决老百姓过河难题。截至2018年底，累计接受捐赠4980万元，项目覆盖24个省、146个县，超过110万人次受益。

2018年，项目筹集善款334万元，投入资金525.43万元，全年竣工60个项目，涉及7省、17县，受益人数71083人次。

【救灾扶贫项目】 自2003年项目成立以来，累计开展204次灾害救援行动，投入救灾款物16.37亿元，直接受益人数累计达593.66万人次，覆盖31个省区市。

2018年，灾害救援项目接收捐赠4415.1万元。其中，赠款957.4万元，物资3457.7万元。在中国17个省区市和朝鲜相继启动27次灾害救援行动，在20个省区市开展减防灾工作，投入项目款物3342.90万元，惠及11.61万人次。

2018年，推动减防灾工作，开展“向灾害SAY NO”——“5·12”全国减防灾社区公益活动、校园减灾教室项目、小小减灾官项目、第一救援人项目和农村社区防灾减灾能力建设调研工作，支出401.86万元，覆盖20个省，7.8万人次受益。

【灾后重建生计发展项目】 针对重大灾害后灾区人民在生产生活方面需要重建问题，通过基础设施援建、生计发展等方式使之摆脱因灾致贫的境况，恢复原有的生活状态。截至2018年底，累计接受捐赠4.74亿元，累计投入4.20亿元，超过22万人次受益。

“4·20”芦山地震灾后重建项目是2013年5月12日设立的以开展芦山地震灾后重建、发展灾区生计为宗旨的公益项目。2018年，累计投入1800万元，项目区覆盖雅安市、崇州市9个区县、70个乡镇、140余个村。

“8·3”鲁甸地震灾后重建项目是2014年8月设立的以开展鲁甸地震灾后重建、发展灾区生计为宗旨的公益项目。2018年，累计投入700万元，项目覆盖鲁甸县、会泽县、巧家县15个乡镇。

"8·8"九寨沟地震灾后重建项目是2017年8月设立的主要在基础设施领域和教育助学领域开展的公益项目，2018年，累计支出882.71万元，项目涉及九寨沟县、平武县、文县，累计受益人数超过2万人次。

【公益同行项目】 携手公益组织，探索更多有效的社会问题解决方案。截至2018年底，已经深度参与国务院扶贫办主导的光明扶贫工程·白内障复明项目和学前学会普通话项目，形成"人人公益""ME公益创新资助计划""公益宝贝联合劝募计划""美好学校"等品牌项目。2018年，公益同行项目筹集8529万元资金，资助支出超过1亿元，项目受益地区涉及24个省区市。其中，2018年研发并执行3个新项目——"美好学校"大型公益项目、活力乡村行动网络项目和美好乡村联合公益项目。

【"捐一元·献爱心·送营养"活动】 2008年启动，连续10年通过百胜旗下数千家餐厅向公众劝募，倡议全社会每人捐1元钱，用于为贫困地区儿童提供为时1年的营养加餐，并为贫困地区学校捐赠爱心厨房设备。活动搭建"全民公益"捐款平台，鼓励全社会"随手做公益"，推动"人人可公益"慈善理念。10年来，累计筹款超过1.8亿元，吸引1.2亿人次参与。2018年，捐一元活动吸引超过900万人次参与，21天的活动募集善款1787.19万元。2018年，捐一元项目荣获第十届中华慈善奖。

【善行者公益徒步活动】 以公益和健康相结合的大型户外公益徒步活动为形式，鼓励4人一队，日夜兼程共同克服困难，在规定的时间内完成50千米徒步挑战，以"每一步都会带来改变"的信念，动员身边的人以实际行动支持公益。截至2018年底，善行者公益徒步活动有10多个国家的8685支队伍报名，22238人次参与徒步，22043人次的志愿者参与活动。活动筹集善款3266万元，38.6万人次参与捐赠，50家企业支持，百余家媒体参与传播。

2018年，善行者公益徒步活动在成都、北京、隰县、南京、广州和龙门山举办，2924支队伍报名参加，6137人完成挑战；筹集善款1370.93万元，主要用于贫困地区开展爱心包裹项目、爱心厨房项目、公益同行项目、童伴妈妈项目、旭航计划项目及帮扶山西隰县特困群众和遭受大病、重灾或突发事故的特困户。

【善行100大学生志愿者筹款活动】 通过倡导大学生志愿服务100小时，商场提供场地100小时，公众捐赠善款100元的慈善行动模式，倡导并践行人人可公益慈善理念及志愿服务精神。截至2018年底，活动累计开展14期，126个城市、285所高校、38.8万名大学生志愿者参与，累计为贫困地区、灾区小学生筹集善款7491.43万元。

2018年开展的"善行100·温暖行动""善行100·月捐行动"有122所高校的60815名大学生参与，志愿服务846974小时，筹款982.19万元，邀请10478人加入月捐。近8万名贫困地区的小学生因善行100项目收到爱心包裹。2018年1月善行100获第七届中国公益节年度公益项目奖。

【国际扶贫项目】 秉持"爱无疆，心相通"的理念，坚守"尊重当地，需求导向"的原则开展国际援助和国际倡导项目。截至2018年底，累计投入1.61亿元人民币，惠及20个国家和地区的45万人次受灾或贫困群众。

2018年，募集资金2303.85万元，支出2909.68万元，惠及9.95万人次，其中在缅甸投入559万元，惠及大中小学生12184人；在尼泊尔投入121万元，惠及5500人；在埃塞俄比亚投入264万元，惠及8124人；在苏丹投入331万元，惠及9074人；在乌干达投入484万元，惠及19000人。国际爱心包裹分别在尼泊尔、柬埔寨、缅甸、纳米比亚试点发放，惠及超过25000名小学生。

（中国扶贫基金会　朱　峰）

中国扶贫开发协会扶贫

【概述】 2018年，中国扶贫开发协会（以下简称“协会”）贯彻党的十九大精神和习近平新时代中国特色社会主义思想，按照“高端、精准、创新、融合”的办会思路开展各项工作，扎实推进“支持贫困地区大学生村官成长工程”、“高举红旗，精准扶贫，走好新时代长征路”扶贫项目、定点扶贫等项目。

【扶贫会议】 2018年7月，在广西百色市人民政府的支持下，协会主办“深度贫困地区高质量脱贫研讨会”，以百色脱贫攻坚实践经验为样本，总结探讨深度贫困地区如何高质量脱贫。来自全中国的300多位专家学者、论文作者到会，为脱贫攻坚三年行动尤其是深度贫困地区如何高质量脱贫出谋划策，提供研究成果。10月，与浙江中小企业协会在浙江省杭州市主办“全球企业家论坛”，国内外4500名企业家和30多个市县政府、机构参加。会议重点研讨充分发挥民营企业重要作用，助力脱贫攻坚等问题。12月，在北京市主办“2018第十三届中国全面小康论坛”，重点研讨脱贫攻坚与开展乡村振兴，实现全面小康的有机衔接和无缝对接。国家扶贫日期间，承办贫困地区“村官论坛”，来自国家机关，省、市、县（区）等各级领导就做好贫困地区村干部工作、发挥第一书记、驻村工作队作用，加强乡村干部培养进行充分研讨。参加“第六届中国公益慈善项目交流展示会”“聚焦精准扶贫共创美好生活”，展示协会贯彻精准扶贫方略，推动深度贫困地区、特殊贫困群体与社会资源的有效对接。

【定点帮扶】 协会负责甘肃省渭源县麻家集镇毗达村的定点帮扶工作。为落实帮扶责任，协会成立以会长袁文先为组长，一名副会长为副组长的定点帮扶领导小组。2018年，在渭源县人民政府支持下，协会定点帮扶工作已经完成5大项目。协会从企业捐赠经费中拿出30万元，用于毗达村百合、油菜的种植和加工，建设1个百合产品加工车间，提高百合质量，增加农民收入。动员会员企业中山市浩源净水设备有限公司、中山市好大电器有限公司捐赠安装太阳能路灯350盏，为毗达村320户村民安装家用太阳能照明设施，总价值200万元，已全部投入使用，被村民称为“光明”工程。动员会员企业精准中扶（北京）咨询有限公司为村小学捐建价值10万元的“爱心阅读室”。动员会员企业为村委会建设一间科技含量高的乡村智慧驿站，价值12万元，已投入使用。联合彩虹助学团向群众发放捐赠过冬衣物800余件，建档立卡贫困户和村民均领到合身的衣服。

【“高举红旗，精准扶贫，走好新时代长征路”精准扶贫项目】 中国扶贫开发协会联合中国一汽集团发起“高举红旗，精准扶贫，走好新时代长征路”大型公益扶贫项目，旨在沿着红军长征经过的国家级贫困县，提升贫困地区教师的教学水平和学生的学习能力，为贫困地区发展提供智力支持。2018年6月开始，中国扶贫开发协会利用中国一汽集团捐赠的1500万元资金，先后在长征重大历史事件发生地——江西省于都县、四川省小金县、云南省香格里拉市、贵州省黎平县城、湖南省通道县建成5所“红旗梦想智慧学校”，建成带有录播设备的高标准版智慧教室4间和基础版智慧教室43间，智慧图书馆5座；针对智慧教育培训教师600余人；投入270万元对上述5所学校进行校舍加固、操场更新、设备更新等基础设施建设。

【教育扶贫】 中国扶贫开发协会充分发挥高校学科资源优势，以项目为支撑，以提高贫困地区的学校师资水平和劳动者的技术技能为重点，采用集中培训和在线学习相结合的方式，为贫困地区培养经济社会发展急需的各级各类人才，帮助他们从根本上摆脱贫困。2018年中国扶贫开发协会高校教育扶贫委员会开展深度贫困地区乡村初中教师教学技能提升培训，总培训人数达到373人。通过培训，提高教师整体素质和能力水平，使贫困地区的教育服务水平接近全国平均水平。

【乡村干部培训】 协会人才培训部按照贫困地区人才培训拓展到驻村第一书记、驻村干部、致富带头人和专业军人的方针，组织4期贫困村大学生村官培训、1期贫困村创业致富带头人培训、1期扶贫企业负责人党建扶贫培训、1期农民专业合作社管理技术人才培训、1期贫困村高原特色旅游人才培训、1期高校教育扶贫培训，总培训人数近1500人。2018年5月、6月、7月，分别在安徽省阜阳市委党校、苏州干部学院举办4期900人的以“三区三州”为代表的深度贫困地区贫困村大学生村官培训班，培训对象来自安徽、山东、山西、湖北等17个省区市。

【健康扶贫】 联慈医疗扶贫工程项目已帮扶江西莲花、广昌、宜黄，湖北竹溪、宜昌，重庆铜梁区、武隆区，湖南涟源市、娄底市、安化县，河南濮阳，河北馆陶县，山西长治市，云南施甸县，广西容县、鹿寨、融安、玉林、广南县等71个县，援助市场价值9.85亿元的医疗设备，与合作单位开展13次基层医务人员技术培训、院长管理公益培训，参训人员超过2800人。

2018年7月，普惠医疗与健康扶贫项目（“1+X”健康扶贫大样本项目）办公室在山西省阳高县举办“健康扶贫大样本项目中期成果交流暨第二批健康扶贫大样本项目临床观察实施方案编写现场培训会”，通过交流临床验证了“1+X”医学方法治疗慢性病临床效果好，能复制，可降低50%~90%的医疗成本，减轻政府财政医疗负担和民众负担，能使绝大多数“因慢性病失能、半失能”病人恢复劳动能力、生活自理能力，从根本上减轻家庭护理负担。2018年该项目办公室在中国多个省市举办各种健康扶贫“1+X”医学方法防治慢性病培训活动、现场交流活动等57次，培训人员3723人，投入项目的公益资金已达860万元。

精准中扶（北京）咨询有限公司开展的精准医疗扶贫援助项目2018年为沂源县、淄博市、包头市等地捐赠医疗设备117.6万元。为盐山县、临汾市、同江市、洞口县、霍州市、渭源县捐赠阅读室22间，价值220万元。

“健康扶贫三年行动计划——全国宫颈癌和出生缺陷防控”项目是协会联合深圳华大基因股份有限公司共同开展的一项健康扶贫公益项目，并于2018年8月正式启动。项目服务内容包括：为建档立卡贫困户中的35~64周岁适龄妇女提供免费宫颈癌HPV基因检测，确诊为宫颈癌浸润癌的患者可获得5000元关爱补助金；为建档立卡贫困户中的孕妇免费提供孕妇外周血胎儿游离DNA产前筛查；为建档立卡贫困户中的新生儿免费提供48种遗传代谢病检测；为建档立卡贫困户中的备孕夫妻、已孕妇女和新生儿免费提供地中海贫血基因检测；协助有条件的医疗机构建设高通量实验室，免费提供仪器和配套设备，帮助贫困地区提升医疗服务能力和水平；协助贫困地区开展宫颈癌和出生缺陷防控健康知识的宣传和推广，加强健康教育，提高贫困地区居民健康素养。

【精准帮扶】 依托中扶惠民实业发展有限公司在上海启动“扶贫惠民工程”，已有500多个贫困地区农产品进入上海100多个社区。协会还与四川阿坝藏族羌族自治州委、州政府，四川省扶贫基金会联合开展“阿坝牦牛产业精准扶贫工程”，实施两年来，扶贫龙头企业“红原牦牛乳业公司”已带动6000户牧户脱贫致富，每户增收20000元。

【科技扶贫】 2018年11月，在河南省政府和扶贫办大力支持下，全省108个县（市、区）扶贫办领导参加了易小康手机扶贫超市捐赠手机5万部活动。10月，在黑龙江勃利县三家村进行修路技术示范，修路1千米，消耗当地近900吨尾矿，为当地尾矿污染治理问题找到了一条新路径，降低修路成本，提升道路品质。

实施“一机三料”种植养殖分布式循环利用站项目。通过对废弃物的微生物处理和一体化发酵，对人畜粪污和秸秆等进行无害化处理，生产有机肥料、基料和饲料，即“一机三料”，可降低农民种养成本，改良土壤、提升农产品品质。可与畜禽粪污治理、有机肥替代化肥、土地指标跨省交易等政策有效衔接，实现快速推广。该项目已在宁夏盐池县进行示范，实现柠条资源产业化，改善滩羊品质，推动该县种养结合型循环农业发展。

（中国扶贫开发协会　宋军伟）

中国老区建设促进会扶贫

【概述】 2018年，中国老区建设促进会（以下简称“老促会”）在习近平新时代中国特色社会主义思想引领下，紧紧围绕深入学习宣传贯彻党的十九大精神这一主线，认真落实中央脱贫攻坚各项决策部署，以大力弘扬老区精神为重点，以深入推进“双百双促”（动员百家企业，帮扶百个贫困革命老区村；促进贫困老区村率先脱贫，促进帮扶企业优质发展）和“一县一品”（以县域为行政范围，依托地方特色文化资源，在一定时期内重点培育和推出一个文化品牌）为抓手，持续推动各项扶贫行动。

【扶贫宣传】 10月17日，着眼脱贫攻坚进入决战决胜关键阶段的形势任务要求，在第5个国家扶贫日，承办作为“2018中国扶贫国际论坛”组委会主办的论坛之一的“新经济发展与革命老区脱贫攻坚”论坛。12月底，联合中央电视台农业频道、江西省老促会及赣州市、瑞金市，在红色故都、共和国摇篮瑞金举办录制“人民共和国从这里走来——第三届全国革命老区春晚”，宣传脱贫攻坚。

【扶贫调研】 2018年上半年，组织3个调研组，分赴贵州、四川、广西、福建、江西、广东、河北、河南、山东9个省区，围绕革命老区贫困县脱贫攻坚，以及“十三五”规划纲要中关于“推动区域协调发展”和“全力实施脱贫攻坚”落实情况进行调研。这次调研时间跨度3个月，覆盖9个省、24个地区、33个县。调研报告在全面系统总结新时代老区脱贫攻坚成就和特点的基础上，重点围绕收入水平略高于建档立卡贫困户的群体缺乏政策支持问题，深度贫困地区因病因残致贫返贫问题，实施乡村振兴战略问题，村级集体经济发展与监管问题，基础设施“最后一公里”问题，贫困村“一线战斗堡垒”作用发挥问题，以及激发内生动力问题等。2018年下半年，围绕推进湘鄂西和湘鄂川（渝）黔革命老区振兴发展问题，由老促会主要领导带队，赴湖南、湖北进行专项调研，形成《关于大力推进湘鄂西和湘鄂川（渝）黔革命老区振兴发展的调研报告》。

【“老区脱贫·巾帼建功”活动】 在全国老促会妇工委系统组织开展“老区脱贫·巾帼建功”活动，面向老区妇女开展种植养殖和就业创业技能培训。2018年5月，中国老区建设促进会“全国老区巾帼志愿扶贫誓师动员暨支持老区妇女工作贡献奖表彰大会”在山东临沂红嫂文化纪念园召开，第一批10支老区巾帼志愿扶贫团队组建出征。1年来，各地老区已建立规模不等的老区巾帼志愿扶贫团队。

【“双百双促”行动】 围绕“双百双促”行动组织102个企业与116个老区贫困村结对帮建签约，对帮建企业进行督导，对帮建情况进行实地调研检查、总结讲评和通报，对确保“双百双促”落地落实明确了措施办法。

自2016年12月首批签约启动以来，先后于2017年4月、6月、11月和2018年1月进行5次结对签约，之后陆续展开入村调研、制定方案、投资建设、公益捐助和出谋划策等工作。截至2018年底，“双百双促”行动共动员102家爱心企业，与24个省区市、97个县（市、旗）的116个老区贫困村建立了村企结对帮建关系。

【品牌扶贫】 按照“政府主导、三会搭台、企业唱戏、群众受益”原则，联合中国优质农产品开发服务协会、中国品牌建设促进会和中国国家品牌网，开展老区“一县一品”品牌扶贫行动。从各地上报的56个产品中，精心选定32个县的35个优质农产品，从产品品质把控、品牌设计、品牌传播、品牌销售和品牌投资5个方面，精心打造老区品牌农产品。在第5个国家扶贫日老区扶贫论坛和北京王府井大街，组织对10个精品成果进行展览展销。

【教育扶贫】 发挥全国革命老区职业院校扶贫发展联盟平台作用，先后对内蒙古老区60名英语教师进行专修培训，开办吉林、山东60名老区校长、局长研修班。扩大第2批联盟成员，在已有208所贫困老区高、中职院校的基础上，新增26家老区职校。向世界银行争取申请职教扶贫贷款并获批准。继续推进“彩虹桥工程”，组织北京师范大学附属实验中学、清华大学附属中学、北京潞河中学的200名高中学生到河北省平山县西柏坡中学、山东省枣庄市24中学和山西省灵丘县黑龙河学校研学支教，参观红色教育基地，接受革命传统和爱国主义教育。配合中央军委政治工作部实施“八一助学”扶贫工程。

【健康扶贫】 联合中国研究型医院协会，动员中国社会福利基金会科技健康公益基金管委会、白求恩医学专家委员会、中关村华医移动医疗技术创新研究院等10余家社会团体、企业参与，持续做好大别山革命老区健康扶贫工作。建立联通了“信阳市中心医院+9个县级医院+112个乡镇卫生院+220个贫困村卫生室”的影像和心电工作站；在固始县开通涵盖4家二级医院、34家乡镇卫生院（社区卫生服务中心）、146个贫困村卫生室的“健康泉”智慧医疗平台；帮助建成由信阳31家医院联网的基本卫生服务系统，组织15名医学专家开展了对信阳中心医院12个学科的点对点指导帮扶；为信阳市3个县公益赞助5000多万元的医疗设备和物资，为驻马店一市5县捐建胸痛中心和“两癌”筛查中心。广泛开展面向老区群众的医疗服务，9月，协调组织北京航天总医院、陆军总医院等8家医疗机构15个学科的21名专家，深入贵州省沿河土家族自治县，开展为期6天的“心连心·情系老区”义诊活动，为2600多名患者进行诊疗。联合北京长峰医院开展“情系老区·抗癫圆梦”公益救助活动，已筛查救助150余人。“健康中国·老区医疗帮扶”项目自2015年12月在齐齐哈尔泰来县实施以来，为该县12个乡镇建立医疗远程传输系统，帮助协调采购医疗设备152台（套），减免4500万元。协调组织齐齐哈尔9县7区在泰来县召开健康扶贫现场会，推广泰来经验和健康扶贫模式。联合北京倍肯恒业科技股份有限公司向新疆少数民族地区捐赠价值1.3亿元的医疗设备。

【科技扶贫】 注重发挥“中国老区农民现代远程教育中心”网络平台优势和中国农科院、中国科技产业化促进会等资源优势，加强老区人才培养、科技成果推广和产科教融合。通过开设“三农”专栏节目，普及推广农业科技知识，为老区培训技术骨干，为老区农村筛选推荐并推广实用技术成果，带动老区群众脱贫致富。

【电商扶贫】 推进实施革命老区“三年百县电商精准扶贫攻坚增收工程”，制定下发实施方案，7月，在河南汝南县举办老区电商精准扶贫工程启动仪式，重点组织一批电商龙头企业与19个老区贫困县加强电商扶贫产销对接。在汝南县进行试点，依托河南金雀电子商务有限公司“金雀爱心购”电商平台，线上线下联动建立村级“金雀爱心购”扶贫超市、电商平台和爱心美德超市。县政府把电商扶贫纳入全县脱贫攻坚总体部署和工作体系，每年安排500万元专项资金扶持农村电子商务发展，同河南金雀电子商务有限公司合作打造县有平台、村有超市、户有网店的电商扶贫体系。试点村贫困人员利用“金雀爱心购”精准扶贫模式每月收入 300 元。2018 年底，形成线上网店、线下超市及金雀扶贫职能自动售货机的购物交易，完成全县 281 个村全覆盖。北京农科院“智农宝”电商平台为 5 个京郊老区贫困村销售农产品 110 万元。

（中国老区建设促进会　郑建军）

友成企业家扶贫基金会扶贫

【概述】 友成企业家扶贫基金会（以下简称“友成基金会”）2018年深入开展电商扶贫、教育扶贫、定点扶贫等多项扶贫工作。截至2018年底，年度公益捐赠收入5687.6万元，支出5898.03万元。

2018年，友成基金会被评为中国公益慈善项目交流展示会优秀参展机构，获得中国公益节“年度公益组织”等奖项。“让妈妈回家”农村女性电商创业培训项目荣获“2018公益扶贫杰出项目奖”；“青椒计划”（“乡村青年教师社会支持公益计划”）被评为第二届专业志愿服务亚太峰会最佳专业志愿服务案例、新浪公益年度教育公益项目十五强、澎湃新闻年度扶贫公益项目奖。友成基金会理事长王平女士获得改革开放40年社会创新家荣誉称号，汤敏副理事长被评为年度责任人物、中国公益年会2018年中国公益人物等。

【定点扶贫】 友成基金会定点帮扶贵州省雷山县和甘肃省渭源县。2018年，友成基金会在雷山县累计投入资金1515.3万元。其中，在国务院扶贫开发领导小组办公室委派友成基金会的扶贫点雷山县龙塘村定点帮扶项目中引进资金1400万元，在雷山县开展电商扶贫项目投入资金86.7万元，教育扶贫项目投入资金28.6万元。电商扶贫项目在雷山县培训102名返乡妈妈，37名电商扶贫带头人，教育扶贫项目培训教师742人。友成基金会对雷山县扶贫工作高度重视，副理事长汤敏、秘书长零慧及副秘书长李佳琛、苗青、张静等先后15次到雷山调研、对接资源和开展项目工作。

2018年度，友成基金会在雷山县电商扶贫人才培训方面累计投入扶贫资金86.7万元，帮助学员成功就业创业。在雷山县培训102名返乡妈妈，结业率97%。在为期3个月的孵化期后，项目帮助所有返乡妈妈成功开设网店或微店，人均月交易额400～500元。项目还在雷山培训另外37名电商扶贫带头人，截至12月20日，已有10余名学员开展电商扶贫工作，带动20余名贫困户人均月增收50元以上。

2018年1月，成功对接今日头条开展雷山“山货上头条”直播卖货活动，为雷山银球茶、黑毛猪肉、苗银饰品、乌杆天麻等12种产品成功打开销路。几天内，仅黑毛猪肉就卖出20180元。2018年7月，成功为雷山县鱼酱酸对接快手“快手好货”行动，通过快手“三农”领域主播或“大V”对产品进行宣传推广。

2018年友成基金会在雷山教育扶贫方面累计投入资金28.6万元，先后在雷山县引入了“青椒计划”、益教室、美丽乡村大课表、乡村教育创新计划、情系远山高中双师课堂等教育扶贫项目。2018年，教师培训项目已经覆盖雷山县20所中小学及幼儿园，培训教师742人。

汤敏副理事长先后于2018年5月、9月两次到渭源县调研考察，落实电商及教育扶贫人才培训项目。2018年投入10万元，培训81人，开展“线上+线下+陪伴孵化”电商扶贫带头人培训，预计带动100户建档立卡户参与电商扶贫，增加收入。友成基金会支持渭源县的教育扶贫，渭源县乡村青年教师参与“青椒计划”100人；在渭源二中引入情系远山的高考培训项目，参与教师32人。

【教育扶贫】　“青椒计划”全称为“乡村青年教师社会支持公益计划”，2017年9月在教育部教师工作司指导下，由友成基金会、北京师范大学、沪江“互+计划”携手国内30余家公益组织、学术机构、教育类爱心企业发起。这一教育扶贫行动也得到了波音（中国）投资有限公司、上汽通用汽车有限公司等知名企业支持。

“青椒计划”为1年期，邀请北京师范大学、华东师范大学、马云优秀乡村教师等每星期2次开展远程培训，项目现已覆盖中国20个中西部省份、202个区县教育局、8678所学校、50783位教师，仅深度贫困地区的新疆和田、喀什就有4000多名教师参加了1年期的培训。凉山、怒江、临夏等深度贫困地区也有627名老师参与“青椒计划”培训。友成基金会还专门为南疆地区学校开办该地区急需的国家通用语文课。项目组织授课导师183位，提供公益网络直播专业课程58讲、师德课程32讲、分科课程144讲，课程累计时长20000多分钟。“青椒计划”还对表现优秀的700名教师学员给予3000～10000元奖金奖励。

【电商扶贫】　友成基金会作为公益行业探索电商扶贫的第一家社会组织，联合摩根大通银行（中国）有限公司、沃尔玛（中国）投资有限公司、唯品会信息科技有限公司、埃森哲（中国）有限公司等爱心企业，共同开展电商扶贫新公益项目。截至2018年10月，友成与合作伙伴携手开发的学习平台已录制线上电商课程83门、4654分钟，12149名乡村妇女、返乡青年、扶贫带头人直接受益，项目覆盖贵州、甘肃、江西、四川、河北、广西六省61个县，其中有27个国家级贫困县、30个省级贫困县，触及6个深度贫困片区中的22县。参与培训的学员平均就业创业率67%，就创业后平均月增收500～3000元，为参与者带来经济收入、职业发展、家庭关系及生活条件等多方面的变化。

【乡村振兴领头雁计划】　2018年10月，在友成基金会副理事长、中慈联乡村振兴委员会主任委员汤敏的推动下，友成基金会与中慈联乡村振兴委员会和清华大学等合作的“乡村振兴领头雁计划”，通过线上线下相结合的模式，对返乡创业青年、农村基层干部、合作社及驻村企业负责人开展系统性培训。

友成出资50万元培训第一批学员2620人，其中约40%是来自贫困地区的致富带头人。每个星期培训3次，时长5个月，内容涉及种植养殖、农村旅游、农村金融、电商及社区建设等。培训讲师大部分为身在一线创业的返乡青年创业能手。

【物资捐赠】　友成基金会是美国鞋业知名品牌TOMS在中国的捐赠合作伙伴。2018年，双方依托友成志愿者驿站网络平台，将TOMS捐赠的布鞋送达宁夏西海固等地，内蒙古呼和浩特武川等县、贵州松桃县，覆盖3个省、26个县的400所学校，调动志愿者300人次，直接受益者约9万人。

【扶贫研究】　友成基金会出资27万元，支持《2020年后中国扶贫机制若干问题》综合报告中新阶段扶贫标准及贫困识别、扶贫开发社会动员、金融扶贫机制创新等五个子课题的研究，同时还提供相关研讨会的会务资金和人力支持。

【扶贫日活动】　在2018年10月17日中国第5个扶贫日，由国务院扶贫开发领导小组办公室主办，国务院扶贫开发领导小组办公室国际合作司和社会扶贫司指导，友成基金会承办，北京博能志愿公益基金会、《公益时报》、新浪公益协办的“扶贫志愿服务论坛”在京举行。论坛共设主题演讲、圆桌论坛及专业扶贫志愿者倡议等环节。国务院参事、友成基金会副理事长汤敏，友成基金会秘书长零慧，北京博能志愿公益基金会理事长翟雁以及来自专业公益机构、咨询服务机构、高校和企业的十多名志愿服务领域专家出席论坛。论坛结合中国专业志愿者的发展历程及发展现状，总结经验和方法，并给予建设性的意见。

为让社会各界充分了解专业志愿者并利用专业知识参与到扶贫工作中来，友成基金会还邀请北京博能志愿公益基金会、《公益时报》、新浪公益、中国志愿服务基金会、北京惠泽人公益发展中心、北京和众泽益公益发展中心、ABC 美好社会咨询社 7 家机构联合发布专业扶贫志愿者倡议书，倡议全国所有的专业志愿组织积极投入到精准扶贫工作中去，致力于用专业的知识技能、专业的职业素养，帮助贫困地区发现、分析和解决最直接、最现实和最紧迫的问题。

（友成企业家扶贫基金会传播部 张小茅）

中国扶贫志愿服务促进会扶贫

【概述】 2018年，中国扶贫志愿服务促进会（以下简称“促进会”）以习近平新时代中国特色社会主义思想为指引，以党的十九大对脱贫攻坚做出的战略部署为统领，做好扶贫工作筹划，抓好具体工作落实，切实提高脱贫攻坚、促进扶贫志愿服务的能力和水平，在中国社会扶贫网建设、开展扶贫项目和加强自身建设等方面都取得明显成绩。

【中国社会扶贫网】 中国社会扶贫网自开通运营以来，通过国家建档立卡数据校验，发挥“互联网+”技术优势，创新“互联网+”社会扶贫模式，建立爱心帮扶、电商扶贫、扶贫众筹、扶贫展示、扶贫评价5大平台，搭建连接贫困户与爱心人士和爱心企业的平台，构建起实现多方要素、多方力量有效聚合的互联网扶贫格局，荣获2018年全国脱贫攻坚组织创新奖。

截至2018年底，扶贫网累计注册用户4163万人，其中，爱心人士2744万人，贫困户1377万人，管理员42万人。注册用户中的建档立卡贫困户已覆盖全国28个省、339个市、2265个县、33万个行政村。贫困户在爱心帮扶平台累计发布需求信息443万条，成功对接319万条，对接成功率72%。电商扶贫平台扶贫商品覆盖24个省区的190个贫困县，线上销售额571.4万元，线下完成销售额259.6万元。有10家央企已入驻央企扶贫馆，在售商品481款，线上交易金额55.8万元，运营商积分商城交易金额357万元，线下交易金额91.6万元。扶贫众筹平台受到社会的关注和响应，“光明扶贫工程·白内障复明”和“学前学会普通话”两个众筹项目在扶贫网上线后，截至2018年底，捐赠次数达1.9万次，累计筹款5067万元。其中“光明扶贫工程·白内障复明”项目捐款次数1.06万次，累计筹款3059万元；“学前学会普通话”项目捐款次数8631次，累计筹款2008万元。

【产业扶贫】 2018年，组织相关龙头企业分赴青海、西藏、新疆等省区的多个贫困县，以及贵州锦屏县、河北蔚县、内蒙古科右前旗、甘肃渭源县等10余个贫困县开展产业扶贫项目对接洽谈。上海太德励拓互联网科技股份有限公司创新开发的“共享农庄”扶贫项目已落地张家口蔚县，投资规模预计3000万元，未来3年计划落地100个共享农庄项目；江苏中利集团股份有限公司“贫困村光伏农场”项目分别落地西藏琼结县、甘肃渭源县；以藏地生态农业（北京）有限公司、桑珠孜区德琴3900庄园有限公司为龙头打造的牦牛、青稞扶贫产业园项目已落地西藏日喀则市桑珠孜区，一期10万吨青稞米、青稞面加工规模已落成投产。还打造了“组团包县”典型县域（以贫困县为基本单位，结合贫困县的致贫因素和资源禀赋，有针对性地组合涵盖一二三产的“产业集团”，有效对接，集中发力，切实从根上根除贫困），如在安徽灵璧县有德青源金鸡项目、中利光伏扶贫项目、三聚秸秆综合利用项目、点筹网电商扶贫项目、中农绿能供热项目落地投产。

【消费扶贫】 按照国务院扶贫开发领导小组办公室工作安排，促进会广泛动员社会企业参与西藏和四省藏区牦牛、青稞产业和南疆四地州大枣、核桃产业的产销对接工作。促进会多次组织藏地生态农业（北京）有限公司、桑珠孜区德琴 3900 庄园有限公司等龙头企业赴青海、西藏开展牦牛产品产销对接，畅通销路；联合中国果品流通协会共同主办“第二届全国果业扶贫大会暨贫困地区果品产销对接会”，深度推进南疆四地州大枣、核桃等果品的产销对接。2018 年 10 月，由国务院扶贫开发领导小组办公室主办、促进会承办的“2018 年扶贫日县域发展与脱贫攻坚论坛”在京成功举办。会议以“深化扶贫改革　服务产销对接”为主题，围绕牦牛、青稞、大枣、核桃等特色农产品，安排项目发布和产销对接洽谈签约，现场签署合约 32 份。

【健康扶贫】　2018 年 3 月 3 日，“光明扶贫工程·白内障复明”项目在北京正式启动。该项目对贫困户白内障患者手术经基本医保、大病保险、医疗救助、商业补充保险等已有政策报销之后，个人自负部分的手术费用按每眼 1500 元进行补助。动员社会力量，整合社会资金，实现建档立卡贫困白内障患者免费救治。为做好这项工作，促进会组织精干力量实地考察，动员协调，先后与 12 省区对接，与 700 多家定点医院签约。项目开展期间，密切跟踪项目实施情况，及时统计手术数据，已救治患者 38369 人，首批 600 万元资金已拨付至 160 家定点医院，2018 年全年为 5 万名建档立卡白内障患者实施救治手术，拨付救治资金 3000 万元。

【教育扶贫】　由国务院扶贫开发领导小组办公室、教育部联合发起的在少数民族地区开展“学前学会普通话”行动，目标是帮助少数民族学龄前儿童听懂、会说、敢说、会用普通话，使其快速适应学校教育，减少因语言障碍导致学习跟不上和后期辍学，从源头上阻断贫困代际传递。促进会负责项目实施和资金的筹集、拨付工作。

2018 年 5 月，国务院扶贫开发领导小组办公室、教育部、四川省人民政府在四川省凉山彝族自治州共同举办“学前学会普通话”行动试点启动仪式。为做好试点工作，促进会进行前期调研，与试点地区扶贫部门、教育部门讨论交流，深入贫困山区考察；组织召开专家评审，委托专业机构，对项目方案、执行预算、项目成效进行专业评估，确定 2 个执行单位；联合中国扶贫基金会、中国社会扶贫网启动线上众筹。该项目已在凉山州 11 个深度贫困县和安宁河谷 6 个县市的 66 个民族乡镇全面开展，覆盖 2995 个村的 3117 个幼教点，共有 7976 名辅导员，在读儿童 126076 人（2018—2019 学年）。凉山州 1 年试点后，该项目将在中国少数民族地区全面开展。

【致富带头人培训】　2018 年，由促进会负责承办的贫困村致富带头人培训基地培训 3791 人。其中，国务院扶贫办创业致富带头人（蓉中）培训基地完成 1500 名创业致富带头人培训任务。扶贫办粤桂两省区贫困村创业致富带头人培训基地培训 2291 人；培训后创业 1650 人，创业率 72%，其中由基地组织的高值水产养殖产业孵化学员 260 名，直接带动 256 个贫困村集体增收，带动 1 万个贫困家庭增收脱贫。

（中国扶贫志愿服务促进会办公室
徐建东）

中国红十字会总会扶贫

【概述】 2018年，中国红十字会总会（以下简称“总会”）加大扶贫工作力度，发挥平台优势，动员系统内部力量和社会力量共同支持湖北省黄冈市英山县脱贫攻坚，整合3000万元款物支持英山县脱贫工作，购买贫困地区农产品16.5万元，帮助销售农产品685万元，助力8745户、18406人脱贫，建立长效稳定增收机制，帮助贫困户实现“两不愁三保障”。英山县贫困发生率降至0.15%，达到贫困县退出标准。

【扶贫资金投入】 2018年，红十字系统在英山县投入帮扶项目款物1750万元，引进帮扶项目款物1303万元，培训基层干部116名、技术人员111名（教师100名，乡村医生11名），培训红十字应急救护师资46名、红十字急救员216名，普及红十字应急救护知识1665人次。

【帮扶项目】 总会在英山实施的主打精准扶贫项目——红十字博爱家园，是在借鉴国际防灾减灾经验的基础上，结合中国国情设计的。其特点是通过在农村建设逃生公路（桥）、避险广场等防灾减灾设施，改善贫困乡村状况，降低因灾致贫风险；通过生计基金支持贫困村集体、致富带头人，带动贫困户因地制宜发展产业，增收脱贫；坚持自下而上民主决策，确保在选择项目计划时，干部群众、男女平等参与；通过培育基层红十字组织和志愿服务队伍，弘扬“人道、博爱、奉献”精神，将扶贫与扶志相结合，增强脱贫攻坚内生动力。

【党建扶贫】 总会印发《关于明确总会在英山县开展精准扶贫工作中各党支部对口帮扶村的通知》，要求每个支部负责对口帮扶英山县的2个村。各党支部在开展结对共建、对口帮扶“规定动作”的基础上，深入实地调研，结合自身优势，动员相关资源，开展“自选动作”。

【挂职扶贫】 2018年1月，总会选派直属机关党委与纪委办公室主任张灏接替姜武艺，挂职英山县委常委、副县长，协助分管扶贫工作。赈济救护部健康服务处主持工作的副处长曹橙继续担任驻方家咀乡四棵枫村第一书记。

【扶贫宣传】 总会与腾讯网合作，拍摄《扶贫1+1》精准扶贫纪录片，在腾讯视频播放200万次；推荐四棵枫村参选中共中央宣传部、中央精神文明建设指导委员会办公室等举办的2018年学雷锋志愿服务先进典型，被评为“最美志愿服务社区”。

【扶贫调研】 2018年，全国人大常委会副委员长、中国红十字会会长陈竺，时任党组书记、常务副会长徐科，时任党组副书记、副会长郭长江，副会长兼秘书长王平等分别通过召开座谈会、进村入户走访、实地考察项目、查阅档案资料等形式，调研指导精准扶贫工作，督促检查英山县党委政府压实脱贫攻坚主体责任、落实扶贫政策和工作任务情况。

2018年，总会到英山开展各类督促检查、项目考察、调研157人次，与县委县政府主要领导召开扶贫工作座谈会4次，调查各村情况71次，走访贫困户309次，工作范围覆盖了英山县所有乡镇，形成督导调研报告5篇，书面向县委县政府反馈3个方面的主要问题和4条意见建议。

中国红十字基金会在英山召开理事会和扶贫工作座谈会，邀请上汽通用五菱汽车股份有限公司、广汽丰田汽车有限公司等捐赠人代表深入一线实地督导调研扶贫项目，进一步了解英山县贫困需求，促进扶贫资金规范、透明、高效使用。

【产业扶贫】 2018年，总会在英山县新增援建25个博爱家园项目，项目资金规模达到1000万元，其中生计金近400万元；中国红十字基金会投入项目资金165万元，实施10个社区生计保护项目；红十字国际委员会、红十字会与红新月会国际联合会投入资金150多万元，启动3个贫困村生计发展项目；以上项目帮助38个贫困村发展苗木种植、茶叶加工、黄花菜种植加工等特色产业。

总会协助英山县成功创建“中国天然氧吧”品牌，助力英山全域旅游产业发展；通过人民网人民优选平台推广英山云雾茶，协助云雾茶产区入选人民优选首批产业合作示范基地。

【教育扶贫】 2018年9月，中国红十字基金会援建的金冲博爱小学教学楼投入使用，新投入90万元援建的3所博爱学校（幼儿园）也已启动建设，用于改善农村教育基础设施条件。湖北省红十字基金会捐赠价值139万元的爱心助学箱3500个，为3500名贫困学生送去生活、学习用品。中国红十字基金会“親”基金开展幼儿园、小学教师培训100人，提升当地教育教学水平。

【公益扶贫】 总会联合中国工商银行、顺丰速运集团、百度集团、中央广播电视总台央广网、本来生活网、北京沱沱工社生态农业股份有限公司等发起成立“精准扶贫美好生活联盟”，打造“大型银行+中央媒体+物流通道+运营直销”的产业扶贫生态链，2018年通过工商银行融e购商城等渠道帮助英山县销售农产品价值65万元。

2018年，中国红十字会与淘宝基金会设立魔豆妈妈手工艺帮扶项目——“大山中的手艺之礼”，通过淘宝众筹帮助贫困母亲销售手工艺品8万余元。

2018年，通过中国红十字基金会“最美菜”公益基金帮助贫困地区销售滞销农产品612万元。

2018年，总会争取中国工商银行北京王府井支行40万元专项党费支持，为英山3个基层党组织建设党员活动中心；总会支持7.8万元党费，用于四棵枫村基层党建工作。

2018年，协调顺丰公益基金会、北京华宇公益基金会等来英山开展助学项目，走访贫困家庭，资助200余名贫困中小学生，捐赠2个公益书库，共计70余万元。

【健康扶贫】 2018年，总会通过英山县大病救助社会关爱项目投入150万元，救助因病致贫、因病返贫群众60人。

投入45万元新（改、扩）建3个村卫生室，改善贫困农村医疗条件；组织11名乡村医生参加红十字乡村医生培训班，帮助他们提升医疗服务技能。

资助英山县建设红十字生命安全体验教室一间，培训46名红十字应急救护师，支持10期红十字应急救护公益讲座，培训救护员216名，普及培训应急救护知识技能1665人次。

添置医疗设备，改善基层医疗条件。引进初级卫生保健基金会300余万元扶贫项目，添置救护车、彩超仪、乡村医生助诊包等设备。

【送温暖活动】 2018年元旦和春节期间，总会通过“红十字博爱送万家”活动，为困难群众送去价值24万元的生活急需物资。总会还调拨价值23万元的救灾款物用于救助英山县水灾受灾群众；上海市红十字会拨付英山价值200万元的救助物资用于开展扶贫工作；红十字会与红新月会国际联合会捐助价值570万元的洗发水等生活用品在英山开展社会关爱行动；总会机关和直属单位干部利用业余时间编织77件毛衣、围巾、帽子等，在冬季为英山县贫困家庭的孩子送去温暖。

（中国红十字会总会　白世雄）

中国残疾人福利基金会扶贫

【概述】 2018年，中国残疾人福利基金会（以下简称“基金会”）的“助听行动”“助行行动”“助困行动”等长期助残项目紧跟国家扶贫开发战略，全年筹集款物5.19亿元，帮扶超过15万残疾人和困难群众。

【“助听行动”】 2018年“助听行动”筹集4743万元资金和助听设备，直接救助和带动地方项目救助2.7万名听障残疾人和困难群众。

2018年，“助听行动”在继续保持通过捐赠助听器等听力设备帮扶听障残疾人的基础上，在听障残疾预防领域实现创新突破，推出捐建“基层听障服务机构”项目，探索以社会化合作方式培养残疾人专业康复人才的新途径、新办法，有效弥补基层听障康复机构和康复人才短缺的现状。为黑龙江、贵州、湖南、云南等地的6000名听障残疾人和困难群众进行听力检测。

2018年，基金会承担的70万元中国残联财政资金支持的“助听行动”项目帮扶484名听障残疾人和困难群众佩戴高品质助听器，免费为受助者开展验配、安装助听器服务。

2018年，澳门基金会捐赠305万元，继续开展“集善工程——（澳门基金会）助听行动”，捐建贵州、黑龙江2省5个市县“基层听障服务机构”，培养10名听力师、帮扶1246名听障残疾人。

2018年，中远海运慈善基金会捐赠100万元，支持开展“集善工程——（中远海运）助听行动”，捐建云南省临沧市永德县，湖南省怀化市沅陵县、益阳市安化县3个“基层听障服务机构”，培养3名听力师、帮扶176名听障残疾人。

2018年，中国银行股份有限公司捐赠121万元，支持开展“集善工程——（中国银行）助听行动”，帮扶陕西省咸阳市永寿县、长武县、旬邑县、淳化县4县532名听障及困难群众。

2018年，基金会争取社会捐赠4268万元资金和助听设备，帮扶1.6万余名听障人士和困难群众。受助地黑龙江、河北、河南、湖北、湖南、广东、广西、云南和哈尔滨、长春、齐齐哈尔、延安、甘肃省临泽县等省市县残联和残疾人福利基金会积极参与。

2018年，“助听行动”各地方项目争取捐赠资金和助听设备款物合计超过1000万元，受助人群超过1万人。

【“助行行动”】 2018年，“助行行动”继续坚持“提升残疾人生活品质”的项目主题，承担70万元中国残疾人联合会财政资金支持开展“助行行动”项目，通过招标方式采购高品质手动轮椅和电动轮椅，帮扶872名贫困肢体残疾人；带动地方项目开展，帮扶2000名肢体残疾人。

【“助困行动”】 2018年，“助困行动”累计捐赠服装、保健品等款物价值2836万元，帮扶12万名贫困残疾人和困难群众。

2018年，上海拉夏贝尔服饰股份有限公司捐赠40万件全新服装，开展“集善工程——（爱心温暖）服装捐赠项目”，重点帮扶黑龙江、云南等地9万名贫困残疾人和贫困群众。

2018 年，北京迎政时装有限公司捐赠 5000 件全新服装，支持开展“集善工程——（爱心温暖）北京迎政时装捐赠项目”，帮扶山东省 3000 名贫困残疾人及困难群众。

2018 年，深圳海王集团股份有限公司继续开展“集善工程——（助您健康）海王集团捐赠保健品项目”，捐赠 1016 万元保健品，帮扶广东、广西、黑龙江、山东等地 25000 名贫困残疾人和困难群众。

（中国残疾人福利基金会
朱晓峰　杜　玥）

中国儿童少年基金会扶贫

【概述】 中国儿童少年基金会（以下简称“中国儿基会”）自成立以来，重点关注儿童教育与发展、儿童健康与救助、儿童安全与灾害救援、留守及特殊儿童关爱、家庭亲子教育、儿童综合素质提升等领域，实施了“春蕾计划”“儿童快乐家园”“安康计划”“HELLO 小孩”等一系列儿童慈善项目，募集 49 亿多元款物，直接帮助逾 3000 万名儿童少年走上健康之路、求学之路和成才之路。2018 年，中国儿基会把脱贫攻坚作为重要政治任务，充分发挥社会动员优势，凝聚社会各界爱心力量，累计投入社会捐赠资金约 3.5 亿元。

2018 年，中国儿基会获得“2018 中国慈善信用榜——公办筹款型慈善机构”TOP30 第 1 名、中国基金会评价榜暨第三届金桔奖榜综合排名第 1 名；在基金会中心网发布的 2018“基金会透明指数排行榜”上，再次以满分成绩位居前列。

【儿童教育扶贫】 根据贫困地区存在的儿童因贫辍学、教学设施落后、大龄女童未来职业发展需求等问题，实施“春蕾计划”公益项目。2018 年资助 30600 名边疆少数民族地区、国家连片特困地区及革命老区各学龄段春蕾女童的学习生活费用，为革命老区、边疆少数民族地区共援建 12 所“春蕾学校”。面向农村贫困地区儿童发放内置有学习、文体等儿童学习生活必需品的“HELLO 小孩”爱心套餐 43842 套、为 41000 名贫困地区学生发放春蕾健康成长包、爱心书箱和安全书包等。以教学培训、发放生活基本补贴等形式对 1113 名贫困地区教师及支教教师进行资助。对 279 名大龄女童进行实用技术培训，先后 6 次组织共 321 名贫困地区优秀学生（含带队教师）开展研学夏令营，感知优秀传统文化、体验最新科技成果。

【儿童健康扶贫】 针对贫困地区“儿科医生荒”问题，实施“儿科医师培训”项目，组织北京等地优秀医疗专家对 200 个贫困区县的 2619 名儿科医师进行专业技能培训，缓解贫困地区儿科医生资源匮乏、专业化缺乏等问题。对云南省 7 个贫困县的 292525 名儿童提供给付型重大疾病和报销型住院医疗费用保障，为 46130 名贫困地区学龄前儿童提供必要的营养支持与健康教育，对 682 名患有脑瘫、白血病、听障、视障等大病儿童进行救助，组织 120 个血友病儿童家庭开展夏令营，为贫困地区儿童提供价值近 2000 万元的营养健康产品等。

【留守儿童关爱】 贯彻落实国务院《关于加强农村留守儿童关爱保护工作的意见》，依托“儿童快乐家园”慈善项目，探索农村社区关爱留守儿童有效模式。2018 年，“儿童快乐家园”通过中央专项彩票公益金及社会捐赠支持，共捐建 191 个“儿童快乐家园”，直接受益儿童约 10 万人。“儿童快乐家园”根据留守儿童学习生活及成长发展需求，除提供校外活动场所、统一配置电脑、书柜桌椅、图书、文体用品、玩具等硬件设施外，当地妇联组织以“儿童快乐家园”为阵地，通过动员和征集“爱心爸爸”“爱心妈妈”与留守儿童“一对一”陪伴照顾、动员爱心志愿者团队对留守儿童开展托管服务、心理咨询、安全知识培训等关爱活动，一定程度上解决了留守儿童校外学习生活中面临的安全、孤僻、缺少交流等问题。2018 年，项目基于探索实践出的集中政府、慈善组织、妇联组织、爱心企事业单位、志愿者队伍优势力量，合力帮扶留守儿童的有效模式，成为民政部第十届“中华慈善奖”表彰项目。

在农村留守儿童聚居地区捐建 601 个图书角，捐赠 220214 册图书、601 个蓝牙音箱，通过开展主题阅读活动，为留守儿童提供丰富的精神食粮。

【儿童安全】 2018 年，针对儿童的交通安全、溺水和火灾等意外伤害突出问题，积极推进“儿童安全教育工程”，捐建安全体验教室 6 间、安康图书馆 27 个、安全体验中心 1 所，举办百校安全行活动 16 场，通过开展系列宣传普及、安全教育培训活动以及改善有关教学设施，提高儿童少年安全防范意识和安全应急技能。

【规范化管理】 加强慈善合作合规审查，执行五级审核流程，从经办人到部门负责人、合规负责人、律师、部门分管领导，最终经秘书长审核同意。审核中重点加强对合作伙伴背景调查等事前审查，对一些动机不纯、公益性不足的合作事项坚决拒绝。严格执行项目预决算制度，强化项目资金预决算工作，重点在资金拨付使用、专项基金管理、项目过程监督反馈等事前预算、事中跟踪监督、事后总结反馈三个关键节点下功夫，强化慈善项目执行质量。全面运行中国儿基会综合管理信息平台，规范使用在线办公、捐赠管理、资助管理、公益项目管理及大数据决策支持等系统，通过技术手段，对项目资金的收、管、支、结进行全过程监督管理，实现可查询、可监控、可分析，提高资金使用透明度。遵照民政部《慈善组织信息公开办法》，研究制定《中国儿童少年基金会信息公开实施细则》，对募捐活动情况、慈善项目情况、财务公开内容、信息公开工作的责任分工以及责任追究等方面作出明确规定和具体要求。

（中国儿童少年基金会　许长秋）

五、企业参与扶贫

综　述

“万企帮万村”行动成果卓著。2018年，各级行动领导小组深入学习贯彻习近平新时代中国特色社会主义思想，落实习近平给“万企帮万村”行动中受表彰民营企业家的回信要求，总结民营企业的扶贫经验，努力推进行动向深度贫困地区倾斜，务实推进消费扶贫，加强分类指导，夯实工作基础。截至2018年底，进入全国“万企帮万村”行动台账管理的民营企业7.64万家，帮扶8.51万个村（其中建档立卡贫困村4.88万个），共带动和惠及973.04万建档立卡贫困人口；产业投入712.46亿元（其中购买农产品52.27亿元），公益投入127.74亿元；安置就业67.97万人，技能培训84.60万人。

推进行动向深度贫困地区倾斜。深入贯彻落实习近平总书记关于“‘万企帮万村’行动要向深度贫困地区倾斜”的重要指示，全国工商业联合会、国务院扶贫办、中国光彩事业促进会和中国农业发展银行联合印发了《推进“万企帮万村”精准扶贫行动向深度贫困地区倾斜的落实方案（2018—2020年）》，明确目标、细化分工、量化任务，要求各级行动领导小组未来三年要将深度贫困地区作为工作重点，高度重视、发挥优势、尽锐出战，助力党和政府攻克最后堡垒。2018年6月召开工商联系统援藏援疆电视电话动员会，部署新时期援藏援疆工作，9月举办精准扶贫西藏行活动，10月举办中国光彩事业“怒江行”和“南疆行”活动，引导民营企业投资扶贫项目、捐赠扶贫资金。10月，全国行动领导小组在深度贫困的甘肃省天祝藏族自治县召开“万企帮万村”产业扶贫现场推进会，加强交流学习、安排部署工作。

务实开展消费扶贫。2018年1月，全国行动领导小组召开全国“万企帮万村”消费扶贫行动启动仪式，组织全国知名民营企业家发出积极参与“万企帮万村”消费扶贫的倡议书，联合民营电商企业搭建销售平台，组织商会和民营企业购买扶贫产品。8月，全国工商业联合会办公厅印发《在全国深入推进“万企帮万村”消费扶贫活动的通知》，要求各地通过组织集中采购活动、组织展销活动、开展扶贫产品专卖、搭建电商销售平台、落实东西部扶贫协作和对口支援任务等工作形式推进消费扶贫工作。9月，在中国公益慈善项目交流展示会期间设立“万企帮万村民企在行动”专题展馆，开展“万企帮万村”消费产品专题展销。

组织开展先进民营企业表彰活动。从2018年开始以全国工商业联合会和国务院扶贫办名义联合表彰100家全国“万企帮万村”精准扶贫行动先进民营企业，连续表彰三年。2018年全国工商业联合会、国务院扶贫办按照要求认真组织评选，严格按照各省参与行动企业数量分配推荐指标，查询行动台账核对帮扶成效，严格执行“两审三公示”制度，广泛征求意见，统筹兼顾、突出重点、优中选优，最终形成表彰企业名单，并于扶贫日期间举办表彰大会，向受表彰企业授予奖牌和证书。

中央企业参与脱贫攻坚成效显著。2018年，中央企业紧紧围绕“精准”二字，进一步聚焦定点扶贫、行业扶贫，进一步聚焦深度贫困地区和特殊贫困群体，进一步创新方式方法，尽锐出战、精准施策，在全社会发挥了示范带动作用，树立了央企负责任敢担当的良好形象。

积极开展行业扶贫。2018 年，中央企业充分发挥资金优势、平台优势、人才优势，加大投入力度，聚焦深度贫困地区，聚焦“两不愁三保障”目标标准，扎实开展行业扶贫，尤其在水、电、路、信、网等方面提升工程，极大地改善了贫困地区基础设施条件。

定点扶贫工作取得突破性进展。96 家中央企业结对帮扶 246 个国家扶贫开发工作重点县，承担了 592 个定点扶贫县中 39% 的任务，是承担定点扶贫任务最多的行业系统。2018 年，中央企业超额完成责任书承诺事项，拿出真金白银，扑下身子真帮实干，脱贫成效显著。

发挥好贫困地区产业投资基金作用。贫困地区产业发展基金和中央企业贫困地区产业投资基金是由国务院批复设立的国家级产业扶贫基金，总规模 181.86 亿元（其中，贫困地区产业发展基金 28 亿元，中央企业贫困地区产业投资基金 153.86 亿元）。两只扶贫产业基金累计投资决策项目 95 个，金额 140 亿元，覆盖 14 个集中连片特困地区，涉及 27 个省区市，104 个市地州盟、183 个县市区旗。其中在“三区三州”深度贫困地区投资决策项目 13 个，金额 21.45 亿元。

各类企业积极参与的局面基本形成。除参与“万企帮万村”精准扶贫行动的民营企业和参与中央单位定点扶贫的中央企业外，其他各类企业也积极贯彻中共中央、国务院的决策部署，参与打赢脱贫攻坚战，各类企业积极参与的局面基本形成。

2018 年，国务院扶贫办开展了企业精准扶贫典型案例研究项目，面向社会征集了 641 个企业参与扶贫典型案例，经过初选、评审，最终评选出 50 个优秀案例，覆盖国有企业、民营企业、外资企业等。

（国务院扶贫办社会扶贫司　魏　博）

碧桂园控股有限公司扶贫

【概述】 2018年，碧桂园控股有限公司（以下简称“碧桂园”）结对帮扶9省14县，即甘肃东乡族自治县、江西兴国县、河北平山县、河北滦平县、河北新河县、河北崇礼区、湖南平江县、广西田东县、河南虞城县、陕西宁陕县、陕西蓝田县、陕西耀州区、安徽舒城县、广东英德市，惠及3747个村、33.6万建档立卡贫困人口。截至2018年底，碧桂园累计投入超过48亿元，直接受益人数超过36万人次，已助力10个县、超过20万人顺利脱贫。

【企业扶贫模式】 明确“做党和政府扶贫工作的有益补充”的定位，在各级党委政府的指导下，发挥集团自身优势，立足贫困地区实际，形成“4+X”扶贫模式。“4”指党建扶贫、产业扶贫、教育扶贫、就业扶贫等统一部署的规定动作，通过规定动作，党建扶贫扶志、产业扶贫扶富、教育扶贫扶智、就业扶贫扶技，培养新时代乡村人才大军。“X”指结合帮扶地区实际，因地制宜、因人施策开展的自选动作。

创新可造血的扶贫方式，紧紧围绕“人”这个关键因素，开展“3个3”工作，即3个寻找计划（一批返乡扎根创业青年、老村长、深度贫困户），聚焦3类人群（村支书、返乡扎根创业青年、乡贤），实现3个1万目标（帮助1万名贫困大中专学生找工作、扶持1万名返乡青年扎根农村创业、资助1万名贫困学生完成学业），激发乡村造血活力。

探索可复制的扶贫模式，将公司化管理引入扶贫工作，打造扶贫“四库”（建档立卡贫困户数据库、产业项目资源库、专家智库、就业岗位资源库），为脱贫攻坚提供科学依据。

在实践中探索可持续的扶贫机制，科学谋划、整合资源、精细管理，努力实现贫困户、政府、社会和企业的多方共赢。通过联合当地政府扶贫人员和碧桂园扶贫工作队组建扶贫工作小组的体制机制，保障扶贫工作持续推进；并探索联合集团内外及各界社会力量构建“社会扶贫共同体”，共同参与精准扶贫，有效对接贫困村、贫困户的“脱贫需求”，助力打赢脱贫攻坚战。

【党建扶贫】 集团党委下属党组织与贫困村党总支结对，举办特色党课、发展扶贫队员“火线入党”、签署脱贫《军令状》，发挥党员在脱贫攻坚中的先锋模范作用。截至2018年底，碧桂园已在14个一线扶贫项目部建立党支部，集团党委下属43个党组织与英德市78个省定贫困村达成党建结对共建；已开展了218场党群活动，惠及群众近2800人次；开设了8节特色型党课，覆盖近260人。

寻找老村长和深度贫困户。在14县寻找140位德高望重的“老村长”担任集团一线扶贫项目部党支部副书记，主要负责思想扶贫工作。截至2018年底，各县合计聘用140名“老村长”，组织开展入户宣讲关怀活动537次，“老村长接待日”72场次，脱贫励志报告会31场次。在每县建档立卡贫困户中寻找除政府兜底外余下的最贫困的100户，精准施策、全力帮扶。

举办党的扶贫工作、乡村振兴工作理论学习活动。组织帮扶县贫困村“两委”干部走进碧桂园，进行扶贫经验交流和调研学习。2018年已开展14期活动，合计378人参与。开办一批乡村振兴学习中心，为集团党员、扶贫队员、贫困村“两委”干部、致富带头人等讲授扶贫及乡村振兴知识。首批“碧乡·乡村振兴学习实践中心”已在英德市连樟村、鱼咀村、河头村、韶关市黄塘村、顺德区东海村挂牌成立。

开展星火计划扶贫系列旅游，碧桂园通过挖掘红色、绿色、古色、特色资源，辐射帮扶县建档立卡户，助力当地经济发展。截至2018年底，已开发5条红色旅游线路、3条绿色旅游专线、4条特色旅游专线。共有500人次参加旅游专线活动。

【产业扶贫】 碧桂园立足贫困地区资源禀赋，依托集团优势产业力量，为贫困地区发展特色产业提供资金、技术、市场、渠道等资源，从而把乡村自然生态资源、文化资源、农产品资源等宝贵资源转化为商品推向市场，带动贫困户脱贫致富。

培育打造特色扶贫产业项目，在广东英德推进苗木、红茶、麻竹笋等帮扶项目，在甘肃东乡着力帮扶东乡羊、东乡土豆、东乡刺绣三大产业。碧桂园在江西兴国县扶持竹鼠项目，建设标准化养殖基地，扶持贫困户开展竹鼠养殖；下属文化公司与陕西耀州专业合作社签订手工艺品采购协议，带动当地手工艺产业发展；在甘肃东乡族自治县成立食品加工扶贫车间，吸纳120名员工就业，员工年收入达2万～4万元。碧桂园下属现代农业公司已在广东英德、江西兴国、陕西耀州和蓝田落地了无土蔬菜栽培、富硒水稻、贝贝南瓜等项目。

建立长期稳定的农产品产销机制，碧桂园与陕西宁陕县“疯婆娘”合作社、宁陕县政府共同投资“中蜂产业链”，借助碧桂园旗下零售品牌凤凰优选将产品销往全国各地，对缺乏品牌的优质农产品通过自有品牌“碧乡”进行推广，截至2018年底，碧乡已转化14县产品109款，销售扶贫产品近4000万元，惠及贫困人口30000人。

扶持一批返乡扎根创业青年，带动贫困农户就业增收。提供“设基金、建工厂、造品牌、送技术、拓市场、设平台”等服务，支持有志青年返乡创业，与共青团中央合作，参与到“扶助10万名有志青年扎根深度贫困地区创业”（即“青创10万+”）工作项目中，并联合清华大学开展返乡扎根创业青年研修班，讲授创业知识。碧桂园在14县已扶持1200名返乡扎根创业青年，间接带动近30000名贫困户增收。

【公益扶贫】 2018年7月，碧桂园在广东顺德碧桂园社区举办“碧桂园全国帮扶县农特产品展销会·顺德碧桂园站”，超200人参与爱心认购。活动现场设点销售6个扶贫县的21种农特产品，100多箱现货、约600多件商品全部售罄，覆盖建档立卡户约950户。8月，举办“碧桂园全国帮扶县农特产品展销会·华南碧桂园站”，展销会前还举办了“党建扶贫工作经验分享交流会”，活动现场设点销售35种农特产品。9月8日，在广州天河维多利广场举行“为爱接力，融合益起来”大型公益活动暨碧桂园帮扶县农特产品展销会，碧桂园携来自江西兴国和陕西宁陕、耀州的15种农特产品进行义卖，近500余人次前来了解，筹得的7000多元善款全部捐赠给广州市扬爱特殊孩子家长俱乐部，用于帮助广州市上千名心智障碍者及其家庭。

【消费扶贫】 2018年“双十一”期间，碧桂园通过“消费扶贫月”活动，变“别人的购物狂欢节”为“碧桂园人的消费扶贫月”，广泛发动社会各界参与“消费扶贫”，倡导以购代捐，动员集团员工、社区业主、合作伙伴和社会爱心人士等各方购买贫困地区优质产品和服务，其中帮扶深度贫困县东乡族自治县卖出东乡羊10000只，精准链接约3000户贫困户。并动员顺德碧桂园社区等6个社区分别举办扶贫产品展销会，来自各结对贫困县的37种农特产品被抢购一空，碧桂园党组织为消费者颁发了

"爱心认购证书"，助力消费扶贫。

【教育扶贫】　碧桂园创始人自2002年开办国华纪念中学，每年为全国200名品学兼优的贫困家庭初中毕业生提供全免费高中教育，并一直资助其完成大学学业；2014年开办广东碧桂园职业学院，向贫困家庭高中毕业生提供全免费职业教育，2014—2018年共招收1830名学生，2017—2018年毕业生共计640人，就业率100%。依托国华纪念中学的教育资源，采取委培生、教研座谈等形式，结对提高帮扶县高中教育水平。推广碧桂园职业学院"产教融合、校企共育"模式，在广西田东、甘肃东乡推行"职院共建""职院托管"。发挥下属博实乐教育集团的名师资源，结对英德市开展为期三年的"乡村教师培训计划"。

碧桂园在甘肃东乡族自治县捐赠建设龙泉学校，扩大招收180名学生，解决了316名学生的住宿问题，将其打造成县级"教育示范基地"。在河北11所学校开展"3+3"教育扶贫行动，为学校配备操场、厕所、水井"三大件"和冰箱、微波炉、净水设备"三小件"，改善学生的学习生活环境，完善配套附属设施。"三大件"改造及"三小件"固定总费用为人民币276万元，惠及学生1956人。

碧桂园发动员工捐资助学，截至2018年底，碧桂园员工共28002人捐款1150万余元，结对资助6724名贫困学生。碧桂园设立多项爱心助学专项基金，截至2018年底，碧桂园共设立专项助学金24个，覆盖37所高校，总认捐324051.6万元。

【就业扶贫】　碧桂园以农村需要、市场需求及实现就业为导向，结合当地群众意愿，为贫困户提供培训、就业一站式服务。

推动贫困户培训与就业无缝对接，全力调动集团内外部各种资源和网络，为贫困劳动力安排工作岗位、提供岗前培训，统筹调配旗下产业空缺岗位，对接外部市场岗位信息和资源，为贫困劳动力提供就业岗位。开展菜单式、订单式岗前培训，帮助掌握岗位所需技能，确保受培训、有意愿的就业贫困劳动力都能找到工作、胜任工作。

举办职业技能、农业技能、特色工技能培训。根据就业市场和农业生产新技术需求，采取集中培训、送教下乡、送技术到家门口或远程培训等形式，让贫困劳动力就地学技能，做到"生产、生活、培训"三不误。开办残疾人云客服培训班，为贫困农村残疾人群体提供互联网和电商技能培训。

创新实施"就业带头人"工程。挑选一批在当地有号召力、有带班工作经验的村民作为"就业带头人"和就业培训班核心骨干，并对就业意愿不强、害怕单独外出务工的贫困户开展思想工作，打消他们观望、犹豫、怀疑的念头，提高贫困户组团外出就业积极性。

截至2018年底，面向全社会进行铝模产业工人、维修电工、家政月嫂、会计电商等多种技能工种培训，已培训贫困劳动力51772人，成功就业24044人。截至2018年底，碧桂园在9省14县共计开展40场就业招聘活动，已推动5338人实现上岗就业，其中贫困户就业人数达1791人，受益贫困户人数达5799人；共计开展238场次培训班，共有15307人参加培训课程，培训受益人数达46337人。其中贫困户参加培训人数4398人，受益贫困户人数达13299人。

【健康扶贫】　捐赠1亿元支持国家"光明扶贫行动·白内障复明"项目，在帮扶的14县免费为患白内障的贫困户提供治疗。购买医疗保险，在河北崇礼推进贫困儿童大病医保项目，为0～16岁建档立卡贫困户子女购买全病种大病医保，在江西兴国、陕西宁陕开展"顶梁柱"计划等健康保险。在湖南平江等地送医疗下乡，为当地村民和贫困户进行义诊，将健康知识送下乡。开展基层医护人员培训，在广东英德通过送课下乡、远程培训等形式，提升乡村医生基础诊疗水平和乡镇卫生站服务水平。

【乡村振兴综合体建设】 碧桂园在广东英德连樟村、鱼咀村、河头村等地，通过“三清三拆三整治”项目、“厕所革命”项目、污水处理项目及其他公共设施和基础建设项目等，改善农村生活环境。同时，引入人文景观项目及旅游相关业态，建设旅游接待室、农家乐及配套设施。

2017年10月，碧桂园入驻连樟村开展扶贫工作，出资建设连樟中心村80亩高标准农田，并设立了50万元产业发展基金，支持麻笋竹山、玉米种植等项目，帮助贫困户脱贫并壮大集体经济。帮扶期间，碧桂园还开展了乡村道路硬底化、排水排污、篮球场及公共厕所等基础设施建设和村容村貌的绿化亮化美化工程。帮扶工作队入驻第一年，连樟村21户、25人脱贫；2018年，26户、86人脱贫。经过两年扶贫，连樟全村贫困户人均可支配收入达到9114元。

碧桂园在鱼咀村打造乡村民宿，尊重当地建筑文化及建筑工艺，优先使用当地工人、机械及材料，聘请当地老一辈工匠砌筑房屋。在河头村秉持“修旧如旧”理念，注重保留岭南建筑风格，保育客家围屋文化，融入旅游业态，打造凤鸣碁乡民宿。

（碧桂园控股有限公司　李　静）

恒大地产集团有限责任公司扶贫

【概述】 恒大地产集团有限责任公司（以下简称“恒大”）创立以来，持续承担社会责任，累计为民生、扶贫、教育、环保、体育等慈善公益事业捐款超120亿元，先后被授予“全国脱贫攻坚奖”等多项荣誉，并连续8届荣获慈善领域国家最高奖“中华慈善奖”。2018年12月，国务院扶贫开发领导小组办公室、中国社会科学院共同发布《企业扶贫蓝皮书（2018）》，恒大结对帮扶贵州省毕节市脱贫攻坚案例入选，并被评为“企业扶贫优秀案例”。恒大集团从2015年12月1日开始结对帮扶贵州省毕节市，无偿投入110亿元扶贫资金，并派出2108人的扶贫队伍，工作到村、包干到户、责任到人。截至2018年底，恒大集团已捐赠到位60亿元资金，协助毕节各级政府帮扶58.59万人初步脱贫，大方县、黔西县已脱贫摘帽。

【产业扶贫】 恒大无偿投入48亿元，帮助毕节打造中国西南地区两大基地——最大的蔬菜瓜果基地和最大的肉牛养殖基地，帮助20万户贫困户、70万贫困人口发展蔬菜、肉牛以及中药材、经果林等特色产业，为每个贫困户配备至少两个产业项目，并引进上下游龙头企业，形成“龙头企业+合作社+贫困户+基地”的帮扶模式，实现“供、产、销”一体化经营。

截至2018年底，已建设60980栋蔬菜大棚，建成36.7万亩蔬菜大田基地；已引调并繁育72945头安格斯和西门塔尔优质母牛，改良27万头土种牛；已建设36.9万亩中药材和经果林基地。已引进79家上下游企业，通过市场化手段有机连接，建立起长效持久的脱贫机制，帮助贫困户解决种什么、怎么种、种多少、卖给谁的根本性问题，确保其持续增收、就地脱贫。

【搬迁扶贫】 针对基本丧失生产生活条件的贫困群众，恒大无偿投入53亿元，在毕节10个县区建设12个县城移民搬迁社区及50个新农村，解决毕节市22.18万贫困人口的移民搬迁难题，同步配建教育、商业等设施，配套适宜贫困户就业的产业，确保贫困群众“搬得出、稳得住、能脱贫、能致富”。截至2018年底，全市已搬迁10.7万人。

【就业扶贫】 恒大组织贫困群众进行职业技能培训，截至2018年底，已帮助全市培训112714人，推荐到当地产业就业和异地就业75456人，人均年收入4.2万元，实现“一人就业、全家脱贫”。

【教育扶贫】 恒大无偿投入4.2亿元，建成并投入使用11所小学、13所幼儿园、1所完全中学和1所职业技术学院，解决了13080名学生“上学难”问题，并与清华大学合作引进优质教育资源，全方位补足毕节市大方县教育资源缺口；设立3000万元的“恒大大方教育奖励基金”，已奖励资助600名偏远山区优秀教师、900名贫困家庭优秀学生。

【公益扶贫】 恒大无偿投入3亿元，建成并投入使用1所养老院、1所儿童福利院、1所慈善医院。同时，组织员工“一助一”帮扶大方县农村贫困家庭留守儿童、困境儿童和孤儿4993人。

【其他帮扶活动】 除帮扶毕节市外，恒大集团还参与广东“扶贫济困日”活动，已为广东脱贫事业捐赠超 22 亿元，累计为广东各项公益慈善事业捐赠约 30 亿元。2017 年开始，恒大复制推广帮扶贵州毕节的经验，无偿捐赠 4 亿元，结对帮扶广东省惠州市惠东县、博罗县 26 个贫困村；2018 年再捐赠 5 亿元，帮扶广东省河源市连平县、和平县实施乡村振兴。

在惠州市，恒大已建成 6 个产业扶贫重点项目，已新建及改造 83 处学校、公园、文化广场等公共设施，已新建及改造 72.73 千米道路，完成 484 户村屋立面改造，完成 140 多处重点景观及基础设施提升。截至 2018 年底，各项精准帮扶措施已覆盖 10567 户、34250 人，助力 26 个贫困村实现整体脱贫。

在河源市，恒大援建连平县占地面积 3000 亩的美丽乡村示范区、和平县占地面积 2000 亩的智慧温室农业示范区项目已全面开工。

恒大已向河南省周口市捐赠 16.5 亿元，实施产业、教育、保障扶贫，兴建学校、医院和产业园区等；向陕西省捐赠 10 亿元，实施教育扶贫，为教育基础设施紧缺的贫困县和重点区域捐建 32 所小学和幼儿园。

【企业扶贫模式】 不仅出资金，而且出人才、出技术、出管理、出思路，从全集团系统选派 2108 人的扶贫队伍常驻乌蒙山区，变间接帮扶为直接参与；严格按照“六个精准”（扶贫对象精准、项目安排精准、资金使用精准、措施到户精准、因村派人精准、脱贫成效精准）的要求，走访采集贫困户的详细资料，建立“精准扶贫大数据管理系统”，根据大数据分析结果制定精准帮扶措施，变大水漫灌为精准滴灌；产业扶贫以市场为导向，建立起持久的、可内生发展、互利共赢的市场化合作机制，帮助贫困群众实现稳定增收，变捐钱捐物为培育内生动力；秉承企业独有的“目标计划”管理体系，远近结合、统筹兼顾，既牢牢抓住精准扶贫的“牛鼻子”——产业扶贫、搬迁扶贫和就业扶贫，又着重实施教育扶贫和职业技能培训，扶贫与扶智、扶志并举，变点式帮扶为立体推进。

【扶贫宣传】 2018 年，《人民日报》、新华社、中央电视台、《人民政协报》、人民网、新华网、央广网等中央级和国内各大主流媒体多次报道或转载恒大参与脱贫攻坚战的进展情况，累计 98250 篇次。

（恒大集团扶贫办公室　王长玉）

亿利资源集团有限公司扶贫

【概述】 亿利资源集团有限公司（以下简称“亿利集团”）创立于1988年，是中国领先的生态产业服务商，联合国认定的全球治沙领导者，长期致力于生态修复和绿色生态产业融合发展。经联合国环境署评估认定，亿利集团30年累计创造生态财富5000多亿元。亿利集团先后获得“中国脱贫攻坚奖”“国土绿化奖”“绿色长城奖章”和联合国“全球治沙领导者”称号和“地球卫士终身成就奖”。库布齐沙漠亿利生态示范区被中国政府命名为“绿水青山就是金山银山”实践创新基地。2018年，亿利集团依托自身沙漠治理生态修复产业优势，以“党建引领、村企合力、产业带动、乡村振兴”为帮扶机制，在内蒙古、西藏、云南、新疆、甘肃、青海等西部少数民族地区因地制宜地开展了企业扶贫工作，累计投入1.18亿元，扶贫4753户、1.6万人。

【企业扶贫模式】 创业30年来，亿利依托“绿起来与富起来相结合、生态与生存相结合、产业与扶贫相结合”的发展模式，按照“政府政策性支持、企业产业化投资、贫困户市场化参与、生态持续化改善”的治沙生态产业扶贫机制，通过实施“生态修复、产业带动、帮扶移民、教育培训、修路筑桥、就业创业、科技创新”等全方位帮扶举措，公益性生态建设投资30多亿元，产业投资380亿元，发展起了一二三产融合互补的千亿级沙漠生态循环经济，治理库布齐沙漠6000多平方千米，累计带动库布齐沙漠所在的杭锦旗、达拉特旗、准格尔旗、鄂托克前旗以及新疆阿拉尔、甘肃武威等沙区10.2万名百姓摆脱贫困。把库布齐沙漠从一片“死亡之海”打造成为一座富饶文明的“经济绿洲”，从当初被动治沙、朦胧扶贫逐步探索出“治沙、生态、产业、扶贫”四轮平衡驱动的可持续发展之路。

【产业扶贫】 甘草是改土治沙的先锋植物，结合亿利集团自主研发的“甘草平移种植技术”，1棵甘草可固沙1平方米，生态效益非凡。作为重要中药材，甘草也具有较高经济价值。考虑到甘草生态与经济的双重效益，2018年，亿利集团以“企业+合作社+农户”的方式在杭锦旗开展甘草扶贫项目，通过“三到户”模式，给农牧民提供种苗、技术服务及订单回购，由农牧民负责土地和种植管护，甘草长成即可获得经济回报。该项目共种植甘草6454亩，涉及农牧户298户、1192人，发放甘草种苗155吨，投入资金二百多万元。10月，库布齐甘草扶贫组对扶贫甘草进行了验收，甘草多数长势良好，预计每亩可以收获甘草800千克，每户帮扶对象可增收1.6万元左右。

2018年，在云南大关县，亿利集团依托在当地的中药材产业，在亿利“库布齐模式”指引下，形成“公司+合作社（经济合作组织）+基地+农户”的扶贫发展模式，开展纹党参种植扶贫项目。2018年8月13日，通过采取“种子种苗到户、技术服务到户、农药化肥到户”的三到户原则，亿利集团与大关7个乡镇签订了中药材纹党参2000亩种植合同，开创了一条“政府政策性支持，企业产业化、公益化投资，农民市场化参与”的“多元参与、多方受益”的经济发展扶贫之路。截至2018年底已完成种植300亩，投入资金40多万元，共带动扶贫352户、1279人。

【养殖产业扶贫】 “扶贫羊”项目自2016年起就在内蒙古鄂尔多斯杭锦旗地区实施，通过“扶贫羊”的发放，实现了由“输血式”扶贫向“造血式”扶贫方式转变，让贫困户通过养羊、育羊等途径实现增收创收。2018年，为进一步推动杭锦旗扶贫工作，贯彻落实中央、自治区、市旗脱贫攻坚部署和“百企帮百村”扶贫行动，亿利向杭锦旗148户建档立卡贫困户每户无偿捐助1万元作为购买基础母畜费用、发展生产费用，惠及342名农牧民。

依托已有项目经验，结合当地实情，亿利集团按照“公司+农牧户”“企业投资——基建——农牧户多形式参与——专业技术服务——统一收购——企业终端加工——农牧民收益”的一整套产业扶贫的管理机制和运营模式，帮助西藏自治区山南市发展标准化规模化舍饲肉羊养殖。计划为山南市捐资购买10000只基础母羊，可扶贫1000户、5000人，配套捐赠两台价值300万元的移动饲料加工车（亿利自主知识产权），每小时可生产混合全价营养配方科技饲料1.5万吨，年可加工饲料2.16万吨。截至2018年底，扎囊县肉羊养殖场基础设施建设基本完成，浪卡子县肉羊养殖基地规划方案已完成。

亿利集团还引进紫花苜蓿、沙打旺、羊柴、柠条等优质牧草，推动山南市饲草基地建设和林草一体化基地建设，开展当地灌木沙生槐的封育保护和平茬复壮饲草化利用研究，邀请国内著名动物营养学专家，根据沙生槐检测报告设计出适合西藏牛羊饲喂的饲料配方，为山南畜牧业发展做出贡献。

【劳务扶贫】 亿利集团在发展沙漠绿色经济和特色生态产业的同时，也创造了更多的就业机会，通过组建民工联队扩大就业，实现农牧民增收。2018年，库布齐区域通过劳务用工方式带动51支民工联队、677人增收。

在西藏山南市，亿利集团组织了20支贫困户民工联队，在相关生态产业项目劳务就业。扎囊县先后有5支藏族贫困户民工联队、196人在亿利的生态产业基地务工，劳务用工3402人次，工资59.464万元（其中建档立卡贫困户48人，劳务用工1473人次，发放劳务工资23.794万元）。平均单人日工资为160元，实现了“就近就便就业”和“一人务工，一户脱贫”目标。

民工联队为贫困地区农牧民找到了致富新道路，农牧民在闲暇时可跟随民工联队到企业各项目点打日工获得收益。有不少农牧民也开始组建自己的民工联队，自主承包项目，自我增收的同时带动他人脱贫。这一扶贫方式已然成为当地农牧民增收、创收、脱贫、致富新道路。

【高寒冷高海拔高科技苗圃和防沙治沙产业扶贫】 2018年，亿利集团在西藏自治区山南市贡嘎县、扎囊县、乃东区、桑日县四个县区雅江流域实施高寒冷高海拔高科技苗圃和防沙护江产业扶贫项目，项目建设内容包含：结合荒漠化防治和生态治理，实施万亩沙漠改造苗圃产业扶贫项目，培育高寒冷高海拔地区的原生态树种和差异化树种，治理雅江、治理沙漠，同时通过市场化方式为荒漠化防治、山地造林和雅江流域治理提供树木种苗；亿利集团与山南市人民政府合作对山南雅江流域山坡沙梁地采取“先治后补”方式进行综合治理；对雅江边的河漫滩沙地进行水生植物育苗试验示范，种植成功后按比与当地村集体分成。

在实施生态修复的过程中，亿利还通过沙漠土地租赁、劳务就业扶贫、职业技能培训扶贫等模式，实现生态与经济双重效益。截至2018年底，该项目已完成生态修复、防沙护江、甘草和经果林种植面积10000余亩，带动1000人不离乡不离土就近就便就业，人均实现增收6000元。

【生态教育扶贫】 亿利集团支持基础

教育扶贫工作，向亿利东方学校捐赠100万元用于奖教奖学、提高教学水平，并捐资支持大关县职业高级中学开设农学（中药材加工方向）、园艺（生态修复方向）、未来汽车维修与应用（新能源汽车方向）、电子商务等生态职业课程，并纳入职业高级中学教学计划，促进当地教育发展，截至2018年底，已招收建档立卡贫困学生176名。亿利集团还对山南市1610名职教生和普通大专贫困生开展生态职业教育扶贫行动，每生每年无偿资助2000元，2018年捐助322万元。

亿利集团在多地组织开展生态职业技术培训教育，帮助贫困人群掌握职业技能和致富技术，增强本领提高脱贫能力。在山南市，亿利派专人对贫困户民工联队进行“荒漠化防治、苗木种植和抚育管理”等生态产业技术技能和党建惠民知识培训，同时发放了企业上岗证，在后续用工中，优先录用输出过劳务和参与过生态建设培训的贫困户。同2017年单纯务农收入对比，2018年建档立卡贫困户人均增收4000元。在云南省大关县举办职业教育专场讲座1场，县职业高中师生300多人参加讲座，举办职业技能培训3场，培训243人次。

【易地扶贫搬迁】　在“一方水土养育不了一方人”的高海拔的卓普村，扎囊县人民政府和亿利集团共同投资建设集搬迁、旅游产业、生态保护和技能培训为一体的民俗旅游示范村——西藏扎囊亿利旅游示范村。新村预算投资近3000万元，双方各投资50%。修建200平方米的培训室，利用农闲季节宣传党的路线、方针、政策，并对村民进行就业技能培训。2018年示范村已完成建设。

【党建扶贫】　2018年，鄂尔多斯市独贵塔拉镇和亿利集团启动以“党建引领、村企共建、产业带动、精准扶贫”为主题的“防返贫、奔小康”乡村振兴行动。行动核心是“政、企、村”共建联合党支部，通过党支部作用的发挥，依托亿利集团的生态产业平台和劳务培训就业平台，带动农牧民脱贫。

启动百名企业党员扶百户行动，在内蒙古自治区鄂尔多斯市杭锦旗杭锦淖尔乡确定23户农牧户作为帮扶对象，并根据其自身条件开展帮扶行动。通过协调亿利集团旗下各企业，帮助农牧民销售生猪、羊肉等农副产品，助其解决销售难题。

【光伏扶贫】　在河北省张家口市，亿利集团依托自有技术，按照“板上发电，板下育苗，企农合作，绿富共兴”模式，利用光伏板发电，光伏板下育苗来防风治沙，并聘请当地贫困户进行光伏设备维护与种植，增加贫困户收入渠道。2018年，亿利集团在张北投资建设50兆瓦平单轴高支架跟踪式光伏扶贫农光互补集中式电站，在沽源县投资建设8个村级光伏扶贫电站，合计容量2.4兆瓦，惠及2480户建档立卡贫困户。

（亿利资源集团有限公司　闫志敏）

三星（中国）投资有限公司扶贫

【概述】 三星（中国）投资有限公司（以下简称“中国三星”）是注册于北京的外商独资企业。自1992年进入中国，三星在华各法人以员工志愿者为核心，在所在地推进社会公益活动，包括社会帮扶、一心一村支农、设立教育奖学金等。为响应国家号召，自2014年起，中国三星积极参与脱贫攻坚，探索并实践外企精准扶贫之路。在产业扶贫领域，开创“三星分享村庄”理念，利用高端民宿旅游、农产品电商等产业手段，通过合作社搭建及资源分享，实现村庄真脱贫、不返贫。三星成功推动河北保定南峪村脱贫。自2018年起，中国三星确定了未来3年（2018—2020年）的公益战略，即“精准扶贫 + 科普创新”。未来3年，三星将聚焦“三区三州”和集中连片深度贫困地区，3年投入1.5亿元专项扶贫款。3年内将重点打造10个旅游示范村和农产品基地；在甘肃省临夏回族自治州的4个特困县改扩建18所农村小学；在四川凉山、云南怒江、甘肃临夏三州地区实施3000例先天性视障儿童免费复明手术。

三星分享村庄案例入选国务院扶贫开发领导小组办公室“中国企业精准扶贫50佳案例”；获得人民网第12届人民企业社会责任奖年度扶贫奖；获得中国社科院扶贫蓝皮书最佳案例奖。连续6年在中国社科院中国企业社会责任排名中位列外企第1位。

【产业扶贫】 通过打造“三星分享村庄”，创新产业扶贫模式。2015年，三星引入“三星分享村庄”的产业扶贫理念，在河北省开始扶贫领域的创新行动。三星分享村庄项目搭建贫困乡村和外部旅游市场的联结平台，发现贫困村价值，创造以乡村景色为基础、全新休闲文化为导向的旅游新经济。通过对村民“赋能”，建立自治组织合作社，实现村民共同富裕，达到脱贫及可持续发展目标。

经过半年多的海选、调研、评审，涞水县南峪村获得三星投资。2015年，南峪村人均年收入2000元左右，全村有224户、656人，其中贫困户59户，贫困人口103人。项目周期3年，三星投入1500万元，政府提供配套投资。项目运营主要包括选村、合作社搭建、民宿建设、民宿运营几大板块。2018年末，南峪村成功脱贫，村民平均收入达到7200元。全年民宿营业额200万元，其中50万元的红利按照股份比例分给了全村村民，非贫困户每人分得700元红利，贫困户1400元。参与民宿管理和服务工作的村民除了分红，每月还可以挣3000～4000元工资和奖金。70多名外出务工青壮年劳动力中，已有25人回到村里，加入合作社。村容村貌整洁干净，生活环境提升。

南峪村的扶贫成果已成为一种模式被广泛关注及推广。2018年中国扶贫领域近300名各级干部访问南峪村学习经验，包括亚非拉7国农业部长的访问团也到南峪取经。

【企业扶贫模式】 南峪村产业扶贫项目运营主要包括选村、合作社搭建、民宿建设、民宿运营几大板块。在所有环节设置竞争机制，保证项目的公平及参与者的积极性和项目可持续发展。

选村环节采用PK机制，激发村民的脱贫动力和积极性。项目组根据国务院扶贫开发领导小组办公室的标准在河北省贫困村设置了3轮考察评审和1轮包括现场答辩的竞争。最终河北涞水南峪村从申报的5个县22个村中脱颖而出，赢得机会。

建立农宅旅游专业合作社，通过制度规范和定股确权，引导村民合作和自我管理，实现稳定脱贫，是扶贫模式中的一大亮点。通过搭建平台，注入商业资源搭建村庄经济合作社，逐渐把村庄分散的资源整合起来发展，运用市场化的方式提高农民议价资本，让农户拥有工资性收入、经营性收入和资产性收入。合作社开创性地确立“一个基本、三个原则”的收益分配方式，“一个基本”是指全体村民共享，每人都有“人头股”；“三个原则”是“多投多得、多劳多得和帮扶贫困”的原则。合作社收益50%用于全体村民分红；30%用于合作社发展基金；10%用于乡村公共事业或帮扶弱势群体；最后的10%作为公益传导基金，捐赠给扶贫基金会用于帮扶其他乡村。

民宿建设方面，对原有村里的废弃老房屋进行改造，修旧如旧。保留原有农舍建筑及院落围合的外观肌理和空间关系，使小院融入村庄脉络，让客人真正深入乡村，体味乡村原本的味道。内部装饰采用北欧现代简约风格，强调设计的当代性及舒适度。自然轻松的调性可以很好地融入农村的大环境中，同时避免过于厚重或符号化强烈的家具对窗外的景色形成干扰。

打造品牌“麻麻花的山坡”，聘请专业的民宿运营团队进行运营和管理。优先使用村里劳动力。村民参与“民宿管家”等实际工作，不仅可得到收入，而且通过工作得到尊重和认可。运营中开展环保、文化相关活动。

【教育扶贫】　2004年起，中国三星携手中国青少年发展基金会，通过建立希望工程三星基金，累计投资2.5亿元用于希望小学建设。已完工150所，在建18所。2013年，中国三星开始在希望小学配备“智能教室”，并举办“三星梦想课堂”公益活动。智能教室内配备了改善计算机教学环境的互联网、多媒体以及移动设备等，用以培养青少年现代化的学习方式和学习习惯。截至2018年底，中国三星共计捐赠智能教室106所，受益学生37100人。

2016年起，中国三星启动“三星智慧教师培训”项目，请来知名教育专家、学者为希望小学的教师做系统培训，提升他们的现代化教学能力和教育水平。截至2018年底，此项目受益教师约6603人，其中包括5期网络研修培训，培训教师4520人次；22期集中面授培训，培训教师达1483人次；5次专家下校指导，受益教师约600人。

2004年起，三星联合西部阳光基金会，持续15年出资支持大学生利用暑期到贫困地区学校进行支教活动。截至2018年底，共有8768名大学生、512名员工志愿者参与西部阳光活动，为5万名乡村儿童打造知识与趣味并存的乡村夏令营。

【扶贫培训】　来自三星扶贫村的脱贫带头人、其他贫困地区的领导干部、各企业的扶贫负责人等，都陆续在南峪村参与产业脱贫培训。“三星分享村庄”的产业扶贫模式，不仅着眼于一村一地的脱贫致富，更着眼于脱贫经验的可复制、可分享。河北南峪村已成为三星脱贫的东部重点分享基地，后续三星将在贵州白岩村建立第二个分享基地，实现一东一西，依托大城市和依托风景点的不同样版，实现更多带头人参与的脱贫培训，全力配合国务院扶贫开发领导小组办公室的东西部能人培训计划。

【扶贫宣传】　在推进南峪村脱贫的同时，三星广泛动员宣传资源，助力南峪村扩大影响力。2018年，南峪村“麻麻花的山坡”项目被国内各媒体进行大规模报道，截至2018年末，相关平面及网络新闻报道千次以上，中国三星官方微信内容阅读量十万次以上，官方微博阅读量两百万次以上。

CCTV“走基层”栏目，专门制作6分

钟专题新闻报道南峪村经验，并于2019年春节期间播出。中央电视台、《人民日报》、《环球时报》、新华社、中新网、人民网、光明网等党政中央媒体，一年来对“麻麻花的山坡”项目持续关注，在报道中充分肯定中国三星的精准扶贫实践，扩大了项目影响力。

［三星（中国）投资有限公司
企业社会责任局　张　剑］

益海嘉里金龙鱼粮油食品股份有限公司扶贫

【概述】 益海嘉里金龙鱼粮油食品股份有限公司（以下简称“益海嘉里”）是爱国华侨郭鹤年和他的侄子郭孔丰共同投资的新加坡丰益国际集团在祖国大陆投资的集粮油加工及贸易、油脂化工、粮油科技研发等科工贸业务为一体的多元化侨资企业。

2013 年 2 月，益海嘉里捐资 3000 万元设立的金龙鱼慈善公益基金会经民政部批准成立。集团发扬“和谐共享”的价值观，以积极的姿态和规范的管理方法参与慈善公益事业、履行企业社会责任。由于益海嘉里在慈善公益方面的贡献，益海嘉里集团在 2009 年、2013 年和 2018 年分别获得第4 届、第 8 届和第 10 届“中华慈善奖”。2018 年，益海嘉里董事长郭孔丰获全国脱贫攻坚奖奉献奖。

【蔚县小米产业扶贫项目】 益海嘉里针对河北省蔚县小米产业扶贫项目的基本模式是订单种植、溢价收购、品牌营销、利润反哺。在政府协助下，通过当地龙头企业和谷子种植专业合作社，组织贫困户订单化种植绿色优质的谷子。溢价收购订单谷子，按照严格的质量标准，委托当地小米加工龙头企业加工成“金龙鱼 · 爱心桃花”品牌小米。借助“金龙鱼”品牌的号召力和集团强大的营销渠道实现增值。销售所得利润全部反哺当地，用于扶贫开发，与政府共同改善贫困村镇生产生活条件，完善基础设施建设，以及定向帮扶特困家庭。

2017 年 3 月，在蔚县县委县政府及当地龙头企业的协助下签订了第一批实验性订单，覆盖 13 个村，635 户，总计 5610 亩。截至 2017 年底，收购谷子 1502 吨，收购均价 4872 元/吨，高于市场价 1013 元。小米产业扶贫项目种植户可实现户均增收 2395 元。除了订单收购外，益海嘉里还在蔚县贫困地区追加收购，总收购量近 3000 吨。2018 年，收购谷子 1447 吨，收购均价 5400 元/吨，每吨高于市场价 400 元。

【助学工程】 “益海嘉里助学工程”始于 2007 年，最初是益海嘉里集团开展的一项旨在改善贫困落后地区教育条件和教育水平的慈善项目。截至 2018 年底，益海嘉里及金龙鱼基金会已在中国 14 省、直辖市、自治区的 21 个地区资助援建了 31 所益海学校（包括 32 个助学项目），约有 13000 多名学生和近千名教师在新的学校环境中学习和工作。

【金龙鱼奖学金项目】 “金龙鱼奖学金”最早可追溯于益海嘉里集团捐资 5000 万元与中国青少年基金会合作的“益海嘉里中国公益基金”，该基金在 2004—2008 年累计资助 60000 人次进城务工农民工子女、1200 名西部贫困农村家庭青少年继续学业；1900 多名在校大学生获得益海嘉里奖学金。

2011 年，益海嘉里集团陆续在 13 所大学、科研院所设立“益海嘉里奖学金”，奖励在多个专业、学科取得优异成绩的本科生、研究生和青年教师。金龙鱼奖学金（包括前期“益海嘉里奖学金”）累计捐赠 3700 多万元。截至 2018 年底，已在全国 17 所大学、科研院所设立金龙鱼奖学金（包括前期“益海嘉里奖学金”），仅 2018 年，就有 500 余名本科生、研究生、青年教师获奖。

【金龙鱼烹饪班项目】 “金龙鱼烹饪班”项目是由金龙鱼慈善公益基金会与中国烹饪协会合作发起的公益计划。2016 年，首个“金龙鱼烹饪班”在扬州开办，来自河北、陕西、江西、湖南、江苏等地的 30 名学子在该班免费学习烹饪技艺，为就业发展谋得一技之长。第二个金龙鱼烹饪班项目已在云南昆明正式签约。“金龙鱼烹饪班”的学员不仅可以获得丰富的实习、就业机会，成绩优异的学员，还可选择继续深造，攻读大学文凭。

【金龙鱼复明工程】 “金龙鱼复明工程”始于 2008 年，是益海嘉里集团和金龙鱼基金会开展的一项旨在资助工厂当地或附近地区无力治疗白内障疾病的贫困患者进行手术复明的慈善项目。截至 2018 年底，益海嘉里及金龙鱼基金会已在中国 16 个省区市的 31 个地市级行政区资助 26600 例贫困白内障患者进行手术，投入资金 2570 万元，帮助 26000 名贫困患者重见光明。

【金龙鱼敬老抚幼项目】 益海嘉里集团关注孤老残障等弱势群体，持续捐资弱势群体生活、康复条件的改善项目。2008—2009 年，连云港工厂先后投入 143 万元资助建设曲阳益海敬老院。2011 年 6 月，益海嘉里集团在连云港出资 380 万元，资助建设孤儿救助中心，集中救助连云港地区孤儿，资助他们的生活和 9 年义务教育；2011 年 9 月，秦皇岛工厂出资 100 万元，资助秦皇岛市残疾人救助协会购买医疗设备，用于 0～6 岁残疾儿童的抢救性康复治疗项目；2017 年 5 月，郭孔丰个人通过金龙鱼慈善公益基金会捐资 442 万元，在山东省临沂市费县援建第 2 所孤儿救助中心，2018 年 8 月，费县益海助学中心正式落成并投入使用。

【金龙鱼助行工程】 “金龙鱼助行工程”包括“轮椅助行”和“假肢助行”两类项目，主要是通过捐助轮椅和安装假肢，帮助贫困伤残人士解决出行不便问题。2017 年，金龙鱼慈善公益基金会在河北秦皇岛、石家庄、江苏泰州启动“金龙鱼假肢助行”项目第 3 期，资助 144 例免费义肢安装手术，帮助当地下肢残疾的贫困患者恢复正常行走和生活。2018 年，金龙鱼慈善公益基金会在河北秦皇岛、黑龙江佳木斯、陕西咸阳、江苏泰州、广西贵港启动“金龙鱼假肢助行”项目第 4 期，资助 250 例假肢安装。

（益海嘉里金龙鱼粮油食品股份有限公司　李　平　张道鹏）

沪江教育科技（上海）股份有限公司扶贫

【概述】 沪江教育科技（上海）股份有限公司（以下简称“沪江”）是国内领先的互联网教育科技公司，通过经营综合性互联网教育平台，向广大用户提供覆盖种类多元化，具备高度互动特质的优秀互联网教育产品及服务。2018 年，沪江被工业和信息化部评为“2018 中国互联网企业 100 强企业”。

“互 + 计划”是 2015 年沪江发起的“互联网 + 教育”公益项目，旨在用互联网链接优质教育资源，改变传统教与学的方式，助力国家教育精准扶贫。“互 + 计划”已覆盖 5000 余所学校、培训 15 万名教师、累计 100 万名学生受益。

【教育扶贫】 以“互联网 + 共享课堂”助力区域教育均衡。为解决村小教学点核心素养课程难以常态化开足开齐问题，沪江联合中国各教育公益单位发起“美丽乡村网络公益课程”，借助旗下 CCtalk 平台实现实时直播的网络双师教学，学校根据需要将网络课表与本校课表融合，解决村小缺少课程、缺少教师、缺少资源的问题。每周 30 节直播课程、4 年来累计直播 2000 余节网络课程，超过 5000 所乡村学校受益，覆盖全国 31 个省级行政区域，吉林省教育厅、黑龙江省教育厅等教育主管部门以文件形式将其纳入当地教育扶贫计划。

以“互联网 + 教师教育”助力乡村教师培训。在教育部教师工作司指导下，沪江贯彻落实《乡村教师支持计划（2015—2020 年）》《教师教育振兴行动计划（2018—2022 年）》，借鉴集合影响力的理念，与友成企业家扶贫基金会、北京师范大学、华东师范大学等单位联合发起“乡村青年教师社会支持公益计划”（下称“青椒计划”），采取网络研训模式，通过持续性的教师培训提升教师教育理念及网络素养，通过“互联网 +”的方式助力乡村教师的专业化成长。通过一部手机或一台电脑，利用 CCtalk 平台与运营服务模式，全国 220 个县、5.5 万余名乡村教师参与了这场大规模乡村教师网络研修。“青椒计划”第 1 年开设网络专业课程、师德课程、分科课程 212 节，累计听课参与超百万人次。第 2 年“青椒计划”有全国 17 个省的各地教育局、19000 多名青年教师参加学习，其中包括 4000 名在新疆和田、喀什的一线青年教师们。

以“互联网 + 教育援疆”助力国语推普脱贫。沪江贯彻《推普脱贫攻坚行动计划（2018—2020 年）》，参与教育援疆工作，借助旗下 CCtalk 平台开展网络双师课堂，连接国内优秀的语文名师、名校资源，开启国家通用语言文字教学新模式，助力国语学习、推普脱贫。在中国证券监督管理委员会办公厅扶贫办的指导、深圳证券交易所的推进下，2018 年 4 月，首节“国语双师课堂”在新疆喀什麦盖提县正式启动，每周 10 节国家通用语言文字教学直播课程持续进行。9 月，新疆维吾尔自治区麦盖提县教育局与沪江合作在“国语双师课堂”基础上以本地名师为师资启动“绿洲课堂”，开设包括音乐、美术、书法、生命与安全等网络直播课程，共计 115 节直播课，达到 510 个班级、近 30000 名学生同上一节课的规模，弥补教师不足的难题，共享优质教育资源。同时，“绿洲课堂”组织本地名师与援疆教师进行教材教法网络同步培训，提升了本县教师的专业教学能力与信息化素养，助力教师的专业化成长。沪江还在莎车、巴楚、叶城、泽普对口援疆4县启动“小胡杨课堂”国语网络公益课堂和定制化的喀什地区青年教师网络公益培训，通过每周10节的国语课程提升学生的国语水平，通过网络在线同步培训让新老师能从民族政策、教育理念、教学方式、学生心理、班级管理等方面有全面系统的提升，覆盖414所学校，3161名教师持续受益。

以“互联网 + 网络扶智”助力教育精准扶贫。在中央网信办指导下签约江西省宁都县、四川省布拖县、贵州省从江县支持网络扶智，支持工信部信管局在河北省康保县教育扶贫，支持证监会办公厅扶贫办在新疆麦盖提县推普脱贫等工作。坚持“扶贫必扶智”，引导教育发达地区与薄弱地区通过信息化实现结对帮扶，以专递课堂、名师课堂、名校网络课堂等方式，实现“互联网 +”条件下的区域教育资源均衡配置机制，缩小区域、城乡、校际差距，缓解教育数字鸿沟问题，实现公平而有质量的教育。

【扶贫培训】 沪江积极发挥互联网教育平台优势，为贫困地区劳动力转移开展在线培训，与中国慈善联合会、清华大学社会学系、友成企业家扶贫基金会等单位联合发起“乡村振兴领头雁计划”，旨在培养一批懂农业、爱农村、爱农民的新农人骨干，助力乡村振兴。首批学员2600人，大部分为45岁以下青年，包含返乡创业青年、复员转业军人、村干部、合作社带头人、扶贫第一书记等。课程涵盖乡村旅游、社区建设、金融政策、电子商务等，国务院参事汤敏博士、中国人民大学农业与农村发展学院温铁军教授、清华大学沈原教授、中国人民大学经济学院党委书记刘守英院长等农村发展领域的专家学者参与在线直播授课。

【扶贫宣传】 中央电视台多次参与对沪江网络教育扶贫的报道。2018年11月，中央电视台新闻直播间报道“互 + 计划”在江西宁都教育扶贫的案例。中国环球电视网，即中央电视台新国际传播机构CGTN与其前身CCTVNEWS曾连续5次报道沪江在河南兰考、四川宜宾、四川广元、江苏常州的“互联网 + 教育”探索实践。2018年1月，《人民日报》刊文《甘肃努力让每个孩子享受公平而有质量的教育，山里娃上起了直播课》报道沪江在甘肃定西的教育扶贫成果。甘肃省教育厅、河南省教育厅、山东省教育厅、江苏省教育厅、吉林省电化教育馆等省级教育主管单位的官方网站均对沪江在各地的网络教育扶贫项目进行报道，对“互联网 +”精准助力乡村教育扶贫的模式予以肯定和高度评价。

沪江还与求是《小康》杂志社签署战略合作协议，充分整合优势资源，建立深层次的战略合作关系，探索沪江网络教育公益项目“互 + 计划”在中国县域的复制与推广，推动“互加”模式在“一带一路”建设中发挥作用。

［沪江教育科技（上海）股份有限公司
陈嘉谊］

北京京东世纪贸易有限公司扶贫

【概述】 北京京东世纪贸易有限公司（以下简称“京东”）将扶贫工作与自身业务紧密结合，通过品牌打造、科技赋能、金融支持、物流布局、创业就业、公益创新等措施，建立符合市场规律、可复制、可推广的扶贫模式。截至2018年底，京东累计实现贫困地区农产品销售额超过500亿元，带动70万建档立卡贫困人口增收。帮助贫困地区开设扶贫特产馆，至2018年底已设立扶贫特产馆188个（在“三区三州”深度贫困地区开设各级特产馆26个），重点打造了贫困地区数百个农产品品牌。开展用工扶贫，累计解决46888名贫困地区人员就业，大部分成为京东快递小哥，人均月收入6000元，实现“一人就业、全家脱贫”。

【扶贫品牌打造】 京东发挥电商销售渠道优势，从特色农产品入手，将贫困地区原生的、特色的产品打造成为符合电商销售质量和产量要求的商品。先后推动苍溪红心猕猴桃、石城莲子、饶河蜂蜜、广灵小米、凉山橄榄油、竹溪大鲵、日喀则冰川水等几十个贫困县的数百个农产品向规模化、品质化和品牌化方向发展。京东联手地方政府和当地龙头企业共同构建区域特色产业链，建设线上线下融合的扶贫特产馆，持续打造贫困地区品牌。已设立扶贫特产馆188个。

【电商扶贫】 京东联合各地教育机构，推出电商扶贫培训项目，建立培训体系，提供网络营销和电商运营等技能培训，帮助贫困县领导认识电商、发展电商，帮助企业和农户提升互联网营销能力，掌握电商从业技能。2016年以来，京东举办630多场培训，覆盖中国28个省份的贫困地区，为贫困县18万人次基层干部、企业人员和贫困青年等群体开展电商培训。京东还与河南省濮阳县职教中心联合共建京东濮阳区域电商运营中心，在电商专业共建及双创基地建设、电商平台运营、电商客服、京东电商实训孵化基地建设、京东当地特色产业展示、助推扶贫攻坚等方面开展全方位、深层次合作。濮阳京东电商运营中心已有400余座席，安置贫困家庭学生73人就业，平均月收入4000元。

【金融扶贫】 京东针对农村地区贷款难、授信难问题，充分发挥互联网金融产品优势，为“跑步鸡”“游水鸭”“飞翔鸽”等扶贫项目提供“互联网+金融+产业”的扶贫支持，加速扶贫品牌孵化，缩短品牌成熟时间。京东还推出扶贫众筹平台，已完成富平柿饼、光山信阳毛尖、砀山黄桃罐头、抚远鱼子酱等来自100余个国家扶贫开发工作重点县的300多个项目的众筹，并带动后续销售资金15亿元。

【公益扶贫】 京东公益基金会与志愿者协会开展紧急救灾、扶贫教育、环境保护等公益事业，累计捐赠物资超过7亿元。研发“物爱相连”物资捐赠平台，累计募集物资近200万件，物流配送里程超过4万千米，影响用户超过4.5亿人。陆续推出旧衣回收、玩具回收等项目，累计回收超过100万件闲置物资。在喀什叶城县巴仁乡中心学校为孩子们开展“小睡衣大美梦”爱心捐赠项目。

（北京京东世纪贸易有限公司集团
党委办公室　阎　岩）

中国平安保险（集团）股份有限公司扶贫

【概述】 中国平安保险（集团）股份有限公司（以下简称“中国平安”）于1988年诞生于深圳蛇口，是中国第一家股份制保险企业，至今已发展成为中国三大综合金融集团之一。2018年，中国平安充分利用自身资源和科技优势，开启“三村智慧扶贫工程”（以下简称“三村工程”），面向“村干部、村医、村教”三个方向，以“智慧扶贫”为核心，开展产业扶贫、健康扶贫、教育扶贫的精准扶贫工程。截至2018年底，平安“三村工程”已在内蒙古、江西、广西、重庆、甘肃、四川、河南、西藏、云南等9个省区市落地实施。其中，“村官工程”累计发放扶贫资金53.94亿元；“村医工程”已升级乡村卫生所400所，培训村医5702人，开展移动健康检测车巡诊252场，体检义诊覆盖贫困地区人口超2万人次；“村教工程”已援建或升级乡村小学391所，培训乡村教师4819名，平安智慧小学覆盖学生已超23万人。

【“村官工程”】 平安“村官工程”以产业扶贫为核心，探索打造了扶贫保、水电扶贫、核心农业企业贷款、扶贫债等多种中国平安特色产业扶贫模式，真正将“输血式”扶贫转变为“造血式”扶贫，帮助贫困地区脱贫致富。依托平安自有的人工智能、大数据风控、卫星遥感和无人机等科技力量，从贫困户身份识别、贫困人口信用体系、标的智能定损，到牲畜信息管理、互联网协销农产品，“智慧扶贫”全面深度贯穿“村官工程”，确保扶贫可持续。

“核心农业企业贷款”模式开发。中国平安以低息、免息贷款支持核心农业企业的扶贫项目，联合开展产业扶贫，引入现代化农业产业链，将企业的种植、养殖生产工作与贫困户紧密联系起来，帮助贫困户稳定脱贫增收，同时带动贫困地区现代农业产业发展。

“水电扶贫”模式开发。中国平安统筹企业、村集体及村民等各方利益，以“股权投资＋扶贫贷款”两种投入模式，走出一条资源开发与脱贫攻坚有机结合的新路子，探索出“市场化运作、贫困户持续受益”的水电扶贫模式，助力贫困地区稳定脱贫。为帮助水电企业解决融资难题，中国平安量身定制支持贫困地区水电站建设运营的“水电扶贫”贷款模式：以农村水电资产整体抵押，以电费收益权质押的担保贷款。2018年全年，水电扶贫贷款帮扶模式已经先后在广西、云南、四川3个省份的国家贫困县成功落地实施。通过发放水电扶贫贷款，支持水电站建设运营，加强贫困地区生态保护，为贫困户提供稳定回报，实现了企业、政府、贫困户等多方受益，精准带动贫困人口稳定增收脱贫。该模式直接帮扶建档立卡贫困人口3225人。

除贷款以外，中国平安还以股权投资的形式开展农村小水电扶贫项目。通过与清洁能源开发企业三川能源开发有限公司合资成立水电开发公司，投资7.5亿元建设西藏山南某水电站。该水电站项目以资源开发资产收益为当地贫困户脱贫的切入点，将水电站开发征收征用的当地农村集体土地1005亩，经量化核定所形成的土地补偿费用3000万元作为资产入股该水电站公司，形成集体股权，该集体股权以优先股方式参与利润分配。集体土地对应的村民享受对应优先股权收益。其中，当地建档立卡贫困户享受优先分配权益，整体覆盖全县建档立卡贫困户1146户、3171人，预计年人均增收8700元。

"平安扶贫保"模式开发。"平安扶贫保"是中国国内首个全产业链保险深度介入、可让贫困户"低门槛参与，无风险经营"的产业扶贫模式。该模式通过"保证保险＋贴息"的形式，实现扶贫资金的"免息免担保"，降低贫困人口参与的门槛，撬动扶贫资金顺畅运行；通过风控机制和政府监督相结合，实现保险扶贫"造血"功能，政银保三方协同龙头企业制定完善的产业基金闭环管理制度和规则，提供给挂钩贫困户与贷款金额等值的生产资料及其他物资，贫困户"见货不见钱"，在企业技术人员的指导下进行生产活动，实现保险扶贫的"造血"功能；通过引入人工智能科技，确保扶贫工作精准到户。将人脸识别、指纹识别、声纹识别等科学技术应用于各地保险扶贫工作中，确保建档立卡农户信息的完整性和真实性，也确保各项保障精准到户，为"信用白户"地区贫困人口信用体系的建立提供支持；通过后端互联网平台协销支持，稳定项目销售收入。通过对接集团内外部互联网电商平台，稳定项目后端销售收入，形成产销闭环对接，打造可持续性扶贫模式。

扶贫债模式开发。中国平安还参与投资地方政府扶贫债券，将扶贫资金用于贫困县的异地扶贫搬迁、道路桥梁建设、农村公共服务设施建设、产业园厂房建设、光伏项目建设、义务教育均衡化发展等脱贫攻坚项目，精准帮扶贫困地区改善基本生活条件和实现产业发展。截至2018年底，中国平安已投资广西、云南、贵州等省份共计38.19亿元的政府扶贫债券，覆盖超63个贫困县。

【"村医工程"】　"村医工程"以健康扶贫为核心，在中国开展"4＋1"智慧医疗综合行动，全面启动"村卫升级""村医培训""辅助诊疗""健康体检"4大医疗服务升级行动，启动为村民建立"健康管理档案"的专项行动，面向村卫、村医、村民三个层面，实施立体化的健康扶贫工程，打通城乡医疗，切实改善贫困地区基础医疗环境。

针对贫困村医疗条件落后问题，平安捐赠检测一体机，并指导村医安装使用好医生村医App，可进行血压、心电、尿常规、血糖等多种常规健康数据监测。针对村医知识水平不足、培训渠道少、组织困难等问题，平安专门研发好医生村医版App，聚合全国名医与村医结对帮扶、智能问诊，辅助村医日常诊疗，名医导师在线协助解决疑难问题，为广大村医和基层医务工作者科技赋能。平安集团携手贫困县政府、中国医师协会志愿者工作委员会，为贫困县覆盖范围内的村医开展线下医疗培训，通过专业医生现场授课方式，帮助村医提升自身医疗水平。针对贫困村居民健康防范意识不足问题，平安专门购置移动检测车并组织名医专家，深入贫困地区，在贫困一线开展村民体检义诊活动，通过创新的云端数据平台，实时上传体检报告至后方数据中心，实现线上线下现场同步解读，第一时间为村民进行健康风险警示，并在发现重大疾病后反馈给当地卫生部门，帮助村民早发现、早治疗，降低因病致贫、因病返贫风险。针对贫困村居民健康信息分散、缺乏系统追踪问题，平安整合检测一体机、移动检测和名医义诊过程中产生的个人健康信息，为每名村民建立专属的健康档案，并同步在村医App平台，方便村医掌握村民历史健康档案，提升后续诊疗效率。

【村教工程】　"村教工程"以教育扶贫为核心，在中国开展"4＋1"智慧小学综合建设行动，全面启动"学校升级""校长培训""教师培训""支教行动"，面向村小、村教、学生三个层面，实施立体化的教育扶贫工程。依托于平安先进的AI、大数据科技优势，开发"三村晖"线上智慧教学平台，试点打造“双师”课堂，建立“县乡中心校带动村小为主、城市名校定向帮扶为辅”的村教生态，让优质教育资源一触即达，全面提升偏远地区教育水平。

针对贫困村村小软硬件配套落后的问题，硬件上，为贫困村小铺设同频互动直播设备，实现县域内城乡小学互联互通，直播上课；软件上，搭建智慧平台“三村晖”，开展乡村小学素质教育课堂建设，采购优质外部课程、教案资源，为村小教师备课、授课提供有力支持。针对贫困村村小培训渠道少、组织困难、信息闭塞问题，平安组织开展校长培训、教师培训活动。每年分 2 次组织村小校长赴省城参加专题培训，每次培训为期 1 周，由省会名校名师授课。教师培训以线上为主，邀请名校名师为村小教师提供远程授课培训，同时根据线上培训学习情况，定期开展线下交流实训，每年组织 1 次村小教师到省会名校交流学习，帮助村小教师在一线教学实践中掌握先进教学理念。针对贫困地区师资匮乏，素质教育课堂缺失的问题，平安开展实施“短期 + 长期”相结合的支教行动，每年 9 月至 10 月，面向社会公众，组织多批次的志愿者队伍下乡支教，为学生带去美术、音乐、体育等丰富的素质教育课堂。动员教育公益组织、师范院校，征集拥有教师资格证的志愿者，以学期为单位，下乡开展长期驻村支教，平安捐资支持。

［中国平安保险（集团）股份有限公司］

甘肃康美现代农牧产业集团有限公司扶贫

【概述】 甘肃康美现代农牧产业集团有限公司经过18年的发展，成为集饲草种植、肉牛育肥、屠宰加工、熟食品生产和餐饮为一体的现代畜牧企业，被评为“国家扶贫龙头企业”。近年来，公司在“康美模式”的基础上引入商业保险，探索出“政府+银行+保险+企业+协会+贫困户（合作社）”的“六位一体”牛产业扶贫新模式。通过给贫困户投放良种母牛、入股分红、科技培训、育肥牛回收等方式带动4个市州9个县的13827户贫困户发展牛产业，每年户均增收5000元。

【产业扶贫】 公司立足于“六位一体”，即“政府+银行+保险+企业+协会+贫困户（合作社）”牛产业扶贫模式，此模式是以确定的建档立卡贫困户为中心，政府部门、银行机构、保险机构、龙头企业、协会组织紧密对接，各司其职，以龙头企业为桥梁纽带，政府引导、金融支持、协会组织、贫困户（合作社）参与、品牌运营，使贫困户买牛有资金（精准扶贫产业贷款），选牛有“超市”（甘肃康和良种肉牛繁育有限公司的标准化、现代化的“牛超市”），养牛有保障（保险公司对投放的基础母牛进行保险，保费275元，保额7000元），卖牛有出路（养牛企业、合作社、贫困户饲养的肉牛全部由康美现代农牧产业集团统一以保底价收购）。实现了由“输血式”扶贫向“造血式”扶贫的转变，探索出了一条帮助建档立卡贫困户通过肉牛产业致富的新路子。

【扶贫成效】 一是与临夏回族自治州康乐县、积石山县，定西市临洮县和天水市张家川回族自治县四个县签订了《“康美集团（六位一体）”牛产业扶贫模式政企合作协议》，现已带动13827户贫困户参与康美集团肉牛产业的发展，其中天水市张家川县有1886户贫困户将3771.5万元产业扶贫资金入股到公司，公司每年按入股资金的8%给贫困户分红，每年分红301.72万元，3年累计分红905.16万元；临夏州康乐县有4770户贫困户从公司选购5890头良种西门塔尔基础母牛，通过发展肉牛产业脱贫致富；定西市临洮县有568户贫困户从公司选购680头良种西门塔尔基础母牛，通过发展肉牛产业脱贫致富；临夏州积石山县与公司商定在积石山县新建设或改造提升一家标准化养牛示范场，对本县贫困户、合作社、企业在引进、投放良种牛的同时切实起到科学饲养管理、圈舍建设技术示范带动作用，已有8户贫困户从公司选购8头良种西门塔尔基础母牛，先期示范引领当地贫困户。二是与定西市东西部协作定点帮扶市福州市对接，确定由福州市出资1000万元依托康美集团以“康美集团（六位一体）”牛产业扶贫模式，在安定区、临洮县、陇西县、渭源县、通渭县投放1500头良种基础母牛，发展肉牛产业。三是与古浪县政府签订《产业扶贫框架协议》，注册成立甘肃浪美食品有限公司，在甘肃（武威）国际陆港中心新建一个年屠宰牛10万头的集屠宰、分割、排酸、冷链储藏、加工、销售为一体的现代化精深加工企业，公司达到设计产能后，可实现产值25亿元，预计可增加300人的就业岗位，可带动周边上万户群众参与牛羊产业经营。

【企业扶贫模式】 公司通过康美模式“三个直接”“四个间接”的带动，使上万农户参与畜牧养殖及其相关产业。

“三个直接”带动：一是每年与周边2000户贫困户签订5000亩《订单牧草种植协议》，使户均增收4500元，累计增收900万元；二是每年与8000户养牛贫困户签订《免费冻配回收犊牛协议》，免费给其饲养的母牛进行冻配良种，且回收所产良种犊牛，使户均增加收入1000元，年累计为贫困户增收800万元；三是与投放牛的7496户贫困户签订《肉牛保底价收购协议》，使户均增收4000元，累计增收2990万元。

“四个间接”带动：一是肉牛羊交易暨冷链物流中心的间接带动。康乐县肉牛羊交易暨冷链物流中心自投入运营以来，月均交易牛5000头以上、羊36000只以上，月屠宰牛2300头、羊3000只，年屠宰牛2.8万头、羊3.6万只，年交易额达15亿元，带动相关从业人员1000多人，人均年收入近3万元。二是养殖基地的间接带动。在康美集团的示范带动下，周边县区建成171个百头以上肉牛规模养殖企业（场），示范带动1万多户贫困户发展肉牛产业。三是协会合作组织的间接带动。在康乐、临洮组织成立协会合作组织，带动从事肉牛养殖、繁育、贩运、屠宰、营销的贫困户5260人。四是融资方面的间接带动。组织成立了康乐县金牛资产担保有限公司，为2400多家肉牛规模养殖企业（场、农户）担保金融部门涉农贷款3058笔、7.9亿元，存量担保贷款最多达1.6亿元。

（甘肃康美现代农牧产业集团有限公司）

吉林九台农村商业银行股份有限公司扶贫

【概述】 吉林九台农村商业银行股份有限公司（以下简称“九台农商银行”）是东北首家农商银行。九台农商银行始终践行普惠金融理念，以助力“三农”和中小微企业成长为己任，全力服务实体经济发展，致力于金融服务创新与精准扶贫，被中国地方金融论坛办公室评为“十佳精准扶贫银行”。按照整合资源、搭建平台、产融结合、精准施策的思路，银行从组建扶贫联盟、创新村集体组织形式、培育特色产业等多方面入手，建立多维帮扶体系，壮大集体经济，激发贫困村内生动力，初步形成了企业联动、金融支撑、产业培育、农户受益的金融精准扶贫新模式。

【扶贫联盟】 着眼于建立银、企、校多方联动的扶贫体系，牵头成立了吉林省金融商会扶贫联盟和九台商会农村产业扶贫联盟，有效整合资源、技术和信息，主动对接政府部门，紧密连接试点贫困村，探索构建联动帮扶、立体开发等扶贫模式。邀请吉林省扶贫办作为指导部门，并与吉林农大、长春中医药大学签署战略合作协议，邀请其作为技术指导部门。吉林省金融商会扶贫联盟成员企业已经发展到31家，九台商会农村产业扶贫联盟成员企业发展到24家。

【成立实体公司】 借鉴外地成功经验，组织引导扶贫联盟成员企业分别和7个省级贫困村成立“股权清晰、权责明确、利益共享”的实体公司。以实体公司为载体，解决贫困村有组织无实体、有意愿无门路、有资源无收益的松散无序、脱贫无望等现实难题，探索由单户式扶贫向壮大集体经济、推动整村脱贫的方向转变。

【产业扶贫】 引导长春市九台区波泥河街道茂林村成立农工商公司后，向其提供贷款750余万元，流转土地556公顷，重点发展高油大豆、有机谷子、绿色蔬菜等特色产业。运用现有资源，帮助开办食品厂和豆腐厂，就地聘用30名村民入厂工作，已推出“九商茂林”牌速冻玉米、黏豆包、干豆腐、大榛子等系列产品。帮助磐石市石咀镇永丰村引进棋盘生态农业集团，在引导成立永丰惠民科技有限公司和永丰惠民种植合作社后，以信用贷款方式，按基准利率向合作社提供340万元贷款，流转土地200公顷，规模化种植了优质水稻、高油大豆等特色农产品。捐赠240万元、贷款300万元，支持建设鲜榨大豆油、米业分装和水库休闲旅游项目。鲜榨大豆油项目日加工大豆10吨，每年可出产油品400吨，安排近30名村民就业。依托此项目，永丰村每年可获得18.5万元的厂房租金收入，还可获得经营分红。在水库休闲旅游项目中，开发建设环水库垂钓、民宿农家乐等设施。帮助东辽县金州乡双福村成立了农工商公司，为其协调贷款3400万元，流转土地580公顷，并帮助建立甜玉米加工厂。

【就业扶贫】 帮助茂林村、永丰村与吉林省东北袜业纺织工业园发展有限公司达成合作，分别成立茂林缝制分厂和永丰制衣厂，其中，茂林缝制分厂安排60名村民就业，永丰制衣厂安排30名村民就业，年人均工资3万元。在九台农商银行的支持下，投资200余万元，对缝制分厂进行扩建，新增缝纫设备160余台。

【金融扶贫】 结合实际制定并落实金

融精准扶贫工作方案，实施扶贫攻坚增信贷款执行基准利率、减少办贷环节、设立绿色通道等优惠政策。抽调专门工作力量分赴贫困村开展实地调查，完成对长春市九台区20个村、609户建档立卡贫困户的评级授信工作，已对建档立卡的31户贫困户发放扶贫小额贷款107万元。

探索“银行 + 企业 + 合作社 + 贫困户”的扶贫模式，帮助长春市九台区15个省级贫困村的339个贫困户、669人组建合作社，发放扶贫贷款1617余万元，专门用于购买缝纫设备并租赁给吉林省东北袜业纺织工业园发展有限公司，租金收入用于贫困户分红，每个贫困户每年可获得分红近5000元。

围绕农村集体产权制度改革以及现代农业发展，研发“融资宝”“社区通”“农场宝”等贷款新业务，试点开办农民住房财产权抵押贷款，发放吉林省首单农村集体经营性建设用地使用权抵押贷款。针对因生活困难无力缴纳基本养老保险的困难群体，按照“个人自愿申请、金融机构放贷、保险公司担保、退休归还贷款”的原则，专门研发“社保基金贷款”，已发放40万元。

围绕改善贫困地区金融服务，下沉渠道建设，新建惠农金融服务站3个、助农金融服务点87个，设立助农取款服务点282个。

【文化扶贫】 组织相关专业力量，深度挖掘整理贫困地区的历史与文化，将文化元素融入贫困村的产业发展和乡村振兴之中。组织编写《吉林省村落故事》。

【教育扶贫】 按照“扶贫先扶智，脱贫先脱愚”的理念，与长春金融高等专科学校合作，设立九台农商银行金融励志班，专门招收贫困家庭的子女入班学习，截至2018年底，已招收三期共97名学员。学员学费、生活费全部由九台农商银行负责，结业后录用为正式员工，分配到其家乡所在网点工作，实现教育扶贫与就业扶贫相结合，达到培育一名农村金融人才、救助一户农村贫困家庭的目标。

【人才帮扶】 委派27名后备干部到贫困村挂职锻炼，为贫困村送金融知识、送金融服务，并协调推进相关产业和项目。在吉林农业大学设立九台农商银行“驻村干部”订单班，从该校现有本科生中招收23名学员，学业完成后，录用为九台农商银行员工，派驻到贫困村工作，把金融与“三农”通过人才纽带有机结合起来。

【公益扶贫】 向长春市九台区茂林村、双阳区育民村，磐石市永丰村，农安县边岗村、高家坨子村，大安市永强村等六个省级贫困村慈善捐赠1013.4万元。

（吉林九台农村商业银行股份有限公司党群工作部）

天津食品集团有限公司扶贫

【概述】 天津食品集团有限公司（以下简称“天津食品集团”）是2015年3月由农垦集团、二商集团、粮油集团和立达集团整合重组的国有法人独资公司，以现代农牧渔业、食品生产加工业、仓储物流及贸易服务、房地产开发为发展方向。按照市委、市政府对口帮扶工作部署，在充分考察论证的基础上，结合自身在畜牧养殖方面的管理技术优势和产业发展规划，选定在河北省承德市发展肉羊养殖产业项目。2017年12月，在河北省承德市成立河北津垦奥牧业有限公司（以下简称“津垦牧业”），总投资8500万元，建设占地面积123862平方米的肉羊扩繁养殖示范场和育肥示范场（包含标准羊舍18间，三联体待配舍1间，青贮窖3间，干草棚1间），截至2018年底，存栏羊6000只，与835户建档立卡贫困户签订入股分红合同，使无资金无劳动能力的贫困户持久受益，解决当地40人就业问题，实现人均年收入3.6万元。

【产业扶贫】 天津食品集团根据承德地区具体实际，因地制宜，量身打造“以繁育养殖为核心，延伸拓展技术培训、饲料生产、屠宰加工、产品交易、冷链物流”的全产业链发展模式。采取“公司+养殖大户+贫困户”的模式带动承德地区肉羊产业健康发展，通过肉羊养殖对贫困户实施养殖产业帮扶，带动贫困户稳定增收，实现脱贫。利用自身养殖产业优势将漏风高床技术、人工繁殖技术、标准防疫技术、TMR饲喂技术和三个自动化（即自动挂粪、自动饮水、自动消毒）的高水平养殖技术等无缝嫁接到肉羊养殖项目中，有效提高工作效率、降低生产成本。截至2018年底，肉羊扩繁养殖示范场已建成投产，存栏羊6000只，育肥示范场正在建设中，饲料加工和屠宰产业链正在有序推进。先后和835户建档立卡贫困户签订入股分红合同，使无资金无劳动能力的贫困户持久受益，解决当地40人就业问题，实现人均年收入3.6万元。

【扶贫模式】 天津食品集团以建成北方地区最高标准肉羊养殖示范场、带动当地贫困群众增收致富为目标，创新实施“六个一批”扶贫模式（即带动一批、扶持一批、增收一批、转化一批、助力一批、打造一批），带动3000贫困户脱贫致富。带动一批，将优质母羔按照低于市场价格5%的标准销售给合作社和贫困户，并进行全程技术指导，按照高于市场价格5%的标准回收改良羔羊，降低贫困户经营风险，带动一批有资金投入能力的贫困户稳定致富。扶持一批，将优质母羊（母羔）采取份养的方式发放给合作社和贫困户饲养，每只份养的母羊2年内偿还3只优质羔羊，2年后所份养母羊归贫困户所有，扶持一批有生产意愿但无资金投入能力的贫困户长效增收。增收一批，将优质母羊卖给有一定资金但无劳动能力的贫困户，采取寄养托管的方式在公司统一饲养2年后母羊繁殖的羊羔成年出栏，公司扣除饲料、防疫等费用，分给贫困户应得收益。转化一批，将有劳动能力的贫困人员优先安排到扩繁场、育肥场、屠宰场就业，并组织业务培训和技能指导，按不同岗位发放劳务薪金，实现一批有劳动能力又无法外出务工的贫困户由“体力劳动型”农民向

"知识技能型"产业工人转变。助力一批，接收1000户贫困户扶贫资金入股，每户入股扶贫资金6000元，现已支付给入股贫困户红利600元，5年后返还6000元入股扶贫资金，并根据贫困户愿意继续签订股金分红协议，助力一批无资金投入能力和劳动能力的贫困户持久受益。打造一批，建立"公司+合作社+农户"三方利益联结机制，采取"贫困户入股合作社（规模养殖场）——合作社统一经营饲养管理繁殖母羊或育肥羊——公司提供技术服务并以高出市场价格5%的价格回收改良羔羊"模式，打造一批饲养管理水平高、生产经营能力强、带动贫困户增收明显的专业养殖合作社。

【扶贫培训】 天津食品集团发挥自身养殖优势，在承德市举办肉羊养殖培训班，传授养殖知识，养羊贫困户代表30人参加。培训班上列举数种当地高发的肉羊传染病，并教授这些传染病的预防和治疗方法；辅导科学养殖、科学管理、疫病防治、粗饲料配方等方面内容，使广大肉羊养殖户的饲养管理水平和治病防病能力得到提升。

【扶贫宣传】 在集团及下属单位的公众号和主页进行宣传，号召所有员工支持扶贫事业，购买扶贫产品。在天津市所有自营门店的明显位置开设扶贫专柜，增设专门的导购，加大扶贫宣传力度，引导所有进入门店购物的顾客关注扶贫工作，并推荐扶贫产品。在《天津日报》《经济日报》《中国食品报》《今晚报》和《人民日报》（海外版）等发表信息10余条，号召全社会关注扶贫工作，购买扶贫产品。

（天津食品集团有限公司）

兖矿集团有限公司扶贫

【概述】 兖矿集团有限公司以矿业开采、高端煤化工、现代物流贸易及工程技术服务为主导产业，是中国唯一一家在境内外四地拥有上市平台的煤炭企业。近年来，先后选派3名干部担任科技副县长，11名职员担任山东省派驻村第一书记，与山东省内17个贫困村结成对子，通过产业协同、慈善捐赠、结对帮扶、援建基础设施、捐资助学等形式向全社会提供救助。先后资助修建兖矿梁山县希望小学和鱼台县滨湖中学，协助建设鱼台县张庄大桥和菏泽巨野万福能源大道。2017—2018年，集团公司党委选派王庆波、王占栋、马洪利三名职员到山东省菏泽市定陶区黄店镇西台集村、陈楼村、邵集村担任省派第一书记。集团公司拨付第一书记专项帮扶资金560万元，争取省专项扶贫资金、社会及行业扶持资金580万元。定陶区160户贫困户、521人稳定脱贫。

【产业扶贫】 一是坚持“输血”与“造血”相结合，立足所在村地理位置和资源优势，培养致富能人，发展特色产业，壮大集体经济。先后培养致富带头人30名，组建番茄、葡萄、蟠桃村级合作社3个，兴办针织项目、服装加工、水泥预制件扶贫车间3个，种植经济果林460亩，投资观光体验农业和乡村休闲旅游项目，以农产品+互联网实现增收创效；引入20兆瓦全开放式光伏大棚项目成功并网，年均发电量3807万千瓦·时，棚下套种中草药亩产年增收1.6万元。二是做大做强黄店镇“一红一绿”特色产业。兖矿第一书记团队集中省专项产业扶贫资金320万元，投资玫瑰种植和蔬菜育苗两个项目，在全镇范围内选聘过硬项目带头人，形成了“一红一绿”两大产业。从法国、英国、荷兰、保加利亚引进高端玫瑰品种100多种，建设冬暖式智能高端连栋温室大棚6个，优化整合玫瑰合作社6家，建成长江以北最大的玫瑰鲜切花生产、集散中心，生产玫瑰茶、玫瑰酱、玫瑰糕点系列产品，年产量8000多吨，年销售收入2.3亿元。2018年5月，兖矿集团又与菏泽市定陶区签署《兖矿集团与定陶区战略合作意向协议》，合作建设田园综合体，打造“中国玫瑰第一镇”。

【基础设施建设】 争取省级农村道路硬化资金210万元，“一事一议”村级公共事务奖补资金75万元，村级体育专项设施资金40万元，文化大院奖补资金30万元，绿化专项资金15万元，分门别类制定了具体实施方案，三个帮扶村——菏泽市定陶区黄店镇西台集村、陈楼村、邵集村新建村级综合服务中心3处、1700平方米，新铺硬化道路13.2千米，打机井20眼，新建桥涵9孔，安装新变压器23台，维修危房25套，安装路灯335盏，修建下水道16千米，整治坑塘5处，复垦土地230余亩，植树12000棵。

【文化扶贫】 争取省级、村级体育专项设施资金、文化大院奖补资金，兴建文化体育广场4处，配套安装体育设施，为帮扶村捐赠电脑、投影仪、图书光盘等党建电教物资。联系上级文化部门组织送戏下乡、送电影下乡活动45场次；挖掘竹马表演、地方戏曲大平调等非物质文化遗产，举办农民文化艺术节等文化体育活动。西台集村加强家风文化建设力度，投资25万元，修缮祠堂，兴建家风文化墙，编撰村规民约三字经，举办“优良家风代代传”系列活动。

【扶贫宣传】 《人民日报》、《经济日报》、《大众日报》、《中国煤炭报》、山东电视台、山东广播电台、《齐鲁晚报》、《菏泽日报》、《中国企业杂志》、搜狐网、大众网等媒体先后多次对集团公司董事长李希勇帮扶贫困村“结穷亲、暖民心”典型事迹和兖矿第一书记帮扶工作进行专题报道。

（兖矿集团有限公司档案管理中心
王庆波）

珠海市建安集团有限公司扶贫

【概述】 珠海市建安集团有限公司（以下简称“建安集团”）是珠海格力集团子公司，成立于1987年，是珠海市属唯一的国有一级建筑施工总承包企业。为全面打赢脱贫攻坚战，建安集团按照珠海市关于脱贫攻坚的行动部署，参与对口云南省怒江傈僳族自治州东西部扶贫协作，援建学校和实施易地扶贫搬迁工程，为傈僳族自治州泸水市脱贫攻坚做出贡献。

【教育扶贫】 由格力集团出资5000万元人民币，建安集团落实并承建了泸水市格力小学、格力幼儿园工程项目，于2018年9月交付使用，18个教学班，可以满足720名学生就读。项目的建成为泸水市推进义务教育均衡发展提供有力支持。

【基础设施建设】 近两年，建安集团援建了怒江傈僳族自治州4个易地扶贫点搬迁，建设期间，建安集团把珠海的规划设计和建设经验带到怒江，融合弓弩、拉贝等民族建筑风格开展设计，创立“新合院”的建筑形式，保留了傈僳族原有村寨的人文环境，受到搬迁群众和党委政府好评。一是援建泸水市易地扶贫搬迁安置点二期工程项目。该项目工程造价约5000万元，建筑面积为1.9万平方米，均为80平方米的三房二厅户型，于2018年9月30工验收并交付使用。建设项目可满足240户村民入住。二是援建维拉坝易地扶贫迁安置点二期住房、基础及公共服务设施项目。该项目可满足485户村民入住，户型有20平方米、40平方米、60平方米3种。项目2018年底竣工，建筑面积约2.7万平方米。建设内容包括4栋3～4层高的院房、18栋45层高的楼房，商业中心、邻里中心和养老中心3栋公共建筑，周围市政路和小区路道路与管网等基础设施建设。三是援建兰坪县通甸镇易门菁等易地扶贫搬迁安置点二期工程。该工程项目包括68套院房、11栋多层楼房以及公共建筑和基础配套设施，总建筑面积1723.38平方米，已全部竣工交付使用。四是援建贡山县普拉底乡腊咱村易地扶贫示范村安置点。该安置点2018年底完成房屋交付，项目总建筑面积13075平方米，包括56栋住宅楼（可提供166套住房）、学前班教学楼1栋、党员活动室1栋以及基础配套设施，项目建设完成后将惠及500名村民。

【扶贫培训】 建安集团援建点所在地群众受自然条件和教育程度等先天不利因素影响，生活条件差，收入微薄。集团多次组织当地建档立卡户和劳动力进行工地作业培训（包括钢筋工、杂工等培训），并招募近200名劳动力上岗作业，缓解了4个援建点、5个工程劳动力不足的问题。

（珠海市农业农村局扶贫协作与对口支援科　吴远宏）

四川发展（控股）有限责任公司扶贫

【概述】 四川发展（控股）有限责任公司是四川省人民政府出资设立的国有独资企业，于2009年1月挂牌成立，注册资本为人民币800亿元，是以国有资本运营为基础，以金融服务为重点的国有资本运营平台。公司积极发挥国有企业在扶贫攻坚中的主力军作用，依托产业、资金、人才等突出优势，对接贫困地区资源禀赋、产业基础、教育民生等重点领域，提升贫困地区“造血”能力，打造可持续的扶贫项目，着力促进贫困地区真脱贫、脱真贫。自2012年起，公司在四川省贫困地区投入资金超过40亿元，用于发展贫困地区产业。2018年，公司在四川省贫困地区投入产业资金6.49亿元，涉及矿产水电开发、教育、新能源、现代农业等方面，通过解决当地群众务工问题、改善当地基础设施建设、提升产业发展基础等为项目地区覆盖的贫困户奠定良好的脱贫基础。公司还发起设立了四川省属企业唯一一家非公募慈善基金会，致力于省内各贫困地区教育、民生事业发展提升。自2015年起，公司累计向基金会无偿捐赠资金超过3000万元，持续实施“最美乡村合作计划”、爱心暖冬行动、乡村学校图书室和电教室建设、校车捐赠、乡村集体经济打造等教育、民生类项目120余个，累计帮助贫困群众上万人。

【产业扶贫】 以优势资源开发促增收，投资15亿元，建设马边县天瑞矿业磷矿采选项目，推动优势资源综合、高效开发利用，企业累计缴纳税费近亿元，带动1200余人就业。以示范项目建设促增收，投资2.5亿元，建设昭觉县补约乡30兆瓦光伏扶贫电站，除向农民支付土地租金外，每年额外为1106户建档立卡贫困户提供帮扶资金360万元，运营期间累计帮扶7200万元。以销售渠道创新促增收，发挥下属企业贸易渠道优势，在红旗连锁、故食汇开设扶贫农产品专柜，参加德国柏林蔬菜博览会、卡塔尔多哈产品推介会，凉山彝族自治州500余吨彩椒、洋葱、番茄远销俄罗斯、加拿大、迪拜等海外市场。

做强农业产业引领，在凉山州组建国源农投公司，带动凉山州农业产业发展，累计投资总额超过3亿元，建成越西甜樱桃示范园969亩、川余核桃示范区4500亩、订单农业种植试点区100亩等。做优旅游产业培育，在宜宾市兴文县组建兴文石海天下奇旅游投资公司，注册资本35亿元，开发优质旅游资源，打造世界级旅游目的地。投资5亿元，建设理县古尔沟温泉小镇，促进旅游产业发展。做实金融要素支撑，战略入股凉山商行，加大贫困县信贷投入力度，缓解中小企业融资难题，开展融资担保、债务重组，为地方实体产业转型注入新鲜血液。

共搭产业平台，推动白玉县打造农业投资平台，指派3名业务骨干驻县帮扶，分析产业现状，谋划发展规划，完善平台治理构架及制度体系，为白玉县农业产业化、现代化打下基础。共建产业基地，帮助白玉县建设蔬菜种植基地，指派2名专业人才，调研种植基地选址，提出产销一体思路，推进蔬菜有机认证，强化品牌宣传推广，500亩蔬菜种植基地初见成效。共推产业项目，帮助白玉县共同建设垃圾、污水处理环保项目，通过外部专家、内部人才，研究政策要求，完善项目补助申报材料，协调审批部门，2500余万元财政补助资金已经划拨。

【教育扶贫】 打造校园环境，捐资40万元，开展马边县光明幼儿园校内环境治理，购买教学设备，加大校园绿化力度，为学龄前儿童提供良好的学习环境。建设阅读场所，捐资110万元在白玉县乡镇学校建成最美乡村图书室、电教室4个，为2500余名贫困学生拓展了信息渠道。嫁接优质资源，捐资262万元建成“白玉县教育云服务平台”，引入成都七中等名校资源，构建网络教育体系，为近万名学子送去优质教学资源。把师资能力提升作为关键，开展“最美乡村教师”培训，组织优秀乡村教师赴成都、上海等发达城市拓宽视野、提升能力，惠及乡村教师120余人次；把学生技能培训作为根本，开设白玉县中职人才培养班，定向选送55名初中应往届毕业生，开展学历技能培训，投入资金300余万元，努力实现“一人就业、全家脱贫”。帮助贫困学生温暖过冬，开展“爱心暖冬行动”，发动公司员工募捐，配套企业资金，累计为贫困地区学生定制暖冬校服15000余套。帮助贫困学生安全出行，针对白玉县交通不便、学生居住分散问题，出资97.8万元，向白玉县捐赠3辆校车，缓解偏远乡镇学生读书路途远、路途险的问题。

［四川发展（控股）有限责任公司］

青海可可西里实业开发集团扶贫

【概述】 青海可可西里实业开发集团成立于2003年4月，是农业农村部等八部委联合认定的第5批国家级农业产业化重点龙头企业。集团帮扶大通县、互助县、化隆县、共和县、兴海县等地区建档立卡贫困村18个，带动有贫困人口行政村19个。集团在西宁市南川工业园区和大通县分别建立年产7000吨牦牛产品和年产36000吨青稞制品的生产加工基地，在共和、兴海、同德、贵南等县，建设年产牦牛6万头的原料肉生产基地，并建设6个牦牛收购点；在兴海县河卡镇、共和县塘格木镇、门源县、化隆县4个市县7个乡镇建立青稞收购点，并采用“科技+公司+基地+农牧民合作社+建档立卡农牧户+消费扶贫”和“订单农业”等生产管理模式，实行养、种、产、加、销一条龙产业化经营和一二三产业融合发展方式，辐射青海牦牛、青稞主产地，带动建档立卡贫困农牧户繁殖、育肥牦牛及种植青稞，实现稳定增收。

【产业扶贫】 一是牦牛产业扶贫。集团成立可可西里牦牛产业联合体，2018年被青海省农业农村厅等6部门列入青海省第一批省级农牧业产业化联合体，共有15家成员单位。联合体采取“龙头企业+合作社+村集体组织+加工企业”的产业化经营组织形式，促使草、畜、肥、加工产品的联合循环互动，促进一二三产业融合发展。2018年收购牦牛27230头，藏羊8140只，直接带动1220户牛羊养殖户增收145.6万元。2017—2018年，共收购青海省相关牧区的牦牛肉9910吨，做牦牛肉精深加工，以高于市场价1元/千克的价格进行收购，牧民增收991万元，户均增收800元，带动青海省12388户农牧民增收。

二是青稞产业扶贫。集团在西宁市大通县建设6条青稞系列产品生产线，年收购青稞可达5万吨，年加工产品能力达3.6万吨，已开发出“可可西里”牌青稞糌粑饼、青稞米、青稞炒面、青稞蛋糕、青稞挂面、青稞β-葡聚糖青稞棒、青稞β-葡聚糖青稞冲剂等系列青稞产品。2018年，与青海省青稞主产区的建档立卡贫困户签订《青稞订单收购合同》，以3～3.24元/千克的价格收购青稞，截至2018年底，收购青稞10539吨，合计给农户支付粮款2052.76万元，收购价高于市场价0.44元/千克，让利于贫困农户，农户增收674.5万元，带动728户、（建档立卡农户）1941名农牧民增收增效。

【科技扶贫】 集团参与并主持青海省科技计划项目、国家科技成果转化项目6个，包括《兴海县有机畜产品追溯及营销体系技术示范（2017.01—2018.12）》等，通过牦牛、青稞的科技成果转化，高价收购农牧民饲养的牦牛、农民种植的青稞等生产原料，研发牦牛、青稞系列产品200多个，提高农产品附加值，让利于农牧民。

【资产收益】 2018年1月20日，由共和县扶贫开发局举办的整村推进、金融扶贫项目分红仪式上，可可西里集团向青海省共和县环湖6村1000余牧户发放现金分红近90万元；截至2018年底，累计向共和县环湖6村1000余牧户发放分红资金超过500万元。2018年，集团不断扩大资产收益覆盖范围，与海南州兴海县6个股份合作制改造的畜牧业合作社开展合作，将牧民草场、耕地、牲畜、农机具等折价入股，实施牦牛高效养殖，参与牧民年收入平均增长 1 万多元。

【村企共建】　集团于 2017 年 7 月与大通县郑家沟村、麻家庄村 2 个建档立卡村签署《全省民营企业“百企帮百村、百企业联百户”精准扶贫行动协议书》，招录当地 40 名贫困户就业。经过岗位技能培训后于 2018 年 4 月正式上岗工作，每人发放工资 3000 余元，实现建档立卡村一户就业、全家脱贫。

【公益扶贫】　向可可西里国家级自然保护区巡山队捐赠 40 万元食品。投资 21 万元实施共和县黑马河乡正却乎村 44 户农牧户通电工程，实现村通电全覆盖的目标。集团旗下共和县恰卜恰农畜产品批发市场自 2003 年至 2018 年，制定并执行“恰卜恰镇周边自产自销农户免除摊位费”和“早市交易全部免除摊位费”两项免费规定，累计免除农户市场摊位经营费 875.2 万元。

（青海可可西里实业开发集团）

佛山康丰农业有限公司扶贫

【概述】 为进一步做好对口四川省凉山彝族自治州（以下简称“凉山州”）扶贫协作工作，更好地宣传推广大凉山优质特色农产品，2017年，在佛山市政府和凉山州政府共同推动下，由佛山市农业旅游协会承办的“大凉山特色农产品展销中心”在佛山市成立。佛山市农业旅游协会为此成立“佛山康丰农业有限公司”（以下简称“康丰农业”），主导运营展销中心的一切业务性工作，做好“精准扶贫、以购代捐”工作。佛山康丰农业有限公司筹建以来，以“为消费者提供天然、健康、安全、绿色的优质农产品，做好贫困地区产销对接的中间桥梁”为目的，同时也为配合相关部门做好以购代捐、爱心行动，提供了品质把控和服务到位的有效保障。公司统筹整合市场、企业、协会、相关机构等资源，打造出一个集体验、销售、批发、单位配送、电商平台为一体的线上+线下立体式的佛山对口扶贫、对口合作地区的产销对接平台。

【以购代捐】 2018年7月，康丰农业在佛山举办“一市五区”凉山特色农产品展销义卖系列活动，同时也是佛山首次举办对口帮扶的凉山展销义卖活动。活动不仅拓宽了凉山农特产品销售渠道，带动更多的贫困群众脱贫致富，还丰富了佛山农产品市场，满足佛山广大消费者对优质农产品的需求。在义卖活动期间，所有义卖营收扣除费用成本后，所得利润全部交由广东（佛山）对口凉山扶贫协作工作组作为社会捐助款支配使用，佛山市扶贫办全程监督义卖活动过程和捐助结果。

【产业落地项目】 截至2018年底，公司完成凉山州农产品采购额度2840万元。依托展销中心的产销对接业务开展，康丰公司也把产业扶贫作为终极目标在凉山州投资创建了“凉山农产品物流园”等9个实体产业项目。

【结对帮扶】 佛凉两地结合实际情况，广泛动员社会扶贫力量参与扶贫协作。经友好协商，佛山农业旅游协会（佛山康丰农业有限公司）与凉山州喜德县鲁基乡鲁基村村民委员会建立社会组织与贫困村结对关系，开展结对帮扶工作。

通过社会组织与贫困村结对帮扶，在加强基层党建、深化产业合作、推进劳务输出、提高“造血”能力、扶持教育发展等方面实化细化帮扶措施，切实提高结对帮扶实效，助力贫困村脱贫摘帽、贫困人口脱贫奔小康。

结对帮扶具体内容包括：支持村党组织建设。双方将党建作为结对帮扶的重要内容，通过支持工作经费、开展到结对村讲党课等党建交流活动，把基层党组织建设与脱贫攻坚紧密结合起来，携手助力村党组织培养优秀干部和致富带头人，不断提升村党组织的战斗堡垒作用和党员先锋模范作用，引领群众在脱贫攻坚中发挥主观能动性、激发脱贫内生动力。落实产业帮扶资金，公司每年支持3万元产业帮扶资金用于喜德县鲁基乡鲁基村发展集体经济，携手做好集体经济发展事宜。开展助学帮扶。资助喜德县鲁基乡鲁基村考上大学的学子，给予一次性5000元的助学金。同时发动有意愿的组织内会员单位开展与大学生的个人结对，对其后续学业予以支持帮助。带动村集体产业发展。整合人才、市场等各方资源，结合鲁基村的自然资源禀赋优势，引导企业注册落地、开展产业技术指导等。开展“以购代捐”活动。公司通过“以购代捐”的形式，利用会员单位员工饭堂、会员单位工会节日慰问等渠道，为鲁基村解决富余农特产品销售问题。

（佛山市扶贫开发办公室　彭焱明
佛山康丰农业有限公司　刘东阳）

六、公民个人扶贫

【概述】 2018年6月，中共中央、国务院印发《关于打赢脱贫攻坚战三年行动指导意见》，明确动员全社会力量参与脱贫攻坚，大力开展扶贫志愿服务活动。近年来众多志愿者积极开展扶贫实践，通过富有创造性、灵活性和针对性的工作助力脱贫攻坚，与政府、企业扶贫形成优势互补。为深入学习贯彻习近平总书记关于扶贫工作的重要论述和志愿服务的重要指示，国务院扶贫办面向全国征集志愿者案例，深入总结志愿者参与精准扶贫的经验做法，形成可信、可行、可学的最佳实践案例和操作模式，2018年共评选出了40个优秀志愿者扶贫案例。将最终评选出的典型案例汇编成集发布、公开，并优先进行宣传推广，进一步提升脱贫攻坚志愿服务的知晓度、传播力和影响力，激励引导更多志愿服务组织、志愿者参与精准扶贫精准脱贫，积极为助力脱贫攻坚、全面建成小康社会贡献力量。

2018年10月17日，在全国第五个扶贫日上组织召开了2018年全国脱贫攻坚奖表彰大会暨首场脱贫攻坚先进事迹报告会，公布了139个先进个人和先进单位的获奖名单，其中评选出奋进奖25人、贡献奖24人、奉献奖25人、创新奖25人，共计99名获奖者。大力宣传了接地气、惠民生、暖人心、有良好社会影响力的脱贫攻坚优秀个人，展现了广大扶贫干部在打赢脱贫攻坚战中尽锐出战、攻坚克难的精神风貌，形成了脱贫攻坚的强大合力，切实把精准扶贫精准脱贫落到实处，坚决打赢脱贫攻坚战。

大力推广中国社会扶贫网应用，通过运用互联网新技术和新模式，构建电商扶贫功能平台，搭建连接贫困人口和社会爱心人士、爱心企业的网络服务平台，截至2018年底，平台累计注册用户4165万人，其中贫困户占1/3，爱心人士占2/3，供需对接成功率逾70%，实现了精准帮扶的目标。

（国务院扶贫办社会扶贫司　安　珣）

七、中国社会扶贫网扶贫

【概述】 中国社会扶贫网是国务院扶贫办指导建设的社会扶贫网络信息服务平台，运用互联网新思维、新技术、新模式，搭建了连接建档立卡贫困户多元化需求和社会爱心资源的桥梁。扶贫网践行“互联网+”社会扶贫理念，开设爱心帮扶、扶贫众筹、电商扶贫、扶贫展示、扶贫评价五大功能平台，通过“全国一张网”“上下一盘棋”的推广模式，形成完善的线上线下精准扶贫体系，逐渐成为社会扶贫的新平台、脱贫攻坚的新品牌、社会动员的新抓手、社情民意的新窗口。

截至2018年底，中国社会扶贫网累计注册总用户4163万人，包括爱心人士2744万人、贫困户1377万人、管理员42万人。网站建档立卡贫困户用户已经覆盖全国28个省、339个市、2265个县、33万个行政村。贫困户在爱心帮扶平台累计发布需求443万条，累计对接成功需求319万条，整体对接成功率达72%。中国社会扶贫网获得国务院扶贫开发领导小组授予的“全国脱贫攻坚奖组织创新奖”。

【爱心帮扶】 依托国家建档立卡贫困户数据资源，以医疗救助、教育资助、住房改造、物资捐助为主要帮扶方向，通过整合社会分散的扶贫资源，实现贫困户需求和社会爱心资源的精准对接。2018年，产品功能整体升级，平台运营能力逐步加强，需求发布27万条，发布需求资金13亿元，筹集资金6432万元。2018年共推出帮扶活动19期，手机流量活动4期，受益贫困户250万人、爱心用户183人、扶贫干部34人。平台运营为爱心人士提供形式多样的扶贫参与方式。

【扶贫众筹】 面向贫困户医疗、教育等帮扶需求，广泛动员社会各界力量，为贫困群众和爱心人士搭建起便捷化的募捐信息网络平台，开展“光明扶贫行动·白内障复明”和“‘学前学会普通话’行动”两个扶贫众筹项目。2018年5月，中国社会扶贫网正式获得由民政部颁发的“慈善组织互联网募捐信息平台”资质，成为民政部指定的20家慈善组织互联网公开募捐信息平台之一。

2018年3月，国务院扶贫办、国家卫生健康委员会启动“光明扶贫行动”白内障复明项目。在全国开展贫困户白内障患病筛查，选取各地有意愿有能力的救治单位对全国贫困户白内障患者开展免费救治，解决贫困地区白内障患者“看病难、看病贵”问题。截至2018年底，项目捐款次数10651次，累计筹款3059.09万元，在全国已救治患者3.84万人，2.19万人为建档立卡贫困户。

5月，国务院扶贫办、教育部、四川省启动“学前学会普通话”行动（试点），项目通过中国社会扶贫网发布需求，面向社会募集资金，帮助少数民族聚集区学龄前儿童学习普通话，帮助凉山幼儿在学前阶段过好国家通用语言关，帮助他们顺利完成义务教育，为上高中、上大学打下基础。截至2018年底，项目捐款次数8631次，累计筹款2008.72万元。项目覆盖2540个村的2724个幼教点，覆盖儿童超过11.04万人。

【电商扶贫】 利用“互联网+”社会扶贫优势，以地方特色扶贫馆及央企特色扶贫馆为阵地，构建具有扶贫属性的电商扶贫体系，面向贫困地区从商品资源筛选、销售渠道、合作模式等方面根据不同地区的条件与特点，构建多样化模式和谐共存的线上与线下销售大生态，形成可信、精准的电商扶贫生态链。同时平台为所有扶贫商品销售市场提供“扶贫商品认证”服务，建立扶贫产品信用体系、产品可追溯体系和质量溯源体系，为电商精准扶贫提供保障。

电商平台以促成消费扶贫与扶贫产业对

接，把贫困地区优质特色农产品推向互联网大市场为宗旨，形成以青稞、大枣、牦牛、核桃四款商品为重点，“一县一优品”为机制的扶贫商品资源库。截至 2018 年底，电商平台扶贫商品覆盖 24 个省区的 190 个贫困县，在售扶贫商品 1732 款，开设 10 家央企扶贫馆、14 家地方特色扶贫馆、3 家东西协作扶贫馆等特色扶贫馆，整合盘活了优势帮扶力量，夯实了精准化电商扶贫阵地。

【扶贫展示】 面向全社会报道扶贫领域内的政策法规、扶贫新模式、工作动态、扶贫典型等。同时建立起扶贫办、爱心企业、爱心人士、贫困户多方信息汇聚平台，增强社会人士对扶贫工作的了解与参与度，打造扶贫领域中有社会影响力的新媒体。扶贫展示平台为中国社会扶贫网省、市、县地方门户奠定基础，地方门户聚集地域爱心需求，聚焦扶贫电商农产品的上行及销售，搭建起社会扶贫资源对接市、县级脱贫攻坚项目库的桥梁。

截至 2018 年底，平台活跃管理员达 11 万人，发布内容超过 2.8 万篇，日发布 150 篇。新媒体运营粉丝突破 117 万，年增长 215%，单篇阅读量最高达 24 万。引导一线扶贫干部共同建设扶贫展示平台，弘扬社会扶贫主旋律，打造社会扶贫新媒体。

【扶贫评价】 平台以大数据为基础，以构建社会扶贫信用价值体系为核心，促进并丰富社会资源的投入参与形式，创建国家扶贫荣誉制度，发布社会扶贫公益报告。同时根据用户至善信用分对参与社会扶贫的社会组织、企业与个人颁发等级证书作为社会价值回馈。

【推广情况】 2018 年，中国社会扶贫网相继在安徽、吉林、内蒙古、广西、北京、辽宁、上海、福建、黑龙江、新疆以及宁波市、张家口市等地启动推广应用工作。截至 2018 年底，已有 22 个省区市全面启动“互联网 +”社会扶贫工作，平台覆盖范围显著扩大。此外，组织召开的工作动员部署会达 200 余次，专项培训会 100 余次，培训各级扶贫干部 20 万余人。

【扶贫会议】 2018 年 1 月 19 日，由国务院扶贫办指导，中国社会扶贫网主办的 2017 年“互联网 +”社会扶贫总结暨表彰会在北京举行，十部委相关领导，地方政府、企业、公益机构相关负责人和媒体代表 300 余人参加会议。会议旨在分享“互联网 +”社会扶贫经验、展示以中国社会扶贫网为核心平台推进的“互联网 +”社会扶贫取得的丰硕成果，表彰先进单位。同时，贯彻落实中共中央总书记习近平新年致辞提出的“全社会要行动起来，尽锐出战，精准施策，不断夺取新胜利”的号召，部署 2018 年“互联网 +”社会扶贫的相关工作，连接全社会精锐力量精准帮扶，帮助贫困户搭上互联网的高速列车，助力贫困户勤劳致富。

6 月 25 日，全国“互联网 +”社会扶贫工作现场推进会在江西省石城县举行。会议旨在认真贯彻中央脱贫攻坚决策部署，总结交流各地“互联网 +”社会扶贫工作经验做法，发挥好中国社会扶贫网等互联网平台在脱贫攻坚中的重要作用，挖掘社会扶贫资源与贫困地区、贫困群众需求有效对接。

8 月 23 日，中国社会扶贫网成果发布会在北京市召开。会上重点介绍中国社会扶贫网平台建设运营情况及“互联网 +”社会扶贫成果，并隆重上线了网站 3.0 版本。3.0 版本引入区块链新技术，结合平台大数据资源，建立起开放、共享、共建的“互联网 +”社会扶贫生态圈。发布会现场，中国社会扶贫网与中国电子商务协会“味来智选·温暖中国”社交电商消费扶贫行动组委会、上海燕谷坊农业科技股份有限公司签约，为“三区三州”深度贫困地区兜底帮扶贫困户的 100 吨大枣和 200 吨青稞进行推广销售。

11 月 8 日，第五届世界互联网大会“网络公益与扶贫：消除饥饿与贫困”论坛在浙江省桐乡市乌镇召开。论坛由国务院扶贫办主办，中国社会扶贫网作为协办单位之一。论坛邀请中外政府机构、国际组织、社会组织、企业、智库等相关部门出席，分享中国在网络公益与扶贫领域的经验与成果，搭建中国与世界在减贫领域的交流平台，共同探讨如何在减贫与发展领域更好地发挥互联网的作用，加强政府、社会组织和企业之间的协作，缩减“数字鸿沟”，释放“数字红利”，为全球减贫事业贡献中国方案。

【中国公益慈善项目交流展示会】 2018年9月，第六届中国公益慈善项目交流展示会在深圳会展中心召开，中国社会扶贫网应邀参加并获“优秀参展机构奖”。中国社会扶贫网在科技与生态扶贫展区打造“聚焦精准扶贫，共创美好生活”主题展厅，展示了以互联网创新思维、运作机制和相关技术助力打赢脱贫攻坚战的新探索和新实践。

【扶贫日活动】 2018年10月16日，中国扶贫日“互联网+”社会扶贫分论坛——“创新社会扶贫　我们聚力前行”在北京市召开。论坛由2018年扶贫日论坛组委会主办，中国社会扶贫网、中国互联网发展基金会承办。分论坛围绕“互联网+”社会扶贫相融、相合、相互促进以及未来发展方向等问题展开交流，旨在以创新思维聚集全社会力量，构建“三位一体”大扶贫格局，为打赢脱贫攻坚战贡献智慧。10月17日，中国社会扶贫网参加“决胜2020——脱贫攻坚展”，作为中国“互联网+”社会扶贫发展典型，现场展示平台建设运营情况。数据化体现了中国社会扶贫网运用互联网新技术、新应用和新模式，构建建档立卡贫困户多元化需求与爱心企业和爱心人士的对接平台，实现多种要素多方力量有效聚合的三位一体扶贫大格局。

（中国社会扶贫网　王　芳）

第八篇

地方扶贫篇

综　　述

2018年，中共中央、国务院高度重视脱贫攻坚，各相关省区深入贯彻落实习近平总书记关于扶贫工作的重要论述，按照中共中央、国务院脱贫攻坚决策部署，全面实施打赢脱贫攻坚战三年行动，脱贫攻坚取得显著成效，全年减少农村贫困人口1386万人，完成280万人易地扶贫搬迁建设任务，280个贫困县退出，党的十八大以来的6年间，全国现行标准下的农村贫困人口累计减少8000多万，建档立卡贫困人口从2013年的8962万减少到2018年的1381万，建档立卡贫困村从12.8万个减少到2.6万个，贫困发生率降到2%以下，430多个贫困县退出。

强化脱贫攻坚责任落实。各相关省区强化脱贫攻坚顶层设计，中西部22个省区市制定三年行动的实施方案，出台政策措施，脱贫攻坚扎实推进，并深化实施中央统筹、省负总责、市县抓落实的管理体制，落实脱贫攻坚主体责任，强化脱贫攻坚一把手责任制，实行五级书记抓扶贫，开展五级书记遍访贫困县乡村和贫困户活动，推动形成全社会广泛参与脱贫攻坚的格局，社会帮扶资源向贫困村、贫困户进一步精准下沉，全国县级以上机关、国有企事业单位共选派驻村工作队24.2万个、驻村干部90.6万人，其中第一书记20.6万人；乡镇扶贫干部197.4万人。

聚焦深度贫困地区脱贫攻坚。各相关省区在“三区三州”内确定了135个深度贫困县、8700多个深度贫困村，在“三区三州”外确定了199个深度贫困县、21300多个深度贫困村，加大政策倾斜支持力度，新增资金、新增项目、新增举措主要用于深度贫困地区，着力解决产业就业、基础设施、公共服务等突出问题。2018年“三区三州”新增中央财政专项扶贫资金120亿元，占当年专项扶贫资金增量的60%。下达深度贫困地区2018年城乡建设用地增减挂钩节余指标跨省调剂任务20万亩，筹资640亿元用于脱贫攻坚。“三区三州”易地扶贫搬迁对象规模从65.9万人调增到116.6万人。“三区三州”脱贫攻坚年度任务全面完成，全年共减少贫困人口133万，贫困发生率下降6.4个百分点，比西部地区平均水平高3.3个百分点，脱贫进度明显加快。

脱贫攻坚举措精准落地落实。各相关省区把产业扶贫作为提高脱贫质量、实现稳定脱贫的关键举措，坚持因地制宜，推动产业到村、项目到户、就业到人，加快推进贫困地区特色种养业发展，创新电商、光伏、乡村旅游、资产收益等产业扶贫新模式，全年就业扶贫新增360万贫困劳动力就业，扶贫车间达到3万多个，带动77万贫困人口实现就地就近就业。扎实推进易地扶贫搬迁，累计完成约870万贫困人口的搬迁建设任务。实施健康扶贫工程，累计救治1200多万贫困人口，贫困患者个人自付比例进一步下降。进一步加大教育扶贫力度，不断改善贫困地区薄弱学校基本办学条件，控辍保学力度明显加大，少数民族儿童“学前学会普通话”试点取得积极进展。深入开展生态扶贫，累计选聘生态护林员50万人。完善农村最低生活保障制度，进一步加强扶贫与低保两项制度衔接，建立健全脱贫攻坚综合保障制度，将完全或部分丧失劳动能力、无法通过开发性扶贫实现脱贫的人群纳入低保兜底予以保障。加快推进贫困地区基础设施建设，2018 年新建改建贫困地区农村公路 20.8 万千米，解决 436 万贫困人口饮水安全问题，改造升级贫困地区电网，贫困村宽带覆盖率超过 94%，完成建档立卡贫困户等重点对象农村危房改造任务 190 万户。贫困群众生产生活条件明显改善，获得感显著增强。

进一步加大脱贫攻坚投入力度。强化扶贫资金项目监管，加快财政专项扶贫资金拨付进度，建立县级脱贫攻坚项目库，健全扶贫资金公告公示制度，深化扶贫领域腐败和作风问题专项治理，用好管好扶贫资金，提高扶贫效益，2018 年中央财政专项扶贫资金投入 1061 亿元，省级和市县财政专项扶贫资金超过 2000 亿元，贫困县财政涉农资金整合 3200 多亿元，扶贫小额信贷新增 1000 多亿元，累计发放 5300 多亿元，资本市场扶贫、保险扶贫等政策支持力度明显加大。

（宁　钢）

河北省扶贫开发

【概述】 2018年，河北省召开15次省委常委会会议、9次省政府常务会议和13次省扶贫开发和脱贫工作领导小组会议，传达学习习近平总书记关于扶贫工作的重要论述，专题研究部署脱贫攻坚工作。实现65万建档立卡贫困人口脱贫，贫困发生率降至0.78%，21个贫困县（18个国定县、3个省定县）摘帽，完成年度脱贫任务；62个贫困县农村居民人均可支配收入达到10922元，较2017年增长11.7%，高于全省农村平均水平2.8个百分点；贫困地区脱贫产业布局进一步优化，基础设施和公共服务水平进一步提升，贫困群众脱贫致富奔小康的内生动力进一步增强。在2018年国家对省级党委、政府脱贫攻坚考核中，河北省取得优异成绩，综合评价为“好”等次；在东西部扶贫协作考核中，河北省及张家口、承德、保定等3市综合评价均为“好”的等次；在国务院扶贫开发领导小组办公室和财政部组织的对河北省2018年财政专项扶贫资金绩效评价中，河北省评价等次为“优秀”。

【扶贫资金投入】 2018年，河北省中央、省本级专项扶贫资金共投入68.24亿元。其中，中央财政专项扶贫资金27.13亿元，较2017年增长2.5%；省本级专项扶贫资金41.11亿元，较2017年增长313%。58个贫困县（国定45个、省定13个）对涉农资金进行统筹整合并制定使用方案，财政专项扶贫资金主要用于产业扶贫项目、基础设施建设项目、资产收益扶贫项目、金融扶贫项目、贫困人口技能提升项目、旅游扶贫项目、危房改造项目7大类项目。

【扶贫机制建设】 党委政府定期研究脱贫攻坚制度，成果包括：县乡党委政府脱贫攻坚“擂台赛”制度，省级每两个月以视频会议形式举办一次县（市、区）委书记脱贫攻坚“擂台赛”，县级每月举办一次乡镇党委书记脱贫攻坚“擂台赛”，先后举办县委书记“擂台赛”3次、乡镇党委书记“擂台赛”752次；领导干部包联制度，省委书记、省长、省委副书记分别包联脱贫攻坚任务重的三个市，并分包一个深度贫困县，其他省委常委分别包联一个市或雄安新区，并分包一个深度贫困县，其他省级干部、省直部门和市县领导干部均承担分包任务，构建了上下联动、全面覆盖的包联体系；行业部门责任清单制度，出台《河北省扶贫开发和脱贫工作领导小组工作规则》，围绕“两不愁三保障”重点工作，逐部门明确领导小组成员单位的工作职责、任务目标，建立任务清单，定期督导检查，推动工作落实；五级书记遍访贫困对象制度，从省委、省政府领导做起，带头深入基层，扎实开展蹲点调研、随机调研，与扶贫对象面对面交流沟通，掌握第一手材料，帮助解决困难和问题。

【扶贫资金管理】 河北省出台《脱贫攻坚项目库建设实施细则》，完成87167个县级脱贫攻坚三年滚动项目入库，计划投资735.1亿元，其中2018年入库项目45725个，投资327.9亿元。统筹整合资金115.4亿元，支持贫困村基础设施建设和贫困户产业发展，统筹整合资金报账率92.6%。出台《河北省财政扶贫资金支付监控暂行办法》，实行县级主管部门、乡镇、村委会和扶贫对象（或施工单位）“四联签”联审联签制度。出台《河北省扶贫资金项目公告公示实施办法》，做到省市县乡村扶贫资金分配使用一律公开。开展2016年度、2017年度财政扶贫资金拨付、监管、绩效评价“回头看”，完成2016—2017年度闲置扶贫资金5936.15万元清理工作。

【深度贫困地区脱贫攻坚】 2018年，河北省10个深度贫困县共减贫20.8万人，贫困发生率下降8.02个百分点，下降幅度高于全省平均水平5.38个百分点，10个深度贫困县农民人均可支配收入9334元，同比增长13.1%，高于全省农村平均水平4.2个百分点。实施易地扶贫搬迁、危房改造和空心村治理，推进“双基”深度贫困村提升工程，开展农村环境综合整治，群众生产生活条件不断改善。严格落实“三个新增”（新增脱贫攻坚资金、新增脱贫攻坚项目、新增脱贫攻坚举措）要求，中央、省财政专项扶贫存量资金、新增资金向深度贫困地区倾斜，统筹整合的财政涉农资金和教育、卫生等社会事业资金向深度贫困地区倾斜，年度增幅高于全省平均增幅。2018—2020年河北省财政对10个深度贫困县每年单独安排专项扶贫资金1亿元。2018年安排10个深度贫困县中央和省级资金27.19亿元，比2017年增长了264.9%；进一步完善县级脱贫攻坚项目库建设，一大批新增的特色产业扶贫项目、光伏项目、旅游扶贫项目、生态扶贫项目、易地扶贫搬迁项目、危房改造项目、“空心村”治理项目、东西部扶贫协作项目以及206个深度贫困村“双基”提升工程项目等，先后落地见效；新增脱贫攻坚举措，重点在财政、金融、土地、生态、帮扶政策上实行差异化支持政策，确保深度贫困地区脱贫攻坚工作扎实推进。深度贫困地区开展城乡建设用地增减挂钩可不受指标规模限制，结余指标可跨省调剂使用，2018年，10个深度贫困县申报增减挂钩项目57个，项目审批总规模1.64万亩，产生节余指标1.57万亩。

【建档立卡】 截至2018年底，脱贫30.6万户、64.8万人，剩余贫困人口19.5万户、39.95万人，贫困发生率由2017年的1.86%下降到0.78%。2018年全省21个贫困县摘帽、2510个贫困村退出、382个贫困村新识别纳入，还有13个贫困县、1448个贫困村未出列。依托国家建档立卡数据开发建设了省扶贫开发信息平台，并于2018年4月底正式上线运行。已完成包括扶贫对象监测分析、项目资金管理、社会帮扶、易地扶贫搬迁、扶贫成效、扶贫绩效考核、脱贫攻坚指挥、综合办公等八个功能模块的建设，实现了省市县乡村五级的纵向连接，实现了民政、教育、卫计、人社、住建、公安、地税、编办、残联等省直部门的扶贫数据共享比对。

印发《河北省贫困人口建档立卡和动态管理服务办法（试行）》，对所有符合现行国家扶贫标准的农户按规定程序进行识别，纳入建档立卡系统管理，做到应纳尽纳、应扶尽扶。印发《河北省贫困退出工作实施办法》，规范建档立卡贫困户、贫困村、贫困县的退出工作。组织驻村工作队和村干部，定期开展调查服务，了解贫困户“两不愁三保障”情况，解决问题、精准帮扶、增进感情。做到一户一干部常态联系、一户一档案全面建档、一户一措施精准帮扶、定期登记掌握实情。

【易地扶贫搬迁】 截至2018年末，省级共拨付易地扶贫搬迁各类资金171.9亿元，其中通过财政部门拨付60.5亿元，通过河北省易地搬迁公司拨付111.4亿元。依托县城、建制镇、园区、中心村等规划建设的406个集中安置项目全部开工，交付使用335个，分散安置工作同步推进，累计实现搬迁安置16万人，其中建档立卡贫困人口9.1万人。全省累计签订旧房拆除协议8万余户，已拆除旧房1.68万套，实施复垦及修复0.33万亩。规划建设配套产业园区或项目449个，已建成213个，通过发展特色农林业、发展劳务经济、发展现代服务业、资产收益帮扶、社会保障兜底及其他方式，对“十三五”搬迁贫困人口13.59万人全部落实后续帮扶举措，确保搬迁贫困群众搬得出、稳得住、能脱贫。

【产业扶贫】 印发《关于贫困地区发展特色产业促进精准脱贫的实施意见》《河北省提升产业扶贫质量水平三年行动指导意见》等文件，为推动产业扶贫工作提供有力保证。累计实现脱贫攻坚项目库入库项目8.6万个，贫困户产业扶贫项目覆盖率达到100%。强力推进“十百千”示范工程，结合实际，总结了威县“金鸡帮扶”资产收益扶贫、涞水“双带四起来”（景区带村、能人带户；把群众组织起来，把产业培育起来，把利益连接起来，把文化和内生动力弘扬起来）旅游扶贫等10个产业扶贫典型模式，通过召开全省产业扶贫现场会，复制推广成功经验，以点促面，活跃全局。强化龙头带动，2018年认定省级扶贫龙头企业283家，增强了辐射带动贫困村发展和贫困户增收能力。保障扶贫项目用地需要，每年新增1万亩用地指标支持贫困县重点产业扶贫项目建设，2018年底累计下达土地指标4万亩。加大光伏扶贫力度，2015—2018年争取国家光伏扶贫指标357.5万千瓦，全部建成投产，直接帮扶贫困户24万户。

【社会扶贫】 实施“千企帮千村”行动，组织实力强的3837家民营企业对5945个村结成帮扶对子（其中贫困村2722个），实施“村企共建”，实施帮扶项目7823个，投入帮扶资金29.92亿元，受益贫困人口59.3万人次。积极引导华夏幸福基业、华大基因、京东电商、亿利集团、首农集团等一批知名企业投身脱贫攻坚工作。2018年，社会组织累计捐赠帮扶资金4.46亿元，较2017年增加2.44亿元。

【定点扶贫】 出台《对接服务中央单位定点扶贫工作机制》，推进帮扶项目落实落地。2018年，中央单位领导班子成员到定点扶贫县开展调研46人次，选派挂职扶贫干部86人、驻村第一书记31人，直接投入帮扶资金2.05亿元，引进帮扶资金8.93亿元，培训基层干部13559人，培训技术人员56076人。开展消费扶贫，购买贫困地区农产品1359.38万元，帮助销售贫困地区农产品2.58亿元。

【东西部扶贫协作】 北京市、天津市党政主要领导分别率领党政代表团访问河北，河北党政代表团到北京、天津市访问，分别签署了加强战略合作框架协议。2018年，京津两市省部级以上领导干部到河北省协作地区调研对接4次，投入财政援助资金12.79亿元，选派党政挂职干部87名、专业技术人才508名，引导企业到贫困地区投资137亿元，带动4.056万贫困人口增收。帮助贫困人口省内就近就业49146人、省外就业8690人，引导东部地区企业结对帮扶贫困村329个。

【驻村帮扶】 制定出台《关于加强贫困村驻村工作队选派管理工作的实施意见》《河北省贫困户帮扶责任人管理办法》，脱贫攻坚期内，驻村干部一定3年，驻村工作队不撤离，帮扶力度不减弱，共向7366个贫困村选派2.2万名驻村干部，组织34.8万名帮扶责任人开展结对帮扶，做到村村都有驻村工作队、户户都有帮扶责任人。把严格考核与关心厚爱结合起来，2018年牺牲基层扶贫干部9人，表彰奖励驻村工作队、驻村第一书记、驻村工作队员576个、682人、930人，提拔重用636人，召回驻村干部67人，问责驻村干部1100人。

【“雨露计划”】 2018年投入培训资金1180.26万元，遴选创业致富带头人20097人，培训15906人次。对35176名贫困家庭子女发放职业教育助学补助资金5328.99万元。积极组织贫困劳动力转移就业技能培训，针对贫困地区劳动力的实际务工需求，有序开展农民工职业技能提升计划，投入劳动力转移培训资金 1767.93 万元，举办就业技能培训班 955 期，培训 47697 人次，转移就业率达 70% 以上。指导扶贫开发工作重点县结合当地产业发展，以提升技能为手段，围绕贫困群众实现就近就地就业创业目标，培训 10.9 万人次，加快贫困群众脱贫致富步伐。以贫困地区致富带头人为主要对象，打造一支“永不走的驻村工作队”。

【革命老区建设】 2018 年，中央安排河北省中央专项彩票公益金支持贫困革命老区县实施扶贫项目资金 2 亿元。河北省结合脱贫攻坚实际，确定承德县、平泉市、宣化区、赤城县、唐县、涞水县、顺平县、易县、青龙县、大名县 10 个县为 2018 年中央专项彩票公益金支持贫困革命老区项目实施县，每县资金额度 2000 万元。按照国务院办公厅《关于支持贫困县开展统筹整合使用财政涉农资金试点的意见》文件精神，10 个项目县 2018 年中央专项彩票公益金全部纳入统筹整合涉农资金使用。通过实施中央专项彩票公益金项目，10 个项目县的贫困村生产生活条件得到改善，基础设施状况得到提升。

【社会各界扶贫】 发挥自身优势，奉献爱心、贡献力量，开展产业、就业、捐赠、教育、健康、结对帮扶等多种形式的助力脱贫活动，持续加大对贫困地区扶持投入力度。2018 年接收捐赠资金 9669 万元，拨付定向捐赠资金 9325 万元，协调捐赠物品累计折款约 1800 万元。帮扶建档立卡贫困村 154 个，受益贫困户达到 12.5 万余人。开展了“百万爱心工程”“精准健康扶贫”“科技专家联系贫困县技术培训”“爱心书包暨图书捐赠”等扶贫公益活动。

【精准防贫】 制定《关于建立精准防贫机制的指导意见》，划定防贫监测线、预警线，将全省 6.8 万非持续稳定脱贫人口、24.2 万非贫困低收入人口等存在返贫致贫风险的重点群体纳入防贫保障范围。分类制定精准防贫办法，有针对性地进行扶持和救助，防止“两非户”滑到贫困线以下，形成新的贫困人口。

【扶贫机构和队伍建设】 全省脱贫攻坚任务重的 8 个设区市和 62 个贫困县全部单独设置扶贫开发机构，其他有脱贫攻坚任务的县（市、区）明确专门机构、专门人员负责。重新修订省扶贫办“三定”方案，对处室、职能进行重新设置和流程再造，增加 25 名编制、6 名正处级领导职数和 8 名副处长职数，进一步强化了省级扶贫机构和队伍建设。从 11 个设区市和定州、辛集市抽调 22 名优秀干部到省扶贫办挂职，加强省扶贫办机关工作力量。从省直有关部门选调 24 名厅、处以及科级干部组成督查巡查组，驻市对脱贫攻坚工作开展不间断的督导检查，推动脱贫攻坚责任落实、政策落实、工作落实。印发《河北省聚焦打好精准脱贫攻坚战专题培训实施方案》，组织 9 期扶贫干部培训省级示范班，直接培训省市县乡村五级扶贫干部 2481 人。按照省级示范培训、市级重点培训、县级兜底培训要求，全省共培训各类各级扶贫干部 996 期次、32.9 万人次。

（河北省扶贫开发办公室政策法规处
康　明）

山西省扶贫开发

【概述】 2018年，山西省坚持问题导向，出台《关于坚决打赢全省脱贫攻坚战三年行动的实施意见》《关于“一县一策”集中攻坚深度贫困县的意见》等文件，推动八大工程二十个专项行动（即特色产业扶贫、易地扶贫搬迁、培训就业扶贫、生态补偿脱贫、社会保障兜底、基础设施改善、公共服务提升、社会力量帮扶工程），创新消费扶贫、扶贫扶志、社会扶贫等工作，完成年度减贫任务。2018年，中央和山西省财政扶贫资金投入275.17亿元，10个深度贫困县财政资金投入61.98亿元。培训贫困劳动力5.3万人，转移就业9.79万人，特色农业带动95万贫困人口增收，生态扶贫惠及52.3万贫困人口，农村低保省级提标240元，惠及41.5万贫困人口。17个国家级贫困县、9个省级贫困县进入脱贫摘帽程序，2255个贫困村退出、64.9万人口脱贫。贫困地区农村居民人均可支配收入8250元，同比增长12.6%，高出全省3.7个百分点。58个贫困县中，2017年脱贫摘帽15个，2018年进入脱贫摘帽程序26个，贫困村由7993个减少到900个以下，贫困人口由329万减少到25万，贫困发生率由13.6%下降到1.1%。

【扶贫资金投入】 2018年，山西省财政扶贫资金投入275.17亿元，其中：财政扶贫资金投入188.08亿元；统筹其他财政资金32.09亿元；小额信贷资金55亿元。10个深度贫困县财政资金投入61.98亿元，其中：中央、省级专项扶贫资金18.27亿元，市、县专项资金5.19亿元，统筹整合其他财政资金16.56亿元，政府债务20.96亿元，安排扶贫周转金1亿元。

【扶贫资金管理】 山西省从资金投入使用、项目建设、公告公示、拨付进度和监督管理等环节，加大扶贫资金使用管理力度。在资金分配上，实行因素法分配，与扶贫成效、重点工作、资金滞留挂钩。在项目管理上，出台《关于加强县级脱贫攻坚项目库建设的实施意见》，建设省级项目库信息系统、绩效监控信息系统，县级全部建成项目库，其中2018年入库项目2.45万个，其中在建1.75万个，投资230亿元。在资金拨付上，通过简化程序、专项督导、通报推动和落实奖惩等方式，实现扶贫资金及时到村到户到人。全省拨付率98.2%。在资金监管上，出台《山西省扶贫资金项目公告公示制度》《关于进一步加强扶贫资金监管的意见》，省市县扶贫资金分配使用结果一律公开，乡村两级扶贫项目建设和资金使用情况一律公告公示；推广岢岚县扶贫项目“两报两议”［“一报”即各乡（镇）将研究汇总形成的项目计划和资金估算方案上报县脱贫攻坚领导小组；“一议”即审计和财政部门全面精算核审，县联席会议集中讨论审议，形成分类备案、项目入库、资金整合、配资调整指导意见；“二报”即各乡镇、业务部门和工作组按照指导意见联合协作，细化形成具体实施方案，再次上报领导小组；“二议”即经联席会议研究，确定许可项目、配套资金、责任分工、操作流程和监管措施，确保项目全面落实］，群众知晓率98.6%；印发《山西省2018年扶贫审计工作考核实施办法》，扶贫审计县级全覆盖。

【易地扶贫搬迁】 2018年，山西省“十三五”剩余15.93万贫困人口搬迁工程全面铺开，新建集中安置点355个。1502个集中安置点竣工1463个，竣工率97.4%；入住31.3万人，入住率86%。聚焦3350个深度贫困自然村，“六环联动”（精准识别对象、新区安置配套、旧村拆除复垦、生态修复整治、产业就业保障、社区治理跟进）推进整村搬迁，抓好集中安置点规划选址风貌管控，统筹解决“人钱地房树村稳”七个问题。扭住产业就业，保障老年群体，攻坚拆除复垦。迁入迁出两地统筹，建设特色产业园、扶贫车间，捆绑使用政策，优先实施生态、旅游和光伏项目，开发公益岗位，每户至少一人就业。落实养老、低保、健康和残疾人等政策，配套养老中心、日间照料中心、卫生院所等设施。到2018年底，累计完成搬迁2812个，入住21.6万人。旧房拆除1448座，复垦924座，复垦土地1.94万亩。

【生态扶贫】 山西省联动实施退耕还林奖补、荒山绿化务工、森林管护就业、经济林提质增效和特色林产业增收“五大项目”，带动52.3万贫困人口增收。58个贫困县退耕还林183万亩、惠及8.9万贫困户；造林绿化285.5万亩，2563个扶贫造林合作社带动5.2万贫困劳动力增收；森林管护吸纳2.4万贫困护林员；150万亩经济林提质增效惠及14.1万贫困人口。

【产业扶贫】 山西省实施特色农产品优势区和产业园创建、贫困户组织化提升等9项行动，贫困县建立专家组，贫困村选派指导员，开展实用技术培训，带动95万贫困人口增收。5633个贫困村加快“五有”（贫困村有脱贫产业、有带动主体、有合作经济组织，贫困户有增收产业项目、有劳动能力的有技能）产业扶贫机制，建设实施项目4447个，省级认定105家扶贫龙头企业、79家扶贫农民专业合作社。光伏扶贫电站新建2484座、并网发电102.94万千瓦，惠及4478个贫困村、45.54万贫困人口。截至2018年底，累计建设村级电站3270座、集中电站53座，总规模261.91万千瓦，累计结算收益4.38亿元。旅游扶贫534个示范村带动6.15万贫困人口增收。36个国家级贫困县被确定为国家电子商务进农村综合示范县，村级网点覆盖10315个村，农副产品上行33.2亿元，带动27.4万贫困人口增收。483家企业和合作社通过资产收益扶贫带动8.35万贫困人口增收。

【培训就业扶贫】 2018年，山西省实施全民技能提升工程，将贫困劳动力作为培训重点对象，培训贫困劳动力5.3万人，转移就业9.79万人。发挥“吕梁山护工”“天镇保姆”等劳务品牌示范带动效应，山西省各类特色劳务品牌近70个，主要涵盖家政服务、护理护工、烹饪烹调、交通运输、建筑施工等行业。建设扶贫车间476个，带动2.3万贫困劳动力就近就业。新增公益性岗位吸纳贫困劳动力3000余人。

【健康扶贫】 山西省实施大病集中救治、慢病签约服务、重病兜底保障“三个一批”，落实“三保险三救助”“双签约”政策，87.7万人次获得医疗救助，贫困人口住院综合报销比例90.1%；推进县乡医疗机构“一体化”改革全覆盖，县域内“先诊疗后付费”全面推开，13家省级定点医疗机构纳入“一站式结算”范围。残疾人扶贫“两项补贴”应补尽补，向21.9万困难残疾人发放生活补贴1.2亿元，向30万重度残疾人发放护理补贴1.8亿元。向2.5万建档立卡贫困残疾人免费发放适配辅助器具。

【教育扶贫】 山西省健全义务教育控辍保学机制，资助体系实现各阶段教育、公办民办学校和家庭经济困难学生“三个全覆盖”，2018年资助中高职生6.6万人、大学生7123人，营养改善计划惠及66.8万名学生，生源地助学贷款24.78亿元，资助38.46万人，个人资助账户资助深度贫困县高三贫困生1650人。

【社会兜底扶贫】　山西省农村低保推进对象衔接、标准衔接、政策衔接、管理衔接，将符合条件的贫困老年人、贫困残疾人和重病患者全部纳入低保，贫困人口与低保对象重合度达到43.6%。2018年农村低保省级提标240元，全省平均4080元，41.5万贫困人口享受扶持。农村养老政府代缴养老保险，58个贫困县贫困人口参保率100%，新建、改建敬老院54所、日间照料中心600个。

【贫困村提升】　坚持以户为基、以村为体、以县为战，6432个村实施项目1.92万个。新改建农村公路、旅游公路1.29万千米，通客车行政村新增590个；安全饮水提升惠及67.67万贫困人口；生活用电改造完成674个村、惠及10.29万贫困人口，动力电改造全面完成；危房改造完成8.11万户；电信普遍服务完成1964个贫困村，全省贫困村宽带覆盖率99.23%。义务教育学校“全面改善贫困地区义务教育薄弱学校基本办学条件”完成90%以上，新建、改扩建农村卫生室2747所，村容村貌、户容户貌、精神面貌明显改善。

【深度贫困地区脱贫攻坚】　2018年，出台《关于“一县一策”集中攻坚深度贫困县的意见》，为10个深度贫困县量身定制10条共享政策、每县1条专享政策，进一步简化审批流程，精准对接需求。中央和省级财政专项扶贫资金的30.3%——14.4亿元集中支持，上缴省市土地出让金3.5亿元全部留县；64%的退耕还林、54%的造林绿化、43%的光伏扶贫项目安排到10个深度贫困县。深度贫困县组建扶贫专业工队851个，以议标方式承接小型基础设施、公共服务项目，带动4800多名贫困劳动力增收。深化拓展领导联系、单位包村、县际结对、企县合作、专业人才挂职、学校医院对口“六个帮扶”，每个深度贫困县有1名省领导联系帮扶，3～5家省直单位包村帮扶，2名技术人才、金融骨干挂职帮扶，按需选派产业扶贫科技特派员363人，10个深度贫困县121个乡镇全覆盖，10个经济强县结对帮扶，8家省属国企、97家民营企业合作帮扶深度贫困县，在239个村实施项目306个。10所省属高校、17所省级示范高中、11所省属重点职业院校、38家三级医院对口帮扶。到2018年底，深度贫困县贫困人口累计减少13.8万，贫困发生率从2016年的18.4%降到7.2%。

【消费扶贫】　2018年9月，山西省出台《关于开展消费扶贫促进精准脱贫若干措施》，搭建农特产品进机关、企业、学校、医院、军营（简称“五进”）供需对接平台，采取“五进”对接承销、龙头企业带销、宣传推介展销等方式，鼓励引导社会各界买贫困地区产品、献扶贫济困爱心，全省累计销售农特产品21.46亿元。其中：五进对接承销0.31亿元、龙头企业带销12.45亿元、宣传推介展销5.05亿元、商场超市直销0.6亿元、电子商务营销2.35亿元、基地认领订销0.26亿元、旅游带动促销0.14亿元、帮扶单位助销0.3亿元。26个中央在晋定点扶贫单位投入和引进资金5.39亿元，消费扶贫购买农产品2998万元，助销农产品1.26亿元。

【驻村帮扶】　山西省出台《关于进一步加强驻村工作队选派管理工作的实施意见》，按照“一村一队、一队三人”选派要求，省级新增单位24个，派出工作队773支、队员2319人，市县新增帮扶单位236个、工作队4575支、队员1.3万人，单位帮扶贫困村全覆盖。严格驻村管理，驻村干部属地在编管理，“五天四夜”全脱产帮扶。开展村情民意走访、基础工作巩固、政策举措落实、资金项目盘点、内生动力提升、作风问题整治等“六大行动”，集村情民意26.8万条，解决问题24.7万个，引进帮扶资金13.3亿元，实施万元以上帮扶项目9871个。提拔优秀驻村干部1861人，问责1138人次、召回147人。闻喜县国税局柴晓飞等 13 名干部牺牲在扶贫一线。

【信息平台建设】 2018 年山西省持续推进数据库、政策库、项目库和人才库建设。数据库开发数据分析、质量监测、成效展示系统，与行业部门共享共用。政策库梳理集成“三农”普惠、扶贫特惠、部门优惠政策 11 类、171 项，动态更新，网上公开。项目库对实施主体、建设内容、资金投入、带贫机制精准管理。人才库为精准扶贫提供决策咨询和技术服务，聚焦“两不愁三保障”标准，将贫困退出指标规范为户脱贫 5 项、村退出 13 项、县摘帽 14 项指标。

【建档立卡】 2018 年，山西省组织 14.16 万名干部，逐村逐户排查，识别贫困户 1.46 万人，识别漏评户 2.55 万人，认定返贫户 0.14 万人，纠正错退户 0.38 万人，清退错评户 3.22 万人。坚持脱贫攻坚期内按季度动态调整，符合条件的应纳尽纳、及时帮扶，达到脱贫标准的有序退出、继续扶持，漏评、错评、错退的及时纠正。把解决贫困发生率虚高与年度动态管理结合起来，贫困发生率 20% 以上的 3 个县全部下降到 12% 以下，30% 以上的村由 1264 个降到 161 个；连续两年没有贫困村退出的 2 个县下属 3 个贫困村全部退出，没有贫困人口退出的村由 4986 个降到 827 个。

【扶贫扶志】 山西省出台《关于深化扶贫扶志促进精准脱贫实施意见》，开展感恩奋进教育，弘扬“吕梁精神”“太行精神”“右玉精神”，提振脱贫攻坚“精气神”。7126 个村开办周末学堂、农民夜校等，70% 以上的村建立村民议事会、道德评议会等群众自治组织。设立孝善养老基金 469 个、募集 3787 万元。推广中国社会扶贫网 + 爱心扶贫超市、项目扶贫超市、消费扶贫超市“一网三超”模式，贫困户劳动表现记积分、积分兑物品，激发内生动力。基层组织引领、驻村干部帮带、创业致富带头人示范，培训创业致富带头人 9092 人。

【扶贫培训】 出台扶贫干部教育培训实施办法，指导开展脱贫干部培训工作，省级层面举办各类示范培训班 137 期。集中组织 103 个县委书记进行省级脱贫攻坚政策考试，带动市县乡村 5 万元余人接受扶贫政策测试；省级认定 11 个示范培训基地，把培训课堂搬到企业、基地和村户；完成 5600 多名贫困村党组织书记集中轮训。2018 年，山西省累计培训 2393 期、39.7 万人次。

【社会扶贫】 出台《关于支持社会工作专业力量参与脱贫攻坚的实施意见》，600 余家社会组织、2130 个志愿组织、7.24 万名志愿者参与扶贫，实施帮扶项目 185 个，投入帮扶资金 4.26 亿元，帮扶贫困村 4874 个。中国扶贫基金会爱心包裹行动、中国福利基金会免费午餐和暖冬行动惠及 1 万余名贫困学生。“光明扶贫工程”免费救治农村贫困白内障患者 3199 人次。中国社会扶贫网注册 61 万人，消费扶贫超市销售 5.72 亿元，项目扶贫超市引进资金 13.31 亿元，实施项目 24.7 万个。实施民营企业家“百千百”工程（100 户民营企业帮扶 100 个贫困村，培养壮大特色优势产业；1000 名民营企业家帮扶 1000 个贫困户实现稳定就业；100 个党外代表人士对 100 个贫困户子女在求学和就业方面给予帮助），1867 家企业投入资金 33.2 亿元，实施项目 6017 个，帮扶 3889 个村、32.3 万贫困人口，帮扶贫困生 1 万名以上。团省委开展青年电商培育、人才帮扶、助学助困工程和创业就业“四项工程”。省妇联开展“三晋巾帼脱贫行动”。

【扶贫宣传】 2018 年，山西省宣传报道 1.4 万次，较 2017 年增长 34%，其中中央主流媒体报道山西脱贫攻坚 928 次，是 2017 年的 1.2 倍。创作纪实报告文学《掷地有声——脱贫攻坚山西故事》，出版《百村脱贫案例》《百村搬迁案例》。推介《右玉和她的县委书记们》《吕梁护工》《第一书记》等优秀文艺作品 22 部。举办“精准脱贫同奔小康”摄影作品展。免费送戏下乡 1.6 万场。举办中国（兴县）国际扶贫研讨会，深化扶贫国际交流合作。扶贫日期间，开展“激发内生动力，凝聚帮扶合力”主题活动，农村改革论坛专设脱贫攻坚分论坛，《厚植生态底色做足脱贫成色》主旨演讲受到广泛关注。程玉珍、沙万里、杨良杰、吕梁市林业局获全国脱贫攻坚奖。举办先进事迹报告会、脱贫攻坚报告会。评选全省脱贫攻坚奖 110 个，开展驻村帮扶模范单位模范个人、扶贫系统先进集体先进工作者评选表彰活动。

（山西省扶贫办综合处　刘源源）

内蒙古自治区扶贫开发

【概述】 2018年，内蒙古自治区党委、政府把脱贫攻坚作为重大政治任务和第一民生工程，以脱贫攻坚统揽经济社会发展全局，对标问题抓整改，狠抓落实促提升，以前所未有的重视程度、投入强度、工作力度，推动全区脱贫攻坚取得决定性进展。全年实现减贫23.5万人，贫困发生率下降到1.06%，10个国贫旗县、13个区贫旗县摘帽退出。57个贫困旗县农牧民人均可支配收入12422元，同比增长10.2%。贫困地区基础设施、公共服务明显改善，贫困群众义务教育、基本医疗和住房安全保障水平显著提高。

【扶贫资金投入】 2018年，内蒙古自治区各级财政投入扶贫专项资金101.52亿元。其中，中央下达财政扶贫资金23.81亿元；自治区本级安排扶贫专项资金39.45亿元，增幅5.6%；盟市旗县安排38.26亿元，增幅28.8%。北京市安排帮扶资金9.3亿元，16个区额外投入援助资金2.81亿元。整合涉农涉牧资金62.3亿元。发放扶贫小额信贷21.6亿元。

【扶贫资金管理】 出台《关于进一步加强扶贫资金使用管理的意见》，将扶贫资金使用管理纳入盟市党委和政府扶贫开发工作成效考核内容，资金分配与使用管理成效挂钩。修订扶贫资金项目公告公示办法，自治区、盟市、旗县、苏木乡镇和嘎查村扶贫资金使用和项目安排公告公示率100%。制定《关于完善旗县脱贫攻坚项目库建设的实施意见》，全区审定入库项目76663个，实施41682个、完成39383个，覆盖贫困人口111.43万人。

【扶贫机构和队伍建设】 12月29日，在自治区机构改革中，内蒙古自治区扶贫开发办公室作为自治区政府直属机构。领导职数1正3副，增加2个处（政策法规处、开发指导处），更名1个处（原移民扶贫开发处更名为扶贫协作处，易地扶贫搬迁工作4月移交自治区发改委负责，京蒙扶贫协作工作由发改委移交自治区扶贫办）。处级领导职数9正8副。机关内设综合处、政策法规处、规划财务处、开发指导处、社会扶贫处、扶贫协作处、考核评估处和机关党委，机关编制由32人增加到40人。所属4个事业单位分别为自治区扶贫办电子政务中心、革命老区建设与扶贫项目管理站、贫困地区信息监测中心、扶贫发展中心，事业编制38人。办公地点设在呼和浩特市乌兰察布东街82号。

【扶贫政策体系】 出台《内蒙古自治区打赢脱贫攻坚战三年行动实施意见》。修订完善《盟市党委政府扶贫开发工作成效考核办法》《关于建立贫困退出机制的实施意见》，制定《自治区脱贫攻坚专项工作推进组考核办法（试行）》。围绕压实攻坚责任、资金项目管理、扶贫小额信贷、易地扶贫搬迁、扶贫和低保政策衔接、京蒙扶贫协作等关键性问题，制定39项配套文件，打出政策“组合拳”。

【建档立卡】 逐村逐户开展贫困人口再调查再识别，加强部门间数据比对，动态做好建档立卡工作。2018年，全区新识别贫困户1.39万户、5.38万人，清退不符合条件5万户、15.7万人，动态管理的建档立卡未脱贫人口6.8万户、15.24万人。

【驻村帮扶】　向3694个贫困嘎查村和5008个非贫困嘎查村选派驻村工作队，选派驻村干部3.5万余名，表彰奖励驻村干部1152名，提拔重用331名，召回136名，问责209名。

【产业扶贫】　推广龙头企业带动、产业园区带动、“菜单式”直补到户、资产收益扶持、旅游产业带动、电商扶贫带动等扶贫模式，发展现代农牧业，因村因户因人施策，到村到户到人帮扶。实施农牧业特色产业扶贫项目7290个，扶持贫困人口60.75万人次，带动14.8万贫困人口实现脱贫。

【电商扶贫】　内蒙古自治区47个贫困旗县开展电子商务进农村示范县建设，建成旗县级电商公共服务中心38个、乡村电商服务站2688个，实现农副产品网络零售额148亿元，服务建档立卡贫困人口18万人次，带动建档立卡贫困人口就业8239人。

【旅游扶贫】　大力推进旅游扶贫示范项目建设，支持带动作用强、发展前景好的旅游项目，让旅游红利更多惠及贫困群众。全区实施旅游扶贫示范创建项目70个，覆盖494个嘎查村，带动3.3万户贫困户、8.2万贫困人口增收。

【光伏扶贫】　加强村级光伏电站建设。31个集中式光伏扶贫电站实现并网发电，项目规模100万千瓦，保障3.9万户建档立卡无劳动能力贫困户每年每户增收3000元以上。36.8万千瓦村级光伏扶贫电站项目全部开工建设，惠及925个建档立卡贫困嘎查村的7.7万户建档立卡贫困户。

【教育扶贫】　落实义务教育阶段建档立卡贫困家庭学生资助资金11870万元，惠及贫困学生5.36万人次。投入农村牧区义务教育薄弱学校改造资金9.6亿元，全面改善老少边穷地区薄弱学校基本办学条件。在31个国贫旗县实施农村牧区义务教育阶段学生营养改善计划。

【健康扶贫】　实施“三个一批”（对大病集中救治一批、慢性病签约服务管理一批、重病兜底保障一批）行动计划，将贫困人口全部纳入城乡居民基本医疗保险、大病保险和医疗救助保障范围，降低贫困人口就医负担。全区贫困人口住院医疗费用实际报销比例90%左右，签约服务慢病患者31.5万人。贫困旗县全部实现县域内定点医疗机构先诊疗后付费和“一站式”结算。贫困旗县综合医院达到二级及以上服务水平，87%的中心卫生院硬件建设实现标准化。

【危房改造】　开展农村牧区房屋安全隐患排查，严格实行一户一档制度，改造一户、销号一户。2018年，筛查出贫困户危房3.2万户，对评定为C级的维修加固、D级的原址重建，完成贫困户危房改造2.95万户。

【就业扶贫】　以技能培训、岗位开发、劳务协作、就业服务为主要抓手，引导贫困群众务工经商、创业就业，有效增加贫困群众工资性收入。2018年，全区贫困人口实现就业6.5万人，其中转移就业1.06万人（跨省转移就业2298人）、公益性岗位安置5.34万人；兴办“扶贫车间”197个，吸纳贫困劳动力就地就近就业1万多人；组织3472名贫困人口参加职业技能培训；遴选致富带头人1700个，培训4596人次。

【社会保障兜底】　将符合条件的16.94万贫困人口纳入低保兜底，为符合条件的17.48万未脱贫人员代缴基本养老保险费。实施建档立卡贫困人口临时救助2.08万人次、2241万元；实施重特大疾病贫困人口医疗救助14.73万人次、1.28亿元；将6549名贫困人口纳入农村牧区特困人员救助范围；将4.8万名贫困残疾人口纳入困难残疾人生活补贴范围；将3.2万名重残贫困人口纳入重度残疾人护理补贴范围。

【易地扶贫搬迁】　投入各类资金23亿元，建设集中安置点354个，搬迁建档立卡贫困人口3.84万，落实产业和就业等后续帮扶措施。

【生态扶贫】 将符合政策条件的贫困嘎查村、贫困户全部纳入退耕还林还草范围，将70%以上的国家重点林业生态工程和建设资金安排到贫困地区，增加重点生态功能区转移支付，建立参与受益机制。2018年，投入10.76亿元，实施贫困旗县林业重点工程385.95万亩，纳入公益林补偿面积1.2亿亩，补助资金15.7亿元；为1.15万名贫困人口提供公益性护林员岗位（含当年新增3500个岗位），年人均补贴1万元。

【饮水安全】 巩固提升开展贫困人口饮水安全现状核查，确定7.6万贫困人口未达到国家饮水安全标准，2018年解决7.5万人饮水安全。

【交通扶贫】 将80%以上的国家和自治区公路补助资金用于贫困地区资源路、旅游路和产业路建设，全面提升贫困地区干线公路网络通行能力和服务水平。2018年，建成贫困地区农村牧区公路5100千米，占全区当年建成农村牧区公路里程的77.2%。

【电力扶贫】 完成29个贫困旗县农网改造升级工程，涉及投资28.78亿元；59个贫困村实现通动力电，较2017年增加10个；7220户偏远农牧区实现大电网供电。

【信息网络扶贫】 完善电信普遍服务补偿机制，统筹推进贫困地区网络覆盖、电子商务、网络扶智、信息服务、网络公益等五大工程。3488个贫困嘎查村通上宽带（包括无线宽带），3481个贫困嘎查村通上光纤，其中3168个贫困嘎查村实现4G网络覆盖。

【深度贫困攻坚】 针对15个深度贫困旗县、258个深度贫困嘎查村、12.9万深度贫困人口，加大财政扶贫资金和涉农涉牧资金倾斜力度，优先支持深度贫困旗县发展优势特色产业，实施农田水利、田间配套和高效节水灌溉工程，改善深度贫困地区发展条件。2018年向深度贫困旗县投入资金20.1亿元、高于全区平均水平10%，财力性转移支付增幅高于其他旗县85.8%。加大人才支持力度，选派干部1108名、技术人员249名，帮助深度贫困旗县11170名贫困人口实现就业。

【京蒙扶贫协作】 两地党政主要负责同志展开互访，共同召开4次高层联席会。签署《全面深化京蒙扶贫协作三年行动框架协议》和《2018年东西部扶贫协作协议》，北京市年内安排帮扶资金9.3亿元，16个区额外投入援助资金2.81亿元，实施项目548个，覆盖7.98万贫困人口。互派干部加强人才交流培养，北京市派出100名挂职干部、464人次技术人才到内蒙古挂职、服务，内蒙古选派162名干部、1264人次技术人才到北京挂职、学习。引导147家企业到31个国贫旗县参与扶贫协作，投资51.46亿元，共建产业园区27个，援建扶贫车间104个，带动1.25万贫困人口脱贫。全区完成扶贫特色产品进京销售16.23亿元。举办京蒙劳务协作专场招聘会49次，帮助2.59万建档立卡贫困人口就业，其中区内就业22256人、到北京市就业1331人。开展"携手奔小康"行动，北京市16个区的224个经济强镇、376个村（社区）、451家企业、235所学校、173家医院与31个国贫旗县的221个苏木乡镇、436个贫困嘎查村、263所学校、185家医院建立结对帮扶关系。两地培训贫困嘎查村致富带头人2296名，带动贫困人口6221人增收致富。

【定点扶贫】 26个中央和国家机关单位定点帮扶内蒙古31个国贫旗县，2018年，中央和国家机关单位领导班子成员到内蒙古帮扶点调研71人次，选派挂职干部33名、驻村第一书记19名，直接投入帮扶资金1.2亿元，帮助协调引进项目资金3.8亿元，培训基层干部9200人次、技术人员6230人次，购买内蒙古贫困地区农畜产品7850万元，帮助销售贫困地区农畜产品3.2亿元。内蒙古自治区167个厅局单位定点帮扶167个贫困嘎查村，投入直接帮扶资金

1.57亿元。

【社会扶贫】 建立健全社会组织帮扶项目与贫困旗县需求信息对接机制，在57个贫困旗县推广应用“中国社会扶贫网”，注册用户32.7万个。引导138家自治区级社会组织提供帮扶资金2264.8万元。成立扶贫志愿服务团队116个、发展扶贫志愿者1万人，服务时长80万小时。持续开展“万企帮万村”活动，653家企业帮扶1462个贫困嘎查村，投入帮扶资金6亿元、实施项目1459个，2.86万户贫困户、7.95万建档立卡贫困人口受益。

【脱贫攻坚专项巡视】 2018年10月18日至11月30日，中央第八巡视组对内蒙古自治区脱贫攻坚工作开展专项巡视。其间，采取谈话、受理群众来信来访、深入基层调研等方式，指出问题，明确整改要求和时限，向自治区党委交办的1610件扶贫领域信访件，至12月底办复1228件。2019年1月18日，巡视组向自治区反馈4个方面10个具体问题，提出8条整改建议。

【扶贫领域作风建设】 制定扶贫领域作风问题专项治理实施方案，重点整治扶贫领域形式主义、官僚主义问题，突出解决扶贫政策落实中的不作为、假作为、乱作为、慢作为等问题。规范督促检查，明确自治区层面每年开展的脱贫攻坚督查检查原则上不超过2次，行业部门涉及脱贫攻坚的检查考核一律整合、结果共用。2018年，自治区开展脱贫攻坚暗访和专项督查各1次。加强信访事项办理，自治区、盟市、旗县扶贫部门全部开通信访举报电话，畅通信访渠道，加大核查力度，全年受理信访件379件，全部办结。

【扶贫宣传】 组织开展宣传文化系统脱贫攻坚扶贫政策宣讲、乌兰牧骑巡演、脱贫典型故事分享、社会主义核心价值观、文学艺术工作者采风创作、励志主题电影展演“六进村”活动，组建200个“草原轻骑兵”服务队，开展“弘扬乌兰牧骑精神，到人民中间去”基层综合服务活动，进村入户宣讲扶贫政策、先进人物和典型做法。组织全国脱贫攻坚先进事迹报告团巡回宣讲、武汉鼎同志先进事迹报告会2场，36500多人次到场聆听。推广积分换商品、积分分红做法，激发贫困群众积极性和主动性。

【扶贫培训】 举办党的十九大精神报告会、轮训班，在全区领导干部双休日大讲堂上专题讲授习近平总书记关于扶贫工作的重要论述。征订《习近平扶贫论述摘编》6万册，组织各级扶贫干部学习。制定《聚焦打好精准脱贫攻坚战加强干部教育培训实施方案》，组织贫困旗县百名党政领导干部“走出去”参加专题培训，实施“千名贫困旗县苏木乡镇党政正职精准脱贫专题培训”和“万名嘎查村党组织负责人集中轮训”。举办各类扶贫干部培训班1033期，培训干部32.4万人次，完成558个苏木乡镇1100余名党政正职全员轮训、11066名新换届嘎查村党组织书记集中轮训，各级扶贫干部培训教育实现全覆盖。

（内蒙古自治区扶贫开发办公室　祁　盈）

辽宁省扶贫开发

【概述】 2018年，辽宁省委、省政府召开3次省脱贫攻坚领导小组全体会议，7次现场会和座谈会，部署推进脱贫攻坚。全年实现15.43万人脱贫、519个贫困村退出，阜蒙、西丰、北票、凌源、建平、喀左6个省级贫困县摘帽。

【扶贫资金投入】 2018年，落实省以上财政专项扶贫资金15.1亿元，比2017年增长30%。其中：省本级预算安排资金7.1亿元，比2017年增长40%；争取中央资金8亿元，比2017年增长23%。各市县财政投入3.99亿元，比2017年增长100%。统筹财政资金加大对15个省级贫困县的投入力度，增加均衡性、阶段性转移支付投入8亿元。统筹脱贫攻坚与乡村振兴，落实乡村振兴产业发展资金5.3亿元，重点支持贫困地区壮大村级集体经济，发展地方优势特色农业产业。发放扶贫贷款16亿元、扶贫小额信贷1.1亿元、扶贫再贷款6.5亿元。

【扶贫领域作风建设】 辽宁省把2018年作为脱贫攻坚作风建设年，印发《辽宁省脱贫攻坚作风建设年活动实施方案》，查摆整改扶贫领域作风问题，通报76起扶贫领域腐败和作风问题，约谈190人，给予党纪政纪处分269人，调整免职21人，组织处理44人，召回驻村工作队27支。

【扶贫改革体系】 出台《辽宁省打好精准脱贫攻坚战三年专项行动方案(2018—2020年)》《辽宁省贫困退出工作实施细则》《辽宁省脱贫攻坚成效考核实施细则（试行）》《辽宁省促进产业扶贫提质增效实施方案》《辽宁省建档立卡贫困家庭子女就业扶贫实施方案》《辽宁省建档立卡贫困人口医疗保障实施方案》等文件，形成更加完备的政策支撑体系。

【建档立卡动态管理】 印发《辽宁省开展脱贫质量"回头看"完善贫困人口精准识别工作方案》，从2018年4月20日至6月30日，组织开展全省脱贫质量"回头看"，排查出脱贫不稳固贫困人口20127人、新识别"档外应纳未纳"贫困人口39774人，确认全省实有建档立卡贫困人口28.56万人。

【产业扶贫】 推广朝阳市"叠加式"产业扶贫模式和桓仁县老黑山村发展产业整村脱贫经验，因地制宜组织实施产业扶贫项目2377个，惠及脱贫人口11万人。

【危房改造】 省政府召开全省建档立卡贫困户危房翻建改造辽阳现场会，实施贫困户D级危房翻建改造扶贫项目2.1万户。2015—2018年，投入省以上财政资金10亿元，翻建改造D级危房3.15万户，10万多贫困人口受益，贫困户住D级危房问题基本解决。

【健康扶贫】 开展农村贫困人口大病救治4.18万人，救治率81%；贫困人口慢性病签约服务覆盖面100%，需治疗14.56万人，已救治13.69万人，救治率94%；重病兜底保障需救治1.4万人，已救治1.24万人。农村贫困人口住院及门诊医疗费用个人实际报销比例达到85%。辽阳市实施动态管理开展精准医疗扶贫得到国务院第五次大督查通报表扬。

【教育扶贫】 完善建档立卡贫困户教育适龄人口数据库建设，开展16万名建档立卡贫困家庭教育适龄人口（3～27周岁）信息比对与专项核查。落实14亿元资金，资助建档立卡贫困学生。

【低保兜底扶贫】　全省建档立卡贫困人口中有15.4万人享受农村低保，同时将5500户、9700名农村低保对象纳入建档立卡贫困人口，实现“双向纳入”。全省农村低保平均标准4659元。

【行业扶贫】　完成10个省定深度贫困县县道破损路段改造，实施精准扶贫农村公路建设1332千米。解决1.47万农村贫困人口饮水安全问题。选聘480名建档立卡贫困人口任生态护林员。批准省级贫困县新增建设用地755公顷，支持产业脱贫项目建设。

【社会扶贫】　组织动员1168家企业实施“千企联千村”活动，累计投入5.2亿元、帮扶贫困村1143个。开展“互联网+社会扶贫”，启用中国社会扶贫网（辽宁）。组织沈阳市、大连市、鞍山市、盘锦市、营口市和辽河油田、鞍钢集团落实帮扶资金5564万元，对口帮扶阜新市、朝阳市、铁岭市和义县、建昌县。大连市对口帮扶朝阳市实现县区对接。

【东西部扶贫协作】　签订辽宁、贵州两省《2018年东西部扶贫协作协议》。落实2018年大连市援助六盘水市财政资金1.02亿元，比2017年增长155.6%。县级对接增加投入1200余万元。

【驻村帮扶】　2018年，辽宁省委选派1.2万名党员干部驻村任第一书记，调整充实1791个贫困村驻村工作队员5735人，实现乡村全覆盖。

【扶贫机构队伍】　2018年，在省直机构改革中，将辽宁省扶贫办由副厅级省政府部门管理机构升格为正厅级省政府直属机构，增加省扶贫办的人员和编制。鞍山市、抚顺市、锦州市、阜新市、铁岭市、朝阳市、葫芦岛市扶贫办设置为市政府工作部门。

【扶贫培训】　制定《关于聚焦打好精准脱贫攻坚战加强干部教育培训的实施方案》，举办各类培训班173期，其中：2期市县两级党政领导干部精准脱贫专题培训班，1期乡镇党政正职精准脱贫示范培训班。全省132名市、县党政领导干部和200名乡镇党政正职参加培训，全面覆盖全省有脱贫攻坚任务的市、县。

【人才支持】　选派贫困县科技副县（市）长15名。组织256名省市县领导干部直接联系服务在贫困地区工作的高层次人才。在贫困地区建立21个院士专家工作站。选派专家5000多人次深入贫困地区开展人才、技术、项目对接和服务。

【扶贫考核评估】　出台《辽宁省贫困退出工作实施细则》《辽宁省脱贫攻坚成效考核实施细则（试行）》，对脱贫攻坚工作进行全方位的监督考核。组织开展一季度工作进展督导调研、上半年工作进展督查检查，开展贫困县退出、财政专项扶贫资金绩效评价和年度脱贫攻坚成效等3项第三方评估。省财政安排专项资金2000万元，根据绩效评价结果分配，建立激励约束机制。

【扶贫信访】　印发《辽宁省扶贫办开展“社会稳定风险评估攻坚年”活动实施方案》《辽宁省扶贫办关于进一步加强扶贫信访工作的通知》，开通“12317”扶贫监督举报电话，及时受理转办扶贫信访事项。2018年接听投诉电话90个、咨询电话276个，接待来访7人次，受理来信7封，办理网上投诉3起，提高办结率和满意率。

【扶贫宣传】　2018年，《人民日报》刊发辽宁省脱贫攻坚工作报道5篇，《辽宁日报》刊发文章492篇。《辽宁新闻》播发专题报道117条，设立“驻村日记”专题节目。发行《辽宁扶贫》杂志12期，编发《脱贫攻坚快报》63期。

【扶贫表彰】　在“2018年度全国脱贫攻坚奖”评选中，锦州市义县稍户营子镇五台沟村第一书记李红冈荣获贡献奖，葫芦岛兴城市碱厂乡荣获组织创新奖。

（辽宁省扶贫办　李文锋）

吉林省扶贫开发

【概述】 2018年，吉林省农村贫困人口减少117852人，贫困村退出602个，国家扶贫开发工作重点县摘帽3个，省定贫困县摘帽3个，贫困地区农村居民人均可支配收入增幅高于全省平均水平2个百分点以上，贫困发生率降至0.55%。解决5.5万建档立卡贫困人口饮水安全问题，提前完成"十三五"规划内脱贫攻坚任务。完成新识别建档立卡贫困户和边缘户危房改造5.9万户。家庭经济困难学生资助政策全面落实，为贫困县培养输送994名青年教师，义务教育均衡发展成果进一步巩固。贫困人口医疗住院费用个人负担比例由2015年的43.7%降至10%，15个贫困县232家乡镇卫生院开通远程医疗会诊服务，贫困人口基本医疗保障水平明显提高。

【扶贫资金投入】 2018年，筹措安排财政专项扶贫资金24.6亿元，其中：中央资金15.3亿元，比2017年增加2.7亿元，增长21.6%；省级资金9.3亿元，比2017年增加1.7亿元，增长22.4%。加大涉农资金整合力度，8个国贫县整合资金39.3亿元，7个省定片区县整合资金9亿元。深入开展金融扶贫，当年累计发放金融精准扶贫贷款196.7亿元、扶贫再贷款42.4亿元。引导贫困地区企业抢抓IPO"绿色通道"政策机遇，全省贫困地区有上市公司1家、新三板挂牌公司8家、在辅导拟上市公司1家，通过资本市场累计融资1.8亿元。强化资金项目监管，完善县级脱贫攻坚项目库建设，入库项目9730个，资金规模366.5亿元，其中2018年入库项目4244个，资金规模128.56亿元。

【扶贫政策体系】 制定《吉林省脱贫攻坚领导小组工作规则》《吉林省"五级书记"抓扶贫责任制》，明确和细化工作职责，切实把脱贫攻坚一把手负责制落到实处。调整增加省级领导包保任务，省委书记、省长在包保贫困程度最深、扶贫任务最重的延边州和白城市基础上，分别增加1个深度贫困县和1个深度贫困村包保帮扶任务，其他省级领导均增加1个贫困村包保帮扶任务。贯彻落实《中共中央 国务院关于打赢脱贫攻坚战三年行动的指导意见》，制定具体实施意见，实行清单制动态抓落实，分年度分行业梳理确定三年行动任务清单、目标清单、项目清单、政策清单、责任清单，推动各项工作纵向到底、横向到边。

【基础设施建设和公共服务】 新建改建贫困地区农村公路1726千米、改造危桥26座、实施安防工程495千米，实现村村通自然屯通硬化路率84.5%。贫困地区供电可靠性99.87%，电压合格率99.91%，国网供电区域边境村实现村村通动力电。贫困村文化活动室、广播电视和通信达标率100%，全部通宽带、光纤或4G网络。改造贫困县薄弱义务教育学校校园校舍11万平方米，贫困地区义务教育学校基本办学条件持续改善。贫困村卫生室全部达标。

【产业扶贫】 东部片区重点建设人参、黑木耳、中药材、山葡萄等生态特色食品种植基地。西部片区突出发展杂粮杂豆、花生、烟叶、红干椒、韭菜等产业项目。新建县域电子商务公共服务中心3个、乡镇电子商务公共服务中心12个、村级电子商务服务站234个、集配仓储中心3个，开展电商培训9800人次，新增网店900个。长白山人参、黄松甸木耳、吉林大米、东部山珍、西部杂粮成为全国热销网货。2018年全省农村网络零售额同比增长40%。重点支持贫困县景区道路、服务配套等基础设施建设，主推景区带村、能人带户、公司+农户等旅游扶贫示范模式。光伏扶贫电站建设总规模135.1万千瓦，其中已建成投运118.2万千瓦。创建扶贫车间44个，贫困人口就地就近就业700余人。新培育致富带头人1022人，培训劳务经纪人6356人。创建就业创业基地119个，吸纳带动贫困人口就业6418人。深化域外劳务合作，举办就业扶贫招聘会490场，打造劳务品牌13个，转移贫困劳动力就业23000人。特设公益性岗位安置贫困人口就地就近就业1205人。选聘贫困家庭生态护林员2391人，年人均增收8000元以上，带动5862名贫困人口脱贫。

【深度贫困地区脱贫攻坚】　在资金安排上优先保障、重点支持深度贫困地区攻坚，省财政每年在增量专项扶贫资金中再单独安排2.5亿元，支持2个省级深度贫困县各5000万元、150个深度贫困村各100万元。在土地增减挂钩政策上优先支持，通榆县有偿转让省内节余调剂指标10290亩，交易额10.3亿元。跨省交易指标1300亩全部安排给通榆县、汪清县，交易额5.2亿元。强化深度贫困群体脱贫政策保障，大病保险起付线降至3000元，大病专项救治病种增至15种，慢病门诊报销比例提高到80%。对因老因残致贫群体，开展“四个一批”专项行动，通过无力脱贫兜底一批、支出核减纳入一批、脱贫渐退扶助一批，将符合条件的18.9万贫困人口纳入低保范围；通过重点保障改善一批，对9.3万贫困人口提高保障水平。总结辽源市“五点双享两救助”［“五点”，一是低保标准提高一点，确保到2020年末市农村低保标准不低于国家扶贫标准；二是社保门槛降低一点，统一采用辽源市2016年在岗职工社会平均工资的60%作为缴费基数，并且取消超龄参保人员领取养老金的等待期；三是金融机构利率和费率下浮一点，统一为参保农村适龄贫困人口提供低息贷款以及低费率的身故保险，贷款人以等额本金还款方式偿还贷款；四是政府补贴一点，市县（区）两级政府分别设立兜底扶贫资金，用于支付100%的身故保险费和20%的贷款贴息；五是个人承担一点，即贫困参保人员自行承担80%的贷款利息，从养老金当中与贷款本金一并偿还。“双享”即参保人员同时享受低保和社保，并以养老金偿还贷款本息，待每年所领取的养老金扣除当年应偿还贷款本息、并享受低保相关收入豁免和就业渐退政策后，经县级民政部门核定其家庭人均收入超过当地低保标准时，再取消低保待遇。“两救助”一是大病医疗救助。按照《辽源市人民政府办公室关于印发辽源市城乡居民大病救治体系建设实施方案的通知》给予及时救助；二是残疾人保障救助。根据《辽源市人民政府关于加快推进全市残疾人小康进程实施意见》，增加对困难残疾人的生活补贴、重度残疾人的护理补贴，并对残疾适龄贫困人口给予帮扶救助］模式，组合社保、低保、社会救助、残疾人救助相关政策，助力养老保险扶贫保障。推广扶贫产业项目叠加覆盖模式，出台扶贫产业保险办法，增强产业益贫带贫稳定性持续性；总结推广陆家村模式，统筹易地扶贫搬迁政策与集体产权制度改革、土地规模经营三位一体叠加效应，实现“搬得出、稳得住、能致富”。总结推广安图县抓党建促脱贫攻坚模式，以县为单位设立驻村干部党委，搭建服务、管理、协调、考评四位一体综合平台，推行一线工作法，推动党建目标与脱贫目标、党建工作与扶贫工作、党建责任与扶贫责任深度融合，解决脱贫攻坚持续动力支撑问题。

【持续构建大扶贫格局】　持续开展“千个单位包村、万名干部包户、百万党员参与”帮扶活动，实现每个贫困村一名联系领导、一个帮扶单位、一个驻村工作队、一名第一书记、一批帮扶责任人“五个一”全覆盖。出台《吉林省驻村干部管理办法（试行）》，进一步加强驻村工作规范化常态化管理，严格评估考核，集中约谈了驻村帮扶不力的11个省直部门（单位）党组书记，召回履职不到位的驻村干部81人，提拔使用301人。开发“三支一扶”扶贫专岗，选拔100名高校毕业生到基层从事脱贫攻坚相关工作。实施县处级后备干部精准扶贫“双百”工程，选派243人挂职，110人下沉到贫困县直属部门或乡镇（街道）。加强乡镇党委书记、村党支部书记和第一书记教育培养，储备贫困村后备人才2900多人。开通社会扶贫网，累计注册77.32万人，实现帮扶对接2655个爱心需求。有扶贫志愿服务团队2216个，参与志愿服务人员36.6万人，志愿服务时长合计超过100万小时。组织39家驻吉央企对接包保39个贫困村。推进17家省属国有企业定点帮扶21个贫困村，全年实施帮扶项目111个，投入扶持资金7226.9万元。推动万企帮万村民企帮扶脱贫攻坚光彩行动，共有865家企业投入资金4.6亿元，已有845个村的贫困人口55086人得到帮扶。7家中央定点扶贫单位部级领导带队到定点县调研7次，选派到吉林省挂职干部21人。提升村级组织运转保障能力，运转经费财政投入达到村均15.9万元。投入6000万元用于发展壮大村级集体经济，并重点向贫困村倾斜。

【东西部扶贫协作】 强化组织领导，省级党政负责同志互访对接5次，召开党政联席会议3次。省委省政府主要领导亲自率领党政代表团到浙江省和宁波市开展对接。印发《吉林省东西部扶贫协作领导工作制度》《吉林省2018年东西部扶贫协作重点工作责任分工方案》，进一步加强组织领导，明确任务分工。吉浙两省在延边州成立东西协作前线指挥部，由副州级（副市级）领导牵头负责推动落实相关工作。深化人才交流，制定出台《吉林省与浙江省人才交流合作方案》《东西部扶贫协作宁波在延边挂职干部人才管理暂行办法》，细化人才交流和保障举措。延边州选派党政干部47名，专业技术人才78名到宁波挂职学习，分别是两省协议的6.7倍和4.9倍。宁波市来延挂职的19名干部，全都分管或协管东西部扶贫协作工作。管好用好帮扶资金，出台《2018年东西部扶贫协作援建项目计划》《东西部扶贫协作援建资金及项目管理办法》，推动项目早开工、早投产、早达效，保证资金管理规范、使用合规。宁波市安排财政援建资金2.49亿元，实施援建项目89个，当年资金拨付到项目实施单位的比例为86.67%。动员社会力量向延边捐款捐物4384.7万元。援建资金用于县以下基层2.43亿元，占94.75%。深化产业合作，出台《延边州东西部协作投资项目优惠政策》，邀请500多家企业来延考察，宁波17家企业落户延边，全年实际到位投资15.58亿元，带动568名建档立卡贫困人口脱贫。共建吉林（延边）浙江产业示范园，落地企业2家，实际到位投资7.93亿元。建立产销对接销售点推动消费扶贫，采购销售延边州农特产品金额4502万元，带动贫困人口脱贫数127人。加强劳务协作，开展贫困人口就业技能培训38期、1432人次。举办贫困劳动力专场招聘会21次，通过宁波帮扶，延边州建档立卡贫困人员就近就地就业2732人。深入开展携手奔小康行动，延边州8个县的党政主要领导到宁波市结对县调研对接17次。宁波市49个经济强镇与延边州41个贫困乡镇结对帮扶，到位资金1211万元。宁波全年安排给延边州4个国贫县财政援助资金2.1亿元，其中用于产业就业扶贫1.69亿元，占80.5%，惠及贫困人口28202人。培训贫困村创业致富带头人534人次，创业成功72人，带动贫困人口2523人。在省内扶贫协作方面，长春市5个城区、4个开发区相继与白城市5个贫困县（市）区、4个开发区建立合作发展结对关系，确定了环境整治、医疗健康、光伏发电等一批帮扶项目。落实帮扶资金2445万元，选送人才14人，实施帮扶项目20余个。吉林市投入资金2000万元，支持白山市产业扶贫项目建设。13个县（市）区、开发区分别与白山市靖宇县、长白县16个乡镇建立协作对子，落实帮扶资金，支持发展脱贫产业。

【激发贫困群众内生动力】　鼓励投工投劳，推广以表现换积分、以积分换物品的扶贫爱心超市等自助式帮扶做法，鼓励贫困群众依靠劳动脱贫致富。组织脱贫攻坚奖推荐评选活动，刘海涛等3名个人和安图县获得全国脱贫攻坚奖，选树发布全省脱贫攻坚奖100人、“吉林好人·脱贫攻坚先锋”12名，以榜样力量激发贫困群众自力更生、自我脱贫的信心决心。推广评选“四道”模范家庭和评选脱贫光荣户等做法，教育和引导贫困群众自觉抵制陈规陋习、改变慵懒生活习惯，树立勤劳致富的文明新风。

（吉林省扶贫开发办公室政策法规处
蔡奎勇）

黑龙江省扶贫开发

【概述】 黑龙江省委、省政府坚决贯彻落实中共中央、国务院关于脱贫攻坚工作重大决策部署，坚持精准方略和目标标准，做到焦点不散、靶心不变、频道不换，把脱贫质量放在首位，制定并落实《关于打赢脱贫攻坚战三年行动的实施意见》，深入开展脱贫攻坚作风建设年活动，推动脱贫攻坚取得显著成效。2018 年完成贫困人口脱贫 17.2 万人，完成与国家签订的 15 万人《脱贫攻坚责任状》任务。全省贫困人口减少到 11.8 万人，贫困发生率下降到 0.65%。10 个贫困县完成摘帽任务，累计 15 个贫困县实现脱贫摘帽，占贫困县总数的 75%。

【扶贫资金投入】 全省落实中央财政专项扶贫资金 23.2 亿元，同比增长 2.5%；省级安排财政专项扶贫资金 11.3 亿元，同比增长 20.2%。市县财政扶贫资金投入 8.6 亿元，同比增长 86.1%。20 个贫困县整合涉农资金 54.57 亿元，全部用于脱贫攻坚。2018 年度财政专项扶贫资金绩效评价结果为优秀，获得奖励资金 8000 万元。

【饮水安全】 编制《黑龙江省农村饮水安全工程建设质量管理指南》，印发《黑龙江省农村饮水安全工程运行管理指导意见》和《关于试行开展全省农村饮水安全工程运行管理评价工作的通知》，强化督导指导，组织 4 轮综合督导检查和 3 轮暗访，督促各地加快工程建设进度，指导各地加强工程运行管护，促进地方政府和责任部门履职尽责。建立健全运行管理机构，落实管护责任和经费，强化水源保护和水质保障，提高工程管护标准。全省累计完成投资 24.82 亿元，解决 6210 个村屯、9.35 万贫困人口饮水安全问题，受益人口 349.38 万人，全面完成农村饮水安全脱贫攻坚任务。

【住房安全】 印发《关于进一步做好建档立卡贫困户危房改造工作的通知》《关于做好建档立卡贫困户危房改造后续安全维护工作的通知》，允许子女通过赡养方式解决贫困户住房安全问题等，确保脱贫攻坚期内贫困户住房安全持续稳定保障。全年集中开展贫困户危房改造政策专题培训 4 次，并通过各级干部广泛开展政策宣传，全面提升建档立卡贫困户危房改造政策知晓度。落实省住建厅班子成员包点督办制度，加快改造资金拨付，7 月底中央改造资金 6.88 亿元和省级补助资金 6.86 亿元全部拨付到县（市）。全年采取修、建、买、租、换和入住农村公租房（幸福大院）等方式改造建档立卡贫困户危房 48896 户，完成贫困户危房改造两年攻坚任务。

【健康扶贫】 印发《黑龙江省健康扶贫工作要点及任务分工的通知》《关于进一步加强健康扶贫政策落实的通知》《黑龙江省健康扶贫三年攻坚行动实施方案》等 12 个政策措施文件。"三重保障线"及补充保障政策、"先诊疗后付费"和"一站式"服务即时结算政策、村有卫生室、村有医生实现全覆盖，村卫生室配备治疗药物 40～50 种。采取"一人一策、一病一案"精准分类救治方式，实施贫困群众大病集中救治 6675 人、慢病签约服务 22.1 万人。贫困患者县域内住院就诊率提高到 91.24%。全省健康扶贫工作得到国家卫生健康委通报表扬，明水县、汤原县健康扶贫工作得到国家卫生健康委和国务院扶贫办通报表扬。

【教育扶贫】 落实《黑龙江省义务教育学校布局调整专项规划（2016—2020年）》要求，保障学生就近上学。强化义务教育入学联控联保和控辍保学动态监测机制，各地制定“一县一策”控辍保学方案，因地、因家、因人施策，确保贫困家庭没有因贫辍学发生。全省落实从学前教育到研究生教育阶段中央、省各类奖、助、补、免、偿及免费教科书采购资金等专项资金16亿元，奖励、资助、惠及学生278万多人；落实中国教育基金会励耕计划、幼儿教师资助项目2250万元，资助家庭经济困难教师0.23万人；落实社会资助1027万元，资助学生0.21万人。发放国家助学贷款5.9亿元，7.7万名学生获得贷款。落实义务教育和普通高中阶段寄宿补贴政策，资助贫困生1.6万名。

【产业扶贫】 坚持因地制宜，推动产业到村、项目到户、就业到人。深入实施贫困地区特色产业提升工程，贫困县发展高值高效作物面积315.5万亩。扎实开展“菜园革命”，发展贫困户“庭院经济”。全省“小菜园”总面积突破33万亩。全省特色农业产业项目落地4715个，新增1395个，覆盖建档立卡贫困人口50.1万人，新增17.4万人。加快发展旅游、电商等扶贫新产业、新业态。建设旅游扶贫村113个，新增15个，创建省级乡村旅游示范点132家，旅游扶贫带动贫困人口1.7万人。全省20个国家级贫困县列入“国家电子商务进农村综合示范县”，实现国贫县全覆盖。建成县乡村级电子商务公共服务中心（站、点）2066个，培训建档立卡贫困人口5813人次，服务建档立卡贫困人口4.7万人次。黑土小镇、五色谷等22个贫困县农特产品品牌入选商务部扶贫品牌。全省实现农村网络零售额74.1亿元，同比增长91.3%。加快建设村级光伏扶贫电站，2018年建成投运村级光伏扶贫电站1456个、装机容量55.58万千瓦，受益贫困户9.94万户。累计发放扶贫小额信贷66.8亿元，新增16.7亿元，受益贫困户22万多户（次）。培育贫困村创业致富带头人5387人，建设扶贫车间217个，实现跨省就业19915人、省内就业77311人，其中贫困劳动力就地就近就业60033人。

【深度贫困地区脱贫攻坚】 落实深度贫困“三个新增”要求，省财政向3个深度贫困县和107个深度贫困村新增省级财政专项扶贫资金1.67亿元。哈尔滨市对每个深度贫困村每年增加市级投入50万元。3个县整合涉农资金15.8亿元，占全省已整合资金的28.88%，是20个贫困县平均整合资金的1.96倍。建设村镇银行2个，覆盖深度贫困县2个、深度贫困村61个，占比66.7%和57%。优先保障深度贫困县新增建设用地指标107公顷，跨省域调出城乡建设用地增减挂钩结余指标2100亩，省域内流转用地指标133.07公顷。优先支持生态高产标准农田建设，砍块下达土地整治资金0.55亿元。3个深度贫困县农业产业扶贫带动贫困人口覆盖度达94.4%，高于全省7个百分点。支持3个深度贫困县就近就地就业4022人，发放贫困人员创业担保贷款194万元。完成深度贫困地区交通投资6亿元，建设农村公路1044千米，改造危桥80座，建设安保工程1100千米。完成电网建设投资1亿元，逐步满足深度贫困地区电力负荷增长和电网安全运行需要。全省所有贫困村实现“三通三有”（通硬化路、通宽带、通广播电视、有卫生室、有医生、有文化活动场所），基本公共服务水平显著提高。3个深度贫困县贫困发生率平均值由2017年的4.85%下降至1.86%，107个深度贫困村44个出列。

【资金监管】 印发《关于做好2018年贫困县涉农资金整合试点工作的通知》，坚持“因需而整”“应整尽整”，指导全省20个贫困县开展涉农资金统筹整合使用，实现纳入整合范围的各类资金在“大类间打通”“跨类别使用”，进一步提高整合深度和质量，与脱贫成效紧密挂钩，与脱贫攻坚任务相适应。加快县级项目库建设，全省有扶贫资金的县（市、区）全部完成2018—2020年三年脱贫攻坚项目库建设任务，入库项目25141个，资金规模424.57亿元。其中，2018年脱贫攻坚入库项目9219个，资金144.5亿元。开展扶贫资金项目专项整治，制定《关于加强脱贫攻坚期内财政扶贫资金和项目监管的意见》，建立资金项目管理台账，强化资金投入、分配、使用、评价等全环节闭环监管。全面推行扶贫资金分配和项目安排公开公告公示制度，确保阳光扶贫廉洁扶贫。

【驻村帮扶】 印发《2018年定点驻村扶贫工作要点》，召开定点驻村扶贫工作推进会议，着力加强驻村帮扶工作。1778个驻贫困村工作队帮助贫困村谋划实施扶贫项目3479个，为群众办实事解难题9万多件次。中央定点扶贫各单位领导班子成员到14个定点扶贫县调研188人次，选派挂职扶贫干部24人、驻村第一书记13人，直接投入帮扶资金1.96亿元，引进帮扶资金1.8亿元，培训基层干部1804人、技术人员2000人，购买贫困地区农产品2.9亿元，帮助销售贫困地区农产品1.03亿元。

【社会扶贫】 推进“百企帮百村联万户”精准扶贫行动，印发扶贫政策宣传册和扶贫典型案例册，建立深度贫困地区产业扶贫项目需求册和企业精准扶贫台账，全省精准扶贫台账记录的民营企业1106户，实施项目1944个，投入资金14.7亿元，帮扶1179个村、贫困人口9.2万人。参与扶贫的全省性社会组织29个，帮扶70个乡（镇）村（屯）、贫困人口2.5万人，投入资金（款物）折合人民币1036万元。广泛开展扶贫志愿服务活动，全省参与的志愿服务团队167个、57564人、服务时长281.3万小时，助力脱贫攻坚。中国社会扶贫网累计注册贫困户、爱心人士、信息管理员13.74万人；贫困户发布需求4748项，完成对接3067项，对接成功率64.6%。组织各级部门单位和干部广泛开展消费扶贫活动，累计2897家单位、117493名干部参与消费贫困地区农副产品等，实现消费扶贫1.1亿元。

【扶志扶智】 开展“自强、感恩、文明”主题系列扶志教育活动，激发贫困群众对美好生活的向往，靠勤劳双手过上幸福美好日子。全省贫困村全部建立完善村规民约，718个贫困村设立“以表现换积分、以积分换物品”的爱心超市。落实生产奖补、劳务补助、以工代赈等机制，激励引导有劳动能力的贫困群众从事村级保洁、治安等岗位就业，树立“多干多得、早干先得”的鲜明导向。开展文化扶贫剧本创作和送文化下乡活动，在贫困地区巡演1300余场次，受众超百万人次。各县（市、区）发布敦促赡养人履行赡养义务的通告，依法约束贫困户子女履行赡养义务。

【脱贫规划】 编制《黑龙江省2019—2020年脱贫攻坚滚动规划和年度计划》，2019年计划贫困人口脱贫9万人，剩余拜泉县、延寿县、林甸县、海伦市、青冈县5个贫困县市全部脱贫摘帽、100个贫困村全部脱贫出列，全面解决区域性整体贫困。2020年计划贫困人口脱贫2.8万人，持续巩固提升脱贫成效。

【民主监督】 把督查检查、暗访调研作为推动政策落实的制度保障，开展经常暗访调研，发现问题及时下发督办单，跟踪问效。全年下发县级督办单66份、市（地）整改通知书12份。省人大、省政协积极开展脱贫攻坚监督调研指导，形成省人大常委会调研组关于黑龙江省脱贫攻坚情况的调研报告和省政协关于坚持扶贫标准提高扶贫质量的调研报告，分别召开专题常委会听取省政府关于黑龙江省进一步落实脱贫攻坚措施情况的报告和关于脱贫攻坚有关情况的报告。同时，充分发挥民主党派、群众、媒体监督作用，畅通信访渠道，促进脱贫攻坚政策落地落实。

【队伍建设】　全省五级书记带领15万余名扶贫干部推动脱贫攻坚，省市县三级派出驻村工作队4254个，1778个贫困村实现全覆盖，配齐配强第一书记4302人、驻村干部13030人，选派13万帮扶责任人在一线帮扶，尽锐出战，为打赢脱贫攻坚战提供强有力的人力支撑和组织保证。全省各级表彰奖励驻村干部1728人，提拔重用各级扶贫干部819人。对5名因公牺牲的扶贫一线干部追认表彰，宣传其事迹，弘扬其精神。

【执纪问责】　印发《全省开展扶贫领域腐败和作风问题专项治理实施方案》，深入开展脱贫攻坚作风建设年活动，着力整治扶贫领域腐败和作风建设突出问题，以作风攻坚促进脱贫攻坚。特别是以国务院扶贫办约谈帮扶工作存在形式主义突出问题的汤原县为切入点，在全省扶贫工作领域深入开展作风问题排查和整改，进一步完善帮扶干部管理考核办法，从严从实管理，力戒帮扶形式主义，对履职不力、帮扶成效不明显的3个中省直单位进行约谈。切实减轻基层负担，减少考核、督查、检查频次，贫困户档案项目减少20多项。严肃执纪问责，全省共查处扶贫领域腐败和作风问题3058个、处理3696人，给予党纪政务处分2512人，分别同比增长114%、100%、94%。

（黑龙江省扶贫开发工作办公室综合处　许艳东）

江苏省扶贫开发

【概述】 2018年，全省上下深入贯彻落实习近平总书记关于扶贫工作的重要论述，按照中央和省委省政府关于打赢脱贫攻坚战的部署要求，坚持精准方略，聚焦相对贫困，统筹整合各方面资源和政策，聚焦重点片区、重点经济薄弱村和“病残孤老灾”等重点特殊困难低收入群体，持续加大攻坚力度，持续健全全省“五级书记抓扶贫”的责任体系和“省负总责、市县抓落实”的工作机制。2018年，67.5万年收入6000元以下农村低收入人口脱贫、244个省定经济薄弱村达标的年度任务如期完成，脱贫攻坚战三年行动实现良好开局。省政府扶贫办印发《深入开展学习习近平总书记关于扶贫工作重要论述活动的方案》，成立专门工作班子，将学习习近平总书记关于扶贫重要论述作为全省扶贫战线重要政治任务。

【打赢脱贫攻坚战三年行动】 根据《中共中央 国务院关于打赢脱贫攻坚战三年行动的指导意见》精神，经省政府常务会议和省委常委会审议通过，10月14日，省委省政府正式印发《关于打赢打好脱贫攻坚战三年行动的实施意见》，明确江苏省打赢打好脱贫攻坚战的“路线图”“任务书”。坚持脱贫攻坚与乡村振兴统筹谋划，省委省政府制定出台《江苏乡村振兴战略实施规划（2018—2022年）》，对探索缓解相对贫困长效机制进行重点部署。10月17日，省委、省政府召开全省打赢打好脱贫攻坚战三年行动电视电话会议，部署推进脱贫攻坚。苏北五市均制定三年行动计划，陆续出台社会保障扶贫、健康扶贫、残疾人脱贫、医保扶贫、社会救助扶贫等三年行动配套政策。

【扶贫资金投入】 省财政2018年投入专项扶贫资金18.3亿元，比2017年增长39%，其中到户到人精准帮扶资金5.14亿元；经济薄弱村集体经济发展引导资金3.6亿元，改善农民群众住房条件2亿元，安排1.53亿元专项补助资金，落实建档立卡低收入人口参加城乡居民基本医保个人缴费财政全额代缴和大病保险降低起付线、提高报销比例政策，着力扶持因病致贫低收入群体。对高龄失独失能老人、困境儿童、重度残疾人等低收入群体，在加大补贴、照护力度等方面出台针对性的措施。市县扶贫资金投入力度也普遍加大。认真落实省扶贫办、省财政厅、人民银行南京分行、江苏银监局联合印发的《关于进一步调整完善我省“十三五”扶贫小额贷款有关事项的通知》要求，全年共投放扶贫小额贷款近20亿元。

【扶贫资金管理】 重点围绕2017年财政扶贫资金使用、扶贫资产管理等，会同财政、农委等部门开展联合督查和调研。统一汇编、督促印发脱贫攻坚到户到人政策台历、“口袋书”等，提高政策知晓率。对专项扶贫行动组织第三方开展中期评估，及时将评估情况反馈各牵头部门单位。按照市县自查、交叉检查、满意度调查和省综合评定程序，对苏北5个市和12个重点县（区）2017年脱贫攻坚成效组织开展考核，对处于最后方阵的县（区）由设区市扶贫工作领导小组约谈主要领导。针对考核共性问题，江苏省政府扶贫办联合省财政厅开展重点督导，对典型问题进行通报。制定《关于加强县级脱贫攻坚项目库建设和完善扶贫资金项目公告公示制度的实施意见》，7 月组织对全省有关市县 200 余人进行业务培训，实地考察项目库建设示范点。全省 43 个有省定扶贫开发任务的县（市、区）已建立帮扶项目库，2018 年项目全部入库，4458 个村落实帮扶项目公告公示制度。

【重点片区帮扶】 坚持精准再精准，聚焦再聚焦，集中力量攻坚“难中之难”。对苏北 6 个扶贫开发重点片区完成交通帮扶项目投资 19.5 亿元，改造农村公路里程 304 千米、改造危桥 58 座，新增 8 个乡镇开通镇村公交。重点片区省域内流转城乡用地增减挂钩指标 0.87 万亩，筹集资金 82.65 亿元，收益用于当地扶贫开发。据统计，2018 年各片区帮扶联席会议共落实帮扶项目 600 个左右。省级财政补助片区关键工程 1.2 亿元，全年新建成 7 个关键工程项目，极大改善重点片区发展条件。在认真评估上一轮帮扶成效的基础上，出台黄桥茅山革命老区富民强村巩固提升政策措施，强化倾斜扶持。

【整村推进】 省扶贫工作领导小组出台《关于加强农村重点低收入群体和重点经济薄弱村脱贫攻坚工作的意见》，对照“四低一高”标准，排定 123 个省定重点经济薄弱村，省财政对每个村补齐集体经济发展引导资金至 200 万元，对其中 85 个村由省级“五方挂钩”帮扶单位派驻第一书记挂钩帮扶。

【产业扶贫】 省财政投入帮扶资金 5.1 亿元，帮助有劳动能力低收入人口发展产业脱贫；安排近 7 亿元现代农业产业发展等专项资金，支持 12 个重点帮扶县（区），推进“一县一业”建设，培育特色优势产业，直接带动约 5000 户低收入农户和近 40 个省定经济薄弱村增收。对每个重点帮扶县（区）分三年给予 2000 万元补助，支持建设一个省级现代农业产业示范园，支持泗阳县成功创建国家现代农业产业园。制定《关于加强资产收益扶贫及相关管理工作的意见（试行）》，引导各地和各工作队探索资产收益扶贫，提升产业扶贫实效。在苏北五市分别打造电商就业创业、免费技能培训、就业扶贫车间、岗位开发援助、技校招生培养特色化就业扶贫示范区。全年为 22.4 万人次低收入劳动力提供各类就业服务，帮助 12.27 万低收入劳动力实现就业创业，其中转移就业 11.87 万人、自主创业 0.4 万人，开展就业技能培训 2.1 万人以上。

【定点扶贫】 从 235 家省级“五方挂钩”帮扶单位选派 215 名干部，新组建第 22 届省委驻县（区）帮扶工作队，同步从市县机关选派 138 名干部，到未脱贫省定经济薄弱村驻村帮扶、担任第一书记，实现重点村帮扶全覆盖。12 支省委帮扶工作队集聚政策资源等优势，突出产业带动，发展特色产业，因地制宜、因村施策开展定点帮扶。2018 年各后方单位到挂钩帮扶县（区）现场办公 3769 人（次），无偿出资 2.59 亿元，协调资金 12.55 亿元，捐赠实物折价 0.23 亿元；实施各类帮扶项目 623 个，挂钩帮扶的 203 个省定经济薄弱村已有 140 个村达标，达标率 69%，“大扶贫”格局氛围日益浓厚。

扎实推进产业引领、就业创业、教育助力、健康援助、金融助推、基础支撑、国土支持、企业帮村等脱贫致富行动，不断完善基本医保、大病保险、医疗救助政策，持续加大对低收入人口的倾斜力度。2018 年为建档立卡低收入农户等困难群体代缴城乡居民基本养老保险费 1.1 亿元，全省因病致贫人口已从 2016 年的 50 万户、135 万人下降到 2018 年的 29 万户、70 万人，建档立卡低收入人口参加基本医保个人缴费部分财政全额补贴，大病保险起付线降低 50%、各报销段报销比例提高 5～10 个百分点；70 万名建档立卡等家庭经济困难学生享受义务教育阶段生活费补助政策；完成 6800 户建档立卡低收入农户危房改造任务；持续推进“百企帮百村”扶贫活动，新增帮扶经济薄弱村248个、低收入人口3万人，累计落实帮扶项目1298个，投资总额41.1亿元。

【建档立卡调整】 印发全省扶贫系统对接使用全国扶贫开发信息系统管理办法，明确信息系统省、市、县、乡四级管理职责，进一步规范建档立卡流程。认真开展2017年建档立卡数据信息调整和补录工作，对建档立卡对象核准、收入核准、特殊群体等信息一一核准。多部门联合制定低收入农户收入核算规程，进一步规范低收入农户收入核算工作，保障和提高低收入人口进入退出准确率。及时部署、扎实推进2018年度建档立卡数据年度动态调整，明确脱贫质量要求，坚决防止"数字脱贫""虚假脱贫"。

【作风专项治理】 按照中央脱贫攻坚作风建设年的部署要求，省扶贫工作领导小组印发《关于开展扶贫领域作风问题专项治理工作方案》，以"三查三治"为重点，深入开展扶贫领域作风问题专项治理，保障脱贫攻坚有力有效实施。"三查三治"，即查责任、工作、政策是否落到实处，治不尽责、不作为、不担当；查识别、施策、脱贫是否精准可靠，治形式主义、脱离实际、弄虚作假；查程序、规范、廉洁是否符合要求，治徇私舞弊、优亲厚友、贪赃枉法。2018年苏北5个设区市给予诫勉谈话、通报批评等党纪处分212人，立案查处3人。7月专门聚焦解决强化基层主体责任不力、形式主义花样翻新、加重基层负担等三类问题，深化作风问题专项整治。充分发挥"阳光扶贫"系统监管作用，推动资金使用、对象识别、责任落实、过程监管、绩效评估等公开透明。挂牌设立"12317"扶贫监督举报受理中心，落实管理员和座席员，2018年受理信访咨询来电336件，按规定处置转办24件。全年共举办脱贫攻坚培训班185期，累计培训扶贫干部2.4万人次。

【扶贫宣传工作】 中央、省级主流媒体刊2018年刊发江苏扶贫开发相关宣传报道1500余篇（期），推选并成功申报国家脱贫攻坚奖3人，开展全省脱贫攻坚奖项评选，15人获全省脱贫致富奖，15人获全省扶贫济困奖，15家单位获全省脱贫攻坚组织创新奖。设计制作20万份扶贫公益广告宣传张贴。中央电视台"新闻直播间"栏目"奋进新时代　履职新作为"脱贫攻坚典型案例报道中，对江苏苏宁集团电商扶贫实训店模式进行深入解读和宣传，协助江苏卫视采访拍摄"壮阔东方潮　奋进新时代——庆祝改革开放40年"大型主题活动和脱贫攻坚专题片等。2018年共编发《江苏扶贫简报》30期，及时更新江苏扶贫开发信息网各类信息1211条。"江苏扶贫"微信公众平台影响力进一步扩大。第5个国家扶贫日期间，江苏省政府扶贫办会同省委宣传部、省委网信办协调各级主流媒体，在10月17日前后围绕江苏脱贫致富"八项行动"、"百企帮百村"行动、"文明城市结对共建"活动，深化"五方挂钩"帮扶、强化党员干部驻村结对帮扶、引导爱心人士结对帮扶等方面，开展成效和典型宣传。会同省委老干部局，组织全省农业科技、医疗等领域离退休老专家，到苏北开展"银发人才服务基层"活动。

【国家改革试验区】 作为国家扶贫改革试验区，宿迁市切实把扶贫改革创新与乡村振兴战略深度结合，围绕"缓解相对贫困、缩小收入差距、促进共同富裕"主题，全面建立以"四级组织体系、三方责任落实、一个述扶制度"为核心的"431"新型精准扶贫责任落实机制，推进脱贫攻坚取得重大进展。2018年全市实现12.8万低收入人口、46个省定经济薄弱村脱贫达标，累计脱贫率分别达到65.5%和79.8%。全市有5.3万低收入人口直接参与网络经济，2018年实现农产品网上销售额运90亿元，宿迁电商扶贫案例被收录进中宣部全国精准扶贫典型案例。

（江苏省政府扶贫办　朱　浩）

浙江省扶贫开发

【概述】 2018年是浙江省扶贫开发工作全面进入减缓相对贫困阶段的开局之年。全省上下认真学习贯彻习近平总书记关于扶贫工作的重要论述，落实中共中央、国务院和省委、省政府关于扶贫开发工作的决策部署，坚持社会保障性扶贫与开发性扶贫并重的方针，构建完善减缓相对贫困阶段扶贫开发体制机制，以实施低收入农户高水平全面小康计划为主抓手，通过深化扶贫改革、创新扶贫方式、激发内生动力，增强低收入农户的自我发展能力，让低收入农户共享全面小康社会发展成果，增强获得感和幸福感。2018年，浙江省农村常住居民人均可支配收入27032元，同比增长9.4%，扣除价格因素增长7.0%，绝对值连续34年居全国省区第一位，其中低收入农户人均可支配收入11086元，同比增长14.4%。城乡居民收入比进一步缩小至2.04:1，小于全国2.67:1的水平，是各省（区）城乡居民收入差距最小的省份。

【扶贫资金投入】 2018年，省级财政安排专项扶贫资金等合计38.83亿元，其中，专项扶贫资金7.95亿元，财政相对困难地区运行与发展资金9.3亿元，“两山（一类）”财政专项激励资金18亿元，扶持经济薄弱村专项资金1.29亿元。争取中央财政专项扶贫资金2.74亿元。各级财政专项扶贫资金主要用于扶贫异地搬迁、扶贫小额信贷、光伏小康工程、“雨露计划”和扶持低收入农户发展产业等。

【扶贫资金管理】 2018年，浙江省出台《浙江省财政专项扶贫资金绩效评价办法》《浙江省财政专项扶贫项目资金绩效管理办法》《浙江省扶贫资金项目公告公示实施办法》《做好县级扶贫开发项目库建设的实施意见》等多个政策性配套文件，落实财政专项扶贫资金使用目标管理、绩效监控，并组织开展综合评价。同时，根据减缓相对贫困阶段新形势、新要求，修订完善扶贫异地搬迁、产业增收扶持项目、扶贫小额信贷等项目管理制度。

【扶贫会议】 2018年8月15日，召开全省扶贫开发工作会议，回顾总结2013—2017年“低收入农户收入倍增计划”实施情况，表彰了105个先进集体和108个先进个人。会上，省委书记车俊正式宣布浙江省扶贫开发工作从消除绝对贫困阶段全面进入减缓相对贫困新阶段，并全面部署了低收入农户高水平全面小康计划，要求深刻学习领会习近平总书记关于扶贫工作的重要论述和对浙江工作的重要指示精神，认真谋好浙江扶贫攻坚新篇章，坚决打赢低收入百姓增收攻坚战，让高水平全面小康成果惠及全省人民。

【扶贫对象动态调整】 按照《关于浙江省低收入农户认定、复核及动态管理有关事项的通知》要求，各地扶贫、民政部门组织开展低保户、低保边缘户和其他经济困难户动态调整。截至2018年底，全省调出已不符合低收入农户认定标准的农户（包括增收脱贫、户籍外迁、死亡等）244696户、292823人，调进新出现的低收入农户（包括因病因残因学因灾致贫、低收入家庭新出生等）204146户、347430人。共调查认定低收入农户608940户、1014081人，其中低保户432834户、648820人，低保边缘户 150706 户、316656 人，其他经济困难农户 25400 户、48605 人；淳安等 26 个加快发展县和金华市婺城区、兰溪市、台州市黄岩区共认定低收入农户 318297 户、529918 人，其中低保户 213471 户、325018 人，低保边缘户 89217 户、175116 人，其他经济困难农户 15609 户、29784 人。

【社会保障完善】 2018 年 7 月 1 日起，浙江在全国率先实现县（市、区）域范围内城乡低保标准一体，平均低保标准每月 771 元，2018 年度共计支出低保资金 44 亿元，含下拨困难群众补助中央资金 8.1 亿元、省资金 13.5 亿元。浙江省城乡居民社会养老保险参保 1197.8 万人，其中 60 周岁及以上领取养老金待遇 538.8 万人，2018 年新增首次参保人数 73.9 万人，基础养老金最低标准 155 元。参加养老保障制度的被征地农民 629.15 万人，其中 158.69 万人参加被征地农民基本生活保障，470.46 万人参加职工基本养老保险。城乡居民基本医疗保险参保人数 3091.66 万人，筹资标准 1099 元，其中财政补助 742 元，政策范围内住院报销比例 64.1%。农村特困人员基本生活标准平均 1003 元/月。2018 年，临时救助困难群众 14.53 万户、26.97 万人，其中低保对象 3.95 万户、6.46 万人。各地发放临时救助金 2.8 亿元，户均救助 2036 元，人均救助 1157 元。

【教育扶贫】 学前教育等级幼儿园比例 93.9%，比 2017 年提高 2.8 个百分点；义务教育入学率 99.9%；高中段毛入学率 97.3%，比 2017 年提高 0.8 个百分点；15 年基础教育普及率 99.0%，义务教育标准化学校比例 95.4%。农村义务教育阶段学校年生均公用经费标准小学 650 元、初中 850 元；农村义务教育阶段学校年生均公用经费实际支出小学 2817 元、初中 3747 元。农村小学低收入家庭子女爱心营养餐标准 1000 元/(生·年)，受益学生占义务教育阶段学生总数的 5%。义务教育中小学随迁子女在校生 149.23 万人，增长 0.4%。全省高职（高专）院校 49 所（含筹），中等职业学校 323 所（含技工学校 77 所）。参加成人“双证制”教育培训毕业 5.1 万人。享受本省涉农专业免费就读政策的大中专学生 3 万人。

【健康扶贫】 所有县（市）都已建成至少一所二级甲等以上医院，公办乡镇卫生院和社区卫生服务中心标准化建设达标率分别达到 95.0% 和 89.8%，“20 分钟医疗卫生服务圈”基本形成。2018 年浙江省每千人医生数 3.33 人，增长 4.8%；每千人护士数 3.51 人，增长 5.6%；每千人医疗机构床位数 5.79 张，增长 4.3%。

【文化扶贫】 2018 年新建农村文化礼堂 3143 家，累计建成 11059 家。村级文化活动室覆盖率 100%，送戏下乡 2.58 万场、送图书 260 万册次、送讲座展览 5000 场、组织文化走亲活动 1700 场。建成农村书屋 25335 个。

【产业扶贫】 扶持发展各类特色产业，引导和支持帮扶对象发展高效生态特色产业，2018 年产业项目落地 804 个，落实各级项目资金 2.65 亿元。扶持发展新经济业态，把扶持范围扩大到二三产业项目，重点支持帮扶对象发展农家乐、农村电商等。截至 2018 年底，全省农家乐休闲旅游特色村（民宿集聚村）1162 个、农家乐特色点（农庄）2100 个，农家乐经营户 2.22 万户；直接从业人员 16.9 万人、间接从业人员 50.7 万人，分别增长 2.4%、10.9%，带动就业超过 100 万人；接待游客 3.98 亿人次，农家乐营业收入 427.7 亿元，其中直接营业收入 337 亿元，出售农产品等收入 90.7 亿元，分别增长 17.8%、20.9%、19.8%、24.9%。全省县域网络零售额 7574.5 亿元，增长 16.8%，拥有活跃涉农网店 2.1 万家，实现农产品网络零售额 667.6 亿元，增长 31.9%。全省来料加工从业人员稳定在 110 万人左右，承接来料加工订单 7582 个，订单金额2.70亿元，参加来料加工低收入农户人均增收9800元。

【异地搬迁】 坚持走生态保护、绿色发展道路，从转变观念、完善规划、强化配套上着手，全面考虑生态保护、土地利用总体规划、城乡基础设施、公共服务和人口布局等因素，鼓励偏远乡村的整村搬迁，使异地搬迁工作与推进农村城镇化建设、美丽乡村建设相互促进。结合生态搬迁、地质灾害避让搬迁等，创新搬迁方式，稳步推进人口集聚发展。2018年，完成农户搬迁3万人，项目总投资17.4亿元。

【金融扶贫】 推进扶贫小额信贷，组建村级资金互助组织，稳妥发放国家扶贫贴息贷款，推动低收入农户增收，促进农民组织化、农业产业化和管理民主化。2018年，发放扶贫小额贷款2亿元，受益低收入农户4883户次，发放贴息564万元。

【社会扶贫】 以结对帮扶为载体，积极引导社会力量参与精准扶贫，推动各方资源向低收入农户倾斜。由309个省级机关、事业单位（科研机构、高等院校、城市医院）、国有企业（含央企驻浙企业）、金融机构及其有条件的下属单位和经济强县组成了26个省级帮扶团组，组成252个驻村工作组，对淳安等26县中的306个重点帮扶村开展帮扶。确保通过为期五年（2018—2022年）的结对帮扶，所驻村生产生活条件显著改善，村级集体经济显著发展，经济社会面貌显著变化，低收入农户家庭户户过上全面小康生活。

【扶贫改革试点】 继续抓好丽水扶贫改革试验区工作，以打造“三山品牌”、推动“六权改革”、培育“丽水农师”为抓手，促进低收入农户增收。打造“丽水山耕”生态产品、“丽水山居”田园民宿、“丽水山景”乡村旅游品牌，增加农民就业岗位，拓宽农民增收渠道。推进农房、林权、水域使用权、农村承包土地经营权、集体经济组织股权、生态公益林补偿收益权等农村产权制度改革，构建“政银保”“村级奖金互助会”“丰收爱心卡”“商业保险”四大金融扶贫模式，加强低收入农户兜底保障。培育缙云烧饼、云和师傅、松阳茶师等一批“丽水农师”，激发农民发展活力。2018年，全市农民人均可支配收入19922元，同比增长10.2%，其中低收入农户人均可支配收入9374元，同比增长16.1%。

【扶贫工作风险点排查】 印发《浙江省扶贫开发领导小组关于扶贫领域作风问题专项治理的实施方案》，组织开展扶贫领域作风问题专项治理。9—10月，省扶贫开发领导小组会同省纪委协调省级有关单位组成12个督导调研组，对11市和48个县（市、区）进行督导调研，共深入99个乡镇（街道），124个行政村，573户农户当中进行实地督导调研，发现问题58个，提出意见建议62条。针对存在问题，要求有关县（市、区）通过规范监督管理，严格执纪问责，提升项目绩效，凝聚工作合力，推动扶贫开发工作迈上新台阶。

（浙江省扶贫办　程文婷）

安徽省扶贫开发

【概述】 2018年，安徽省深入学习贯彻党的十九大和十九届二中、三中全会精神，深入贯彻落实习近平总书记关于扶贫工作的重要论述和视察安徽重要讲话精神，按照中共中央、国务院脱贫攻坚决策部署，坚持以“重精准、补短板、促攻坚”专项行动为抓手，全面实施精准扶贫精准脱贫基本方略，全面推进打赢脱贫攻坚战三年行动，全面推动深度贫困地区攻坚，全面开展扶贫领域作风问题专项治理，脱贫攻坚年度目标任务全面完成，实现725个贫困村出列，72.6万贫困人口稳定脱贫，贫困发生率下降至0.93%，1个国家级贫困县（岳西县）和3个省级贫困县（谯城区、蒙城县、怀远县）经省政府批准退出贫困县序列。10个国家级贫困县（颍上县、寿县、潜山市、宿松县、砀山县、灵璧县、泗县、裕安区、舒城县、利辛县）和8个省级贫困县（涡阳县、埇桥区、颍泉区、颍州区、太和县、界首市、定远县、金安区）贫困发生率均降至2%以下。20个国家扶贫开发工作重点县农村居民人均可支配收入12078元，比2017年增长10.5%，高出全省平均水平0.8个百分点。在2018年国家脱贫攻坚成效考核中综合评价为“较好”。

【扶贫资金投入】 2018年，中央财政安排安徽省专项扶贫资金32.84亿元，比2017年增长2.5%。省本级预算安排财政专项扶贫资金21.53亿元，比2017年增长25.2%；统筹安排31亿元地方政府债务资金，重点支持贫困地区基础设施建设等扶贫项目。市县财政专项扶贫资金投入66.97亿元，比2017年增长41.4%；盘活安排存量资金12.8亿元用于扶贫。32个试点县整合财政涉农资金142.29亿元。发放扶贫小额贷款133亿元。15家中直定点扶贫单位直接投入帮扶资金1.01亿元，引进帮扶资金12.15亿元。9214个省市县定点帮扶单位直接投入帮扶资金12.9亿元（含物资折款），帮助引进资金15.9亿元。20个经济较发达县（市、区）向结对帮扶的20个国家级贫困县投入帮扶资金2.72亿元。7317家民营企业投入帮扶资金38.49亿元。2018年扶贫日期间，认领扶贫项目4178个、6.91亿元，认捐金额2.61亿元。

【扶贫资金管理】 2018年，安徽省坚持把脱贫攻坚项目库建设作为扶贫资金到村到户到人的重要载体和重要点位，在全国率先开展县级脱贫攻坚项目库建设试点工作，规范项目储备、筛选、实施、资金拨付、监管等五大流程，形成全流程动态管理模式，进一步加强扶贫项目论证和储备，提高扶贫项目资金绩效。4月10—11日，国务院扶贫办在安徽省举办全国完善县级脱贫攻坚项目库建设培训班，并在浦东干部学院、国家行政学院介绍经验做法。2018年，70个有扶贫任务的县（市、区）均建成脱贫攻坚项目库，谋划2018—2020年扶贫项目37.82万个，涉及财政专项扶贫资金、财政涉农整合资金、银行贷款等各类资金1430.18亿元。出台《安徽省扶贫项目管理办法》《关于完善扶贫资金项目公告公示制度的实施意见》，进一步规范扶贫项目实施管理，确保扶贫项目公开透明和规范化运行。完善扶贫资金支出通报约谈制度，建立扶贫资金与项目匹配对接机制，着重解决制约支出进度的制度性障碍，加快资金支出进度。开展专项检查活动，全面核查扶贫资金项目安排、使用、实施、管理全过程情况，发现问题及时予以整改和纠正。在2018年度国家财政专项扶贫资金绩效评价中，安徽省评价等次为“优秀”，获中央财政专项扶贫资金绩效评价奖励8000万元。

【扶贫会议】 2018年，安徽省委、省政府召开全省综合性扶贫工作会议3次，其中：1月29日召开全省扶贫开发工作会议，4月18日召开全省扶贫开发工作“重精准、补短板、促攻坚”专项整改行动推进会议，7月20日召开全省打赢脱贫攻坚战三年行动部署会暨扶贫开发工作“重精准、补短板、促攻坚”专项行动推进会；召开省委常委会会议、省扶贫开发领导小组会议、省政府常务会议等重要会议47次；召开行蓄洪区脱贫攻坚、扶贫小额信贷、产业扶贫、农产品产销对接、县域结对帮扶、贫困县高质量退出等单项工作推进会、现场会7次，研究部署、动员推进脱贫攻坚工作。

【扶贫政策体系】 出台《关于打赢脱贫攻坚战三年行动的实施意见》，制定驻村帮扶、林业精准扶贫、社会组织参与脱贫攻坚、行蓄洪区脱贫攻坚、扶贫项目资金绩效管理、贫困村提升等12个配套政策措施，进一步深化和完善脱贫攻坚政策体系。

【深度贫困地区脱贫攻坚】 2018，安徽省坚持把大别山革命老区、皖北地区、行蓄洪区等深度贫困区域作为主战场，全面落实“三个新增”要求，集中火力攻克深度贫困堡垒。2018年，省级财政安排9个省定深度贫困县专项扶贫资金7.98亿元，比2017年4.68亿元增加3.3亿元，增长71%；9个省定深度贫困县实际整合财政涉农资金51.5亿元，比2017年实际整合的36.01亿元增长43%；1360家单位（含中直单位）定点扶贫9个省定深度贫困县，直接投入帮扶资金4.15亿元，帮助引进资金5.6亿元，选派驻村帮扶干部2388人；向9个省定深度贫困县选派省级科技特派员135人次，引导市县选派科技特派员925人次；帮扶贫困人口就业预计达4万人。坚持把革命老区脱贫攻坚摆在更加突出的位置，制定出台《关于进一步加强大别山等革命老区脱贫攻坚的实施意见》，不断加大对革命老区的扶持力度。针对行蓄洪区脱贫攻坚，确立“奔小康、促振兴”两步走基本思路和“减总量、优存量，建新村、分步走”总体要求，编制行蓄洪区安全建设、基础设施、基本公共服务、农村环境、适应性产业、劳务对接等一揽子规划和方案，形成支持行蓄洪区脱贫攻坚政策“组合拳”。加快行蓄洪区系列规划和项目的实施进度，分季度召开现场推进会，逐县调度，居民迁建安置、庄台综合整治等进展顺利。深入实施皖北地区脱贫攻坚，全面落实《关于促进皖北地区又好又快发展的若干意见》，进一步加大皖北地区改革创新、主导产业发展、新型城镇化、基本公共服务、重点基础设施建设、要素保障、开放合作、干部人才等支持力度。

【建档立卡动态管理】 按照应纳尽纳、应退尽退、有进有出、动态管理原则，认真开展建档立卡动态调整，全面排查和梳理农户信息，严格执行“两评议两公示一比对一公告”程序，对符合识别标准的农户及时纳入建档立卡范围，对识别不准的建档立卡贫困人口及时予以清退。2018年，全省新识别贫困人口14901户、44880人，整户清退12671户、37395人，户内变更减少4188人。建立1.32万人的专职信息员队伍，对全省建档立卡数据进行常态化核准纠正。加强扶贫领域信息化应用，建立脱贫攻坚大数据管理中心，为精准扶贫精准脱贫提供技术支撑。

【产业扶贫】 2018年，安徽省坚持把产业扶贫作为提高脱贫质量、实现稳定脱贫的关键举措，出台《关于全面推广“四带一自”产业扶贫模式的指导意见》《关于创新完善机制着力打造产业扶贫升级版的实施意见》，稳步推进特色种养业扶贫、光伏扶贫、电商扶贫、乡村旅游扶贫、资产收益扶贫等，全面推广“四带一自”（各类园区带动、龙头企业带动、农民合作社带动、能人大户带动和贫困户自主调整种养结构发展产业）产业扶贫、“三有一网”（村有当家产业、户有致富门路、人有一技之长、网络扶贫增效）点位扶贫等模式，全面打造产业扶贫升级版。截至 2018 年底，全省发展到户产业扶贫项目 478.5 万个，覆盖 172.6 万贫困户，覆盖率达 98.71%，户均项目 2.77 个；发展到村产业扶贫项目 2.96 万个，覆盖 3000 个贫困村，覆盖率达 100%，村均项目 9.86 个。特色种养业扶贫方面，2018 年，全省实施特色种养业扶贫到村项目 10111 个，覆盖 3000 个贫困户，覆盖率 100%；到户项目 211 万个，覆盖贫困户 135.2 万户，覆盖率 89.6%。全省达到产业发展标准的贫困村 2960 个、贫困户 54.7 万户。光伏扶贫方面，2018 年，安徽省“十三五”第一批光伏扶贫项目涉及的宿松、太湖、望江、石台、阜南、颍东、颍上、寿县、霍邱、金寨、舒城、裕安、灵璧、萧县等 14 个县（区）累计建成村级光伏扶贫电站 662 个、装机容量 25.37 万千瓦，惠及 4.6 万贫困户。截至 2018 年底，全省累计建成村级光伏电站 1.15 万个，户用光伏电站 5.97 万个，集中式光伏扶贫电站 7 个，已并网发电光伏扶贫工程项目装机规模 241.49 万千瓦，惠及全省 46.4 万贫困户、2876 个贫困村。乡村旅游扶贫方面，2018 年，安徽省全面完善乡村旅游扶贫重点村旅游规划，全力推动旅游扶贫重点村“八个一”工程建设，全年通过发展乡村旅游带动 9.7 万贫困人口实现增收脱贫。商贸流通扶贫方面，2018 年，全省贫困县实现农村产品网销额约 220 亿元，培训贫困群众 6.8 万人次，通过电商带动 1.6 万人就业增收。在裕安、霍邱、潜山、阜南、临泉等 5 个贫困县（市、区）开展家政扶贫试点。资产收益扶贫方面，2018 年，全省投入资产收益扶贫的资金 22.3 亿元（含财政资金 16.5 亿元）；2097 个贫困村实施资产收益扶贫工作，直接带动贫困村村集体经济增收 7925 万元，村均增收 3.78 万元；带动 52.5 万贫困人口增收 2.5 亿元，人均增收 479 元。

【就业扶贫】 坚持就近就地就业和外出就业并重，强化“三业一岗”（培育生态友好型产业、发展劳动密集型产业、组织外出就业和开发公益岗位）就业扶贫措施，促进更多贫困人口稳定就业。2018 年，全省帮扶贫困劳动者就业 13.16 万人；建设就业扶贫驿站 607 个、就业扶贫车间 1303 个（含驿站内建设扶贫车间 668 个）；就业扶贫驿站（扶贫车间）吸纳 3.63 万人就业，其中贫困人口 1.08 万人，占比 29.75%；招募就业扶贫基地 1390 个；开发公益就业岗位 12.43 万个，吸纳贫困劳动者 10.22 万人；开展技能培训 5.69 万人。遴选贫困村创业致富带头人 1.3 万余名，培训 3.3 万余人次。

【易地扶贫搬迁】 制定《关于进一步加强易地扶贫搬迁后续产业发展和就业扶持等工作的指导意见》，切实提高搬迁质量和脱贫成效。严守易地扶贫搬迁住房建设面积和自筹资金底线，全面完成国家下达的 8.3 万建档立卡贫困人口搬迁安置任务，其中：2018 年按期完成 19 个县（市、区）290 个集中安置点、6145 套安置住房建设任务，完成易地扶贫搬迁 19879 人。有序推进拆旧复垦工作，2016—2018 年，全省 28 个县（市、区）实际拆除旧房 22644 套，拆除率达 86.4%，其中：2018 年 19 个县（市、区）拆除旧房近 5000 套，拆除率达 81.3%；宅基地复垦面积 7500 余亩。金寨、岳西、利辛、潜山等县（市）实现土地增减挂钩节余指标在省域内交易，交易额近 20 亿元。

【生态保护扶贫】 选聘 15584 名建档

立卡贫困人口担任生态护林员，人均年增收6000元以上。实施长江防护林、林业血防林、天然林保护，新一轮退耕还林等林业重点生态工程，2018年，全省完成造林146.9万亩；完成退化林修复60万亩、森林抚育551.76万亩，其中70个有扶贫任务的县（市、区）完成人工造林79.52万亩，贫困地区森林覆盖率达到34.8%；长江防护林建设解决近4000名贫困人口就业问题，带动6000名贫困人口脱贫。

【智力扶贫】　2018年，安徽省全面落实建档立卡贫困家庭学生资助政策，全年资助建档立卡贫困家庭学生122.86万人次、16.68亿元，春秋两季“雨露计划”惠及14.29万人次、发放2.22亿元。实施贫困地区基础教育建设项目，建设校舍及运动场292.4万平方米，购置教学和生活设施15.9万台（套、件）。贫困地区学生营养改善计划平稳实施，21个试点县累计支付营养膳食补助资金11.08亿元，供餐学生人数达150.7万人。加强义务教育阶段控辍保学，比对核实6～15周岁义务教育建档立卡贫困家庭非在校学生数据信息11376人。增加贫困地区学生接受高等教育机会，通过实施国家、地方、高校三个专项招生计划，贫困地区7414名农村学生进入重点高校，比2017年增加224名。加大科技扶贫力度，在省重点研发计划中设立大别山等革命老区和贫困县专项，助推大别山等革命老区县和贫困县特色产业发展；593万元省级科技特派员项目经费全部用于革命老区新建科技特派员工作站。开展“文化扶贫携手小康”巡演、脱贫攻坚专题文艺巡演和送戏进万村等文化扶贫宣传活动，实现贫困县、连片贫困区行政村全覆盖。

【社保兜底脱贫】　完善农村最低生活保障制度，按照农村低保和建档立卡贫困人口各自识别认定的标准、程序等，分别把符合条件的对象纳入救助或帮扶范围，实现双向衔接。截至2018年底，全省农村低保标准为5942元/年，平均补助水平为313元/月，惠及107.6万建档立卡贫困人口，农村困难群众基本生活得到有效保障。开展建档立卡贫困户危房普查，加快住房改造进度，2018年，国家下达安徽省危房改造计划10万户（含建档立卡贫困户6万户），实际完成16.75万户（含建档立卡贫困户12.97万户），比2017年增加3.25万户（其中建档立卡贫困户增加1.97万户）。

【健康扶贫】　出台《安徽省健康脱贫三年攻坚行动实施方案》《安徽省贫困地区健康促进三年攻坚行动方案（2018—2020年）》《安徽省医疗保障扶贫三年行动实施方案》等文件，进一步完善建档立卡贫困人口综合医疗保障政策体系。全面落实健康脱贫“三保障一兜底一补充”综合医保政策，2018年，全省贫困人口住院补偿113.88万人次，发生医药费用74.09亿元，综合医保补偿67.85亿元，平均实际补偿比达到91.58%。贫困人口慢性病门诊医药费用实际平均补偿比96.36%，惠及贫困慢性病患者532.49万人次。切实加强疾病防控措施，基本实现贫困人口家庭医生签约服务全覆盖。逐步提升县域医疗服务能力，争取中央投资9亿元支持安徽省26个健康扶贫建设工程项目。组织省市三级医院“组团式”帮扶贫困县医院，全面推进贫困地区远程医疗网络建设。

【基础设施建设】　大力实施农村道路畅通工程，2018年建成农村道路1.7万千米。全面推进贫困地区水利基础设施建设，2018年，全省农村饮水安全巩固提升工程完成投资24.18亿元，实现398个贫困村通自来水，解决252.68万农村居民（其中贫困人口30.21万人）饮水问题；70个有扶贫任务的县（市、区）农田水利“最后一公里”建设完成投资78.49亿元，完成31个贫困县和叶集区172项重大水利工程投资15.29亿元、灾后水利薄弱环节建设项目投资22.21亿元、农村水电站增效扩容工程投资 900 万元、山洪灾害防治工程投资 3730 万元、大中型灌区与大中型水闸除险加固工程投资 4.23 亿元；水土保持工程投资 1.39 亿元。加快贫困地区农村电网升级改造，2018 年完成投资 35.5 亿元，31 个贫困县农网户均配变容量达到 2.0 千伏安以上，超过全国农村电网 2020 年发展目标。加强贫困地区信息化建设，全省 100% 的行政村和大多数自然村实现光纤到村和 4G 网络覆盖。

【金融扶贫】 安徽省坚持户贷户用户还方向，创新推广户贷户用自我发展、户贷户用合伙发展、户贷社管合作发展、户贷社管合营发展等“一自三合”扶贫小额信贷模式，国务院扶贫办于 2018 年 7 月在安徽召开全国金融扶贫培训班并向全国推广。2018 年，全省当年累计向 34 万户建档立卡贫困户发放贷款 133.24 亿元。用好证券扶贫政策，宣城市华菱精工科技股份有限公司于 2018 年 1 月在上海证券交易所正式挂牌上市；全省 IPO 在审企业 1 家（安庆玉禾田）、辅导备案企业 7 家，形成“培育——改制——辅导——申报——上市”的 IPO 梯次推进格局；实现企业“新三板”挂牌 80 家，占全省“新三板”挂牌企业总量（340 家）的 23.5%；全省贫困地区近 2000 家企业在省区域性股权市场挂牌，占全省 70% 左右；安徽司空山投资发展有限公司扶贫可转债在全国区域股权市场成功首发。大力实施保险扶贫，2018 年累计向 31 个贫困县特色产业提供风险保障 55.28 亿元，支付赔款 2.27 亿元；为 3.73 万贫困户提供光伏设施损失风险保障 7.92 亿元，支付赔款 183.86 万元。

【定点扶贫】 2018 年，定点帮扶安徽省 19 个国家扶贫开发工作重点县的 15 家中直单位领导班子成员赴定点扶贫县调研 57 人次，选派挂职扶贫干部 60 人，其中驻村第一书记 25 人；直接投入帮扶资金 1.01 亿元，引进帮扶资金 12.14 亿元，培训基层干部 3020 人，培训技术人员 6906 人；开展消费扶贫，直接购买贫困地区农产品 1246.13 万元，帮助销售贫困地区农产品 3524.2 万元。全省参与定点扶贫的省市县三级帮扶单位达 9214 家，参与联系包保的帮扶责任人达 64.2 万人。各级帮扶单位赴定点扶贫地区调研 77.52 万人次，直接投入帮扶资金 12.89 亿元，帮助引进资金 15.9 亿元，培训 47.48 万人次，购买当地农产品 8309.65 万元，帮助销售当地农产品 1.27 亿元。坚持把驻村帮扶作为一项品牌工程常抓不懈，强化履职尽责，发挥传帮带作用，着力打造一支懂扶贫、会帮扶、作风硬的脱贫攻坚生力军，全省派驻扶贫工作队 9757 支、驻村干部 22210 人，其中第一书记 7437 人（含贫困村 3000 人）；县级党委、政府及以上层级表彰奖励驻村干部 1264 人、提拔重用 395 人、召回 32 人、问责 169 人。

【社会扶贫】 坚持合力攻坚，形成多点发力、各方出力、共同给力的大扶贫格局。深化县域结对帮扶，组织 20 个经济相对发达县与 20 个国家级贫困县签署结对帮扶协议，2018 年 20 个帮扶县投入资金 2.72 亿元，受益贫困人口 11.04 万人。深化“千企帮千村”精准扶贫，全省 7317 家民营企业结对帮扶 5084 个村，投入帮扶资金 38.49 亿元，帮扶贫困人口 78.65 万人次。调动社会组织参与扶贫，2018 年参与扶贫的省级社会组织 80 个，帮扶贫困村 94 个、贫困人口 9.3 万人，投入资金 1.1 亿元。组织扶贫志愿服务团队 1160 个，人员 48574 人次。强化贫困地区农副产品产销对接，探索消费扶贫模式，全面启动贫困地区农产品“八进”（进高校、进企业、进园区、进社区、进商超、进电商、进电视、进深加工）行动和高校、企业“四送”（送市场、送信息、送项目、送服务）活动，31 个贫困县与有关高校、企业签订农产品销售协议金额近 3 亿元。加强中国社会扶贫网推广应用，截至 2018 年底，全省累计注册用户达 352.7 万；物品对接成功 13.6 万件，援收资金达

349.7 万元。

【扶贫日活动】　2018 年扶贫日期间，安徽省组织开展扶贫项目认领认捐、脱贫攻坚专题文艺巡演、社会扶贫工作经验交流会、省直单位驻村帮扶工作“奋斗的脚印”图片和微视频展演等系列扶贫日活动，全省认领扶贫项目 4178 个、6.91 亿元，认捐金额 2.61 亿元。在“2018 年全国脱贫攻坚奖”评选中，金寨县、宿州市委组织部、安徽省对口支援新疆和田前方指挥部荣获组织创新奖；安徽龙成农林发展集团董事长、党支部书记吴伍兵荣获奋进奖；安徽行政学院副教授、副处长，安徽省第七批选派干部，派驻阜阳市颍泉区王寨村扶贫工作队副队长徐冬梅荣获贡献奖；怀远县徐圩乡党委书记蔡永荣获创新奖。

【扶贫督查】　2018 年，安徽省组织开展五级书记遍访贫困对象推进乡村振兴行动，省委书记李锦斌、省长李国英率先垂范，深入 10 市 18 县随机走访，督导调研脱贫攻坚。全省 16 个省辖市、有扶贫任务的 70 个县（市、区）党政主要负责同志、1188 个乡镇党委书记、13837 个村党支部书记和驻村扶贫工作队均开展遍访行动。开展脱贫攻坚年中督查、督查巡查和脱贫攻坚大排查专项督查，对 70 个县（市、区）实行自行、自查、自吃、自住“四自”暗访全覆盖。加强各类监督，省人大常委会通过听取和审议专项工作报告、专题调研等多种监督方式方法，有效解决脱贫攻坚工作中的重点难点问题；省政协把推进深度贫困地区精准脱贫作为重点提案，邀请省委主要负责同志领衔督办，提出的《关于加快大别山绿色发展助推革命老区精准脱贫的提案》被确定为全国政协重点提案；充分发挥民主党派独特优势和作用，7 个民主党派省委各对口 2 个市开展脱贫攻坚民主监督。

【扶贫考核评估】　开展 2017 年度市县党政领导班子和主要负责同志脱贫攻坚工作成效考核，对 16 个市、70 个县（市、区）开展实地核查，并依据考核结果，对考核评价为“好”等次的市、县通报表扬，对考核评价为“较差”等次的 2 市、3 县党政主要负责同志单独约谈，对考核评价为“一般”等次的 2 市、10 县党政分管负责同志集体约谈；对 250 家省直单位的定点扶贫工作和 40 个县（市、区）的县域结对帮扶工作进行考核并通报。实施第三方监测评估，组织省内 27 所高校师生，对 2018 年拟出列贫困村、拟脱贫户进行全覆盖监测评估，提升贫困村出列质量、贫困人口脱贫质量。

【扶贫宣传】　2018 年，安徽省各级各类媒体持续办好“坚决打赢脱贫攻坚战”“坚决打赢脱贫攻坚战 · 驻村纪事”“聚焦深度贫困地区脱贫攻坚”等专题专栏，开设“革命老区脱贫攻坚巡礼”以及“弘扬老区精神，坚决打赢脱贫攻坚战”系列时评专栏。中央及安徽省级主要媒体持续加强脱贫攻坚宣传报道，《人民日报》、新华社等中央媒体累计宣传报道安徽脱贫攻坚工作 620 篇，省级主流媒体 3074 篇；国务院扶贫办信息简报采用安徽扶贫信息 13 篇；国务院扶贫办网站刊载涉及安徽脱贫攻坚工作报道 421 篇；《中国扶贫》杂志推出安徽专刊，全方位、多角度展示安徽省脱贫攻坚整体工作举措、工作成效和工作亮点。

【扶贫领域作风建设】　2018 年，安徽省聚焦省市县乡村五级责任主体，将作风建设贯穿脱贫攻坚全过程各环节，对照“四个意识”、政策落实、责任落实等 8 个方面 36 小项进行全面梳理排查，集中开展全方位、立体式的扶贫领域作风问题专项治理。开展脱贫攻坚领域专项巡视巡察，完成对 70 个有扶贫任务的县（市、区）巡视全覆盖，对 3000 个建档立卡贫困村以及所涉及的 1067 个乡镇实现巡察全覆盖，对 679 家省市县扶贫开发领导小组成员单位开展以脱贫攻坚为重点的专项巡视巡察。强化监督执纪问责，持续推进扶贫领域腐败和作风问题专项治理。2018年，全省各级纪检监察机关共查处扶贫领域腐败和作风问题4300个，处理5914人。坚持把抓好扶贫干部教育培训作为锤炼作风的重要举措，实行分级负责、分类轮训，全省举办脱贫攻坚培训班1527次、培训40.78万人次，提升各级扶贫干部的政策理论水平和实战能力。

【扶贫机构和队伍建设】 2018年，在省级机构改革中，安徽省组建省扶贫开发工作办公室，作为省政府直属机构，承担省扶贫开发领导小组日常工作。不再保留单设的省扶贫开发领导小组办公室。市级扶贫部门工作人员增加至302人。县级扶贫部门工作人员增加至1942人。

【彩票公益金试点】 2018年，安徽省在金寨县、望江县、萧县、灵璧县实施中央彩票公益金支持贫困革命老区农业生产发展和农村基础设施建设等项目，投入中央彩票公益金8000万元，实施扶贫项目96个，其中：交通基础设施建设项目43个，水利设施建设项目37个，产业扶贫建设项目12个，环境与公共服务设施改善项目4个。项目涉及214个村，其中贫困村72个；受益农户59298户、212937人，其中贫困户20341户、66419人，助推2个贫困县摘帽、35个贫困村出列，3395户、10213人脱贫。

【以工代赈】 2018年，国家发展改革委安排安徽省以工代赈8110万元，其中：中央财政预算内以工代赈投资2130万元，以工代赈示范工程中央预算内投资5980万元，主要用于贫困县乡村道路、农田水利、小流域治理等中小型基础设施建设。

（安徽省扶贫开发领导小组办公室
程　春）

福建省扶贫开发

【概述】 2018年，福建省出台《关于打赢脱贫攻坚战三年行动的实施意见》，召开13次省委常委会会议、33次省政府常务会议和专题会议，研究脱贫攻坚工作，推动脱贫攻坚责任、工作任务、政策措施、项目资金落实到位。基本完成现行标准下农村建档立卡贫困人口减贫任务，23个省级扶贫开发工作重点县（以下简称“重点县”）已有17个脱贫摘帽，2201个建档立卡贫困村已有2050个退出。

【扶贫资金投入】 2018年中央安排到福建省财政专项扶贫资金51545万元，比2017年增长16.3%。各级财政不断加大投入力度，2018年投入专项扶贫资金40.46亿元，其中省级投入13.36亿元，比2017年增长6.19%。扶贫资金主要用于扶持建档立卡贫困户发展生产、就业创业、造福工程易地扶贫搬迁、扶贫小额信贷、“雨露计划”培训等项目补助、贷款贴息等。

【扶贫资金管理】 开展2017年设区市财政专项扶贫资金使用管理绩效评价，对评价情况进行通报。组织开展扶贫闲置资金清理，盘活沉淀扶贫资金，提高扶贫资金使用效益。印发《关于完善扶贫资金项目公告公示制度的实施意见》等文件，进一步规范扶贫资金项目公告公示。创新扶贫资金在线监管机制，从2018年1月1日起，对省级以上21项扶贫资金使用管理实行全程智能化在线监管，获得国务院副总理胡春华的批示肯定。

【扶贫会议】 2018年11月19—20日，福建省召开全省脱贫攻坚现场推进会，深入学习贯彻习近平总书记关于扶贫工作的重要论述，贯彻落实中共中央、国务院脱贫攻坚决策部署，总结交流脱贫攻坚经验做法，部署推进全省脱贫攻坚工作。省扶贫开发领导小组成员单位主要负责人、各设区市党委或政府分管领导，农业局（扶贫办）局长（主任）、23个省级扶贫开发重点县党委或政府主要领导等120人参加会议。

【建档立卡动态管理】 坚持“两不愁三保障”标准，对新识别的贫困人口及时建档立卡、录入系统，对暂时无法录入全国扶贫开发信息系统的实行系统外管理，对符合退出条件的及时进行退出处理，做到应纳尽纳、应退尽退。以设区市为单位，对2017年底尚未脱贫的4286名建档立卡贫困人口，逐户分析致贫原因，落实帮扶责任人、帮扶措施和帮扶项目。对已脱贫的44.5万贫困人口，在脱贫攻坚期内继续给予帮扶，确保稳定脱贫。

【产业扶贫】 安排6.29亿元财政专项扶贫发展资金，重点用于扶持贫困户发展增收脱贫项目。2018年实施产业扶贫项目10.21万个，带动31.38万贫困人口增收脱贫，分别比2017年增长15.1%、16.0%。鼓励支持农业龙头企业、农民合作社等新型农业经营主体与贫困户建立紧密的利益联结机制，采取“公司（合作社）+基地+贫困户”等模式带动贫困户增收脱贫。指导有脱贫攻坚任务的65个县（市、区）全面建立脱贫攻坚项目库，谋划基础设施、公共服务、产业扶贫等10大类别项目33288个、资金规模153.16亿元，其中2018年的项目12474个、资金规模46.18亿元。

【易地扶贫搬迁】 连续25年将造福

工程列为省委省政府为民办实事项目，着力解决“一方水土养不活一方人”问题，不断改善贫困群众生产生活条件。2018年完成造福工程易地扶贫搬迁16180人，超额完成年度1.5万人搬迁任务。加强产业、就业等后续帮扶工作，确保贫困户“搬得出、稳得住、能脱贫”。

【扶贫小额信贷】 发挥扶贫小额信贷风险担保金作用，为贫困户发展生产提供5万元以下免抵押、免担保的生产性贷款，并由省级财政给予全额贴息。截至2018年12月底，累计发放扶贫小额贷款35.82亿元、财政贴息资金1.51亿元，扶持73755户建档立卡贫困户发展生产，贫困户平均覆盖面48.37%。2018年为23497户建档立卡贫困户发放扶贫小额贷款8.12亿元。

【就业扶贫】 开展“扶贫入户、送岗上门”服务，向有就业意愿的贫困家庭劳动力推送岗位信息，对贫困户实行就业创业优惠政策，大力开发公益性就业岗位并重点安排贫困劳动力就业，帮助贫困户通过就业实现增收脱贫，2018年贫困人口实现跨省就业1324人，省内就业36912人，就近就地就业9388人。

【教育扶贫】 对因学致贫的，给予免除学杂费和提供助学资助、助学贷款、就业支持，确保贫困家庭适龄学生不因贫失学辍学。2018年，全省享受教育扶贫政策的贫困人口达46652户、77990人，分别比2017年增长10.89%、12.67%。2018年，福建省调整“雨露计划”培训实施内容，对农村建档立卡贫困家庭子女接受中、高等职业教育和技工院校教育按照每人每学年3000元的标准予以补助，全年补助5492人，已发放补助资金1639.95万元。

【健康扶贫】 实施基本医疗保险、大病保险、医疗救助和精准扶贫医疗叠加保险等政策，有效减轻贫困户的医疗费用负担，精准扶贫医疗叠加保险对象自付医疗费用比例从23.44%降低到15.16%。建立健全家庭医生签约服务制度，方便建档立卡贫困户就医。2018年，全省享受医疗补助政策的贫困人口84430户、258083人，分别比2017年增长8.20%、14.30%。

【保障扶贫】 将完全或部分丧失劳动能力、无法通过开发性扶贫实现脱贫的3.58万建档立卡贫困人口全部纳入低保兜底予以保障。2018年，全省农村低保平均标准7149元，各县（市、区）现行标准最低5100元。

【东西部扶贫协作】 坚持山海协作、联动发展，确定23个重点县进行重点帮扶，每个重点县有1～2名省领导挂钩联系、5～6个省直单位和省属企业挂钩帮扶、1个沿海经济较发达县（市、区）对口帮扶。每年沿海经济较发达县（市、区）落实对口帮扶资金不少于1200万元，2018年共落实帮扶资金3.27亿元。组织引导山区和沿海发挥各自优势互设山海协作共建产业园区，在项目招商、技术帮扶、产业链延伸、资金落实和用工帮困等方面实现“共建”，2018年23个重点县的共建园区引进落地项目147个，实际投资76.60亿元。同时，在财政转移支付、用地保障、金融服务、科技创新、生态补偿等方面，加大对23个重点县的扶持力度。

【整村推进】 福建省2017年底开始实施第五轮整村推进扶贫开发工作，省派驻村第一书记的数量从第四批的236名增加到400名，全省在岗驻村第一书记2653人。召开全省抓党建促脱贫攻坚现场推进会，分片区举办驻村第一书记脱贫攻坚专题培训班，提高驻村第一书记脱贫攻坚的能力。投入400个省派干部驻点村帮扶资金超过10亿元，推动实施项目近3000个。大力培育贫困村创业致富带头人，全年认定1066人。

【社会扶贫】 组织开展全国扶贫日活动，广泛动员社会力量参与扶贫济困，实施“千企帮千村”精准扶贫活动，动员和组织民营企业（商会）积极投身精准扶贫。全省有1079家企业帮扶1176个贫困村，帮扶贫困人口33885人，投入产业扶贫资金3.56亿元、就业扶贫资金3983.12万元、公益扶贫资金1.76亿元、技能帮扶资金205.61万元。河仁慈善基金会开展慈善助力产业扶贫活动，筹集慈善资金3000万元，帮扶长汀、屏南、永泰等3个重点县实施产业扶贫，帮助贫困户通过产业发展增收脱贫。深入开展党员干部挂钩帮扶活动，组织11.17万名干部挂钩帮扶贫困户，做到每个贫困户都有一名党员干部挂钩帮扶。

【资产收益扶贫】　福建省探索财政专项扶贫资金折股量化办法，通过固定分红方式让贫困村和贫困户获得稳定的分红收入，带动贫困村集体经济发展和贫困户增收脱贫，实现2201个建档立卡贫困村扶持全覆盖。2018年，贫困村集体经济平均收入18.66万元，比2017年增长41.02%，自我发展能力明显增强。

【基础设施建设】　2018年，新建改建贫困地区农村公路2811千米，比2017年增长9.42%。通生活用电和动力电的村数和户数均为100%。2201个建档立卡贫困村光纤覆盖率、4G网络覆盖率、宽带覆盖率均为100%。实施土地增减挂钩政策，省内交易亩数和金额数累计分别为10.37万亩、288.03亿元，其中2018年省内交易0.745万亩、24.63亿元，跨省交易2.13万亩、63.9亿元。

【扶贫培训】　实行“分级培训、分级管理”，对扶贫干部进行全员培训。2018年，省市县三级举办各类脱贫攻坚实体专题培训班498期，培训扶贫干部55726人次。

【扶贫督查考核】　组织开展2017年设区市党委和政府扶贫开发工作成效考核，对考核结果好的3个设区市给予表扬、每市给予1000万元扶贫项目资金奖励，对发现问题较多的设区市进行约谈。探索建立扶贫领域监督检查联合工作机制，2018年将省市县三级原计划开展的862项（其中省级20项）检查项目整合为342项（其中省级4项），减少60.32%，切实减轻基层迎评迎检工作负担。采取不打招呼、不预设路线、直插贫困村的方式，直接进村入户开展随机走访，了解贫困户“两不愁三保障”、扶贫政策和干部挂钩帮扶责任等落实情况，及时发现问题解决问题。

【扶贫表彰】　在2018年全国脱贫攻坚奖评选中，福鼎市硖门畲族乡柏洋村党委书记王周齐获全国脱贫攻坚奋进奖，闽侯县副县长，原宁夏回族自治区固原市隆德县委常委、副县长樊学双获全国脱贫攻坚贡献奖，省财政厅农业处副主任科员林敏获全国脱贫攻坚创新奖，宁德市寿宁县下党乡获全国脱贫攻坚组织创新奖。

【彩票公益金试点】　2018年，财政部下达福建省中央专项彩票公益金8000万元，扶持泰宁、连城、平和、松溪4个原中央苏区县，每个县2000万元，用于贫困村村内小型生产性公益设施建设。项目涉及157个贫困村，受益农户4.75万户、188.73万人，其中贫困户1742户、7022人。

【以工代赈】　2018年，福建省承接国家中央财政预算内以工代赈补助资金260万元、配套省级资金780万元，支持79个乡村道路、基本农田、小型农田水利、小流域治理项目建设。组织建档立卡贫困人口180人参与以工代赈工程建设，发放劳务报酬43.86万元。

【老区建设】　2018年，中央财政老区专项扶贫资金3000万元，用于支持老区村脱贫攻坚、乡村道路、水利等基础设施建设等，补助项目570个，惠及人口107.73万人。其中扶持第五轮省级扶贫开发重点村85个，投入872万元，用于村道路硬化、河堤修筑、饮水改扩建、光伏发电等项目。

【东西部扶贫协作】　2018年，福建省持续深化“联席推进、结对帮扶、产业带动、互学互助、社会参与”的闽宁扶贫协作机制，召开闽宁扶贫协作第22次联席会议，闽宁两省区签署联席会议纪要，签订10项部门合作协议和22项经贸合作协议。大幅度增加东西部扶贫协作财政援助资金，全年落实资金10.47亿元，其中援宁资金3.204亿元、比2017年增长210%，60%以上用于宁夏深度贫困县，实施扶贫项目119个，帮助宁夏建档立卡贫困户44626人脱贫。落实社会帮扶资金5.744亿元，其中支持宁夏和甘肃定西市、临夏回族自治州1.744亿元，河仁慈善基金会捐资4亿元专项用于"三区三州"健康扶贫。突出产业合作，组织企业到宁夏考察洽谈、投资兴业，全年落地宁夏投资项目112个，资金65.77亿元。突出劳务协作，全年帮助10.5万名中西部地区建档立卡贫困人口就业。突出人才支援，选派22名优秀党政干部和285名教育、卫生、科技领域中高级专业技术人员赴宁夏交流挂职。深化"携手奔小康"，对口帮扶县（区）签订10个帮扶协议，做到县县有协议。推动结对帮扶延伸，实现乡镇结对101对、村村结对110对、村企结对114对、学校结对62对、医院结对28对。推动闽宁镇发展，2018年闽宁镇规上企业12家，产值3.8亿元，常住人口6.6万人，人均可支配收入13173元。安排专项资金8600万元，推进68个闽宁示范村建设，惠及贫困人口近7000人。推进闽宁产业园建设，截至2018年底，8个闽宁产业园落户企业82家，总投资25.48亿元，年产值48.02亿元，吸纳建档立卡贫困人口7044人就业。探索生态扶贫模式，组织福建农林大学、省农科院62位专家组成服务团赴宁帮扶指导，帮助宁夏实施生态扶贫"四个一"工程。

（福建省扶贫办　黄肇文）

江西省扶贫开发

【概述】 2018年，江西省进一步落实"核心是精准、关键在落实、实现高质量、确保可持续"总要求，狠抓扶贫领域作风建设，脱贫攻坚三年行动实现良好开局。全年实现42.26万人脱贫，贫困人口减至50.9万人，贫困发生率降至1.38%，1000个贫困村退出，"十三五"时期，3058个贫困村累计退出2671个，贫困村减至387个，全省25个贫困县累计脱贫摘帽18个。在2018年省际交叉考核中总体评价江西脱贫攻坚呈现出"基因红、生态绿，产业兴、乡村美，措施实、亮点多，作风硬、保障好"的良好势头。"一领办三参与"产业扶贫合作方式、"电商+扶贫"、教育扶贫学校校长与乡镇属地"双负责"制、扶志扶智扶勤扶德相结合等有效做法，在全国产生很好的示范效应。

【扶贫资金投入】 2018年，中央财政安排江西省专项扶贫资金27.1亿元，较2017年增加0.66亿元。江西省、市、县各级财政专项扶贫资金投入68.98亿元，其中省本级投入28.79亿元，较2017年增加2.16亿元；市县投入财政扶贫专项资金40.18亿元。投入25个贫困县54.96亿元，占比57%。投入58个资金整合县77.53亿元，占比81%。江西省24个国家级贫困县整合资金95.92亿元，其中农业生产发展24.24亿元，占比25.3%；农村基础设施建设69.96亿元，占比72.9%；其他1.72亿元，占比1.8%。在2018年国家财政专项扶贫资金绩效评价中，江西省评价等次为"优秀"。

【脱贫攻坚三年行动】 2018年9月3日，中共江西省委、江西省人民政府出台《关于打赢脱贫攻坚战三年行动的实施意见》，明确2018年作为深化落实年，实现40万贫困人口脱贫、1000个贫困村退出、10个贫困县摘帽的年度目标。明确产业扶贫提质增效、就业扶贫拓展扩面、扶贫搬迁后续提效、生态扶贫示范促进、教育扶贫精准对接、健康扶贫巩固提升、危房改造稳固安居、保障扶贫兜底覆盖、基础设施全面改善和深度贫困村着力攻坚等"十大精准扶贫行动"。

【深度贫困地区脱贫攻坚】 按照《江西省大力支持深度贫困村脱贫攻坚实施方案》，坚持政策、资金、项目、举措优先倾斜支持，2018年，投入22.32亿元支持269个深度贫困村，实施各类扶贫项目5495个，完成项目5437个，完成率98.94%。

【易地扶贫搬迁】 2018年，江西省实施易地扶贫搬迁再精准工程，统筹推进2016—2018年项目建设，将实施搬迁安置与落实后续帮扶同步规划、同步推进、同步落实。江西省"十三五"易地扶贫搬迁建档立卡贫困人口13.5万人，2016年以来累计完成搬迁入住13.06万人，搬迁入住率96.74%。其中：2018年计划搬迁建档立卡人口2.27万人，完成搬迁入住1.86万人，搬迁入住率81.94%。

【产业扶贫】 2018年，江西省完善"选准一项主导产业、打造一个龙头、设立一笔扶持资金、建立一套利益联结机制、培育一套服务体系"的"五个一"产业扶贫模式，倡导村干部与能人带头领办、村党员主动参与、村民自愿参与、贫困群众统筹参与的“一领办三参与”产业合作形式。坚持长短结合，按照既短期见效快、又兼顾长效持续增收的要求，大力发展特色农业产业和以林下经济为代表的绿色富民产业，带动贫困户发展种植业265.2万亩（包含蔬菜44.3万亩、水果46万亩、中药材14.9万亩、油茶53.7万亩、毛竹及笋竹两用林改造34.24万亩等），养殖家畜107.1万头（其中生猪68.1万头、牛15.2万头、羊23.8万只），养殖家禽0.75亿羽，发展水产养殖38.3万亩。推进扶贫小额信贷，2018年累计发放扶贫小额信贷40亿元，惠及14.7万户农户。完善产业金融扶贫工作机制，产业扶贫贷款余额560.62亿元。大力实施贫困村创业致富带头人培育工程，《江西省贫困村创业致富带头人培育实施方案》在全国转发推广。在2018年6月11日召开的全国打赢脱贫攻坚战三年行动电视电话会议上，江西省围绕推进产业扶贫作典型发言。

【就业扶贫】 江西省着力搭建就业扶贫园区、龙头企业扶贫基地、就业扶贫车间、新型农村合作社、非正规就业组织、就业扶贫专岗托底等6类平台，吸纳贫困劳动力就近就地就业，实现稳定增收。2018年，新增转移农村劳动力59.71万人，全省本地户籍未脱贫劳动力34.9万人中，有24.7万人通过就业帮扶实现就业。兴办扶贫车间4922个，带动贫困劳动力就业4.09万人。2018年12月，江西省在全国就业工作暨推进就业扶贫工作座谈会上做经验介绍。

【危房改造】 江西省采取维修加固、拆旧建新等措施，对尚未解决住房安全问题的无经济能力和劳动能力的特困农户，实施农村困难群众危房改造工程，采取“交钥匙”工程、盘活利用集体闲置公房、置换或长期租赁村内闲置农房等多种切实可行措施，兜底解决贫困群众住房安全保障问题。2018年国家下达江西省5.25万户计划任务，对2018年拟脱贫县、脱贫村、脱贫户危房改造需求予以全部保障，重点帮助40122户建档立卡贫困户改造危房。

【村庄整治】 2018年，江西省安排村庄整治资金49.37亿元，加快贫困村特别是269个深度贫困村道路、饮水安全、电力、通信、文化、卫生等设施建设。新改建农村公路2185千米，通车里程已达10.3万千米，25户以上自然村实现“村村通”水泥路。下达农村饮水安全巩固提升省级以上投资7.55亿元，其中安排贫困县4.11亿元，解决和保障贫困人口饮水安全40.8万人。通生活用电村数1.15万个、通动力电村数1.13万个；3058个贫困村村部所在地全部实现4G网络覆盖和通光纤宽带，其中2018年新增完成1521个村通光纤宽带。

【电商扶贫】 2018年，江西省将电商扶贫作为推进精准扶贫的重要举措，狠抓组织、政策、平台（渠道）、人才、产品、品牌、配套体系等要素资源优化。成立江西省电商脱贫工程办公室，创立“电商扶贫+党建”“电商扶贫+农家书屋”“电商扶贫+自主创业”“电商扶贫+产业发展”“电商扶贫+品牌经营”“电商扶贫+社会扶贫网”等模式，分5批培育43个国家电商进农村综合示范县、分3批培育10个省级电商进农村示范县和12个省级电商扶贫重点推进县。2018年，江西省电商扶贫覆盖2563个贫困村，新培训扶贫人才6.71万人次，电商扶贫促成农产品销售26.43亿元，带动5.57万户贫困户户均增收2018.6元。

【健康扶贫】 2018年，江西省统筹贫困群众基本医保、大病保险、补充保险、医疗救助“四道保障线”，实行贫困患者县域内住院“先诊疗后付费”、医疗报销“一站式”结算。贫困人口城乡居民基本医保累计报偿238.9万人次，大病保险报偿94.7万人次，医疗补充保险报偿102.6万人次，医疗救助87.4万人次，全省贫困患者住院医疗费用自付比例控制在10%的适度目标。4月，江西健康扶贫获全国2017年度考评第四名，7 月，在全国健康扶贫三年攻坚工作会议上，江西围绕健康扶贫作典型发言。

【教育扶贫】　2018 年，江西省运用“江西省建档立卡贫困学生电子档案信息系统”，核实江西户籍在读学前、小学、初中、高中、中职和大学 66.4 万名贫困学生信息数据。严格执行义务教育扶贫资助政策学校校长与乡镇属地双负责制，与全省 1531 个乡镇（含街办）、7583 所学校签订责任状，2018 年比对数据量 121.79 万人次。全年资助学生 151.19 万人，发放资助资金 41.26 亿元，其中资助建档立卡贫困家庭学生 47.23 万人，发放资助资金 10.54 亿元。

【兜底保障扶贫】　2018 年，江西省落实困难和重度残疾人保障、孤儿养育、农村留守儿童和老年人等特殊困难群体的关爱保护。抓好农村低保制度与扶贫开发政策有效衔接，2018 年低保保障提高到每人每年 4080 元，同步提高农村特困人员供养标准，2018 年全省农村特困人员集中和分散供养标准分别达到每人每年 5460 元和 4200 元。

【社会扶贫】　2018 年，江西省开展“千企帮千村”精准扶贫行动，动员民营企业参与行动总数达到 3546 家，实施帮扶项目 7542 个，投入资金总额 23.99 亿元，帮扶村数 4244 个，帮扶贫困人口总数 47.05 万人。其中，全省 269 个深度贫困村实现民营企业结对帮扶全覆盖。加强中国社会扶贫网推广应用，截至 2018 年底，江西省累计注册用户 533 万人，发布帮扶需求 124.3 万次，对接成功率 89.2%。2018 年 6 月，全国“互联网 +”社会扶贫工作现场会在江西省赣州市召开。2018 年 10 月，在全国扶贫日“互联网 +”社会扶贫网论坛上，江西省作典型经验发言。2018 年 11 月，在第五届（乌镇）世界互联网大会上，江西省“互联网 + 社会扶贫”做经验介绍。

【扶贫培训】　江西省制定 2018—2019 年覆盖所有扶贫干部的培训计划，围绕地方党政领导干部、扶贫系统干部、部门行业干部、帮扶干部、贫困村干部等 5 类扶贫干部开展培训。2018 年，全省县级以上、县级及以下分别举办培训班和培训人数 1549 期 28.3 万人、4256 期 53.8 万人，比 2017 年分别增加 1218 期 24.1 万人、2777 期 37.5 万人。

【扶志扶智】　江西省推进扶贫同扶志、扶智、扶勤、扶德紧密结合，优化增收发展服务，改进帮扶方式，依法依规治理、乡风文明倡导、农民理事会自治，治理不良习俗，涌现一批不等不靠、自主脱贫先进典型，2018 年，4 名个人、1 个集体获全国脱贫攻坚奖，40 人获江西省脱贫攻坚奖。

（江西省扶贫办政策法规处　龚亮保）

山东省扶贫开发

【概述】 2018年，山东省出台《关于打赢脱贫攻坚战三年行动的实施意见》，紧盯“黄河滩”，聚焦“沂蒙山”，锁定“老病残”，深化扶贫举措，狠抓脱贫质量，实现17.2万贫困人口（其中国家标准贫困人口8.1万人）脱贫，基本完成现行标准下农村脱贫攻坚任务。年内，山东省支持引导有劳动能力的贫困人口通过发展产业、参与就业实现稳定脱贫，2018年全省实施产业扶贫项目2660个，覆盖带动贫困人口88.1万人。对无业可扶、无力脱贫的老弱病残特困群体，综合运用资产收益、孝善养老、邻里互助、村级扶贫专岗、低保政策、社会救助等措施，同步帮扶脱贫与解困。截至2018年底，全省累计形成经营性扶贫资产103亿元，产生可分配收益11亿元，惠及贫困人口164.89万人；137个县（市、区）农村低保标准全部达到省贫困标准以上，符合条件的完全丧失劳动能力和部分丧失劳动能力且无法依靠产业就业帮扶脱贫的贫困人口全部纳入低保范围。牢牢把握“两不愁三保障”核心标准，全面落实义务教育、基本医疗、住房安全政策措施，诊治患病贫困人口55.68万人次，扶贫特惠保险赔付2.94亿元、惠及35.59万人；投入财政资金5.2亿元，资助贫困家庭学生20万人次，“雨露计划”资助2.1万人，参加高考的7693名贫困家庭学生全部被高校录取；完成贫困户危房改造2.5万户，基本完成存量危房改造任务。加快推进易地扶贫搬迁，4203户、1.1万建档立卡贫困人口纳入搬迁范围，已全部搬迁入住。全省各级在岗驻村干部36625人，驻村工作队10998个，实现省扶贫工作重点村全覆盖。持续深化“6+6”省内扶贫协作，召开省内扶贫协作现场推进会，12个市签署《扶贫协作协议》。加强扶贫干部教育培训，举办培训班次2219期，培训干部31.39万人次。

【扶贫资金投入】 2018年，山东省各级投入财政专项扶贫资金66.24亿元。其中，中央安排财政资金5.7789亿元，同比增长23.23%；省级投入25亿元，同比增长13.64%；市县两级财政投入35.46亿元，同比增长8.91%。中央和省资金主要包括发展资金19.7065亿元、黄河滩区脱贫与迁建民生工程资金3亿元、扶贫特惠保险资金2.8亿元、少数民族发展资金0.3704亿元、国有贫困农场资金0.157亿元、国有贫困林场资金0.2784亿元、淄博扶贫改革试验区资金0.15亿元、“雨露计划”项目资金0.443亿元，宣传及建档立卡工作经费0.2956亿元等。整合行业涉农资金104.97亿元，用于脱贫攻坚。累计发放扶贫小额信贷76.73亿元、惠及15.83万户贫困户。

【扶贫表彰】 2018年，孟征、刘昌法、李学海、张守英和临沂市扶贫办荣获全国脱贫攻坚奖；省扶贫开发领导小组通报表扬30个脱贫攻坚先进集体、100名脱贫攻坚先进个人；省人力资源社会保障厅、省扶贫办、省公务员局联合表彰扶贫系统50个先进集体、60名先进工作者。

【扶贫资金管理】 印发《关于加强2018年度财政专项扶贫资金使用监管的意见》，规范资金使用。建立扶贫资金月通报制度，督促资金加快拨付支出。开展财政专项扶贫资金项目清理自查、资金闲置清理、扶贫审计发现问题整改等工作，并举一反三加强制度建设。2018 年 5 月，山东省在 2017 年财政专项扶贫资金绩效评价发现问题整改工作中被国务院扶贫办、财政部评为“优秀”等次。

【基础设施建设】　改造提升省扶贫工作重点村通村公路 108 千米，建设穿村公路 476 千米，全省扶贫工作重点村均实现通公路、村内至少有 1 条硬化穿村公路。推进贫困地区义务教育薄弱学校改造计划，累计新建、改扩建省扶贫工作重点村学校 661 所、幼儿园 1656 所。改善基层医疗卫生服务基础设施，为乡镇卫生院和村卫生室新增设备 2.6 万余件；通过新建、更名和转型升级消除社区卫生服务中心空白点 82 个，全省 8654 个扶贫工作重点村实现村卫生室服务全覆盖。支持 322 个省扶贫工作重点村完成 16 万亩旱涝保收田建设。实施济南长清区、菏泽牡丹区黄河滩区脱贫迁建土地增减挂钩项目 3 个，批复扶贫增减挂钩指标 1964 亩。投入资金 2.09 亿元，实施黄河滩区迁建配套电网项目，新建、改造线路 371 千米，新建配变 220 台，配变容量 8.5 万千伏安；投入资金 1070 万元，完成东明县黄河西部滩区供电项目，彻底结束黄河对岸 5.8 万亩良田无电历史。推进黄河滩区脱贫迁建工程，累计下达投资计划 150.56 亿元，拨付省级以上补助资金 96.46 亿元。

【整村推进】　2018 年，安排 3.366 亿元省财政专项扶贫资金支持 612 个省派第一书记帮包村，实施产业扶贫项目。对省派支部书记所在的 50 个省级扶贫工作重点村，每村安排 60 万元，用于产业扶贫。对 99 个省扶贫工作重点村实施饮水安全巩固提升。投入 3.06 亿元，完成剩余 646 个省扶贫工作重点村电网改造升级工程，新建、改造线路 1154 千米，新建配变 1015 台，配变容量 22.84 万千伏安。完成 16 个省扶贫工作重点村通有线电视，实现省扶贫工作重点村有线电视村村通；为全省 77 万多户有收视意愿和观看设备的建档立卡贫困户接入数字电视信号。完善贫困地区文化体育、信息网络设施，8654 个省扶贫工作重点村基本实现综合性文化活动室、健身广场、4G 网络全覆盖，实现 100% 光纤覆盖。

【易地扶贫搬迁】　2018 年，山东省纳入搬迁范围的 4203 户、1.1 万建档立卡贫困人口已全部搬迁入住，并通过发展特色农林业、劳务经济、现代服务业和资产收益扶贫、社会保障兜底等途径实现增收脱贫，2.85 万同步搬迁人口也顺利完成搬迁。“十三五”期间计划建设的 43 个集中安置区均已达到搬迁入住条件，建设完成安置住房 1.3 万套，饮水管网 119 千米，电网 207 千米，道路硬化 99.9 千米；新建学校及幼儿园 11 所，卫生室 22 所，活动室、社区服务中心、健身广场、扶贫车间等 55 个；完成旧房拆迁 11842 户，复垦及修复面积 3935 亩，累计投资 33.3 亿元。

【产业扶贫】　2018 年，山东实施产业扶贫项目 2660 个，涉及种植、养殖、电商、旅游、光伏等产业，总投资 42.92 亿元，其中各级财政专项扶贫资金投入 38.37 亿元，占比 89.4%。通过发展产业、参与就业、资产收益等方式，带动帮扶建档立卡贫困对象 46.8 万户、88.1 万人。全省 157 个县（市、区、管委会）建立县级产业扶贫项目库，入库项目 22663 个，计划总投资 207.6 亿元。出台《关于做好资产收益扶贫工作的意见》，提出扶贫资产实行“四权”分置（明确所有权、放活经营权、确保收益权、落实监督权），确保扶贫项目精准帮扶带动贫困人口。引导贫困地区发展农民合作社，2000 个省扶贫工作重点村实现合作社全覆盖。制定《山东省农业厅关于实施贫困村“一村一品”产业推进行动的通知》，引导支持省扶贫工作重点村因地制宜发展投入少、效益久、生产技术便于掌握的特色种养业。截至 2018 年底，菏泽、临沂 4 个村镇被认定为全国一村一品示范村镇；在黄河滩区发展优质粮食、果品、蔬菜、高效食用菌、中药材等生产基地32个、40余万亩，发展休闲农业与乡村旅游示范园区104个，建成以果蔬、花卉、葡萄等为主导产业的现代农业产业园122个。发展农产品品牌和绿色农产品，在20个脱贫任务比较重的县（市、区）新发展绿色食品企业50余家，产品近100种。扩大农业保险覆盖面，对贫困户农业保险保费中由农户自行承担的部分，由省财政补助50%，贫困户种植类险种参保面积达122.35万亩，惠及贫困户30多万户，为贫困户节省保费230多万元。

【“雨露计划”】 对有子女在校接受中、高等职业教育的建档立卡贫困家庭给予直接补助，引导和支持农村贫困家庭子女初、高中毕业后接受中、高等职业教育。充分利用全国扶贫开发信息系统标注的贫困家庭新成长劳动力接受职业教育学籍比对结果、省教育厅中高职院校学生学籍信息以及省人力资源和社会保障厅技工院校学生学籍信息，对“雨露计划”补助对象有针对性地进行排查核实，提高宣传动员和补助资金发放的实效性和精准性，做到应补尽补。各级安排“雨露计划”资金6300万元，按每生每年3000元标准，补助“两后生”2.1万人。

【扶贫改革试点】 推进淄博市扶贫改革试验工作取得阶段性成效。开展扶贫开发政策和农村低保制度衔接，探索开发式与保障式扶贫并举路径。完善资产收益扶贫机制，明确扶贫资产所有权、放活经营权、确保收益权、落实监督权，提升资产确权精准率、项目收益率、收益分配率、群众知晓率，有效保障扶贫资产运作安全和贫困群众持续稳定增收。2018年，淄博市扶贫资产实现收益5414万元，惠及贫困群众87257人。派驻“第一村医”，从全市二级以上医疗卫生单位筛选307名优秀全科医生，作为“第一村医”派驻到920个村，为群众提供身边的诊疗服务，确保小病不出村。创新小微扶贫站点，沂源县对部分贫困村闲置农房、简易仓库进行改造，建立660个小微扶贫站点，发展桔梗加工、玻璃贴花等门槛低、见效快的劳动密集型项目，就地就近吸纳8500余名贫困群众进站务工增收。

【社保兜底】 2018年，山东省加强农村低保制度与扶贫开发政策衔接，农村低保平均标准达到4583元/年。加大区域性中心敬老院建设力度，提高特困人员供养机构服务保障能力，全省生活不能自理特困人员集中供养率超过30%。出台《关于进一步加强和改进临时救助工作的意见》，对临时救助的对象范围、审核审批程序、救助方式、组织保障等政策措施作出规范和完善，提高并统一城乡救助标准。安排省财政专项扶贫资金2.8亿元，按照大病医疗商业补充保险每人不低于100元、意外伤害保险每人不低于10元、家庭财产保险每户不低于10元的标准，为全省建档立卡贫困人口购买“扶贫特惠保”，患病贫困人口年度累计负担的住院费用原则上不超过总费用的10%。各级定点医疗机构设立综合服务窗口，实行“一站式”即时结算。

【定点扶贫】 充实调整2300余名干部到省扶贫工作重点村担任驻村工作队队员，2000个省扶贫工作重点村实现应派尽派、一村一队。截至2018年底，全省共有在岗第一书记10998人。2018年省派第三轮612名第一书记共帮助调整选配党组织书记329名，培育致富项目1434个，修路3063.38千米，投入项目资金19.8亿元，争取社会资金7.1亿元，贫困人口全部脱贫，贫困村面貌焕然一新。

【社会扶贫】 深入实施“千企帮千村”脱贫攻坚行动，1518家民营企业结对帮扶1313个扶贫工作重点村，累计投入资金11.96亿元，帮助贫困群众6.02万人。开展“双百扶贫行动”，动员60家省级社会组织帮扶100个扶贫工作重点村。省扶贫开发基金会募集社会捐款3.45亿元用于脱贫攻坚。开展“泛海助学山东行动”和

“同心·光彩助学行动”，投入6250万元资助全省1万名贫困家庭大学新生和2500名贫困家庭在校大学生。开展“金晖助老——青春扶贫志愿者行动”，21079名青年志愿者与10160名贫困老人结对，开展服务12.2万次。开展“巾帼送暖”志愿服务、“爱心妈妈”关爱等活动，1.7万名巾帼志愿者结对5500多名贫困妇女儿童。扶贫日期间，省级开展评选表扬全省脱贫攻坚先进集体和个人、“健康助力奔小康”、公益救助、“学习习近平扶贫论述暨扶贫改革40周年”征文、脱贫攻坚集中宣传月5项活动。

【扶贫机构和队伍建设】　2018年10月，在山东省省级机构改革中明确脱贫攻坚期间，省扶贫开发办公室独立运行，承担省扶贫开发领导小组的日常工作。内设11个组，工作人员89名。加强机关党建，持续改进作风，扎实推进扶贫领域作风问题专项治理，召开全省扶贫系统“作风建设年”推进视频会议，出台《关于进一步加强机关作风建设的意见》。选优配强干部队伍，提拔任用处科级干部7名，完成27名干部的职级晋升，选派6名优秀干部参加全省“千名干部下基层”，2名干部赴美国、南非参加专题培训。推动廉洁扶贫，开展“查风险点、补薄弱点、建防火墙”活动，列出工作职责、廉政风险点、防范措施3张清单，排查廉政风险点35处，制定防范措施61条。组织开展廉政谈话，班子成员与各支部书记谈话12人次，支部书记与党员干部谈话61人次。

【扶贫宣传】　2018年，山东省深入学习宣传习近平总书记关于扶贫工作的重要论述，免费为全省扶贫工作重点村和驻村帮扶工作队、第一书记等赠阅《习近平扶贫论述摘编》3万余套。组织《大众日报》、山东广播电视台、大众网、齐鲁网等媒体开设“第一书记故事”“脱贫攻坚看山东”“第一书记朋友圈”等专题专栏20多个。中央媒体刊发山东省扶贫稿件12498篇，省级主要媒体刊发稿件9032篇，山东省扶贫开发办公室被评为“2018年度全国扶贫宣传工作先进集体”。编印《山东脱贫攻坚简报》138期，推广传统文化扶贫扶志、扶贫资产四权分置等创新经验448个（条），中央政治局常委、全国政协主席汪洋对山东省精神扶贫典型经验做重要批示，国务院扶贫办主任刘永富对乐陵市“村级扶贫专岗”模式作批示肯定。在全省组织开展“学习习近平扶贫论述暨扶贫改革40周年”征文活动，22篇论文在国家获奖；《两个鸡蛋》等3部作品在全国脱贫攻坚公益广告征集活动中获奖；电影《苏庆亮》全国首映，扶贫题材电影《俺不是贫困户》《艺术也疯狂》《追梦英雄》公开上映，取得良好宣传效果。

【省内扶贫协作】　2018年，承担省内协作任务的12个市均成立协作领导机构，签订扶贫协作框架协议，建立健全联席会议、结对帮扶、协同推进等工作机制。截至2018年底，6对市、34对县（市、区）、132对乡镇（街道）、198对村结成扶贫协作对子。6个帮助市实际拨付被帮助市财政专项资金6.13亿元。实施协作项目218个、实际投资94.11亿元，吸纳3063名贫困人口就业，带动贫困人口4.5万人。

【革命老区建设】　2018年，山东省有7个县组织实施中央专项彩票公益金支持贫困革命老区扶贫项目，其中2017年度项目县包括临朐、泗水、新泰、蒙阴4个县（市），2018年提前批中央专项彩票公益金项目县包括郯城、临沭、沂水3个县，每县投入中央专项彩票公益金2000万元，共计1.4亿元，修建生产路291千米，新建塘坝、蓄水池、扬水站等小型水利设施10处，项目覆盖83个贫困村，惠及12.9万人。山东省2018年度第二批中央专项彩票公益金项目县为五莲县，2019年度提前批中央专项彩票公益金项目县为莒县、莒南县、兰陵县、平邑县4个县，每县投入中央专项彩票公益金 2000 万元，用于支持贫困村小型生产性公益设施建设。2018 年 5 月，国务院扶贫办中国扶贫发展中心委托第三方对山东省 2016 年度项目县沂南县开展项目绩效评价，组织专家组赴山东省莒县、费县、泗水县开展彩票扶贫项目案例调研活动，形成山东省、莒县、费县马庄镇大寨村 3 个典型案例在全国印发。

【扶贫督查考核】 2018 年 12 月底，山东省扶贫开发领导小组对市级党委政府和省扶贫开发领导小组成员单位扶贫开发工作成效进行考核，覆盖 17 市、86 个县（市、区）、211 个乡镇（街道）、928 个村居，查看项目 365 个，走访贫困群众 8025 户，占全省建档立卡贫困户的 6.4‰。第三方暗访全程记录影像，共形成照片 2.34 万张和视频影像资料 2100 多个小时。在集中考核基础上，一并考量巡视发现问题整改、年中督查、滚动暗访、资金绩效评价、省内扶贫协作、黄河滩区脱贫迁建（由省发展改革委组织实施）等重点工作情况，采集分析各类数据 1400 多万条，对全省脱贫攻坚工作进行了全面体检。对考核等次为“好”的市，在分配安排财政专项扶贫资金时给予奖励；对考核等次为“一般”的 3 个市和 3 个省成员单位进行约谈。

（山东省扶贫办　靳秀丽）

河南省扶贫开发

【概述】 2018年，河南省调整充实脱贫攻坚领导小组，组建由省级领导干部分别担任指挥长的河南省脱贫攻坚14个重大专项工作指挥部。省委常委会、省政府常务会每季度至少专题研究一次脱贫攻坚工作，召开省脱贫攻坚领导小组会议、全省脱贫攻坚第六次推进会议、全省脱贫攻坚工作电视电话会议、全省扶贫开发工作会议部署脱贫攻坚工作。制定《河南省打赢脱贫攻坚战三年行动计划》，聚焦深度贫困地区和特殊贫困群体攻坚，注重脱贫任务较重的县（市、区）攻坚，打好产业扶贫、就业创业扶贫、生态扶贫、金融扶贫“四场硬仗”，开展健康扶贫、教育扶贫、扶贫助残、易地扶贫搬迁、危房改造清零、扶贫扶志“六大行动”，实施交通扶贫、水利扶贫、电网升级和网络扶贫、环境整治“四项工程”，提高农村贫困人口获得感。开展以暗访为主的脱贫攻坚督查巡查，对省辖市、直管县（市）2017年脱贫工作成效和省直责任单位2017年履行脱贫攻坚责任情况开展考核评估并落实奖惩措施。全省实现121.7万农村贫困人口脱贫、2502个贫困村退出，完成110万人脱贫、2365个贫困村退出的年度计划任务。19个国家级贫困县和14个省级贫困县实现脱贫摘帽。贫困地区农村居民人均可支配收入11911元，同比增长10.4%，高于全省农村平均水平1.7个百分点。

【扶贫资金投入】 2018年，河南省投入中央、省、市、县四级财政专项扶贫资金178.5亿元，较2017年增长23.4%，其中省级财政专项扶贫资金20.8亿元，较2017年增长13.3%。财政专项扶贫资金主要用于产业扶贫、扶贫小额信贷、易地扶贫搬迁和贫困村基础设施建设。贫困县统筹整合财政涉农资金256.5亿元。全省精准扶贫贷款余额1398.31亿元，当年新增235.97亿元，同比增长20.3%。宅基地复垦券交易收益65.67亿元，为易地扶贫搬迁、黄河滩区居民迁建等提供资金支持。

【扶贫资金管理】 制定《河南省财政扶贫资金动态监控系统使用管理办法》《河南省扶贫项目资金绩效管理办法》。依托财政扶贫资金动态监控平台，对预算编制、预算执行、决算编制实施全过程绩效管理。建立“制度＋技术”的扶贫资金监管模式，对每笔资金、每个流程、每个环节实行实时预警纠偏。落实扶贫资金项目公告公示制度，省级扶贫财政部门在门户网站公告公示扶贫资金分配情况，市、县建立公告公示平台，乡、村设立公告公示栏，主动接受监督。开展扶贫资金使用管理专项治理、扶贫项目建设管理专项治理、“雨露计划”实施专项治理，提高扶贫资金和扶贫项目效益。加强县级脱贫攻坚项目库建设，全省入库扶贫项目2.8万个。

【产业扶贫】 因地制宜发展特色农产品、畜牧养殖、乡村旅游、特色加工、电商流通等扶贫产业，实施产业扶贫项目1.73万个。农业产业扶贫覆盖带动农村贫困人口超过130万人。全省1016家涉牧带贫企业带动农村贫困人口38.5万人。国家级、省级电商进农村综合示范县覆盖所有贫困县，农村电商服务站点覆盖5806个建档立卡贫困村。首批认定7个旅游扶贫示范县、150个乡村旅游特色村、431家旅游扶贫示范户，开展“精品民宿走进贫困县”系列活动。累计建设光伏扶贫电站1.92万座，总规模容量254.48万千瓦，覆盖贫困户39.59万户。

【就业扶贫】 实施就业扶贫政策宣传、政策落实、岗位对接、技能培训、公益性岗位开发等5个专项行动，支持农村贫困劳动力就业增收。全省培训农村贫困劳动力32.58万人。“雨露计划”职业教育培训农村贫困家庭新成长劳动力9.03万人。全省新增农村贫困劳动力转移就业60.66万人。聘用农村贫困人口生态护林员2.3万人。支持农民工等返乡创业，认定43个省级农民工返乡创业示范园区、101个示范项目、51个“返乡下乡创业助力脱贫攻坚”优秀项目，给予资金奖补支持。全省农村贫困劳动力自主创业新增0.89万人，创业带动农村贫困劳动力就业3.87万人。

【金融扶贫】 推广金融扶贫“卢氏模式”，建成县金融服务中心152个、乡金融服务站2012个、村金融服务部4.28万个，形成覆盖全省农村地区的金融服务网络。全省新增扶贫小额信贷188.1亿元，惠及贫困户48.3万户。普惠金融“一平台四体系”（“一平台”即数字金融平台“普惠通App”；“四体系”包括信用信息体系，以“普惠授信”为核心的金融产品体系，县乡村三级金融服务体系，风险防控体系）兰考模式基本形成，并在开封市和省内22个县（市、区）复制推广。推广“政融保”保险资金扶贫模式，累计授信金额27亿元，带动贫困户7521户。

【健康扶贫】 建立基本医保、大病保险、困难群众大病补充医疗保险“三重医保”，医疗救助、疾病应急救助、慈善救助“三重救助”，以及各地结合实际创立的医疗兜底保障机制，形成“3+3+N”医疗救助保障模式。农村贫困人口医疗费用实际报销比例提高到90%，21种大病患者的集中救治率99.75%，慢病患者家庭医生签约服务率99.99%。

【教育扶贫】 资助建档立卡贫困家庭学生321万人次，基本实现“应助尽助”。新建改扩建中小学、幼儿园5900余所。为贫困地区招聘特岗教师9500名，县域内本土特岗教师比例达到70%。为贫困地区免费培养小学教育全科教师1895名，完成年度计划的315.8%。建设农村教师周转宿舍3200多套，惠及近6000名教师。

【易地扶贫搬迁】 坚持易地扶贫搬迁安置点靠县城、靠园区、靠乡镇、靠乡村旅游点的原则，集中安置比例90%以上。2018年规划实施的293个安置点住房建设任务基本完成，规划搬迁的6.29万人搬迁入住4.8万人。实施后续产业“5个1”专项行动（在有条件的安置点建设1个村级光伏小电站，因地制宜落实1项产业帮扶措施，引导龙头企业建设1个扶贫车间，有劳动意愿和劳动能力的贫困家庭至少有1人稳定就业，贫困户有1份集中理财、定期返还的稳定收益）和公共服务“5个有”覆盖工程（规模以上安置点有社区服务中心、有义务教育学校、有幼儿园、有卫生室、有综合文化场所），确保贫困人口搬得出、稳得住、能致富、生活好。

【危房改造】 中央、省级财政补助资金之外的农村危房改造任务由县市人民政府利用财政涉农整合资金予以解决。实行危房改造计划、任务、资金、目标、责任“五到县”，列入政府责任目标和绩效考核内容，加快推进4类重点对象危房清零。中央下达河南省2018年危房改造任务6.05万户，实际完成18.58万户。开展农村危房改造及质量安全“回头看”，确保质量达标。

【完善社会保障制度】 将农村居民低保标准提高到每人每年不低于3450元，惠及268.5万农村低保对象。将农村特困人员生活标准提高到不低于当地低保标准的1.3倍，惠及50.1万农村特困人员。将贫困群众城乡居民基本养老保险基础养老金最低标准提高至每人每月98元。建立“一门受理、协同办理”临时救助工作机制，救助24.4万人次。落实残疾人“两项补贴”制度，惠及174万困难残疾人和重度残疾人。加快重度残疾人家庭无障碍改造，改造7.94万户。

【扶志扶智】 制定《河南省扶贫扶志行动方案》，激发农村贫困人口脱贫内生动力。推广兰考县“积分超市”等做法，实施正向激励。利用农民夜校、讲习所、“中原文化大舞台”和“戏曲进乡村”等载体，丰富群众文化生活，加强感恩教育。发挥村规民约作用，推广“孝善基金”“孝心基金”等做法，深化移风易俗。

【基础设施建设】 投入贫困县农村公路建设资金75.3亿元，新改建农村公路7560千米。2018年拟退出的33个贫困县实现行政村通硬化路、通客车、通邮政目标，贫困地区行政村客车通达率99.5%。投入农村安全饮水巩固提升项目资金31.56亿元，受益行政村4797个，其中贫困村1560个，受益贫困人口71万人。投入水利扶贫工程资金48.39亿元，加快推进水利基础设施建设。贫困县和贫困村电网改造任务全面完成，实现全省农村村村通动力电和户户通电，实现全省20户以上自然村通4G和贫困自然村通光纤。开展贫困地区人居环境垃圾整治专项行动和“四美乡村”“五美庭院”创建活动，全省90%的村庄环境得到整治，有45个贫困县实行市场化保洁。

【以工代赈】 投入全省贫困县以工代赈资金2.5亿元，其中：中央预算内资金6350万元，财政预算内资金9000万元，省基建资金1亿元。修建道路91千米、桥梁10座、拦河坝9座、护堤1.07万米和小型农田水利工程13处，发放劳务报酬1239万元，改善贫困地区生产生活条件，增加贫困群众收入。

【定点扶贫】 新选派驻村第一书记1.3万人，对脱贫难度大、原由县派第一书记的深度贫困村统一调整为省派、市派第一书记。落实“队员当代表、单位作后盾、领导负总责”工作机制，实行“五天四夜”驻村工作制度。按照省派每年不低于3万元、市派每年不低于2万元、县派每年不低于1万元的标准为第一书记安排专项工作经费，将省派第一书记驻村补助由每天70元提高至140元，组织为全省驻村干部每年办理重大疾病和人身意外伤害保险。省级评选表彰507名优秀第一书记和320个第一书记选派工作先进单位。

【社会扶贫】 实施“千企帮千村”精准扶贫行动，6342家民营企业参与帮扶，累计帮扶农村贫困人口73.12万人。妇联系统引导实施“巧媳妇”工程，全省新增“巧媳妇”项目点3700多个，带动贫困妇女就业1.3万余人。工会系统组织实施劳模助力脱贫攻坚行动，帮扶贫困户和困难职工3万多户。共青团系统组织开展“八方援”河南共青团助力脱贫攻坚行动。推广应用中国社会扶贫网，全省累计注册用户283.87万人。组织19个经济实力较强的市、县结对帮扶19个脱贫任务较重的贫困县，落实产业发展、基础设施和公共服务项目投资共计20.68亿元，为农村贫困人口提供就业岗位6.05万个。组织53所省属高校结对帮扶53个贫困县，选派科技服务团128个。组织4个省直涉农单位对口联系4个深度贫困县指导产业发展。

【扶贫领域作风建设】 开展扶贫领域腐败和作风问题专项治理，重点整治形式主义、官僚主义和消极腐败问题，对47个贫困县实行问题线索挂牌督办。建立扶贫领域监督执纪问责协调联动机制，对有贫困人口的县（市、区）实行监督执纪问责全覆盖。开展扶贫干部轮训工作，强化干部作风和能力建设，培训干部62.64万人次。

（河南省扶贫办政策法规处　郑　方）

湖北省扶贫开发

【概述】 2018年，湖北省认真落实中央三年行动指导意见和省三年行动实施意见，坚持脱贫攻坚目标，聚焦深度贫困地区、特殊贫困群体和“两不愁三保障”的突出问题，强化责任落实，不断提高脱贫质量，巩固减贫成效。全省减贫105.5万贫困人口，出列963个贫困村，脱贫摘帽17个贫困县，贫困发生率降至2.4%，贫困地区基础设施进一步改善，公共服务水平稳步提升，社会保障兜底更加牢靠，区域贫困有效缓解，脱贫根基不断夯实，群众获得感持续增强。

【扶贫资金投入】 2018年，省级财政投入扶贫资金32.84亿元，市县财政投入扶贫资金103.63亿元。28个国定贫困县整合资金220.51亿元。承接金融机构政策性专项贷款220.07亿元、地方债券141.58亿元、国家专项建设基金50亿元；发放扶贫小额贷款85.53亿元，18.22万户贫困户获贷，各类扶贫资金投入再创新高。

【习近平扶贫论述专项学习活动】 省委省政府率先学。省委、省政府坚持第一时间传达学习、第一力度贯彻落实习近平总书记关于扶贫工作的重要论述。全年共召开20余次会议，专题学习传达习近平总书记关于扶贫工作的重要论述，研究部署脱贫攻坚工作。省委全会作出《学习贯彻习近平总书记视察湖北重要讲话精神奋力谱写新时代湖北高质量发展新篇章的决定》，对脱贫攻坚进行重点部署。深入学习习近平总书记对脱贫攻坚专项巡视的重要指示精神，坚决服从专项巡视安排，全力配合、自觉接受巡视；将狠抓巡视整改工作作为最严肃、最紧迫的政治任务，立行立改、真改实改，举一反三、全面整改，确保高质量做好巡视“后半篇文章”。认真贯彻中央《打赢脱贫攻坚战三年行动的指导意见》，出台湖北省实施意见，进一步强化责任、硬化政策、细化措施、实化投入，确保习近平总书记关于扶贫工作的重要论述在湖北落地落细。各级各部门深入学。各级各部门根据省委、省政府的安排部署，将习近平总书记关于扶贫工作的重要论述作为党委（党组）中心组理论学习的重要内容，全面学、深入学、系统学，推动学习进党校、进机关、进企业、进村组。订购《习近平扶贫论述摘编》21万本，送到每一名扶贫干部手中，确保思想认识跟上去、观念方式转过来、工作措施落到底，始终在政治上思想上行动上同以习近平同志为核心的中共中央保持高度一致。干部培训系统学。坚持将习近平总书记关于扶贫工作的重要论述作为扶贫干部培训的必修课，把《习近平扶贫论述摘编》作为必读书，把中央《关于打赢脱贫攻坚战三年行动的指导意见》作为培训重点，创新培训方式，分级实施培训，推动学习往深里走、往心里走、往实里走，培训57.52万人次，扶贫领域干部政治站位进一步提高，政策水平和实战能力稳步提升，攻坚必胜的决心和信心更加坚定。

【层层压实责任】 省委、省政府坚持“省负总责、市州主导、县抓落实”工作机制，构建五级书记抓扶贫、部门联动攻坚、干部驻村帮扶的责任体系，实施五级书记遍访贫困户行动。省委书记、省长先后近20次到脱贫攻坚一线暗访、调研、督办。省委书记、省长、省委副书记、省委常委常务副省长分别联系4个片区，40位省级领导对口联系37个贫困县，不脱贫不脱钩。省人大继续开展“聚力脱贫攻坚，人大代表在行动”活动，省政协组织开展扶贫监督性调研，督促政策落地。省直各部门明思路、出政策、定项目，扎实履职。各级党政领导，站位一线、靠前指挥。广大扶贫干部真心干事、真心为民，始终与贫困群众奋战在一起。

【动态调整】　扎实开展动态调整，贫困人口识别准确率达到99.5%以上。严把脱贫退出标准关、程序关、群众认账关，贫困人口退出准确率为99.71%、错退率为0.29%，建档立卡数据质量全国排名第三。加强扶贫信息化建设，推进扶贫信息部门共享、互联互通，扶贫大数据精准服务脱贫攻坚战。

【扶贫资金管理】　实行资金、项目、招投标、管理、责任“五到县”，建立扶贫资金违规使用责任追究制度，坚持铁面对待、铁腕处理，对资金流向实行全程监管。围绕“两不愁三保障”脱贫标准、扶贫资金规模、到村到户到人帮扶举措建立县级脱贫攻坚项目库，97个有扶贫任务的县三年滚动入库项目14万个。

【政策倾斜】　全省新增建设用地计划指标优先保障扶贫开发用地需要。组织实施城乡建设用地增减挂钩节余指标交易6383亩，交易金额32.49亿元；强化人才支持，向深度贫困县选派干部7129人、技术人员1325人；动员全社会科技力量投入脱贫攻坚主战场，推进贫困县市扶贫产业快速发展。

【基础设施建设】　全年解决52.98万贫困人口饮水安全问题，“十三五”规划内贫困人口饮水安全问题基本解决；实施农村危房改造13.06万户；完成1560个中心村电网改造，实现4964个行政村通电机井（泵站）、16142个自然村通动力电，贫困县全部通动力电。新改建农村公路13506千米，实现所有贫困村道路硬化目标；加强信息化建设，全省行政村实现光纤、4G、宽带全覆盖；完成1126个贫困村人居环境改善工程。贫困地区生产生活条件得到明显改善，乡村面貌焕然一新。

【产业扶贫】　坚持把产业扶贫作为治本之策强力推进，贫困地区培育各类产业主体66199家，贫困村专业合作社覆盖率达到96.88%。37个贫困县开展电商扶贫，覆盖6549个行政村。35个贫困县实施旅游扶贫工程，带动17.78万贫困人口增收。稳步推进光伏扶贫，已纳入第一批国家光伏补贴目录项目2119个，关联14.13万户贫困户。建成扶贫车间4333间，带动6.7万余名贫困人口就近稳定就业。

【易地扶贫搬迁】　严守人均建房不超面积、不因建房举债、建新必拆旧的“三条红线”，全面落实“交钥匙”工程。全省88.23万人的易地扶贫搬迁建设总任务基本完成，安置区基础设施、公共服务产业培育同步配套，确保搬得出、稳得住、能脱贫。

【健康扶贫】　健全完善基本医保、大病保险、医疗救助、补充医疗保险“四位一体”机制，实行先诊疗后付费和“一站式”结算模式，37个贫困县全年投入7.1亿元为贫困人口购买医疗保险，使因病致贫、因病返贫得到有效的解决。

【教育扶贫】　建立完善资助体系，决不让一名贫困户子女因贫失学。全年落实困难学生资助资金40亿元、资助学生150万人次，贫困家庭子女义务教育阶段入学率达100%，37个贫困县全部通过义务教育均衡发展验收。

【社保兜底】　实行农村低保制度和扶贫开发政策有效衔接，对完全丧失劳动能力和部分丧失劳动能力且无法依靠产业就业帮扶脱贫的贫困人口提供兜底保障。全省农村低保平均标准达到5194元，农村特困人员救助供养平均标准达到9265元。

【区域扶贫协作】 杭州市、恩施土家族苗族自治州建立领导互访、联席会议、信息通报等制度，全面强化对口帮扶。2018年，杭州市投入帮扶资金 2.84 亿元，实施扶贫项目 331 个，帮助 6.4 万贫困人口脱贫。深入推进省内区域协作扶贫，36 个经济强市县投入财政帮扶资金 1.61 亿元，提供就业岗位 5983 个。

【定点扶贫】 17 家中央单位定点帮扶湖北省 25 个国定贫困县，投入帮扶资金 7.81 亿元，引进帮扶资金 20.35 亿元，帮助销售贫困地区农产品 1.24 亿元。448 家省直定点扶贫单位帮扶 37 个贫困县，直接投入帮扶资金 5.34 亿元，帮助引进各类资金 46.92 亿元，组织劳务输出 1.25 万人，消费扶贫 4701 万元。

【社会扶贫】 5383 家民营企业签约帮扶 5341 个行政村，累计投入帮扶资金 64.63 亿元；中国社会扶贫网全省注册总人数达 871 万人、帮扶需求对接成功 29.5 万条，成功率达到 75%。全省 1922 个社会组织帮扶 5335 个村、54.58 万人，投入帮扶资金（款物）9.18 亿元；2530 个志愿服务团队 31.07 万人次参与脱贫攻坚，募捐物资折款 1.42 亿元。以“精准脱贫、携手同行”为主题，精心组织扶贫日活动，大力开展“十大特色”扶贫行动（贫困户收入核算工作、关爱贫困留守儿童“双结双促”行动、巾帼脱贫行动、科技助力精准扶贫行动、“助残圆梦”扶贫行动、金融扶贫公益行动、旅游助力精准扶贫、文化扶贫奔小康、扶贫进校园、健康快车扶贫行助力脱贫送爱心活动)，惠及数百万贫困群众。

【驻村帮扶】 坚持“全脱产、硬抽人、抽硬人”原则，共选派 21534 支工作队、78500 名干部，点对点、人对人、面对面精准帮扶，实现 4821 个贫困村全覆盖；落实驻村工作考核、正向激励、反向召回制度，全年表彰奖励驻村工作队员 1465 名，提拔重用 644 人，召回 155 人。

【扶贫考核】 落实最严格的考核评估制度，修订完善市县党委和政府扶贫开发工作成效考核办法，实现全省 17 个市州和 97 个有扶贫任务的县考核全覆盖。同时，对纳入省委、省政府目标责任制管理且有脱贫攻坚任务的 86 家省直单位、承担 37 个贫困县定点扶贫任务的 389 家单位，履行脱贫攻坚职责情况进行考评。坚持失责必问、问责必严，开展约谈，倒逼责任落实。省长、副省长分别约谈 2017 年扶贫成效考核综合评价靠后的 1 个地级市、1 个直管市、3 个县区党政主要负责人；省扶贫攻坚领导小组对 2018 年 9 月、10 月扶贫小额信贷逾期率超过 3% 的 16 个县开展约谈。

【扶贫宣传】 坚持正面宣传主线，深入报道全省 3 个脱贫摘帽县典型经验，宣传黄星、余超平、伍开连同志因公殉职先进典型事迹，大力推介 2018 年全国脱贫攻坚典型人物，并以省扶贫攻坚领导小组的名义对其他进入全国脱贫攻坚奖省级复选的 35 名个人和 15 个组织予以通报表扬。积极推广产业扶贫、易地扶贫搬迁等典型案例，生动讲述湖北扶贫好故事。突出“志”“智”双扶，强化政策引导、教育引导、典型引导和村规民约，培育贫困群众主体意识，提振脱贫信心。

【作风治理】 “十不准”根治作风顽疾。省委、省政府雷霆出击，向扶贫领域形式主义、官僚主义等突出问题果断亮剑，出台《脱贫攻坚作风建设“十不准”规定》，并制定扶贫领域腐败和作风问题专项治理工作方案和实施方案，剑指作风顽疾，聚焦扶贫领域“四风”新表现，布设扶贫纪律“高压线”。全省各地“出重拳”“下狠手”“给猛药”，坚决根治作风顽疾，扶贫干部作风明显好转。

“三大机制”力促工作落实。建立约谈机制：对扶贫领域责任不到位、政策不落实、措施不精准、作风不扎实的实行“零容忍”，严格约谈问责，传导压力。建立会商机制：对脱贫攻坚中的共性、全局性问题开展专题会商，统筹解决政策到村到户问题。建立问题督查通报机制：突出问题导向，一竿子插到底，直接进村入户，常态化开展暗访调查。全年组织129个暗访组，深入16个市州、74个县、365个村暗访，并将发现的问题以交办单的形式反馈给所在市州党委、政府，全面解决精准脱贫工作落实问题。

“三个新增”攻克深度贫困。省委、省政府态度坚决、立场鲜明，拿出超常规的决心、超常规的思路、超常规的举措，集中优势兵力，坚决打掉贫中之贫的“铁脊梁”，啃下坚中之坚的“硬骨头”。强化政策牵引，出台35条硬措施，实现新增资金、项目、举措向深度贫困地区倾斜。仅财力倾斜方面，2018年对深度贫困地区转移支付补助占其财政总收入来源的80%，远远高于全省转移支付54%的平均水平。更多的投入支持、政策支持、项目支持，加快深度贫困地区脱贫步伐。全省9个深度贫困县减贫8.21万户、23.32万人，出列171个贫困村，脱贫摘帽3个深度贫困县，贫困发生率由21.4%降至7.11%，退出准确率达98.42%，群众满意度达98%以上，“不愁吃、不愁穿”问题基本解决，“三保障”水平显著提高。

“四个一致”统筹推进非贫困县攻坚。坚持与贫困地区脱贫政策一致、工作目标一致、工作力度一致、考核评估一致“四个一致”的原则，出台《统筹推进非贫困县脱贫攻坚工作的指导意见》，再压责任、再加措施、再增政策，确保非贫困县精准脱贫不漏一村、不落一人。2018年，60个非贫困县出列407个贫困村，脱贫30.57万人。

“五位一体”拓展产业扶贫。创立“政府+市场主体+农户+银行+保险”的“五位一体”产业扶贫推进机制，培育壮大市场主体，大力发展特色产业，推进创业就业，促进一二三产业融合发展，拓宽群众稳定增收渠道。

（湖北省扶贫宣传教育中心　吴　珂）

湖南省扶贫开发

【概述】 2018年，湖南省以习近平新时代中国特色社会主义思想为根本遵循，坚决落实中共中央、国务院关于脱贫攻坚系列决策部署，扎实推进精准扶贫、精准脱贫。结合湖南省实际，出台《中共湖南省委湖南省人民政府关于打赢脱贫攻坚战三年行动的实施意见》，细化政策举措，明确责任分工，各地各有关部门均出台配套政策或落实方案；出台《关于提高脱贫质量促进稳定脱贫的指导意见》，狠抓巩固提升；加强脱贫攻坚与乡村振兴战略有机衔接，出台“1+1+N”实施乡村振兴战略政策体系，推动脱贫攻坚工作取得明显成效。农村贫困人口减少131万，2491个贫困村脱贫出列，17个贫困县脱贫摘帽，51个贫困县农村居民人均可支配收入达到10285元，增幅11%，高出湖南省平均增幅2个百分点。在中央2018年脱贫攻坚成效考核中湖南省为综合评价“好”的省份。

【扶贫资金投入】 2018年，中央和省级共安排财政专项扶贫资金85.09亿元，其中省本级财政投入38.1亿元，增幅12.9%；51个贫困县整合涉农扶贫资金174亿元。累计发放扶贫再贷款102.1亿元，新增扶贫小额信贷24亿元，撬动涉农贷款投放1083.2亿元。

【扶贫资金管理】 坚持按因素分配扶贫资金并及时下拨，健全公示公告制度，完成2018—2020年县级脱贫攻坚项目库建设，聘请第三方全覆盖核查县市闲置扶贫资金情况，重点解决资金趴账问题。

【扶贫督查考核】 实行扶贫开发领导小组双组长制，对脱贫攻坚工作专题研究部署、推动落实。湖南省扶贫开发领导小组成员单位均成立扶贫办，省委组织部出台21条驻村结对帮扶措施，脱贫攻坚任务较重的市（州）、县（市、区）党政正职切实把主要精力用在脱贫攻坚上。建立省领导常态化联点督查脱贫攻坚机制，各级党政领导带头开展“三走访、三签字”[省委书记、省长带头一年中走访湖南省所有贫困县，市州委书记、市州长走访辖区所有贫困人口集中的乡镇，县（市、区）委书记、县（市、区）长走访辖区所有贫困村。贫困户脱贫摘帽，由村支部书记、村主任共同签字；贫困村脱贫退出，由县（市、区）委书记、县（市、区）长签字；贫困县脱贫摘帽，由市（州）委书记、市（州）长签字，报省委书记、省长审定]，引领广大干部遍访贫困对象，进一步形成五级书记抓脱贫的生动局面。创建“三个落实”（责任落实、政策落实、工作落实）动态管理信息平台，对责任落实、政策落实、工作落实情况进行动态监测、智能分析、全程督办。把打赢脱贫攻坚战作为市州和省直单位重点考核内容，实施最严格扶贫成效考核，省扶贫开发领导小组约谈2017年扶贫成效考核排名靠后且问题比较突出的14名市县党政主职或分管领导；完善脱贫退出细则，严格坚持标准和程序，坚决做到脱真贫、真脱贫。

【基础设施建设】 加快贫困地区水、电、路、信等基础设施建设。交通方面，在51个贫困县完成交通固定资产投资303亿元，新增高速公路89千米，新改建国省干线475千米，农村公路通客车线路窄路基改造6572千米，自然村通水泥（沥青）路

17554千米，生命安全防护工程10045千米，农村公路提前实现具备条件的建制村100%通畅目标。水利方面，完成投资43.83亿元，巩固提升农村饮水安全建档立卡贫困人口124.91万人；新增和改善贫困地区灌溉面积52.6万亩，发展高效节水灌溉面积12.85万亩，治理水土流失面积240平方千米，完成防洪减灾保障投资超过30亿元。电力和通信方面，完成2157个贫困村农网改造升级，新增1135个贫困村光纤宽带通达，贫困村光纤网络覆盖率达到100%，4G移动通信网络有效覆盖率达到99.5%。人居环境整治方面，以51个贫困县为重点，提前下达重点生态功能区转移支付资金30.65亿元，深入实施农村人居环境整治工程，贫困地区92%的村庄生活垃圾得到有效治理。

【深度贫困地区脱贫攻坚】 坚持将深度贫困作为脱贫攻坚的重中之重，认真组织实施深度贫困地区脱贫攻坚方案，11个深度贫困县贫困发生率降幅高出省平均水平3.6个百分点。一是加大投入力度。新增安排4.5亿元财政扶贫资金倾斜支持深度贫困地区，将新增统筹整合涉农资金的50%重点向深度贫困地区倾斜，安排困难群众基本生活救助资金5亿元；在11个深度贫困县建成金融扶贫服务站1414家，发放金融扶贫贷款162.61亿元，同比增长9.30%。二是强化政策支持。在11个深度贫困县布局发展特色主导产业，将深度贫困县农村危房改造补助标准提高到2.8万元/户，"雨露计划"补助标准由3000元/人提高到5000元/人，给每个深度贫困县单独下达专项用地指标600亩，审批城乡建设用地增减挂钩项目32个，复垦规模2256.61公顷；定向招录深度贫困县乡镇公务员152名，安排农村教师公费定向培养招生计划907名。三是改善发展条件。开工建设湘西机场，启动桑植、古丈等县通用机场和泸慈、桑龙等高速公路项目建设前期工作，完成G353、G354等深度贫困地区部分路段的可研批复，建成张桑、永吉、武靖等高速公路。完成深度贫困村建设自然村通水泥（沥青）路5000千米，电网改造升级111个，通达光纤宽带113个，解决9.46万贫困人口饮水安全问题。

【易地扶贫搬迁】 完成21万人的易地扶贫搬迁任务。按照"先定区域再定人"原则核实搬迁对象，严守住房面积、住房质量、资金管理、不负新债四条底线，优化搬迁模式，对30户以上的集中安置点全部委托有资质的国有企业零利润总承包，实行交钥匙工程，确保工程质量和进度。

【产业扶贫】 深化"四跟四走"（即资金跟着穷人走，穷人跟着能人走，能人穷人跟着产业项目走，产业项目跟着市场走）路子，出台《关于支持贫困地区发展产业扩大就业的若干政策》，推进"一村一品一社一企"工程，支持640家省级以上龙头企业在贫困地区建立产业扶贫基地230万亩，实施产业扶贫项目5354个，帮助80多万贫困对象增收脱贫。组织高校结对贫困县实施"以购代捐"，通过电商平台销售贫困地区农产品47.3亿元，打造贫困地区13条文化生态旅游精品线路，促进全域旅游。

【"雨露计划"】 2018年，湖南省"雨露计划"职业学历教育扶贫补助人数259421人次，补助金额43048.15万元。其中51个贫困县补助185464人次，补助金额31954.6万元（其中11个深度贫困县补助41350人次，补助金额10337.5万元）；其他县（市、区）补助73957人次，补助金额11093.55万元。

【就业扶贫】 深化"1143"（一套机制、一项平台、四个环节、三个清单）劳务协作，建实任务清单、稳岗清单、责任清单，建成就业扶贫基地537家，培训贫困劳动力5.5万人、农村致富带头人1.48万人，新增贫困劳动力转移就业9.5万人，已转移就业贫困劳动力达156.8万人，占有转移就业意愿贫困劳动力总数的98.9%。实施“家门口”就业工程，支持建设扶贫车间，适度开发公益性岗位，帮助30余万名贫困人口实现就近就业。

【教育扶贫】 建立教育扶贫“一单式”信息管理系统，将政策“一单打尽”，把落实“一盯到底”，有效解决了教育资助难到位、控辍保学难精准、学籍户籍信息难统一的问题。全年资助各学段建档立卡等家庭经济困难学生116.43万人，发放补助资金26.29亿余元，帮助4876名贫困学生重返校园，支持27个贫困县建设“芙蓉学校”，下拨51个贫困县“全面改薄”（全面改善贫困地区义务教育薄弱学校基本办学条件）资金12.6亿元，基本完成贫困地区超大班额化解工作。

【健康扶贫】 深入实施“三个一批”行动，建立“三提高、两补贴、一减免、一兜底”综合保障机制，创新健康扶贫一站式结算“七统一”模式，全面实现县域内先诊疗后付费和“一站式”结算，贫困群众住院报销真正实现“一站无忧”，建档立卡贫困人口中大病救治率达到98.98%，各级财政列支重病兜底保障资金6亿元，救治实际报销比例达到89.14%。

【生态补偿脱贫】 选聘3.6万名建档立卡贫困人口就地转为生态护林员，带动近10万贫困人口脱贫；启动洞庭湖区湿地生态效益补偿试点；加快生态产业发展，51个贫困县林业产业总产值达1999亿元。

【社保兜底扶贫】 扎实推进农村低保和扶贫开发有效衔接，采取购买社会服务、开展扶贫志愿者活动等方式，加大贫困老年人、残疾人、留守儿童等特殊群体帮扶力度，建立支出型贫困救助制度和低保渐退机制，分类保障90.3万农村低保救助贫困人口。

【残疾人脱贫行动】 实施“农村残疾人阳光增收计划”，建立残疾人就业创业项目库，完成11655名残疾人职业技能培训，扶持2300名残疾人自主创业，帮助16500名残疾人发展生产增收，为近2万名残疾人提供了托养服务。

【扶志扶智】 广泛开展“脱贫立志、星级创建”“四扶四建”（“四扶”即扶志、扶智、扶技、扶业，“四建”即建扶贫讲堂、建培训中心、建乡村车间、建“村为主”机制）和治懒、治赖、治脏、治赌、治愚“五治”活动，在乡村挂出“脱贫光荣榜”，在省级媒体每月发布“脱贫攻坚群英谱”，拍摄《十八洞村》等专题片，充分发挥“一规四会”（即村规民约、红白理事会、道德评议会、村民议事会、禁毒禁赌会）激励约束作用，让群众的心里热起来、脑子转起来、身子动起来，依靠双手富起来。

【作风建设】 落实中央脱贫攻坚作风建设年要求，召开省市县乡村五级共5万人参加的作风建设动员部署大会，分两个片区召开扶贫领域作风问题展现治理工作推进会，切实以作风攻坚保障脱贫攻坚。一是强化督查问责。全体省委常委带头，20多位省级领导采取“四不两直”（即不发通知、不打招呼、不听汇报、不用陪同逶待，直奔基层、直插现场）方式，两次集中开展“深入贫困地区解决群众问题”专题调研。深入开展常态化联点督查，将督查范围延伸至31个非贫困县。湖南省执纪问责脱贫攻坚作风不严不实的干部2800人次，免职2名县委书记、85名乡镇党委书记，召回不称职工作队员379人。二是抓好问题整改。针对中央考核和约谈，中央巡视组、国务院督查组反馈指出的问题，从严制定整改方案，召开省领导干部会议进行动员部署，组织53万名干部进村入户开展大排查、大诊断、大整改，按照“一个问题、一套方案、一名责任人、一抓到底”要求，逐一抓好整改落实，各类个案问题已全面整改到位，涉及体制机制、政策落实等方面的问题，已纳入常态化工作，常抓不懈。三是强化专项治理。成立省扶贫领域作风问题专项治理工作办公室，各级扶贫开发领导小组成员单位相应加挂“专治办”牌子。切实减轻基层负担，2018年省级扶贫考核指标由8类35项精简到6类21项。全面推广“互联网+监督”模式，在每个村设立1名纪检监察员，重拳整治“雁过拔毛”式腐败问题。在湘西自治州、永州、益阳等地组织“一盏灯、一栋房、一条路、一口井、一张床”（即农村太阳能路灯、危房改造和易地扶贫搬迁、通村公路、安全饮水、医保资金）专项清理工作试点，探索了由个案查处延伸到行业治理、解决系统问题、形成抓常抓机制的治理方法路径。采取“五个一批”工作做法（重点监督一批、直查直办一批、挂牌督办一批、约谈问责一批、典型通报一批），常态化以案促改。四是注重正向激励。在保持贫困县党政正职稳定的基础上，提拔重用14名扶贫业绩突出的贫困县县委书记，评选表彰319名脱贫攻坚先进个人和100名最美扶贫人物，澄清群众信访举报失实问题2037个。湖南省做法经验在全国深化扶贫领域腐败和作风问题专项治理工作推进会上做了交流。

【科技扶贫】　2018年3月，湖南省科技专家服务团正式组建，并实现向51个贫困县全覆盖、科技人才向3209个贫困村全覆盖。一年来，服务团共创建服务基地723个，服务企业1150家、专业合作社2388家，带动17万户农户增收，逐步成为助力脱贫攻坚和乡村振兴的有生力量。

【定点扶贫】　2018年，14家中央单位先后安排18名部级领导到湖南省调研定点扶贫，选派挂职扶贫干部45名、第一书记11名，投入20个贫困县帮扶资金11亿元，实施帮扶项目182个，助销贫困地区农产品4亿元。

【东西部扶贫协作】　建立湖南省与山东省级联系机制，双方省部级领导对接3次，签署了扶贫协作三年行动计划，互派挂职干部35名、专业人才交流402人次；济南市投入湘西自治州财政援助资金2.8亿元，组建扶贫协作产业联盟，120家驻济企业加盟，其中24家企业计划三年总投资3亿余元。新转移贫困劳动力到山东就业254人，超额完成年度计划。

【对口帮扶】　2018年，继续组织长沙市等15个经济较发达市开展对口帮扶和携手奔小康行动，15个经济较发达市县共投入深度贫困地区帮扶资金3.27亿元，实施帮扶项目127个，帮扶贫困人口就业1.19万人，带动贫困人口脱贫2.75万人。

【社会扶贫】　2018年，湖南省在中国社会扶贫网的贫困人口注册数、贫困需求发布数、对接成功率等指标位居全国前列，网站覆盖面、活跃度、精准性和影响力稳步提升；深入推进“万企帮万村”，引导5740家民营企业精准帮扶贫困村7429个，实施项目12772个，投入资金85.48亿元，帮扶贫困人口91.9万；积极开展扶贫日系列活动，湖南省募集社会捐赠资金（款物）近22亿元。

【扶贫宣传】　召开“湖南省深入学习贯彻习近平总书记精准扶贫重要论述大会”；先后两次派人赴北京参与“决胜2020——脱贫攻坚展”和“全国脱贫攻坚展”。全年在《人民日报》、中央电视台等中央主流媒体推出扶贫报道2000余篇，在省级主要媒体推出扶贫报道18000余篇。数十篇扶贫稿件在《人民日报》《新闻联播》等中央主流媒体的头版头条以及核心栏目进行刊播。先后总结推广了“精准扶贫首倡地十八洞村”“祁阳四扶四建扶志扶智”“麻阳谭家寨乡九村联建扶贫”等典型经验，创作了报告文学《乡村国是》、电影《十八洞村》、花鼓戏《桃花烟雨》、中共中央宣传部2018年主题出版重点出版物《精准扶贫精准脱贫方略》等系列脱贫攻坚题材的优秀文艺作品。2018年6月2日，老挝人民革命党中央总书记、国家主席本扬到湘西自治州花垣县十八洞村考察扶贫工作。

（湖南省扶贫开发办公室　肖坤林）

广东省扶贫开发

【概述】 2018年，广东省围绕到2020年完成脱贫攻坚任务、相对贫困户稳定实现“两不愁三保障”（即不愁吃、不愁穿，义务教育、基本医疗、住房安全有保障）、相对贫困村实现“一相当”（即基本公共服务主要领域指标相当于全省平均水平）目标，全面贯彻落实中共中央和省委、省政府脱贫攻坚决策部署，落实省负总责、部门联动、市县抓落实的工作机制，脱贫攻坚各项政策举措得到有效落实，现行标准下建档立卡贫困人口“两不愁三保障”总体实现，有劳动能力贫困户人均可支配收入达到9600元以上，累计近150万贫困人口实现脱贫，贫困发生率降至0.3%，东西部扶贫协作继续走在全国前列。

【扶贫资金投入】 2018年，广东省各级财政投入扶贫开发资金233.67亿元，其中省内脱贫攻坚55.4亿元，贫困村创建新农村示范村资金139亿元；东西部扶贫协作39.27亿元，在全国9个东部省市中排名第一。全省金融机构针对相对贫困人口累计发放金融精准扶贫贷款137.52亿元，同比增长18.4%；小额信贷年内增长4.73亿元，同比增长19.2%；“开发性金融支持广东省东西部扶贫协作对接会”带动投资240亿元。落实扶持粤东西北脱贫攻坚建设用地指标3.44万亩，落实国家下达的2.51万亩城乡建设用地增减节余指标跨省域调剂任务。

【脱贫攻坚组织领导】 以广东省农业农村厅、三个扶贫职能处为班底，从省农业农村厅机关、省渔政总队、厅属事业单位及省直有关单位抽调人员，组建广东省脱贫攻坚工作专班，下设政策综合专责组、督导考核专责组、定点帮扶协调组、专项扶贫协调组、粤川滇黔扶贫协作组、粤桂扶贫协作组六个小组，统筹推进全省脱贫攻坚和东西部扶贫协作工作。

【责任落实】 落实“省负总责、部门联动、市县抓落实”的管理体制，召开全省脱贫攻坚工作推进会、省委常委会、书记专题会议、省政府常务会议，专题研究部署省内脱贫攻坚和东西部扶贫协作工作。中央政治局委员、广东省委书记李希，省委副书记、省长马兴瑞多次带队到广西和四川省凉山彝族自治州、甘孜藏族自治州，云南省怒江傈僳族自治州、贵州省黔南布依族苗族自治州及西藏自治区林芝市、新疆维吾尔自治区喀什市等地调研对接东西部扶贫协作和对口支援工作，实现党政一把手遍访对口帮扶地区全覆盖。制定实施《关于打赢脱贫攻坚战三年行动方案（2018—2020年）》和责任清单，出台《关于进一步压实攻坚责任 严格落实精准扶贫政策的意见》，深入实施五级书记遍访贫困户、深度调研、专题研究、定期报告、考核督查等“五项工作制度”，全方位压实各地区各有关部门攻坚责任。省人大组织开展对脱贫攻坚专题询问，反馈脱贫攻坚工作中存在的7大类、18个方面突出问题，建立整改台账，狠抓问题整改和责任落实。

【产业扶贫】 实施特色产业扶贫促增收行动，用好现代农业产业园、“一村一品、一镇一业”等载体，发展特色种养、农产品加工、乡村旅游三大产业，发挥农业企业、农民合作社、家庭农场三大主体作用，完善与贫困户利益联结、产销对接、科技支撑三大机制，提升产业扶贫带贫益贫能力。2018年广东省实施产业扶贫项目33.27万个，带动在家有劳动能力相对贫困户19万户、70.4万人，产业项目收益14.8亿元，人均产业增收2605元。参与资产性收益项目的贫困人口93.56万人，占有劳动力贫困人口的79.6%。2277个贫困村建有农业特色产业4578个，成立农民合作社5388家，参与农业产业扶贫的农业龙头企业达932个。

【就业扶贫】　制定实施就业扶贫、技能扶贫三年行动计划，分级分类开展技能培训，开发公益性就业岗位，加强区域劳务协作，进一步拓宽贫困群众就业渠道，促进贫困群众多种形式就业增收。2018年，广东省5.8万名贫困人员享受技能培训帮扶。截至2018年底，共创建"扶贫车间""扶贫工作坊"220个，开发保洁、保安、护林等公益性岗位安置贫困人员就业，全省29.8万名贫困人员实现就业，人均就业增收1.8万元。

【教育扶贫】　将建档立卡学生生活费补助范围扩大至全日制本科和研究生教育阶段，将生活费补助由学籍地发放改为户籍地发放。实施全面改善贫困地区义务教育薄弱学校基本办学条件项目，推进标准化特殊教育学校建设，实施职业教育扶贫政策，加强贫困地区师资队伍建设。2017—2018学年补助建档立卡学生29.59万人，发放各级财政补助资金10.8亿元，因贫辍学情况得到明显遏制。

【健康扶贫】　制定实施《广东省健康扶贫三年行动计划（2018—2020年）》，全额资助建档立卡贫困人口参加基本医疗保险，全省符合医疗保险参保条件贫困人口已全部纳入医疗保障范围，低保对象和建档立卡贫困人口政策范围内基本医疗救助比例达到80%以上，支出医疗救助金19亿元，惠及困难群众319万人次。推进农村贫困人口大病专项救治工作，全面开展家庭医生签约服务，大力加强公共卫生和重大疾病防控工作，启动实施贫困地区健康促进三年攻坚行动。

【危房改造】　2018年广东省完成贫困户危房改造任务5.6万户，2016—2018年累计完成25.8万户贫困户危房改造任务，贫困户危房改造基本完成。

【社会救助】　2018年，广东省制定实施《关于在脱贫攻坚三年行动中切实做好社会救助兜底保障工作的通知》，加快推进扶贫开发与社会救助衔接工作。全省农村低保最低标准提高至年人均5280元，符合条件的贫困户全部纳入低保兜底保障。农村集中、分散特困人员供养标准分别提高至年人均10712元、9138元，困难残疾人生活补贴和重度残疾人护理补贴分别提高至每人每年1890元、2520元。

【贫困村建设】　推进贫困村创建新农村示范村工作，2277个相对贫困、200人以上自然村村道路面硬化任务全面完成、电网改造全面完成、村村通自来水任务基本实现，村标准化卫生站覆盖率达60%，20户以上的自然村完成集中供水65.2%；自然村"三清三拆"（"三清"是指：重点清理村巷道及生产工具、建筑材料乱堆乱放；清理房前屋后和村巷道杂草杂物、积存垃圾；清理沟渠池塘溪河淤泥、漂浮物和障碍物。"三拆"是指：拆除危旧房、废弃猪牛栏及露天厕所茅房；拆除乱搭乱建、违章建筑；拆除非法违规商业广告、招牌等）等村容村貌整治完成率达98.7%，村内巷道路面硬化完成率62.1%，雨污分流实现率42.4%。粤东粤西粤北地区建成村级综合性文化服务中心21326个，覆盖率达82.6%；移动宽带普及率分别达80%、72.9%、74.4%。

【对口帮扶】　珠三角6市累计向粤东西北对口帮扶的12个市派出驻市、县工作队52个，向1719个相对贫困村派驻2157名驻村干部，帮扶相对贫困户11.82万户、36.78万人，实际投入资金93.53亿元，累计帮扶产业项目 34.7 万个、资产收益项目 23.5 万个，帮扶就业 19.5 万人。

【社会扶贫】 利用 6 月 30 日广东扶贫济困日、10 月 17 日国家扶贫日等节点，动员社会各界积极参与扶贫，2018 年，社会各界认捐善款 39.8 亿元。全省有 1786 家企业结对帮扶 2331 个村庄，投入资金 31.19 亿元，帮扶农村 12 万人。中国建设银行牵头开展"万小企扶万农户"普惠金融精准扶贫三年行动，已携手 2000 家小企业结对帮扶 2000 户贫困户开展精准帮扶。

【党建扶贫】 把"抓党建促脱贫攻坚工作"纳入广东省加强党的基层组织建设三年行动计划，召开全省抓党建促脱贫攻坚工作现场会，对全省各地排查出来的 238 个问题村（社区），全面推广"三个在先"（党组织优化设置在先、重大事项党组织决策在先、党员先锋模范作用发挥在先）党建扶贫工作机制，选优配强驻村工作队和驻村第一书记，着力打造一支不走的工作队。

【东西部扶贫协作】 省委、省政府组织省和经济较强 10 个地级以上市开展东西部扶贫协作，帮扶对象包括桂、川、黔、滇 4 省（区）的 14 个市（州）93 个县。省委、省政府主要领导 13 人次及其他省领导 18 人次参加扶贫协作工作对接活动。派出 6 个省级协作工作组 168 名党政干部、2455 名科技人才到被帮扶地区，接收 219 名党政干部到广东挂职交流；省及各级共筹措财政援助资金 10.86 亿元，社会帮扶资金 32.23 亿元；引导广东省企业在西部地区签约项目 678 个，投资总额 115.69 亿元；佛山市帮扶凉山彝族自治州、珠海市帮扶怒江傈僳族自治州、东莞和中山市帮扶昭通市，共援建了 76 个易地搬迁示范点，助力深度贫困地区 1.1 万户群众建设安全、宜居新住房，并打造成具有民族特色的美丽乡村建设示范点；广东省 407 所学校与帮扶的 4 省区 429 所学校结对，190 个医院与西部 4 省区的 175 个医院结对；全省 10 个市、49 个县（市、区）、244 个镇（区）、1671 个村（社区、企业）分别与西部地区 4 省（区）的 14 市（州）、93 个贫困县（市、区）、1885 个村结对开展携手奔小康活动。

【扶贫宣传】 广东省扶贫信息网全年编发原创稿件 4594 篇，报道基层一线扶贫工作实践，总结推广各地、各帮扶单位扶贫经验成效及脱贫攻坚先进人物。《广东脱贫攻坚工作动态》全年编发简报 50 期，宣传脱贫攻坚过程中涌现的先进典型人物、案例、经验，展现扶贫干部的感人事迹，交流成功经验做法，树立正向激励典范，推进工作进展。组织各大媒体，开展"脱贫攻坚在行动、乡村振兴看南粤"网络主题采访活动；联合广东广播电视台开展"大爱有声"公益晚会；组织全省各地市广播记者采制并在九个广播频率同步播出《一起奔康共同富裕》专题节目；联合广东新快报社，在 10 月至 12 月分 3 期推出近 70 个版面的扶贫工作典型人物、事例特刊；组织南方网、今日头条、南方 Plus 等媒体协同开展广东省"产业扶贫示范项目"网络评选活动，宣传报道广东省产业扶贫的特色、举措、成效和亮点等。

【作风建设】 2018 年，广东省共摸排扶贫领域违纪违法问题线索 4458 件，立案 2835 件，给予党纪政务处分 2211 人，移送检察机关审查起诉 155 人，曝光一批扶贫领域违纪违规典型案例，扶贫领域腐败和作风问题得到有效遏制。深入开展扶贫领域作风问题专项治理，省级文件同比减少 12.1%，合并考核评估项目，提高督查巡查实效。开展扶贫领域形象工程专项整治。狠抓巡视、巡查、审计、考核、人大询问指出突出问题整改落实。

（广东省扶贫办　刘　一）

广西壮族自治区扶贫开发

【概述】 2018年，广西壮族自治区各级部门贯彻落实中共中央、国务院决策部署，抓好自治区党委、政府脱贫攻坚三年行动实施，脱贫攻坚工作取得新进展新成效。实现116万建档立卡贫困人口脱贫、1452个贫困村出列，龙胜各族自治县、资源县、田阳县、田东县、西林县、富川瑶族自治县、金秀瑶族自治县、大新县、宁明县等9个国家扶贫开发工作重点县（滇桂黔石漠化片区县），苍梧县、平果县、河池市金城江区、天峨县、武宣县等5个自治区扶贫开发工作重点县区（滇桂黔石漠化片区天窗县），14个贫困县脱贫摘帽。全国贫困村创业致富带头人工作现场会、全国“携手奔小康”培训班、全国脱贫攻坚作风建设座谈会、全国脱贫攻坚民主监督工作经验现场交流暨2018年度成果会商会先后在广西召开。贫困村创业致富带头人培育“上林模式”、“三方”见面活动、乡村旅游扶贫、残疾人扶贫等工作得到国务院扶贫办、文化和旅游部、中国残联等单位的肯定。广西1个组织和5名个人荣获2018年“全国脱贫攻坚奖”。自治区扶贫办干部蓝标河同志被追授“全国脱贫攻坚模范”。

【扶贫资金投入】 2018年，广西投入财政专项扶贫资金148.63亿元，较2017年同口径增长32.66亿元，增长率28.16%。其中：中央财政专项扶贫资金610080万元（包括扶贫发展支出方向546083万元、以工代赈支出方向3280万元、少数民族发展支出方向56278万元、国有贫困农场支出方向1737万元、国有贫困林场支出方向2702万元），自治区本级财政扶贫资金38.87亿元，市级财政投入扶贫资金16.99亿元，县级财政投入扶贫资金31.77亿元。2018年广西投入到33个滇桂黔石漠化片区县、国家扶贫开发工作重点县的中央财政专项扶贫资金（扶贫发展支出方向）31.28亿元，占当年中央财政专项扶贫资金（扶贫发展支出方向）投入总量的51.27%。

【扶贫资金管理】 印发《广西财政专项扶贫资金管理细则》，就深度贫困、极度贫困等政策因素的分配标准进行细化。执行公告公示制度。各级扶贫资金分配结果一律公开，乡、村两级扶贫项目安排和资金使用情况一律公告公示。出台《广西壮族自治区扶贫资金项目公告公示制度实施办法（2018年修订）》，规范细化公告公示相关规定。印发《广西壮族自治区财政厅关于全面加强脱贫攻坚期内各级各类扶贫资金管理的实施意见》和《广西壮族自治区财政厅关于进一步加强社会保障领域扶贫资金监管的通知》，将支持“两不愁三保障”的42项中央资金、59项自治区资金全部纳入监管范围。出台《强化扶贫资金监督检查三年行动方案（2018—2020年）》，保持扶贫资金严管态势。

【义务教育保障】 实施教育扶贫八大帮扶计划，落实教育扶贫项目资金162.26亿元。2018年，广西新建、改建、扩建142所贫困地区公办幼儿园、3579所义务教育薄弱学校。资助各学段建档立卡贫困家庭学生101.44万人次，发放补助资金19.24亿元。狠抓控辍保学工作，开展“拉网式”排查劝返，累计劝返贫困户辍学适龄学生4370人。对因残因病无法到校就读的学生，通过送教上门的方式实施义务教育。选派3300余名教师、招募787名优秀退休教师志愿者到贫困地区支教，培训贫困地区教师2.5万人次。

【基本医疗保障】 实现建档立卡贫困人口基本医保参保率100%。建立基本医保、大病保险、基本医保二次报销、医疗救助、财政补助5道保障线，取消贫困人口报销起付线，提高报销比例5个百分点，贫困人口住院合规费用实际报销比例90.92%，门诊特殊慢性病按规定长期门诊治疗费用实际报销比例85.06%。实施基层医疗卫生机构能力建设行动计划，2018年安排11.26亿元，实施项目932个，乡镇卫生院、村卫生室标准化建设率超过90%。每个村卫生室配备国家基本药物目录品种30种以上。计划3年培养乡村医生5500人，2018年招生2110人。贫困人口“先诊疗后付费”和“一站式”结算在广西实施，县域内定点医疗机构基本实现贫困人口只需缴纳住院费用的10%即可出院。2018年贫困人口大病集中专项救治病种从9种扩大到21种，累计救治14种大病贫困患者3.05万人，累计救治率达98.52%。广西455.4万贫困人口（含脱贫人口）享受签约家庭医生服务。

【住房安全保障】 广西组织开展贫困户危房等级评定并出具房屋安全性评定意见书。严控贫困户危房改造面积，规范补助发放，减轻贫困户自筹负担。2016—2018年，国家下达广西农村危改任务33.6万户，开工率100%。其中，2018年国家下达广西建档立卡贫困户等4类重点对象危房改造任务12.04万户（包含2019年建档立卡贫困户危房改造任务）。完善农村危房改造工作规程，开展质量专项检查，确保房屋安全和质量。

【产业扶贫】 广西因地制宜制定县级“5+2”、村级“3+1”个特色产业规划并集中力量发展，该做法被评为2018年全国扶贫日产业扶贫论坛全国产业扶贫十大机制创新典型。贫困地区建立以糖料蔗、水果、油茶、核桃、桑蚕、中草药、猪牛羊鸡鸭养殖等为主导的特色产业体系，产业扶贫覆盖建档立卡贫困户约113万户，覆盖率达80%。2018年新增农民专业合作社约3100个，新型经营主体覆盖4893个贫困村，实现所有贫困村全覆盖，建设特色产业基地3500多个。在54个贫困县认定自治区级现代特色农业示范区74个、县级示范区180个、乡级示范园301个。实施产业扶贫以奖代补政策，防止简单发钱发物。

【易地扶贫搬迁】 2016—2018年，广西计划建设易地扶贫搬迁住房165886套、计划投资431.06亿元。至2018年末，累计搬迁建档立卡贫困人口69.33万人，搬迁入住率97.6%。严守人均建房面积、户均自筹标准政策底线和专项资金使用管理红线。出台搬迁户后续扶持政策文件，实行“一户一策”“一户一帮”“一户一档”，帮助搬迁贫困劳动力就业18.67万人。完善安置点基础设施和公共配套设施，406个安置点建设小学，389个安置点建设幼儿园，370个安置点建设医疗机构，258个安置点建设农贸市场。出台加强易地扶贫搬迁安置点基层组织建设的指导意见，269个安置点成立社区党组织，267个安置点成立社区居民委员会。

【村集体经济】 广西把发展壮大村级集体经济工作情况纳入基层党建述职评议考核、贫困县党政领导班子和领导干部实绩考核内容。出台《关于发展壮大村级集体经济的若干政策措施》《关于实施发展壮大村级集体经济三年行动计划（2018—2020年）的意见》等政策文件。2018年广西村集体经济年收入达3万元的贫困村4731个、占比94.6%。

【基础设施建设】 加快路、水、房、电、网及公共服务等基础设施建设。全年完成通屯道路项目建设10028个、11160.3千米，超额完成10000千米目标任务。提前两年实现20户以上自然村（屯）通砂石以上道路目标；完成农村饮水安全巩固提升工程项目建设5498个，覆盖受益农户332197户；完成农网改造升级项目建设1311个，覆盖受益农户134332户，有扶贫任务的行政村全部接通动力电，建档立卡贫困人口全部用上生活电；建设完成村委会办公场所324个、宣传栏491个、村卫生室124个、篮球场615个、文化室或戏台789个，通宽带网络164个村；解决18965户农户看电视问题。5000个贫困村全部通光纤网络，4872个贫困村实现4G网络覆盖，其中2018年新增54个贫困村实现4G网络覆盖。

【东西部扶贫协作】　广东广西两省区联合出台《粤桂扶贫协作和区域合作工作清单（省级层面）》和《粤桂扶贫协作三年行动方案（2018—2020年）》。2018年广东省落实财政帮扶资金10.91亿元，县均投入3000多万元，资金支出进度95.09%，实施帮扶项目283个，带动脱贫36.01万人。广西选派116名党政干部、1492名专业技术人才到广东省挂职学习。联合广东省累计培训党政干部8178人次、专业技术人才15997人次。落实粤桂扶贫协作13条优惠政策，共建深巴大健康特别试验区产业园区和粤桂合作特别试验区等产业园区，引导1.3万家广东企业到广西贫困地区参与扶贫，实际投资2825.3亿元。深化“携手奔小康”行动，建立“县县、乡乡、村村、村企”结对帮扶模式，广东省99个镇（街道）、106个村（社区）结对帮扶广西108个贫困乡（镇）、149个贫困村，148家广东企业结对帮扶广西214个贫困村，覆盖贫困人口82.49万人。广西8市、33县（市）工商联与广东5市、26县（市、区）工商联签署扶贫协作行动框架协议，实现三级工商联对接全覆盖。11月26日，两省区在广州市联合举办“同饮一江水，携手奔小康”粤桂扶贫协作大型募捐活动，募集591家企业和社会组织捐赠的社会帮扶资金3.96亿元。

【定点扶贫和社会扶贫】　24家中央定点扶贫单位选派53名干部到广西28个国定贫困县挂职或担任第一书记，直接投入（引进）帮扶资金5.03亿元。广西9000多个单位定点帮扶贫困村，直接投入（引进）帮扶资金40多亿元。2018年国家扶贫日当天，1.2万个单位参与活动，募集帮扶资金7.3亿元。推广使用中国社会扶贫网，注册人数达45万人。4908家民营企业结对帮扶5364个贫困村（含摘帽村），实施帮扶项目1.09万个，投入（引进）帮扶资金27亿元。各类社会组织通过实施扶贫项目、提供技术服务、组织医疗和灾害援助、开辟就业渠道、开展社会工作、提供志愿服务、爱心捐助等方式参与脱贫攻坚。

【精准帮扶】　开展帮扶贫困户、联系贫困户学生工作（简称“一帮一联”），落实52.3万名干部结对帮扶，实现贫困户及贫困户学生帮扶全覆盖。2018年选派驻村帮扶干部3.73万人，其中第一书记5379人。以村为单位开展贫困户、脱贫户和帮扶联系人“三方”见面活动，由脱贫户介绍脱贫经验、体会和脱贫后享受的政策，打消贫困户顾虑。全年开展“三方”见面活动1.05万场次，帮助贫困户解决问题3.2万个。贫困户脱贫后，继续享受相关政策，实行摘帽不摘责任、摘帽不摘政策、摘帽不摘帮扶。

【扶贫培训】　全面落实“雨露计划”应补尽补政策，2018年补助26.59万人次贫困户“两后生”参加学历教育。“千校行动”累计接收建档立卡贫困户学生8780人，实施短期技能培训1.65万人。抓好扶贫干部培训，自治区党委组织部、自治区扶贫办联合印发加强精准扶贫干部教育培训实施方案，明确各级扶贫干部培训任务，全年组织开展扶贫干部培训5186期，累计培训78.75万人次，基本实现“两个基本、三个全覆盖”（地方党政领导干部、部门行业干部培训基本覆盖；扶贫系统干部、帮扶干部、有扶贫开发工作任务的行政村干部全覆盖）目标。

【就业扶贫】 落实就业创业各项扶持政策，加强就业信息收集和劳务输出服务，2018 年广西全年新增贫困劳动力转移就业 41.48 万人，开发乡村公益性岗位 1.67 万个，吸纳贫困劳动力就业 1.66 万人；聘用 3.45 万贫困人口担任生态护林员。出台支持就业扶贫车间建设的政策措施，认定就业扶贫车间 1160 家，吸纳 1.29 万贫困劳动力就近就业。2018 年底，广西贫困地区农村居民人均可支配收入增长 10.5%，较全省平均水平高 0.7 个分点。

【深度贫困地区脱贫攻坚】 成立广西深度贫困地区脱贫攻坚办公室。筹措安排深度贫困地区财政专项扶贫资金 36.71 亿元，占中央下达和自治区财政安排专项扶贫资金总量的 36.8%。向深度贫困地区选派干部 8271 名、选聘科技特派员（技术人员）811 名。深度贫困县贫困户的产业覆盖率达到 88.79%，高于广西平均水平近 8 个百分点，发展核桃、油茶等长线产业，带动贫困户 20 多万户。从 20 个深度贫困县中评估确定大化瑶族自治县、都安瑶族自治县、隆林各族自治县、那坡县 4 个极度贫困县，确定 100 个极度贫困村、1 万户以上极度贫困户。出台决胜极度贫困地区脱贫攻坚的特殊扶持政策措施，集中各方资源攻坚突破。

【党建扶贫】 全面推行农村基层党组织“星级化”管理，2018 年排查整顿软弱涣散贫困村党组织 878 个，调整撤换村党组织书记 105 名，每个贫困村储备 2～3 名村级后备干部。实施村党组织带头人队伍整体优化提升行动，推行农村党员积分管理，深化党员中心户、党员爱心岗位、党员结对帮扶等活动，推动农村党员在脱贫攻坚中发挥先锋模范作用。

【作风建设】 开展脱贫攻坚作风建设年。进行扶贫领域作风问题专项治理，自治区扶贫开发领导小组印发专项治理实施方案，出台广西脱贫攻坚“十坚持十不准”，配合各级纪检监察部门开展扶贫领域腐败问题专项治理。规范脱贫攻坚督查检查考核事项，有效减轻基层迎检迎评负担。

【扶贫干部教育培训】 出台加强扶贫干部教育培训实施方案，统一编印《广西脱贫攻坚工作手册》《贫困村干部培训班讲义》《扶贫信息员工作手册》，规范培训内容。

【扶贫监督考核】 2018 年暗访 106 个有扶贫开发任务的县，走访 301 个乡镇、387 个行政村、近 4000 户农户，编印暗访专报 28 期。加强“红黑榜”通报力度并限期整改，印发“红黑榜”16 期，问题特别突出的由自治区约谈，视情况问责。自治区领导每月分领域、分区域召开脱贫攻坚调度会，协调解决重点、难点问题，继续实行问题每周一报、分级协调，自治区累计协调解决并答复市级上报的问题 188 个。从严开展 2017 年市县扶贫成效考核评估工作，约谈考核结果为三等的 17 个县（市、区）党政正职领导。推动国家考核评估反馈问题的整改，实地督查 35 个县。组织开展脱贫攻坚综合大督查，2018 年设区市、贫困县、非贫困县扶贫成效考核及扶贫对象脱贫摘帽核验“四合一”实地核查工作。

【脱贫攻坚工作创新】 广西出台《关于打赢脱贫攻坚战三年行动的实施意见》，明确 2018—2020 年脱贫攻坚工作总体要求、目标任务、重点工作。精准做好脱贫攻坚项目库建设。重新修订印发《县级脱贫攻坚项目库完善工作指南》，至年底，全部建好县乡村三级脱贫攻坚项目库，项目累计 38.77 万个，计划总投资 1526.48 亿元。巩固脱贫成果，落实贫困户、贫困村和贫困县退出后应享受的政策。制定脱贫户返贫预警和干预机制，依托广西脱贫攻坚大数据平台开展返贫常态化预警，发现脱贫户返贫风险，及时进行干预。实行常态化约谈，出台《脱贫攻坚常态化约谈机制（试行）》，约谈和电话提醒扶贫工作差的县党政领导、扶贫办领导，明确整改要求，全年累计当面约谈26个县党政分管领导或扶贫办主任。

【扶贫宣传】　全年中央主要媒体宣传报道广西脱贫攻坚3718篇（次），比2017年增长36%，自治区主要媒体宣传报道广西脱贫攻坚5387篇（次），比2017年增长53%。评选表彰100个脱贫攻坚先进集体和100名先进个人。举办蓝标河同志先进事迹报告会，超过10万人次党员干部和群众观看。举办“广西脱贫攻坚先进典型情景事迹报告会”，共3.6万名党员干部通过电视、网络、新媒体等方式观看报告会。开展“脱贫攻坚进行时”摄影摄像大赛活动，共征集图片1.5万张，扶贫微视频100多部。

【外资扶贫】　完成世界银行贷款广西贫困片区农村扶贫试点示范项目年度投资8608万元。会同发展改革委、财政、农业农村等部门，配合世行专家团队顺利完成项目技术评估和正式评估工作。6月22日，世界银行结果导向型贷款广西扶贫示范项目获得世界银行执行董事会批准，9月17日项目签约，4亿美元世界银行贷款项目落户广西，预计受益贫困人口165万人，创造国内利用世界银行贷款项目准备时间最短的纪录。根据世界银行数据统计，广西两个世界银行贷款扶贫项目资金约占全国世界银行扶贫项目资金总量的50%，项目数量和资金规模均为全国第一，2018年世界银行贷款金额超过之前广西利用世界银行贷款开展扶贫项目的资金总和。

【国际减贫交流合作】　完成援助老挝减贫示范合作项目全部基础设施和公共服务设施建设项目采购工作，初步组建项目村农民专业合作组织，开展4期项目管理培训、1期产业发展管理培训、2期广西考察培训，完成本年度项目投资500万元的绩效考核指标。组织承办2018年发展中国家可持续发展经济社会政策官员研修班及2018年发展中国家农村发展与减贫官员研修班，来自亚、非、拉发展中国家的司处级官员40余人参加学习培训。配合国务院扶贫办完成“第十二届中国—东盟社会发展与减贫论坛”，来自中国和东盟10国的政府官员、专家学者、企业、非政府组织及国际组织代表120余人参加论坛。

（广西壮族自治区扶贫开发办公室
文湘林）

海南省扶贫开发

【概述】 2018年，海南省全面贯彻落实习近平总书记关于扶贫工作的重要论述，把脱贫攻坚作为海南建设自由贸易试验区和中国特色自由贸易港的底线目标和第一民生工程，推进脱贫攻坚工作，脱贫8.6万人，81个贫困村出列，137个贫困村巩固提升，完成五指山市新春村生态移民易地搬迁任务。贫困地区农村居民人均可支配收入达到11450元，同比增长12%。

【扶贫资金投入】 2018年，安排财政专项扶贫资金31.29亿元，比2017年增长24.35%。其中，中央财政专项扶贫资金15.05亿元，同比增长23.23%；省级财政专项扶贫资金10.05亿元，同比增长42.75%。按照“按需而整”“应整尽整”的要求，推进统筹整合使用财政涉农资金试点工作，5个国定贫困县（市）统筹整合财政涉农资金15.9亿元。

【脱贫攻坚组织体系】 2018年，海南省委、省政府先后召开11次省委常委会议、8次省政府常务会议、7次省扶贫开发领导小组会议和8次全省扶贫工作电视电话会议，专题研究部署脱贫攻坚工作。建立省级党员领导干部抓农村党建促脱贫攻坚联系点制度，由29位现职省级党员领导干部分别包点一个深度贫困村。省委成立打赢脱贫攻坚战指挥部，下设11个专项组，主抓专项扶贫工作。召开40次会议，制定24份政策性文件。在市县、乡镇、村、自然村相应成立市县打赢脱贫攻坚战前线指挥部以及脱贫攻坚大队、中队、小队。截至2018年底，海南省共设立乡镇脱贫攻坚大队201个、中队2544个、小队1.36万个。

【动态调整】 2018年，出台《关于开展贫困人口“漏评”“错退”排查工作的紧急通知》《关于进一步做好精准识别工作，确保“一人不漏一人不错”的通知》，对全省528万农村人口进行拉网式大排查。大排查新识别3.19万名贫困人口并进行补录。确定全省未脱贫贫困人口为3.31万户、12.26万人。开展动态调整工作，截至年底，新识别贫困人口3086户、8321人，返贫158户、573人。

【扶贫资金管理】 海南省实行扶贫资金支出进度每半月（周）通报约谈制度，对支出进度排名靠后且未达到进度目标要求的市县财政局主要负责人进行约谈，财政专项扶贫资金支出进度为95%。全面落实扶贫资金动态监控系统平台，实现75项中央、省级财政扶贫资金及市县级财政扶贫资金全覆盖、全过程动态监控。对全省103家扶贫龙头企业开展动态管理、监测评估。对各市县实施19个扶贫审计项目，实现审计全覆盖，审计（调查）金额41.53亿元。

【项目库建设】 2018年，按照《关于印发〈完善县级脱贫攻坚项目库建设的实施方案〉的通知》要求，市县按照“村级申报、乡镇初审、市县审定、省级备案”的流程，将用于贫困人口和贫困地区的资金项目全部列入县级脱贫攻坚项目库。19个市县（区）入库扶贫项目3.77万个，涉及资金规模181.81亿元，其中2018年入库项目数1.02万个，资金总量67.91亿元。

【易地扶贫搬迁】 2018年，完成五指山市新春村生态移民易地搬迁任务，搬迁安置101户、380人，其中建档立卡贫困户

48户、202人，全部搬迁入住。48户贫困户全部纳入光伏扶贫产业项目，36户贫困户入股专业合作社，安排81亩土地用于后续产业发展。51名贫困家庭劳动力实现就业，其中11名贫困群众被聘用为保洁员、护路员等，40名贫困家庭劳动力外出务工或就近灵活就业，实现贫困家庭搬迁至少有1个劳动力稳定就业的目标。

【大数据平台】　2018年，海南省精准扶贫大数据管理平台一期项目通过初步验收。实现国扶办系统数据、扶贫手册数据、行业部门数据的采集、录入、分析、比对预警及推送分发至基层等功能。打通15个行业厅局和单位的28类数据资源，累计接入6500万条行业数据，全省15万贫困户的扶贫手册全部实现电子化。"探索基于政务大数据分析开展精准扶贫工作——海南省精准扶贫大数据管理平台案例介绍"在中国通信协会组织的2018年网络扶贫最佳实践案例征集活动中被评为推荐案例。

【定点扶贫】　2018年5月31日，海南省召开全省定点扶贫暨驻村扶贫工作推进会。6月1日，海南省扶贫开发领导小组约谈定点扶贫考核综合评价为"一般"和"较差"的30家单位负责人。截至2018年底，251家省派定点扶贫单位对口帮扶264个村，投入资金1.26亿元、帮扶项目552个，引进资金2.73亿元、帮扶项目276个，协助劳动力转移1.04万人，协助办理贴息贷款金额1.13亿元，举办实用技术培训856期、培训人数5.16万人次。

【社会扶贫】　2018年，发动88家民企参与75个村的结对帮扶。全省进入"万企帮万村"精准扶贫台账管理系统的民营企业817家，投入资金总额约2亿多元，帮扶贫困人口约3.4万人。海南传味文昌鸡股份有限公司荣获全国工商联、国务院扶贫办等授予的"万企帮万村"优秀民营企业称号。开展"百企帮百村"精准扶贫提质增效行动，动员325家民营企业（商会、协会）参与对口帮扶行动，投资2.24亿元，帮扶贫困群众1.1万户、4.33万人。参与脱贫攻坚的省级社会组织数为106家，参与帮扶项目数265个，帮扶的村镇682个，受益人数达59.33万人，投入资金约3.2亿元，其中投入物资折合人民币约1.51亿元。

【驻村帮扶】　印发《海南省贫困村驻村工作队选派管理办法》《关于进一步强化驻村第一书记选派考核和激励问责工作的通知》等文件，明确驻村干部选派、考核督查、选拔使用、严肃问责、派出单位责任和组织保障等六个方面的相关事项。成立海南省驻村工作队管理办公室，市县区成立驻村工作领导小组。派出驻村工作队446个，驻村干部3049人，其中第一书记1048人，覆盖所有贫困村。

【产业扶贫】　投入产业扶贫项目资金9.5亿元，实施项目1070个，种植面积28.2万亩、家畜养殖18.5万头（只）、家禽3000万只（羽），覆盖带动贫困户8.2万户、34.5万人，产业扶贫组织化程度达90%。对全省1.48万户、5.13万名农村低保对象实施产业"自强行动计划"，帮扶面84.6%。截至2018年底，海南省有集中式光伏扶贫电站2个，村级光伏扶贫电站77个，户用光伏扶贫电站2927个。

【旅游扶贫】　投入旅游扶贫资金21.48亿元，完成项目83个。开展乡村旅游扶贫培训90场次、6891人次，直接带动3718户、1.16万人脱贫。在各个景区、乡村旅游点、酒店设立旅游扶贫商品销售专区135个。对全省贫困村进行旅游资源普查，分类开展旅游扶贫，建成乡村旅游扶贫重点村90个。实施乡村旅游后备箱工程，在各景区、乡村旅游点、酒店设立旅游扶贫商品销售专区135个。

【"雨露计划"】　发放"雨露计划"贫困家庭中高职学生补助金1872.69万元、帮扶9072人次。举办各类技能培训班300多场次，培训2018年未脱贫贫困家庭劳动力3.38万人，占2018年未脱贫贫困劳动力总数的68%，实现就地就近就业3.97万人、跨省转移就业4835人，开发扶贫公益性岗位1.30万个，3768户零就业贫困家庭至少1名劳动力实现就业。

【基础设施建设】 2018年，海南省对137个已脱贫出列贫困村进行巩固提升，推进贫困地区到村到组基础设施建设。开工基础设施建设项目518个，实施产业发展项目183个。5个国定贫困县新增农村公路里程315千米。投入30.63亿元加强贫困村信息基础设施建设，实现全省建档立卡贫困村、旅游扶贫重点村光纤宽带网络和4G网络覆盖率100%。300个贫困村所辖的1746个自然村中，光纤宽带网络覆盖率99.2%。投资3.54亿元，推进5个国定贫困县电网建设。

【扶贫小额信贷】 发放扶贫小额信贷4.48亿元，受益贫困户1.82万户，历年累计发放扶贫小额信贷16.70亿元，受益贫困户5.6万户，小额信贷覆盖率达到37.17%，实现预定的目标任务。截至2018年底，海南省小额信贷逾期金额64万元，全省扶贫小额信贷逾期率降至0.05%。

【电商扶贫】 2018年，海南省印发《海南省电商扶贫三年行动实施方案（2018—2020年）》。推动农村电商公共服务体系建设，澄迈、定安、屯昌、白沙、文昌等5个国家电子商务进农村综合示范县示范项目基本建设完成，并通过商务部组织的评估考核。保亭县、临高县2个国贫县列入2018年国家示范县创建范围。通过各类电商渠道实现贫困村农产品上行销售额1.24亿元，带动1.42万余贫困人口通过电商实现就业创业，带动贫困人口人均增收2400余元。

【教育扶贫】 发放教育扶贫补助金3.43亿元，资助贫困人口26.5万人，其中春季学期1.89亿元、13.8万人，秋季学期1.54亿元、12.7万人。实施职业教育"四优先"扶贫计划，2018年在中职学校推广104个扶贫励志班，惠及贫困学生4202人。落实学生营养改善计划，为5个国家级贫困县义务教育阶段学生按每生每年800元提供营养餐补助，为教育扶贫移民学生按每生每年200元提供交通补助。实施全面改薄计划，2018年投入11.5亿元，改扩建贫困地区442所学校。

【健康扶贫】 建立健全"两免一降五保障"机制，即建档立卡贫困户免交个人新农合年度费用、住院免交押金，大病保险起付线由8000元降低至4000元，新农合、大病保险、大病商业补充保险、民政医疗救助、医疗保障专项资金五重保障体系。将25种慢病患者门诊医疗费用实际报销比提高至80%以上，对患有11种大病的贫困人口开展专项救治。全省贫困人口参加新农合50.79万人，参合率100%；建档立卡贫困人口商业补充保险参保51.39万人，参保率100%；住院实际报销3.12亿元，住院实际报销比例94%。

【危房改造】 下达农村危房改造补助资金3.8亿元，其中中央补助资金1.0亿元，省级财政补助资金2.8亿元。建立危房改造台账，改造一户、销档一户。抓好工程进度、质量管理等工作，严格施工质量安全监管，确保改造后的房屋满足质量安全标准并达到"五项直观"的入住要求。完成改造建档立卡贫困户危房1.71万户，竣工率99.95%，入住率99.8%。

【扶志扶智】 扶贫电视夜校播出115期，贫困户劳动力平均参学率达96.14%。"961017"脱贫致富服务热线受理有效工单4万多件，办结率达99.8%以上。探索建立反向约束机制，加强法治引领、道德约束、教育惩戒力度，倡导乡风文明，推动移风易俗。万宁市北大镇尖岭村制定"红七条""黑十七条"等村规民约，向攀比斗富、铺张浪费、封建迷信等陋习"宣战"。屯昌县建立"赡养协议＋司法确认"工作模式，全面整顿子女不赡养老人现象，用法制守住孝道底线。

【保险扶贫】　出台《海南省天然橡胶产业脱贫工程保险行动方案》，明确2018年在全省范围内推开天然橡胶价格（收入）保险制度、2019年底实现贫困胶农参保全覆盖、并形成长效机制的目标任务和工作措施。各级财政把保费补贴资金纳入政府预算，建档立卡贫困胶农的保费由各级财政予以全额补贴。参保天然橡胶234.37万亩，参保农户1.4万户，其中贫困户5382户，财政保费补贴1.29亿元，提供风险保障18.69亿元，财政资金效益放大14.5倍，已决保险赔付1.34亿元。

【消费扶贫】　召开全省消费扶贫大会，印发《消费有情爱心无价　海南消费扶贫爱心行动倡议书》《关于在省级领导干部中开展“以购代捐”消费扶贫活动方案》。海南爱心扶贫网为消费者和贫困群众搭建起线上交易平台。省供销系统发挥网点遍布农村的渠道优势，定期在市县、乡镇组织“爱心扶贫大集市”活动，并在供销系统超市、供销点设立扶贫农产品专区专柜。海南爱心扶贫网注册人数6.3万人，农产品种数475件，销售产品12.96万件，线上销售金额2165.30万元，受益贫困户数2.03万户。各市县组织消费扶贫集市679场，消费扶贫产品交易金额2092.80万元，受益贫困户数4.6万户。

【扶贫宣传】　2018年，海南省、各市县新闻媒体设立“脱贫攻坚进行时”“脱贫攻坚宣传月”等专栏、专刊20多个。海南省旅游卫视每周一晚八点同步播出电视夜校节目，每周在黄金时间制作播出脱贫攻坚资讯节目。对全国脱贫攻坚先进事迹报告团第三组在海南宣讲活动进行全方位、高频率报道，在《海南日报》全版刊登报告团成员个人事迹。中央主要媒体发稿300多篇，省属主要媒体发稿1.5万多篇，各媒体所属“两微一端”及各类新媒体平台发稿超过5万条。

（海南省扶贫工作办公室政策法规处
郭冬生）

重庆市扶贫开发

【概述】 2018年，重庆市深学笃用习近平总书记关于扶贫工作的重要论述，牢固树立“四个意识”，坚持精准方略，坚持把提高脱贫质量放在首位，以实施脱贫攻坚三年行动计划为主线，以“大力度、高质量”为基本要求，强化政治责任、优化政策供给、细化帮扶举措、深化作风建设，强力推动脱贫攻坚走深走实，三年行动起步快、开局好，实现奉节和石柱2个县脱贫摘帽、65个贫困村脱贫销号、10万贫困人口脱贫，贫困发生率降至0.7%。

【扶贫资金投入】 围绕“两个确保”，按照市级管总量不管结构、管任务不管项目、管监督不管实施，资金安排、项目审批、招投标组织、项目建设管理、资金使用监管全面放到区县“三管三不管五到县”的管理机制，形成“多个渠道引水、一个龙头放水”的扶贫资金投入新格局。全年落实市级以上财政专项扶贫资金49亿元、区县统筹整合资金134亿元。

【扶贫资金管理】 开发建设“脱贫攻坚项目精准管理系统”，建立县级行业主管部门扶贫项目资金台账、乡镇（街道）扶贫项目资金台账、行政村（社区）扶贫项目资金台账和扶贫项目资金台账明细表“三账一表”。出台《重庆市财政扶贫资金项目公告公示实施办法》《重庆市工程类扶贫项目管理办法》，实施“国库集中支付”，全面落实公告公示和村级扶贫义务监督员制度。每季度召开1次扶贫资金项目监管联席会议。通过交叉审计等方式，分级对区县、乡镇、村扶贫资金管理使用开展全覆盖审计，全面提升扶贫资金使用绩效。

【基础设施建设】 以“统筹到区域、精准到人头”为基本思路，以“四好路、安全水、动力电、4G网”为重点，深度改善贫困地区生产生活生态条件。新建改建通村通组公路1225千米，实现贫困村100%通畅；实施饮水安全巩固提升工程3147处，保障58.6万贫困人口生产生活用水；完成317个自然村动力电改造，实现所有贫困村通动力电；投资7000余万元，建成4G基站293个。

【产业扶贫】 围绕“山地农业、山地旅游”两大主攻方向，新发展特色产业58万亩，建设乡村旅游扶贫片区55个，新培育休闲农业和乡村旅游经营主体1634个，培育引导1833家龙头企业参与产业扶贫。大力推广联户经营、委托代养、入股分红、订单收购等利益联结模式，带动贫困户20余万户；以绿色化、优质化、特色化、品牌化为方向，组建18个产业扶贫工作技术指导组，引进培育龙头企业118家，发展特色效益农业产业基地13个、农民专业合作社297个。组建农民电商合作社83个，培育农村电商带头人160余人，新增“森林人家”等乡村旅游接待户1900余户。开展“精准产业保”试点，对贫困户参与产业发展提供订单式、全覆盖商业保险保障。

【就业扶贫】 启动“就业扶贫专列”活动，集中开展“春风行动”“就业援助月”“百企进村送万岗”等550余场次；开展“订单式”“定向式”技能培训24.1万人次；创办扶贫车间116个，带动就业3886人；积极发展“雁归经济”，建立微企特色村176个，培育涉农微型企业4.9万个，带动1.6万名贫困群众走上创业就业脱贫致富之路。

【健康扶贫】　设立健康扶贫医疗基金4亿元，构建贫困人口基本医保、大病保险、民政医疗救助、健康扶贫医疗基金、扶贫济困医疗基金、疾病应急救助、商业补充保险“七重保障体系”。实施大病集中救治、慢病签约服务、重病兜底保障“三个一批”分类救治，创建贫困人口医疗救助“一站式”结算平台，惠及贫困人口22万人次。

【教育扶贫】　以建立完善教育资助政策为重点，落实从学前教育到高等教育全覆盖资助政策，实施贫困家庭大学生学费8000元以下据实报销，建立建档立卡贫困家庭学生精准资助体系。全年落实教育资助资金12.59亿元，惠及建档立卡贫困家庭学生34.87万人次。

【完善社会保障制度】　以健全医疗、住房、低保等保障体系为核心，统筹落实各项保障措施。全年完成贫困户危房改造5.1万户、农村改厕4.6万户。建立农村低保与经济社会发展和居民收入相适应的增长机制，将农村居民低保标准提高至每人4920元/年，将符合条件的24万贫困人口全部纳入低保保障，确保贫困人口稳定实现“两不愁三保障”。

【易地扶贫搬迁】　坚持“以岗定搬、以业定迁”，同步谋划落实搬迁举措与后续扶持，完成搬迁安置5.9万人。实施搬迁户农房整宗地收益权收储3860户，支付收储资金1.6亿元，推动搬迁户“建新拆旧”“资产变现”。支持搬迁户利用居住条件改善等优势，大力发展乡村旅游等特色产业，确保每户至少有1个劳动力实现稳定就业或1至2个产业增收项目。

【金融扶贫】　整合金融机构、结对帮扶等力量，成立金融扶贫助贷员队伍，入户宣传扶贫小额信贷政策、规划贷款用途、代办贷款手续。设立扶贫小额信贷风险补偿金7亿元，建立“政府＋银行＋保险＋助贷员”风险防控体系。全年新增发放贷款18.1亿元、4.1万户次，累计达到44亿元、10万户次。

【生态补偿扶贫】　2018年，重庆市立足于脱贫致富与生态改善双赢，大力发展森林康养等生态产业。落实市级以上生态效益补偿资金3.74亿元，实施天然林保护工程公益林建设、国土绿化提升行动等423万亩。针对贫困人口新开发生态护林员、水库管理员等公益性岗位4000个，累计提供就业岗位3.8万个。

【社会扶贫】　深入推进“携手奔小康”“中央定点扶贫”“市内结对帮扶”“万企帮万村”等行动。成立山东·重庆扶贫协作产业合作联盟，设立首期鲁渝协作企业合作投资基金1亿元，启动项目建设15个；完成就业创业培训4000余人次，为贫困区（县）提供岗位2.9万个；落实财政援助资金4.4亿元、社会捐赠资金4000万元。中央定点扶贫单位直接投入帮扶资金2.4亿元，帮助引进资金15.8亿元，实施帮扶项目104个。18个市级扶贫集团落实帮扶资金5.7亿元，协调引进资金15.6亿元，组织1755家民营企业投入资金17.75亿元。组建扶贫公益组织30家，投入资金2.32亿元。积极推广社会扶贫网，注册爱心人士18万人、贫困户33.8万户，实现资金捐赠2.1万次。

【驻村帮扶】　制定《关于加强贫困村干部选派管理工作的实施意见》，选派18名副厅局级领导担任18个深度贫困乡镇驻乡工作队队长，从市级扶贫集团成员单位新选派驻乡工作队员70名，选派建档立卡贫困村驻村第一书记1919名、驻村工作队4347个、驻村工作队员17398人，累计落实结对帮扶干部20余万人。召回不胜任、不在状态的第一书记61名、驻村工作队员153名、结对帮扶干部530余名。

【精神扶贫】　深入开展“文明引乡

风，文化铸乡魂”精神扶贫行动，组织“感恩惜福”“孝善立德”“家风润万家”“我们的乡贤我们评、评好乡贤我们学”等活动3000余场次。开展杨骅同志先进事迹宣讲、“榜样面对面”巡回宣讲、“身边的脱贫故事”微访谈等活动。建立脱贫荣誉制度，对主动脱贫、积极脱贫、脱贫效果显著的脱贫户颁发脱贫光荣证。落实脱贫攻坚“红黑榜”，建立反面典型案例曝光平台，切实纠正脱贫攻坚中“等靠要”“养懒汉”等不良风气。

【建档立卡和动态监测】 建立扶贫开发大数据平台，强化精准识别公告公示、数据比对和部门联动。建立漏评、错评、错退等举报、通报和限时整改制度，清除错评人员541人，新识别贫困人口18707人。分类实施贫困对象、脱贫对象、边缘人群动态监测，实现扶贫对象网格化动态管理。

【机制创新】 针对失能弱能贫困家庭，整合五保、低保、社会救助、慈善捐款等资金，按1名失能人员1500元/月的标准，实施贫困家庭和农村五保失能人员集中供养。针对不方便住院或不宜长期住院的17种重大疾病患者贫困家庭实施“居家康复治疗救助”，每月为其提供100～500元的药品救助，落实结对家庭医生，探索形成“集中供养＋居家康复”解决“一人失能，全家被困”的问题。整合小额意外保险、大病补充保险、疾病身故保险、贫困学生重大疾病保险、农房保险等5个险种创设“精准脱贫保”。由市级财政扶贫资金按照100元/人的标准，为贫困人口提供5000亿元商业保险保障。同时，整合重大疾病险、意外身故险、农房损毁险，设立农村贫困边缘人群致贫险，通过打捆购买的方式为贫困边缘人群参保，建立“精准脱贫保＋致贫险”防止因灾因病致贫返贫保险保障。

【贫困地区干部培训】 依托党校主体班、专题培训班等，分级分类培训扶贫干部400余期、5.4万余人次。组建脱贫攻坚政策宣讲队，以脱贫攻坚“讲习所”、农民夜校等为载体，开展政策巡回宣传、经验介绍、现场指导1500余场次，深入广泛宣讲扶贫政策。

【扶贫领域作风建设】 以脱贫攻坚作风建设年为契机，扎实开展扶贫领域腐败和作风问题专项治理。组织各级干部集中1个月时间，开展“兴调研转作风促落实”行动，走访农户50余万户，7.25万贫困户户户见干部；建立扶贫领域一月一报告、一年两例会、直查直办、移交督办、联动协同等工作制度，健全扶贫民生领域问题线索智能筛查系统，全年累计查处扶贫领域问题2923件，确保阳光扶贫、廉洁扶贫。

（重庆市扶贫开发办公室综合处　杨方清）

四川省扶贫开发

【概述】 2018年，四川省坚持把脱贫攻坚作为最大的政治责任、最大的民生工程、最大的发展机遇，聚焦“两不愁三保障”，聚焦彝区藏区深度贫困地区，下足绣花功夫扎实推进，实现30个贫困县摘帽、3513个贫困村退出、104万贫困人口脱贫，贫困发生率降至1.1%。深入学习贯彻习近平总书记关于扶贫工作的重要论述，先后多次召开省委常委会、省政府常务会会议和5次省脱贫攻坚领导小组会议研究推动，把脱贫攻坚作为省委“大学习、大讨论、大调研”重点课题进行深入研究，省委十一届三次、四次全会将打赢精准脱贫攻坚战作为重要工作进行部署安排。

【扶贫资金投入】 产业、就业、教育、健康扶贫等脱贫攻坚22个扶贫专项投入资金1751.62亿元。中央和省级财政专项扶贫资金130.79亿元，其中，中央财政专项扶贫资金76.97亿元、同比增长51.94%，省级财政专项扶贫资金53.82亿元、同比增长52.11%。中央财政安排四川脱贫攻坚项目一般债券资金53亿元，全部用于彝区藏区深度贫困县。66个国家级贫困县整合涉农资金271.13亿元。全省发放扶贫小额信贷224亿元，惠及64万户贫困户。

【作风建设】 印发四川省《关于打赢脱贫攻坚战三年行动的实施意见》，召开三年行动电视电话会议、全省脱贫攻坚工作推进会等推动落实。坚持“六个精准”，扎实开展扶贫对象年度动态调整，扎实推进产业就业扶贫、住房安全建设、教育健康扶贫等重点工作，采取超常措施、举全省之力攻克深度贫困堡垒。开展扶贫领域作风问题专项治理，严格落实不准市、县两级未经批准组织开展第三方评估、不准随意设计增加规定以外的脱贫攻坚各类统计报表等“八不准”和文件资料“删繁就简”措施。规范开展督查考评，全年开展省级扶贫考核1次、综合督导2次、检查1次。做好中央巡视、国家考核反馈和省内考核发现等问题整改工作，常态化约谈29个县（市、区）有关同志。在国家对2017年省级党委和政府扶贫开发工作成效考核中，四川被列为综合评价“好”的省份之一。

【扶贫资金管理】 制发《关于进一步加强财政扶贫资金监管的通知》，推动财政专项扶贫资金精准用于贫困村贫困户。加强脱贫攻坚项目库建设，创新开展清单式管理。出台《四川省扶贫资金项目公告公示实施办法》，通过门户网站、微博、微信等做好各级扶贫资金项目的公告公示工作，主动接受社会监督，确保扶贫资金运行公开透明。制发《关于进一步加快扶贫项目建设提升扶贫资金使用效益确保脱贫攻坚成效的意见》，切实提高项目实施和资金使用效率。

【深度贫困地区脱贫攻坚】 四川省专门在凉山彝族自治州（以下简称“凉山州”）召开综合帮扶动员大会进行部署。出台《关于精准施策综合帮扶凉山州全面打赢脱贫攻坚战的意见》，从产业就业、禁毒防艾等12个方面提出34条特殊支持政策；从全省已摘帽县和相关行业系统选派5700余名优秀干部，组成11个综合帮扶工作队赴11个深度贫困县开展“一县一队”综合帮扶；推进凉山州自发搬迁贫困人口精准扶贫精准脱贫，精准识别自发搬迁贫困人口8381户、33746人（2018年新增识别3686户、18011人），户籍、教育、医疗等13个方面工作措施加快落实；解决控超保学、禁毒防艾、移风易俗等特殊困难取得新成效。彝区藏区45个深度贫困县年度投入各级财政专项扶贫资金75.7亿元，住房、产业、就业、教育、健康、基础设施、生态扶贫“七大攻坚行动”加力推进，2018年，28.5万贫困人口脱贫、1245个贫困村退出、12个贫困县摘帽。

【基础设施建设】 新增康定、理县、马尔康市3个贫困县（市）通高速公路，新改建贫困地区农村道路2.2万千米，完成农村通硬化路1.04万千米。持续深入推进饮水安全、水生态治理等五大水利扶贫行动，解决58万贫困人口饮水不安全问题。加快实施贫困地区电网建设，改造1518个贫困村的配电网、实现13.3万贫困人口生活用电达标。加强贫困村信息化建设，新建成通光纤村1837个、贫困村光纤通达率达98.3%，基本实现所有贫困村通宽带。用好城乡建设用地增减挂钩试点政策，省内签约流转规模5.21万亩、资金总额155.54亿元；首次实现国家下达四川增减挂钩节余指标跨省域调剂计划2.55万亩，为深度贫困地区筹集资金约76.5亿元。

【易地扶贫搬迁】 2018年，出台《关于坚决打赢易地扶贫搬迁攻坚战三年行动的实施意见》，坚持常态化压力传导、问题发现和整改、资金保障、分级培训交流、搬迁对象动态管理、全覆盖督导六大机制，规范有序推进搬迁安置。落实年度资金318.65亿元，建成住房15.5万套、惠及55.1万人，已搬迁14.8万户、52.1万人。指导完善县级易地扶贫搬迁后续脱贫发展规划138个，制定安置点脱贫发展方案3531个。

【产业扶贫】 结合推进农业供给侧结构性改革，因地制宜发展特色农业、乡村旅游、农村电商，强化人才培养和科技支撑，450万株安吉“白叶一号”茶苗落户广元青川。出台《关于创新扶贫产品销售体系促进精准脱贫的意见》，首创“四川扶贫”公益品牌，加大扶贫产品宣传推介和产销对接力度，推动贫困地区特色农产品进市场、进商超、进网络、进社区、进机关、进院校等。出台《关于发挥税收杠杆作用助力脱贫攻坚的意见》，落实6类101项税收优惠政策。电商扶贫累计覆盖5466个村，建成电商服务站点1.6万余个。加强贫困村创业致富带头人队伍建设，在每个贫困村培养3名以上致富带头人，共遴选3.62万人、培训2.6万人次。在全国首个成功发行旅游扶贫政府专项债券4亿元，新增旅游扶贫示范区8个、示范村194个。建成104个“四川科技扶贫在线”平台省市县运管中心，实现对贫困县贫困村的全覆盖。光伏扶贫取得积极进展，出台《四川省村级光伏扶贫电站收益分配管理实施办法》《四川省村级光伏扶贫电站管理实施细则》，已纳入国家补贴目录的光伏扶贫电站1个，“十三五”第一批14个、第二批57个光伏扶贫项目有序推进。

【就业扶贫】 落实就业扶贫15条措施，注重就地就近就业和劳务输出同步发力，全年实现贫困劳动力省外转移就业40.7万人、省内转移就业54.5万人、县内就近就业28.6万人，共组织16.3万名贫困劳动力参加就业培训，创办扶贫车间239个。累计提供公益岗位13.4万个，安置贫困劳动力11.7万人。举办各类就业扶贫招聘会1750场，组织送岗位信息下乡入村3322场次。

【以工代赈】 采用遴选机制开展资金需求评分，根据需求遴选成果，择优分解下达各批次资金5.2亿元。重点支持大小凉山彝区、高原藏区农村中小型基础设施建设，累计安排年度以工代赈资金4.4亿元，占年度总额的85%。突出示范带动，全年以工代赈片区开发项目、示范工程、示范村项目共计安排资金 2.1 亿元，占年度总额的 41%。深入开展以工代赈资产收益扶贫试点，指导通江县、苍溪县和旺苍县加快项目实施。

【保障扶贫】　加强农村低保制度与扶贫开发政策衔接，确保农村低保标准达到国家扶贫标准，全省农村低保标准低限为 3720 元/年，将 138 万建档立卡贫困人口纳入低保兜底保障。对残疾人中未享受低保的建档立卡扶贫对象发放残疾人扶贫对象生活费；落实残疾人两项补贴制度，75 万困难残疾人生活补贴提高到每人每月 80 元。推进教育扶贫，落实贫困学生资助政策，“全面改薄”累计竣工校舍 1197.1 万平方米；加快民族地区职业教育发展，招录彝区藏区“9+3”学生近 1 万余人；累计开办“一村一幼”4888 个、招收幼儿 20 万人；深入开展“学前学会普通话”试点，第一阶段在凉山州 11 个深度贫困县及安宁河谷 6 个县（市）的民族乡镇 2724 个“一村一幼”实施，覆盖幼儿 11.04 万人。推进健康扶贫，抓好县、乡、村三级基本医疗卫生服务体系建设，加强合格村医配备；贫困人口基本医保参保个人缴费部分由财政全额代缴，贫困患者县域内住院医疗费用个人支付占比控制在 10% 以内。出台《关于坚决打赢农村危房改造攻坚战三年行动的实施意见》，统筹推进建档立卡贫困户危房改造，全年完工 9.4 万户，完成下达任务。

【定点扶贫】　23 个中央单位在四川省定点扶贫直接投入资金 3.64 亿元，帮助引进各类帮扶资金 2.85 亿元，实施帮扶项目 253 个。374 个省级单位定点扶贫直接投入资金 9.17 亿元，帮助引进各类帮扶资金 11.23 亿元，实施帮扶项目 6420 个。新增 15 个省直部门（单位）、76 所高校、30 家医院、17 家国有企业和金融机构定点帮扶深度贫困县，实现每个深度贫困县都有省直部门（单位）、高校、医院、国有企业和金融机构定点扶贫。

【省内对口帮扶】　深化省内对口帮扶，省内较发达的 7 市 35 县与彝区藏区 45 个深度贫困县采取“点对点”“面对面”方式，开展帮扶地与受扶地机关、企事业单位、社会组织全域结对帮扶，全年落实政府性帮扶资金 18.4 亿元、实施帮扶项目 1152 个，选派第五批援藏和第二批援彝干部人才 1376 人。

【东西部扶贫协作】　成立由省委书记、省长任双组长的东西部扶贫协作和对口支援工作领导小组，制定工作规则、考核管理办法（试行）、项目资金管理实施办法等。全年，广东、浙江与四川党政主要负责同志举行 6 次会晤和交流互访，签署粤川、浙川扶贫协作和对口支援协议。广东、浙江两省 17 个市、61 个县与省内 12 个市（州）、68 个贫困县全面建立携手奔小康结对关系；编制出台浙川新增扶贫协作 26 个贫困县三年行动实施方案；落实到位财政援助资金 27.21 亿元，较 2017 年增幅达 360%，对深度贫困县帮扶资金增加到每县 3000 万元以上；广东、浙江 161 名干部和 1011 名专业技术人员赴川挂职帮扶，全省选派 256 名干部和 558 名专业技术人员赴广东、浙江挂职交流学习。制定《四川省东西部扶贫协作和对口支援工作优惠政策》，成功引进落地企业 237 家，实际投资 114.72 亿元，带动 46663 名贫困人口脱贫增收。组织 29362 名贫困人口到浙江、广东两省就业 3 个月以上，组织 6141 名贫困人口到省外其他地区就业，帮助 18864 名贫困人口实现就地就近就业。

【社会扶贫】　大力开展“国企入凉”“国企康巴行动”，省属国有企业投资建设项目达 56 个，总投资额超 1.2 万亿元；成功招引央企扶贫基金投资四川项目，签约 14 个，总投资 117.71 亿元。组织“沿着总书记足迹·重走凉山扶贫路”活动、“万企帮万村”消费扶贫行动等，7.5 万家民营企业和商协会参与“万企帮万村”精准扶贫。

积极引导社会组织投身脱贫攻坚战，179 个省级社会组织参与扶贫，749 个团队、16112 名志愿者参与扶贫志愿服务。

【驻村帮扶】 印发《关于加强贫困村驻村工作队选派管理工作的实施意见》，优化组建驻村工作队，实现“一村一队”“每队 3 人”驻村帮扶。制发《关于进一步规范驻村帮扶力量选派管理工作的通知》《关于精简“五个一”帮扶力量填报资料的通知》等。注重激励约束并重，全年表扬奖励帮扶干部 2700 余人，召回不胜任、不合格、不尽职的干部 29 人。

【扶志扶智】 印发《四川省扶贫扶志工作方案（2018—2020 年）》，编发《四川“扶贫同扶志、扶智相结合”案例选编》，大力推广“德古调解、亲情工作”“星级激励”等扶贫扶志模式。开展移风易俗，强化新风培育，新评定省级“四好村”2000 个，创建“文化扶贫示范村”290 个。加强示范带动，开展先进评比，5 名个人、1 个集体受到全国脱贫攻坚奖表彰，省内表彰脱贫攻坚奖 80 人、表扬首届四川脱贫榜样 50 人。话剧《高腔》在全省成功巡演，在北京举办专场演出。西博会首次设立“脱贫攻坚成果展”，南部县纯阳山村参加国家“决胜 2020 脱贫攻坚展”。

（四川省扶贫开发局办公室　熊素华）

贵州省扶贫开发

【概述】 2018年，贵州省先后发起脱贫攻坚"春风行动""夏秋攻势""秋后喜算丰收账""冬季充电"等关键战役，召开十二届三次全会，作出《中共贵州省委贵州省人民政府关于深入实施打赢脱贫攻坚战三年行动发起总攻夺取全胜的决定》，全面打好脱贫攻坚"四场硬仗"（以农村"组组通"硬化路为重点的基础设施建设硬仗、易地扶贫搬迁硬仗、产业扶贫硬仗、教育医疗住房"三保障"硬仗），开展扶贫领域突出问题"五个专项治理"（贫困人口漏评错评专项治理、贫困人口错退专项治理、农村危房改造不到位专项治理、扶贫资金使用不规范专项治理、扶贫领域腐败和不正之风专项治理），实施深度贫困地区"四个聚焦"（扶贫资金向深度贫困地区聚焦、东西部扶贫协作向深度贫困地区聚焦、基础设施建设向深度贫困地区聚焦、帮扶力量向深度贫困地区聚焦），推进一场振兴农村经济的深刻的产业革命，抓好脱贫攻坚责任落实、政策落实、工作落实。解决88.41万贫困人口的饮水安全巩固提升问题，累计搬迁入住123.4万人。通过产业扶贫带动45.53万户、160.84万贫困人口增收，户均增收8296元，人均增收2348.4元。资助农村贫困学生46.51万人次。303.39万人次享受健康扶贫医疗保障救助，累计补偿48.18亿元。完成21.13万户危房改造。7个东部帮扶城市共投入各类财政帮扶资金27.13亿元。2018年，18个贫困县达到摘帽条件，148万贫困人口脱贫，贫困发生率降至4.3%。

【扶贫资金投入】 中央和省共投入财政专项扶贫资金198.01亿元，其中省级财政专项扶贫资金64.03亿元。整合涉农资金282亿元。通过城乡建设用地增减挂钩政策筹集资金136.42亿元，全部用于脱贫攻坚工作。推进县级脱贫攻坚项目库建设，2018—2020年共入库县级脱贫攻坚项目17.5万个、资金规模3400亿元。进行扶贫资金项目库公告公示。

【扶贫资金管理】 开展闲置扶贫资金专项清理和治理工作，共清理闲置扶贫资金16.58亿元，对闲置两年以上的，由财政收回重新安排，闲置一年以上两年以内的，由县重新调整安排项目。进一步规范贫困县统筹整合使用财政涉农资金，对66个贫困县2018年财政涉农资金整合实施方案逐一审核把关并反馈审核意见。抓好项目库建设，加快项目实施进度，加快项目竣工和决算，加快资金拨付和报账，提高资金使用效益。严格执行扶贫资金项目公告公示制度，接受群众和社会监督。

【基础设施建设】 开展农村人居环境整治三年行动。在乡乡通、村村通硬化路基础上，加快"组组通"硬化路建设进度，除毕节市外，全面实现30户以上村民组100%通硬化路。解决88.41万贫困人口的饮水安全巩固提升问题。贫困村通动力电达100%。实现9000个贫困村通光纤网络或4G网络。实施农村危房改造，推进建档立卡贫困户住房安全评定全覆盖和农村老旧房透风漏雨整治排查全覆盖，完成21.13万户危房改造，完成农村老旧房透风漏雨整治19.06万户，并同步实施改厨改厕改圈。

【易地扶贫搬迁】 2018年累计搬迁入住123.4万人，其中建档立卡贫困人口

109.1 万人，分别占规划任务的 65.64%、72.73%，易地扶贫搬迁家庭劳动力就业创业 2.8 万人。国家下达贵州省 2018 年深度贫困县跨省增减挂钩节余指标调剂任务 2.04 万亩，可获中央调剂资金 61.2 亿元。针对易地扶贫搬迁后期扶持和社区管理面临的安置点机构设置、社会治安综合治理、教育卫生等基本公共服务保障、稳定就业和持续发展等问题，着力构建基本公共服务、培训和就业服务、文化服务、社区治理、基层党建“五大体系”。同时，积极探索易地扶贫搬迁安置地党的建设，推广运用“一架构三清单”（《易地扶贫搬迁安置地党的建设组织架构》《易地扶贫搬迁安置地党建工作清单》《易地扶贫搬迁安置地党建引领公共服务清单》《易地扶贫搬迁安置地党建引领便民利民服务清单》），确保搬迁群众搬得出、稳得住、能发展、可致富。

【产业扶贫】 2018 年全省调减玉米种植面积 785.19 万亩（含退耕还林 118.52 万亩），替代种植蔬菜、水果、中药材、茶叶、食用菌等经济作物 667 万亩。五大经济作物规模基地由 2017 年的 3016 个增加到 4208 个，增长 39.5%。推动农产品在对口帮扶城市展销，在省外设立 110 个分销窗口。全年经济作物种植面积达 8000 万亩次以上，粮经比调整到 35:65，经济作物种植面积占种植业全部种植面积的比重提高 2 个百分点。举办贵阳国际特色农产品交易会、辣博会、茶博会等展会，重点展示推介贫困地区农产品。建立贵州绿色农产品直供直销通道，实施农校、农超、农医等对接。积极融入“一带一路”建设，在东南亚开设8 个境外分销中心。搭建全省冷链体系运营管理数据平台，实现货、车、库有机衔接。建成冷库库容 120 万吨，投运冷藏车 1148 辆，实现冷链县域全覆盖。通过产业扶贫带动 45.53 万户、160.84 万贫困人口增收，户均增收 8296 元，人均增收 2348.4 元。

【以工代赈】 投入中央以工代赈资金 4200 万元、省级以工代赈资金 1800 万元，用于支持省定 14 个深度贫困县“一县一业”产业扶贫发展的路、水、渠、灌等配套基础设施和农产品精深加工、完善农产品流通等服务设施建设，并采用资产收益扶贫方式，建立健全利益联结机制，在改善产业发展生产条件、助推“一县一业”全产业链发展的同时，带动建档立卡贫困户增收致富。

【科技扶贫】 省级层面组建 8 个产业扶贫指导工作组，长期驻扎市县督导工作。新一轮“万名农业专家服务‘三农’行动”选派专家 9014 名，赴全省 1194 个乡镇开展技术服务，确保每个深度贫困县都有 1 支专家团队，每个极贫乡镇有 1 名以上的科技副职或科技特派员，每个深度贫困村都有 1 名以上的农业辅导员。组织实施食用菌高效栽培技术、茶叶绿色防控技术集成示范等科技重大专项，引进选育新品种 29 个，制定技术规程（标准）56 个，建设示范基地 218 个。

【完善社会保障制度】 全省农村低保平均标准提高到 3908 元/年，各地均已按新标准兑现了低保金。稳步提高特困人员救助供养基本生活水平，各地均按当地 2018 年城市低保标准的 1.3～1.6 倍确定特困人员基本生活标准，全省特困人员救助标准已提高到 837 元/月。城乡居民基本养老保险参保人数达到 1797 万人，同比增长 3.4%。出台《关于切实做好社会保险扶贫工作的实施意见》。建成农村互助幸福院 4244 个。出台《关于深入推进深度贫困地区和特殊贫困群体民政兜底脱贫工作的实施意见》，将 7.3 万易地扶贫搬迁困难群众纳入城市低保保障。启动打赢残疾人脱贫攻坚战三年行动，向全省 24.61 万困难残疾人和 29.05 万重度残疾人发放生活补贴和护理补贴 3.5 亿元，残疾人两项补贴覆盖所有贫困县。

【定点扶贫】 中共中央组织部、国务院扶贫开发领导小组办公室等 38 家中央国家机关和企事业单位定点帮扶贵州 50 个贫困县，2214 人次干部到贵州贫困地区考察调研，其中部级领导干部 165 人次。选派 121 名干部到贵州贫困地区蹲点挂职，选派 104 名金融人才挂职推动金融扶贫，选派“博士服务团”209 人到贫困地区挂职帮扶。38 家中央国家机关和企事业单位共向贵州贫困地区直接投入帮扶资金 8.69 亿元，提供银行贴息贷款 10.5 亿元，实施帮扶项目 523 个，帮助引进资金 34.4 亿元，受益建档立卡贫困户 33.2 万人次。全省各级机关单位积极开展行业扶贫，积极主动参与定点帮扶工作，45 所省属院校帮扶 100 多个贫困村。

【东西部扶贫协作】　2018 年，东部帮扶省市投入财政帮扶资金 27.13 亿元，派出 223 名干部到贵州贫困地区挂职，接受贵州 815 名干部到 7 个帮扶城市学习；选派援黔干部 360 人，派出专业技术人才 4203 人，接收贵州派出挂职干部 911 人，派出专业技术人员交流 3041 人；与 8 个市州共建 33 个合作园区，共引导到结对地区开办扶贫企业数 423 个、实际投资额 242.55 亿元。解决转移到帮扶省市就业 1.87 万人，转移到帮扶省市在贵州省投资的企业就业 11.85 万人；在帮扶城市共设立农特产品旗舰店或展销中心 38 个，销往 7 个帮扶城市特色农产品 57.89 万吨，销售收入达 31.34 亿元；接待 7 个对口帮扶城市所在省市游客 1.91 亿人次，同比增长 64.65%。召开全省东西部扶贫协作推进暨项目观摩会，加强对口帮扶城市产业结构、市场需求、人才优势等研究。

【社会扶贫】　做好 21 户国有企业结对帮扶 20 个贫困县的工作，茅台、瓮福等国有企业累计投入扶贫帮扶资金 5.21 亿元、帮助引进资金 9.71 亿元、发放帮扶贷款 139.4 亿元，帮助发展项目 307 个、解决就业人口 3.7 万余人，培训党政干部、技术人员、致富带头人 13.5 万人次，组织劳务输出 12.5 万人次。职工食堂采购贫困地区农产品 138 万千克，采购价值量占食堂采购总量 43.38%。做好民营企业参与脱贫攻坚工作，恒大集团计划无偿投入 110 亿元扶贫资金定向用于毕节市扶贫工作，已捐赠到位资金 60 亿元。万达集团定点帮扶丹寨县，已投入 21 亿元资金实施了万达职院、万达小镇、万达基金等项目。举办全国“万企帮万村”消费扶贫启动仪式暨东西部协作支持贵州发展现场会，全省 1185 家企业、1656 种产品参展，签订了《东西部工商联协作支持贵州消费扶贫协议书》。加大力度对先进典型事例宣传推广，对 100 个“千企帮千村”产业扶贫观摩项目授牌，7 家民营企业获得“全国‘万企帮万村’先进民营企业”荣誉称号，贵州兴伟集团董事长王伟获全国脱贫攻坚奉献奖。全省参与“万企帮万村”精准扶贫行动的企业数达 4522 家，帮扶 3472 个贫困村和有贫困户的 1297 个非贫困村，帮扶企业数位居全国第五，帮扶贫困人口 119.2 万人；产业扶贫投入 157.3 亿元，公益捐赠投入 45.9 亿元，就业帮扶投入 13.4 亿元，技能帮扶投入 3324 万元。

【扶贫培训】　通过新时代农民讲习所、新时代文明实践中心、青年志愿者脱贫攻坚夜校等平台，对种植养殖大户、农民专业合作社骨干、农业龙头企业带头人等开展轮训，累计培训新型农业经营主体带头人 8000 余人，培训贫困村创业致富带头人 13069 人。确定国家级示范基地 3 个、省级培育基地 5 个、县级培育机构 124 个、实训基地 195 个、农民田间学校 81 个。总结提炼推广“智育环节 + 涵育环节 + 扶育环节”的“三育一体”凤冈模式、“短期培训，长期支持”的石阡模式等培训方式，推动全省培训工作。

【扶贫宣传】　中共中央宣传部和中央主要新闻媒体先后集中报道了邓迎香、王章礼、张明富等一批脱贫攻坚典型人物，以及贵州兴办新时代农民讲习所助力精准扶贫、贵州应用大数据开展精准扶贫等典型经验。5 个先进集体和个人获得全国脱贫攻坚奖。配合做好国务院扶贫办在贵州省举办全国脱贫攻坚先进事迹巡回报告会工作。组织贵州省获得全国脱贫攻坚奖和其他表彰的先进典型进行巡回宣讲。省内各级新闻媒体统一开设“脱贫攻坚——发起总攻夺取全胜”专栏专题。省主要新闻单位、网站 2018 年投入价值 2.5 亿元的媒体资源实行免费广告扶贫项目。拍摄《云上之爱》《出山记》《天渠》等影视作品，充分展示脱贫攻坚成效。

【问题整改】 制定印发《贵州省脱贫攻坚存在问题专项治理工作方案》，针对贫困人口漏评错评、贫困人口错退、农村危房改造不到位、扶贫资金使用不规范、扶贫领域腐败和不正之风出台 5 个《专项治理方案》，将问题清单细化分解到各地各部门并要求限期整改销号。7 月，国家督查组对贵州脱贫攻坚存在问题整改进行专题督查，充分肯定了贵州整改成效。8 月，组织对“五个专项治理”工作进行了交叉评估验收，结果显示治理成效明显。截至 2018 年底，国家脱贫攻坚成效考核反馈的 5 类 26 项 68 个问题、国家督查发现的 4 大类问题、中央第四巡视组反馈的 4 类 20 个问题、国家审计发现的 47 个问题、民主监督指出的 4 类问题全部完成整改。

（贵州省扶贫办政策法规处　王心猛）

云南省扶贫开发

【概述】 2018年，云南省以习近平总书记关于扶贫工作的重要论述为指导，紧扣“精准施策，提质增效”主题主线，全面实施打赢脱贫攻坚战三年行动，突出深度贫困地区重点难点，开展“转作风、大调研、抓精准、促落实”、扶贫领域腐败和作风问题专项治理、脱贫措施户户清、县级项目库建设集中攻坚、扶贫信息数据集中比对、实战能力大培训等专项行动，推动全省脱贫攻坚取得决定性成就。全省减贫151万人，2298个贫困村出列，33个贫困县脱贫摘帽，贫困发生率下降到5.39%，建档立卡贫困人口减少80.2%，贫困县脱贫摘帽53%，圆满完成年度脱贫攻坚目标任务。

【扶贫资金投入及管理】 多方协调、全面统筹，为打赢脱贫攻坚战提供保障。出台《推进财政涉农资金省级源头整合支持贫困县脱贫攻坚的意见》，明确中央和省级财政涉农资金按照60%的扶贫因素和40%的行业因素测算分配，下达88个统筹整合试点县中央和省级涉农资金368.47亿元。清理2016年至2017年闲置资金32094.32万元，其中督促拨付12464.98万元、加快项目实施13527.28万元、盘活使用闲置扶贫资金6102.06万元。加大投入力度，强化资金支持，投入专项扶贫资金203.02亿元，其中中央93.03亿元、同比增加21.28亿元，省级45.92亿元、同比增加13.21亿元，市级22.78亿元，县级41.29亿元。

【县级项目库建设】 以“精准施策、提质增效”为主线，推动干部沉下去“面对面”与群众协商定策，“实打实”研究落实脱贫措施，“精而精”安排资金项目，建立“人对人”责任落实机制，实施“硬碰硬”督查考核。脱贫措施户户清，做实“一户一策”精准帮扶路径，全省共组织20余万名干部，深入1220个乡（镇）、1.2万个行政村、14.5万个村小组，实现全省建档立卡189.2万户、749.4万人脱贫措施户户清。全省累计入库项目6.6万个，需求资金3585亿元。全省3.6万名村“三委”干部、3.55万名驻村扶贫工作队员的责任全部具体到措施、压实到项目。2018年，全省有扶贫开发任务的122个县、12101个行政村（居委会）基本完成了2018—2020年脱贫攻坚实施方案编制、审核、审批工作，充实完善了县级脱贫攻坚项目库。

【易地扶贫搬迁】 易地扶贫搬迁“转型升级”，全年完成54.9万贫困人口易地扶贫搬迁建设任务，每个安置点平均安置规模由131人提高到363人，安置方式由“农村复制农村”逐步向“城镇集中安置”转变。新增易地扶贫搬迁建档立卡34.5万人，下达4万人搬迁任务，全面启动安置房建设工作。

【危房改造】 加强4类重点对象基本住房安全保障，组建省、州（市）、县（市、区）专家技术队伍2000余人，认定2018—2020年4类重点对象存量危房65.28万户，2018年完成4类重点对象农危改37.31万户，竣工率93.28%，超额完成中央下达计划任务。

【特色产业扶贫】 以“绿色食品”为引领，打造蔬菜、水果、花卉、茶叶、中药材、坚果、肉牛、咖啡8大重点产业，形成“一村一品”“一县一业”产业扶贫新格局，宾川、罗平、剑川、弥渡、昌宁、泸西6个贫困县建立出口农产品安全质量示范区，贫困地区野生食用菌、蔬菜、咖啡等进入百胜餐饮全国供应链。实施特色产业项目4687个，覆盖建档立卡411.25万人。

【完善减贫带贫机制】 建立新型经营主体、龙头企业带动建档立卡贫困户发展产业"双绑"利益联结机制，38133个新型经营主体与建档立卡530.22万人建立利益联结机制，农业龙头企业带动建档立卡60.02万户、223.68万人增收。73个贫困县列入电子商务进农村综合示范县，阿里巴巴首届"中国农民丰收节"电商数据报告显示，云南地标农产品电商品牌8个，仅次于浙江居第二位。85个贫困村实施旅游扶贫、同比增加12个，带动建档立卡12.4万人增收。45个贫困村新建23个村级光伏电站，累计达到24个、覆盖69个贫困村，开展2793个村级电站前期工作，覆盖3473个贫困村。

【就业扶贫】 采取"定向招聘、定向培训、定向输出、定向服务"项目化推进方式，完成培训贫困劳动力165.01万人次，新增转移就业贫困劳动力69.33万人，其中跨省就业30.13万人、省内就业12.15万人、县内就业27.05万人，实现有组织转移就业15.35万人。新建扶贫车间306个，吸纳贫困劳动力就业5285人。乡村公共性服务岗位聘用建档立卡人口10.43万人。选聘建档立卡生态护林员3万人。

【金融扶贫】 全省累计发放金融精准扶贫贷款719.2亿元，金融精准扶贫贷款余额达2854.68亿元。其中，建档立卡贫困人口贷款余额388.76亿元，项目精准扶贫贷款余额1868.9亿元。坚持规范运行与风险防控同步，发放扶贫小额贷款86.75亿元，惠及19.71万贫困户。

【教育扶贫】 强化依法"控辍保学"，义务教育保障水平进一步提升，2017—2018学年（2017年秋季至2018年春季）劝返复学建档立卡户学生7373人次，精准资助239.97万人次，全省16256所义务教育学校（含教学点）"20条底线"达标率提高到99.97%［"20条底线"：①消除D级危房，新建校舍抗震设防类别不低于重点设防类，满足综合防灾要求；②多层校舍建筑每幢不少于2部楼梯，楼梯坡度不大于30度，护栏坚固；③教室和宿舍内外墙面平整，无明显尖锐突出物体，室内无裸露电线；④教学用房室内采光良好，照明设施完善，光线充足；⑤学生1人1桌1椅（凳）；⑥按国家标准配置满足教学需求的黑板；⑦设置旗台、旗杆，按要求升国旗；⑧具备适合学生特点的体育活动场地和设施设备，有利于开展具有当地特色的体育活动；⑨因地制宜设置满足校园安全需要的围墙或围栏；⑩新增图书为适合学生年龄特点的正版图书，配备复本量应视学校规模和图书使用频率合理确定；⑪有可供开展多媒体教学的教室；⑫学生宿舍不设在地下室或半地下室；⑬寄宿学生每人一个床位，消除"大通铺"现象；⑭寄宿制学校或供餐学校具备食品制作或加热条件；⑮配备开水供应设施设备；⑯有条件的地方，新建校舍一般设置水冲式厕所，厕位够用，按1:3设置男女蹲位，旱厕应按学校专用无害化卫生厕所设置；⑰除特别干旱地区外，寄宿制学校应设置淋浴设施；⑱配置消防和应急照明设备，设置疏散标志；⑲在校门、宿舍等关键部位安装摄像头和报警装置，宿舍区配备急救箱；⑳消除66人以上超大班额］，79个贫困县基本实现义务教育均衡发展，1.3万建档立卡高校毕业生初次就业率达91.9%，均高于全省平均水平。

【健康扶贫】 全面落实"四重保障"，建档立卡贫困人口住院费用实际报销比例达90.5%，筛查29种大病建档立卡患者88169人，救治85092人，救治进度97%，东川、南华、宾川3个贫困县健康扶贫工作被国家部委通报表扬。

【保障性扶贫】 农村低保与扶贫开发

有效衔接，特困群体基本实现应扶尽扶、应保尽保，140.45 万建档立卡贫困人口纳入农村低保范围，全省农村最低生活保障指导标准提高到 3500 元/(人·年)。同时，加强禁毒脱贫工作，完成吸毒贫困人口摸底调研，对 17146 名吸毒贫困人口实施一人一策，2669 人脱毒脱贫。

【定点扶贫】 中央定点扶贫单位领导班子成员到挂钩县调研 189 人次，选派挂职扶贫干部 73 人，其中驻村第一书记 54 名，直接投入帮扶资金 9.34 亿元，帮助引进资金 1.7 亿元，培训基层干部 16176 人、技术人员 29642 人，开展消费扶贫，购买贫困地区农产品 8400 万元，帮助销售贫困地区农产品 1.93 亿元。

【驻村帮扶】 严格“八严禁、八必须”驻村扶贫工作纪律，开展常态化抽查暗访和“云岭先锋”手机 App 动态监管，为工作队员提供工作经费、给予补助津贴、安排健康体检、办理人身意外伤害保险，开展全覆盖实战培训。全省共选派驻村工作队员 3.55 万名，其中总队长、副总队长 187 名，第一书记（工作队长）9142 名，做到 8502 个贫困村一村一队全覆盖。

【深度贫困地区脱贫攻坚】 聚焦 27 个深度贫困县、3539 个深度贫困村，强化组织保障、力量保障、资金保障和政策保障。组织保障上，省级领导分别挂联深度贫困县，实行脱贫攻坚工作报告制度，每年向省委、省政府报告脱贫攻坚工作情况。力量保障上，88 家省级定点扶贫单位对 27 个深度贫困县实行集中帮扶，向 3539 个深度贫困村选派了第一书记和驻村工作队。选派 1000 名以上科技人员、管理人员、项目建设人员、工程监理人员、设计人员和骨干教师、医疗卫生人员、社会工作专业人员等，支持迪庆藏族自治州、怒江傈僳族自治州脱贫攻坚。资金安排上，省级行业部门投入 27 个深度贫困县财政资金 214.84 亿元，投入中央和省级财政涉农资金 102.53 亿元、占整合资金总量的 44%，安排省级以上财政专项扶贫资金 60.6 亿元。政策保障上，深度贫困县开展城乡建设用地增减挂钩，不受指标规模限制，易地扶贫搬迁拆旧复垦产生的增减挂钩节余指标优先安排交易，推进在东西协作和对口支援框架内开展跨省交易。

【东西部扶贫协作】 制定《关于进一步加强沪滇粤滇扶贫协作工作的实施意见》《云南省沪滇粤滇扶贫协作考评办法》《沪滇扶贫协作“十三五”规划》《云南省东西部扶贫协作投资项目优惠政策措施的实施方案》，从税收减免、投资融资、用地用电、益贫带贫、人才引进等方面细化 15 项高含金量的优惠政策措施，全力支持上海市和广东省企事业单位、社会组织及个人，到云南贫困县投资兴业，参与脱贫攻坚。签署对口帮扶干部人才交流协作协议，选派 192 名干部到上海挂职，选派 126 名干部到广东挂职。

上海市投入帮扶资金 23.72 亿元，同比增长 135.55%，其中市级资金 22.2 亿元、区级资金 1.52 亿元；选派援滇挂职干部 114 名，选派专业技术人才 624 名；上海企业在滇投资 460.6 亿元，同比增长 32.7%，实施援建项目 747 个，建设 11 个云南上海蔬菜产销对接基地，15 万吨蔬菜进入上海；帮助云南省 10.05 万贫困劳动力实现转移就业，其中，到上海就业 2459 人，省内就近就业 73064 人。

东莞、中山、珠海 3 市投入帮扶资金 6.61 亿元，同比增长 130.31%，每个贫困县投入 4720 万元，开展示范工程、贫困村卫生室、边远山区校舍等项目建设；选派援滇挂职干部 68 名，选派专业技术人才 306 名到云南省开展智力帮扶；建设昭通粤商产业园，吸引广东企业投资 6.96 亿元，制鞋、蔬菜、纸业 3 个项目已经入园，珠海 10 家企业在怒江州投入 9080 万元产业资金，开展产业合作帮扶；帮助云南省 2.22 万贫困劳动力实现转移就业，其中，到广东务工14797人，省内就近就业4451人。

【企业和社会各界扶贫】 全省2901个企业、商会参与“万企帮万村”精准扶贫行动，实施6512个项目，投入资金37.01亿元，帮扶3484个贫困村，133.13万贫困人口直接受益，永仁哲林实业、云南齐星建工集团、砚山县鑫琞农业科技发展有限公司获得“全国‘万企帮万村’先进民营企业”荣誉称号。42个社会组织参与扶贫，同比增加24个，其中省级社会组织9个，帮扶101个贫困村、11.15万贫困人口，投入资金897万元，物资折款894.3万元，实施帮扶项目8263个。36家其他社会组织参与扶贫，同比增加12个。开展“以茶为媒·精准扶贫——‘10·17’扶贫茶助推脱贫攻坚”公益活动，构建“建档立卡贫困户茶农+生产企业+消费者”的精准带贫帮贫机制，加工生产扶贫茶57万饼，实现销售收入1.03亿元，提取扶贫基金867.5万元，惠及建档立卡10458户、42068人。

【激发内生动力】 研究制定《关于聚焦打好精准脱贫攻坚战加强教育培训的实施意见》，按照分级培训方式，省级开展打赢打好精准脱贫攻坚战县处级（含处级）以上干部培训，州（市）开展乡镇以上干部培训，县（市、区）开展村级干部培训，对所有基层干部集中开展轮训。深入开展“自强、诚信、感恩”主题实践活动，制定出台《云南省“新时代、新乡村、新风俗”建设实施意见》《关于规范农村操办婚丧喜庆事宜的通知》，发挥典型带动和村规民约作用，推动移风易俗促脱贫。转变帮扶方式，对有劳动能力的贫困家庭实行“按劳取酬、优先优酬”，把帮扶资金转化为产业投入、劳动报酬、公益岗位补贴，坚决杜绝简单给钱给物或无条件送股分红。2018年，涌现出昆明市“三讲三评”、曲靖市罗平县“爱心超市”、文山州西畴县“五分钱”工程、临沧市“村史室”、德宏州农村“小喇叭”工程、普洱市镇沅县“深度贫困人口培训中心”等“六小创新”做法，并在全省推广。

（云南省人民政府扶贫开发办公室
胡丹丹）

西藏自治区扶贫开发

【概述】 2018年，西藏自治区按照中共中央、国务院《关于打赢脱贫攻坚战的决定》和《关于打赢脱贫攻坚战三年行动的指导意见》，坚持精准扶贫精准脱贫方略，遵循“三个新增”的总体要求，聚焦深度贫困、突出问题导向、调整政策供给、推进扶贫改革、下足绣花功夫，积极推进自治区深度贫困地区脱贫攻坚《实施方案》和《三年行动计划》全面落实落地。全年25个深度贫困县脱贫摘帽，2100个贫困村退出，18.1万人脱贫，贫困发生率下降到6%以下，第三次在省级党委和政府扶贫开发成效考核中被中央确定为综合评价“好”等次。

【扶贫资金投入与管理】 西藏自治区统筹整合财政涉农资金143.7亿元用于脱贫攻坚，其中落实本级财政专项扶贫资金23.6亿元。坚持差异化帮扶政策，向日喀则、昌都、那曲3个深度贫困主战场投资110.07亿元，占全区年度扶贫资金总量的76.6%；向44个深度贫困县（区）提前下达2018—2020年中央财政专项扶贫增量资金指标70.67亿元。全区扶贫贷款余额1458亿元，同比增长28%。扶贫小额贷款35.96亿元，惠及贫困群众9.5万户。印发《关于统筹整合使用财政涉农资金工作的实施意见》，完善财政专项扶贫资金分配、使用、监督、问责“四项机制”，开展扶贫资金专项检查和财政专项扶贫资金绩效考核，扶贫资金管理日趋规范、使用效益进一步提高。

【基础设施建设】 西藏自治区投资7.76亿元解决13.93万贫困人口饮水安全问题；投资2.2亿元改造危房1.67万户；投资372.97亿元用于农村公路建设，实施项目1249个，新改建里程1.36万千米，完成8个乡镇、1045个行政村、439个自然村通硬化路和91个自然村通公路；改造农村电网4696千米，新修农村电网2.08万千米，解决541个行政村的通电问题，行政村通电率达73.55%。新增邮政网点14个、建制村村邮站303处，3185个行政村实现光纤通达，共创国家级电子商务综合示范县14个，建成乡级服务站点63个，村级服务站点212个。坚持把脱贫攻坚与乡村振兴、边境小康村建设、特色小城镇建设、农村人居环境整治有机结合，加快补齐深度贫困地区发展短板。改造义务教育阶段薄弱学校622所；改扩建29个县级医院、32个乡镇卫生院和53个县疾病预防控制中心，新建35个县级藏医院和67个妇幼保健站；新建乡镇农牧综合服务中心680个，乡镇综合文化站692个。

【易地扶贫搬迁】 2018年，累计投入150.9亿元，建设安置点905个、竣工805个，累计搬迁入住21.8万人。坚持以岗定搬、以业定迁，完善安置点配套基础设施和公共服务设施，加强后续产业发展和转移就业工作，确保有劳动能力的搬迁户至少有1名劳动力稳定就业。启动实施昌都三岩片区1.16万人跨市整体搬迁工程，263户、1745名群众入住拉萨市安置点。坚持屯兵与安民并举、固边与兴边并重，积极推进以玉麦乡为突破口的628个宜居宜业宜游边境小康村建设，开工建设179个、完成投资45.9亿元。启动生态保护区、极高海拔地区及特殊地区13万群众整体搬迁工作，首批那曲尼玛县荣玛乡2个村1102人搬迁至堆龙德庆区古荣乡。

【产业扶贫】 修订《脱贫攻坚产业发展资金管理暂行办法》《西藏自治区“十三五”产业精准扶贫中期调整规划》，坚持以七大产业为重点，重点打造青稞、牦牛、藏猪、蔬菜等产业，大力发展农畜产品加工业，拓展产业功能，推进乡村旅游和商贸流通等新产业、新业态，创新产业带贫机制，加强企业、专合组织与贫困户的利益联结机制。2018年，自治区累计实施产业扶贫项目2263个，完工率达65.97%，完成投资258.59亿元，产业脱贫21.1万人。

【就业扶贫】 坚持以市场为导向，深入开展贫困劳动力就业培训和企业用工需求调查摸底。着力加强技能培训，全年举办各类培训班1083期，培训3.62万人次。着力拓展就业渠道，为贫困人口和用人单位搭建“无障碍、宽领域、多层次”的交流平台，举办各类招聘会195场次，组织招聘单位4964家，转移就业6.67万人，其中跨省就业170余人次，实现劳务收入7亿元以上。中职学校招收贫困家庭“两后生”516人，培训“两后生”1874人；开展公益性职业技能培训，中职学校培训农牧民1.4万人次。

【特色产业扶贫】 培育市级农牧业产业化经营龙头企业达125家，其中自治区级29家；培育农牧民专业合作社8364家，国家级示范社56家。农畜产品加工企业总产值42.16亿元，培育牦牛、青稞规模化加工企业分别达7家和37家，年加工销售牦牛肉2000吨、青稞9.5万吨；累计认证无公害农产品生产基地22家、无公害农产品138个、绿色食品37个、有机农产品13个、农产品地理标志20个。发展全国一村一品示范村镇35个，中国美丽休闲乡村13个，全国休闲农业与乡村旅游示范县7个、示范点9个，中国最有魅力休闲乡村1个；日喀则市桑珠孜扶贫产业园区已有4家企业入驻。

【完善社会保障制度】 实现“两项制度”有效衔接，农村最低生活保障制度覆盖15.6万建档立卡贫困人口，下拨社会救助资金9.69亿元。将农村特困人员集中供养和分散供养标准分别提高到11700元和5760元，实现孤儿集中收养和有意愿的五保老人集中供养，实现应扶尽扶、应保尽保。完成建档立卡贫困残疾人鉴定工作，残疾人两项补贴资金提高到每人每月100元、200元，发放困难残疾人补贴和重度残疾人护理费，11.67万人次受益。地市、县（区）创新模式，组建残疾人就业合作社、助残小微企业等，为1200余名贫困残疾人有尊严地稳定脱贫创建平台。推进落实“先诊疗、后付费”“一站式”即时结算机制，建立起“基本医保+大病保险+医疗救助”三重医疗保障线，将贫困人口全部纳入保障范围。全面推行“三个一批”，大病集中救治3327人，慢病签约服务13116人，重病兜底保障1055人。发挥医疗“组团式”援藏优势，全国三级医院对口帮扶西藏74个县级医院。组织7家城市医院对口帮扶高海拔边远贫困地区乡镇卫生院，先后派出47支医疗队、149名医务人员，进驻日喀则、那曲、阿里9个县、15个高海拔边远乡镇卫生院开展义诊帮扶工作。

【生态扶贫】 坚持正确处理好保护生态和富民利民的关系，整合中央草原生态保护补助奖励、森林生态效益补偿等资金，有劳动能力贫困人口实行定岗定员、定责定酬，落实各类专兼职生态补偿岗位67万个，年人均补助提高到3500元。综合实施退耕还林还草奖补、荒山绿化投工等项目，完成禁牧任务的每亩每年给予6元补助，未超载的每亩每年给予1.5元奖励，覆盖贫困群众22万名。大力实施国土绿化工程，积极开展有条件的地方消除“无树户”行动，2018年全区消除“无树村”863个、“无树户”8.32万户，占计划任务的80%。多点布局建成80个扶贫苗圃，带动4000名群众脱贫。

【教育扶贫】　出台《关于进一步加强控辍保学提高义务教育巩固水平的意见》，落实免费教育和“三包”政策，“三包”年生均标准达到3720元，2018年11个县通过国家均衡发展验收；高等院校录取建档立卡和农村低保家庭学生6812人。全面落实“三免一补”政策，落实专项资助2017—2018学年建档立卡和农村低保大学生9815人；推进双语幼儿园建设，构建学龄前教育体系，全区村级双语幼儿园达到1477个。1276名优秀教师“组团式”援藏，有效促进贫困地区教育均衡发展。2018年，全区义务教育在校学生达46万人，小学净入学率达99.5%，初中毛入学率达到99.5%，全区九年义务教育巩固率93.9%，义务教育基本均衡县比例达到84%。

【金融扶贫】　全区县域银行业金融机构数超过80家，县域服务网点超过250家，实现县级服务网点全覆盖，乡镇网点420家，乡镇网点覆盖率达到70.88%。2018年，全区扶贫贷款余额1458亿元，同比增长28%。扶贫小额贷款35.96亿元，惠及贫困群众9.5万户，还款17.17亿元。积极利用证券市场“绿色通道”，加快西藏自治区企业上市融资步伐，19家公司上市，资产证券化率居全国首位。上市公司积极承担脱贫职责，2家证券公司与10个贫困县签订扶贫框架协议，吸纳1000多名贫困人口稳定就业。创新推出“政府+企业+贫困人口+保险”保险扶贫模式，签订《保险扶贫合作框架协议》，减少和控制返贫比例，在林芝市米林等县试点推行脱贫人口“返贫险”，为2131户、6870人提供防返贫保障。

【定点扶贫】　深入推进“定点扶贫”工作，653家企业结对帮扶670个贫困村、3.9万人脱贫。13.67万名科级以上干部结对帮扶26.62万人脱贫，2.73万名干部进驻所有村居，创办集体经济2302个、合作经济组织2452个，实现贫困村驻村工作全覆盖。

【东西部扶贫协作】　2018年，深化对口援藏扶贫会议签约项目26个、投资80亿元。中央机关和援藏省市专项招录西藏籍高校毕业生262名，对口援藏包干帮扶受援县10%的贫困群众，帮助3.3万人增收脱贫；援藏省市选派1273名优秀教师和658名医务人员深入贫困地区开展教育、医疗“组团式”援藏；特色产品消费纳入援藏范围，与湖北、山东、北京等省市签订青稞产品包销协议，浙江省从那曲市订购2.6亿元牦牛等畜产品。

【社会扶贫】　2018年，央企助力脱贫攻坚签约项目55个、投资352亿元，招聘西藏籍高校毕业生2498人，在藏重大项目吸纳2.2万贫困群众就业。

【扶志扶智】　组织全区各级各类媒体，宣传正面典型，讲好西藏自治区脱贫攻坚故事，组织区内主要媒体先后8次深入一线报道脱贫攻坚工作，全程直播昌都“三岩”片区跨市整体易地扶贫搬迁过程，推出《脱贫攻坚在行动》等8个专题专栏、刊发扶贫稿件1万余篇，编印《脱贫攻坚典型案例》。全区4个先进集体和个人获得全国脱贫攻坚奖，52个先进集体和个人受到自治区表彰。加强贫困群众的文化教育，采用生产奖补、劳务补助、以工代赈等机制，实行正向激励、逆向约束，要求建档立卡贫困户未脱贫时，不得购买汽车等高消费品；建档立卡贫困人口中有劳动能力，但不外出务工或务工收入达不到3000元以上的，不得享受或部分享受生态补偿岗位；不送适龄儿童入学的，取消脱贫攻坚政策享受。印发《非婚生子贫困家庭脱贫攻坚指导意见》，加强单亲家庭贫困人口的教育引导，解决非婚生育造成的贫困。

（西藏自治区扶贫开发办公室
政策法规处　殷令御）

陕西省扶贫开发

【概述】 陕西省深入学习习近平总书记关于扶贫工作的重要论述，五级书记带头遍访贫困对象，全面落实精准方略，切实提高脱贫质量，不断夯实基础性工作。2018年全省104.5万贫困人口实现脱贫，贫困发生率降至3.18%，23个贫困县达到退出标准。聚焦深度贫困地区推进脱贫攻坚，有劳动能力贫困户实现产业全覆盖，贫困人口新农合和大病保险实现全覆盖，贫困劳动力转移就业28.8万人，资助建档立卡贫困家庭学生48.3万人，贫困村标准化卫生室达标率99.3%，易地扶贫搬迁群众57万人。持续推进责任落实、政策落实和工作落实，制定《关于打赢脱贫攻坚战三年行动的实施意见》，将打赢脱贫攻坚战的36项重点任务落实到22个牵头部门、39个责任单位，明确了三年攻坚行动的任务书、时间表、路线图。

【扶贫资金投入】 2018年陕西省持续加大资金保障力度，各级财政专项投入达到129.1亿元，其中争取中央投入54.3亿元，省级投入30亿元，市县投入44.8亿元。贫困县涉农资金整合投入189亿元，县均整合3.4亿元。扶贫小额贷款累计发放184.4亿元，惠及45.3万户贫困群众。贫困村互助资金项目发展到6932个村，新增村1023个，实现所有贫困村全覆盖，2018年发放借款13.9亿元。11个深度贫困县投入中省财政专项扶贫资金15.9亿元，增长50%。革命老区投入中省财政专项扶贫资金53.8亿元，增长27.85%。农村社区发展项目累计完成投资1.35亿元。建立扶贫资金支出动态监管系统，对资金下达、项目实施、项目验收评估及资金支出实现全程监管，确保渠道合规、内容合规、运作合规。实行财政专项扶贫资金月报制度。实现县级脱贫攻坚项目库全覆盖，2018年入库项目7.97万个，资金总量507.44亿元。

【基础设施建设】 进一步规范明确了脱贫退出的道路建设、安全饮水、安全住房等认定标准，贫困村提升工程扎实推进。新改建公路3957千米，通村公路“油返砂”整治7624.6千米，贫困地区建制村硬化率达100%。解决94.38万人安全饮水问题，所有贫困村实现了通动力电和生活用电，电力入户率达到100%。全省贫困村已实现光纤全覆盖。脱贫退出村全部建有标准化卫生室和村集体经济。

【产业扶贫】 着力推动扶贫特色产业精准覆盖、贫困户精准受益，出台《新型经营主体带动贫困户增收的指导意见》，总结推广22种产业扶贫模式和35个成熟范例，引导经营主体与贫困户建立紧密的利益联结机制。实施“百村示范千村试点万村推进”行动，推动财政资金向村集体经济组织注资，促进村集体股权量化、股份经营，2018年落地特色产业项目4.5万个、覆盖贫困人口158.5万人，较2017年增加9000个项目、多覆盖贫困人口28.5万人。旅游扶贫新覆盖贫困村168个、带动贫困群众9万人。电子商务进农村综合示范县建设实现贫困县全覆盖，新增电商服务覆盖村1581个、农产品电商销售额92.36亿元、带动贫困人口4.07万人。累计建设村级光伏电站1985个，覆盖贫困村3211个。

【就业扶贫】 贫困劳动力转移就业

28.87 万人，自主创业 7447 人，免费培训 14.84 万人。新建扶贫车间（社区工厂）425 个，新培育就业扶贫基地 597 家，公益性岗位新吸纳贫困劳动力 3.64 万人，选聘贫困人口生态护林员 3 万多名；苏陕两省合作组织贫困劳动力在江苏就业 7399 人，在陕西就业 9883 人。推广产业就业融合培训和“产业 + 就业 + 创业”的“三业融合”培训模式，扶智、扶技、扶志相结合，帮助贫困劳动力实现培训即就业。发展新社区工厂、培育就业扶贫基地、开发特设公岗和公益专岗等做法，成为陕西就业扶贫的特色模式。

【健康扶贫】　持续推进“一手抓精准施治减存量，一手抓预防控制遏增量”健康扶贫“两手抓”工作。2018 年起，按照人均 70 元标准为贫困人口建立补充医疗保障制度，完善了贫困人口“四重”医疗保障体系（即新农合、大病保险、民政医疗救助和补充医疗保障）。深入实施疾病预防“八大行动”，实施重点传染病专病专防策略，加强地方病综合防控和专项救治。全省优质医疗资源下沉实现对贫困县医疗机构结对帮扶全覆盖，实现贫困人口新农合和大病保险全覆盖，“地毯式”摸排大骨结病等地方病患者 23.13 万人，救治贫困人口 33.16 万人，报销和救助资金 18.76 亿元，11 种大病患者全部完成集中救治任务，慢性病签约服务实现贫困人口应签尽签，“一站式”即时结算服务实现市域内全覆盖。

【社保兜底】　保障建档立卡低保对象 21.5 万户、57.62 万人，保障建档立卡特困人员 10.65 万户、11.54 万人。农村特困人员供养服务机构实现深度贫困县（区）全覆盖，农村互助幸福院实现深度贫困村全覆盖。2018 年 7 月起，农村低保最低限定保障标准提高到 3990 元/（人·年）。实施农村临时救助 29.5 万人次，支出资金 2.93 亿元。12.2 万名农村特困人员、10253 名孤儿和 10132 名事实无人抚养儿童实现应养尽养、应救尽救。发放残疾人“两项补贴”10.13 亿元，惠及生活困难残疾人和重度残疾人 119.37 万人次。

【易地扶贫搬迁】　易地扶贫搬迁入住 17.13 万户、57.44 万人。易地扶贫搬迁“十三五”规划 28.45 万户、95.45 万人的安置房建设提前两年全部开工，安置房竣工 27.5 万户。全年实施建档立卡贫困户危房改造 7.9 万户全部竣工，年度脱贫对象 40253 户全部入住。持续推行先业后搬、以业促搬、以岗定搬，实现搬得出、稳得住、能致富。

【教育扶贫】　扎实落实《陕西省教育扶贫实施方案》等 20 多项教育扶贫政策措施，严格控辍保学，义务教育阶段无因贫失学辍学学生。实施“优质学校对口帮扶贫困地区学校计划”，2018 年选派 1.83 万名骨干教师到贫困地区中小学支教帮扶。扩大高校扶贫专项招生比例，高校扶贫专项招生和中高职院校招录实现“双过万”。落实资金 45 亿元，加强贫困地区中小学办学条件改善。投入 14.03 亿元，加大寄宿制学校建设力度，90% 以上的贫困县义务教育基本均衡达标。

【社会扶贫】　全力巩固大扶贫格局，社会各方合力进一步凝聚。中央 35 个部委单位定点帮扶陕西省 50 个国家扶贫开发工作重点县，先后调研 105 人次，选派挂职干部 75 人，投入帮扶资金 2.77 亿元，引进资金 5.07 亿元，帮助销售贫困地区农产品 7432 万元。充分发挥国企合力团、校地结对“双百工程”、优质医疗资源下沉等“3 + X”帮扶体系效能。9 个国企合力团共对接项目 124 个，完成投资 91 亿元，带动贫困人口 1.9 万户、实现就业 1.6 万人；校地结对“双百工程”建成产学研示范基地和落地实体项目 90 个，培训培养骨干教师、医生护士、农技人员和新型农民等 4 万多人；优质医疗资源下沉实现对贫困县医疗机构结对帮扶全覆盖，贫困人口县域内就诊率达85%以上；深入开展“万企帮万村”精准扶贫行动，6646家民营企业帮扶7621个贫困村，实施项目1.5万个，涉及贫困人口83.47万。鼓励社会组织参与，42家省级社会组织帮扶贫困人口107.5万人，投入帮扶资金1.88亿元；省内其他社会组织参与扶贫7983家，投入扶贫资金35亿元，帮扶贫困户46万户。

【东西部扶贫协作】 2018年苏陕扶贫协作进一步深化。两省党政主要领导带团互访，完善合作机制，签署《2018年东西部扶贫协作协议》，细化签署19项合作协议和65个项目协议。推动实现镇镇结对299个、村村结对337个、企村结对191个，构建起“省市县镇村”五级扶贫协作的系统性架构，惠及贫困人口32.2万人。江苏投入财政性帮扶资金16.94亿元，县均帮扶资金达到3025万元；江苏镇村和企业累计支持陕西省1.07亿元，惠及1.3万贫困人口；江苏各界援助9000多万元，救助陕西省贫困妇女儿童2050名。实施扶贫项目1200多个，带动16.22万贫困人口。启动富丹产业园、通汉产业园等10个“区中园”建设，成功组织陕西农特产品南京宣传推介周，推动产业合作项目落地320个，实现投资35.5亿元，1.7万贫困户受益。合办就业培训贫困劳动力1.2万人，实现1.9万名贫困劳动力就业。陕西省选派党政干部624人次、专业技术人员2969人次赴江苏挂职锻炼。江苏省选派党政干部232名、专业技术人员1623人来陕挂职，帮助陕西省培训党政干部1.2万人次，培训技术人员2.5万人次。

【扶志扶智】 持续推动扶贫扶志工作。召开全省第二次扶贫扶志宣传工作会议，总结推行教育引导、行为规范、村规民约、文明创建、公益救助、司法保障等“扶志六法”“爱心超市”及安康“新民风”建设等经验做法。所有贫困村建立“劳动换积分、积分换商品”模式的“爱心超市”9500多家，实现全覆盖。省级媒体开设“脱贫攻坚——扶贫扶志扶智在行动”等20余档脱贫攻坚栏目，策划拍摄《穿越贫困奔小康》等以脱贫攻坚为主题的作品，各级媒体开辟专题、专栏，刊（播）扶贫信息十万多篇（条），用群众身边人、身边事教育引导群众树立“要脱贫、双手勤”的思想观念。陕西省2个单位和2名个人荣获2018年全国脱贫攻坚奖（镇巴县和延安市扶贫局均荣获组织创新奖，王喜玲荣获奋进奖，张延刚荣获创新奖）。2018年，陕西省表彰了在脱贫攻坚中作出突出贡献的50个先进集体和751名先进个人；组织开展陕西省脱贫攻坚先进事迹巡回报告会，组织开展“我的脱贫故事”宣讲村村行活动，累计宣讲5000余场次。坚持群众主体，通过典型引领、教育引导和政策宣传等主要抓手，引导贫困群众养成自尊、自爱、自强精神，不断激发贫困群众内生动力。

【深度贫困地区脱贫攻坚】 聚力攻克深度贫困地区脱贫。聚焦深度贫困，全面落实资金、项目、举措“三倾斜”和“六聚焦、五保障”支持政策，11个深度贫困县投入中省财政专项扶贫资金15.9亿元，增长50%；增派帮扶干部1622名，脱贫7.88万户、28.3万人，11个深度贫困县贫困发生率由2017年的22.2%下降到10.8%；增加公益专岗、生态护林员等就业岗位，带动帮扶贫困人口就业8075名。革命老区投入中央和省级财政专项扶贫资金53.8亿元，增长27.85%。63个革命老区县2018年共脱贫23.7万户、77.8万人，贫困发生率由2017年的9.54%下降至4.02%。2018年延安市所有贫困县摘帽、所有贫困村退出，延安告别绝对贫困，实现整体脱贫摘帽。围绕特殊困难群体，组织卫生健康、残联、民政等部门开展特殊困难群体帮扶行动，累计救治特困人口51.32万人次。

（陕西省扶贫开发办公室　阴　琳）

甘肃省扶贫开发

【概述】 2018年，甘肃省坚持以脱贫攻坚统揽经济社会发展全局，紧紧围绕"两不愁三保障"扶贫标准，聚焦深度贫困地区和特殊贫困群众，坚持问题导向，优化政策供给，着力夯实精准帮扶、产业扶贫、各方责任、基层队伍和工作作风"五个基础"，顺利完成了年度目标任务。全年减少贫困人口77.6万人，贫困人口由2017年底的188.6万减少到111万，贫困发生率由9.6%降至5.6%，18个贫困县（片区县14个、插花县4个）摘帽退出。

【扶贫资金投入】 甘肃省财政专项扶贫资金投入173.3亿元，其中省级安排46.2亿元。整合省直13个部门管理的中央20项、省级14项涉农专项资金175亿元，安排一般债券额度115亿元，所有财政专项扶贫资金和70%以上的整合涉农资金主要用于到户扶持。加大金融支持力度，累计发放精准扶贫专项贷款437.57亿元，惠及贫困群众96.8万户、398.8万人。通过财政注入和企业、金融机构参股，全省总担保规模达到120亿元、排名全国第2位。

【攻坚责任】 层层签订责任书、立下军令状，形成了省市县乡村五级书记一起抓、各地各部门协力推进的工作格局。加强省脱贫攻坚领导小组力量，省委常委和副省长全部担任领导小组副组长，负责分管领域的行业扶贫和组织保障工作。组建12个脱贫攻坚专责工作组，抽调相关部门工作人员到主责单位集中统一办公，提高了工作效率。出台领导小组成员单位责任清单及问责办法，按照"谁主管、谁负责"的原则，强化行业扶贫工作责任。健全完善督战机制，建立省市县乡党政主要负责人和村党支部书记、第一书记定期调度制度，将脱贫攻坚重点任务量化为7大类、38项具体指标，每月通报工作进展情况，进一步传导压力，以责任落实推动脱贫攻坚工作落实。

【"一户一策"】 深入贯彻精准方略，省、市、县、乡40多万名干部进村入户，与贫困群众面对面分析致贫原因、商议脱贫措施，制定完成65万户、261万人（含已脱贫巩固提升户17万户、72万人）的"一户一策"精准脱贫计划，把剩余贫困人口脱贫任务分解到年、精准到人、落实到具体举措上，推动扶贫政策到村到户到人。

【"两不愁三保障"】 投入"全面改薄"资金42.71亿元新改建校舍5253所，实现深度贫困地区有需求的行政村幼儿园全覆盖。劝返建档立卡义务教育阶段辍学学生9352人、劝返率达到99.93%。实施大病集中救治一批、慢病签约服务管理一批、重病兜底保障一批"三个一批"行动计划，建立以基本医保、大病保险、医疗救助为主要内容的合规医疗费用报销体系，贫困人口大病保险起付线降至2000元，合规住院医疗费用报销达到85%以上。组织开展了全省农村危房"拉网式"排查鉴定，2018年完成危房改造7.9万户。加大对特困户的支持力度，户均补助标准从1.15万元提高到2万~2.5万元，对没有能力建房的特困户，采取房屋置换等方式进行托底保障，想方设法让贫困群众住上安全房。全年完成易地搬迁住房建设2.2万套，搬迁入住6.28万人，完成住房主体建设3.3万套，同步推进生产配套和产业扶持，确保群众搬得出、稳得住、能脱贫。

【产业扶贫】 健全产业组织体系，加强龙头企业引进和农民专业合作社培育组建，贫困地区新增龙头企业291家、累计达到1781家，新建专业合作社2862个，基本实现了每个贫困县特色优势产业至少组建1个带贫能力强、辐射面广的龙头企业，每个贫困村有2个以上专业合作社，增收项目和资金对有能力发展产业的贫困人口全覆盖。强化资金投入体系，筹集设立了1000亿元特色产业发展工程贷款、500亿元产业发展投资基金和500亿元农产品收购贷款，同时整合119.11亿元涉农资金，按照人均5000元、户均2万元、每户最多不超过3万元的原则，用于到户到人的产业增收项目，特色产业贷款累计发放286.5亿元。建立产销对接体系，成立由200多家省内外会员企业参与的省农业扶贫产业产销协会，举办农产品产销对接活动和贸易洽谈会，推动甘肃特色优质农产品走进京津冀、长三角、粤港澳、成渝地区、东西部扶贫协作区等大市场，并支持贫困地区建成果蔬保鲜库701座、新增储藏能力26.3万吨。完善风险保障体系，构建起以保险保本垫底、入股分红保底、公益岗位托底和低保政策兜底的“3+1”保险保障体系。

【社会扶贫】 制定《东西部扶贫协作三年行动计划》，省委、省政府主要领导带队赴对口帮扶省、市进行协商对接，签署《2018年东西部扶贫协作协议》，天津、福州、厦门、青岛4市投入甘肃省财政帮扶资金19.78亿元，是2017年的4倍，引导121家龙头企业实施产业扶贫项目，帮助1.95万名贫困劳动力实现就业。深入开展“携手奔小康”行动，东部4市所属县区对甘肃省58个贫困县实现帮扶全覆盖，双方共选派369名干部交流挂职，所属乡镇、街道社区与甘肃省贫困村、学校、医院、企业广泛建立结对帮扶关系。主动对接中央单位定点扶贫工作，33家中央单位共投入帮扶资金3.91亿元，实施帮扶项目293个，帮助引进资金规模达39.76亿元、项目118个，已落实16.05亿元。实施“千企帮千村”行动，组织1587户企业结对帮扶甘肃省2357个贫困村，投入资金36.77亿元，帮扶贫困人口38.38万人。动员社会组织广泛参与脱贫攻坚，全省189个社会组织累计投入资金6620.05万元，帮扶75个贫困村，惠及贫困人口18.95万人。

【扶志扶智】 制定《关于在全省组织开展“精神扶贫”工程的工作方案》《甘肃省治理高价彩礼推动移风易俗的指导意见》，从组织保障、政策宣传、乡风文明、文化惠民等方面综合施策。推广“农民讲习所”、“两户”见面会等成功做法，组织专家为贫困群众解读脱贫攻坚政策，由脱贫户现身说法，用身边事教育引导身边人，增强贫困群众依靠双手脱贫致富的信心和决心。在省内媒体开办“脱贫攻坚奔小康”专栏，宣传推广先进单位和个人的典型事迹，引导贫困群众树立勤劳致富、脱贫光荣观念，营造打赢脱贫攻坚战的良好氛围。

【整村推进】 加快推进贫困村整体提升工程，贫困地区全年新建农村公路10036千米（含整治“畅返不畅”农村公路3706千米），除6个向交通部报备不具备通硬化路条件的建制村外，全面实现建制村通硬化路的目标。贫困村对应的自然村实现动力电全覆盖。完成农村饮水安全巩固提升工程年度任务，受益群众90万户、382万人，贫困地区农村集中供水率和自来水普及率分别达到91%和88%。推进电信普遍服务试点，全省98%以上的行政村开通光纤宽带，提前实现2020年的目标。

【帮扶工作】 加强帮扶力量，选派专职副书记54人、科技副县长55人到贫困县挂职，将东部4市、中央定点帮扶单位选派的160多名挂职干部全部安排到扶贫部门和贫困市、县，分管或协管扶贫工作。实行干部联系贫困户制度，省直、市直部门干部每人结对帮扶 2 ~ 3 户贫困户，剩余贫困户由县乡确定帮扶责任人。优化驻村帮扶工作队，省、市、县三级选派的第一书记全部兼任扶贫工作队队长，抽调 6000 多名专业技术人员充实到扶贫工作队，对不合格、不称职的 62 名第一书记、2425 名驻村帮扶干部全部召回调整。

【深度贫困地区脱贫攻坚】　制定《甘肃省深度贫困地区脱贫攻坚实施方案》，逐一完善“两州一县”和 18 个深度贫困县脱贫攻坚实施方案，出台 30 多个政策文件支持深度贫困地区脱贫，不断完善基本财力保障机制，将扶贫开发支出标准由人均 800 元提高到 1200 元；深度贫困地区财政专项扶贫资金支出达到 89.9 亿元，占全省的 67.7%，安排财政涉农整合资金 167.7 亿元，占全省的 69.8%。重点生态功能区转移支付增量资金全部用于“两州一县”。加快深度贫困地区水利、交通、能源、生态、社会事业等项目审批、核准进度，已经布局的建设项目提前实施。将符合条件的贫困户残疾人全部纳入农村低保范围，农村低保家庭和特困供养人员中的残疾人、贫困户重度残疾人全部纳入医疗救助范围。稳步提高各类保障标准，农村一、二类低保对象年补助水平分别提高到 3720 元和 3480 元，农村特困救助人员集中、分散供养年保障标准分别提高到 6432 元和 5178 元，基本实现“应保尽保、应救尽救”。

【以工代赈】　下达以工代赈资金 4.28 亿元，其中财政预算内以工代赈资金 2 亿元，中央预算内投资 1.82 亿元，省级财政配套资金 0.46 亿元。将国家安排的 2 亿元财政预算内以工代赈资金全部安排到“两州一县”，项目资金审批权和使用权全部下放到县一级。指导市县大力推广自建、自管、自营等以工代赈方式，鼓励当地贫困群众积极参与基础设施、生态保护、水利工程等项目建设，及时足额发放劳务报酬，通过参与式扶贫激发内生动力，共建美好家园。

【考核评估】　完善考评方式，坚持年终集中考核和平时了解工作情况相结合，健全行业部门量化打分、考核评估组实地核查、脱贫情况综合分析等工作机制，使考评结果更加全面准确、客观公正。强化结果运用，对表现优秀、实绩突出的贫困县党政正职就地提拔；对 2017 年市、县党委政府扶贫成效考核综合评价为“一般”或发现某些方面有突出问题的 3 个市州、15 个县区和 7 个工作推进不力的省直部门，由省委、省政府主要领导进行约谈，调整 2 名市州政府主要负责人、1 名常务副市长和 4 名贫困县党政正职，推动形成了扶贫领域踏实干事、善作善成的良好环境。

【扶贫宣传】　中央主要新闻媒体和省属媒体刊登或报道甘肃省脱贫攻坚各类稿件 8474 篇（条）。编印全省脱贫攻坚专报 34 期、动态 106 期。总结筛选各地脱贫攻坚典型经验，甄选编印《甘肃精准扶贫 100 例》《激发脱贫内力 100 例》《东西协作扶贫 60 例》。1 个先进集体和 3 名优秀个人荣获 2018 年全国脱贫攻坚奖。20 个先进集体和 20 名先进个人荣获 2018 年全省脱贫攻坚奖。

（甘肃省扶贫开发办公室　任爱军）

青海省扶贫开发

【概述】 2018年，青海省以习近平新时代中国特色社会主义思想为指导，全面推进脱贫攻坚各项举措落地落实，年度实现12个贫困县摘帽、526个贫困村退出、17.6万贫困人口脱贫，贫困发生率由2017年底的8.1%下降到2.5%。

【扶贫资金投入】 2018年累计投入各类专项扶贫资金114亿元。其中，中央财政专项扶贫资金34.28亿元，省级专项扶贫资金14.52亿元；落实年度易地扶贫搬迁资金21.8亿元、金融扶贫贷款34.3亿元。累计整合财政涉农资金157.6亿元，完成年度计划的113%。

【扶贫政策文件】 制定印发《关于贯彻落实习近平总书记重要讲话精神，全力打好精准脱贫攻坚战的意见》，教育引导各级干部坚定"两个维护"，推进各项工作；研究制定《关于打赢脱贫攻坚战三年行动计划的实施意见》，明确2018—2020年的攻坚目标和方法举措。教育、卫健、民政等行业部门跟进制定《教育脱贫攻坚实施方案（2018—2020年）》《健康扶贫三年行动计划》《社会救助兜底脱贫专项行动实施方案》《金融扶贫规划（2018—2020年）》《青海省生态扶贫实施方案》等相关行业配套攻坚方案，进一步完善政策体系。

【建档立卡和动态监测】 按照"两评议一比对两公示一公告"精准识别程序，年度新识别贫困人口1800人，清退错评和重复人员300人，返贫560人，自然净减少200人，精准识别率达到了99%。

【扶贫干部培训】 制定《关于聚焦打好精准脱贫攻坚战加强干部教育培训的实施方案》，抽调省直行业部门业务骨干组成宣讲团，累计开展各级各类培训班160期、培训4.3万人次，完成送教上门2.18万人次，不断提升基层干部实战化攻坚能力。

【驻村帮扶】 制定《关于加强第一书记和驻村工作队选派管理工作的实施意见》《关于进一步加强第一书记和驻村工作队帮扶力量的十项措施》，做好新一批7030名第一书记和驻村工作队员调整轮换工作，驻村帮扶覆盖全省2313个村（含深度贫困地区688个有贫困人口的非贫困村），年驻村时间不少于200天。累计优先提拔使用驻村干部630人，优先评聘职称72人，企业晋级涨薪46人。

【教育扶贫】 落实西宁、海东贫困家庭学生和藏区全部学生15年免费教育政策，年度86万名学生从中受益。推进"全面改薄"收官工作，全省1783所学校办学条件得到全面改善。加大异地办学力度，藏区1200余名高中新生分赴北京、天津、山东、江苏等省市就读，省外就读高中（中职）学生达到6083人。强化控辍保学力度，对因入寺、早婚、务工等辍学的适龄儿童进行全面摸底，劝返复学，依法控辍，2.72万名辍学生重返校园，控辍保学率达到92%。按照3000元、4000元、5000元和6000元的补助标准，做好中高职、预科、大专和本科贫困家庭大学生救助工作，2018年1.8万贫困大学生从中受益。启动实施推普脱贫攻坚行动（2018—2020年），3年内做好全省2.7万名3~6岁学前教育阶段儿童普通话推广工作。制定出台《关于全面深化新时代教师队伍建设改革的实施意见》，提升贫困地区教师队伍整体水平。

【健康扶贫】 推进健康扶贫“三个一批”和“六大攻坚”行动，严格落实“六减十覆盖”政策，各级医疗卫生机构累计让利于民2.5亿元，贫困群众住院费用自费比例平均下降到6%。落实健康扶贫“双签约”政策，全省贫困群众慢病签约管理服务实现全覆盖，履约率达到90%以上。制定印发《关于做好保险业助推青海省脱贫攻坚工作的实施意见》，按照人均不超过100元的标准，为贫困群众购买“健康扶贫保”，筑牢基本医疗、大病保险、民政救助、商业补充医疗保险四道“保障线”。

【易地扶贫搬迁】 青海省“十三五”搬迁任务为4.8万户、18万人，年度实施5691户、19895人易地扶贫搬迁项目，累计完成“十三五”搬迁总工程量的97%，入住率达到92%。年度建档立卡贫困户危旧房改造15789户，完成全省“十三五”5.85万户贫困户危旧房改造任务的93%。

【产业扶贫】 全力推动牦牛、青稞、光伏扶贫、乡村旅游、民族手工业“五大特色扶贫产业”，制定《牦牛和青稞产业发展三年行动计划（2018—2020年）》，举办“第六届国际牦牛大会暨第一届青海牦牛产业大会”“2018中国·青海青稞产业发展推进行动启动会”，做大做强牦牛、青稞扶贫产业。全省光伏扶贫指标累计达到721.6兆瓦，占全省光伏项目总量的7.5%，7.64万户贫困户、32万贫困人口从中受益。在53个村实施乡村旅游扶贫项目，项目实施村累计达到208个，带动贫困人口1.63万户、5.54万人。大力发展民族手工业，建立扶贫车间298个，解决就业岗位6.8万个，其中建档立卡贫困户2.2万人。9月，承办“全国特色手工业扶贫车间现场会”。39个贫困县（市、区）全部完成县级脱贫攻坚（2018—2020年）三年滚动计划，储备项目5566个，资金规模达到487亿元。

【村集体经济发展】 制定印发《关于实施全省村集体经济“破零”工程的指导意见》《关于健全扶贫资金扶持村集体经济发展的指导意见》，投入资金32亿元，按照村均290千瓦的标准，在全省1622个贫困村建立村级光伏电站，项目建成后每村年度收益达到30万元以上。投入资金24亿元，按照村均100万元的标准，在全省2399个有贫困人口的非贫困村投入村集体经济扶持资金，预计从2019年起每村收益超过10万元。印发《青海省村集体经济发展基金设立方案》，计划投入资金3亿元，撬动银行贷款7亿元，建立村集体经济发展基金，重点支持村集体领办创办或参股合作的产业和项目。

【电商扶贫】 11个贫困县（市、区）入选国家电子商务进农村示范县，全省示范县累计达到29个。投入资金1.52亿元，建成县级电子商务服务中心2个、农村电子商务综合服务点283个，新改、扩建公益性市场10个，完成各类电子商务人员培训1038人次。

【生态扶贫】 以深度贫困人口为主要对象，年度新增贫困群众生态公益性管护岗位3000个，4.98万贫困群众从事生态公益性管护工作，落实年度工资9.69亿元，户均年度增收最高达2.16万元。

【金融扶贫】 开展“三有一无”贫困户摸底工作，大力推进“双基联动”，做到符合条件的贫困户应贷尽贷。建立“12363”精准扶贫金融服务热线，做好答疑解惑。截至2018年11月底，全省落实“530”扶贫小额信贷和产业扶贫贷款34.3亿元，3.86万户贫困户获贷受益；贫困户小额信贷逾期贷款835万元，逾期率0.62%。

【就业培训】 制定《推进劳务协作促进就业扶贫三年实施方案》，全面整合共青团、妇联、残联、农牧、人社、扶贫等部门培训资源，统筹开展培训，年度开展贫困群众短期实用技能培训1.45万人（次）、致富带头人培训1000人（次），70%的受训人员找到了就业门路，稳定就业率达到60%以上。持续开展“青春创业”扶贫行动，累计发放贷款3.04亿元，扶持1100余名青年创业，带动8000余名贫困人口和青年人就业增收。组织召开“全省扶贫产业发展暨贫困劳动力转移就业推进会”，推动工作提质增效。

【低保兜底】 将一般困难家庭、比较困难家庭、困难家庭年度补助水平由2017年每人960元、2400元和2976元分别提高到1800元、3000元和3600元。

【基础设施建设】 落实行业部门扶贫资金179.21亿元，持续提升贫困地区基础设施建设和公共服务水平。统筹推进片区“四好农村路”建设，截至2018年底，贫困地区行政村道路硬化率为99.6%；投入5.18亿元，实施农牧民群众安全饮水巩固提升工程，9.5万名贫困群众从中受益；推进中心村电网改造、贫困村电网改造、村村通动力电、易地搬迁供电配套等项目，全省乡镇大电网覆盖率达到95%以上，农网供电可靠性稳定在99%以上。加快推进贫困地区光纤网络村村通工程，贫困村有线覆盖率达到98%，无线覆盖率达到90%。扎实推进广播电视户户通工程、西新工程等重点惠民工程，广播电视综合人口覆盖率达到98.6%。

【深度贫困地区脱贫攻坚】 紧盯全省15个深度贫困县、129个深度困难乡镇、17.5万深度贫困人口和6.5万特殊困难群体，省上出台深度贫困地区脱贫攻坚《实施方案》和《三年行动方案》，5个有深度攻坚任务的市州同步制定《三年行动方案》，各行业部门配套出台行业扶贫政策，形成符合青海实际的深度贫困地区“2+5+N”政策体系。落实“三个新增”要求，年度安排深度贫困地区中央和省级财政专项扶贫资金20.2亿元，落实行业部门投资36.65亿元。

【片区扶贫】 在西宁召开“六盘山片区政协精准扶贫交流推进会第四次会议”，陕西、甘肃、宁夏、青海四省政协围绕片区脱贫攻坚进行深入研讨。会议审议通过了《六盘山片区政协精准扶贫交流推进会会议纪要》，形成了《六盘山片区脱贫攻坚现状分析及意见建议》和《推进六盘山片区脱贫攻坚拟向国家部委报送的重大项目和建议》。

【定点扶贫】 北京、上海、江苏、山东、浙江、天津6个援青省市共落实年度帮扶款15.72亿元，捐赠各类物资1.48亿元，实施产业、教育、卫生和基础设施建设等援助项目400余个。承担东西部扶贫协作任务的江苏省与青海省实现高层互访，两省签署“1+2+10”对口合作协议，共落实对口帮扶资金2.75亿元，县均达到3000万元以上。18家江苏企业落户青海，落实投资1.26亿元。江苏增派172名技术人员到青开展专业帮扶，青海增派117名专业人员赴江苏交流学习。30个乡镇、29个行政村（社区）实现携手结对。365名贫困群众在江苏省稳定就业，完成年度计划的122%；通过江苏省企业省内安置就业3340人，完成年度任务的111%。

【社会扶贫】 13家中央定点扶贫单位落实年度帮扶资金9950万元，选派挂职干部21人。省内2993家省市县三级机关企事业单位定点帮扶2313个行政村（其中，贫困村1622个），共投入帮扶资金1.8亿元。559家民营企业（异地商会）参与“双百”行动，为731个贫困村投入年度帮扶资金3亿元。推进“互联网+社会扶贫”，全省社会扶贫网爱心人士注册达11.4万人，贫困户注册达14.9万人。国务院扶贫办协调河仁慈善基金会与青海省签订《助力健康扶贫攻坚框架协议》，三年计划投入帮扶资金6000万元。扎实开展“10·17”扶贫日系列活动，募集各类捐款捐物1.2亿元。李玉兰、黄振荣、靳永明分别获全国脱贫攻坚贡献奖、奉献奖和奋进奖。

【外资项目】 推进灌溉基础设施建

设、经济作物种植、畜牧养殖、非农生计培训等外资项目实施，完成年度投资 1.1 亿元，国际农发基金中期评估检查团给予“国内在建农发基金项目中的领先项目”的评价。

【问题整改】 中共中央办公厅、国务院办公厅关于 2017 年省级党委和政府扶贫开发工作成效考核情况的通报下发后，组织开展扶贫领域问题大排查，在认领中央反馈 57 条问题的基础上，省级层面查摆问题 19 条，市县层面自查问题 1178 条。制定《关于 2017 年全省脱贫攻坚成效综合评价情况的通报》和《脱贫攻坚突出问题对标整改方案》，建立问题清单和整改台账，8 名省委常委深入 8 个包片“战区”、39 名省级领导深入 39 个联点贫困县进行调研督导。

【作风建设】 成立全省扶贫领域作风问题专项治理领导小组，印发《关于开展扶贫领域作风问题专项治理的实施方案》和《关于 2018—2020 年开展扶贫领域腐败和作风问题专项治理工作方案》，制定《克服形式主义减轻基层负担八条措施》，年度全省性会议较 2017 年下降 20%，贫困村填报表册只保留精准扶贫管理手册、贫困户明白卡 2 种，对 5 个脱贫攻坚排名靠后且存在突出问题的县进行省级约谈，对进度滞后的重点攻坚项目开展省级挂牌督办、对易地扶贫搬迁重点项目下达风险预警通知。全省受理处置扶贫领域问题线索 963 件，立案 317 件，处理 1099 人，其中移送司法机关 30 人。

【扶志扶智】 建立 3000 万元省级励志资金，结合“10·17”扶贫日系列活动，从县级层面对 2016 年、2017 年 1243 户“脱贫光荣户”进行集中表彰。制定了《青海省“精神脱贫”试点方案》，从减轻群众宗教负担、解决禁宰惜售问题、破除陈规陋习、坚持扶志扶智相结合、着力推进健康扶贫等五个方面，选取 13 个县开展“精神脱贫”试点工作。

【扶贫宣传】 组织召开全省 2017 年度脱贫攻坚表彰大会，授予湟中县等 8 个县（市、区）“青海省脱贫攻坚先进集体”称号，国家电网有限公司等 3 家中央国家机关定点扶贫单位、省教育厅扶贫工作组等 8 家行业扶贫单位、省委办公厅扶贫工作组等 33 家省级定点扶贫单位、南京对口支援西宁工作组等 2 家东西部扶贫协作单位、青海可可西里实业开发集团等 20 家社会扶贫单位为“青海省脱贫攻坚先进单位”，对方明同志等 49 名第一书记、公却加同志等 26 名驻村扶贫干部、张云霄同志等 10 名乡村干部、蔡成海同志等 9 名扶贫系统干部、李继军等 2 名东西部扶贫协作挂职干部进行了表彰。加强与省内外主流新闻媒体合作，开设“精准扶贫在青海”“脱贫攻坚看青海”“脱贫攻坚一线故事”等专栏，报道脱贫攻坚新做法、新经验、新成效，营造浓厚攻坚氛围。全年编发脱贫攻坚信息简报 32 期，在各级各类媒体刊登（播）稿件 2.2 万余篇（次），其中，中央主流媒体刊发 594 篇（次）。

（青海省扶贫开发局　李瀚章）

宁夏回族自治区扶贫开发

【概述】 2018年，宁夏回族自治区各级党委和政府坚持以习近平新时代中国特色社会主义思想为指导，认真贯彻党的十九大精神，全面落实中央脱贫攻坚决策部署，深入推进脱贫富民战略，脱贫攻坚工作稳扎稳打、扎实推进，取得明显成效。贫困地区农民人均可支配收入达到9298元，增长11.4%，高于宁夏农民人均可支配收入2个百分点；实现11.5万建档立卡贫困人口脱贫，贫困发生率由6%降至3%；盐池县高质量脱贫摘帽，隆德县、泾源县、彭阳县具备脱贫退出条件。

【扶贫资金投入】 共投入各类财政扶贫资金109.22亿元，增长14.6%，其中自治区财政扶贫资金6.6亿元，增长21.3%。规范财政涉农资金统筹整合，9个贫困县（区）涉农资金增幅超过宁夏平均增幅，共整合涉农资金69.46亿元，实现“应整尽整”。

【精准识别】 2018年建档立卡动态调整新识别贫困人口0.94万人、返贫0.1万人，做到“应纳尽纳、应扶尽扶”。出台《关于进一步规范贫困退出工作的实施意见》《2018年贫困县退出评估检查工作方案》，严格规范贫困退出标准、程序和人均纯收入计算方法，落实脱贫退出责任人签字背书制度，防止早退错退，确保“脱真贫、真脱贫”。经第三方评估，2018年实现脱贫11.5万人。

【扶贫小额信贷】 新增扶贫小额信贷72.5亿元，贷款余额86.1亿元，覆盖率85.6%，户均贷款4.8万元，符合条件的贫困户实现“应贷尽贷”。持续完善“扶贫保”政策，为贫困户提供特色产业、大病补充医疗、家庭意外伤害等保险保障，累计赔付1.46亿元，受益6.2万人次。

【基础设施建设】 聚焦贫困村水、路、电、通信等基础设施短板，整合资金21.68亿元，统筹实施贫困村整村推进工程。加快农村饮水安全工程建设，巩固提升251个贫困村、9.15万贫困人口饮水安全，安全饮水普及率达到90%以上。推进“四好农村路”建设，行政村通硬化路全覆盖，农村公路累计通车里程2.7万千米。所有行政村全部通上动力电；贫困村光纤、4G信号、宽带网络实现全覆盖。

【深度贫困地区脱贫攻坚】 扶贫资金60%以上投向“五县一片”深度贫困地区。持续加强帮扶力量，向深度贫困村选派干部2068人、技术人员555名，动员组织100家企业结对帮扶107个深度贫困村。持续加大政策倾斜力度，5个深度贫困县（区）跨省域调剂城乡建设用地增减挂钩结余指标1200亩，获得补助资金3.6亿元。根据摸底和第三方评估，实现50个深度贫困村稳定退出。

【产业扶贫】 实施《全区特色产业脱贫攻坚三年行动方案》，建立产业项目、技术培训、小额信贷、帮扶措施、农业保险“五到户”扶持体系，大力发展草畜、枸杞、葡萄、滩羊、马铃薯、瓜菜、中药材等增收带动作用明显的特色产业，有序推进乡村旅游、电商、光伏等新业态，通过发展生产促进脱贫9.4万人。充分发挥种养大户、农民合作社、龙头企业等新型经营主体带动作用，探索开展资产收益扶贫，大力发展壮大集体经济，1100个贫困村近一半集体经济超过5万元。

【就业培训】 出台就业扶贫“十七条”政策，持续开展“点单式”“配送式”培训，全年培训贫困人口8.2万人，完成年度计划的102%。建设扶贫车间173个，近万名贫困地区劳动力实现就近就地就业。自治区每年购买3500个公益性岗位用于建档立卡贫困劳动力托底就业。加强跨省劳务协作，提高劳务对接组织化程度和就业质量，实现贫困人口跨省就业4300人。

【教育扶贫】 全面加强义务教育控辍保学，共劝返辍学中小学生9473人，劝返率99%，义务教育阶段因贫失学辍学问题基本消除。建立从学前到大学全程精准资助体系，安排7.36亿元，资助学生45万人次。投入11.3亿元实施贫困地区义务教育薄弱学校改造。持续实施农村义务教育学生营养改善计划，惠及学生26万人。

【健康扶贫】 健康扶贫政策覆盖所有建档立卡贫困人口，贫困患者住院实行“先诊疗、后付费”“一站式”结算，住院费用报销比例90%以上。宁夏75%以上的乡镇卫生院建设实现标准化，村卫生室标准化建设全覆盖。

【危房改造】 严格落实补助标准，精准核实改造对象，分类指导、因户施策，最大限度减轻贫困户负担，建设3.28万户（其中建档立卡户1.5万户），完成2.2万户计划任务的148%。

【易地扶贫搬迁】 全面完成“十三五”易地扶贫搬迁项目建设和安置任务，累计搬迁安置移民8.1万人。工作重心转向促进移民后续产业发展和就业增收。出台《关于解决政策性移民发展问题的实施意见》，着力解决历次政策性移民产业发展、户籍迁转、社会保障接续、“多代多人”住房困难等突出问题，让移民搬得出、稳得住、逐步能致富。

【生态扶贫】 加大贫困地区生态保护修复力度，做好移民迁出地拆旧复垦和生态修复，造林绿化、退耕还林、生态补偿等扶贫措施重点倾斜9个贫困县（区），共安排贫困地区生态项目资金11.42亿元，占宁夏的60.1%。优先使用建档立卡贫困户的苗木和劳务，落实护林员岗位8500个，带动贫困家庭近2.5万人稳定增收。

【东西部扶贫协作】 出台《闽宁对口扶贫协作三年行动计划》，召开闽宁对口协作第22次联席会议，专题研究部署扶贫协作工作。编制闽宁镇乡村振兴规划、脱贫致富奔小康三年行动计划，统筹推进闽宁镇扶贫产业、基础设施、公共服务协同发展。深化携手奔小康行动，脱贫攻坚期内保持现有市县结对关系不变，并推动向乡镇、部门、村居延伸，累计建立结对关系307对。2018年，福建省投入财政帮扶资金3.2亿元，实施帮扶项目167个，新建闽宁示范村36个，总数达到110个。

【社会扶贫】 9家中央单位高度重视，选派20名优秀干部定点帮扶，加大资金投入、智力支持和技术服务力度，精准帮扶9个贫困县（区）。投入帮扶资金1.05亿元，引进帮扶资金0.86亿元，支持建设一批基础设施、特色产业和社会事业项目。扎实开展“百企帮百村”行动，483家民营企业帮扶367个贫困村，实施各类帮扶项目1000余个，累计投入21亿元。引导支持社会力量积极参与脱贫攻坚，参与社会组织达到161家，实施帮扶项目179个，投入帮扶资金6.53亿元。开展扶贫志愿服务活动，参与团队381个，人员3.54万人次。

【综合保障性强化】 将农村低保标准提高到每人每年3800元，宁夏建档立卡与民政保障对象重合人口7.36万人。开展贫困残疾人脱贫行动，9.4万名残疾人纳入低保救助范围，占宁夏低保的20.2%；困难残疾人生活补贴、重度残疾人护理补贴覆盖率分别达到95%和97%。出台专门政策，着力解决军烈属、退伍老兵及现役军人军属建档立卡贫困户脱贫问题。

【作风建设】 深入开展扶贫领域作风问题专项治理暨“脱贫攻坚作风建设年”活动，以作风攻坚战保障脱贫攻坚战，推动脱贫攻坚始终沿着正确的方向前进。分级分类开展扶贫干部轮训，着力打造懂扶贫、会帮扶、作风硬的扶贫干部队伍，共培训各级扶贫干部250期、5.2万人。宁夏各市、县（区）、自治区扶贫领导小组各成员单位共梳理和整改作风问题810个，落实整改措施1210条，建立完善工作制度237项。

【扶志扶智】 坚持扶贫同扶志、扶智相结合，建立脱贫正向激励机制，对脱贫户发放脱贫光荣证书，倾斜安排支农惠农项目资金，通过典型示范、宣传教育、技能培训，培育贫困群众发展生产和务工经商的基本技能。大力实施移风易俗“五大行动”，贫困村综合文化服务中心实现全覆盖，建设“新时代农民讲习所”1186个，举办各类讲座3427场次，用身边人身边事激发贫困群众内生动力。

【民委助力脱贫攻坚】 中央财政下达宁夏少数民族发展资金12879万元，加大资金向深度贫困地区倾斜力度，切块下达9个贫困县和中部干旱带西部片的沙坡头区、中宁县共12179万元，占资金总量的94.56%，较上一年度增长18.36%；实施项目从扶贫项目库中筛选，主要用于贫困村道路维修硬化、太阳能路灯安装、农业设施建设、美丽乡村建设、危房危窑改造、农产品特色产业等48个项目。

【土地整治】 中央下达土地整治专项资金1.39亿元全部下达到8个贫困县区，整治土地面积6.95万亩，通过高标准农田建设进一步助推精准脱贫。加大贫困地区地质灾害防治资金投入力度，共安排贫困地区地质灾害防治资金479万元，开展地质灾害防治工作，协调当地政府实施西吉县和隆德县地质灾害隐患点59户、252名群众的搬迁避让工作。投入300万元安排实施西吉县马莲川河砂石矿区矿山地质环境治理工程。

【扶贫生态建设】 投入贫困地区大气污染治理资金2.15亿元，投入贫困地区水污染治理资金6.81亿元。固原地区渝河实施控源截污、河库共治、生态修复综合治理工程，黄河干流宁夏段22年来首次连续13个月出入境断面水质保持在Ⅱ类优水质。向贫困地区拨付生态保护资金5699万元，用于生态修复和能力建设。向贫困地区拨付资金946万元，推进土壤污染详查工作。宁夏9个贫困县（区）全部纳入国家重点生态功能区，进一步夯实了贫困县（区）生态环境工作的基础。

【水利扶贫】 在9个贫困县建设农村饮水安全巩固提升工程22处，完成投资3.2亿元，巩固提升44.2万人饮水安全水平，解决9.15万贫困人口的饮水安全问题。在贫困地区实施48项高效节水灌溉工程，投资5.97亿元。建成高效节水灌溉面积25.22万亩。新增水土流失治理面积767平方千米，完成投资6.6亿元。投资1.67亿元建设7座水库，当年蓄水投入使用。投资0.53亿元，除险加固西吉县和彭阳县两座病险水库。

【文化旅游扶贫】 自治区财政投资3330万元、争取文化和旅游部专项资金1052万元，完善贫困地区555个村综合文化服务中心基础设施、配齐活动器材，率先在全国实现村综合文化服务中心全覆盖、全达标。扶持农民文化大院、民间文艺团队17个，按需配置了文化器材。争取中央专项资金1000万元，支持固原市和原州区、彭阳县等县（区）公共文化场馆维修改造及设备购置。安排自治区旅游发展专项资金1000万元，用于七个贫困县20个建档立卡的旅游扶贫重点村的旅游基础设施“六小工程”建设。

【妇联扶贫】 9个贫困县共发放贷款6.5亿元，扶持9420名贫困地区妇女创业。为140个脱贫考核销号村、770名贫困妇女发放贷款 4781.5 万元。针对建档立卡贫困妇女、留守妇女等群体开展了扶贫政策宣传、讲座及培训等活动 297 次，发放资料 144250 份，表彰妇女脱贫典型及妇联干部 100 人。在宁夏 11 个县（区）152 个脱贫销号村宣讲“好家庭好家教好家风”150 余场（次），覆盖群众 1.6 万余名。举办各类脱贫技能培训班 166 期，参加人员 14522 人（次），组织动员建档立卡贫困妇女参与政府各项实用技能培训 10126 次。扶持妇女手工龙头企业 21 个，建立妇女手工编织协会 8 个，通过妇女手工编织带动贫困妇女就业 5102 人，巾帼家政等转移就业 1503 人，巾帼电商带动就业 697 人。

【残联扶贫】 实施好“阳光助残小康计划”项目。为原州区、泾源县、海原县、红寺堡区 4 县（区）农村贫困残疾人建档立卡 1500 户残疾人家庭每户补助 4000 元，项目资金 300 万元，项目资金已全部兑付贫困残疾人。抓好贫困残疾儿童抢救性康复项目。为 1000 名 0 ~6 岁听力言语、智力、脑瘫、孤独症残疾贫困儿童免费进行机构内康复训练，每名残疾人补助资金 1200 元，项目资金 1200 万元已全部拨付到位。开展好贫困残疾人家庭无障碍改造项目。为 2000 户贫困残疾人家庭每户补助 3000 元实施无障碍改造，项目资金 600 万元已全部拨付到位。做好残疾人学生助学项目。实施《宁夏回族自治区第二期特殊教育提升计划》，采取送教上门等形式，逐一落实贫困家庭未入学适龄残疾儿童接受义务教育。继续实施扶残助学项目，为 200 名学前贫困残疾学生给予资助，每年每人资助 1000 元，项目资金 20 万元。

（宁夏回族自治区扶贫开发办公室
高海林）

新疆维吾尔自治区扶贫开发

【概述】 2018年，新疆维吾尔自治区全面贯彻党的十九大精神，贯彻落实习近平总书记关于扶贫工作的重要论述和重要指示批示精神，贯彻落实新时代党的治疆方略，聚焦社会稳定和长治久安总目标，坚决扛起脱贫攻坚政治责任。2018年全区53.7万贫困人口脱贫、513个贫困村退出、3个贫困县摘帽，贫困发生率降至6.1%，比2017年下降4.58个百分点，其中：南疆四地州52.08万人脱贫、513个村退出、3个贫困县摘帽，贫困发生率降至10.9%，比2017年下降7.97个百分点，解决区域性整体贫困迈出坚实步伐。在2018年省级党委和政府扶贫开发工作成效考核综合评价中，被国务院扶贫开发领导小组评定为“好”的等次。

【扶贫资金投入】 安排财政专项扶贫资金145.12亿元，其中：中央财政专项扶贫资金101.53亿元，自治区财政扶贫资金43.59亿元。地县两级安排财政扶贫资金12.66亿元。

【精准识别】 动员组织开展了扶贫对象信息数据动态管理工作，逐户逐人开展贫困家庭实情、建档立卡数据、公安户籍信息“三方比对”，据实执行建档立卡数据和公安户籍信息“双向校准”，实现三方高度统一，全面摸清贫困底数，在“户有卡、村有表、乡有册、县有档、地有卷、区有库”基础上，进一步完善了自治区扶贫对象建档立卡信息数据库。

【深度贫困地区脱贫攻坚】 2018年，继续把南疆四地州22个深度贫困县及其所辖的1962个深度贫困村和162.75万未脱贫人口作为脱贫攻坚的重中之重、坚中之坚。坚持新增财政专项扶贫资金全部用于深度贫困地区，新增脱贫攻坚项目主要布局于深度贫困地区，新增涉农资金集中整合用于深度贫困地区脱贫攻坚项目，举全区之力推进南疆四地州脱贫攻坚。

【统筹整合使用财政涉农资金】 落实涉农资金统筹整合政策要求，进一步做好32个国定贫困县涉农资金统筹整合工作，将17项中央资金、14项自治区资金纳入整合范围，整合财政涉农资金109.98亿元，其中：中央财政涉农资金79.62亿元，自治区财政涉农资金30.36亿元。

【扶贫资金管理】 进一步落实《自治区财政专项扶贫资金管理办法》《自治区财政专项扶贫资金（扶贫发展）项目管理办法》，建立扶贫资金投入增长机制，规范县级脱贫攻坚项目库建设，完善项目管理机制，落实公告公示制度，全面做到了资金跟着项目走、项目跟着规划走、规划跟着贫困群众需求走。开展区地县三级财政专项扶贫资金绩效评价，实行第三方审查评价机制，建立财政扶贫资金管理问责机制，进行专项跟踪问效，实施全过程管理，强化责任追究。

【产业扶贫】 南疆四地州深度贫困地区稳步推进设施蔬菜生产，22个深度贫困县建成日光温室5071座、拱棚3.78万座。实施林果业提质增效工程，落实提质增效面积50.51万亩，完成核桃、红枣集园疏密面积113.39万亩。支持40.6万户贫困户发展庭院经济。加大合作社培育力度，深度贫困地区2018年新注册成立农民合作社1051

家。实施产地初加工项目，建设冷藏保鲜库1212座。采用“总部＋卫星工厂”“公司＋基地＋农户”等形式，发展劳动密集型产业，建成卫星工厂、扶贫车间1792个，带动贫困人口就业1.88万人。国家级电子商务进农村综合示范县已达46个，22个深度贫困县做到全覆盖。2018年已建成农村电商服务站（点）386个。培训贫困人口2.62万人次。首批评选南疆四地州60个“自治区旅游扶贫示范点”。

【转移就业扶贫】　南疆四地州22个深度贫困县2018年通过国有企业、重点产业、兵团、公益岗位、协作扶贫、非公企业6类渠道，实现8.2万人稳定就业。

【土地清理再分配扶贫】　稳妥推进南疆四地州土地收益再分配改革，依法依规清退和收回机关、企事业单位、干部、种植大户等违法违规占有的农用耕地，以土地入股、土地流转等形式，进行企业化经营，把土地利益用于向贫困人口购买劳务，累计清理土地772.06万亩，惠及贫困人口104.09万人。

【边境扶贫】　在32个边境县市投入财政专项扶贫资金43.68亿元，其中：17个边境贫困县市投入中央、自治区财政专项扶贫资金37.74亿元。提高护边员补助标准，由原来的平原地区1000元/(人·月)、高原地区1300元/(人·月)，分别提高到2000元/(人·月)、2600元/(人·月)。

【生态补偿扶贫】　将生态护林员选聘范围从国家扶贫开发重点县扩展到集中连片特困地区和重点生态功能区建档立卡贫困人口，管护补助标准每人每年1万元。新增2.1万名生态护林员，其中南疆四地州新增护林员19923名，带动7.7万贫困人口脱贫。

【易地扶贫搬迁】　易地扶贫搬迁坚持与新型城镇化、新农村建设、旅游开发、产业发展、促进就业、生态保护等相结合，稳妥有序推进，完成6408户、3万名搬迁对象住房建设任务。

【综合社会保障措施兜底扶贫】　将农村低保标准从2017年的3200元/年提高达到3456元/年。将所有符合低保条件、无法通过自己的劳动摆脱贫困的32.2万名建档立卡贫困人口全部纳入农村低保范围。集中供养“五保”老人13462人、集中收养孤儿5583人，发放困难残疾人生活补贴和重度残疾人护理补贴3.85亿元。

【教育扶贫】　推进农村学前三年免费双语教育，实现农村双语幼儿园应建尽建、适龄儿童应入尽入。健全覆盖各级各类教育的资助政策体系，提前两年实现学前和义务教育阶段国家通用语言文字教学全覆盖。南疆四地州落实15年免费教育政策。2018年落实“全面改薄”等项目资金24亿元、改善1592所义务教育学校办学条件，拨付南疆四地州学生营养改善计划资金10.12亿元、受助学生116.7万人，安排20亿元专项资金解决自聘教师工资补助，拨付各类学生资助资金44.41亿元，保障贫困家庭学生有学上、上得起学、不辍学。

【健康扶贫】　持续开展全民免费健康体检，每年安排3亿元财政专项资金，为162.75万贫困人口购买补充医疗保险，各类保险联动报销比例达95%左右；将贫困人口全部纳入重特大疾病医疗救助范围，取消贫困人口基本医疗保险单次住院封顶线，城乡居民基本医疗保险县级以上医疗机构门诊、住院报销比例提高5个百分点，城乡居民大病保险各分段报销比例对贫困人口提高5个百分点，全区14个地州市城乡居民大病保险对贫困人口的起付线全部降低至60%；深化健康扶贫工程“三个一批”行动计划，县乡两级定点医疗机构全部实现住院治疗先诊疗后付费、一站式结算；改善贫困地区医疗条件，乡镇卫生院、村卫生室达标率分别达87.3%、88.3%，基本做到小病不出乡村、大病不出县。

【基础设施建设】　基础设施建设共投入95.97亿元，完成2018年度计划的118%、三年计划的72%。投入29.8亿元推进22个深度贫困县、6.89万户贫困户安居房建设，投入8.43亿元推进6908户游牧民定居房建设。投入29亿元解决22个深度贫困县55.94万贫困人口饮水安全问题。投入6.18亿元推进261个贫困村电网提升完善。投入7.1亿元重点推进4个乡、28个村593千米通硬化路项目，投入10.3亿元建成村组道路2400千米。投入223万元实现24个村、5007户广播电视全覆盖。投入1.34亿元解决452个村宽带网络全覆盖问题。投入3.8亿元实施农村污染治理项目，厕厕圈院改造率、生活垃圾处理率、畜禽污染治理率均达到90%以上。

【金融扶贫】 新增扶贫小额信贷17.2亿元，新增贷款贫困户数4.5万户，累计贷款规模达到120.08亿元、贷款户数32.62万户。

【东西部扶贫协作和对口援疆】 2018年，19个援疆省市将80%以上援疆资金用于民生建设、将80%以上援疆资金安排使用到县及县以下脱贫攻坚，安排援疆扶贫资金104.03亿元，实施援疆项目991个，重点用于改善住房条件、发展教育、完善医疗卫生服务、实施产业带动就业。国务院扶贫办牵头在喀什召开南疆四地州脱贫攻坚现场推进会暨对口帮扶工作会议，会上10个援疆省市与南疆四地州签订三年帮扶协议，资金总额203.6亿元，2018年度任务全部完成。

【定点扶贫】 2018年，249家区直定点帮扶单位投入资金（款物）折价6.9亿元，实施帮扶项目3433个。16家中央定点帮扶单位帮扶27个贫困县，选派挂职干部54人，投入帮扶资金1.83亿元，实施帮扶项目131个。

【区内协作扶贫】 继续组织33个经济实力较强县（市、区）对南疆四地州27个贫困县的协作扶贫，以产业合作、劳务协作、人才支援、拓宽增收门路等为切入点，选派干部人才628人，帮助受援县培养各类人才1.48万人，投入援建资金3.9亿元，协议合作项目233个，引进协作企业11个。

【社会扶贫】 继续积极引导和协调社会组织、慈善力量与贫困村、贫困户对接，有针对性地开展扶贫、助学、支教、助医、扶老、助残等各类慈善“扶贫济困”项目。动员各类商会和民营企业积极参与“千企帮千村”精准扶贫行动，通过打造特色产业、吸纳就业、促进商贸、小贷援助、公益捐赠、结对认亲等方式，包村包户参与脱贫攻坚。1157家民营企业投入产业帮扶资金12.87亿元，帮扶贫困村1203个。

【结对帮扶】 扎实开展“民族团结一家亲”结对认亲活动，全区112万名干部职工与169万户各族群众结对认亲。推动民族团结“结亲周”活动常态化，与亲戚同吃同住同劳动同学习。实行各级干部包村住户、入户住户，干部人人都住户、贫困户家家都有干部住，推动结对认亲、入户住户、关心关爱、惠民政策等全覆盖措施落实。

【作风建设】 深入开展脱贫攻坚作风建设年活动，制定脱贫攻坚作风建设“十不准”规定，常态化、全覆盖开展扶贫领域腐败问题专项整治，加强对扶贫资金项目的监督管理、跟踪落实，开展扶贫领域专项审计，严肃查处工作落实不力、政策棚架等突出问题，严惩贪污挪用、优亲厚友、虚报冒领等行为，以作风攻坚推进脱贫攻坚。

【扶志扶智】 坚持扶贫与扶志扶智相结合，充分调动贫困群众的积极性、主动性、创造性。加强思想教育，开展“周一升国旗”常态化宣讲、农牧民夜校、感恩教育、草根宣讲、“民族团结一家亲”和民族团结联谊等活动，引导贫困群众自觉转变思想观念、学习先进文化、崇尚现代文明、反对暴力恐怖、抵制极端思想。加强技能培训，把思想发动、宣传教育与沟通感情、技能培训结合起来，帮助群众提高发展生产和务工经商的基本技能，开展实用技能和国家通用语言文字培训 12.9 万多场次。加强帮扶引导，采用生产奖补、劳务补助、以工代赈等机制，改变简单送钱送物、发钱发物的做法，引导贫困群众靠自己的辛勤劳动脱贫致富。

【扶贫机构和队伍建设】　新疆维吾尔自治区党政主要领导任“双组长”的扶贫开发领导小组和深度贫困地区脱贫攻坚工作领导小组，下设基层组织和阵地建设、社会保障、教育扶贫、健康扶贫、住房安全、农村饮水安全和水利建设、易地扶贫搬迁、文化建设、产业发展、就业扶贫、公共设施建设、乡村综合治理、美丽庭院建设、援疆扶贫、执纪问责、资金保障 16 个专项组，两月一调度、半年一部署，全力推进脱贫攻坚。自治区扶贫开发办公室编制数由原来的 46 个增加到 127 个，厅级领导由 6 名增加至 10 名。在 32 个国家扶贫开发重点县配备专职脱贫攻坚副职，为南疆四地州、22 个深度贫困县、192 个深度贫困乡党委各增配 1 名专职副书记基础上，南疆四地州的地、县、乡、村扶贫办干部配备分别做到了 30 人、20 人、10 人、5 人，切实加强扶贫工作的组织力量，确保脱贫攻坚任务的全面落实。

（新疆维吾尔自治区扶贫办）

新疆生产建设兵团扶贫开发

【概述】 2018年，新疆生产建设兵团（以下简称“兵团”）党委坚持以习近平新时代中国特色社会主义思想为指导，全面贯彻落实党的十九大精神，聚焦贫困团场和特殊贫困群体，着力摸清贫困底数，强力推进到连（村）到户到人精准帮扶，督促脱贫攻坚责任和政策全面落实，年初确定的各项任务顺利推进，脱贫攻坚战开局良好，第三师伽师总场等10个团场脱贫摘帽，贫困人口减少至1423户、6018人，贫困发生率降至0.4%，为2019年实现贫困人口全部脱贫，贫困团场全部摘帽，巩固脱贫攻坚成果目标奠定了坚实基础。

【扶贫资金投入与管理】 2018年是兵团建立财政体制的第一年，兵团本级财政继续加大投入力度，将扶贫资金额度提高至3亿元。争取少数民族发展资金共计2.43亿元，其中兴边富民行动专项补助资金2.32亿元；争取以工代赈资金0.955亿元。编制《2018年兵团财政扶贫资金分配方案》，以贫困团场、贫困连队为重点，集中向南疆师市深度贫困团场、连队和人口倾斜，扶贫资金分配占比达80%以上。

【工作机制】 切实加强组织领导，兵团党委重新调整扶贫开发领导小组组成人员，实行“双组长”制，经中央编委批准，2018年2月兵团单独设置正厅级扶贫开发办公室，相应核定了行政编制，同时，各师仍在发展和改革委员会保留扶贫开发工作机构。

【建档立卡】 2018年，部署开展了2017年度扶贫对象建档立卡工作。抽调兵师团及石河子大学、塔里木大学等2000余名干部师生用时2个月投入到建档立卡工作中，依照“一申请、一评议、两公示、一比对、一公告”认定程序，对贫困户、贫困连队进行识别认定，识别贫困人口2898户、12209人，贫困连队38个，贫困团场4个，贫困发生率0.8%。彻底摸清了贫困底数，切实做到了“户有卡、连有册、团有档、师有卷、兵团有库”。

【产业扶贫】 2018年，大力发展以特色林果业为主的特色产业，特色林果面积达292.02万亩，果品质量和价格联结机制逐步形成，占职工当年收入的30%以上。初步形成果蔬加工业等12个特色优势主导产业，188团、224团产业强镇获批创建，农产品加工和流通企业不断向产业园区和城镇集中。推进种养结合循环发展和规模高效养殖业，促进畜牧业提质增效，扶持53个肉牛肉羊标准化规模养殖场（小区）建设。搭建兵团级名优农产品网上销售平台，着力推进阿拉尔市国家级红枣批发市场申报工作。叶河源果业被评为国家林业重点龙头企业，73团4连等4家单位被认定为第八批全国一村一品示范村镇，188团等入选“全国农村创业创新示范县”。

【住房安全】 印发《关于认真贯彻落实中央办公厅文件精神推进有关师抓紧建立深度贫困团场住房安全兜底保障制度的通知》，在四个深度贫困团场全面建立贫困户等重点对象住房安全兜底保障制度。兵团出台《关于兵团连队新建抗震安居住房的指导意见》，按照民建公助的新模式、新要求，采取有效措施，最大限度降低安居住房建设成本，切实解决好兵团连队职工群众的住房问题。继续实施兵团农村安居工程，发放农村安居工程建设补助资金1.56亿元，用于解决兵团5200户贫困户等重点对象的住房安全问题。

【教育扶贫】　编制《兵团“三区三州”教育脱贫攻坚资金规划方案（2018—2019年)》，组织实施全面改善贫困地区义务教育薄弱学校基本办学条件等建设项目，实施推普脱贫攻坚行动，加强贫困团教师队伍建设，万名教师支教、学前支教、大学生支教等向贫困团场倾斜，足额落实国家贫困专项招生计划，全面落实义务教育“两免一补”、团场学生营养改善计划、集中连片特困团场教师生活补助和各级各类学生资助政策，确保建档立卡贫困家庭适龄孩子100%接受义务教育，实现从学前教育到高等教育资助全覆盖。

【医疗保障】　印发《关于进一步提高兵团医疗保险待遇水平的意见》，全面提高贫困人员的基本医保、大病保险待遇水平。将贫困人员职工、居民基本医疗保险二级以上（含二级）医疗机构住院报销比例提高5个百分点。将贫困人员大病保险起付标准降低至60%，大病保险支付比例提高了5个百分点。印发了《关于建立兵团医保扶贫考核工作机制的通知》，建立了专项考核工作机制。

【饮水安全】　对南疆4个师贫困团场实施了农村饮水安全巩固提升工程，中央投资11100万元。通过新建或改造水源、水厂、管网等巩固提升工程，提高12个团场、1个地方乡、19万人的饮水安全保障能力。编制了《新疆生产建设兵团饮水型氟（砷）超标地方病防治工作实施方案》，其中重点解决贫困团场饮水型氟（砷）超标人数1.51万人。

【健康扶贫】　研究制定深度贫困团场健康扶贫专项行动方案。依托贫困人口建档立卡数据，对贫困患者按45种病种进行摸底调查，摸清患病人数及所患病种和就诊信息。深入推进贫困人口大病集中救治工作，落实“定点医院、定诊疗方案、定单病种收付费标准”等“三定”措施，开展大病专项救治，救治病种范围扩大到14种。全年分类救治641名贫困患者，支出救治资金644.94万元，补助资金638.68万元。将贫困人口慢性病患者全部纳入家庭医生签约服务管理。依托全民健康体检，着力提高贫困团场重点传染病和地方病综合防控力度。全面落实基层医疗卫生机构100%配备基本药物及零差率销售。

【社会救助】　制定实施切实做好社会救助兜底保障工作的实施意见，进一步加强低保制度与扶贫开发政策的有效衔接，将建档立卡贫困人口中符合低保条件的7087人全部纳入低保，做到了“应保尽保，应兜尽兜”。各师低保标准均在4750元/(人·年）以上，高于扶贫开发标准，编密织牢了困难群众基本生活安全保障网。

【交通扶贫】　2018年，累计安排固定资产投资40亿元用于兵团贫困地区改造建设公路、基础设施及运输服务设施，实现了99.7%的建制村（连队）通硬化路目标，圆满完成了交通运输部下达的2018年兵团交通扶贫各项目标任务。图木舒克唐王城机场作为兵团南疆首个支线机场于2018年12月26日顺利实现通航，一师通用机场、图木舒克铁路等一批重点基础设施项目加快建设。

【土地整治扶贫】　积极争取城乡建设用地增减挂钩节余指标跨省域调剂政策落地兵团。兵团实施高标准农田项目28个，建设规模781.04万亩，总投资62057.08万元。兵团屯垦戍边土地整治重大工程项目（一期)，建设规模741.9公顷，总投资10.15亿元。

【文化扶贫】　全面提升公共文化服务水平，开展文化惠民活动，为贫困团场配送17辆流动文化车，做到贫困团场流动文化车全覆盖。加大“送文化下基层”惠民力度，通过提供“菜单式”服务，满足职工群众的不同文化需求，增强职工群众的文化获得感。各级专业文艺团体共演出 937 场，观众达 24.6 万余人。

【科技扶贫】 积极组织和引导科技人员向贫困团场集聚，并开展科技扶贫工作。推进科技支撑向南发展专项行动的实施。在南疆创建 4 个“星创天地”，支持南疆 4 个农业科技园建设，引导 390 名科技人员深入南疆开展科技帮扶。全力推进兵团惠民工程科技带动任务落实。实施 16 项科技示范基地建设项目，建成科技示范点 69 个。

【金融扶贫】 坚持纠正以往不符合国家扶贫贷款政策的贷款行为，重新开展兵团建档立卡贫困户的贷款需求摸底工作，按户贷户用户还要求能贷尽贷，同时结合兵团改革需要，开展棉花收购贷款新模式和制定《农业职工小额贷款共同守则》，以便捷低成本融资方式及时兑现贫困户棉花收购款和实施“两免一基准”小额农贷，全年累计投放小额农户贷款 63.3 亿元。

【残疾人脱贫攻坚】 制定《兵团贫困残疾人脱贫攻坚行动方案》《关于加快推进深度贫困团场贫困残疾人脱攻坚巩固脱贫成果实施方案》，明确任务目标，细化推进措施。充分比对兵团贫困人口系统信息数据，以连（村）为单位，以户为基础，驻连入户，精准识别核实，为贫困残疾人家庭实名管理，强化精准到户到人举措，全年帮扶建档立卡贫困残疾人 208 户、217 人实现增收脱贫。

【以工代赈】 以工代赈计划总投资 12802 万元，其中中央预算内和中央财政预算内补助资金合计 10000 万元，自筹 2802 万元，用于兵团 28 个贫困团场（含已摘帽贫困团场）的基本农田建设，小型农田水利、草场、田间道路等农村中小型基础设施建设。截至 2018 年底，完成投资 7724 万元，442 名贫困团场职工群众（含建档立卡贫困户 141 人）直接参与工程建设获取劳务报酬 439 万元，数十万名职工群众受益于项目效果，收入明显提高。

【兴边富民】 兴边富民行动项目通过各师申报组织专家评审、编制实施方案、征求意见等环节，确定实施项目 27 个，投资总额 2.32 亿元，涉及特色种植养殖、特色旅游、边民生产生活基础设施改善等项目，其中特色畜牧水产养殖项目 11 个；林果、食用菌种植、现代农业产业园建设项目 4 个；农家乐、旅游基地建设项目 3 个；保鲜库、面粉厂建设项目 2 个；农贸市场建设项目 4 个；边民生产生活基础设施建设项目 2 个；防风林建设项目 1 个。项目将惠及项目区 10 余万名职工群众。

【社会扶贫】 57 个机关部门（大专院校、直属单位）积极开展与 33 个贫困团场“结对子”帮扶。深入开展“百企帮百连”行动，已对接连队 99 个，商会实地对接的连队有 18 个，参与的企业有 260 余家，其中重点帮扶南疆第三师已对接 20 个连队，第十四师已对接 10 个连队，公益捐赠累计 1000 多万元，实施产业扶贫项目 25 个，带动建档立卡贫困人口 4000 余人。实施对口援疆项目 300 个，总投资 32.06 亿元，援疆资金 80% 投向基层和民生领域。

【党建扶贫】 召开兵团党委抓党建促脱贫攻坚工作会议，强力推进各级党组织和党员干部抓党建促脱贫攻坚工作。配齐配强贫困团场领导班子，对 4 个深度贫困团场领导班子及成员扶贫领导能力进行了全面评估，对不能胜任人员及时进行了调整，选优配强贫困连队第一书记，实现了贫困连队（村）选派第一书记全覆盖。扎实推进基层党组织标准化建设，对 29 个贫困连队（村）开展为期 3 个月的专项整治，帮助连队（村）落实开展脱贫攻坚等责任。组织连队万名“两委”成员集中轮训，着力提高落实党的扶贫政策、团结带领贫困群众脱贫致富的本领。健全完善脱贫攻坚考核监督评估机制，对深度贫困团场领导班子进行专项测评，开展常态化约谈。积极引导援疆干部人才、“访惠聚”驻村工作队等各方力量投身脱贫攻坚。

【监督执纪问责】　2018年，查处扶贫领域腐败和作风问题563件，立案查处197件，党纪政务处分196人，移送司法5人，组织处理447人。制定并印发《兵团关于开展扶贫领域作风问题专项治理实施方案》等多项制度。分别于2018年1月、6月、11月召开3次扶贫领域腐败和作风问题专项治理工作推进会；组织开展扶贫领域监督检查9轮次，发现问题线索374条；对车刚违纪案等12起发生在群众身边的“微腐败”和“蚁贪”进行通报曝光。

【专项巡视巡查】　2018年6月20日至29日、8月2日至9月14日，兵团党委先后派出6个巡视组对37团、223团、51团、91团等17个贫困团场党组织开展脱贫攻坚专项巡视。加上首轮巡视的第三师44团、伽师总场、64团、137团等4个贫困团场党组织，实现对兵团21个贫困团场党组织的专项巡视全覆盖。巡视中共发现梳理问题348个，反映领导干部问题线索46人；巡视期间，对群众反映强烈、能够立行立改的52个问题组织边巡边改，进一步压实了脱贫攻坚政治责任。

【扶贫审计工作】　2018年，组织开展对第二师等6个师的扶贫专项审计，审计发现扶贫工作领域各类问题101个，涉及扶贫资金问题金额8.07亿元。针对突出问题提出了针对性的意见建议，移送问题线索11件。

【扶贫宣传工作】　组织13家中央驻疆、自治区和兵团主要媒体记者开展“在改革的春天里”等集中采访活动，及时推出了一批带露珠、冒热气的脱贫攻坚现场报道，全年兵团各级各类媒体共刊发脱贫攻坚类稿件2500余篇（条）。一师四团3连党支部书记陈俊业荣获全国脱贫攻坚先进个人贡献奖，兵团医院荣获全国脱贫攻坚先进组织创新奖。

【扶贫培训】　编制印发了《关于转发中共中央组织部、国务院扶贫办〈关于聚焦打好精准脱贫攻坚战加强干部教育培训的意见〉的通知》，2018年，兵团本级开展16次脱贫攻坚专题培训，累计培训扶贫系统各级领导干部1297人次。兵团各师团累计培训90余次，培训人员7000余人。

【支援地方脱贫攻坚】　兵团本级财政共安排2400万元助力墨玉县、和布克赛尔县和察布查尔县等3个县脱贫攻坚。14个师（市）积极帮扶地方贫困县、乡、村，接收5203人到兵团就业。贯彻落实《兵团支持墨玉县脱贫攻坚实施方案》，组织实施科技帮扶项目10个，在8个乡10个村建立10个科技示范点，建成葡萄栽培示范50亩、新建蔬菜拱棚12座、赠送物资12吨、完成果园修剪200亩，开展技术培训30场次、培训农民4000人次。14个师（市）以促进就业扶贫、教育扶贫、医疗扶贫和兵地干部人才培训交流扶贫为重点，帮扶地方贫困县乡村。同时，接收5203名自治区南疆四地州深度贫困地区建档立卡贫困劳动力到兵团南疆师市务工就业，其中企业稳定就业4187人，季节性务工1016人。

【就业扶贫】　实施“一户一就业”专项扶贫工程，加大就业扶贫、技能扶贫、社保扶贫、人才扶贫措施落实力度。将4369名有劳动能力的贫困劳动力录入兵团就业和职业培训扶贫信息系统，2018年建档立卡贫困劳动力实现就业1864人，开展少数民族示范培训5100人次。2018年兵团贫困人员（建档立卡贫困户、低保对象、特困人员）7.4万人，基本养老保险应参保4.53万人，参保率99.78%，其中：城乡居民基本养老保险参保3.3万人，财政代缴率99.93%。实施“三支一扶”计划，为南疆和边境团场选派457名高校毕业生，拨付补助资金3289.14万元落实贫困地区工资倾斜政策，调整艰苦边远地区津贴标准。继续实施面向南疆包括中小学在内的机关事业单位工资收入倾斜政策及乡镇工作补贴。组织 4 批农业、医疗专家开展万名专家服务基层行动，推荐少数民族科技骨干特殊培养项目 20 人。

（新疆生产建设兵团扶贫办综合处 张 杰）

第九篇

国际合作篇

综　述

减贫领域的国际交流合作是中国特色扶贫开发道路的重要内容，也是中国对外开放大局的重要组成部分。中国政府高度重视减贫领域的国际交流与合作，一直是世界减贫事业的积极倡导者和有力推动者。随着脱贫攻坚进入决战决胜阶段，减贫国际交流合作日益成为我国对外合作大局中的重要领域。2018 年，国务院扶贫办国际减贫交流合作工作积极进取，持续创新，各项工作取得积极进展。总体上看，有四个特点：一是与国家总体外交大局结合更为紧密。二是国际减贫交流范围更加广泛。从参加活动的国别数量、代表类别到人员规模都比往年有了明显增加。三是加强了工作创新。在减贫交流、扶贫外宣、经验分享等方面都有创新性活动。四是部门合作更为顺畅。通过与中共中央宣传部、外交部等相关部门密切合作，共讲中国扶贫故事，形成了传播中国扶贫理念和经验的“大合唱”。

下一步，我们将以习近平新时代中国特色社会主义思想为指导，全面贯彻党的十九大精神，以讲好中国扶贫故事，推介中国扶贫方案为主线，进一步加强减贫经验交流分享，不断推动减贫领域国际合作，积极落实联合国 2030 年可持续发展议程，为共建一个没有贫困、共同发展的人类命运共同体而奋斗。

国际减贫交流

【领导出访】 2018年5月19日，应澳门特别行政区行政长官崔世安邀请，国务院扶贫办主任刘永富赴澳门宣讲介绍脱贫攻坚情况，并就澳门特区政府参与内地脱贫攻坚事宜进行了座谈交流。

6月3—7日，应联合国粮农组织的邀请，国务院扶贫办副主任欧青平率团赴意大利出席全球减贫伙伴关系研讨会、联合国粮农组织第159届理事会边会以及与联合国粮农组织、国际农发基金、世界粮食计划署等国际组织开展双边交流，推进减贫合作。

6月26日—7月3日，国务院扶贫办副主任陈志刚率团赴菲律宾出席第12届中国—东盟社会发展与减贫论坛并赴缅甸调研东亚减贫示范合作技术援助项目。在菲期间，陈志刚出席论坛开幕式并致辞，与菲律宾国家减贫委员会等相关部门进行了会谈。在缅期间，代表团赴东亚减贫示范合作技术援助项目村进行调研，同缅甸农业畜牧和灌溉部举行会谈。

8月19—20日，应中央驻港联络办的邀请，国务院扶贫办副主任洪天云出席在香港举行的亚洲家庭高峰会议并发表主旨演讲，介绍了我国脱贫攻坚取得的主要成就、做法和未来任务。

【外事活动】 2018年4月9日，国务院扶贫办副主任洪天云会见了柬埔寨农村发展部副国务秘书波乐敏一行。洪天云重点介绍了中共十八大以来，在以习近平同志为核心的党中央坚强领导下，中国脱贫攻坚的目标任务、精准方略、决定性进展和经验做法。他表示，中国将聚焦深度贫困地区和特殊困难群体，继续深入攻坚，确保到2020年整体消除绝对贫困现象。波乐敏对中国脱贫攻坚的政策举措和显著成就表示赞赏，希望更多学习借鉴中方经验。双方共同表示，愿进一步加强减贫领域交流，积极推进有关合作项目，为两国人民带来更多福祉。

5月8日，第三届中非地方政府合作论坛在京召开。国家副主席王岐山，第十一届全国政协副主席、中国非洲人民友好协会会长阿不来提·阿不都热西提，尼日尔总理拉菲尼等出席开幕式。论坛以“摆脱贫困与可持续发展”为主题，国务院扶贫办主任刘永富在全体大会上作主旨演讲。

5月23日，“2018中国扶贫国际论坛”在京举行。论坛以“共享推动合作　携手消除贫困”为主题，来自9个国际组织、28个国家的近200位中外来宾参会，国务院扶贫办副主任陈志刚出席论坛并致辞。

6月29日，国务院扶贫办副主任欧青平会见国际农发基金助理副总裁索夏洛女士一行。欧青平介绍了中国脱贫攻坚工作的进展和取得的成绩，表示中国的扶贫开发事业一直得到国际社会的关心帮助，欢迎国际社会继续关心支持中国的脱贫攻坚事业。索夏洛女士表示，国际农发基金愿继续同中国国务院扶贫办加强工作交流，创新合作形式，共同促进全球减贫事业发展。

10月19日，国务院扶贫办副主任陈志刚会见了东盟副秘书长穆赫坦一行。陈志刚重点介绍了中国开展东西部扶贫协作的背景、意义、举措和成效，表示中国在减贫事业中形成并不断壮大全党动手、全民动员、全社会参与的脱贫攻坚合力，对促进贫困地区经济社会加快发展、激发培育贫困地区脱贫内生动力起到了重要的积极作用。穆赫坦高度评价中国脱贫攻坚取得的成就，双方进一步加强交往交流，促进双方减贫经验互学互鉴，为不断增进民生福祉做出努力。

11 月 2 日，国务院扶贫办副主任陈志刚会见丹麦发展合作大臣乌拉·特尔奈斯女士一行。双方主要围绕加强中丹减贫和社会发展领域的交流合作、推动全球减贫事业发展、实现联合国 2030 年可持续发展目标等内容进行了交流。陈志刚简要介绍了中国扶贫工作的主要进展，特别是脱贫攻坚以来中国减贫的政策体系、取得的成就、主要做法和面临的任务。他表示，中国国务院扶贫办将充分发挥中国国际扶贫中心平台作用，与丹方不断加强减贫领域交流合作。特尔奈斯女士表示，丹方愿意与中方在以往良好合作的基础上，进一步增进交流，积极拓展合作空间，为推动联合国 2030 年可持续发展议程和全球减贫事业发展共同努力。会后，双方签署了中丹减贫交流合作谅解备忘录。

国 际 会 议

【国务院扶贫办与驻华国际机构座谈会】 2018年3月1日，国务院扶贫办同有关驻华国际组织和境外非政府组织举行座谈会，国务院扶贫办主任刘永富主持会议。联合国开发计划署、联合国儿童基金会、联合国粮农组织、世界粮食计划署、国际农发基金、世界卫生组织、世界银行、亚洲开发银行等国际组织和盖茨基金会、国际美慈组织、国际小母牛香港分会等境外非政府组织派出高级别代表参会。刘永富介绍了中共十八大以来中国脱贫攻坚取得的主要成就和政策举措，表达了中国将在以习近平同志为核心的党中央坚强领导下打赢打好脱贫攻坚战的信心和决心。与会国际组织和境外非政府组织一致祝贺中国脱贫攻坚取得的巨大成就，认为中国的扶贫经验值得推广，表示愿意发挥各自机构的优势和特点，进一步加强同中国在减贫领域的交流合作。本次座谈会是国务院扶贫办近年来首次专门面向国际组织和境外非政府组织的高级别对话活动，对于向国际社会全面通报工作进展、有效回应外方关切、引导外方准确认识和积极评价中国减贫工作具有积极意义。

【中国—东盟社会发展与减贫论坛】 2018年6月27—29日，国务院扶贫办与菲律宾国家减贫委员会在菲律宾马尼拉共同举办第12届“中国—东盟社会发展与减贫论坛”，该论坛以“深化减贫伙伴关系，构建中国—东盟命运共同体”为主题，来自政府部门、学术机构、非政府组织、东盟秘书处等国际机构的120余名代表出席论坛，国务院扶贫办副主任陈志刚出席开幕式并致辞。

【中非合作论坛——减贫与发展会议】 2018年8月14—16日，中非合作论坛——减贫与发展会议及考察活动在北京市和贵州省分别举办，国务院扶贫办主任刘永富出席会议开幕式并致辞。来自中国和非洲40多个国家的300余名代表参会，并于会后赴贵州省毕节市实地考察脱贫攻坚情况。此次会议呈现出规格高、规模大、代表广泛的特点，促进了国际减贫经验交流，进一步推动了中非减贫合作进程。

【改革开放与中国扶贫国际论坛】 2018年11月1—2日，由中共中央宣传部、财政部、国务院扶贫办、世界银行主办的改革开放与中国扶贫国际论坛在北京市举行。论坛以“国际减贫合作：构建人类命运共同体”为主题，来自联合国、世界银行、国际货币基金组织、亚洲基础设施投资银行、金砖国家新开发银行等11个国际组织和51个国家的政界人士、智库学者、企业领袖以及其他各方代表400余人参加论坛。论坛前，参会代表赴河南省兰考县、贵州省毕节市、宁夏回族自治区闽宁镇和广东省深圳市进行了考察。

国际减贫合作

【东亚减贫示范合作项目】 2018年，在柬埔寨、老挝、缅甸实施的东亚减贫示范合作项目已进入全面实施阶段，各项工作按计划推进。6月，国务院扶贫办副主任陈志刚赴缅甸进行了实地考察调研。各项目实施单位已完成了专家组派驻、建立各级联合项目办、制定完善规章制度等工作；已完成部分办公设备采购；一些基础设施和公共服务项目开工建设，生计改善项目已经启动调研和设计工作，并开展了多次培训能力建设活动，项目总体进展顺利。

【澜沧江湄公河项目】 2018年3月21日，为积极推进落实澜湄减贫合作，国务院扶贫办在云南省昆明市举办主题为“汇聚八方资源，助力减贫合作，共建澜湄命运共同体”的研讨会。4月22日，在浙江省杭州市和义乌市举办“2018柬埔寨农村发展部小企业发展与减贫研修班”。15名来自柬埔寨农村发展部和地方的官员参加本次研修活动。

【中国—巴基斯坦项目合作】 为积极推动中巴减贫合作，2018年11月3日，在中国国务院总理李克强和巴基斯坦总理伊姆兰·汗的见证下，国务院扶贫办与巴基斯坦规划发展和改革部签署了合作备忘录。合作内容主要包括减贫知识共享和经验交流、能力建设、合作研究以及在条件具备的情况下开展减贫试点项目。项目将在国家国际发展合作署的支持下，按计划推进。

【海外公益扶贫项目】 2018年，在国务院扶贫办的支持下，中国扶贫基金会在埃塞俄比亚、苏丹、纳米比亚等7个国家开展学校供餐、教育助学、爱心包裹等公益扶贫项目，累计支出1200万元人民币，累计受益千万人，有力促进了民间减贫交流合作进程。

【世行第六期扶贫贷款项目】 世行第六期扶贫贷款项目按计划开展了中期监测评价、召开协调会、定期督导检查等活动。项目在贫困地区产业项目选择、合作社组建、投资活动设计、产业链延伸等方面，对利用外资开展产业扶贫、助力脱贫攻坚工作探索了新经验。

【盖茨基金会合作项目】 2018年，国务院扶贫办与盖茨基金会合作开展“中国扶贫经验总结与国际共享”项目合作，项目期为2019—2021年，计划投入300万美元，主要开展中国扶贫经验总结、新时代中国减贫战略与国际减贫交流合作研究以及减贫国际交流、减贫人才培养活动。

【中国贫困片区儿童减贫与综合发展试点项目】 2018年5月16日，“中国贫困片区儿童减贫与综合发展试点项目总结会”在湖北省武汉市召开，国务院扶贫办副主任夏更生出席大会。该项目由丹麦绫致基金出资，中国国际扶贫中心和湖北省扶贫办合作于2014年正式启动实施。实施期为4年，丹方共投入4243万元人民币，在湖北省8个国家扶贫开发工作重点县开展儿童减贫与综合发展试点项目。

【民间捐资项目】 2018年，国务院扶贫办指导中国扶贫基金会与境外11家机构开展合作，共筹集和捐赠资金约2282万元人民币，在国内开展了生计发展、学生供餐、爱心包裹等众多公益扶贫项目。

国际减贫培训

在外交部、商务部、国际发展合作署的支持下，2018 年，国务院扶贫办共举办 18 期减贫援外培训班，为亚非拉 66 个国家 527 名减贫官员提供专题培训，切实帮助发展中国家官员提升减贫政策制定与实践能力。其中，在南非举办的农村产业扶贫海外研修班是国务院扶贫办第一次走出国门办培训，开拓创新了减贫培训的思路和途径。

组织两期全国扶贫系统干部出国培训项目，分别赴美国和南非进行了减贫专题培训，进一步加强了全国扶贫系统能力建设。

（国务院扶贫办综合司　赵懂文）

第十篇

专题研究篇

“一带一路”倡议背景下的中非减贫：路径与前景

一、引言

贫困作为全人类所面临的共同挑战，一直是威胁人们获得生存、生计、健康、卫生、教育等福祉的重要因素。过去几十年里，世界各国始终将减贫和消除贫困作为国家发展战略中的重要内容，并通过多种途径力图实现这一目标，从而贡献于联合国千年发展目标和2030年可持续发展议程。20世纪90年代以来，在全球经济进入较快增长周期的带动下，无论是全球贫困人口数量，还是贫困发生率都出现显著下降的趋势。根据联合国的统计数据，截至2013年，全球大约共有7.67亿人口生活在每天1.90美元的国际贫困线以下，远远低于1999年的17亿人，全球贫困发生率从1999年的28%降至2013年的11%。然而，在一些国家和地区，包括东亚、东南亚、中欧和非洲地区，仍然集中生活着世界上最贫困的人口，贫困一直是这些国家经济和社会发展进程中的主要障碍，尤其是撒哈拉以南非洲，是世界上贫困人口最多、贫困发生率最高的地区。2012年人类发展指数的全球平均值是0.694，而撒哈拉以南非洲地区最低，仅为0.475。摆脱贫困一直是这些国家政府与民众强烈的发展诉求。

过去近四十年里，中国通过自己的努力和奋斗，不仅实现了经济高速增长，而且还在减贫领域取得了举世瞩目的成就。联合国《2015年千年发展目标报告》中指出，中国极端贫困人口比例从1990年的61%下降到2014年的4.2%，是世界上减贫人口数量最多的国家，也是世界上率先完成联合国千年发展目标的国家，对全球减贫的贡献率超过70%。尤其是，农村的贫困人口从2012年的9899万人减少到2017年的3046万人，五年内减少6853万人。在实现2030年可持续发展议程减贫目标的过程中，中国政府向国际社会展示了中方与各国携手推进议程的意愿和决心，习近平总书记在出席G20杭州峰会、东亚领导人系列会议、澜—湄合作首次领导人会议等一系列重大国际会议时反复强调，中国将在减贫领域提出新的国际合作方案。

2013年9月和10月，中国国家主席习近平在出访中亚和东南亚国家期间，先后提出共建“丝绸之路经济带”和“21世纪海上丝绸之路”（以下简称“一带一路”）的重大倡议，得到国际社会的高度关注。“一带一路”建设作为一项系统工程，其共商、共建、共享的原则是推进沿线国家发展战略相互对接的重要基础，将有利于全球化的深化开展，换句话说，“一带一路”倡议的提出与行动将建立亚洲、欧洲和非洲之间新型的沟通与交流通道，进一步促进沿线发展中国家共享中国发展的红利、实现共同发展，从而协同促进世界多极化、经济全球化、文化多样化以及社会信息化的新时代发展与新世界格局的形成。

那么，在“一带一路”倡议的大背景下，中国将如何在减贫领域取得更大成就的同时，向世界发展中国家尤其世界上最贫困的撒哈拉沙漠以南非洲国家一同分享减贫经验，并实现共同繁荣、共同发展，换句话说，“一带一路”倡议将为未来实现中非减贫战略、加强中非减贫成效带来怎样的契机，这对中国和非洲国家来说将具有什么重要的战略意义和实践价值呢？

二、中非减贫的实践与经验比较

（一）撒哈拉以南非洲的经济增长与减贫

在过去十年中，非洲是世界范围内经济增长速度较快的地区之一，总体上呈现出较好的发展趋势（表 1），尤其是一些国家如埃塞俄比亚等，近几年的经济增长率甚至达到两位数以上，其他一些国家如毛里求斯、莫桑比克、加纳等的经济增长率也呈现积极的发展态势（3% 以上），有学者曾指出，这与部分非洲国家和中国、印度等新兴经济体的贸易活动日益频繁、外商投资增加、城市化进程加快等因素有一定的相关性。

表 1　撒哈拉以南非洲国家人均 GDP 增长率（1960s—2010s）

国家	1960s	1970s	1980s	1990s	2000s	2010s
安哥拉	—	—	—	-2.23	5.42	1.34
贝宁	1.13	-0.19	-0.31	0.97	0.74	1.89
博茨瓦纳	4.28	10.07	6.94	2.46	1.75	2.55
布基纳法索	1.52	1.48	1.24	2.55	2.30	2.31
布隆迪	0.39	0.69	1.23	-3.50	-0.10	-0.71
佛得角	—	—	3.52	7.43	4.54	0.62
喀麦隆	-0.36	4.12	1.20	-1.55	0.62	2.59
中非共和国	-0.08	-0.18	-1.08	-0.77	0.63	-8.14
乍得	-0.91	-3.46	3.10	-0.66	5.83	1.22
科摩罗	—	—	-0.28	-1.55	-0.48	-0.02
刚果（金）	0.57	-2.26	-0.91	-7.65	1.04	4.32
刚果共和国	0.99	1.89	2.08	-1.69	1.31	1.38
科特迪瓦	3.78	2.21	-2.66	-0.34	-0.85	3.89
赤道几内亚	—	—	-2.11	25.46	14.83	-2.77
厄立特里亚	—	—	—	—	-1.94	—
埃塞俄比亚	—	—	—	-0.82	4.71	7.30
加蓬	4.43	5.37	-1.11	-0.49	-1.30	2.92
冈比亚	—	1.49	-0.57	0.07	0.26	-0.95
加纳	-0.32	-1.73	-0.95	1.57	2.58	5.10
几内亚	—	—	—	-0.01	0.42	-0.61
几内亚比绍	—	1.12	2.34	-1.87	0.11	0.61
肯尼亚	1.94	3.93	0.26	-0.77	1.09	2.71
莱索托	3.06	5.44	1.44	2.38	2.53	2.87
利比里亚	2.05	-0.31	-5.58	-2.38	-2.03	2.37
马达加斯加	0.17	-1.65	-2.24	-1.53	-0.14	-0.20

（续）

国家	1960s	1970s	1980s	1990s	2000s	2010s
马拉维	2.41	3.38	-2.22	1.79	1.52	0.94
马里	—	2.83	1.16	1.65	2.29	0.47
毛里塔尼亚	4.18	-1.29	-0.68	0.11	1.73	—
毛里求斯	—	—	4.40	3.34	3.29	3.43
莫桑比克	—	—	-0.94	4.12	4.72	4.14
纳米比亚	—	—	-1.96	0.54	2.80	3.13
尼日尔	-0.08	-1.06	-2.47	-1.21	0.33	1.80
尼日利亚	0.16	1.80	-4.38	-0.93	5.58	1.94
卢旺达	-0.14	1.60	-1.16	-0.85	4.75	4.49
圣多美和普林西比	—	—	—	—	2.52	2.27
塞内加尔	-1.45	-0.49	-0.07	0.25	1.17	0.90
塞舌尔	1.55	6.27	1.47	2.58	0.69	4.62
塞拉利昂	2.09	-0.02	-1.72	-3.22	2.56	1.61
索马里	—	—	—	—	—	—
南非	3.03	0.36	-0.59	-0.45	2.00	0.60
南苏丹	—	—	—	—	—	-14.43
苏丹	-1.46	0.46	0.31	2.11	3.73	4.92
斯威士兰	—	2.17	3.78	0.79	2.39	1.35
坦桑尼亚	—	—	—	-0.11	3.24	3.52
多哥	5.34	0.58	-1.94	-0.02	-0.69	2.21
乌干达	—	—	—	3.25	3.63	2.01
赞比亚	0.34	-2.06	-1.80	-1.10	3.84	2.00
津巴布韦	1.11	-1.25	0.29	0.39	-6.63	3.85

资料来源：世界银行网站。

但若从撒哈拉以南非洲地区总体来看，经济增长并未带来就业机会的增加，也没有降低贫困人口的数量。《2017年世界发展报告》显示，从1990年至2013年，尽管撒哈拉以南非洲地区的贫困发生率从56%下降到41%，20多年的时间降低了15个百分点，但是由于人口的快速增长，该地区极端贫困人口的绝对数量却在增加，2013年仍有近4亿人生活在1.90美元国际贫困线以下，比1990年增加了1亿多人。而同时期中国在同一标准下的贫困发生率从66.6%下降到1.9%，减少了60%以上（图1）。截至2015年，撒哈拉以南非洲地区仍然有3.47亿人口每日生活费不足1.9美元，贫困发生率为35.2%。如此看来，非洲国家并没有像中国过去几十年的发展所经历的那样，伴随着经济增长的进程而贫困减少。

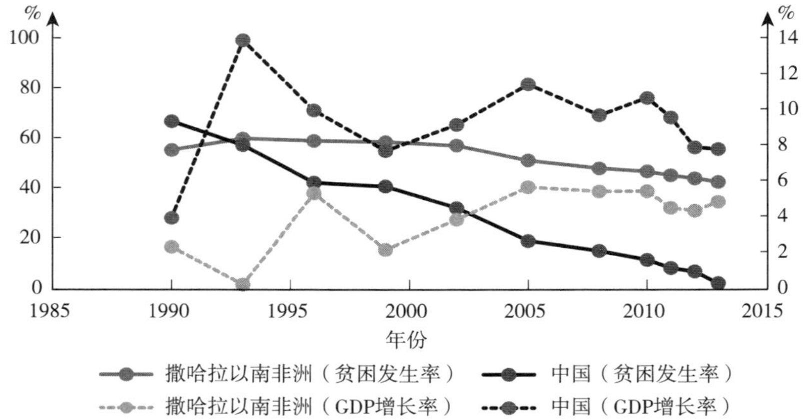

图 1　中国和撒哈拉以南非洲的 GDP 增长率与贫困发生率（按每天 1.90 美元的标准）比较

资料来源：根据世界银行数据库整理。

换句话说，撒哈拉以南非洲国家的经济增长并未对减贫产生非常直接的作用。那么，为什么会出现这种经济增长与减贫相脱节的现象？究其原因，在非洲地区，由于人口的快速增长，劳动力市场供应充足，然而，以劳动密集型为特点的工业部门发展缓慢，直接导致的结果是就业岗位的数量远远不能满足人们的就业需求，而作为对 GDP 增长贡献较大的农业部门，其发展一方面仍然缓慢，另一方面由于人口的快速增长而将其对减贫的积极影响抵消掉了。

1. 农业发展缓慢

农业一直以来是非洲国家国民经济中的基础产业。有研究显示，尽管撒哈拉以南非洲的农业增长多数维持在 2% ~4%，但是 2000—2011 年非洲农业增长中面积扩大、种植面积增长近 3%，而单位面积增产仅仅提高了 1.5%，以坦桑尼亚为例，其粮食种植面积提高了 7.8%，但生产率仅仅提高了 0.4 个百分点。近几年由于气候变化等因素，单位面积产量增收效果并不显著，以非洲国家主产农作物玉米为例，不仅平均水平较低，而且在这些非洲国家之间还呈现不均衡的特点（表 2）。可见，非洲农业虽然呈增长态势，但劳动生产率、农业单位面积的生产率并未提高，并且，非洲国家从事农业的劳动力在过去二十年中收入增长十分缓慢。

表 2　撒哈拉以南非洲一些国家玉米单位产量

单位：千克/公顷

国家	2012 年	2013 年	2014 年
埃塞俄比亚	30592	32542	34210
肯尼亚	17366	16922	16602
马拉维	21932	21708	16563
乌干达	24991	24959	25005
赞比亚	26545	25382	27802
津巴布韦	7799	7362	6375
坦桑尼亚	12395	13000	16250

资料来源：FAO。

总体而言，在非洲国家，农业部门的主要限制因素在于：基础设施较差，在缺少灌溉系统和水源的情况下，只能依赖靠天吃饭的生产条件；许多贫困农户无法支付农业生产资料的投入成本；农业技术服务推广体系不健全。此外，农户也缺少产量较高的农作物品种、病虫害防治技术以及养殖技术等。在气候变化的威胁下，农户所面临的生产环境和技术等挑战尤为突出。再者，作为可能提供就业机会和提高生产效率、增加对经济增长贡献的农业生产部门，并没有得到这些国家公共财政分配上的足够重视。

2. 人口增长快、抵消增长剩余

在非洲地区，60% 以上的劳动力和

75%的贫困人口主要依赖农业谋生，结果农业产值的增加并没有减少贫困。有研究显示，非洲国家在实施绿色革命后，农作物种植面积增加了17%，谷物单产从0.8吨/公顷增加到1.5吨/公顷，但是人口增加了2.8倍，结果人均拥有粮食和农业产出的数量不增反降，下降了约1/4（Michael Lipton，2010）。长期以来，撒哈拉以南非洲地区较高的人口增长速度（2.5%左右）在一定程度上抵消了农业本身增长和经济增长所带来的有效剩余。以坦桑尼亚为例，由于农业增长乏力，坦桑尼亚农业GDP在整个GDP中所占的份额呈现出明显的下降趋势，从1995年的47%下降到2015年的31.01%。与此同时，坦桑尼亚人口一直保持3%的高增长率，2014—2016年，坦桑尼亚人口总量达到了5200万，农业增长所带来的效益基本上被人口增长所抵消，难以缓解坦桑尼亚的粮食安全问题，坦桑尼亚营养不良人口也达到了1680万，营养不良人口占总人口的32.12%。

而与其相比，中国在1978—1986年农业增长率超过7%，但同时期人口增长却不到1%，即使在1986年以后农业增长比较稳定，增长率一直在4%左右，人口增长率也一直在1%以下，在过去的这四十年里，中国农民收入初期的增长率达到15%，即便在后期，农民收入增长也都超过了5%（图2）。因而，从这个意义上讲，中国的发展轨迹表明，无论是农业增长还是经济增长，其产生的边际剩余都比非洲国家要高。

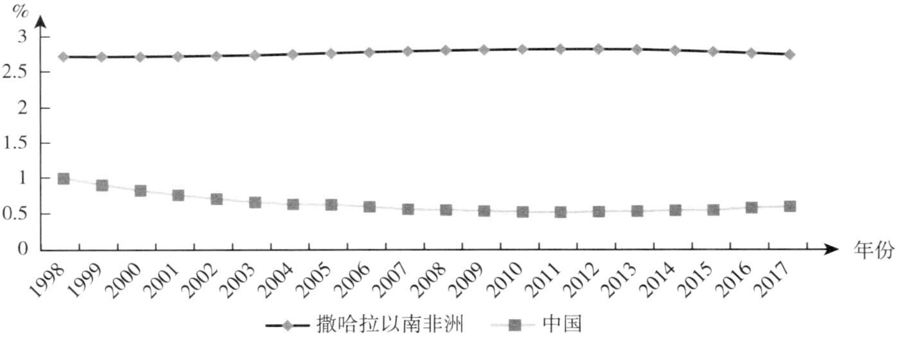

图2　近20年中国与撒哈拉以南非洲国家人口出生增长率比较

资料来源：根据世界银行数据库资料整理。

3. 经济结构失衡

除上述原因之外，非洲经济发展与减贫相脱节的另一个重要原因在于非洲本身的经济结构问题。不同于中国和其他新兴经济体国家，在过去十年间，非洲工业对于经济增长的贡献率非常小。在过去几十年里，SSA国家的经济和社会已经发生转型。农业部门对经济增长的贡献从2004年的20%降到2016年的18%，制造业对经济增长的贡献却一直低于20%。如图3所示，过去十年来，撒哈拉以南非洲国家的经济增长主要来自工业和服务业的增长，这两项所占的比例远远超过了农业和制造业对其GDP增长所带来的贡献。已有的研究数据表明，非洲在过去十多年里所实现的经济增长主要依赖于那些无法吸纳更多劳动力的矿业、建筑、电信等部门，相比之下，能够吸纳劳动力的那些劳动密集型产业如制造业，在非洲并没有实现增长。

并且，从近五年的数据来看，撒哈拉以南非洲地区国家的工业和制造业部门的增长率呈现下降趋势，农业部门的增长率趋于平稳但略有下降，而服务业部门的增长率则呈现上升趋势（图4），具体而言，制造业的经济增长率仅为4%左右，低于服务业的4.6%以及农业的4.1%。

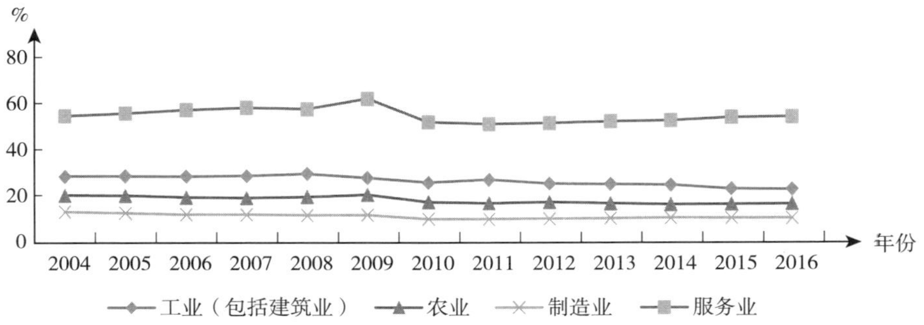

图 3　撒哈拉以南地区非洲国家的不同部门对经济增长的贡献

资料来源：根据世界银行数据库资料整理。

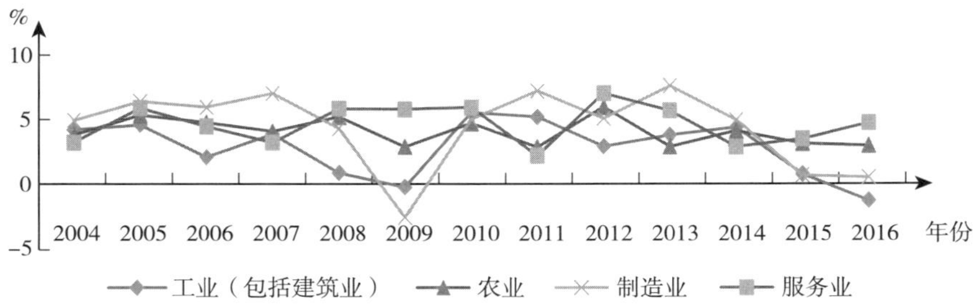

图 4　撒哈拉以南地区非洲国家不同部门的经济增长率

资料来源：根据世界银行数据库资料整理。

此外，与其他发展中地区和国家相比，上述撒哈拉以南非洲国家现有的经济增长模式并没有为快速递增的人口提供充足的就业机会。《2013 年世界发展报告》的数据显示，在非洲国家，每年有 1000 万人口进入劳动力市场，但其中很少有人能够在正规的高工资行业找到工作，正规部门无法吸收所有潜在的从业者。结果是，75% ~80% 的劳动力就业都是国际劳工组织所界定的脆弱性就业。相比之下，虽然非正规部门有更多的灵活选择和就业机会，至少短期内能够满足一些从业者的就业需求。但是，非正规部门到底在多大程度上能够为这些国家的经济增长和减贫作出贡献，在学术界一直存在着很大的争议。

结果是，这种经济结构的扭曲与不平衡，使得发展较快的那些部门不能够从农村吸纳剩余劳动力，而那些滞留在农村和农业生产部门的劳动力又由于资本匮乏、技术缺失等原因而无法实现农业生产中劳动生产率的提高。

4. 基础设施不完善

现有数据表明，尽管基础设施的发展将对长期的发展产生积极的影响，但撒哈拉以南非洲国家的基础设施建设的落后成为影响其减贫效果的重要因素之一，换句话说，非洲国家的基础设施对其经济增长贡献的作用并不明显，因此无法贡献于减贫。现实中，大多数非洲国家对于基础设施的需求都较大，但是实际投入的资金却很少，存在着资金和技术等方面的发展困境。

在基础设施方面，电力资源不充分是诸多撒哈拉以南地区国家的农户和企业所面临的一个主要问题，近 6 亿的非洲农户仍然无法获得电力供应，而且多数国家还面临着电力短缺的困难。尽管非洲国家在铺设道路和电信网络，但发电条件的发展远远落后于其他发展中国家和地区，电力资源的投资远远未能满足人口增长的需求，此外，道路交通设施的不完善也成为阻碍其经济增长的重要因素。表3显示，在撒哈拉以南非洲地区，公路密度为137千米/100平方千米，电话主线密度为10条/千人，电网覆盖率仅为16%，享用改善水源和卫生设施的人口比例分别为60%和34%，远远低于其他低收入国家的水平（Addison et al.，2017）。

表3　撒哈拉以南非洲低收入国家和其他低收入国家的基础设施情况

	撒哈拉以南非洲低收入国家	其他低收入国家
道路		
铺面道路密度	31	134
总道路密度	137	211
通信		
干线通信密度	10	78
移动通信密度	55	76
网络密度	2	3
电力		
发电能力	37	326
电力覆盖	16	41
水与卫生		
水改良	60	72
卫生改良	34	51

（二）中国的减贫经验分享

1. 中国减贫概况

1978年改革开放以来，我国先后实施《国家八七扶贫攻坚计划（1994—2000年）》《中国农村扶贫开发纲要（2001—2010年）》和《中国农村扶贫开发纲要（2011—2020年）》。经过40多年的努力，8亿多人成功摆脱贫困，对全球减贫的贡献率超过70%，我国成为率先实现联合国千年发展目标减贫目标的发展中国家。其中，全国农村贫困人口从2012年的9899万人减少到2017年的3046万人，贫困发生率从10.2%下降到3.1%。贫困地区农村居民人均可支配收入从2013年的6079元增加到2017年的9377元，年均增速达10.4%（刘永富，2018）。2013年，习近平总书记提出了“精准扶贫”的概念，旨在实现“扶真贫、真扶贫”的目标。其后，2015年中共中央、国务院又作出《关于打赢脱贫攻坚战的决定》，目标是2020年在中国现行标准下农村贫困人口全部脱贫，这标志着中国将提前10年实现联合国2030年可持续发展议程确定的减贫目标。尤其值得一提的是，2017年贫困地区农村居民人均可支配收入达到9377元，比2013年提高了50%以上，与全国农村平均水平的差距进一步缩小，贫困地区的基础设施、公共服务明显改善，贫困人口生活水平有了明显的提高。改革开放以来，中国从政策、制度、实践的不同层面，政治、经济、社会等不同领域不断在探索减贫的路径，并付诸实施而取得了一定的成果。尤其是在农村地区，作为中国贫困人口的聚集地，直接受惠于各项减贫措施和手段。

2. 中国减贫经验分享

有学者认为，一系列改革措施，包括提高农民收入、推进城市化和工业化发展、大力发展基础设施建设、实施政府主导的减贫项目以及引进国际发展援助资金进行扶贫等多种政策是中国实现现有减贫成就的重要因素（汤敏，2010），持续而稳定的扶贫政策是减缓贫困的重要基础，此外，小额信贷等金融扶贫是引导贫困人口增加收入、缓解经济困境而摆脱贫困的有效手段（Awojobi，2011；Qian et al.，2016；Banerjee et al.，2017；温涛等，2018），发展农村中小企业也是中国成功减贫的一个重要经验（米增渝，2013）。总而言之，目前学界和社会普遍的共识是：持续而稳定的扶贫政策、经济特区的发展、农业的发展、就业政策以及中小企业和工业化的发展等，是中国实现经济增长和贫困人口减少的各项关键因素。对此，我们认为，农业部门的经济增长和制造业的发展是中国过去几十年里摆脱贫困的重要推手，这二者对中国经济增长和减贫的贡献的经验可以与撒哈拉以南非洲国家一道进行分享，因为这对于当前非洲国家的发展阶段更具有借鉴意义。

首先，农业发展对于中国过去几十年的经济增长和减贫有积极影响，中国的减贫凸显了益贫式增长，尤其是农业在减贫过程中扮演了极其重要的角色，农业的发展与工业化进程持续为减贫事业作出贡献。对于这一点，1996 年诺贝尔经济学奖得主 James Mirrlees 也充分肯定。他认为，中国贫困人口的减少以及在减贫方面的成就主要得益于农业的发展而非工业，具体而言，中国农业生产收入归农民所有，土地平均分配、收益平均化，另外，基础设施的不断完善和农产品价格不断上涨等原因，使得中国农业有了很大的提高和发展，中国贫困人口主要聚集在农村，农业的发展使得大量的人口脱贫。除此之外，中国灌溉农业对农业发展的贡献不容忽视，投资于水利工程等农业生产硬件是促进粮食生产的有力基础。事实上，中国的发展经验也表明，持续稳定的农业政策的制定、农业基础设施建设、农业技术研究推广、农业产业链和农民组织化等要素对农业的发展与减贫发挥着至关重要的作用，他们共同为农业发展提供了设备、技术、人力、财力等方面的有力支持。

其次，制造业的发展在过去几十年里极大地促进了中国的经济增长，尤其是中小企业。中国过去几十年的发展经验表明，以劳动密集型为特征的制造业的快速发展一方面提供了大量的就业机会，另一方面增加了贫困人口的收入，从而贡献于减贫。改革开放后，中国经过几十年的发展，基本实现了从传统农业国向现代工业国的转变，作为全球制造业的重地而被称为“世界工厂”。在此过程中，中小企业贡献了企业总 GDP 的 60%，企业总就业的 75%，还有企业总技术创新的 75%，中小企业的数量占中国企业总数的 99% 以上（彭润中，2013）。以浙江省为例，通过发展中小企业，有效地促进了地方就业，促进当地经济发展，减贫成效显著。在浙江，产业以加工制造和服务业为主、企业经营规模以小为主，企业经营方式以民营为主，企业产品以外贸出口为主。这不仅解决了本省的劳动就业问题，还吸纳了 1200 多万主要来自中西部地区其他省份的劳动力就业。可以说，中国工业化进程，尤其是以劳动密集型为特点的制造业的发展吸收了大量的农村剩余劳动力，提高了农户，尤其是贫困农户的收入水平，从而为中国减贫做出了重要贡献。

三、“一带一路”倡议促进中非减贫

（一）“一带一路”倡议的内涵

“一带一路”倡议的提出，旨在借用古代丝绸之路的历史符号，积极发展与沿线国家的经济合作伙伴关系，共同打造政治互信、经济融合、文化包容的利益共同体、命运共同体和责任共同体。“一带一路”建设作为一项系统工程，其共商、共建、共享的原则是推进沿线国家发展战略相互对接的重要基础，将有利于全球化的深化开展，换句话说，“一带一路”倡议的提出与行动将建立亚洲、欧洲和非洲之间新型的沟通与交流通道，进一步促进沿线发展中国家共享中国发展的红利、实现共同发展，从而协同促进世界多极化、经济全球化、文化多样化以及社会信息化的新时代发展与新世界格局的形成。习近平总书记在 2017 年“一带一路”国际合作高峰论坛中强调指出，“一带一路”建设是开放包容的发展平台，各国都是平等的参与者、贡献者、受益者。

（二）“一带一路”倡议的影响

有的学者认为，“一带一路”是一个开放的国际区域经济合作网络，尚未界定空间范围（刘卫东，2015），有的学者指出，“一带一路”沿线有 70 多个国家（张理娟等，2016），但也有学者指出“一带一路”沿线包括 65 个国家，即中国、中亚 5 国、蒙俄、东南亚 11 国、中东欧 19 国、南亚 8 国以及西南亚、中东 19 国（表4）。

表 4　“一带一路”沿线国家

区域	主要国家
中国	中国
中亚 5 国	哈萨克斯坦、吉尔吉斯斯坦、塔吉克斯坦、乌兹别克斯坦和土库曼斯坦
蒙俄	蒙古、俄罗斯
东南亚 11 国	越南、老挝、柬埔寨、泰国、马来西亚、新加坡、印度尼西亚、文莱、菲律宾、缅甸、东帝汶
南亚 8 国	印度、巴基斯坦、孟加拉国、阿富汗、尼泊尔、不丹、斯里兰卡、马尔代夫
中东欧 19 国	波兰、捷克、斯洛伐克、匈牙利、斯洛文尼亚、克罗地亚、罗马尼亚、保加利亚、塞尔维亚、黑山、马其顿、波黑、阿尔巴尼亚、爱沙尼亚、立陶宛、拉脱维亚、乌克兰、白俄罗斯、摩尔多瓦
南西亚、中东 19 国	土耳其、伊朗、叙利亚、伊拉克、阿联酋、沙特阿拉伯、卡塔尔、巴林、科威特、黎巴嫩、阿曼、也门、约旦、以色列、巴勒斯坦、亚美尼亚、格鲁吉亚、阿塞拜疆、埃及

虽然学者们对“一带一路”沿线到底有多少国家并没有完全一致的看法，但不可否认的是，一方面，“一带一路”沿线国家贯穿亚、非、欧地区，另一方面，积极响应“一带一路”倡议的国家数量也在不断地增加。截至 2019 年，参与“一带一路”建设的国家与国际组织有 100 多个，除了新兴经济体以外，其中绝大多数国家还是发展中国家，工业化水平较低，贫困问题仍然是他们所面临的发展中的重要问题。据统计，正式与中国签署合作协议的国家及国际组织已有 103 个，涵盖互联互通、产能、投资、经贸、金融、科技、社会、人文、民生、海洋等诸多合作领域。

“一带一路”倡议在某种程度上是超级扶贫战略，它可以将全球相对落后封闭的地区联系起来。① 在“一带一路”框架下，包括非洲在内的 103 个国家和国际组织同中国签署 118 份“一带一路”方面的合作协议，合作项目落地，基础设施联通网络初步成型，沿线产业合作形成势头，各国政策协调日益增强。五年来，中国与沿线国家贸易总额超过 5 万亿美元，投资累计超过 700 亿美元，在沿线国家新签对外承包工程合同额超过 5000 亿美元。中国企业在沿线国家建设境外经贸合作区 82 个，累计投资 289 亿美元，入区企业 3995 家，上缴东道国税费累计 20.1 亿美元，为当地创造 24.4 万个就业岗位。②

（三）“一带一路”促进中非减贫的路径

1. “一带一路”促进中非减贫的战略需求

“一带一路”倡议旨在与世界上其他国家分享中国的发展成果，实现“一带一路”沿线国家之间互联互通的目标。这与非盟的《2063 议程》中所提议的 2025 年消除贫困、着力发展农业、制造业、人力资源发展、社会服务网建设等目标高度契合。此外，非盟已将中国列为《2063 议程》的重要战略合作伙伴（欧盟、美国、日本、

① 龙永图 2016 年 5 月 31 日在“中国国际经济合作‘走出去’高峰论坛”的主题演讲。

② “一带一路”经贸合作取得显著成效，国务院新闻办公室网站，www.scio.gov.cn，2018 年 8 月 27 日。

中国和印度）之一。坦桑尼亚的《2025 愿景》（Vision 2025）、乌干达的《2035 愿景》（Vision 2035）和肯尼亚的《2030 愿景》（Vision 2030）等非洲国家的中长期发展战略规划也将重点放在包容性经济增长、创造就业、基础设施建设等与减贫密切相关的领域（安春英，2016）。

2014 年 5 月，中国与非盟签订的《中国和非洲联盟加强中非减贫合作纲要》指出，要利用“中非减贫与发展会议”机制开展双方减贫合作，共同为中非和世界民生福祉的改善做出贡献。2015 年 12 月，中非合作论坛约翰内斯堡峰会上，习近平主席强调，“当前中非都肩负着发展国家、改善民生的使命，中非合作发展迎来难得的历史性机遇”，并且习近平还提出中非“十大合作计划”，旨在双方共同为中非减贫合作贡献力量。2018 年，继南非之后，中国又同塞内加尔、卢旺达签署共建“一带一路”谅解备忘录，同毛里求斯也就签署“一带一路”协议达成共识。

可见，在国家层面上，无论是中国还是非洲国家，都期冀未来能够加强合作，为中非减贫而贡献自己的力量，并且从政策、制度等层面进行经验分享、共享。“一带一路”建设为中非减贫合作带来了新的机遇。中国有丰富的减贫和脱贫经验来帮助非洲发展，并可提供技术、资金和人员的支持，而非洲需要对接“一带一路”，成为中国发展的合作伙伴。

2. 中非投资与贸易

有研究数据表明，当前全球化的趋势不可逆转，2017 年，全球贸易总量高达 35 万亿美元，占世界 GDP 总量的 47%。如图 5 所示，中非之间的经济纽带也在不断加强、双边贸易在不断增长，中非双边的贸易额从 2000 年的 106 亿美元增加到 2017 年的 170 亿美元，在过去 18 年里翻了 17 倍。

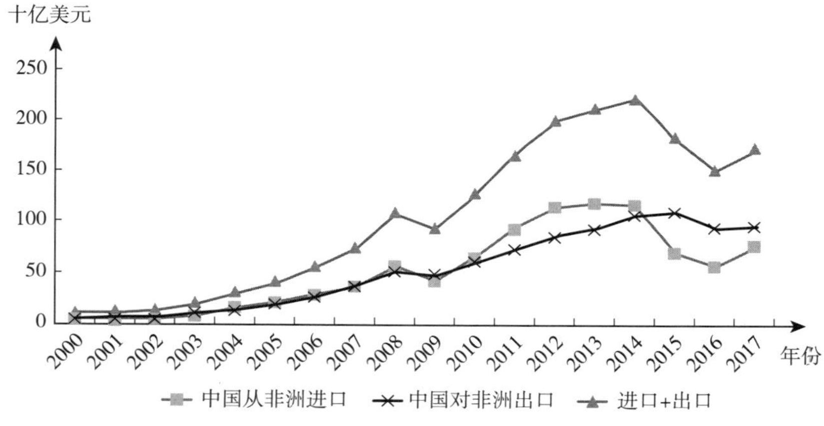

图 5　中非双边贸易情况（2000—2017 年）

资料来源：CEIC 数据库（参见余淼杰，2018）。

与此同时，中非之间投资额也呈现稳定的增长趋势，尤其是中国对非洲国家的投资在近 13 年里呈现明显的上升趋势，从 2003 年的 7000 万美元增加到 2016 年的 24 亿美元，翻了 34 倍。

2016 年的数据显示，中国是非洲地区投资项目排名第三的国家，仅次于美国和法国，中国所投资的前十名国家依次为南非、加纳、埃塞俄比亚、赞比亚、安哥拉、乌干达、埃及、喀麦隆、毛里塔尼亚和尼日利亚，主要领域涉及采矿业、建筑业和制造业等，2015 年其比例分别为 28%、27% 和 13% 左右（余淼杰，2018）。

如图 6 所示，已有研究表明，就平均水

平而言，中国对非洲的投资对其减贫产生了直接的积极影响，事实上，那些与中国贸易关系越多的国家，经济发展和减贫效果也会更加显著（余淼杰，2018）。

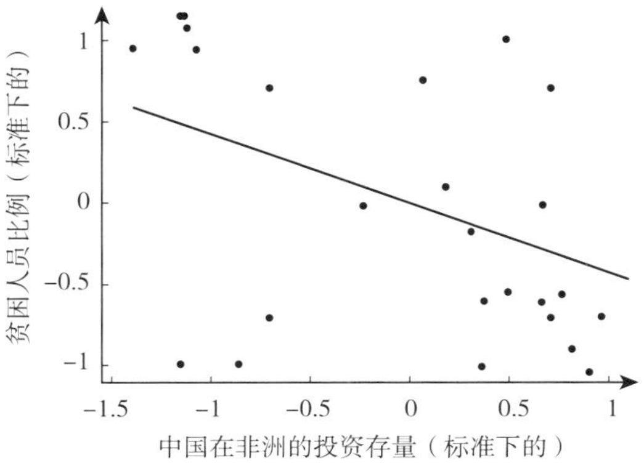

图6 中国对非洲投资与其减贫关系（以每日1.9美元国际贫困线为标准）

资料来源：世界银行，CEIC（参见余淼杰，2018）。

3. “一带一路”建设促进中非减贫的路径

如前所示，过去几十年里，伴随着全球化的进程，中非之间的投资与贸易等经济活动往来较活跃并且呈现稳定的增长趋势。以中非之间长期友好的政治关系、发展伙伴关系为基础，中非伙伴关系将进一步加强，投资与贸易关系也将进一步深化。然而，需要注意的是，如上所述，中国企业在非洲投资和进行贸易的领域还重点集中在采矿业和建筑业等基础工业领域，而能够为非洲国家解决劳动力就业、增加收入而缓解贫困的农业与制造业领域尚有更大的发展空间。因此，如果“一带一路”建设能够在非洲国家落地，可以考虑从以下几个方面继续加强：

（1）进一步加强中非农业合作，促进非洲农业发展。如前所述，建设和完善农业基础设施，包括道路和灌溉水利设施等，将对农业发展起到关键性作用，从而助力减贫。有研究显示，农业增长率每增加一个百分点，将使极端贫困人口贫困发生率下降2.9个百分点，贫困家庭消费支出能力增强3倍。在埃塞俄比亚，2003—2015年，农业产业的发展对减贫的直接拉动效应是非农产业的2倍，增加1个百分点的农业增长率使贫困发生率下降约1.6%（安春英，2016）。从非洲国家的角度讲，其耕地面积大（尚有一半以上土地处于闲置状态，约4.5亿公顷），提高单位面积产量和提高粮食安全水平的潜力也巨大，而中国国内的资本存量丰富，因此，如何有效地吸引中国资金进入非洲农业发展领域，进一步促进中非农业合作仍然是一个重要战略问题（李小云等，2011）。在非盟《2063议程》、中非合作论坛约翰内斯堡峰会“十大合作计划”框架下，中非双方开展在农作物栽培、遗传育种、培肥地力、病虫害防治、水土保持、荒漠化防治等方面的农业科研交流合作，提高农业生产率和农产品的附加值，将促进非洲国家粮食安全水平的提高、改善农户的生计，有利于非洲农业产业部门的发展。

以中国国际扶贫中心和中国农业大学在坦桑尼亚莫罗戈罗省所开展的“中国国际扶贫中心—坦桑尼亚村级减贫学习中心项目”为例，2011年以来，项目技术团队到达坦桑尼亚莫罗戈罗省的基罗萨县鲁代瓦乡佩雅佩雅（Peapea）村，进行项目规划、设计并具体开展实践活动，旨在示范中国在村一级如何通过小农户农业发展实现减贫的基本经验，尤其是示范中国农民通过自力更生提高农业生产能力、改善村级农业生产条件等方面的基本做法，从而形成与坦桑尼亚乃至非洲共享中国减贫经验的实践案例。在项目技术团队提供技术支持、坦桑尼亚当地政府官员、技术人员的协调和配合下，项目具体活动包括农业技术示范（包括玉米种植、养鸡）、基础设施建设以及制度建设和能力建设，等等。截至2018年，项目已开展7年，结果发现，劳动密集型的玉米种植方式适合当前坦桑农业发展的需求，示范户的玉米产量从 2011 年的每英亩* 7.2 袋增加到 2013 年的每英亩 16.7 袋，2014 年的产量达到每英亩 18.3 袋，农业产出提高了两倍以上，每英亩利润比利用传统种植技术增加了 159%，高达 269000 坦桑先令。此外，更重要的是，当地农民在农作物种植、田间管理以及育种等方面的技术都有所提高，直接贡献于项目村农户的粮食安全问题，并贡献于当地农村地区的减贫。由于项目成果显著，全村加入项目的农户已经从 2012 年的 10 户增加到 2017 年的 207 户①，并且，在坦桑尼亚农业部和地方政府的倡导下，2018 年，该项目在坦桑尼亚从覆盖 2 个村已经推广到 10 个村庄，参加项目的示范户达到 1000 户以上。

因此说，“一带一路”可以为中非农业合作提供契机，即将中国的资本、技术和设备引入非洲国家，通过中国农业技术转移等途径吸引中国企业到非洲投资农业生产。此外，就农产品贸易而言，“一带一路”沿线国家之间的网络联系也日益紧密，贸易关系逐渐加强，并且农产品贸易的互补性大于竞争，存在较大的合作潜力（詹森华，2018），这一点，在中非之间也具有同等重要意义，例如在保障非洲国家粮食安全的前提下，通过中国企业投资对非洲农产品进行深加工、延长产业链，将非洲小农与市场和产业链建立联系，这将直接有助于提高农户收入，而助力于非洲农村人口减贫。

（2）吸引中国劳动密集型中小企业向非洲转移。中国从 20 世纪 80 年代起，依赖于劳动力的数量优势，吸纳了从发达国家和地区转移的劳动力密集型产业，以低成本劳动力的工业发展模式，将劳动力数量优势转化为工业化发展的资本，从而在实现了经济增长的同时，也促进了贫困人口的减少。然而，随着中国人口结构的变化，其经济结构也在逐渐发生变化和转型，即从早期主要依赖农业到以工业为主，再发展到目前服务业占据经济总量的一半以上。事实上，中国制造业在国内面临着土地和劳动力价格等成本上涨的挑战，其对 GDP 的贡献率呈现式微的趋势（图 7）。

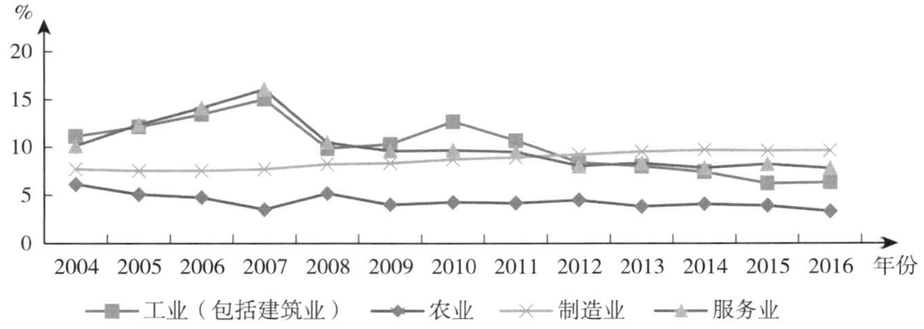

图 7　2004—2016 年中国不同产业部门经济增长率

资料来源：根据世界银行数据库资料整理。

如图 8 所示，自 2001 年起，制造业的时薪每年增长 12%，从 2004 年到 2014 年，经过生产率计算调整后的制造业薪资增长了近三倍。可以说，劳动力工资的急剧上涨，是对中国制造业的巨大冲击，尤其对那些依靠劳动密集型的产业来说，生产资料价格和物流价格与劳动力价格的上扬等综合因素，直接导致劳动密集型产业空间上的转移，从中国转向其他国家和地区是必然的趋势。

* 英亩为非法定计量单位，1 英亩≈0.407 公顷。——编者注

① 注：佩雅佩雅村全村共有 454 户农户。

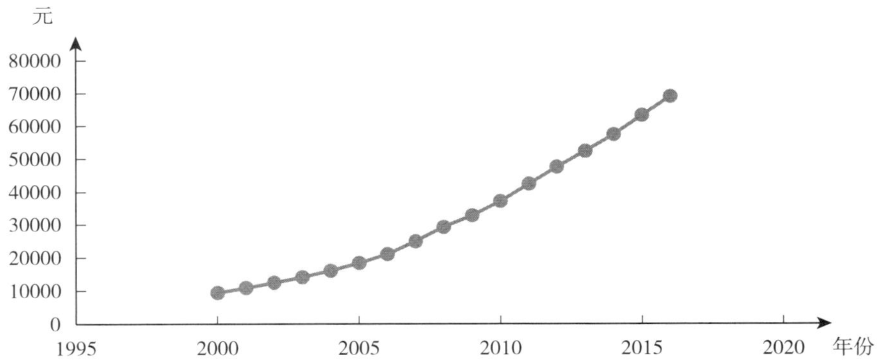

图 8　中国过去二十年里制造业劳动力价格变化

资料来源：根据世界银行数据库资料整理。

那么，作为全球第二大对外直接投资国，中国对外直接投资的目的地既可以是发展中国家，也可以是发达国家（张理娟等，2016），是到亚洲国家还是去非洲国家是这些企业面临的选择。按照日本经济学家赤松要（Kaname Akamatsu）提出的雁型模式（Flying Geese Paradigm）来理解，未来非洲发展的动力将来自制造业。因为非洲国家是全球最年轻的大陆，大概有 1 亿非洲劳动力为 15～24 岁，至 2025 年，这个数字会翻一倍，非洲每年新增劳动力 1000 万人的发展趋势，使得非洲成为未来全球青壮年劳动力储备最大的区域。从这个角度上讲，中国低成本、环境友好型的劳动密集型企业从中国向非洲进行转移，一方面可以缓解自身的劳动力储备减少、土地和劳动力等生产成本上扬的压力，另一方面，可以为非洲国家的农业领域和第三产业所无法吸纳的青壮年劳动力提供就业机会，并为他们提高收入水平、技能等提供可能，从而使其实现减贫。

据不完全统计，截至 2016 年，在非中资企业总数超过 3000 家，涵盖基础设施建设、能矿资源开发、制造业、服务业等多个领域。然而，这些投资主要还集中在采矿业和建筑业等领域，制造业投资不足，尚存在极大的发展潜力（图 9）。非洲人口，尤其是青壮年劳动力的数量较多，并且，过去几十年的数据表明，其人口增长率一直呈现稳定的上升趋势（图 10），这将为以劳动密集型为特点的制造业提供充足的劳动力，并且对非洲国家的减贫直接产生显著的影响。以埃塞俄比亚的东方工业园区为例，其 36 个制鞋、制衣、钢铁制造等厂家共雇用了 6000 多个当地的劳动力，位于坦桑尼亚的阳光集团在当地的石膏板厂等在当地雇用员工共 1600 多人，而在尼日利亚的一家投资瓷砖生产的中国企业，雇用当地工人高达 1000 多人。

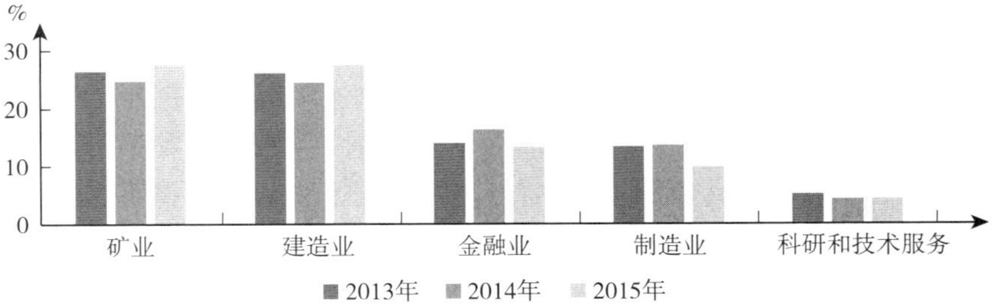

图 9　中国资本在非洲投资的主要产业部门

资料来源：根据世界银行数据库资料整理。

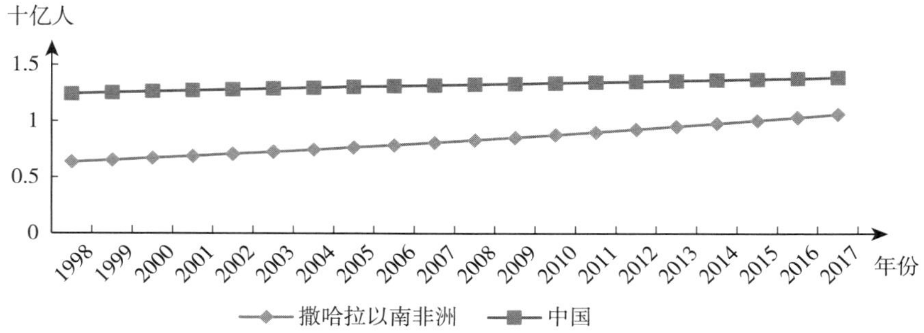

图 10　过去二十年撒哈拉以南非洲国家和中国人口总数变化比较

资料来源：根据世界银行数据库资料整理。

商务部的数据显示，中国企业在非洲制造业的投资项目，从 2000 年的 2 例增加到现在每年约 150 例，而且现实数据可能还要更多，因为有一些中国企业在当地的投资还未被收录在官方统计的数据之中。研究数据表明，所有中国企业雇用当地工人的比例均高于 78%，而在那些拥有数千名员工的公司中，这一数字超过 99%。这些企业不仅为非洲人提供了就业机会，而且还培养了一代非洲企业家，从而改变了当地的社会经济生态（孙辕，2018）。

（3）建设和完善基础设施。如前所述，基础设施主要包括交通、电力和电信等方面，基础设施发展不足以成为阻碍非洲社会经济发展的主要障碍，非洲国家公路和铁路总里程较短，且公路及铁路网密度较低，交通设施整体发展水平较差，影响了非洲地区的整体发展水平。除了制造业和农业外，中国企业通过“一带一路”平台投资非洲的基础设施，也将在一定程度上促进非洲减贫。

中国的发展经验表明，基础设施建设的投资可以直接贡献于宏观经济的增长，可以对资产和公共产品等资源进行再分配，并且通过提供非农工作机会来促进低技能的劳动力就业，从而直接提高贫困人口的就业率和工资水平，并间接扩大工业规模和提高产品的供给，提高贫困人口的收入和支出，达到减贫效果。例如，农田水利灌溉工程的建设、工业园区基础设施的建设、交通运输和通信网络等基础设施的建设等，对于提高农业生产率、工业化发展，促进经济发展都将发挥重要作用。

有研究估算，非洲基础设施发展至少能够带动 2% 的 GDP 的增长（OECD，2012）。2001—2008 年，中国成为非洲最大的基础设施投资资金的提供者，超过了国际开发协会（IDA）、欧盟（EU）和非洲发展银行（AfDB），中国的投资规模占整个撒哈拉南部非洲基础设施总投资的 34%，中国在非洲的基础设施投资不仅总规模大，还倾向于投资大型基础设施，中国的基础设施建设项目数量仅占总项目量的 3%，发达国家的基础设施项目以小型设施为主，其支持的基础设施项目占总项目量的 76%（Lin，2014）。世界银行的数据显示，从 2001 年到 2010 年，中国援建的基础设施项目解决了非洲国家 63% 的需求瓶颈（包括水供应、电力、公路、铁路，机场和通信等）（Kilama，2016）。基础设施投资能够快速消除经济发展中的障碍性因素，能够快速刺激经济的增长，同时也为当地人创造了就业机会，能直接减少贫困，以蒙内铁路为例，为当地创造了 2.5 万个就业机会，节约交通成本 40%①。中国在马拉维援建的公路，带来了沿线商业

① http://www.fmprc.gov.cn/zflt/chn/zfgx/zfgxjmhz/t1348120.htm。

中心的发展和交通的便利，公路沿线的农民通过售卖农产品以及从事小商业而提高收入水平。但是，从目前投资非洲国家基础设施的程度以及当地发展的需求来看，两者之间还存在着巨大的差距。因此说，未来中非减贫的一个重点可聚焦在基础设施的建设上。

四、结论和建议

综上所述，在当前阶段，自 2015 年启动的“一带一路”建设无论是对于中国还是对于其他发展中国家，尤其是非洲地区的贫困国家来说，都将从长远战略意义上提供丰富的资源和强有力的支撑。中国的“一带一路”建设将通过经济走廊促进沿线各国更好地利用各自的资源实现其经济繁荣和区域经济合作，并加强不同文明之间的交流互鉴，虽然其所包含的国家尚还有限，但事实上，从“一带一路”的愿景文件中可以看出，它在某种程度上是一个开放的大型全球贸易网，在其构建的路线图里，中非关系无疑是重要的一个组成部分，而中非减贫也将成为构建新型中非关系的重要内容。

无论是对于中国还是对于非洲国家来说，通过农业发展合作、劳动密集型中小企业转移以及基础设施建设等方面实现中非减贫的愿望都是非常强烈的。作为连接中国与世界上其他国家的一个重要平台，“一带一路”倡议的提出，将有助于中国资本、技术、企业和人员等资源走出去，进而实现与“一带一路”沿线国家之间的互联互通，通过在基础设施建设、钢铁业、物流业、金融业和能源合作等领域进行投资等合作方式，一方面促进中国产能和资本的转移、产业结构的升级，另一方面助力于沿线各国的经济和社会发展，改变这些国家的产业发展和经济增长格局，从而贡献于沿线各国的减贫。

当前，非洲国家面临着资金和技术短缺而耕地面积充足、劳动力人口年轻而过剩的发展困境与优势并存的局面，急需将外资和外企“引进来”。由此，以“一带一路”为契机，实现中国与非洲国家之间的互联互通，共商、共建、共享，将有助于非洲国家同中国等其他“一带一路”沿线国家一道，利用这个平台建设国家的基础设施（包括港口、机场、道路等），并促进与其他“一带一路”沿线国家之间的贸易往来，从而有助于促进非洲经济多元化和工业化发展、实现其产业结构调整，有助于促进劳动力技能培养、释放青年创造力和能量，有助于农业和农产品加工转型、发挥地域和产业优势、非洲粮食自给，最终从根本上助力于非洲的经济发展，从而实现区域一体化、全球化的宏观发展战略，实现“2063 年愿景”规划。

然而，基于中国过去几十年的经济发展和减贫经验，为了更加有效地依托“一带一路”建设促进中非减贫，我们在以下方面提出建议：

（1）在中非合作论坛框架下，中国与非洲国家之间进行的合作领域要优先考虑那些劳动密集型的制造业产业，以促进国家转型、加快实现减贫。尤其是中小企业的投资对于非洲经济发展的贡献不容忽视。发展中小企业，一方面可以促进产业结构调整，另一方面可以促进地方人口就业、改善贫困状况。

（2）制定具体的中非减贫规划，由中方与非盟共同提出和确定通过“一带一路”促进非洲减贫的机制，具体规划减贫的措施、方案，例如如何开展能力建设和在非洲进行实地示范等。并以中非减贫规划为基础，在中非双方政府的引导和支持下，有计划、分步骤地带动中国企业走进非洲进行投资。

（3）对于中国而言，将援助、贸易和投资等资源进行整合，通过“一带一路”的途径帮助非洲建设和改善基础设施条件，并带动更多的中国企业到非洲进行投资。

（4）非洲国家对于“一带一路”沿线

企业需要提供稳定的投资环境，包括稳定的政治环境、开放的经济环境和包容的社会环境等。另外，可进一步增强政府，尤其是地方政府的协调和动员能力、提高办事效率。

（5）农业发展和制造业发展并进，不能仅仅重视工业发展而忽视了农业的发展。通过发展工业促进农业产业链的延伸。

（6）无论是中国还是非洲国家，在"一带一路"建设与减贫方面的经验可以共享，但决不能照搬，还需要根据本国的国情对减贫和发展的经验和教训进行借鉴或避免。

（中国农业大学　李小云　武　晋
陆继霞　唐丽霞　徐秀丽　吴丽娟）

参考文献

Michael Lipton，2010. 非洲粮食生产与安全：撒哈拉以南非洲地区（SSA）第一届"中国—非洲减贫与发展会议"大会发言［R］.

安春英，2016. 构建合作共赢的中非减贫合作范式［J］. 国际经济合作（8）：13－19.

李善同，2011. 中国基础设施的建设对于减贫的影响［R］. 第一届"中国—非洲减贫与发展会议"大会发言.

李小云，等，2011. 中国农业发展对非洲的启示［J］. 西亚非洲（8）.

刘永富，2018. 2018 年中非合作论坛——减贫与发展会议上的讲话［R］.

孙辕，2018. 非洲：下一个世界工厂［EB/OL］. 盖茨基金会微信公众号.

汤敏，2011. 从中国减贫经验中我们可以学到什么？［R］. 第一届"中国—非洲减贫与发展会议"大会发言.

温涛，王汉杰，王小华，等，2018. "一带一路"沿线国家的金融扶贫：模式比较、经验共享与中国选择［J］. 农业经济问题（5）：114－129.

余淼杰，2018. 新时代全球化背景下的中非贸易与合作［R］. 2018 年中非合作论坛——减贫与发展会议上的讲话.

詹淼华，2018. "一带一路"沿线国家农产品贸易的竞争性与互补性——基于社会网络分析方法［J］. 农业经济问题（2）：103－114.

张理娟，张晓青，姜涵，等，2016. 中国与"一带一路"沿线国家的产业转移研究［J］. 世界经济研究（6）：82－92.

Awojobi O，2011. Microfinancing for Poverty Reduction and Economic Development：A Case for Nigeria［J］. International Research Journal of Finance &Economics（72）：159－168.

Banerjee S B，Jackson L，2013. Microfinance and the business of poverty reduction：Critical perspectives from rural Bangladesh［J］. Academy of Manage－ment Annual Meeting Proceedings（1）：11793.

Eric Gabin Kilama，2016. Evidence on Donors Competition in Africa：Traditional Donors versus China［J］. Journal of International Development，28：528－551.

James Mirrlees，2010. Can China Model help SSA Africa？［R］. Speech at the Poverty Reduction and Development Conference of the Forum on China－Africa Cooperation 2010.

Justin Yifu Lin，Yan Wang，2014. China－Africa co－operation in Structural Transformation：Ideas，Opportunities and Finances［EB/OL］. WIDER working paper 2014/046，https：//www. wider. unu. edu/sites/default/files/wp2014－046. pdf.

OECD，2012. Mapping support for Africa's Infrastructure Investment［EB/OL］. http：//unohrlls. org/custom－content/uploads/2013/09/Mapping－Support－for－Africas－Infrastructure－Investment. pdf.

Qian M，Huang Y，2016. Political institutions，entrenchments，and the sustainability of economic development－A lesson from rural finance［J］. China Eco－nomic Review（40）：152－178.

Tony Addison，Ville Pikkarainen，Risto Ronkko，Finn Tarp，2017. Development and poverty in sub－Saharan Africa［R］. WIDER Working Paper 2017/169.

城市贫困问题研究

一、研究现状

城市贫困问题研究，主要关注城市贫困人群识别、城市贫困区域或空间特征、城市贫困形成机理及反贫困措施等方面。

城市贫困人口的识别经历了由绝对贫困到涵盖相对贫困的转变①。贫困测度也从收入单一指标拓展到包含教育、健康和生活条件等多个维度综合指标②。聚焦于城市贫困人群聚集居住现象，相关研究主要探讨了城市贫困空间分异格局、地域类型、形成机理及社会效应③。通过对北京④、南京⑤等城市的考察研究，发现城市经济背景、不同收入层次居住需求差异、文化习俗等都会导致或形成城市贫困人群聚居，致使贫困邻里现象发生并显现⑥，引发贫困代际传递，并且对周边区域的经济社会发展产生影响。造成城市贫困问题的原因是多方面的，从宏观层面来看，转型贫困是一个主要原因⑦；同时，现有的城市福利体系中，一部分脆弱人群无法得到有效的保障和救助，生活成本的提高使其陷入贫困⑧。从微观层面来看，个人、家庭的属性特征以及所形成的贫困文化是导致贫困及贫困代际传递的主要原因⑨。城市反贫困措施侧重于社会保障体系和福利体系的构建⑩，在一定程度上可以消除城市绝对贫困，但是也存在一些问题⑪：如难以缩小收入的贫富差距⑫等。随着研究的不断深入，预防性措施受到越来越多关注，提高城市贫困人群的自我发展能力，构建社会支持体系，促进其就业、融入社会⑬，成为反贫困长效机制形成的基础。

2018 年，城市贫困问题研究多维度关注贫困识别、区域贫困问题及贫困标准与相对贫困问题，特别关注城市精准扶贫。何水构建了涵盖“教育”“健康”“生活标准”“收入资产”“公民权利”“政治参与”“社

① 侯学英．当前我国城市贫困问题研究的评述与展望［J］．现代城市研究，2014（3）：64－73.

② 于涛．中国城市贫困的多位测度及治理［J］．河北经贸大学学报，2019，5（3）：23－30.

③ 孙瑜康，袁媛．城市居住空间分异背景下青少年成长的邻里影响——以广州市鹭江村与逸景翠园为例［J］．地理科学，2014，33（6）：756－764.

④ 刘长岐，王凯．影响北京市居住空间分异的微观因素分析［J］．西安建筑科技大学学报，2004，36（4）：403－412.

⑤ 袁雯，朱喜钢，马国强．南京居住空间分异的特征与模式研究［J］．人文地理，2010，25（2）：65－69.

⑥ Kingsley. G. Thomas. Kathryn L. S. Pettit. Concentrated Poverty：A Change in Course. The Neighbourhood Change in Urban America Series［M］．Washington. DC：Urban Institute，2003.

⑦ 高云虹，张建华．中国产业结构变动对城市贫困的影响分析［J］．华中科技大学学报，2006（5）：67－71.

⑧ Lu Yao，Wang Feng. From General Discrimination to Segmented Inequality：Migration and Inequality in Urban China［J］．Social Science Research，2013，42（6）：1443－1456.

⑨ Oscar Lewis. Five Families：Mexcian Case Studies in the Culture of Powerty［M］．New York：Basic Books，1966.

⑩ Moffitt，R. Incentive Effects of the U. S. Welfare System［J］．Journal of Economic Literature，1992，30（1）：1－61.

⑪ 都阳，Albert Park．中国的城市贫困：社会救助及其效应［J］．经济研究，2007（12）：24－33.

⑫ 陈芳．中国城市反贫困效应与对策思考［J］．财政研究，2006（11）：27－29.

⑬ 杨芳．论我国城市贫困人口的救助模式［J］．学术研究，2008（3）：96－100.

会关系”“排斥积累”“身份定位”等九个维度的农民工城市贫困测量指标体系，对城市农民工进行精准识别①；贺坤、周云波采用 Alkie－Foster 贫困测度方法对农民工的收入贫困和多维贫困进行测度和比较，认为农民工贫困是多维贫困而不是收入贫困②；郭君平等基于“收入—消费—多维”视角探究了中国进城农民工家庭贫困规模、程度、空间分异及其内在规律，得出其贫困主要以消费贫困（支出型贫困）为主，相对贫困问题更为严重③。另外，阎逸④、罗峰⑤等关注了隐形贫困人口，主要以城市青年为主，由于过度消费、收不抵支，陷入贫困状态。涂丽等⑥以劳动者工作现状和相对贫困线为标准测量了城市工作（就业状态）贫困程度，利用中国家庭追踪调查数据（CFPS）测算出城市社会的工作贫困发生率和工作贫困深度；张文武等⑦基于我国 100 个地级及以上城市面板数据，采用 GMM 和门槛面板模型，分析产业结构和城市规模对城市贫困的协同效应；慈勤英等⑧通过控制个人、社会特征变量，考察了家庭代际传递和国家福利对于贫困老年人口的经济状况、健康状况和生活满意度的影响；徐文奇等⑨利用北京大学中国社会科学调查中心（ISSS）实施的中国家庭追踪调查数据（CFPS），分别利用多维测量方法及 FGT 指数分析方法，估算了城镇低保政策的覆盖范围及减贫效果；魏后凯⑩提出，2020 年中国实现现行标准下农村贫困人口脱贫目标后，将面临如何建立可持续的农村减贫长效机制和新形势下如何统筹城乡贫困治理两大战略任务。

随着城市贫困问题研究的逐渐深入，形成统一的相对贫困测度指标成为一个越来越重要的问题，如何精准识别城市贫困人口，消除贫困，越来越具有现实意义。

二、城市贫困基本状况

（一）城市贫困人口规模

随着我国城镇化进程推进，城镇户籍人口和常住人口数量持续上升。2009 年以常住人口计算的城镇化率为 48.3%，2018 年已经增长为 59.6%（图 1）；以目前的上升速度来看，到 2020 年城镇化率将突破 60%，城镇常住人口增加的趋势将在未来很长一段时间内不会改变。

由于尚未明确统一城市贫困人口统计口径，在研究城市贫困人口问题，特别是贫困人口规模时，通常以民政部公布的各城市收入水平在当地政府规定的最低生活保障线以下的城镇户籍人口数量为依据。城市最低生活保障政策的实施是以城市户籍人口为基础范围，但有相当一部分的城市劳动力为非城镇户籍的流动人口。根据国家卫生健康委员会发布的《中国流动人口发展报告 2018》显示，我国流动人口规模增长快速，从 1982 年的 657 万人增加到 2015 年

① 何水．农民工城市贫困测量指标体系构建——基于多维度视角的探索［J］．探索与争鸣，2018（8）：107－112.

② 贺坤，周云波．精准扶贫视角下中国农民工收入贫困与多维贫困比较研究［J］．经济与管理研究，2018，2（29）：42－54.

③ 郭君平，谭清香，曲颂．进城农民工家庭贫困的测量与分析——基于“收入—消费—多维”视角［J］．中国农村经济，2018（9）：94－109.

④ 阎逸，姚海滨，舒蛟靖．重视城市“隐形贫困人口”问题［J］．产经纵横，2018（21）.

⑤ 罗峰．城市青年的幸福与忧愁：“隐形贫困人口”的社会学分析［J］．中国青年研究，2018（9）：85－90.

⑥ 涂丽，乐章．城市工作贫困及其影响因素研究——来自 CFPS 数据的实证［J］．人口与经济，2018（5）：20－30.

⑦ 张文武，左飞．产业结构和城市规模对城市减贫的影响——基于中国 100 个城市的面板数据的分析［J］．城市问题，2018（8）：12－21.

⑧ 慈勤英，宁雯雯．家庭养老弱化下的贫困老年人口社会支持研究［J］．中国人口科学，2018（4）：68－80.

⑨ 徐文奇，平萍．中国社会主要矛盾转化与城镇低保政策调整［J］．经济问题，2018（5）：8－15.

⑩ 魏后凯．2020 年后中国减贫的新战略［J］．中州学刊，2018，9（9）：36－42.

的 2.47 亿人，2018 年流动人口数量为 2.41 亿人。流动人口规模变化趋势由持续上升到缓慢下降，但基数较大。因此，以城市接受最低生活保障的所谓“低保人口”为标准的测算可能会低估了城市贫困人口的实际规模。

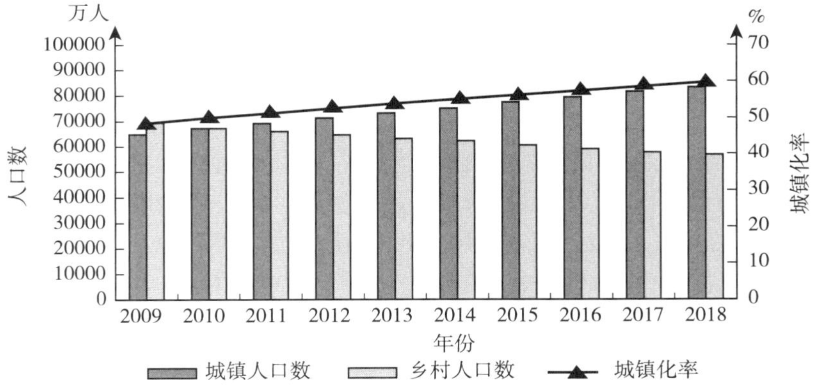

图 1　2009—2018 年我国城镇人口与乡村人口数及城镇化率

资料来源：国家统计局。

我国城市居民最低生活保障制度的正式确立以 1997 年国务院《关于在全国建立城市居民最低生活保障制度的通知》的发布为标志。1999 年，城市最低生活保障制度全面推行，对低收入群体的保障在制度层面全覆盖，制度实施以来，保障人数呈现先上升后下降的趋势。1999 年符合城镇低保标准的人数为 265.9 万人，占城市人口总数的 0.61%；2001 年，城市低保人数首次超过 1000 万人，2002 年超过 2000 万人；2003 年，城市最低生活保障制度全面落实，基本上实现了应保尽保，低保人口 2246.8 万人；从 2004 年到 2013 年，基本稳定在 2200 万人左右；2009 年，受金融危机的影响，达最高值 2345.6 万人；2010 年以后，城镇绝对贫困问题得到有效的缓解，城市低保人数开始下降；到 2018 年，已降至 1008 万人，比 2017 年减少 253 万人，占城市人口总数的比例也由 2003 年的最高值 4.29% 降至 1.21%（图 2）。随着产业转型推进，城乡二元格局进一步打破，特别是民营经济发展对就业保障水平的稳定提高，社会分配制度的改革也对减少城镇绝对贫困人口产生了积极影响，城市绝对贫困的产生成因相对弱化，城市贫困发生出现了新的变化。

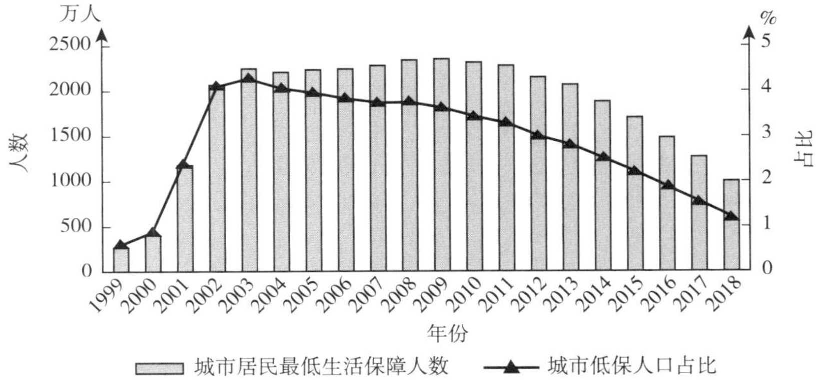

图 2　1999—2018 年我国城市低保人数及城市低保人口占比

资料来源：民政部《社会服务发展统计公报》、国家统计局。

（二）城市贫困人口结构

贫困人口的主体构成与环境及形成贫困的因素有关。从改革开放到20世纪90年代，城市贫困人口除了“三无”人员①，下岗职工、低收入退休人员等也受到了关注②。2000年后，城镇化进程加快，城市流动人口规模增加，基本生活开支不断增长，老龄化程度不断加深，失业人员、非城镇户籍的农民工、“支出型贫困人口”以及低收入老年人也成为新的贫困人口主体。城市内部二元结构问题日益突出③，贫困人口结构日趋多元化。

失业人口是城市贫困人口的后备军。如图3所示，2018年末城镇登记失业人员974万人，城镇登记失业率为3.8%。近五年来，我国城镇登记失业率始终保持在4.0%的较低水平，城镇登记失业人数维持在1000万人以下。考虑到我国目前统计的仅为城镇登记失业率，未包含城镇未登记失业人员，因此现有的统计失业率可能会低于实际失业率。除了因家庭、身体以及基本劳动能力缺失等原因造成的失业，在供给侧改革、产业转型、就业结构性矛盾突出的背景下，部分城市劳动者由于技能欠缺，职业素养和资质缺失，不符合岗位需求，也极易因失业状态持续陷入贫困。此外，暂时无法就业的大学生及其他进入就业阶段的各类毕业生也是一个容易被忽略的城市贫困群体。2018年普通本、专科毕业生数达753万人，就业率为92.19%④，仍有约59万人未能顺利就业。高校毕业生规模较大，加之科技进步和产业变迁周期缩短，人才供给与需求关系调节难度加大，客观上对大学生就业产生影响，部分毕业生短期内难以就业可能成为常态。

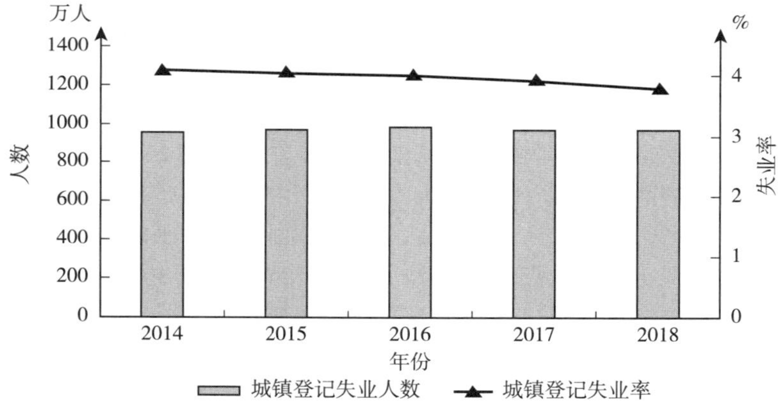

图3　2014—2018年城镇登记失业人数及登记失业率

资料来源：人力资源和社会保障部《2018年人力资源和社会保障事业发展统计公报》。

作为流动人口的主要组成部分，非城市户籍的农民工是城市贫困人口的主要来源。2018年，城市农民工总量达到28836万人，比2017年增加184万人，增长0.6%，增速有放缓趋势⑤。农民工是城市化进程中一个规模庞大的劳动力群体，由于受教育程度影

① “三无”人员主要是指无劳动能力、无经济来源、无法定赡养人的贫困人员。

② 臧元峰．双重转型背景下的城市贫困问题研究［J］．现代城市研究，2017（7）：107－113.

③ 于涛．中国的经济增长、收入差别变动与城市贫困——基于城市内部二元结构的分析［J］．财贸研究，2019，30（5）：1－12.

④ 资料来源：国家统计局，东北师范大学《中国大学生就业创业发展报告·2017—2018》。

⑤ 国家统计局：《2018年农民工监测调查报告》。

响，缺乏专业技术，多就业于劳动强度大、劳动时间长、福利保障少、收入水平低的行业，且因非城镇户籍，无法得到户籍城市居民同等公共服务和社会保障，处于社会保障体系覆盖的盲区，增加了贫困发生率①。

“支出型贫困人口”是城市贫困人口不可忽视的部分。住房、医疗、教育等基本生活开支不断增长，部分人群收入看似高于贫困线，但由于生活成本过高，支出压力过大，使得实际生活水平处在贫困线以下。2018 年，城镇居民人均可支配收入实际增长 5.6%，人均消费支出实际增长 4.6%；居住和医疗保健作为消费中的刚性支出占总支出的比例约为 40%，分别增长了 13.1% 和 16.1%②，远远高于收入的增长速度。对于一些非户籍失业人口、低保边缘户、较低收入的部分应届毕业大学生，维持性消费支出过高，收支平衡极易被打破，从而陷入贫困状态。

城市低收入老年人也是一个重要的贫困群体。截至 2018 年底，我国 65 周岁及以上老年人口占总人口的 11.9%，我国已经进入了老龄化时代。老年人的身体机能与劳动能力处于不断下降的过程中，一般情况下无法就业，因此其收入主要是固定的养老金，难以抵抗通货膨胀、疾病、残疾、失能等外部风险的冲击，导致相当一部分城市老年人口处于贫困的状态中。

（三）城市贫困分布特征与变化

改革开放以来，由于区域间经济发展速度不同，居民的收入水平、消费水平等差距逐渐扩大，城市贫困人口的分布在区域间存在一定差异。近五年来，各地区城市贫困人口总体规模都在下降，以各区域城镇低保人数占当地城镇人口比例作为参照指标，贫困人口变化趋势如图 4 所示。可以看出，四大区域③城市贫困特点主要有：第一，东北、西部以及中部地区贫困发生率依次下降，均高于全国水平，仅东部地区低于全国水平，城市贫困发生自西向东逐渐递减，我国城市贫困人口主要分布在西部和东北两大区域；第二，城市贫困率下降的同时，区域间差距逐渐缩小，东部地区占比一直较低，下降幅度小，其他三大区域下降幅度较大，东北地区下降幅度小于西部、中部地区，脱贫的实施效果不如其他区域。

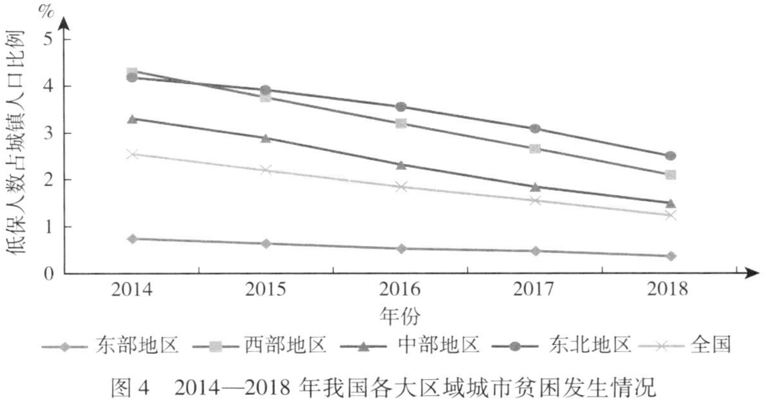

图 4　2014—2018 年我国各大区域城市贫困发生情况

注：由于 2018 年各省市城镇人口数据缺失，故采用 2017 年城镇人口数据替代计算。

资料来源：根据民政部历年各省第四季度社会服务统计数据及国家统计局数据整理。

① 李梦娜．社会资本视角下城市农民工反贫困治理研究［J］．农村经济，2019（5）：121－127.

② 中国国家统计局：《2018 年居民收入和消费支出情况》。

③ 东部地区包括河北、北京、天津、山东、江苏、上海、浙江、福建、广东、海南；西部地区包括四川、云南、贵州、西藏、重庆、陕西、甘肃、青海、新疆、宁夏、内蒙古、广西；中部地区包括山西、河南、安徽、湖北、江西、湖南；东北地区包括辽宁、吉林、黑龙江。

值得注意的是，如图 5 所示，东北地区的城镇化率为全国第二（第一为东部地区），近 5 年来都达 60% 以上，高于全国水平，但贫困发生率却居全国第一位，且城镇常住人口少于城市户籍人口① 500 万左右，处于人口净流失的局面。

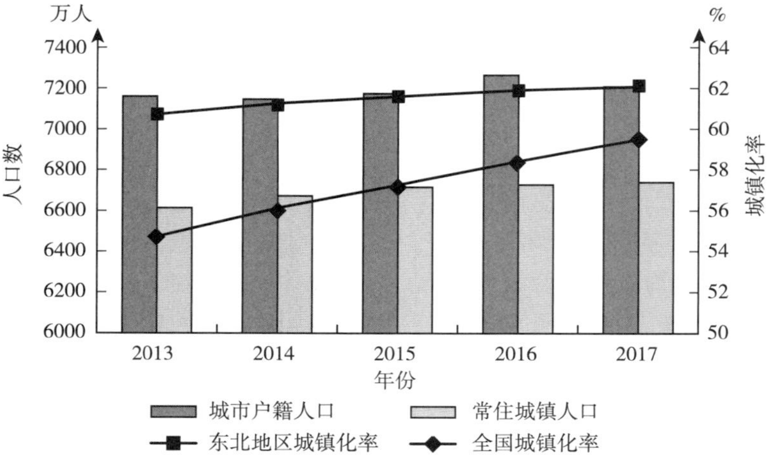

图 5　2013—2017 年我国东北地区人口情况与镇化率

注：2018 年各省市数据缺失，因此该图只到 2017 年。

资料来源：根据国家统计局及历年《中国人口和就业统计年鉴》数据整理。

随着社会的发展，城市最低生活保障制度有效应对了绝对贫困问题，以城市最低生活保障线作为参照的绝对贫困人口数量在不断减少，但相对贫困问题也在逐渐显现。城市相对贫困人口由于缺乏稳定的制度性生活保障，受自身教育水平、职业素养、社会保障水平等限制，风险管理与应对能力欠佳，且生计来源脆弱、不可持续，容易受到经济、社会转型等外部因素的冲击，陷入绝对贫困状态。

受地方经济发展水平和财政支出能力的影响，我国不同地区的城市最低生活保障标准存在较大差异。2018 年第 4 季度，全国城市最低生活保障支付平均标准为 615.87 元/(月·人)，高于这一标准的省区市有 8 个，低于这一标准的有 23 个②。不同地区最低生活保障支付标准的差异性较大，因此可以用消费支出替代率③来衡量低保标准的高低，减少经济发展水平差异带来的干扰。

如表 1 所示，2016—2018 年我国各省低保标准的消费支出替代率，除了西藏地区在 0.4 以上，其他地区都位于 0.2 与 0.4 之间。其中 2018 年消费支出替代率在 0.3 以下的省区市有 17 个，位于 0.3 与 0.4 之间的省区市有 13 个。综合看近三年的消费支出替代率（表 2），其中最小值和最大值在 2016 年和 2017 年都保持不变，2018 年略微有下降，最大值从 0.43 下降到 0.42，最小值从 0.22 下降到 0.21。均值呈现小幅度上升趋势，由 2016 年的 0.28 上升到 0.29。同时，中值保持不变，维持在 0.28 的水平。

① 《中国人口和就业统计年鉴》中的城市户籍人口没有包括县域及县域以下城镇户籍人口，实际的城镇户籍人口数应该更高。

② 资料来源：民政部《2018 年 4 季度各省城市低保标准》表。

③ 消费支出替代率是不同地区低保标准占当地人均消费支出的比例。一般而言，人均消费支出高的地区，基本的生活成本也相对较高，满足当地居民的最低生活需求的保障支付标准就高一些。

表1　2016—2018年31个省区市低保标准、人均消费支出以及相应的消费支出替代率

城市	2016年			2017年			2018年		
	低保标准［元/（月·人）］	人均消费支出（万元/年）	消费支出替代率	低保标准［元/（月·人）］	人均消费支出（万元/年）	消费支出替代率	低保标准［元/（月·人）］	人均消费支出（万元/年）	消费支出替代率
北京	800.0	3.83	0.25	900.0	4.03	0.27	1000	4.29	0.28
天津	780.0	2.83	0.33	860.0	3.03	0.34	920	3.27	0.34
河北	501.2	1.91	0.31	544.0	2.06	0.32	601	2.21	0.33
山西	441.1	1.70	0.31	467.5	1.84	0.30	496	1.98	0.30
内蒙古	540.2	2.27	0.29	591.6	2.36	0.30	641	2.44	0.31
辽宁	522.8	2.50	0.25	561.6	2.54	0.27	590	2.64	0.27
吉林	446.9	1.92	0.28	483.4	2.01	0.29	507	2.24	0.27
黑龙江	535.9	1.81	0.35	550.7	1.93	0.34	565	2.10	0.32
上海	880.0	3.99	0.26	970.0	4.23	0.28	1070	4.60	0.28
江苏	610.8	2.64	0.28	645.6	2.77	0.28	682	2.95	0.28
浙江	673.7	3.01	0.27	706.2	3.19	0.27	763	3.46	0.26
安徽	497.1	1.96	0.30	531.2	2.07	0.31	570	2.15	0.32
福建	514.8	2.50	0.25	589.8	2.60	0.27	606	2.81	0.26
江西	480.8	1.77	0.33	531.7	1.92	0.33	577	2.08	0.33
山东	494.9	2.15	0.28	513.2	2.31	0.27	532	2.48	0.26
河南	425.1	1.81	0.28	459.6	1.94	0.28	493	2.10	0.28
湖北	487.9	2.00	0.29	563.6	2.13	0.32	605	2.40	0.30
湖南	431.3	2.14	0.24	444.1	2.32	0.23	469	2.51	0.22
广东	576.2	2.86	0.24	674.8	3.02	0.27	749	3.09	0.29
广西	457.6	1.73	0.32	518.0	1.83	0.34	590	2.02	0.35
海南	467.0	1.90	0.29	484.4	2.04	0.29	486	2.30	0.25
重庆	459.6	2.10	0.26	500.0	2.28	0.26	546	2.42	0.27
四川	419.5	2.07	0.24	485.1	2.20	0.26	507	2.35	0.26
贵州	507.3	1.92	0.32	557.0	2.03	0.33	592	2.08	0.34
云南	442.2	1.86	0.28	516.0	1.96	0.32	567	2.16	0.31
西藏	693.5	1.94	0.43	751.5	2.11	0.43	805	2.30	0.42
陕西	479.5	1.94	0.30	532.2	2.04	0.31	568	2.20	0.31
甘肃	410.9	1.95	0.25	458.6	2.07	0.27	489	2.26	0.26
青海	400.8	2.09	0.23	450.5	2.15	0.25	503	2.30	0.26
宁夏	416.4	2.04	0.25	473.2	2.02	0.28	570	2.20	0.31
新疆	389.9	2.12	0.22	409.0	2.28	0.22	433	2.42	0.21

资料来源：低保标准采用各年度第四季度的低保标准作为该年的标准，数据来源于民政部网站；人均消费支出数据来源于国家统计局网站。

表2　2016—2018年各地消费支出替代率分布趋势

年份	最大值	最小值	均值	中值
2016	0.43	0.22	0.28	0.28
2017	0.43	0.22	0.29	0.28
2018	0.42	0.21	0.29	0.28

从表2可以看出，虽然四个指标基本保持稳定，但消费支出替代率的最大值和最小值之间依旧有0.21的差距。且大部分省区市的消费支出替代率都处于0.2与0.4之间，皆不足50%。我国城市低保标准在与社会平均消费水平相适应方面仍有提升的空间。考虑到在社会不断发展的背景下逐渐显现的相对贫困问题，低保标准在满足城市居民的基本生活需求、维持其生活所必需的衣食住支出、解决城市绝对贫困的基础上，还应具备适应性调整机制，以适应当前相对贫困较为突出的基本现实。

三、城市贫困影响因素分析

目前，我国处于快速转型期，“转型贫困”成为城市贫困的重要影响因素。市场经济制度演进、产业结构调整及供给侧结构性改革等逐步推进，尤其是以信息技术革命为标志的技术进步，带来了人工智能技术的普及与应用，对于产业发展、就业需求都具有划时代的影响。城市生活成本持续上升，处于低收入边缘的群体正在逐渐扩大。现行制度下，社会保障体系未能覆盖到进入城市的农民工等群体，使其无法享受到与持有城镇户口的居民同等的公共服务和社会保障，另外，老龄化问题日益突出。总之，以市场经济制度完善发展及产业结构调整为本质属性的经济转型，以城乡人口流动和城镇化为主的社会转型，是我国经济社会发展的时代特征，贫困问题的发生也具有明显的转型特点。

（一）经济转型

随着经济体制的改革，我国由计划经济转向市场经济，生产和分配方式发生了重大改变。计划经济时期，收入分配差距较小。以市场化为导向的经济体制改革政策的实施，极大地激发了城市经济发展的活力，资源配置由计划主导转向市场主导，外资、民营经济快速发展拉开了区域经济发展的差距，无法在市场机制下生存的企业关、停、并、转，在养老保险制度尚未全面构建及有效运行的背景下，失业和待岗人员成了新增贫困人口的主要部分。四十多年来，经济改革不断推进，市场在配置资源中起决定性作用已经明确为深化改革的既定目标，市场机制作用下的产业转型和由此引起的就业波动和调整已成为常态。

新时期，高质量的发展目标使得经济发展方式、经济结构及经济增长动力发生了改变。以信息技术革命为引导、绿色发展为导向的产业转型对就业格局产生了重大影响，传统生产部门逐渐被替代，新增就业对劳动力素质要求越来越高。产业转型产生的临时失业人员面临着再就业的困难；经济转型过程中，有限的生活保障、不稳定就业和失业现象的存在成为城市贫困现象发生不可忽视的因由。

全球化背景下，为提高资源配置效率，市场主导的资本、技术、劳动力等生产要素在产业间转移成为要素流动的基本形态，产业转型升级速度加快。中国加入世界贸易组织后，产业开始由以劳动密集型产业为主逐步向以资本、技术密集型产业为主转变，以金融、技术为主的高新技术产业的比重逐渐增大，从而带动就业结构发生转变。数据显示，2004年至2018年，第一产业就业人数占全国就业总人数比重从46.9%下降到26.1%；第二产业就业人数从27.6%下降到22.5%；第三产业就业人数占全国就业总人数比重从30.6%上升至46.3%，第三产业吸纳劳动力数量增长较为显著①。另外，第二产业内部结构也已经发生了重大改变，供给侧结构性改革的不断推进，对高耗能、高污染、高排放产业进行去产能，大大缩减了用工数量，劳动密集型、资源密集型行业用人需求大幅下降，导致相当数量劳动力失业。失业劳动力缺乏相应的技术水平，再就业周期较长，即使有失业保险支持也不能维持正常消费与生活，而无法获得失业保险全面保障的失业人员，处于城市贫困线的边缘，极易陷入贫困。

因此，经济体制、机制转型及由此引起的产业结构转型是市场经济条件下城市贫困发生的主要原因之一。

（二）社会转型

1. 人口流动与城乡结构变化

在城市化不断推进的过程中，大量农民工涌入城市。随着经济增长，城市功能综合化与多元化，城市生活成本正快速上升，住房作为基本生活需要是刚性需求，为居民生活消费不可缺少的组成部分。国家统计局数据显示，2018 年，我国城镇居民人均住房支出为 6255 元，相较于 2014 年的 4490 元，上涨了 39.3%；同时，城镇居民人均住房支出占总支出的比重也由 2014 年的 22.48% 上升至 2018 年的 23.86%②。大中城市房价整体表现出较高的水平，相当部分城市居民需要租用住房，尽管保障性住房在一定程度上能够缓解低收入群体住房压力，但由于供给不足，尚未全面覆盖。高房价背景下的高房租，增加了租房居民特别是流动人群的生活成本。由此可见，低收入群体的住房问题不容忽视，是以城乡结构变化和人口流动为重要特征的社会转型期城市贫困现象发生的又一需要关注的因素。

目前，以城乡一体化为特征的户籍制度改革不断推进。但由于经济、社会及制度方面因素影响，城市流动人口无法完全享受到城市户籍居民的保障和福利，不能完全融入城市。2018 年我国常住人口的城市化率为 59.6%，尽管近年户籍制度改革步伐加快，除部分特大城市外，全国大部分城市取消了落户限制，城市户籍人口增速提高，但实际户籍人口城市化率为 43.4%③，与全国数据相差近 16.2%，即我国目前大约有 2.26 亿城市常住人口为城市非户籍人口，约占城市常住人口的 27% 左右。2018 年我国城市户籍人口贫困发生率为 1.7%④（图 6），若以此为依据进行估算，则城市非户籍人口中约有 376.75 万人属于未能享受到最低生活保障的潜在贫困人口。

2. 人口老龄化

由于我国社会保障制度的构建相对滞后，相当部分老年人口可以获得社会保障支持的程度有限，因此，城市人口老龄化程度日益加重，也是城市贫困的重要成因。2018 年末，全国 60 周岁及以上老年人口 24949 万人，占总人口的 17.9%，其中 65 周岁及以上人口 16658 万人，占总人口的 11.9%⑤。日益庞大的老年人群体在加重社会赡养负担的同时，也加大了低收入家庭预防贫困或摆脱贫困的难度。原国家卫生和计划生育委员会（现国家卫生健康委员会）2015 年发布的《中国家庭发展报告》表明：中国家庭结构具有家庭规模小型化、家庭类型多样化的特点，以二人、三人家庭为主体，由两代人组成的核心家庭占六成以上。家庭成员的减少意味着当老龄化较为严重时，其子女的经济负担加重。对于贫困家庭来说，赡养老人会增加生活成本，提高贫困的发生率。

① 资料来源：人力资源和社会保障部《人力资源和社会保障事业发展统计公报》2004—2018 年。

② 资料来源：国家统计局发布的《中国统计年鉴 2018》。

③ 资料来源：国家统计局《中国统计年鉴 2018》。

④ 详情参考图 6 附注①。

⑤ 资料来源：民政部《社会服务发展统计公报》2018 年。

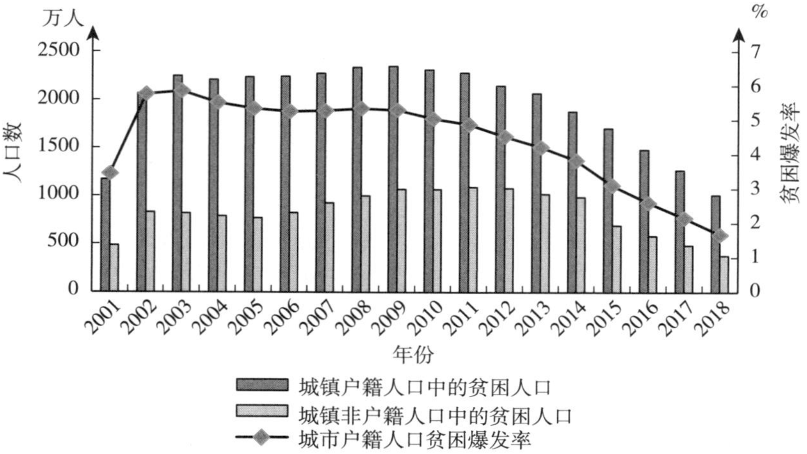

图 6　2001—2018 年城镇户籍与非户籍贫困人口情况及城市户籍人口贫困爆发率

注：①城市户籍人口贫困爆发率 = 城市低保人口/城市户籍人口。其中城市低保人口数据来源于民政部《社会服务发展统计公报》。

②由于城市非户籍人口的收入一般更低，住房等支出更多，生活环境较户籍人口而言更差，因此按照城市户籍人口贫困爆发率计算得出的结果是较保守的，真实的非户籍贫困人口应该更多。

（三）文化及其他因素

“贫困代际理论”认为贫困可以由父辈传递给子辈，从而使子辈在成年后重复父辈的贫困状态。联合国儿童基金会（UNICEF，2001）在《世界儿童状况报告》中指出：出生于贫困家庭的儿童比出生于非贫困家庭的儿童在长大成人后陷入贫困的概率要高得多①。贫困家庭父母自身的受教育水平较低，对于子女没有很高的期望，希望他们能早点工作分担家庭重担，父母过低的期待使得孩子自我期待较低，比较安于现状，缺少奋斗的动力，从价值观上为下一代埋下了贫困的根；一般贫困家庭父母无法顾及和协助解决孩子学习成长中遇到的问题与困难，通常难以取得接受系统教育及进一步深造的机会，孩子成年后进入社会，职业技能偏低，无法进入高等劳动力市场，收入水平较低，贫困传递到了下一代。

另外，由于社会、经济乃至自然诸多因素影响，经济发展不平衡是普遍存在也是长期存在的问题。特别是市场经济转型期，随着社会阶层分化，由来已久的城市居住空间分异现象开始显现，所谓贫困邻里问题也成为关注城市贫困因素不可忽视的方面。贫困邻里在类型上主要有衰败内城、职工大院和城中村三种类型；在分布模式上呈现出整体非均衡性和与老城区、工业区耦合的特征；在演变趋势上呈现“集中——分散——再集中”的演变过程②。除此之外，近年来建设的保障性住房由于空间选址的边缘性、建设的集中性、配套设施不完备性等特征，成为城市贫困邻里的新类型③。由于低收入人口及贫困人口聚集，形成贫困邻里，可能对孩童教育产生不利影响，从而造成贫困的代际传递。

① 谢婷婷，司登奎．收入流动性、代际传递与农村反贫困——异质性视角下新疆 30 个贫困县的实证分析［J］．上海财经大学学报，2014，2（1）：62－68.

② 袁媛．中国城市贫困阶层聚居区的变迁、分类和特征——以广州为例［J］．现代城市研究，2011，26（10）：14－18.

③ 翟宇鸣，冯长春．我国保障性住房空间布局的优化策略研究［J］．特区经济，2012（9）：211－213.

四、城市反贫困政策和措施

为有效应对和解决市贫困问题，形成长期有效的消除城市贫困现象制度体系，我国建立了济贫助困以最低生活保障制度为主，贫困预防以社会保险制度、救助政策、就业促进政策、社会互助等为主体的城市反贫困制度体系。这不仅有助于城市贫困人口的救助和生活保障，还对从根本上减轻和消除城市贫困现象具有重要支持和保障作用。

（一）城市最低生活保障制度

最低生活保障政策是我国城市反贫困政策的基础制度，是社会保障体系的最后一道防线。我国城市低保人数总体呈现先上升后下降的趋势，而城市平均保障标准则是不断上升。2018 年我国城市低保对象共有 605. 6 万户、1008 万人，比 2017 年减少 137. 1 万户、256. 1 万人，2018 年城市低保标准为每人每月 579. 7 元（图 7），比 2017 年增长 39. 1 元。

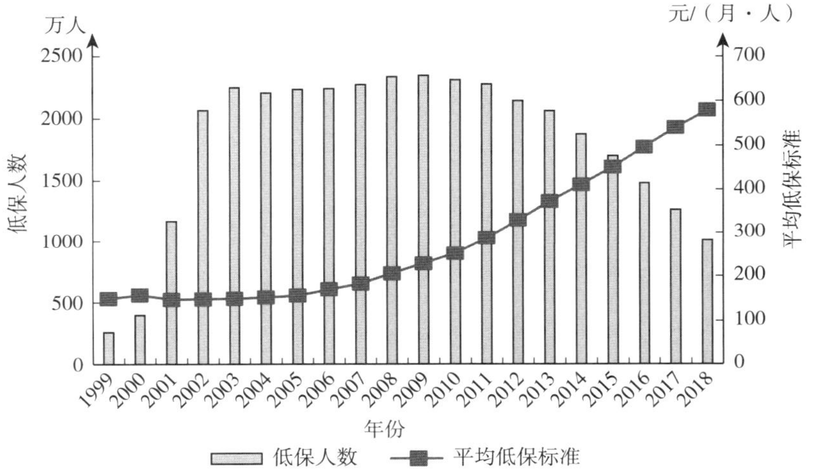

图 7　1999—2018 年城市低保人数和平均保障标准

资料来源：根据民政部历年《社会服务发展统计公报》整理。

最低保障标准受经济发展水平的影响，呈现出区域特征：东部地区最高，其次是东北地区，再次是中部地区，最后是西部地区。2018 年我国平均城市低保标准为 580 元/(月・人)，由表 1 可知，东部 13 个省区市（除香港、澳门、台湾以外）超出这一标准的有 8 个，平均低保标准为 740. 85 元/(人・月)；东北 3 省中 2 省达标，其平均低保标准为 553. 97 元/(月・人)；中部 6 省仅有 1 省超过 580 元/(月・人)，平均低保标准为 534. 94 元/(月・人)；西部 12 个省区市达标到平均标准的有 4 个，平均低保标准为 518. 43 元/(月・人)。

（二）社会保险制度

社会保险能够预防因老、因病以及失业等造成的贫困，是贫困预防政策的主体部分。2018 年 12 月 29 日，第十三届全国人民代表大会常务委员会第七次会议通过《关于修正〈中华人民共和国社会保险法〉的决定》，将中国共产党第十九次代表大会提出的兜底线、织密网、建机制的要求，建成覆盖全民、城乡统筹、权责清晰、保障适度、可持续的多层次社会保障体系的政策主张落实到法律层面。

2018 年我国五大类社会保险（养老保险、失业保险、工伤保险、医疗保险、生育保险）覆盖面进一步扩大，总计参与人数达到 27. 96 亿人，较 2017 年增加 8. 39%，五大类社会保险基金年总收入为 78078 亿元，总支出为 66734 亿元，分别比 2017 年增加 16. 21%、16. 78%。

1. 养老保险

2018 年 3 月 23 日，人力资源和社会保障部、财政部联合印发《关于 2018 年调整退休人员基本养老金的通知》，明确从 2018 年 1 月 1 日起，为 2017 年底前已按规定办理退休手续并按月领取基本养老金的企业和机关事业单位退休人员提高基本养老金水平，总体调整水平为 2017 年退休人员月人均基本养老金的 5% 左右，预计将有 1.14 亿名退休人员受益。2018 年 7 月 1 日，我国建立实施企业职工基本养老保险基金中央调剂制度，2018 年调剂比例为 3%，调剂基金总规模为 2422 亿元。

从图 8 中可看出，2018 年我国城镇养老保险覆盖范围进一步扩大，养老保险基金不断提高。2018 年末，全国参加城镇职工基本养老保险人数为 41902 万人，比 2017 年增长了 3.99%；城镇职工基本养老保险基金收入 51168 亿元，比 2017 年增长了 18%；基金支出 44645 亿元，比 2017 增长了 17.63%；城镇职工基本养老保险基金累计结存 50901 亿元，比 2017 年增长了 15.84%。

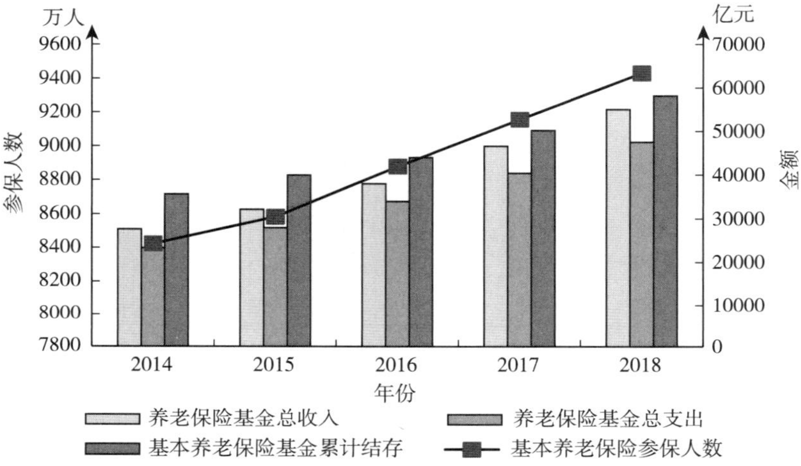

图 8　2014—2018 年我国城镇养老保险基本状况

资料来源：中国人力资源和社会保障部《人力资源和社会保障事业发展统计公报》。

2. 失业保险

2018 年 6 月 26 日，人力资源和社会保障部联合财政部发布《关于使用失业保险基金支持脱贫攻坚的通知》：提高深度贫困地区失业保险金标准，从 2019 年 1 月 1 日起，深度贫困地区失业保险金标准上调至最低工资标准的 90%。对深度贫困地区的失业保险参保企业，可以将稳岗补贴标准提高到该企业及其职工上年度实际缴纳失业保险费总额的 60%。同时放宽深度贫困地区参保职工技能提升补贴申领条件，对深度贫困地区参加失业保险的企业职工的申领条件放宽到“依法参加失业保险，累计缴纳失业保险费 12 个月以上（含 12 个月）”。

2018 年，我国参加失业保险人数为 19643 万人，比 2017 年增加 4.57%，其中领取失业保险金人数 223 万人，比 2017 年末增加了 1.36%。并为 452 万名失业人员发放了不同期限的失业保险金，比 2017 年减少 1.31%。失业保险金月人均水平 1266 元，比 2017 年增长 13.9%。全年为领取失业保险金人员代缴基本医疗保险费 92 亿元，比 2017 年增长 8.2%。并为 64.5 万人发放稳岗补贴，为 60 万人发放技能提升补贴。2018 年失业保险基金收入 1171 亿元，基金支出 915 亿元，年末失业保险基金累计结存 5817 亿元，分别比 2017 年增长了 2.45%、2.35%、4.77%（图 9）。

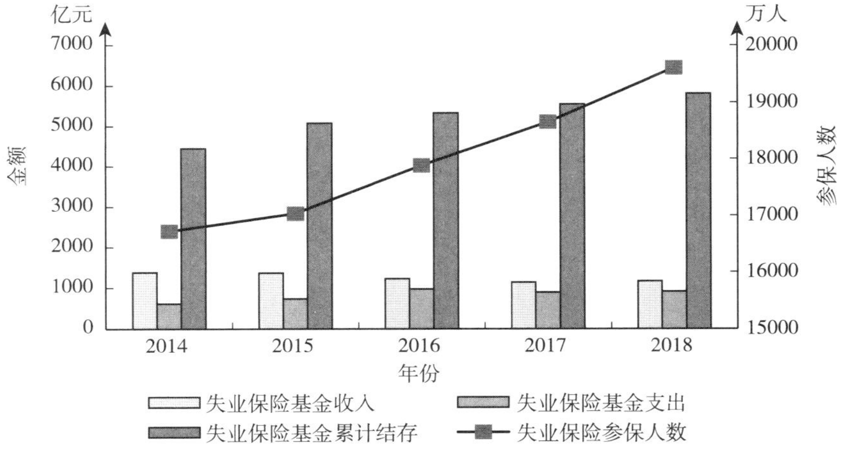

图 9　2014—2018 年我国城镇失业保险基本状况

资料来源：中国人力资源和社会保障部《人力资源和社会保障事业发展统计公报》。

3. 工伤保险

2018 年我国参加工伤保险人数为 23874 万人，比 2017 年末增加 5.06%。截至 2018 年末，全国新开工工程建设项目工伤保险参保率为 99%。全年认定（视同）工伤 110 万人，评定伤残等级 56.9 万人，共计 199 万人次享受工伤保险待遇。全年工伤保险基金收入 913 亿元，支出 742 亿元，累计结存 1785 亿元（含储备金 294 亿元）（图 10）。

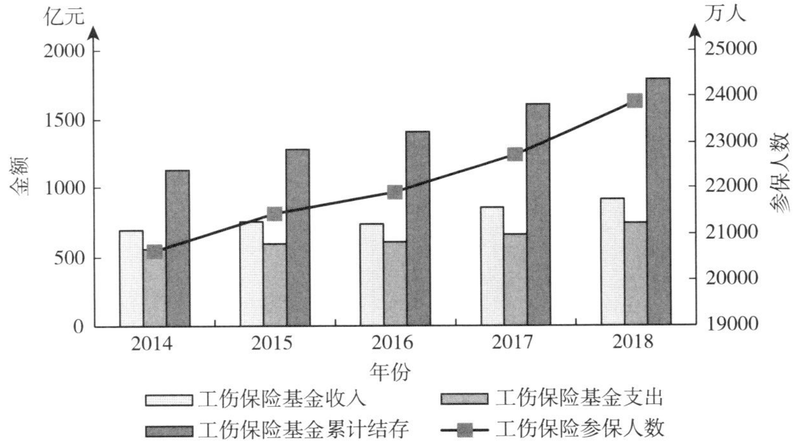

图 10　2014—2018 年我国工伤保险基本状况

资料来源：中国人力资源和社会保障部《人力资源和社会保障事业发展统计公报》。

4. 医疗保险

2018 年我国基本医疗保险覆盖面进一步扩大。全年参加医疗保险人数为 121414 万人，比 2017 年增加 3733 万人。其中，参加职工基本医疗保险人数 31673 万人，比 2017 年末增加 1351 万人；参加城镇居民基本医疗保险人数为 89741 万人，比 2017 年末增加 2382 万人。全年基本医疗保险基金总收入 20233.22 亿元，支出 16789.43 亿元，分别比 2017 年增长 12.83%、16.42%（图 11）。

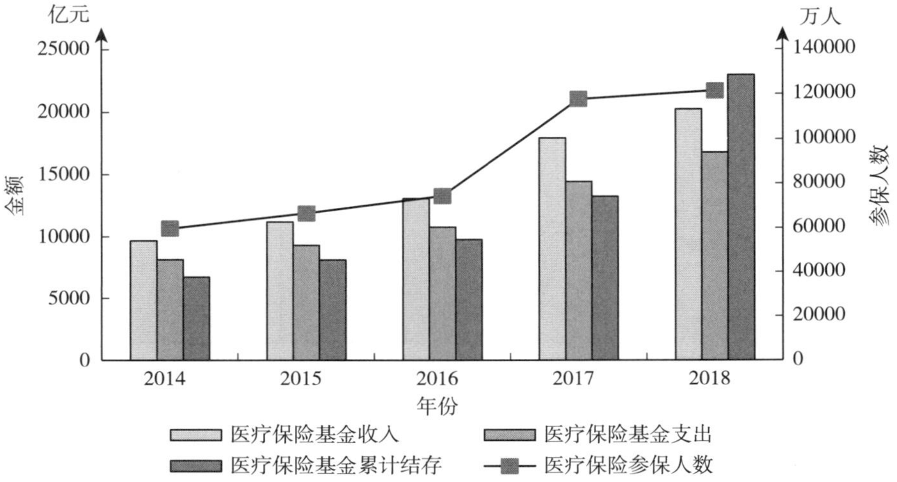

图 11　2014—2018 年我国医疗保险基本状况

资料来源：①中国人力资源和社会保障部《人力资源和社会保障事业发展统计公报》。

②国家医疗保障局《2018 年全国基本医疗保障事业发展统计公报》。

5. 生育保险

2018 年末，全国参加基本生育保险人数为 20435 万人，比 2017 年增加 1135 万人。全年基本生育保险基金总收入 756 亿元、总支出 738 亿元、累计结存 574 亿元，分别比 2017 年增长 17.76%、减少 0.8%、增加 1.78%（图 12）。

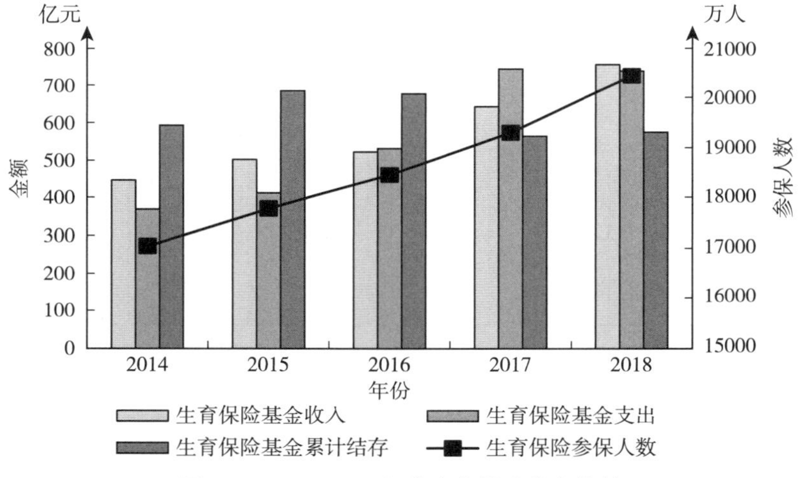

图 12　2014—2018 年我生育保险基本状况

资料来源：中国人力资源和社会保障部《人力资源和社会保障事业发展统计公报》。

（三）救助政策

1. 医疗救助

2018 年，医疗救助的规模和质量均有所提升。全年资助参加基本医疗保险共计 4971.6 万人次，比 2017 年减少 11.55%。直接医疗救助 3824.6 万人，比 2017 年增加 7.1%。全年医疗救助总支出 281.7 亿元，比 2017 年增加 5.84%。住院和门诊每人次平均救助水平分别为 1255.03 元和 154.9 元，分别比 2017 年减少 16.24%、增加 1.11%（表 3）。

表3　2014—2018年城市医疗救助实施情况

年份		2014	2015	2016	2017	2018
资助参加基本医疗保险人数（万人）		6723.7	6634.7	5560.4	5621	4971.6
直接医疗救助人次（万人）		2395.3	2889.1	2696.1	3571.1	3824.6
人均救助水平	住院（人次均/元）	1628	—	1709.1	1498.4	1255.03
	门诊（人次均/元）	186	—	190	153.2	154.9
支出资金总额（亿元）		252.6	236.8	232.7	266.1	281.7

注：2013年城市和农村医疗救助数据部分合并统计（直接医疗救助人次）；2013年的支出总金额只包括直接医疗救助金；2014年以后城市和农村医疗救助合并统计。

资料来源：①民政部"社会服务发展统计公报"（历年）。

②国家医疗保障局：《2018年医疗保障事业发展统计快报》。

2. 教育救助

2018年我国成立教育部脱贫攻坚工作领导小组，以教育扶贫工程为引领，先后制定出台了《教育部等七部门关于实施教育扶贫工程的意见》《教育脱贫攻坚"十三五"规划》《推普脱贫攻坚行动计划（2018—2020年）》《深度贫困地区教育脱贫攻坚实施方案（2018—2020年）》等政策性文件，明确了打赢教育脱贫攻坚战的路线图和时间表。

2018年我国累计资助学前教育、义务教育、中职学校、普通高中和普通高校学生（幼儿）9801.48万人次（不包括义务教育免费教科书和营养膳食补助），比2017年增加211.07万人次，增幅2.2%。从资助金额来看，2018年全国累计资助金额2042.95亿元，比2017年增加160.81亿元，增幅为8.54%（表4）。其中，财政投入共计1290.08亿元（不含义务教育免费教科书和营养膳食补助），比2017年增加79.46亿元，增幅6.56%；学校和社会投入超过750亿元，增幅12%。

表4　2014—2018年教育救助实施情况

年份		2014	2015	2016	2017	2018
全年教育救助人次（万人次）	总计	8543.78	8433.31	9126.14	9590.41	9801.48
	学前教育	411.65	457.82	619.36	889.77	951.57
	义务教育	—	—	—	—	—
	普通高中	798.22	790.12	1158.47	1310.42	1332.74
	中等职业教育	1783.73	1567.01	1502.66	1509.92	1629.7
	高等教育	4064.25	4141.58	4281.82	4275.69	4387.89
全年资助总金额（亿元）	总计	1421.28	1560.25	1688.76	1882.14	2042.95
	学前教育	52.77	53.61	68.18	93.2	111.91
	义务教育	—	—	—	—	—
	普通高中	115.12	139.28	167.5	193.8	189.79
	中等职业教育	362.89	346.18	332.13	365.29	399.96
	高等教育	716.86	847.97	955.84	1050.74	1150.3

注：上述数据均不包括义务教育免除学杂费和免费教科书、营养膳食补助。

资料来源：教育部《中国学生自助发展报告》（历年）。

（四）就业促进政策

从新中国成立之初的“以工代赈”到 20 世纪 90 年代针对下岗职工的再就业服务，帮助有劳动能力的经济困难人员实现就业或再就业，一直是我国社会救助制度中重要的组成。

2008 年《就业促进法》明确对难以实现就业人员提供就业援助。2014 年《社会救助暂行办法》规定，就业救助的对象为最低生活保障家庭中有劳动能力并处于失业状态的成员。2015 年《关于进一步做好新形势下就业创业工作的意见》提出，要建立健全失业保险、社会救助与就业的联动机制。2017 年《“十三五”促进就业规划的通知》提出，要通过公益性岗位托底、就业援助等，推进就业扶贫。

2018 年，就业援助主要从职业技能培训入手，《关于推行终身职业技能培训制度的意见》中指出，要围绕就业创业重点群体，广泛开展就业技能培训，通过职业技术培训来实施就业援助，开展技能脱贫攻坚行动，实施“雨露计划”、技能脱贫千校行动、残疾人职业技能提升计划。同时，在《关于做好当前和今后一个时期促进就业工作的若干意见》中支持各类培训机构和符合条件的企业承担失业人员职业技能培训或创业培训，对培训合格的失业人员给予职业培训补贴和生活费补贴。

2018 年促进就业政策效果显著。全年城镇新增就业 1361 万人，比 2017 年增加 10 万人，有 551 万城镇失业人员实现再就业，就业困难人员就业 181 万人。年末城镇登记失业人员 974 万人，城镇登记失业率为 3.80%。年末全国城镇调查失业率为 4.9%，比 2017 年末下降 0.1 个百分点；城镇登记失业率为 3.8%，下降 0.1 个百分点。全年全国共帮助 4.9 万户零就业家庭实现每户至少一人就业。①

（五）社会互助发展

作为社会救助制度的重要补充，城市互助体系的完善和发展是构建我国城镇多元化、多层次反贫困体系的重要内容，传统的社会互助的形式主要包括工会组织、妇联、共青团组织的群众性互助互济活动，以及民间公益团体组织如中国红十字会的慈善救助活动等。

随着科技发展，由于网络互助高性价比，以互联网募捐和众筹为主要形式的社会互助模式开始出现，目前互联网众筹平台包括水滴筹、相互宝、轻松筹、爱心筹、腾讯公益等。2018 年，民政部指定的 20 家互联网募捐信息平台共为全国 1400 余家公募慈善组织发布募捐信息 2.1 万条，吸引超过 84.6 亿人次参与，募集善款总额超过 31.7 亿元，同比增长 26.8%②。公益与众筹相结合，打破了传统社会互助模式时间和空间的限制，使得社会互助的信息更加透明便捷，其覆盖面也更加广泛，在社会互助、助人救困方面起到了积极的作用。

数据显示，2018 年全核算社会公益总价值预计达 3265 亿元，与 2017 年矫正后的数据基本持平。其中，社会捐赠总量预估约 1128 亿元，比 2017 年矫正后的 1526 亿元下滑了 26%，药价基准制度的建立使得医疗捐赠折价下降成为 2018 年度捐赠总量下降的最主要原因。民政系统直接接收社会各界捐款仅在 8 亿元左右，与 2017 年 25 亿元相比大幅下滑。有 6230 万名志愿者通过 143 万家志愿服务组织参与了志愿服务活动，贡献志愿服务时间总计为 22 亿小时，总价值 823.6 亿元，比 2017 年增加

---

① 人力资源和社会保障部：《2018 年度人力资源和社会保障事业发展统计公报》，国家统计局。

② 新华社：20 家互联网募捐信息平台 2018 年募集善款 31.7 亿元，吸引 84.6 亿人次参与，http：//www. xinhuanet. com/politics/2019 -04/04/c_ 1124329757. htm。

了50%以上。福利彩票和体育彩票共筹集公益金1313.6亿元，同比增加170.4亿元。社会组织方面，截至2018年底，全国社会组织总数量为81.6万个，较2017年增长7.1%，增长率有所下滑；基金会7027个，社会团体36.6万个，社会服务机构44.3万个，分别比2017年增长了11.4%、3.1%、10.8%[①]。

（中央民族大学经济学院　张建平　黑学双　林泽慧　郑梦玲　唐艺嘉　丁语曈）

① 中国社会科学院社会学研究所《慈善蓝皮书：中国慈善发展报告（2019）》，将全国社会捐赠总量、志愿服务贡献价值和彩票公益金三者之和设定为全核算社会公益总价值。

2018 年中国扶贫理论综述

2018 年是全面贯彻党的十九大精神的开局之年，是实施脱贫攻坚战的第三个年头，同时距 2020 年实现脱贫攻坚战目标只剩两年时间，是关键的一年。2018 年《中共中央　国务院关于打赢脱贫攻坚战三年行动的指导意见》正式公布，从政策上对未来脱贫攻坚进行了全面规划。国家统计局数据显示，全年共减少贫困人口 1386 万人，贫困发生率降至 1.7%。2018 年理论研究也同样取得了丰硕成果，为决胜期的扶贫脱贫提供了理论支撑和实践指导。据不完全统计，2018 年共出版扶贫脱贫研究专著近 200 部，与 2017 年相比增加了 80 部之多，全年共发表学术论文约 12838 篇，有关扶贫脱贫博士和硕士论文有 1085 篇，体现出学术界对扶贫脱贫的关注度有了极大提升。从扶贫研究作者来看，专家学者的范围不断拓展，不仅有长期从事扶贫研究的专家学者，还有很多其他领域的学者，分别从不同研究视角来研究扶贫脱贫问题，从而使研究深度和广度得以加强。与此同时，中央国家机关和社会团体/企业及个人也在扶贫脱贫研究方面取得了很多成果。而且从研究内容看，除了精准扶贫机制、扶贫脱贫路径、扶贫开发经验模式及案例研究、扶贫脱贫区域差异性研究、易地搬迁扶贫、金融扶贫、旅游扶贫外，对习近平总书记关于扶贫的重要论述的研究，对 2020 年后减贫战略研究等也产生了许多成果。总体来看，2018 年中国扶贫脱贫理论研究更加深入，对新时代中国扶贫理论体系完善起到了很好的推动作用；扶贫脱贫研究和实践创新探索更加深化，中国减贫智慧与经验得到了很好展示；扶贫脱贫创新研究更加深入，中国减贫理论和实践相结合的优秀案例得到了很好的运用。

一、习近平总书记关于扶贫的重要论述学习和研究方面

习近平总书记关于扶贫工作的重要论述是马克思主义中国化的又一重大理论发展成果，是对新时代中国特色扶贫开发实践规律的创新认识，是习近平新时代中国特色社会主义思想的重要组成部分。中共中央党史和文献研究院同国务院扶贫办联合编辑的《习近平扶贫论述摘编》内容涉及习近平总书记 2012 年 11 月 15 日至 2018 年 6 月期间的讲话、报告、演讲、指示、批示等 60 多篇重要文献，分八个专题，共计 242 段论述，其中许多论述是第一次公开发表，对全面理解习近平总书记关于扶贫的重要论述起到了重要作用。国务院扶贫开发领导小组办公室主任刘永富指出，习近平同志在长期革命实践中，逐步形成的内涵丰富、思想深刻、逻辑严密的扶贫相关论述，具有马克思主义和新时代中国特色社会主义思想的理论特质，充分体现了人民性、科学性、创新性和国际性，具有重要的历史地位，是指引我们打赢脱贫攻坚战的根本遵循和行动指南。黄承伟提出，习近平总书记关于扶贫的重要论述是脱贫攻坚的根本遵循，是脱贫攻坚最重要的理论创新成果，这一成果成为新时代中国特色社会主义思想的重要组成部分。雷明认为，习近平总书记关于扶贫的重要论述可以概括为一个核心、五个基本点。一个核心就是以人民为中心思想下的精准扶贫，五个基本点是创新、协调、绿色、开放、共

享。冉光圭、朱静认为贵州省在习近平总书记关于扶贫的重要论述的指导下，不断强化政治意识、责任意识、精准意识，举全省之力实施“大扶贫”战略行动，以创新的精神和务实的作风扎实推进精准扶贫、精准脱贫，在实践中探索出了毕节经验、塘约道路、六盘水“三变”模式、丹寨万达小镇等成功经验。

二、以多维贫困为核心的贫困标准研究

在贫困测度方面，李博等对收入贫困和多维贫困状态进行比较后指出，收入贫困和多维贫困的发生率和状态转换率相差不大，但两种贫困家庭之间却存在巨大的静态和动态偏离。中国2014年两种贫困家庭的重合度仅为17%，2010—2014年在收入脱贫（或入贫）的家庭中同时发生多维脱贫（或入贫）的家庭占比一般不超过20%，深度贫困家庭减贫进展缓慢。沈扬扬等依据全球MPI标准测算中国的多维贫困状况后发现：中国的多维贫困程度并不高，且随着时间的推移呈下降趋势；区域发展不平衡对多维贫困有着显著的影响；贫困人群普遍在健康、教育等方面遭受了剥夺；经济贫困与多维贫困的交叠程度呈跨期递减趋势。同时，沈扬扬等认为，中国农村多维贫困得到了极大缓解，彰显出超越收入维度的多维扶贫成效。现阶段，多维贫困农户面临的困境主要来自健康和医疗。细分群体中，老年人、教育程度低、居住在西部地区和贫困县等子群体的贫困程度很高，说明多维贫困集中分布于弱势群体和经济发展程度低的区域，这些群体是政策的着力点。张海霞等对甘肃藏区农牧户多维贫困状况进行测量后发现：家庭成年成员平均受教育年限、厕所类型、劳动能力等指标影响的单维贫困发生率较高；甘肃藏区农牧户三维贫困发生率高达62.61%，多维贫困问题较严重；教育、住房、劳动能力等对多维贫困的贡献率较大，通电情况和耐用消费品数量的贡献率较小。文琦等以宁夏彭阳县为研究区，运用A-F法对黄土高原村域多维贫困进行了测度，并结合空间自相关、地理探测器和回归分析方法对其空间异质性进行了系统分析。此外，郭君平等则从“收入—消费—多维”视角探究了中国进城农民工家庭贫困的规模、程度、空间分异及其内在规律。高明、唐丽霞对贫困村庄建档立卡户与非贫困户的多维贫困指数进行测算。结果表明，对贫困地区而言，卫生设施、生活用主要燃料和生产性资产是对贫困发生率影响最大的指标。而从多维测量的视角来看，收入维度依然是多维贫困识别的重要因素，但非收入因素对农户贫困的影响更大。

在研究专著方面，毕洁颖著作《中国农户贫困的测量及影响因素研究》采用收入贫困、支出贫困和多维贫困三种测量方法对贫困人口测量进行比较研究。张全红、周强《中国农村多维贫困的测度与反贫困政策研究》借鉴和完善了经济学家Alkire提出的“双界线法”多维贫困测算理论，构建了教育、健康、收入、生活水平等指标福利体系，测度了我国城乡之间以及农村内部的多维贫困程度。

三、聚焦精准扶贫的扶贫脱贫机制研究

精准扶贫是在科学有效的标准和程序下，因时、因地对贫困地区、贫困村和贫困户进行精确识别，按照当地的实际情况开展帮扶和分类管理，并根据动态的准入和退出机制做出精准考核的过程。在精准扶贫的综合机制、成效考核和退出机制方面，专家学者进行了深入研究。

（一）扶贫脱贫综合机制研究

黄承伟提出，实现高质量脱贫需要做到“四个坚持”和“三个并重”。“四个坚持”即要坚持目标标准；要坚持精准扶贫、精准脱贫方略；要坚持中央统筹、省负总责、市县抓落实的工作机制，强化党政一把手负总

责的责任制；要坚持大扶贫格局。“三个并重”即全面推进帮扶与更加注重深度贫困地区脱贫攻坚并重；脱贫速度和脱贫质量并重；开发式扶贫与综合性保障扶贫并重。向德平、华汛子认为，十八大以来，中国政府对贫困治理进行了系统化的制度设计和政策创新，通过构建多元主体参与格局、提升贫困人口内生动力、丰富贫困治理路径、建立扶贫工作机制、确立科学考核指标、完善监督与评估体系，实现了治理视角、治理理念、治理策略、治理路径、治理方式的转变。在研究专著方面，黄承伟等《三维资本协同反贫困机制》从物质资本、人力资本、社会资本以及三维资本投资的角度，阐述了中国在开发式扶贫以及脱贫攻坚阶段基于不同资本形式投资的政策模式和治理实践，总结提出了中国在脱贫攻坚阶段基于三维资本协同形成的反贫困机制和模式，并针对三维资本协同激发内生动力提出对策建议。张琦、万君《扶贫机制创新的理论与实践》全面阐述了扶贫攻坚机制创新的目标任务、农村扶贫开发模式创新发展的重点，并通过案例和比较研究指出了 21 世纪农村扶贫机制模式创新的发展趋势和规律；系统阐释了如何依据各地区的实际情况，从发展的角度做好扶贫机制的理论创新和实践创新，并有效处理好创新、目标和现实的关系。其他专著还有潘慧、章元所著的《中国战胜农村贫困：从理论到实践》等。

（二）精准扶贫机制研究

精准扶贫是目前我国扶贫脱贫的基本方略，也是扶贫脱贫机制研究的核心内容，研究成果十分丰富。许汉泽、李小云基于对云南省两个国家级贫困县的调研发现：在精准扶贫政策具体执行过程中，容易出现精细化与碎片化、条块化的矛盾，制度性治理与运动式治理的矛盾，以及社会扶贫与经济开发之间的矛盾。因此，需要在制度、思维模式以及具体工作方法等方面进行改革与调整，使精准扶贫政策能够更加有效地实施。向德平等认为精准扶贫确立的科学发展目标、培育多元的发展主体、推进精准的发展方式、探索创新的发展路径，在中央政府、地方政府和贫困人群等利益相关者之间形成了合理的责任分担，形成了规范化机制，实现了贫困的有效治理，可被视为精准扶贫政策问题的实质。丁建军、吴学兵以湖北省京山县五姊山村为例，分析了精准扶贫在该村面临的困境，提出政府应：增强政策针对性和灵活性，允许地区差异；强化驻村工作的针对性，避免形式主义；激活贫困村主体，走千家万户模式。曲海燕等提出社区主导发展理论可以为我国精准扶贫提供部分借鉴：即可以通过赋权提高群众的参与程度，在参与的过程中增加获得感；应聚焦扶贫对象的自我发展能力，推进可持续发展；应激发社区整体内生动力和集体行动能力，在实现脱贫的基础上为乡村振兴提供支持。邢成举认为公共政策张力带来了对村庄原有公平观念的冲击，最终导致了人们对精准扶贫工作合理性的质疑，这种质疑带来了许多负面效应。精准扶贫工作要取得更大成效，需要平衡好不同主体的相关利益，同时也要做好不同政策的衔接工作，注重公共政策合理性资源的积累。黄承伟、覃志敏所著的《精准扶贫精准脱贫方略》系统阐释了精准扶贫精准脱贫方略提出与形成的国际国内背景、基本内涵、重要内容、实施体系和重大意义，总结评估了精准扶贫精准脱贫从顶层设计到基层落实的实践现状、主要做法、经验模式，论证了精准扶贫精准脱贫方略的创新发展方向。

（三）成效评估考核与退出机制研究

在脱贫攻坚的最后关头，科学评估脱贫成效、合理进行考核退出的任务尤为艰巨。如何适应现实状况创新扶贫绩效评价的思路，如何通过建立有效评估体系实现精准绩效评估、并挖掘阻碍绩效提升的深层原因，如何在扶贫项目绩效评估实践的基础上，进一步完善扶贫项目绩效评估体系和相关配套措施，都是亟待研究和解决的问题。史志乐等提出，贫困县考核机制目前在顶层设计上形成了以精准扶贫、精准脱贫为主线的四梁八柱体制机制建设，在制度安排上实现了考核主体、内容、程序的综合布局，在政策实践上构建了上下联动考核体系。但目前贫困县考核机制中多重考核检查互补性有待加强，交叉重叠性需要尽量克服，扶贫脱贫持续性和长远性尚需提升。王志立认为，精准扶贫成效第三方评估作为一种“新生事物”，面临着实施合法性、多维度测量、数据获取渠道影响评估指标设定和评估制度规范缺失等难题。需要根据精准扶贫的纲要性文件构建科学的评估指标体系，畅通信息收集和反馈渠道，利用群众满意度调查和体验式调查等方式弥补第三方评估存在的缺陷和不足。蒋天佑从相关者利益博弈视角分析了农户、基层政府、第三方评估机构等主体基于自身利益诉求和博弈信息结构特点而选择的行动策略与行为，以及相关主体博弈行为对第三方评估客观的消解效应，并提出提升第三方评估的专业性、提高贫困信息透明度、严格评估标准、加强对第三方评估监督等应对策略。

在专著成果方面，有孙露所著的《扶贫项目绩效评估研究：基于精准扶贫的视角》、韩缙所著的《贵州精准扶贫论——基于第三方评估视角》，王志章、韩佳所著的《贫困地区精准脱贫的路径优化与退出机制研究》等。

四、聚焦实现如期脱贫的扶贫路径创新研究

不同类型的贫困人口致贫原因不尽相同，不同地区的贫困程度也差异很大，因此需要因地制宜、因人施策，确定具体的扶贫脱贫路经，实现精准扶贫脱贫。专家学者们针对扶贫脱贫的不同路径及其选择进行了研究和比较分析。

产业扶贫研究方面。产业扶贫作为“五个一批”的重要环节，既是提高贫困地区自我发展能力的根本举措，又是贫困地区建立长效机制的重要内容。雷明指出，精准扶贫的最高层次是实现可持续脱贫。要达到这一层次，关键在产业，无论是从脱贫攻坚还是从乡村振兴来看，发展产业都是根本之策。林万龙提出，瞄准型产业帮扶模式有助于贫困农户提升可持续发展能力，应成为今后产业扶贫的主要模式。雷文艳等认为，必须在产业扶贫工作中重视破解扶贫项目选择难、单一产业项目风险高、产业利益分配偏离贫困群体、产业可持续性较低等困境并尝试建构综合性产业扶贫治理结构，以此实现产业扶贫功能的充分发挥。陈成文等提出，在产业扶贫中要注重因地制宜，发展特色产业，通过发展农业专业合作组织实现规模经营；通过开发金融和保险产品健全保障机制；通过加强网络信息建设推广“互联网＋”扶贫。胡守勇提出了加大产业培育和基础设施投入力度、强化产业扶贫风险识别与防范机制建设、推进产业扶贫利益联结机制的总结提炼和建章立制、加强贫困地区村级组织和贫困户增收致富能力建设、注重脱贫摘帽后相关帮扶政策调整和兜底制度设计五个方面的政策建议。

在专著方面，有全国扶贫宣传教育中心组织编写、张琦等主编的《产业扶贫脱贫概览》，王建明所著的《扶贫产业技术集群》，谭云明、艾华所著的《探路：产业扶贫十八洞村思考》，刘清华等所著的《贫困山区农业产业发展模式研究——来自重庆三个典型村庄的前沿报告》等著作。

教育扶贫研究方面。教育扶贫既是手段也是目标，通过扶志、扶智，转变贫困人口的文化观念，可以提升其文化素质和技能，增加收入，巩固脱贫效果。黄承伟指出，教育精准扶贫是解决贫困问题、实现脱贫目标的重要举措，能够有效提高整体脱贫效果和扶贫效率，为长远脱贫奠定了基础。我国应该不断丰富教育精准扶贫的内涵方式，继续提高教育精准扶贫的精准度和有效性，更加

广泛动员社会力量参与教育精准扶贫。史志乐、张琦认为，贫困家庭的教育投入不足容易导致其陷入贫困陷阱，较高的人力资本投资可以带来较高的收入。因此，建议政府鼓励贫困家庭进行教育投资，通过教育的方式稳步持续且高质量地实现脱贫攻坚。李兴洲、邢贞良指出，十八大以来，我国教育扶贫顶层设计的核心理念已经由追求教育起点公平转向追求教育过程公平，由粗放式教育扶贫转向精准教育扶贫，在公平基础上发展贫困地区的优质教育，实施教育精准扶贫。朱德全等认为，职业教育作为精准扶贫的有效方式，通过发挥补偿性和发展性功能，能帮助农民工改善就业、扩充社会关系网络和认同城市文明，在缩小物质贫困、消解能力贫困和消弭精神贫困方面有着巨大价值。

在专著成果方面，有王文静、李兴洲、白晓、史志乐等编著的《教育扶贫蓝皮书：中国教育扶贫报告（2017）》、罗丽琳编著的《大数据视域下高校贫困生精准资助研究》、柳劲松编著的《空间经济学视阈下武陵山区农村职教扶贫研究》等。

金融扶贫研究方面，金融作为现代经济的核心，不仅是经济社会发展的重要推动力量，也是消除贫困、改善民生、逐步实现共同富裕的重要保障。在我国减贫过程中，金融工具、金融服务及金融机构发挥着不可忽略的作用。杜晓山认为我国目前在金融精准扶贫工作中所运用的手段主要是特惠金融的手段，而非普惠金融的手段。特惠金融以补贴方式提供优惠性融资或保险，而普惠金融则以市场运作为模式、保本微利为原则、投融资为载体，金融精准扶贫应过渡到以普惠金融为主。杨穗、冯毅提出，目前金融扶贫仍然存在着贫困地区金融服务水平不高、金融产品单一以及扶贫贷款瞄准精准度不高等问题。欧国立、王睿哲认为，为更好地实现精准扶贫目标，开发性金融机构应积极为贫困地区产业扶贫规划的编制提供智力支撑、推动贫困地区信用体系建设、结合开发性金融特点创新扶贫产品、强化监督审查并加强风险防控管理。在贫困村互助资金研究方面，殷浩栋等认为，贫困村互助资金与农村金融市场的正规金融、非正规金融部门之间存在替代关系，尤其是替代了非正规金融部门贷款，且这种替代关系在贫困群体以及消费性借贷中表现更突出。吴梓境、张波提出引导基金以“母基金”模式参与金融扶贫，可以利用其杠杆特性撬动更多的社会资本与专业力量，以多元化模式投资贫困地区的特色资源与龙头产业，为贫困地区“融资融智”，最终实现贫困地区的“脱贫造富”。

在专著成果方面，有郭利华编著的《金融扶贫：理论、政策与实践》、崔艳娟编著的《制度质量、包容性金融发展与减贫的关系研究》、陈清华编著的《村级互助资金与扶贫贴息贷款的减贫机制与效应比较研究》、周逢民编著的《金融扶贫三十六计》《助推脱贫攻坚　保险在路上》等。

资产收益扶贫研究方面，杨青贵认为，目前以股份制为核心的资产收益扶贫理论面临理论支撑不够、扶贫资源边界不清且持续性不足、运行模式缺乏多样化、实施有效性弱和动力不强、相关规定缺乏协同等问题。需要从理论建构、准入制度建设、权利设计与运行、收益公平分享、有效监管、风险防治等方面予以制度回应。韩海燕、姚金伟指出，现有农村土地产权制度存在的诸多问题成为资产收益扶贫制度全面推广的掣肘，只有尽快完善农地产权相关的法律法规，才能保证资产收益扶贫工作的顺利实施，有效解决我国的贫困问题。李卓、左停基于对东部扶贫改革试验区 Z 市的深入考察，从资产收益扶贫的基本内涵和运作机制入手，结合国家政策和地方实践，深入分析了资产收益扶贫的减贫机理与实践困境，并在此基础上提出进一步改革的政策建议。

资产收益扶贫专著成果，有由全国扶贫宣传教育中心组织、汪三贵主编的《资产收益扶贫的实践探索》等。

财政扶贫研究方面。财政扶贫是中国农村扶贫政策体系的重要组成部分，中国的扶贫最早是从财政扶贫开始的，30 多年来的财政扶贫为贫困地区基础设施建设、公共服务、社会保障、环境保护和产业发展等多方面扶贫开发工作提供了资金保障。专家学者们通过研究探讨财政扶贫政策的优化路径，以期实现提升政府扶持效率的目标。

陈鹏、李建贵对 31 个省区市农村财政支农资金的面板数据进行实证分析表明，财政支农资金项目会对贫困人口减贫增收产生正向作用，但区域间各支农资金项目的作用效果存在着较大的差异。地区发展水平越是落后，社会性支农资金项目的减贫增收效应越强。周艳等考察财政专项扶贫对缓解农村贫困的影响后发现：财政专项投入每增长 1%，农村贫困发生率会降低 0.63%，财政专项扶贫发挥了显著的负向拉动作用且持续稳定，但对深度贫困调节效用并不显著；经济增长是近年来缓解农村贫困的主要动力，有助于改善深度贫困状况；收入分配状况恶化会削减经济增长的减贫效应。王艺明、胡久凯通过构建基于劳动价值论的中央—地方政府财政转移支付模型研究得出：实施倾向于贫困地区的财政转移支付不但不会影响整体经济增长率，还会促进整体消费增长率的最大化，缩小地区差距。在专著成果方面，周艳编著的《财政农村扶贫政策及其减贫效应研究》全面和准确地评价了财政扶贫的效果；李盛基、吕红编著的《中国农村财政支出的减贫作用机制及效果研究》全面分析了财政支出与农村贫困的现状及相互关系，验证了财政支出的直接减贫效果和间接减贫效果。此外，还有李勇编著的《扶贫开发法律法规》等成果。

旅游扶贫研究方面。乡村旅游扶贫是旅游产业发展与扶贫活动的结合，它将贫困户的生计能力提升嵌入乡村旅游产业的发展中，将贫困乡村的生态环境和文化转换为可增值的旅游资本，从而带动贫困群众脱贫致富和贫困乡村可持续发展。丁建军、周书应对武陵山片区近几年旅游综合收入等要素进行分析后发现：旅游综合收入对农民收入及城乡收入差距的边际影响递减；不同级别的景区对城镇、农村居民增收效应各有不同。宋慧娟等从空间作用机制、动力机制、受益机制三方面辅以模型进行分析，从景区、贫困村、贫困户等角度提出了景区带动型乡村旅游精准扶贫的五大实现路径。而孙春雷、张明善则利用数据将湖北大别山 16 个县（市、区）旅游扶贫模式分为双低型地区——产业联动模式、朝阳型地区——区域联合模式、黄金型地区——政企合作模式与潜力型地区——项目支撑模式 4 种类型，并针对每种类型提出了旅游扶贫模式建议。李燕琴认为，在旅游扶贫中要警惕村寨生活空间沦为纯粹的旅游生产空间，单一旅游生计彻底取代传统多元生计，绝对贫困快速消除引发相对贫困扩大等问题。张晓等从利益相关者的理论视角构建了涉及政府、本地企业、外来企业、当地居民、公益组织、高校科研机构以及旅游者的多主体参与旅游扶贫理论框架，明确了各利益主体在旅游扶贫实践过程中所应扮演的角色和作用。邢成举、胡连认为，以乡村旅游合作社为代表的农民专业合作组织，通过对内对外统一的行动，不仅解决了乡村旅游中欺客宰客和恶性竞争现象，同时还解决、优化了乡村旅游的秩序并推动了乡村旅游的发展，更践行了旅游扶贫的政策倡导。

在专著成果方面，有梁留科编著的《乡村旅游扶贫理论与实践》，郭君平等编著的《“互联网+”战略背景下精准化乡村旅游扶贫开发研究》，李定珍、张琰飞、鲁明勇编著的《武陵山片区旅游扶贫发展报告》，李会琴编著的《黄土高原旅游扶贫研究》，张琰飞、鲁明勇编著的《乡村旅游扶贫雪峰山模式》等。

易地扶贫搬迁研究方面。易地扶贫搬迁作为“五个一批”精准扶贫工程重要组成部分，专家学者研究也逐渐深入。曾小溪、汪三贵提出，打赢易地扶贫搬迁脱贫攻坚战应该从找准搬迁对象、严控住房面积、合理选择安置方式、做好新老政策衔接、动员搬迁群众参与、适当放宽搬迁用地政策、降低搬迁税费负担、研究制定有针对性的后续发展路径等几方面入手。宁静等利用 1688 个微观农户调查面板数据发现，易地扶贫搬迁降低了农户的贫困脆弱性，能够从根本上解决自然禀赋不足导致的贫困。魏文松、宋才发认为，制度安排是实现民族地区易地扶贫搬迁的理论依据，法治方式是实现民族地区易地扶贫搬迁的实践抓手，法律监督是实现民族地区易地扶贫搬迁的坚强后盾，责任追究是实现民族地区易地扶贫搬迁的关键举措。刘伟等认为，生计资源致使农户生计适应能力表现各异，进而影响农户选择不同的适应策略。农户提升物质资产水平、积累金融储蓄能力、增强社会资本，均有利于提升农户的生计适应能力。而孙晗霖等认为，基础设施、产业发展、就业条件对于易地搬迁脱贫户满意度均具有正向影响；而生计改善很大程度上决定了脱贫户对易地扶贫搬迁的整体满意度。

专著成果主要有：国家发展和改革委员会编著的《全国易地扶贫搬迁年度报告（2018）》，其分为总报告、部门篇、地方篇，全面记述了 1000 万贫困人口易地搬迁脱贫的中国故事。另外还有白永秀所著的《中国城乡发展报告 2018——聚焦新时代西部地区易地搬迁精准扶贫》，何玲玲、吕翠丽所著的《易地扶贫搬迁与搬迁人口市民化耦合研究：广西少数民族聚居地区的实践表述》《扶贫移民的自愿性和可持续性研究——基于秦晋两省的实证分析》等。

生态扶贫研究方面。扶贫开发和生态建设是我国社会发展所面临的两项主要任务，必须把扶贫开发促进减贫和绿色增长结合起来，推进绿色减贫。王晓毅认为习近平生态文明思想为绿色减贫提供了理论基础，“两山”理念为绿色减贫提供了战略选择，精准扶贫为绿色减贫提供了具体的操作策略。我国在绿色减贫实践中形成了以生态环境建设保护、易地搬迁、绿色产业开发三个措施相互结合，政府主导，私营部门和贫困人群参与，完善市场和绿色资产建设同步进行的绿色减贫模式。冷志明等从“人地关系地域系统”视角研究生态贫困的形成，将生态贫困界定为特定时空情境下，人地关系地域系统中“地”维度上的剥夺及其制约“人”“业”维度的发展或导致彼此不协调、不可持续发展的过程和状态，提出了生态扶贫的机理与路径。张琦认为要实现绿色减贫，一是应积极探索绿色减贫财政奖励政策试点；二是要完善绿色资产定价体系，不断放大绿色资源资产收益和扶贫效应；三是要完善和构建贫困地区生态补偿机制，提升绿色减贫效果。

在专著成果方面主要有：张琦、黄承伟所著的《中国绿色减贫发展报告（2017）》，该报告系统详实地呈现了精准扶贫精准脱贫阶段绿色减贫领域的理论创新与实践创新进展，并通过大量案例详细展示了绿色减贫的成效和机理。报告呈现了理论界和实践领域对于习近平总书记关于绿色减贫的重要论述的学习和理解的基本脉络，即从理念的辨析转向对实践的分析、从经济发展的视域扩展至生态文明的视野，从“开发—保护”的思路迈向“转化—创造”的思维。蔡典雄等所著的《中国生态扶贫战略研究（修订版）》，选择宁夏回族自治区进行案例分析，开展生态系统服务功能价值评估，系统总结了中国生态扶贫面临的主要挑战，提出了生态扶贫发展战略。王超、肖小虹所著的《贵州绿色发展的减贫机制与路径研究》，也提出了贵州省如何打造绿色发展的减贫机制与路径的相关问题。

文化扶贫研究方面，张海荣认为，文化失调导致农民精神贫困与德性失守、心理失衡、认同失灵等问题。因此，应重塑守序与遵道，将“敬法”与“修儒”相连接，弘扬新时代人文精神，重构乡村文化价值认同。贺海波认为，精准扶贫要与改造贫困文化同步进行，突破贫困文化的传统社会规范，要做好义务教育与成人教育，阻断贫困文化的代际传递，培育贫困人口的现代理性精神。此外，还要关注贫困文化变迁中的文化震惊现象，防止贫困回流与社会失序或社会解组。张霞认为，面对当前我国农村文化精准扶贫提出的新问题和新挑战，应以共享理念为指导，以“全民共享”引领农村文化精准扶贫的“主旋律”，以“全面共享”筑牢农村文化精准扶贫的“主阵地”，以“共建共享”疏通农村文化精准扶贫的“主动脉”，以“渐进共享”构筑农村文化精准扶贫的“防波提”。江宗超、陈锋认为，需进一步加强对精准扶贫系统中文化扶贫的关注和乡村振兴战略下文化扶贫的思考，加强马克思主义文化建设理论对文化扶贫的指导，同时注重把定性研究与定量研究相结合，在实地调研精准扶贫中供需矛盾和文化短板的基础上，深化文化扶贫的对策机制研究。文化扶贫研究专著成果，有袁一民所著的《传播社会学中关于贫困的研究》等。

电商扶贫研究方面，王鹤霏认为，我国电商扶贫目前存在产业基础薄弱、创新能力不足及相应公共服务不到位等问题，应通过对电商扶贫进行统筹规划、夯实精准扶贫产业基础、发挥人才和技术的引领作用、加强基础设施建设等方式，推动电商扶贫发展。张夏恒认为，在电子商务进农村的推进过程中，要关注产业扶贫、教育扶贫与电商扶贫的协同推进以及政府、企业与个人的示范效应，要依托平台、技术支撑，夯实基础设施，实现多元协同运作。易法敏结合京东“跑步鸡”案例，提出电商扶贫的基本模式：在扶贫生态系统中，平台通过资源整合，发展可持续的特色化产业，并以此构建扶贫服务支点；农户在平台协同下，通过参与产业链获取市场机会以及直接参与生态系统的价值分配，进而获得知识与技能，积累持续发展能力。

健康扶贫研究方面，汪三贵、刘明月认为，部分贫困地区在健康扶贫实施过程中还存在目标理念偏差、医疗保障水平过高、政策利用率低、过度治疗和部门机构衔接机制不完善等问题。可以通过加强公共卫生和疾病防控、合理确定医疗保障水平、重视基层医疗人才培养、加强对医疗机构的监督和约束、完善健康扶贫部门之间的衔接机制等予以优化。鲍震宇、赵元凤认为，未来健康扶贫工程完善的重点是改革新农合门诊统筹保险制度、强化住院统筹制度以及扩大多重医疗保障的覆盖面，促进保险健康扶贫功能的实现。翟绍果、严锦航认为，目前的健康扶贫措施存在目标理念偏差、瞄准对象不精准、对口帮扶效果不明显、递送体系不完善、可持续发展能力不足等问题。政府应该：优化健康扶贫理念，制定健康扶贫远期规划；建立科学识别机制，细分瞄准健康扶贫对象；完善法律规范并建立考核机制，促进对口帮扶有效落实；提升基层健康服务能力，建立健全健康服务递送体系；多措并举，协同行动，增强健康扶贫制度的可持续发展能力。王三秀、刘亚孔认为，健康扶贫应重构破除贫病循环、提升贫困者健康可行能力、适度普惠与精准瞄准相结合的目标体系，以实现健康扶贫的标本兼治。同时，政府应从健康扶贫资源配置、社会参与健康扶贫及相关政策立法方面采取措施。

五、中国扶贫开发道路及经验模式研究

改革开放以来，我国走出了一条具有本国特色的扶贫脱贫之路，积累了丰富宝贵的经验。黄承伟认为，十八大以来，中国脱贫攻坚实现了“理论—政策—实践”的互动转换，建构了意识形态话语与政策科学研究的互动空间，避免了学术研究成果与现实发展需求的割裂，激发了学术与政策领域的研究活力。李小云认为中国走出了一条超越结

构与行动的中国特色扶贫开发道路，实现了对宏观、中观和微观层面的致贫结构的破除，同时还确立了新的亲贫性制度与政策结构；其不仅健全了贫困治理体系，更突显了贫困者在扶贫攻坚中的主体价值与内在发展动力。吴国宝则提出，中国农村扶贫开发40年来，既内含着特定的时空因素和中国独特的政治制度与治理体系的影响，也形成了一些可与其他国家分享的大规模减贫经验，即通过发展减贫，提升贫困地区和贫困人口自我发展能力，实行精准扶贫，坚持扶贫创新，坚持党和政府领导、群众主体、社会参与的基本扶贫制度，坚持持续扶贫。汪三贵强调，中国取得的大规模减贫成就是高速经济增长和扶贫开发共同作用的结果，而中国在多个方面的制度优势是大规模减贫的坚实基础和根本保障。谢玉梅认为，改革开放40年来，中国扶贫政策历经了救济型扶贫、温饱型扶贫和小康型扶贫三个阶段。政府主导型的扶贫取得了巨大成就，尤其是十八大以来，习近平总书记关于扶贫的重要论述已经在经济社会发展总体战略及扶贫开发政策实践中形成了独特的理论体系，是新时代中国特色社会主义理论的重要组成部分，为发展中国家贫困治理动态跟踪及其评估提供了借鉴，为全球贫困治理贡献了中国智慧和中国方案。李实认为，中国经济转型的40年中，前30年城乡之间、城镇内部和农村内部收入差距都在全方位扩大，但这并不是一种两极分化，只是低收入人群收入增长的幅度小于高收入人群，而且在高速经济增长的带动下，贫困人口数量不断减少；而在过去近10年中，这种收入差距的扩大趋势得到了初步遏制。向德平、华汛子认为，改革开放40年来，中国在贫困治理中坚持制度优势与政治优势相结合，坚持顶层设计与实践创新相结合，坚持政府领导与多方参与相结合，坚持扶贫开发与社会保障相结合，坚持生产发展与生态保护相结合，坚持外部帮扶与自主脱贫相结合，形成了贫困治理的中国经验。孙久文、林万龙所著的《中国扶贫开发的战略与政策研究》分别从全国层面和甘肃、青海、新疆、西藏、武陵山片区等贫困地区层面梳理了我国扶贫开发的战略与政策，从中心城镇培育角度和农村特色农业扶持角度探讨了扶贫开发的政策评估与未来政策设计，探究经济增长、收入分配、人口动态变化对扶贫开发的影响机理。李实等所著的《21世纪中国农村贫困特征与反贫困战略》通过研究经济增长、收入分配和贫困的关系，得到以下结论：经济增长如果不能带来居民收入增长，特别是农村地区居民收入增长，那么减贫的效果会大打折扣；收入差距扩大减缓了收入增长产生的减贫效应，在一定时期内成为加重农村贫困的主要因素；市场化经济改革改进了农村劳动力的流动性和配置效率，对提高农民收入与缓解农村贫困起到了积极作用。

六、扶贫脱贫区域差异性研究

由于不同地区的地理位置、自然环境、经济条件等存在差异，中国贫困现状因地域不同而呈现出不同特点，地区性的扶贫研究可以有针对性地体现出各个地区的扶贫现状和特性，从而推行差异性、多样化的扶贫策略，提高扶贫效率。因此，许多学者针对不同地区进行了扶贫开发研究。

（一）深度贫困地区扶贫开发研究

刘永富指出，加快推进深度贫困地区脱贫攻坚，要坚持中央统筹，将新增脱贫攻坚资金、项目、举措主要用于深度贫困地区，重点支持“三区三州”。坚持落实部门责任，中央和国家机关有关部门要落实行业主管责任，对“三区三州”和其他深度贫困地区、深度贫困问题，予以统筹支持解决。张琦认为攻克深度贫困堡垒，应从教育精准扶贫入手，注重扶志与扶智相结合、起点与过程相结合、治标与治本相结合、短效与长效相结合，助力深度贫困地区顺利脱贫。汪三贵认为，中国未来三年脱贫攻坚战的重点是深度贫困地区和特殊类型的贫困人群，考虑到贫困问题的复杂性，减贫、缓贫的公共政策体系仍然值得高度关注，特殊困难人群依然需要格外关心、格外关注、格外关爱。同时，需要采用超常规手段和创新机制，短期长期帮扶结合，短期内重点解决贫困人口生活问题，长期则需要重点解决发展动力和能力不足问题，并实施兜底政策。左停等以四省藏区为例，提出深度贫困地区反贫困要更多关注该类地区的特殊需求、适当调整扶贫策略，在保证地区稳定、生态良好的基础上，寻找突破深度贫困、走出困境的路径。渠鲲飞等认为，由于“显性技能扶贫”脱嵌于贫困户的“深层能力贫困”实际，导致贫困户的能力建设不充分，扶贫功能式微。具体表现为：实施前，实施对象的识别中存在社会排斥，目标人群发生偏离；实施中，对扶贫对象的教育贫困认识不足，行政过程中的组织失灵，造成培训效应遗漏；实施后，缺乏隐形能力建设和碎片化治理，导致掌握技能的深度贫困户依旧不能稳定脱贫。李小云认为，制定缓解和消除深度贫困的政策需要在“贫困陷阱”理论基础上，从区域发展、社会发展、社会文化、扶贫组织资源角度出发，为深度贫困地区和人群寻找合适的脱贫之道。雷明指出，必须深刻认识深度贫困地区如期完成脱贫攻坚任务的艰巨性、重要性、紧迫性，需要采取更大力度的支持、更加有效的举措、更加有力的工作，扎实推进深度贫困地区脱贫攻坚。

（二）连片特困地区扶贫开发研究

熊国平所著的《集中连片贫困地区扶贫开发规划》总结归纳了国内外集中连片贫困地区扶贫开发规划，梳理了相关理论基础和研究方法，并对国内外集中连片贫困地区减贫实践进行对比研究。郭永田所著的《集中连片特困地区发展现代农业增收脱贫的实践与思考》是一本调查研究文集，既包括以集中连片特困片区为样本的调查，也包括以地市为样本的调查；既包括以旗县为样本的调查，也包括以村庄为样本的调查。王金营、李竞博所著的《连片贫困地区贫困家庭调查及对策研究——基于燕山—太行山和黑龙港流域的调查》，结合2010年人口普查，运用多层次模型，多维度对连片贫困地区农村家庭户贫困—富裕度进行测度和精准识别，提出“三三三四”制反贫困政策体系。另外还有刘林所著的《新疆连片特困地区少数民族贫困农户自我发展能力提升研究》、陈敬胜所著的《经验与典型：罗霄山脉连片特困区精准扶贫的个案研究》等研究成果。

（三）特殊区域的扶贫脱贫研究

特殊类型贫困地区环境恶劣，致贫原因多样，其贫困状况相对其他地区更加突出，实现特殊类型贫困地区如期脱贫已经成为打赢脱贫攻坚战的重要一环。

在少数民族和民族地区研究方面，李小云、高明认为政策制定者需要从贫困的元问题上重构我国的扶贫逻辑，将民族地区传统亚文化与现代性有机结合，控制现代性在消费领域的过度扩张并协助深度贫困少数民族群体接近和把握现代性伦理，促进基于农户主体认知的福利水平的实现。朱宝莉、刘晓鹰认为，民族地区通过全域旅游实现精准扶贫尚需处理好整体性和益贫性、资源开发和文化生态保护、政府主导和社会参与、突出市场机制和农民市场进入能力不强之间的矛盾。何莽等（2016）基于四川省兴文县苗族旅游扶贫案例发现，民族地区旅游扶贫，丰富的非物质文化遗产可为扶贫提供资源支撑，采用节事活化、景区集中展示和非遗街区建设三步走的策略，能够实现非遗保护、旅游开发、精准扶贫三者的有机统一。民族地区扶贫研究专著主要有：方堃所著的《民族地区精准扶贫难点问题研究》，程蹊、陈全功所著的《民族山区精准扶贫与片区发展问题调查研究：以湖北省为例》，邵志忠所著的《山村重塑：少数民族贫困山区参与式乡村社会发展研究》等。边境地区扶贫研究方面，李洁超著有《滇西边境山区扶贫开发》。革命老区扶贫研究方面，有宁德市老区建设促进会、宁德市社会科学界联合会联合编著的《闽东老区扶贫路》，谭志松编著的《三峡流域民族地区精准扶贫研究》，张绪清所著的《乌蒙山国家能矿基地脱贫开发问题研究》。

（四）区域及省级扶贫脱贫研究

区域扶贫脱贫研究方面，张永丽等通过对西部地区甘肃省 14 个贫困村的农户家庭数据进行研究后发现：贫困家庭和非贫困家庭最大的区别在于家庭劳动力情况、家庭人口情况、家庭人口健康状况和家庭资产状况四个方面，主要是两类家庭在所拥有的劳动力资源及配置方面存在较大差异。丁建军、冷志明认为，贫困的多维属性和空间属性意味着具备综合性和区域性优势且以“人地关系”为研究核心的地理学在贫困研究和扶贫实践指导方面应大有作为。因此，作者从地理学的视角对区域贫困的本质、构成要素、格局、形成过程进行了阐释及并提出应对方案。

省级扶贫脱贫研究方面，王英等对四川深度贫困地区致贫原因的宏观表现和微观事实进行分析后发现：区域整体经济欠发达是四川深度贫困地区的主要问题，疾病、缺劳动力是出现频度最高的致贫原因，技能培训和小额信贷等帮扶措施提升了贫困群众脱贫的内在动力和发展能力，异地搬迁与医疗救助尚未体现出对贫困脆弱性的改善作用。郭远志等在对 2010 年和 2015 年云南省县域经济发展与农村减贫的耦合协调进行分析后指出，在推进精准扶贫政策落实中，必须在经济发展的基础上从多方入手，强化措施的精准性，从而确保 2020 年减贫目标的实现。蔡进等认为，重庆市农村多维贫困程度较深且区域差异较大，空间分异特征表现为：高贫困水平的区县主要分布在渝东北和渝东南地区，低贫困水平的区县主要分布在主城和主城外围地区。空间关联格局特征表现为：农村多维贫困在空间上呈现出显著的集聚效益，各区县主要以 HH 型和 LL 型正相关空间格局为主，HH 型区县主要集中在渝东北地区，LL 型区县主要集中在主城地区。徐大佑、郭亚慧认为，贵州省目前的农产品品牌打造与贫困农民脱贫致富还缺乏有效的联动机制，存在品牌意识淡薄、品牌延伸不足、规模效应不佳、品牌营销水平低、地理标志品牌滥用等问题。因此，需要增强品牌意识，强化品牌延伸，扩大规模效应，优化营销手段，规范品牌管理，进而建立和完善品牌打造与脱贫致富的联动机制，并充分利用品牌价值带动相关产业发展，提升脱贫攻坚效果。赵璐、赵作权认为，贵州省具有从核心到边缘扩散的空间减贫规律，贫困县致富格局与减贫摘帽过程呈现空间扩张趋势。因此，贵州省省域空间发展和减贫脱贫可充分利用以经济集聚为导向的空间减贫模式，加强扶贫开发横向布局和区域扶贫开发合作，加快全省脱贫致富。省级案例研究专著有：任宗哲等所著的《陕西蓝皮书：陕西精准脱贫研究报告（2018）》、王春光等所著的《脱贫攻坚的可持续性探索——贵州的实践与经验》等。县级案例研究成果有：王西琴等所著的《红色火种：湖南省永州市“党建＋产业技术扶贫”实践》、祝灵君等所著的《治理贫困之路——四川宣汉调查》。村级案例研究成果有：中共中央组织部组织二局编著的《发展壮大村级集体经济案例选》，其选取了各地发展农村集体经济的典型案例予以汇编。彭学明所著的《人间正是艳阳天——湖南湘西十八洞的故事》记述了十八洞村脱贫攻坚的变化与故事。

七、社会保障与扶贫开发相结合的减贫理论探索

正如有关专家提出的那样，中国未来的扶贫工作应聚焦于三方面的改变：微观层面贫困人口和贫困村内生动力的激活和配置，中观层面益贫式经济发展环境的营造及其减贫功能的充分发挥，宏观层面保障性的社会

政策格局的建立。

左停等认为，当前农村扶贫阶段中，贫困人口的社会生理性致贫因素增强，因此要求包括社会保障、社会权利救济在内的社会保护式扶贫发挥更大作用。为了减少因制度不一造成的缝隙和叠加问题，让扶贫与低保等其他社会保障制度进行衔接，构建多领域、多主体的反贫困协作治理框架十分必要。孙久文、张静指出，应探索开发与保障并重的扶贫模式，针对因病、因残、因老、因年龄等原因不能参与或只能少量参与经济活动的人群，构建生活、居住、健康、养老、教育保障和就业保障体系，与其他部门、政策相结合，厘清保障性扶贫思路，构建长效工作机制。贺雪峰认为，中国的反贫困制度设计实际上同时存在两套不同的功能互补的制度体系。其中，扶贫政策重在环境建设，重点是为贫困地区有劳动力的农户增收创造环境条件。社会保障政策则是为所有因缺少劳动力而缺少响应市场条件能力的农户家庭提供基本生活保障。刘欢对中国健康与营养调查数据进行研究后发现：家庭非生产性资产、异质性风险与家庭慢性贫困脆弱显著正相关，家庭生产性资产、公共转移支付收入、养老金收入、医保参保与家庭慢性贫困脆弱显著负相关；家庭生产性资产、异质性风险变量与家庭暂时性贫困脆弱显著正相关，退休金收入与暂时性贫困脆弱显著负相关。

在这方面的研究成果有：左停等所著的《社会保障与减贫发展》、乔煜所著的《反贫困战略下的西部农村社会保障法律创新研究》，林义、刘喜堂所著的《当代中国社会救助制度：兜底与脱贫》、兰剑所著的《反贫困视域下社会救助依赖问题的解构及其治理》等，以上成果为研究者掌握中国的社会救助制度运行特点及反贫困提供了参考。

八、社会扶贫背景下的大扶贫格局理论探索

全社会力量参与扶贫开发，是中国特色扶贫开发道路的重要特征，也是我国扶贫开发事业的成功经验。如何构建社会扶贫背景下的大扶贫格局已经成为各路学者关注的焦点。

向德平、刘风提出，社会扶贫主体的理性选择不同，贫困治理效果就有区别。社会扶贫主体要实现最优的扶贫效果，必须实现价值理性与工具理性的统一。谢玉梅、藏丹指出，在制度设计中，政府一方面发挥财政专项资金的杠杆作用和社会帮扶工作机制激励作用引导多元主体参与扶贫开发；另一方面以政策为指导，基层组织、企业和社会分别从“整村提升工程”“家门口就业工程”和社会帮扶等路径助力贫困治理，实现了村集体和农户收入同步增长。

林顺利、孟亚男提出，政府要在地方工作中为社会工作嵌入留下接口，积极营造和改善社会工作在基层的工作情境并强化社会工作的行业能力建设，促进社会工作在精准扶贫工作中的系统嵌入，激发社会工作脱贫攻坚的潜能。汪怀君、汝绪华认为，突破社会救助与精准扶贫有效衔接的“瓶颈问题”是关系到2020年脱贫攻坚战目标能否实现的重大问题。因此，在创新扶贫开发思路的同时，必须厘清阻碍社会救助与精准扶贫有效衔接的瓶颈问题，努力探索出一条破解瓶颈问题的善治对策。

这方面研究的专著有：陆汉文、梁爱有、彭堂超等所著的《政府市场社会大扶贫格局》、赵辉所著的《社会扶贫项目实施》、辛刚国所著的《非公有制经济参与精准扶贫研究》等。

九、2020年后我国减贫研究

在2020年后扶贫脱贫机制研究方面，汪三贵、曾小溪指出，后2020贫困问题的政策取向可以是：区域政策解决制约深度贫困地区和贫困人口发展的外部约束，开发式扶贫政策提升一般贫困人口向上流动的能力，精准滴灌式扶贫政策解除特殊困难贫困

人口的特殊困境，城乡一体化扶贫体系解决扶贫的“真空地带”。李小云、许汉泽认为：2020 年后，农村贫困将会进入一个以转型性的次生贫困和相对贫困为特点的新阶段，届时转型贫困群体和潜在贫困群体将会成为扶贫工作新的目标群体，并呈现出新的特征，为此需要加大力度推进城乡一体化和扶贫开发与社会公共服务一体化改革以及发育新的综合性贫困治理机制和贫困治理结构。万兰芳、向德平认为 2020 年以后，中国将进入“后贫困时代”，“后贫困时代”的减贫必须转向“新发展主义”逻辑下的福利治理，在政府、市场和社会的“三手协奏”之下，通过普遍性的福利供给和完善的社会保障，构建起弱势贫困人群的正式和非正式社会支持网络，最终通过全面有效的社会保护达到贫困的根本性治理。王小林认为 2020 年后，中国将进入缓解相对贫困的发展阶段，改革开放 40 年来形成的贫困治理框架中的许多理念和方法仍应坚持，但需根据贫困的相对性等特征进行调整和完善。而这 40 年来贫困治理的中国经验将是实现联合国 2030 年可持续发展目标的宝贵财富，是中国在处理全球发展事务中的“软实力”。专著方面，杨秋宝所著的《2020：中国消除农村贫困——全面建成小康社会的精准扶贫、脱贫攻坚研究》，立足于全面建成小康社会，围绕党和国家关于精准扶贫、脱贫攻坚的大政方针、战略要求与具体实践进行分析论述，同时侧重对全面建成小康社会决胜阶段精准扶贫、脱贫攻坚的一系列重要问题进行理论研究，并提出解决之策。

十、国际减贫经验研究

左常升、谭卫平、张广平、徐丽萍编著的《世界各国减贫概要（第二辑）》整合了老挝、印度、缅甸等国家的减贫概要和战略研究，以及柬埔寨旅游扶贫研究、拉美社会养老金的精准扶贫与效果分析、拉美国家有条件现金转移支付计划的退出机制、巴西“社会计划登记系统”考察报告、墨西哥多维贫困识别对我国“精准扶贫”的启示等内容，对所述国家的经济社会发展概况、贫困状况、减贫战略及政策体系等进行了综合归纳和基本评述。左常升编著的《国际减贫理论与前沿问题 2018》主要介绍了国外减贫领域权威专家在 2017 年发表的研究报告，反映了减贫领域的研究进展和成果，分析了全球减贫取得的成效及存在的问题。同时探讨了哥伦比亚、金砖国家、撒哈拉非洲地区等国家和地区的减贫实践问题。王志章、李梦竹、王静等所著的《中国与“一带一路”沿线国家合作反贫困研究》，在理论分析的基础上，紧扣“一带一路”反贫困这个重大关切，分区域、分国家分析了沿线国家反贫困的现实情况与存在的困境，提出了相应的对策。安春英所著的《中非减贫合作与经验分享》一书，在当下非洲国家迫切需要分享中国减贫与发展红利的情势下，基于国际发展合作的全球视野，在分析中非减贫合作条件的基础上，系统梳理了中非减贫合作的发展演变，结合典型案例，从政府层面、企业层面、非政府层面三个维度解读了中非减贫合作的具体内容、实施方式以及取得的成效，还针对非洲国家减贫与发展面临的困境，提出了可供非洲国家选择的中国减贫经验，以及进一步深化中非减贫合作的原则、方式和路径。

左停、金菁梳理多国针对脆弱群体的社会政策后指出：国际上“弱有所扶”的社会政策设计维度多样，涵盖帮扶条件、给付方式、帮扶对象、实施载体以及对象准路径五个锥度；同时，国际上的帮扶较多区分不同类型的脆弱群体，这对我国实现“弱有所扶”具有重要启示。张海霞等认为，基于建构主义的视角，中国—柬埔寨合作减贫以不附加条件的援助为起点，相似的贫困特征形成了观念认同，区域合作模式塑造了合作减贫的“社会规范”。中柬将逐渐形成合作减贫的共有文化，促进两国在减贫领域的深入开展，为世界范围内的减贫合作提供范式和参考。温涛等对“一带一路”沿线国家的金融扶贫模式进行了系统总结，深入分析了其内在的行动逻辑，并立足于当前新时期新阶段中国现实困境，提出了基于“顶层设计——体系完善——精准识别——功能定位——模式创新”路线，完善金融扶贫机制与模式的战略构思。龙晓柏、龚建文认为英美两国基于国情制定的乡村可持续发展体系，注重完善乡村基础设施和提升现代乡村公共服务保障水平，鼓励农业规模化经营，深度挖掘乡村产业发展链条，并针对重点贫困与偏远乡村区域制定特殊发展计划，为我国推动乡村振兴与摆脱贫困提供了启示。陈成文、陈建平认为，国外社会组织在扶贫资源动员、扶贫路径选择方面形成的模式为我国完善社会组织参与精准扶贫的政策体系提供了有益的启示：一是要完善法律法规，优化社会组织的正式制度环境；二是要培育慈善文化，优化社会组织的非正式制度环境；三是要健全购买服务机制，构建扶贫政社伙伴关系；四是要鼓励服务创新，支持发展社会企业；五是要加强人才队伍建设，提升社会组织的专业能力。刘宝臣认为，借鉴美国贫困家庭临时救助（TANF）的经验，我国社会救助制度建设应发挥不同社会主体的作用，实现不同救助项目的良好合作，合理划分中央和地方政府的权责。

（北京师范大学中国扶贫研究院
张　琦　张欣欣　薛亚硕）

附表　2018年出版扶贫研究相关专著

序号	名　　称	作者	出版社	出版时间
1	中国生态扶贫战略研究（修订版）	蔡典雄等	科学出版社	2018年1月
2	甘肃民族地区精准扶贫研究	权丽华	九州出版社	2018年1月
3	新常态下精准扶贫的理论与实践——以湖北黄冈地区为例	贾利军	知识产权出版社	2018年1月
4	国家精准扶贫工作成效第三方评估方法案例——以阿坝师范学院对汶川县2017年评估检查为例	肖幼林、何远祯	西南交通大学出版社	2018年1月
5	宗祖文化与精准扶贫	中国文化管理协会新农村文化建设管理委员会	社会科学文献出版社	2018年1月
6	民族山区精准扶贫与片区发展问题调查研究：以湖北省为例	程蹊、陈全功	科学出版社	2018年1月
7	收入平等目标下的农村扶贫政策研究	王宏杰	科学出版社	2018年1月
8	扶贫蓝皮书：中国扶贫开发报告（2017）	李培林、魏后凯、吴国宝、王萍萍、檀学文、李静	社会科学文献出版社	2018年1月
9	2020：中国消除农村贫困——全面建成小康社会的精准扶贫、脱贫攻坚研究	杨秋宝	人民出版社	2018年1月
10	“互联网+”战略背景下精准化乡村旅游扶贫开发研究	郭君平	中国农业科学技术出版社	2018年1月

（续）

序号	名　称	作者	出版社	出版时间
11	经验与典型：罗霄山脉连片特困区精准扶贫的个案研究	陈敬胜	中南大学出版社	2018年1月
12	精准扶贫与乡村建设的理论和实践——来自湘西北地区的调查	黄渊基、李云峰	中南大学出版社有限责任公司	
13	陕西省精准扶贫对策研究	国亮、石春娜、张弘、党晶晶	中国农业出版社	2018年1月
14	宁夏脱贫富民战略研究	宁夏社会科学院	宁夏人民出版社	2018年1月
15	精准脱贫中国方案	程冠军	中央编译出版社	2018年1月
16	反贫困战略下的西部农村社会保障法律创新研究	乔煜	光明日报出版社	2018年1月
17	中国儿童发展报告2017：反贫困与儿童早期发展	中国发展研究基金会	中国发展出版社	2018年1月
18	残疾人贫困与教育就业问题研究	廖娟	华夏出版社	2018年1月
19	传播社会学中关于贫困的研究	袁一民	西南财经大学出版社	2018年1月
20	金融扶贫理论与实践创新研究	王宁	人民出版社	2018年2月
21	扶贫开发法律法规	李勇	汕头大学出版社	2018年2月
22	时代大决战——贵州毕节精准扶贫纪实	何建明	人民出版社	2018年2月
23	扶贫开发与区域发展——我国特困地区的贫困与扶贫策略研究	汪三贵、杨龙、张伟宾	经济科学出版社	2018年2月
24	扶贫产业技术集群	王建明	西北农林科技大学出版社	2018年2月
25	高腔	马平	天地出版社	2018年2月
26	精准扶贫：理论、路径与和田思考	王灵桂、侯波	中国社会科学出版社	2018年3月
27	社会扶贫项目实施	赵辉	经济科学出版社	2018年3月
28	旅游扶贫新视野——以重庆武陵山片区为例	陶少华	经济科学出版社	2018年3月
29	非公有制经济参与精准扶贫研究	辛刚国	中国商业出版社	2018年3月
30	西藏地区科技精准扶贫模式研究	冯楚建	中国农业科学技术出版社	2018年3月
31	广东扶贫开发模式创新研究	林伟君	中国农业出版社	2018年3月
32	脱贫攻坚　政协在行动	周北川	中国文史出版社	2018年3月
33	西南民族地区农村脆弱性贫困与反贫困研究	朱明熙、郭佩霞	中国财政经济出版社	2018年3月
34	连片贫困地区贫困家庭调查及对策研究——基于燕山—太行山和黑龙港流域的调查	王金营、李竞博	人民出版社	2018年3月
35	社会救助在贫困治理中的作用研究	王杰秀	中国社会出版社	2018年3月
36	制度质量、包容性金融发展与减贫的关系研究	崔艳娟	中国财政经济出版社	2018年3月
37	扶贫政策：政府导向或市场导向？	樊明	社会科学文献出版社	2018年4月

（续）

序号	名　称	作者	出版社	出版时间
38	四川省旅游扶贫模式创新与实践研究	李晓琴	四川大学出版社	2018年4月
39	村级互助资金与扶贫贴息贷款的减贫机制与效应比较研究	陈清华	经济科学出版社	2018年4月
40	摆脱贫困——记述陕西易地扶贫搬迁	何得桂	知识产权出版社	2018年4月
41	高原上的扶贫尖兵：青海优秀第一书记风采录	中共青海省委组织部、中共青海省委宣传部	青海人民出版社	2018年4月
42	教育精准扶贫与代际流动	陈纯槿	华东师范大学出版社	2018年4月
43	陕西蓝皮书：陕西精准脱贫研究报告（2018）	任宗哲、白宽犁、王建康	社会科学文献出版社	2018年4月
44	贫困地区精准脱贫的路径优化与退出机制研究	王志章、韩佳丽	人民出版社	2018年4月
45	全面打好精准脱贫攻坚战	郭玮	言实出版社	2018年4月
46	多维贫困与反贫困绩效评估：理论、方法与实证	周强	经济科学出版社	2018年4月
47	反贫困与中国儿童发展 Ⅱ	李伟	中国发展出版社	2018年4月
48	财政农村扶贫政策及其减贫效应研究	周艳	中国财政经济出版社	2018年5月
49	武陵山片区旅游扶贫发展报告	李定珍、张琰飞、鲁明勇	经济科学出版社	2018年5月
50	精准扶贫　精准脱贫	中共中央组织部干部教育局	党建读物出版社	2018年5月
51	乡村旅游扶贫理论与实践	梁留科	科学出版社	2018年5月
52	大国脱贫之路	王海燕	人民出版社	2018年5月
53	青龙脱贫诗记	纪立功	群言出版社	2018年5月
54	同贫困斗争：城市低保家庭的脱贫行动以及低保制度的服务输送研究	李正东	中国社会出版社	2018年5月
55	贫困何以生产：城市低保家庭的贫困状况研究	李正东	中国社会出版社	2018年5月
56	精准脱贫与乡村振兴——农业农村干部培训读本	王雄	西北农林科技大学出版社	2018年5月
57	西北民族地区经济增长的贫困变动效应	张平	经济管理出版社	2018年5月
58	土地制度、规模经济与农民贫困问题	王永华	经济管理出版社	2018年5月
59	民族村寨建设、文化旅游资源开发与反贫困研究	李军	民主与建设出版社	2018年5月
60	金融扶贫三十六计	周逢民	中国金融出版社	2018年6月
61	中国扶贫开发的战略与政策研究	孙久文、林万龙	科学出版社	2018年6月
62	扶贫项目绩效评估研究：基于精准扶贫的视角	孙璐	社会科学文献出版社	2018年6月
63	大国扶贫——来自巴中市扶贫一线的报告	贺享雍	四川人民出版社	2018年6月
64	乡村旅游扶贫雪峰山模式	张琰飞、鲁明勇	经济科学出版社	2018年6月

（续）

序号	名　　称	作者	出版社	出版时间
65	民族地区精准扶贫难点问题研究	方堃	科学出版社	2018年6月
66	中国共产党与中国扶贫事业	文建龙	社会科学文献出版社	2018年6月
67	空间经济学视阈下武陵山区农村职教扶贫研究	柳劲松	科学出版社	2018年6月
68	大国扶贫——献给第一线的扶贫工作者	贺享雍	四川人民出版社	2018年6月
69	普惠金融改变世界：应对贫困、失业和环境恶化的经济学	［孟加拉国］穆罕默德·尤努斯（Muhammad Yunus）	机械工业出版社	2018年6月
70	新疆连片特困地区少数民族贫困农户自我发展能力提升研究	刘林	经济科学出版社	2018年6月
71	参与式社区综合发展的减贫效应研究——基于多维动态视角	郭君平	经济科学出版社	2018年6月
72	吕梁市旅游扶贫开发研究	李强	中国石化出版社有限公司	2018年7月
73	民族地区旅游扶贫“什寒模式”研究	谢镕键、张丹丹、曾令明、罗加桢	中国旅游出版社	2018年7月
74	滇西边境山区扶贫开发	李洁超	社会科学文献出版社	2018年7月
75	扶贫机制创新的理论与实践	张琦、万君	湖南人民出版社图书发行部	2018年7月
76	中国扶贫攻坚前沿问题研究丛书——政治制度优势贫困治理	孙兆霞、张建、曹端波、毛刚强	湖北人民出版社	2018年7月
77	庆城县扶贫开发成效及美丽乡村建设	中共庆城县委、庆城县人民政府	甘肃人民出版社	2018年7月
78	发展壮大村级集体经济案例选	中共中央组织部组织二局	党建读物出版社	2018年7月
79	当代中国社会救助制度：兜底与脱贫	林义、刘喜堂	人民出版社	2018年7月
80	集中连片特困地区发展现代农业增收脱贫的实践与思考	郭永田	中国农业出版社	2018年7月
81	生态文明建设与精准脱贫	吴大华、张学立、黄承伟、叶韬	社会科学文献出版社	2018年7月
82	大潘扶贫	潘祝华	中共中央党校出版社	2018年7月
83	脱贫攻坚　我们的行动——23位书记访谈录	何昌平等口述，贺享雍采访、整理	四川人民出版社	2018年7月
84	贫困家庭儿童养育策略视角下城市低保制度探析	栾文敬	首都经济贸易大学出版社	2018年7月
85	中国反贫困：人类历史的伟大壮举	朱信凯、彭超等	中国人民大学出版社	2018年7月
86	西部农村贫困与反贫困研究	洪名勇等	中国财政经济出版社	2018年7月

（续）

序号	名　　称	作者	出版社	出版时间
87	自然贫困线原理、方法与实证研究	谭诗斌	武汉大学出版社	2018 年 7 月
88	西北地区反贫困战略与政策研究	张永丽	人民出版社	2018 年 7 月
89	中国绿色减贫发展报告 2017	张琦、黄承伟	经济日报出版社	2018 年 7 月
90	留守老人社会保障与减贫效果研究	韦璞	中国社会科学出版社	2018 年 7 月
91	金融减贫的理论与实践：以四川省宜宾市为例	刘艳、臧敦刚	西南财经大学出版社	2018 年 7 月
92	政府市场社会大扶贫格局	陆汉文、梁爱有、彭堂超	湖南人民出版社	2018 年 7 月
93	精准扶贫精准脱贫方略	黄承伟、覃志敏	湖北人民出版社	2018 年 7 月
94	扶贫对象主体性与组织化	林曾、梅红	湖北人民出版社	2018 年 7 月
95	社会保障与减贫发展	左停	湖北人民出版社	2018 年 7 月
96	减贫目标与减贫手段	向德平	湖北人民出版社	2018 年 7 月
97	多维贫困与贫困治理	庄天慧、杨浩、蓝红星	湖北人民出版社	2018 年 7 月
98	三维资本协同反贫困机制	黄承伟、刘欣	湖北人民出版社	2018 年 7 月
99	新型城镇化与减贫发展	雷明	湖北人民出版社	2018 年 7 月
100	易地扶贫搬迁与搬迁人口市民化耦合研究：广西少数民族聚居地区的实践表述	何玲玲，吕翠丽	经济科学出版社	2018 年 8 月
101	资产收益扶贫的实践探索	全国扶贫宣传教育中心	中国农业出版社	2018 年 8 月
102	习近平扶贫论述摘编	中共中央党史和文献研究院	中央文献出版社	2018 年 8 月
103	脱贫攻坚政策解读	国务院扶贫开发领导小组办公室组织	党建读物出版社	2018 年 8 月
104	诗写贵州脱贫攻坚战	何京、杨杰	贵州大学出版社	2018 年 8 月
105	助推脱贫攻坚　保险在路上	《助推脱贫攻坚　保险在路上》编委会	中国金融出版社	2018 年 8 月
106	中国战胜农村贫困：从理论到实践	潘慧、章元	北京大学出版社	2018 年 8 月
107	资源衰竭地区贫困问题研究——以内蒙古国有林区为例	李京华	经济管理出版社	2018 年 8 月
108	中国农村贫困家庭代际传递研究：1978—2012 年	周宗社	经济科学出版社	2018 年 8 月
109	贫困地区公共文化服务体系建设调研报告	孙道进、熊仕刚	西南师范大学出版社	2018 年 8 月
110	贫困村创业致富带头人培育工程优秀案例选编	全国扶贫宣传教育中心	中国农业出版社	2018 年 8 月
111	世界各国减贫概要（第二辑）	左常升、谭卫平、张广平、徐丽萍	社会科学文献出版社	2018 年 8 月

（续）

序号	名　　称	作者	出版社	出版时间
112	贵州绿色发展的减贫机制与路径研究	王超、肖小虹	科学出版社	2018年8月
113	教育扶贫蓝皮书：中国教育扶贫报告（2017）	王文静、李兴洲、白晓、史志乐	社会科学文献出版社	2018年9月
114	扶贫攻坚实战手册	王家华	中国农业出版社	2018年9月
115	扶贫经济与产业发展（政协委员文库）	林嘉騋	中国文史出版社	2018年9月
116	第一书记与精准扶贫：农村扶贫工作反思与创新	为公	首都经济贸易大学出版社	2018年9月
117	县域金融扶贫的田东经验	崔长彬、张正河	中国农业大学出版社	2018年9月
118	黄土高原旅游扶贫研究	李会琴	华中科技大学出版社	2018年9月
119	闽东老区扶贫路	宁德市老区建设促进会、宁德市社会科学界联合会	海峡文艺出版社	2018年9月
120	人力资源社会保障精准扶贫研究	李娟	社会科学文献出版社	2018年9月
121	中国城乡发展报告2018——聚焦新时代西部地区易地搬迁精准扶贫	白永秀等	中国经济出版社	2018年9月
122	我的精准扶贫日记	姚建刚	北京燕山出版社	2018年9月
123	扶贫的故事	中国新闻社图片网络中心	新世界出版社	2018年9月
124	脱贫攻坚先锋2016年全国脱贫攻坚获奖者事迹	脱贫攻坚先锋系列图书编辑委员会	中国劳动社会保障出版社	2018年9月
125	贫穷的本质（修订版）：我们为什么摆脱不了贫穷	（印度）阿比吉特·班纳吉	中信出版社	2018年9月
126	陈家湾	陈学知	四川文艺出版社	2018年9月
127	脱贫攻坚先锋2017年全国脱贫攻坚获奖者事迹	脱贫攻坚先锋系列图书编辑委员会	中国劳动社会保障出版社	2018年9月
128	城市贫困老人的多重困境与抗逆过程	陈岩燕	社会科学文献出版社	2018年9月
129	山村重塑：少数民族贫困山区参与式乡村社会发展研究	邵志忠	民族出版社	2018年9月
130	中非减贫合作与经验分享	安春英	中国社会科学出版社	2018年9月
131	金融扶贫：理论、政策与实践	郭利华	知识产权出版社	2018年10月
132	探路：产业扶贫十八洞村思考	谭云明、艾华	中国经济出版社	2018年10月
133	农村金融改革创新与精准扶贫	蒋远胜、王挺	西南财经大学出版社	2018年10月
134	金融扶贫：理论、政策与实践	郭利华	知识产权出版社	2018年10月
135	红色火种：湖南省永州市“党建+产业技术扶贫”实践	王西琴、陈秋红	中国人民大学出版社	2018年10月

（续）

序号	名　　称	作者	出版社	出版时间
136	第一书记扶贫手记	贾平凹	陕西师范大学出版社	2018 年 10 月
137	公务员脱贫攻坚培训教材	吴德慧	中国言实出版社	2018 年 10 月
138	中共中央　国务院关于打赢脱贫攻坚战三年行动的指导意见		人民出版社	2018 年 10 月
139	百村脱贫案例	山西省扶贫开发办公室	北岳文艺出版社	2018 年 10 月
140	中国农村多维贫困的测度与反贫困政策研究	张全红、周强	华中科技大学出版社	2018 年 10 月
141	贫困山区农业产业发展模式研究——来自重庆三个典型村庄的前沿报告	刘清华、柯剑鸿、李英奎	重庆大学出版社	2018 年 10 月
142	反贫困视域下社会救助依赖问题的解构及其治理	兰剑	科学出版社	2018 年 10 月
143	中国教育发展与减贫研究	李兴洲、白晓、王小林	社会科学文献出版社	2018 年 10 月
144	教育扶贫的力量	曾天山	教育科学出版社	2018 年 11 月
145	中国扶贫理论的形成与发展	全国扶贫宣传教育中心	中国农业出版社	2018 年 11 月
146	产业扶贫脱贫概览	全国扶贫宣传教育中心	中国农业出版社	2018 年 11 月
147	精准扶贫精准脱贫方略基层干部读本	全国扶贫宣传教育中心	中国农业出版社	2018 年 11 月
148	全国易地扶贫搬迁年度报告（2018）	国家发展和改革委员会	人民出版社	2018 年 11 月
149	贫困村精准扶贫实施指南——精准扶贫村级实施的程序与方法	全国扶贫宣传教育中心	中国农业出版社	2018 年 11 月
150	盐池的精准扶贫之路	王灵桂、张中元	中国社会科学出版社	2018 年 11 月
151	脱贫攻坚理论实践创新研究	全国扶贫宣传教育中心	中国农业出版社	2018 年 11 月
152	集中连片贫困地区扶贫开发规划	熊国平	中国建筑工业	2018 年 11 月
153	中国扶贫模式研究	胡兴东、杨林	人民出版社	2018 年 11 月
154	湖北精准扶贫工作现状调查	彭玮	湖北人民出版社	2018 年 11 月
155	多维贫困视角下的精准扶贫研究	高考、年旻	华中科技大学出版社	2018 年 11 月
156	开发性金融脱贫攻坚发展报告（2017/中英文对照）	国家开发银行	人民出版社	2018 年 11 月
157	财政促进脱贫攻坚的体制机制与政策研究	段炳德	中国发展出版社	2018 年 11 月
158	乌蒙山国家能矿基地脱贫开发问题研究	张绪清	经济科学出版社	2018 年 11 月

（续）

序号	名　　称	作者	出版社	出版时间
159	党建引领脱贫攻坚案例精选	中共福建省委党建工作领导小组办公室	福建人民出版社	2018 年 11 月
160	乡村振兴战略看陇西：国家级贫困县打赢脱贫攻坚战	李传章、张青松	社会科学文献出版社	2018 年 11 月
161	掷地有声——脱贫攻坚山西故事	鲁顺民、杨遥、陈克海	北岳文艺出版社	2018 年 11 月
162	读懂中国脱贫攻坚	胡富国	外文出版社	2018 年 11 月
163	大数据视域下高校贫困生精准资助研究	罗丽琳	知识产权出版社	2018 年 11 月
164	新时代中国农村老年贫困精准治理研究：基于马克思主义反贫困理论	张赛玉	世界知识出版社	2018 年 11 月
165	21 世纪中国农村贫困特征与反贫困战略	李实等	经济科学出版社	2018 年 11 月
166	城市贫困家庭可持续生计：发展型社会政策视角	高功敬	社会科学文献出版社	2018 年 11 月
167	中国贫困县农户粮食安全及脆弱性研究	聂凤英、毕洁颖、黄佳琦	中国农业科学技术出版社	2018 年 11 月
168	精准扶贫的辩证法	苏昌强	厦门大学出版社	2018 年 12 月
169	脱贫攻坚前沿问题研究	国务院扶贫办政策法规司、国务院扶贫办全国扶贫宣教中心	研究出版社	2018 年 12 月
170	脱贫攻坚干部培训十讲	国务院扶贫办政策法规司、国务院扶贫办全国扶贫宣教中心	研究出版社	2018 年 12 月
171	贵州精准扶贫论——基于第三方评估视角	韩缙	知识产权出版社	2018 年 12 月
172	扶贫移民的自愿性和可持续性研究——基于秦晋两省的实证分析	薛韬、王耀麟、薛龙义	中国建筑工业出版社	2018 年 12 月
173	连片特困地区就业扶贫问题研究	李娟、韩永江	中国劳动社会保障出版社	2018 年 12 月
174	三峡流域民族地区精准扶贫研究	谭志松	中国社会科学出版社	2018 年 12 月
175	中国医疗联合体建设与健康扶贫蓝皮书	方伟岗、刘丰梅	科学技术文献出版社	2018 年 12 月
176	决不让一个兄弟民族掉队——图说怒江扶贫与跨越 50 年	宋媛、宋林武	云南人民出版社	2018 年 12 月
177	精准扶贫精准脱贫百村调研·白石口村卷：乡村旅游扶贫的经验与路径	王谋	社会科学文献出版社	2018 年 12 月
178	中国农村贫困监测报告	国家统计局住户调查办公室	中国统计出版社	2018 年 12 月
179	赣南产业扶贫与乡村振兴：赣州市信丰县、兴国县、安远县的实践	刘善庆、刘超、田延光	经济管理出版社	2018 年 12 月

（续）

序号	名　　称	作者	出版社	出版时间
180	人间正是艳阳天　湘西十八洞的故事	彭学明	广东人民出版社	2018年12月
181	打赢脱贫攻坚战：湖北省精准扶贫行动纪实	湖北日报传媒集团	当代中国出版社	2018年12月
182	新时代的映山红	刘光富	海洋出版社	2018年12月
183	脱贫攻坚的可持续性探索——贵州的实践与经验	王春光	社会科学文献出版社	2018年12月
184	治理贫困之路 ——四川宣汉调查	祝灵君、张博等	人民出版社	2018年12月
185	中国农户贫困的测量及影响因素研究	毕洁颖	中国农业科学技术出版社	2018年12月
186	乡村公共服务与反贫困联动：来自武陵山重庆片区的实践	刘安全	经济科学出版社	2018年12月
187	中国与“一带一路”沿线国家合作反贫困研究	王志章、李梦竹、王静等	人民出版社	2018年12月
188	过剩之地：美式富足与贫困悖论	［美］莫妮卡·普拉萨德	上海人民出版社	2018年12月
189	人类减贫史上的中国奇迹：中国扶贫改革40周年论文集	国务院扶贫办政策法规司、国务院扶贫办全国扶贫宣教中心	研究出版社	2018年12月
190	中国减贫行动：1978—2018	向德平、刘风、向雪琪	武汉出版社	2018年12月
191	中国农村财政支出的减贫作用机制及效果研究	李盛基、吕红	科学出版社	2018年12月
192	国际减贫理论与前沿问题2018	左常升	中国农业出版社	2018年12月

第十一篇

宣传表彰篇

扶 贫 宣 传

【扶贫宣传】 2018年，在中共中央宣传部、中共中央网络安全和信息化委员会办公室和中央主要新闻媒体的大力支持下，全国扶贫系统坚持以习近平总书记关于扶贫工作的重要论述为指导，主动担当作为，坚持守正创新，深入宣传脱贫攻坚政策措施，总结推广先进典型，积极引导舆论热点，适时开展舆论监督，扶贫宣传工作呈现出良好态势，取得了显著成效。

深入开展习近平总书记关于扶贫工作的重要论述学习宣传，强化理论武装。国务院扶贫办积极协助中共中央党史和文献研究院编辑出版《习近平扶贫论述摘编》，为广大扶贫干部全面、系统、精准把握习近平扶贫论述提供了权威论著。以国务院扶贫开发领导小组名义印发通知，对学习《摘编》进行专门安排部署。同时，邀请各省区市和新疆生产建设兵团、国务院扶贫开发领导小组成员单位主要负责同志撰写学习体会文章，汇编出版《〈习近平扶贫论述摘编〉学习体会》。面向社会开展征文活动，编辑出版《习近平总书记关于扶贫工作的重要论述学习文集》。深入学习习近平总书记关于扶贫工作的重要论述，取得重大理论成果。

深入开展正面宣传，形成鲜明导向。一是加强新闻报道。加强与中央主要媒体的策划联动，主流媒体通过专栏、专版、专题等形式，推出了一批分量重、影响大的深度报道，巩固和发展了主流主导作用。2018年，中央主流媒体共推出扶贫报道23.4万余条，同比增长78.6%，网络媒体推出扶贫报道425.8万余条。二是坚持主动发声。提高新闻发布频次，全年共召开11次新闻发布会、5次媒体通气会。两会期间，国务院扶贫办党组书记、主任刘永富在两会新闻中心召开的“打好精准脱贫攻坚战”专场记者会上回答了脱贫攻坚热点问题，接受凤凰卫视“问答神州”栏目节目主持人吴小莉的专访。创新新闻发布方式，两会期间，举办“全国人大代表谈脱贫攻坚”中外媒体见面会，首次邀请工作在扶贫一线的3名县委书记和4名全国人大代表与中外记者见面，介绍中共中央关于脱贫攻坚的决策部署在地方的贯彻落实情况，讲述了生动鲜活的扶贫故事，赢得中外媒体普遍好评。全年共编印《脱贫攻坚新闻宣传资料汇编》3期，主动向中央主流媒体推介典型案例21个。三是搭建新媒体平台。建成国务院扶贫办“两微一端”，微博粉丝量56万，微信关注量95万，移动客户端下载量达26万余次，拓展了扶贫宣传的新阵地。四是加强扶贫文艺创作。组织开展脱贫攻坚“精彩瞬间”微视频、摄影作品和脱贫攻坚公益广告征集评选展播活动。鼓励支持有关方面开展扶贫题材影视文艺作品创作，把好导向关、政策关。各地开展富有成效的宣传活动，省级媒体全年共推出扶贫报道58.9万余条，同比增长142.4%。

深入开展评选表彰，选树榜样标杆。一是全国脱贫攻坚奖增项增量。经中央批准，2018年全国脱贫攻坚奖增设组织创新奖，表彰名额从往年的40个增加到140个。经严格评选，共评选出先进个人99名、先进单位40个。中央和国家机关工委新设脱贫攻坚表彰项目，对中央部门的扶贫先进进行表彰，各地也加大脱贫攻坚奖的评选表彰力度，形成了从中央到地方、从个人到集体的扶贫领域荣誉制度体系。二是打好宣传组合拳。隆重举办全国脱贫攻坚奖表彰大会暨脱贫攻坚报告会，首次组织开展脱贫攻坚先进事迹巡回报告会，首次编印《脱贫攻坚先锋》系列图书，继续联合中央电视台录制“庄严的承诺”特别节目。三是持续扩大影响力。12 月，申纪兰、刘永好、李保国、余留芬等 4 名全国脱贫攻坚奖获得者、脱贫攻坚模范被党中央、国务院授予改革先锋称号。经推荐，全国脱贫攻坚奖贡献奖获得者四川省渠县张渠伟入选“感动中国”人物。人力资源和社会保障部、国务院扶贫办授予武汉鼎、蓝标河 2 名同志“全国脱贫攻坚模范”荣誉称号。

深入开展扶贫日系列活动，凝聚攻坚合力。一是传达学习重要批示。中共中央总书记习近平、国务院总理李克强连续 5 年对扶贫日作出重要批示，充分体现了党中央、国务院对脱贫攻坚的高度重视，通过及时传达和认真学习，凝聚了力量、鼓舞了斗志。二是开展研讨交流。2016 年以来，国务院扶贫办会同有关部门连续三次举办习近平总书记关于扶贫工作的重要论述研讨会，交流分享学习成果。三是举办分论坛。2018 年，国家发展和改革委员会等 14 个部门牵头举办 22 个平行论坛，共有 3500 名社会各界人士参加，与会人员交流分享好的经验和做法，积极为脱贫攻坚献言献策。四是开展系列特色活动。各地、各部门因地制宜，主动开展扶贫日相关活动，扶贫日活动已深入基层一线，影响力进一步深入人心。

深入开展脱贫攻坚展览活动，展示伟大成就。一是举办典型成就展。举办“决胜 2020——脱贫攻坚展”，集中展示了河南省兰考县、江西省井冈山市、宁夏回族自治区闽宁镇和湖南省十八洞村、贵州省海雀村、四川省纯阳山村脱贫攻坚的典型经验。二是举办综合成就展。全国扶贫开发工作会议期间，举办全国脱贫攻坚展，全面展示了各地脱贫攻坚的鲜活实践、巨大成就和典型经验。三是举办改革成就展。完成了改革开放 40 周年“伟大的变革”大型展览中“摆脱贫困奔小康”主题展，集中展示了改革开放 40 年来我国扶贫开发取得的巨大成就。四是举办海外展。联合中共中央宣传部在海外举办“追寻美好生活”——中国脱贫成就展，这是我国首次在多边舞台举办脱贫攻坚成就展，充分展示了脱贫攻坚的伟大成就，受到国外观众广泛好评。

（国务院扶贫办政策法规司　潘凤林）

扶 贫 表 彰

【全国脱贫攻坚奖】 完成2018年全国脱贫攻坚奖评选表彰工作。中共中央、国务院对评选表彰活动高度重视。经中央批准，从2018年起，全国脱贫攻坚奖“奋进奖”“贡献奖”“奉献奖”“创新奖”由原每个奖项每年表彰10个先进个人增加到25个左右，并增设“组织创新奖”表彰40个左右先进组织。在2018年全国脱贫攻坚奖表彰大会暨首场先进事迹报告会举办前夕，中共中央总书记习近平作出重要指示强调，改革开放的40年，是我国逐步消除贫困的40年。40年的接续奋斗，让7亿人口摆脱了贫困，创造了人类减贫史上的奇迹。现在，中华民族千百年来存在的绝对贫困问题，就要历史性地得到解决，脱贫攻坚进入最为关键的阶段。行百里者半九十，越到紧要关头，越要坚定必胜的信念，越要有一鼓作气攻城拔寨的决心。只要各地区各部门切实担起责任、真抓实干，只要贫困地区广大干部群众继续奋发进取、埋头苦干，只要全党全国各族人民万众一心、咬定目标加油干，就一定能如期打赢脱贫攻坚这场硬仗。国务院总理李克强作出批示，对脱贫攻坚工作提出明确要求。全国政治协商会议主席汪洋接见了2018年全国脱贫攻坚奖获得者并作重要讲话。胡春华副总理出席2018年全国脱贫攻坚奖表彰大会暨首场先进事迹报告会并作重要讲话。评选表彰工作顺利完成。根据国务院扶贫开发领导小组印发的《2018年全国脱贫攻坚奖评选表彰工作方案》，评选工作于7月21日正式启动，历时2个多月，按照规定的程序和步骤，完成了报名推荐、资格审核、初次评审、实地考察、征求部门意见、复评审查、两次公示等工作，产生139名获奖者建议名单，其中奋进奖、奉献奖、创新奖各25名，贡献奖24名，组织创新奖40个。获奖代表特点突出。获奖个人和单位呈现以下突出特点：一是获奖个人和单位覆盖面广。获奖个人（单位）覆盖除天津以外的30个省区市和新疆生产建设兵团及中央和国家机关工委、中共中央统一战线工作部、教育部、中国人民银行、国务院国有资产监督管理委员会、中央军委政治工作部等6个牵头部门。26个省区市和新疆生产建设兵团、中央和国家机关的7个部门、军队系统入选组织创新奖。二是体现了向脱贫攻坚主战场和基层一线倾斜。地方推荐的获奖个人90人、获奖单位32个，分别占90.9%和80%；在京中央单位推荐的获奖个人9人、获奖组织8个，分别占9.1%和20%。在个人奖项方面，来自中西部22省脱贫攻坚主战场的有71人，占71.7%，来自县乡村基层一线的干部群众60人，占60.6%，体现了向脱贫攻坚主战场、向基层一线倾斜的导向。在单位奖项方面，40个获奖单位中，中央和国家机关7个，占17.5%；省直机关6个，占15%；各市（地州）所属处级机构8个，占20%；县（区、市）15个，占37.5%；乡（镇）3个，占7.5%；军队系统1个，占2.5%。三是具有较强的代表性和典型性。从获奖人选结构看，涵盖了参与脱贫攻坚的各界人士，有农民、村组干部、驻村干部和第一书记、机关和事业单位干部、专家学者、国有企业负责人、民营企业家、社会组织代表、军人等，还有1名光荣牺牲的同志和1名海外华侨，具有较强代表性和典型性。其中，男性74人，女性25人；汉族79人，占79.8%，少数民族20人，占20.2%；中共党员81人，占81.8%，民主党派5人，占5.1%，群众13人，占13.1%；年龄最大的95岁，最小的29岁。99位获奖建议人选中有80位曾获得过省部级以上表彰，占80.8%，具有较强的先进性。四是突出反映扶贫重点工作成效。获奖建议人选（单位）涉及产业扶贫、易地扶贫搬迁、就业扶贫、教育扶贫、健康扶贫、金融扶贫、电商扶贫、生态扶贫、社会保障、东西部扶贫协作、定点扶贫等重点领域，事迹突出感人，经验能复制、可推广，反映了脱贫攻坚各重点领域的工作成效。五是首次表彰表现突出的脱贫攻坚先进单位。全国脱贫攻坚奖增设了组织创新奖，评选出的获奖组织建议名单集中体现了脱贫攻坚政策、工作和方式方法的创新成果，树立了组织创新的标杆，将激发各级各类组织创新的热情，为脱贫攻坚注入活力和动力。表彰活动凝聚脱贫攻坚正能量。10月17日，召开2018年全国脱贫攻坚奖表彰大会暨首场先进事迹报告会，对获奖者隆重进行表彰，并请6位获奖代表作先进事迹报告，进一步发挥先进典型的示范引领作用。还动员各地采用多种形式、利用多种平台对获奖者进行广泛宣传，使他们的先进事迹和感人精神家喻户晓，营造凝心聚力打赢脱贫攻坚战的浓厚氛围。

（国务院扶贫办政策法规司　谭明智）

【全国脱贫攻坚模范】　2018年，人力资源和社会保障部、国务院扶贫办追授蓝标河、授予武汉鼎“全国脱贫攻坚模范”称号。

蓝标河是中国共产党党员，1974年4月出生，生前为广西壮族自治区扶贫开发办公室干部，1997年7月参加工作。从广西社会科学院到河池市大化瑶族自治县，从广西壮族自治区扶贫办到柳州市融安县，虽然辗转多个岗位，蓝标河的工作始终没有离开扶贫。他先后三次从机关到基层、从案头到田头，主动到偏远贫困地区，连续四年驻村帮扶，用自己的一生倾心用力真扶贫、扶真贫。他舍亲人为穷人，甘于奉献、勤勉奋进，一心扑在扶贫工作上。他勇挑重担、自我加压，为大化县易地扶贫搬迁作出突出贡献。脱贫攻坚战打响以来，承担考核评估工作，恪尽职守、主动钻研，以较真碰硬推动政策落实。2018年4月14日，蓝标河因连续加班、疲劳过度不幸去世，终年44岁。蓝标河的一生诠释了一名共产党员对党和人民的无限忠诚，树起了一座广西脱贫攻坚道路上的丰碑，谱写了一曲新时代动人的生命赞歌。

武汉鼎是中国共产党党员，1933年8月出生，内蒙古自治区呼和浩特市清水河县退休干部。三十多年来，他退休不退岗，心系贫困地区，情系贫困群众，数十年如一日帮扶当地贫困群众脱贫致富。他先后在清水河县的5个乡镇、15个行政村、30多个自然村开展帮扶工作。他带领贫困群众推广农牧新品种、新技术，优化产业结构，带动当地12000多人脱贫致富。他每月拿出退休金的1/3以上用于扶贫，先后帮助贫困学生和孤老病残100多人。党的十八大以来，已是耄耋之年的武汉鼎，积极响应中央脱贫攻坚号召，砥砺奋进、继续前行，长期驻村帮扶大阳坪村、老牛坡村、座峰村等3个贫困村。至2018年，3个村均已脱贫出列，100多户、300多贫困人口脱贫，人均纯收入达到8000元以上。带领村子脱贫后，武汉鼎仍然坚守驻村一线，带领脱贫群众巩固脱贫成果，实现同步小康的中国梦。

（国务院扶贫办政策法规司　谭明智）

第十二篇

扶贫数据篇

扶贫攻坚篇

注：本篇表 1 ~ 表 16 数据均来源于国家统计局公布的《2018 年全国农村贫困监测报告》。

表 1 按现行农村贫困标准衡量的农村贫困状况

年 份	当年价贫困标准［元/（年·人）］	贫困发生率（%）	贫困人口规模（万人）
1978	366	97.5	77039
1980	403	96.2	76542
1985	482	78.3	66101
1990	807	73.5	65849
1995	1511	60.5	55463
2000	1528	49.8	46224
2005	1742	30.2	28662
2010	2300	17.2	16567
2011	2536	12.7	12238
2012	2625	10.2	9899
2013	2736	8.5	8249
2014	2800	7.2	7017
2015	2855	5.7	5575
2016	2952	4.5	4335
2017	2952	3.1	3046
2018	2995	1.7	1660

表 2　2018 年全国各地区农村贫困人口数量和贫困发生率

地　区	贫困人口		贫困发生率	
	数量（万人）	比 2017 年下降（万人）	水平（%）	比 2017 年下降（百分点）
全　国	160	1386	1.7	1.4
北　京	.	.	.	.
天　津	.	.	.	.
河　北	63	61	1.1	1.1
山　西	74	60	3	2.5
内蒙古	14	23	1	1.7
辽　宁	24	15	1.1	0.6
吉　林	26	15	1.8	0.9
黑龙江	27	24	1.4	1.3
上　海	.	.	.	.
江　苏	.	.	.	.
浙　江	.	.	.	.
安　徽	67	91	1.3	1.7
福　建	.	.	.	.
江　西	63	44	1.8	1.2
山　东	.	.	.	.
河　南	168	109	2.1	1.3
湖　北	67	47	1.6	1.2
湖　南	105	127	1.8	2.3
广　东	.	.	.	.
广　西	140	106	3.3	2.4
海　南	7	15	1.3	2.6
重　庆	13	8	0.6	0.3
四　川	98	115	1.4	1.7
贵　州	173	122	5	3.5
云　南	179	100	4.8	2.7
西　藏	13	7	5.1	2.8
陕　西	83	86	3.1	3.2
甘　肃	121	80	5.8	3.9
青　海	10	13	2.6	3.4
宁　夏	9	10	2.2	2.3
新　疆	64	48	5.7	4.2

注：“.”表示数值较小，统计上不显著。

表3 2018年贫困地区农村贫困人口数量和贫困发生率

地 区	贫困人口		贫困发生率	
	数量（万人）	比2017年下降（万人）	水平（%）	比2017年下降（百分点）
全 国	1115	785	4.2	3.0
河 北	56	42	4.0	3.0
山 西	28	21	5.0	3.6
内蒙古	13	20	1.9	2.9
吉 林	4	4	4.1	2.8
黑龙江	22	16	4.1	3.0
安 徽	57	52	2.9	2.6
江 西	38	33	3.1	2.8
河 南	96	62	3.2	2.1
湖 北	48	31	4.0	2.5
湖 南	82	57	4.1	2.9
广 西	46	31	4.4	3.0
海 南	3	3	3.7	4.4
重 庆	11	6	1.3	0.7
四 川	56	47	3.3	2.8
贵 州	155	97	5.4	3.3
云 南	166	98	6.4	3.8
西 藏	13	7	5.1	2.8
陕 西	56	46	4.2	3.5
甘 肃	106	69	6.5	4.2
青 海	10	13	2.6	3.4
宁 夏	7	6	3.4	3.1
新 疆	43	23	5.8	3.1

表 4　2018 年连片特困地区农村贫困人口数量和贫困发生率

地　区	贫困人口		贫困发生率	
	数量（万人）	比 2017 年下降（万人）	水平（%）	比 2017 年下降（百分点）
全部片区	935	605	4.5	2.9
六盘山区	96	56	5.6	3.2
秦巴山区	101	71	3.6	2.5
武陵山区	111	77	3.8	2.6
乌蒙山区	124	75	6.2	3.7
滇黔桂石漠化区	140	81	5.3	3.1
滇西边境山区	72	43	5.8	3.5
大兴安岭南麓山区	19	16	3.5	3.1
燕山—太行山区	40	31	4.5	3.4
吕梁山区	16	13	4.6	3.8
大别山区	99	74	3.0	2.3
罗霄山区	31	18	3.2	1.8
西藏区	13	7	5.1	2.8
四省藏区	30	21	5.6	3.9
南疆四地州	42	22	5.9	3.1

表5　2018年国家扶贫开发工作重点县农村贫困人口数量和贫困发生率

地　区	贫困人口		贫困发生率	
	数量（万人）	比2017年下降（万人）	水平（%）	比2017年下降（百分点）
合　计	915	688	4.3	3.3
河　北	46	41	3.9	3.5
山　西	26	18	4.7	3.2
内蒙古	13	20	1.9	2.9
吉　林	4	3	4.1	2.8
黑龙江	17	11	4.9	3.5
安　徽	57	52	3.0	2.7
江　西	34	33	3.2	3.1
河　南	78	60	3.4	2.6
湖　北	43	30	3.8	2.6
湖　南	51	43	5.0	4.3
广　西	41	25	4.6	2.8
海　南	3	3	3.7	4.4
重　庆	11	6	1.3	0.7
四　川	44	33	3.2	2.4
贵　州	124	76	5.6	3.4
云　南	136	96	6.7	4.7
陕　西	43	37	3.9	3.4
甘　肃	96	68	7.3	5.2
青　海	6	7	3.6	4.0
宁　夏	7	6	3.4	3.1
新　疆	35	17	6.6	3.2

表6 全国农村常住居民人均可支配收入、消费构成和名义增幅

指标	水平（元）						构成（%）						名义增幅（%）				
	2013年	2014年	2015年	2016年	2017年	2018年	2013年	2014年	2015年	2016年	2017年	2018年	2014年	2015年	2016年	2017年	2018年
一、人均可支配收入	9430	10489	11422	12363	13432	14617	100	100	100	100	100	100	11.2	8.9	8.2	8.6	8.8
1. 工资性收入	3653	4152	4600	5022	5498	5996	38.7	39.6	40.3	40.6	40.9	41	13.7	10.8	9.2	9.5	9.1
2. 经营净收入	3935	4237	4504	4741	5028	5358	41.7	40.4	39.4	38.3	37.4	36.7	7.7	6.3	5.3	6	6.6
（1）一产净收入	2840	2999	3154	3270	3391	3489	30.1	28.6	27.6	26.4	25.2	23.9	5.6	5.2	3.7	3.7	2.9
#农业	2160	2307	2412	2440	2524	2608	22.9	22	21.1	19.7	18.8	17.8	6.8	4.6	1.2	3.4	3.3
#牧业	460	443	489	574	586	575	4.9	4.2	4.3	4.6	4.4	3.9	-3.7	10.4	17.4	2.1	-1.9
（2）二产净收入	253	259	276	288	319	378	2.7	2.5	2.4	2.3	2.4	2.6	2.4	6.6	4.3	10.8	18.7
（3）三产净收入	843	980	1074	1184	1318	1491	8.9	9.3	9.4	9.6	9.8	10.2	16.3	9.6	10.2	11.3	13.1
3. 财产净收入	195	222	252	272	303	342	2.1	2.1	2.2	2.2	2.3	2.3	13.8	13.5	7.9	11.4	12.9
4. 转移净收入	1648	1877	2066	2328	2603	2920	17.5	17.9	18.1	18.8	19.4	20	13.9	10.1	12.7	11.8	12.2
二、人均消费	7485	8383	9223	10130	10955	12124	100	100	100	100	100	100	12.0	10.0	9.8	8.1	10.7
1. 食品烟酒	2554	2814	3048	3266	3415	3646	34.1	33.6	33	32.2	31.2	30.1	10.2	8.3	7.2	4.6	6.7
2. 衣着	454	510	550	575	612	648	6.1	6.1	6	5.7	5.6	5.3	12.3	7.8	4.5	6.3	5.9
3. 居住	1580	1763	1926	2147	2354	2661	21.1	21	20.9	21.2	21.5	21.9	11.6	9.2	11.5	9.6	13
4. 生活用品及服务	455	507	546	596	634	720	6.1	6	5.9	5.9	5.8	5.9	11.4	7.7	9.2	6.4	13.6
5. 交通通信	875	1013	1163	1360	1509	1690	11.7	12.1	12.6	13.4	13.8	13.9	15.8	14.8	16.9	11	12
6. 教育文化娱乐	755	860	969	1070	1171	1302	10.1	10.3	10.5	10.6	10.7	10.7	13.9	12.7	10.4	9.4	11.1
7. 医疗保健	668	754	846	929	1059	1240	8.9	9	9.2	9.2	9.7	10.2	12.9	12.2	9.8	13.9	17.1
8. 其他商品和服务	144	163	174	186	201	218	1.9	1.9	1.9	1.8	1.8	1.8	13.2	6.7	6.9	8	8.7

注：国家统计局从2013年起才统计人均可支配收入及相关构成，2014年起才统计名义增幅。

表7　贫困地区农村常住居民人均可支配收入、消费构成及名义增幅

指　标	水平（元）					构成（%）					名义增幅（%）				
	2014年	2015年	2016年	2017年	2018年	2014年	2015年	2016年	2017年	2018年	2014年	2015年	2016年	2017年	2018年
一、人均可支配收入	6852	7653	8452	9377	10371	100	100	100	100	100	12.7	11.7	10.4	10.5	10.6
1. 工资性收入	2240	2556	2880	3210	3627	32.7	33.4	34.1	34.2	35	16.7	14.1	12.7	11.8	13
2. 经营净收入	3033	3282	3443	3723	3888	44.3	42.9	40.7	39.7	37.5	8.8	8.2	4.9	6.9	4.4
（1）一产净收入	—	—	2696	2826	2794	—	—	31.9	30.1	26.9	—	—	2.7	3.2	-1.1
#农业	—	—	1931	2061	2008	—	—	22.8	22	19.4	—	—	2.1	4.6	-2.5
#牧业	—	—	571	562	578	—	—	6.8	6	5.6	—	—	6.9	-2.2	2.8
（2）二三产净收入	—	—	747	897	1094	—	—	8.8	9.6	10.6	—	—	13.9	20.4	22
3. 财产净收入	81	93	107	119	137	1.2	1.2	1.3	1.3	1.3	29.9	15.2	14.3	11.9	14.8
4. 转移净收入	1497	1722	2021	2325	2719	21.8	22.5	23.9	24.8	26.2	14.4	15	17.4	14.8	17
二、人均消费	6007	6656	7331	7998	8956	100	100	100	100	100	11.2	10.8	10.1	9.2	12
1. 食品烟酒	2197	2411	2567	2689	2808	36.6	36.2	35	33.6	31.4	6.5	9.8	6.5	4.8	4.4
2. 衣着	370	405	423	453	488	6.2	6.1	5.8	5.7	5.4	11	9.4	4.4	6.9	7.8
3. 居住	1244	1376	1543	1695	1995	20.7	20.7	21.1	21.2	22.3	8.6	10.7	12.2	10	17.7
4. 生活用品及服务	382	411	448	485	537	6.4	6.2	6.1	6.1	6	14.8	7.4	9.2	8.3	10.8
5. 交通通信	615	693	803	935	1045	10.2	10.4	11	11.7	11.7	19.5	12.6	15.9	16.3	11.8
6. 教育文化娱乐	590	680	790	883	1017	9.8	10.2	10.8	11	11.4	17.5	15.2	16.2	12.1	15.2
7. 医疗保健	511	567	638	725	919	8.5	8.5	8.7	9.1	10.3	19.2	11	12.5	13.7	26.7
8. 其他商品和服务	99	114	118	134	147	1.6	1.7	1.6	1.7	1.6	15.7	15.1	4	13.4	10.3

表8 集中连片特困地区农村常住居民人均可支配收入、消费构成及名义增幅

指　标	水平（元）				构成（%）				名义增幅（%）			
	2014年	2015年	2016年	2017年	2014年	2015年	2016年	2017年	2014年	2015年	2016年	2017年
一、人均可支配收入	6724	7525	8348	9264	100	100	100	100	12.9	11.9	10.9	10.5
1. 工资性收入	2188	2503	2846	3163	32.54	33.26	34.09	34.1	16.1	14.4	13.7	11.7
2. 经营净收入	3019	3264	3429	3715	44.90	43.38	41.08	40.1	10	8.1	5	6.8
（1）一产净收入	2439	2565	2647	2777	36.27	34.09	31.71	30.0	9.7	5.2	3.2	2.8
#农业	—	—	1848	1981	—	—	22.14	21.4	—	—	2.8	4.4
#牧业	—	—	587	573	—	—	7.03	6.2	—	—	6.3	-3.2
（2）二三产净收入	—	—	782	938	—	—	9.37	10.1	—	—	11.9	20.5
3. 财产净收入	70	84	97	111	1.04	1.12	1.16	1.2	29	19.2	16.2	14.8
4. 转移净收入	1446	1674	1976	2274	21.51	22.25	23.67	24.6	13.7	15.8	18	15
二、人均消费	5898	6573	7273	7915	100	100	100	100.0	10.7	11.4	10.7	9
1. 食品烟酒	2205	2428	2575	2693	37.39	36.94	35.40	34.0	6.5	10.1	6.1	4.7
2. 衣着	358	392	414	443	6.07	5.96	5.69	5.6	11.9	9.7	5.5	6.6
3. 居住	1217	1342	1519	1668	20.63	20.42	20.89	21.1	8.2	10.1	13.1	10.1
4. 生活用品及服务	374	407	447	486	6.34	6.19	6.15	6.1	13.4	8.8	9.8	9.1
5. 交通通信	595	681	790	918	10.09	10.36	10.86	11.6	18.1	14.5	16	16.1
6. 教育文化娱乐	575	672	788	878	9.75	10.22	10.83	11.1	17.8	16.9	17.3	12
7. 医疗保健	477	544	623	696	8.09	8.28	8.57	8.8	16.9	14.1	14.6	11.6
8. 其他商品和服务	96	107	118	134	1.63	1.63	1.62	1.7	16.8	11.4	10.2	14.1

表 9　国家扶贫开发工作重点县农村常住居民人均可支配收入、消费构成及名义增幅

指　标	水平（元）					构成（%）					名义增幅（%）			
	2013 年	2014 年	2015 年	2016 年	2017 年	2013 年	2014 年	2015 年	2016 年	2017 年	2014 年	2015 年	2016 年	2017 年
一、人均可支配收入	5944	6717	7543	8355	9255	100.0	100.0	100.0	100.0	100.0	13.0	12.3	10.8	10.8
1. 工资性收入	1861	2175	2480	2797	3136	31.3	32.4	32.9	33.5	33.9	16.9	14.1	12.8	12.1
2. 经营净收入	2711	2944	3212	3385	3633	45.6	43.8	42.6	40.5	39.3	8.6	9.1	5.4	7.3
3. 财产净收入	62	81	89	103	116	1.0	1.2	1.2	1.2	1.2	30.4	10.9	15.0	12.4
4. 转移净收入	1311	1517	1761	2070	2371	22.1	22.6	23.4	24.8	25.6	15.7	16.1	17.5	14.6
二、人均消费	5376	5962	6616	7260	7906	100.0	100.0	100.0	100.0	100.0	10.9	11.0	9.7	8.9
1. 食品烟酒	2067	2201	2430	2573	2694	38.4	36.9	36.7	35.4	34.1	6.5	10.4	5.9	4.7
2. 衣着	328	365	400	414	442	6.1	6.1	6.0	5.7	5.6	11.3	9.6	3.5	6.6
3. 居住	1139	1226	1358	1516	1678	21.2	20.6	20.5	20.9	21.2	7.6	10.8	11.7	10.7
4. 生活用品及服务	328	379	408	443	474	6.1	6.4	6.2	6.1	6.0	15.7	7.7	8.7	6.9
5. 交通通信	506	605	680	783	901	9.4	10.2	10.3	10.8	11.4	19.5	12.3	15.2	15
6. 教育文化娱乐	531	583	671	782	868	9.9	9.8	10.1	10.8	11.0	15.5	15.0	16.6	10.9
7. 医疗保健	424	510	560	636	721	7.9	8.6	8.5	8.8	9.1	20.4	9.8	13.6	13.4
8. 其他商品和服务	81	93	109	112	127	1.5	1.6	1.6	1.5	1.6	14.3	18.0	2.8	13.4

表10　全国分省农村常住居民人均可支配收入及增长情况

单位：元/(年·人),%

地　区	2013年		2014年		2015年		2016年		2017年		2018年	
	人均可支配收入	名义增幅	人均可支配收入	名义增幅	人均可支配收入	名义增幅	人均可支配收入	名义增幅	人均可支配收入	名义增幅	人均可支配收入	名义增幅
全　国	9430	—	10489	11.2	11422	8.9	12363	8.2	13432	8.6	14617	8.8
北　京	17101	—	18867	10.3	20569	9.0	22310	8.5	24240	8.7	26490	9.3
天　津	15353	—	17014	10.8	18482	8.6	20076	8.6	21754	8.4	23065	6.0
河　北	9188	—	10186	10.9	11051	8.5	11919	7.9	12881	8.1	14031	8.9
山　西	7949	—	8809	10.8	9454	7.3	10082	6.6	10788	7.0	11750	8.9
内蒙古	8985	—	9976	11.0	10776	8.0	11609	7.7	12584	8.4	13803	9.7
辽　宁	10161	—	11191	10.1	12057	7.7	12881	6.8	13747	6.7	14656	6.6
吉　林	9781	—	10780	10.2	11326	5.1	12123	7.0	12950	6.8	13748	6.2
黑龙江	9369	—	10453	11.6	11095	6.1	11832	6.6	12665	7.0	13804	9.0
上　海	19208	—	21192	10.3	23205	9.5	25520	10.0	27825	9.0	30375	9.2
江　苏	13521	—	14958	10.6	16257	8.7	17606	8.3	19158	8.8	20845	8.8
浙　江	17494	—	19373	10.7	21125	9.0	22866	8.2	24956	9.1	27302	9.4
安　徽	8850	—	9916	12.0	10821	9.1	11720	8.3	12758	8.9	13996	9.7
福　建	11405	—	12650	10.9	13793	9.0	14999	8.7	16335	8.9	17821	9.1
江　西	9089	—	10117	11.3	11139	10.1	12138	9.0	13242	9.1	14460	9.2
山　东	10687	—	11882	11.2	12930	8.8	13954	7.9	15118	8.3	16297	7.8
河　南	8969	—	9966	11.1	10853	8.9	11697	7.8	12719	8.7	13831	8.7

（续）

地区	2013年		2014年		2015年		2016年		2017年		2018年	
	人均可支配收入	名义增幅	人均可支配收入	名义增幅	人均可支配收入	名义增幅	人均可支配收入	名义增幅	人均可支配收入	名义增幅	人均可支配收入	名义增幅
湖北	9692	—	10849	11.9	11844	9.2	12725	7.4	13812	8.5	14978	8.4
湖南	9029	—	10060	11.4	10993	9.3	11930	8.5	12936	8.4	14093	8.9
广东	11068	—	12246	10.6	13360	9.1	14512	8.6	15780	8.7	17168	8.8
广西	7793	—	8683	11.4	9467	9.0	10359	9.4	11325	9.3	12435	9.8
海南	8802	—	9913	12.6	10858	9.5	11843	9.1	12902	8.9	13989	8.4
重庆	8493	—	9490	11.7	10505	10.7	11549	9.9	12638	9.4	13781	9.0
四川	8381	—	9348	11.5	10247	9.6	11203	9.3	12227	9.1	13331	9.0
贵州	5898	—	6671	13.1	7387	10.7	8090	9.5	8869	9.6	9716	9.6
云南	6724	—	7456	10.9	8242	10.5	9020	9.4	9862	9.3	10768	9.2
西藏	6553	—	7359	12.3	8244	12.0	9094	10.3	10330	13.6	11450	10.8
陕西	7092	—	7932	11.8	8689	9.5	9396	8.1	10265	9.2	11213	9.2
甘肃	5589	—	6277	12.3	6936	10.5	7457	7.5	8076	8.3	8804	9.0
青海	6462	—	7283	12.7	7933	8.9	8664	9.2	9462	9.2	10393	9.8
宁夏	7599	—	8410	10.7	9119	8.4	9852	8.0	10738	9.0	11708	9.0
新疆	7847	—	8724	11.2	9425	8.0	10183	8.0	11045	8.5	11975	8.4

表11　贫困地区分省农村常住居民人均可支配收入及增长情况

单位：元/(年·人),%

地区	2013年		2014年		2015年		2016年		2017年		2018年	
	人均可支配收入	名义增幅	人均可支配收入	名义增幅	人均可支配收入	名义增幅	人均可支配收入	名义增幅	人均可支配收入	名义增幅	人均可支配收入	名义增幅
全国	6079	—	6852	12.7	7653	11.7	8452	10.4	9377	10.5	10371	10.6
河北	6150	—	6886	12.0	7575	10.0	8382	10.7	9331	11.3	10393	11.4
山西	4875	—	5430	11.4	6078	11.9	6623	9.0	7330	10.7	8250	12.6
内蒙古	6545	—	7375	12.7	8201	11.2	9005	9.8	9852	9.4	10965	11.3
吉林	5798	—	6414	10.6	7045	9.8	7669	8.9	8361	9.0	9330	11.6
黑龙江	5896	—	6450	9.4	7174	11.2	7828	9.1	8572	9.5	9621	12.2
安徽	7119	—	8062	13.2	8952	11.0	9890	10.5	10931	10.5	12078	10.5
江西	6053	—	6830	12.8	7759	13.6	8643	11.4	9602	11.1	10635	10.8
河南	7070	—	7983	12.9	8865	11.0	9735	9.8	10789	10.8	11911	10.4
湖北	6971	—	7831	12.3	8682	10.9	9502	9.4	10471	10.2	11552	10.3
湖南	5715	—	6461	13.1	7222	11.8	8029	11.2	8908	10.9	9875	10.9
广西	6252	—	7044	12.7	7927	12.5	8800	11.0	9719	10.4	10761	10.7
海南	7145	—	7449	4.3	8284	11.2	9163	10.6	10312	12.5	11545	12.0
重庆	7131	—	8044	12.8	9120	13.4	10244	12.3	11273	10.0	12470	10.6
四川	6282	—	7091	12.9	7966	12.3	8799	10.5	9759	10.9	10837	11.0
贵州	5557	—	6381	14.8	7171	12.4	7894	10.1	8677	9.9	9528	9.8
云南	5616	—	6314	12.4	7070	12.0	7847	11.0	8695	10.8	9595	10.4

（续）

地　区	2013 年		2014 年		2015 年		2016 年		2017 年		2018 年	
	人均可支配收入	名义增幅	人均可支配收入	名义增幅	人均可支配收入	名义增幅	人均可支配收入	名义增幅	人均可支配收入	名义增幅	人均可支配收入	名义增幅
西　藏	6553	—	7359	12.3	8244	12.0	9094	10.3	10330	13.6	11450	10.8
陕　西	6162	—	6963	13.0	7692	10.5	8424	9.5	9297	10.4	10267	10.4
甘　肃	4487	—	5106	13.8	5782	13.2	6323	9.4	6968	10.2	7687	10.3
青　海	6462	—	6209	-3.9	7933	27.8	8664	9.2	9462	9.2	10393	9.8
宁　夏	5840	—	6555	12.2	7255	10.7	7937	9.4	8809	11.0	9744	10.6
新　疆	5986	—	6635	10.8	7341	10.6	8055	9.7	9985	9.8	10907	9.2

表 12　集中连片特困地区农村常住居民人均可支配收入及增长情况

单位：元/(年·人),%

片　区	2013 年		2014 年		2015 年		2016 年		2017 年		2018 年	
	人均可支配收入	名义增幅	人均可支配收入	名义增幅	人均可支配收入	名义增幅	人均可支配收入	名义增幅	人均可支配收入	名义增幅	人均可支配收入	名义增幅
合计	5956	15.4	6724	12.9	7525	11.9	8348	10.9	9264	10.5	10260	10.7
六盘山区	4931	11.8	5616	13.9	6371	13.4	6915	8.5	7593	9.8	8429	11.0
秦巴山区	6221	15.9	7055	13.4	7967	12.9	8769	10.1	9721	10.8	10751	10.6
武陵山区	6086	21.0	6743	10.8	7579	12.4	8504	12.2	9384	10.3	10397	10.8
乌蒙山区	5239	13.5	6114	16.7	6992	14.4	7994	14.3	8776	9.8	9650	10.0
滇黔桂石漠化区	5907	15.3	6640	12.4	7485	12.7	8212	9.7	9109	10.9	10073	10.6
滇西边境山区	5773	18.4	6471	12.1	6943	7.3	7754	11.7	8629	11.3	9560	10.8
大兴安岭南麓山区	6245	15.1	6801	8.9	7484	10.0	8399	12.2	9346	11.3	10721	14.7
燕山—太行山区	5681	14.2	6260	10.2	7164	14.4	7906	10.4	8593	8.7	9701	12.9
吕梁山区	5258	14.5	5589	6.3	6317	13.0	6884	9.0	7782	13.1	8890	14.2
大别山区	7204	14.9	8241	14.4	9029	9.6	9804	8.6	10776	9.9	11974	11.1
罗霄山区	5986	12.2	6776	13.2	7700	13.6	8579	11.4	9598	11.9	10637	10.8
西藏区	6553	15.0	7359	12.3	8244	12.0	9094	10.3	10330	13.6	11450	10.8
四省藏区	4962	12.9	5726	15.4	6457	12.8	7288	12.9	8018	10.0	9160	14.3
南疆三地州	5692	14.5	6403	12.5	7053	10.2	7868	11.6	9845	9.7	10762	9.3

注：2013—2016 年贫困监测范围不包括阿克苏地区，2017 年贫困监测范围扩大到南疆四地州。

表 13　国家扶贫开发工作重点县分省农村常住居民人均可支配收入及增长情况

单位：元/(年·人)，%

地区	2013年		2014年		2015年		2016年		2017年		2018年	
	人均可支配收入	名义增幅	人均可支配收入	名义增幅	人均可支配收入	名义增幅	人均可支配收入	名义增幅	人均可支配收入	名义增幅	人均可支配收入	名义增幅
合　计	5944	—	6717	13.0	7543	12.3	8355	10.8	9255	10.8	10284	11.1
河　北	6045	—	6921	14.5	7528	8.8	8344	10.8	9190	10.1	10414	13.3
山　西	5054	—	5661	12.0	6346	12.1	6748	6.3	7429	10.1	8313	11.9
内蒙古	6544	—	7375	12.7	8201	11.2	9005	9.8	9852	9.4	10965	11.3
吉　林	5799	—	6414	10.6	7045	9.8	7669	8.9	8361	9.0	9330	11.6
黑龙江	4838	—	5327	10.1	6007	12.8	6767	12.7	7843	15.9	9254	18.0
安　徽	7124	—	8064	13.2	8944	10.9	9892	10.6	10903	10.2	12077	10.8
江　西	6044	—	6794	12.4	7711	13.5	8593	11.4	9540	11.0	10572	10.8
河　南	6943	—	7839	12.9	8740	11.5	9653	10.4	10812	12.0	11905	10.1
湖　北	6910	—	7705	11.5	8480	10.1	9357	10.3	10442	11.6	11590	11.0
湖　南	5354	—	6141	14.7	6818	11.0	7671	12.5	8528	11.2	9469	11.0
广　西	5772	—	6546	13.4	7659	17.0	8741	14.1	9700	11.0	10632	9.6
海　南	7142	—	7449	4.3	8284	11.2	9163	10.6	10312	12.5	11545	12.0
重　庆	7131	—	8044	12.8	9120	13.4	10244	12.3	11273	10.0	12470	10.6
四　川	6138	—	6991	13.9	7952	13.7	8664	9.0	9589	10.7	10645	11.0
贵　州	5322	—	6157	15.7	6964	13.1	7693	10.5	8488	10.3	9332	9.9
云　南	5362	—	5979	11.5	6846	14.5	7635	11.5	8518	11.6	9568	12.3

（续）

地区	2013年		2014年		2015年		2016年		2017年		2018年	
	人均可支配收入	名义增幅	人均可支配收入	名义增幅	人均可支配收入	名义增幅	人均可支配收入	名义增幅	人均可支配收入	名义增幅	人均可支配收入	名义增幅
陕西	6027	—	6816	13.1	7624	11.9	8406	10.3	9209	9.6	10347	12.4
甘肃	4245	—	4810	13.3	5415	12.6	5936	9.6	6572	10.7	7343	11.7
青海	5543	—	5948	7.3	6953	16.9	7676	10.4	8330	8.5	9238	10.9
宁夏	5842	—	6555	12.2	7255	10.7	7937	9.4	8809	11.0	9744	10.6
新疆	5904	—	6530	10.6	7389	13.2	8039	8.8	8860	10.2	9509	7.3

表 14　2018 年国家扶贫开发工作重点县基础设施和公共服务状况

单位:%

地　区	1. 所在自然村通公路的农户比重	2. 所在自然村通电话的农户比重	3. 所在自然村能接收有线电视信号的农户比重	4. 所在自然村进村主干道路硬化的农户比重	5. 所在自然村能便利乘坐公共汽车的农户比重	6. 所在自然村通宽带的农户比重	7. 所在自然村垃圾能集中处理的农户比重	8. 所在自然村有卫生站的农户比重	9. 所在自然村上小学便利的农户比重	10. 所在自然村上幼儿园便利的农户比重
合　计	100. 0	100. 0	98. 6	98. 1	71. 0	94. 4	78. 7	92. 9	86. 7	89. 5
河　北	99. 7	100. 0	97. 8	99. 1	88. 5	99. 3	86. 9	97. 6	91. 3	93. 2
山　西	100. 0	100. 0	97. 0	100. 0	91. 0	95. 9	81. 9	96. 4	75. 6	79. 2
内蒙古	100. 0	100. 0	100. 0	100. 0	76. 6	94. 3	72. 2	97. 9	79. 5	78. 9
吉　林	100. 0	100. 0	100. 0	100. 0	88. 5	98. 2	69. 0	99. 0	83. 5	90. 7
黑龙江	100. 0	100. 0	100. 0	100. 0	89. 1	100. 0	37. 7	83. 6	78. 7	84. 2
安　徽	100. 0	100. 0	99. 1	100. 0	72. 5	96. 0	88. 8	86. 5	93. 5	96. 8
江　西	100. 0	100. 0	99. 0	99. 3	64. 1	97. 9	98. 1	91. 4	90. 4	95. 8
河　南	100. 0	100. 0	97. 2	99. 8	77. 9	96. 3	89. 0	94. 6	96. 6	97. 9
湖　北	100. 0	100. 0	99. 6	99. 2	82. 4	98. 9	86. 9	95. 3	89. 4	89. 6
湖　南	100. 0	100. 0	97. 9	98. 6	69. 0	93. 4	84. 3	93. 1	85. 2	83. 9
广　西	100. 0	100. 0	100. 0	99. 3	49. 4	93. 5	85. 6	80. 3	84. 7	87. 8
海　南	100. 0	100. 0	100. 0	100. 0	54. 6	80. 5	94. 8	79. 1	79. 1	88. 9
重　庆	100. 0	100. 0	99. 0	100. 0	62. 1	95. 6	85. 2	98. 6	81. 3	87. 7
四　川	100. 0	100. 0	100. 0	97. 3	60. 3	92. 3	65. 6	93. 0	89. 2	85. 7
贵　州	100. 0	100. 0	97. 5	98. 1	65. 5	93. 0	67. 3	95. 5	89. 1	90. 3

（续）

地　区	1. 所在自然村通公路的农户比重	2. 所在自然村通电话的农户比重	3. 所在自然村能接收有线电视信号的农户比重	4. 所在自然村进村主干道路硬化的农户比重	5. 所在自然村能便利乘坐公共汽车的农户比重	6. 所在自然村通宽带的农户比重	7. 所在自然村垃圾能集中处理的农户比重	8. 所在自然村有卫生站的农户比重	9. 所在自然村上小学便利的农户比重	10. 所在自然村上幼儿园便利的农户比重
云　南	100.0	100.0	99.2	92.2	48.6	87.2	62.0	86.5	81.0	88.9
陕　西	100.0	100.0	99.0	98.8	72.9	90.1	78.4	96.8	74.9	78.1
甘　肃	100.0	100.0	99.7	93.9	75.3	94.5	78.1	92.9	86.4	89.9
青　海	99.0	95.7	83.3	95.8	77.3	79.9	65.5	90.2	84.8	86.4
宁　夏	100.0	100.0	100.0	100.0	90.0	100.0	78.1	97.4	66.1	94.0
新　疆	100.0	100.0	100.0	100.0	78.8	98.2	75.3	97.0	96.7	96.5

表 15　中央扶贫资金历年投入情况（1980—2018 年）

单位：亿元

年份	中央财政专项扶贫资金合计	其中：					
		扶贫发展	以工代赈	少数民族发展	三西农业建设	扶贫贷款贴息	其他
1980	8.00	8.00					
1981	8.00	8.00					
1982	8.00	8.00					
1983	10.00	8.00			2.00		
1984	10.00	8.00			2.00		
1985	19.00	8.00	9.00		2.00		
1986	19.00	8.00	9.00		2.00		
1987	19.00	8.00	9.00		2.00		
1988	10.00	8.00			2.00		
1989	11.00	8.00	1.00		2.00		
1990	16.00	8.00	6.00		2.00		
1991	28.00	8.00	18.00		2.00		
1992	26.60	8.00	16.00	0.60	2.00		
1993	41.20	8.00	30.00	1.20	2.00		
1994	52.35	8.55	40.00	1.80	2.00		
1995	53.00	8.60	40.00	2.40	2.00		
1996	53.00	8.00	40.00	3.00	2.00		
1997	68.15	23.15	40.00	3.00	2.00		
1998	73.15	28.15	40.00	3.00	2.00		
1999	78.15	33.15	40.00	3.00	2.00		
2000	88.15	43.15	40.00	3.00	2.00		
2001	100.02	47.15	40.00	3.50	2.00	5.40	1.97
2002	106.02	51.65	40.00	4.00	2.00	5.45	2.92
2003	114.02	59.65	40.00	4.00	2.00	5.30	3.07
2004	122.01	65.52	40.00	4.50	2.00	6.30	3.69
2005	129.93	73.72	40.00	5.20	2.00	5.30	3.71
2006	137.01	80.12	40.00	5.70	2.00	5.30	3.89
2007	144.04	85.45	40.00	6.70	2.00	5.30	4.59
2008	167.34	104.46	40.00	9.50	2.00	5.30	6.08

（续）

年份	中央财政专项扶贫资金合计	其中：					
		扶贫发展	以工代赈	少数民族发展	三西农业建设	扶贫贷款贴息	其他
2009	197.30	129.13	40.00	12.40	3.00	5.30	7.47
2010	222.68	151.26	40.00	15.39	3.00	5.30	7.73
2011	272.00	192.98	40.00	20.06	3.00	5.60	10.36
2012	332.05	241.28	42.00	28.37	3.00	5.60	11.80
2013	394.00	290.13	42.20	36.90	3.00	5.60	16.17
2014	432.87	338.91	42.20	40.59	3.00	—	8.17
2015	467.45	370.15	42.20	42.38	3.00	—	9.72
2016	667.47	559.45	42.20	48.38	6.00	—	11.44
2017	860.95	748.95	41.00	55.50	6.00	—	9.50
2018	1060.95	937.55	41.00	65.50	6.00	—	10.90
总计	6627.85	4792.26	1110.80	429.57	91.00	71.04	133.17

注：①财政专项扶贫资金中，2000 年以前的数据不含扶贫贷款贴息资金、国有贫困农场资金、国有贫困林场资金等专项资金，2001 年以后含上述资金。

②以工代赈资金中未含国债安排的以工代赈。

③扶贫贷款均为计划数。2005 年的贷款计划中，包括农行发放 70 亿元，到户贷款计划 20 亿元；2006 年贷款计划中，包括农行发放 69.06 亿元，到户贷款计划 59.2 亿元，项目贷款贴息下放到省试点 23.45 亿元；2007 年贷款计划中，包括农行发放 44 亿元，到户贷款计划 59.2 亿元，项目贷款贴息下放到省试点 21.28 亿元；2008 年全面改革扶贫贷款管理体制后，将扶贫贷款及贴息资金管理权限下放到省，各省可视扶贫贴息贷款需求，从中央和省级财政扶贫资金中安排贴息资金，引导承办银行扩大扶贫贴息贷款投放，发放额度大幅增加，故增加了“扶贫贷款实际发放数”一栏。从 2014 年起，不再单独安排扶贫贷款贴息资金，将其统一列入发展资金中按因素法分配切块下达地方，由地方自主安排。

④2017 年起，中央财政专项扶贫资金口径调整为中央财政预算安排补助地方部分，按此口径对 2011 以来的数据进行了相应调整。

表 16　省级财政扶贫资金历年投入情况（2001—2018 年）

单位：万元

地区	2001 年		2002 年		2003 年		2004 年		2005 年		2006 年		2007 年		2008 年		2009 年	
	金额	排序	金额	排序	金额	排序	金额	排序	金额	排序	金额	排序	金额	排序	金额	排序	金额	排序
合计	213097		230910.6		241454		272169.3		302427.6		341332		420946		525752		643006.4	
河北	8724	10	8554	9	8854	10	9054	11	9500	13	9500	15	10600	18	11000	18	15600	15
山西	16500	2	16500	3	16500	3	16800	5	17100	5	20100	6	21100	7	24358	7	41832	4
内蒙古	3320	17	3320	20	3320	21	3320	22	3320	23	3320	25	3820	24	7000	21	11800	20
辽宁	1050	27	6000	13	15320	4	19150	3	21470	3	23870	3	24270	6	26580	5	24830	8
吉林	1800	24	1800	26	1800	26	1800	26	2000	26	2160	26	2400	26	2592	27	2800	28
黑龙江	1680	25	2180	24	2180	24	4507.3	19	5102.6	18	5271	19	8200	20	8200	20	12771	19
江苏	2050	22	8060	11	5150	15	10120	10	11000	11	20730	5	31500	3	90510	1	111204.4	1
浙江	9064	7	11469	7	12570	7	17435	4	19390	4	22568	4	29659	4	46190	3	46572	3
安徽	4750	15	5250	17	4250	18	5050	18	4720	20	4720	22	5120	22	5580	23	5973	25
福建	12739	4	13022	4	12953	6	14010	7	14746	8	14778	9	17378	8	26147	6	28088	7
江西	4562	16	5359.6	16	6716	13	8804	12	10008	12	10672	13	11069	16	13430	14	15279	17
山东	3000	19	3000	22	3000	22	3000	23	3100	24	4000	23	5000	23	5500	24	5550	26
河南	9000	8	9850	8	9500	9	10700	9	16027	6	13200	10	17000	10	21130	8	17400	14
湖北	3200	18	4600	18	5000	16	5400	17	12800	9	14800	8	16070	12	19570	10	20110	12
湖南	6700	11	7000	12	6965	12	8065	14	8565	14	9831	14	10831	17	12496	16	15566	16
广东	16320	3	21350	2	21850	2	25610	2	31610	2	33010	2	36860	2	17610	12	22520	10
广西	12000	5	13000	5	15000	5	15000	6	15300	7	16200	7	17200	9	19500	11	30514	6
海南	2000	23	2000	25	2100	25	2500	25	2715	25	3500	24	3500	25	4100	25	10677	21

（续）

地区	2001年		2002年		2003年		2004年		2005年		2006年		2007年		2008年		2009年	
	金额	排序	金额	排序	金额	排序	金额	排序	金额	排序	金额	排序	金额	排序	金额	排序	金额	排序
重庆	6180	12	5660	15	6180	14	6548	15	7224	16	11372	12	12462	13	12523	15	24721	9
四川	4900	14	4000	19	4000	19	4000	21	4000	22	5000	21	17000	11	21000	9	21000	11
贵州	3000	20	3000	23	3000	23	3000	24	5000	19	7000	17	27000	5	31000	4	36425	5
云南	50000	1	45000	1	45000	1	46380	1	45020	1	51020	1	51020	1	51896	2	57584	2
西藏	2850	21	3270	21	3700	20	4240	20	4570	21	5170	20	5300	21	6000	22	8500	23
陕西	5453	13	5711	14	4591	17	5591	16	5765	17	6435	18	11632	15	14635	13	19635	13
甘肃	8755	9	8455	10	8455	11	8585	13	8555	15	8605	16	9455	19	10205	19	10655	22
青海	0	28	0	28	0	28	0	28	320	28	1000	28	1700	28	3000	26	7700	24
宁夏	1500	26	1500	27	1500	27	1500	27	1500	27	1500	27	1800	27	2000	28	3200	27
新疆	12000	6	12000	6	12000	8	12000	8	12000	10	12000	11	12000	14	12000	17	14500	18

地区	2010年		2011年		2012年		2013年		2014年		2015年		2016年		2017年		2018年	
	金额	排序	金额	排序	金额	排序	金额	排序	金额	排序	金额	排序	金额	排序	金额	排序	金额	排序
合计	800001		1013089.5		1645168.48		2084325		2669876.29		3162458.88		4935478.72		5382617.48		7352498.15	
河北	17700	18	20000	20	76100	7	110000	6	101000	11	108000	14	202659	8	99422	21	411142	5
山西	42940	6	43117.2	8	57206.4	15	79118.1	12	81400.1	14	109733.11	13	198240.19	9	182277.08	13	250917.31	13
内蒙古	12000	21	19320	21	100000	4	120000	3	188800	3	187500	4	167916	14	334899	4	362230	8
辽宁	27000	10	29730	12	26030	22	26330	24	37227	25	36330	25	41000	28	50758	27	70832	27
吉林	3024	28	3666	28	10722	26	11470	27	13764	28	14549	27	65000	26	75850	24	93000	26
黑龙江	11906	22	8700	25	9677.18	27	14479	26	13900	27	22068	26	71611.82	24	94000	22	113000	23
江苏	109700	1	49651.7	7	57617	14	110132	5	132460	6	134879.01	8	130488	18	112521	19	143363	21
浙江	47572	4	64424	5	68712	9	79247	11	114908	9	67006	21	69138	25	87069	23	112903.35	24
安徽	11000	24	12040	24	90000	6	92000	8	98000	12	40600	24	95000	21	169803	15	215300	16

（续）

地区	2010年		2011年		2012年		2013年		2014年		2015年		2016年		2017年		2018年	
	金额	排序	金额	排序	金额	排序	金额	排序	金额	排序	金额	排序	金额	排序	金额	排序	金额	排序
福建	39263	8	41310	9	59375	12	73401	14	74102	17	120329.99	11	145824.7	16	154258.7	16	133624.7	22
江西	16109	19	20286	19	61609.5	11	73526	13	96222	13	124263	10	173263	13	241151	9	280579.96	12
山东	6550	26	8000	26	20000	25	22000	25	40000	23	84500	18	193300	10	208287	11	248880	14
河南	21200	15	25270	15	43634	16	67268	16	78914	15	83214	19	124203	19	177574	14	209107	17
湖北	22110	13	23110	17	26470	21	60370	17	69370	18	296370	1	291937	5	285490	7	327419	9
湖南	18666	17	21960	18	27866	20	36166	21	46166	22	81966	20	241476	7	334211	5	376992	7
广东	85382	2	148000	1	221615	1	258100	1	253612	1	213828.6	3	388061	2	372150	2	302750.4	10
广西	40130	7	28933	13	34300	17	49055.9	18	68460.59	19	103853.32	15	183358	11	244251	8	388658	6
海南	21566	14	28090	14	30570	19	36037	22	31077	26	5974	28	58168.6	27	70419	25	100520	25
重庆	31718	9	40337	10	62242	10	69981	15	78429	16	148529	7	139943	17	118118	18	174295	19
四川	25800	11	80041.6	3	104944	3	104846	7	144741.5	4	186434.2	5	262139.7	6	353803.45	3	538175.5	2
贵州	47425	5	66930	4	141000	2	174200	2	250093.6	2	294439	2	448252	1	545774.5	1	632192	1
云南	60600	3	80083	2	95832.9	5	113008	4	139820.5	5	131092.65	9	300678.7	4	327118.35	6	455725.4	4
西藏	13500	20	15000	22	22000	24	29400	23	39000	24	50900	23	84510	22	126800	17	236000	15
陕西	22400	12	62435	6	75235	8	87935	9	118331	7	85935	16	123200	20	228492.4	10	298718	11
甘肃	11155	23	24455	16	32340	18	47160	19	114255	10	120155	12	174473.01	12	187301	12	459351.2	3
青海	8785	25	12400	23	23907.5	23	41700	20	65680	20	85300	17	84354	23	100809	20	144850	20
宁夏	4000	27	6000	27	7700	28	9700	28	65000	21	67000	22	158174	15	54400	26	66000	28
新疆	20800	16	29800	11	58463	13	87695	10	115143	8	157710	6	319110	3	45610	28	205972.33	18

表17　中央单位定点扶贫情况统计（2002—2018年，总表）

年份	参加定点扶贫单位（个）	扶持的重点县（个）	挂职干部数量（人）				赴定点县考察（人次）		本单位直接投入（含无偿和有偿资金）（万元）			帮助引进各类资金（含无偿和有偿资金）（万元）	帮助上项目数（含全额、部分资助或引进）（个）	资助贫困学生（人）	培训情况	
			合计	局级	处级	科及科以下	合计	单位领导	合计	资金	物资折款				举办培训班（期）	培训数量（人次）
2002	272	481	298	27	179	92	1774	103	84583	80958	3625	129602	1031	31227	823	102123
2003	272	481	487	45	323	119	4741	348	70104	64203	5901	313386	1188	41086	1780	188623
2004	272	481	564	55	345	164	5296	254	70821	65231	5590	184342	1498	48538	1185	192882
2005	272	481	349	33	235	81	4317	187	84754	75319	9435	157265	1448	34137	1274	109436
2006	272	481	396	55	254	87	4925	327	66415	55952	10463	674861	1519	34313	1546	203670
2007	272	481	299	26	196	77	5799	153	121289	116126	5163	672297	777	28794	1587	188601
2008	272	481	361	33	212	116	4921	114	152257	117244	35013	332985	941	32199	1317	247694
2009	272	481	390	45	236	109	5942	245	110358	105648	4710	310662	1123	27102	2311	251963
2010	272	481	415	41	263	111	6552	178	148381	137824	10557	615157	1130	36554	1338	199064
2011	272	481	404	21	237	154	6873	189	153734	140193	8193	505486	1308	21211	1614	148907
2012	310	592	357	45	232	93	3685	188	190230	175768	7928	903386	939	39988	764	96321
2013	310	592	451	45	308	106	6162	417	208217	198656	9991	538539	1251	64496	1267	115770
2014	310	592	458	23	327	108	5953	462	302704	289586	8843	2186918	998	74458	1301	104788
2015	320	592	734	42	371	321	5863	441	330934	319512	10282	2823879	14624	42619	4485	121778
2016	320	592	957	46	543	368	12531	663	437967	407688	30279	2325498	4000	71495	1770	144005
2017	310	592	1202	42	687	473	14885	1223	688283	626100	62183	7746505	5006	—	4442	342740
2018	288	592	1131	50	695	362	25203	1644	555460	555460	—	1152350	—	—	—	423000
合计	—	—	9253	674	5643	2941	125422	7136	3776491	3531468	228156	21573118	25082	628217	35940	3181365

注：2002年开始部署新一轮中央单位定点扶贫。

表 18 东西部扶贫部协作统计表（2011—2018 年）

指标	计量单位	2011 年	2012 年	2013 年	2014 年	2015 年	2016 年	2017 年	2018 年
一、政府援助									
1. 援助资金	万元	84026	88220	118058. 41	133769. 41	145097	292595. 12	587600	1776078. 13
其中：(1)省级拨款	万元	59099	60425	81841	98463	76988	101403		
(2)地级拨款	万元	11830	15095	17082. 18	14447. 41	39457	112813		
(3)县级拨款	万元	12297	7150	19135. 23	20859	24792	27691. 6		
2. 援建项目									
其中：(1)学校	所	147		107	718	163	782	273	3187
资助贫困学生	人次	22080	13305	5130	11738	7380	8220	51745	77795
(2)卫生院、所	所	80	66	38	36	40	158	518	2208
二、企业协作									
1. 协作企业	个	267	454	311	427	221	360	2121	15245
其中：新增协作企业	个	74	185	88	127	121	251		
2. 协议合作项目	个	1897	2185	2756	2425	1447	281		
其中：实施合作项目	个	375	387	2499	2248	1409	281	2003	
3. 协议合作投资	万元	31638125	45563321	56083816	63112836. 57	25689020			
其中：实际投资	万元	6482992	23363121	34002984	31313348. 11	21035820	13057818	12209070	36469003. 87
4. 吸收就业	人	49314	21703	16636	13806	14890	58928	61338	46325
5. 实现税收	万元	16466	24594	12348	6540. 82	17211			
三、社会帮扶	万元	10557	16240	15043	10734	7496	33250. 19	368940. 9	454573. 62
1. 捐款	万元	5999	11942	8486	7058	5109	18710. 6		386683. 56

（续）

指　　标	计量单位	2011年	2012年	2013年	2014年	2015年	2016年	2017年	2018年
2. 赠物折款	万元	4558	4298	6558	3675	2387	14539.59		87890.06
3. 东部到西部志愿者	人次	288	553	111	478	342	2195		
四、领导考察互访	人次	7364	8580	4593	5528	5399	5359	28252	20598
1. 东部地区到西部地区	人次	4418	4364	2413	3023	2944	2748	13715	13442
其中：省级	人次	92	63	50	40	45	126	91	180
地厅级	人次	607	335	433	545	487	866	1539	2106
县处级	人次	1938	2313	1589	1647	1404			
2. 西部地区到东部地区	人次	2928	4216	2180	2505	2455	2581	14537	7156
其中：省级	人次	46	68	53	22	20	68	127	172
地厅级	人次	422	471	311	428	226	597	1438	1327
县处级	人次	1954	2738	1497	1700	1065			
五、人才交流									
1. 党政干部交流	人次	354	361	341	404	398	508	2578	
其中：（1）东部地区到西部地区挂职	人次	141	126	155	138	124	206	774	1510
地厅级	人次	13	5	10	8	11	18	24	45
县处级	人次	76	75	102	91	95	164	418	651
（2）西部地区到东部地区挂职	人次	213	211	186	266	274	302	1804	3059
地厅级	人次	24	3	4	100	1	6	12	11
县处级	人次	84	158	140	173	138	202	352	449
2. 专业技术人才交流（含教师、医生、农业技术）	人次	1035	1266	1148	1534	1591	3219	12368	27874

（续）

指　　标	计量单位	2011 年	2012 年	2013 年	2014 年	2015 年	2016 年	2017 年	2018 年
其中：(1)东部地区到西部地区挂职	人次	787	318	324	398	320	895	6516	12412
(2)西部地区到东部地区挂职	人次	248	948	824	1136	1271	2424	5852	15462
六、人员培训									
1. 举办培训班	期	3249	498	488	403	409	487	2303	6370
2. 培训人数	人次	454933	330562	35709	35662	31190	63451	338267	615965
其中：(1)干部培训	人次	4686	5578	4556	7271	7484	10824		67223
(2)专业技术人才培训（含教师、医生、实用技术人才）	人次	13632	19144	7473	12469	13851	17600		213320
(3)劳动力输出培训	人次	436615	299456	18176	15098	8880	35027	338267	335422
七、输出（引进）技术	项	32	18	7	14	7	965		1261
八、劳务合作									
1. 输出劳务	人	284662	1215200	212412	258543	431541	17186	192085	1442153
2. 劳务收入	万元	406342	1427267	358801	492195	1738449	22490. 6		

表 19 中央单位定点扶贫结对关系表

序号	单 位	定点帮扶的国家扶贫开发工作重点县	
		个数	名称（所在片区、省）
（一）中央和国家机关工作委员会牵头单位（117 家）			
1	中共中央纪律检查委员会国家监察委员会机关	2	雷波、马边（乌蒙山区、四川）
2	中共中央办公厅	2	宁陕（秦巴山区、陕西）；光山（大别山区、河南）
3	中共中央组织部	2	舟曲（四省藏区、甘肃）；台江（滇桂黔石漠化区、贵州）
4	中共中央宣传部	2	耀州（陕西）；科尔沁右翼中旗（大兴安岭南麓山区、内蒙古）
5	中共中央统一战线工作部	5	赫章（乌蒙山区、贵州）；晴隆、望谟、三都（滇桂黔石漠化区、贵州）；积石山（六盘山区、甘肃）
6	中共中央对外联络部	1	行唐（河北）
7	中共中央政法委员会	1	扎赉特旗（大兴安岭南麓山区、内蒙古）
8	中共中央政策研究室	1	安图（吉林）
9	中共中央网络安全和信息化领导小组办公室	1	佛坪（秦巴山区、陕西）
10	中共中央台湾工作办公室（国务院台湾事务办公室）	1	广河（六盘山区、甘肃）
11	中共中央外事工作领导小组办公室	1	彭水（武陵山区、重庆）
12	中共中央机构编制委员会办公室	1	化德（燕山—太行山区、内蒙古）
13	中共中央和国家机关工作委员会	4	平山、临城、阳原（燕山—太行山区、河北）；宁武（山西）
14	中共中央党校（国家行政学院）	4	武邑（河北）；安远（江西）；大关（乌蒙山区、云南）；墨江（滇西边境山区、云南）
15	中共中央党史和文献研究院	3	南召（秦巴山区、河南）；镇原（六盘山区、甘肃）；唐县（燕山—太行山区、河北）
16	人民日报社	2	虞城（河南）；滦平（河北）
17	求是杂志社	1	杂多（四省藏区、青海）
18	中华全国总工会	2	和顺、壶关（山西）
19	中国共产主义青年团中央委员会	2	灵丘（燕山—太行山区、山西）；石楼（吕梁山区、山西）
20	中华全国妇女联合会	2	漳县（六盘山区、甘肃）；西和（秦巴山区、甘肃）
21	中国文学艺术界联合会	1	武都（秦巴山区、甘肃）
22	中国作家协会	1	临潭（四省藏区、甘肃）

（续）

序号	单　位	定点帮扶的国家扶贫开发工作重点县	
		个数	名称（所在片区、省）
23	中国科学技术协会	2	岚县、临县（吕梁山区、山西）
24	中华全国归国华侨联合会	1	上饶（江西）
25	全国人民代表大会常务委员会机关	2	太仆寺旗、察哈尔右翼前旗（内蒙古）
26	中国人民政治协商会议全国委员会机关	2	舒城、颍东（安徽）
27	最高人民法院	2	睢县（河南）；宁陵（大别山区、河南）
28	最高人民检察院	2	西畴、富宁（滇桂黔石漠化区、云南）
29	国务院办公厅	2	怀安、张北（燕山—太行山区、河北）
30	外交部	2	麻栗坡（滇桂黔石漠化区、云南）；金平（滇西边境山区、云南）
31	国家发展和改革委员会	3	灵寿（河北）；田东（广西）；汪清（吉林）
32	教育部	2	青龙、威县（河北）
33	科学技术部	5	佳县（吕梁山区、陕西）；柞水（秦巴山区、陕西）；井冈山、永新（罗霄山区、江西）；屏山（乌蒙山区、四川）
34	工业和信息化部	4	洛宁、汝阳（秦巴山区、河南）；南部、嘉陵（四川）
35	国家民族事务委员会	2	巴林右旗（内蒙古）；德保（滇桂黔石漠化区、广西）
36	公安部	3	兴仁、普安（滇桂黔石漠化区、贵州）；三江（滇桂黔石漠化区、广西）
37	安全部	2	敖汉旗（内蒙古）；盐山（河北）
38	民政部	2	遂川、莲花（罗霄山区、江西）
39	司法部	3	平昌、苍溪（秦巴山区、四川）；阜城（河北）
40	财政部	2	平江（湖南）；永胜（滇西边境山区、云南）
41	人力资源和社会保障部	2	天镇（燕山—太行山区、山西）；金寨（大别山区、安徽）
42	自然资源部	6	赣县、宁都、兴国、于都（罗霄山区、江西）；琼中（海南）；海伦（黑龙江）
43	生态环境部	2	围场、隆化（燕山—太行山区、河北）
44	住房和城乡建设部	4	湟中（六盘山区、青海）；大通（青海）；红安、麻城（大别山区、湖北）
45	交通运输部	4	黑水、壤塘、小金、色达（四省藏区、四川）
46	水利部	6	城口、巫溪（秦巴山区、重庆）；丰都、武隆（武陵山区、重庆）；万州区（重庆）；郧阳区（秦巴山区、湖北）
47	农业农村部	5	咸丰、来凤（武陵山区、湖北）；龙山、永顺（武陵山区、湖南）；剑河（滇桂黔石漠化区、贵州）
48	商务部	3	广安（四川）；仪陇（秦巴山区、四川）；城步（武陵山区、湖南）

（续）

序号	单　位	定点帮扶的国家扶贫开发工作重点县	
		个数	名称（所在片区、省）
49	文化和旅游部（旅游局）	4	娄烦（山西）；静乐（吕梁山区、山西）；巴马（滇桂黔石漠化区、广西）；阿尔山（大兴安岭南麓山区、内蒙古）
50	国家卫生健康委员会	4	大宁、永和（吕梁山区、山西）；清涧、子洲（吕梁山区、陕西）
51	应急管理部	2	阳高、广灵（燕山—太行山区、山西）
52	中国人民银行	2	宜君、印台（陕西）
53	审计署	2	顺平（燕山—太行山区、河北）；丹寨（滇桂黔石漠化区、贵州）
54	国务院国有资产监督管理委员会	2	平乡、魏县（河北）
55	海关总署	3	鲁山、卢氏（秦巴山区、河南）；民权（大别山区、河南）
56	国家税务总局	2	民和（六盘山区、青海）；平安（青海）
57	国家市场监督管理总局	3	同江、抚远（黑龙江）；礼县（秦巴山区、甘肃）
58	国家广播电视总局	2	德格（四省藏区、四川）；平顺（山西）
59	国家体育总局	2	繁峙（燕山—太行山区、山西）；代县（山西）
60	国家统计局	2	岢岚（吕梁山区、山西）；正镶白旗（内蒙古）
61	国务院参事室	1	龙井（吉林）
62	国家机关事务管理局	1	阜平（燕山—太行山区、河北）
63	国务院港澳事务办公室	1	赞皇（河北）
64	国务院研究室	1	淅川（秦巴山区、河南）
65	新华通讯社	2	石阡（武陵山区、贵州）；新河（河北）
66	中国科学院	3	水城（滇黔桂石漠化区、贵州）；环江（滇桂黔石漠化区、广西）；库伦旗（内蒙古）
67	中国社会科学院	2	丹凤（秦巴山区、陕西）；上犹（罗霄山区、江西）
68	中国工程院	2	会泽（乌蒙山区、云南）；澜沧（滇西边境山区、云南）
69	国务院发展研究中心	1	大名（河北）
70	中国气象局	1	突泉（大兴安岭南麓山区、内蒙古）
71	全国社会保障基金理事会	1	兴和（燕山—太行山区、内蒙古）
72	国家信访局	1	海兴（河北）
73	中华全国供销合作总社	2	潜山（大别山区、安徽）；寻乌（罗霄山区、江西）
74	国务院扶贫开发领导小组办公室	2	渭源（甘肃）；雷山（滇桂黔石漠化区、贵州）
75	光明日报社	1	囊谦（四省藏区、青海）
76	中国日报社	1	会昌（罗霄山区、江西）
77	中国外文出版发行事业局	1	左权（山西）
78	经济日报社	1	赤城（河北）
79	中国法学会	1	开县（重庆）

（续）

序号	单　位	定点帮扶的国家扶贫开发工作重点县	
		个数	名称（所在片区、省）
80	中国人民对外友好协会	1	兴县（吕梁山区、山西）
81	中华全国新闻工作者协会	1	文县（秦巴山区、甘肃）
82	中华全国台湾同胞联谊会	1	榆中（六盘山区、甘肃）
83	中国国际贸易促进委员会	2	林甸（大兴安岭南麓山区、黑龙江）；从江（滇桂黔石漠化区、贵州）
84	中国残疾人联合会	1	南皮（河北）
85	中国红十字会总会	1	英山（大别山区、湖北）
86	中国宋庆龄基金会	1	彭阳（六盘山区、宁夏）
87	中国铁路总公司	4	和田（南疆三地州、新疆）；栾川（秦巴山区、河南）；勉县（秦巴山区、陕西）；原州区（六盘山区、宁夏）
88	中国投资有限责任公司	4	会宁、静宁（六盘山区、甘肃）；施秉（滇黔桂石漠化区、贵州）；循化（六盘山区、青海）
89	中国中信集团有限公司	3	元阳（滇西边境山区、云南）；屏边（滇桂黔石漠化区、云南）；黔江（武陵山区、重庆）
90	中国光大集团股份公司	3	新化、古丈（武陵山区、湖南）；新田（湖南）
91	中国邮政集团公司	2	商州、洛南（秦巴山区、陕西）
92	中国出版集团公司	1	泽库（四省藏区、青海）
93	国家保密局	1	房县（秦巴山区、湖北）
94	国家档案局	1	喜德（乌蒙山区、四川）
95	国家粮食和储备局	1	阜南（大别山区、安徽）
96	国家能源局	2	清水、通渭（六盘山区、甘肃）
97	国家国防科技工业局	2	略阳、宁强（秦巴山区、陕西）
98	国家烟草专卖局	3	竹溪、竹山（秦巴山区、湖北）；红寺堡区（宁夏吴忠市）
99	国家林业和草原局	4	罗城、龙胜（滇桂黔石漠化区、广西）；荔波、独山（滇桂黔石漠化区、贵州）
100	国家铁路局	1	榕江（滇桂黔石漠化区、贵州）
101	中国民用航空局	2	策勒、于田（南疆三地州、新疆）
102	国家邮政局	1	平泉（燕山—太行山区、河北）
103	国家文物局	1	淮阳（大别山区、河南）
104	国家中医药管理局	1	五寨（吕梁山区、山西）
105	国家市场监督管理总局	2	临泉（大别山区、安徽）；砀山（安徽）
106	国家知识产权局	2	桑植（武陵山区、湖南）；崇礼（河北）
107	中国地震局	1	永靖（六盘山区、甘肃）
108	国家自然科学基金委员会	1	奈曼旗（内蒙古）
109	中国浦东干部学院	1	江口（武陵山区、贵州）

（续）

序号	单　位	定点帮扶的国家扶贫开发工作重点县	
		个数	名称（所在片区、省）
110	中国延安干部学院	1	越西（乌蒙山区、四川）
111	中国井冈山干部学院	1	鄱阳（江西）
112	中国工程物理研究院	1	富平（陕西）
113	北京航空航天大学	1	中阳（山西）
114	北京理工大学	1	方山（山西）
115	西北工业大学	1	融水（滇桂黔石漠化区、广西）
116	哈尔滨工业大学	1	金秀（广西）
117	中国科技大学	1	六枝特区（滇桂黔石漠化区、贵州）
（二）中国人民银行牵头单位（22 家）			
118	中国银行保险监督管理委员会	4	和政、临洮（六盘山区、甘肃）；察哈尔右翼中旗、察哈尔右翼后旗（内蒙古）
119	中国证券监督管理委员会	9	隰县、汾西（吕梁山区、山西）；宿松、太湖（大别山区、安徽）；兰考（大别山区、河南）；桐柏（河南）；延长（陕西）；武山（六盘山区、甘肃）；麦盖提（新疆维吾尔自治区）
120	国家外汇管理局	1	巨鹿（河北）
121	国家开发银行	4	道真、务川、正安（武陵山区、贵州）；古蔺（乌蒙山区、四川）
122	中国进出口银行	2	岷县（六盘山区、甘肃）；云阳（秦巴山区、重庆）
123	中国农业发展银行	4	大安（大兴安岭南麓山区、吉林）；隆林（滇桂黔石漠化、广西）；锦屏（滇桂黔石漠化、贵州）；马关（滇桂黔石漠化、云南）
124	中国工商银行股份有限公司	4	南江、通江、万源（秦巴山区、四川）；金阳（乌蒙山区、四川）
125	中国农业银行股份有限公司	4	武强、饶阳（河北）；秀山（武陵山区、重庆） 黄平（滇桂黔石漠化区、贵州）
126	中国银行股份有限公司	4	永寿、长武、淳化（六盘山区、陕西）；旬邑（陕西）
127	中国建设银行股份有限公司	4	汉滨、紫阳、汉阴、岚皋（秦巴山区、陕西）
128	交通银行股份有限公司	3	天祝（四省藏区、甘肃）；理塘（四省藏区、四川）；浑源（燕山—太行山区、山西）
129	中国人民保险集团股份有限公司	4	乐安（罗霄山区、江西）；吉安（江西）；桦川（黑龙江）；留坝（秦巴山区、陕西）
130	中国人寿保险集团有限公司	4	龙州、天等（滇桂黔石漠化区、广西）；郧西、丹江口（秦巴山区、湖北）
131	中国太平保险集团有限责任公司	2	两当（秦巴山区、甘肃）；裕安（安徽）
132	中国出口信用保险公司	2	霍邱（大别山区、安徽）；余干（江西）

（续）

序号	单　　位	定点帮扶的国家扶贫开发工作重点县	
		个数	名称（所在片区、省）
133	中国华融资产管理股份有限公司	1	宣汉（秦巴山区、四川）
134	中国长城资产管理股份有限公司	1	陇县（六盘山区、陕西）
135	中国东方资产管理股份有限公司	1	邵阳（武陵山区、湖南）
136	中国信达资产管理股份有限公司	1	乐都（六盘山区、青海）
137	招商银行股份有限公司	2	永仁（滇西边境山区、云南）；武定（乌蒙山区、云南）
138	中国民生银行股份有限公司	2	封丘、滑县（河南）
139	包商银行股份有限公司	2	鄂伦春旗、莫力达瓦旗（内蒙古）
（三）教育部牵头单位（44家）			
140	北京大学	1	弥渡（滇西边境山区、云南）
141	清华大学	1	南涧（滇西边境山区、云南）
142	北京科技大学	1	秦安（六盘山区、甘肃）
143	北京化工大学	1	科尔沁左翼中旗（内蒙古）
144	北京交通大学	1	科尔沁左翼后旗（内蒙古）
145	北京邮电大学	1	长顺（滇桂黔石漠化区、贵州）
146	中国农业大学	1	镇康（滇西边境山区、云南）
147	北京林业大学	1	科尔沁右翼前旗（大兴安岭南麓山区、内蒙古）
148	中国地质大学（北京）	1	化隆（六盘山区、青海）
149	中国矿业大学（北京）	1	都安（滇桂黔石漠化区、广西）
150	南开大学	1	庄浪（六盘山区、甘肃）
151	天津大学	1	宕昌（秦巴山区、甘肃）
152	山东大学	1	确山（河南）
153	东北大学	1	昌宁（滇西边境山区、云南）
154	大连理工大学	1	龙陵（滇西边境山区、云南）
155	吉林大学	1	通榆（大兴安岭南麓山区、吉林）
156	东北林业大学	1	泰来（大兴安岭南麓山区、黑龙江）
157	复旦大学	1	永平（滇西边境山区、云南）
158	同济大学	1	云龙（滇西边境山区、云南）
159	上海交通大学	1	洱源（滇西边境山区、云南）
160	华东理工大学	1	寻甸（乌蒙山区、云南）
161	东华大学	1	盐津（乌蒙山区、云南）
162	南京大学	1	双柏（滇西边境山区、云南）
163	东南大学	1	南华（滇西边境山区、云南）
164	河海大学	1	石泉（秦巴山区、陕西）
165	南京农业大学	1	麻江（滇桂黔石漠化区、贵州）
166	中国药科大学	1	镇坪（秦巴山区、陕西）

（续）

序号	单　位	定点帮扶的国家扶贫开发工作重点县	
		个数	名称（所在片区、省）
167	浙江大学	1	景东（滇西边境山区、云南）
168	合肥工业大学	1	灵璧（安徽）
169	厦门大学	1	隆德（六盘山区、宁夏）
170	华中科技大学	1	临翔（滇西边境山区、云南）
171	武汉大学	1	恩施（武陵山区、湖北）
172	华中农业大学	1	建始（武陵山区、湖北）
173	湖南大学	1	隆回（武陵山区、湖南）
174	中南大学	1	江华（湖南）
175	中山大学	1	凤庆（滇西边境山区、云南）
176	华南理工大学	1	云县（滇西边境山区、云南）
177	四川大学	1	甘洛（四川）
178	电子科技大学	1	岑巩（滇桂黔石漠化区、贵州）
179	重庆大学	1	绿春（滇西边境山区、云南）
180	西安交通大学	1	施甸（滇西边境山区、云南）
181	西北农林科技大学	1	合阳（陕西）
182	西安电子科技大学	1	蒲城（陕西）
183	长安大学	1	商南（秦巴山区、陕西）
（四）国务院国资委牵头单位（96家）			
184	中国核工业集团有限公司	4	石柱（武陵山区、重庆）；同心（六盘山区、宁夏）；旬阳、白河（秦巴山区、陕西）
185	中国航天科技集团有限公司	3	太白、洋县（秦巴山区、陕西）；涞源（燕山—太行山区、河北）
186	中国航天科工集团有限公司	2	富源、东川区（云南）
187	中国航空工业集团有限公司	5	镇宁、普定、关岭、紫云（滇桂黔石漠化区、贵州）；西乡（秦巴山区、陕西）
188	中国船舶工业集团有限公司	1	鹤庆（滇西边境山区、云南）
189	中国船舶重工集团有限公司	2	勐腊（滇西边境山区、云南）；丘北（滇桂黔石漠化区、云南）
190	中国兵器工业集团有限公司	2	红河（滇西边境山区、云南）；甘南（大兴安岭南麓山区、黑龙江）
191	中国兵器装备集团有限公司	2	泸西、砚山（滇桂黔石漠化区、云南）
192	中国电子科技集团有限公司	2	绥德（吕梁山区、陕西）；叙永（乌蒙山区、四川）
193	中国石油天然气集团有限公司	10	台前、范县（河南）；尼勒克、托里、巴里坤、吉木乃、青河、察布查尔（新疆）；习水（乌蒙山区、贵州）；横峰（江西）

（续）

序号	单　位	定点帮扶的国家扶贫开发工作重点县	
		个数	名称（所在片区、省）
194	中国石油化工集团有限公司	6	岳西、颍上（大别山区、安徽）；凤凰、泸溪（武陵山区、湖南）；岳普湖（南疆四地州、新疆）；东乡（六盘山区、甘肃）
195	中国海洋石油集团有限公司	5	保亭、五指山市（海南）；夏河、合作（四省藏区、甘肃）；卓资（内蒙古）
196	国家电网有限公司	5	巴东、秭归、长阳（武陵山区、湖北）；神农架（湖北）；玛多（四省藏区、青海）
197	中国南方电网有限责任公司	2	维西（四省藏区、云南）；东兰（滇桂黔石漠化区、广西）
198	中国华能集团有限公司	2	横山（吕梁山区、陕西）；阿合奇（南疆四地州、新疆）
199	中国大唐集团有限公司	2	大化（滇桂黔石漠化区、广西）；澄城（陕西）
200	中国华电集团有限公司	2	乌恰、阿图什（南疆四地州、新疆）
201	国家电力投资集团有限公司	3	商城（大别山区、河南）；美姑（乌蒙山区、四川）；延川（陕西）
202	中国长江三峡集团有限公司	4	巫山、奉节（秦巴山区、重庆）；万安（罗霄山区、江西）；巴林左旗（内蒙古）
203	国家能源投资集团有限责任公司	7	米脂、吴堡（吕梁山区、陕西）；布拖、普格（乌蒙山区、四川）；曲麻莱（四省藏区、青海）；宁城（内蒙古）；右玉（山西）
204	中国电信集团有限公司	4	木里（四省藏区）、盐源（四川）；田林（滇桂黔石漠化区、广西）；疏附（南疆四地州、新疆）
205	中国联合网络通信集团有限公司	4	康保、沽源（燕山—太行山区、河北）；饶河（黑龙江）；册亨（滇桂黔石漠化区、贵州）
206	中国移动通信集团有限公司	6	汤原、桦南（黑龙江）；白沙（海南）；疏勒、洛浦、阿克陶（南疆四地州、新疆）
207	中国电子信息产业集团有限公司	4	镇安（秦巴山区、陕西）；阆中（四川）；松桃（武陵山区、贵州）；临高（海南）
208	中国第一汽车集团有限公司	3	镇赉（大兴安岭南麓山区、吉林）；和龙（吉林）；凤山（滇桂黔石漠化区、广西）
209	东风汽车有限公司	2	马山（滇桂黔石漠化区、广西）；柯枰（南疆四地州、新疆）
210	中国一重集团有限公司	1	泗县（安徽）
211	中国机械工业集团有限公司	4	固始、淮滨（大别山区、河南）；朝天（秦巴山区、四川）；平陆（山西）
212	哈尔滨电气集团有限公司	1	文山（云南）

（续）

序号	单位	定点帮扶的国家扶贫开发工作重点县	
		个数	名称（所在片区、省）
213	中国东方电气集团有限公司	2	昭觉（乌蒙山区、四川）；吉县（吕梁山区、山西）
214	鞍钢集团有限公司	2	塔什库尔干（南疆四地州、新疆）；盘州市（贵州）
215	中国宝武钢铁集团有限公司	6	宁洱、江城、镇沅（滇西边境山区、云南）；广南（滇桂黔石漠化区、云南）；罗田（大别山区、湖北）；上林（滇桂黔石漠化区、广西）
216	中国铝业集团有限公司	1	阳新（湖北）
217	中国远洋海运集团有限公司	3	沅陵、安化（武陵山区、湖南）；永德（滇西边境山区、云南）
218	中国航空集团有限公司	2	苏尼特右旗（内蒙古）；昭平（广西）
219	中国东方航空集团有限公司	2	双江、沧源（滇西边境山区、云南）
220	中国南方航空集团有限公司	2	皮山、墨玉（南疆四地州、新疆）
221	中国中化集团有限公司	2	林西、阿鲁科尔沁旗（内蒙古）
222	中粮集团有限公司	7	延寿、绥滨（黑龙江）；乌什（南疆四地州、新疆）；隆安（滇桂黔石漠化区、广西）；甘孜、石渠（四省藏区、四川）；修水（江西）
223	中国五矿集团有限公司	6	威信、镇雄、彝良（乌蒙山区、云南）；花垣（武陵山区、湖南）；沿河、德江（武陵山区、贵州）
224	中国通用技术（集团）控股有限责任公司	2	武川（内蒙古）；商都（燕山—太行山区、内蒙古）
225	中国建筑集团有限公司	3	卓尼（四省藏区、甘肃）；康乐（六盘山区、甘肃）；康县（秦巴山区、甘肃）
226	中国储备粮管理集团有限公司	3	拜泉、兰西（大兴安岭南麓山区、黑龙江）；伽师（南疆四地州、新疆）
227	国家开发投资集团有限公司	4	罗甸、平塘（滇桂黔石漠化区、贵州）；合水、宁县（六盘山区、甘肃）
228	招商局集团有限公司	4	威宁（乌蒙山区、贵州）；蕲春（大别山区、湖北）；叶城、莎车（南疆四地州、新疆）
229	华润（集团）有限公司	2	广昌（江西）；海原（六盘山区、宁夏）
230	中国旅游集团有限公司［香港中旅（集团）有限公司］	5	黎平（滇桂黔石漠化区、贵州）；西盟、孟连（滇西边境山区、云南）；香格里拉、德钦（四省藏区、云南）
231	中国商用飞机有限责任公司	1	西吉（六盘山区、宁夏）
232	中国节能环保集团有限公司	2	嵩县（秦巴山区、河南）；富川（广西）
233	中国国际工程咨询有限公司	1	利辛（大别山区、安徽）
234	中国诚通控股集团有限公司	1	宜阳（河南）
235	中国中煤能源集团有限公司	3	蔚县（燕山—太行山区、河北）；赵家蓬（河北）；印江（武陵山区、贵州）

（续）

序号	单　位	定点帮扶的国家扶贫开发工作重点县	
		个数	名称（所在片区、省）
236	中国煤炭科工集团有限公司	2	寿县（大别山区、安徽）；武乡（山西）
237	机械科学研究总院集团有限公司	1	新县（大别山区、河南）
238	中国中钢集团有限公司	1	翁牛特旗（内蒙古）
239	中国钢研科技集团有限公司	1	山阳（秦巴山区、陕西）
240	中国化工集团有限公司	2	古浪（六盘山区、甘肃）；平山（河北）
241	中国化学工程集团有限公司	2	环县、华池（六盘山区、甘肃）
242	中国盐业有限公司	2	定边、宜川（陕西）
243	中国建材集团有限公司	5	昭阳区、永善、绥江（乌蒙山区、云南）；石台（安徽）；泾源（六盘山区、宁夏）
244	中国有色矿业集团有限公司	1	梁河（滇西边境山区、云南）
245	有研科技集团有限公司	1	思南（武陵山区、贵州）
246	北京矿冶科技集团有限公司	1	平舆（河南）
247	中国国际技术智力合作有限公司	2	姚安、大姚（滇西边境山区、云南）
248	中国建筑科学研究院有限公司	1	偏关（山西）
249	中国中车集团有限公司	4	麦积区、甘谷（六盘山区、甘肃）；那坡、靖西（滇桂黔石漠化区、广西）
250	中国铁路通信信号集团有限公司	1	社旗（河南）
251	中国铁路工程集团有限公司	3	桂东、汝城（罗霄山区、湖南）；保德（山西）
252	中国铁道建筑有限公司	3	尚义、万全（燕山—太行山区、河北）；甘德（四省藏区、青海）
253	中国交通建设集团有限公司	5	贡山、福贡、泸水、兰坪（滇西边境山区、云南）；英吉沙（南疆四地州、新疆）
254	中国普天信息产业集团有限公司	1	达日（四省藏区、青海）
255	中国信息通信科技集团有限公司	2	沈丘（大别山区、河南）；大悟（大别山区、湖北）
256	中国农业发展集团有限公司	1	萧县（安徽）
257	中国中丝集团有限公司	1	忻城（滇桂黔石漠化区、广西）
258	中国林业集团有限公司	1	通道（武陵山区、湖南）
259	中国医药集团有限公司	2	靖宇（吉林）；治多（四省藏区、青海）
260	中国保利集团有限公司	5	五台（燕山—太行山区、山西）；河曲（山西）；喀喇沁旗（内蒙古）；鲁甸、巧家（乌蒙山区、云南）
261	中国建设科技有限公司	1	陇西（六盘山区、甘肃）
262	中国冶金地质总局	2	漾濞、巍山（滇西边境山区、云南）
263	中国煤炭地质总局	1	张家川（六盘山区、甘肃）
264	新兴际华集团有限公司	2	四子王旗（内蒙古）；安定区（六盘山区、甘肃）
265	中国民航信息集团有限公司	1	神池（吕梁山区、山西）

（续）

序号	单　　位	定点帮扶的国家扶贫开发工作重点县	
		个数	名称（所在片区、省）
266	中国航空油料集团有限公司	1	盐池（宁夏）
267	中国航空器材集团有限公司	1	白水（陕西）
268	中国电力建设集团有限公司	2	剑川（滇西边境山区、云南）；民丰（南疆四地州、新疆）
269	中国能源建设集团有限公司	2	镇巴（秦巴山区、陕西）；西林（滇桂黔石漠化区、广西）
270	中国黄金集团有限公司	2	贞丰（滇桂黔石漠化区、贵州）；新蔡（大别山区、河南）
271	中国广核集团有限公司	2	乐业、凌云（滇桂黔石漠化区、广西）
272	中国华录集团有限公司	1	上蔡（河南）
273	上海诺基亚贝尔股份有限公司	1	宁蒗（滇西边境山区、云南）
274	华侨城集团有限公司	2	天柱、三穗（滇桂黔石漠化区、贵州）
275	南光（集团）有限公司（中国南光集团有限公司）	2	禄劝（乌蒙山区、云南）；临夏（六盘山区、甘肃）
276	中国西电集团有限公司	1	麟游（六盘山区、陕西）
277	中国铁路物资集团有限公司	1	孝昌（大别山区、湖北）
278	中国国新控股有限责任公司	1	利川（武陵山区、湖北）
279	中国铁塔股份有限公司	3	保靖（武陵山区、湖南）；鹤峰、宣恩（武陵山区、湖北）
（五）中央统一战线工作部牵头单位（9家）			
280	中国国民党革命委员会中央委员会	1	纳雍（乌蒙山区、贵州）
281	中国民主同盟中央委员会	1	广宗（河北）
282	中国民主建国会中央委员会	1	丰宁（燕山—太行山区、河北）
283	中国民主促进会中央委员会	1	安龙（滇桂黔石漠化区、贵州）
284	中国农工民主党中央委员会	1	大方（乌蒙山区、贵州）
285	中国致公党中央委员会	1	酉阳（武陵山区、重庆）
286	九三学社中央委员会	1	旺苍（秦巴山区、四川）
287	台湾民主自治同盟中央委员会	1	赫章（乌蒙山区、贵州）
288	全国工商业联合会	1	织金（乌蒙山区、贵州）

表 20　中央单位定点扶贫名单（分省）

省份	单位序号	单位名称	重点县数量	定点帮扶县
河北（共有31个单位定点帮扶41个重点县）	1	中共中央对外联络部	1	行唐
	2	中共中央和国家机关工作委员会	3	平山、临城、阳原
	3	中共中央党校（国家行政学院）	1	武邑
	4	人民日报社	1	滦平
	5	新华通讯社	1	新河
	6	经济日报社	1	赤城
	7	中共中央党史和文献研究院	1	唐县
	8	国务院办公厅	2	怀安、张北
	9	国家发展和改革委员会	1	灵寿
	10	教育部	2	青龙、威县
	11	安全部	1	盐山
	12	生态环境部	2	围场、隆化
	13	审计署	1	顺平
	14	国务院国有资产监督管理委员会	2	平乡、魏县
	15	国家知识产权局	1	崇礼
	16	国家机关事务管理局	1	阜平
	17	国务院港澳事务办公室	1	赞皇
	18	国务院法制办（司法部）	1	阜城
	19	国务院发展研究中心	1	大名
	20	中国残疾人联合会	1	南皮
	21	中国农业银行股份有限公司	2	武强、饶阳
	22	国家信访局	1	海兴
	23	国家邮政局	1	平泉
	24	国家外汇管理局	1	巨鹿
	25	中国航天科技集团有限公司	1	涞源
	26	中国联合网络通信集团有限公司	2	康保、沽源
	27	中国中煤能源集团有限公司	2	蔚县、赵家蓬
	28	中国化工集团有限公司	1	平山
	29	中国铁道建筑有限公司	2	尚义、万全
	30	中国民主同盟中央委员会	1	广宗
	31	中国民主建国会中央委员会	1	丰宁
山西（共有26个单位定点帮扶35个重点县）	1	中共中央和国家机关工作委员会	1	宁武
	2	中华全国总工会	2	和顺、壶关
	3	中国共产主义青年团中央委员会	2	灵丘、石楼
	4	中国科学技术协会	2	岚县、临县
	5	国家广播电视总局	1	平顺
	6	中国外文出版发行事业局	1	左权

（续）

省份	单位序号	单位名称	重点县数量	定点帮扶县
山西（共有26个单位定点帮扶35个重点县）	7	人力资源和社会保障部	1	天镇
	8	文化和旅游部	2	娄烦、静乐
	9	国家卫生健康委员会	2	大宁、永和
	10	国家体育总局	2	繁峙、代县
	11	应急管理部	2	阳高、广灵
	12	国家统计局	1	岢岚
	13	中国证券监督管理委员会	2	隰县、汾西
	14	中国人民对外友好协会	1	兴县
	15	交通银行股份有限公司	1	浑源
	16	国家中医药管理局	1	五寨
	17	国家能源投资集团有限责任公司	1	右玉
	18	中国东方电气集团有限公司	1	吉县
	19	中国煤炭科工集团有限公司	1	武乡
	20	中国机械工业集团有限公司	1	平陆
	21	中国建筑科学研究院有限公司	1	偏关
	22	中国铁路工程集团有限公司	1	保德
	23	中国保利集团有限公司	2	五台、河曲
	24	中国民航信息集团有限公司	1	神池
	25	北京航空航天大学	1	中阳
	26	北京理工大学	1	方山
内蒙古（共有26个单位定点帮扶31个重点县）	1	中共中央政法委员会	1	扎赉特旗
	2	中共中央宣传部	1	科尔沁右翼中旗
	3	中共中央机构编制委员会办公室	1	化德
	4	全国人民代表大会常务委员会机关	2	太仆寺旗、察哈尔右翼前旗
	5	国家民族事务委员会	1	巴林右旗
	6	安全部	1	敖汉旗
	7	国家统计局	1	正镶白旗
	8	文化和旅游部	1	阿尔山
	9	中国科学院	1	库伦旗
	10	中国气象局	1	突泉
	11	中国银行保险监督管理委员会	2	察哈尔右翼中旗、察哈尔右翼后旗
	12	全国社会保障基金理事会	1	兴和
	13	国家自然科学基金委员会	1	奈曼旗
	14	包商银行股份有限公司	2	鄂伦春旗、莫力达瓦旗
	15	中国海洋石油集团有限公司	1	卓资
	16	国家能源投资集团有限责任公司	1	宁城
	17	中国长江三峡集团有限公司	1	巴林左旗
	18	中国航空集团有限公司	1	苏尼特右旗
	19	中国中化集团公司	2	林西、阿鲁科尔沁旗
	20	中国通用技术（集团）控股有限责任公司	2	武川、商都

（续）

省份	单位序号	单位名称	重点县数量	定点帮扶县
内蒙古（共有26个单位定点帮扶31个重点县）	21	中国中钢集团有限公司	1	翁牛特旗
	22	中国保利集团有限公司	1	喀喇沁旗
	23	新兴际华集团有限公司	1	四子王旗
	24	北京化工大学	1	科尔沁左翼中旗
	25	北京交通大学	1	科尔沁左翼后旗
	26	北京林业大学	1	科尔沁右翼前旗
吉林（共有7个单位定点帮扶8个重点县）	1	中共中央政策研究室	1	安图
	2	国家发展和改革委员会	1	汪清
	3	国务院参事室	1	龙井
	4	中国农业发展银行	1	大安
	5	中国第一汽车集团有限公司	2	镇赉、和龙
	6	中国医药集团有限公司	1	靖宇
	7	吉林大学	1	通榆
黑龙江（共有10个单位定点帮扶14个重点县）	1	国家市场监督管理总局	2	同江、抚远
	2	中国国际贸易促进委员会	1	林甸
	3	自然资源部	1	海伦
	4	中国兵器工业集团有限公司	1	甘南
	5	中国联合网络通信集团有限公司	1	饶河
	6	中国移动通信集团有限公司	2	汤原、桦南
	7	中粮集团有限公司	2	延寿、绥滨
	8	中国储备粮管理集团有限公司	2	拜泉、兰西
	9	中国人民保险集团股份有限公司	1	桦川
	10	东北林业大学	1	泰来
安徽（共有15个单位定点帮扶19个重点县）	1	中国人民政治协商会议全国委员会机关	2	舒城、颍东
	2	人力资源和社会保障部	1	金寨
	3	国家粮食和储备局	1	阜南
	4	中国证券监督管理委员会	2	宿松、太湖
	5	中华全国供销合作总社	1	潜山
	6	国家市场监督管理总局	2	临泉、砀山
	7	中国石油化工集团有限公司	2	岳西、颍上
	8	中国一重集团有限公司	1	泗县
	9	中国国际工程咨询有限公司	1	利辛
	10	中国煤炭科工集团有限公司	1	寿县
	11	中国建材集团有限公司	1	石台
	12	中国农业发展集团有限公司	1	萧县
	13	中国出口信用保险公司	1	霍邱
	14	中国太平保险集团有限责任公司	1	裕安
	15	合肥工业大学	1	灵璧

（续）

省份	单位序号	单位名称	重点县数量	定点帮扶县
江西（共有15个单位定点帮扶21个重点县）	1	中华全国归国华侨联合会	1	上饶
	2	中共中央党校（国家行政学院）	1	安远
	3	中国日报社	1	会昌
	4	科学技术部	2	井冈山、永新
	5	民政部	2	遂川、莲花
	6	自然资源部	4	宁都、兴国、于都、赣县
	7	中国井冈山干部学院	1	鄱阳
	8	中国社会科学院	1	上犹
	9	中华全国供销合作总社	1	寻乌
	10	中国出口信用保险公司	1	余干
	11	中国石油天然气集团有限公司	1	横峰
	12	中国长江三峡集团有限公司	1	万安
	13	华润（集团）有限公司	1	广昌
	14	中粮集团有限公司	1	修水
	15	中国人民保险集团股份有限公司	2	乐安、吉安
河南（共有23个单位定点帮扶31个重点县）	1	中共中央办公厅	1	光山
	2	人民日报社	1	虞城
	3	中共中央党史和文献研究院	1	南召
	4	最高人民法院	2	睢县、宁陵
	5	工业和信息化部	2	洛宁、汝阳
	6	中国铁路总公司	1	栾川
	7	海关总署	3	鲁山、卢氏、民权
	8	国务院研究室	1	淅川
	9	中国证券监督管理委员会	2	兰考、桐柏
	10	国家文物局	1	淮阳
	11	中国民生银行股份有限公司	2	封丘、滑县
	12	中国石油天然气集团有限公司	2	台前、范县
	13	国家电力投资集团有限公司	1	商城
	14	中国节能环保集团有限公司	1	嵩县
	15	中国诚通控股集团有限公司	1	宜阳
	16	中国机械工业集团有限公司	2	固始、淮滨
	17	机械科学研究总院集团有限公司	1	新县
	18	北京矿冶科技集团有限公司	1	平舆
	19	中国铁路通信信号集团有限公司	1	社旗
	20	中国信息通信科技集团有限公司	1	沈丘
	21	中国黄金集团有限公司	1	新蔡
	22	中国华录集团有限公司	1	上蔡
	23	山东大学	1	确山

（续）

省份	单位序号	单位名称	重点县数量	定点帮扶县
湖北（17个单位定点帮扶25个重点县）	1	中国红十字会总会	1	英山
	2	住房和城乡建设部	2	红安、麻城
	3	国家保密局	1	房县
	4	农业农村部	2	咸丰、来凤
	5	水利部	1	郧阳区
	6	国家烟草专卖局	2	竹溪、竹山
	7	国家电网公司	4	巴东、秭归、长阳、神农架
	8	中国宝武钢铁集团有限公司	1	罗田
	9	中国铝业有限公司	1	阳新
	10	招商局集团有限公司	1	蕲春
	11	中国信息通信科技集团有限公司	1	大悟
	12	中国铁路物资（集团）有限公司	1	孝昌
	13	中国国新控股有限责任公司	1	利川
	14	中国铁塔股份有限公司	2	宣恩、鹤峰
	15	中国人寿保险集团有限公司	2	郧西、丹江口
	16	武汉大学	1	恩施
	17	华中农业大学	1	建始
湖南（14个单位定点帮扶20个重点县）	1	财政部	1	平江
	2	农业农村部	2	龙山、永顺
	3	商务部	1	城步
	4	国家知识产权局	1	桑植
	5	中国光大集团股份有限公司	3	新化、古丈、新田
	6	中国东方资产管理股份有限公司	1	邵阳
	7	中国石油化工集团有限公司	2	凤凰、泸溪
	8	中国远洋海运集团有限公司	2	沅陵、安化
	9	中国五矿集团有限公司	1	花垣
	10	中国铁路工程总公司	2	桂东、汝城
	11	中国林业集团有限公司	1	通道
	12	中国铁塔股份有限公司	1	保靖
	13	湖南大学	1	隆回
	14	中南大学	1	江华
广西（共有24个单位定点帮扶28个重点县）	1	国家发展和改革委员会	1	田东
	2	国家民族事务委员会	1	德保
	3	公安部	1	三江
	4	中国电信集团有限公司	1	田林
	5	国家林业和草原局	2	龙胜、罗城
	6	文化和旅游部	1	巴马
	7	中国科学院	1	环江
	8	中国农业发展银行	1	隆林
	9	中国南方电网有限责任公司	1	东兰

（续）

省份	单位序号	单位名称	重点县数量	定点帮扶县
广西（共有24个单位定点帮扶28个重点县）	10	中国大唐集团有限公司	1	大化
	11	中国第一汽车集团有限公司	1	凤山
	12	东风汽车有限公司	1	马山
	13	中国宝武钢铁集团有限公司	1	上林
	14	中国航空集团有限公司	1	昭平
	15	中粮集团有限公司	1	隆安
	16	中国节能环保集团有限公司	1	富川
	17	中国中车集团有限公司	2	那坡、靖西
	18	中国中丝集团有限公司	1	忻城
	19	中国能源建设集团有限公司	1	西林
	20	中国广核集团有限公司	2	乐业、凌云
	21	中国人寿保险集团有限公司	2	龙州、天等
	22	西北工业大学	1	融水
	23	哈尔滨工业大学	1	金秀
	24	中国矿业大学（北京）	1	都安
海南（共有4个单位定点帮扶5个重点县）	1	自然资源部	1	琼中
	2	中国海洋石油集团有限公司	2	保亭、五指山
	3	中国移动通信集团有限公司	1	白沙
	4	中国电子信息产业集团有限公司	1	临高
重庆（共有9个单位定点帮扶14个重点县）	1	中国进出口银行	1	云阳
	2	中国法学会	1	开县
	3	水利部	5	城口、巫溪、丰都、武隆、万州区
	4	中国中信集团有限公司	1	黔江
	5	中国农业银行股份有限公司	1	秀山
	6	中共中央外事工作领导小组办公室	1	彭水
	7	中国核工业集团有限公司	1	石柱
	8	中国长江三峡集团有限公司	2	巫山、奉节
	9	中国致公党中央委员会	1	酉阳
四川（共有23个单位定点帮扶36个重点县）	1	中共中央纪律检查委员会国家监察委员会机关	2	雷波、马边（凉山彝族自治州）
	2	国家档案局	1	喜德（凉山彝族自治州）
	3	中粮集团有限公司	2	石渠、甘孜（甘孜藏族自治州）
	4	国家广播电视总局	1	德格（甘孜藏族自治州）
	5	工业和信息化部	2	南部、嘉陵
	6	司法部	2	平昌、苍溪
	7	交通运输部	4	黑水、壤塘、小金、色达
	8	商务部	2	广安、仪陇
	9	国家开发银行	1	古蔺
	10	中国工商银行股份有限公司	4	南江、通江、万源、金阳
	11	交通银行股份有限公司	1	理塘（甘孜藏族自治州）

（续）

省份	单位序号	单位名称	重点县数量	定点帮扶县
四川（共有23个单位定点帮扶36个重点县）	12	科学技术部	1	屏山
	13	中国华融资产管理股份有限公司	1	宣汉
	14	中国电子科技集团有限公司	1	叙永
	15	国家电力投资集团公司	1	美姑（凉山彝族自治州）
	16	国家能源投资集团有限公司	2	布拖、普格（凉山彝族自治州）
	17	中国电信集团有限公司	2	木里、盐源（凉山彝族自治州）
	18	中国电子信息产业集团有限公司	1	阆中
	19	中国机械工业集团有限公司	1	朝天
	20	中国东方电气集团有限公司	1	昭觉（凉山彝族自治州）
	21	中国延安干部学院	1	越西（凉山彝族自治州）
	22	九三学社中央委员会	1	旺苍
	23	四川大学	1	甘洛（凉山彝族自治州）
贵州（共有38个单位定点帮扶51个重点县）	1	中共中央统一战线工作部	4	赫章、望谟、晴隆、三都
	2	新华社	1	石阡
	3	中共中央组织部	1	台江
	4	农业农村部	1	剑河
	5	审计署	1	丹寨
	6	国家铁路局	1	榕江
	7	国务院扶贫开发领导小组办公室	1	雷山
	8	中国国际贸易促进会	1	从江
	9	公安部	2	兴仁、普安
	10	国家林业和草原局	2	荔波、独山
	11	中国浦东干部学院	1	江口
	12	中国科学院	1	水城
	13	中国投资有限责任公司	1	施秉
	14	国家开发银行	3	道真、务川、正安
	15	中国农业发展银行	1	锦屏
	16	中国科技大学	1	六枝特区
	17	中国农业银行	1	黄平
	18	中国航空工业集团公司	4	镇宁、普定、关岭、紫云
	19	中国石油天然气集团有限公司	1	习水
	20	中国电子信息产业集团有限公司	1	松桃
	21	中国联合网络通信集团有限公司	1	册亨
	22	鞍钢集团公司	1	盘州市
	23	国家开发投资公司	2	罗甸、平塘
	24	招商局集团有限公司	1	威宁
	25	中国旅游集团有限公司［香港中旅（集团）有限公司］	1	黎平
	26	中国中煤能源集团有限公司	1	印江
	27	中国五矿集团有限公司	2	沿河、德江

（续）

省份	单位序号	单位名称	重点县数量	定点帮扶县
贵州（共有38个单位定点帮扶51个重点县）	28	有研科技集团有限公司	1	思南
	29	中国黄金集团有限公司	1	贞丰
	30	华侨城集团有限公司	2	天柱、三穗
	31	中国国民党革命委员会中央委员会	1	纳雍
	32	中国民主促进会中央委员会	1	安龙
	33	中国农工民主党中央委员会	1	大方
	34	台湾民主自治同盟中央委员会	1	赫章
	35	全国工商业联合会	1	织金
	36	北京邮电大学	1	长顺
	37	南京农业大学	1	麻江
	38	电子科技大学	1	岑巩
云南（共有47个单位定点帮扶73个重点县）	1	最高人民检察院	2	西畴、富宁
	2	外交部	2	麻栗坡、金平
	3	财政部	1	永胜
	4	中国工程院	2	澜沧、会泽
	5	中共中央党校（国家行政学院）	2	墨江、大关
	6	中国农业发展银行	1	马关
	7	中国中信集团公司	2	元阳、屏边
	8	招商银行股份有限公司	2	永仁、武定
	9	中国航天科工集团有限公司	2	富源、东川
	10	中国船舶工业集团有限公司	1	鹤庆
	11	中国船舶重工集团有限公司	2	勐腊、丘北
	12	中国兵器工业集团有限公司	1	红河
	13	中国兵器装备集团有限公司	2	泸西、砚山
	14	中国南方电网有限责任公司	1	维西（迪庆藏族自治州）
	15	哈尔滨电气集团有限公司	1	文山
	16	中国宝武钢铁集团有限公司	4	宁洱、江城、镇沅、广南
	17	中国远洋海运集团有限公司	1	永德
	18	中国东方航空集团有限公司	2	双江、沧源
	19	中国五矿集团有限公司	3	威信、镇雄、彝良
	20	中国旅游集团公司［香港中旅（集团）有限公司］	4	西盟、孟连、香格里拉、德钦（迪庆藏族自治州）
	21	中国保利集团有限公司	2	鲁甸、巧家
	22	中国建材集团有限公司	3	永善、绥江、昭阳
	23	中国有色矿业集团有限公司	1	梁河
	24	中国国际技术智力合作有限公司	2	姚安、大姚
	25	中国交通建设集团有限公司	4	贡山、福贡、泸水、兰坪（怒江傈僳族自治州）
	26	中国冶金地质总局	2	漾濞、巍山
	27	中国电力建设集团有限公司	1	剑川
	28	上海诺基亚贝尔股份有限公司	1	宁蒗

（续）

省份	单位序号	单位名称	重点县数量	定点帮扶县
云南（共有47个单位定点帮扶73个重点县）	29	南光（集团）有限公司	1	禄劝
	30	北京大学	1	弥渡
	31	清华大学	1	南涧
	32	中国农业大学	1	镇康
	33	东北大学	1	昌宁
	34	大连理工大学	1	龙陵
	35	复旦大学	1	永平
	36	同济大学	1	云龙
	37	上海交通大学	1	洱源
	38	华东理工大学	1	寻甸
	39	东华大学	1	盐津
	40	南京大学	1	双柏
	41	东南大学	1	南华
	42	浙江大学	1	景东
	43	华中科技大学	1	临翔
	44	中山大学	1	凤庆
	45	华南理工大学	1	云县
	46	重庆大学	1	绿春
	47	西安交通大学	1	施甸
陕西（共有35个单位定点帮扶50个重点县）	1	中共中央办公厅	1	宁陕
	2	中共中央宣传部	1	耀州
	3	中共中央网络安全和信息化领导小组办公室	1	佛坪
	4	科学技术部	2	佳县、柞水
	5	中国铁路总公司	1	勉县
	6	国家卫生健康委员会	2	清涧、子洲
	7	中国人民银行	2	宜君、印台
	8	中国社会科学院	1	丹凤
	9	中国工程物理研究院	1	富平
	10	中国证券监督管理委员会	1	延长
	11	中国银行股份有限公司	4	永寿、长武、淳化、旬邑
	12	中国建设银行股份有限公司	4	汉滨、紫阳、汉阴、岚皋
	13	中国邮政集团总公司	2	商州、洛南
	14	国家国防科技工业局	2	略阳、宁强
	15	中国长城资产管理股份有限公司	1	陇县
	16	中国核工业集团有限公司	2	旬阳、白河
	17	中国航天科技集团有限公司	2	太白、洋县
	18	中国航空工业集团有限公司	1	西乡
	19	中国电子科技集团有限公司	1	绥德
	20	中国华能集团有限公司	1	横山

（续）

省份	单位序号	单位名称	重点县数量	定点帮扶县
陕西（共有35个单位定点帮扶50个重点县）	21	中国大唐集团有限公司	1	澄城
	22	国家能源投资集团有限责任公司	2	米脂、吴堡
	23	中国电子信息产业集团有限公司	1	镇安
	24	国家电力投资集团有限公司	1	延川
	25	中国钢研科技集团有限公司	1	山阳
	26	中国盐业集团有限公司	2	定边、宜川
	27	中国航空器材集团有限公司	1	白水
	28	中国能源建设集团有限公司	1	镇巴
	29	中国西电集团有限公司	1	麟游
	30	中国人民保险集团股份有限公司	1	留坝
	31	河海大学	1	石泉
	32	中国药科大学	1	镇坪
	33	西北农林科技大学	1	合阳
	34	西安电子科技大学	1	蒲城
	35	长安大学	1	商南
甘肃（共有33个单位定点帮扶43个重点县）	1	中共中央组织部	1	舟曲（甘南藏族自治州）
	2	中共中央台湾工作办公室（国务院台湾事务办公室）	1	广河
	3	中共中央党史和文献研究院	1	镇原
	4	中华全国妇女联合会	2	漳县、西和
	5	中国文学艺术界联合会	1	武都
	6	中国作家协会	1	临潭（甘南藏族自治州）
	7	中华全国新闻工作者协会	1	文县
	8	中华全国台湾同胞联谊会	1	榆中
	9	国务院扶贫开发领导小组办公室	1	渭源
	10	国家市场监督管理总局	1	礼县
	11	中共中央统一战线工作部	1	积石山（临夏回族自治州）
	12	中国地震局	1	永靖（临夏回族自治州）
	13	中国银行保险监督管理委员会	2	和政、临洮
	14	中国证券监督管理委员会	1	武山
	15	中国投资有限责任公司	2	会宁、静宁
	16	中国进出口银行	1	岷县
	17	交通银行股份有限公司	1	天祝
	18	国家能源局	2	清水、通渭
	19	中国石油化工集团有限公司	1	东乡（临夏回族自治州）
	20	中国海洋石油集团有限公司	2	夏河、合作
	21	中国建筑集团有限公司	3	卓尼、康乐、康县
	22	国家开发投资集团有限公司	2	合水、宁县
	23	中国化工集团有限公司	1	古浪
	24	中国化学工程集团有限公司	2	环县、华池

（续）

省份	单位序号	单位名称	重点县数量	定点帮扶县
甘肃（共有33个单位定点帮扶43个重点县）	25	中国中车集团有限公司	2	麦积、甘谷
	26	南光（集团）有限公司	1	临夏
	27	中国建设科技有限公司	1	陇西
	28	中国煤炭地质总局	1	张家川
	29	新兴际华集团有限公司	1	安定
	30	中国太平保险集团有限责任公司	1	两当
	31	北京科技大学	1	秦安
	32	南开大学	1	庄浪
	33	天津大学	1	宕昌
青海（共有13个单位定点帮扶15个重点县）	1	求是杂志社	1	杂多（玉树藏族自治州）
	2	光明日报社	1	囊谦（玉树藏族自治州）
	3	住房和城乡建设部	2	湟中、大通
	4	国家税务总局	2	民和、平安
	5	中国出版集团公司	1	泽库（黄南藏族自治州）
	6	中国投资有限责任公司	1	循化
	7	中国信达资产管理股份有限公司	1	乐都
	8	国家电网公司	1	玛多（果洛藏族自治州）
	9	国家能源投资集团有限责任公司	1	曲麻莱（玉树藏族自治州）
	10	中国铁道建筑有限公司	1	甘德（果洛藏族自治州）
	11	中国普天信息产业集团有限公司	1	达日（果洛藏族自治州）
	12	中国医药集团有限公司	1	治多（玉树藏族自治州）
	13	中国地质大学（北京）	1	化隆
宁夏（共有8个单位定点帮扶8个重点县）	1	中国铁路总公司	1	原州
	2	中国宋庆龄基金会	1	彭阳
	3	中国核工业集团有限公司	1	同心
	4	华润（集团）有限公司	1	海原
	5	中国商用飞机有限责任公司	1	西吉
	6	中国建材集团有限公司	1	泾源
	7	中国航空油料集团有限公司	1	盐池
	8	厦门大学	1	隆德
新疆（共有17个单位定点帮扶28个重点县）	1	中国铁路总公司	1	和田（和田地区）
	2	中国民用航空局	2	策勒、于田（和田地区）
	3	中国石油天然气集团有限公司	6	尼勒克、托里、巴里坤、吉木乃、青河、察布查尔
	4	中国石油化工集团有限公司	1	岳普湖（喀什地区）
	5	中国华能集团有限公司	1	阿合奇
	6	中国华电集团有限公司	2	乌恰、阿图什（克孜勒苏州）
	7	中国电信集团有限公司	1	疏附（喀什地区）
	8	中国移动通信集团有限公司	3	疏勒（喀什地区）、洛浦、阿克陶（克孜勒苏州）
	9	东风汽车有限公司	1	柯枰（阿克苏地区）

（续）

省份	单位序号	单位名称	重点县数量	定点帮扶县
新疆（共有17个单位定点帮扶28个重点县）	10	鞍钢集团有限公司	1	塔什库尔干（南疆四地州）
	11	中国南方航空集团有限公司	2	皮山、墨玉（和田地区）
	12	中粮集团有限公司	1	乌什（阿克苏地区）
	13	中国交通建设集团有限公司	1	英吉沙（喀什地区）
	14	招商局集团有限公司	2	叶城、莎车（喀什地区）
	15	中国电力建设集团有限公司	1	民丰
	16	中国储备粮管理集团有限公司	1	伽师（喀什地区）
	17	中国证券监督管理委员会	1	麦盖提县（南疆四地州）

附录1　有关文件汇编

中　央　文　件

中共中央　国务院关于打赢脱贫攻坚战三年行动的指导意见

（2018 年 6 月 15 日）

党的十八大以来，以习近平同志为核心的党中央把脱贫攻坚工作纳入“五位一体”总体布局和“四个全面”战略布局，作为实现第一个百年奋斗目标的重点任务，作出一系列重大部署和安排，全面打响脱贫攻坚战。过去 5 年，我们采取超常规举措，以前所未有的力度推进脱贫攻坚，农村贫困人口显著减少，贫困发生率持续下降，解决区域性整体贫困迈出坚实步伐，贫困地区农民生产生活条件显著改善，贫困群众获得感显著增强，脱贫攻坚取得决定性进展，创造了我国减贫史上的最好成绩。过去 5 年，我们充分发挥政治优势和制度优势，构筑了全社会扶贫的强大合力，建立了中国特色的脱贫攻坚制度体系，为全球减贫事业贡献了中国智慧和中国方案，谱写了人类反贫困史上的辉煌篇章。

党的十九大明确把精准脱贫作为决胜全面建成小康社会必须打好的三大攻坚战之一，作出了新的部署。从脱贫攻坚任务看，未来 3 年，还有 3000 万左右农村贫困人口需要脱贫，其中因病、因残致贫比例居高不下，在剩余 3 年时间内完成脱贫目标，任务十分艰巨。特别是西藏、四省藏区、南疆四地州和四川凉山州、云南怒江州、甘肃临夏州（以下简称“三区三州”）等深度贫困地区，不仅贫困发生率高、贫困程度深，而且基础条件薄弱、致贫原因复杂、发展严重滞后、公共服务不足，脱贫难度更大。从脱贫攻坚工作看，形式主义、官僚主义、弄虚作假、急躁和厌战情绪以及消极腐败现象仍然存在，有的还很严重，影响脱贫攻坚有效推进。必须清醒地把握打赢脱贫攻坚战的困难和挑战，切实增强责任感和紧迫感，一鼓作气、尽锐出战、精准施策，以更有力的行动、更扎实的工作，集中力量攻克贫困的难中之难、坚中之坚，确保坚决打赢脱贫这场对如期全面建成小康社会、实现第一个百年奋斗目标具有决定性意义的攻坚战。

按照党的十九大关于打赢脱贫攻坚战总体部署，根据各地区各部门贯彻落实《中共中央、国务院关于打赢脱贫攻坚战的决定》的进展和实践中存在的突出问题，现就完善顶层设计、强化政策措施、加强统筹协调，推动脱贫攻坚工作更加有效开展，制定以下指导意见。

一、全面把握打赢脱贫攻坚战三年行动的总体要求

（一）指导思想

全面贯彻党的十九大和十九届二中、三中全会精神，以习近平新时代中国特色社会主义思想为指导，充分发挥政治优势和制度优势，坚持精准扶贫精准脱贫基本方略，坚持中央统筹、省负总责、市县抓落实的工作机制，坚持大扶贫工作格局，坚持脱贫攻坚目标和现行扶贫标准，聚焦深度贫困地区和特殊贫困群体，突出问题导向，优化政策供给，下足绣花功夫，着力激发贫困人口内生动力，着力夯实贫困人口稳定脱贫基础，着力加强扶贫领域作风建设，切实提高贫困人口获得感，确保到 2020 年贫困地区和贫困

群众同全国一道进入全面小康社会，为实施乡村振兴战略打好基础。

（二）任务目标

到2020年，巩固脱贫成果，通过发展生产脱贫一批，易地搬迁脱贫一批，生态补偿脱贫一批，发展教育脱贫一批，社会保障兜底一批，因地制宜综合施策，确保现行标准下农村贫困人口实现脱贫，消除绝对贫困；确保贫困县全部摘帽，解决区域性整体贫困。实现贫困地区农民人均可支配收入增长幅度高于全国平均水平。实现贫困地区基本公共服务主要领域指标接近全国平均水平，主要有：贫困地区具备条件的乡镇和建制村通硬化路，贫困村全部实现通动力电，全面解决贫困人口住房和饮水安全问题，贫困村达到人居环境干净整洁的基本要求，切实解决义务教育学生因贫失学辍学问题，基本养老保险和基本医疗保险、大病保险实现贫困人口全覆盖，最低生活保障实现应保尽保。集中连片特困地区和革命老区、民族地区、边疆地区发展环境明显改善，深度贫困地区如期完成全面脱贫任务。

（三）工作要求

坚持严格执行现行扶贫标准。严格按照“两不愁、三保障”要求，确保贫困人口不愁吃、不愁穿；保障贫困家庭孩子接受九年义务教育，确保有学上、上得起学；保障贫困人口基本医疗需求，确保大病和慢性病得到有效救治和保障；保障贫困人口基本居住条件，确保住上安全住房。要量力而行，既不能降低标准，也不能擅自拔高标准、提不切实际的目标，避免陷入“福利陷阱”，防止产生贫困村和非贫困村、贫困户和非贫困户待遇的“悬崖效应”，留下后遗症。

坚持精准扶贫精准脱贫基本方略。做到扶持对象精准、项目安排精准、资金使用精准、措施到户精准、因村派人（第一书记）精准、脱贫成效精准，因地制宜、从实际出发，解决好扶持谁、谁来扶、怎么扶、如何退问题，做到扶真贫、真扶贫，脱真贫、真脱贫。

坚持把提高脱贫质量放在首位。牢固树立正确政绩观，不急功近利，不好高骛远，更加注重帮扶的长期效果，夯实稳定脱贫、逐步致富的基础。要合理确定脱贫时序，不搞层层加码，不赶时间进度、搞冲刺，不搞拖延耽误，确保脱贫攻坚成果经得起历史和实践检验。

坚持扶贫同扶志扶智相结合。正确处理外部帮扶和贫困群众自身努力的关系，强化脱贫光荣导向，更加注重培养贫困群众依靠自力更生实现脱贫致富的意识，更加注重提高贫困地区和贫困人口自我发展能力。

坚持开发式扶贫和保障性扶贫相统筹。把开发式扶贫作为脱贫基本途径，针对致贫原因和贫困人口结构，加强和完善保障性扶贫措施，造血输血协同，发挥两种方式的综合脱贫效应。

坚持脱贫攻坚与锤炼作风、锻炼队伍相统一。把脱贫攻坚战场作为培养干部的重要阵地，强化基层帮扶力量，密切党同人民群众血肉联系，提高干部干事创业本领，培养了解国情和农村实际的干部队伍。

坚持调动全社会扶贫积极性。充分发挥政府和社会两方面力量作用，强化政府责任，引导市场、社会协同发力，构建专项扶贫、行业扶贫、社会扶贫互为补充的大扶贫格局。

二、集中力量支持深度贫困地区脱贫攻坚

（一）着力改善深度贫困地区发展条件

推进深度贫困地区交通建设攻坚，加快实施深度贫困地区具备条件的建制村通硬化路工程。加快实施深度贫困地区农村饮水安全巩固提升工程。加快深度贫困地区小型水利工程建设，推进深度贫困地区在建重大水利工程建设进度。推进深度贫困地区农村电网建设攻坚，实现农网动力电全覆盖。加强“三区三州”电网建设，加快解决网架结构

薄弱、供电质量偏低等问题。加大深度贫困地区互联网基础设施建设投资力度，加快实现深度贫困地区贫困村网络全覆盖。推进深度贫困地区整合资金、统一规划、统筹实施农村土地综合整治和高标准农田建设。推进西藏、四省藏区、新疆南疆退耕还林还草、退牧还草工程。加快岩溶地区石漠化综合治理、西藏生态安全屏障、青海三江源生态保护、祁连山生态保护和综合治理等重点工程建设。实施贫困村提升工程。

（二）着力解决深度贫困地区群众特殊困难

全面实施“三区三州”健康扶贫攻坚行动，重点做好包虫病、艾滋病、大骨节病、结核病等疾病综合防治。加强禁毒脱贫工作，分级分类落实禁毒脱贫举措。采取特殊措施和手段推动人口较少民族贫困人口精准脱贫。全面落实边民补助、住房保障等守边固边政策，改善抵边一线乡村交通、饮水等条件，启动实施抵边村寨电网升级改造攻坚计划，加快推进边境村镇宽带网络建设。稳妥推进新疆南疆土地清理再分配改革，建立土地经营与贫困户直接挂钩的利益分配机制。

（三）着力加大深度贫困地区政策倾斜力度

中央财政进一步增加对深度贫困地区专项扶贫资金、教育医疗保障等转移支付，加大重点生态功能区转移支付、农村危房改造补助资金、中央预算内投资、车购税收入补助地方资金、县级基本财力保障机制奖补资金等对深度贫困地区的倾斜力度，增加安排深度贫困地区一般债券限额。规范扶贫领域融资，依法发行地方政府债券，加大深度贫困地区扶贫投入。新增金融资金优先满足深度贫困地区，新增金融服务优先布局深度贫困地区，对深度贫困地区发放的精准扶贫贷款实行差异化贷款利率。保障深度贫困地区产业发展、基础设施建设、易地扶贫搬迁、民生发展等用地，对土地利用规划计划指标不足部分由中央协同所在省份解决。深度贫困地区开展城乡建设用地增减挂钩可不受指标规模限制，建立深度贫困地区城乡建设用地增减挂钩节余指标跨省域调剂使用机制。深度贫困地区建设用地涉及农用地转用和土地征收的，依法加快审批。在援藏援疆援青工作中，进一步加大对“三区三州”等深度贫困地区干部选派倾斜支持力度。

三、强化到村到户到人精准帮扶举措

（一）加大产业扶贫力度

深入实施贫困地区特色产业提升工程，因地制宜加快发展对贫困户增收带动作用明显的种植养殖业、林草业、农产品加工业、特色手工业、休闲农业和乡村旅游，积极培育和推广有市场、有品牌、有效益的特色产品。将贫困地区特色农业项目优先列入优势特色农业提质增效行动计划，加大扶持力度，建设一批特色种植养殖基地和良种繁育基地。支持有条件的贫困县创办一二三产业融合发展扶贫产业园。组织国家级龙头企业与贫困县合作创建绿色食品、有机农产品原料标准化基地。实施中药材产业扶贫行动计划，鼓励中医药企业到贫困地区建设中药材基地。多渠道拓宽农产品营销渠道，推动批发市场、电商企业、大型超市等市场主体与贫困村建立长期稳定的产销关系，支持供销、邮政及各类企业把服务网点延伸到贫困村，推广以购代捐的扶贫模式，组织开展贫困地区农产品定向直供直销学校、医院、机关食堂和交易市场活动。加快推进“快递下乡”工程，完善贫困地区农村物流配送体系，加强特色优势农产品生产基地冷链设施建设。推动邮政与快递、交通运输企业在农村地区扩展合作范围、合作领域和服务内容。完善新型农业经营主体与贫困户联动发展的利益联结机制，推广股份合作、订单帮扶、生产托管等有效做法，实现贫困户与现代农业发展有机衔接。建立贫困户产业发展指导员制度，明确到户帮扶干部承担产业发展指导职责，帮助贫困户协调解决生产经营中的问题。鼓励各地通过政府购买服务方式向贫困户提供便利高效的农业社会化服务。实施电商扶贫，优先在贫困县建设农村电子商务服务站点。继续实施电子商务进农村综合示范项目。动员大型电商企业和电商强县对口帮扶贫困县，推进电商扶贫网络频道建设。积极推动贫困地区农村资源变资产、资金变股金、农民变股东改革，制定实施贫困地区集体经济薄弱村发展提升计划，通过盘活集体资源、入股或参股、量化资产收益等渠道增加集体经济收入。在条件适宜地区，以贫困村村级光伏电站建设为重点，有序推进光伏扶贫。支持贫困县整合财政涉农资金发展特色产业。鼓励地方从实际出发利用扶贫资金发展短期难见效、未来能够持续发挥效益的产业。规范和推动资产收益扶贫工作，确保贫困户获得稳定收益。将产业扶贫纳入贫困县扶贫成效考核和党政一把手离任审计，引导各地发展长期稳定的脱贫产业项目。

（二）全力推进就业扶贫

实施就业扶贫行动计划，推动就业意愿、就业技能与就业岗位精准对接，提高劳务组织化程度和就业脱贫覆盖面。鼓励贫困地区发展生态友好型劳动密集型产业，通过岗位补贴、场租补贴、贷款支持等方式，扶持企业在贫困乡村发展一批扶贫车间，吸纳贫困家庭劳动力就近就业。推进贫困县农民工创业园建设，加大创业担保贷款、创业服务力度，推动创业带动就业。鼓励开发多种形式的公益岗位，通过以工代赈、以奖代补、劳务补助等方式，动员更多贫困群众参与小型基础设施、农村人居环境整治等项目建设，吸纳贫困家庭劳动力参与保洁、治安、护路、管水、扶残助残、养老护理等，增加劳务收入。深入推进扶贫劳务协作，加强劳务输出服务工作，在外出劳动力就业较多的城市建立服务机构，提高劳务对接的组织化程度和就业质量。东部地区要组织企业到西部地区建设产业园区，吸纳贫困人口稳定就业。西部地区要组织贫困人口到东部地区就业。实施家政和护工服务劳务对接扶贫行动，打造贫困地区家政和护工服务品牌，完善家政和护工就业保障机制。实施技能脱贫专项行动，统筹整合各类培训资源，组织有就业培训意愿的贫困家庭劳动力参加劳动预备制培训、岗前培训、订单培训和岗位技能提升培训，按规定落实职业培训补贴政策。推进职业教育东西协作行动，实现东西部职业院校结对帮扶全覆盖，深入实施技能脱贫千校行动，支持东部地区职业院校招收对口帮扶的西部地区贫困家庭学生，帮助有在东部地区就业意愿的毕业生实现就业。在人口集中和产业发展需要的贫困地区办好一批中等职业学校（含技工学校），建设一批职业技能实习实训基地。

（三）深入推动易地扶贫搬迁

全面落实国家易地扶贫搬迁政策要求和规范标准，结合推进新型城镇化，进一步提高集中安置比例，稳妥推进分散安置并强化跟踪监管，完善安置区配套基础设施和公共服务设施，严守贫困户住房建设面积和自筹资金底线，统筹各项扶贫和保障措施，确保完成剩余390万左右贫困人口搬迁建设任务，确保搬迁一户、稳定脱贫一户。按照以岗定搬、以业定迁原则，加强后续产业发展和转移就业工作，确保贫困搬迁家庭至少1个劳动力实现稳定就业。在自然条件和发展环境异常恶劣地区，结合行政村规划布局调整，鼓励实施整村整组搬迁。今后3年集中力量完成“十三五”规划的建档立卡贫困人口搬迁任务，确保具备搬迁安置条件的贫困人口应搬尽搬，逐步实施同步搬迁。对目前不具备搬迁安置条件的贫困人口，优先解决其“两不愁、三保障”问题，今后可结合实施乡村振兴战略压茬推进，通过实施生态宜居搬迁和有助于稳定脱贫、逐步致富的其他形式搬迁，继续稳步推进。加强安置区社区管理和服务，切实做好搬迁群众户口迁移、上学就医、社会保障、心理疏导等接续服务工作，引导搬迁群众培养良好生活习惯，尽快融入新环境新社区。强化易地扶贫搬迁督促检查，确保高质量完成易地扶贫搬迁目标任务。

（四）加强生态扶贫

创新生态扶贫机制，加大贫困地区生态保护修复力度，实现生态改善和脱贫双赢。推进生态保护扶贫行动，到2020年在有劳动能力的贫困人口中新增选聘生态护林员、草管员岗位40万个。加大对贫困地区天然林保护工程建设支持力度。探索天然林、集体公益林托管，推广"合作社＋管护＋贫困户"模式，吸纳贫困人口参与管护。建设生态扶贫专业合作社（队），吸纳贫困人口参与防沙治沙、石漠化治理、防护林建设和储备林营造。推进贫困地区低产低效林提质增效工程。加大贫困地区新一轮退耕还林还草支持力度，将新增退耕还林还草任务向贫困地区倾斜，在确保省级耕地保有量和基本农田保护任务前提下，将25度以上坡耕地、重要水源地15～25度坡耕地、陡坡梯田、严重石漠化耕地、严重污染耕地、移民搬迁撂荒耕地纳入新一轮退耕还林还草工程范围，对符合退耕政策的贫困村、贫困户实现全覆盖。结合建立国家公园体制，多渠道筹措资金，对生态核心区内的居民实施生态搬迁，带动贫困群众脱贫。深化贫困地区集体林权制度改革，鼓励贫困人口将林地经营权入股造林合作社，增加贫困人口资产性收入。完善横向生态保护补偿机制，让保护生态的贫困县、贫困村、贫困户更多受益。鼓励纳入碳排放权交易市场的重点排放单位购买贫困地区林业碳汇。

（五）着力实施教育脱贫攻坚行动

以保障义务教育为核心，全面落实教育扶贫政策，进一步降低贫困地区特别是深度贫困地区、民族地区义务教育辍学率，稳步提升贫困地区义务教育质量。强化义务教育控辍保学联保联控责任，在辍学高发区"一县一策"制定工作方案，实施贫困学生台账化精准控辍，确保贫困家庭适龄学生不因贫失学辍学。全面推进贫困地区义务教育薄弱学校改造工作，重点加强乡镇寄宿制学校和乡村小规模学校建设，确保所有义务教育学校达到基本办学条件。实施好农村义务教育学生营养改善计划。在贫困地区优先实施教育信息化2.0行动计划，加强学校网络教学环境建设，共享优质教育资源。改善贫困地区乡村教师待遇，落实教师生活补助政策，均衡配置城乡教师资源。加大贫困地区教师特岗计划实施力度，深入推进义务教育阶段教师校长交流轮岗和对口帮扶工作，国培计划、公费师范生培养、中小学教师信息技术应用能力提升工程等重点支持贫困地区。鼓励通过公益捐赠等方式，设立贫困地区优秀教师奖励基金，用于表彰长期扎根基层的优秀乡村教师。健全覆盖各级各类教育的资助政策体系，学生资助政策实现应助尽助。加大贫困地区推广普及国家通用语言文字工作力度。开展民族地区学前儿童学习普通话行动。

（六）深入实施健康扶贫工程

将贫困人口全部纳入城乡居民基本医疗保险、大病保险和医疗救助保障范围。落实贫困人口参加城乡居民基本医疗保险个人缴费财政补贴政策，实施扶贫医疗救助。切实降低贫困人口就医负担，在严格费用管控、确定诊疗方案、确定单病种收费标准、规范转诊和集中定点救治的基础上，对城乡居民基本医疗保险和大病保险支付后自负费用仍有困难的患者，加大医疗救助和其他保障政策的帮扶力度。全面落实农村贫困人口县域内定点医疗机构住院治疗先诊疗后付费，在定点医院设立综合服务窗口，实现各项医疗保障政策"一站式"信息交换和即时结算。在贫困地区加快推进县乡村三级卫生服务标准化建设，确保每个贫困县建好1～2所县级公立医院（含中医院），加强贫困地区乡镇卫生院和村卫生室能力建设。深入实施医院对口帮扶，全国963家三级医院与832个贫困县的1180家县级医院结对帮扶，为贫困县医院配置远程医疗设施设备，全面建成从三级医院到县医院互联互通的远程医疗服务网络。贫困地区每个乡镇卫生院至少设立1个全科医生特岗。支持地方免费培养农村高职（专科）医学生，经助理全科医生培训合格后，补充到贫困地区村卫生室和乡镇卫生院。贫困地区可在现有编制总量内直接面向人才市场选拔录用医技人员，选拔录用时优先考虑当地医疗卫生事业紧缺人才。全面实施贫困地区县乡村医疗卫生机构一体化管理，构建三级联动的医疗服务和健康管理平台，为贫困群众提供基本健康服务。加强对贫困地区慢性病、常见病的防治，开展专项行动，降低因病致贫返贫风险。开展地方病和重大传染病攻坚行动，实施预防、筛查、治疗、康复、管理的全过程综合防治。贫困地区妇女宫颈癌、乳腺癌检查和儿童营养改善、新生儿疾病筛查项目扩大到所有贫困县。开展和规范家庭医生（乡村医生）签约服务，落实签约服务政策，优先为妇幼、老人、残疾人等重点人群开展健康服务和慢性病综合防控，做好高血压、糖尿病、结核病、严重精神障碍等慢性病规范管理。实施贫困地区健康促进三年行动计划。将脱贫攻坚与落实生育政策紧密结合，倡导优生优育，利用基层计划生育服务力量，加强出生缺陷综合防治宣传教育。

（七）加快推进农村危房改造

允许各省（自治区、直辖市）根据国务院主管部门制定的原则，结合各自实际推广简便易行的危房鉴定程序，规范对象认定程序，建立危房台账并实施精准管理，改造一户、销档一户，确保完成建档立卡贫困户等4类重点对象危房改造任务。明确农村危房改造基本安全要求，保证正常使用安全和基本使用功能。因地制宜推广农房加固改造，在危房改造任务较重的省份开展农房加固改造示范，结合地方实际推广现代生土农房等改良型传统民居，鼓励通过闲置农房置换或长期租赁等方式，兜底解决特殊贫困群体基本住房安全问题。落实各级补助资金，完善分类分级补助标准。加强补助资金使用管理和监督检查，支付给农户的资金要及时足额直接拨付到户。建立完善危房改造信息公示制度。

（八）强化综合保障性扶贫

统筹各类保障措施，建立以社会保险、社会救助、社会福利制度为主体，以社会帮扶、社工助力为辅助的综合保障体系，为完全丧失劳动能力和部分丧失劳动能力且无法依靠产业就业帮扶脱贫的贫困人口提供兜底保障。完善城乡居民基本养老保险制度，对符合条件的贫困人口由地方政府代缴城乡居民养老保险费。继续实施社会服务兜底工程，加快建设为老年人、残疾人、精神障碍患者等特殊群体提供服务的设施。鼓励各地通过互助养老、设立孝善基金等途径，创新家庭养老方式。加快建立贫困家庭“三留守”关爱服务体系，落实家庭赡养、监护照料法定义务，探索建立信息台账和定期探访制度。完善农村低保制度，健全低保对象认定方法，将完全丧失劳动能力和部分丧失劳动能力且无法依靠产业就业帮扶脱贫的贫困人口纳入低保范围。对地广人稀的贫困地区适度降低国家救灾应急响应启动条件。加大临时救助力度，及时将符合条件的返贫人口纳入救助范围。

（九）开展贫困残疾人脱贫行动

将符合条件的建档立卡贫困残疾人纳入农村低保和城乡医疗救助范围。完善困难残疾人生活补贴和重度残疾人护理补贴制度，有条件的地方逐步扩大政策覆盖面。深入实施“福康工程”等残疾人精准康复服务项目，优先为贫困家庭有康复需求的残疾人提供基本康复服务和辅助器具适配服务。对16周岁以上有长期照料护理需求的贫困重度残疾人，符合特困人员救助供养条件的纳入特困人员救助供养；不符合救助供养条件的，鼓励地方通过政府补贴、购买服务、设立公益岗位、集中托养等多种方式，为贫困重度残疾人提供集中照料或日间照料、邻里照护服务。逐步推进农村贫困重度残疾人家庭无障碍改造。实施第二期特殊教育提升计划，帮助贫困家庭残疾儿童多种形式接受义务教育，加快发展非义务教育阶段特殊教育。资产收益扶贫项目要优先安排贫困残疾人家庭。

（十）开展扶贫扶志行动

加强教育引导，开展扶志教育活动，创办脱贫攻坚“农民夜校”、“讲习所”等，加强思想、文化、道德、法律、感恩教育，弘扬自尊、自爱、自强精神，防止政策养懒汉、助长不劳而获和“等靠要”等不良习气。加大以工代赈实施力度，动员更多贫困群众投工投劳。推广以表现换积分、以积分换物品的“爱心公益超市”等自助式帮扶做法，实现社会爱心捐赠与贫困群众个性化需求的精准对接。鼓励各地总结推广脱贫典型，宣传表彰自强不息、自力更生脱贫致富的先进事迹和先进典型，用身边人身边事示范带动贫困群众。大力开展移风易俗活动，选树一批文明村镇和星级文明户，推广“星级评比”等做法，引导贫困村修订完善村规民约，发挥村民议事会、道德评议会、红白理事会、禁毒禁赌会等群众组织作用，坚持自治、法治、德治相结合，教育引导贫困群众弘扬传统美德、树立文明新风。加强对高额彩礼、薄养厚葬、子女不赡养老人等问题的专项治理。深入推进文化扶贫工作，提升贫困群众的公共文化服务获得感。把扶贫领域诚信纳入国家信用监管体系，将不履行赡养义务、虚报冒领扶贫资金、严重违反公序良俗等行为人列入失信人员名单。

四、加快补齐贫困地区基础设施短板

（一）加快实施交通扶贫行动

在贫困地区加快建成外通内联、通村畅乡、客车到村、安全便捷的交通运输网络。尽快实现具备条件的乡镇、建制村通硬化路。以示范县为载体，推进贫困地区“四好农村路”建设。扩大农村客运覆盖范围，到2020年实现具备条件的建制村通客车目标。加快贫困地区农村公路安全生命防护工程建设，基本完成乡道及以上行政等级公路安全隐患治理。推进窄路基路面农村公路合理加宽改造和危桥改造。改造建设一批贫困乡村旅游路、产业路、资源路，优先改善自然人文、少数民族特色村寨和风情小镇等旅游景点景区交通设施。加大成品油税费改革转移支付用于贫困地区农村公路养护力度。推进国家铁路网、国家高速公路网连接贫困地区项目建设，加快贫困地区普通国省道改造和支线机场、通用机场、内河航道建设。

（二）大力推进水利扶贫行动

加快实施贫困地区农村饮水安全巩固提升工程，落实工程建设和管护责任，强化水源保护和水质保障，因地制宜加强供水工程建设与改造，显著提高农村集中供水率、自来水普及率、供水保证率和水质达标率，到2020年全面解决贫困人口饮水安全问题。加快贫困地区大中型灌区续建配套与节水改造、小型农田水利工程建设，实现灌溉水源、灌排骨干工程与田间工程协调配套。切实加强贫困地区防洪工程建设和运行管理。继续推进贫困地区水土保持和水生态建设工程。

（三）大力实施电力和网络扶贫行动

实施贫困地区农网改造升级，加强电力基础设施建设，建立贫困地区电力普遍服务监测评价体系，引导电网企业做好贫困地区农村电力建设管理和供电服务，到2020年实现大电网延伸覆盖至全部县城。大力推进贫困地区农村可再生能源开发利用。

深入实施网络扶贫行动，统筹推进网络覆盖、农村电商、网络扶智、信息服务、网络公益5大工程向纵深发展，创新“互联网+”扶贫模式。完善电信普遍服务补偿机制，引导基础电信企业加大投资力度，实现90%以上贫困村宽带网络覆盖。鼓励基础电信企业针对贫困地区和贫困群众推出资费优惠举措，鼓励企业开发有助精准脱贫的移动应用软件、智能终端。

（四）大力推进贫困地区农村人居环境整治

开展贫困地区农村人居环境整治三年行动，因地制宜确定贫困地区村庄人居环境整治目标，重点推进农村生活垃圾治理、卫生厕所改造。开展贫困地区农村生活垃圾治理专项行动，有条件的地方探索建立村庄保洁制度。因地制宜普及不同类型的卫生厕所，同步开展厕所粪污治理。有条件的地方逐步开展生活污水治理。加快推进通村组道路建设，基本解决村内道路泥泞、村民出行不便等问题。

五、加强精准脱贫攻坚行动支撑保障

（一）强化财政投入保障

坚持增加政府扶贫投入与提高资金使用效益并重，健全与脱贫攻坚任务相适应的投入保障机制，支持贫困地区围绕现行脱贫目标，尽快补齐脱贫攻坚短板。加大财政专项扶贫资金和教育、医疗保障等转移支付支持力度。规范扶贫领域融资，增强扶贫投入能力，疏堵并举防范化解扶贫领域融资风险。进一步加强资金整合，赋予贫困县更充分的资源配置权，确保整合资金围绕脱贫攻坚项目精准使用，提高使用效率和效益。全面加强各类扶贫资金项目绩效管理，落实资金使用者的绩效主体责任，明确绩效目标，加强执行监控，强化评价结果运用，提高扶贫资金使用效益。建立县级脱贫攻坚项目库，健全公告公示制度。加强扶贫资金项目常态化监管，强化主管部门监管责任，确保扶贫资金尤其是到户到人的资金落到实处。

（二）加大金融扶贫支持力度

加强扶贫再贷款使用管理，优化运用扶贫再贷款发放贷款定价机制，引导金融机构合理合规增加对带动贫困户就业的企业和贫困户生产经营的信贷投放。加强金融精准扶贫服务。支持国家开发银行和中国农业发展银行进一步发挥好扶贫金融事业部的作用，支持中国农业银行、中国邮政储蓄银行、农村信用社、村镇银行等金融机构增加扶贫信贷投放，推动大中型商业银行完善普惠金融事业部体制机制。创新产业扶贫信贷产品和模式，建立健全金融支持产业发展与带动贫困户脱贫的挂钩机制和扶持政策。规范扶贫小额信贷发放，在风险可控前提下可办理无还本续贷业务，对确因非主观因素不能到期偿还贷款的贫困户可协助其办理贷款展期业务。加强扶贫信贷风险防范，支持贫困地区完善风险补偿机制。推进贫困地区信用体系建设。支持贫困地区金融服务站建设，推广电子支付方式，逐步实现基础金融服务不出村。支持贫困地区开发特色农业险种，开展扶贫小额贷款保证保险等业务，探索发展价格保险、产值保险、“保险+期货”等新型险种。扩大贫困地区涉农保险保障范围，开发物流仓储、设施农业、“互联网+”等险种。鼓励上市公司、证券公司等市场主体依法依规设立或参与市场化运作的贫困地区产业投资基金和扶贫公益基金。贫困地区企业首次公开发行股票、在全国中小企业股份转让系统挂牌、发行公司债券等按规定实行“绿色通道”政策。

（三）加强土地政策支持

支持贫困地区编制村级土地利用规划，挖掘土地优化利用脱贫的潜力。贫困地区建设用地符合土地利用总体规划修改条件的，按规定及时审查批复。新增建设用地计划、增减挂钩节余指标调剂计划、工矿废弃地复垦利用计划向贫困地区倾斜。脱贫攻坚期内，国家每年对集中连片特困地区、国家扶贫开发工作重点县专项安排一定数量新增建设用地计划。贫困地区建设用地增减挂钩节余指标和工矿废弃地复垦利用节余指标，允许在省域内调剂使用。建立土地整治和高标准农田建设等新增耕地指标跨省域调剂机制。贫困地区符合条件的补充和改造耕地项目，优先用于跨省域补充耕地国家统筹，所得收益通过支出预算用于支持脱贫攻坚。优先安排贫困地区土地整治项目和高标准农田建设补助资金，指导和督促贫困地区完善县级土地整治规划。

（四）实施人才和科技扶贫计划

深入实施边远贫困地区、边疆民族地区、革命老区人才支持计划，扩大急需紧缺专业技术人才选派培养规模。贫困地区在县乡公务员考试录用中，从大学生村官、“三支一扶”等人员中定向招录公务员，从贫困地区优秀村干部中招录乡镇公务员。

动员全社会科技力量投入脱贫攻坚主战场，开展科技精准帮扶行动。以县为单位建立产业扶贫技术专家组，各类涉农院校和科研院所组建产业扶贫技术团队，重点为贫困村、贫困户提供技术服务。支持有条件的贫困县建设农业科技园和星创天地等载体，展示和推广农业先进科技成果。在贫困地区全面实施农技推广特聘计划，从农村乡土专家、种养能手等一线服务人员招聘一批特聘农技员，由县级政府聘为贫困村科技扶贫带头人。加强贫困村创业致富带头人培育培养，提升创业项目带贫减贫效果。建立科技特派员与贫困村结对服务关系，实现科技特派员对贫困村科技服务和创业带动全覆盖。

六、动员全社会力量参与脱贫攻坚

（一）加大东西部扶贫协作和对口支援力度

把人才支持、市场对接、劳务协作、资金支持等作为协作重点，深化东西部扶贫协作，推进携手奔小康行动贫困县全覆盖，并向贫困村延伸。强化东西部扶贫协作责任落实，加强组织协调、工作指导和督导检查，建立扶贫协作台账制度，每年对账考核。优化结对协作关系，实化细化县之间、乡镇之间、行政村之间结对帮扶措施，推广“闽宁示范村”模式。突出产业帮扶，鼓励合作建设承接产业转移的基地，引导企业精准结对帮扶。突出劳务协作，有组织地开展人岗对接，提高协作规模和质量。突出人才支援，加大力度推进干部双向挂职、人才双向交流，提高干部人才支持和培训培养精准性。突出资金支持，切实加强资金监管，确保东西部扶贫协作资金精准使用。将帮扶贫困残疾人脱贫纳入东西部扶贫协作范围。

实施好“十三五”对口支援新疆、西藏和四省藏区经济社会发展规划，严格落实中央确定的80%以上资金用于保障和改善民生、用于县及县以下基层的要求，进一步聚焦脱贫攻坚的重点和难点，确保更多资金、项目和工作精力投向贫困人口。

（二）深入开展定点扶贫工作

落实定点扶贫工作责任，把定点扶贫县脱贫工作纳入本单位工作重点，加强工作力量，出台具体帮扶措施。定点扶贫单位主要负责同志要承担第一责任人职责，定期研究帮扶工作。强化定点扶贫牵头单位责任。加强对定点扶贫县脱贫攻坚工作指导，督促落实脱贫主体责任。把定点扶贫县作为转变作风、调查研究的基地，通过解剖麻雀，总结定点扶贫县脱贫经验，完善本部门扶贫政策，推动脱贫攻坚工作。选派优秀中青年干部、后备干部到贫困地区挂职，落实艰苦地区挂职干部生活补助政策。

（三）扎实做好军队帮扶工作

加强军地脱贫攻坚工作协调，驻地部队要积极承担帮扶任务，参与扶贫行动，广泛开展扶贫济困活动。接续做好“八一爱民学校”援建工作，组织开展多种形式的结对助学活动。组织军队系统医院对口帮扶贫困县县级医院，深入贫困村送医送药、巡诊治病。帮助革命老区加强红色资源开发，培育壮大红色旅游产业，带动贫困人口脱贫。帮助培育退役军人和民兵预备役人员脱贫致富带头人。

（四）激励各类企业、社会组织扶贫

落实国有企业精准扶贫责任，通过发展

产业、对接市场、安置就业等多种方式帮助贫困户脱贫。深入推进“万企帮万村”精准扶贫行动，引导民营企业积极开展产业扶贫、就业扶贫、公益扶贫，鼓励有条件的大型民营企业通过设立扶贫产业投资基金等方式参与脱贫攻坚。持续开展“光彩行”活动，提高精准扶贫成效。

支持社会组织参与脱贫攻坚，加快建立社会组织帮扶项目与贫困地区需求信息对接机制，确保贫困人口发展需求与社会帮扶有效对接。鼓励引导社会各界使用贫困地区产品和服务，推动贫困地区和贫困户融入大市场。实施全国性社会组织参与“三区三州”深度贫困地区脱贫攻坚行动。实施社会工作“专业人才服务三区计划”、“服务机构牵手计划”、“教育对口扶贫计划”，为贫困人口提供生计发展、能力提升、心理支持等专业服务。加强对社会组织扶贫的引导和管理，优化环境、整合力量、创新方式，提高扶贫效能。落实社会扶贫资金所得税税前扣除政策。

（五）大力开展扶贫志愿服务活动

动员组织各类志愿服务团队、社会各界爱心人士开展扶贫志愿服务。实施社会工作专业人才服务贫困地区系列行动计划，支持引导专业社会工作和志愿服务力量积极参与精准扶贫。推进扶贫志愿服务制度化，建立扶贫志愿服务人员库，鼓励国家机关、企事业单位、人民团体、社会组织等组建常态化、专业化服务团队。制定落实扶贫志愿服务支持政策。

七、夯实精准扶贫精准脱贫基础性工作

（一）强化扶贫信息的精准和共享

进一步加强建档立卡工作，提高精准识别质量，完善动态管理机制，做到“脱贫即出、返贫即入”。剔除不合条件的人口，及时纳入符合条件但遗漏在外的贫困人口和返贫人口，确保应扶尽扶。抓紧完善扶贫开发大数据平台，通过端口对接、数据交换等方式，实现户籍、教育、健康、就业、社会保险、住房、银行、农村低保、残疾人等信息与贫困人口建档立卡信息有效对接。完善贫困人口统计监测体系，为脱贫攻坚提供科学依据。加强贫困人口建档立卡数据和农村贫困统计监测数据衔接，逐步形成指标统一、项目规范的贫困监测体系。强化扶贫开发大数据平台共享使用，拓展扶贫数据系统服务功能，为脱贫攻坚决策和工作指导等提供可靠手段和支撑。建立脱贫成效巩固提升监测机制，对脱贫户实施跟踪和动态监测，及时了解其生产生活情况。按照国家信息安全标准构建扶贫开发信息安全防护体系，确保系统和数据安全。开展建档立卡专项评估检查。

（二）健全贫困退出机制

严格执行贫困退出标准和程序，规范贫困县、贫困村、贫困人口退出组织实施工作。指导地方修订完善扶贫工作考核评估指标和贫困县验收指标，对超出“两不愁、三保障”标准的指标，予以剔除或不作为硬性指标，取消行业部门与扶贫无关的搭车任务。改进贫困县退出专项评估检查，由各省（自治区、直辖市）统一组织，因地制宜制定符合贫困地区实际的检查方案，并对退出贫困县的质量负责。中央结合脱贫攻坚督查巡查工作，对贫困县退出进行抽查。脱贫攻坚期内扶贫政策保持稳定，贫困县、贫困村、贫困户退出后，相关政策保持一段时间。

（三）开展国家脱贫攻坚普查

2020年至2021年年初对脱贫摘帽县进行一次普查，全面了解贫困人口脱贫实现情况。普查工作由国务院统一部署实施，重点围绕脱贫结果的真实性和准确性，调查贫困人口“两不愁、三保障”实现情况、获得帮扶情况、贫困人口参与脱贫攻坚项目情况等。地方各级党委和政府要认真配合做好普查工作。

八、加强和改善党对脱贫攻坚工作的领导

（一）进一步落实脱贫攻坚责任制

强化中央统筹、省负总责、市县抓落实的工作机制。中央统筹，重在做好顶层设计，在政策、资金等方面为地方创造条件，加强脱贫效果监管；省负总责，重在把党中央大政方针转化为实施方案，加强指导和督导，促进工作落实；市县抓落实，重在从当地实际出发推动脱贫攻坚各项政策措施落地生根。各级党委和政府要把打赢脱贫攻坚战作为重大政治任务，增强政治担当、责任担当和行动自觉，层层传导压力，建立落实台账，压实脱贫责任，加大问责问效力度。健全脱贫攻坚工作机制，脱贫攻坚任务重的省（自治区、直辖市）党委和政府每季度至少专题研究一次脱贫攻坚工作，贫困县党委和政府每月至少专题研究一次脱贫攻坚工作。贫困县党政正职每个月至少要有5个工作日用于扶贫。实施五级书记遍访贫困对象行动，省（自治区、直辖市）党委书记遍访贫困县，市（地、州、盟）党委书记遍访脱贫攻坚任务重的乡镇，县（市、区、旗）党委书记遍访贫困村，乡镇党委书记和村党组织书记遍访贫困户。以遍访贫困对象行动带头转变作风，接地气、查实情，了解贫困群体实际需求，掌握第一手资料，发现突出矛盾，解决突出问题。

（二）压实中央部门扶贫责任

党中央、国务院各相关部门单位要按照中央脱贫攻坚系列重大决策部署要求制定完善配套政策举措，实化细化三年行动方案，并抓好组织实施工作。国务院扶贫开发领导小组要分解落实各地区脱贫目标任务，实化细化脱贫具体举措，分解到年、落实到人。国务院扶贫开发领导小组成员单位每年向中央报告本部门本单位脱贫攻坚工作情况。脱贫攻坚期内，国务院扶贫开发领导小组成员以及部门扶贫干部、定点扶贫干部要按政策规定保持稳定，不能胜任的要及时调整。

（三）完善脱贫攻坚考核监督评估机制

进一步完善扶贫考核评估工作，充分体现省负总责原则，切实解决基层疲于迎评迎检问题。改进对省级党委和政府扶贫开发工作成效第三方评估方式，缩小范围，简化程序，精简内容，重点评估“两不愁、三保障”实现情况，提高考核评估质量和水平。改进省市两级对县及县以下扶贫工作考核，原则上每年对县的考核不超过2次，加强对县委书记的工作考核，注重发挥考核的正向激励作用。未经省里批准，市级以下不得开展第三方评估。改进约谈省级领导的方式，开展常态化约谈，随时发现问题随时约谈。完善监督机制，国务院扶贫开发领导小组每年组织脱贫攻坚督查巡查，纪检监察机关和审计、扶贫等部门按照职能开展监督工作。充分发挥人大、政协、民主党派监督作用。

（四）建强贫困村党组织

深入推进抓党建促脱贫攻坚，全面强化贫困地区农村基层党组织领导核心地位，切实提升贫困村党组织的组织力。防止封建家族势力、地方黑恶势力、违法违规宗教活动侵蚀基层政权，干扰破坏村务。大力整顿贫困村软弱涣散党组织，以县为单位组织摸排，逐村分析研判，坚决撤换不胜任、不合格、不尽职的村党组织书记。重点从外出务工经商创业人员、大学生村官、本村致富能手中选配，本村没有合适人员的，从县乡机关公职人员中派任。建立健全回引本土大学生、高校培养培训、县乡统筹招聘机制，为每个贫困村储备1至2名后备干部。加大在贫困村青年农民、外出务工青年中发展党员力度。支持党员创办领办脱贫致富项目，完善贫困村党员结对帮扶机制。全面落实贫困村“两委”联席会议、“四议两公开”和村务监督等工作制度。派强用好第一书记和驻村工作队，从县以上党政机关选派过硬的优秀干部参加驻村帮扶。加强考核和工作指导，对不适应的及时召回调整。派出单位要

严格落实项目、资金、责任捆绑要求，加大保障支持力度。强化贫困地区农村基层党建工作责任落实，将抓党建促脱贫攻坚情况作为县乡党委书记抓基层党建工作述职评议考核的重点内容。对不够重视贫困村党组织建设、措施不力的地方，上级党组织要及时约谈提醒相关责任人，后果严重的要问责追责。

（五）培养锻炼过硬的脱贫攻坚干部队伍

保持贫困县党政正职稳定，确需调整的，必须符合中央规定，对于不能胜任的要及时撤换，对于弄虚作假的要坚决问责。实施全国脱贫攻坚全面培训，落实分级培训责任，保证贫困地区主要负责同志和扶贫系统干部轮训一遍。对县级以上领导干部，重点是通过培训提高思想认识，引导树立正确政绩观，掌握精准脱贫方法论，提升研究攻坚问题、解决攻坚难题能力。对基层干部，重点是通过采取案例教学、现场教学等实战培训方法，提高实战能力，增强精准扶贫工作本领。加大对贫困村干部培训力度，每年对村党组织书记集中轮训一次，突出需求导向和实战化训练，着重提高落实党的扶贫政策、团结带领贫困群众脱贫致富的本领。加强对扶贫挂职干部跟踪管理和具体指导，采取“挂包结合”等方式，落实保障支持措施，激励干部人在心在、履职尽责。加强对脱贫一线干部的关爱激励，注重在脱贫攻坚一线考察识别干部，对如期完成任务且表现突出的贫困县党政正职应予以重用，对在脱贫攻坚中工作出色、表现优秀的扶贫干部、基层干部注重提拔使用。对奋战在脱贫攻坚一线的县乡干部要落实好津补贴、周转房等政策，改善工作条件。对在脱贫攻坚中因公牺牲的干部和基层党员的家属及时给予抚恤，长期帮扶慰问。全面落实贫困村干部报酬待遇和正常离任村干部生活补贴。

（六）营造良好舆论氛围

深入宣传习近平总书记关于扶贫工作的重要论述，宣传党中央关于精准扶贫精准脱贫的重大决策部署，宣传脱贫攻坚典型经验，宣传脱贫攻坚取得的伟大成就，为打赢脱贫攻坚战注入强大精神动力。组织广播电视、报纸杂志等媒体推出一批脱贫攻坚重点新闻报道。积极利用网站、微博、微信、移动客户端等新媒体平台开展宣传推广。推出一批反映扶贫脱贫感人事迹的优秀文艺作品，加大扶贫题材文化产品和服务的供给。继续开展全国脱贫攻坚奖和全国脱贫攻坚模范评选表彰，选树脱贫攻坚先进典型。按程序设立脱贫攻坚组织创新奖，鼓励各地从实际出发开展脱贫攻坚工作创新。每年组织报告团，分区域巡回宣讲脱贫先进典型。讲好中国脱贫攻坚故事，反映中国为全球减贫事业作出的重大贡献。加强减贫领域国际交流与合作，帮助受援国建好国际扶贫示范村，为全球减贫事业贡献中国方案。适时对脱贫攻坚精神进行总结。

（七）开展扶贫领域腐败和作风问题专项治理

把作风建设贯穿脱贫攻坚全过程，集中力量解决扶贫领域“四个意识”不强、责任落实不到位、工作措施不精准、资金管理使用不规范、工作作风不扎实、考核评估不严不实等突出问题，确保取得明显成效。改进调查研究，深入基层、深入群众，多层次、多方位、多渠道调查了解实际情况，注重发现并解决问题，力戒“走过场”。注重工作实效，减轻基层工作负担，减少村级填表报数，精简会议文件，让基层干部把精力放在办实事上。严格扶贫资金审计，加强扶贫事务公开。严肃查处贪污挪用、截留私分、虚报冒领、强占掠夺等行为。依纪依法坚决查处贯彻党中央脱贫攻坚决策部署不坚决不到位、弄虚作假问题，主体责任、监督责任和职能部门监管职责不落实问题，坚决纠正脱贫攻坚工作中的形式主义、官僚主义。把扶贫领域腐败和作风问题作为巡视巡察工作重点。中央巡视机构组织开展扶贫领域专项巡视。加强警示教育工作，集中曝光各级纪检监察机关查处的扶贫领域典型案例。

（八）做好脱贫攻坚风险防范工作

防范产业扶贫市场风险，防止产业项目盲目跟风、一刀切导致失败造成损失，各地要对扶贫主导产业面临的技术和市场等风险进行评估，制定防范和处置风险的应对措施。防范扶贫小额贷款还贷风险，纠正户贷企用、违规用款等问题。防范加重地方政府债务风险，防止地方政府以脱贫攻坚名义盲目举债，防止金融机构借支持脱贫攻坚名义违法违规提供融资，坚决遏制地方政府隐性债务增量。

（九）统筹衔接脱贫攻坚与乡村振兴

脱贫攻坚期内，贫困地区乡村振兴主要任务是脱贫攻坚。乡村振兴相关支持政策要优先向贫困地区倾斜，补齐基础设施和基本公共服务短板，以乡村振兴巩固脱贫成果。抓紧研究制定 2020 年后减贫战略。研究推进扶贫开发立法。

国务院办公厅关于转发财政部、国务院扶贫办、国家发展改革委扶贫项目资金绩效管理办法的通知

国办发〔2018〕35号

各省、自治区、直辖市人民政府，国务院各部委、各直属机构：

财政部、国务院扶贫办、国家发展改革委《扶贫项目资金绩效管理办法》已经国务院同意，现转发给你们，请认真贯彻执行。

国务院办公厅

2018年5月14日

扶贫项目资金绩效管理办法

财政部　国务院扶贫办　国家发展改革委

第一条　为深入学习贯彻习近平新时代中国特色社会主义思想和党的十九大精神，落实《中共中央　国务院关于打赢脱贫攻坚战的决定》和《中华人民共和国预算法》要求，全面实施绩效管理，切实提高财政扶贫项目资金使用效益、落实资金监管责任，制定本办法。

第二条　本办法所称扶贫项目资金，是指各级政府及其部门为如期实现脱贫目标，支持脱贫攻坚项目（含对个人和家庭的补助项目）的各类财政资金，包括全部或者部分用于产业扶贫、易地扶贫搬迁、就业扶贫、危房改造、教育扶贫、健康扶贫、生态扶贫、基本医疗、社会救助、农村基础设施建设以及光伏扶贫、旅游扶贫、文化扶贫等项目资金。

第三条　扶贫项目资金绩效管理应当遵循以下原则：

（一）目标导向，注重效果。在关注资金投入和使用过程的同时，更加注重精准脱贫绩效目标的实现程度，聚焦提高脱贫质量和减贫效果。

（二）统一部署，分工负责。国家统一部署，地方各级政府各负其责、各司其职，强化资金使用部门和单位的绩效管理主体责任。

（三）全程跟踪，创新管理。对扶贫项目资金实施全过程绩效跟踪，实行资金使用部门和单位自我管理和外部监管相结合，赋予基层精准施策更大自主权。

（四）压实责任，减轻负担。资金使用单位承担绩效管理主体责任，具体落实到项目负责人。严禁层层组织和多头重复评价检查，避免增加基层迎评迎检负担。

第四条　财政部、国务院扶贫办、国家发展改革委统筹负责扶贫项目资金绩效管理工作。

国务院有关部门应当切实督促本行业实

施扶贫项目资金绩效管理，牢固树立绩效管理理念，加强脱贫效果监管。

各省、自治区、直辖市、计划单列市财政部门（以下统称省级财政部门）应当会同有关部门，在省级扶贫开发领导小组的统一领导下，加强对市县扶贫项目资金绩效管理工作的指导和培训。

市县级财政部门应当会同有关部门依照职责，对扶贫项目资金相关预算的编制、执行、决算实施全过程绩效管理。

第五条 市县级有关部门和资金使用单位应当在本级扶贫开发领导小组的统一领导下，在编制年度部门预算、单位预算时，根据中央和本地区预算编制规定和要求、脱贫攻坚规划等，科学合理测算扶贫项目资金需求，设定扶贫项目资金绩效目标。

扶贫项目资金绩效目标应作为预算安排的重要依据，并细化量化为绩效指标，主要包括数量、质量、时效、成本，以及经济效益、社会效益、生态效益、可持续影响和服务对象满意度等指标。

市县级有关部门和资金使用单位未按照要求设定绩效目标的项目，原则上不得纳入扶贫项目库，不得申请相关预算。

第六条 市县级财政部门依据国家相关政策、脱贫攻坚规划等，对有关部门编报的扶贫项目资金绩效目标进行审核，具体包括项目的必要性和可行性、绩效目标与脱贫目标的相关性、绩效指标的合理性和可衡量性、与资金的匹配性等内容。审核未通过的，不得安排相关预算。审核通过并安排预算的，有关部门应当将扶贫项目资金绩效目标报送本级扶贫开发领导小组备案，并编入本部门预算依法予以公开。

第七条 市县级财政部门应当按照规定将相关扶贫项目资金绩效目标随部门预算一同批复至有关部门。有关部门应当将相关扶贫项目资金绩效目标随资金使用单位预算一同批复。

扶贫项目资金绩效目标批复后，原则上不作调整。预算执行中因特殊原因确需调整的，应当按照绩效目标管理要求办理。扶贫项目及相关预算需要变更的，应当按照规定程序同步调整绩效目标。

市县级财政部门应当将批复的扶贫项目资金绩效目标按照规定程序报送省级财政和扶贫部门备案（涉及预算内投资的事项，还应报送发展改革部门，下同）。省级财政部门汇总本地区扶贫项目资金绩效目标后应当及时报送财政部驻当地财政监察专员办事处。

第八条 预算执行中，市县级有关部门应当建立扶贫项目资金绩效目标执行监控机制，组织资金使用单位定期对预算和绩效目标执行情况进行跟踪分析，并向本级财政和扶贫部门报送绩效目标执行监控结果。扶贫项目资金实际执行与绩效目标偏离的，应当及时予以纠正。

市县级财政部门应当加强监控结果应用，发现问题的，应当及时予以处理；问题严重的，应当及时收回或暂缓拨付财政资金。

市县级财政部门要充分利用相关动态监控信息系统，开展绩效目标执行监控。市县级财政部门负责将扶贫项目资金绩效目标及指标嵌入系统，市县级资金使用单位负责在线填报扶贫项目资金使用情况和绩效目标执行情况并上传相关证明资料，省级财政部门和财政部驻当地财政监察专员办事处负责实时监控。

第九条 年度预算执行终了，市县级有关部门应当组织资金使用单位开展绩效自评，填报绩效目标完成情况，对未完成目标的分析原因并提出下一步改进措施。

市县级有关部门应当将绩效自评结果及时报送本级财政和扶贫部门。

市县级财政部门会同本级审计部门对扶贫项目资金绩效自评结果进行抽查。

绩效自评结果和抽查结果应当作为有关部门和单位改进管理、调整财政支出方向和安排以后年度预算的重要依据。

第十条　各级财政和扶贫部门根据需要，可以对扶贫重点项目和重点区域资金使用情况组织开展绩效评价，并将评价结果及时反馈有关部门和单位，要求其对发现的问题进行整改。

各级财政和扶贫部门的绩效评价结果作为以后年度财政资金分配的重要依据。

各级财政和扶贫部门开展绩效评价可以委托第三方机构进行。

省级扶贫开发领导小组应当将扶贫项目资金绩效管理情况纳入市县扶贫工作考核内容。

市县级财政部门应当将绩效评价结果编入本级决算并依法予以公开。市县级有关部门应当将绩效自评结果编入本部门决算并依法予以公开。

第十一条　扶贫项目资金绩效管理中存在滥用职权、玩忽职守、徇私舞弊等违法违规行为的，按照《中华人民共和国预算法》、《财政违法行为处罚处分条例》等法律法规规定追究相关部门和人员责任。涉嫌犯罪的，依法移送司法机关处理。

第十二条　本办法自印发之日起施行。

国务院办公厅关于深入开展消费扶贫助力打赢脱贫攻坚战的指导意见

国办发〔2018〕129号

各省、自治区、直辖市人民政府，国务院各部委、各直属机构：

消费扶贫是社会各界通过消费来自贫困地区和贫困人口的产品与服务，帮助贫困人口增收脱贫的一种扶贫方式，是社会力量参与脱贫攻坚的重要途径。大力实施消费扶贫，有利于动员社会各界扩大贫困地区产品和服务消费，调动贫困人口依靠自身努力实现脱贫致富的积极性，促进贫困人口稳定脱贫和贫困地区产业持续发展。近年来，有关地区和部门在消费扶贫方面积极探索实践，积累了一些有益的经验和做法，需要进一步加强引导和完善政策。为贯彻落实《中共中央 国务院关于打赢脱贫攻坚战三年行动的指导意见》，深入开展消费扶贫，助力打赢脱贫攻坚战，经国务院同意，现提出如下意见。

一、总体要求

以习近平新时代中国特色社会主义思想为指导，全面贯彻党的十九大和十九届二中、三中全会精神，紧紧围绕统筹推进“五位一体”总体布局和协调推进“四个全面”战略布局，深入落实习近平总书记关于扶贫工作的重要论述，按照党中央、国务院决策部署，坚持新发展理念，坚持精准扶贫精准脱贫基本方略，围绕促进贫困人口稳定脱贫和贫困地区长远发展，坚持政府引导、社会参与、市场运作、创新机制，着力激发全社会参与消费扶贫的积极性，着力拓宽贫困地区农产品销售渠道，着力提升贫困地区农产品供应水平和质量，着力推动贫困地区休闲农业和乡村旅游加快发展，在生产、流通、消费各环节打通制约消费扶贫的痛点、难点和堵点，推动贫困地区产品和服务融入全国大市场，为助力打赢脱贫攻坚战、推进实施乡村振兴战略作出积极贡献。

二、动员社会各界扩大贫困地区产品和服务消费

（一）推动各级机关和国有企事业单位等带头参与消费扶贫。将消费扶贫纳入中央单位定点扶贫和地方各级结对帮扶工作内容。鼓励各级机关、国有企事业单位、金融机构、大专院校、城市医疗及养老服务机构等在同等条件下优先采购贫困地区产品，优先从贫困地区聘用工勤人员，引导干部职工自发购买贫困地区产品和到贫困地区旅游。鼓励各级工会按照有关规定组织职工到贫困地区开展工会活动，在同等条件下优先采购贫困地区产品。组织开展贫困地区农产品定向直供直销机关、学校、医院和企事业单位食堂活动。结合军队帮扶工作，鼓励有关部队特别是驻贫困地区部队积极参与消费扶贫。（扶贫办、中央统战部、中央和国家机关工委、教育部、卫生健康委、人民银行、国资委、国管局、中央军委政治工作部、全国总工会等和各省级人民政府负责）

（二）推动东西部地区建立消费扶贫协作机制。将消费扶贫纳入东西部扶贫协作和对口支援政策框架。帮扶省市要组织引导本地区农产品批发市场、商贸流通企业和机关、学校、医院、企事业单位等与贫困地区

建立长期稳定的供销关系。受帮扶省市要主动对接帮扶省市农产品需求，依托当地特色资源禀赋，调整优化农业产业结构，提升农产品质量、扩大供给规模，积极吸引企业投资兴办农产品深加工企业，推动贫困地区农产品就地加工，带动贫困人口增收脱贫。建立和完善东西部地区劳务精准对接机制，积极购买贫困地区劳务，帮助贫困劳动力就业。（扶贫办、发展改革委、人力资源社会保障部、商务部等和各有关省级人民政府负责）

（三）动员民营企业等社会力量参与消费扶贫。将消费扶贫纳入“万企帮万村”精准扶贫行动，鼓励民营企业采取“以购代捐”、“以买代帮”等方式采购贫困地区产品和服务，帮助贫困人口增收脱贫。发挥行业协会、商会、慈善机构等社会组织作用，组织动员爱心企业、爱心人士等社会力量参与消费扶贫。依托“中国农民丰收节”、中国社会扶贫网等平台，针对贫困地区策划相关活动，推动参与消费扶贫各类主体的需求与贫困地区特色产品供给信息精准对接，推广乡村特色美食和美景。在国家扶贫日前后积极开展消费扶贫活动，发出倡议，引导全社会参与。（全国工商联、发展改革委、民政部、农业农村部、扶贫办、全国总工会、共青团中央、全国妇联等和各省级人民政府负责）

三、大力拓宽贫困地区农产品流通和销售渠道

（四）打通供应链条。支持大中城市和贫困地区引导和扶持一批消费扶贫示范企业，重点开展流通基础设施建设、供应链服务、生产基地建设。发挥示范企业引领作用，带动产地和消费地以骨干企业为平台，以县乡村三级物流配送体系为载体，形成农产品从田间到餐桌的全链条联动。（商务部、发展改革委、农业农村部等和各有关省级人民政府负责）

（五）拓展销售途径。支持贫困地区完善网络基础设施和公共服务平台，为农村电商经营者提供产品开发、包装设计、网店运营、产品追溯、人才培训等专业服务，不断提高贫困人口使用网络和用户终端等能力。扩大电子商务进农村综合示范覆盖面。在有条件的贫困地区设立电商产业孵化园，培育规模化电商企业。鼓励大型电商企业为贫困地区设立扶贫专卖店、电商扶贫馆和扶贫频道，并给予流量等支持。依托粮食、肉类等储备制度，探索优先收储贫困地区符合条件的农产品，在贫困地区建设农产品收储基地。鼓励大中城市与贫困地区联合举办形式多样的农产品产销对接活动，建立长期稳定的产销关系。支持贫困地区参加农博会、农贸会、展销会，专设消费扶贫展区，集中推介、展示、销售特色农产品。指导贫困地区供销合作组织与农产品加工、流通企业建立长期稳定的产销联系，积极开展购销活动。鼓励贫困地区在景区景点、宾馆饭店、游客集散中心、高速公路服务区开设农产品销售专区，集中销售特色优势农产品。建立贫困地区农产品滞销预警机制，制定应急处置预案，组织大型电商企业、商贸流通企业和农产品批发市场到贫困地区集中采购滞销农产品。（商务部、扶贫办、发展改革委、工业和信息化部、财政部、交通运输部、农业农村部、文化和旅游部、粮食和储备局、供销合作总社等和各有关省级人民政府负责）

（六）加快流通服务网点建设。鼓励贫困地区因地制宜新建或改建一批产地仓、气调库、冷藏冷冻保鲜库等设施，以租赁、共享等方式降低参与消费扶贫企业的运营成本。鼓励供销合作社、邮政和大型电商企业、商贸流通企业、农产品批发市场等，整合产地物流设施资源，推动产地仓升级，增强仓储、分拣、包装、初加工、运输等综合服务能力，探索建立从产地到餐桌的冷链物流服务体系。深入实施快递下乡工程，完善贫困地区快递服务网络，支持快递企业与农业、供销、商贸企业加强合作。（商务部、

发展改革委、交通运输部、邮政局、供销合作总社等和各有关省级人民政府负责）

四、全面提升贫困地区农产品供给水平和质量

（七）加快农产品标准化体系建设。以优质、安全、绿色为导向，加强贫困地区农产品原产地保护，支持开展标准化生产示范。鼓励和引导农业院校、科研院所、龙头企业依托贫困地区资源禀赋，培育和研发适合不同贫困地区的农产品品种，因地制宜推广先进适用种养技术。开辟贫困地区绿色食品、有机食品、地理标志农产品认证或登记的绿色通道，鼓励贫困地区制定特色农产品地方标准，开展标准化生产。在贫困地区推广食用农产品安全控制规范和技术规程，推广应用国家农产品质量安全追溯平台，扩大贫困地区特色农产品质量安全追溯覆盖面。加强贫困地区农产品质量安全监管，强化产地与消费地监管信息共享、协调对接。（农业农村部、科技部、市场监管总局等和各有关省级人民政府负责）

（八）提升农产品规模化供给水平。支持贫困地区深入挖掘特色农产品品种资源，优化农产品品种和区域布局，做大做强产业规模。鼓励龙头企业、农产品批发市场、电商企业、大型超市采取“农户 + 合作社 + 企业”等模式，在贫困地区建立生产基地，大力发展订单农业，提高农产品供给的规模化组织化水平，增强农产品持续供给能力。落实农产品产地初加工补助政策，扶持贫困地区提升农产品储藏保鲜、分拣分级等能力，提高贫困地区农产品初加工率。引导农产品加工企业向贫困地区县域、重点乡镇、易地扶贫搬迁集中安置点和产业园区集聚。（农业农村部、财政部、商务部等和各有关省级人民政府负责）

（九）打造区域性特色农产品品牌。指导贫困地区以省、地级市或集中连片特殊困难地区为单元统一制定区域性扶贫产品标识，采取共享共用共推等方式，合力打造区域性特色农产品品牌，提高贫困地区特色农产品的辨识度。组织各类媒体通过新闻报道、公益广告等多种方式，运用新媒体平台资源，广泛宣传贫困地区发展特色农产品的经验做法，推介农产品品牌。依托全国“质量月”、“中国品牌日”等专项活动，鼓励贫困地区开展特色农产品、民族手工艺品等品牌展示和推介。加强对贫困地区农产品生产、加工、流通企业和相关合作社的信用监管，对市场主体实行守信激励、失信惩戒。（中央宣传部、农业农村部、商务部、发展改革委、人民银行、市场监管总局等和各有关省级人民政府负责）

五、大力促进贫困地区休闲农业和乡村旅游提质升级

（十）加大基础设施建设力度。改造提升贫困地区休闲农业和乡村旅游道路、通村公路、景区景点连接线通行能力，提升交通通达性和游客便利度。结合推进农村人居环境整治，提升休闲农业、乡村旅游基础设施和公共服务设施水平，对从事休闲农业和乡村旅游的贫困户实施改厨、改厕、改客房、整理院落“三改一整”工程，优化消费环境。加大对休闲农业和乡村旅游基础设施建设的用地倾斜。依托贫困地区自然生态、民俗文化、农耕文化等资源禀赋，扶持建设一批设施齐备、特色突出的美丽休闲乡村（镇）和乡村旅游精品景区等，满足消费者多样化需求。（农业农村部、文化和旅游部、住房城乡建设部、发展改革委、自然资源部、交通运输部等和各有关省级人民政府负责）

（十一）提升服务能力。依托东西部扶贫协作和对口支援、中央单位定点扶贫等机制，动员相关科研机构和高等院校，通过“请进来”、“走出去”等方式，帮助贫困地区培训休闲农业和乡村旅游人才，提供营销、服务、管理指导。支持贫困人口参加相关专业技能和业务培训，提升服务规范化和

标准化水平。鼓励贫困地区组建休闲农业和乡村旅游协会、产业及区域品牌联盟等组织，形成经营主体自我管理、自我监督、自我服务的管理服务体系。（农业农村部、文化和旅游部、人力资源社会保障部、市场监管总局、扶贫办、发展改革委等和各有关省级人民政府负责）

（十二）做好规划设计。加强对贫困地区休闲农业和乡村旅游资源调查，深入挖掘贫困地区自然生态、历史文化、地域特色文化、民族民俗文化、传统农耕文化等资源，因地制宜明确重点发展方向和区域。动员旅游规划设计单位开展扶贫公益行动，为贫困地区编制休闲农业和乡村旅游规划，鼓励旅游院校和旅游企业为贫困地区提供旅游线路设计、产品开发、品牌宣传等指导。（农业农村部、文化和旅游部等和各有关省级人民政府负责）

（十三）加强宣传推介。支持贫困地区组织开展休闲农业和乡村旅游相关主题活动。组织各类媒体安排版面时段，运用新媒体平台，分时分类免费向社会推介贫困地区精品景点线路。大力发展“乡村旅游 + 互联网”模式，依托电商企业等载体，开展多种形式的旅游扶贫公益宣传，集中推介一批贫困地区休闲农业和乡村旅游精品目的地。（农业农村部、文化和旅游部、中央宣传部、广电总局、商务部等和各有关省级人民政府负责）

六、保障措施

（十四）加强组织领导。发展改革委、扶贫办、农业农村部、商务部、文化和旅游部、供销合作总社、财政部等部门要加强对消费扶贫工作的统筹协调，制定实施方案，细化实化相关政策举措。各省（区、市）人民政府要高度重视本地区消费扶贫工作，根据产地、消费地的不同定位，明确目标任务，制定配套政策，建立工作机制，积极推动消费扶贫深入开展。及时总结和宣传推广消费扶贫工作中涌现出来的经验做法、先进典型，营造全社会参与消费扶贫的良好氛围。（发展改革委、扶贫办、农业农村部、商务部、文化和旅游部、供销合作总社、财政部等和各省级人民政府负责）

（十五）完善利益机制。完善公司、合作社、致富带头人与贫困人口的利益联结机制，提高贫困人口在农产品销售和休闲农业、乡村旅游中的参与度，切实保障贫困人口分享收益。发挥消费扶贫对集体经济和贫困人口增收的辐射带动作用，扶持村集体经济组织发展壮大，增强贫困人口与市场的对接能力。（农业农村部、文化和旅游部、扶贫办、财政部等和各有关省级人民政府负责）

（十六）加大政策激励。统筹相关政策资源和资金项目，以供应链建设为重点，支持开展消费扶贫示范。对在贫困地区从事农产品加工、仓储物流和休闲农业、乡村旅游的企业，在金融、土地等方面给予政策倾斜。对参与消费扶贫有突出贡献的企业、社会组织和个人，采取适当方式给予奖励激励。探索建立消费扶贫台账，重点统计购买建档立卡贫困村、贫困户和带贫成效突出企业、合作社的产品相关数据，并作为政策支持、评先评优等重要依据。（发展改革委、财政部、自然资源部、农业农村部、商务部、文化和旅游部、人民银行、扶贫办等和各省级人民政府负责）

（十七）强化督促落实。加强对消费扶贫工作的督促指导，及时跟踪进展情况，协调解决工作推进中的困难和问题。将消费扶贫工作开展情况作为考核中央单位定点扶贫、东西部扶贫协作和对口支援工作的重要内容。将消费扶贫纳入年度脱贫攻坚工作计划，积极探索创新方式方法，加大工作力度，推动消费扶贫各项任务和政策落到实处。（发展改革委、扶贫办、农业农村部、商务部、文化和旅游部、供销合作总社、财政部等和各有关省级人民政府负责）

国务院办公厅　2018 年 12 月 30 日

国务院扶贫开发领导小组文件

《国务院扶贫开发领导小组关于深入学习〈习近平扶贫论述摘编〉的通知》
《国务院扶贫开发领导小组关于表彰2018年全国脱贫攻坚奖的决定》

国务院扶贫开发领导小组关于深入学习《习近平扶贫论述摘编》的通知

各省、自治区、直辖市扶贫开发领导小组，国务院扶贫开发领导小组各成员单位：

经中央批准，中央党史和文献研究院会同国务院扶贫办编辑了《习近平扶贫论述摘编》（以下简称《摘编》），已由中央文献出版社公开发行。现就学习贯彻《摘编》的有关事项通知如下：

一、充分认识重要意义

党的十八大以来，以习近平同志为核心的党中央把脱贫攻坚摆到治国理政突出位置，作出坚决打赢脱贫攻坚战的决定，推动脱贫攻坚取得决定性进展，显著改善了贫困地区和贫困群众生产生活条件，谱写了人类反贫困历史新篇章。党的十九大提出将精准脱贫作为全面建成小康社会必须打好的三大攻坚战之一，对脱贫攻坚作出新的部署。《摘编》系统展现了习近平总书记关于扶贫的新理念新思想新战略。《摘编》思想内涵丰富，内容博大精深，深刻揭示了中国扶贫开发工作的基本特征和科学规律，精辟阐释了当前及下一阶段扶贫开发工作的发展方向和实现途径，是马克思主义反贫困理论中国化的最新成果，是习近平新时代中国特色社会主义思想的重要组成部分，为进一步推动新时代我国脱贫攻坚取得重大成就，打好脱贫攻坚战提供了根本遵循、精神动力和行动指南。

认真学习《摘编》，对于深入学习贯彻习近平新时代中国特色社会主义思想和党的十九大精神，对于广大脱贫攻坚干部用习近平总书记关于扶贫工作的重要论述武装头脑、指导实践、推动工作，坚决打赢脱贫攻坚战，决胜全面建成小康社会，促进人类减贫事业，共建人类命运共同体，具有十分重要的意义。

二、认真组织学习

各级扶贫领导小组要把学习《摘编》作为当前和今后一个时期的重要政治任务。通过深入学习《摘编》，深刻领会习近平总书记关于扶贫工作的重要论述和一系列新理念新思想新战略，把思想和行动统一到党中央的决策部署上来，坚定信心，攻坚克难，奋力夺取脱贫攻坚战全面胜利。

各省（自治区、直辖市）扶贫开发领导小组、国务院扶贫开发领导小组成员单位要把《摘编》学习列为理论学习中心组的重要内容。市（地、州、盟）、县（市、区、旗）扶贫开发领导小组要组织各类专题学习。各级扶贫开发领导小组要协调有关方面，将《摘编》作为党校、行政学院有关研修培训和扶贫部门各类培训的必修课。通过增强培训效果，切实提高扶贫干部的脱贫攻坚能力。要带头学懂、弄通、做实，扎扎实实落实党中央对脱贫攻坚作出的新部署、提出的新要求，把智慧和力量凝聚到坚决打赢脱贫攻坚战上来。

三、深入宣传研讨

各级扶贫领导小组要会同有关方面，积极开展《摘编》学习宣传工作，营造浓厚舆论氛围。要围绕学习宣传，组织媒体下基层看扶贫写扶贫，进行针对性的采访和挖掘，以鲜活生动的事例反映《摘编》在基层的生动实践。要组织刊发学习理论文章，深入解读和广泛宣传《摘编》。要开展《摘编》研讨活动，推动理论学习与实践相结合，总结呈现脱贫攻坚的生动案例，充分展示习近平总书记关于扶贫工作重要论述指导下的脱贫成果。

四、全面抓好贯彻落实

各级扶贫领导小组要强化中央统筹、省负总责、市县抓落实的体制机制，落实五级书记抓扶贫责任体系。要不断提升精准识别、精准帮扶、精准施策、精准退出的质量，扶贫扶到点上扶到根上。要进一步加大投入，强化资金支持。坚持发挥政府投入主体和主导作用，着力提高扶贫资金使用效率和效益。要不断完善大扶贫格局，更加广泛、更加有效地动员和凝聚各方面力量，形成脱贫攻坚的强大合力。要鼓励贫困群众通过外界帮扶和自己辛勤劳动实现脱贫，靠自己的努力改变命运。坚持把全面从严治党要求贯穿脱贫攻坚工作全过程和各环节，加强扶贫领域作风建设，实施最严格的考核评估，使脱贫攻坚成效经得起实践和历史检验。

五、强化组织领导

各级扶贫领导小组要坚持把学习宣传《摘编》和贯彻落实习近平总书记关于扶贫工作的重要论述作为当前和今后一个时期脱贫攻坚工作重点任务来抓，督促各地区各部门加强对学习宣传《摘编》的组织领导，切实落实领导责任。各级扶贫开发领导小组及成员单位主要负责同志要强化政治责任，以身作则，带头抓好学习贯彻，一级抓一级，层层抓落实。

有关学习贯彻情况请及时报送国务院扶贫办。

国务院扶贫开发领导小组

2018 年 10 月 2 日

国务院扶贫开发领导小组关于表彰2018年全国脱贫攻坚奖的决定

国开发〔2018〕11号

各省、自治区、直辖市和新疆生产建设兵团扶贫开发领导小组，中央和国家机关各部委，中央军委政治工作部，各人民团体：

党的十八大以来，以习近平同志为核心的党中央把贫困人口脱贫作为全面建成小康社会的底线任务和标志性指标，作出打赢脱贫攻坚战的决定，全面深化扶贫领域改革，创新扶贫体制机制，以前所未有的力度推进，脱贫攻坚取得决定性进展，创造了我国减贫史上的最好成绩，谱写了人类反贫困历史新篇章。在脱贫攻坚的伟大征程中，涌现出一大批自力更生、光荣脱贫，情系群众、甘于奉献，守望相助、扶贫济困，组织推动、改革创新的先进单位和先进个人。

为表彰对脱贫攻坚作出杰出贡献的先进单位和先进个人，充分发挥其示范带动作用，激发全社会更广泛更深入参与脱贫攻坚，经各地各部门层层推荐、严格评选，国务院扶贫开发领导小组决定授予王光国等25名同志“2018年全国脱贫攻坚奖奋进奖”荣誉称号，授予丁海燕等24名同志“2018年全国脱贫攻坚奖贡献奖”荣誉称号，授予王伟等25名同志“2018年全国脱贫攻坚奖奉献奖”荣誉称号，授予巴桑次仁等25名同志“2018年全国脱贫攻坚奖创新奖”荣誉称号，授予北京首农供应链管理有限公司等40个单位“2018年全国脱贫攻坚奖组织创新奖”荣誉称号。

各地区各部门和有关方面要广泛宣传他们的感人事迹和宝贵经验，大力弘扬他们的优秀品质和崇高精神，营造扶贫光荣、脱贫光荣的浓厚氛围，凝聚脱贫攻坚强大合力。希望受到表彰的先进单位和先进个人珍惜荣誉、再接再厉，在脱贫攻坚战中再创佳绩。广大干部群众和社会各界人士要以受到表彰的先进单位和先进个人为榜样，见贤思齐、锐意进取，真抓实干、埋头苦干，书写脱贫攻坚新篇章，坚决打赢脱贫攻坚战，为决胜全面小康社会、实现中华民族伟大复兴的中国梦而不懈奋斗！

附件：2018年全国脱贫攻坚奖获奖名单

国务院扶贫开发领导小组

2018年10月17日

附件

2018 年全国脱贫攻坚奖获奖名单

奋进奖（共25 人，按姓名笔画排列）

王光国	湖北省恩施土家族苗族自治州建始县龙坪乡店子坪村党支部书记、村委会主任
王周齐	福建省福鼎市硖门畲族乡柏洋村党支部书记
王喜玲（女）	陕西省宝鸡市扶风县喜林苗木果蔬专业合作社负责人
云登加措	西藏自治区林芝市工布江达县松茸加工农民专业合作社理事长
白天树	重庆市秀山土家族苗族自治县川河盖蜜蜂养殖专业合作社理事长
刘金锁	内蒙古自治区通辽市科左中旗代力吉镇东五井子嘎查党支部书记
刘洪霞（女）	黑龙江省鹤岗市萝北县太平沟乡石虎沟村农民
刘海涛	吉林省图们市石岘镇河北村党支部书记、村委会主任
齐永新	宁夏回族自治区固原市隆德县凤岭乡李士村党支部书记
李士强	河南省周口市沈丘县冯营乡李寨村党支部书记
吴伍兵	安徽龙成农林发展集团董事长、党支部书记
余留芬（女）	贵州省六盘水市盘州市淤泥彝族乡岩博村联村党委书记、村委会主任
闵洪艳	湖北省襄阳市谷城县五山镇堰河村党委书记、村委会主任
张育贤	四川巴山牧业股份有限公司董事长
陈春芳	河北省石家庄市灵寿县南营乡车谷砣村党支部书记
帕夏古丽·克热木（女）	广东省东莞市绿洲鞋业有限公司工人
孟　征	山东省邹城市宏伟电子商务服务中心总经理
莫文珍	广西壮族自治区百色市田阳县那坡镇尚兴村农民
黄丽萍（女）	海南省陵水黎族自治县文罗镇五星村党总支书记、村委会主任
彭夏英（女）	江西省井冈山市茅坪乡神山村农民
程玉珍（女）	山西省长治市壶关县五龙山乡刘寨村党支部书记、村委会主任
靳永明	青海省海东市互助县台子乡富农蔬菜专业合作社理事长
谭艳林（女）	湖南省湘西土家族苗族自治州龙山县惹巴妹手工织品有限公司董事长
谭德才	云南省昭通市永善县茂林镇永兴中药材种植专业合作社理事长
翟小丽（女）	甘肃省庆阳市庆城县蔡家庙乡大堡子村党支部书记

贡献奖（共24 人，按姓名笔画排列）

丁海燕（女）	宁夏回族自治区吴忠市水务局工会主席、妇委会主任
马秀云（女）	江苏省连云港市赣榆区黑林镇党委书记
王寿梗	中央纪委国家监委信访室主任科员，驻四川省凉山彝族自治州雷波县帕哈乡磨石村第一书记

白晶莹（女）	内蒙古自治区兴安盟科右中旗人大常委会党组书记、主任
兰念瑛（女）	江西省抚州市资溪县乌石镇新月畲族村党支部书记
伊学义	吉林省延边朝鲜族自治州税务局党办主任科员，驻吉林省延边朝鲜族自治州汪清县天桥岭镇天平村第一书记
刘昌法	山东省淄博市扶贫开发领导小组办公室副主任，驻山东省淄博市沂源县大张庄镇石柱村第一书记
羊风极	海南省白沙黎族自治县打安镇副镇长兼打安镇田表村党支部书记、村委会主任
严克美（女）	重庆市巫山县当阳乡党政办主任，驻重庆市巫山县当阳乡玉灵村第一书记
李玉兰（女）	青海省海东市民和县农牧局干部，驻青海省海东市民和县隆治乡桥头村第一书记
李红冈	辽宁省扶贫办督查考核处处长，驻辽宁省锦州市义县稍户营子镇五台沟村第一书记
肖　冰	湖南中烟工业有限责任公司群团工作部副部长兼公司扶贫总顾问
吴国良	云南省昆明市东川区汤丹镇扶贫办常务副主任，汤丹镇中河村党支部书记
何方礼	武警广西柳州支队政委
汪四花（女）	浙江大学医学院附属第二医院急危重症科片护士长，贵州省黔东南苗族侗族自治州台江县人民医院院长
宋　瑞（女）	国家统计局河南调查总队直属机关党委调研员，驻河南省信阳市息县路口乡弯柳树村第一书记
张渠伟	四川省达州市渠县扶贫和移民工作局局长，渠县人民政府办公室副主任
陈俊业	新疆生产建设兵团第一师四团三连党支部书记
郑访江	甘肃省中医院团委副书记，甘肃省定西市通渭县第三铺乡侯坡村第一书记
郑贵章	河北省邯郸市广平县扶贫和农业开发办公室主任
赵金祥	北京市平谷区农村工作委员会调研员，挂职西藏自治区拉萨市尼木县县委常务副书记
徐冬梅（女）	安徽行政学院副教授、副处长，驻安徽省阜阳市颍泉区王寨村扶贫工作队副队长
梁丽娜（女）	广西壮族自治区玉林市陆川县乌石镇党委委员、副镇长，乌石镇陆河村党总支书记
樊学双	福建省闽侯县人民政府副县长，挂职宁夏回族自治区隆德县委常委、人民政府副县长

奉献奖（共25人，按姓名笔画排列）

王　伟	贵州兴伟集团公司董事长

王均金	上海均瑶（集团）有限公司董事长
王振美	江西省萍乡市莲花县六市乡六市村六市新街居民
巴　桑	西藏哗叽服饰公司总经理
对先·巧开西	新疆维吾尔自治区克孜勒苏柯尔克孜自治州阿合奇县苏木塔什乡阿合塔拉村“猎鹰之乡”养殖合作社负责人
刘永好	新希望集团有限公司董事长
李孝轩	云南工商学院执行院长
李学海	山东学海农林集团有限公司党委书记、董事长
冷友斌	黑龙江飞鹤乳业有限公司董事长
沙万里	山西省忻州市繁峙县第三建筑安装工程公司经理
张　茵（女）	玖龙纸业（控股）有限公司董事长
周秀芳（女）	浙江省宁波市李惠利小学原总务主任
钟玉英（女）	浙江省湖州市安吉县溪龙乡黄杜村村委会主任
俞敏洪	新东方教育科技集团董事长
闻彬军	湖北先秾坛生态农业有限公司总经理
耿福能	四川好医生药业集团董事长，四川好医生攀西药业有限责任公司董事长
夏　森（女）	中国社会科学院原外事局研究员
郭孔丰	益海嘉里投资有限公司董事长
陶正学	贵州娘娘山高原湿地生态农业旅游开发有限公司董事长
黄定寿	广西扬翔股份有限公司董事长
黄振荣	青海宏恩科技有限公司董事长、总经理
龚俊龙	香港恒裕控股有限公司董事局主席
崔根良	江苏亨通集团党委书记、董事局主席
熊维政	河南羚锐集团有限公司董事长
魏宗平	新疆宏博房地产集团有限公司董事长

创新奖（共 25 人，按姓名笔画排列）

巴桑次仁	西藏自治区那曲市嘉黎县麦地卡乡党委书记
龙秀林	湖南省湘西国家农业科技园区党工委副书记、管委会主任
伊占伟	中国人民解放军 96601 部队政治工作部保卫处处长
刘彦随	中国科学院地理科学与资源研究所研究员
江奉武	重庆市城口县岚天乡党委书记
李亚华	湖北省农村信用社联合社党委书记、理事长
李　实	北京师范大学经济与管理学院教授，中国收入分配研究院执行院长
杨良杰	山西中农乐农业科技有限公司董事长
杨端明	中国农业发展银行总行办公室干部，驻贵州省黔东南苗族侗族自治州锦屏县敦寨镇罗丹村第一书记
宋　鹏	天津大学科学技术发展研究院科研基地科副科长
张延刚	陕西省延安市宜川县云岩镇辛户村党支部书记

张守英（女）	山东省日照市五莲县洪凝街道红泥崖村党支部书记、村委会主任
张福锁	中国农业大学植物营养系教授
张毅生	海南省经济技术学校校长、党委副书记
陈振毅	广东省珠海市委农村工作办公室主任
林　敏（女）	福建省财政厅农业处副主任科员
罗雅宏	四川省凉山彝族自治州政府研究室副主任，驻四川省凉山彝族自治州昭觉县特布洛乡谷莫村第一书记
顾峰毓	有研科技集团有限公司宣传处处长、企业文化办公室主任
徐宝山	吉林省白城市农村集体资产管理中心主任，驻吉林省白城市通榆县乌兰花镇陆家村第一书记
葛剑锋	江苏省苏州市张家港市杨舍镇善港村党委书记
傅　欣	西藏自治区日喀则市上海实验学校校长，上海师范大学基础教育发展中心常务副主任
谢远泰	江西省广莲食用菌研究所所长
雷春军	新疆维吾尔自治区阿克苏地区农业技术推广中心高级农艺师
蔡　永	安徽省蚌埠市怀远县徐圩乡党委书记
潘健章	广西澳益农业发展有限公司董事长

组织创新奖（共40个单位，按行政区划排列）

北京首农供应链管理有限公司
石家庄外国语教育集团
山西省吕梁市林业局
内蒙古自治区赤峰市林西县
辽宁省葫芦岛市兴城市碱厂满族乡
吉林省延边朝鲜族自治州安图县
中共黑龙江省委组织部组织二处
上海广播电视台、上海文化广播影视集团有限公司东方卫视中心
浙江省丽水市云和县
安徽省六安市金寨县
中共安徽省宿州市委组织部
福建省宁德市寿宁县下党乡
江西省吉安市井冈山市
山东省临沂市扶贫开发领导小组办公室
河南省开封市兰考县
河南省驻马店市上蔡县
湖北省文化旅游投资集团有限公司党群工作部
湖南省永州市江永县
广西壮族自治区南宁市上林县
海南省脱贫致富电视夜校工作推进小组办公室
四川省南充市南部县

贵州省毕节市黔西县
云南省昆明市寻甸回族彝族自治县
云南省怒江傈僳族自治州贡山独龙族怒族自治县独龙江乡
西藏自治区日喀则市亚东县脱贫攻坚指挥部
陕西省汉中市镇巴县
陕西省延安市扶贫开发局
甘肃省平凉市庄浪县
宁夏回族自治区吴忠市盐池县
广东省对口支援新疆喀什地区前方指挥部
安徽省对口支援新疆和田前方指挥部
新疆生产建设兵团医院
全国工商联扶贫与社会服务部社会服务处
中共中央组织部组织二局一处
中国社会扶贫网
清华大学继续教育学院
中国证券监督管理委员会扶贫办
国家开发银行扶贫金融事业部综合业务局政策与方法处
国家电网有限公司扶贫办农电处
中国人民解放军第 302 医院肝胆外科二中心

行　业　文　件

《中国残联　教育部　民政部　人力资源社会保障部　国家卫生计生委　国务院扶贫办关于印发〈着力解决因残致贫家庭突出困难的实施方案〉的通知》

《教育部　国务院扶贫办关于印发〈深度贫困地区教育脱贫攻坚实施方案（2018—2020年）〉的通知》

《国家发展改革委　国家林业局　财政部　水利部　农业部　国务院扶贫办关于印发〈生态扶贫工作方案〉的通知》

《国家能源局　国务院扶贫办关于印发〈光伏扶贫电站管理办法〉的通知》

《民政部关于推进深度贫困地区民政领域脱贫攻坚工作的意见》

《工业和信息化部印发〈关于推进网络扶贫的实施方案（2018—2020年）〉的通知》

《交通运输脱贫攻坚三年行动计划（2018—2020年）》

《民政部　财政部　国务院扶贫办关于在脱贫攻坚三年行动中切实做好社会救助兜底保障工作的实施意见》

《中华全国工商业联合会　国务院扶贫开发领导小组办公室　中国光彩事业促进会　中国农业发展银行关于印发〈推进"万企帮万村"精准扶贫行动向深度贫困地区倾斜的落实方案（2018—2020年）〉的通知》

《水利部关于印发水利扶贫行动三年（2018—2020年）实施方案的通知》

《国家医保局、财政部、国务院扶贫办关于印发〈医疗保障扶贫三年行动实施方案（2018—2020年）〉的通知》

《国家卫生健康委　国家发展改革委　财政部　国家医疗保障局　国务院扶贫办关于印发健康扶贫三年攻坚行动实施方案的通知》

《民政部　发展改革委　国务院扶贫办关于印发〈深度贫困地区特困人员供养服务设施（敬老院）建设改造行动计划〉的通知》

《住房城乡建设部　财政部关于印发农村危房改造脱贫攻坚三年行动方案的通知》

《农业农村部　国家发展和改革委员会　财政部　商务部　文化和旅游部　中国人民银行　国家林业和草原局　中国银行保险监督管理委员会　国务院扶贫开发领导小组办公室关于印发实施产业扶贫三年攻坚行动意见的通知》

中国残联　教育部　民政部　人力资源社会保障部　国家卫生计生委　国务院扶贫办关于印发《着力解决因残致贫家庭突出困难的实施方案》的通知

残联发〔2018〕3号

河北、山西、内蒙古、吉林、黑龙江、安徽、江西、河南、湖北、湖南、广西、海南、重庆、四川、贵州、云南、西藏、陕西、甘肃、青海、宁夏、新疆等省（区、市）残联、教育厅（教委）、民政厅（局）、人力资源社会保障厅（局）、卫生计生委、扶贫办（局）：

为深入学习贯彻落实习近平新时代中国特色社会主义思想和党的十九大精神，以实际行动落实《中共中央办公厅　国务院办公厅印发〈关于支持深度贫困地区脱贫攻坚的实施意见〉的通知》（厅字〔2017〕41号）要求，着力解决因残致贫家庭和深度贫困残疾人脱贫攻坚的突出困难和问题，中国残联、教育部、民政部、人力资源社会保障部、国家卫生计生委、国务院扶贫办共同制定了《着力解决因残致贫家庭突出困难的实施方案》，现印发给你们，请结合实际贯彻落实。

中国残联　教育部　民政部

人力资源社会保障部

国家卫生计生委　国务院扶贫办

2018年1月7日

着力解决因残致贫家庭突出困难的实施方案

为学习贯彻习近平新时代中国特色社会主义思想和党的十九大精神，按照《中共中央办公厅　国务院办公厅印发〈关于支持深度贫困地区脱贫攻坚的实施意见〉的通知》（厅字〔2017〕41号）（以下简称《意见》）要求，针对因残致贫家庭和深度贫困残疾人脱贫攻坚的突出困难和问题，采取更加有力、更加精准、更有成效的扶持政策措施，坚决打赢贫困残疾人脱贫攻坚战，确保贫困残疾人如期实现脱贫，制定本实施方案。

一、提高思想认识，增强责任感

“坚决打赢脱贫攻坚战”是党的十九大作出的庄严承诺。习近平总书记多次指出，要把贫困残疾人作为精准扶贫群体攻坚的重点。《意见》明确要求“解决因残致贫问题”，并明确了一系列政策措施，充分体现了习近平总书记关于“全面建成小康社会，残疾人一个也不能少”的指示精神和党中央、国务院对残疾人的“格外关心、格外关注”。各地区、各部门要以党的十九大精神为指引，充分认识坚决打赢贫困残疾人脱贫攻坚战的重大意义，科学分析因残致贫问题具体情况，切实把贫困残疾人作为群体攻坚的重点，以超常规的举措，在扶持政策上更加倾斜、扶持措施上更加精准有力有效。

二、依托建档立卡和实名制数据解决突出问题

按照党的十九大报告关于“脱真贫、真脱贫”的要求，以全国残疾人基本服务状况和需求动态更新数据与政府扶贫办建档立卡贫困人口数据比对结果为基础，精准识别、准确掌握贫困残疾人的基本信息，详细分析贫困残疾人的分布、残疾类型和等级，瞄准贫困残疾人家庭在基本生活、医疗保障、残疾儿童义务教育、重度残疾人长期照料护理需求等突出困难，将具体数据信息逐级分解到省、市、县、乡镇各级，各级相关主管部门、驻村工作队、第一书记，要对建档立卡贫困残疾人中没有参加城乡居民基本医疗保险、没有享受困难残疾人生活补贴和重度残疾人护理补贴、16岁以上有长期照料护理需求、适龄未入学残疾儿童等逐一进行核实，对符合条件但未纳入相关政策保障范围的，要逐一落实相关扶贫政策，确保纳入政府保障性扶贫各项行动之中。

三、确保符合条件的建档立卡贫困残疾人全部纳入农村低保范围

做好符合条件的建档立卡贫困残疾人的社会救助工作，在农村低保动态调整时，把建档立卡中因残致贫家庭作为重点，因动态变化符合条件的及时纳入，确保实现“应保尽保”。对于获得低保后生活仍有困难的重度残疾人等特殊困难人群，可以根据当地规定采取适当增发低保金等措施提高救助水平。

四、加大建档立卡贫困家庭重度残疾人的医疗救助

将符合条件的贫困残疾人按规定纳入城乡医疗救助范围，落实资助建档立卡贫困残疾人参加基本医疗保险政策，对其参加基本医疗保险个人缴费部分政府给予适当补贴，确保基本医疗保险全覆盖。对符合条件的建档立卡贫困残疾人经基本医疗保险、大病保险和其他补充保障政策支付后，个人及家庭难以承担的符合规定的基本医疗自付费用，通过城乡医疗救助给予适当补助。要采取有效措施，进一步降低贫困残疾人医疗费用个人自付比例，全面加强基本医疗保险、大病保险、医疗救助等制度衔接，加快推进部门信息互联共享，提高“一站式”信息化服务水平，为贫困重度残疾人看病就医提供便利服务。

五、严格落实困难残疾人生活补贴制度和重度残疾人护理补贴制度

“两项补贴”已成为农村贫困残疾人脱贫解困的重大制度支撑。严格落实《国务院关于全面建立困难残疾人生活补贴和重度残疾人护理补贴制度的意见》，确保符合条件的残疾人都享受到国家的惠残政策。同时，各地可根据实际，适当提高建档立卡贫困残疾人的生活补贴标准，适当扩大有护理需求的精神、智力残疾人的护理补贴范围，并逐步建立“两项补贴”标准与当地收入和物价水平相挂钩的动态调整机制。

六、为16岁以上有照料护理需求的重度残疾人提供照护和托养服务

对于建档立卡贫困残疾人中16岁以上有长期照料护理需求的重度残疾人，符合特困人员认定条件的，要纳入特困人员救助供养，给予其基本生活保障和日常照料。

对于不符合特困人员救助供养条件但有长期照料需求的重度残疾人，各地可充分利用乡村养老机构、福利设施、医疗机构、农村集体闲置资源和闲置农房，通过政府补贴、购买服务、设置公益性岗位等综合措施，为他们提供集中养护或日间照料、邻里

照护等服务，改善其基本公共服务状况和生活质量，释放家庭劳动力，照料看护等公益岗位向建档立卡贫困家庭人口倾斜。

七、逐一解决贫困家庭未入学适龄残疾儿童义务教育问题

认真落实《国务院办公厅关于进一步加强控辍保学提高义务教育巩固水平的通知》和《第二期特殊教育提升计划(2017—2020年)》、《教育部办公厅、中国残联办公厅关于做好残疾儿童少年义务教育招生入学工作的通知》，全面掌握义务教育适龄残疾儿童少年的数量和残疾情况，以全国残疾人基本服务状况和需求动态更新信息数据为基础，做好未入学适龄残疾儿童少年调查登记、统计录入、建档造册，及时通报相关数据和情况，做好家访和入学动员工作。根据残疾儿童的实际情况和未入学原因，逐一制定教育安置方案，通过普通学校随班就读、特殊教育学校就读、送教上门等多种形式，逐一做好适龄残疾儿童少年的入学安置工作。加大对贫困残疾学生的资助力度，在“两免一补”的基础上，提高补助水平，确保每一名家庭经济困难的残疾儿童少年都能入学。

八、让因残致贫家庭更好地享受资产收益扶贫政策

县乡政府、村民委员会，在确定财政专项扶贫资金和涉农资金形成的设施农业、光伏、水电、乡村旅游项目等资产收益折股量化，以及土地流转、宅基地使用、资源开发形成的资产收益分配过程中，优先配置因残致贫家庭，对确定为兜底脱贫户的因残致贫家庭，可适当提高资产收益配置比例。

九、各负其责，形成合力，狠抓落实

各级扶贫部门要加强对贫困残疾人脱贫攻坚的总体指导，切实将因残致贫家庭纳入扶贫脱贫考核；各级教育部门采取切实举措解决未入学残疾儿童义务教育问题，确保到2020年实现残疾儿童义务教育入学率95%的目标；各级民政部门要落实好各项社会救助政策、残疾人“两项补贴”制度，实现建档立卡残疾人应保尽保、应救尽救、应补尽补；各级人力资源社会保障、卫生计生部门要严格落实各项医疗保险保障政策，有效减轻贫困残疾人家庭医疗支出负担；各级残联要积极主动配合相关部门，摸清贫困残疾人家庭的基本情况，准确反映每一个贫困残疾人的基本信息、突出困难，依据分解的因残致贫家庭特殊困难具体数据信息，与相关部门进行对接，做好协调、沟通和相关服务工作，实施好贫困残疾人实用技术培训项目和残疾青壮年文盲扫盲项目，加大典型宣传，引导激励贫困残疾人主动脱贫的内生动力。

由各省（区、市）残联、教育、民政、人力资源社会保障、卫生计生、扶贫部门分别负责，抓好落实。到2020年，各省（区、市）残联牵头负责，在每年年底前向相关部门收集落实本方案的进展情况、存在问题和意见建议，形成书面总结报告报送中国残联，并分送民政部、教育部、人力资源社会保障部、国家卫生计生委、国务院扶贫办。

教育部　国务院扶贫办关于印发《深度贫困地区教育脱贫攻坚实施方案（2018—2020年）》的通知

教发〔2018〕1号

各省、自治区、直辖市教育厅（教委）、扶贫办（局），计划单列市教育局、扶贫办（局），新疆生产建设兵团教育局、扶贫办：

为深入学习贯彻落实党的十九大精神，认真贯彻落实习近平总书记在深度贫困地区脱贫攻坚座谈会上的重要讲话精神和《中共中央办公厅、国务院办公厅关于支持深度贫困地区脱贫攻坚的实施意见》要求，全国教育系统会同扶贫系统要以更加集中的支持、更加有效的举措、更加有力的工作，共同打好深度贫困地区教育脱贫攻坚战。现将《深度贫困地区教育脱贫攻坚实施方案（2018—2020年）》印发给你们，请认真贯彻执行，并结合实际，制定本区域内深度贫困地区教育脱贫攻坚实施方案。

教育部　国务院扶贫办

2018年1月15日

深度贫困地区教育脱贫攻坚实施方案（2018—2020年）

攻克深度贫困堡垒，是打赢脱贫攻坚战必须完成的任务。为全面贯彻落实《中共中央办公厅、国务院办公厅关于支持深度贫困地区脱贫攻坚的实施意见》要求，进一步聚焦深度贫困地区教育扶贫，用三年时间集中攻坚，确保深度贫困地区如期完成“发展教育脱贫一批”任务，特制定本实施方案。

一、总体要求

1. 指导思想。深入学习贯彻落实党的十九大精神和习近平总书记扶贫开发重要战略思想，全面贯彻落实党中央关于深度贫困地区脱贫攻坚的总体部署，坚持精准扶贫、精准脱贫基本方略，以“三区三州”为重点，以补齐教育短板为突破口，以解决瓶颈制约为方向，充分调动各方面积极性、主动性和创造性，采取超常规举措，推动教育新增资金、新增项目、新增举措进一步向“三区三州”倾斜，切实打好深度贫困地区教育脱贫攻坚战。

2. 工作目标。到2020年，“三区三州”等深度贫困地区教育总体发展水平显著提升，实现建档立卡贫困人口教育基本公共服务全覆盖。保障各教育阶段建档立卡学生从入学到毕业的全程全部资助，保障贫困家庭孩子都可以上学，不让一个学生因家庭经济困难而失学。更多建档立卡贫困学生接受更好更高层次教育，都有机会通过职业教育、高等教育或职业培训实现家庭脱贫，教育服务区域经济社会发展和脱贫攻坚的能力显著增强。

二、精准建立“三区三州”教育扶贫台账

1. 建立建档立卡贫困教育人口底数台账。落实《教育部办公厅关于印发〈建立建档立卡贫困教育人口信息比对工作协调机制的实施方案〉的通知》要求，每年春季、秋季学期进行建档立卡贫困教育人口信息比对，精准定位每个建档立卡贫困学生，为精准实施教育扶贫政策、精准投放教育扶贫资金提供依据。建立建档立卡贫困学生教育和资助状况年度报告制度，有关结果作为监测各地教育扶贫工作成效的重要依据。

2. 建立教育扶贫基本情况台账。以县为单位建立各级各类教育统计数据台账，摸清现状和需求，测算基本建设、设备购置、教师队伍、学生资助等方面缺口，完善各类教育扶贫项目储备库。建立教育扶贫财政投入年度报告制度，及时掌握各地财政教育扶贫相关经费安排情况。

3. 建立教育扶贫工作推进台账。将“三区三州”教育脱贫攻坚各项工作全部纳入工作台账。把东西部扶贫协作、中央单位定点扶贫、携手奔小康等工作纳入台账化管理，开发教育扶贫地图，多种方式掌握“三区三州”教育对口支援动态。

三、稳步提升“三区三州”教育基本公共服务水平

1. 保障义务教育。统筹推进县域内城乡义务教育一体化改革发展，着力解决“三区三州”义务教育“乡村弱、城镇挤”问题。优化学校布局，强化义务教育投入，加大对“三区三州”倾斜支持力度。全面改善贫困地区义务教育薄弱学校基本办学条件工作优先支持“三区三州”，确保所有义务教育学校如期达到“20条底线要求”。加强“三区三州”乡村小规模学校和乡镇寄宿制学校的建设和管理，提高农村教育质量。继续实施农村义务教育学生营养改善计划，不断扩大地方试点范围。落实《国务院办公厅关于进一步加强义务教育控辍保学提高巩固水平的通知》，完善控辍保学工作机制，因地因人施策，对贫困家庭子女、留守儿童、残疾儿童等特殊困难儿童接受义务教育实施全过程帮扶和管理，防止适龄儿童少年失学辍学。

2. 发展学前教育。省级统筹学前教育资金向“三区三州”倾斜，实施好第三期学前教育行动计划。鼓励在“三区三州”实施“幼有所育”计划，大力发展公办园，支持每个乡镇至少办好一所公办中心幼儿园，大村独立建园，小村联合办园或设分园，完善农村学前教育服务网络，帮助农村贫困家庭幼儿就近接受学前教育，解放农村劳动力。采取多种方式鼓励普惠性民办幼儿园招收建档立卡贫困学生。落实幼儿园教职工配备标准，配足配齐幼儿园教职工，加大对农村幼儿园教师特别是小学转岗教师的培训力度。

3. 普及高中阶段教育。深入实施《高中阶段教育普及攻坚计划（2017—2020年）》，把“三区三州”尚未普及高中阶段教育的地区作为攻坚的重中之重。教育基础薄弱县普通高中建设项目、普通高中改造计划、现代职业教育质量提升计划、职业教育产教融合工程等优先支持“三区三州”扩大教育资源，改善办学条件，保障建档立卡贫困家庭学生接受高中阶段教育的机会。推动基本消除普通高中大班额现象，减少超大规模学校。各地要完善财政投入机制，加大投入力度，建立完善普通高中生均拨款制度和中等职业学校生均拨款制度，积极化解“三区三州”普通高中债务，制定债务偿还计划。

4. 加快发展职业教育。省级统筹职业教育资金，支持“三区三州”每个地级市（州、盟）建设好一所中等职业学校。在

"三区三州"率先实施职业教育东西协作行动计划，建立工作协调机制和管理平台，全面落实东西职业院校协作全覆盖行动、东西协作中职招生兜底行动、职业院校参与东西劳务协作等三大任务。为就读职业学校的"三区三州"贫困家庭学生，开辟招生绿色通道，优先招生，优先选择专业，优先安排在校企合作程度较深的订单定向培训班或企业冠名班，优先落实助学政策，优先安排实习，优先推荐就业。广泛开展公益性职业技能培训，实现脱贫举措与技能培训的精准对接。

5. 加强乡村教师队伍建设。深入实施乡村教师支持计划，继续加大国培计划、特岗计划、公费师范生培养、中小学教师信息技术应用能力提升工程等政策对"三区三州"的支持力度，资助教师开展学历继续教育能力提升，提高教师整体素质和能力水平。落实好连片特困地区乡村教师生活补助政策，指导"三区三州"所在省份用好中央奖补政策，逐步提高补助标准，自主扩大实施范围，稳定和吸引优秀人才长期在乡村学校任教。加大边远贫困地区、边疆民族地区和革命老区人才支持计划教师专项计划倾斜力度，优先向"三区三州"选派急需的优秀支教教师，缓解"三区三州"师资紧缺、优秀教师不足的矛盾，提高当地学校教育教学水平。

6. 实施好"三区三州"现有免费教育政策。全面落实西藏教育"三包"政策，支持新疆南疆四地州14年免费教育政策。各相关省份要按照"尽力而为、量力而行"的原则，审慎开展四省藏区及三州的免费教育政策。推广民族地区"9＋3"免费教育计划。

7. 确保建档立卡贫困学生资助全覆盖。学前教育按照"地方先行、中央补助"的原则，建立并实施学前教育资助政策，义务教育实施"两免一补"政策，中等职业教育实施免学费和国家助学金政策，普通高中免除建档立卡等家庭经济困难学生学杂费并实施国家助学金政策，高等教育及研究生教育实施"奖助贷勤补免"及入学绿色通道等"多元混合"的资助方式，务必保障"三区三州"建档立卡贫困家庭学生享受学生资助政策。对通过职业教育东西协作到东部地区省（市）接受中职教育的建档立卡贫困家庭学生，西部地区省（市）从财政扶贫资金中按照每生每年3000元左右的标准给予资助，东部地区省（市）从东西扶贫协作财政援助资金中按照不少于每生每年1000元的标准给予资助，用于学生的交通、住宿、课本教材、服装等方面费用。

8. 加大少数民族优秀人才培养力度。继续实施内地西藏班、新疆班、少数民族预科班、少数民族高层次骨干人才培养计划，招生计划向"三区三州"倾斜。实施好在普通高校招生录取中南疆各民族实行同等教育优惠政策，面向南疆单列部分招生计划。实施定向西藏、新疆公共管理人才培养工作。

四、面向"三区三州"实施推普脱贫攻坚行动

1. 组织开展基层干部和青壮年农牧民普通话培训。通过集中学习、"一对一"互帮互学等方式，加强"三区三州"基层干部国家通用语言文字意识的培养和应用能力的培训，帮助所有在职干部都能具备使用国家通用语言文字开展工作的能力。结合"三区三州"旅游服务、产业发展、劳务输出等需求，对不具备普通话沟通能力的青壮年农牧民进行专项培训，使其具有使用普通话进行基本沟通交流的能力。由驻村扶贫干部负责组织教师、返乡大学生等对村民集中开展普通话专项学习培训，在每个行政村举办"人人通"推普脱贫培训班，带动推普工作进村、入户、到人。

2. 同步推进职业技能培训与普通话推广。结合"国家通用语言文字普及攻坚工

程”，统筹经费面向“三区三州”青壮年农牧民提供更加精准的公益性培训，把普通话推广与职业技能培训相结合，重点支持少数民族学习掌握使用普通话，显著提高应用通用语言文字能力和职业技术技能水平，解决因语言不通而无法就业创业脱贫的问题。

3. 强化学校推广普及国家通用语言文字的基础性作用。在学前和义务教育阶段全面推广国家通用语言文字授课，确保少数民族学生基本掌握和使用国家通用语言文字。强化“三区三州”的学校校长和教师自觉规范使用国家通用语言文字的意识和能力，努力使普通话成为校园语言，为学生创设良好的国家通用语言文字学校使用环境。严把教师入口关，所有新进教师的普通话水平应达到国家规定的相应等级。加大对现有双语教师国家通用语言文字培训力度，大力提高使用国家通用语言文字进行教育教学的能力，普通话水平达到相应等级。

五、多渠道加大“三区三州”教育扶贫投入

1. 发挥政府投入的主体和主导作用。中央相关教育转移支付存量资金优先保障、增量资金更多用于“三区三州”教育发展和建档立卡贫困学生受教育的需要。“三区三州”所在省级政府要加强经费统筹，切实把教育扶贫作为财政支出重点予以优先保障，经费安排向“三区三州”倾斜。

2. 发挥金融资金的引导和协同作用。联合国家开发银行等政策性金融机构，在“三区三州”先行先试，引入政策性信贷资金，精准对接教育扶贫多元化融资需求。在甘肃省教育精准扶贫示范区探索开展金融助力教育脱贫工作，及时总结经验并适时在更大范围示范推广。探索金融助力职业教育东西协作工作模式。

3. 集聚“三区三州”教育对口支援力量。建立教育扶贫工作联盟，统筹东西部扶贫协作、对口支援、中央单位定点扶贫、携手奔小康等方面帮扶力量，形成对口帮扶“三区三州”教育脱贫攻坚的合力。大力推进教育援藏、援疆、援青等工作，加强援受双方教育部门、各级学校、教师、学生之间的全领域对口帮扶。支持高水平大学对口支援“三区三州”高校。充分发挥国家开放大学办学体系优势，对口帮扶“三区三州”广播电视大学改善办学条件。鼓励社会力量广泛参与，引导支持各类社会团体、公益组织、企业和个人参与“三区三州”教育扶贫工作。

六、加大保障力度

1. 落实各级政府责任。教育部、国务院扶贫办会同有关部门建立工作协调机制，建立工作台账，定期召开调度会，研究解决“三区三州”教育脱贫攻坚有关重大问题，统筹推进相关工作。省级政府承担“三区三州”教育脱贫攻坚的主体责任，加强统筹组织，制定实施工作方案。地市级政府加强协调指导，县级政府统筹整合各方面资源，落实各项具体政策和工作任务。

2. 严格考核督查评估。把实施方案落实情况作为教育督导重点任务，以建档立卡贫困家庭学生就学状况、资助状况、就业状况为重点，对“三区三州”教育扶贫工作实施进展和成效进行监测评价。根据脱贫攻坚督查巡查工作总体安排，将“三区三州”教育扶贫工作成效作为重要内容，对落实不力的地区和单位进行问责。用好精准扶贫第三方评估机制。

3. 营造良好舆论环境。加大对“三区三州”教育脱贫攻坚宣传力度，组织新闻媒体广泛宣传教育扶贫各项惠民、富民政策措施，宣传先进典型，推广经验做法，形成常态化宣传工作机制。动员社会各界多种形式关心支持“三区三州”教育扶贫工作。

国家发展改革委　国家林业局　财政部　水利部　农业部　国务院扶贫办关于印发《生态扶贫工作方案》的通知

有关省、自治区、直辖市、新疆生产建设兵团发展改革委、林业厅（局）、财政厅（局）、水利厅（局）、农业（农牧）厅（局）、扶贫办：

为贯彻落实《中共中央　国务院关于打赢脱贫攻坚战的决定》《“十三五”脱贫攻坚规划》精神，充分发挥生态保护在精准扶贫、精准脱贫中的作用，切实做好生态扶贫工作，按照国务院扶贫开发领导小组统一部署，国家发展改革委、国家林业局、财政部、水利部、农业部、国务院扶贫办共同制定了《生态扶贫工作方案》，现印发你们。

请把生态扶贫工作作为重点工作进行部署安排，进一步细化落实《生态扶贫工作方案》各项工作，逐项明确责任单位、责任人、时间进度，切实加大对贫困地区、贫困人口的支持力度，推动贫困地区扶贫开发与生态保护相协调、脱贫致富与可持续发展相促进，使贫困人口从生态保护与修复中得到更多实惠，实现脱贫攻坚与生态文明建设“双赢”。

国家发展改革委　国家林业局
财政部　水利部　农业部
国务院扶贫办
2018 年 1 月 18 日

生态扶贫工作方案

为贯彻落实《中共中央　国务院关于打赢脱贫攻坚战的决定》，国务院《“十三五”脱贫攻坚规划》精神，充分发挥生态保护在精准扶贫、精准脱贫中的作用，切实做好生态扶贫工作，按照国务院扶贫开发领导小组统一部署，国家发展改革委、国家林业局、财政部、水利部、农业部、国务院扶贫办共同制定本工作方案。

一、准确把握生态扶贫工作总体要求

（一）指导思想

深入学习和全面贯彻党的十九大精神，深刻领会和认真落实习近平总书记关于脱贫攻坚的重要指示精神，坚决执行党中央、国务院的决策部署，牢固树立和践行绿水青山就是金山银山的理念，把精准扶贫、精准脱贫作为基本方略，坚持扶贫开发与生态保护并重，采取超常规举措，通过实施重大生态工程建设、加大生态补偿力度、大力发展生态产业、创新生态扶贫方式等，切实加大对贫困地区、贫困人口的支持力度，推动贫困地区扶贫开发与生态保护相协调、脱贫致富与可持续发展相促进，使贫困人口从生态保护与修复中得到更多实惠，实现脱贫攻坚与生态文明建设“双赢”。

（二）基本原则

坚持中央统筹、地方负责。实行中央统筹、省负总责、市县抓落实的工作机制。中央有关部门负责制定政策，明确工作部署，强化考核监督。省级政府有关部门负责完善政策措施，加强协调配合。

市县级政府有关部门负责做好本行政区域内的生态扶贫各项工作，确保政策措施落到实处。

坚持政府引导、主体多元。创新体制机制，广泛动员各方面力量共同参与生态扶贫工作，拓宽社会力量扶贫渠道，形成社会合力。

充分调动贫困地区广大群众保护修复家乡生态环境的积极性、主动性、创造性，发扬自强自立、艰苦奋斗精神，依靠自身努力改变贫困落后面貌。

坚持因地制宜、科学发展。协调好扶贫开发与生态保护的关系，把尊重自然、顺应自然、保护自然融入生态扶贫工作全过程。进一步处理好短期扶贫与长期发展的关系，着眼长远，立足当前，综合考虑自然资源禀赋、承载能力、地方特色、区域经济社会发展水平等因素，合理确定生态扶贫工作思路，统筹推进脱贫攻坚与绿色发展。

坚持精准施策、提高实效。精确瞄准14个集中连片特困地区的片区县、片区外国家扶贫开发工作重点县和建档立卡贫困户，突出深度贫困地区，坚持问题导向和目标导向，聚焦贫困人口脱贫，加强脱贫政策衔接，有针对性地制定和实施生态扶贫政策措施，确保生态扶贫工作取得实效。

二、生态扶贫工作目标

到2020年，贫困人口通过参与生态保护、生态修复工程建设和发展生态产业，收入水平明显提升，生产生活条件明显改善。贫困地区生态环境有效改善，生态产品供给能力增强，生态保护补偿水平与经济社会发展状况相适应，可持续发展能力进一步提升。力争组建1.2万个生态建设扶贫专业合作社［其中造林合作社（队）1万个、草牧业合作社2000个］，吸纳10万贫困人口参与生态工程建设；新增生态管护员岗位40万个（其中生态护林员30万个、草原管护员10万个）；通过大力发展生态产业，带动约1500万贫困人口增收。

三、通过多种途径助力贫困人口脱贫

（一）通过参与工程建设获取劳务报酬。推广扶贫攻坚造林专业合作社、村民自建等模式，采取以工代赈等方式，组织贫困人口参与生态工程建设，提高贫困人口参与度。政府投资实施的重大生态工程，必须吸纳一定比例具有劳动能力的贫困人口参与工程建设，支付贫困人口合理的劳务报酬，增加贫困人口收入。

（二）通过生态公益性岗位得到稳定的工资性收入。支持在贫困县设立生态管护员工作岗位，以森林、草原、湿地、沙化土地管护为重点，让能胜任岗位要求的贫困人口参加生态管护工作，实现家门口脱贫。在贫困县域内的国家公园、自然保护区、森林公园和湿地公园等，优先安排有劳动能力的贫困人口参与服务和管理。在加强贫困地区生态保护的同时，精准带动贫困人口稳定增收脱贫。

（三）通过生态产业发展增加经营性收入和财产性收入。在加强保护的前提下，充分利用贫困地区生态资源优势，结合现有工程，大力发展生态旅游、特色林产业、特色种养业等生态产业，通过土地流转、入股分红、合作经营、劳动就业、自主创业等方式，建立利益联结机制，完善收益分配制度，增加资产收益，拓宽贫困人口增收渠道。在同等质量标准条件下，优先采购建档立卡贫困户的林草种子、种苗，增加贫困户经营性收入。

（四）通过生态保护补偿等政策增加转移性收入。在安排退耕还林还草补助、草原生态保护等补助资金时，优先支持有需求、符合条件的贫困人口，使贫困人口获得补助收入。

四、全力推进各项任务实施

（一）加强重大生态工程建设

加强贫困地区生态保护与修复，在各类重大生态工程项目和资金安排上进一步向贫困地区倾斜。组织动员贫困人口参与重大生态工程建设，提高贫困人口受益程度。

1. 退耕还林还草工程。调整贫困地区25度以上陡坡耕地基本农田保有指标，加大贫困地区新一轮退耕还林还草力度。将新增退耕还林还草任务向中西部22个省（区、市）倾斜，省（区、市）要优先支持有需求的贫困县，特别是深度贫困地区。各贫困县要优先安排给符合条件的贫困人口。在树种、草种选择上，指导贫困户发展具有较好经济效益且适应当地种植条件的经济林种、草种，促使贫困户得到长期稳定收益，巩固脱贫成果。确保2020年底前，贫困县符合现行退耕政策且有退耕意愿的耕地全部完成退耕还林还草。

2. 退牧还草工程。在内蒙古、陕西、宁夏、新疆、甘肃、四川、云南、青海、西藏、贵州等省区及新疆生产建设兵团符合条件的贫困县实施退牧还草工程，根据退牧还草工程区贫困农牧民需求，在具备条件的县适当增加舍饲棚圈和人工饲草地年度任务规模。

3. 青海三江源生态保护和建设二期工程。深入推进三江源地区森林、草原、荒漠、湿地与湖泊生态系统保护和建设，加大黑土滩等退化草地治理，完成黑土滩治理面积220万亩，有效提高草地生产力。为从事畜牧业生产的牧户配套建设牲畜暖棚和贮草棚，改善生产条件。通过发展高原生态有机畜牧业，促进牧民增收。

4. 京津风沙源治理工程。推进工程范围内53个贫困县（旗）的林草植被保护修复和重点区域沙化土地治理，提高现有植被质量和覆盖率，遏制局部区域流沙侵蚀，安排营造林315万亩、工程固沙6万亩，吸纳贫困人口参与工程建设。

5. 天然林资源保护工程。以长江上游、黄河上中游为重点，加大对贫困地区天然林资源保护工程建设支持力度。支持依法通过购买服务开展公益林管护，为贫困人口创造更多的就业机会。

6. 三北等防护林体系建设工程。优先安排三北、长江、珠江、沿海、太行山等防护林体系建设工程范围内226个贫困县的建设任务，加大森林经营力度，推进退化林修复，完成营造林1000万亩。加强国家储备林建设，积极利用金融等社会资本，重点在南方光热水土条件较好、森林资源较为丰富、集中连片贫困区域，发展1000万亩国家储备林。

7. 水土保持重点工程。加大长江和黄河上中游、西南岩溶区、东北黑土区等重点区域水土流失治理力度，对纳入相关规划的水土流失严重贫困县，加大政策和项目倾斜力度，加快推进坡耕地、侵蚀沟治理和小流域综合治理。在综合治理水土流失的同时，培育经济林果和特色产业，实施生态修复，促进项目区生态经济良性循环，改善项目区农业生产生活条件。

8. 石漠化综合治理工程。坚持“治石与治贫”相结合，重点支持滇桂黔石漠化区、滇西边境山区、乌蒙山区和武陵山区等贫困地区146个重点县的石漠化治理工程，采取封山育林育草、人工造林、森林抚育、小流域综合治理等多种措施，完成岩溶治理面积1.8万平方公里。

9. 沙化土地封禁保护区建设工程。在内蒙古、西藏、陕西、甘肃、青海、宁夏、新疆等省（区）及新疆生产建设兵团的贫困地区推进沙化土地封禁保护区建设，优先将贫困县498万亩适宜沙地纳入工程范围，实行严格的封禁保护。加大深度贫困地区全国防沙治沙综合示范区建设，提升贫困地区防风固沙能力。

10. 湿地保护与恢复工程。在贫困地区的国际重要湿地、国家级湿地自然保护区，实施一批湿地保护修复重大工程，提升贫困地区涵养水源、蓄洪防涝、净化水质的能力。支持贫困县实施湿地保护与恢复、湿地生态效益补偿、退耕还湿试点等项目，完善湿地保护体系。

11. 农牧交错带已垦草原综合治理工程。统筹推进农牧交错带已垦草原治理工程，加大向贫困地区倾斜力度，通过发展人工种草，提高治理区植被覆盖率，建设旱作优质饲草基地，结合饲草播种、加工机械的农机购置补贴，引导和支持贫困地区发展草食畜牧业，在实现草原生态恢复的同时，促进畜牧业提质增效。

（二）加大生态保护补偿力度

不断完善转移支付制度，探索建立多元化生态保护补偿机制，逐步扩大贫困地区和贫困人口生态补偿受益程度。

1. 增加重点生态功能区转移支付。中央财政加大对国家重点生态功能区中的贫困县，特别是“三区三州”等深度贫困地区的转移支付力度，扩大政策实施范围，完善补助办法，逐步加大对重点生态功能区生态保护与恢复的支持力度。

2. 不断完善森林生态效益补偿补助机制。健全各级财政森林生态效益补偿补助标准动态调整机制，调动森林保护相关利益主体的积极性，完善森林生态效益补偿补助政策，推动补偿标准更加科学合理。抓好森林生态效益补偿资金监管，保障贫困群众的切身利益。

3. 实施新一轮草原生态保护补助奖励政策。在内蒙古、西藏、新疆、青海、四川、甘肃、云南、宁夏、黑龙江、吉林、辽宁、河北、山西和新疆生产建设兵团的牧区半牧区县实施草原生态保护补助奖励政策，及时足额向牧民发放禁牧补助和草畜平衡奖励资金。

4. 开展生态综合补偿试点。以国家重点生态功能区中的贫困县为主体，整合转移支付、横向补偿和市场化补偿等渠道资金，结合当地实际建立生态综合补偿制度，健全有效的监测评估考核体系，把生态补偿资金支付与生态保护成效紧密结合起来，让贫困地区农牧民在参与生态保护中获得应有的补偿。

（三）大力发展生态产业

依托和发挥贫困地区生态资源禀赋优势，选择与生态保护紧密结合、市场相对稳定的特色产业，将资源优势有效转化为产业优势、经济优势。支持贫困地区创建特色农产品优势区，在国家级特优区评定时，对脱贫攻坚任务重、带动农民增收效果突出的贫困地区适当倾斜。引导贫困县拓宽投融资渠道，落实资金整合政策，强化金融保险服务，着力提高特色产业抗风险能力。培育壮大生态产业，促进一二三产业融合发展，通过入股分红、订单帮扶、合作经营、劳动就业等多种形式，建立产业化龙头企业、新型经营主体与贫困人口的紧密利益联结机制，拓宽贫困人口增收渠道。

1. 发展生态旅游业。健全生态旅游开发与生态资源保护衔接机制，加大生态旅游扶贫的指导和扶持力度，依法加强自然保护区、森林公园、湿地公园、沙漠公园、草原等旅游配套设施建设，完善生态旅游行业标准，建立健全消防安全、环境保护等监管规范。积极打造多元化的生态旅游产品，推进生态与旅游、教育、文化、康养等产业深度融合，大力发展生态旅游体验、生态科考、生态康养等，倡导智慧旅游、低碳旅游。引导贫困人口由分散的个体经营向规模化经营发展，为贫困人口兴办森林（草原）人家、从事土特产销售和运输提供便利服务。扩大与旅游相关的种植业、养殖业和手工业发展，促进贫困人口脱贫增收。在贫困地区打造具有较高知名度的 50 处精品森林旅游地、20 条精品森林旅游线路、30 个森林特色小镇、10 处全国森林体验和森林养生试点基地等，依托森林旅游实现增收的贫困人口数量达到 65 万户、200 万人。

2. 发展特色林产业。在保证生态效益的前提下，积极发展适合在贫困地区种植、市场需求旺盛、经济价值较高的木本油料、特色林果、速丰林、竹藤、花卉等产业。建设林特产品标准化生产基地，推广标准化生产技术，促进特色林产业提质增效，因地制宜发展贫困地区区域特色林产业，做大产业规模，加强专业化经营管理。以发展具有地方和民族特点的林特产品初加工和精深加工为重点，延长产业链，完善仓储物流设施，提升综合效益。充分发挥品牌引领作用，支持龙头企业发展企业品牌，提高特色品牌的知名度和美誉度，扩大消费市场容量。为深度贫困地区特色林产品搭建展销平台，充分利用电商平台、线上线下融合、“互联网 +”等各种新兴手段，加大林特产品市场推介力度。

3. 发展特色种养业。立足资源环境承载力，充分发挥贫困地区湖泊水库、森林、草原等生态资源优势，积极发展林下经济，推进农林复合经营。大力发展林下中药材、特色经济作物、野生动植物繁（培）育利用、林下养殖、高产饲草种植、草食畜牧业、特色水产养殖业等产业，积极推进种养结合，促进循环发展。加快发展农林产品加工业，积极发展农产品电子商务，打造一批各具特色的种养业示范基地，形成“龙头企业 + 专业合作组织 + 基地 + 贫困户”的生产经营格局，积极引导贫困人口参与特色种养业发展。

（四）创新对贫困地区的支持方式

1. 开展生态搬迁试点。结合建立国家公园体制，多渠道筹措资金，对居住在生态核心区的居民实施生态搬迁，恢复迁出区原始生态环境，帮助贫困群众稳定脱贫。按照“先行试点、逐步推开”的原则，在祁连山国家公园体制试点（甘肃片区）核心保护区先行开展生态搬迁试点，支持搬迁群众安置住房建设（购买）、后续产业发展和转移就业安排、迁出区生态保护修复等。在及时总结可复制可推广经验做法基础上采取“一事一议”的办法稳步推开。

2. 创新资源利用方式。推进森林资源有序流转，推广经济林木所有权、林地经营权等新型林权抵押贷款改革，拓宽贫困人口增收渠道。地方可自主探索通过赎买、置换等方式，将国家级和省级自然保护区、国家森林公园等重点生态区范围内禁采伐的非国有商品林调整为公益林，实现社会得绿，贫困人口得利。推进贫困地区农村集体产权制度改革，保障农民财产权益，将贫困地区符合条件的农村土地资源、集体所有森林资源，通过多种方式转变为企业、合作社或其他经济组织的股权，推动贫困村资产股份化、土地使用权股权化，盘活农村资源资产资金。

3. 推广生态脱贫成功样板。积极探索通过生态保护、生态修复、生态搬迁、生态产业发展、生态乡村建设带动贫困人口精准脱贫增收的模式，研究深度贫困地区生态脱贫组织形式、利益联结机制、多业增收等措施和政策，及时总结提炼好的经验模式，打造深度贫困地区生态脱贫样板，积极推广好经验、好做法，在脱贫攻坚中更好地保护生态环境，帮助贫困群众实现稳定脱贫。

4. 规范管理生态管护岗位。研究制定生态管护员制度，规范生态管护员的选聘程序、管护范围、工作职责、权利义务等，加强队伍建设，提升生态资源管护能力。加强生态管护员上岗培训，提升业务水平和安全意识。逐步加大贫困人口生态管护员选聘规模，重点向深度贫困地区、重点生态功能区及大江大河源头倾斜。坚持强化“县建、乡管、村用”的管理机制，对贫困程度较深、少数民族、退伍军人家庭优先考虑。

5. 探索碳交易补偿方式。结合全国碳

排放权交易市场建设，积极推动清洁发展机制和温室气体自愿减排交易机制改革，研究支持林业碳汇项目获取碳减排补偿，加大对贫困地区的支持力度。

五、制定切实可行的保障措施

（一）层层落实责任

国家发展改革委、国家林业局、财政部、农业部、水利部、国务院扶贫办等部门按照职责分工，加强指导和支持，强化沟通协作，统筹推进生态扶贫各项工作，形成共商共促生态扶贫工作合力。地方政府有关部门要细化落实生态扶贫工作方案，将生态扶贫作为重点工作纳入年度工作计划，制定出台年度工作要点，对各项任务进行项目化、责任化分解，逐项明确责任单位、责任人、时间进度。要把生态扶贫工作作为重点工作进行部署安排，一级抓一级，层层传导责任和压力，形成生态扶贫责任体系。

（二）加大投入力度

各类涉及民生的专项转移支付资金、中央预算内投资要进一步向贫困地区和贫困人口倾斜。以生态扶贫为主要脱贫攻坚措施的地方要积极调整和优化财政支出结构，统筹整合各渠道资金，切实把生态扶贫作为优先保障重点。创新政府性资金投入方式，规范运用政府与社会资本合作等模式，撬动更多资源投向生态扶贫。优先安排深度贫困地区的生态扶贫任务，在新增资金、新增项目、新增举措、惠民项目、涉农资金整合、财政转移支付、金融投入、资本市场、保险机构、建设用地指标等方面加大对深度贫困地区的支持力度。

（三）加强技术培训

积极组织技术专家深入贫困地区开展精准帮扶活动，加大对生态产业经营大户、合作社和企业的技术指导，在贫困地区培养一批活跃在贫困人口身边的“看得见、问得着、留得住”的乡土专家和技术能手。加大对基层生态扶贫工作人员和贫困户的培训力度，提高基层生态扶贫工作人员的能耐，提升贫困人口自我发展能力、市场意识和风险防控能力。

（四）强化监督管理

建立生态扶贫工作动态管理和监督制度，统筹做好组织实施、日常调度、跟踪检查工作，对年度重点工作实行台账管理、定期调度，将工作情况作为对各地脱贫攻坚成效考核的参考依据。对落实不力、进度滞后的进行挂牌督办，对真抓实干、成效明显的给予表扬激励，确保工作方案顺利推进。对生态扶贫资金监管实行“零容忍”，完善使用管理办法，加大审计、检查、约谈力度，发现问题要严肃查处、严厉问责，确保资金在阳光下运行，切实保障贫困群众利益。

国家能源局　国务院扶贫办关于印发《光伏扶贫电站管理办法》的通知

国能发新能〔2018〕29 号

各省、自治区、直辖市及新疆生产建设兵团发展改革委（能源局）、扶贫办，各派出能源监管机构，国家电网公司、南方电网公司、内蒙古电力公司：

为规范光伏扶贫电站建设运行管理，保障光伏扶贫实施效果，促进光伏扶贫健康有序发展，根据《中共中央　国务院关于打赢脱贫攻坚战的决定》（中发〔2015〕34 号）和《关于实施光伏发电扶贫工作的意见》（发改能源〔2016〕621 号），国家能源局、国务院扶贫办制定了《光伏扶贫电站管理办法》，现印发你们，请按要求认真贯彻落实。

附件：光伏扶贫电站管理办法

国家能源局　国务院扶贫办

2018 年 3 月 26 日

光伏扶贫电站管理办法

第一条　光伏扶贫是资产收益扶贫的有效方式，是产业扶贫的有效途径。为规范光伏扶贫电站建设运行管理，保障光伏扶贫实施效果，根据《中共中央　国务院关于打赢脱贫攻坚战的决定》（中发〔2015〕34 号）和《关于实施光伏发电扶贫工作的意见》（发改能源〔2016〕621 号），制定本办法。

第二条　光伏扶贫电站是以扶贫为目的，在具备光伏扶贫实施条件的地区，利用政府性资金投资建设的光伏电站，其产权归村集体所有，全部收益用于扶贫。

第三条　本办法适用于国家“十三五”光伏扶贫电站项目。

第四条　光伏扶贫对象为列入国家光伏扶贫实施范围的建档立卡贫困村的建档立卡贫困户，优先扶持深度贫困地区和弱劳动能力贫困人口。

第五条　光伏扶贫电站原则上应在建档立卡贫困村按照村级电站方式建设。根据当地实际情况，确有必要并经充分论证可以联建方式建设村级电站。

第六条　光伏扶贫电站由各地根据财力可能筹措资金建设，包括各级财政资金以及东西协作、定点帮扶和社会捐赠资金。光伏扶贫电站不得负债建设，企业不得投资入股。

第七条　村级扶贫电站规模根据帮扶的贫困户数量按户均 5 千瓦左右配置，最大不超过 7 千瓦，单个电站规模原则上不超过 300 千瓦，具备就近接入和消纳条件的可放宽至 500 千瓦。村级联建电站外送线路电压等级不超过 10 千伏，建设规模不超过 6000 千瓦。

第八条　光伏扶贫电站由县级政府按照“规划、设计、施工、验收、运维”五统一的原则实施，运用市场化方式委托专业机构负责光伏扶贫电站的建设、运行和维护。电站建设应符合国家相关规程规范和技术要求，确保质量与安全。光伏组件、逆变器等主要设备应采用国家资质检测认证机构认证的产品，鼓励采用达到“领跑者”技术指标的先进技术。鼓励采用设计施工采购（EPC）总承包方式统一开展县域内村级电站建设。

第九条 县级政府负责落实村级扶贫电站的建设场址和用地，场址土地不得属于征收土地使用税、耕地占用税的范围，不得占用基本农田，并符合《国土资源部 国务院扶贫办 国家能源局关于支持光伏扶贫和规范光伏发电产业用地的意见》（国土资规〔2017〕8 号）规定。

电网公司负责建设配套接入电网工程，将光伏扶贫电站接网工程优先纳入电网改造升级计划，确保村级扶贫电站和接入电网工程同步建成投产。

第十条 省级政府能源、扶贫主管部门根据光伏扶贫政策要求组织对各县级光伏扶贫电站进行验收和评估，并将验收和评估情况形成书面报告报送国家能源局和国务院扶贫办。国家能源局会同国务院扶贫办对光伏扶贫电站验收和评估情况进行监督检查。

第十一条 电网公司保障光伏扶贫项目优先调度与全额消纳。

第十二条 光伏扶贫电站不参与竞价，执行国家制定的光伏扶贫价格政策。

第十三条 光伏扶贫电站优先纳入可再生能源补助目录，补助资金优先发放，原则上年度补助资金于次年 1 季度前发放到位。

第十四条 光伏扶贫电站收益分配与使用管理，按国务院扶贫办《村级光伏扶贫电站收益分配管理办法》（国开办〔2017〕61 号）执行。

第十五条 光伏扶贫电站实行目录管理。国家能源局会同国务院扶贫办按建档立卡贫困村代码，对光伏扶贫电站统一编码、建立目录。纳入目录的，享受光伏扶贫电站政策。光伏扶贫电站有关信息统一纳入国家可再生能源信息管理平台。

第十六条 光伏扶贫电站项目计划下达后，对于一年内未开工建设、验收不合格且未按期整改的项目撤回计划，并给予通报。

第十七条 国家能源局、国务院扶贫办负责组织协调光伏扶贫重大问题，会同相关部门审核各省光伏扶贫实施方案，下达项目计划，对各省光伏扶贫实施工作进行指导监督。国务院扶贫办负责扶贫对象的识别认定和扶贫收益分配的管理监督。省级政府能源、扶贫主管部门负责本省光伏扶贫工作的统筹协调和管理监督，审核县级政府申报的扶贫实施方案和光伏扶贫补助目录，编制本省光伏扶贫实施方案并上报项目计划，出台本省光伏扶贫管理实施细则，组织本省光伏扶贫电站的验收和评估，保障本省光伏扶贫电站财政补助资金及时拨付和收益合理分配。县级政府负责落实光伏扶贫电站各项建设条件，编制本县光伏扶贫实施方案，申报光伏扶贫补助目录，组织实施光伏电站建设与运维，做好光伏扶贫收益分配。

第十八条 鼓励光伏企业积极履行社会责任，采取农光、牧光、渔光等复合方式，以市场化收益支持扶贫。

第十九条 本办法发布前已纳入国家光伏扶贫计划且已建成的集中式电站，按本办法执行。省级政府能源、扶贫主管部门应根据本办法制定本省光伏扶贫实施细则。

第二十条 本办法由国家能源局会同国务院扶贫办负责解释，自发布之日起施行。

民政部关于推进深度贫困地区民政领域脱贫攻坚工作的意见

民发〔2018〕43号

各省、自治区、直辖市民政厅（局），新疆生产建设兵团民政局：

为深入贯彻落实中办、国办《关于支持深度贫困地区脱贫攻坚的实施意见》（厅字〔2017〕41号），充分发挥民政部门在脱贫攻坚中的重要作用，助推深度贫困地区脱贫攻坚工作，提出以下意见。

一、充分认识在深度贫困地区开展民政领域脱贫攻坚工作的重要意义

党的十八大以来，以习近平同志为核心的党中央坚持精准扶贫精准脱贫基本方略，推动脱贫攻坚取得决定性进展，伟大成就举世瞩目。同时也要看到，随着脱贫攻坚不断深入，西藏、四省藏区、南疆四地州和四川凉山州、云南怒江州、甘肃临夏州（以下简称“三区三州”）以及其他自然条件差、经济基础弱、贫困程度深的深度贫困地区脱贫攻坚任务仍然艰巨，残疾人、孤寡老人、长期患病者等“无业可扶、无力脱贫”的贫困人口以及部分教育文化水平低、缺乏技能的贫困群众脱贫任务仍然较重。民政工作事关基本民生保障，在深度贫困地区脱贫攻坚中承担着重要职责，发挥着重要作用。各地民政部门要深入学习贯彻习近平新时代中国特色社会主义思想，全面贯彻落实党的十九大和十九届一中、二中、三中全会精神，按照习近平总书记关于深度贫困地区脱贫攻坚工作重要部署，把做好深度贫困地区民政领域脱贫攻坚工作，助推深度贫困地区脱贫攻坚作为民政系统的一项重要政治任务，摆上重要位置，增强责任担当，加大工作力度，确保取得实实在在的成效。

二、多措并举合力推进民政领域脱贫攻坚工作

（一）加强农村低保制度与扶贫开发政策有效衔接。科学制定农村低保标准，确保脱贫攻坚期内深度贫困地区的农村低保标准不低于国家扶贫标准。完善农村低保制度，将建档立卡贫困人口中完全或部分丧失劳动能力、无法依靠产业扶持和就业帮助脱贫的家庭纳入农村低保范围；对于生活困难、靠家庭供养且无法单独立户的成年无业重度残疾人，经个人申请，可按照单人户纳入低保范围。对于低保家庭中的老年人、未成年人、重度残疾人和重病患者等特殊困难人群，采取增发低保金等多种措施提高救助水平。对于参与扶贫项目的农村低保对象，在核算其家庭收入时可以扣减必要的工作成本，并给予一定期限的“渐退”期，实现稳定脱贫后再退出低保范围。对于建档立卡范围内的有劳动能力但未就业的低保对象，无正当理由连续3次拒不参加扶贫项目的，可减发或停发其本人的低保金。推动社会救助家庭经济状况核对机制建设，做好建档立卡贫困人口与农村低保对象的数据比对工作。

（二）加大临时救助、特困人员救助供养力度。加快推进深度贫困地区农村特困人员供养服务机构建设和设施改造，用三年时间确保每个深度贫困县新建或改建1～2所

农村特困人员供养服务机构（农村敬老院），提升机构托底保障能力和服务质量，逐步提高生活不能自理特困人员集中供养率。参考农村特困人员分散供养模式，对于建档立卡贫困人口、低保对象中事实无人供养照料的贫困人员，采取政府购买服务的方式，委托近邻、旁系亲属等给予照料。加大深度贫困地区临时救助政策落实力度，对于脱贫再返贫的建档立卡贫困人口，及时给予临时救助，保障其基本生活。

（三）落实残疾人福利保障政策。研究建立动态调整和可持续发展机制，逐步形成与经济社会发展水平相一致的困难残疾人生活补贴制度和重度残疾人护理补贴制度。根据深度贫困地区脱贫攻坚任务要求，有效识别、区分和衔接残疾人补贴对象和建档立卡贫困人口，逐步扩大困难残疾人生活补贴和重度残疾人护理补贴覆盖面。将深度贫困地区符合条件的人员纳入“福康工程”实施范围，为其配置假肢、矫形器等康复辅助器具或开展肢体畸形矫正手术及康复。鼓励深度贫困地区通过政府购买服务，采用托养等方式，为贫困重度残疾人提供集中或社会化照料护理服务。

（四）做好农村留守儿童、妇女和老年人关爱保护工作。进一步健全完善农村留守儿童、妇女和老年人关爱服务体系，充实基层工作力量，创新工作方式，切实把各项工作落到实处。推进深度贫困地区农村留守儿童关爱保护工作，建立发现报告、应急处置、评估帮扶和监护干预工作机制，保障农村留守儿童健康成长。切实发挥社会工作专业人才在满足农村留守儿童心理社会服务需求、促进农村留守儿童全面健康成长中的积极作用。推动落实农村留守老人关爱服务政策，建立健全农村留守老人信息台账和定期探访制度，加快农村养老服务体系建设。

（五）鼓励和引导社会力量参与深度贫困地区脱贫攻坚。引导全国性社会组织重点支持“三区三州”，推动社会组织与深度贫困地区加强信息对接和工作联系。在公益慈善项目交流展示、公益日、对口帮扶等项目活动中，增加社会组织参与“三区三州”等深度贫困地区脱贫攻坚工作内容，推动社会组织参与深度贫困地区扶贫项目。引导社会工作专业人才资源、社会组织资源、项目服务资源和社会资金资源向深度贫困地区倾斜，实施“社会工作专业人才服务边远贫困地区、边疆民族地区和革命老区计划”“社会工作服务机构牵手计划”“社会工作教育对口扶贫计划”。积极发展慈善信托，扩大社会捐赠、用好慈善资源，发挥慈善事业在扶贫济困中的积极作用。在第十届“中华慈善奖”评选表彰工作中，重点表彰在扶贫济困领域作出突出贡献的个人、单位、慈善项目和慈善信托项目。改进民政部补助地方彩票公益金管理，突出向深度贫困地区倾斜。

（六）加强深度贫困地区基层政权和社区建设。健全自治、法治、德治相结合的贫困地区乡村治理体系，促进乡村治理与脱贫攻坚政策协同。加强贫困地区乡镇政府服务能力建设，加强贫困村村民委员会班子成员和村民小组干部队伍建设，有效履行脱贫攻坚和乡村治理职责。加强村务监督和村务公开，及时公开脱贫攻坚过程中涉及扶贫政策、扶贫项目、扶贫资金等信息。广泛开展村级协商，引导群众在脱贫攻坚政策落实中依法有序表达意愿，凝聚发展共识。健全贫困村农村社区服务体系，推进农村社区综合服务设施建设，深入实施网络扶贫行动计划，支持将“三区三州”纳入相关省份城乡社区服务体系建设专项资金保障范围。引导群众破陋习、讲文明，推进婚姻、殡葬移风易俗改革，树立勤俭节约新风尚。

（七）推动深度贫困地区优化行政区划设置。支持贫困地区优化行政区划设置。支持优化中心城市市辖区规模结构，增强区域中心城市对贫困地区的辐射带动能力。有序推动符合条件的县改市，稳妥推进省直管县和扩权强县改革。通过适时开展行政区划调整，为转移就业脱贫拓展空间，为易地扶贫搬迁脱贫提供载体。

三、切实加强民政领域脱贫攻坚工作组织保障

各地民政部门要将深度贫困地区脱贫攻坚工作列入重要议事日程，紧紧围绕深度贫困地区民政领域脱贫攻坚任务分工，明确责任，精心组织，统筹安排。要加强与相关部门的沟通协调和信息共享，多方争取支持帮助，共同研究解决深度贫困地区民政领域脱贫攻坚中的问题。

（一）明确责任分工。各地要针对深度贫困地区民政领域脱贫攻坚工作，研究提出符合实际、具有可行性的政策措施，必要时可采取超常规的政策措施。民政部重点支持“三区三州”，有关省份民政厅（局）重点支持辖区内的深度贫困县（市、区）。

（二）加大资金支持。各地在汇总分配中央财政、省级财政安排的民政领域补助资金时，要切实加大对深度贫困地区的支持力度，降低深度贫困地区资金配套要求。民政部将争取相关部门支持，在分配中央财政安排的民政领域补助资金时，对“三区三州”予以倾斜支持。

（三）加大项目扶持。各地在推动实施“十三五”民政相关规划、安排民政领域项目时，要优先考虑深度贫困地区的重点发展任务、重大工程项目、重要改革试点。要争取有关部门支持，优先考虑、优先安排深度贫困地区的养老服务设施、特困人员供养服务设施、城乡社区建设、殡葬设施等民政基础设施建设项目。

（四）加强人才培训。各地要扎实开展好面向深度贫困地区基层民政干部和民政技能人才的培训工作，不断提高基层民政人才业务素质。民政部组织开展的面向基层民政干部的各类培训重点向“三区三州”倾斜，优先培训来自“三区三州”的人员。

民政部

2018年4月7日

工业和信息化部印发《关于推进网络扶贫的实施方案（2018—2020年）》的通知

工信部通信〔2018〕83号

各省、自治区、直辖市工业和信息化主管部门、通信管理局，中国电信集团有限公司、中国移动通信集团有限公司、中国联合网络通信集团有限公司、中国铁塔股份有限公司、中国卫通集团有限公司：

现将《关于推进网络扶贫的实施方案（2018—2020年）》印发给你们，请结合实际，认真贯彻落实。

工业和信息化部

2018年5月3日

关于推进网络扶贫的实施方案（2018—2020年）

为全面贯彻落实《中共中央　国务院关于打赢脱贫攻坚战的决定》《“十三五”脱贫攻坚规划》《中共中央办公厅国务院办公厅关于支持深度贫困地区脱贫攻坚的实施意见》要求，进一步聚焦深度贫困地区，更好发挥宽带网络优势，助力打好精准脱贫攻坚战，制定本实施方案。

一、总体要求

（一）指导思想。以习近平新时代中国特色社会主义思想为指导，深入贯彻落实党的十九大关于坚决打好精准脱贫攻坚战的部署，坚持精准扶贫、精准脱贫基本方略，以“三区三州”等深度贫困地区和部系统定点帮扶县（以下简称定点县）、燕山—太行山片区县（以下简称片区县）为重点，以推进网络基础设施建设为突破口，以加快网络扶贫应用为方向，充分调动各方面积极性、主动性和创造性，不断缩小城乡“数字鸿沟”，为打好精准脱贫攻坚战提供坚实的网络支撑。

（二）工作目标。到2018年，国家“十三五”规划纲要明确提出的“宽带网络覆盖90%以上的贫困村”目标提前完成；到2020年，全国12.29万个建档立卡贫困村宽带网络覆盖比例超过98%。保障建档立卡贫困人口方便快捷接入高速、低成本的网络服务，保障各类网络应用基本网络需求，更多建档立卡贫困人口都有机会通过农村电商、远程教育、远程医疗等享受优质公共服务、实现家庭脱贫，高速宽带网络助力脱贫攻坚的能力显著增强。

二、推进贫困村通宽带进程

（三）精准建立贫困村通宽带台账。加强对全国建档立卡贫困村通宽带情况的调查摸底，全面了解建档立卡贫困村和部系统定点县、片区县贫困村通光纤、4G网络情况和纳入电信普遍服务支持情况。重点就未通宽带贫困村建立台账，并动态跟踪及时更新。

（四）推进光纤宽带网络延伸。加快电信普遍服务试点4.3万个建档立卡贫困村光纤网络建设步伐，确保任务按时按质完成。优先安排电信普遍服务结余资金用于贫困村网络建设。

（五）加快4G网络覆盖进程。深化电信普遍服务试点，支持农村及偏远地区4G网络覆盖。在试点地区遴选中向贫困地区重点倾斜，在项目实施中重点加强对贫困地区项目建设的指导督促，优先保障贫困村4G网络覆盖。鼓励基础电信企业加大投资，进一步将宽带网络向有条件的贫困自然村延伸。

三、加强贫困地区网络应用

（六）推出优惠网络资费。进一步加大网络提速降费力度，引导基础电信企业加大面向贫困地区和贫困人口的优惠力度，鼓励推出扶贫专属资费优惠，减轻贫困群体宽带网络使用负担。

（七）加快智能终端普及。积极引导智能终端生产企业履行社会责任，研发简单易用、低成本的4G手机等智能终端，满足贫困地区群众的使用需求。

（八）开发扶贫移动应用程序（App）。组织开发适合贫困地区特别是少数民族边远地区特点和需求的移动App，涵盖社交、电商、农技、医疗、教育等行业应用。拓宽和保障扶贫移动App推广渠道，协调主要应用商店及时上架、重点推荐和免费应用，利用网络闲置资源做好扶贫移动App宣传。协调基础电信企业为指定的扶贫移动App提供流量资费优惠。

（九）积极推广视频服务。鼓励基础电信企业在贫困地区开展视频服务，通过交互式网络电视（IPTV）等方式，满足贫困群众多样化、多层次文化信息需求，促进文化信息消费，提供各类扶贫资讯及应用。

（十）大力推进“互联网+教育”。加强贫困地区各类学校高速宽带网络建设，实现两类学校（乡村小规模学校和乡镇寄宿制学校）宽带网络全覆盖。配合教育部门加强远程教育应用推广，推动优质教育资源在贫困地区的共享应用。

（十一）实施“互联网+健康扶贫”。完善贫困地区基层卫生服务机构网络基础条件。联合国家卫生健康委员会开展“互联网+健康扶贫”应用，发挥医疗机构、研究院所等主体作用，积极动员社会力量，推动远程诊疗覆盖到村、在线医学教育普及到人、在线慢病管理精准到户，改善深度贫困地区基层医疗卫生服务能力，提高贫困人口健康水平。

（十二）加强精准扶贫平台开发应用。引导基础电信企业结合各自优势，搭建并推广扶贫信息管理平台，实现扶贫目标、扶贫措施、脱贫跟踪更加精准到位，实现用数据直观反映脱贫进程，用数据支撑脱贫摘帽实际成效，助力精准扶贫精准脱贫政策的落实。

四、优先支持深度贫困地区和部系统定点县、片区县

（十三）优先向“三区三州”倾斜。全面贯彻深度贫困地区脱贫攻坚座谈会精神。深入西藏、四省藏区、新疆南疆四地州和四川凉山州、云南怒江州、甘肃临夏州等“三区三州”开展网络扶贫大调研活动。在电信普遍服务中加快“三区三州”贫困村光纤网络建设步伐，优先支持“三区三州”贫困村4G网络建设，实现90%以上建档立卡贫困村通宽带。优先支持“三区三州”贫困村信息化建设，充分发挥高通量卫星比较优势，在教育、医疗等领域加大推广力度。引导基础电信企业、互联网企业深入“三区三州”等深度贫困地区开展网络通信帮扶。

（十四）重点支持部系统定点县和片区县。全面落实《中共中央办公厅国务院办公厅关于进一步加强中央单位定点扶贫工作的指导意见》和《国务院关于燕山—太行

山片区区域发展与扶贫攻坚规划（2011—2020 年）的批复》，优先将网络建设及应用等安排在部系统定点县和片区县，在 2020 年前实现部系统定点县和片区县贫困村宽带网络全覆盖，形成若干个网络扶贫应用样板县。鼓励社会力量广泛参与，引导支持中国互联网百强、电子信息百强、软件百强企业将自身优势和地方实际相结合，与部系统定点县和片区县的深度贫困村建立“一对一”帮扶机制，有关业绩贡献纳入百强企业评判指标体系。

五、保障措施

（十五）加强统筹协调。部机关各有关司局建立工作协调机制，建立工作台账，召开调度会，共同研究、统筹推进网络扶贫有关工作。

（十六）加强国际合作。充分利用联合国教科文组织、国际电信联盟（ITU）等平台优势，加强扶贫领域国际合作与交流。

（十七）强化动态监测。进一步完善电信普遍服务管理支撑平台，丰富平台功能，实现对全国所有贫困村通宽带情况的全面监测。定期发布全国贫困村宽带覆盖率分省排名。

（十八）加强总结考核。加强对网络扶贫实施方案落实情况的总结，将网络扶贫工作推进情况纳入扶贫干部年度述职。

（十九）营造良好氛围。加大网络扶贫宣传力度，组织新闻媒体广泛宣传网络扶贫各项惠民、富民政策措施，宣传先进典型，推广经验做法，形成常态化宣传工作机制。在国家扶贫日、世界电信日等重要时间节点，通过承办网络扶贫主题论坛、开展网络扶贫媒体行活动、协调三家运营商推送扶贫公益短信等形式，营造良好舆论氛围，擦亮“网络扶贫”名片。

交通运输脱贫攻坚三年行动计划
（2018—2020年）

为深入贯彻党的十九大关于打赢脱贫攻坚战的总体部署，进一步落实习近平总书记重要指示精神，根据《中共中央　国务院关于打赢脱贫攻坚战三年行动的指导意见》要求，结合《“十三五”交通扶贫规划》实施情况，制定《交通运输脱贫攻坚三年行动计划（2018—2020年）》。

一、总体要求

（一）指导思想。

以习近平新时代中国特色社会主义思想为指导，全面贯彻党的十九大和十九届二中、三中全会精神，坚持精准扶贫精准脱贫基本方略，坚持“中央统筹、省负总责、市县抓落实”的工作机制，坚持大扶贫工作格局，坚持脱贫攻坚目标和现行扶贫标准，聚焦深度贫困地区，突出问题导向，加快补齐贫困地区交通基础设施建设短板，扎实推进“四好农村路”建设，着力加强交通扶贫领域作风建设，为贫困地区如期完成脱贫任务、同全国一道进入全面小康社会提供坚实保障。

（二）攻坚目标。

到2020年，贫困地区基本建成“外通内联、通村畅乡、客车到村、安全便捷”的交通运输网络，具备条件的乡镇和建制村通硬化路、通客车，具备条件的县城通二级及以上公路，基本完成乡道及以上行政等级公路安全隐患治理，建立健全农村公路建设管理养护和运行体制机制。督导帮助定点扶贫县、对口支援县、六盘山片区如期完成脱贫任务。

（三）基本原则。

坚持严格执行现行扶贫标准。围绕贫困地区基本公共服务主要领域指标接近全国平均水平的总体要求，充分考虑贫困地区交通需求特点、资金能力和环境承载力，按照《“十三五”交通扶贫规划》确定的政策，既不随意降低标准，也不盲目拔高标准、提不切实际的目标，实事求是，扎实推进。

坚持以深度贫困地区为重点精准施策。把交通扶贫脱贫攻坚作为今后三年交通运输工作的重中之重，细化台账，分年推进。重点支持“三区三州”（指西藏、四省藏区、新疆南疆四地州和四川凉山州、云南怒江州、甘肃临夏州）等深度贫困地区，项目优先安排、资金优先保障、工作优先对接、措施优先落实。

坚持把提高脱贫质量放在首位。统筹交通扶贫脱贫攻坚与交通运输服务乡村振兴战略、推进“四好农村路”建设等工作，着眼长远，远近结合。合理确定建设时序，不搞层层加码，不盲目追求时间进度。强化事中事后监管，切实抓好交通扶贫领域腐败和作风问题专项治理工作，确保交通扶贫脱贫成果经得起历史和实践检验。

坚持行业扶贫与专项扶贫统筹推进。坚持专项扶贫、行业扶贫、社会扶贫“三位一体”大扶贫格局，在强化贫困地区交通运输发展的同时，立足行业优势，从项目、资金、人才、科技等方面因地制宜推进“交通+”特色帮扶。深化结对联系帮扶，动员全行业和社会各方力量，合力帮助定点扶贫县、对口支援县和六盘山片区加快脱贫攻坚进程。

坚持部省合力协同联动。充分发挥中央、地方及社会的积极性，压实地方在扶贫脱贫攻坚和“四好农村路”建设中的主体责任，各司其职、各负其责，全力保障中央和省、市政府的投入力度，尽锐出战，狠抓实效。

二、重点任务

（一）确保按时保质完成乡镇和建制村通硬化路建设任务。按期下达“十三五”规划内剩余的 143 个乡镇和 5810 个建制村通硬化路建设中央资金，倒排工期，加快建设进度，力争到 2019 年底基本实现具备条件的乡镇、建制村通硬化路。对于一些地区早期建成的乡镇、建制村硬化路“畅返不畅”“油返砂”路段，强化督导，各地用好财政涉农资金统筹整合使用等政策，抓紧进行全面整治。

（二）着力攻克深度贫困地区交通扶贫任务。加快推进“三区三州”深度贫困地区剩余 143 个乡镇和 2052 个建制村通硬化路建设。优先推进深度贫困地区对外运输通道建设，重点推进“三区三州”国家高速公路 G4216 成都至丽江段、G4217 成都至马尔康段、G4218 雅安至康定段、G7611 西昌至昭通段和普通国道 G219、G245、G348 等项目建设。加快重点项目前期工作，符合年度投资安排要求的优先安排建设计划。

（三）继续推进贫困地区外通内联干线公路建设。有序推进贫困地区国家高速公路建设。以通县国道为重点，继续加快普通国省道低等级路段和未贯通路段建设。到 2020 年贫困地区国家高速公路主线基本贯通，具备条件县城通二级及以上公路，促进区域内外互联互通。

（四）提升贫困地区农村公路安全水平。加快农村公路安全生命防护工程建设，到 2020 年基本完成乡道及以上行政等级公路的安全隐患治理。在此基础上，加强通客运线路村道上急弯陡坡、临水临崖等安全隐患重点路段的安全生命防护工程建设，累计处置里程约 7.6 万公里。推进农村公路危桥改造及桥梁新改建，因地制宜对窄路基路面农村公路合理进行加宽改造，建设里程约 8.4 万公里。

（五）推动通村组道路建设，交通建设项目尽量向进村入户倾斜。进一步优化通村硬化路路线走向，尽可能串连带道更多的自然村，直接惠及更多的群众。推进通村组硬化路建设，重点实施 1.2 万个撤并建制村等较大人口规模自然村通硬化路；继续支持云南“直过民族”和沿边地区 20 户以上自然村通硬化路，建设里程约 2 万公里；支持抵边自然村通硬化路建设。

（六）进一步提升贫困地区农村公路管理养护水平。深化农村公路管养体制改革，切实加强农村公路管理养护，加快建立农村公路管理养护长效机制。完善和落实省、市、县、乡镇、村五级责任，清晰界定工作职责，明确责任清单。结合事业单位和乡镇机构改革，完善县乡农村公路管理体制。切实落实农村公路建设“七公开”制度，强化贫困地区交通建设管理和质量控制，推动农村公路“满意工程”全面开展，大力推广建养一体化等建设养护模式。结合美丽乡村建设，大力开展路域环境整治，因地制宜创建美丽农村路。积极发挥农民群众在农村公路管理养护的主动性和积极性，完善爱路护路乡规民约、村规民约，构建政府主导、社会支持、群众参与的农村公路管理养护体制。

（七）推进“交通＋产业”扶贫。改造建设约 1.7 万公里资源路、旅游路、产业路，优先改善自然人文、少数民族特色村寨和风情小镇等旅游景点景区交通设施。推进“交通＋电商快递”扶贫工程，整合交通、邮政、供销、电商等资源，推进农村物流配送体系建设，畅通农产品销售、生产资料和生活消费品下乡的农村物流服务体系。推动邮政与快递、交通运输企业在农村扩展合作范围、合作领域和服务内容。

（八）提升贫困地区农村运输服务水

平。继续推进县城老旧客运站改造和乡镇运输服务站建设，鼓励建设具有农村客运、物流、邮政、供销等服务功能的乡镇运输服务站。聚焦2020年具备条件建制村通客车目标，创新农村客运和农村物流发展模式，推动完善农村物流配送体系，进一步扩大农村运输覆盖范围。

（九）改善贫困地区水运基础设施。继续加快嘉陵江、赣江、汉江、乌江等沿江贫困地区航道建设，大力改善贫困地区航道通航条件。稳步推进鸭绿江、图们江航道码头工程建设。推进贫困地区库湖区航道建设。

（十）扎实开展定点扶贫、对口支援和联系六盘山片区工作。把定点扶贫、对口支援、联系六盘山片区工作纳入年度工作重点，发挥行业优势，深入推进部机关、部属单位结对联系帮扶，调动全行业全系统及社会各方面力量，创新帮扶举措，督促定点扶贫县、对口支援县、六盘山片区落实脱贫攻坚主体责任，加快打赢脱贫攻坚战。鼓励有条件的单位组织志愿服务团队参与帮扶工作。把定点扶贫县、对口支援县、六盘山片区作为转变作风、调查研究的基地，总结好经验好做法，进一步推动脱贫攻坚工作。

（十一）加大交通“扶志”“扶智”工作力度。将贫困地区交通扶贫与干部人才培养锻炼紧密结合，继续加大干部挂职、教育培训、科技推广等工作的推进力度，培养锻炼过硬的干部队伍。实施脱贫攻坚全面培训，落实分级分类培训任务。选派优秀中青年干部、后备干部到贫困地区挂职，加强挂职干部的关爱激励、教育管理和监督指导，落实保障支持措施，激励干部人在心在、履职尽责。激发贫困地区和贫困人口内生动力，动员鼓励贫困群众参与农村公路建设，吸纳贫困家庭劳动力参与护路等工作。

（十二）持续开展交通扶贫领域腐败和作风问题专项治理。把作风建设贯穿脱贫攻坚全过程，重点治理行业扶贫和专项扶贫工作中“四个意识”不强、责任落实不到位、工作措施不精准、项目和资金管理不规范、工作作风不扎实、考核监督不严等问题。将2018年作为交通扶贫脱贫攻坚作风建设年，确保取得阶段性成效，2019—2020年持续开展交通扶贫领域腐败和作风问题专项治理，贯穿脱贫攻坚全过程。

三、保障措施

（一）进一步加强组织领导。各级交通运输主管部门要把打赢脱贫攻坚战作为重大政治任务，充分认识工作的艰巨性和时效性，增强政治担当、责任担当和行动自觉，压实工作责任，加大问责问效力度。进一步强化“中央统筹、省负总责、市县抓落实”的工作机制，交通运输部做好政策统筹和效果监督；省级交通运输主管部门要结合本地区实际，实化细化本三年行动计划，按照部省确认的分年度目标任务（附后），紧扣时间节点，建立台账，切实做好资金保障，强化技术指导和监督考核，督促市县压茬推进。各单位每年向交通运输部报告本单位交通运输脱贫攻坚工作情况。

（二）进一步加强政策保障。交通运输部统筹优化“十三五”规划有关资金安排，确保中央资金对后三年交通扶贫建设项目的投入力度。新增项目、新增资金、新增举措重点向“三区三州”等深度贫困地区倾斜，其中“三州”车购税补助政策提高到与藏区持平。“四好农村路”示范县创建名额适当向贫困地区倾斜，打造可学、可鉴典型。各相关省级交通运输主管部门积极争取省级财政、一般债券加大对深度贫困地区农村公路建设的支持力度，督促市、县政府将农村公路建设、养护资金及管理机构运行经费和人员基本支出纳入一般公共财政预算。鼓励引导深度贫困地区市县政府积极整合财政涉农资金支持农村公路建设。强化资金项目常态化监管，地方各级交通运输主管部门全面加强交通扶贫项目资金绩效管理，落实资金使用单位绩效主体责任，明确绩效目标，加强执行监控，强化评价结果运用，提高资金使用效益。

（三）进一步加强督促检查。各级交通运输主管部门要加强基础数据管理，做好交通扶贫统计监测，严防“数字脱贫”、虚假脱贫。持续加强交通扶贫事中事后监管，继续组织开展“四好农村路”和交通扶贫督导考评。进一步加强工作督导，各相关省交通运输主管部门争取将交通扶贫、“四好农村路”主要指标纳入地方政府绩效考核体系，压实地方政府主体责任。因地制宜、实事求是，切实保证交通扶贫项目建设质量，确保“建成一条、达标一条”。省级交通运输主管部门应建立农村公路建设信用评价体系，由县级交通运输主管部门对农村公路建设项目有关单位进行评价，并实施相应守信联合激励和失信联合惩戒。强化建设资金使用监管，地方各级交通运输主管部门在实施过程中必须保障中央资金足额、规范使用，严防资金风险。对于工作不实、弄虚作假的严肃问责。

（四）进一步加强宣传引导。加强政策宣读解读，让贫困地区贫困群众了解交通扶贫政策、用好交通扶贫政策。加强交通扶贫优秀案例、先进人物、典型事迹的线索收集，加大宣传推广，树立身边榜样，充分发挥先进模范典型带动作用。加强舆情监测，完善涉贫事件处置反馈机制，及时回应社会关切，引导正确舆论导向，构建政府部门、社会力量和广大群众共同参与交通扶贫、支持脱贫攻坚的良好氛围。

交通运输部办公厅

2018 年 7 月 6 日

民政部　财政部　国务院扶贫办
关于在脱贫攻坚三年行动中切实做好社会救助兜底保障工作的实施意见

民发〔2018〕90 号

各省、自治区、直辖市民政厅（局）、财政厅（局）、扶贫办（农委、农办），新疆生产建设兵团民政局、财政局、扶贫办：

为深入贯彻《中共中央　国务院关于打赢脱贫攻坚战三年行动的指导意见》，在脱贫攻坚三年行动中切实做好社会救助兜底保障工作，提出如下实施意见。

一、总体要求

以习近平新时代中国特色社会主义思想为指导，全面贯彻落实党的十九大和十九届二中、三中全会精神，按照关于打赢脱贫攻坚战三年行动的指导意见要求，坚持精准扶贫精准脱贫基本方略，坚持应保尽保、兜底救助、统筹衔接、正确引导，优化政策供给，完善农村低保、特困人员救助供养、临时救助等保障性扶贫措施，充分发挥社会救助在打赢脱贫攻坚战中的兜底作用，保障完全丧失劳动能力和部分丧失劳动能力且无法依靠产业就业帮扶脱贫的未脱贫建档立卡贫困人口的基本生活。

二、任务措施

（一）进一步加强农村低保制度和扶贫开发政策有效衔接。综合考虑维持困难群众基本生活、当地物价水平、财政保障能力、城乡统筹发展需要等因素，科学制定农村低保标准。凡家庭人均收入低于当地农村低保标准且财产状况符合当地规定的未脱贫建档立卡贫困户，都要按规定程序纳入农村低保。进一步完善农村低保家庭经济状况核查机制，细化核算范围和计算方法，对于家庭成员因残疾、患重病等增加的刚性支出、必要的就业成本等，在核算家庭收入时可按规定适当扣减。加强动态管理，对纳入农村低保的建档立卡贫困户要开展定期复核，不再符合条件的按程序退出，重新符合条件的及时纳入。脱贫攻坚期内，纳入农村低保的建档立卡贫困户人均收入超过当地低保标准后，可给予一定时间的渐退期，实现稳定脱贫后再退出低保范围。具体渐退办法、渐退期限由各地根据实际情况制定。

（二）进一步完善农村低保制度，健全低保对象认定方法。对未脱贫建档立卡贫困户中靠家庭供养且无法单独立户的重度残疾人、重病患者等完全丧失劳动能力和部分丧失劳动能力的贫困人口（不含整户纳入低保范围的贫困人口），经个人申请，可参照单人户纳入农村低保范围。本意见所称重度残疾人是指未脱贫建档立卡贫困户中持有中华人民共和国残疾人证的一级、二级重度残疾人和三级智力残疾人、三级精神残疾人；重病患者是指未脱贫建档立卡贫困户中获得重特大疾病医疗救助的人员。具体认定办法由各地结合实际研究制定。

（三）全面落实特困人员救助供养制

度。对农村建档立卡人员中无劳动能力、无生活来源、无法定赡养抚养扶养义务人，或者其法定义务人无履行义务能力的老年人、残疾人以及未满16周岁的未成年人，要及时纳入特困人员救助供养范围，做到应救尽救、应养尽养。合理确定特困人员救助供养标准，确保特困人员能够获得符合要求的救助供养服务。做好资金保障工作，切实加强贫困地区农村特困供养服务机构（农村敬老院）建设和设施改造，逐步提高生活不能自理特困人员集中供养率。将政府设立的农村特困人员供养服务机构（农村敬老院）运转经费列入财政预算，根据服务对象人数和照料护理需求，按照一定比例配备工作人员。鼓励有条件的农村特困供养服务机构（农村敬老院），在满足特困人员集中供养需求的前提下，逐步为农村低保、低收入家庭和建档立卡贫困家庭中的老年人、残疾人，提供低偿或无偿的集中托养服务。

（四）进一步加大临时救助力度。对遭遇突发事件、意外伤害、重大疾病或其他特殊原因导致基本生活陷入困境，其他社会救助制度暂时无法覆盖或救助之后基本生活暂时仍有严重困难的农村建档立卡贫困家庭，要及时给予临时救助。进一步细化明确临时救助对象范围和类别，优化简化审核审批程序，科学制定救助标准，积极开展“先行救助”，有效解决建档立卡贫困人口的突发性、紧迫性、临时性基本生活困难。对于重大生活困难，可采取“一事一议”方式，根据具体情形分类分档设定救助标准，适当提高救助额度。

（五）切实加强相关扶贫政策衔接。有效推进基本生活救助与教育扶贫、健康扶贫、农村危房改造等政策的衔接协同，综合解决未脱贫建档立卡贫困人口的“两不愁、三保障”问题。完善困难残疾人生活补贴和重度残疾人护理补贴制度，有条件的地方可逐步扩大政策覆盖面。支持社会组织参与脱贫攻坚，扩大社会捐赠，用好慈善资源，发挥好慈善帮扶在脱贫攻坚中的积极作用，支持引导专业社会工作和志愿服务力量积极参与精准扶贫。注意激发社会救助对象脱贫增收的内生动力，防止“一兜了之”。

三、组织保障

（一）明确职责分工。各地民政、财政、扶贫部门要各负其责，加强沟通协调，定期会商交流，研究解决脱贫攻坚三年行动中社会救助兜底保障工作出现的新情况、新问题。民政部门负责按规定把符合条件的未脱贫建档立卡贫困人口纳入农村低保、特困人员救助供养或临时救助范围。扶贫部门负责配合民政部门做好对象认定工作。财政部门负责做好社会救助资金筹集、管理工作。

（二）周密安排部署。各省（自治区、直辖市）民政部门要按照中央统筹、省负总责、市县抓落实的脱贫攻坚工作机制，会同财政、扶贫等相关部门抓紧制定本地区实施方案，指导各地做好脱贫攻坚三年行动中的社会救助兜底保障工作。各地民政、扶贫部门要加强工作配合，开展农村低保、特困人员救助供养和建档立卡贫困人口信息比对，省级层面每年至少比对一次，市县层面经常性开展比对。县级民政部门要在全国农村低保专项治理全面排查的基础上，会同扶贫等部门指导乡镇人民政府（街道办事处）进一步掌握脱贫攻坚中社会救助需求情况，提高社会救助兜底保障工作的针对性、实效性。

（三）加强督促指导。各地要加强工作指导，及时总结交流推广脱贫攻坚三年行动中社会救助兜底保障工作的成功经验、做法，及时发现并研究解决工作中出现的困难和问题。完善监督机制，对于工作推进不力、政策落实不到位的地方，采取通报批评、专案督办、工作约谈等方式督促整改。加强腐败和作风问题治理，把作风建设贯穿脱贫攻坚三年行动中社会救助兜底保障工作全过程，确保责任落实、工作到位、措施精准、作风扎实、管理规范。

各地脱贫攻坚三年行动中的社会救助兜底保障工作进展情况及工作中出现的重大问题，请及时报告民政部、财政部、国务院扶贫办。

民政部　财政部

国务院扶贫办

2018年7月16日

中华全国工商业联合会 国务院扶贫开发领导小组办公室 中国光彩事业促进会　中国农业发展银行 关于印发《推进“万企帮万村”精准扶贫行动向深度贫困地区倾斜的落实方案（2018—2020年）》的通知

各省、自治区、直辖市和新疆生产建设兵团工商联、扶贫办（经协办、对口办）、光彩会，中国农业发展银行各省、自治区、直辖市分行：

为深入贯彻落实党的十九大和习近平总书记关于脱贫攻坚系列重要讲话精神，根据《中共中央、国务院印发〈关于打赢精准脱贫攻坚战三年行动的指导意见〉的通知》和《中共中央办公厅、国务院办公厅印发〈关于支持深度贫困地区脱贫攻坚的实施意见〉的通知》要求，全国工商联、国务院扶贫办、中国光彩会、中国农业发展银行共同研究制定了《推进“万企帮万村”精准扶贫行动向深度贫困地区倾斜的落实方案（2018—2020年）》。

现将方案印发你们，请结合当地实际认真贯彻实施。

中华全国工商业联合会
国务院扶贫开发领导小组办公室
中国光彩事业促进会
中国农业发展银行
2018年7月23日

推进“万企帮万村”精准扶贫行动向深度贫困地区倾斜的落实方案（2018—2020年）

一、提高政治站位，统一思想认识

打赢打好脱贫攻坚战是党的十九大提出的三大攻坚战之一，是全面建成小康社会的底线目标。打赢打好脱贫攻坚战的关键是打好深度贫困地区的脱贫攻坚战。深度贫困地区自然条件差，经济基础弱，群众难脱贫、易返贫，是脱贫攻坚难啃的“硬骨头”。确保深度贫困地区和群众与全国人民一道进入全面小康社会，需要全党全国全社会共同努力。

“万企帮万村”精准扶贫行动是脱贫攻坚十大行动之一，是社会扶贫战线的知名品牌，是构建政府、市场、社会协同推进大扶贫格局的重要支撑，是新时代民营企业家听党话跟党走的实际行动，对于激发和弘扬企业家精神、促进社会和谐、营造非公有制经济发展良好舆论环境意义重大。

落实“万企帮万村”精准扶贫行动向深度贫困地区倾斜，是各级工商联、扶贫办、光彩会、农发行学习贯彻习近平新时代中国特色社会主义思想、牢固树立“四个意识”的具体行动，是促进非公有制经济健康发展和非公有制经济人士健康成长的工作抓手。要进一步统一思想认识、进一步凝心聚力攻坚、进一步加大工作力度，为打好深度贫困地区脱贫攻坚战贡献力量。

二、明确目标重点，细化任务分工

到2020年底以前，要组织引导民营企业，将帮扶重点聚焦深度贫困地区、深度贫困村和深度贫困人口。对已经参与“万企帮万村”精准扶贫行动并与贫困村建立帮扶关系的民营企业，要引导他们将帮扶力量瞄准建档立卡贫困户；对新参与“万企帮万村”精准扶贫行动的民营企业，要引导他们与各省确定的深度贫困村建立结对帮扶关系，聚焦深度贫困人口发力攻坚。

全国“万企帮万村”精准扶贫行动领导小组主要聚焦西藏、新疆南疆四地州、四省藏区和甘肃省临夏州、四川省凉山州、云南省怒江州，通过组织“光彩行”活动等形式，组织企业开展帮扶。有东西部扶贫协作和对口支援帮扶任务的省市“万企帮万村”精准扶贫行动领导小组，要积极参与到当地党委政府的对口帮扶工作中，组织民营企业到受帮扶地区开展精准帮扶。中西部省区市“万企帮万村”精准扶贫行动领导小组，要组织引导本地民营企业聚焦省内确定的深度贫困村结对帮扶。

按照中央统筹、省负总责、市县抓落实的工作机制，省级“万企帮万村”精准扶贫行动领导小组要对省内地市、县市认真梳理，对没有脱贫攻坚任务的市和县，根据当地非公有制经济发展实际，鼓励各级工商联到对口帮扶地区或在省内选择一个深度贫困村开展结对。参与“携手奔小康”行动的东部县市，其县级工商联要到携手帮扶县选择至少一个深度贫困村结对。各级工商联与贫困村结对后，要组织所属会员企业和直属商会开展精准帮扶并录入“万企帮万村”精准扶贫行动台账。

三、总结帮扶模式，务求脱贫实效

充分总结各地在“万企帮万村”精准扶贫行动推进实施中的好经验好模式，结合深度贫困地区脱贫攻坚规划，组织引导民营企业着力提高帮扶精准度，切实构建起脱贫长效机制，提升脱贫质量。

1. 在产业扶贫方面：种植养殖业企业要通过提高农业科技化集约化和农民组织化程度，提升生产效率，增加贫困户收入；农业产业化龙头企业要通过保护价收购等方式保障贫困户受益并适当向贫困户让利；劳动密集型企业要通过“扶贫车间”等方式，将部分生产环节转移到贫困村，增加贫困群众的劳务收入；旅游服务业企业要大力开发深度贫困地区特色旅游资源，带动贫困群众脱贫致富。

2. 在就业扶贫方面：各类企业要有针对性招收贫困户劳动力就业，加强岗前、岗中培训，提高社会保障水平和就业质量，增强贫困劳动力的可持续就业能力。

3. 在消费扶贫方面：零售、电商、物流、会展等领域的企业，要加大对扶贫产品的营销推广力度，畅通扶贫产品上行渠道；各类企业和商会在集体食堂、员工福利、客户礼品、培训旅游等消费活动中，都要努力创造条件购买扶贫产品和服务。

4. 在公益扶贫方面：各类企业和商会在拟定年度公益计划和策划公益项目时，要努力将受益对象瞄准深度贫困地区，助推贫困群众实现“两不愁三保障”。

各类企业和企业家要以参与脱贫攻坚为荣，因企制宜创新探索参与形式。大型企业可以通过设立贫困地区产业投资基金或精准扶贫公益基金参与产业扶贫和公益扶贫；大中型企业可以通过“大手拉小手”的形式帮助西部带贫效果好的中小微企业，增强其帮扶力量；中小型企业可以组织员工购买扶贫产品和服务，开展志愿服务，关爱贫困老人、留守贫困儿童、贫困残疾人等；县域小微企业要发挥贴近“三农”的优势，努力提高带贫能力；企业家和企业高管可以为贫困群众提供信息、谋划项目、义务培训等，促进扶智扶志。各类商会尤其是异地商会要发挥特殊优势，组织会员企业参与深度贫困地区脱贫攻坚。

四、坚持原则定位，做好引导服务

各级行动领导小组在推进“万企帮万村”精准扶贫行动向深度贫困地区倾斜工作中，要始终坚持“义利兼顾、以义为先”的光彩理念，民营企业是自觉自愿参与，对贫困村是帮不是替、是帮不是包。各级行动领导小组既要努力组织引导，扩大民营企业的参与面、贡献度，同时也要防止出现向企业摊派扶贫任务、“企业一上手政府就撒手”现象。

要始终坚持以开发式扶贫为重点，以村企互惠双赢为目标，充分发挥民营企业特色优势，稳妥推进、量力而行、防范风险，防止出现产业扶贫项目“一窝蜂”“拉郎配”现象。中国农业发展银行要充分发挥农业政策性银行示范引领作用，以支持优质示范企业为重点，继续加大支持力度，切实为企业提供融资融智等金融服务。各级工商联、光彩会要加强对民营企业家的教育引导，要真扶贫扶真贫，尽力而为帮助贫困群众，绝不坑农害农，绝不打着扶贫的幌子欺骗政府和社会。各级扶贫办要加强监督服务，努力提高帮扶的精准度。

要始终坚持“两个关注”，既要关注企业的发展和贡献，也要关注企业的困难和问题。对企业实施的帮扶项目要跟踪服务，做好协调沟通和群众组织工作，推动落实配套设施建设和支持优惠政策，做到符合条件的企业“应享尽享”，增强企业的获得感。要大力宣传和表彰企业参与精准扶贫脱贫的先进经验、先进人物和典型案例，传递正能量。

五、改进工作作风，夯实工作基础

各级行动领导小组要把作风建设贯穿到推进“万企帮万村”精准扶贫行动实施全过程，着力解决思想认识不到位、责任落实不到位、组织发动不到位、联系引导不到位、服务支持不到位问题，力戒形式主义、官僚主义和“应付事”“走过场”现象，防范在争取支持、表彰评选、宣传对象选择上“优亲厚友”等腐败风险。

要改进调查研究。各级行动领导小组成员单位要分工协作，深入民营企业的帮扶项目一线，实地了解情况，指导推进工作，协调解决困难，对共性问题要通过报送调研报告、建言献策等形式向党委政府和上级领导小组反映，推动出台完善相关政策，促进企业作用发挥。

要加强台账管理，坚决防止数字脱贫、弄虚作假。对民营企业所帮扶的村“走到、补全、纠错、评估”，真实、全面、准确收集“万企帮万村”精准扶贫行动在深度贫困地区脱贫攻坚中所做的工作，既不能浮夸成绩，也不能埋没贡献。各级工商联负责联系指导民营企业录入，各级扶贫办负责核实、确认，共同建立中国民营企业扶贫的权威档案。

要做好“万企帮万村”精准扶贫行动与组织民营企业助力乡村振兴的有效衔接。2020 年底前，民营企业履行社会责任的主要形式是聚焦深度贫困村，推进“万企帮万村”精准扶贫行动。要聚焦打赢打好脱贫攻坚战，积极配合国家脱贫攻坚战略部署，围绕中心、服务大局。要坚持“两不愁、三保障”的扶贫标准，不能擅自拔高标准，也不能降低标准，既不急躁、也不拖延，保证脱贫质量，为实施乡村振兴战略打下坚实的基础。

水利部关于印发水利扶贫行动三年（2018—2020年）实施方案的通知

各有关省、自治区、直辖市水利（水务）厅（局），新疆生产建设兵团水利局，部机关各司局，部直属各单位：

根据党的十九大关于打赢脱贫攻坚战的总体部署和《中共中央　国务院关于打赢脱贫攻坚战三年行动的指导意见》要求，我部制定了《水利扶贫行动三年（2018—2020年）实施方案》，现印发你们，请认真抓好贯彻落实。

《水利扶贫行动三年（2018—2020年）实施方案》是今后三年打好水利扶贫攻坚战的指导性文件。各有关地方和部机关各司局、部直属各单位要高度重视，把水利扶贫工作摆上重要议事日程，切实提高思想认识和政治站位，加强组织领导，强化责任担当，细化工作举措，推动各项任务落实，确保到2020年实现既定目标。

各有关省、自治区、直辖市水利（水务）厅（局）要尽快实化细化三年行动实施方案或计划并报水利部。

水利部

2018年8月10日

水利扶贫行动三年（2018—2020年）实施方案

按照《中共中央　国务院关于打赢脱贫攻坚战三年行动的指导意见》要求，结合水利工作实际，制定水利扶贫行动三年（2018—2020年）实施方案如下。

一、总体要求

（一）指导思想

全面贯彻党的十九大和十九届二中、三中全会精神，以习近平新时代中国特色社会主义思想为指导，深入落实“节水优先、空间均衡、系统治理、两手发力”的治水方针，坚持精准扶贫精准脱贫基本方略，突出问题导向，聚焦深度贫困，强化主体责任，优化政策供给，着力推进贫困地区水利基础设施建设，着力提升贫困地区水利管理能力，着力加强水利扶贫工作作风建设，扎实推进行业扶贫、定点扶贫、片区联系、对口支援和革命老区“五位一体”水利扶贫各项工作，为打赢脱贫攻坚战、全面建成小康社会提供坚实的水利支撑和保障。

（二）行动目标

到2020年，贫困地区水利基础设施公共服务能力接近全国平均水平，因水致贫的突出水利问题得到有效解决，支撑贫困地区长远发展的水利保障能力得到较大提升，水利良性发展机制初步建立，基本建成与全面小康社会相适应的水安全保障体系。具体目标是：

——全面解决贫困人口饮水安全问题。到2020年，按照农村饮水安全评价标准，统筹贫困村和非贫困村饮水安全巩固提升，全面解决贫困人口饮水安全问题，强化工程建设管理和运行管护，进一步提升农村供水保障程度。

——不断改善贫困地区水利基础条件。

恢复和改善灌溉面积2000万亩，贫困地区农田水利灌排设施进一步配套完善。贫困地区水土流失趋势得到进一步遏制，水资源配置水平、江河防洪能力进一步提高。

——支持更多贫困人口实现增收脱贫。农村水电扶贫工程精准帮助6万户贫困家庭增收；完成65万贫困水库移民脱贫；推动水利工程建设与管护岗位吸纳10万以上建档立卡贫困家庭劳动力就业增收。

——大力提升贫困地区水利管理能力。贫困地区基层水利服务体系进一步健全，水量水质、水土保持、山洪灾害等监测、预警体系进一步完善，水利信息化水平进一步提高，水利人才技术和管理能力进一步提升。

（三）工作要求

坚持严格执行标准。农村饮水安全标准要与当地经济社会发展水平相适应，既不能随意降低标准，也不能盲目拔高标准。其他水利基础设施项目规模标准也要与脱贫攻坚要求相衔接、相配套。

坚持精准扶贫要求。贫困地区水利工作要聚焦解决贫困县、贫困村、贫困人口在脱贫中存在的水问题，落实水利扶贫精准机制，确保项目安排精准、资金落实精准、效益发挥精准，做到真扶贫、扶真贫。

坚持提高工作质量。更加注重水利工程建设对脱贫攻坚和区域发展支撑保障作用的发挥，注重工作实效，不搞形象工程；注重提高效率，合理确定工程建设周期，不赶时间进度，不搞拖延耽误。

坚持协同共向发力。坚持政府主导，引导社会和市场协同发力。坚持中央和地方协同作战，中央和省级加大对贫困地区倾斜支持。压实县级主体责任，强化与相关部门沟通协调，做好资金项目充分对接、统筹安排，形成攻坚合力，避免“单打一”。

二、重点任务

（一）全力推进农村饮水安全巩固提升

加快实施贫困地区农村饮水安全巩固提升工程，因地制宜加强供水工程建设与改造，进一步提高农村集中供水率、自来水普及率、供水保证率和水质达标率，到2020年全面解决贫困人口饮水安全问题。坚持农村饮水安全保障地方行政首长负责制，健全地方政府统一领导下的部门分工协作机制。工程建设经费由地方各级政府落实为主、中央给予适当补助。强化农村饮水安全巩固提升工作考核，确保按期完成任务。认真执行农村饮水安全脱贫攻坚退出标准，各地可依据《农村饮水安全评价准则》（T/CHES18—2018）执行，也可结合本省实际合理确定脱贫攻坚农村饮水安全评价标准。加强饮用水源保护，配套完善水质净化消毒设施设备，定期开展水质检测监测，提高水质保障水平。按照先建机制后建工程的要求，明晰工程产权，落实工程管理主体，建立合理的水价定价和收费机制，落实工程管护人员和经费，促进工程可持续运行。

（二）持续加强贫困地区灌溉排水设施建设

恢复和改善灌溉面积2000万亩，贫困地区农田水利灌排设施进一步配套完善。完成贫困地区规划内大中型灌区续建配套节水改造和大型灌排泵站更新改造规划建设任务。加强工程建设质量与进度控制管理，确保按期完成任务、发挥效益。在水土资源条件具备的贫困地区新建灌区，有效提高农田灌溉排水保证率。在贫困地区因地制宜开展小型农田水利设施达标提质。

（三）大力推进贫困地区重大水利工程建设

加快引江济淮、云南滇中引水、内蒙古引绰济辽、陕西引汉济渭、贵州夹岩及黔西北调水、甘肃引洮供水二期等涉及贫困地区的在建重大水利工程建设，争取早日建成发挥效益。按照“确有需要、生态安全、可以持续”的原则，扎实做好重大工程前期论证，争取开工建设四川向家坝灌区一期、广西百色水库灌区等一批重大水利工程。

（四）不断加强贫困地区防洪减灾能力建设

切实加强贫困地区防洪工程建设和运行管理。基本完成岷江、雅砻江、清水河、喀什噶尔河、无定河等流域面积3000平方公里以上中小河流以及贫困地区流域面积200～3000平方公里中小河流治理规划任务。推进贫困地区大中型病险水库除险加固，加快实施小型病险水库除险加固。科学有序推进贫困地区中型水库建设，因地制宜开展贫困地区小型水库建设。加快实施纳入规划的贫困县重点山洪沟治理任务。加快推进纳入规划的贫困地区水文监测和预警预报体系建设。加强贫困地区水旱灾害应急处置技术指导。

（五）继续加大贫困地区水土流失综合治理

国家水土保持重点项目和资金安排向水土流失严重的贫困地区倾斜。继续支持西北黄土高原区、西南岩溶区、南方红壤区、东北黑土区等重点区域水土流失综合治理。加大贫困地区坡耕地改造支持力度。继续推进贫困地区水生态建设工程和水利风景区建设。

（六）深入实施农村水电扶贫工程

今后三年新增农村水电扶贫工程装机38万千瓦，精准帮助6万户贫困家庭增收。认真落实农村水电扶贫工程中央投资收益率不低于6%、低于6%的由项目法人补足并保持相对稳定的政策，加强中央和省级财政投资形成的资产和收益管理，确保收益专项用于建档立卡贫困户和贫困村基础设施等公益事业建设。加强农村水电扶贫工程项目规划、前期工作、建设和运行全过程管理，确保生态友好和工程安全，推动绿色发展。继续抓好贫困地区农村水电增效扩容改造工程建设。

（七）扎实开展水库移民脱贫攻坚工作

结合实施乡村振兴战略，进一步推进水库移民后期扶持工作，确保到2020年现行标准下65万贫困水库移民全部脱贫。加大对水库移民脱贫攻坚的资金支持力度，分配水库移民后期扶持资金时将贫困移民人口作为重要因素。加大水库移民增收工作指导，支持库区发展特色产业，规范水库移民后期扶持资金形成资产的所有权、收益权。加大水库移民就业培训力度，改进和创新培训方式，促进水库移民更好就业创业。开展水库移民美丽家园建设行动，进一步加强移民村基础设施和公共服务，持续改善移民居住环境。

（八）认真抓好水利劳务扶贫工作

坚持水利部门主导、市场引导和群众自愿参与的原则，采取多种形式，促进有劳动能力的贫困人口参与水利工程建设。鼓励水利工程项目中标企业或劳务分包企业就地就近吸纳安排贫困家庭劳动力。贫困地区农村小型水利、水土保持等工程，可选择水利水保专业队、劳务公司、劳务工程队等承担工程建设任务，吸纳一定比例的贫困家庭劳动力。依法不需要招标的小型水利工程，鼓励引导实施主体就地吸纳贫困家庭劳动力参与建设。社会资本在贫困地区投资的水利工程，鼓励项目法人及承建企业优先吸纳贫困家庭劳动力就业。贫困地区的村级水管员、河道保洁员、河堤巡护员、河湖管理员等水利工程公益管护岗位，可通过政府购买服务等方式，优先聘用有相应能力的当地贫困家庭劳动力就业。今后三年推动水利工程建设与管护岗位吸纳10万以上建档立卡贫困家庭劳动力就业增收。

（九）进一步提升贫困地区水利管理能力

巩固完善贫困地区河长制湖长制。大力推广中小型水利工程集中建设管理，优化整合基层建设管理力量，因地制宜推行项目法人招标、代建制、设计施工总承包等模式。全面推进贫困地区小型水利工程管理体制改革，明晰所有权、使用权和收益权。管好用好中央财政对县级以下国有公益性水利工程维修养护补助资金。建立完善贫困县基层水利服务机构、农民用水合作组织及准公益性专业化服务队伍。

（十）聚焦深度贫困地区水利扶贫工作

指导督促相关省级水行政主管部门重点支持西藏、四省藏区、南疆四地州和四川凉山州、云南怒江州、甘肃临夏州（以下简称“三区三州”）等深度贫困地区水利扶贫工作。加大深度贫困地区农村饮水安全巩固提升年度投资安排强度，做好贫困村提升工程农村饮水安全保障工作，进一步改善抵边一线乡村饮水条件。因地制宜开展深度贫困地区小型水库建设。积极做好深度贫困地区的重大水利工程前期工作，进一步推进在建重大水利工程建设。

（十一）扎实做好定点扶贫工作

督促定点扶贫县党委政府落实脱贫攻坚主体责任，确保湖北郧阳区、重庆城口县、巫溪县如期实现脱贫摘帽，进一步巩固重庆万州区、丰都县、武隆区脱贫成果。研究制定水利部定点扶贫三年工作方案，强化组团式帮扶责任和措施落实，完善帮扶机制。加强水利行业支持，打牢脱贫攻坚的水利基础。

（十二）认真履行片区联系职责

认真履行滇桂黔石漠化片区区域发展与扶贫攻坚联系牵头单位职责，进一步发挥片区部际联席会议制度作用，加强沟通联系、调查研究和监督指导，支持片区开展形式多样的交流与合作，协调推进片区内各项政策措施和重大项目落实。加大滇桂黔石漠化片区水利扶贫支持力度，推进安顺市石漠化片区水利精准扶贫示范区建设。

（十三）切实加大对口支援地区和革命老区支持

加强协调对接，督促指导青海贵德、江西宁都等对口支援地区水利扶贫相关规划或方案完善和实施。加大督促指导，推动革命老区重大水利工程和民生水利项目建设。深化援藏援疆援青工作机制，实施好“十三五”援疆、援藏水利规划，加大项目、资金、人才、技术倾斜支持力度。

（十四）加强水利干部人才培养和智力帮扶

组织开展水利扶贫干部援派交流，做好定点扶贫、滇桂黔石漠化片区、援疆援藏援青、驻村第一书记等扶贫挂职干部选派，支持贫困地区选派干部到水利部机关和直属单位学习交流。加强扶贫干部跟踪管理，完善落实各项保障政策。指导贫困地区加强水利人才队伍建设，实施博士服务团、西部之光、特培计划、水利“三支一扶”等人才帮扶，推广水利人才“订单式”培养，开展“菜单式”精准培训，拓宽贫困地区水利人才培养渠道。加强扶贫干部教育培训，2019 年底前对水利扶贫相关干部轮训一遍。

（十五）实施贫困地区水利科技扶贫行动

加大水利科技研究、推广应用投入力度。组织科研院所等单位对贫困地区重大水利科技问题开展研究，实施好西藏、新疆、青海、四川藏彝区等重点地区水利技术示范项目。加大贫困地区水利先进适用技术推广应用工作，支持新疆、青海等地举办先进适用技术宣传推介。组织部属科研单位实施“组团式”技术援助工作。

三、保障措施

（一）进一步压实水利扶贫责任

按照“中央统筹、省负总责、市县抓落实”的脱贫攻坚工作机制，层层落实水利扶贫主体责任、实施责任、监督责任。水利部党组不定期召开会议，贯彻中央关于脱贫攻坚的决策部署，研究水利扶贫重大问题。部扶贫领导小组及时召开会议，加强水利扶贫工作统筹，研究推进水利扶贫各项措施落实。部扶贫领导小组成员单位和部机关有关司局、有关直属单位结合职能和工作安排，抓好水利扶贫相关政策、规划、资金、监督等工作落实。部扶贫办要加强组织协调、督促检查等工作，促进各项工作有力有序推进。

省级水行政主管部门对本省水利扶贫工作负总责，主要负责同志要定期召开专题会议研究水利扶贫工作，重点把水利扶贫政策举措转化为实施方案，加强指导和督导，促进工作落实。每年11月20日前，向水利部报告本省份水利扶贫工作情况及下年度工作安排。贫困地区各级水行政主管部门要结合当地实际，实化细化2018—2020年三年水利扶贫任务，抓好方案编制、资金安排、项目实施、验收移交、工程运行管理等工作。各级水行政主管部门扶贫工作力量只能加强，不能削弱，脱贫攻坚期内扶贫机构和人员保持相对稳定，不能胜任的要及时调整。

（二）加大水利扶贫资金投入

发挥政府和市场协同发力作用，健全贫困地区水利投资保障机制。省级水行政主管部门要优先落实贫困县水利投资计划，确保投资强度与脱贫攻坚要求相适应。支持贫困地区在政府债务风险可控的前提下，利用好金融贷款和社会资本参与水利项目建设合作机制。各地要充分利用贫困县财政涉农资金统筹整合机制，做好水利扶贫项目库建设和绩效管理，加快前期工作，将助力脱贫攻坚的水利项目纳入贫困县脱贫攻坚项目库、年度预算绩效目标统筹安排建设。

（三）强化水利扶贫精准机制落实

强化需求调查机制，指导地方进一步做好脱贫攻坚水利需求调查，将年度水利项目安排与脱贫攻坚时间进度、任务要求对接。强化项目储备机制，指导地方加强水利扶贫项目库建设，完善三年滚动管理动态调整机制，积极推进项目库项目前期工作，实行水利扶贫项目台账管理。强化投资倾斜机制，督促地方根据贫困地区水利需求、项目储备、年度项目实施等情况，倾斜安排年度投资，实行差别化政策。强化统计分析机制，完善水利扶贫统计报表制度，加强省、市、县三级水利扶贫统计审核工作，提高统计数据质量。贫困地区各级水利部门要明确水利扶贫统计机构和人员，并保持相对稳定，加强统计人员培训。

（四）切实提高督促指导工作效果

建立水利扶贫督促指导工作机制，统筹做好贫困地区水利扶贫工作的组织实施、监督管理、跟踪检查。加强调研指导，改进调研方式方法，注重到村入户、明察暗访、“一对一”访谈、“解剖麻雀”式、随机抽样等方式多渠道、多角度了解真实情况，提高调研指导工作质量。要采取督查督办、进展通报、表扬激励等方式，推动工作落实。

（五）扎实开展扶贫领域腐败和作风问题专项治理

把水利扶贫作风建设贯穿脱贫攻坚全过程，集中力量解决“四个意识”不强、责任落实不到位、工作措施不精准、资金管理使用不规范、工作作风不扎实等突出问题。精简会议文件，注重工作实效，减少填表报数，减轻基层负担，让基层把精力放在具体工作落实上。组织开展水利扶贫领域作风建设专项检查，督促指导地方转变工作作风，改进工作方式方法，坚决制止水利扶贫工作中搞形式主义、官僚主义。严肃查处贪污挪用、截留私分等行为。加强贫困地区基层水利部门警示教育，筑牢拒腐防变思想防线。强化贫困地区水利建设资金和项目监管责任落实，督促水利行业风险防控措施落地。

（六）努力营造水利扶贫良好舆论氛围

加大水利扶贫宣传报道力度，组织中央媒体和水利行业媒体、传统媒体和新媒体，大力宣传习近平扶贫重要论述和中央关于脱贫攻坚重大决策部署，重点宣传水利扶贫政策举措、工作部署、进展成效、典型经验。加强水利扶贫舆情监测研判，组织做好涉贫负面舆情应急处置和舆论引导工作。积极开展“10·17”扶贫日系列宣传活动，在水利行业和水利系统营造浓厚氛围，凝聚支持水利扶贫、参与水利扶贫的力量。办好水利扶贫简报和信息专报，加强内部情况沟通交流。

（七）统筹衔接脱贫攻坚与乡村振兴水利工作

脱贫攻坚期内，贫困地区的水利工作主要任务是围绕脱贫攻坚做好水利保障工作。乡村振兴相关支持政策要优先向贫困地区倾斜，加快补齐贫困地区水利短板，以乡村振兴巩固脱贫成果。加强水利扶贫理论和政策研究，按照 2020 年后国家减贫战略要求，提出水利改革发展任务。

国家医保局、财政部、国务院扶贫办关于印发《医疗保障扶贫三年行动实施方案（2018—2020年）》的通知

医保发〔2018〕18号

各省、自治区、直辖市及新疆生产建设兵团医保局（办）、民政厅（局）、财政厅（局）、人力资源社会保障厅（局）、卫生计生委、扶贫办：

为认真贯彻落实习近平总书记关于脱贫攻坚的重要指示精神和《中共中央　国务院关于打赢脱贫攻坚战三年行动的指导意见》，扎实做好2018—2020年医疗保障扶贫工作，国家医保局、财政部、国务院扶贫办联合制定了《医疗保障扶贫三年行动实施方案（2018—2020年）》。现印发你们，请认真组织实施。

国家医保局

财政部

国务院扶贫办

2018年9月30日

医疗保障扶贫三年行动实施方案（2018—2020年）

党的十八大以来，医疗保障立足现有制度，采取综合措施，着力提高农村贫困人口医疗保障水平，在缓解贫困人口因病致贫因病返贫方面发挥了重要作用。党的十九大明确把精准脱贫作为决胜全面建成小康社会的三大攻坚战之一，作出新的部署。为进一步做好建档立卡贫困人口、特困人员等农村贫困人口医疗保障工作，完善医疗保障扶贫顶层设计，进一步明确细化扶贫政策，推动工作有效落实，特制定本实施方案。

一、总体要求

（一）指导思想

全面贯彻党的十九大和十九届二中、三中全会精神，以习近平新时代中国特色社会主义思想为指导，认真贯彻落实习近平总书记关于脱贫攻坚的重要指示精神，坚持精准扶贫精准脱贫基本方略，坚持脱贫攻坚目标和现行扶贫标准，将打赢脱贫攻坚战作为当前和今后三年的首要任务，重点聚焦“三区三州”等深度贫困地区和因病致贫返贫等特殊贫困人口，立足当前、着眼长远，精准施策、综合保障，实现参保缴费有资助、待遇支付有倾斜、基本保障有边界、管理服务更高效、就医结算更便捷，充分发挥基本医保、大病保险、医疗救助各项制度作用，切实提高农村贫困人口医疗保障受益水平，为实现2020年我国现行标准下农村贫困人口脱贫提供坚强保障。

（二）任务目标

到2020年，农村贫困人口全部纳入基本医保、大病保险、医疗救助范围，医疗保

障受益水平明显提高，基本医疗保障更加有力。

——实现农村贫困人口制度全覆盖，基本医保、大病保险、医疗救助覆盖率分别达到 100%。

——基本医保待遇政策全面落实，保障水平整体提升，城乡差距逐步均衡。

——大病保险加大倾斜力度，农村贫困人口大病保险起付线降低 50%、支付比例提高 5 个百分点、逐步提高并取消封顶线。

——医疗救助托底保障能力进一步增强，确保年度救助限额内农村贫困人口政策范围内个人自付住院医疗费用救助比例不低于 70%，对特殊困难的进一步加大倾斜救助力度。

——促进定点医疗机构严格控制医疗服务成本，减轻农村贫困人口目录外个人费用负担。

——医疗保障经办管理服务不断优化，医疗费用结算更加便捷。

（三）基本原则

坚持现有制度，加强综合保障。立足基本医保、大病保险、医疗救助现有制度功能，坚持普惠政策与特惠措施相结合，统筹医疗保障扶贫整体设计，合理统筹使用资金和服务资源，充分发挥综合保障合力。

坚持基本保障，明确责任边界。严格执行基本医疗保障支付范围和标准，加强医疗费用管控、提高资金使用效率，尽力而为、量力而行，千方百计保基本、始终做到可持续，防止不切实际过高承诺、过度保障，避免造成基金不可持续和出现待遇“悬崖效应”。

坚持精准扶贫，确保扶贫实效。精准识别扶贫对象，精准使用扶贫资金，精准实施扶贫政策，加强贫困人口精细化管理，掌握贫困底数，细化扶贫措施，明确扶贫目标，落实各级责任，夯实扶贫效果。

坚持协同配合，形成保障合力。发挥机构改革优势，加强制度政策协同；加强医疗保障扶贫与医疗扶贫衔接，协同解决深度贫困地区医疗资源不足问题，提高贫困人口医疗服务利用可及性；坚持社会保障与家庭尽责相结合，既加大外部帮扶，又引导增强自我健康意识，落实家庭照护责任。

二、重点措施

（一）完善可持续筹资政策，实现贫困人口应保尽保

1. 稳步提高城乡居民医保筹资水平和医疗救助政府补助水平。合理提高城乡居民医保政府补助标准和个人缴费标准。省级财政要加大对深度贫困地区倾斜力度，按照规定足额安排补助资金并及时拨付到位。加大对城乡医疗救助的投入，2018 年起中央财政连续三年通过医疗救助资金渠道安排补助资金，用于提高深度贫困地区农村贫困人口医疗保障水平，加强医疗救助托底保障。

2. 将农村建档立卡贫困人口作为医疗救助对象，实现农村贫困人口基本医保、大病保险和医疗救助全覆盖，其中对特困人员参保缴费给予全额补贴、对农村建档立卡贫困人口给予定额补贴，逐步将资助参保资金统一通过医疗救助渠道解决。

3. 结合全民参保计划的推进，探索建立适合农村贫困人口特点的参保办法，提升经办服务能力，做好身份标识、组织参保和信息采集等工作，加强信息共享和数据比对，配合有关部门做好农村贫困人口参保缴费工作，确保已核准有效身份信息的农村贫困人口全部参保，实现应保尽保。

（二）实施综合保障措施，提高贫困人口待遇水平

4. 公平普惠提高城乡居民基本医保待遇。全面推进城乡居民基本医保制度整合，均衡城乡保障待遇，稳定住院保障水平。进一步完善城乡居民医保门诊统筹，逐步提高门诊保障水平，扩大门诊保障范围，减轻患者门诊医疗费用负担。

5. 加大大病保险倾斜支付力度。2018

年城乡居民医保人均新增财政补助40元的一半（20元）用于大病保险。大病保险支付比例达到50%以上。在此基础上，重点聚焦深度贫困地区和特殊贫困人口，巩固完善大病保险倾斜支付政策。对包括农村贫困人口在内的困难群众降低起付线50%、提高报销比例5个百分点，逐步提高并取消封顶线。

6. 加大医疗救助托底保障力度。完善重特大疾病医疗救助政策，分类分档细化农村贫困人口救助方案，确保年度救助限额内农村贫困人口政策范围内个人自付住院医疗费用救助比例不低于70%；有条件的地区，可在确保医疗救助资金运行平稳情况下，合理提高年度救助限额。在此基础上，对个人及家庭自付医疗费用负担仍然较重的，进一步加大救助力度，并适当拓展救助范围。

（三）使用适宜技术，促进就医公平可及

7. 落实基本医疗保障范围规定。全面执行国家基本医保药品目录，将国家医保目录谈判准入药品纳入医保支付范围。落实国家对诊疗项目目录和医疗康复项目的管理要求。

8. 引导落实分级诊疗制度。结合分级诊疗制度建设，将符合规定的家庭医生签约服务费纳入医保支付范围，引导参保人员优先到基层首诊。对于按规定转诊的贫困患者，住院费用可连续计算起付线，省域内就医结算执行所在统筹地区同等支付政策。鼓励有条件的地区将互联网诊疗服务纳入医保支付范围。

（四）优化基层公共服务，全面推进费用直接结算

9. 提高深度贫困地区基层医保经办管理服务能力，指定专门窗口和专人负责政策宣传并帮助贫困人口兑现政策，解决群众政策不知情、就医报销难等问题。

10. 全面推进贫困人口医疗费用直接结算。结合城乡居民医保制度整合，推进城乡居民医保、大病保险、医疗救助信息共享和服务衔接，实现农村贫困人口市（地）域范围内“一站式服务、一窗口办理、一单制结算”，减少农村贫困人口跑腿垫资。

11. 做好跨地区就医结算服务。对异地安置和异地转诊的农村贫困人口，医保经办机构要优先做好异地就医登记备案和就医结算等服务，切实做好贫困地区外出就业创业人员异地就医备案工作。2018年率先实现深度贫困地区每个县有一家医院纳入全国跨省异地就医直接结算系统，加快实现深度贫困地区乡镇医院纳入全国跨省异地就医直接结算系统。

（五）加强医疗服务管理，控制医疗费用不合理增长

12. 完善支付方式改革，探索建立区域内医疗卫生资源总量、医疗费用总量与经济发展水平、医保基金支付能力相适应的调控机制。深度贫困地区要更加注重医疗费用成本控制，提供使用适宜的基本医疗服务，切实降低农村贫困人口医疗费用总体负担。

13. 完善定点医药机构服务协议管理，健全定点服务考核评价体系，将考核结果与医保基金支出挂钩。全面开展医保智能监控，不断完善医保信息系统，提高医保基金使用效率。

三、保障措施

（一）加强组织领导

各级医疗保障部门要把打赢脱贫攻坚战作为重大政治任务，坚持中央统筹、省负总责、市县抓落实的工作机制，强化一把手负总责的领导责任制，明确责任、尽锐出战、狠抓实效。要将医疗保障扶贫工作纳入年度重点任务推进，积极会同扶贫、民政等部门明确农村贫困人口的具体范围，结合实际制定扶贫三年行动具体实施方案，建立医疗保障扶贫工作沟通联系机制，确保各项扶贫政策落实落地。

（二）坚持现行制度基本标准，狠抓贯彻落实

各地要充分认识医疗保障扶贫任务的重要性、艰巨性和长期性，将思想和认识统一到中央的决策部署上来，既要狠抓落实确保扶贫任务全面完成，也要高度重视防范出现不切实际过高承诺、过度保障、不可持续的问题。坚持基本医疗保障标准，充分发挥现有医疗保障制度功能；贯彻落实精准方略，创新医疗保障扶贫机制；坚持严格管理，确保基金长期平稳可持续。对出现的苗头性、倾向性问题，要采取有效措施，及时规范整改，并做好衔接和平稳过渡。各地在现有医保制度之外自行开展的新的医疗保障扶贫措施探索，要在2020年底前转为在基本医保、大病保险和医疗救助三重保障框架下进行。

（三）建立专项工作调度机制

做好农村贫困人口身份标识，建立贫困人口专项管理台账。统筹基本医保、大病保险、医疗救助三项制度，加强农村贫困人口参保缴费、患病就医、待遇保障、费用结算等情况监测。建立医疗保障扶贫专项工作调度机制，按市、省、国家3级定期汇总报送数据，加强医疗保障扶贫工作督导检查。

（四）深入开展医疗保障扶贫作风专项治理

将作风建设贯穿医疗保障扶贫全过程，重点解决贯彻中央脱贫攻坚决策部署不坚决、扶贫责任落实不到位、政策措施不精准、资金管理使用不规范、工作作风不扎实、考核评估不严格等问题。防止形式主义、官僚主义，加强工作实效，切实减轻基层工作负担。

（五）加强典型宣传和风险防范

深入宣传习近平总书记关于扶贫工作的重要论述和党中央关于精准扶贫精准脱贫的重大决策部署，宣传医疗保障扶贫成就和典型事迹，营造良好的舆论氛围。加强医疗保障扶贫政策风险评估，建立重大事件应急处置机制，加强对脱贫攻坚的舆情监测，合理引导社会舆论。

国家卫生健康委　国家发展改革委　财政部
国家医疗保障局　国务院扶贫办
关于印发健康扶贫三年攻坚行动实施方案的通知

国卫财务发〔2018〕38号

河北省、山西省、内蒙古自治区、辽宁省、吉林省、黑龙江省、安徽省、福建省、江西省、山东省、河南省、湖北省、湖南省、广西壮族自治区、海南省、重庆市、四川省、贵州省、云南省、西藏自治区、陕西省、甘肃省、青海省、宁夏回族自治区、新疆维吾尔自治区卫生计生委、发展改革委、财政厅（局）、医疗保障局、扶贫办：

为贯彻落实党的十九大精神和党中央、国务院关于打赢脱贫攻坚战三年行动的决策部署，坚决打赢健康扶贫攻坚战，国家卫生健康委、国家发展改革委、财政部、国家医保局和国务院扶贫办联合制定了《健康扶贫三年攻坚行动实施方案》。现印发你们（可在国家卫生健康委网站下载），请认真组织实施。

国家卫生健康委　国家发展改革委
财政部　国家医疗保障局
国务院扶贫办
2018年10月17日

健康扶贫三年攻坚行动实施方案

为贯彻落实党的十九大精神和习近平总书记重要指示精神、李克强总理重要批示要求，坚决打赢脱贫攻坚战，根据党中央、国务院《关于打赢脱贫攻坚战三年行动的指导意见》，结合健康扶贫工作实际，制定本方案。

一、总体要求

（一）总体思路。深入贯彻党的十九大精神和党中央、国务院脱贫攻坚决策部署，以习近平新时代中国特色社会主义思想为指导，坚持目标标准，坚持问题导向，聚焦深度贫困地区和卫生健康服务薄弱环节，加大政策供给和投入支持力度，创新体制、转换机制，防治结合、关口前移，坚决打赢健康扶贫攻坚战，保障贫困人口享有基本医疗卫生服务，防止因病致贫因病返贫。

（二）任务目标。到2020年，基本医疗保险、大病保险、签约服务管理、公共卫生服务对农村贫困人口实现全覆盖；贫困地区医疗卫生服务能力和可及性明显提升，贫困人口大病和长期慢性病得到及时有效治疗，贫困地区艾滋病、结核病、包虫病、大骨节病等重大传染病和地方病得到有效控制，健康教育和健康促进工作明显加强，贫困地区群众健康素养明显提升。

二、实施贫困人口大病和慢性病精准救治三年攻坚行动

（三）全面推进大病专项救治工作。全面落实《关于印发健康扶贫工程“三个一批”行动计划的通知》，对大病患者进行集中救治。在深入做好儿童先天性心脏病、儿童白血病、食管癌、胃癌、结肠癌、直肠癌、终末期肾病等病种专项救治基础上，逐步扩大救治病种。2018 年，将妇女两癌（宫颈癌、乳腺癌）、肺癌、肝癌、尘肺病等纳入专项救治范围，年底前扩大到 21 个病种。到 2020 年，扩大到 30 个病种，实现贫困人口大病救治工作规范化。（委内医政医管局牵头）

（四）做实做细慢病签约服务管理。对农村建档立卡贫困人口实现家庭医生签约服务应签尽签，做到签约一人、履约一人、做实一人，重点加强高血压、糖尿病、结核病、严重精神障碍等慢病患者的规范化管理与服务。有条件的地区，可结合实际探索扩大慢性病管理服务范围。鼓励县级及以上医疗机构医务人员加入家庭医生团队，为贫困人口提供有针对性的医疗卫生服务。加强健康教育，开展健康知识传播和健康生活方式引导，宣传和普及健康素养基本知识与技能，提升贫困人口健康素养。（委内基层司、宣传司牵头）

三、实施贫困地区重点传染病、地方病综合防控三年攻坚行动

（五）实施艾滋病防治攻坚行动。在艾滋病高发的四川省凉山州等地区，全面落实艾滋病免费筛查、治疗、母婴阻断措施。组织实施机会性感染集中救治。针对贫困艾滋病感染者，通过家庭医生签约服务提供规范化的抗病毒治疗随访管理，督促艾滋病感染者按时服药、定期检测。（委内疾控局牵头）

（六）做好结核病防治工作。加强肺结核筛查工作，对结核病患者确诊检查提供适当补助。对贫困患者免费提供一线抗结核药品。优先面向贫困结核病患者实施“集中服药”项目，提高服药依从性和治疗成功率。将耐多药结核病纳入贫困人口大病专项救治范围。（委内疾控局牵头）

（七）进一步做好包虫病防治工作。指导包虫病流行区开展包虫病人群筛查。对确诊患者进行治疗。开展监测及健康教育。（委内疾控局牵头）

（八）强化大骨节病综合防治。开展 7～12 周岁儿童患病及防控措施落实情况监测。实施贫困地区儿童营养改善项目，为 6～24 月龄儿童提供每天一个营养包，提高病区婴幼儿营养水平。（委内疾控局、妇幼司牵头）

（九）开展现症地方病病人分类救治。将符合建档立卡条件的地方病病人全部纳入大病集中救治范围。地方病病区建立大骨节病、克山病、氟骨症、地方性砷中毒、克汀病、二度及以上甲状腺肿大、慢性和晚期血吸虫病确诊病人健康档案，实行个案管理。（委内疾控局牵头）

四、实施贫困地区妇幼健康和健康促进三年攻坚行动

（十）全面落实妇幼健康项目。农村妇女宫颈癌、乳腺癌筛查项目和贫困地区儿童营养改善、新生儿疾病筛查项目扩大到所有贫困县。（委内妇幼司牵头）

（十一）加强出生缺陷综合防治。深入开展免费孕前优生健康检查，针对贫困家庭出生缺陷患儿实施出生缺陷救助项目。倡导优生优育，利用基层计划生育服务力量，加强出生缺陷综合防治宣传教育。（委内妇幼司牵头）

（十二）加强健康促进与教育。建立覆盖各级各类医疗卫生机构的健康教育工作网络。针对贫困地区主要健康问题，制定实施健康教育计划。针对重点人群、重点疾病、

主要健康问题和健康危险因素开展健康教育，通过健康讲座等多种方式，普及健康知识。对于当地患病率较高的疾病患者，根据疾病特点分类发放健康教育材料，开展健康指导。面向全民普及健康素养基本知识，倡导自身是健康第一责任人理念，引导形成健康生活方式和行为。（委内宣传司牵头）

（十三）全面推进“将健康融入所有政策”。统筹推进健康城市、健康（促进）县区、卫生县城（乡镇）、健康乡村等区域健康促进工作，强化各部门健康职责，开展跨部门健康行动，探索建立健康影响评价制度。大力开展各类场所健康促进工作，建设一批健康促进医院、健康促进学校、健康促进机关、健康促进企业、健康社区、健康村和健康家庭，不断改善贫困地区居民的日常学习、工作和生活环境。（委内宣传司牵头）

五、实施医疗保障扶贫三年攻坚行动

（十四）实现应保尽保。将农村建档立卡贫困人口作为医疗救助对象，落实农村贫困人口参保缴费补贴政策，实现农村贫困人口基本医保、大病保险、医疗救助全覆盖。（委内财务司、体改司牵头）

（十五）实施综合保障。基本医保要全面推进城乡制度整合，公平普惠提升待遇水平。大病保险要加大倾斜支付力度，对农村贫困人口降低起付线50%、提高支付比例5个百分点、逐步提高并取消封顶线。医疗救助要加大帮扶力度，确保年度救助限额内农村贫困人口政策范围内个人自付住院医疗费用救助比例不低于70%，对特殊困难的进一步实施倾斜救助。各地政府已经实施的托底医疗保障政策，到2020年前应逐步过渡到城乡医疗救助制度提供托底保障。（委内财务司、体改司牵头）

（十六）优化管理服务。落实基本医疗保障范围规定，促进定点医药机构控制服务成本，提高贫困地区基层经办机构服务能力，推进农村贫困人口医疗费用“一站式”直接结算。（委内医政医管局、基层司牵头）

六、实施贫困地区基层医疗卫生机构能力提升三年攻坚行动

（十七）全面改善设施条件。按照“填平补齐”原则，将贫困地区未达标的县级医疗卫生机构全部纳入国家全民健康保障工程支持范围，确保每个县（市、区）建好1～2所县级公立医院（含中医院）和妇幼保健院。落实地方政府主体责任，重点改善乡镇卫生院和村卫生室设施条件。（委内规划司牵头）

（十八）加强人才综合培养。全面实施全科医生特岗计划，争取到2020年贫困地区每个乡镇卫生院有1名全科医生。通过规范化培训、助理全科医生培训、转岗培训、定向免费培养等多种途径，加大贫困地区全科医生培养力度。鼓励地方结合实际，为贫困地区免费培养农村高职（专科）医学生，经助理全科医生培训合格后，补充到贫困地区村卫生室和乡镇卫生院。贫困地区可在现有编制总量内直接面向人才市场选拔录用医技人员，选拔录用时优先考虑当地医疗卫生事业紧缺人才。鼓励引导贫困地区对基层医务人员实行县招县管镇用，从实际出发，研究采取保持公益性、调动积极性的好政策，激发基层创新活力。（委内人事司、科教司牵头）

（十九）深入推进三级医院对口帮扶。压实帮扶责任，帮扶人员连续蹲点帮扶时间不少于6个月。强化帮扶机制，通过组建医联体，推动支援医院与受援医院建立深度合作关系。提高帮扶针对性，在当地群众急需、医疗机构紧缺、帮扶效果可见的专科领域重点发力，帮助提升医疗服务能力。指导地方开展帮扶成效考核，加强专项督查和定期评估，推动帮扶责任落实。（委内医政医管局牵头）

（二十）实施互联网+医疗健康。推进

远程医疗服务覆盖全国所有医疗联合体和县级医院，并逐步向乡镇卫生院和村卫生室延伸，实现医疗资源上下贯通、信息互通共享、业务高效协同，便捷开展预约诊疗、双向转诊、远程医疗等服务。实施“互联网+健康扶贫”应用试点项目并逐步推广，为贫困人口提供健康教育、疾病预防、慢病管理、分级诊疗、康复指导等全方位全周期的卫生健康服务。（委内规划司、财务司、医政医管局牵头）

（二十一）创新基层医疗卫生机构管理机制。推进县域医共体建设，探索实施以县级医院为龙头、乡镇卫生院为枢纽、村卫生室为基础的县乡村一体化管理，构建三级联动的县域医疗服务体系。（委内医政医管局、基层司牵头）

七、实施深度贫困地区健康扶贫三年攻坚行动

（二十二）加大支持力度。卫生健康领域政策优先供给、项目优先安排、资金优先支持、资源优先提供、社会力量优先对接深度贫困地区。符合条件的新增卫生健康领域资金、项目、政策主要安排到深度贫困地区。（委内财务司、规划司、人事司、体改司、疾控局、医政医管局、基层司、科教司牵头）

（二十三）实施“三区三州”健康扶贫攻坚行动。在西藏和四省藏区突出做好包虫病综合防治，在南疆四地州着力加强结核病和艾滋病综合防治，在凉山州全面推进艾滋病防治，在怒江州着力加强结核病和艾滋病综合防治，在临夏州重点控制结核病流行。深入开展医疗人才“组团式”援疆援藏工作。（委内疾控局、医政医管局牵头）

（二十四）加强深度贫困地区计划生育工作。将脱贫攻坚与落实生育政策紧密结合，降低并稳定适度生育水平，促进人口与经济社会资源环境协调发展。为贫困人口免费提供避孕节育服务，预防和减少非意愿妊娠。（委内人口监测与家庭发展司牵头）

八、加强健康扶贫攻坚行动支撑保障和责任落实

（二十五）强化健康扶贫攻坚责任制。按照中央统筹、省负总责、市（地）县抓落实的脱贫攻坚管理体制，国家卫生健康委会同国务院扶贫办进一步加强统筹推进，健全攻坚工作机制，将健康扶贫融入卫生健康工作全过程。各省（区、市）卫生健康行政部门要切实发挥牵头部门作用，推动将健康扶贫纳入省委省政府脱贫攻坚统一部署，进一步压实市县主体责任。各级卫生健康行政部门要逐级分解任务，明确时间表、路线图，夯实健康扶贫基层基础工作，解决政策落地“最后一公里”问题。（委内财务司牵头）

（二十六）加强督导考核。将健康扶贫纳入各级党委和政府扶贫开发工作成效考核。明确按照现行扶贫标准，细化考核指标，建立考核结果反馈和问责机制。将健康扶贫作为卫生健康工作重点督查内容，定期开展督促指导。定期通报各地健康扶贫主要工作任务进展和目标实现情况，指导各地及时改进工作。（委内财务司、办公厅牵头）

（二十七）加强基层基础工作。制定方案，分解任务，分级分类对全系统健康扶贫干部队伍开展培训。国家卫生健康委负责委扶贫开发与对口支援工作领导小组成员和办公室成员、各有关省（区、市）卫生健康行政部门分管负责同志、牵头处室负责人、健康扶贫业务骨干以及健康扶贫任务重的市县（中西部22个省份中每省份可确定2个地市、4个贫困县）卫生健康行政部门主要负责人的培训工作，其他各级各类从事健康扶贫工作的干部培训工作由省级统筹，做好任务分工。2019年底前，要对参与健康扶贫工作的所有干部轮训一遍。结合健康扶贫工作新形势、新需求，创新培训方式，丰富培训内容，采用案例教学、现场教学、体验

教学等实战培训方式提升培训效果。通过培训，进一步提高思想认识，提升政策水平、业务能力和实战技能。建设完善健康扶贫动态系统，实现全过程跟踪管理。推动健康扶贫信息系统逐步实现与建档立卡信息系统互联互通，建立健康扶贫重点对象准入和退出机制，实现健康扶贫与其他扶贫措施有效衔接，提高健康扶贫成效。（委内财务司、人事司牵头）

（二十八）开展健康扶贫领域作风问题专项治理。深入贯彻中央关于扶贫领域作风问题专项治理工作的部署要求，将作风治理贯穿健康扶贫全过程，全面解决贯彻落实中央健康扶贫决策部署不力、牵头责任落实不到位、政策措施不精准、政策落实“最后一公里”等问题，杜绝擅自提高健康扶贫政策标准，防止出现贫困人口“看病不花钱”现象。（委内财务司牵头）

（二十九）加大投入力度。中央财政卫生健康专项转移支付资金和规划建设项目最大限度向贫困地区倾斜。严格落实国家在贫困地区安排的公益性建设项目取消县级和西部连片特困地区地市级建设资金的政策，除中央预算内补助投资外，切实落实省市级建设资金，确保项目地方投资及时到位。未纳入中央专项资金支持范围的项目，由省级人民政府负责落实财政性资金，统筹安排建设。各级卫生健康行政部门实施的重大改革、保障和改善民生项目优先支持贫困地区。2018—2020年，中央财政安排补助资金，支持相关省（区、市）托底医疗保障工作。（委内财务司、规划司牵头）

（三十）进一步动员社会力量参与。指导有关慈善组织建立社会力量参与健康扶贫行动网络平台，引导社会组织、公募基金、公司企业和爱心人士精准对接健康扶贫需求，推出一系列具有广泛社会影响力的健康扶贫公益品牌项目。引导现有各类卫生健康公益项目向贫困地区特别是深度贫困地区倾斜。鼓励社会资本积极参与，推动贫困地区发展智慧医疗、移动医疗等新技术新业态，引导社会资本与地方政府合作设立健康产业发展基金，为贫困地区健康产业发展提供资金支持。（委内财务司牵头）

（三十一）营造良好舆论氛围。组织动员基层健康扶贫干部向贫困人口宣传健康扶贫政策，提高政策知晓度。加强健康扶贫政策解释，加大健康扶贫工作和典型经验、先进人物、先进事迹宣传力度，为健康扶贫攻坚行动提供良好舆论氛围。（委内宣传司、财务司牵头）

民政部　发展改革委　国务院扶贫办
关于印发《深度贫困地区特困人员供养服务设施（敬老院）建设改造行动计划》的通知

民发〔2018〕127号

各省、自治区、直辖市民政厅（局）、发展改革委、扶贫办（农委、农办），新疆生产建设兵团民政局、发展改革委、扶贫办：

为深入贯彻《中共中央　国务院关于打赢脱贫攻坚战三年行动的指导意见》和《国务院关于进一步健全特困人员救助供养制度的意见》（国发〔2016〕14号），加快推进深度贫困地区特困人员供养服务设施建设改造，提升特困人员集中供养服务能力，更好发挥社会救助在脱贫攻坚中的兜底保障作用，民政部、发展改革委、国务院扶贫办制定了《深度贫困地区特困人员供养服务设施（敬老院）建设改造行动计划》。现印发你们，请认真贯彻执行。

民政部　发展改革委

国务院扶贫办

2018年10月17日

深度贫困地区特困人员供养服务设施（敬老院）建设改造行动计划

为深入贯彻落实《中共中央　国务院关于打赢脱贫攻坚战三年行动的指导意见》，加快推进深度贫困地区特困人员供养服务设施建设改造，提高特困人员集中供养能力和服务质量，更好发挥社会救助在脱贫攻坚中的兜底保障作用，确保如期完成脱贫攻坚任务，特制定本行动计划。

一、总体要求

以习近平新时代中国特色社会主义思想为指导，深入贯彻党的十九大和十九届二中、三中全会精神，全面落实党中央、国务院关于支持深度贫困地区脱贫攻坚的战略部署和《国务院关于进一步健全特困人员救助供养制度的意见》（国发〔2016〕14号），以西藏、四省藏区、南疆四地州和四川凉山州、云南怒江州、甘肃临夏州（以下简称“三区三州”）为重点，以满足特困人员集中供养需求为目标，以提升供养服务机构兜底保障能力为主线，立足兜底线、补短板、提质量，坚持需求导向，进一步加大中央预算内投资支持力度，发挥地方政府主体责任，统筹规划，有序推进，全面改善深度贫困地区供养服务设施条件，提高集中供养服务能力，有效保障特困人员基本生活，更好满足照料服务需求，为打好打赢脱贫攻坚战提供有力支撑。

二、工作目标

到2020年，“三区三州”等深度贫困地区特困人员供养服务设施条件得到较好改善，规范化、标准化建设逐步加强，服务功能不断完善，兜底保障能力和服务质量稳步提升，逐步形成布局合理、设施完善、服务便捷、保障有力的特困人员供养服务体系。

到2020年，深度贫困地区每个县至少建有1个县级供养服务中心，护理型床位达到70%以上；对特困人员的集中供养保障能力进一步增强，生活不能自理特困人员集中供养率超过50%。逐步开展面向低保、低收入家庭及建档立卡贫困家庭老年人、残疾人的无偿或低偿集中托养服务。

三、重点任务

（一）全面摸清底数。组织开展特困人员和供养服务机构摸底排查，逐人逐户、逐个机构深入调查，详细了解本地区特困人员的基本情况和集中供养需求，全面掌握现有供养服务机构的设施条件、设备配备、供养能力、供养状况、保障条件、服务水平以及辖区内特困人员集中供养意愿等情况，组织开展低保、低收入家庭及建档立卡贫困家庭老年人、残疾人集中托养需求调查，做到底数清、情况明。在此基础上，按照确保既定目标实现、兼顾服务功能拓展的思路，科学测算本地区特困人员集中供养床位需求，合理制定特困人员供养服务设施建设改造计划，确保到2020年实现“生活不能自理特困人员集中供养率超过50%”，有集中供养意愿特困人员的供养需求得到充分满足；逐步开展面向低保、低收入家庭及建档立卡贫困家庭老年人、残疾人的无偿或低偿集中托养服务。

（二）优化机构布局。充分考虑新型城镇化建设和易地扶贫搬迁等因素，结合本地区服务对象人数、分布，以及土地、环境、交通等情况，立足实际，因地制宜，完善和优化特困人员供养服务机构规划布局。加强省级民政部门在规划布局中的统筹作用，建立供养服务机构规划省级备案制度。坚持以改扩建为主、新建为辅，充分利用现有服务设施，提质扩容，转型升级，避免重复建设和资源浪费。深入开展小、远、散供养服务机构整治，整合提升供养服务设施资源，按照城乡统筹、统一规划、合理布局的思路，以县为单位，加快构建“1＋N”特困人员供养服务联合体（1个县级供养服务中心，N个区域性供养服务机构），推进特困人员供养服务机构兜底保障能力的总体提升。

（三）改善设施条件。坚持兜底保障、标准适度的原则，按照《国务院关于进一步健全特困人员救助供养制度的意见》（国发〔2016〕14号）要求，参照《特困人员供养服务设施（敬老院）建设标准》（建标184－2017），改扩建项目要紧紧围绕落实优先集中供养生活不能自理特困人员要求，重点对现有设施进行改造升级，使单张床位面积、护理型床位、无障碍设施、应急呼叫系统、安全监控系统等符合生活不能自理特困人员照料护理要求。按照消防安全、食品安全等相关标准和规范，加快推进消防设施设备、食品安全设施设备的改造和配置，提升机构安全管理、生活照料和护理服务能力；新建项目要合理确定建设规模，强化护理服务功能，做到符合需求、规模适度、设施齐全、功能完善。

（四）提升保障能力。全面落实《国务院关于进一步健全特困人员救助供养制度的意见》（国发〔2016〕14号）要求，将政府设立的供养服务机构运转费用列入财政预算，强化新建和改扩建供养服务机构经费保障。根据服务对象人数和照料护理需求，按照一定比例配备工作人员，加强护理型服务人员配备，合理配备使用专业社会工作者。完善供养服务机构工作人员薪酬和激励措施，逐步提高工作人员待遇，增强工作人员职业荣誉感。加快建立健全岗前培训和工作人员岗位技能提升培训制度，加强对护理人员和管理人员的培训，不断提高机构管理水平和服务质量。

四、资金安排

深度贫困地区特困人员供养服务设施（敬老院）建设改造项目资金，由中央和地方共同筹措解决。中央预算内投资通过实施“十三五”社会服务兜底工程特困人员供养服务设施（敬老院）建设项目，对地方予以支持，重点加大对“三区三州”的倾斜力度。

中央预算内投资对西藏建设项目，符合《“十三五”社会服务兜底工程实施方案项目和资金管理办法》要求的，按标准给予全额补助；对四省藏区、南疆四地州建设项目，各地根据实际，可申请中央预算内投资按床均建设投资全额给予补助；对四川凉山州、云南怒江州、甘肃临夏州建设项目，按床均建设投资的 80% 给予补助。对改扩建项目补助额度按上述补助标准的 50% 给予补助。

“三区三州”和其他深度贫困地区所在省份要认真履行主体责任，进一步加大省级财政资金和福彩公益金投入，统筹安排深度贫困地区特困人员供养服务设施（敬老院）建设项目地方配套资金，取消深度贫困地区县级财政配套要求。

五、保障措施

（一）加强组织领导。各地要积极争取当地党委和政府的重视和支持，将供养服务设施建设改造作为保障困难群众基本生活、强化综合保障性扶贫和打好打赢脱贫攻坚战的基础性工程，列入政府重要议事日程，加强统筹协调，强化资金保障，加大推进力度。省级民政、发展改革和扶贫部门要密切配合、加强协调，共同推进行动计划在本省（区）的贯彻落实。深度贫困地区县级政府要强化主体责任，做好项目规划选址、征地拆迁和项目落地、推进实施等工作。

（二）加强规划衔接。加强行动计划与“十三五”民政事业发展规划、“十三五”国家老龄事业发展和养老体系建设规划、贫困残疾人脱贫攻坚行动计划、“十三五”社会服务兜底工程以及三年滚动投资计划等的衔接。深度贫困地区要按照行动计划要求，以县为单位，制定具体实施方案，及时将符合条件的项目录入国家重大建设项目库。申报项目要符合《“十三五”社会服务兜底工程实施方案项目和资金管理办法》的相关要求，鼓励各地积极采用特困人员供养服务联合体的形式申报。要认真做好项目审批、用地审批等前期工作，落实建设条件，确保项目一经下达即可开工建设。

（三）加强监督检查。地方民政、发展改革和扶贫部门，要在当地政府领导下，切实做好组织协调工作，定期对项目的管理、质量、进度、资金使用情况等进行监督检查，及时解决项目建设过程中存在的问题，确保项目按时开工、精心施工、如期竣工、发挥效益。民政部、发展改革委、国务院扶贫办将适时对行动计划实施情况开展专项调研。

各省（自治区、直辖市）民政、发展改革和扶贫部门可以参照本行动计划，研究制定本省（自治区、直辖市）贫困地区特困人员供养服务设施（敬老院）建设改造实施方案，将行动计划实施效应逐步扩大到其他贫困地区，加快提升贫困地区特困人员集中供养服务能力。

住房城乡建设部　财政部关于印发农村危房改造脱贫攻坚三年行动方案的通知

各省、自治区、直辖市住房城乡建设厅（建委）、财政厅，新疆生产建设兵团住房城乡建设局、财政局：

为贯彻落实《中共中央　国务院关于打赢脱贫攻坚战三年行动的指导意见》关于加快推进农村危房改造的工作部署，住房城乡建设部、财政部联合制定了《农村危房改造脱贫攻坚三年行动方案》，现印发给你们，请结合实际认真抓好落实。

住房和城乡建设部　财政部

2018 年 11 月 6 日

农村危房改造脱贫攻坚三年行动方案

为全面贯彻党的十九大精神，落实党中央、国务院关于打赢脱贫攻坚战三年行动的决策部署，完成建档立卡贫困户等重点对象农村危房改造任务，实现中央确定的脱贫攻坚“两不愁、三保障”总体目标中住房安全有保障的目标，制定本方案。

一、总体要求

（一）指导思想。

全面贯彻党的十九大和十九届二中、三中全会精神，以习近平新时代中国特色社会主义思想为指导，紧紧围绕统筹推进“五位一体”总体布局和协调推进“四个全面”战略布局，坚决贯彻落实中央脱贫攻坚部署和要求，坚持精准扶贫精准脱贫基本方略，坚持现行扶贫标准，聚焦深度贫困地区和特殊贫困群体，全力推进建档立卡贫困户等重点对象农村危房改造，确保到 2020 年如期实现贫困户住房安全有保障目标，切实提高贫困人口的获得感和幸福感。

（二）基本原则。

坚持地方主体。落实中央统筹、省负总责、市县抓落实的工作机制，坚持以地方为主体、一级抓一级、层层抓落实。

坚持精准管理。坚持全过程精准管理，落实补助对象认定、危房改造信息公示公开、补助资金拨付、施工检查与竣工验收、农户档案管理等各环节政策要求，做到扶贫对象精准、措施精准、档案齐全。

坚持现行标准。坚持脱贫攻坚尽力而行、量力而为的原则，既不降低现行农村危房改造质量安全基本要求，也不擅自拔高建设标准，引导农户建设既符合经济条件又满足使用需求的房屋。

保持政策延续性。坚持帮助住房最危险、经济最贫困农户解决最基本的安全住房原则，继续执行实践证明行之有效的政策措施和管理办法，保持政策的连续性和稳定性。

调动农民积极性。发挥政府主导作用，引导符合政策支持条件的贫困危房户应改尽改。坚持扶贫与扶志扶智相结合，充分发挥农户资金投入和组织建设的主体作用，尊重农户意愿，激发其积极性，鼓励投工投劳和互帮互助。

（三）目标任务。

把建档立卡贫困户放在突出位置，全力推进建档立卡贫困户、低保户、农村分散供养特困人员和贫困残疾人家庭等 4 类重点对象（以下简称 4 类重点对象）危房改造，确保 2020 年前完成现有 200 万户建档立卡贫困户存量危房改造任务，基本解决贫困户住房不安全问题。倾斜支持“三区三州”等深度贫困地区，加快实施农村危房改造。探索支持农村贫困群体危房改造长效机制，逐步建立农村贫困群体住房保障制度。

二、重点任务

（一）规范补助对象认定程序。

严格执行先确认身份信息，后鉴定危房等级的工作程序。住房城乡建设部门根据扶贫部门认定的建档立卡贫困户、民政部门认定的低保户和农村分散供养特困人员、残联会同扶贫或民政部门认定的贫困残疾人家庭农户名单开展危房鉴定工作。危房鉴定必须依据《农村危险房屋鉴定技术导则（试行）》（建村函〔2009〕69 号）确定的鉴定项目进行，危房危险等级分为 A、B、C、D 级。县级住房城乡建设部门可结合实际制定推广简明易行的危房鉴定程序，逐户开展房屋危险性鉴定，将居住在 C 级和 D 级危房的 4 类重点对象列为农村危房改造对象。

（二）建立危房台账并实施精准管理。

农村危房改造户要严格落实“一户一档”要求，逐户建立档案，按要求填写危房改造对象认定表，并将农户 4 类重点对象身份证明文件和房屋危险等级评定结果等材料存档。实行一村一汇总、一镇（乡）一台账的管理制度，在建立并保存纸质档案的基础上，将档案信息录入农村住房信息系统形成电子台账，将危房存量到户台账按要求逐级汇总上报。中央下达的 4 类重点对象农村危房改造任务必须在危房改造台账范围内进行分配，改造一户、销档一户。危房改造完成后，住房城乡建设部门应及时将工程实施、补助资金发放、竣工验收等材料存入农户档案，相关信息录入农村危房改造农户档案管理信息系统后完成销档。

（三）坚持农村危房改造基本安全要求。

各地要依据《住房城乡建设部办公厅关于印发农村危房改造基本安全技术导则的通知》（建办村函〔2018〕172 号），区分不同结构类型农房，结合当地实际，按照解决住房不安全问题、满足抗震安全基本要求、保证改造后农房正常使用安全和基本使用功能等要求，制定本地区农村危房改造基本安全的细化标准和基本安全有保障的一般要求。既要防止盲目提高建设标准，也要防止降低安全要求，禁止单独进行粉刷、装饰等与提升住房安全性无关的改造行为。

（四）明确危房改造建设标准。

坚持既保障居住安全又不盲目吊高胃口的建设标准，引导农户尽力而行、量力而为，避免因盲目攀比加重农户经济负担。拆除重建的房屋建筑面积，原则上 1～3 人户在 40～60 平方米，1 人户不低于 20 平方米，2 人户不低于 30 平方米。C 类危房可因地制宜开展维修加固或拆除重建．维修加固的重点应是消除安全隐患、适度改善使用功能。各地可根据当地的民族习俗、气候特点等实际情况制定细化建设标准。要合理制定设计方案，为将来扩建预留接口，满足农户基本使用和未来扩建需求。

（五）因地制宜采取适宜改造方式和技术。

坚持农户自建为主的建设方式，对自建确有困难且有统建意愿的农户及多层农房可采用统建方式。探索和总结成本经济、结构安全、功能基本齐全的危房改造方式和技术，因地制宜推广农房加固改造、现代生土农房等改良型传统民居建设经验，丰富改造方式，降低农户建房负担。鼓励通过统建农村集体公租房及幸福大院、修缮加固现有闲置公房、置换或长期租赁村内闲置农房等方式，兜底解决自筹资金和投工投料能力极弱特殊贫困群体基本住房安全问题。

（六）加强补助资金使用管理和监督检查。

严格执行《中央财政农村危房改造补助资金管理办法》（财社〔2016〕216号），规范农村危房改造补助资金管理和使用，及时足额将补助资金支付到农户“一卡通”账户，防止挤占挪用和截留滞留等问题发生。健全资金监管机制，加强对补助资金使用管理情况的检查力度，及时发现和纠正套取骗取、重复申领补助资金等有关问题。

（七）建立完善危房改造信息公示制度。

落实县级农村危房改造信息公开主体责任。严格执行危房改造任务分配结果和改造任务完成情况镇村两级公开。加大政策宣传力度，制作并免费发放农村危房改造政策明白卡，利用信息化等手段充分发挥群众监督作用。要畅通反映问题渠道，及时调查处理群众反映问题。

三、加强工作管理

（一）加强质量安全检查和竣工验收。

农村危房改造采用自建方式的，农户和施工队对房屋质量负主体责任；采用统建方式的，建设主体和建设单位对房屋质量负主体责任。县级住房城乡建设部门要做好质量安全基本知识宣传，加强农村危房改造过程中的指导。开展施工现场巡查与指导监督，发现存在问题的及时提出整改意见，指导和督促施工人员开展关键环节现场质量检查并做好检查记录。对于农户自建的，要将危房改造质量安全要点告知农户。对加固改造的房屋，应有技术人员对加固方案、加固材料、施工方案及施工操作队伍进行把关审查，确保加固施工过程安全以及加固后的房屋达到安全标准。危房改造工程竣工后，县级住房城乡建设部门要指导建设方按照相关要求进行竣工验收并提交建房备案书，明确达到基本安全要求。

（二）强化农户档案信息管理。

建立部联网检索、省审核管理、县制作录入的农户档案信息检索机制。省级住房城乡建设部门要组织做好本地区农村危房改造农户档案信息录入工作，并加强对已录入农户档案信息真实性和准确性的审核与抽验，发现问题督促各市县抓紧整改。县级住房城乡建设部门是农村危房改造农户档案制作的责任主体，要严格执行农村危房改造农户档案管理制度，在完善纸质档案的基础上将相关信息录入农村危房改造农户档案管理信息系统，不断提高数据质量。

（三）持续深入开展作风专项治理。

各级住房城乡建设部门要会同相关部门按照《住房城乡建设部办公厅关于开展农村危房改造领域作风问题专项治理的通知》（建办村函〔2018〕403号）要求，重点围绕贪污挪用农村危房改造补助资金、群众强烈反感、对象认定不准、资金管理不规范以及危房改造质量不达标5方面问题，持续推进农村危房改造领域作风问题专项治理，积极配合审计、纪检、监察等部门开展专项检查。对于基层政府造假套取挪用农村危房改造资金、村干部索要好处费等问题，要及时向纪检监察部门移交问题线索。要加大警示教育宣传力度，定期通报有关问题及处理结果。

（四）严格脱贫退出标准和程序。

建档立卡贫困户退出时，其住房在选址、基础、主体结构、抗震构造措施、建筑材料等方面应满足基本质量要求。省级住房城乡建设部门要按照本行动方案关于农村危房改造基本安全要求，组织制定本地区“住房安全有保障”的具体要求或认定标准，并制定建房备案书模板，指导县级住房城乡建设部门做好住房安全性认定组织工作。县级住房城乡建设部门负责组织建设方开展房屋安全性评定，建设方提交的建房备案书作为住房安全性认定的基本依据。对于危房户自愿通过其他方式解决住房安全问题且无改造意愿的，在履行确认程序后可不再将其危房纳入改造范围，但必须提醒农户主动拆除或不再使用危房。

四、强化实施保障

（一）加强组织领导和部门合作。

各地要加强对农村危房改造工作的领导，建立部门协商工作机制，明确各部门责任分工，加强工作统筹调度，定期通报农村危房改造工作进展情况。各级住房城乡建设、财政部门要密切协作，积极协调扶贫、民政、残联等部门，各司其职，共同推进农村危房改造工作，全力以赴按时完成农村危房改造任务。

（二）加强财政资金保障。

省、市、县均要落实农村危房改造责任，做好经费保障工作。要根据农户贫困程度、房屋危险程度和改造方式等制定分类分级补助标准，切实加大对深度贫困地区和最贫困对象的倾斜支持力度。

（三）强化全过程预算绩效管理和督查激励。

各地要依据《中共中央　国务院关于全面实施预算绩效管理的意见》、《住房城乡建设部　国家发展改革委　财政部关于印发〈农村危房改造绩效评价办法（试行）〉的通知》（建村〔2013〕196 号）、《住房城乡建设部　财政部关于印发农村危房改造激励措施实施办法（试行）的通知》（建村〔2016〕289 号）有关要求，全面实施农村危房改造项目全过程绩效管理，设定清晰的绩效目标和指标，开展绩效运行监控和自评。根据实际情况制定本地区农村危房改造绩效评价办法并组织实施，加大绩效评价和督查激励结果的正向激励作用，促进农村危房改造任务完成和政策要求落实。

（四）加强信息收集和宣传力度。

各地要加大农村危房改造工作信息收集报送力度，定期上报建设成效、经验做法、存在问题和工作建议等信息。对审计、纪检监察等部门发现以及各新闻媒体报道的农村危房改造问题，要及时调查处理并报告相关情况。要充分利用报刊、广播、电视等新闻媒体和网络新媒体，广泛宣传农村危房改造工作成效以及各地好的经验做法，营造积极的舆论氛围。

农业农村部　国家发展和改革委员会　财政部　商务部　文化和旅游部　中国人民银行　国家林业和草原局　中国银行保险监督管理委员会　国务院扶贫开发领导小组办公室关于印发实施产业扶贫三年攻坚行动意见的通知

农规发〔2018〕6号

各省（自治区、直辖市）农业农村（农业、农牧、渔业）、发展改革、财政厅（委、局）、商务主管部门，文化和旅游行政部门，林业和草原主管部门，扶贫开发办（局）；人民银行上海总部，各分行、营业管理部，各省会（首府）城市中心支行、副省级城市中心支行，各银保监局筹备组，新疆生产建设兵团农业、发展改革、财政、商务、扶贫开发局（委、办）：

为贯彻落实中央关于打赢脱贫攻坚战三年行动指导意见的部署要求，深入推进产业扶贫工作，农业农村部、国家发展改革委、财政部、商务部、文化和旅游部、中国人民银行、国家林业和草原局、中国银保监会和国务院扶贫办联合制定了《关于实施产业扶贫三年攻坚行动的意见》，现印发你们，请认真贯彻执行。

农业农村部　国家发展和改革委员会
财政部　商务部　文化和旅游部
中国人民银行　国家林业和草原局
中国银行保险监督管理委员会
国务院扶贫开发领导小组办公室
2018年12月7日

关于实施产业扶贫三年攻坚行动的意见

为深入贯彻党的十九大精神，落实《中共中央　国务院关于打赢脱贫攻坚战三年行动的指导意见》，根据各地贯彻落实《农业部等九部门关于印发贫困地区发展特色产业促进精准脱贫指导意见的通知》（农计发〔2016〕59号）的进展和产业扶贫实践中存在的突出问题，推动产业扶贫工作在脱贫攻坚中发挥更加有效、持续的作用，制定本意见。

一、全面把握实施产业扶贫三年攻坚行动的总体要求

（一）指导思想。以习近平新时代中国特色社会主义思想为指导，认真贯彻中央脱贫攻坚决策部署，把发展产业作为实现贫困人口稳定脱贫的主要途径和长久之策，坚持中央统筹、省负总责、市县抓落实的工作机制，坚持问题导向和精准施策，坚持产业扶

贫攻坚与乡村振兴战略有机衔接，聚焦深度贫困地区，发挥贫困群众主体作用，强化到村到户到人精准帮扶举措，把精准带贫作为实施产业扶贫项目的基本要求，注重扶贫产业培育，尊重产业发展规律，突出产业提升、产销对接、龙头带动、人才培养、技术服务和机制创新，优化政策供给、推进政策落地，做优做强扶贫特色产业，提升产业扶贫、精准脱贫质量，为贫困地区脱贫攻坚和乡村振兴提供更加坚实的基础支撑。

（二）任务目标。到 2020 年，通过发展生产，每个贫困县形成 2～3 个特色鲜明、带贫面广、有竞争力的扶贫主导产业，有条件的贫困村都建有“一村一品”特色产业基地，每个有劳动能力和意愿的贫困群众都能实现产业扶贫项目带动。贫困县新型经营主体带动贫困户的能力明显增强，“龙头企业＋合作社＋贫困户”的利益联结机制和农产品产销对接机制不断健全。贫困县特色产业技术指导实现全覆盖，每个贫困村培养3～5 名创业致富带头人，有劳动能力和意愿的贫困人口掌握1～2 项实用技术，贫困户内生发展动力和持续稳定增收能力显著提升。

二、深入实施贫困地区特色产业提升工程

（三）加快发展绿色高效特色种养业。把发展高效绿色种养业作为贫困地区脱贫攻坚和乡村振兴的基础，按照绿色化、优质化、特色化、品牌化要求，精准对接贫困村、贫困户产业发展需求，大力推进绿色高质高效行动、果菜茶有机肥替代化肥、畜禽标准化养殖场建设、水产健康养殖场建设和良种繁育基地建设。大力推进带贫新型经营主体严格按标准规范生产，建立生产记录台账，提升特色产品质量。推进贫困地区规模生产经营主体加快应用国家追溯平台，实施追溯管理。深入实施贫困村“一村一品”产业推进行动，鼓励贫困县创建特色农产品优势区，把土特产和小品种做成带动贫困群众增收的大产业。实施中药材产业扶贫行动计划，鼓励中医药企业到贫困县、贫困村建设中药材生产基地。

（四）推进特色林产业提质增效。深入实施特色林产业扶贫行动，因地制宜发展市场需求旺盛、带贫效益较高的木本油料、特色林果、林下经济、竹藤、种苗花卉等特色林产业，加快建设特色林产品标准化生产基地，发展林下中药材、特色经济林、野生动植物繁育利用、林下种植养殖等产业。大力发展森林旅游，积极培育森林旅游新业态，推介一批重点森林旅游地和特色旅游线路，为贫困群众提供更多务工就业机会，分享特色林产业收益。

（五）挖掘农产品加工业增收潜力。实施贫困地区农产品加工业提升行动，支持贫困地区新型经营主体建设一批贫困户参与度高的保鲜、贮藏、分级、包装等产地初加工设施设备，促进商品化处理，减少产后损失，增强市场调节能力。落实扶持政策，创造条件引导加工企业到贫困县、贫困村建设原料基地、加工基地，鼓励加工领军企业发展精深加工和综合利用加工，发挥品牌带动作用。支持科研院所与贫困地区农产品加工企业深度对接，共同建设试验示范基地，提升产品科技含量。推进农产品加工产能向贫困县县城、重点乡镇、易地扶贫搬迁安置区集中集聚，建设一批农产品加工园区，推动一二三产业融合发展，促进贫困地区农产品就地转化增值和贫困群众就地就近就业。

（六）大力发展休闲农业、乡村旅游等新产业新业态。支持贫困县、贫困村依托特色农产品、农事景观、人文景观等资源，结合易地搬迁、危房改造等项目，发展休闲农业、乡村旅游、康养健身、创意农业、体验农业等多元业态，拓宽贫困群众就业增收渠道。加强贫困村休闲农业和乡村旅游配套设施建设，完善乡村道路、供水、停车场、厕所、污水处理等公共服务设施，提高特色餐饮、民宿、农事体验的管理服务水平。实施

贫困地区休闲农业和乡村旅游精品工程，培育休闲农业品牌，开发特色乡村旅游产品，推介一批美丽休闲乡村、重要农业文化遗产以及休闲农业和乡村旅游精品景点和线路。大力发展扶贫车间。培育壮大乡土特色手工业，打造一批特色村镇。在条件适宜地区，以贫困村村级光伏电站为重点，有序推进光伏扶贫。

（七）支持创建扶贫产业园。把扶贫产业园建设作为贫困地区产业扶贫和乡村产业兴旺的重要抓手，支持有条件的贫困县创建一二三产业融合的扶贫产业园。通过产业园联村带户，将区域内有条件的贫困村、易地扶贫搬迁安置区纳入产业园体系，建立“园区 + 新型经营主体 + 基地 + 贫困户”的生产经营模式，发挥产业园在扶贫开发中的示范引领、要素集成、辐射带动作用。贫困县申报国家和省级现代农业产业园，要把扶贫带贫机制作为重要条件，符合条件的给予重点支持。

三、大力扶持贫困地区农产品产销对接

（八）加强农产品产地市场体系建设。指导各地在特色农产品相对集中的贫困村建设田头市场、集配中心等流通设施，配备称重计量、预冷仓储、分级包装、信息服务等设施设备，健全管理服务机制。鼓励各地在贫困地区特色农产品优势区新建或改造农产品批发市场，完善贮藏保鲜、分拣分级、电子结算、安全监控等设施设备，加强冷链物流配送体系建设，提高产销对接硬件水平。

（九）多渠道拓宽农产品市场营销。建设全国贫困地区农产品产销对接公益服务平台，及时发布贫困县带贫经营主体特色农产品上市信息和采购商需求信息，实现供需信息对接。在全国组织开展贫困地区农产品产销对接活动，推动龙头企业、批发市场、大型超市和电商平台与贫困地区精准对接，建立长期稳定产销关系。组织贫困地区带贫经营主体参加农业展会、产销对接等农产品展示展销活动，减免展位费。支持供销、邮政及各类企业把服务网点延伸到贫困村。实施“互联网 +”农产品出村工程，强化电商企业与贫困户、家庭农场、农民合作社等产销对接。实施电商扶贫，深入实施电子商务进农村综合示范，力争具备条件的贫困县实现全覆盖，优先在贫困县、贫困村建设农村电子商务服务站点。组织贫困地区农产品定向直供直销学校、医院、机关食堂和交易市场活动，开展爱心购买贫困地区农产品公益行动。依托东西协作和中央单位定点扶贫以及中国社会扶贫网平台开展消费扶贫。做深做实电商扶贫频道，引导扩大贫困县农村产品网络销售范围。完善贫困地区农产品应急促销机制，引导各类市场主体开展农产品应急促销。在中央、省级新闻媒体开展贫困地区农产品公益宣传，扩大贫困地区优质特色农产品影响力。

（十）培育打造特色农业品牌。指导贫困地区实施品牌提升行动，立足资源禀赋和产业基础，做好品牌规划，打造区域公用品牌、企业品牌和产品品牌，保护地理标志农产品，加强品牌宣传。支持贫困地区开展绿色、有机、地理标志农产品认证，减免认证登记费用。鼓励贫困地区创建绿色食品原料标准化生产基地、有机农业示范基地和森林生态标志产品示范基地。建立贫困地区名特优农产品品牌目录，发布品牌权威索引，引导社会消费。鼓励带贫经营主体申请注册商标，对创建著名商标、品牌产品给予奖补。

（十一）加大产销信息服务力度。依托现代农业产业技术体系，分产业发布生产规模、产量、价格变动情况和市场预测，将农产品供需信息有效传导给新型经营主体和贫困村、贫困户。全面推进信息进村入户工程，加快贫困村益农信息社建设，加强产销信息发布，提升贫困地区涉农信息综合服务水平。指导贫困地区开展农民手机应用技能培训，提高贫困户信息查询、网络营销、服

务获取和便捷生活的能力，使手机成为广大贫困户的“新农具”。

四、着力提升新型经营主体带贫能力

（十二）培育壮大新型经营主体。组织农业产业化龙头企业与贫困地区开展有效对接，引导龙头企业采取与贫困地区带贫经营主体合作、直接建基地等形式，在贫困地区投资兴业，带动贫困户发展产业。支持贫困地区结合特色产业发展，培育壮大农民合作社，增强带贫能力，吸纳更多贫困户入社。引导贫困地区组建农机作业、农资供应、代耕代种、统防统治、动物防疫等各类农业社会化服务组织，鼓励各地通过政府购买服务方式，向贫困户提供便利高效的农业社会化服务。鼓励贫困地区家庭农场和种养大户通过流转土地、技术辐射、销售服务等方式，帮助贫困户发展产业、提高收入。贫困地区要创设扶持政策，在项目安排、资金扶持、示范评定、融资贷款、保险保费、用地用电等方面加大对带贫能力强的新型经营主体的支持力度。

（十三）创新完善联贫带贫机制。通过股份合作、订单帮扶、生产托管等方式，推动贫困户与新型经营主体建立稳定、紧密、互利的利益联结关系。采取企业、基地、园区、合作社+贫困户等多种形式，带动贫困户融入产业发展链条。引导贫困户、村集体、合作社、龙头企业组建农业产业化联合体，让贫困户和村集体稳定分享产业链和价值链收益。积极推动贫困地区农村资源变资产、资金变股金、农民变股东，实施薄弱村集体经济发展提升计划，通过盘活集体资源、入股或参股、量化资产收益等渠道增加集体经济收入。

五、增强贫困地区产业扶贫支撑保障能力

（十四）加大财政投入重点用于产业扶贫。进一步推进贫困县涉农资金统筹整合试点工作，加大涉农资金统筹整合力度，瞄准脱贫攻坚任务目标，将整合资金优先用于保障贫困人口直接受益的产业发展资金需求，由贫困县因地制宜确定支持的重点产业项目和重点环节。有脱贫攻坚任务的其他县也要按规定统筹资金，重点支持推进产业扶贫，带动贫困人口增收脱贫。贫困地区要立足本地资源禀赋，选准特色优势产业，加大政策扶持力度，注重长期培育发展，久久为功，形成可持续发挥效益的主导产业。贫困地区要把扶贫项目资金绩效目标作为安排产业扶贫资金的重要依据，绩效目标要重点突出带贫效果，对产业扶贫项目资金实行全程绩效目标管理。

（十五）强化金融支持产业扶贫。认真落实金融支持新型经营主体信贷政策，充分发挥农业信贷担保体系作用，推广政银担、政银保等模式，加大对带贫成效突出的龙头企业、农民合作社、创业致富带头人的信贷支持力度。创新开展产业扶贫贷款，根据经营主体带动建档立卡贫困户数量，按照每户不高于10万元标准合理确定贷款额度，最高不超过200万元，贷款利率在基准利率基础上最高可上浮3个百分点，并按相关规定享受扶贫贷款贴息政策。规范扶贫小额信贷发放，对符合条件的贫困户做到能贷尽贷，精准用于建档立卡贫困户发展生产。在风险可控的前提下可办理无还本续贷业务，对确因非主观因素不能到期偿还贷款的贫困户可协助其办理贷款展期业务。支持各地建立和用好产业扶贫基金，创新投资方式，简化评审程序，开辟绿色通道，加快投资落地。

（十六）加大贫困地区特色产业保险力度。支持贫困地区开发特色产业险种，拓宽特色产业保险品类，开展扶贫小额信贷保证保险等业务，探索发展价格保险、产值保险、“保险+期货”等新型险种。扩大贫困地区涉农保险保障范围，开发物流仓储、设施农业、“互联网+”等险种。鼓励有条件的贫困地区对主要特色优势产业和贫困户种

养产业实现农业保险全覆盖。把创业致富带头人发展的产业项目纳入保险扶贫范围，享受保险扶贫优惠政策，同时积极开发适宜产品，适度提高保额，适当降低保险费率。

（十七）健全产业扶贫科技服务机制。依托各类涉农院校、科研院所和推广机构技术团队，以县为单位建立产业扶贫技术专家组，开展关键技术攻关、生产技术指导、质量品质提升、市场信息研判、产业风险防范等服务。按照发展特色优势产业、带动贫困户精准脱贫等要求，建立基层农技人员定向扶贫机制，对贫困户进行技能培训、提供技术指导、开展咨询服务，提高科学种养水平。在贫困地区全面实施农技推广服务特聘计划，通过政府购买服务方式，支持贫困县从农业乡土专家、种养能手、新型经营主体技术骨干、科研教学单位一线服务人员中招聘一批特聘农技员，为贫困户从事农业生产经营提供技术帮扶。统筹利用基层农技推广体系改革与建设等推广项目资金，对特聘农技员给予补助。建立科技特派员与贫困村结对服务关系，实现科技特派员对贫困村科技服务和创业带动全覆盖。根据贫困村创业致富带头人产业发展需求，突出针对性实效性，建立健全课堂教学与实践实训相结合的培训机制，提升创业项目带贫减贫效果。

（十八）建立贫困户产业发展指导员制度。从贫困村第一书记、驻村工作队成员、结对帮扶干部、村组干部、新型经营主体带头人中遴选贫困户产业发展指导员，明确产业发展指导员在产业扶贫政策宣讲、项目落地、产业选择、技术服务、产品销售以及风险防范等方面的职责，构建贫困户产业发展指导员与县级产业扶贫技术专家组协同配合工作机制。

（十九）做好产业扶贫与乡村振兴的衔接。把发展扶贫产业作为推动贫困地区乡村振兴的有效抓手，着力改善产业发展的支撑条件，不断健全现代乡村产业体系，提高脱贫效果的可持续性，避免短期行为。兼顾好“边缘人口”的产业发展需要，在技术指导、人员培训、金融保险等帮扶措施上统筹考虑，推动“边缘人口”共同增收致富。

六、集中力量支持深度贫困地区产业发展

（二十）着力加大深度贫困地区产业扶贫政策倾斜力度。落实中央关于深度贫困地区脱贫攻坚一系列倾斜政策，重点强化产业帮扶，新增产业扶贫项目主要布局深度贫困地区，新增产业扶贫资金主要用于深度贫困地区。加强深度贫困地区设施大棚、牲畜棚圈、标准化种养基地等建设，提高贫困群众产业发展效益。支持深度贫困地区建设一批休闲农业和乡村旅游特色村。加快农业机械装备推广应用，提升深度贫困地区农机装备水平。推进深度贫困地区整合资金、统一规划、统筹实施农村土地综合整治和高标准农田建设，开展贫困村人居环境整治，改善深度贫困地区生产生活条件。把产业帮扶作为东西部扶贫协作和对口支援工作重点，鼓励到深度贫困地区合作建设产业基地，引导市场主体精准结对帮扶。

（二十一）着力增强深度贫困地区产业发展内生动力。建立深度贫困地区产业扶贫干部经常化培训机制，突出需求导向和实战化训练，提高指导产业发展的能力和水平。农村实用人才培训和新型职业农民培育项目重点向深度贫困地区倾斜，对带贫经营主体负责人进行集中轮训。树立一批通过产业发展脱贫的贫困户典型，加大宣传力度，引导和激发贫困群众依靠自己的双手光荣脱贫、勤劳致富。

七、加强产业扶贫组织领导

（二十二）进一步落实产业扶贫责任。中央有关部门建立实施产业扶贫三年攻坚行动部门协调机制，明确责任分工，及时研究解决推进中的困难和问题。各省（区、市）

要把产业扶贫摆在脱贫攻坚的突出位置，结合实际出台实施产业扶贫三年攻坚行动的文件，在资金、项目和工作部署上要强化督导落实。市县要强化主体责任，每年编制产业扶贫具体实施方案，把产业项目与建档立卡贫困村贫困户精准对接，抓好政策措施落实。各贫困县要组织开展贫困村、贫困户产业发展情况摸底调查，对产业发展薄弱的给予重点帮扶。

（二十三）强化产业扶贫考核调度。将产业扶贫纳入贫困县扶贫成效考核和党政一把手离任审计，加大产业扶贫在扶贫开发工作成效考核中的比重，重点考核政策措施落实、扶贫产业覆盖、新型经营主体带动、服务体系建设等情况，贫困县退出要把产业扶贫作为重要评估内容。承担产业扶贫任务的行业部门要建立健全工作调度机制，跟踪了解工作进展、主要成效、存在问题、创新举措等，发挥好推进本行业产业扶贫的作用。完善精准扶贫大数据平台，增加建档立卡贫困人口产业扶贫有关数据的采集，实现扶贫部门与行业部门间数据信息共享。

（二十四）有效防范产业扶贫风险。将产业扶贫风险防范作为脱贫攻坚大培训的重要内容，增强贫困地区干部群众风险防范意识和能力。贫困地区要开展扶贫产业风险评估，从技术援助、市场服务、保险减损、金融风险化解、绿色发展等方面，研究制定防范和处置风险的措施。将产业扶贫项目纳入脱贫攻坚项目库管理，规范项目申报和审批程序，健全公告公示制度，加强资金项目常态化监管。

（二十五）营造产业扶贫工作良好氛围。深入学习宣传习近平总书记产业扶贫重要论述和中央关于产业扶贫的重大决策部署，宣传产业扶贫典型经验，推广产业扶贫优秀范例，讲好产业扶贫攻坚故事，为实施产业扶贫三年攻坚行动注入精神动力。加强产业扶贫舆情引导，激发正能量，防止不良炒作。开展产业扶贫领域腐败与作风问题专项治理，着力解决责任落实不到位、工作措施不精准、工作作风不扎实、考核评估不严不实等突出问题，查改薄弱环节，构建作风建设长效机制。

国务院扶贫办文件

国务院扶贫办　科学技术部　财政部　人力资源社会保障部　农业部　中国人民银行　中国银监会　中国保监会　关于培育贫困村创业致富带头人的指导意见

国开办发〔2018〕2号

各省、自治区、直辖市和新疆生产建设兵团扶贫办（局）、科技厅（局）、财政厅、人力资源社会保障厅、农业厅，中国人民银行上海总部、各分行、营业管理部、各省会（首府）城市中心支行，各银监局、各保监局：

贫困村创业致富带头人（以下简称致富带头人）是农村实用人才队伍的重要组成部分。培育致富带头人，是实现贫困群众稳定脱贫的重要举措，对推进脱贫攻坚具有重要作用。为贯彻落实党的十九大精神和《中共中央　国务院关于打赢脱贫攻坚战的决定》，加强培育致富带头人，健全完善工作机制，着力解决致富带头人和村级产业项目缺位、项目带贫益贫效果不明显、简单发钱发物等问题，更好发挥引领带动贫困户稳定脱贫的作用，现提出如下意见。

一、选好选准致富带头人

（一）选择条件。致富带头人基本条件是，爱党爱国、遵纪守法、品行端正、个人信用记录良好、具有领办村级产业项目实力和能力、有意愿履行带动贫困人口脱贫致富社会责任的本土人才。

（二）选择范围。主要从目前已在贫困村创业人员中选择，包括村“两委”成员、村级后备干部、农村党员、小微企业主、农民专业合作社负责人、家庭农场主、种养业大户和农业产业化企业负责人；在外创办企业、务工有意愿回村创业的本土人才；企事业单位愿意回贫困村创业的人员。

（三）选择程序。致富带头人选择，按照自下而上、公开公示程序进行。基本程序是，由本人申请、村“两委”推荐、贫困村第一书记和驻村工作队长考察、乡政府审核，报县级有关部门审定后，确定为致富带头人。

（四）培养数量。致富带头人培养规模，由各地根据实际情况确定，原则上力争为每个贫困村培养3～5名致富带头人。

二、加大致富带头人培训力度

（五）科学制定培训计划。把致富带头人培训纳入各级扶贫培训计划。根据贫困村需求情况和可行性，制定培训规划和年度计划。

（六）切实选好培训机构。选择东部地区或本省（区、市）具备条件的小康村，建立教学和见习基地，强化现场培训，示范观摩。

（七）精心设置培训内容。坚持培训内容与当地扶贫产业布局相结合，与市场需求相结合，与学员创业实践相结合。具体培训内容各地根据实际情况安排。拓展思路，换脑子、学技术、找路子。

（八）加强典型案例教学。深入总结致富带头人带贫益贫典型案例，采取案例教学或经验交流形式，促进相互学习借鉴，提高致富带头人带贫益贫责任意识和创业能力。

三、建立致富带头人创业项目减贫带贫机制

（九）完善创业项目用工带贫制度。致富带头人在贫困村领办创办产业项目，积极吸纳贫困人口稳定就业并建立密切的利益联结机制。

（十）完善资产收益扶贫益贫制度。贫困户通过土地经营权入股的项目，在取得收益前要对其长期利益保障作出制度安排。脱贫攻坚期内，在不改变用途的情况下，各地利用中央财政专项扶贫资金和其他涉农资金投入设施农业、养殖、光伏、乡村旅游等项目形成的资产，具备条件的可以用于资产收益扶贫。财政投入的资产收益扶贫项目赋予村集体股权，收益主要通过开展公益岗位扶贫、奖励补助扶贫等方式，激励贫困人口劳动致富、光荣脱贫。

四、强化以减贫带贫实效为导向的激励措施

（十一）金融支持政策。各金融机构要针对致富带头人领办创办项目的特点，创新金融产品和服务，在依法合规、风险可控、商业自愿的前提下，重点加大对带动能力强、发展前景好的创业项目的支持力度。保险机构要把致富带头人发展的产业项目纳入保险扶贫范围，享受保险扶贫优惠政策，同时加强数据累积和精算，按照保本微利的原则，积极开发适宜产品，适度提高保额，适当降低保险费率。建立健全贫困地区融资风险分担和补偿机制，鼓励有条件的地方设立扶贫贷款风险补偿基金、担保基金、扶贫产业基金。支持贫困地区设立政府出资的市场化融资担保机构，地方政府依法在出资范围内对担保公司承担责任。鼓励和引导有实力的融资担保机构，通过联合担保以及担保与保险相结合等多种形式，为致富带头人提供融资担保。落实创业担保贷款贴息、农业保险保费补贴等政策，支持符合条件的创业项目。

（十二）企事业单位人员回村创办项目支持政策。深度贫困地区可支持符合条件的企事业单位人员回流贫困村领办创办项目。回村创业期间，按照有关规定探索实行离岗后保留人事关系、保留基本待遇。

五、落实致富带头人工作要求

（十三）明确主体责任。培育致富带头人，坚持省负总责、市县抓落实的工作机制。各地要结合本地实际制定具体实施意见或实施方案，把工作绩效纳入考核评估范围，对市、县级致富带头人的培育数量、带动贫困户数量和增收脱贫效果等进行考核评估，形成正确的价值导向，引导更多社会力量参与脱贫攻坚。

县级建立信息档案库，及时采集致富带头人创办企业、实施项目、享受政策扶持等情况，以及带贫人数、带贫方式、带贫效果等信息，录入全国扶贫开发信息系统。坚持每年进行动态调整，致富带头人相关信息发生变化的要及时更新。

（十四）加强工作统筹。有关部门要加强对致富带头人培育工作的指导，注重引导致富带头人积极承担社会责任，确保取得实效。促进贫困村党组织带头人和致富带头人两支队伍有机融合，既要把村党组织带头人和有致富能力的党员培养成致富带头人，又要把优秀致富带头人发展成党员、培养成村“两委”带头人，切实做到以党建促脱贫，以脱贫促党建。进一步加强农村基层党组织建设，强化村级党组织领导核心作用，夯实党在农村的执政基础，为脱贫攻坚提供坚强的人才支撑和组织保证。把培育致富带头人领办创办项目与壮大村级集体经济有机结合，探索发展村社一体的村集体经济。

要结合农村实用技术培训，加大对致富

带头人培训力度。搭建好与龙头企业的对接交流平台，促进深度分工合作。进一步强化对贫困村的技术支持，结合实施科技扶贫“百千万”工程，鼓励和支持科技特派员开展创业式扶贫服务。引导社会力量支持致富带头人领办创办项目，做好与“万企帮万村”“携手奔小康”等帮扶行动的对接。发挥中国社会扶贫网作用，为项目拓展市场和创业资源整合提供服务。

（十五）强化监督问责。加强对致富带头人的监督管理，对带贫益贫成效显著的给予表彰；对贫困村“垒大户”、扶能人不扶贫困户、创业项目带贫益贫效果不明显等问题，要及时发现、及时整改；对骗取套取扶贫资金等突出问题，依据有关规定，严肃查处并对有关责任人予以问责。

国务院扶贫办
科学技术部 财政部 人力资源社会保障部 农业部
中国人民银行　中国银监会
中国保监会
2018 年 1 月 17 日

国务院扶贫办　教育部　民政部　财政部　自然资源部　住房和城乡建设部　交通运输部　水利部　农业农村部　卫生健康委员会关于加快推进贫困村提升工程的指导意见

国开办发〔2018〕29号

各省、自治区、直辖市和新疆生产建设兵团有关部门：

为深入贯彻习近平总书记在深度贫困地区脱贫攻坚座谈会和打好精准脱贫攻坚战座谈会上的重要讲话精神，按照《中共中央国务院关于打赢脱贫攻坚战的决定》的要求，加快推进贫困村提升工程，补齐贫困村发展短板，确保打好打赢精准脱贫攻坚战，提出如下意见。

一、总体要求

（一）指导思想

以习近平新时代中国特色社会主义思想为指导，全面贯彻党的十九大精神，认真落实党中央、国务院脱贫攻坚决策部署，坚持精准扶贫精准脱贫基本方略，以实现贫困人口稳定脱贫为目标，以打通贫困村脱贫攻坚政策落实“最后一公里”为重点，巩固脱贫成果，为打好打赢精准脱贫攻坚战和推动实施乡村振兴战略奠定坚实基础。

（二）主要目标

到2020年，贫困村道路、水利等基础设施建设深入推进，教育、卫生等基本公共服务水平进一步提高，实现人居环境干净整洁的基本要求。产业扶贫组织化程度不断提高，建立起对贫困人口脱贫带动作用明显的主导产业。村级治理体系得到完善，村集体经济得到壮大。良好家风、淳朴民风进一步弘扬，乡风文明建设取得明显成效。

（三）基本原则

——坚持突出重点、群众参与。瞄准突出短板和薄弱环节，优先支持深度贫困村。充分尊重贫困群众在贫困村提升工程实施中的决策、管理和监督权力，充分调动贫困群众的积极性、主动性和创造性，提高贫困群众的获得感。

——坚持因地制宜、量力而行。紧紧围绕“两不愁三保障”扶贫标准，充分考虑贫困村和贫困群众发展需要，结合各地资源禀赋和经济情况，合理确定建设标准和任务，既不降低要求，也不吊高胃口；既尽力而为，又量力而行；不搞政绩工程、形象工程，不做表面文章，防止形式主义。

——坚持统筹兼顾、相互衔接。贫困村提升工程要与乡村振兴战略有机衔接，首先要实现脱贫攻坚的目标，在此基础上考虑下一步建设美丽乡村的需要，久久为功，持续推进；既要提升贫困户生产生活条件，又要保护自然生态环境，实现人与自然的和谐共生。

二、主要任务

（四）提升基本公共服务水平

推进基础设施建设。加快推进通村组路建设，充分利用本地资源，因地制宜选择建筑材料，基本解决村民出行不便等问题。持续实施农村饮水安全巩固提升工程，支持贫困村小型农田水利工程建设，建设一批适度规模的集中供水工程，综合采取改造、配套、升级、联网等方式，不断提升贫困村供水保障能力和水平。建立村内基础设施维护机制，优先吸纳贫困人口参与加强基础设施管理养护。

完善公共服务体系。合理规划学校布局，全面改善贫困村义务教育薄弱学校基本办学条件，加强控辍保学工作，保证每一名适龄儿童依法接受义务教育，重点提升教师执教水平。加快推进贫困村卫生室标准化建设，改善贫困村卫生健康服务条件，提升基层医疗卫生人员服务能力。

提升人居环境水平。推进农村生活垃圾治理，建立健全符合农村实际、方式多样的生活垃圾收运处置体系。加快推进户用卫生厕所建设和改造，同步实施厕所粪污治理。有条件的地区根据村庄人口集聚程度、污水产生规模，因地制宜推进生活污水治理。

（五）提升扶贫产业组织化程度和带贫减贫能力

培育特色优势产业。围绕农业供给侧结构性改革，深入实施贫困村“一村一品”产业推进行动，重点培育贫困群众参与度高的特色优势产业。通过培育和引进有实力、有技术、有市场的龙头企业，推动特色优势产业提质增效和特色农产品标准化生产。开展贫困村农产品营销帮扶，加快建设一批电商扶贫带贫站点和示范网店，加快特色产品上行，增加贫困户收入。深入挖掘贫困村旅游、文化资源，发挥生态优势，培育一批新产业、新业态村级特色品牌，让贫困村绿水青山变成金山银山。

提高产业扶贫组织化程度。推进贫困村一二三产业融合发展，引导与支持各类企业到贫困村开展产业扶贫就业扶贫。支持贫困村以特色优势产业为依托组建农民合作社，为贫困户提供产前、产中、产后统一经营服务。创新体制机制，推动财政、金融、保险、科技、人才等产业扶贫政策在贫困村落细落实。发挥新型农业经营主体带贫作用，通过实施股份合作、订单帮扶等产业扶贫模式，建立贫困户稳定增收利益联结机制。

培育创业致富带头人。建立致富带头人创业项目减贫带贫机制，把致富带头人培训纳入地方扶贫培训计划。完善创业项目用工带贫制度，加大对带动能力强、发展前景好创业项目的支持力度。吸引本土人才返乡创业，支持深度贫困地区符合条件的企事业单位人员回流贫困村领办创办项目。

（六）提升村级治理能力和水平

提升基层治理能力。稳妥推进村民自治下沉，增强村民小组（自然村）治理能力。加强对村“两委”、驻村工作队和第一书记培训力度，发挥贫困村信息管理员作用，支持各类社会组织特别是社区社会组织、社会工作服务机构发挥扶贫方面的专业优势。加强贫困村农村社区服务机构和设施建设，提升贫困村治理和服务能力。

创新治理机制。构建自治、法治、德治相结合的贫困村治理体系。引导建立村民理事会、村民议事会、道德评议会、红白理事会等协商议事形式，丰富村规民约内容。培育新乡贤文化，充分发挥农村老党员、老干部、老教师、老模范、老退伍军人在完善村规民约、化解村民矛盾、加强思想教育等方面作用。

壮大村集体经济。积极探索多元化发展模式，指导贫困村盘活各类集体资产。支持社会帮扶到村项目形成物化资产，产权归村集体所有。鼓励贫困户将闲置农房、土地经营权等资产入股。大力支持有条件的贫困村发展乡村旅游、电商扶贫，建设村级光伏电站、扶贫车间，实现村集体经济壮大，贫困群众增收。

（七）提升乡风文明建设水平

纠正陈规陋习。大力倡导健康文明生活方式，按规定开展文明村、星级文明户评选。鼓励孝亲敬老，建立邻里互助居家养老服务机制，推行村级幸福院、互助养老站。传承良好家风，倡树喜事新办、丧事简办的文明风尚，利用现有设施建立“喜丧大院”“村民礼堂”等红白事办理场所，加强公益性安葬设施建设。大力推行爱国主义教育，抵制封建迷信，防范宗教思想渗透。

激发内生动力。加强宣传引导，通过“讲习所”“农民夜校”“微讲堂”等形式广泛宣传党的脱贫攻坚政策和自强不息、脱贫光荣观念，提升贫困群众精气神，摆脱“等靠要”思想。加强贫困人口基本文化素质和实用技能培训，增强贫困人口脱贫致富信心和能力。强调扶贫措施与贫困群众参与挂钩，通过“群众点菜”“双向承诺”等方式，让贫困户有更多的获得感。建立脱贫激励制度，评选先进脱贫典型，发挥身边典型示范带动作用，用身边事教育身边人，进一步激发贫困群众脱贫动力。

三、保障措施

（八）加强组织领导。省市两级要建立协调机制，加强对本地区贫困村提升工程的指导。县级承担贫困村提升工程的主体责任。鼓励东西部“携手奔小康”县之间建立乡、村对接机制，“万企帮万村”行动村企之间完善结对关系，共同推进贫困村提升。驻村帮扶力量要充分发挥生力军作用，推动实施贫困村提升工程。

（九）加大投入保障。按照现有资金渠道，支持符合条件的贫困村提升工程项目建设。高标准农田建设等新增耕地指标和城乡建设用地增减挂钩节余指标跨省域调剂产生的部分收益通过支出预算安排用于贫困村提升工程。定点帮扶、东西扶贫协作、社会捐赠资金等也要积极用于贫困村提升工程。县级要统筹各渠道投入，抓好贫困村提升工程的实施，特别是贫困县要用好涉农资金整合试点政策，支持实施贫困村提升工程中符合规定的农业生产发展和农村基础设施项目。

（十）完善基础性工作。各地要以贫困村贫困发生率为主要衡量标准，针对制约贫困村脱贫突出短板，以县为单位制定施工图、时间表，结合实际优化细化实施方案，将贫困村提升工程项目纳入全国扶贫开发信息系统和县级脱贫攻坚项目库管理。

（十一）强化监测指导。各省扶贫部门要对本地区贫困村提升工程进展情况进行跟踪监测、督促检查，纠正突出问题，总结推广典型经验。

国务院扶贫办　教育部　民政部
财政部　自然资源部
住房和城乡建设部
交通运输部　水利部
农业农村部　卫生健康委员会
2018 年 4 月 16 日

国务院扶贫办关于扩大构树扶贫试点工作的指导意见

国开办发〔2018〕29 号

有关省、自治区、直辖市扶贫办（局）：

为贯彻落实《中共中央、国务院关于打赢脱贫攻坚战的决定》和《中共中央、国务院关于打赢脱贫攻坚战三年行动的指导意见》精神，促进贫困地区农业供给侧改革，培育适宜贫困地区发展特色产业，推动构树扶贫工程落地见效。近年来，部分省份在杂交构树全产业链发展及带贫减贫机制等方面进行了积极探索，取得了显著成效。在总结地方试点经验的基础上，现就进一步指导和规范各地构树扶贫产业发展，提出如下意见。

一、总体要求

（一）目标任务。在适宜种植杂交构树的地区，让贫困群众参与构树种植基地建设和发展养殖业，提高收入水平和自我发展能力，促进乡村产业兴旺，实现稳定脱贫。

（二）工作原则。坚持因地制宜。可在温度、年积温、降水量、耐盐碱量、海拔适宜的地区，特别是深度贫困县，可统筹规划，合理布局构树种植。坚持种养结合。根据当地畜牧产业发展实际，合理布局杂交构树种植，促进杂交构树种植与畜牧养殖配套衔接，就地就近转化利用。推动种养加一体化产业经营，强化带贫益贫机制，增加贫困人口收入。坚持市场导向。从市场需求出发，从产业结构调整要求出发，引导各类市场主体和贫困户发展构树产业。研究探索构树运用新领域，拓展构树产业链。坚持政府引导。以脱贫攻坚规划为引领，统筹整合使用涉农资金，出台具体支持政策，有序推进构树扶贫工作。

（三）基本要求。发展构树扶贫产业可重点在黄河流域滩区、长江流域低丘缓坡地、石漠化地区，特别是深度贫困地区等适宜地区种植杂交构树；有企业或合作社等经营主体参与；带动建档立卡贫困户增收脱贫；地方有积极性并将构树扶贫产业纳入脱贫攻坚规划。

二、工作内容

（一）推动构树全产业链建设。加大杂交构树优质品种、组培苗繁育、栽种、采收、加工等方面的研发力度和技术管理，推动杂交构树全产业链技术和产品标准制定，形成标准化技术体系。重点发展杂交构树青贮料、发酵料以及粉末和颗粒饲料饲喂畜禽，探索黄河流域滩区、长江流域低丘缓坡地、石漠化地区等不同区域全产业链适宜的发展模式。

（二）实行绿色发展。树立绿水青山就是金山银山的理念。在保护生态的前提下，将杂交构树种植与荒漠化、石漠化、水土流失综合治理等生态修复有机结合，实现生态效益、扶贫效益、经济效益“三效合一”。

（三）建立健全带贫益贫机制。发挥企业、合作社等经营主体的带动作用，广泛吸纳建档立卡贫困户参与，激发内生动力。建立健全利益联结机制，提升建档立卡贫困户可持续发展能力，实现增收脱贫。

三、支持政策

（一）参与杂交构树饲料化收贮利用的县，符合条件的地方可申请享受中央财政粮改饲补贴。不在范围内的地方政府可参照粮改饲扶持政策给予支持。统筹整合使用涉农资金或扶贫资金支持构树全产业链发展。

（二）各地在符合条件的地类实施退耕还林，可自主选择杂交构树，并按规定享受政策扶持。对其他构树造林的，可按照要求纳入防护林建设、石漠化治理等林业重点工程支持范围。

（三）对经过良种认定的杂交构树品种，按照规定享受林木良种培育补助。

四、工作要求

（一）加强工作指导。国务院扶贫办会同相关部门和单位加强对构树扶贫工作的指导。省级扶贫部门要协同有关部门和单位，建立分工明确、定期协商、协同推进的工作机制。

（二）周密制定方案。各地在充分调研、多方论证的基础上，按照自愿的原则，结合本地区实际情况，明确适宜种植区域，提出切实可行的实施方案，报省级扶贫部门，由省级扶贫部门组织有关单位审批后实施。开展构树工作所需资金，由各县在统筹资金中根据实际情况给予支持。

（三）开展跟踪评估。省级扶贫部门要对构树扶贫工作的情况及时跟踪评估。要健全机制，规范方法流程，提高跟踪评估质量。重点评估分析取得的经济效益、扶贫效益、生态效益，以及是否达到预期目标。针对存在的主要问题要分析其原因，并提出意见建议。

（四）及时总结经验。各地要及时总结构树扶贫工作先进典型和经验做法，加强宣传推广成熟技术模式，确保此项工作健康稳步推进。运用通俗易懂的宣传方式，提高政策知晓度，鼓励和引导贫困群众参与。

国务院扶贫办

2018年7月11日

国务院扶贫办　中央组织部　中央宣传部　中央文明办　国家发展改革委　公安部　司法部　财政部　水利部　农业农村部　文化和旅游部　国家卫生健康委　国家医疗保障局　关于开展扶贫扶志行动的意见

各省、自治区、直辖市和新疆生产建设兵团党委组织部、宣传部、文明办，发展改革委、公安厅、司法厅、财政厅、水利厅、农业厅、文化厅、卫生计生委、医疗保障局、扶贫办（局）：

加强扶贫扶志，激发贫困群众内生动力，是中国特色扶贫开发的显著特征，是打赢脱贫攻坚战的重要举措。脱贫攻坚以来，广大贫困群众脱贫致富信心、自我发展能力明显提高，精神面貌显著改变，扶贫扶志工作取得积极进展。但仍然存在部分贫困群众脱贫主体意识淡薄、“等靠要”思想突出、脱贫能力不足、帮扶工作中简单给钱给物和一些陈规陋习现象严重等问题。为深入贯彻《中共中央　国务院关于打赢脱贫攻坚战三年行动的指导意见》，进一步加强扶贫扶志工作，激发贫困群众内生动力，现就开展扶贫扶志行动提出如下意见。

一、把握总体要求

以习近平新时代中国特色社会主义思想为指导，全面贯彻党的十九大和十九届二中、三中全会精神，深入贯彻党中央、国务院脱贫攻坚决策部署，坚持精准扶贫精准脱贫基本方略，坚持脱贫攻坚目标和现行扶贫标准，更加注重培育贫困群众主体意识，更加注重提高贫困群众脱贫能力，更加注重改进帮扶方式，更加注重营造健康文明新风，激发贫困群众立足自身实现脱贫的信心决心，形成有劳才有得、多劳多得的正向激励，树立勤劳致富、脱贫光荣的价值取向和政策导向，凝聚打赢脱贫攻坚战强大精神力量，切实增强贫困群众自我发展能力，确保实现贫困群众持续稳定脱贫。

二、坚持目标标准，保持脱贫攻坚正确方向

严格落实“两不愁、三保障”要求，做好教育扶贫、健康扶贫、易地扶贫搬迁、危房改造、饮水安全、保障性扶贫等工作，确保贫困人口不愁吃、不愁穿，保障贫困家庭孩子接受九年义务教育、贫困人口基本医疗需求和基本居住条件。要量力而行，既不降低标准、搞数字脱贫，也不擅自拔高标准、提不切实际的目标。加强对脱贫攻坚工作中出现的苗头性、倾向性问题个案指导，逐个研究解决。进一步规范贫困人口医疗保障工作，纠正个别贫困人口医疗保障工作中过度医疗、过高承诺、过度保障等问题。加大易地扶贫搬迁抽查暗访，加强超面积、超标准等问题整改。

三、采取有效措施，增强立足自身实现脱贫的决心信心

（一）开展扶志教育。组织贫困群众认

真学习习近平总书记关于扶贫工作的重要论述，加强思想、文化、道德、法律、感恩教育，大力弘扬“脱贫攻坚是干出来的”“幸福是奋斗出来的”“滴水穿石”“弱鸟先飞”“自力更生”等精神，帮助贫困群众摆脱思想贫困、树立主体意识。大力宣传脱贫攻坚目标、现行扶贫标准和政策举措，让贫困群众知晓政策、更好地参与政策落实并获得帮扶。建好用好新时代文明实践中心，运用好农村“大喇叭”、村内宣传栏、微信群、移动客户端和农村远程教育等平台，发挥乡村干部和第一书记、驻村工作队贴近基层、贴近群众优势，组织党员干部、技术人员、致富带头人、脱贫模范等开展讲习，提高扶志教育针对性、及时性、便捷性和有效性。在贫困地区中小学校开展好习惯、好行为养成教育，带动学生家长共同转变观念习惯。

（二）加强技能培训。围绕贫困群众发展产业和就业需要，组织贫困家庭劳动力开展实用技术和劳动技能培训，确保每一个有培训意愿的贫困人口都能得到有针对性的培训，增强脱贫致富本领。采取案例教学、田间地头教学等实战培训，强化信息技术支持指导，实现贫困群众科学生产、增产增收。组织贫困家庭劳动力参加劳动预备制培训、岗前培训、订单培训和岗位技能提升培训，支持边培训边上岗，突出培训针对性和实用性，将贫困群众培育成为有本领、懂技术、肯实干的劳动者。

（三）强化典型示范。选树一批立足自身实现脱贫的奋进典型和带动他人共同脱贫的奉献典型，用榜样力量激发贫困群众脱贫信心和斗志，营造比学赶超的浓厚氛围。开展全国脱贫攻坚奖评选，组织先进事迹报告会，支持各地开展脱贫攻坚奖评选表彰活动，加大对贫困群众脱贫典型表彰力度。制作扶贫公益广告，宣传榜样力量。宣传脱贫致富先进典型，总结推广脱贫致富成功经验，鼓励各地开展脱贫家庭星级评定，发布脱贫光荣榜，用身边人身边事教育引导身边人，让贫困群众学有榜样、干有方向，形成自力更生、脱贫光荣的鲜明导向。

四、改进帮扶方式，提高贫困群众脱贫能力

（四）引导贫困群众发展产业和就业。支持贫困群众发展特色产业，大力开展转移就业，开发扶贫岗位，在有条件的地方建设扶贫车间，确保有劳动力的贫困户至少有一项稳定脱贫项目。加强贫困村致富带头人培育培养，增强新型经营主体带动作用，提高贫困群众发展生产的组织化、规模化、品牌化程度。完善产业扶贫奖补措施，鼓励和支持贫困群众发展产业增收脱贫。采取劳务补助、劳动增收奖励等方式，提倡多劳多得、多劳多奖。

（五）加大以工代赈实施力度。大力推广自建、自管、自营等以工代赈方式，通过投工投劳建设美好家园。强化工作指导，督促地方切实组织和动员当地贫困群众参与工程建设，改善贫困乡村生产生活条件。提高劳务报酬发放比例，推动以工代赈回归政策初衷。

（六）减少简单发钱发物式帮扶。规范产业扶贫和光伏扶贫，财政资金和村集体资产入股形成的收益主要支持村集体开展扶贫。推广有条件现金转移支付方式，除现行政策明确规定以现金形式发放外，原则上不得无条件发放现金。不得包办代替贫困群众搞生产、搞建设，杜绝“保姆式”扶贫，杜绝政策“养懒汉”。

（七）发挥贫困群众主体作用。尊重贫困群众的首创精神和主体地位，鼓励贫困群众向村“两委”签订脱贫承诺书，明确贫困群众脱贫责任。落实贫困群众知情权、选择权、管理权、监督权，引导贫困群众自己选择项目、实施项目、管理项目、验收项目，参与脱贫攻坚项目全过程。推广以表现换积分、以积分换物品的扶贫超市等自助式帮扶做法。鼓励贫困户之间或贫困户与非贫

困户之间开展生产生活互助。

五、推进移风易俗，引导贫困群众健康文明新风尚

（八）提升乡风文明水平。持之以恒推进农村精神文明建设，着力培育文明乡风、良好家风、淳朴民风。在贫困地区开展文明村镇、文明家庭、星级文明户等创建活动，推选“好婆婆”“好媳妇”“好夫妻”“好儿女”，推广设立扶贫孝善基金。对积极参与村内公益事业、保持良好生活和卫生习惯、营造优良文明家风等行为给予奖励。动员文明单位履行社会责任结对帮扶贫困村。持续开展贫困村改水、改厕、改厨、改圈等人居环境整治。发挥基层党员干部在讲文明、树新风等方面的示范作用。开展民族团结进步创建活动，引导建立各民族相互嵌入式的社会结构和社区环境，促进各民族交往交流交融。

（九）加大贫困地区文化供给。组织文艺院团、文艺工作者等创作一批反映贫困地区本地文化、展现贫困群众自力更生精神风貌的文艺影视作品。培育挖掘贫困地区本土文化人才，支持组建本土文化队伍，讲好富有地方特色、反映群众自主脱贫的故事。推动贫困地区村综合文化服务中心和体育设施建设，推进数字广播电视户户通。组织文化下乡活动，加快优秀文艺作品向贫困地区基层一线传播。

（十）发挥村民治理机制和组织作用。指导修订完善村规民约，传承艰苦奋斗、勤俭节约、勤劳致富、自尊自强、孝亲敬老、遵纪守法等优良传统，引导贫困群众自觉遵守、自我约束。鼓励成立村民议事会、道德评议会、红白理事会、禁毒禁赌会等自治组织，规劝制止陈规陋习，倡导科学文明生活方式。

（十一）加强不良行为惩戒。开展高额彩礼、薄养厚葬、子女不赡养老人等摸底调查，有针对性地开展专项治理，逐步建立治理长效机制。探索设立红黑榜，曝光攀比跟风、环境脏乱差、争当贫困户等不良行为。深化法治建设，引导贫困群众知法守法，不越雷池、不碰红线。加强诚信监管，将有故意隐瞒个人和家庭重要信息申请建档立卡贫困户和社会救助、具有赡养能力却不履行赡养义务、虚报冒领扶贫资金、严重违反公序良俗等行为的，列入失信人员名单，情节严重、影响恶劣的，通过公益诉讼等手段依法严厉惩治。对参与黑恶活动、黄赌毒盗和非法宗教活动且经劝阻无效的贫困人口，可取消其获得帮扶和社会救助资格。

六、强化基层党组织政治功能，加强对贫困群众的教育引导

（十二）选好配强村级党组织带头人。实施村党组织带头人整体优化提升行动，加大从本村致富能手、外出务工经商人员、本乡本土大学毕业生、退役军人中培养选拔力度。有针对性地开展大规模轮训工作，村党组织书记每年至少参加1次县级以上集中培训。派强用好第一书记和驻村工作队，严格管理考核，树立鲜明导向，对优秀的第一书记和驻村干部宣传表彰、提拔使用，对不胜任的及时“召回”调整。

（十三）发挥好村级党组织组织群众、宣传群众、凝聚群众、服务群众的作用。着力选准贫困村发展路子，制定好脱贫计划，组织贫困群众参与脱贫项目并实现增收。推动基层党组织加强对村民议事会、村民理事会等各种组织的领导，把农村精神文明建设抓在手上。加强贫困村脱贫致富带头人培育培养，组织和支持党员带头脱贫致富，吸引各类人才到贫困村创新创业。加强对贫困人口、留守儿童和妇女、老年人、残疾人、“五保户”等人群的关爱服务。落实“四议两公开”制度，探索基层民主决策新方式，提高群众的集体意识、参与意识和奉献意识。

（十四）因地制宜发展壮大村级集体经济。省一级要制定发展村级集体经济规划，

县一级要在逐村分析研究基础上，制定实施方案。乡镇、村党组织要把党员、群众和各方面力量组织起来，多渠道增加村集体经济收入，切实增强村级党组织凝聚服务群众的能力。财政支农资金投入所形成资产带来的村集体经济收入，优先用于购买公益岗位、村内小型公益事业等贫困户帮扶及保障支出。加强对村集体经济运营，分配和使用等方面的监督管理。

七、加强工作保障，推进政策举措落地见效

（十五）切实落实责任。各级相关部门要高度重视扶贫扶志工作，加强统筹协调、督促推进和配合协作，按照责任分工抓好组织实施。注重发挥驻地部队、共青团、妇女组织、残联和社会组织等在扶贫扶志中的作用。

（十六）强化督导检查。各地要建立扶贫扶志重点工作督办机制，建立工作台账。把扶贫扶志工作推进落实情况纳入脱贫攻坚督查巡查和精神文明创建活动内容，确保各项政策举措落实落地。

（十七）鼓励探索创新。加强扶贫扶志工作理论创新和实践创新，鼓励各地结合实际探索好经验好做法，及时总结宣传推广，不断提升扶贫扶志工作水平。

国务院扶贫办　中央组织部
中央宣传部　中央文明办
国家发展改革委　公安部
司法部　财政部　水利部
农业农村部　文化和旅游部
国家卫生健康委　国家医疗保障局
2018 年 10 月 29 日

国务院扶贫办
关于制止产业扶贫中“人情送礼”行为的通知

国开办发〔2018〕49号

各省、自治区、直辖市和新疆生产建设兵团扶贫办（局）：

近年来，一些地方在发展产业扶贫过程中出现了“人情送礼”的行为，有的地方、企业以“人情”或者帮助推广产品、宣传品牌等名义向前来学习、考察、调研人员赠送“扶贫特色产品”，有的单位和人员借机收受土特产品。根据党中央关于开展扶贫领域腐败和作风问题专项治理的要求，现就有关事项通知如下。

一、充分认识产业扶贫中“人情送礼”行为的危害性。产业扶贫过程中出现的“人情送礼”行为，虽然每次涉及数量不多，但日积月累就会加重扶贫企业和扶贫合作社负担，侵害贫困群众的切身利益，影响党和政府形象。一瓜一果不是小事，一茶一饭总关廉洁。要充分认识其危害性，从严要求，抓早抓小，遏制苗头，防微杜渐。

二、坚决制止产业扶贫中“人情送礼”行为。各地在组织扶贫观摩、调研等活动中不能摆放、不得赠送扶贫产品，参加活动的人员不品尝、不收受扶贫产品。要把制止“人情送礼”行为作为扶贫领域腐败和作风问题专项治理重要内容，做到廉洁扶贫。

三、积极支持产业扶贫健康发展。各地各有关部门要积极主动做好产业扶贫服务工作，认真落实产业扶贫政策举措，及时帮助扶贫企业、合作社等解决实际困难和问题，坚决杜绝“不拿不要不办事”、故意刁难等现象。要做好扶贫产品产销对接，推动消费扶贫健康发展。

各相关领导机关和领导干部要自觉抵制“人情送礼”行为，自觉做廉洁扶贫的模范。对于不收敛、不收手的单位和个人，发现一起查处一起，对情节严重、造成恶劣影响的，进行严肃处理，通报曝光。

国务院扶贫办

2018年12月4日

国务院扶贫办　财政部
印发《关于对在脱贫攻坚成效考核中真抓实干成效明显地方进行激励的实施办法》的通知

国开办发〔2018〕53 号

各省、自治区、直辖市扶贫办（局）、财政厅（局）：

根据《国务院办公厅关于对真抓实干成效明显地方进一步加大激励支持力度的通知》（国办发〔2018〕117 号）要求，结合脱贫攻坚成效考核工作新进展新部署，国务院扶贫办与财政部对《关于对在扶贫开发工作成效中真抓实干成效明显地方进行激励的实施办法》（国开办发〔2017〕5 号）进行了修订，制定了《关于对在脱贫攻坚成效考核中真抓实干成效明显地方进行激励的实施办法》，现印发实施。

国务院扶贫办　财政部

2018 年 12 月 30 日

关于对在脱贫攻坚成效考核中真抓实干成效明显地方进行激励的实施办法

为进一步强化脱贫攻坚正向激励，充分激发和调动各地持续深化脱贫攻坚的积极性、主动性和创造性，推动各地全面贯彻落实党中央国务院脱贫攻坚决策部署，坚决打赢打好脱贫攻坚战，根据《国务院办公厅关于对真抓实干成效明显地方进一步加大激励支持力度的通知》（国办发〔2018〕117 号）部署和脱贫攻坚成效考核相关办法规定，制定本办法。

一、激励对象

脱贫攻坚成效考核综合评价好的省（自治区、直辖市）。

二、工作安排

以脱贫攻坚成效考核情况为主要依据，对真抓实干推进脱贫攻坚成效明显的省进行奖励。考核由国务院扶贫开发领导小组统一领导部署，国务院扶贫办、中央组织部牵头，国务院扶贫开发领导小组相关成员单位参加，组建考核工作组组织实施，对各地年度脱贫攻坚进展和成效进行综合评价。考核工作从 2016 年到 2020 年，每年开展一次。

（一）考核内容。主要包含 5 项内容。

1. 减贫成效。考核建档立卡贫困人口减少计划完成情况、贫困县退出计划完成情况和贫困地区农村居民人均可支配收入增长率等 3 个指标。

2. 精准识别。考核建档立卡贫困人口识别准确率、退出准确率和脱贫人口返贫情况等 3 个指标。

3. 精准帮扶。考核因村因户帮扶工作

群众满意度和脱贫攻坚责任、政策、工作落实情况 2 个指标。

4. 扶贫资金。考核各省（自治区、直辖市）扶贫资金使用管理 1 个指标。

5. 东西部扶贫协作成效。主要考核东西部扶贫协作双方完成扶贫协作协议内容和创新工作情况。

（二）考核方式。主要采取自评总结、年终考核和平时工作情况相结合的方式进行。

1. 自评总结。各省（自治区、直辖市）对照年度减贫计划，就脱贫攻坚工作进展、政策落实情况和取得的成效进行总结，形成自评报告。

2. 年终考核。以实地考核为主，通过省际交叉考核、第三方评估、媒体暗访、财政专项扶贫资金绩效评价等形式对各地年度脱贫攻坚工作进行实地调研检查。

3. 平时工作情况。收集汇总有关方面信息系统、统计监测、工作调度、监督检查掌握的平时工作情况，纳入考核综合分析评价范围。

4. 综合分析评价。考核工作组结合自评总结、年终考核和平时工作情况，对各省（自治区、直辖市）年度脱贫攻坚进展和成效进行综合分析，提出评价意见。

（三）报批审定。考核工作组综合分析提出评价意见后，由国务院扶贫办汇总形成考核报告，提请国务院扶贫开发领导小组审议后，报党中央、国务院审定。

（四）考核结果。考核结果分为综合评价好、综合评价较好、综合评价一般、综合评价较差等四个等次。

三、激励措施

对综合评价好的省（自治区、直辖市）予以通报表扬，并在财政专项扶贫资金分配上给予适当奖励。每年上半年，根据年度中央财政专项扶贫资金总量和拟奖励的地方数量，国务院扶贫办与财政部协商提出用于奖励的资金总量及分省额度建议，报国务院扶贫开发领导小组审定后下达资金。

自本通知印发之日起，《国务院扶贫办财政部关于印发〈关于对在扶贫开发工作成效中真抓实干成效明显地方进行激励的实施办法〉的通知》（国开办发〔2017〕5 号）废止。

国务院扶贫办综合司

2018 年 12 月 31 日

附录2　2018年中国扶贫开发大事记

2018 年中国扶贫开发大事记

1 月 2 日，中共中央、国务院印发《关于实施乡村振兴战略的意见》，将脱贫攻坚纳入乡村振兴统筹谋划，提出到 2020 年，要确保现行标准下农村贫困人口实现脱贫，贫困县全部摘帽，解决区域性整体贫困。

1 月 18 日，国家旅游局、国务院扶贫办印发《关于支持深度贫困地区旅游扶贫行动方案》，聚焦深度贫困地区，切实加大旅游扶贫支持力度。

1 月 20 日，刘延东在山西省调研时强调，发展教科文卫助力脱贫攻坚，使教育成为切断贫困代际传递的治本之计。

1 月 25—29 日，汪洋在云南省怒江傈僳族自治州调研脱贫攻坚工作。

2 月 9 日，汪洋出席民营企业家迎春座谈会并讲话。

2 月 11 日，习近平到四川省凉山彝族自治州昭觉县看望贫困群众和基层干部，共谋精准脱贫之策。

2 月 12 日，习近平在四川省成都市主持召开打好精准脱贫攻坚战座谈会。汪洋出席座谈会，丁薛祥、刘鹤参加会议。

2 月 12 日，李克强到吉林省白城市调研脱贫攻坚工作。

2 月 23 日，汪洋主持召开国务院扶贫开发领导小组全体会议，学习贯彻中共中央总书记习近平在四川省成都市打好精准脱贫攻坚战座谈会上的重要讲话精神，研究部署下一阶段脱贫攻坚工作。

3 月 22—23 日，全国贫困村创业致富带头人工作现场会在广西壮族自治区上林县召开。

3 月 23—25 日，胡春华在甘肃省调研脱贫攻坚工作。

3 月 30 日，习近平主持召开中共中央政治局会议，听取 2017 年省级党委和政府脱贫攻坚工作成效考核情况汇报，对打好脱贫攻坚战提出要求。

3 月 30 日，汪洋出席各民主党派中央脱贫攻坚民主监督工作座谈会并讲话。

4 月 2 日，习近平主持召开中央财经委员会第一次会议，研究打好三大攻坚战的思路和举措。

4 月 10—14 日，汪洋到新疆和田、阿克苏、乌鲁木齐等地深入调研。

4 月 10—11 日，全国完善县级脱贫攻坚项目库建设培训班在安徽省六安市举办。

4 月 19 日，胡春华主持召开脱贫攻坚工作专题会议，学习传达习近平总书记关于脱贫攻坚的重要讲话精神，研究关于打好精准脱贫攻坚战三年行动的指导意见，部署脱贫攻坚落实工作。

5 月 4—5 日，全国驻村帮扶工作座谈会在湖北省孝感市召开。

5 月 8—10 日，全国脱贫攻坚综合业务培训班在吉林省延边朝鲜族自治州举办。

5 月 9—10 日，全国扶贫资金项目公告公示及资金监管培训班在陕西省宝鸡市举办。

5 月 14 日，国务院办公厅转发财政部、国务院扶贫办、国家发展和改革委员会《扶贫项目资金绩效管理办法》。

5 月 16—17 日，全国产业扶贫带贫减贫机制培训班在内蒙古林西县举办。

5 月 21—23 日，汪洋到甘肃省甘南藏族自治州调研。

5 月 23 日，李克强主持召开国务院常务会议，确定加大困难地区和薄弱环节教育投入力度，推进多渠道增加托幼和学前教育资源供给。2018—2020年中央财政新增安排70亿元，重点支持“三区三州”教育脱贫攻坚。

5月23日，“2018中国扶贫国际论坛”在北京举行。主题为“共享推动合作，携手消除贫困”。

5月27日，四川省凉山彝族自治州“学前学会普通话”行动启动仪式在昭觉县举行。

5月30日，滇桂黔石漠化片区区域发展与扶贫攻坚现场推进会在云南省文山壮族苗族自治州举行。

5月30日，全国东西部扶贫协作考核整改落实协调会在北京市召开。

5月31日，习近平主持召开中共中央政治局会议，审议《乡村振兴战略规划（2018—2022年）》和《关于打赢脱贫攻坚战三年行动的指导意见》。6月15日，中共中央、国务院印发《关于打赢脱贫攻坚战三年行动的指导意见》。

6月3—5日，胡春华在河北调研督导脱贫攻坚工作。

6月5日，国务院扶贫开发领导小组启动2018年脱贫攻坚督查巡查工作，计划于6—9月，分三批、每批7～10天对中西部22个省（自治区、直辖市）开展督查巡查。

6月5日，2018年全球减贫伙伴研讨会在意大利罗马国际农业发展基金总部举行。

6月8日，习近平对脱贫攻坚工作作出重要指示强调，脱贫攻坚时间紧、任务重，必须真抓实干、埋头苦干。各级党委和政府要以更加昂扬的精神状态、更加扎实的工作作风，团结带领广大干部群众坚定信心、顽强奋斗，万众一心夺取脱贫攻坚战全面胜利。习近平指出，打赢脱贫攻坚战，对全面建成小康社会、实现“两个一百年”奋斗目标具有十分重要的意义。行百里者半九十。各级党委和政府要把打赢脱贫攻坚战作为重大政治任务，强化中央统筹、省负总责、市县抓落实的管理体制，强化党政一把手负总责的领导责任制，明确责任、尽锐出战、狠抓实效。要坚持党中央确定的脱贫攻坚目标和扶贫标准，贯彻精准扶贫精准脱贫基本方略，既不急躁蛮干，也不消极拖延，既不降低标准，也不吊高胃口，确保焦点不散、靶心不变。要聚焦深度贫困地区和特殊贫困群体，确保不漏一村不落一人。要深化东西部扶贫协作和党政机关定点扶贫，调动社会各界参与脱贫攻坚积极性，实现政府、市场、社会互动和行业扶贫、专项扶贫、社会扶贫联动。

6月8日，李克强对脱贫攻坚作出批示指出，实现精准脱贫是全面建成小康社会必须打赢的攻坚战，是促进区域协调发展的重要抓手。各地区各部门要全面贯彻党的十九大精神，以习近平新时代中国特色社会主义思想为指导，认真落实党中央、国务院关于打赢脱贫攻坚战三年行动的决策部署，进一步增强责任感紧迫感，坚持精准扶贫精准脱贫基本方略，聚焦深度贫困地区和特殊贫困群体，细化实化政策措施，落实到村到户到人，加强项目资金管理，压实责任，严格考核，凝聚起更大力量，真抓实干，确保一年一个新进展。要注重精准扶贫与经济社会发展相互促进，注重脱贫攻坚与实施乡村振兴战略相互衔接，注重外部帮扶与激发内生动力有机结合，推动实现贫困群众稳定脱贫、逐步致富，确保三年如期完成脱贫攻坚目标任务。

6月11日，打赢脱贫攻坚战三年行动电视电话会议举行。胡春华出席会议并讲话。

6月11日，中共中央组织部、国务院扶贫办、中央党校（国家行政学院）在国家行政学院联合举办省部级干部“学习贯彻习近平新时代中国特色社会主义思想，坚决打好精准脱贫攻坚战”专题研讨班。培训班为期一周，同期套办厅局级班和地市州班。

6 月 14—15 日，胡春华到云南调研脱贫攻坚工作。

6 月 23—24 日，全国构树扶贫工程现场观摩交流暨培训班在河南省兰考县举办。

6 月 25 日，政协第十三届全国委员会常务委员会第二次会议开幕，围绕“解决深度贫困地区脱贫问题”协商建言。汪洋出席开幕会。胡春华应邀出席会议并作报告。26 日，政协第十三届全国委员会常务委员会第二次会议举行全体会议，14 位全国政协常委、委员围绕“解决深度贫困地区脱贫问题”做大会发言。27 日，政协第十三届全国委员会常务委员会第二次会议闭幕。汪洋主持闭幕会并讲话。

6 月 28 日，“追寻美好生活”中国脱贫成就展在美国纽约市联合国总部举行开幕式，这是我国首次在多边舞台举办脱贫攻坚内容的展览。

7 月 4 日，全国东西部扶贫协作工作推进会召开。会议传达学习了习近平总书记重要指示精神，签署 2018 年东西部扶贫协作协议，安排部署下一阶段重点工作。胡春华出席会议并讲话。

7 月 6 日，习近平对浙江省安吉县黄杜村农民党员向贫困地区捐赠白茶苗作出重要指示强调，增强饮水思源、不忘党恩意识，弘扬为党分忧、先富帮后富精神，对于打赢脱贫攻坚战很有意义。

7 月 11 日，国务院扶贫办印发《关于扩大构树扶贫试点工作的指导意见》，对持续深入推进构树扶贫试点工作作出全面部署。

7 月 12 日，青海省深度贫困地区脱贫攻坚现场推进会在青海省玉树藏族自治州召开。

7 月 18 日，习近平对毕节试验区工作作出重要指示。习近平指出，30 年来，在党中央坚强领导下，在社会各方面大力支持下，广大干部群众艰苦奋斗、顽强拼搏，推动毕节试验区发生了巨大变化，成为贫困地区脱贫攻坚的一个生动典型。在这一过程中，统一战线广泛参与、倾力相助，作出了重要贡献。

7 月 19 日，统一战线参与毕节试验区建设座谈会在贵州省毕节市召开。汪洋出席并讲话。

7 月 25—27 日，李克强到西藏自治区考察脱贫攻坚。

7 月 31 日至 8 月 1 日，国务院扶贫办、国家能源局在安徽省金寨县召开全国村级光伏扶贫电站建设管理工作会。

8 月 16 日，中共中央党史和文献研究院会同国务院扶贫办编辑的《习近平扶贫论述摘编》一书，由中央文献出版社出版，在全国发行。《论述摘编》共分 8 个专题：决胜脱贫攻坚，共享全面小康；坚持党的领导，强化组织保证；坚持精准方略，提高脱贫实效；坚持加大投入力度，强化资金支持；坚持社会动员，凝聚各方力量；坚持从严要求，促进真抓实干；坚持群众主体，激发内生动力；携手消除贫困，共建人类命运共同体。书中收录 242 段论述，摘自习近平 2012 年 11 月 15 日至 2018 年 6 月的讲话、报告、演讲、指示、批示等 60 多篇重要文献。其中许多论述是第一次公开发表。

8 月 17 日，国务院扶贫办宣布，2017 年申请脱贫摘帽的中西部 20 个省区市 125 个贫困县中，经过评估检查，第一批 40 个贫困县均达到脱贫摘帽条件。10 月 17 日，国务院扶贫办宣布第二批 85 个贫困县均达到脱贫摘帽条件。经国务院扶贫开发领导小组审核同意，分别于 8 月初和 9 月底由省级政府批准脱贫摘帽。

8 月 21 日，脱贫攻坚干部教育培训工作推进座谈会在贵州省贵阳市举行。

8 月 24—26 日，汪洋到西藏自治区调研。

8 月 29 日至 9 月 2 日，黄坤明到内蒙古自治区调研，深入中共中央宣传部定点帮扶的国家级贫困县科尔沁右翼中旗看望贫困户，与干部群众和有关企业进行交流座谈。

8 月 30—31 日，胡春华在南疆调研脱贫攻坚工作。

9 月 13 日，全国乡村旅游与旅游扶贫工作推进大会暨“锦绣潇湘”推介会在湖南省慈利县召开。

9 月 17 日，中央单位定点扶贫工作推进会召开。会议学习贯彻习近平总书记关于扶贫的重要论述，签署 2018 年定点扶贫责任书，安排部署下一阶段重点工作。胡春华出席会议并讲话。

9 月 20 日，民政部、全国工商业联合会、人民日报社、国务院扶贫办、广东省政府、深圳市政府等在广东省深圳市共同参与举办第六届中国公益慈善项目交流展示会国际公益峰会。

9 月 20 日，人民日报社、中国扶贫基金会主办的“大国攻坚　决胜 2020”精准扶贫论坛举行。

9 月 20—21 日，全国特色手工业扶贫车间现场会在青海省西宁市召开。

9 月 21 日，国务院扶贫办就违反约束机制、搞形象工程，帮扶工作不扎实、搞形式主义，违反管理规定、套取和闲置扶贫资金等问题，约谈 8 县（市）主要负责人，提出严肃批评，责令认真整改。11 月 30 日，就扶贫小额信贷逾期贷款较多、扶贫资金监管不严等问题，约谈 3 省（区）扶贫小额信贷主管部门和扶贫办、2 个贫困县主要负责人，责令认真抓好问题整改，全面加强扶贫资金监管。

10 月 8 日，习近平对脱贫攻坚工作作出重要指示强调，改革开放的 40 年，是我国逐步消除贫困的 40 年。40 年的接续奋斗，让 7 亿多人口摆脱了贫困，创造了人类减贫史上的奇迹。现在，中华民族千百年来存在的绝对贫困问题，就要历史性地得到解决，脱贫攻坚进入最为关键的阶段。行百里者半九十，越到紧要关头，越要坚定必胜的信念，越要有一鼓作气攻城拔寨的决心。只要各地区各部门切实担起责任、真抓实干，只要贫困地区广大干部群众继续奋发进取、埋头苦干，只要全党全国各族人民万众一心、咬定目标加油干，就一定能如期打赢脱贫攻坚这场硬仗。李克强作出批示指出，各地区各部门要以习近平新时代中国特色社会主义思想为指导，认真贯彻党中央、国务院决策部署，结合实施乡村振兴战略加大精准脱贫力度，特别要加强对深度贫困地区脱贫的支持，针对特殊贫困人口采取更有力的帮扶措施。严格资金监管，完善扶贫考核评估和督察巡查。把扶贫和扶志、扶智结合起来，更有效激发贫困地区贫困人口脱贫内生动力，确保完成今年再减少 1000 万以上贫困人口的任务，确保到 2020 年我国现行标准下农村贫困人口实现脱贫，解决区域性整体贫困。

10 月 9 日，赵乐际出席十九届中央第二轮巡视工作动员部署会并讲话。会议传达学习了习近平总书记关于巡视工作重要指示精神，对做好脱贫攻坚专项巡视工作做出部署。

10 月 15—16 日，汪洋在云南省调研藏区民族宗教和脱贫攻坚工作。

10 月 15—16 日，全国易地扶贫搬迁工作现场会在河南省南阳市召开。胡春华出席会议并讲话。

10 月 17 日，汪洋、胡春华会见全国脱贫攻坚奖获得者，并参观“决胜 2020”脱贫攻坚展。

10 月 17 日，全国脱贫攻坚奖表彰大会暨先进事迹报告会举行。会议传达学习了习近平重要指示和李克强批示，宣读了《关于表彰 2018 年全国脱贫攻坚奖的决定》，对 99 名获奖个人和 40 个获奖单位进行了表彰。胡春华出席会议并讲话。

10 月 17 日，2018 年扶贫日论坛举行，主题为“深化扶贫改革，凝聚脱贫攻坚合力”，设 20 个分论坛。

10 月 23 日，习近平到广东省英德市考察脱贫攻坚。

10 月 29 日，学习贯彻习近平总书记关于扶贫工作的重要论述研讨会召开。胡春华出席会议并讲话。

10 月 29 日，国务院扶贫办、中共中央组织部、中共中央宣传部、中共中央精神文明建设指导委员会办公室、国家发展和改革委员会、公安部、司法部、财政部、水利部、农业农村部、文化和旅游部、国家卫生健康委员会、国家医疗保障局联合印发《关于开展扶贫扶志行动的意见》，在全国范围内部署推进扶贫扶志行动。

11 月 1 日，改革开放与中国扶贫国际论坛开幕。黄坤明出席开幕大会，宣读习近平主席贺信并发表主旨演讲。

11 月 5—6 日，全国携手奔小康培训班在广西河池市举办。

12 月 11 日，人力资源和社会保障部、国务院扶贫办印发《关于授予武汉鼎同志、追授蓝标河同志“全国脱贫攻坚模范”称号的决定》，号召全国扶贫战线广大干部群众以武汉鼎同志、蓝标河同志为榜样，在脱贫攻坚进入决战决胜的关键时期，真抓实干，坚决打赢脱贫攻坚战。

12 月 19—21 日，中央经济工作会议召开。习近平出席会议并作重要讲话。李克强作总结讲话。栗战书、汪洋、王沪宁、赵乐际、韩正出席会议。

12 月 27—28 日，全国扶贫开发工作会议召开。胡春华出席会议并讲话。

12 月 28 日，习近平对做好“三农”工作作出重要指示强调，要聚力打赢脱贫攻坚战。李克强作出批示指出，要聚焦深度贫困地区和特殊贫困群体，落实脱贫攻坚重大举措，提高脱贫质量，巩固和扩大脱贫成果。

12 月 28—29 日，中央农村工作会议召开。会议传达学习了习近平总书记、李克强总理对“三农”工作的重要指示批示精神。

12 月 31 日，习近平发表 2019 年新年贺词。他指出，2018 年，脱贫攻坚传来很多好消息。全国又有 125 个贫困县通过验收脱贫，1000 万农村贫困人口摆脱贫困。17 种抗癌药降价并纳入医保目录，因病致贫问题正在进一步得到解决。我时常牵挂着奋战在脱贫一线的同志们，280 多万名驻村干部、第一书记，工作很投入、很给力，一定要保重身体。他强调，2019 年农村 1000 多万贫困人口的脱贫任务要如期完成，还得咬定目标使劲干。

（国务院扶贫办政策法规司
张　伟）

附录3　年度领导重要讲话

在“三区三州”特色产业扶贫视频会议上的讲话

国务院扶贫办主任　刘永富

（2018年3月9日）

今天会议的主要任务，是贯彻落实中央关于深度贫困地区脱贫攻坚的决策部署，研究推进做好“三区三州”特色产业扶贫工作。刚才，四川、云南、西藏、甘肃、青海、新疆6个省区的扶贫办主任和中国扶贫志愿服务促进会负责同志作了发言，讲得都很好。总的看，“三区三州”产业扶贫都有一定的工作基础，都取得了一定的成绩和经验，也都存在一些困难和问题，大家对下一步工作都有新的思考和初步安排，听后很受鼓舞、很受启发，也充满信心。我相信，只要我们认真抓好落实，就一定能抓出成效，助力深度贫困地区打赢打好精准脱贫攻坚战。结合大家的发言，我再讲几点意见。

一、认真贯彻落实党中央国务院关于深度贫困地区脱贫攻坚的决策部署

以习近平同志为核心的党中央高度重视深度贫困地区脱贫攻坚工作。去年6月，习近平总书记在山西太原主持召开深度贫困地区脱贫攻坚座谈会并发表重要讲话，对攻坚深度贫困作出全面部署。今年2月，总书记到四川凉山深度贫困的彝区藏区调研，在成都主持召开打好精准脱贫攻坚战座谈会并发表重要讲话，就进一步做好深度贫困地区脱贫攻坚工作提出要求。李克强总理也就深度贫困地区脱贫攻坚多次做出重要指示批示。去年9月，中办、国办印发《关于支持深度贫困地区脱贫攻坚的实施意见》，明确了工作思路和政策举措。国务院扶贫开发领导小组召开深度贫困地区脱贫攻坚电视电话会议，就重点工作任务作出安排。去年11月，汪洋同志主持召开7次座谈会，专题听取并指导6省区制定完善“三区三州”脱贫攻坚实施方案。

各地各部门认真贯彻落实中央决策部署，主要完成了三个方面的工作。一是出台了针对性政策措施。国务院扶贫开发领导小组成员单位和各地结合实际，制定出台了一系列支持深度贫困地区脱贫攻坚的政策措施。二是识别确定了深度贫困地区。中央层面重点支持“三区三州”，中西部22个省区市和辽宁、山东确定了334个深度贫困县、1875个深度贫困乡镇、30038个深度贫困村。三是制定了“三区三州”脱贫攻坚实施方案。年前，国务院扶贫开发领导小组已经备案同意“三区三州”脱贫攻坚实施方案，6个省区都印发了实施方案。24个省区市都制定了支持本省深度贫困地区脱贫攻坚的实施意见等相关文件。

下一步关键是抓好落实，确保取得实效。一是督促指导抓落实。各地要严格按照“三区三州”脱贫攻坚实施方案认真组织实施，定期调度工作进展，及时总结推广经验，及时发现解决问题，确保责任落实、政策落实、工作落实。二是转变作风抓落实。党中央已经明确，将2018年作为脱贫攻坚作风建设年。深度贫困地区任务重，要抓好落实，必须改进作风，以严肃的态度、严格的标准、严明的纪律，扎扎实实做好各项工

作，加强扶贫资金管理，促进政策措施全面落实。三是培训提升抓落实。打好脱贫攻坚战，关键在人。“三区三州”不仅缺人才，而且基层干部使用得多，培训得少，要认真贯彻成都会议精神，分级分类开展大规模培训，让各级干部特别是基层干部在思想上有肯干的意识，在工作上有会干的能力。四是动员力量抓落实。国务院扶贫办准备和“三区三州”所在省区人民政府每年分别召开一次现场会，邀请有关东西部扶贫协作省市、中央定点扶贫单位，以及企业等社会力量参加，共同助力深度贫困地区脱贫攻坚。五是跟踪监测抓落实。分地区对贫困发生率在18%以上的县和20%以上的村，进行跟踪监测和预警评估，对贫困发生率在20%以上的县和30%以上的村，逐一分析研究，督促落实。

二、努力做好“三区三州”特色产业扶贫工作

产业扶贫是脱贫攻坚的根本之策，也是稳定脱贫的长久之计。我们要认真总结经验，研究解决问题，在已有工作的基础上，实现新的突破，取得新的进展，干出新的成效。

第一，要立足当地资源，面向市场高起点规划，在“特”字上下功夫。产业扶贫是一项十分复杂的系统工程，必须尊重自然规律、市场规律和社会规律。一要因地制宜。挖掘“三区三州”自身特色优势资源，培育发展对贫困户增收带动作用明显的种植业、养殖业、林草业、休闲农业、乡村旅游、特色手工业等特色优势产业。二要提供好的产业。不仅要有数量，更要有质量。“三区三州”大多生态环境优美、山清水秀，土壤没有污染，我们要把这种生态优势转化成绿色、有机的产品，适应现代生活消费生态化、多样化的需求，让贫困户的产品好吃、好用，还能卖出好价钱。三要有科技支撑。扶贫产业要有科技含量，基础数据、技术标准要实事求是、尊重科学。刚才大家发言提到的青稞、牦牛等特色产品，相比其他产业，到底好在哪里，优势在哪里，如何提质增效，这些都要有详细的基础数据分析作支撑，用新品种新技术来推动转型升级，用科技来提升质量和效益。四要创新营销方式。要将现代经营理念和产业发展模式引入产业扶贫，大力实施“互联网+”，采取切实有效措施把小规模生产经营连接到国际国内大市场去。

第二，要提高组织化程度，激发内生动力，在“带”字上下功夫。贫困群众既是脱贫攻坚的对象，更是脱贫致富的主体。搞产业扶贫，没有贫困户的参与是不行的，要着力提高贫困户参与的组织化程度，增强贫困群众自我发展能力。一要组织贫困群众参与进来。要改进帮扶方式，采取多种方式，组织动员贫困群众参与到产业项目中来，提倡多劳多得。要防止送钱送物、发钱发物或搞“一股了之”，不能因为是贫困户就有“干股”，什么不干就分红，这样容易导致政策养懒汉，导致争当贫困户，导致社会不公。二要引进和培育产业扶贫带头人。带头人既包括龙头企业、合作组织等法人，也包括农村致富带头人等自然人，他们在发挥市场机制“无形之手”的作用中有着独特优势。我们要树立引进和培育产业扶贫带头人就是扶持贫困户的意识，通过能人带动贫困户，贫困户通过自己的劳动获取相应报酬和稳定收入。三要增强贫困群众发展生产的能力。扶贫先扶智，要加大培训力度，努力做到因村因户因人精准施教，让贫困群众掌握一定的生产技能和市场经营管理能力，会干事、干成事。四要转变贫困群众的思想观念。扶贫先扶志，要做好对贫困群众的思想教育工作，加强典型示范引领，通过多种渠道，激励贫困群众树立勤劳致富的理念，增强市场经营和品牌培育的意识。

第三，要用好用活政策，建立稳定增收长效机制，在“实”字上下功夫。产业扶

贫，发展产业是手段，扶贫脱贫是目的，不能把手段变成目的。只有建立新型农业经营主体与贫困户联动发展的利益联结机制，才能更好地引导贫困群众参与，才能实现贫困群众稳定增收。“三区三州”基础条件薄弱，产业发展滞后，更要注意这个问题。一是整合各类资源。整合行业部门、金融机构、社会力量等帮扶资源，做好产业扶贫项目路、水、电等基础设施配套，引导资金、土地、人才、技术、管理等各种资源要素向产业扶贫项目集聚，形成合力。二是建立利益联结机制。通过政策设计，促进产业扶贫带头人与贫困户之间建立益贫带贫机制，解决贫困户产业项目选不准、经营分散、抗风险能力弱等难题，努力防范和化解自然风险、技术风险和市场风险，实现稳定可持续脱贫。三是用好扶贫政策。对发展产业的建档立卡贫困户，要及时给予扶贫小额信贷支持。对带动建档立卡贫困户发展产业脱贫的企业和合作组织，给予扶贫再贷款政策。推进资本市场扶贫、保险业扶贫、用地扶贫等政策措施落实落地。贫困县、贫困村、贫困人口退出后，脱贫攻坚期内相关扶贫政策保持不变。对贫困群众的倾斜支持应主要聚焦在生产环节，流通环节则应遵循市场规律，确保可持续性。

第四，要保持战略定力，扎扎实实开展工作，在“恒”字上下功夫。产业扶贫需要一个较长的过程，要有恒心，不能急功近利，不能盲目跟风，不能搞强迫命令。像云南怒江的草果产业，我们1月份去调研的几个贫困村，少数民族贫困群众多数都是依靠种植草果脱贫的，而这个产业是十多年前的项目，在长期不间断培育的基础上，脱贫攻坚后加大支持力度，才使成果不断显现。还有贵州六盘水、毕节等地的刺梨产业，都是经过了长期的扶持，才成为当地贫困群众增收脱贫的重要产业。当前，我们实现“两不愁三保障”的脱贫目标已经具备充分条件，在产业扶贫上更要保持定力、扎扎实实、久久为功。

三、关于贯彻会议精神的几点要求

一是请六省区扶贫办把今天电视电话会议精神向领导小组报告，提出贯彻落实意见，批准后实施。

二是六省区扶贫办主要负责同志要亲自抓，分管负责同志要认真抓，抓紧制定“三区三州”特色产业扶贫工作方案，4月底前报国务院扶贫办。

三是定期跟踪监测工作进展，国务院扶贫办每季度调度一次，每年开展一次工作评估，及时总结推广经验，及时分析解决问题，及时谋划推进下一步工作。

认真学习贯彻习近平总书记关于扶贫的重要论述 坚决打赢脱贫攻坚战

——在省部级干部打好精准脱贫攻坚战专题研讨班上的报告

国务院扶贫办主任　刘永富

（2018年6月11日）

根据习近平总书记关于组织干部轮训的重要指示精神，中央组织部、国务院扶贫办、中央党校联合举办省部级干部专题研讨班，套办厅局级班和市地州班。今天上午，国务院扶贫开发领导小组召开电视电话会议，传达学习了习近平总书记、李克强总理重要指示批示，中央政治局委员、国务院副总理胡春华同志发表讲话，就今后三年打赢脱贫攻坚战作出部署，我们要深刻学习领会，认真抓好落实。根据培训班的安排，我汇报三个方面的情况，供大家参考。

一、关于学习贯彻习近平总书记关于扶贫的重要论述

习近平总书记始终坚持人民至上，把贫困群众放在心里，把扶贫工作抓在手上，在2015减贫与发展高层论坛上深情地说："回顾中国几十年来减贫事业的历程，我有着深刻的切身体会。""40多年来，我先后在中国县、市、省、中央工作，扶贫始终是我工作的一个重要内容，我花的精力最多。"在长期的革命实践中，不断深邃思考、坚持不懈探索，逐步形成了内涵丰富、思想深刻、逻辑严密的扶贫相关重要论述，成为指引我们打赢脱贫攻坚战的根本遵循和行动指南。

（一）形成过程

我们理解，习近平总书记关于扶贫的重要论述"形"于知青的特殊经历和长期在地方主政的探索积淀，"成"于担任党的总书记成为党和国家的领导核心后，大体经历了三个阶段。

青年时期。主要指在梁家河插队的七年。1969年，习近平同志来到陕西省延安市延川县梁家河当知青，一干就是7年，品尝贫穷之苦。他与当地群众同吃同住同劳动，建立了深厚感情，对中国"三农"和贫困问题有深刻理解。他带领群众打淤泥坝、修梯田、建沼气，办铁业社、缝纫社、小卖部等，发展生产，改善生活，开启了反贫困的生动实践。梁家河的插队经历，使习近平形成了早期扶贫理念。

在地方工作时期。20世纪80年代，习近平同志在河北正定县担任县委书记，走遍全县200多个村子，大刀阔斧改革经济发展模式，大力推行家庭联产承包责任制，带领全县人民一举甩掉"高产穷县"的帽子。1988—1990年，在福建宁德担任地委书记期间，探索创新扶贫开发，提出经济大合唱、弱鸟先飞、滴水穿石和摆脱意识贫困思路贫困等重要思想，形成《摆脱贫困》一书，成为习近平总书记关于扶贫的重要论述的开山之作。在福建省工作期间，积极贯彻邓小平同志共同富裕战略思想，开创东西部扶贫协作的"闽宁模式"，成为践行"两个

大局”的成功典范。组织开展省内造福工程、山海协作、向贫困村派驻第一书记等，探索了脱贫致富的有效途径。在浙江省工作期间，主持制定推进欠发达地区加快发展的政策措施，部署实施欠发达乡镇奔小康、百亿帮扶致富建设等扶贫工程，提出绿水青山就是金山银山等重要理念，走出了绿色发展、可持续发展的扶贫新路子。

担任党的总书记以来。鲜明宣示：“人民对美好生活的向往，就是我们的奋斗目标。”“贫穷不是社会主义。如果贫困地区长期贫困，面貌长期得不到改变，群众生活长期得不到明显提高，那就没有体现社会主义制度的优越性，那也不是社会主义。”党的十八大闭幕不久，总书记第一站去了广东，宣示坚持改革开放坚强决心。第二站就到河北阜平革命老区，进村入户看真贫，提出了“两个重中之重”（“三农”工作是重中之重，革命老区、民族地区、边疆地区、贫困地区在“三农”工作中要把扶贫开发作为重中之重）和“三个格外”（对困难群众要格外关注、格外关爱、格外关心）等重要论述，拉开了总书记抓脱贫攻坚的序幕。2013 年，总书记在湖南湘西十八洞村首次提出精准扶贫重要理念。2014 年，总书记提出精细化管理、精确化配置、精准化扶持等重要理念。2015 年，总书记提出坚持党的领导和“六个精准”“五个一批”“四个切实”（切实落实领导责任、切实做到精准扶贫、切实强化社会合力、切实加强基层组织）、扶贫扶志、共建人类命运共同体等重要论述，在中央扶贫开发工作会议上系统阐述了精准扶贫精准脱贫的基本方略。2016 年，总书记提出实施最严格的考核制度和建立大扶贫格局等重要指示。2017 年，总书记主持召开中央政治局集体学习，研究脱贫攻坚重大理论和实践问题，提出聚焦深度贫困地区、打好精准脱贫攻坚战等重要指示。2018 年，总书记提出坚持脱贫攻坚目标标准、加强扶贫领域作风建设等重要指示。

（二）科学内涵

我们体会，习近平总书记关于扶贫的重要论述的科学内涵主要有六个方面。

一是坚持党对脱贫攻坚的领导。习近平总书记指出：我们中国共产党人从党成立之日起就确立了为天下劳苦人民谋幸福的目标。这就是我们的初心。坚持党的领导，发挥社会主义制度可以集中力量办大事的优势，这是我们的最大政治优势。必须坚持发挥各级党委总揽全局、协调各方的作用，落实脱贫攻坚一把手负责制，省市县乡村五级书记一起抓，为脱贫攻坚提供坚强政治保证。扶贫开发，要给钱给物，更要建个好支部。我们践行习近平总书记关于扶贫的重要论述，就是要始终坚持党的领导，充分发挥政治优势和制度优势，强化中央统筹、省负总责、市县抓落实的体制机制，五级书记抓扶贫，为脱贫攻坚提供根本保障。

二是实施精准扶贫精准脱贫。习近平总书记指出：扶贫开发推进到今天这样的程度，贵在精准，重在精准，成败之举在于精准。改革开放初期，我们农村普遍贫困，需要通过普惠性的政策措施，使大部分地区和群众受益。现在，情况发生了很大变化。所谓贫有百样、困有千种。过去那种大水漫灌式扶贫很难奏效，必须采取更精准的措施。精准识别、精准施策，根据致贫原因有针对性地制定方案，对不同原因不同类型的贫困采取不同措施，因人因户因村施策，对症下药、精准滴灌、靶向治疗。精准扶贫精准脱贫基本方略的主要内容，就是做到“六个精准”，实施“五个一批”，解决“四个问题”。我们践行习近平总书记关于扶贫的重要论述，就是要真正落实基本方略，把精准理念落到实处，不断提升精准识别、精准帮扶、精准施策、精准退出质量，扶贫扶到点上、扶到根上。

三是构建大扶贫格局。习近平总书记指出：扶贫开发是全党全社会的共同责任。必须坚持充分发挥政府和社会两方面力量作用，构建专项扶贫、行业扶贫、社会扶贫互为补充的大扶贫格局，调动各方面积极性，引领市场、社会协同发力，形成全社会广泛参与脱贫攻坚格局。中央和国家机关各部门要把脱贫攻坚作为分内职责，东部地区要加大对西部地区的帮扶力度。要健全东西部协作、党政机关定点扶贫机制，各部门要积极完成所承担的定点扶贫任务，东部地区要加大对西部地区的帮扶力度，国有企业要承担更多扶贫开发任务。要鼓励支持各类企业、社会组织、个人参与脱贫攻坚。要引导社会扶贫重心下沉，促进帮扶资源向贫困村和贫困户流动，实现同精准扶贫有效对接。我们践行习近平总书记关于扶贫的重要论述，就是要更加广泛、更加有效地动员和凝聚各方面力量，不断完善大扶贫格局，更加聚焦精准，形成脱贫攻坚的强大合力。

四是激发内生动力。习近平总书记指出：脱贫致富贵在立志，只要有志气、有信心，就没有迈不过去的坎。扶贫不是慈善救济，而是要引导和支持所有有劳动能力的人，依靠自己的双手开创美好明天。要改变我们习惯的送钱送物方式，坚持扶贫先扶智、扶贫先扶志，深入细致做好群众的思想工作，帮助贫困群众提高增收致富的能力，帮助贫困群众摆脱思想贫困、意识贫困。要改进帮扶方式，多采取以工代赈、生产奖补、劳务补助等方式，组织动员贫困群众参与帮扶项目实施，提倡多劳多得，不要包办代替和简单发钱发物。我们践行习近平总书记关于扶贫的重要论述，就是要正确处理外部帮扶和贫困群众自身努力的关系，把贫困群众积极性和主动性充分调动起来，靠自己辛勤劳动实现脱贫，靠自己的努力改变命运。

五是实行最严格的考核制度。习近平总书记指出：必须坚持把全面从严治党要求贯穿脱贫攻坚工作全过程和各环节，实施经常性的督查巡查和最严格的考核评估，确保脱贫过程扎实、脱贫结果真实，使脱贫攻坚成效经得起实践和历史检验。要把握好脱贫攻坚正确方向，防止层层加码，要量力而行、真实可靠、保证质量。要防止形式主义，扶真贫、真扶贫。要坚持年度脱贫攻坚报告和督查制度，加强督查问责，对不严不实、弄虚作假的严肃问责。扶贫资金量大、面广、点多、线长，监管难度大，社会各方面关注高，要强化监管，做到阳光扶贫、廉洁扶贫。要加强扶贫资金管理使用，对挪用乃至贪污扶贫款项的行为必须坚决纠正、严肃处理。要加大惩治力度，对扶贫领域腐败问题，发现一起，严肃查处问责一起，绝不姑息迁就！我们践行习近平总书记关于扶贫的重要论述，就是要始终把纪律和规矩挺在前面，不断完善制度，确保责任落实、政策落实、工作落实，切实加强监管，坚决惩治和预防扶贫领域违纪违法行为，提高扶贫资金使用效率和效益，确保扶贫资金真正用到建档立卡贫困人口脱贫上。考核评估要较真碰硬，确保脱贫质量。

六是携手共建人类命运共同体。习近平总书记指出：消除贫困是人类的共同使命。中国在致力于自身消除贫困的同时，始终积极开展南南合作，力所能及向其他发展中国家提供不附加任何政治条件的援助，支持和帮助广大发展中国家特别是最不发达国家消除贫困。在国际减贫领域积极作为，树立负责任大国形象。我们践行习近平总书记关于扶贫的重要论述，就是要把减贫纳入国际视角，深化减贫领域国际交流合作，为全球减贫事业提供中国方案，为携手共建人类命运共同体贡献中国智慧。

（三）历史贡献

我们体会，习近平总书记关于扶贫的重要论述具有马克思主义和新时代中国特色社会主义思想的理论特质，充分体现了始终把人民的利益放到最高位置的人民性，坚持一切从实际出发、理论联系实际、实事求是的科学性，以精准为要义不断深化扶贫体制机制改革的创新性，展现大国领袖世界眼光和天下情怀的国际性，具有重要的历史地位。

第一，习近平总书记关于扶贫的重要论述是习近平新时代中国特色社会主义思想的重要组成部分。习近平新时代中国特色社会主义思想具有丰富的时代内容和思想内涵，我国脱贫攻坚是习近平新时代中国特色社会主义思想的伟大实践，取得的显著成效充分证明了习近平新时代中国特色社会主义思想的重要理论和实践价值。习近平总书记将治国理政理念贯彻到扶贫开发领域，坚持正确的政治方向，坚持实事求是的思想路线，坚持以人民为中心的发展思想，坚持新发展理念，坚持全面从严治党，习近平总书记关于扶贫的重要论述成为习近平新时代中国特色社会主义思想的重要内容。

第二，习近平总书记关于扶贫的重要论述是马克思主义反贫困理论中国化最新成果。习近平总书记关于扶贫的重要论述与马克思主义反贫困理论一脉相承，是马克思主义反贫困理论中国化的最新理论成果，是运用马克思主义立场、观点、方法解决中国具体问题的成功典范。受客观条件限制，马克思反贫困理论主要关注资本主义制度下城市工人阶级的贫困问题。习近平在继承发展马克思主义反贫困理论的基础上，坚持运用马克思主义基本立场观点方法来分析我国贫困问题，对社会主义初级阶段下农村贫困问题特征、反贫困深层次矛盾问题以及系统治理贫困进行了深入研究，深化了对社会主义制度下农村贫困问题的认识，得出了符合辩证唯物主义和历史唯物主义的反贫困客观规律，体现了人类社会发展规律的新要求，开创了社会主义制度下反贫困理论新境界，是马克思主义同中国特色社会主义制度下反贫困最新实践相结合的产物。

第三，习近平总书记关于扶贫的重要论述是中国特色扶贫开发理论最新发展。中国特色扶贫开发事业是中国特色社会主义事业的重要组成部分，中国特色扶贫开发理论是中国特色社会主义理论体系的有机构成。习近平立足我国社会主义初级阶段的基本国情、人民日益增长的美好生活需要和不平衡不充分发展的社会主要矛盾，以“确保到2020年所有贫困地区和贫困人口一道迈入全面小康社会”为底线任务，以自我革新的巨大勇气，透过现象看本质，深刻揭示了当前我国贫困问题的新特征和反贫困存在的深层次矛盾和问题，在坚持开发式扶贫方针的基础上，创造性地提出了精准扶贫精准脱贫的基本方略，创新了我国反贫困的价值理念、工作模式、组织方式。习近平总书记关于扶贫的重要论述解决了我国脱贫攻坚的一系列重大理论和实践问题，极大创新发展了中国特色扶贫开发理论。

第四，习近平总书记关于扶贫的重要论述是全球贫困治理的“中国智慧”。消除贫困是全世界共同使命。中国是全球最大的发展中国家，始终秉承大国责任和担当，一直致力于消除自身贫困和帮助其他贫困国家摆脱贫困，是世界减贫事业的积极倡导者和有力推动者。作为大国领袖，习近平以天下为己任，心系人类发展，“共建一个没有贫困、共同发展的人类命运共同体”的重要论述，体现了习近平对反贫困重大战略意义的认识，彰显了大国领袖对于全球减贫事业的责任担当。以习近平总书记关于扶贫的重要论述为指引，我国坚持精准扶贫精准脱贫方略，逐步形成了一整套科学高效的贫困治理体系，不仅指引我国脱贫攻坚取得了历史最好成绩，也为全球贫困治理贡献了中国智慧和方案，得到了国际社会的充分肯定和高度评价。联合国秘书长古特雷斯指出：“（中国）精准减贫方略是帮助贫困人口、实现《2030年可持续发展议程》宏伟目标的唯一途径。中国已实现数亿人脱贫，中国的经验可以为其他发展中国家提供有益借鉴。”

二、党的十八大开创了脱贫攻坚的新局面

党的十八大以来，在习近平总书记关于

扶贫的重要论述指引下，党中央全面深化扶贫领域改革，创新扶贫思路举措和体制机制，发布《关于打赢脱贫攻坚战的决定》，全面部署脱贫攻坚。习近平总书记亲自挂帅、亲自出征、亲自督战，国内考察40多次涉及扶贫，连续6年国内首次考察看扶贫，连续4年新年贺词讲扶贫，连续2年主持会议审定省级党委和政府扶贫开发工作成效考核结果，在陕西延安、贵州贵阳、宁夏银川、山西太原、四川成都主持召开5次脱贫攻坚座谈会，在重要会议、重要时点、重大场合反复强调脱贫攻坚。李克强总理连续5年在政府工作报告中明确1000万人以上减贫任务，多次到贫困地区调研扶贫，多次主持召开国务院常务会议，研究部署易地扶贫搬迁、交通扶贫、教育扶贫、健康扶贫、扶贫资金使用管理、“十三五”脱贫攻坚规划等重点工作，就推进脱贫攻坚多次作出重要批示。中央政治局常委和政治局各同志都对脱贫攻坚十分重视，给予有力指导。汪洋同志担任国务院扶贫开发领导小组组长期间，靠前指挥，主持召开22次扶贫领导小组全体会议、24次工作会议、93次专题会议，组织开展39次调研，推动工作落实。胡春华副总理担任新一届扶贫开发领导小组组长以来，深入甘肃深度贫困地区调研，多次专题听取汇报，组织制定打赢脱贫攻坚战三年行动指导意见。各地区各部门认真贯彻落实党中央、国务院决策部署，积极采取超常规举措，大力推动脱贫攻坚各项工作，谱写了人类反贫困历史新篇章。

（一）明确脱贫攻坚的目标任务。到2020年，我国现行标准下农村贫困人口全部脱贫，贫困县全部摘帽，解决区域性整体贫困。这一目标与前几轮扶贫相比有一个明显不同，就是“不留锅底”。2000年国家八七扶贫攻坚计划和2010年第一个十年扶贫纲要结束时，分别剩了3209万和2688万当时标准的贫困人口。贫困县历史上进行了三次调整，由于扶贫标准不断提高，总数不仅没有减少，反而越来越多。这次要做到全部脱贫摘帽，是历史性的。

实现这个目标，还有两个重要意义：标志着贫困人口和贫困地区同全国一道全面建成小康社会，我国绝对贫困问题得到历史性解决，具有里程碑意义；标志着我国提前10年实现联合国2030年可持续发展议程确定的减贫目标，继续走在发展中国家减贫事业的前列，具有国际意义。

（二）确立精准扶贫精准脱贫的基本方略。改革开放初期，我国农村普遍贫困，通过普惠性的政策措施，就可以使大部分地区和群众受益。进入新时期，情况发生了很大变化，少数人贫困、插花式贫困成为矛盾的主要方面，而且剩余贫困人口大多文化水平低劳动技能差，知晓政策获取资源能力弱，必须创新扶贫方式，由“大水漫灌”向“精准滴灌”转变，对贫困人口采取针对性帮扶。

党中央审时度势，把精准扶贫精准脱贫作为脱贫攻坚的基本方略，核心是做到“六个精准”（扶持对象精准、项目安排精准、资金使用精准、措施到户精准、因村派人精准、脱贫成效精准），实施“五个一批”（发展生产脱贫一批、易地搬迁脱贫一批、社会保障兜底一批、生态补偿脱贫一批、发展教育脱贫一批），解决“四个问题”（扶持谁、谁来扶、怎么扶、如何退）。

（三）改革创新扶贫体制机制。围绕精准扶贫精准脱贫，创新扶贫体制机制，加强四梁八柱顶层设计，建立中国特色的脱贫攻坚制度体系。

一是建立脱贫攻坚责任体系。加强党对脱贫攻坚的全面领导，实行中央统筹、省负总责、市县抓落实的管理体制。中西部22个省份党政主要负责同志向中央签署脱贫攻坚责任书，立下军令状，省市县乡村五级书记一起抓，层层落实脱贫攻坚责任。贫困县党委和政府承担脱贫攻坚主体责任，党政一把手攻坚期内保持稳定。

二是建立脱贫攻坚政策体系。围绕《决定》落实，国务院制定实施《“十三五”脱贫攻坚规划》，中办、国办出台13个配套文件，中央各部门和各地区相继出台和完善“1 + N”的脱贫攻坚政策举措，打出政策组合拳，扶贫领域很多“老大难”问题都有了针对性措施。

三是建立脱贫攻坚投入体系。以前，扶贫资金主要来源于中央投入，现在呈现“三三制”局面。党的十八大以来，中央财政专项扶贫资金年均增长20%以上，2018年达到1061亿元；省级财政专项扶贫资金年均增长30%以上，市县财政专项扶贫资金大幅度增长，省和市县财政专项扶贫资金2018年都将超过1000亿元。2016年至2018年，共安排地方政府债务资金2200亿元用于脱贫攻坚。以前，扶贫主要是财政资金，现在金融资金、社会资金成为新的重要渠道。党的十八大以来，安排易地扶贫搬迁专项贷款1700多亿元，扶贫小额信贷累计发放4437亿元，扶贫再贷款累计发放1600多亿元。证券业、保险业、土地政策支持力度也不断加大，贫困地区建设用地增减挂钩节余指标流转累计收益590多亿元。以前，“打酱油的钱不能买醋”，现在贫困县有统筹整合使用的自主权。2016年和2017年，贫困县累计整合财政涉农资金6064亿元用于脱贫攻坚，预计到今年底将累计超过1万亿元；下放扶贫资金项目审批权限，到县比例从2014年的70%提高到2017年的95%。

四是建立脱贫攻坚工作体系。开展建档立卡，摸准贫困底数，着力解决“扶持谁”的问题。以前没有建档立卡，只能通过抽样调查推算分省贫困人口总量，各类帮扶措施无法做到到村到户到人。2014年，在全国范围逐村逐户开展贫困识别，对识别出的12.8万个贫困村、2948万贫困户、8962万贫困人口建档立卡，基本摸清了我国贫困人口分布、致贫原因、脱贫需求等信息，建立起了全国统一的扶贫开发信息系统。经过2015年、2016年的“回头看”和2017年、2018年的动态调整，目前建档立卡贫困识别准确率进一步提升。建档立卡使我国贫困数据第一次实现了到村到户到人，为中央制定精准扶贫政策措施、实行最严格考核评估制度和保证脱贫质量打下了坚实基础。组织驻村帮扶，增强一线力量，着力解决谁来扶的问题。按照“每个贫困村都要派驻村工作队，每个贫困户都要有帮扶责任人”的要求，各地累计向贫困村选派第一书记43.5万名，选派驻村干部278万名，目前在岗的第一书记19.5万名、驻村干部77.5万名。他们帮助群众出主意干实事，推动扶贫政策措施落地落实，打通了精准扶贫“最后一公里”。实施“五个一批”，推进分类施策，着力解决怎么扶的问题。根据致贫原因和脱贫需求，对贫困人口实行分类扶持，各地区各部门扎实开展产业扶贫、就业扶贫、易地扶贫搬迁、危房改造、教育扶贫、健康扶贫、生态扶贫等工作，探索电商扶贫、光伏扶贫、旅游扶贫等新业态，帮助贫困人口实现脱贫，对不能依靠产业就业脱贫的贫困人口实行社保政策兜底。制定退出办法，严格考核评估，着力解决如何退的问题。建立贫困户脱贫和贫困县摘帽评估机制，明确退出标准、程序、核查办法和后续扶持政策。对贫困县摘帽、贫困人口退出组织第三方评估，重点了解贫困人口识别和退出准确率、群众满意度等，确保脱贫结果真实。

五是建立脱贫攻坚监督体系。把全面从严治党要求贯穿脱贫攻坚全过程各环节。国务院扶贫开发领导小组对各地开展脱贫攻坚督查巡查。中央巡视把脱贫攻坚作为重要内容。8个民主党派中央开展脱贫攻坚民主监督。国务院扶贫办设立“12317”全国扶贫监督举报电话，配合人大、政协、民主党派、纪检监察、审计、检察开展监督工作，接受社会和媒体监督，把各方面的监督结果运用到考核评估和督查巡查中。全面加强扶贫资金项目监管，违纪违规问题明显减少。

六是建立脱贫攻坚考核体系。出台省级党委和政府扶贫开发工作成效考核办法、东西部扶贫协作考核办法、中央单位定点扶贫考核办法，组织省际交叉考核、第三方评估、财政扶贫资金绩效评价和媒体暗访，实行最严格的考核制度。目前共组织了三次考核，2016 年，组织对 2015 年省级党委和政府扶贫开发工作成效开展试考核，约谈了 2 个省；2017 年，组织对 2016 年扶贫成效开展第一次正式考核，约谈了 8 个省区；今年组织对 2017 年扶贫成效开展第二次正式考核，约谈了 4 个省区，有力地促进了全国脱贫攻坚工作。同时，组织第三方对中央和国家机关落实《决定》重要政策措施情况开展评估。通过考核激励先进，发现解决问题，有效推进工作。

（四）构建大扶贫工作格局。发挥社会主义制度集中力量办大事的优势，动员各方面力量合力攻坚。

一是“老三样”在社会扶贫中发挥了示范引领作用。加强东西部扶贫协作，调整完善结对关系，目前东部共有 9 个省市帮扶西部 10 个省区市，全国对口支援西藏、新疆、青海和四省藏区；组织 342 个东部经济较发达县（市、区）与西部 573 个贫困县实施“携手奔小康”行动。加强机关定点扶贫，目前中央层面共有 310 个单位帮扶 592 个贫困县，地方各级党政机关、国有企事业单位都开展了定点扶贫。加强军队和武警部队扶贫，目前全军和武警部队已在地方建立了 2.6 万多个扶贫联系点。

二是“新三样”成为社会扶贫的生力军。动员民营企业、社会组织、公民个人参与社会扶贫。目前，全国共有 4.6 万家民营企业参与“万企帮万村”精准扶贫行动，结对帮扶 3.36 万个贫困村。发布关于广泛引导和动员社会组织参与脱贫攻坚的通知，支持和推动社会组织资源供给和扶贫需求有效对接。建设中国社会扶贫网，着力构建社会扶贫“人人皆愿为、人人皆可为、人人皆能为”的参与机制。

三是开展宣传表彰，营造良好社会氛围。确定 10 月 17 日为我国的扶贫日，每年组织开展扶贫日系列活动。设立全国脱贫攻坚奖奋进奖、贡献奖、奉献奖、创新奖，表彰全国脱贫攻坚模范。每年总结推广一批精准扶贫精准脱贫成功案例。加大舆论宣传力度，营造良好社会氛围。

（五）脱贫攻坚取得决定性进展。经过五年多的不懈努力，脱贫攻坚四梁八柱顶层设计基本完成，精准扶贫精准脱贫深入人心，贫困地区群众生产生活条件显著改善，贫困群众获得感显著增强。

一是创造了我国减贫史上最好成绩。5 年间，现行标准下的农村贫困人口从9899 万人减少到3046 万人，累计减贫6853 万人，年均减贫 1370.6 万人，减贫规模前所未有，也改变了以往新标准实施后减贫人数逐年递减的趋势。贫困县数量实现了首次减少，2016 年有 28 个贫困县摘帽，2017 年有 125 个贫困县申请摘帽，今年计划 200 多个县摘帽，解决区域性整体贫困迈出坚实步伐。

二是促进了贫困地区经济社会发展。贫困地区以脱贫攻坚统揽经济社会发展全局，呈现出新的发展局面。通过产业扶贫，贫困地区特色优势产业和电商扶贫、光伏扶贫、旅游扶贫等新业态快速发展，贫困地区内生发展活力和动力明显增强。通过易地扶贫搬迁、退耕还林、生态扶贫等，贫困地区生态环境明显改善。通过基础设施和公共服务设施建设，贫困地区基础条件明显改善。通过实施精准扶贫精准脱贫，贫困地区基层治理能力和管理水平明显提升，农村基层党组织凝聚力和战斗力明显增强。通过选派第一书记和驻村工作队，锻炼了一大批机关干部，培养了一大批农村人才，进一步密切了党群干群关系。

三是形成了全社会合力攻坚的局面。东西部扶贫协作，促进了西部地区脱贫攻坚和区域协调发展。定点扶贫畅通了党政军机关特别是中央和国家机关了解农村与贫困地区的渠道，推进了作风转变和干部培养。贫困人口发挥主体作用，提高了自我发展能力。社会各界广泛参与脱贫攻坚，弘扬了中华民族扶贫济困、守望相助的优良传统，营造了向上向善的社会氛围，彰显了社会主义的核心价值观。

四是建立了中国特色脱贫攻坚制度体系。加强党对脱贫攻坚工作的全面领导，建立了各负其责、各司其职的责任体系，精准识别、精准脱贫的工作体系，上下联动、统一协调的政策体系，保障资金、强化人力的投入体系，因地制宜、因村因户因人施策的帮扶体系，广泛参与、合力攻坚的社会动员体系，多渠道全方位的监督体系和最严格的考核评估体系，为脱贫攻坚提供了有力制度保障。

在脱贫攻坚的伟大实践中，我们积累了许多宝贵经验，主要包括以下几个方面。一是坚持党的领导，强化组织保证。二是坚持精准方略，提高脱贫实效。三是坚持加大投入力度，强化资金支持。四是坚持社会动员，凝聚各方力量。五是坚持从严要求，促进真抓实干。六是坚持群众主体，激发内生动力。我们要在未来工作中长期坚持并不断完善和发展。脱贫攻坚的伟大成就，为实施乡村振兴战略奠定了基础，为全球减贫事业贡献了中国智慧和中国方案。在全球仍有7亿极端贫困人口、许多国家贫富分化加剧的背景下，我国脱贫攻坚的成就显得更加亮眼，显著提升了我国的软实力，彰显了中国共产党领导的政治优势和社会主义制度优势，更加坚定了“四个自信”。

从目前来看，全国如期完成脱贫攻坚目标任务可以实现。但成绩不能高估，困难不能低估，问题不能回避。从客观困难看，深度贫困地区和特殊贫困群体脱贫难度大。深度贫困地区基础条件薄弱，致贫原因复杂，脱贫成本高，“三区三州”贫困发生率达14.6%，334个深度贫困县贫困发生率11.3%，3万多个深度贫困村中，有1.6万个贫困发生率超过20%，50%无集体经济，基础设施、公共服务还比较落后。在现有建档立卡贫困人口中，老人、病人、残疾人等特殊贫困群众和自身发展动力不足的贫困人口比例大，越往后比例将会越高。在基础薄弱的农村做精准扶贫工作难度和挑战巨大，最关键的因素是人，缺人干、不会干、不敢干。从工作问题看，工作中还存在不落实不到位不精准等问题，形式主义官僚主义和数字脱贫虚假脱贫等问题依然存在，脱贫进度和脱贫标准尚未准确把握，扶贫资金管理使用违纪违规问题仍时有发生。从防范风险看，脱贫攻坚需要防范四类潜在风险：要防止深度贫困地区和非贫困县、非贫困村的贫困人口被落下，到时完不成任务；要防止产业扶贫项目失败，扶贫小额信贷发生呆账坏账，打着脱贫攻坚旗号大举发债加重政府债务等风险；要防止简单发钱发物、送钱送物，政策养懒汉等道德风险；要防止盲目提高标准，引起贫困户与非贫困户之间的攀比，兑现不了还会引发损害党和政府公信力等社会风险。我们要坚持问题导向，采取切实有力措施认真解决。

三、认真贯彻党的十九大关于脱贫攻坚的新部署新要求

党的十九大把脱贫攻坚作为全面建成小康社会必须打好的三大攻坚战之一，摆到更加突出的位置，作出新的重大部署，提出新的更高要求。我们要结合学习研究习近平总书记关于扶贫的重要论述，深入贯彻落实党中央关于脱贫攻坚的决策部署，真正学懂弄通做实。

（一）以习近平同志为核心的党中央继续高位推进脱贫攻坚

党的十九大以来，习近平总书记继续高位推进脱贫攻坚，响鼓重槌，反复强调。2017年10月，总书记在党的十九大报告

中，有6处论述脱贫攻坚，是历次党代会报告中分量最重、内容最多的，强调“坚决打赢脱贫攻坚战。让贫困人口和贫困地区同全国一道进入全面小康社会是我们党的庄严承诺。要动员全党全国全社会力量，坚持精准扶贫、精准脱贫，坚持中央统筹省负总责市县抓落实的工作机制，强化党政一把手负总责的责任制，坚持大扶贫格局，注重扶贫同扶志、扶智相结合，深入实施东西部扶贫协作，重点攻克深度贫困地区脱贫任务，确保到2020年我国现行标准下农村贫困人口实现脱贫，贫困县全部摘帽，解决区域性整体贫困，做到脱真贫、真脱贫”。在十九届中共中央政治局常委同中外记者见面时强调，将举全党全国之力，坚决完成脱贫攻坚任务。11月，在亚太经合组织工商领导人峰会上指出，将持续推进精准扶贫精准脱贫，实现到2020年我国现行标准下农村贫困人口脱贫的目标；主持召开十九届中央全面深化改革领导小组第一次全体会议，研究部署加强贫困村驻村工作队选派管理工作。12月，在中央经济工作会议、中央农村工作会议上，用大量篇幅讲脱贫攻坚，部署打好三年精准脱贫攻坚战；在新年贺词中号召全社会行动起来，尽锐出战，精准施策。2018年2月，专程赴四川凉山深度贫困地区调研脱贫攻坚工作，在成都主持召开打好精准脱贫攻坚战座谈会，这是十九大后总书记主持召开的第一个跨省区座谈会，对打好今后三年脱贫攻坚战明确了8项工作重点，一是加强组织领导，二是坚持目标标准，三是强化体制机制，四是牢牢把握精准，五是完善资金管理，六是加强作风建设，七是组织干部轮训，八是注重激发内生动力。3月，在全国两会上强调，要以更大的力度、更实的措施保障和改善民生，加强和创新社会治理，坚决打赢脱贫攻坚战；主持召开中央政治局常委会议和中央政治局会议，听取2017年省级党委和政府扶贫开发工作成效考核情况汇报，审定考核结果，提出4项工作要求：一是充分认识打好脱贫攻坚战的重要意义，坚定打赢打好脱贫攻坚战的决心。二是考核评估对完成脱贫攻坚任务作用明显，要实施最严格的考核评估制度，而且要较真、叫板。三是认真进行问题整改，各省区市党委和中央有关部门要把自己摆进去，切实扛起整改的主体责任。四是强化脱贫攻坚，强化政治责任，把握目标标准，坚持精准施策，扎实推进扶贫领域腐败和作风问题专项治理，加强扶贫干部培训。4月，主持召开中央财经委员会第一次会议，听取打好精准脱贫攻坚战思路和举措汇报，进一步作出重要指示：一要咬定总攻目标。今后3年脱贫攻坚工作必须聚焦解决“两不愁三保障”，确保焦点不散、靶心不变。必须严格坚持现行扶贫标准，不能擅自拔高标准，也不能降低标准。二要落细攻击点位。各项脱贫举措都要找准问题、聚焦短板、精准施策。三要完善督战机制。压实作战责任，改进考核监督，整顿脱贫攻坚作风，加强一线力量，保持县委书记、县长稳定，组织实施全国脱贫攻坚全面培训，做好风险防范，加强舆情监测。5月，主持召开中央政治局常委会议和中央政治局会议，审议打赢脱贫攻坚战三年行动指导意见，指出行百里者半九十，越是这个时候越容易跑偏，今后3年是脱贫攻坚与乡村振兴战略的交汇期，是实施乡村振兴战略的启动期，是脱贫攻坚战的完成期，必须做好与乡村振兴战略的衔接，做好与2020年后减贫战略的衔接。近日，总书记又作出重要指示：打赢脱贫攻坚战，对全面建成小康社会、实现“两个一百年”奋斗目标具有十分重要的意义。行百里者半九十。各级党委和政府要把打赢脱贫攻坚战作为重大政治任务，强化中央统筹、省负总责、市县抓落实的管理体制，强化党政一把手负总责的领导责任制，明确责任、尽锐出战、狠抓实效。要坚持党中央确定的脱贫攻坚目标和扶贫标准，贯彻精准扶贫精准脱贫基本方略，既不急躁蛮干，也不消极拖延，既不降低标准，也不吊高胃口，确保焦点不散、靶心不变。要聚焦深度贫困地区和特殊贫困群体，确保不漏一村不落一人。要深化东西部扶贫协作和党政机关定点扶贫，调动社会各界参与脱贫攻坚积极性，实现政府、市场、社会互动和行业扶贫、专项扶贫、社会扶贫联动。脱贫攻坚时间紧、任务重，必须真抓实干、埋头苦干。各级党委和政府要以更加昂扬的精神状态、更加扎实的工作作风，团结带领广大干部群众坚定信心、顽强奋斗，万众一心夺取脱贫攻坚战全面胜利。

总书记在内政外交国防、治党治国治军等国事十分繁忙的情况下，拿出这么多时间和精力，驰而不息、亲力亲为抓脱贫攻坚。放眼全球，没有哪一个国家的最高领导人像总书记这样始终把贫困群众放在心上、把扶贫工作抓在手上。

李克强总理连续第5年在政府工作报告中明确减贫1000万人以上的年度任务，多次就脱贫攻坚重点工作作出安排，提出要求。近日又作出重要批示：实现精准脱贫是全面建成小康社会必须打赢的攻坚战，是促进区域协调发展的重要抓手。各地区各部门要全面贯彻党的十九大精神，以习近平新时代中国特色社会主义思想为指导，认真落实党中央、国务院关于打赢脱贫攻坚战三年行动的决策部署，进一步增强责任感紧迫感，坚持精准扶贫精准脱贫基本方略，聚焦深度贫困地区和特殊贫困群体，细化实化政策措施，落实到村到户到人，加强项目资金管理，压实责任，严格考核，凝聚起更大力量，真抓实干，确保一年一个新进展。要注重精准扶贫与经济社会发展相互促进，注重脱贫攻坚与实施乡村振兴战略相互衔接，注重外部帮扶与激发内生动力有机结合，推动实现贫困群众稳定脱贫、逐步致富，确保三年如期完成脱贫攻坚目标任务。

以习近平同志为核心的党中央驰而不息推动脱贫攻坚。我们理解，首先是因为脱贫攻坚是我们党的历史使命，是全面建成小康社会的底线目标，是必须要完成的政治任务。总书记代表我们党和政府向全国人民、向全世界作出了庄严承诺，到我们党成立100年时，如果还有绝对贫困人口，贫富差距拉大，那就没有体现我们党的宗旨，就不能说我们全面建成了小康社会。其次是脱贫攻坚任务艰巨而复杂，不是轻轻松松一冲锋就能实现的。减贫的一般规律是越往后成本越高、难度越大、见效越慢，当前我们所面对的都是贫中之贫、困中之困、坚中之坚。深度贫困地区生产生活条件恶劣、致贫原因复杂，贫困村缺乏领路人、带头人，无人干事、不会办事的情况比较普遍，许多贫困群众语言不通、思路不通、观念不通，如期全部脱贫难度是空前的。然后是体现了从严治党的新要求。党中央反复强调全面从严治党，就是要言必行、行必果，做到行胜于言、言行一致。党中央作出的决策部署一定要坚决执行，党中央公开的承诺一定要确保兑现，必须始终保持打攻坚战的状态。

（二）准确把握中央关于今后三年脱贫攻坚的决策部署

中共中央、国务院将于近日印发《关于打赢脱贫攻坚战三年行动的指导意见》（以下简称《指导意见》），根据党的十九大精神和各地贯彻落实《中共中央　国务院关于打赢脱贫攻坚战的决定》（以下简称《决定》）过程中出现的新情况新问题，进一步完善顶层设计，细化实化政策举措，加强工作环节。《决定》是打赢脱贫攻坚战的总纲领总部署，是贯穿脱贫攻坚战全过程的指导性文件。《指导意见》是今后三年贯彻落实《决定》的行动方案，可以从四个方面领会把握。

一是坚持稳中求进。《指导意见》进一步强化了脱贫攻坚战中形成的成功经验和有效做法，概括起来就是做到“四个坚持”。第一是坚持脱贫攻坚目标和现行扶贫标准。脱贫攻坚目标就是实现贫困人口全部脱贫、贫困县全部摘帽。标准就是稳定实现农村贫困人口“两不愁三保障”。这一目标和标准符合我国国情和发展阶段，略高于国际标准，是科学合理的。第二是坚持精准扶贫精准脱贫基本方略。做到“六个精准”，实施“五个一批”，解决“四个问题”。第三是坚持中央统筹、省负总责、市县抓落实的体制机制。强化各级各部门脱贫攻坚责任，五级书记一起抓。第四是坚持大扶贫格局。凝聚社会各方面力量合力攻坚。

二是完善顶层设计。《指导意见》根据党的十九大精神和各地贯彻落实《决定》过程中出现的新情况、新问题，对顶层设计进行了完善，概括起来就是实现“三个转变”。第一是从注重全面推进向更加注重深度贫困地区攻坚转变。《指导意见》把“集中力量支持深度贫困地区脱贫攻坚”作为一个章节专门进行部署，强调着力改善深度贫困地区发展条件，着力解决深度贫困地区群众特殊困难，着力加大深度贫困地区政策倾斜力度。第二是从注重减贫进度向更加注重脱贫质量转变。《指导意见》明确“把提高脱贫质量放在首位”，要求更加注重帮扶的长期效果，夯实稳定脱贫、逐步致富的基础，确保脱贫攻坚成果经得起历史和实践检验。比如，要求提高劳务对接的组织化程度和就业质量；确保高质量完成易地扶贫搬迁目标任务；稳步提升贫困地区义务教育质量；有组织地开展人岗对接，提高协作规模和质量；提高精准识别质量，完善动态管理机制；因地制宜制定符合贫困地区实际的检查方案，并对退出贫困县的质量负责；提高考核评估质量和水平，国家不再直接组织对贫困县退出的考核评估，改由各省组织，国家进行抽查。开展国家脱贫攻坚普查。第三是从开发式扶贫为主向开发式与保障性扶贫并重转变。《指导意见》明确，坚持开发式扶贫和保障性扶贫相统筹。把开发式扶贫作为脱贫基本途径，针对致贫原因和贫困人口结构，加强和完善保障性扶贫措施，造血输血协同，发挥两种方式的综合脱贫效应。文件专门就强化综合保障性扶贫提出了政策举措。

三是细化工作措施。《指导意见》进一步强化了到村到户到人的精准帮扶举措和补齐贫困地区基础设施短板。主要有：加大产业扶贫力度，全力推进就业扶贫，深入推动易地扶贫搬迁，加强生态扶贫，着力实施教育脱贫攻坚行动，深入实施健康扶贫工程，加快推进农村危房改造，强化综合保障性扶贫，开展贫困残疾人脱贫行动，开展扶贫扶志行动。同时，明确加快实施交通扶贫行动，大力推进水利扶贫行动，大力实施电力和网络扶贫行动，推进贫困地区农村人居环境整治。

四是加强工作环节。《指导意见》从组织保障、政策保障、社会合力等方面加强了工作力度。在组织保障方面，进一步落实脱贫攻坚责任制。明确脱贫攻坚任务重的省区市党委和政府每季度至少专题研究一次脱贫攻坚工作，贫困县党委和政府每月至少专题研究一次脱贫攻坚工作；贫困县党政正职每个月至少要有 5 个工作日用于扶贫；实施五级书记遍访贫困户行动；脱贫攻坚期内，国务院扶贫开发领导小组成员以及部门扶贫干部、定点扶贫干部要保持稳定，不能胜任的要及时调整。在政策保障方面，强化财政投入保障，加大金融扶贫支持力度，加强土地政策支持，实施人才和科技扶贫计划。在社会合力方面，加大东西部扶贫协作和对口支援力度，深入开展定点扶贫工作，扎实做好军队帮扶工作，激励各类企业、社会组织扶贫，大力开展扶贫志愿服务活动。

（三）下一步工作安排

贯彻落实党中央、国务院决策部署，今后三年脱贫攻坚总体思路是：以习近平新时代中国特色社会主义思想为指导，全面贯彻党的十九大精神，践行习近平总书记关于扶贫的重要论述，充分发挥政治优势和制度优势，坚持精准扶贫精准脱贫基本方略，坚持中央统筹、省负总责、市县抓落实的工作机制，坚持大扶贫工作格局，坚持脱贫攻坚目标和现行扶贫标准，聚焦深度贫困地区和特殊贫困群体，突出问题导向，优化政策供给，下足绣花功夫，着力激发贫困人口内生动力，着力夯实贫困人口稳定脱贫基础，着力加强扶贫领域作风建设，切实提高贫困人口获得感，确保到2020年贫困地区和贫困群众同全国一道进入全面小康社会，为实施乡村振兴战略打好基础。重点要做好以下工作。

一是学习宣传习近平总书记关于扶贫的重要论述。出版《习近平扶贫论述摘编》等著作，组织开展学习研讨和系列宣传活动，以习近平总书记关于扶贫的重要论述武装头脑、指导实践、推进工作，用实际行动在新时代中国特色社会主义的伟大实践中体现我们的政治忠诚和政治担当。

二是认真贯彻《指导意见》。根据《指导意见》，研究制定分工方案，明确各部门责任分工，确保脱贫攻坚各项任务落实。进一步细化脱贫措施，今后三年，不仅要明确每年减贫数量，而且细化到每一项具体帮扶措施上；不仅要说明多少人脱贫，而且要说清是通过什么措施脱贫的。进一步聚焦深度贫困，中央统筹重点支持“三区三州”，各省集中力量解决深度贫困县、深度贫困乡镇和深度贫困村脱贫问题。对深度贫困地区进行跟踪监测和预警评估，开展工作督导。

三是准确把握精准要义。精准扶贫精准脱贫是打赢脱贫攻坚战的基本方略，是一项长期而细致的工作，不能浅尝辄止，不能知难而退，要特别防止用精准未到位带来的问题否定精准方略，防止用增加的扶贫资源重走“大水漫灌”的老路。在贫困识别上，要继续完善建档立卡，确保应纳尽纳、应退尽退，加强数据共享和数据分析，为宏观决策和工作指导提供支撑。在驻村帮扶上，要强化贫困村第一书记和驻村工作队的选派管理，着力解决驻村帮扶中选人不优、管理不严、作风不实、保障不力等问题，更好发挥驻村干部脱贫攻坚生力军作用。在精准施策上，要扎实推进“五个一批”，因村因户因人精准施策。比如，产业扶贫要建立带贫机制，防止简单发钱发物（一些地方把财政资金作为贫困户的干股，投入到企业，企业按照一定比例“分红”，这实际上是吃财政利息，相当于变相发钱），要把贫困群众组织动员起来，依靠发展产业和就业增收脱贫（案例：“金鸡”产业扶贫，用工扶贫，劳务扶贫，租金扶贫，产业基金扶贫）。光伏扶贫要进一步规范，严格执行国家光伏扶贫电站管理办法和资产收益分配使用管理办法，确保建设质量，谨防骗取套取国家补贴资金。村级光伏电站建设应满足以下条件：建档立卡贫困村，发电1000小时以上，有接入条件，不得负债建设、企业不投资入股，产权归村集体所有，收益用于扶贫，主要采取购买公益岗位、小型公益事业、小微奖补等方式，促使贫困人口通过劳动增收。在贫困退出上，要按照贫困退出标准、程序严格评估，确保脱贫成果经得起历史和实践检验。低保兜底的应在县村摘帽时标注退出。对摘帽贫困县、贫困村和脱贫人口，攻坚期内相关扶贫政策保持稳定，扶上马、送一程。

四是开展扶贫领域腐败和作风问题专项治理。党中央明确，将2018年作为脱贫攻坚作风建设年，全面开展扶贫领域腐败和作风问题专项治理。要用1年左右时间集中力量解决突出问题，并将作风建设贯穿脱贫攻坚全过程，持续推进。重点要规范扶贫资金项目管理。全面推进县级脱贫攻坚项目库建设，在实施过程中，采取自下而上办法，由村“两委”和村民提出脱贫攻坚项目，县乡加强项目论证，优先支持项目选得准、群众积极性高的村实施扶贫项目。加强扶贫资金整合，确保整合资金围绕脱贫攻坚项目精准使用，提高使用效率和效益。严格落实扶贫资金公告公示制度，严惩扶贫领域违纪违规行为，努力做到阳光扶贫廉洁扶贫。要加强扶贫领域作风建设。各地严禁层层多头组织脱贫攻坚检查考评，要统筹整合督导检查，共享督导检查成果，增强对地方工作指导的实效性，切实减轻基层负担。要集中力量解决官僚主义、形式主义等突出问题，并将作风建设贯穿脱贫攻坚全过程，持续推进。

五是组织脱贫攻坚干部轮训。分级分类对地方党政领导干部、部门行业干部、扶贫系统干部、帮扶干部、贫困村干部开展培训。中央层面将重点对 31 个省区市分管负责同志、扶贫领导小组成员、脱贫攻坚任务重的市（地、州、盟）党政主要负责同志、贫困县党政主要负责同志开展培训，其他培训主要由各地组织实施，力争年内轮训一遍县乡村干部。通过大规模培训，引导各级干部树立正确政绩观，提高精准扶贫能力。

六是进一步深化大扶贫格局。深化细化东西部扶贫协作和中央单位定点扶贫，做实携手奔小康行动，推进“万企帮万村”精准扶贫行动，完善中国社会扶贫网，实现政府、市场、社会互动和行业扶贫、专项扶贫、社会扶贫联动。

七是完善脱贫攻坚考核监督机制。充分体现省负总责原则。改进贫困县退出专项评估检查，2018 年以后申请退出的贫困县，由各省统一组织，中央结合督查巡查进行抽查。改进第三方评估方式，简化程序、精简内容，突出重点、注重实效。改进约谈方式，变定期约谈算总账为常态化约谈。取消与脱贫攻坚无关的搭车任务和验收指标，为基层帮扶工作减负。对督导检查和考核评估发现的问题，各地要举一反三，全面主动查摆，深入剖析根源，建立长效机制，避免整改“翻烧饼”。

八是激发贫困群众内生动力。要完善政策措施，转变扶贫方式，除低保兜底发放现金外，其他扶贫措施要与贫困群众参与挂钩，原则上不直接发钱发物。要加强教育培训，加强思想教育、技能培训，帮助贫困群众转变思想观念，提高脱贫能力。要加强典型引导，总结宣传脱贫典型，鼓励贫困群众向身边人身边事学习，营造勤劳致富脱贫光荣良好氛围。要发挥村规民约作用，引导贫困群众自我教育、自我管理、自我约束，培育健康文明生活方式。

九是做好风险防范工作。脱贫攻坚需要防范四类潜在风险，包括：完不成任务的风险。要防止深度贫困地区和深度贫困问题解决不好，完不成任务或脱贫质量不高。防止其他地区麻痹大意，出现工作“死角”。经济风险。要进一步规范扶贫小额信贷，严格执行国家有关规定，新的贷款不能“户贷企用”，不得用于非生产性支出，老的问题要逐步纠正，确保不发生还贷风险。防止产业扶贫项目盲目跟风、一哄而上，导致失败造成损失。债务风险。要防止打着脱贫攻坚的旗号大举发债，“穿着马甲”或“涂脂抹粉”去争资源争项目，加重政府债务。社会风险。要防止简单发钱发物、送钱送物，政策养懒汉。防止盲目提高标准，造成非贫困户攀比，引起新的不公，破坏社会规则，兑现不了还会损害党和政府公信力。

十是强化宣传表彰工作。开展脱贫攻坚政策宣讲解读，让贫困地区干部群众了解政策、用好用活用足政策。加强脱贫攻坚先进表彰，每年继续组织开展全国脱贫攻坚奖和全国脱贫攻坚模范评选表彰活动，设立脱贫攻坚组织创新奖，鼓励各地从实际出发开展脱贫攻坚工作创新。完善涉贫事件处置反馈机制，及时回应社会关切，把握正确舆论导向，防止意外事件发生，干扰脱贫攻坚大局。配合做好对外宣传，讲好中国减贫故事，分享中国减贫经验，提升中国软实力。

十一是开展脱贫攻坚总结。党的十八大以来，各地各部门围绕精准扶贫精准脱贫，探索实践了许多好经验、好办法、好路子，要及时梳理总结，把基层的实践和创造总结上来，把先进经验和成功范例提炼出来，把精准扶贫精准脱贫的要求转化为具体样本，推动各地各部门受启发、找差距、明方向。要提炼脱贫攻坚精神，引导社会各界更加关注支持扶贫事业，为打赢精准脱贫攻坚战注入强大动力。要开展2020年后减贫战略研究。到2020年打赢脱贫攻坚战，只是消除了现行标准下的绝对贫困，不是说我国就没有贫困人口了，任何社会，即使是发达国家，总会存在一定比例的相对贫困人口。要根据“两个一百年”奋斗目标，做好脱贫攻坚与实施乡村振兴战略和2020年后扶贫工作的有效衔接，巩固脱贫成果，逐步实现共同富裕。

同志们，打赢脱贫攻坚战是历史赋予我们的重大使命，是党中央向全体人民作出的庄严承诺，历史上没有哪个朝代能做到消除绝对贫困，这是我们人生之大幸。习近平总书记强调，一代人有一代人的长征路，脱贫攻坚就是我们这代人的长征路。让我们紧密团结在以习近平同志为核心的党中央周围，高举习近平新时代中国特色社会主义思想伟大旗帜，怀着对贫困群众的深厚感情，怀着对党和国家事业的赤子之心，凝心聚力、求真务实、攻坚克难，为全面打赢脱贫攻坚战、全面建成小康社会做出新的贡献！

在山西省攻坚深度贫困现场推进会上的讲话

国务院扶贫办主任　刘永富

2018 年 6 月 19 日

尊敬的惠宁书记、阳生省长，各位领导，同志们：

今天，山西省委召开全省攻坚深度贫困地区现场推进会。受山西省委和惠宁书记、阳生省长邀请，我此次来主要有三个目的：一是和大家共同学习习近平总书记关于脱贫攻坚特别是攻坚深度贫困的一系列重要指示精神，二是来学习山西脱贫攻坚的经验，祝贺山西一年来取得的成绩，三是介绍脱贫攻坚相关情况。

去年 6 月，习近平总书记来山西视察，在太原主持召开深度贫困地区脱贫攻坚座谈会，对深度贫困地区脱贫攻坚工作作出全面部署，提出明确要求。会后，山西省委省政府提出，这个会开在山西，山西有责任带头贯彻落实好会议精神，走在全国前列。一年来，山西省委省政府认真贯彻习近平总书记重要讲话精神和党中央、国务院决策部署，做了大量工作，取得了显著成效。刚才，惠宁书记发表重要讲话，作了全面总结，生态扶贫、易地扶贫搬迁、产业就业扶贫、社会保障兜底、社会扶贫、基层党建等工作都卓有成效。惠宁书记还根据中央要求和山西情况，从六个方面对下一步工作进行了安排部署，讲得非常全面、非常系统、非常实在，具有很强的操作性。我相信，贯彻落实好这次会议特别是惠宁书记的讲话精神，山西脱贫攻坚工作一定会迈上一个新台阶。刚才，惠宁书记提出，山西的脱贫攻坚工作要努力进入全国第一方阵，我认为这个目标是非常应该的，实现起来也是比较艰巨的，是大家需要共同努力才能做到的。这次会议准备得非常充分，省里除了惠宁书记的讲话，还有省直部门、各市和 10 个深度贫困县的总结报告，以及一批典型案例。省里昨天晚上对县委书记进行了政策测试，对省直各部门进行了测评；今天上午进行了现场观摩，下午又看了专题片，内容非常丰富、管用。我很受教育，很受启发。借此机会，我代表国务院扶贫办，向奋战在脱贫攻坚一线的山西省各位领导、广大干部群众表示衷心感谢和崇高敬意！

山西的脱贫攻坚工作，包括深度贫困地区的脱贫攻坚工作，给我留下了深刻印象。今天现场观摩、专题片和各类总结报告展示的成绩中，我觉得有两件事情特别典型：一个是山西在三晋大地上谱写的“一个战场两个战役”的新篇章，一个是山西创新探索光伏扶贫村级电站的生动实践。这不仅是中国脱贫攻坚的杰出案例，也是世界减贫史上的生动案例，必将载入史册。下面，我讲四点意见。

一、习近平总书记高度重视深度贫困地区脱贫攻坚

深度贫困地区脱贫攻坚，是习近平总书记根据脱贫攻坚进展和形势，在 2017 年 2 月 21 日中央政治局第三十九次集体学习时首次提出的。总书记指出，从区域分布看，剩下的贫困人口主要分布在深度贫困地区，西藏和四省藏区、南疆四地州、凉山州、怒江州等民族地区生存环境恶劣，致贫原因复

杂，基础设施和公共服务缺口大，完成脱贫任务很不容易。要把深度贫困地区作为区域攻坚重点。

2017 年 6 月 23 日，总书记深入吕梁山区看望贫困群众，并在太原主持召开深度贫困地区脱贫攻坚座谈会，深刻剖析深度贫困成因，发出攻克深度贫困堡垒号召，对深度贫困地区脱贫攻坚作出全面部署，提出 8 条工作要求：一是合理确定脱贫目标，二是加大投入支持力度，三是集中优势兵力打攻坚战，四是区域发展必须围绕精准扶贫发力，五是加大各方帮扶力度，六是加大内生动力培育力度，七是加大组织领导力度，八是加强检查督查。太原座谈会的召开，标志着脱贫攻坚由面上推进向深度贫困地区这个重点聚焦，向最难啃的“硬骨头”发力。

党的十九大以来，总书记在多个重大场合、重要会议上反复强调脱贫攻坚，继续高位推进。在党的十九大报告中，把脱贫攻坚作为全面建成小康社会三大攻坚战之一作出重大部署，明确要重点攻克深度贫困地区脱贫任务。在中央经济工作会议、中央农村工作会议上，用大量篇幅讲脱贫攻坚，部署打好三年精准脱贫攻坚战。强调要以深度贫困地区和特殊贫困人口为重点，加大资源整合和政策倾斜力度，精准施策，坚决攻下坚中之坚、贫中之贫。今年 2 月，总书记深入四川凉山深度贫困地区考察，在成都主持召开打好精准脱贫攻坚战座谈会，要求聚焦深度贫困地区，扎实推进各项工作，全面打好脱贫攻坚战，明确 8 项工作重点：一是加强组织领导，二是坚持目标标准，三是强化体制机制，四是牢牢把握精准，五是完善资金管理，六是加强作风建设，七是组织干部轮训，八是注重激发内生动力。3 月，在全国两会上指出，打好脱贫攻坚战，关键是打好深度贫困地区脱贫攻坚战；主持召开中央政治局常委会议和中央政治局会议，听取 2017 年省级党委和政府扶贫开发工作成效考核情况汇报，审定考核结果，提出 4 条工作要求：一是充分认识打好脱贫攻坚战的重要意义。二是考核评估对完成脱贫攻坚任务作用明显，要实施最严格的考核评估制度，要较真叫板。三是认真进行问题整改，各省区市党委和中央有关部门要把自己摆进去，切实扛起整改的主体责任。四是强化脱贫攻坚，强化政治责任，把握目标标准，坚持精准施策，扎实推进扶贫领域腐败和作风问题专项治理，加强扶贫干部培训。4 月，主持召开中央财经委员会第一次会议，听取打好精准脱贫攻坚战思路和举措汇报，作出重要指示：一要咬定总攻目标，今后 3 年脱贫攻坚工作必须聚焦解决“两不愁三保障”，必须严格坚持现行扶贫标准。二要落细攻击点位，找准问题、聚焦短板、精准施策。三要完善督战机制，压实作战责任。强调在深度贫困地区脱贫方面，要整合创新扶持政策，引导资源要素向深度贫困地区聚焦，集中优势兵力，打一场攻坚拔寨的合围战、歼灭战。5 月，主持召开中央政治局常委会议和中央政治局会议，审议打赢脱贫攻坚战三年行动指导意见，指出行百里者半九十，现在是最吃劲、最容易滑坡的时候，也是最容易跑偏的时候。今后 3 年是脱贫攻坚与乡村振兴战略的交汇期，是实施乡村振兴战略的启动期，是脱贫攻坚战的完成期，必须做好与乡村振兴战略的衔接，做好与 2020 年后减贫战略的衔接。

总书记在国事十分繁忙的情况下，拿出这么多时间和精力，驰而不息、亲力亲为抓脱贫攻坚，彰显了党的核心、人民领袖强烈的历史使命感和深厚的为民情怀，彰显了总书记打赢脱贫攻坚战言必行、行必果的坚定意志和坚强决心。总书记亲自调研部署和推进深度贫困地区脱贫攻坚工作，充分说明攻克深度贫困堡垒对打赢脱贫攻坚战的重要意义，深度贫困地区是贫中之贫、难中之难、坚中之坚，事关脱贫攻坚战成败。我们要牢固树立“四个意识”，切实增强使命感紧迫感，向最难处攻坚，在最痛处发力，坚决打赢深度贫困地区脱贫攻坚这场“硬仗中的硬仗”。

二、深度贫困地区脱贫攻坚取得积极进展

各地区各部门认真学习贯彻习近平总书记太原座谈会重要讲话精神，聚焦深度贫困地区和特殊贫困群体，加大投入力度和资源整合，各项工作稳步推进，为脱贫攻坚战取得决定性进展做出了重要贡献。

一是出台专门政策文件。中办、国办出台《关于支持深度贫困地区脱贫攻坚的实施意见》，从三个方面提出明确要求。中央统筹，重点支持“三区三州”。在现有支持基础上，国家新增脱贫攻坚资金、项目、举措主要集中用于西藏、四省藏区、南疆四地州和四川凉山州、云南怒江州、甘肃临夏州；落实部门责任，支持解决深度贫困地区和深度贫困问题。各部门结合职责，对“三区三州”和其他深度贫困地区给予政策支持、资金帮助和工作指导；省负总责，解决辖区内的深度贫困问题。各省区市统筹资源，集中力量解决本省范围内的深度贫困问题。

二是安排部署落实工作。国务院扶贫开发领导小组召开深度贫困地区脱贫攻坚电视电话会议，就贯彻落实太原座谈会精神和两办实施意见作出安排部署，明确各地区各部门推进深度贫困地区脱贫攻坚的工作重点，要求落实工作责任，强化基层帮扶，加强资金监管，从严考核监督，增强攻坚合力。

三是确定深度贫困地区范围。根据中央部署和要求，全国有 24 个省区市综合考虑贫困发生率和贫困人口规模、脱贫难度、发展水平等因素，共确定了 334 个深度贫困县（其中“三区三州”深度贫困县 135 个）、1875 个深度贫困乡镇、30038 个深度贫困村，集中力量重点攻坚。

四是制定攻坚实施方案。汪洋同志 7 次主持会议听取“三区三州”所在 6 省区汇报，指导编制“三区三州”脱贫攻坚实施方案。其他省区市也都制定了深度贫困地区脱贫攻坚的实施方案。

五是强化政策支撑保障。各部门普遍加大对深度贫困地区的支持力度。在财政投入方面，2018—2020 年，中央财政拟新增 2140 亿元支持深度贫困地区脱贫攻坚，其中用于支持“三区三州”1050 亿元，用于支持“三区三州”外的深度贫困地区资金 1090 亿元。在土地政策支持方面，足额保障深度贫困地区基础设施、易地扶贫搬迁、民生发展等用地，2018 年为深度贫困县每县专项安排新增建设用地指标 600 亩。在易地扶贫搬迁方面，允许深度贫困地区按照不超过工程项目国家下达资金总额 2.5% 的比例，列支安置区地质勘察、工程设计等前期工作费。在危房改造方面，危改任务向深度贫困地区倾斜，中央补助资金户均补助提高到 1.4 万元。在金融扶贫方面，加大对深度贫困地区扶贫再贷款倾斜力度。在产业扶贫方面，指导深度贫困地区调整完善现代农业发展和产业扶贫规划，发展特色优势产业。在生态补偿方面，将新增退耕还林还草任务的 80% 向中西部 22 个省区倾斜，优先安排给建档立卡贫困人口。在教育扶贫方面，加大对深度贫困地区投入力度，改善义务教育薄弱学校基本办学条件，完善控辍保学工作机制。在健康扶贫方面，建立医疗兜底保障机制，将贫困人口住院医疗费用个人自付比例控制在 10% 左右，门诊医疗费用个人自付比例控制在 20% 左右。

三、坚决打赢深度贫困地区脱贫攻坚战

深度贫困地区脱贫攻坚虽然取得积极进展，但任务依然艰巨。这些地区大多自然条件差、经济发展弱、社会发育慢、基础设施和公共服务滞后、致贫因素多样叠加，经过前几轮扶贫开发都没有解决区域性整体贫困。截至 2017 年底，“三区三州”还有贫

困人口305万，贫困发生率14.6%；334个深度贫困县有贫困人口1107万，贫困发生率11.3%；3万多个深度贫困村中，有1.67万个贫困发生率超过20%，比全国贫困发生率3.1%高出好几倍。按照贫困县和贫困村近几年每年贫困发生率下降3～4个百分点计算，深度贫困地区如期脱贫难度很大，必须集中优势兵力重点攻坚。2018年6月8日，总书记对今后三年脱贫攻坚作出重要指示：打赢脱贫攻坚战，对全面建成小康社会、实现“两个一百年”奋斗目标具有十分重要的意义。行百里者半九十。各级党委和政府要把打赢脱贫攻坚战作为重大政治任务，强化中央统筹、省负总责、市县抓落实的管理体制，强化党政一把手负总责的领导责任制，明确责任、尽锐出战、狠抓实效。要坚持党中央确定的脱贫攻坚目标和扶贫标准，贯彻精准扶贫精准脱贫基本方略，既不急躁蛮干，也不消极拖延，既不降低标准，也不吊高胃口，确保焦点不散、靶心不变。要聚焦深度贫困地区和特殊贫困群体，确保不漏一村不落一人。要深化东西部扶贫协作和党政机关定点扶贫，调动社会各界参与脱贫攻坚积极性，实现政府、市场、社会互动和行业扶贫、专项扶贫、社会扶贫联动。脱贫攻坚时间紧、任务重，必须真抓实干、埋头苦干。各级党委和政府要以更加昂扬的精神状态、更加扎实的工作作风，团结带领广大干部群众坚定信心、顽强奋斗，万众一心夺取脱贫攻坚战全面胜利。李克强总理作出批示：实现精准脱贫是全面建成小康社会必须打赢的攻坚战，是促进区域协调发展的重要抓手。各地区各部门要全面贯彻党的十九大精神，以习近平新时代中国特色社会主义思想为指导，认真落实党中央、国务院关于打赢脱贫攻坚战三年行动的决策部署，进一步增强责任感紧迫感，坚持精准扶贫精准脱贫基本方略，聚焦深度贫困地区和特殊贫困群体，细化实化政策措施，落实到村到户到人，加强项目资金管理，压实责任，严格考核，凝聚起更大力量，真抓实干，确保一年一个新进展。要注重精准扶贫与经济社会发展相互促进，注重脱贫攻坚与实施乡村振兴战略相互衔接，注重外部帮扶与激发内生动力有机结合，推动实现贫困群众稳定脱贫、逐步致富，确保三年如期完成脱贫攻坚目标任务。总书记、总理的重要指示批示都强调了深度贫困地区脱贫攻坚，我们要认真贯彻落实，按照党中央关于脱贫攻坚的决策部署，在以下几个方面用力。

一是深入学习贯彻习近平总书记关于扶贫的重要论述。习近平总书记关于扶贫的重要论述是打赢脱贫攻坚战的根本遵循和行动纲领，我们要认真学习深刻领会，用习近平总书记关于扶贫的重要论述武装头脑、指导实践、推进工作。

二是认真贯彻落实三年行动指导意见。中共中央、国务院已于6月16日印发《关于打赢脱贫攻坚战三年行动的指导意见》，对今后三年脱贫攻坚工作作出全面部署。《指导意见》明确，要集中力量支持深度贫困地区脱贫攻坚，着力改善深度贫困地区发展条件，着力解决深度贫困地区群众特殊困难，着力加大深度贫困地区政策倾斜力度。我们要认真抓好落实，确保深度贫困地区脱贫攻坚一年一个新进展，三年圆满完成任务。

三是按照实施方案精心组织。要认真组织实施深度贫困地区脱贫攻坚实施方案，细化分年度分措施攻坚任务，落实到村到户到人。每年召开一次深度贫困地区脱贫攻坚推进会，总结推广经验，研究解决问题，促进政策措施落地落实。

四是统筹用好各类资源。中央和省级新增脱贫攻坚资金、项目、举措主要用于深度贫困地区，整合东西部扶贫协作和对口支援、中央单位定点扶贫、社会力量等各方面资源要素向深度贫困地区聚焦，集中火力攻克深度贫困堡垒。

五是强化扶贫资金项目管理。深度贫困

地区各类资金骤增，要确保用好，提高使用效率和效益，确保不出问题。要以县为单位，按照脱贫攻坚规划和资源禀赋，建立脱贫攻坚项目库。要严格落实扶贫资金项目公告公示制度，严惩扶贫领域违法违纪行为，做到阳光扶贫廉洁扶贫。

六是加强跟踪监测。国务院扶贫开发领导小组将重点跟踪监测“三区三州”脱贫攻坚。各地要对深度贫困县、深度贫困村进行跟踪监测和预警评估，开展工作督导，防止出现“死角”。

四、支持山西脱贫攻坚

山西是抗日战争的主战场，全省有70多万青壮年参军，有数百万民兵参战，有300万抗日将士和群众在山西战场伤亡，山西为抗战胜利做出了巨大贡献。山西也是脱贫攻坚的主战场，贫困人口规模居全国第10位，区域性整体贫困较为突出，致贫返贫因素多维交织，脱贫任务重、难度大。

近年来特别是去年总书记在山西召开深度贫困地区脱贫攻坚座谈会以来，山西省委省政府坚决贯彻落实党中央决策部署，践行习近平总书记关于扶贫的重要论述，把脱贫攻坚摆在全省工作的突出位置，坚持精准扶贫精准脱贫基本方略，狠抓责任落实、政策落实、工作落实，贫困人口大幅减少，脱贫攻坚取得了决定性进展，扶贫成效考核连续两年综合评价为“较好”。一是领导重视，责任到位。惠宁书记、阳生省长率先垂范、高位推动，多次深入贫困地区一线调研指导，多次召开会议研究部署，精心谋划布局，亲自督促落实。省委组建脱贫攻坚督导组，省市县三级实行专项扶贫双组长制，层层立下军令状。压实行业部门责任，动员各方力量合力攻坚。在全省形成了“一级抓一级、层层抓落实”的攻坚氛围。二是聚焦深度，政策给力。山西省围绕脱贫攻坚目标任务，出台和完善了系列文件，形成了较为健全的精准扶贫政策体系。山西省委省政府聚焦深度贫困，确定10个深度贫困县、3350个深度贫困村、28.47万深度贫困人口为攻坚重点，为深度贫困县量身定制“一县一策”，在政策、资金、项目、帮扶力量等方面给予倾斜。去年深度贫困地区实现11.4万人脱贫、393个村出列，贫困发生率下降6.5个百分点，比全省年均降幅高出4.5个百分点，攻坚深度贫困成效明显。三是改革创新，亮点纷呈。山西省委省政府结合省情特点，探索创新了许多精准扶贫的好经验好做法，为全国脱贫攻坚提供了借鉴。比如，生态扶贫方面，一个战场打精准脱贫和生态建设“两个攻坚战”，联动实施退耕还林奖补、荒山绿化务工、森林管护就业、经济林提质增效、特色林产业增收项目。就业扶贫方面，为贫困劳动力提供免费精准培训，“天镇保姆”“吕梁护工”等劳务品牌叫响全国。光伏扶贫方面，山西先行先试，大胆创新，探索出了村级光伏电站模式和公益岗位扶贫、小型公益事业扶贫、小微奖补扶贫的收益分配方式。还有易地扶贫搬迁、产业扶贫、健康扶贫等方面，都探索积累了许多山西经验、山西做法。山西在脱贫攻坚中，涌现出了像全国脱贫攻坚奖奋进奖申纪兰、贡献奖王剑辉、创新奖雷茂端和全国脱贫攻坚模范刘桂珍等一大批先进模范，是扶贫领域学习的榜样。希望山西在今后三年脱贫攻坚中，再接再厉，不断取得新成绩。

在南疆四地州深度贫困地区脱贫攻坚现场推进会暨对口帮扶工作会议上的讲话

国务院扶贫办主任　刘永富

（2018 年 7 月 15 日）

为认真贯彻落实党中央、国务院关于脱贫攻坚的决策部署，按照国务院扶贫开发领导小组的要求，“三区三州”每年召开一次深度贫困地区脱贫攻坚现场推进会，今年是第一次召开。今天，新疆维吾尔自治区召开南疆四地州深度贫困地区脱贫攻坚现场推进会暨对口帮扶工作会议，总结交流经验，安排部署工作。昨晚，陈全国书记专门打来电话，感谢中央有关部门和东部省市对新疆工作的大力支持。这次会议是新疆首次跨省区的脱贫攻坚会议，既有新疆的同志，也有东部省市的同志和中央企业的同志，还有中央有关部门的同志。刚才，北京、上海、江苏、浙江、山东、广东和招商局集团有限公司、新疆浙江商会、新疆昆仑尼雅生态农牧发展有限公司，介绍了经验和下步做法。国家发展改革委和财政部的同志介绍了有关情况。会议印发了交流材料，既有南疆四地州脱贫攻坚情况，还有东部帮扶省市和中央单位帮扶情况，以及民营企业、社会组织帮扶情况，他们交流的经验做法都很好，我们可以互相学习借鉴。借此机会，我代表国务院扶贫办，向帮扶新疆的东部省市和有关单位表示衷心感谢！向战斗在新疆脱贫攻坚一线的各族干部群众致以崇高敬意！一会儿，雪克来提·扎克尔主席将做重要讲话，部署安排工作，提出明确要求。我相信，这次会议精神的贯彻落实，必将进一步凝聚共识、鼓舞士气，促进新疆脱贫攻坚再上新台阶。根据会议安排，我讲三点意见。

一、认真贯彻党中央关于打赢脱贫攻坚战的新部署新要求

党的十八大以来，以习近平同志为核心的党中央把贫困人口脱贫作为全面建成小康社会的底线任务和标志性指标，作出一系列重大部署。习近平总书记亲自部署、亲自挂帅、亲自出征、亲自督战，以前所未有的力度推进。经过全党全社会共同努力，脱贫攻坚取得决定性进展，贫困地区群众生产生活条件显著改善，贫困人口总量大幅度减少，贫困县数量实现首次减少，全社会合力攻坚局面基本形成，中国特色的脱贫攻坚制度体系基本建立。

在脱贫攻坚取得决定性进展后，总书记继续高位推进、响鼓重槌，十九大以来的 8 个月，总书记月月都有重要工作安排和明确指示。去年 11 月，在党的十九大报告中，把脱贫攻坚作为全面建成小康社会三大攻坚战之一作出重大部署，明确要重点攻克深度贫困地区脱贫任务。12 月，在中央经济工作会议、中央农村工作会议上，用大量篇幅部署脱贫攻坚，强调要以深度贫困地区和特殊贫困人口为重点，加大资源整合和政策倾斜力度，精准施策，坚决攻下坚中之坚、贫中之贫。今年 2 月，总书记在成都主持召开打好精准脱贫攻坚战座谈会，要求聚焦深度贫困地区，扎实推进各项工作，全面打好精准脱贫攻坚战，明确 8 个方面工作重点：一是加强组织领导，二是坚持目标标准，三是

强化体制机制，四是牢牢把握精准，五是完善资金管理，六是加强作风建设，七是组织干部轮训，八是注重激发内生动力。3 月，在全国两会上指出，打好脱贫攻坚战，关键是打好深度贫困地区脱贫攻坚战；主持召开中央政治局常委会议和中央政治局会议，审定省级党委和政府扶贫开发工作成效考核结果，提出 4 方面工作要求：一是充分认识打好脱贫攻坚战的重要意义。二是考核评估对完成脱贫攻坚任务作用明显，要实施最严格的考核评估制度，较真叫板。三是认真进行问题整改，各省区市党委和中央有关部门要把自己摆进去，切实扛起整改的主体责任。四是强化脱贫攻坚，强化政治责任。4 月，主持召开中央财经委员会第一次会议，听取打好精准脱贫攻坚战思路和举措汇报，作出重要指示：一要咬定总攻目标。二要落细攻击点位。三要完善督战机制。强调要整合创新扶持政策，引导资源要素向深度贫困地区聚焦，集中优势兵力，打一场攻坚拔寨的合围战、歼灭战。5 月，主持召开中央政治局常委会议和中央政治局会议，审议打赢脱贫攻坚战三年行动指导意见，指出行百里者半九十，现在是最吃劲、最容易滑坡的时候，也是最容易跑偏的时候。今后 3 年是脱贫攻坚战的完成期，是实施乡村振兴战略的启动期，是脱贫攻坚与乡村振兴战略的交汇期，必须做好与乡村振兴战略的衔接，做好与 2020 年后减贫战略的衔接。6 月，总书记对今后三年脱贫攻坚作出重要指示：打赢脱贫攻坚战，对全面建成小康社会、实现“两个一百年”奋斗目标具有十分重要的意义。行百里者半九十。各级党委和政府要把打赢脱贫攻坚战作为重大政治任务，强化中央统筹、省负总责、市县抓落实的管理体制，强化党政一把手负总责的领导责任制，明确责任、尽锐出战、狠抓实效。要坚持党中央确定的脱贫攻坚目标和扶贫标准，贯彻精准扶贫精准脱贫基本方略，既不急躁蛮干，也不消极拖延，既不降低标准，也不吊高胃口，确保焦点不散、靶心不变。要聚焦深度贫困地区和特殊贫困群体，确保不漏一村不落一人。要深化东西部扶贫协作和党政机关定点扶贫，调动社会各界参与脱贫攻坚积极性，实现政府、市场、社会互动和行业扶贫、专项扶贫、社会扶贫联动。脱贫攻坚时间紧、任务重，必须真抓实干、埋头苦干。各级党委和政府要以更加昂扬的精神状态、更加扎实的工作作风，团结带领广大干部群众坚定信心、顽强奋斗，万众一心夺取脱贫攻坚战全面胜利。李克强总理作出重要批示：实现精准脱贫是全面建成小康社会必须打赢的攻坚战，是促进区域协调发展的重要抓手。各地区各部门要全面贯彻党的十九大精神，以习近平新时代中国特色社会主义思想为指导，认真落实党中央、国务院关于打赢脱贫攻坚战三年行动的决策部署，进一步增强责任感紧迫感，坚持精准扶贫精准脱贫基本方略，聚焦深度贫困地区和特殊贫困群体，细化实化政策措施，落实到村到户到人，加强项目资金管理，压实责任，严格考核，凝聚起更大力量，真抓实干，确保一年一个新进展。要注重精准扶贫与经济社会发展相互促进，注重脱贫攻坚与实施乡村振兴战略相互衔接，注重外部帮扶与激发内生动力有机结合，推动实现贫困群众稳定脱贫、逐步致富，确保三年如期完成脱贫攻坚目标任务。中共中央、国务院出台《关于打赢脱贫攻坚战三年行动的指导意见》（以下简称《指导意见》），全面部署今后三年脱贫攻坚工作，坚持稳中求进的工作总基调，完善顶层设计，强化政策措施，加强统筹协调，推动脱贫攻坚有力有效开展。

习近平总书记对深度贫困地区脱贫攻坚高度重视。2017 年 2 月，在主持中央政治局第三十九次集体学习时指出：从区域分布看，剩下的贫困人口主要分布在深度贫困地区，西藏和四省藏区、南疆四地州、凉山州、怒江州等民族地区生存环境恶劣，致贫原因复杂，基础设施和公共服务缺口大，完成脱贫任务很不容易。要把深度贫困地区作为区域攻坚重点。2017年6月，在太原主持召开深度贫困地区脱贫攻坚座谈会，发出攻克深度贫困堡垒号召，对深度贫困地区脱贫攻坚作出部署。太原座谈会的召开，标志着脱贫攻坚由面上推进向深度贫困地区聚焦，向最难啃的“硬骨头”发力。

一年多来，各地区各部门认真贯彻中央关于深度贫困地区脱贫攻坚的部署要求，加大投入力度，加强资源整合，加快工作推进。一是出台专门政策文件。经总书记批准，2017年9月，中共中央办公厅、国务院办公厅印发了《关于支持深度贫困地区脱贫攻坚的实施意见》，强调中央统筹，重点支持“三区三州”；落实部门责任，支持深度贫困地区解决深度贫困问题；省负总责，解决区域内深度贫困问题。这是“中央统筹、省负总责、市县抓落实”的工作机制在深度贫困地区脱贫攻坚实践中的具体落实。二是安排部署落实工作。国务院扶贫开发领导小组召开电视电话会议，安排部署重点任务。时任扶贫领导小组组长汪洋同志主持召开7次会议，指导四川、云南、西藏、甘肃、青海、新疆六省区编制“三区三州”脱贫攻坚实施方案。三是确定深度贫困地区范围。全国24个省区市共确定了334个深度贫困县、1875个深度贫困乡镇、3万个深度贫困村。四是强化政策支撑保障。2018—2020年，中央财政拟新增2140亿元支持深度贫困地区脱贫攻坚，其中用于“三区三州”外的深度贫困地区资金1090亿元。22个中央和国家机关部门研究出台了23个支持深度贫困地区脱贫攻坚的政策文件。

二、南疆四地州脱贫攻坚取得突破性进展

中央支持前所未有。以习近平同志为核心的党中央高度重视新疆特别是南疆地区脱贫攻坚。习近平总书记2014年到新疆考察，2017年在新疆代表团参加审议，多次对新疆发展和脱贫攻坚作出重要指示。汪洋同志2016年和2018年两次带队到新疆考察，重点调研脱贫攻坚工作，2017年在北京主持召开座谈会，专题研究南疆脱贫攻坚工作，2017年11月，2次召开专题会议，指导编制南疆四地州脱贫攻坚实施方案。4月19日，胡春华副总理召开新一届国务院扶贫开发领导小组第一次全体会议，对深度贫困地区脱贫攻坚提出明确要求，在近期召开的打赢脱贫攻坚战三年行动电视电话会和全国东西部扶贫协作工作推进会上，都对“三区三州”等深度贫困地区脱贫攻坚作出部署、提出要求。中央各部门聚焦南疆四地州深度贫困地区和特殊贫困群体，在投入、项目、政策上加大倾斜力度，整合各方资源支持南疆四地州脱贫攻坚。2017年以来，中央累计安排新疆财政专项扶贫资金159亿元，比2016年的39亿元共增加了120亿元，年均增幅102%，其中2018年中央安排新疆专项扶贫资金101.53亿元，是全国唯一一个过百亿的省份。将新疆易地扶贫搬迁贫困人口规模由原来的11万人增至16.1万人，增加5.1万人，基本做到应搬尽搬。发展改革委、财政部、水利部、农业农村部、交通运输部、自然资源部、住房和城乡建设部、人民银行、国家能源局、国家电网公司、中央金融机构等部门和行业，根据各自职责，加强了对南疆四地州的支持帮扶。16家中央定点帮扶企业始终把帮扶抓在手上，持续加大支持力度。

新疆努力前所未有。新疆认真贯彻党中央、国务院决策部署，把脱贫攻坚作为统揽经济社会发展全局的头等大事和第一民生工程，精心谋划，全面部署，强力推进。2017年以来，新疆明确脱贫攻坚主战场、时间表、路线图，强化精准扶贫工作基础，上下同德一心，全面推进脱贫攻坚工作，在2017年省级党委和政府扶贫开发工作成效考核中综合评价为“好”。一是组织领导坚

强有力。自治区党委、政府高度重视，实行各级党政主要负责同志“双组长”制，书记、主席亲自抓，成立深度贫困地区脱贫攻坚工作领导小组。陈全国书记今年以来主持召开了14次党委常委会和领导小组会，研究部署脱贫攻坚工作。雪克来提·扎克尔主席13次专题研究脱贫攻坚工作。强化包联帮扶，调整自治区省级领导干部联系点，51名省级领导干部联系44个县市，自治区党委副书记、组织部部长、政府常务副主席、纪委书记分别联系南疆四地州，成立深度贫困地区脱贫攻坚16个专项组，深度贫困地、县、乡三级党委各增配1名副书记与政府1名副职专司脱贫攻坚。二是工作力量大大加强。从自治区机关、市州机关、县级机关向贫困村派驻“访惠聚”驻村工作队，共派出7万多名干部在1万多个村开展“访惠聚”驻村扶贫工作。选派深度贫困村第一书记1289名，自治区高校选派1289名第一书记助理，一定3年不变。充实自治区扶贫办力量，编制数由原来的47个增加到127个，领导职数由3名增加至8名。从自治区机关和各地州、厅局抽签调干部，开辟抽硬人打硬仗绿色通道。南疆四地州扶贫办干部配备不少于30人、22个深度贫困县市扶贫办不少于20人、深度贫困乡镇扶贫办不少于10人、深度贫困村扶贫工作站不少于5人。三是精准基础不断夯实。经过近两年的“回头看”，南疆贫困识别准确率明显提升。特别是去年，自治区组织22万多名干部开展了全区扶贫对象核查工作，全面摸清了贫困底数，在新疆历史上第一次建立了完整的区、地、县、乡、村五级贫困人口信息资料库，解决了底数不清、情况不明、建档立卡信息不准的问题，为脱真贫、真脱贫奠定了基础。四是工作推进扎实有效。坚决落实“三个新增”要求，自治区安排下达南疆四地州的财政专项扶贫资金占全区资金总规模的80%以上，安排下达深度贫困县的财政专项扶贫资金占南疆四地州资金总规模的85%以上。推进就业、产业、护边员、土地清理再分配、生态补偿、易地搬迁、综合保障兜底“七个一批”，落实教育、健康、基础设施建设“三个加大力度”，政策措施抓得准，推进力度大。特别是组织22个深度贫困县转移就业贫困人口6万多人，清理土地770万亩再分配，取得的效果是非常明显的。

东部帮扶前所未有。按照中央的决策部署，北京、天津、上海、江苏、浙江、安徽、江西、山东、广东、深圳10省市对口帮扶南疆四地州。10省市高度重视帮扶工作，在国家发展改革委的统筹指导下，帮扶力度不断增强，帮扶效果不断提升，每个省市都做出了特色。北京市加大教育扶贫投入力度，投资25亿元解决和田学位缺口问题，每年投资1亿元解决国家通用语言教师缺口问题，提升和田整体教育教学质量。天津市投资8000万元发展畜牧业，建成现代化种羊场投产，今年可带动1000户贫困户脱贫增收。上海市发展产业促进就业，帮助建设园区厂房44万多平方米，围绕核桃、巴旦木等特色农产品，引进扶持了一批农产品深加工企业。江苏省实施了产业、就业、健康、教育、人才、文化等6大专项扶贫行动。浙江省实施211工程，发动社会各界结对帮扶100个贫困村，通过销售贫困村特色产品，有效帮扶了贫困户。山东省打造“如意袜业一条街”，把“扶贫车间”搬到农户家里，促成贫困群众“在家乡就业”。广东省在产业园区或企业建立“一中心两所”（党群服务中心、国语讲习所、脱贫攻坚讲习所），累计对6600名少数民族贫困员工进行国语培训。深圳产业园已落户纺织服装企业55家，解决就业11630人，其中，贫困户劳动力4059人，占35%。

中央大力支持，自治区真抓实干，东部省市倾心帮扶，南疆四地州脱贫攻坚迈出了坚实步伐，取得了突破性进展，南疆四地州建档立卡贫困人口由2016年的175万人减少到2017年的142万人；贫困发生率由2016年的23.54%下降至2017年的18.3%，降低了5.2个百分点。这几年，我多次来新疆调研脱贫攻坚工作，有三个突出的感受。一是新疆安定繁荣有了良好基础。新疆人民群众生产生活条件发生着巨大变化，群众真正得到实惠，对中国共产党认同，对国家认同，对民族认同，安定繁荣的根基不断扎实。二是各级干部精神面貌很好。用心用情用力开展脱贫攻坚工作，积极落实各项政策举措。基层有的同志说，现在一年干了以往十年的活，一年的变化相当于过去十年的变化，同志们劲头很足。三是贫困群众真诚感激党和政府。我们到农牧民家里走访，每当问起他们对党和国家政策的意见建议时，很多人都流下真挚的感恩的泪水，感激党和政府的好政策，感谢党中央，感谢总书记。可以说，脱贫攻坚在改善新疆贫困群众生产生活条件的同时，也有力促进了新疆社会和谐稳定，是实现新疆社会稳定和长治久安总目标的有力抓手。

三、积极支持新疆打赢脱贫攻坚战

新疆是我国面积最大、陆地边境线最长的省份，不仅是贫困地区、民族地区，还是反分裂斗争的前沿，是固边守边的主阵地，事关祖国统一、民族团结、国家安全。南疆四地州脱贫攻坚是重大政治任务。新疆要落实好主体责任，援疆省市和单位要落实好帮扶责任，中央部门要落实好指导和支持责任，全面打赢南疆四地州深度贫困地区脱贫攻坚战。

第一，要坚决完成脱贫攻坚任务。新疆贫困人口主要集中于南疆四地州，2017年底，南疆四地州有建档立卡贫困人口142万人，贫困发生率比全国平均数高出15个百分点，反恐维稳和脱贫攻坚交织，脱贫难度很大。要认真贯彻党的十九大精神和党中央关于脱贫攻坚的决策部署，落实《三年行动指导意见》，瞄准“两不愁三保障”标准，坚持脱贫攻坚目标任务，坚持精准扶贫精准脱贫基本方略，加强作风建设和干部培训，加强扶贫资金监管，严格考核评估，确保到2020年现行标准下的贫困人口全部脱贫，贫困县全部摘帽，如期打赢脱贫攻坚战，确保与全国一道迈入小康社会。

第二，要精心落实实施方案。《南疆四地州深度贫困地区脱贫攻坚实施方案》是经过汪洋同志两次指导修改完善的，找准了南疆脱贫攻坚的短板，提出了“七个一批”的解决措施，针对性、操作性强。新疆要按照实施方案认真组织实施，细化分年度攻坚任务，落实到村到户到人帮扶措施，一张蓝图干到底。召开现场推进会是促进工作落实的有效方式，也是中央的明确要求，今后每年都应召开一次。新疆要以此为抓手和平台，现场调度推进工作，现场总结推广经验，现场研究解决问题，确保政策措施真正落实落地。

第三，要突出精准做出南疆特色。南疆地理位置特殊，自然资源独特，有着其他地区没有的优势和条件，要充分利用，打造南疆特色扶贫品牌。一是发展特色林果业，抓住农业结构调整机遇，在大枣、葡萄、核桃等方面做大做优做特，组织贫困户发展特色林果生产，实现增收脱贫。二是发展民族手工业，通过小微企业和扶贫车间，组织贫困户从事地毯纺织、民族手工业加工等，为贫困人口提供更多就业岗位，促进贫困家庭劳动力、半劳力就近就地就业。三是发展特色旅游业，通过景区带动贫困村，能人带动贫困户，把群众组织动员起来，把利益联结机制建立起来，把贫困人口带动起来，把民族文化弘扬起来，实施精准旅游扶贫工程。四是发展纺织服装和电子加工。南疆和东部地区要密切合作，引导东部的服装、电子加工等企业到南疆投资办厂，发展经济，发展企业，促进贫困人口就业，实现增收脱贫。五是发展庭院经济，引导贫困户整理院落空间和房前屋后土地，利用好空闲时间，开展庭院特色蔬果种植，改善环境，解决生活需要，增加收入。六是开拓用好公益岗位。反恐维稳，守边固边，发展小微企业和扶贫车间，改善人居环境，都会产生大量的公益岗位，要向建档立卡贫困人口倾斜，使他们通过工作、劳动有稳定的收入渠道。需要强调的是，产业扶贫要注重建立益贫带贫机制，组织动员贫困群众参与产业发展，通过劳动脱贫致富。要设立合作社，改变生产经营方式，提高组织化程度；要积极发展电子商务，实现小生产与大市场的有效连接，实现弯道超车，把产品变成商品，卖出好价钱，增收脱贫。

第四，要找出突出问题重点解决。找出南疆贫困群众生产生活中突出问题，采取措施切实解决。一是帮助学龄前儿童学会国语。南疆四地州有 150 万学龄前儿童，有近 90 万儿童不会国语，影响孩子的成长和将来就业，要组织实施“学前学会国语行动”，帮助他们听懂敢说会说会用国语，为义务教育打下基础，阻断贫困代际传递。二是做好结核病防治工作。近年来，南疆四地州结核病呈蔓延趋势，要统筹资源，加大防治力度，遏制结核病高发频发势头，减少因病致贫因病返贫。三是继续解决住房和饮水安全。截至 2017 年底，新疆还有 8.9 万户贫困户住房未达到安全标准，还有 2.44 万户贫困户饮水不安全，要继续实施农村危房改造工程、农村饮水安全工程等，确保贫困群众住上安全房、喝上安全水。

第五，要充分发挥对口帮扶作用。东部省市要认真贯彻党中央的要求，加大对口帮扶力度，在工作中把脱贫攻坚作为主要任务，聚焦脱贫，突出精准，保证帮扶资金有适度的增长，特别是要注意做好产业的合作和干部人才的交流。10 个省市和 16 家单位，在资金、技术、产业等方面都有优势，要把各自优势发挥出来，还要组织动员民营企业和社会力量到南疆来发展来帮扶，在脱贫攻坚中发挥积极作用。南疆四地州要积极主动地做好服务、搞好对接，增强开放意识、市场意识和改革意识，进一步营造良好营商环境，让企业进得来、留得下、有发展、可持续。

第六，要实现攻坚与维稳有机结合。南疆是贫困程度最深的地区，也是反恐维稳的主战场。稳定是发展和完成脱贫攻坚的基础和前提，没有稳定什么事也干不成，首先要保持稳定。脱贫攻坚是促进发展和维护长期稳定的重要措施，群众不脱贫，稳定也缺乏持久的基础，二者必须有机结合、互相促进。

同志们，到 2020 年，在中国共产党领导下，新疆全面打赢脱贫攻坚战，历史性地消除千百年来未能解决的绝对贫困问题，具有里程碑意义。我国贫困发生率最高的南疆地区，在全国支援下全面建成小康社会，充分彰显中国共产党领导的政治优势和社会主义制度的优越性，充分证明国家是新疆走向社会稳定和长治久安的坚强后盾。我们相信，在以习近平同志为核心的党中央坚强领导下，在援疆省市及各方面的关心支持下，通过自治区各级党委政府和各族干部群众的共同努力，新疆一定能够如期全面完成脱贫攻坚任务。衷心祝愿新疆事业兴旺发达，人民幸福安康。

在深度贫困地区脱贫攻坚现场推进会暨深化对口援藏扶贫工作会上的讲话

国务院扶贫办主任　刘永富

（2018 年 7 月 28 日）

为贯彻落实党中央、国务院关于脱贫攻坚的决策部署，按照国务院扶贫开发领导小组要求，“三区三州”每年召开一次脱贫攻坚现场推进会。今天，西藏自治区召开深度贫困地区脱贫攻坚现场会暨对口援藏扶贫工作会议，充分发挥对口援藏优势，凝聚攻坚合力。西藏召开这次会议，各地区各部门各单位都非常重视，来了这么多领导和同志，说明大家对西藏工作和西藏脱贫攻坚高度重视、大力支持。我看大家来不仅是对西藏的支持，也是来受教育的，来向西藏同志和援藏同志学习的，学习他们缺氧而不缺精神。刚才，齐扎拉主席发表了热情洋溢的致辞，江苏、山东、福建、国家能源投资集团介绍了经验做法和下步安排，西藏自治区介绍了脱贫攻坚情况，部分深度贫困县和扶贫企业作了发言，西藏各地市与援藏省市的企业签订了产业扶贫合作协议，会议印发了交流材料。援藏省市和企业介绍的经验做法都很好，大家要互相学习借鉴。这是西藏连续三年召开的对口支援工作会议，去年西藏召开深化对口援藏扶贫工作会议，会上签约项目 21 个，计划投资 118 亿元，目前已完成投资 90 多亿元。这次会议，又签署了一批项目协议，希望能很好地落实到位。多年的帮扶，大家帮出了责任，帮出了成效，帮出了感情。借此机会，我代表国务院扶贫办，向帮扶西藏的东中西部省市和有关单位表示衷心感谢！向战斗在西藏脱贫攻坚一线的干部群众和援藏同志致以崇高敬意！一会儿，吴英杰书记还要作重要讲话，进行安排部署，提出工作要求。我相信，这次会议精神的贯彻落实，必将促进西藏脱贫攻坚再上新台阶。根据会议安排，我讲四点意见。

一、认真贯彻党中央关于打赢脱贫攻坚战的新部署新要求

党的十八大以来，以习近平同志为核心的党中央把贫困人口脱贫作为全面建成小康社会的底线任务和标志性指标，作出一系列重大部署。习近平总书记亲自部署、亲自挂帅、亲自出征、亲自督战，以前所未有的力度推进。经过全党全社会共同努力，脱贫攻坚取得决定性进展，贫困人口减少 6853 万，贫困县摘帽 100 多个，贫困地区群众生产生活条件明显改善，贫困群众收入水平明显提高，获得感明显增强，全社会合力攻坚局面基本形成，中国特色的脱贫攻坚制度体系不断完善。

党的十九大以来，脱贫攻坚进入新阶段。以习近平同志为核心的党中央在脱贫攻坚取得决定性进展后，继续高位推进、响鼓重槌。9 个月来，习近平总书记每月都有对脱贫攻坚的重要指示。去年 10 月，在党的十九大报告中把精准脱贫作为全面建成小康社会必须打好的三大攻坚战之一，作出新部署、提出新要求。11 月，主持召开十九届中央全面深化改革委员会第一次全体会议，研究加强贫困村驻村工作队选派管理工作。12 月，在中央经济工作会议、中央农村工

作会议上，用大量篇幅部署脱贫攻坚。在2018年新年贺词中号召全社会行动起来，尽锐出战，精准施策。2月，到四川凉山调研考察并在成都主持召开打好精准脱贫攻坚战座谈会，部署脱贫攻坚三年行动，明确8个方面工作重点：一是加强组织领导，二是坚持目标标准，三是强化体制机制，四是牢牢把握精准，五是完善资金管理，六是加强作风建设，七是组织干部轮训，八是注重激发内生动力。3月，主持召开中央政治局常委会议和中央政治局会议，审定2017年省级党委和政府扶贫开发工作成效考核结果、东西部扶贫协作和中央单位定点扶贫考核结果，提出4个方面工作要求：一是充分认识打好脱贫攻坚战的重要意义。二是考核评估对完成脱贫攻坚任务作用明显，要实施最严格的考核评估制度，较真叫板。三是认真进行问题整改，各省区市党委和中央有关部门要把自己摆进去，切实扛起整改的主体责任。四是强化脱贫攻坚政治责任。4月，主持召开中央财经委员会第一次会议，听取打好精准脱贫攻坚战思路和举措汇报，作出重要指示：一要咬定总攻目标。二要落细攻击点位。三要完善督战机制。5月，主持召开中央政治局常委会议和中央政治局会议，审议《关于打赢脱贫攻坚战三年行动的指导意见》，指出行百里者半九十，现在是最吃劲、最容易滑坡的时候，也是最容易跑偏的时候。今后3年是脱贫攻坚战的完成期，是实施乡村振兴战略的启动期，是脱贫攻坚与乡村振兴战略的交汇期，要做好与乡村振兴战略的衔接，做好与2020年后减贫战略的衔接。6月，对打赢脱贫攻坚战三年行动作出重要指示：打赢脱贫攻坚战，对全面建成小康社会、实现“两个一百年”奋斗目标具有十分重要的意义。行百里者半九十。各级党委和政府要把打赢脱贫攻坚战作为重大政治任务，强化中央统筹、省负总责、市县抓落实的管理体制，强化党政一把手负总责的领导责任制，明确责任、尽锐出战、狠抓实效。要坚持党中央确定的脱贫攻坚目标和扶贫标准，贯彻精准扶贫精准脱贫基本方略，既不急躁蛮干，也不消极拖延，既不降低标准，也不吊高胃口，确保焦点不散、靶心不变。要聚焦深度贫困地区和特殊贫困群体，确保不漏一村不落一人。要深化东西部扶贫协作和党政机关定点扶贫，调动社会各界参与脱贫攻坚积极性，实现政府、市场、社会互动和行业扶贫、专项扶贫、社会扶贫联动。脱贫攻坚时间紧、任务重，必须真抓实干、埋头苦干。各级党委和政府要以更加昂扬的精神状态、更加扎实的工作作风，团结带领广大干部群众坚定信心、顽强奋斗，万众一心夺取脱贫攻坚战全面胜利。李克强总理作出重要批示：实现精准脱贫是全面建成小康社会必须打赢的攻坚战，是促进区域协调发展的重要抓手。各地区各部门要全面贯彻党的十九大精神，以习近平新时代中国特色社会主义思想为指导，认真落实党中央、国务院关于打赢脱贫攻坚战三年行动的决策部署，进一步增强责任感紧迫感，坚持精准扶贫精准脱贫基本方略，聚焦深度贫困地区和特殊贫困群体，细化实化政策措施，落实到村到户到人，加强项目资金管理，压实责任，严格考核，凝聚起更大力量，真抓实干，确保一年一个新进展。要注重精准扶贫与经济社会发展相互促进，注重脱贫攻坚与实施乡村振兴战略相互衔接，注重外部帮扶与激发内生动力有机结合，推动实现贫困群众稳定脱贫、逐步致富，确保三年如期完成脱贫攻坚目标任务。7月，总书记对毕节试验区工作作出重要指示，要求毕节试验区按时打赢脱贫攻坚战，做好同2020年后乡村振兴战略的衔接，努力建设成为贯彻新发展理念的示范区。

中共中央、国务院根据党的十九大精神和贯彻《中共中央　国务院关于打赢脱贫攻坚战的决定》情况，出台《关于打赢脱贫攻坚战三年行动的指导意见》，全面部署今后三年脱贫攻坚工作。《决定》是贯穿脱贫攻坚战全过程的指导性文件，《指导意见》是今后三年贯彻落实《决定》的行动方案。一是完善顶层设计。主要体现在“三个转变”，从注重全面推进向更加注重深度贫困地区攻坚转变，从注重减贫进度向更加注重脱贫质量转变，从开发式扶贫为主向开发式与保障性扶贫并重转变。二是强化政策措施。强化10项到村到户到人的举措：加大产业扶贫力度，全力推进就业扶贫，深入推动易地扶贫搬迁，加强生态扶贫，着力实施教育脱贫攻坚行动，深入实施健康扶贫工程，加快推进农村危房改造，强化综合保障性扶贫，开展贫困残疾人脱贫行动，开展扶贫扶志行动。强化4项补齐贫困地区基础设施短板的举措：加快实施交通扶贫行动，大力推进水利扶贫行动，大力实施电力和网络扶贫行动，大力推进贫困地区农村人居环境整治。三是加强统筹协调。加强和改善党对脱贫攻坚的领导，加强财政、金融、土地等支撑保障，动员全社会力量合力攻坚。

国务院扶贫开发领导小组召开电视电话会议，对今后三年脱贫攻坚工作作出安排部署。要求各地区各部门旗帜鲜明地把抓落实、促攻坚工作导向树立起来，扎实推动各项脱贫攻坚举措落地，做好深度贫困地区攻坚、产业扶贫、就业扶贫、易地扶贫搬迁、生态扶贫、东西部扶贫协作、综合保障脱贫等重点工作。要牢牢把握正确方向，坚持目标标准，坚持精准方略，坚持扶贫扶志相结合，坚持大扶贫工作格局，坚持防范化解风险。要全方位压实攻坚责任，打造过硬攻坚队伍，强化攻坚保障措施，完善攻坚督战机制，加强攻坚作风建设，确保一年一个新进展，三年圆满完成任务。

二、深度贫困地区脱贫攻坚取得阶段性成果

深度贫困地区脱贫攻坚，是习近平总书记根据脱贫攻坚进展和形势，在2017年2月21日中央政治局第三十九次集体学习时首次提出的。总书记指出，从区域分布看，剩下的贫困人口主要分布在深度贫困地区，西藏和四省藏区、南疆四地州、凉山州、怒江州等民族地区生存环境恶劣，致贫原因复杂，基础设施和公共服务缺口大，完成脱贫任务很不容易。要把深度贫困地区作为区域攻坚重点。2017年6月23日，总书记深入吕梁山区看望贫困群众，并在太原主持召开深度贫困地区脱贫攻坚座谈会，发出攻克深度贫困堡垒号召，对深度贫困地区脱贫攻坚作出部署，提出8个方面的工作要求：一是合理确定脱贫目标，二是加大投入支持力度，三是集中优势兵力打攻坚战，四是区域发展必须围绕精准扶贫发力，五是加大各方帮扶力度，六是加大内生动力培育力度，七是加大组织领导力度，八是加强检查督查。太原座谈会的召开，标志着脱贫攻坚由面上推进向深度贫困聚焦，向最难啃的“硬骨头”发力。

根据习近平总书记在深度贫困地区脱贫攻坚座谈会上的重要讲话精神，去年9月，中办、国办印发《关于支持深度贫困地区脱贫攻坚的实施意见》，明确中央统筹，重点支持“三区三州”；落实部门责任，支持深度贫困地区解决深度贫困问题；省负总责，解决区域内深度贫困问题。国务院扶贫开发领导小组召开电视电话会议，安排部署重点任务。去年11月，汪洋同志7次主持会议逐省区听取“三区三州”脱贫攻坚工作汇报，指导6省区编制“三区三州”脱贫攻坚实施方案。今年2月，经国务院扶贫开发领导小组备案同意，“三区三州”所在6省区分别印发实施方案。全国有24个省区市确定334个深度贫困县（“三区三州”135个）、1875个深度贫困乡镇、30038个深度贫困村，集中力量重点攻坚。

中央有关部门普遍加大对深度贫困地区的支持力度。有25个中央部门出台了26个支持深度贫困地区的政策文件。在财政支持方面。2018—2020年，中央财政拟新增

2140亿元支持深度贫困地区脱贫攻坚，其中1050亿元用于支持“三区三州”。2018年新增中央财政专项扶贫资金120亿元用于“三区三州”，占全国新增资金的60%。在土地政策支持方面。足额保障“三区三州”和其他深度贫困县基础设施、易地扶贫搬迁等用地，开展城乡建设用地增减挂钩不受指标规模限制，节余增减挂钩指标在东西部扶贫协作和对口支援框架内跨省域流转交易，交易金额全额拨付“三区三州”和其他深度贫困县所在省份。近日，自然资源部下达了2018年跨省交易指标20万亩，预计可筹资640亿元。在易地扶贫搬迁方面。组织开展搬迁对象动态调整，调整后，“三区三州”易地扶贫搬迁规模达116.6万人，净增50.7万人，增幅76.9%，实现符合条件且有搬迁意愿的贫困户“应搬尽搬”。其他有关部门在危房改造、金融扶贫、产业扶贫、生态扶贫、教育扶贫、健康扶贫、科技扶贫等方面，都加大了对深度贫困地区的支持力度。

各地区按照方案精心组织实施，组织领导和工作力量大大加强，年度各项进度实现了时间过半、任务过半。今年上半年，“三区三州”所在6省区党政主要负责同志已主持召开102次专题会议研究脱贫攻坚，赴深度贫困地区调研49次，向“三区三州”基层新增选派帮扶干部8.8万人。中央财政专项扶贫资金安排6省区452亿元（占全国1061亿元的42.6%）已全部拨付到县。其中，“三区三州”273.2亿元，比2017年增长82%。6省区省级财政专项扶贫资金已下拨156亿元，完成进度的70%。有87万贫困人口实现转移就业，完成计划的82%。易地扶贫搬迁、产业扶贫、旅游扶贫、基础设施建设等项目开工率接近70%。新疆维吾尔自治区成立深度贫困地区脱贫攻坚工作领导小组，书记、主席担任双组长，自治区党委副书记、组织部部长、政府常务副主席、纪委书记分别联系南疆四地州，成立深度贫困地区脱贫攻坚16个专项组。深度贫困地、县、乡三级党委各增配1名副书记与政府1名副职专司脱贫攻坚。从自治区机关、市州机关、县级机关向贫困村选派7万多名干部在1万多个村开展“访惠聚”驻村扶贫工作，一定3年不变。自治区扶贫办编制数由原来的47个增加到127个，领导职数由3名增加至8名。南疆四地州扶贫办干部配备不少于30人、22个深度贫困县市扶贫办不少于20人、深度贫困乡镇扶贫办不少于10人、深度贫困村扶贫工作站不少于5人。在南疆四地州清理土地738万亩，采取贫困户自行耕种、企业统一经营管理、县市统筹经营、购买公益性岗位等方式，促进贫困人口增收脱贫，覆盖贫困人口达51万人。开展就业扶贫，新增转移就业贫困人口6.2万人。青海着力加强深度贫困地区基础基层工作，为深度贫困地区668个有贫困人口的非贫困村全部选派第一书记和驻村干部。抽调72名省直行业部门业务骨干和16名优秀贫困村第一书记，组成8个讲师团，为基层干部开展扶贫培训。在每个贫困村建设村级光伏电站，壮大贫困村集体经济，主要通过设立扶贫公益岗位等方式，促进贫困群众通过劳动增收。四川从全省已摘帽的11个县和政法、教育、卫计等行业系统，新选派有实战经验、熟悉易地扶贫搬迁、禁毒防艾、控辍保学、计划生育等工作的优秀干部3500余名，加上原选派的2200余名干部，组建11个脱贫攻坚综合工作队，分赴凉山州11个深度贫困县，主要充实到贫困乡镇和贫困村，实行“一县一队”综合帮扶。在凉山州组织开展“学前学会普通话”试点，今年9月后将在全州推开。其他省份都加大了对辖区内深度贫困地区支持力度，深度贫困地区脱贫攻坚整体进展顺利。

三、西藏脱贫攻坚取得决定性进展

中央支持前所未有。党中央、国务院高度重视西藏发展。改革开放以来，每五年召开一次西藏工作座谈会，每次都结合西藏发展实际出台特殊政策举措。党的十八大以来，以习近平同志为核心的党中央审时度势，明确了治国必治边、治边先稳藏的战略思想和依法治藏、富民兴藏、长期建藏、凝聚人心、夯实基础的重要原则。习近平总书记在中央第六次西藏工作座谈会上深刻指出，做好西藏工作，不只是西藏和四省的地方性工作，也不只是某个领域的部门性工作，而是全局性工作，需要全党、全国支持。李克强对西藏工作非常关心，多次就西藏发展和脱贫攻坚提出要求，近日又专门到西藏视察指导工作。汪洋同志2015年到西藏考察调研脱贫攻坚，2017年专门研究指导西藏制定深度贫困地区脱贫攻坚实施方案。胡春华副总理长期在西藏工作，对西藏很有感情，非常关心西藏脱贫攻坚。中央把西藏全区作为深度贫困地区纳入“三区三州”范围重点支持，2016年安排中央财政专项扶贫资金27亿元，2017年增加到43亿元，2018年再增加到67亿元，年均增长57%，比全国高出34.3个百分点。中央统战部、国家发展改革委、教育部、民政部、财政部、人力资源和社会保障部、住房和城乡建设部、交通运输部、水利部、农业农村部、国家卫生健康委、国家林草局、全国工商联等部门，根据各自职责，发挥自身优势，加强了对西藏的支持帮扶。中石油、中石化、中海油、宝武钢铁、中粮集团、东风汽车、中国铝业、中国远洋、中国一汽、中国电信、中国中信、中国中化、中国联通、中国移动、国家电网、国家能投、国家烟草专卖局等17家援藏央企，持续加大支持力度。

兄弟省市帮扶前所未有。按照党中央、国务院决策部署，17个省市对口帮扶西藏，在国家发展改革委的统筹指导下，聚焦脱贫攻坚，帮扶力度不断加大，帮扶效果不断提升，每个省市都做出了特色，发挥了不可替代的作用。北京重点帮扶拉萨的4个县（区），支持当地农牧合作社规模化品牌化经营，开展教育扶贫和健康扶贫，拉萨市城关区成功脱贫摘帽。上海重点帮扶日喀则的5个县，明确援藏工作聚焦贫困人口脱贫，2018年扶贫资金占援藏资金的90%，创新产业发展带贫机制，支持大学生创业并吸纳贫困人口就业，开展组团式健康扶贫和教育扶贫，日喀则市亚东县成功脱贫摘帽。天津重点帮扶昌都的4个县（区），将80%以上的援藏资金向基层倾斜，选优配强援藏干部，昌都市卡若区成功脱贫摘帽。山东重点帮扶日喀则的5个县（区），组织开展“安居、教育、健康、产业、就业、人才”六大脱贫行动，日喀则白朗、聂拉木2县成功脱贫摘帽。江苏重点帮扶拉萨4个县，把扶贫成效纳入援藏工作绩效考核体系，安排专项资金促进两地企业交流合作，助建产业园区，就业岗位向贫困人口倾斜。浙江重点帮扶那曲的3个县（区），引导1万多名浙商、2000多家工商企业参与西藏建设，帮助那曲发展牦牛、藏药等特色优势产业，带动贫困户增收。福建重点帮扶昌都，将援藏工作纳入地市政绩考核内容，福建省和昌都市主要领导每年至少进行一次互访交流，搭建两地产业对接和产品销售平台。广东重点帮扶林芝的6县（区），组织广州、深圳等7市的县区、街道与林芝各乡镇、村居结对帮扶，培育当地特色支柱产业，改善生产生活条件，助力边境扶贫，林芝市巴宜区成功脱贫摘帽。辽宁重点帮扶那曲的3个县，在经济下行压力较大的情况下，保持帮扶力度不减、资金额度不减、工作标准不减。吉林重点帮扶日喀则的3个县，调整援藏规划，重点支持具有“造血”功能的产业扶贫项目。黑龙江重点帮扶日喀则的3个县，建立青稞、牧草、菊花新优品种试验示范基地，推广新品种新技术，带动贫困户发展生产。河北重点帮扶阿里的2个县，安排脱贫攻坚项目资金占援藏资金的53%，积极开展产业扶贫、旅游扶贫、就业扶贫等。安徽重点帮扶山南的3个县，将“十三五”援藏帮扶工作实化为46个具体项目，建立月调度、月督查、季总结、年考核的管理机制，逐项推进。湖北重点帮扶山南的4个县（区），提出“以精准援藏助力精准扶贫”的工作思路，积极开展就业扶贫、教育扶贫、健康扶贫、易地扶贫搬迁、电商扶贫等工作。湖南重点帮扶山南的4个县，推动袁隆平院士团队骨干成员赴山南指导青稞种植技术，帮助山南青稞亩产平均提高20千克。陕西重点帮扶阿里2个县，助力当地农牧区聚居社区建设和农牧业综合开发。重庆重点帮扶昌都的3个县，把脱贫攻坚作为援藏工作的重中之重，计划内资金向脱贫攻坚倾斜，计划外资金向脱贫攻坚集中。援藏省市和单位主要领导近期分别到西藏调研考察，高层次协商协调帮扶工作，出现了一个前所未有的新局面。

西藏努力前所未有。西藏把脱贫攻坚作为统揽经济社会发展全局的头等大事和第一民生工程，精心谋划，全面部署，强力推进。2016年、2017年连续2年，西藏在省级党委和政府扶贫开发工作成效考核中综合评价为“好”，保持在第一方阵，非常不容易。一是组织领导进一步加强。吴英杰书记直接联系脱贫攻坚任务重的班戈县，多次主持召开专题会议研究部署脱贫攻坚工作，逐县听取44个深度贫困县汇报。组织44位省级领导同志分别联系44个深度贫困县。调整下派干部结构，由自治区、市两级单位向贫困村下派干部数量分别新增1000人。二是攻坚重点进一步聚焦。西藏确定贫困程度最深的昌都、日喀则、那曲3个市和44个深度贫困县作为攻坚重点，2018年，自治区扶贫资金总量的85%、对口援藏资金的80%、新增基础设施项目和资金的90%，向深度贫困地区倾斜。三是项目实施进一步加快。西藏按照实施方案，整体规划了“五个一批”和“十项提升”工程等1800个项目。特色种植、特色养殖、加工、乡村旅游、青稞产业、牦牛产业等已开工项目362个，年底将完成三年任务的1/3以上，基础设施和基本公共服务项目到2019年底将完成85%。四是探索了新的扶贫方式。西藏整合搬迁资源，统筹推进易地扶贫搬迁、“三岩片区”整体搬迁、高海拔生态搬迁和边境小康村建设等搬迁工程。整治日喀则拉洛和山南市江北灌区土地27.6万亩，通过“公司+基地+专合组织+农户”的模式，带动贫困人口发展生产、转移就业，成效初显。

据贫困统计监测，党的十八大以来，西藏贫困人口由2012年底的85万人减少到2017年底的20万人，贫困发生率由35%降至7.9%，有5个贫困县宣布摘帽，有25个县今年将宣布退出。我们走访的农牧民家里，都挂着领袖像，他们发自内心地感谢党中央，感谢总书记。西藏国内生产总值连续五年增幅居全国第3，年均增长10.8%，高出全国平均水平4个百分点，为脱贫攻坚奠定了良好基础。西藏脱贫攻坚成效和经济社会发展再次表明，党中央、国务院关于西藏社会稳定和长治久安的决策部署是完全正确的，贫困地区要以脱贫攻坚统揽经济社会发展全局的决定是科学英明的，西藏的工作是卓有成效的。

四、对西藏打赢脱贫攻坚战的意见建议

打赢西藏脱贫攻坚战，既是扶贫工作问题，也是民族问题，既是经济问题，也是政治问题，是必须要完成的政治任务。西藏要落实好主体责任，援藏省市和单位要落实好帮扶责任，中央部门要落实好指导和支持责任，对全面打赢西藏脱贫攻坚战提以下几点建议。

（一）贯彻指导意见，落实实施方案。打赢脱贫攻坚战三年行动指导意见是今后三年脱贫攻坚工作的行动指南，要认真抓好贯彻落实，坚持“两不愁三保障”标准，坚

持精准扶贫精准脱贫基本方略，加强作风建设和干部培训，加强扶贫资金监管，严格考核评估，充分激发贫困群众脱贫内生动力，坚决完成脱贫攻坚任务。《西藏自治区深度贫困地区脱贫攻坚实施方案》是经过汪洋同志指导修改完善的，找准了西藏脱贫攻坚的短板，针对性操作性强，要精心组织实施，细化分年度攻坚任务，落实到村到户到人，一张蓝图干到底。召开现场推进会是促进工作落实的有效方式，也是中央的明确要求，今后每年都要召开一次。西藏要以此为抓手和平台，现场调度推进工作，现场总结推广经验，现场研究解决问题，确保政策措施真正落实落地。

（二）全国支援西藏，形成攻坚合力。全国支援西藏，是党中央、国务院作出的重大战略决策，是一项重大政治任务。援藏省市和单位要按照中央要求，攻坚期内把脱贫攻坚作为主要任务，聚焦精准，加大力度，帮助西藏到2020年全面实现贫困人口全部脱贫、贫困县全部摘帽。要把各自优势充分发挥出来，在产业合作、人才支援、资金支持等方面取得实质性进展。要组织动员民营企业和社会力量到西藏来发展，在脱贫攻坚中发挥积极作用。西藏要加强对接沟通，主动做好服务，用足用好帮扶资源。要增强开放意识、市场意识和改革意识，进一步营造良好营商环境，让企业进得来、留得下、有发展、可持续。

（三）建设设施农业，发展河谷经济。河流谷地是西藏的富饶之地，是西藏的宝贵资源。像“两江四河”（雅鲁藏布江、怒江和拉萨河、年楚河、雅砻河、狮泉河），河谷宽阔，坡降不大，流速缓慢，气候温暖，通过科学整治合理开发，就能成为很好的土地资源，易地扶贫搬迁的三有村、四季吉祥村就是很好的案例。建议自治区结合实施易地扶贫搬迁、产业扶贫等整体考虑谋划，整治河流谷地，发展河谷高效现代特色农牧业经济，实现河谷整治与脱贫攻坚的双促进双发展。

（四）坚持精准方略，做出西藏特色。西藏地理位置特殊，自然资源独特，有着其他地区没有的优势和条件，要充分利用，打造特色扶贫品牌。一是青稞产业扶贫。青稞产业是西藏第一大种植业，青稞是青藏高原特有的产品，是藏区人民喜爱的食物，还有降血脂降胆固醇等药用价值，市场开发潜力巨大。要组织贫困户发展生产，扩大种植面积，提高产量和商品化率，促进贫困户增收脱贫。二是牦牛产业扶贫。牦牛是青藏高原特有牛种，牦牛产业是西藏第一大养殖业，数量占全世界90%以上。牦牛肉肌红蛋白含量高，脂肪含量低，肌肉纤维细，营养价值高，市场需求大。要组织贫困户饲养牦牛，实现科学养殖、规模养殖，提高产量，延长产业链条，促进增收。三是特色旅游扶贫。西藏，雪域高原，神奇瑰丽，民族文化悠久灿烂，名胜古迹众多。要大力发展旅游扶贫，通过景区带动贫困村，能人带动贫困户，把群众组织动员起来，把利益联结机制建立起来，把贫困人口带动起来，把民族文化弘扬起来。四是民族手工业扶贫。西藏的民族手工业具有悠久历史和独特工艺，像唐卡、地毯、金银首饰、民族服装等，民族风格浓郁，充满地方特色。要通过发展小微企业和扶贫车间等，组织贫困户从事民族手工艺品的加工制作，拓展增收渠道。五是公益岗位扶贫。西藏公益岗位扶贫有较好的工作基础，在今后生态建设、乡村振兴、农村人居环境改造等工程项目中，还会产生大量的公益岗位，像护林员、护草员、护路员、保洁员等，要向贫困人口特别是弱劳力、半劳力倾斜，实现就近就地就业。产业扶贫关键要建立益贫带贫机制，组织动员贫困群众参与，通过劳动脱贫致富。要设立合作社，改变生产经营方式，提高组织化程度。要发展电子商务，有效连接小生产与大市场，实现弯道超车，把产品变成商品，卖出好价钱。

（五）结合西藏实际，做好易地搬迁工作。西藏贫困人口大多分布在高海拔地区，这些地区生态环境条件恶劣，产业基础薄弱，搬迁是脱贫的重要途径。中央考虑到西藏实际，将西藏易地扶贫搬迁规模由原来的2.5万人增加到26.6万人，占西藏贫困人口总数的31%，是全国占比最高的省区。西藏实施易地扶贫搬迁、高海拔生态搬迁和加强边境建设等政策举措，符合西藏实际，相对集中居住，不仅改善了群众生产生活条件，减少了地方病，而且提高了城镇化水平和社会发育程度，有利于长治久安和稳定发展。两江四河这些河谷地区，是很好的搬迁地点。搬迁后还要加强基础设施建设，提高公共服务水平，强化后续产业发展和转移就业，让贫困群众不仅搬到了新地方、住上了新房子，还有活干、有钱挣、有医就、有学上，稳定脱贫，安居乐业。要认真做好"三岩片区"整体搬迁，彻底解决好这一地区的问题。

（六）解决突出问题，补齐民生短板。教育和医疗问题是制约西藏脱贫攻坚的突出短板，也是人民群众迫切希望解决的问题。西藏要在做好教育扶贫、健康扶贫的基础上，着力解决两个突出问题。一是做好地方病防治工作。西藏医疗卫生指标全国最低，高原疾病地方病多发，像包虫病、大骨节病、风湿类风湿病等地方病是自治区党委政府和群众的心病，要统筹资源加大防治力度，遏制地方病高发频发势头，减少因病致贫因病返贫。二是帮助学龄前儿童学好普通话。要加强幼儿园和小学普通话教育，组织实施好"学前学会普通话行动"，阻断贫困代际传递。

同志们，60多年前，中国共产党领导西藏百万农奴翻身得解放、当家作主人，西藏一步跨千年步入社会主义。3年后，在我们党建立100周年时，西藏在全国支援下全面打赢脱贫攻坚战，历史性地解决几千年来没有解决的绝对贫困问题，与全国一道进入全面小康社会，具有里程碑意义，充分彰显了中国共产党领导的政治优势和社会主义制度的优越性，充分证明国家是西藏走向美好未来的坚强后盾。国务院扶贫办将一如既往把西藏作为工作重点，加大支持力度，配合各地各部门助力西藏打赢脱贫攻坚战。我们坚信，在以习近平同志为核心的党中央坚强领导下，在援藏省市及各方面的关心支持下，通过西藏自治区各级党委政府和各族干部群众的共同努力，西藏一定能够如期全面完成脱贫攻坚任务。

在湖南省深入学习贯彻习近平总书记精准扶贫工作重要论述大会上的讲话

国务院扶贫办主任　刘永富

（2018 年 10 月 28 日）

2013 年 11 月 3 日，习近平总书记来到湖南湘西州花垣县十八洞村看望贫困群众，首次提出精准扶贫的重要理念。今天，湖南在十八洞村所在的湘西州召开深入学习贯彻习近平总书记精准扶贫工作重要论述大会，表彰脱贫攻坚先进个人和最美扶贫人物，总结脱贫攻坚实践经验，研究部署脱贫攻坚工作，很有必要。刚才，达哲省长总结了工作、部署了任务。等会儿，家毫书记还要发表重要讲话，就贯彻落实党中央关于脱贫攻坚决策部署，贯彻落实精准扶贫精准脱贫基本方略，进行全面总结，作出全面部署，提出进一步贯彻落实的要求，希望大家认真学习贯彻，落实到工作中，把湖南的脱贫攻坚工作做得更好。根据会议安排，我讲三点意见。

一、十八洞村向习近平总书记向党和人民交出了合格答卷

习近平总书记在十八洞村提出“实事求是、因地制宜、分类指导、精准扶贫”的十六字方针，要求十八洞村“不搞特殊化，但是不能没有变化”。

五年来，湖南省各级党委和政府认真贯彻总书记重要指示精神，深入实施精准扶贫精准脱贫基本方略。选派第一书记和驻村工作队，建强十八洞村党组织，厘清发展思路，精准识别贫困户，逐户制定脱贫措施，逐项论证发展项目，党组织战斗堡垒作用得到有效发挥，脱贫目标明确思路清晰。坚持大扶贫格局，多方筹集资金，改善基础设施和公共服务，不搞大拆大建，打造特色村寨，村民生产生活条件和村庄发展环境明显改善。因地制宜发展特色优势产业，注重产业发展的长期性持续性。将扶贫与扶志扶智相结合，不断增强可持续发展能力，发挥村规民约作用，不断激发群众内生动力。

在各方面的大力支持和十八洞村全体干部群众的共同努力下，十八洞村脱贫攻坚打了一个漂亮仗，成为湖南第一批脱贫摘帽村，成为全国脱贫攻坚的先进典型。2013 年至 2017 年，全村人均纯收入从 1668 元增加到 10180 元，村集体经济从空白发展到 53.68 万元，贫困发生率从 56.8% 下降到 1.37%，25 名大龄青年成功脱单，人居环境和村民精神面貌焕然一新。十八洞村的脱贫事迹，是精准扶贫精准脱贫在湖南的成功案例和生动实践，在全国可复制可推广。

二、精准扶贫精准脱贫是这次脱贫攻坚最突出最鲜明的特征

实施精准扶贫精准脱贫基本方略，是习近平总书记 40 多年长期探索的结晶，是中国扶贫理论和扶贫实践的重大创新，具有鲜明的时代性。改革开放初期，我们农村普遍贫困，需要通过普惠性的政策措施，使大部分地区和群众受益。现在，情况发生了很大变化，需要因地制宜，分类施策，精准帮扶。

精准扶贫精准脱贫，核心是做到“六

个精准”，实施“五个一批”，解决“四个问题”。根据中央部署，我们开展建档立卡，组织几百万人，逐村逐户采集核实贫困信息，建立全国建档立卡信息系统，把扶持对象找出来。我们开展驻村帮扶，根据每个贫困村、贫困户、贫困人口的脱贫需求，选派第一书记和驻村工作队，明确帮扶责任人和帮扶项目，把谁来帮怎么帮定下来。我们实施“五个一批”，因地制宜因村因户因人施策，在基础设施、公共服务、产业就业、易地搬迁、教育健康、生态保护、社会保障等多个方面采取超常规举措，使贫困人口生产生活条件好起来。我们严格贫困退出，明确贫困人口退出和贫困县摘帽的标准、程序，对贫困退出进行专项评估检查，对省级党委和政府扶贫开发工作成效开展严格考核，确保脱贫实效，经得起实践和历史检验。

精准扶贫精准脱贫，提高了扶贫资源的脱贫效益，提升了帮扶工作的针对性和精准度，保证了脱贫进度不断加快，脱贫质量的不断提升。在精准扶贫精准脱贫过程中，广大基层干部在实践中得到锻炼，攻坚能力工作水平明显提升，思想作风工作作风明显转变。目前剩下的都是难啃的“硬骨头”，越往后扶贫成本越高，脱贫难度越大。精准扶贫精准脱贫基本方略，要坚定不移地实施下去，要防止用精准未到位带来的问题否定精准方略，防止用增加的扶贫资源走“大水漫灌”的老路。

三、精准扶贫精准脱贫在全国落地落实开花结果

经过全党全社会的不懈努力，我国脱贫攻坚取得了决定性进展和历史性成就。现行标准下农村贫困人口由2012年底的9899万减少到2017年底的3046万，年均减贫1370万人，比前几轮扶贫规划年均减贫规模翻了一番，贫困县减少了153个，解决区域性整体贫困取得突破性进展。预计到2018年底，我国现行标准下的农村贫困人口将减少80%以上，贫困村将退出60%以上，贫困县将摘帽50%左右，向着实现脱贫攻坚目标迈出坚实步伐。

在经济增长面临多重挑战、扶贫难度越来越大的背景下，脱贫攻坚为实现经济持续健康发展与大规模减贫同步，有效避免掉入中等收入陷阱作出了重要贡献，我国脱贫攻坚的伟大成就得到人民群众的普遍认同，得到国际社会的广泛赞誉。世界银行2018年发布的《中国系统性国别诊断》报告称：“中国在快速经济增长和减少贫困方面取得了‘史无前例的成就’。”联合国秘书长古特雷斯表示：“精准扶贫方略是帮助最贫困人口、实现2030年可持续发展议程宏伟目标的唯一途径。中国已实现数亿人脱贫，中国的经验可以为其他发展中国家提供有益借鉴。”

实践证明，党中央和习近平总书记关于脱贫攻坚的决策部署和政策举措是完全正确的，精准扶贫精准脱贫基本方略的贯彻实施是切实有效的。脱贫攻坚和精准扶贫精准脱贫的伟大实践和巨大成就，为历史性消除中华民族千百年来的绝对贫困问题打下了坚实基础，为全球减贫事业贡献了中国智慧和中国方案，彰显了中国共产党领导的政治优势和社会主义制度优势，增强了我们的“四个自信”。

现在距离2020年还有2年多时间。总书记多次强调，行百里者半九十。现在是最吃劲的时候，也是最容易松劲、最容易跑偏的时候。脱贫攻坚从决定性进展到全面胜利，依然要付出艰辛努力。我们要以习近平新时代中国特色社会主义思想为指导，努力践行习近平总书记关于扶贫的重要论述，全面贯彻党中央国务院关于打赢脱贫攻坚战三年行动的指导意见，坚持脱贫攻坚目标和现行扶贫标准，深入实施精准扶贫精准脱贫基本方略，真抓实干埋头苦干，撸起袖子加油干拼命干，奋力夺取脱贫攻坚战全面胜利。

在改革开放与中国扶贫国际论坛上的演讲

国务院扶贫办主任　刘永富

（2018 年 11 月 1 日）

今年是中国改革开放 40 周年，本次论坛以“国际减贫合作：构建人类命运共同体”为主题，很有意义。作为本次论坛主办方之一，我代表中国国务院扶贫办对各位代表的莅临表示热烈欢迎！向长期致力于中国消除贫困、促进发展的各界人士和国际组织表示崇高敬意！

改革开放是中国繁荣发展的必由之路，是中国现代化建设不断取得新成就的重要法宝。消除贫困是全人类的共同目标，是当今时代发展的重要课题。发展是减贫的基础，但发展不能自动减贫。中国共产党和中国政府始终把消除贫困、改善民生、实现共同富裕作为执政宗旨。40 年前，作出了改革开放的伟大决策，启动了有组织有计划大规模的扶贫行动，中国经济社会每发展前进一步，扶贫标准就提高一次，扶贫工作就推进一步，保持了经济发展与减贫的同步推进，较好避免了两极分化的扩大，有效防止了掉入中等收入陷阱。40 年来，中国有 7 亿多农村贫困人口脱贫，对全球减贫事业作出了重要贡献。

中国共产党第十八次全国代表大会以来，中国根据全面建成小康社会的新要求和贫困状况的变化，提出脱贫攻坚的目标任务和基本方略，改革创新扶贫体制机制，全面打响脱贫攻坚战。这几年，贫困地区新建改建农村公路 50 多万千米，解决了 1400 多万贫困人口饮水安全问题，改造 700 多万贫困农户危房，对 870 万贫困人口实施易地扶贫搬迁，为 1300 万贫困户累计发放扶贫小额信贷 5200 亿元，自然村通电接近全覆盖，71% 的自然村通了宽带，完成 9.7 万所义务教育薄弱学校改造任务，累计救治 420 多万大病和慢性病贫困患者，在生态扶贫等方面也做了大量工作。五年累计减贫 6853 万人，连续保持每年 1000 万人以上的减贫规模，创造了中国扶贫史上的最好成绩。到今年底，现行标准下的农村贫困人口将减少 80% 以上，贫困村将退出 60% 以上，贫困县将摘帽 50% 左右，续写了中国扶贫故事的新篇章。中国脱贫攻坚取得的历史性成就，充分体现了中国共产党领导的政治优势和制度优势，具有以下新的时代特征。

第一，中国有一个坚强的领导核心。中国共产党和中国政府高度重视脱贫攻坚，习近平总书记作为党和国家的领导核心，始终把脱贫攻坚摆到治国理政的重要位置，亲自研究亲自部署亲自督战。他走遍中国所有集中连片特困地区，40 多次国内考察涉及扶贫，每年都召开专题会议研究扶贫。中共十九大以来的一年多里，习近平总书记每月都对扶贫工作提出要求。一个大国大党的领导核心，对贫困有真切体验，对扶贫有丰富经验，对脱贫有使命担当，成为激励和引领脱贫攻坚的关键。

第二，中国有一个明确的减贫目标。脱贫攻坚的目标，就是到 2020 年现行标准下农村贫困人口实现脱贫、贫困县全部摘帽、解决区域性整体贫困。贫困人口脱贫的标准，就是人均纯收入稳定超过国家扶贫标准且吃穿不愁，义务教育、基本医疗、住房安全有保障。实现这一目标意味着中国将历史性地消除绝对贫困，提前 10 年实现联合国 2030 年可持续发展议程确定的减贫目标。

第三，中国有一个精准的基本方略。实施精准扶贫精准脱贫基本方略，是习近平总书记 40 多年长期探索的结晶，是中国扶贫理论和扶贫实践的重大创新。改革开放初期，中国农村普遍贫困，需要通过普惠性的政策措施，使大部分地区和群众受益。现在，情况发生了很大变化，需要因地制宜，分类施策，精准帮扶。我们组织几百万人逐村逐户采集核实贫困信息，统一建档立卡，把扶持对象找出来，解决“扶持谁”的问题。我们选派数百万干部到贫困村驻村帮扶，把谁来帮怎么帮定下来，现在有过百万的党政机关、企事业单位的工作人员驻在贫困村进行帮扶，解决“谁来扶”的问题。我们加强基础设施和公共服务建设，让贫困地区的生产生活条件逐步好起来，我们根据贫困人口致贫原因，让帮扶措施实起来，解决“怎么扶”的问题。我们对贫困人口退出和贫困县摘帽进行专项评估检查，注重脱贫质量，解决“如何退”的问题，确保脱贫实效经得起实践和历史检验。精准扶贫精准脱贫方略的贯彻实施，促进了农村全面深化改革，培养锻炼了大批干部，提升了农村的治理能力和工作水平。

第四，中国有一套超常规的政策举措。我们建立脱贫攻坚的责任体系，实行中央统筹、省负总责、市县抓落实的工作体制，中西部 22 个省份党政主要负责同志向中央签署脱贫攻坚责任书、立下军令状，攻坚期内贫困县党政正职保持稳定，省市县乡村五级书记抓攻坚。我们建立脱贫攻坚政策体系，制定超常规的政策措施，打出组合拳，不断改善贫困人口生产生活条件，支持发展产业和就业扶贫，对生活在“一方水土养不活一方人”地方的贫困人口实行搬迁。我们建立脱贫攻坚的投入体系，加大财政资金、金融资金和土地政策支持力度，现在每年有过万亿元资金投向贫困县乡村用于攻坚。我们建立脱贫攻坚动员体系，广泛动员全党全社会力量参与扶贫。我们建立脱贫攻坚监督体系，促进责任落实、政策落实、工作落实。我们建立脱贫攻坚考核体系，对省级党委和政府扶贫开发工作成效每年进行考核，对做得好的进行表彰奖励，对做得不好的进行执纪问责。

女士们、先生们：

当前，中国还有 3000 多万现行标准的贫困人口，都是贫中之贫，困中之困，还有一些深度贫困地区，贫困发生率较高，脱贫难度很大。不管有多大困难，我们已下定决心，坚决全面打赢脱贫攻坚战，确保到 2020 年中国全面建成小康社会。我们清醒地认识到，中国将长期处于社会主义初级阶段，发展不平衡不充分是社会主要矛盾，打赢脱贫攻坚战，只是消除了绝对贫困，相对贫困将长期存在，减贫仍然是中国一项长期而艰巨的任务，我们将持续不断做好减贫工作。

习近平总书记发出了共建“一个没有贫困、共同发展的人类命运共同体”倡议。我们愿与世界各国和国际组织，加强减贫交流合作，互学互鉴，共同推动全球减贫事业发展。

咬定目标　狠抓落实
高质量打赢脱贫攻坚战

——在全国扶贫开发工作会议上的工作报告

刘永富

（2018 年 12 月 28 日）

这次会议的主要任务是：进一步学习贯彻习近平总书记关于扶贫工作的重要论述，认真贯彻落实中央经济工作会议、中央农村工作会议和胡春华副总理主持召开的全国扶贫开发工作会议精神，总结 2018 年脱贫攻坚工作，分析攻坚形势，安排 2019 年重点工作。昨天晚上，胡春华副总理发表重要讲话，今天上午，再次对做好明年脱贫攻坚工作做出部署。我们要认真学习领会，全面抓好贯彻落实。下面我讲三个问题。

一、关于 2018 年工作情况

2018 年，是全面贯彻党的十九大精神开局之年，是打赢脱贫攻坚战三年行动起步之年，是脱贫攻坚作风建设年。以习近平同志为核心的党中央在脱贫攻坚取得决定性进展后，继续高位推进、响鼓重槌。今年以来，习近平总书记每月都对脱贫攻坚工作作出重要指示批示。在新年贺词中号召全社会行动起来，尽锐出战，精准施策。2 月，到四川凉山考察并在成都主持召开打好精准脱贫攻坚战座谈会。3 月，主持召开中央政治局常委会议和中央政治局会议，审定 2017 年省级党委和政府扶贫开发工作成效考核结果、东西部扶贫协作和中央单位定点扶贫考核结果。4 月，主持召开中央财经委员会会议，听取打好精准脱贫攻坚战思路和举措的汇报。5 月，主持召开中央政治局常委会议和中央政治局会议，审议《关于打赢脱贫攻坚战三年行动的指导意见》。6 月，对打赢脱贫攻坚战三年行动作出长篇重要批示。7 月，对毕节试验区工作作出重要指示，要求按时打赢脱贫攻坚战，努力建设成为贯彻新发展理念的示范区。8 月，对反映脱贫攻坚的有关问题作出重要批示。9 月，主持十九届中央政治局第 8 次集体学习，把听取脱贫攻坚情况汇报作为一个重要内容，强调打好脱贫攻坚战是实施乡村振兴战略的优先任务。10 月，在第五个国家扶贫日来临之际作出重要批示，强调行百里者半九十，脱贫攻坚越到紧要关头，越要坚定必胜的信念，越要有一鼓作气攻城拔寨的决心。在广东考察脱贫攻坚时再次强调，全面小康路上一个不能少，脱贫致富一个不能落下。11 月，给改革开放与中国扶贫国际论坛致贺信，在 20 国集团领导人峰会上发表重要讲话，向国际社会表明中国共产党带领人民彻底消除绝对贫困的坚定信心和坚强决心。12 月以来，总书记在中央经济工作会议、中央政治局常委会议审议明年中央 1 号文件时，都对脱贫攻坚提出明确要求。总书记逢会必讲脱贫攻坚，为什么这么重视，就是还有不放心、不托底的地方，就是希望我们要说到做到，真真实实打赢脱贫攻坚战，要有质量有成色。李克强总理在政府工作报告中连续第5年明确减贫1000万人以上的任务，先后到吉林、宁夏、西藏考察脱贫攻坚，多次研究部署脱贫攻坚重点工作，对扎实推进三年攻坚行动提出明确要求。汪洋主席深入云南怒江和迪庆、新疆南疆、甘肃甘南、贵州毕节和黔东南、广西百色、西藏等深度贫困地区调研，7月和11月两次专题听取脱贫攻坚工作汇报，对脱贫攻坚工作及时给予指示。胡春华副总理到甘肃、河北、云南、新疆、内蒙古等地调研督导脱贫攻坚工作，主持召开国务院扶贫开发领导小组5次会议、7次工作会议和多次专题会议，研究部署推动工作。

在以习近平同志为核心的党中央坚强领导下，各地区各部门认真贯彻落实党中央、国务院决策部署，扎实推进各项工作，脱贫攻坚在力度、广度、深度和精准度上都达到了新的水平。回顾2018年工作，主要有3大标志性成果，10个突出亮点。

第一大标志性成果是，编辑出版《习近平扶贫论述摘编》，深入学习习近平总书记关于扶贫工作的重要论述，取得重大理论成果。党的十八大以来，习近平总书记把脱贫攻坚摆到治国理政的重要位置，亲自挂帅出征，作出一系列新决策新部署，提出一系列新思想新观点。经中央批准，中央党史和文献研究院会同国务院扶贫办编辑出版了《习近平扶贫论述摘编》，目前已发行350多万册。中央宣传部、财政部、国务院扶贫办、世界银行联合举办改革开放和中国扶贫国际论坛，习近平总书记和联合国秘书长古特雷斯发来贺信，黄坤明同志出席并发表主旨演讲。中央宣传部、国务院扶贫办举办习近平总书记关于扶贫工作的重要论述研讨会，胡春华副总理出席并发表讲话。各省区市和国务院扶贫开发领导小组成员单位主要负责同志带头学习，撰写心得体会文章。国务院扶贫办召开中国扶贫改革40周年座谈会，回顾40年辉煌历程，坚定走中国特色社会主义道路的信心。习近平总书记关于扶贫工作的重要论述，是马克思主义反贫困理论中国化的最新成果，是习近平新时代中国特色社会主义思想的重要组成部分，为新时代打赢脱贫攻坚战提供了根本遵循和科学指南。

第二大标志性成果是，发布实施《中共中央 国务院关于打赢脱贫攻坚战三年行动的指导意见》，全面部署今后三年脱贫攻坚工作，取得重大政策成果。经中央政治局常委会议、中央政治局会议、中央财经委员会会议和国务院常务会议审议，中共中央、国务院制定《关于打赢脱贫攻坚战三年行动的指导意见》（以下简称《指导意见》），对今后三年脱贫攻坚作出全面部署。一是进一步完善顶层设计。从注重全面推进向更加注重深度贫困地区攻坚转变，从注重减贫进度向更加注重脱贫质量转变，从开发式扶贫为主向开发式与保障性扶贫并重转变。二是进一步强化政策措施。强化10项到村到户到人的举措和4项补齐贫困地区基础设施短板的举措。三是进一步加强统筹协调。加强和改善党对脱贫攻坚的领导，脱贫攻坚任务重的省区市党委和政府每季度至少专题研究一次脱贫攻坚工作，贫困县党委政府每个月至少专题研究一次脱贫攻坚工作，组织开展五级书记遍访贫困户行动，压实东西部扶贫协作和中央单位定点扶贫责任，动员全社会力量合力攻坚。《指导意见》明确了三年攻坚行动的时间表、路线图，是贯彻党的十九大精神打赢脱贫攻坚战三年行动的实施方案。

第三大标志性成果是，脱贫攻坚重点工作扎实推进，年度任务全面完成，取得重大攻坚成果。深度贫困地区攻坚有力推进，精准扶贫精准脱贫举措扎实落地，东西部扶贫协作和定点扶贫取得重大突破，脱贫攻坚投入力度空前，作风治理和干部培训初见成效，考核监督进一步强化，贫困地区生产生活条件明显改善，贫困群众收入水平明显提高，获得感明显增强，全社会合力攻坚局面进一步巩固，中国特色的脱贫攻坚制度进一步健全。脱贫攻坚在取得决定性进展基础上，继续迈出重大步伐。预计全年减少农村贫困人口1000万以上，280个左右贫困县脱贫摘帽，完成280万人易地扶贫搬迁建设任务，连续6年超额完成千万减贫任务。

第一个亮点是，脱贫攻坚三年行动开局良好。习近平总书记作出重要指示、李克强总理作出批示，对打赢脱贫攻坚战三年行动提出要求。中共中央办公厅、国务院办公厅印发贯彻落实《指导意见》的重要政策分工方案，将128项任务分解落实到71个部门。国务院扶贫开发领导小组召开电视电话会议，对落实《指导意见》作出明确部署。各地区各部门都制定了打赢脱贫攻坚战三年行动的实施方案，提出贯彻落实的具体措施。总的看，脱贫攻坚顶层设计进一步完善，政策措施进一步强化，组织领导进一步加强，各项工作开局良好。中西部22个省区市和辽宁、新疆生产建设兵团扶贫部门，均调整为政府正厅级直属机构，都增加了编制和职数，东部地区也加强了工作力量，扶贫机构从来没有这么整齐、阵容从来没有这么强大。

第二个亮点是，深度贫困地区攻坚进程明显加快。一是确定深度贫困地区。中央确定重点支持“三区三州”，相关省份在“三区三州”确定了135个深度贫困县、8700多个深度贫困村，在“三区三州”外确定了199个深度贫困县、21300多个深度贫困村。二是制定实施方案。经国务院扶贫开发领导小组备案同意，6省区印发“三区三州”脱贫攻坚实施方案并认真组织实施，确定的年度工作任务全部完成。各地对确定的深度贫困地区都制定了针对性举措，加大了工作力度。三是加大政策倾斜支持力度。26个中央部门针对“三区三州”等深度贫困地区，出台27个政策文件。2018年新增中央财政专项扶贫资金120亿元用于“三区三州”，占全国新增资金的60%。国务院扶贫办配合西藏、新疆、青海，指导云南、四川、甘肃召开深度贫困地区脱贫攻坚现场推进会，现场总结推广经验，现场研究解决问题，现场推动政策落实。东西部扶贫协作、对口支援和中央单位定点扶贫进一步聚焦深度贫困地区。四是脱贫进度明显加快。预计“三区三州”全年将减贫130多万人，贫困发生率下降6.4个百分点，高出西部地区平均水平3.3个百分点。334个深度贫困县减贫480多万人，攻克深度贫困堡垒迈出坚实步伐。

第三个亮点是，东西部扶贫协作和定点扶贫取得突破性进展。一是第一次开展考核。根据党中央部署，国务院扶贫开发领导小组组织实施对东西部扶贫协作21年来、中央单位定点扶贫31年来的首次考核，进一步压实了帮扶责任。二是第一次签订协议。东西部省市签订扶贫协作协议书，中央单位签署定点扶贫责任书，把党中央的部署要求变为可量化可考核的刚性任务，增强了操作性，各项帮扶工作质量和成效显著提升。三是第一次多项指标实现翻番。东西部相关省区市和中央单位普遍加大工作力度，形成比学赶超浓厚氛围。东部9省市全年投入财政帮扶资金177亿元，是上年的3倍，动员社会帮扶资金48亿元，是上年的1.3倍，双方互派挂职干部和专业技术人员2.85万名，是上年的1.4倍，帮助144万贫困人口转移就业，是上年的7.2倍。288个参与定点扶贫的中央单位全年直接投入和引进帮扶资金201亿元，培训基层干部和技术人员49万名。军队定点帮扶4100多个贫困村，累计帮助43.7万名贫困群众脱贫。香港、澳门主动承担扶贫协作任务，分别帮扶四川南江县和贵州从江县，实现了“一国两制”体制下东西部扶贫协作帮扶工作的全覆盖。在国家发改委统筹下，各级发改部门大力支持，对口帮扶工作进一步加大力度，进一步向深度贫困地区聚焦，进一步向精准扶贫精准脱贫聚焦，80%以上的资金用于脱贫攻坚。民营企业、社会组织、公民个人积极参与脱贫攻坚，据全国工商联统计，有7.3万家民营企业结对帮扶4.9万个贫困村。

第四个亮点是，作风治理和能力建设初见成效。一是开展扶贫领域作风问题专项治理。国务院扶贫开发领导小组下发《关于开展扶贫领域作风问题专项治理的通知》，着力解决“四个意识”不强、责任落实不到位、工作措施不精准、资金管理使用不规范、工作作风不扎实、考核监督从严要求不够等六个方面的突出问题。各省区市和国务院扶贫开发领导小组成员单位都制定了实施方案。国务院扶贫办成立作风治理工作专班，加强督促落实。从各方面反映情况看，层层检查评估、频繁填表报数得到一定程度遏制，扶贫领域作风建设进一步加强。二是组织脱贫攻坚干部轮训。中央组织部、国务院扶贫办对脱贫攻坚干部培训作出系统安排，举办省部级、厅局级、深度贫困地区地市州党政主要负责同志和贫困县党政正职专题研讨班，以及公务员脱贫攻坚培训班、贫困村党组织书记示范培训班，各地分级分类组织干部培训。全年培训779万人，其中县级及以下干部达到95%左右。通过培训，领导干部正确政绩观进一步树牢，处理复杂问题的能力进一步提高，基层扶贫干部观念方式进一步转变，实战能力进一步增强，牺牲的基层扶贫干部数量明显减少。

第五个亮点是，精准扶贫各项举措扎实落地。易地扶贫搬迁建设任务进一步加快，建设质量进一步提升，对搬迁分省规模进行了合理调整，其中“三区三州”搬迁对象规模调增50.7万人，占全国调增总量的43.3%。产业扶贫重点支持贫困地区、贫困农户发展特色种养业，推进扶贫小额信贷、光伏扶贫、电商扶贫、旅游扶贫、消费扶贫等，建立完善带贫减贫机制。就业扶贫全年新增贫困劳动力转移就业259万人，建设3万多个扶贫车间，吸纳77万贫困人口就近就业。教育扶贫贫困地区义务教育薄弱学校基本办学条件进一步改善，控辍保学力度进一步加大，凉山“学前学会普通话”试点取得积极进展。健康扶贫专项救治病种扩大到21个，累计救治1000多万贫困人口，贫困患者个人自付比例进一步下降，贫困地区就医条件得到改善。生态扶贫累计选聘生态护林员50万人。社会保障进一步加强，2422万贫困老年人享受了居民养老保险待遇，符合条件的贫困人口全部纳入低保范围。

第六个亮点是，贫困地区生产生活条件明显改善。交通扶贫全年安排贫困地区车购税资金2144亿元，新建改建贫困地区农村公路20.8万千米。水利扶贫全年安排贫困地区水利建设投资980亿元，解决419万贫困人口饮水安全问题。危房改造完成115万户建档立卡贫困户危房改造任务，中央和地方均加大了补助力度。电力扶贫加快贫困地区农网改造升级。贫困村宽带覆盖率超过94%。科技扶贫实现科技特派员对近5万个贫困村科技服务和创业带动全覆盖。文化扶贫支持“三区三州”设立一批非遗扶贫工坊。各行业部门都加大了支持力度，聚焦精准扶贫精准脱贫。

第七个亮点是，脱贫攻坚资金保障力度空前。一是资金规模明显加大。扶贫资金全年投入第一次超过万亿元，中央财政专项扶贫资金投入1061亿元，第一次超过1000亿元，省和市县财政专项扶贫资金超过2000亿元，贫困县实际整合财政涉农资金3000多亿元，政府专项债务投入1200亿元，金融扶贫投入和社会帮扶资金大幅增长，深度贫困地区城乡建设用地增减挂钩节余指标跨省交易筹资640亿元。二是资金拨付明显加快。中央财政专项扶贫资金实施上年提前预拨，全国人代会后1个月内全部下达到省，比上年提前1个多月。各省1个月内下达到县资金占比超过97%，比上年高

15个百分点。三是项目库建设明显加强。全国有2000多个县完成脱贫攻坚项目库建设，共入库项目250多万个，资金需求2.4万亿元，实现“钱等项目”向“项目等钱”转变。四是违纪违规问题明显减少。完善扶贫资金项目公告公示制度，加强监督检查和绩效评价，审计查出问题资金占抽查资金比例由2013年的36.3%下降到2018年的6%，其中违纪违规金额由15.7%下降到1%。

第八个亮点是，建档立卡工作进一步完善。从完善指标体系入手，以动态调整为抓手，落实总书记“既能说清有多少人脱了贫，也要说清怎么脱的贫”的重要指示精神。一是指标体系进一步优化。按照“总体稳定、局部优化”的原则，对原475项指标，删除84项，修改57项，新增226项，指标体系丰富完善。二是年度动态调整圆满完成。组织省市县三级扶贫部门建档立卡工作人员开展大培训，统一要求、规范操作。全国动员近百万人参与，历时3个月，按时完成动态调整工作。截至目前，全国共标识2018年脱贫人口1524万人，新识别66万人，返贫6.8万人，净减少贫困人口1484万人。三是年度脱贫措施基本摸清。建档立卡已经能完整记录贫困人口识别、帮扶、退出的全过程，既能说清有多少贫困人口，又能说清致贫原因，既能说清有多少人脱了贫，又能说清怎么脱的贫。今年的脱贫措施已经汇总，正在分析。

第九个亮点是，考核监督进一步强化。一是较真碰硬开展考核。组织开展省级党委政府2017年扶贫成效考核、东西部扶贫协作考核、中央单位定点扶贫考核。习近平总书记主持会议审定考核结果，汪洋主席、胡春华副总理约谈了4省区党政负责同志，中办、国办通报考核情况，国务院扶贫办向各省区市一对一反馈考核结果，部署开展问题整改工作。二是强化考核发现问题整改。各省区市党委和政府、中央有关部门把自己摆进去，切实扛起整改的主体责任，扎实开展考核发现问题整改工作。从各地报告来看，考核指出的1505个问题、地方自查发现3917个问题，整改期内需完成的任务基本完成。三是组织督查巡查。加强工作督导，将督查巡查情况反馈各地，指导各地将考核评估、督查巡查、专项巡视等发现问题一体整改。四是开展常态化约谈。针对各渠道发现的违反约束机制、搞形象工程、帮扶工作不扎实、搞形式主义、违反管理规定、套取和闲置扶贫资金、扶贫小额信贷逾期贷款较多、扶贫资金监督管理不严等问题，分两批约谈3个省区有关部门主要负责同志和10个县党政主要负责同志，公开曝光，及时纠偏，并举一反三整改问题，效果明显。11月对扶贫小额信贷逾期问题进行约谈后，逾期率逐月上升的趋势得到遏制。

第十个亮点是，宣传舆论氛围更加浓厚。一是增加脱贫攻坚奖表彰奖项和名额。经中央同意，全国脱贫攻坚奖“奋进奖”“贡献奖”“奉献奖”“创新奖”4个奖项的表彰名额，由每个奖项每年10名增加到25名左右，增设“组织创新奖”，表彰名额为每年40个左右。今年共表彰了139个先进个人和集体、2个脱贫攻坚模范。二是积极开展正面宣传。围绕脱贫攻坚重要时间节点，先后召开11次新闻发布会，开通运行国务院扶贫办“两微一端”，及时引导舆论，回应社会关切。各级宣传主管部门、各主流媒体和新兴媒体都做了大量工作，中央主要媒体全年共推出扶贫报道20.6万余条，省级媒体扶贫报道52.3万余条，均比去年增加50%左右，为脱贫攻坚营造了良好环境。三是开展扶贫日系列活动。举办“决胜2020——脱贫攻坚展”，制作播出“庄严的承诺”特别节目。组织25名脱贫攻坚奖获得者组成4个报告团，到21个省区市开展先进事迹巡回报告，进一步发挥榜样的力量。四是积极开展扶贫外宣。配合国家外交大局，举办中非合作论坛——减贫与发展会议、中国—东盟社会发展与减贫论坛、减贫援外培训等，讲好中国减贫故事。

脱贫攻坚取得的显著成绩，是党中央、国务院坚强领导的结果，是习近平总书记等中央领导同志亲力亲为的结果，是各级各部门大力支持、扶贫系统齐心协力主动作为的结果，也是贫困地区广大干部群众自力更生、艰苦奋斗的结果，进一步鼓舞了斗志、振奋了精神、坚定了信心。在这里，我代表国务院扶贫办向在座的各位同志并通过你们对各方面表示衷心感谢和崇高敬意！

脱贫攻坚的伟大实践给我们深刻启示：打赢脱贫攻坚战，必须深学笃用习近平总书记关于扶贫工作的重要论述，武装头脑，指导实践，推进工作；必须坚持党对脱贫攻坚的全面领导，强化中央统筹、省负总责、市县抓落实的管理体制，强化五级书记抓扶贫；必须贯彻精准扶贫方略不动摇，依靠基层提高扶贫精准度，下足绣花功夫，扶到点上扶到根上；必须与时俱进改革创新，突出目标导向和问题导向，不断推进制度创新、政策创新、方式创新，提高脱贫成效；必须坚持大扶贫格局，实现政府、市场、社会互动，行业扶贫、专项扶贫、社会扶贫联动，凝聚起全社会攻坚的强大合力；必须激发内生动力，提高贫困地区和贫困人口自我发展能力，实现可持续脱贫；必须把全面从严治党要求贯穿脱贫攻坚全过程各环节，实施最严格的考核评估、督查巡查，强化作风建设，确保扶贫工作务实、脱贫过程扎实、脱贫结果真实。这些经验弥足珍贵，我们要坚持下去并发展完善。

二、关于当前脱贫攻坚形势

分析当前形势，谋划下一步工作，既要看到取得的巨大成就和有利因素，保持战略定力，坚定必胜信心，也要清醒把握面临的突出困难和问题，勇敢面对挑战，不放松、不懈怠、不停顿，持之以恒攻坚克难。

（一）充分肯定脱贫攻坚取得的伟大成就。党的十八大以来，以习近平同志为核心的党中央把脱贫攻坚作为全面建成小康社会的底线任务和标志性指标，作出一系列重大部署，以前所未有的力度推进，取得巨大成就。一是创造了我国减贫史上最好成绩。6年间，现行标准下的农村贫困人口累计减少8000多万，每年减贫规模都在1000万人以上，前所未有，也改变了以往新标准实施后减贫人数逐年递减的趋势。预计到今年底，我国将有85%以上现行标准贫困人口脱贫、80%左右贫困村退出、50%左右贫困县摘帽，贫困发生率降到2%以下，离全面实现脱贫攻坚目标越来越近。二是改善了贫困地区农村发展条件。贫困地区农村基础设施和公共服务条件明显改善，多年困扰贫困群众的行路难、吃水难、用电难、通信难、上学难、就医难等问题在大部分地区得到解决。三是促进了贫困地区经济发展。贫困地区以脱贫攻坚统揽经济社会发展全局，呈现出新的发展局面。贫困县国内生产总值年均增长幅度比全国平均水平高2个多百分点。通过产业扶贫，贫困地区特色优势产业和电商扶贫、光伏扶贫、旅游扶贫等新业态快速发展，内生发展活力和动力明显增强。通过易地扶贫搬迁、退耕还林、生态扶贫等，贫困地区生态环境明显改善。四是培养锤炼了一大批优秀干部。累计有300多万县以上党政机关国有企事业单位的干部到贫困村担任第一书记和驻村干部，目前在岗的驻村干部90.6万人，他们与当地干部群众同吃同住同劳动，加强了基层基础工作，了解了国情民情，转变了工作作风，提高了做群众工作和处理复杂问题的能力，成为党和国家的宝贵财富。五是提升了农村治理能力。通过组织开展贫困识别、精准帮扶、贫困退出和大规模干部轮训，农村基层治理能力和管理水平明显提升，农村基层党组织凝聚力和战斗力明显增强。六是建立了脱贫攻坚制度。围绕精准扶贫精准脱贫，建立了脱贫攻坚责任体系、政策体系、投入体系、动员体系、监督体系、考核体系，为脱贫攻坚提供了有力制度保障。

习近平总书记指出，脱贫攻坚已经取得重大决定性成就。这是对脱贫攻坚工作成绩的高度概括。现在，脱贫攻坚部署完备，路线图任务书时间表清晰，保障措施充足，只要坚持目标标准，保持攻坚态势和力度，扎扎实实抓好落实，到2020年如期打赢脱贫攻坚战我们充满信心。

（二）清醒认识脱贫攻坚存在的困难问题。脱贫攻坚成就巨大，面临的困难挑战同样巨大，需要解决的突出问题依然不少。一是深度贫困地区脱贫难度大。“三区三州”等深度贫困地区，贫困程度深，贫困规模大，基础条件薄弱，公共服务不足，致贫原因复杂，脱贫难度极大，经过前几轮扶贫开发都没有解决区域性整体贫困。目前，“三区三州”还有贫困人口172万，贫困发生率8.2%，贫困人口占全国的比重从上年的10.7%上升到今年的12.5%。“三区三州”外的199个深度贫困县还有贫困人口467万，贫困发生率5.6%，贫困人口占全国的比重从上年的29%上升到今年的33.8%。深度贫困地区贫困人口占全国贫困人口的47%。全国还有12个地市州贫困人口超过20万，贫困人口390万，占全国贫困人口的28%。这些地区整体性贫困问题依然突出，是脱贫攻坚的难中之难。二是实现“两不愁三保障”存在薄弱环节。“两不愁”方面，目前主要问题在于饮水安全，据水利部门初步摸底，还有342万贫困群众饮水安全问题没有解决。“三保障”方面问题要多一些。据教育部门初步统计，全国还有60多万义务教育阶段孩子辍学，主要发生在民族地区贫困家庭。基本医疗保障方面，仍有少量贫困群众没有参加医保，还有一些贫困村虽然有了卫生室但没有合格医生。据住建部门初步统计，还有80多万户危房需要改造。三是稳定脱贫长效机制有待健全。一些地方产业扶贫基础不扎实，片面追求短期速效，部分产品市场销售困难，影响贫困群众增收。一些地方易地扶贫搬迁配套产业和促进就业跟不上，后续脱贫缺乏支撑。一些地方对返贫问题重视不够，缺乏应有的防范措施。一些地方对贫困户帮扶缺乏持续性，还没稳定脱贫就停止帮扶政策措施。四是帮扶工作方式方法不够精准。一些地方贯彻精准方略存在偏差，有的发钱发物“一发了之”，有的统一入股分红“一股了之”，有的低保兜底“一兜了之”，激发内生动力不够，一些地方陈规陋习严重。形式主义、官僚主义问题屡禁不止，脱贫进度和脱贫标准把握不准，急躁情绪与消极拖延兼有，盲目提高标准和随意降低标准并存，弄虚作假、数字脱贫在一些地方比较突出。扶贫资金使用管理不规范问题，乡村两级“微腐败”多发，资金闲置浪费、使用不精准、效益不高问题仍然存在。

习近平总书记多次强调，行百里者半九十。现在是最吃劲的时候，也是最容易松劲、最容易跑偏、最容易滑坡的时候。从重大决定性成就到全面打赢，仍需付出艰辛努力。我们必须增强责任感紧迫感，始终保持打攻坚战的状态，咬定目标、坚持标准，久久为功、攻坚克难。

（三）需要研究把握的几个问题。一是脱贫攻坚目标标准问题。目标就是到2020年确保现行标准下农村贫困人口实现脱贫，贫困县全部摘帽，解决区域性整体贫困。标准就是“一超过、两不愁、三保障”，即人均年收入4000元左右，不愁吃不愁穿，义务教育、基本医疗和住房安全有保障。这是我们消除绝对贫困的底线和核心指标。我们这次脱贫攻坚战解决的是绝对贫困，不是解决相对贫困。绝对贫困的标准就是“一二三”，“一二三”做完了可以去做“四五六”，“一二三”没做完，“四五六”做得再好也不行。“三农”工作最核心的是脱贫攻坚，脱贫攻坚做好了，可以进一步往上做，脱贫攻坚没做好，就不能转移目标和靶心。在脱贫进度上，要实事求是，确保脱贫质量，既不能急躁冒进，也不能消极拖延。在脱贫标准上，既不能脱离实际、拔高标准、吊高胃口，也不能数字脱贫虚假脱贫、降低标准、影响成色。二是非贫困县、非贫困村和边缘贫困问题。贫困县和贫困村贫困人口比重大，各方面条件相对较差，突出工作重点是必要的。国家政策不做大的调整，各地可以从实际出发统筹整合资源，加大对非贫困县、非贫困村的支持力度。对贫困村，一些符合条件的非贫困村在今年动态调整中已纳入贫困村。对贫困人口，有标准就一定有界限，边缘问题永远存在。既然定了标准，就要严格执行，攻坚期内就是要锁定现行标准的贫困人口，解决绝对贫困问题。对那些收入水平略高于建档立卡贫困户的边缘人口，要研究解决办法，有条件的地方，可以统筹资源适当解决一些急需的现实问题。东部地区和有些中部地区，解决完绝对贫困问题以后，可以逐步采取措施解决一些急迫的相对贫困问题。但各地情况不一样，有的需要2020年后再加强这方面，有的可以现在做起来。三是风险防范问题。脱贫攻坚需要防范五类潜在风险：第一个是完不成任务和脱贫质量不高的风险，重点是防止深度贫困地区拖后腿，“两不愁三保障”留死角。第二个是易地扶贫搬迁稳不住的风险，防止搬完后没有解决就业产业，出现新的贫困、返贫、甚至区域性社会问题。第三个是扶贫小额信贷发生呆账坏账的风险，防止产生系统性风险。目前扶贫小额信贷风险基金足够，但是不要轻易使用风险基金，也不要轻易“核呆”，现在还没到时候。现在扶贫小额贷款5000多亿元，利率只有4%～5%，而且已经还了2000多亿元，逾期率只有1%。事实证明，农民是守信用的，穷人也是守信用的，关键在于做好制度，建好机制，干好工作，这是我国脱贫攻坚一个生动案例。第四个是光伏扶贫资金管理使用和电站运维问题，防止建设质量不高，防止套取骗取国家补助资金。第五个是产业扶贫投资风险，防止扶贫资金投资“饥不择食”，投资出去收不回来。四是贫困县摘帽后的问题。今年已进入贫困县脱贫摘帽高峰期，各省区市要强化省负总责，较真碰硬开展评估检查，确保脱贫摘帽真实有效、质量过硬，真脱贫脱真贫。贫困县摘帽后，也不能“撤摊子”“甩包袱”“歇歇脚”，要继续完成剩余贫困人口的脱贫问题，要巩固脱贫成果，防止已脱贫人口返贫或出现新的贫困人口，切实做到摘帽不摘责任、摘帽不摘政策、摘帽不摘帮扶、摘帽不摘监管。要注重舆论引导，摘帽后一律不搞庆祝活动，不拍摘帽专题宣传片，强化勤俭节约意识。五是贫困人口医疗保障问题。现在，这方面的反映比较多，认识不尽一致。总体看，因病致贫返贫仍是突出问题，贫困人口个人支付能力弱、医疗费用自付压力大，特别是大病重病难以负担，是健康扶贫面临的主要矛盾。但在一些地方出现了过高承诺，有的地方甚至出现了过度保障，不可持续，引发新矛盾新问题，需要研究调整。健康扶贫要保持政策和工作总体稳定，避免“翻烧饼”。要着力提升贫困地区基层医疗卫生机构能力，严格控制医疗费用不合理增长，纠正贫困人口医疗保障工作中过高承诺、过度保障等问题。保障基本医疗应至少做到以下几点：第一，所有建档立卡贫困户参加合作医疗、大病保险、医疗救助，即按照医保制度参加各类医疗保障。第二，得了病先去村卫生室，看不了再去乡镇卫生院、县医院，个别特殊的再往上转，即就近能看上病。第三，得了小病、慢性病、常见病，有地看病、看得上病、看得起病。第四，得了大病、重病，在采取治疗措施的基础上，不能影响“两不愁”。

随着脱贫攻坚深入推进，类似这些新情况新问题还会不少。我们要加强研究分析，保持战略定力，做好应对和战胜各种困难挑战的准备，不能人云亦云，不能心浮气躁，更不能好高骛远，甚至搞形式主义官僚主义和弄虚作假。有些事情让事实来证明，让时间来证明，让历史来证明。比如，2016 年制定考核标准的时候，有些同志反对“群众满意度”这个指标。几年下来，群众满意度并不低。这也是对我们工作的一种倒逼机制，如果没有“群众满意度”指标，有些人可能就去“搞猫腻”。有了这个指标，就要冥思苦想怎么能够让大家尽量都满意，做到识别准确，帮扶适度，公平公正公开，把工作做好，即使有些事情一时做不到，群众也是通情达理的。但能做的没做，不该做的做了，群众当然不满意。事实证明，我们坚持“群众满意度”指标是对的。关于填表报数和检查评估问题，前段时间我们做了网络调查，有一半网民认为负担没有减轻，这说明我们还要继续做工作。对驻村工作队，77% 的网民满意或比较满意，83% 的网民认为扶贫干部作风是好或较好，这相当高了，说明驻村工作队和扶贫干部作风主流是好的。有些事情和问题，不同的人、不同的部门从不同角度提出不同的看法，不是没有道理，有的属于提醒，有的属于不了解，有的说明我们工作还没做到位。有些地方舆论氛围不好，这和工作也有关系，为什么不做宣传说明，为什么不主动发声呢？要有定力，要主动作为，不要埋怨，要主动想办法做工作。

三、关于 2019 年工作安排

2019 年是新中国成立 70 周年，是全面建成小康社会关键之年，是打赢脱贫攻坚战攻坚克难的关键一年。在上周召开的中央经济工作会议上，习近平总书记用很大篇幅部署脱贫攻坚，指出“今年三大攻坚战初战告捷，明年要针对突出问题，打好重点战役，全力攻坚，务求实效”。强调“关于打好脱贫攻坚战。我们已经取得重大决定性成就，离完成 2020 年目标任务只有两年时间，必须一鼓作气，确保如期实现。要重点解决好实现‘两不愁三保障’面临的突出问题，加大‘三区三州’等深度贫困地区和特殊贫困群体脱贫攻坚力度，深入实施产业、就业、生态、教育、健康、社会保障等扶贫，强化易地扶贫搬迁后续措施，增强贫困地区、贫困群众内生动力和自我发展能力，高度重视巩固脱贫成果，减少和防止贫困人口返贫。要研究解决那些收入水平略高于建档立卡贫困户的群体缺乏政策支持等新问题，及早谋划脱贫攻坚目标任务 2020 年完成后的战略思路”。李克强总理指出：“精准脱贫要坚持现行标准，瞄准深度贫困地区和特殊贫困人口，集中精准帮扶，认真巩固脱贫成果。”“打赢精准脱贫攻坚战。明年要确保再减少农村贫困人口 1000 万人左右，基本完成‘十三五’易地扶贫搬迁建设任务。持续加大‘三区三州’等深度贫困地区脱贫攻坚力度，着力解决影响‘两不愁三保障’的突出问题，精准落实对重病慢性病患者、残疾人、孤寡老人等特殊贫困群体的保障性扶贫措施，强化易地扶贫搬迁后续扶持。加强脱贫攻坚与乡村振兴统筹衔接，对已脱贫的贫困县、贫困村、贫困户，相关政策要保持一段时间，提高贫困地区和贫困人口的自我发展能力，防止返贫和产生新的贫困。未来两年贫困县将陆续全部退出，要严格执行退出标准和程序，切实把好关，确保脱贫成果经得起历史和实践检验。”在中央农村工作会议和全国扶贫开发工作会议上，胡春华副总理充分肯定了今年脱贫攻坚 6 个方面的成绩，分析了 4 个方面的困难和问题，明确了明年 7 项重点任务，提出了 8 项工作要求。

为贯彻落实中央经济工作会议、中央农村工作会议和春华副总理主持召开的全国扶贫开发工作会议精神，2019 年的脱贫攻坚工作，要深入学习贯彻习近平总书记关于扶贫工作的重要论述，全面落实三年行动指导意见，坚持脱贫攻坚目标和现行扶贫标准，坚持精准扶贫精准脱贫基本方略，坚持问题导向，坚持大扶贫工作格局，进一步聚焦深度贫困地区、特殊贫困群体和影响“两不愁三保障”的突出问题，强化责任落实，提高脱贫质量，巩固减贫成效，把防止返贫摆到更加重要的位置，确保再减少农村贫困人口1000万左右，实现300个左右贫困县摘帽，基本完成“十三五”易地扶贫搬迁规划建设任务，为2020年全面打赢脱贫攻坚战奠定坚实基础。

（一）聚焦深度贫困地区集中攻坚。一是加强方案实施力度。认真组织实施好“三区三州”和“三区三州”外深度贫困县脱贫攻坚实施方案，加大工作力度，确保各项政策举措落地落实，全面完成年度目标任务。二是加强分析研判。对深度贫困地区攻坚工作进行深入分析，研究解决问题，总结推广经验，促进政策措施落实，解决突出问题。三是加强跟踪监测。对深度贫困县、深度贫困村进行跟踪监测评估，防止出现工作“死角”。四是加强工作督导。明年初，国务院扶贫开发领导小组将分别召开“三区三州”和“三区三州”外深度贫困地区脱贫攻坚座谈会，听取工作汇报，安排部署工作。“三区三州”所在省区，要按照国务院扶贫领导小组的工作部署，尽早谋划召开现场推进会。五是持续推进贫困村提升工程。用好地方一般性债务资金，整合财政涉农资金，重点加强村组路、生产路、小型水利设施等工程建设，改善贫困村人居环境和发展条件。

（二）解决“两不愁三保障”突出问题。解决饮水安全、义务教育、基本医疗和住房安全保障问题，这是中央确定的明年一项新的重点工作，工作要求很清楚，关键是实打实找出问题解决问题。要按照“中央统筹、省负总责、市县抓落实”的管理体制组织开展。中央统筹，主要是督促各地摸清情况，指导工作，加大支持力度。省负总责，主要是制定方案，统筹资源，督促指导市县开展工作。市县抓落实，就是以县为单位，逐项对账销号。春节前，国务院扶贫开发领导小组将听取有关部门汇报，研究措施。各地也要提前准备，早做安排。必须摸清底数，让各部门认识一致，让贫困户和其他村民认识一致，把问题找出来，有问题就解决，没有问题也要说清楚。不能等到2020年再说，那时候再出现问题，改也来不及了。

（三）提高脱贫质量防止返贫。建档立卡数据显示，近几年返贫人数总体上是逐年下降的，2016年返贫60多万人，2017年返贫20多万人，今年是6.8万人。但这是在目前所有政策都没有变的前提下实现的。明年要把防止返贫摆到更加重要的位置。一是确保真脱贫。要坚持标准，严把退出关，确保脱贫结果真实。二是保持政策稳定。攻坚期内，贫困县、贫困村、贫困人口退出后，相关扶贫政策保持稳定一段时间。三是建立稳定脱贫长效机制。强化产业扶贫，开展产销对接，推进消费扶贫，促进就业扶贫，强化易地扶贫搬迁后续帮扶，确保搬迁贫困群众“稳得住、能脱贫”。四是开展返贫监测。明年适时组织对脱贫人口开展“回头看”，对返贫人口和新发生贫困人口及时纳入建档立卡予以帮扶。

（四）深入推进东西部扶贫协作和定点扶贫。明年，要继续保持东西部扶贫协作和定点扶贫良好态势，东部地区和中央单位要主动作为，中西部地区要积极配合。一是强化责任。明年一季度，东西部省市要继续签订扶贫协作协议书，中央单位要继续签订定点扶贫责任书，协议书和责任书的内容，要尽快确定下来。二是加大力度。东部各省市要按照不低于今年财政援助资金规模进行安排，于明年一季度把资金拨付到位。中央单位定点扶贫也要保持资金、人才等方面的帮扶力度，一些力度不够的单位要跟上去补起来。中西部地区要用好帮扶资金，早谋划、早使用、早见效，不能出现资金等项目的情况。三是聚焦精准。东西部扶贫协作和中央单位定点扶贫，要聚焦实现贫困人口“两不愁三保障”，聚焦深度贫困地区攻坚，实事求是、精准发力，不面面俱到，不定过高标准，更不能堆砌盆景。四是做出特色。东西部扶贫协作和中央单位定点扶贫要根据自身优势和受援地资源禀赋，积极创新帮扶方式，做出自己的特色和亮点。对口帮扶工作要围绕精准脱贫目标，加大力度，配置资源。同时，要继续做好军队帮扶工作，深入推进“万企帮万村”精准扶贫行动，加强中国社会扶贫网的推广使用，积极支持社会组织和公民个人参与脱贫攻坚。

（五）加大扶贫投入力度、加强资金监管。脱贫攻坚越往后难度越大、成本越高，巩固脱贫成果的任务也越重。一是继续加大扶贫投入力度。明年，中央财政专项扶贫资金将继续保持较大幅度增长，各地也要确保扶贫投入与攻坚克难相适应。要落实好扶贫小额信贷和扶贫再贷款政策，进一步扩大贫困地区基础金融服务覆盖面和农业保险覆盖面。继续下达城乡建设用地增减挂钩节余指标跨省域调剂任务，筹集资金主要用于深度贫困地区脱贫攻坚。二是完善县级脱贫攻坚项目库建设。各地要按照《关于完善县级脱贫攻坚项目库建设的指导意见》要求，加强项目论证和储备，要将巩固脱贫成果的项目纳入项目库。三是加强资金监管。开展财政专项扶贫资金绩效评价，加强财政涉农资金整合，严格落实扶贫资金公告公示制度，着力解决资金闲置问题，提高资金使用效益。四是加大查处力度。严肃查处贪污挪用、截留私分、虚报冒领等违法违纪行为。持续开展扶贫领域警示教育，将警示教育纳入扶贫干部培训内容。

（六）做好中央专项巡视整改工作。中央开展脱贫攻坚专项巡视，充分体现了党中央对脱贫攻坚的高度重视，对保持脱贫攻坚正确方向，更好落实党中央决策部署、落实脱贫攻坚主体责任、帮扶责任、监管责任、整改责任，坚决打赢脱贫攻坚战，具有十分重要的作用。上半年已经反馈了巡视发现的问题，我们已经进行了整改。脱贫攻坚专项巡视发现的问题，近期将会反馈各地各有关部门。我们要认真组织整改，确保件件有着落，条条有整改。要举一反三，对脱贫攻坚全过程各环节进行一次系统的大梳理，进一步改进工作。同时，要做好督查巡查、考核评估等发现问题的整改工作。要持续推进扶贫领域腐败和作风问题专项治理，以问题整改促进作风转变。要继续实施常态化约谈，保持工作压力，促进责任落实。从明年起，国家组织脱贫攻坚成效考核反馈意见以后，4—6月，国家层面不组织脱贫攻坚各种检查督查，建议各省也要统筹安排，给基层留出一定时间全面整改。

（七）激发贫困群众内生动力。明年，要认真落实《关于开展扶贫扶志行动的意见》。一是加强教育引导，强化典型示范，培训提升技能，增强自我发展的能力和信心。二是加强政策引导，改进帮扶方式，更多采取以工代赈、以奖代补、劳务补助等方式，动员贫困群众参与项目实施，避免简单发钱发物送钱送物，防止政策“养懒汉”。三是发挥村规民约作用，加强对高额彩礼、薄养厚葬、不赡养老人等不良行为的约束。鼓励各地因地制宜，探索多种方式，激励和引导贫困群众靠自己努力改变命运，让脱贫具有可持续的内生动力。

（八）加强脱贫攻坚总结宣传。巩固壮大脱贫攻坚主流思想舆论、展现脱贫攻坚良好形象，为打赢脱贫攻坚战注入强大精神动力。一是深入学习宣传习近平总书记关于扶贫工作的重要论述，引导全体扶贫干部读《习近平扶贫论述摘编》原著。开展学习习近平总书记关于扶贫工作的重要论述相关活动，用习近平总书记关于扶贫工作的重要论述武装头脑、指导实践、推动工作。二是启动脱贫攻坚成果总结。我们将会同各地选择50个左右县、50个左右乡、100个左右村进行总结宣传。三是开展扶贫日系列活动。组织开展全国脱贫攻坚奖评选表彰活动、组织先进事迹巡回报告会、录播特别节目等。四是开展国际交流合作。对内建设扶贫外宣展示基地，对外实施好减贫示范合作项目，加强国际减贫交流合作，讲好中国扶贫故事，传播中国扶贫好声音。

（九）进一步完善建档立卡。这是脱贫攻坚的“第一粒扣子”，也是共和国脱贫攻坚档案，必须与时俱进、抓实抓好。过去主要任务是找人，现在还要找措施，将来更要找经验。明年，要认真贯彻习近平总书记关于“既要说清楚有多少人脱了贫，也要说清楚怎么脱的贫”的重要指示精神，做到谁是贫困人口有名有姓，为何致贫有原因，怎么脱贫有记录，是否返贫有跟踪。一是进一步完善指标体系。重点解决“怎么脱的贫”的问题。二是补录脱贫措施。对 2017 年以前标注脱贫的 6000 多万人口脱贫措施进行采集，充实完善。三是加强数据分析应用，为社会提供政务服务，为宏观决策提供重要参考。下一步，还要在总结脱贫攻坚成效方面，进一步发挥建档立卡的作用。

（十）做好脱贫攻坚与乡村振兴战略的衔接。贫困地区要把脱贫攻坚作为实施乡村振兴战略的首要任务，确保目标不变、靶心不散、频道不换，进一步压实责任，加强工作力度和政策强度。要把脱贫摘帽县作为乡村振兴重点优先扶持，保持帮扶政策和支持力度连续稳定，用乡村振兴措施巩固脱贫攻坚成果，接续推动群众生产生活改善。贫困村提升工程、产业发展、易地扶贫搬迁等都要和乡村振兴做好衔接。要研究谋划脱贫攻坚目标任务 2020 年完成后的战略思路。

同志们，打赢脱贫攻坚战是一项光荣而艰巨的历史任务。我们要继续保持昂扬的斗志、饱满的状态、旺盛的干劲，不忘初心、牢记使命，锐意进取、攻坚克难，为如期全面打赢脱贫攻坚战、夺取全面建成小康社会伟大胜利作出新的更大贡献。

附录4　全球减贫与发展概况

世界银行贫困报告（概述）

过去25年来，世界在减贫方面取得了前所未有的显著进展。2015年，生活在极端贫困中的人口比1990年减少了10亿多人。这得益于强劲的全球经济增长以及许多发展中国家——特别是世界上人口最多的东亚和太平洋地区以及南亚地区——财富不断增加。这一引人注目的进展使我们更加接近世界银行的目标，即到2030年将极端贫困人口减少至世界人口3%以下。全球贫困统计中，已经有一半国家，其生活在国际贫困线之下的人口占比不到国家总人口的3%——国际贫困线对全球监测中的极端贫困进行的定义。

尽管如此，与极端贫困的斗争远远没有结束，并且从某些方面来讲，这种斗争正变得越来越困难。全球贫困人口数量仍然居高不下，更糟的是，经济增长带来的利益在各地区和国家之间分配不均，这一现象越来越明显。尽管世界上大部分地区都已摆脱赤贫，但在某些地区——特别是充满暴力冲突和体制薄弱的国家——贫困正变得日益顽固和难以根除。贫困家庭绝大多数位于农村地区，且子女众多，缺乏教育。他们缺乏卫生、医疗等基本健康条件，还经常遭受自然灾害和人身安全威胁。

根据2011年购买力平价（PPP）划定的国际贫困线为每日低于1.90美元，按照这一标准，1990年，世界人口的36%生活在贫困中。2015年，这一比例从2013年的11.2%降至10%。2015年，极端贫困人口为7.36亿，低于1990年的近20亿（图1）。

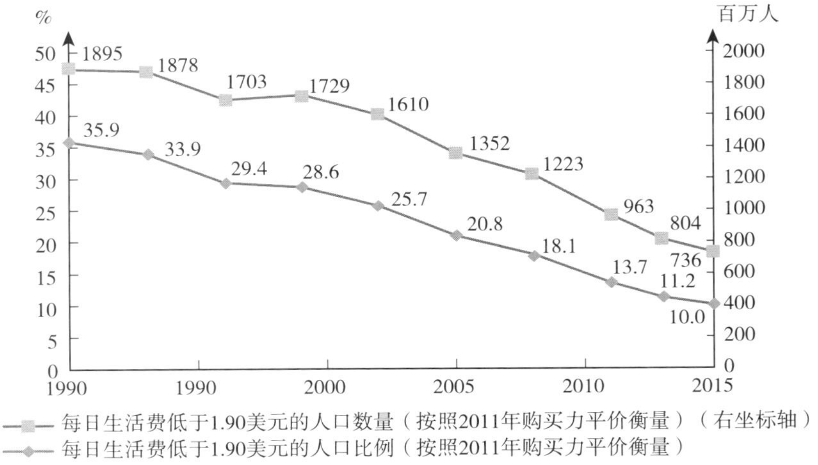

图1　全球贫困率和贫困人口数量（1990—2015年）

资料来源：基于华盛顿特区世界银行PovcalNet（在线分析工具）2015数据的最新估计，http：//iresearch.worldbank.org/PovcalNet/。

尽管近年来全球经济增长较为缓慢，但2013—2015年，贫困人口总数下降了6800多万，这一数字大致相当于泰国或英国的总人口。自1990年以来，每年有数以千万计的人摆脱贫困，1990—2015年，全球贫困率平均每年下降1个百分点。

过去25年，大部分脱贫进展都发生在东亚和太平洋地区，而中国的经济增长帮助数百万人摆脱了贫困。该地区1990年的平均贫困率为62%，2015年则下降到3%以下。最近，南亚在应对极端贫困方面取得了令人瞩目的进展，帮助全球进一步降低了贫困率。2015年，南亚的贫困人口降至2.16亿，而1990年为5亿。

这两个地区在世界银行的另一个核心目标上也取得了良好的进展，即增强共同繁荣，确保社会中的相对贫困人口参与到经济活动中、并从经济成就中获益。这个目标是通过监测每个国家40%最贫穷人口（底层40%）的平均收入增长率来衡量的。在这一点上，东亚和太平洋地区以及南亚地区的进展更令人瞩目，因为这些地区的经济增长得到了共享。根据2010—2015年的估计，这两个地区底层40%人口的收入平均每年分别增长4.7%和2.6%。

但是，这些地区在消除贫困方面取得的巨大进展与撒哈拉以南非洲的缓慢减贫速度形成了鲜明对比。由于撒哈拉以南非洲增长速度较慢、冲突和机构薄弱造成诸多问题，以及未能成功地将增长应用到减贫当中，极端贫困在该地区变得更加集中。全球大多数贫困人口位于撒哈拉以南非洲，并且与其他大部分地区不同，该地区贫困人口总数在不断增加，1990年估计为2.78亿，而2015年增加到4.13亿。截至2015年，其他地区的平均贫困率低于13%，而撒哈拉以南非洲地区的贫困率约为41%。世界上28个最贫穷国家中，有27个在撒哈拉以南非洲，且所有这些国家的贫困率都在30%以上。

简言之，极端贫困问题正日益成为撒哈拉以南非洲特有的问题。非洲国家之所以苦苦挣扎，部分原因是他们过度依赖与穷人收入关系不大的采掘业、普遍存在的战乱以及易受干旱等自然灾害的影响。尽管布基纳法索和卢旺达等一些非洲经济体增长较快，但该地区在改善共同繁荣方面仍需努力。该指标涵盖的撒哈拉以南非洲十几个国家中，底层40%人口的收入在2010—2015年平均每年增长1.8%（略低于全球平均年增长率的1.9%）。然而，更令人担忧的是，在这十几个国家中，有1/3的国家其底层40%人口的收入减少了。

亚洲和非洲之间的巨大反差解释了为什么在全球范围内减少贫困变得越来越困难。

尽管扶贫工作总体进展稳定，但并非所有地区都能从全球增长中分得一杯羹，有些地区被甩在后面。随着贫困现象越来越少见，将收益转移到不同地区和国家的空间也越来越小。例如，随着东亚和太平洋地区的贫困率在2015年降至2.3%，该地区在降低全球贫困率方面几乎没有办法再做出什么贡献。南亚也有类似的趋势。其结果是，整体减贫速度放缓，世界银行2030年的目标不太可能实现。2013—2015年，全球贫困率每年下降0.6个百分点，远低于25年来平均每年下降1个百分点的水平。我们的预测表明，2015—2018年，减贫速度进一步放缓，每年不到0.5个百分点。

展望2030年，预测显示，为了实现3%的目标，世界需要以异常强劲的速度增长。例如，如果所有国家的年平均增长率都达到6%，并且底层40%人口的收入增长速度比平均水平快2个百分点，那么这个目标就会实现。或者，如果所有国家以8%的平均速度增长，这一里程碑也能达到。但是，无论哪种情况，到2030年，撒哈拉以南非洲地区的极端贫困率仍将保持在两位数。还有另一种情况，即，所有国家都保持本地区10年来的平均增长水平，那么我们的预测表明，2030年全球贫困率将高于5%。这种“照旧”的做法将使世界产生巨大差异：撒哈拉以南非洲地区超过1/4的人口将生活在极端贫困中，而世界上另外大多数地区的贫困率低于2%。

差异巨大的地区贫困趋势将产生两个重大影响。首先，国际社会消除赤贫的工作必须牢牢锁定非洲和其他少数贫困率很高的国家。其次，我们也不能忘记数十亿生活在 1.90 美元标准线以上的人所面临的困境，按照他们自己的社会标准，他们仍然非常贫穷。一些地区的极端贫困率仍然居高不下，而世界其他大部分地区的极端贫困率已下降到了个位数，在这种情形下，我们需要更全面地了解何谓“没有贫困的世界”。当然，如果大多数国家实现了 3% 的贫困率目标，而在局部地区仍大量存在极端贫困现象，就不能说世界没有贫困。为了更好地理解“消除贫困”的含义，我们需要更多的衡量这个问题的方法和概念。我们需要更多的“拼图碎片”来更好地理解何谓“没有贫困的世界”。世界银行仍然把工作重点放在帮助人们摆脱赤贫上，而国际贫困线将继续成为监测这一进展的重要方式。但我们也需要认识到，尽管极端贫困已不再那么明显，许多社会并没有停止思考，也没有停止关心贫困问题。有必要拓宽我们的理解，把贫困看成一个复杂、多方面的问题，并找到那些处于贫困之中却未被注意到的群体。为此，我们介绍了三个衡量和概念化贫困的新方法，该新方法来自 A. B. 阿特金森教授领导的全球贫困委员会的建议，是对“极端贫困”（出现在世界银行于 2017 年公布的《全球贫困监测》中）这一核心指标的补充。这一新衡量方法认识到，相对于他们所在的社会而言，即使那些消费水平远远高于 1.90 美元的人也可以被定义为贫困人口。这拓宽了我们对贫困的认识，得以将卫生设施和核心医疗服务等基本幸福要素包括在内。最后，他们超出家庭层面，第一次尝试衡量贫困对个人的影响。这些新衡量方法将有助于目前极端贫困率很低的国家，也有助于极端贫困普遍存在的国家。尽管我们仍然把重点放在世界上最贫穷的国家，有了这种更广泛的认识，我们就能更好地从各个维度理解全球贫困。而这可以为政策制定提供指导，并帮助确定最需要的区域。

同时，这些新衡量方法还可以帮助我们监测在不断增长的世界中减贫工作的进展。即使在极端贫困率极低的国家，人们仍然对广义概念下的贫困问题表示严重关切。拥有足够的钱对于摆脱贫困生活至关重要，但这并不是问题的全部。为了真正消除贫困，我们需要更好地监测人们在实现非金钱幸福——例如适当的饮用水和接受教育的机会——方面的进展。

说到对经济贫困的衡量，1.90 美元的标准是用来评估世界上最贫穷国家人们的基本需求情况的。但是，对于生活在总体收入水平较高国家的人们来说，用更高的贫困线来监测进展情况才是有意义的，这些更高的贫困线反映了人们在不断增长的世界中的更大需求。结合现有的“极端贫困”衡量方法，在极端贫困率很高的国家和几乎战胜了极端贫困的国家使用这些新的贫困线和衡量方法，可以更好地监测所有国家、生活各个方面以及家庭中每个成员的贫困情况。这一更广泛的监测将使我们对各种形式的贫困性质有更细致的了解，因此可以帮助我们制定更好的政策工具，从而解决贫困问题。

一、关注最贫困人口

消除极端贫困需要重新关注撒哈拉以南非洲和那些体制薄弱、战乱不断的国家。2015 年的估计表明，拥有 1.76 亿贫困人口的印度仍然是贫困人口最多的国家，占全球贫困人口的近 1/4。与非洲的平均贫困率相比，印度的极端贫困率明显较低，但由于人口众多，印度的贫困人口总数仍然很大。然而，根据变化迹象，2018 年的预测表明，印度已逐渐不再是贫困人口最多的国家，尼日利亚已经或即将取而代之。南亚极端贫困率和贫困人口数量一直在稳步下降，且预计将继续保持这一趋势。结果就是，贫困问题从南亚转移到了撒哈拉以南非洲。

根据历史增长率推算，生活在撒哈拉以南非洲的贫困人口比例到 2030 年可能高达 87%。即使 2030 年世界上其他国家的极端贫困率为零，撒哈拉以南非洲地区的平均贫困率也必须从 2015 年的 41% 降至约 17%，才能使全球平均贫困率达到 3%。为此，该地区需要实现前所未有的年增长率。

加强经济增长和重新关注、解决暴力冲突对于加快非洲和其他地区的减贫速度至关重要。但只是照常行事是不够的，需要做更多的工作，以确保增长具有包容性，更加注重提高贫困人口的生产能力。如果撒哈拉以南非洲国家和其他脆弱国家想要有机会实现 3% 的目标，那么不仅这些国家的增长率必须很高，而且他们的社会底层 40% 人口的收入也必须以更高的速度增长。然而，世界银行的共同繁荣指标所涵盖的 13 个极度贫困国家（贫困率在 10% 以上）中，有 2/3 的国家，其底层 40% 人口的平均收入以低于全球平均每年 1.9% 的速度增长。对于最贫穷的经济体和易受战乱影响的国家，这是一个令人担忧的趋势，而这些国家恰恰是最不可能实现 2030 年目标的国家。

另外一个重要且令人担忧的地方是，用于评估共同繁荣的数据在最需要它的国家中却是最薄弱的，而这些国家需要这些数据来改善境况。四个低收入国家中只有一个、且 35 个公认的脆弱和易受战乱影响国家中只有 4 个国家具备长期监测共同繁荣所需的数据。由于缺乏可靠的数据与最贫困人口收入增长缓慢有关，情况甚至可能比目前观察到的更糟。数据覆盖脆弱的国家，其最近的趋势不容乐观。这些国家的贫困率在经过 2005 年至 2011 年的大幅下降之后，从 2011 年的 34.4% 低点上升到 2015 年的 35.9%。自 2010 年以来，这些国家的全球贫困人口比例稳步上升，2015 年达到 23%。在许多低收入国家，底层 40% 人口每天的生活费不足 1.90 美元，且相当一部分生活在农村地区，这使得他们很容易受气候影响。例如，乌干达在减贫和共同繁荣方面遭受了重大挫折，这主要是由于自 2016 年以来干旱和害虫影响了收成。乌干达的贫困率从 2012 年的 35.9% 上升到 2016 年的 41.6%。底层 40% 人口的实际消费每年减少了 2.2%。

我们在寻求消除贫困时，还需要认识到，贫困不仅仅指收入不足。包括教育、基本公共设施、医疗保健和安全等在内的其他生活方面对人们的福祉同样至关重要。有些人一天的收入可能超过 1.90 美元，但如果无法满足这些基本需求，他们还是会觉得很穷。同样，收入低于这一水平的人，如果没有干净的饮用水，或者没有一个安全的家庭环境，可能会面临更为严峻的状况。

这种拓宽的“多维度”观点揭示出，贫困是一个更广泛、更根深蒂固的问题，强调了对人力资本进行更多投资的重要性。在全球层面上，根据消费、教育和基础设施定义的多维度贫困人口比例大约比单纯依靠经济贫困定义的贫困人口比例高出 50%。在撒哈拉以南非洲地区，一个维度的缺乏往往伴随着其他维度的不足，这种状况比其他任何地区都明显。消费水平过低往往与非经济维度的挑战同时存在。图 2 显示了撒哈拉以南非洲和南亚地区按照消费水平（左侧椭圆）、儿童和成人教育（右侧椭圆）以及饮用水、卫生设施和电力等基础设施服务（中间椭圆）衡量的多维度贫困。

撒哈拉以南非洲几乎一半的多维度贫困人口（占 64.5% 多维度贫困人口的 28.3%）在消费、教育和基础设施服务方面同时遭受贫困。这一比例与包括南亚在内的其他地区形成了鲜明对比，在这些地区，多维度贫困人口中只有 1/4 在这三个维度中同时遭受贫困。这意味着，在同时遭受多方面累加贫困的非洲，各个贫困维度彼此相互影响，使扶贫工作更加艰难。

为了真正了解个体的贫困状况，我们还需要超越传统的家庭层面，考虑家庭成员之间如何共享资源。妇女和儿童获得资源和基本服务的机会往往非常少，与她们的数量不成比例，最贫穷的国家尤其如此。较贫穷国家的妇女经常到了生育年龄就不再工作，失

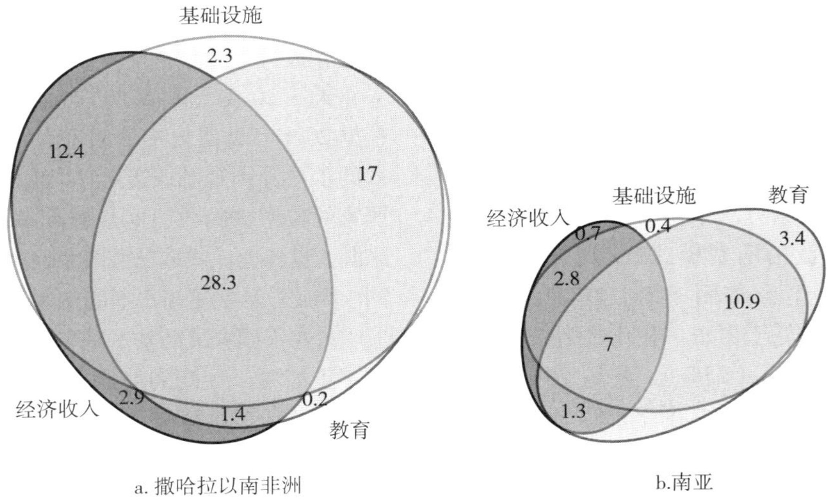

图2　多维度贫困人口的比例（约2013年）

注：图表显示了不同维度贫困人口的比例，以及他们所在的贫困维度。椭圆的大小按比例缩放，代表了每个地区中各自的比例。例如，撒哈拉以南非洲左侧椭圆形的数字之和高达44.9%，即经济贫困人口比例。撒哈拉以南非洲的所有数字之和是64.5%，即多维度贫困人口的比例。

资料来源：根据华盛顿特区世界银行贫困与公平发展全球实践局福利衡量和能力建设全球解决方案组全球检测数据库（GMD）在119个经济体中进行的统一家庭调查（约2013年）所作的估计。

去了收入潜力。在生育年龄阶段，贫困率的性别差距最大，这时，照料家庭的责任（按照社会传统由妇女承担）与生产活动重叠并发生冲突。这种状况在最贫穷的国家和最贫穷的社会群体中尤为明显。例如，撒哈拉以南非洲20～34岁人口的平均贫困性别差异为7个百分点，而全球平均贫困性别差异为2个百分点（图3），欧洲和中亚几乎为零。对一些国家的研究证明，资源在贫困家庭成员之间的分配不平等，特别是涉及较昂贵的消费品时。证据还显示，家庭中呈现出超出性别和年龄界限的复杂工作动态。例如，一个妇女的贫困程度可能与她家庭主妇的身份有关。

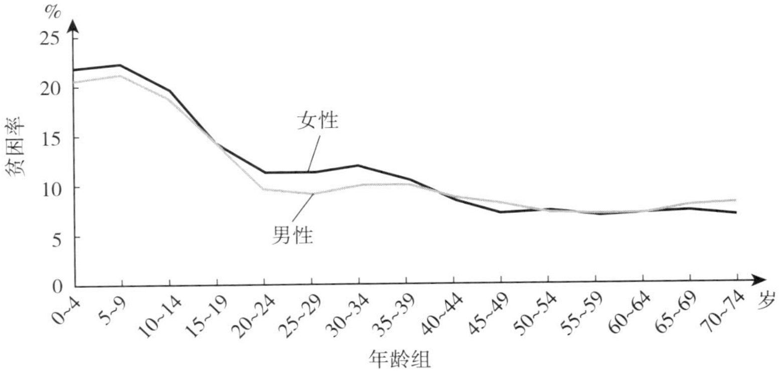

图3　贫困家庭各年龄组女性与男性的比例（约2013年）

注：样本为89个国家。

资料来源：华盛顿特区世界银行政策研究工作报告8360《生命周期中贫困人口的性别差异和家庭构成：全球视角》，2018年。作者：Muñoz Boudet、Ana Maria、Paola Buitrago、Benedicte Leroy de la Briere、David Newhouse、Eliana Rubiano Matulevich、Kinnon Scott、Pablo Suarez - Becerra。

另一种超越家庭层面关注个人贫困状况的方法是观察食物如何在家庭成员间分享。例如，在孟加拉国，家庭调查数据显示，与其他家庭成员相比，一家之主（多为男性）在卡路里不足方面要好得多。而这种差异在标准的贫困衡量方法中是看不出来的。当我们根据更广泛的消费模式（包括非食品产品）来估计个人贫困率时，在孟加拉国，妇女的境遇略好于男子。相比之下，马拉维的女性贫困率（73%）明显高于男性（49%）。两国儿童的贫困率都明显较高。

我们需要更全面的数据来加深对贫困如何影响个人的理解，并评估如何更好地调整社会计划以满足他们的需要。这一方法的初步结果表明，目前的援助计划有可能忽视许多隐藏在非贫困家庭中的贫困个体。

二、在不断增长的世界中监测进展

随着世界变得越来越富裕，极端贫困越来越罕见，人们很自然地问道：1.90 美元的标准是否太低而无法对所有国家的贫困进行界定。即使极端贫困人口数量下降了，按照较富裕国家的适当标准来衡量，许多人仍然生活在贫困中。减少极端贫困的成功使我们能够扩大关注范围，得以评估这些人是否也能从经济发展中受益。

20 年前，全球 60% 的人口生活在低收入国家。到 2015 年，这一数字下降到了 9%，这意味着现在世界上大多数人口和大多数贫困人口都生活在中等收入国家。为了反映这种转变以及许多人基本需求的增长，现在世界银行公布了两个更高的贫困线，即每人每天 3.20 美元和 5.50 美元，该贫困线是根据 2011 年购买力平价制定的。这两个贫困线的水平分别来源于低收入国家和中上收入国家的典型贫困线，这与国际贫困线的水平来源于世界上一些最贫穷国家的典型贫困线相同。因此，这些更高水平的贫困线反映了对相应收入水平国家最低基本需求的社会评估。

正如可以预期的那样，这两个贫困衡量标准所描绘的关于世界人民幸福水平的图画不那么令人鼓舞，按照“极端贫困”的衡量方法，全球的极端贫困率目前预测为一位数。全世界近一半（46%）人口每天生活费不足 5.50 美元，这是一个典型的中上等收入国家定义贫困的标准（表 1）。全世界 1/4 的人口每天的生活费不足 3.20 美元。相对于 1.90 美元的贫困线，这些更高的贫困线描述了一个不同的地区减贫故事。中东和北非就是一个很好的例子。1990 年，该地区的极端贫困率为 6%，2015 年为 5%，进展甚微，令人沮丧。然而如果从 3.20 美元的角度来看，情况就不同了。在同一时期，中东和北非国家将生活费低于 3.20 美元的人口比例从 27% 降至 16%。如果我们只考察极端贫困，就看不到这个地区在减少贫困方面所取得的重要进展。5.50 美元的贫困线反映了中上等收入国家的基本需求，它呈现出两个令人沮丧的结果：①几乎一半的世界人口每天生活费低于 5.50 美元；②在

表 1　根据较高贫困线 3.20 美元和 5.50 美元定义的贫困（按照 2011 年购买力平价衡量）

按照 3.20 美元标准，各地区贫困率	1990 年	1999 年	2008 年	2013 年	2015 年	百分点变化（1990—2015 年）
东亚和太平洋地区	85.3	67.1	37.4	17.5	12.5	-72.8
欧洲和中亚	9.9a	21.1	7.5	5.7	5.4	-4.6
拉丁美洲和加勒比地区	28.3	27.0	15.7	11.4	10.8	-17.5
中东和北非	26.8	21.7	16.7	14.4	16.3	-10.5
南亚	81.7	76.0a	67.9	53.9	48.6a	-33.1
撒哈拉以南非洲	74.9	78.3	72.2	67.8	66.3	-8.6
其他地区	0.8	0.8	0.7	0.8	0.9	0.1
全球	55.1	50.6	38.2	28.8	26.3	-28.9

（续）

按照5.50美元标准，各地区贫困率	1990年	1999年	2008年	2013年	2015年	百分点变化（1990—2015年）
东亚和太平洋地区	95.2	87.0	63.6	42.4	34.9	-60.3
欧洲和中亚	25.3a	44.5	17.1	14.1	14.0	-11.3
拉丁美洲和加勒比地区	48.6	47.0	33.3	27.2	26.4	-22.2
中东和北非	58.8	54.5	46.6	42.3	42.5	-16.3
南亚	95.3	93.1a	89.8	84.2	81.4a	-14
撒哈拉以南非洲	88.5	90.5	88.1	85.4	84.5	-4.1
其他地区	1.7	1.3	1.2	1.5	1.5	-0.2
全球	67.0	66.8	56.5	48.7	46.0	-21.0

资料来源：世界银行 PovcalNet（http：//iresearch. worldbank. org/PovcalNet/）。

注：a. 这一估计基于不到40%的区域人口覆盖率。估计调查人口覆盖率的标准是，在参照年的两年内是否至少进行了一次用于参照年估计的调查。

中东和北非、南亚和撒哈拉以南非洲地区，尽管在降低贫困率方面取得了进展，但由于人口增长，与1990年相比，2015年每日生活费低于5.50美元的人数增加了。

当我们想要拓宽对贫困的理解时，重要的是要认识到，各个国家的消费或收入水平不同，其基本需求的构成要素也各不相同。例如，在较贫穷的国家，参加就业可能只需要衣服和食物，而在较富裕的社会中，有些人可能还需要上网、汽车和手机。执行相同工作的成本可能因各国的总体收入水平而有所不同。为了评估这类贫困，世界银行引入了社会贫困线（SPL）概念，作为对现有贫困线的补充。

社会贫困线把绝对国际贫困线和与每个国家中等收入水平相联系的具体贫困线结合起来。具体来说，社会贫困线的值等于国际贫困线或者1.00美元加上该国每日中等消费水平的一半，以二者中的较大值为准。这意味着，对于最贫穷的国家，社会贫困线永远不会低于国际贫困线。但是，在特定的时间点之后，随着国家越来越富裕，社会贫困线的值将随着该国中等个人消费水平的增加而增加。社会贫困线的值不断增加与一个事实相一致，即国家贫困线的值往往随着国家的富裕而增加。事实上，社会贫困线的构建方式使其直接对应于每个国家不同中等消费水平时期国家贫困线的平均值。

图4说明了，在一个国家的不同中等消费水平时期，社会贫困线（深色）的值如何贯穿在国家贫困线（浅色）的中间。从这个意义上讲，社会贫困提供了一个全球性的衡量贫困的方法，这个方法基本上与世界各国定义贫困的标准相一致。当以这种方式定义贫困时，截至2015年，贫困人口达到21亿，几乎比生活费不足1.90美元的人口多了三倍（图5）。值得注意的是，在过去25年里，尽管极端贫困人口的数量大幅下降，被确定为社会贫困人口的数量却基本上保持不变。

自1990年以来，全球社会贫困人口的比例一直在稳步下降，但仍比极端贫困人口的下降速度慢得多。1990年，社会贫困率（45%）大约比极端贫困率（36%）高1/4，而对许多低收入国家来说，社会贫困率和极端贫困率是一样的。过去25年的经济增长意味着，2015年，国际贫困线与社会贫困线相同的国家显著减少，社会贫困率（28%）几乎是极端贫困率（10%）的三倍。

社会贫困是建立在各国贫困线的基础上的，而该贫困线在一定程度上与这个国家的中等消费水平相关。与之相似，世界银行监测的共同繁荣度与每个国家个人对该国经济所作贡献相关。通过对各经济体中底层40%人口对经济所作贡献进行评估，发现世界银行的共同繁荣度指标与收入水平涵盖范

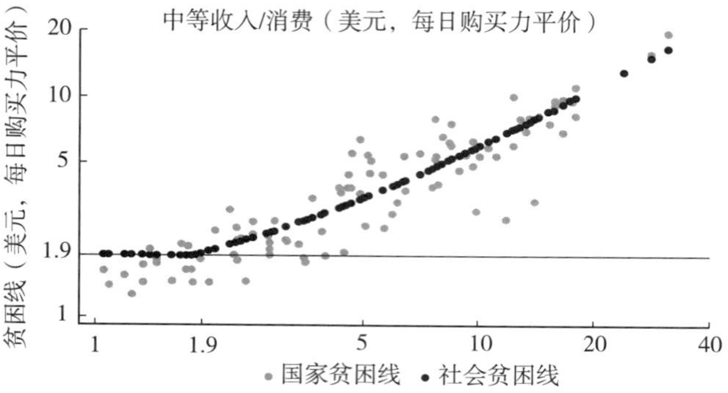

图 4　全球不断发展进程中的国家贫困线和社会贫困线

注：两个轴都使用了对数刻度。

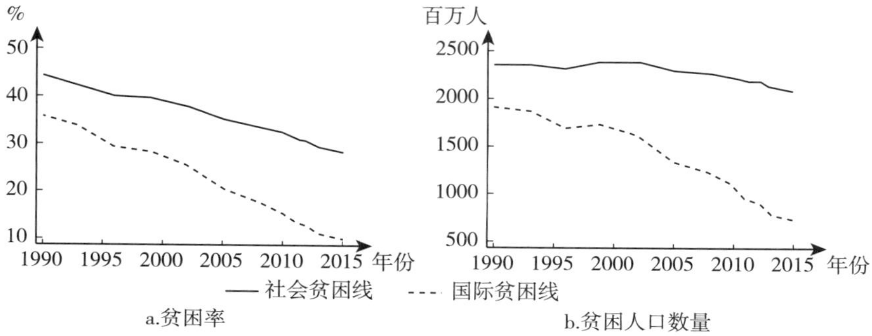

图 5　全球社会贫困估计数据 1990—2015 年

注：国际贫困线反映了按每天 1.90 美元门槛（2011 年购买力平价）评估的贫困率（图 a）和人数（图 b）。社会贫困线为社会贫困提供了同样的信息。

围完整的国家相关。总的来说，关于共同繁荣的新闻比较乐观，几乎 80% 的有数据的国家，其底层 40% 人口的收入或消费水平有所增长。但是，全球经济的缓慢增长抑制了这一进程，尽管总体上有所改善，但一些国家在共同繁荣方面进展速度放缓、甚至倒退。例如，由于全球大宗商品价格低迷，拉丁美洲和加勒比地区的经济降温，2010—2015 年，该地区在共同繁荣方面的进展不如前几年。欧洲和中亚的许多国家在这一衡量标准上也遭遇了挫折。受 2008 年金融危机的影响，该地区一些经济体的底层 40% 人口收入或消费水平大幅下滑，如今正在恢复。爱沙尼亚、拉脱维亚和立陶宛就是这样，这些国家在共同繁荣方面目前的增长水平是每年高于 6%。共同繁荣方面的进展参差不齐，这突显出，我们需要重新重视包容性增长。

共同繁荣和社会贫困反映了各国相对贫困人口各个方面的状况。但是，这两个衡量标准是相互联系的。以哥斯达黎加和厄瓜多尔这两个中上收入水平的国家为例。2011—2016 年，两国经济增长速度相似。但在厄瓜多尔，底层 40% 人口的处境比哥斯达黎加要好，其收入增长速度比本国的平均水平高了一个百分点。哥斯达黎加底层 40% 人口的收入增长情况与该国的平均水平一致。其结果是，厄瓜多尔社会贫困的下降速度比哥斯达黎要快。

当我们将贫困定义为不仅指金钱缺乏，而且指基本幸福要素的缺乏时，我们对贫困的认识又一次拓宽了。许多国家在减少经济贫困方面取得了巨大进展，但在基础设施、教育和安全等关键领域仍然落后，而这些领域对人们的生活质量有着非常实际的影响。在中东和北非地区以及拉丁美洲和加勒比地区，尽管经济贫困率较低（不到6%），但几乎1/7的人口缺乏足够的卫生设施。

南亚是另一个例子。尽管在减贫方面取得了进展，但该地区针对成人和儿童的教育短缺仍然很严重，而这与经济贫困没有太大联系。此外，该地区生活在无健康饮用水、适当卫生设施或电力的家庭中的人数远远高于经济贫困人口的数量。这意味着，考虑到各种形式的贫困，为南亚人民争取更高的生活水平所面临的挑战更为艰巨。虽然预计到2030年南亚将实现将极端贫困率降至3%以下的目标，但如果该地区在其他福祉方面没有取得进展，许多人的生活条件仍然不理想。

多维度方法凸显出，各种贫困相互影响的方式如何因国家不同而大不相同。在拉丁美洲和加勒比地区、中东和北非、东亚和太平洋等较富裕的地区，非经济贫困与经济贫困的关联要比其他地区小得多。在一个包含6个国家的样本中，除教育和基础设施服务外，多维度方法还可以扩展至两个其他方面：健康和营养，以及免受犯罪和自然灾害的影响（图6）。与分析中的低收入国家相比，厄瓜多尔、伊拉克和墨西哥这几个高收入国家遭受了更高的犯罪率和不安全感。在印度尼西亚，多维度贫困在很大程度上是由儿童健康和营养不良造成的。

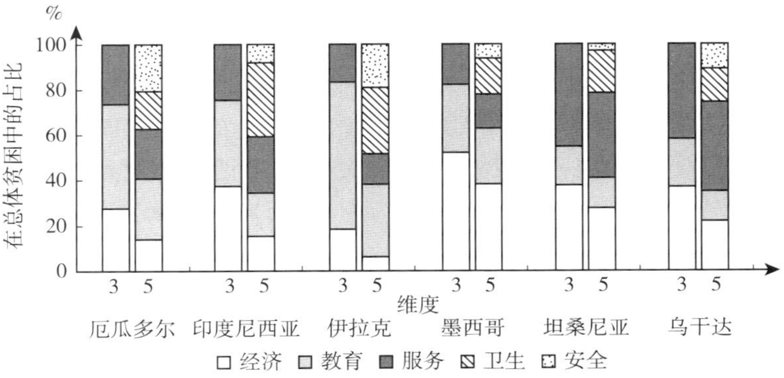

图6　特定国家各维度贫困在多维度贫困中所占的比例

注：该图显示了各个维度贫困在多维度贫困中所占的比例，以《多维度贫困衡量与分析》中的维度分解法为依据，Sabina Alkire、José Manuel Roche、Paola Ballon、James Foster、Maria Emma Santos、Suman Seth著，2015年，牛津大学出版社出版。

资料来源：该计算基于厄瓜多尔的《生活条件调查2013—2014》；印度尼西亚的《家庭生活调查2014》；伊拉克的《家庭社会经济调查2012》；墨西哥的《家庭生活调查2009—2012》；坦桑尼亚的《国家小组调查2012—2013》；乌干达的《国家小组调查2013—2014》。

增加其他衡量贫困的维度可以为我们提供宝贵见解，帮助引导政策产生最大扶贫效果。当我们从多维角度看待贫困时，贫困人口的境况可能会发生变化。例如，从五个维度看待印度尼西亚可以得知，该国可能需要更加重视与医疗卫生方面的贫困进行抗争，而厄瓜多尔可能更需要针对教育和安全做出努力，特别是在城市地区。将多维方法与个人数据相结合，也可以为确认贫困人口提供新的见解。将这一方法应用于六个国家中的五个国家，表明女性的贫困状况比男性更严重，特别是在伊拉克（图7）。这五个国家都显示，女性在多维度贫困方面更甚于男性，并且性别差距在特殊弱势群体中更大。例如，在除厄瓜多尔以外的所有国家都发现，寡妇比鳏夫更加贫困。这幅更细微的画面突出了新的贫困人群，有助于制定解决贫困问题的政策。例如，扩大基础设施和社会服务的政策应考虑到妇女、儿童和男性的不同需求。在一些地区，教育机会的改善将特别有助于妇女，因为她们仍然受制于教育方面的性别不平等。

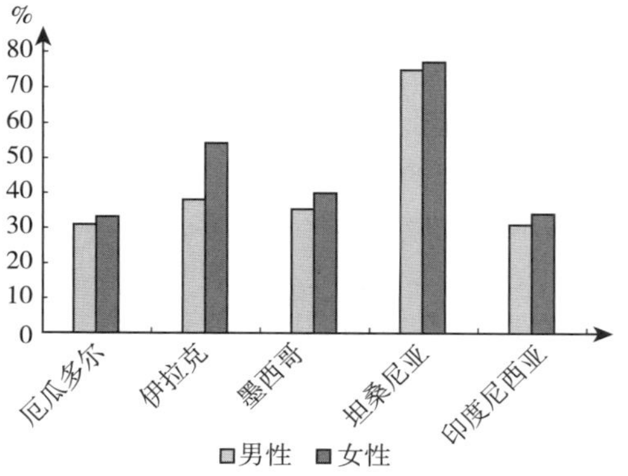

图 7　性别差距、个人层面的多维度贫困

资料来源：华盛顿特区世界银行，世界银行政策研究工作报告《基于个人的多维度贫困评估：在六个发展中国家的应用》，作者：Klasen、Stephan、Rahul Lahoti。

三、拼凑贫困的拼图

本报告提供了一个更为完整的贫困情况，进一步证明了过去 25 年来我们在减少极端贫困方面取得的令人乐观的巨大进展。但它也揭示了之前隐藏的关于世界各地贫困性质和程度的细节问题。特别令人痛心的发现是，少数国家的极端贫困正变得根深蒂固，而且减贫的速度很快将显著放缓。为了实现到 2030 年将极端贫困率减至 3% 以下的目标，将需要加倍努力和更加关注那些最贫困的国家。世界银行的工作将继续侧重于国际贫困线相关的经济贫困；然而，真正消除全球贫困需要拓宽思维模式，并认识到全球贫困概念固有的复杂性。

展望未来，世界银行将继续关注和报告在消除极端贫困和促进共同繁荣这两个目标上取得的进展。但是，为了确保在极端贫困度极低的国家也能以相关方式跟踪贫困，我们的定期贫困信息更新还将包括按照 3. 20 美元和 5. 50 美元这两个较高贫困线标准以及新的社会贫困线标准所衡量的数据。同样，2020 年的全球贫困更新数据将报告可获得数据的国家的多维度贫困进展情况。

作为全球最新信息，这些新的衡量结果将成为我们两年一次的《国家贫困与共同繁荣报告》——“贫困与公平简介”——的一部分。

在全球贫困监测中使用的新衡量标准以及本报告的发现对世界银行的工作和优先事项安排具有重大意义，具体表现在三个方面：

（一）非洲和受战乱影响的地区需要转型变革。与极端贫困的抗争，胜负将取决于撒哈拉以南非洲和易受战乱影响的脆弱地区。全球极端贫困正日益成为撒哈拉以南地区特有的一种现象，在易受战乱影响的脆弱地区，贫困人口的比例正在增加。在所有地区中，撒哈拉以南非洲在共同繁荣方面表现得最糟糕，与其他地区相比，那里的贫困人口遭受的多维度贫困更为严重。要想实现到 2030 年将贫困率降低至 3% 以下的目标，按部就班是不行的：该地区需要强劲、持续的经济增长，整个撒哈拉以南非洲地区底层 40% 人口的生活水平需要取得前所未有的巨大改善，而且需要对人进行大量投资。

（二）新的衡量标准可以加强政策对话。国家层面的福利监测和政策对话将继续以国家贫困衡量为基础。基于各国已经在使用的监测进展工具，这里介绍的贫困线和衡量标准将为各国提供新的可能性，其通过利用一组更丰富的工具，将自身的绩效与其他国家进行比较。在中等收入国家尤其如此，那里的极端贫困不那么普遍，但是较高的贫困线和新的多维度贫困衡量标准表明，仍有许多工作要做。

（三）数据投资至关重要。世界银行对数据的投资帮助我们对贫困有了更全面的了解，但这种投资还需要继续、深入地进行。我们需要更多、更好的关于福利的数据，以便从不同维度、不同个人角度，特别是在低收入和易受战乱影响的国家，比较不同时期的贫困状况。这些国家中很少有国家有共同繁荣方面的估计，也很少有国家拥有对贫困各个维度进行估计的数据。要想在与极端贫困抗争中确保没有一个人掉队，需要扩大对国家系统和能力的投资，以便利用传统和新型数据和方法，及时地、可比较地衡量和监测人们的幸福状况。

图书在版编目（CIP）数据

中国扶贫开发年鉴．2019 /《中国扶贫开发年鉴》编辑部编．—北京：中国农业出版社，2019．12
ISBN 978-7-109-26446-5

Ⅰ．①中…　Ⅱ．①中…　Ⅲ．①扶贫－中国－2019－年鉴　Ⅳ．①F323．8-54

中国版本图书馆 CIP 数据核字（2020）第 020058 号

中国扶贫开发年鉴 2019
ZHONGGUO FUPIN KAIFA NIANJIAN 2019

中国农业出版社出版
地址：北京市朝阳区麦子店街 18 号楼
邮编：100125
责任编辑：潘洪洋
版式设计：韩小丽　　责任校对：沙凯霖　周丽芳
印刷：北京通州皇家印刷厂
版次：2019 年 12 月第 1 版
印次：2019 年 12 月北京第 1 次印刷
发行：新华书店北京发行所
开本：787mm × 1092mm　1/16
印张：70　　插页：18
字数：1650 千字
定价：380．00 元
